商机在此！

大连世界博览广场

Dalian World Expo Center

大连世界博览广场坐落于中国大连对外开放先导区之一的星海湾金融商务区。亚洲最大的海滨广场——星海广场在它的面前绚丽绽开。大连世博广场毗邻城市主干道，交通便捷，距大连火车站5公里，距大连港8公里，距大连国际机场10公里，距神州第一路——沈大高速公路入口12公里。

大连世界博览广场是由大连市星海湾金融商务区管理机构大连市星海湾开发建设管理中心，于2003年开工建设并管理的国际一流水准会展场所。大连世界博览广场的布局、设计、装修，由法国EDDS公司的著名建筑师德拉里担纲设计。设计风格结合了大连星海广场的地域特点，形成了极具中国文化与国际特色的现代博览建筑。

大连世界博览广场占地面积5.3万平方米，建设内容为展馆及其配套服务设施。建筑面积14.1万平方米，净展览面积8万平方米。

大连世界博览广场设地下一层，面积2.9万平方米；地上两层，面积3.7万平方米，会议室8个，每个可容纳100——300人；多功能厅5700平方米，可举行5000人的大型会议，举行3000人的大型宴会。展馆部分根据需要可分为独立的三个单元，独立对外开放。共有3500个国际标准展位。一楼分为三个大展厅，根据需要可分可合。餐厅6500平方米。

大连世界博览广场作为大连市政府投资兴建的大型现代化公益事业项目，拥有世界一流的技术设备、高效的管理和国际水准的服务，成为东北亚会展场所的首选，是世界会展场所中的夺人焦点，它的诞生预示着大连乃至中国东北地区展览业将迈入一个新纪元。

中国大连市星海湾

China Dalian Xinghai Bay

邮编: 116023

电话：0411-84805577

传真：0411-84802236

网址：www.dl-expo.com

世博集团 上海市国际展览有限公司

World Expo Group Shanghai International Exhibition Co Ltd

上海市国际展览有限公司由上海世博(集团)有限公司与中国国际贸易促进委员会上海市分会共同投资。1984年7月1日经国家对外经济贸易部和上海市人民政府批准成立。

公司成立以来，已举办过各类大中型国际来华展览500多个，展览面积580万平方米，初步形成了"大型化、国际化、专业化、定期化"的办展风格，拥有一批具有较高知名度和影响力的品牌展览会，并成功举办过一批国家级展览会。

上海市国际展览有限公司目前是国际博览会联盟的正式会员。公司举办的"中国国际模具技术和设备展览会"和"上海国际汽车工业展览会"是国际博览联盟认可的展览会。此外，在上海市政府首次评出的8个优质展览会中，"上海国际汽车工业展览会"、"上海国际纺织工业展览会"、"中国国际自行车展览会"、"中国国际信息通信展"、"上海国际服装纺织品贸易博览会"等5个展览项目榜上有名。

上海国际汽车工业展览会

中国国际模具技术和设备展览会

中国国际信息通信展

中国国际自行车展览会

上海国际纺织工业展览会

上海国际服装纺织品贸易博览会

ufi Member

世博集团上海市国际展览有限公司2006年在华国际展览

日期	展览会名称	地点
2月14-17日	2006中国数控机床展览会	上海新国际博览中心
2月16-19日	第九届中国（上海）国际婚纱摄影展览会	上海国际展览中心、上海世贸商城
3月15-17日	2006上海国际服装纺织品贸易博览会/第12届上海国际服装博览会	上海新国际博览中心
	第八届上海国际纺织面料暨辅料、家用纺织品贸易博览会	
	第七届上海国际纱线贸易博览会	
	第九届上海国际服装工业展览会	
	第五届上海国际针织工业展览会	
4月4-7日	第15届上海国际酒店用品博览会	上海新国际博览中心
4月12-14日	第六届中国国际染料工业暨有机颜料、纺织化学品展览会	上海国际展览中心、上海世贸商城
4月17-20日	第16届中国国际自行车展览会	上海新国际博览中心
	第四届中国国际电动车暨零配件展览会	
5月8-12日	第11届中国国际模具技术和设备展览会	上海新国际博览中心
5月9-11日	上海国际航空航天工业展览会	上海新国际博览中心
5月23-26日	上海国际信息化博览会暨中国国际信息通信展览会	上海光大展览中心
6月	2006上海国际品位生活展	上海国际会议中心
6月	第六届中国上海国际汽车零部件展览会	上海汽车会展中心
7月13-16日	2006中国国际影像和摄影器材展览会	上海国际展览中心
	第十届中国（上海）国际婚纱摄影器材展览会	上海世贸商城
9月4-6日	中国·上海国际食品加工暨包装机械展览会	上海新国际博览中心
9月	第十届中国国际港口航运博览会、	上海新国际博览中心
	第十届中国国际运输、仓储技术和相关设备展览会/中国国际运输物流展览会	
9月	2006国际燃气技术与设备展览会	上海国际展览中心
10月	第三届上海国际固体废弃物专用设备和技术展览会	上海展览中心
	第三届上海国际清洁设备及技术展览会	
10月	2006上海国际停车设备和智能系统展览会	上海国际展览中心
11月	2006中意葡萄酒展	上海展览中心

以上计划仅供参考，如有变动，恕不另行通知。

世博集团上海市国际展览有限公司
地址：上海市延安中路841号东方海外大厦8楼
邮编：200040
电话：(++86-21)-62792828
传真：(++86-21)-65455124
网　址：www.siec-ccpit.com
电子邮箱：info@siec-ccpit.com

中国展览年鉴（2005）

CHINA EXHIBITION ANNUAL REPORT

中国国际贸易促进委员会宣传出版中心　编

同心出版社

图书在版编目（CIP）数据

中国展览年鉴. 2005 / 中国国际贸易促进委员会宣传出版中心编.
北京：同心出版社，2005
ISBN 7-80716-174-4

Ⅰ.中… Ⅱ.中… Ⅲ.展览会—中国—2005—年鉴 Ⅳ.G245-54

中国版本图书馆CIP数据核字（2005）第129892号

责任编辑：孙 逊　魏海萍

《中国展览年鉴》（2005）

出版发行：同心出版社
出 版 人：刘霆昭
地　　址：北京市建国门内大街20号
邮　　编：100734
电　　话：（010）65298603、65298663
E-mail：txcbszbs@bjd.com.cn
印　　刷：北京盛兰兄弟印刷装订有限公司
经　　销：各地新华书店
版　　次：2005年12月第1版
　　　　　2005年12月第1次印刷
开　　本：880 × 1230　1/16
印　　张：31.5印张
字　　数：1000千字
定　　价：280.00元

《中国展览年鉴》（2005）

CHINA EXHIBITION ANNUAL REPORT

主　办　中国国际贸易促进委员会宣传出版中心

承　办　《中国展览年鉴》编辑部

地　址　北京复兴门外大街1号中国贸促会西配楼309室

邮　编　100860

电　话　010-68022948，88075339

传　真　010-68022948

E-mail　Yanghq@ccpit.org

网　址　www.ccpit.org；www.ccpit-dc2000.com

订书热线
广告热线　010-68022948，88075339

定　价　￥280.00（精装）

前　言

2005年是精彩纷呈的一年，从一月中旬"首届中国会展经济国际合作论坛"在京举办开始，此后，好戏连台，一系列国际会议纷纷在华召开，从"财富论坛"第三次落户中国，到"2005年诺贝尔奖获得者北京论坛"；从"20国财长会议"到"第22届世界法律大会"再到"中欧工商峰会"；从财经到政法各个领域的会议轮番在北京登台；各种国际品牌展也争先恐后到中国举办，一时间中国在不知不觉中成为世界关注的焦点，在举手投足之间都牵动了人们的眼球。中国经济已经成为世界经济的重要组成部分，并日益融入世界经济，与世界经济的关系越来越密切。

中法文化年刚刚落幕，中美文化节又启动；在日本爱知世博会上中国馆以500万观众莅临创下嘉绩。神六宇宙飞船的成功遨游太空，更是将好戏推向高潮。中国以近百年前所未有的自信、开放的姿态立于世界民族之林。中国的崛起不仅在重塑全球的贸易格局，还在改变着世界的金融、现代制造业格局以及整个东亚地区的经济形势。

作为经济前沿风向标的展览业仍在痛苦的蜕变之中。虽然近年来展览业以每年近20%的速度增长，但低水平重复办展、恶性竞争现象仍大量存在。加快改革，尽快实现法制化、市场化、规范化和国际化，创造有世界影响力的名牌展览，提高国际竞争力以确保在全球经济一体化进程中生存和发展已经是当前十分紧迫的任务。

不得不旧话重提的是，全国性的展览业协会仍不见踪影，但愿明年我们不用再谈这个话题。

前途是光明的，道路是曲折的，展览界的同仁们，不管是成与败、苦与乐，我们会默默地陪伴着你们，忠实地记录下你们一点一滴的努力。

《中国展览年鉴》编辑部

2005年12月

中国展览年鉴（2005）
China Exhibition Annual Report

目 录

特别推荐客户名单

中国贸促会大连市分会
北京励德展览有限公司
香港旅游发展局
香港贸易发展局
澳门贸易投资促进局
中国对外贸易中心（集团）展场经营部
青岛国际会展中心
亚洲国际博览馆管理有限公司
建发国际（控股）有限公司
亚洲博闻有限公司
中国五金博览会组委会
北京国际会议中心
上海新国际博览中心
上海市国际展览有限公司
杜塞尔多夫展览（中国）有限公司
中国哈尔滨国际经济贸易洽谈会
成都国际会议展览中心
中国贸促会长春市分会
中国贸促会建筑材料行业分会
中国新疆乌鲁木齐对外经济贸易洽谈会
世博集团上海现代国际展览有限公司
华港国际展览有限公司
中国贸促会电子信息行业分会
泰新（天津）会展有限公司
南京市贸促会 南京会展业办公室
温州国际会议展览中心有限公司
浙江树人大学外经贸学院
成都会展业发展办公室
厦门国际会展职业学院
天津市五方展示设计制作中心
湖北中科会展有限责任公司

第一章 中国展览业概况

中国国务院副总理吴仪 在首届中国会展经济国际合作论坛上的演讲

（二OO五年一月十一日北京）

今天，首届中国会展经济国际合作论坛在这里举办，全球展览界的代表来到北京，共商合作发展大计。这是中国展览业的盛会，也是全球展览业的一件大事。我代表中国政府对论坛的举办表示热烈的祝贺！对积极支持、参与这次论坛的国际展览界的朋友们，表示热烈的欢迎和衷心的感谢！

展览业是国民经济发展的晴雨表。中国展览业发展迅速、备受全球展览业界关注，正是中国经济持续、快速、健康发展的直接反映。

中国经过26年的改革开放，社会主义市场经济体制日益完善，综合实力不断增强，人民生活显著改善，对外交往空前广泛，形成了全方位、多层次、宽领域的对外开放格局，在国际经济中发挥着越来越重要的作用。

在刚刚过去的2004年里，中国政府采取加强和改善宏观调控的政策措施，抑制经济运行中的不健康不稳定因素，保持了经济持续、快速发展的良好势头。全年国内生产总值预计增长9%或略高一些；对外贸易继续快速增长，进出口总额超过1.1万亿美元，首次突破万亿美元大关，成为世界第三大贸易国；吸收外资规模和水平进一步提高，全年实际利用外资金额超过600亿美元，又上了一个新的台阶。从总体上看，中国经济增长方式逐步转变，经济自主增长活力增强，结构调整步伐加快，资源配置不断优化，正在努力实现全面、协调、可持续的发展。

2005年，中国政府将继续加强和改善宏观调控，大力推进经济体制改革，实行稳健的财政政策和货币政策，确保经济平稳较快发展。同时，中国将继续履行加入WTO的承诺，将关税总水平进一步降低到9.9%，取消所有非关税措施。银行、保险、证券、分销、建筑、旅游、运输等服务部门也将按照预定计划逐步开放。

随着中国经济持续健康发展，中国的展览业取得了明显进步。过去数十年间，中国举办和参加的展览活动逐年增多，展览行业规模不断扩大。特别是上世纪90年代以来，中国展览业空前活跃，总体规模年均增长近20%，在全球展览业中异军突起，形成了一个新兴的展览业市场。目前，中国已经拥有一批具有国际水平的现代化展览场馆，形成了一些具有一定实力的展览集团公司，也培育了一批水平高、影响广的名牌展览会。

中国展览业的发展对促进中国经济社会持续健康发展，推动中外交流与合作发挥了重要作用。日益繁荣的展览活动不仅对引导有关产业发展，提升制造业水平，促进生产要素流动，优化资源配置发挥了重要作用，而且有力地推动、配合了中国企业发挥比较优势、走向国际市场、参与国际商品供应链，实现了良好的经济效益和社会效益。

中国政府充分重视展览业的发展及其独特作用，采取积极措施，推动形成统一、开放、竞争、有序的中国展览市场体系。近两年，国务院取消了对办展单位资格的审批和对在中国境内举办小型展览会的审批，调动了各方面办展的积极性。同时，各级政府部门逐步退出对展览活动的直接介入，注意发挥行业协会、商会等中介组织在展览行业中的协调自律功能。中国政府还参照国际惯例，对中小企业通过参加展览会开拓国际市场给予支持。这些举措都有力地促进了中国展览业的发展。

当然，我们清醒地看到，与展览业发达的国家相比，中国展览业在规范性、竞争力、效益水平等方面还有较大差距，中国展览业的市场化程度不高，行业内市场竞争不充分，展览业投融资机制尚未形成，现代企业制度尚未建立，行业发展缺乏后劲。展览活动效益水平不高，大规模、上档次的展览会所占比重较低。展览行业自律体系和公共服务体系尚未建立，不利于展览业的健康有序发展。

同时，我们也认识到，展览业是促进中外交流与合作、扩大对外开放的有效途径，是中国企业“引进来”、“走出去”、充分利用国际国内两个市场和两种资源、获得发展活力的重要手段，各方面对于展览活动的需求正持续增强。中国经济社会持续、健康、快速发展，既对展览业提出了更高的要求，也是展览业发展的根本推动力，并将为展览业发展提供更好的基础条件。可以这样说，中国展览业成长性强，发展前景广阔，在新世纪、新阶段大有可为。我们对中国展览业的发展前景充满信心。

今后，中国政府将从政府、企业和行业中介组织三个层面，进一步推动展览业提升水平。

首先，要加快展览业市场化进程。要运用经济的、法律的手段进行宏观调控和监管，进一步确立展览企业的主体地位，充分发挥中介组织的服务和桥梁作用，同时加快展览业投融资体系的建设。

其次，要加快展览业法制化建设，建立展览业法规、政策体系，规范展览市场秩序。要通过建立行业自律组织以及相应的协调服务体系，制订、执行行业服务规范。

第三，要积极推进展览业产业化进程，大力发展与展览业相关的产业，发挥展览业对相关产业的拉动作用，相互促进、共同提高。

第四，要努力提高展览业国际化水平，培育专业化程度高、规模效益显著、影响广泛的知名国际展览会。中国展览业要积极“走出去”，参与国际展览市场竞争与合作。要实现展览业增长方式的转变，提高展览业整体水平。

女士们，先生们，中国展览业正处在强劲发展时期，这是中国展览界的机遇，更是全球展览界的共同机遇。近年来，德国、美国、意大利等国家的大型国际展览企业纷纷在中国设立分公司、办事处，或者与中国的展览企业建立紧密合作关系，参与中国展览市场的合作与竞争。今后，中国展览业市场将会有越来越多的投资、合作机会。中国政府将会按照WTO的规则，对国内外展览企业一视同仁，并依法保护相关知识产权，为国际展览界进入中国展览市场创造良好的环境。

目前，中国正在筹备2010年上海世博会。举办上海世博会，将进一步促进世界各国的经济、文化合作和技术交流，对于推动世界共同繁荣进步具有重要意义。我们将把上海世博会办成成功、精彩、令人难忘的国际盛会。我作为2010年上海世博会组委会主任委员，诚挚地邀请全球展览界人士关注、支持、参与2010年上海世博会。

女士们，先生们，全球展览业协会（UFI）、国际展览管理协会（IAEM）、独立组展商协会（SISO）、国际展览局（BIE）作为国际展览界具有权威影响的机构，与中国贸促会合作举办中国会展经济国际合作论坛，为中外展览界深入开展交流与合作提供了良好平台，是中国展览业全面对外开放、广泛寻求合作、努力实现共赢的良好开端。

这次论坛内容丰富，形式多样，既有专题研讨，又有展览业品牌、资金、技术、服务的项目推介和洽谈，还有关于展览业的展示，非常务实。希望国际展览界的朋友们以这个论坛为平台，关心、支持中国展览业的发展，与中国展览界开展多种形式的互利合作，加大对中国展览业的投资和技术转让，把先进的办展理念、管理经验、行业服务手段带到中国来。你们也将在与中国展览界的合作中获得回报。

我同时希望，中国展览界以此次论坛为契机，积极开展与全球展览界的交流，本着务实合作、互利共赢、共同发展的原则，把“引进来”与“走出去”相结合，提高展览业市场化、法制化、产业化、国际化水平，为促进经济社会发展做出更大的贡献。

把握机遇 开创未来

在中国展览馆协会第六届会员代表大会开幕式上的致辞

中国国际贸易促进委员会会长 万季飞

很高兴来参加中国展览馆协会第六届会员代表大会，这也是我第一次参加协会的大会（2005年6月10日在北京召开）。此次会议是协会成立20年来规模最大的一次大会，也可以说是国内展览业的一次盛会。在此，我谨代表中国贸促会、中国国际商会，并以我个人的名义，祝贺本届会员大会隆重召开。

改革开放以来，特别在近几年里，中国的展览业从小到大，发展迅速，已逐步发展成为一个自成体系、充满活力的新兴产业。今天，日益繁荣的展览活动不仅引导了有关产业的发展，提升了制造业水平，而且促进了生产要素的流动和资源配置的优化，有力地推动了中国企业的发展，促进了国内企业走向国际化合作的道路，实现了良好的经济效益和社会效益。

正是看到了展览业在提升经济发展和城市知名度方面的重要作用，我国许多地方纷纷提出发展展览经济的规划。目前，已有30多个城市提出创办会展名城的目标，希望“以展促贸，以展引资，以展会友，以展兴市，以展扬名”，并组建展览管理和协调机构，策划、组织、扶持展览活动，兴建展览中心。展览中心项目已成为城市建设中的热点项目。

作为展览活动的物质载体，展览场馆在展览产业链中具有举足轻重的地位。展览场馆的硬件环境直接决定了承接展会的规模、档次，对展览业的发展起着至关重要的作用。展览场馆的兴建、扩充的确从硬件上满足了会展业快速发展的需要，但是，在我国展览中心的规划、建设乃至经营管理中，仍存在不少认识上的盲点、误区和问题。这些问题主要表现在：

第一，展览场馆建设总体上过热。在目前全国大部分展览展馆使用率不足30%的情况下，全国展览面积的增长仍保持20%左右的增速。到2005年底，全国可供办展的展馆面积将达300万平方米，将超过目前世界上展览业最发达的德国的展馆总面积（240万平方米）。而另一方面，我国单个展览场馆的面积和规模远不及德国，小型展览中心的数量则很多。

第二，展览场馆的宏观布局缺乏规划。一方面，有些地区密度过大，存在局部过剩，同时，北京、上海等地展览场地明显不足，北京地区尤为严重。另一方面，有些城市展览场馆过多，而单个展馆面积和规模过小。

第三，展览场馆建设缺乏市场调研和准确的规模定位。展览业的发展，应当以区域经济为依托。展览场馆的建设，应充分考虑当地的产业结构、市场特点和区位因素。而我国一些城市不考虑当地和周边城市展览市场的需求，规划的制定带有很大的盲目性。其结果是，要么规模过大，展馆空置率很高；要么规模太小，用不了几年就得扩建和改造。造成资金、土地资源的极大浪费。

第四，展馆建设专业性不强。部分展览场馆位于市中心繁华地带，土地储备不足，交通无法高效组织，并且，展馆被当成城市的形象工程和标志建筑，外表高大、多层建筑，内部展厅高度和结构严重影响展览的举行或展示效果。

第五，忽视人性化设计，配套设施不齐全。建筑布局和功能上没有充分考虑参展者和观众的便利性和舒适度，配套设施滞后，交通、住宿、餐饮、通讯等无法满足展会的需求。

第六，在展馆建设过程中，地方政府直接成为投资主体，缺乏市场考虑，贪大求全，一步到位，致使一些地方在展览场馆建设方面投入过大，不考虑投资成本和收益。在展馆经营管理方面，缺乏长远的经营理念、不合理竞争、对展商和观众的服务方式简单、内容单一等问题普遍存在。

正是上述问题的存在，国务院在2004年4月份采取的清理建设项目和控制投资规模的措施中，将会展中心项目列入了清理的重点。

实际上，国务院的这项措施并非一刀切，一概否定展览业的发展，而是要求用科学发展观来指导和规划展览场馆的建设，使其达到最佳社会和经济效益。因此，如何用科学发展观来指导我国展览场馆建设和展览馆业的发展，需要业界共同探讨，需要中国展览馆协会这样的行业协会认真调研和协调。

从整个展览业的发展来看，随着中国经济持续健康发展，中国展览业的发展生机勃勃，取得了显著进步。但是，我国的展览业还刚刚起步，与发达的国家相比，中国展览业在规范性、竞争力、管理水平等方面还有很大差距。中国展览业的市场化程度还不高，行业内市场竞争不充分，展览行业的金融机制尚未形成，现代企业制度尚未完善，多数展览活动质量和效益水平不高，展览行业自律体系和公共服务体系尚未建立，从业人员的职业素质还有待进一步提高。不解决这些问题，我国的展览业很难健康、有序、持续发展。

在今年首届《中国会展经济国际合作论坛》上，吴仪副总理指出，我国将从政府、企业和行业中介组织三个层面，进一步推动展览业提升水平，这为我们加强对展览业发展的引导和协调、促进持续健康发展指示了前进的方向。随着经济体制改革的深化和政府职能的转变，政府将逐步淡出对展览活动的微观参与，承担起政策调节、市场监管、社会管理和公共服务的职责，行业协会、商会等社会中介组织将承担起行业管理协调职能，从而形成政府宏观管理、企业微观参与、中介组织进行服务、咨询和协调的良好关系。

中国展览馆协会作为目前国内展览业惟一的国家级社团，经过20来年的发展，走过了由小到大的发展历程。目前，会员单位发展到近200家，广布在全国29个省、70多个城市，会员单位的业务范围已涵盖了整个展览产业链。自成立以来，中国展览馆协会在推动行业自律、搭建沟通桥梁、为企业和政府建言献策、从业人员培训、展览理论研究、参与国际交往与合作等方面做了许多卓有成效的工作。2004年，中国展览馆协会还成功申办了2006年国际展览业协会（UFI）年会在北京召开。可以看出，中国展览馆协会在展览界的影响力不断增强，在展览业界的协调服务作用日益显现。

作为目前展览业界最大的社会团体，中国展览馆协会有义务、有责任、有条件、有潜力为展览业的持续健康发展发挥作用，团结展览业内各种的组织和企业，自律自强、自主经营、开拓创新、共同发展。因此，中国展览馆协会一方面应苦练内功，加强自身建设，完善服务体系；另一方面应以市场为导向，在以下几方面有所突破、有所创新、有所作为。

一是要加强对展览场馆的发展现状和趋势的调研，加强对全国展览场馆布局的研究，针对存在的问题进行理论思考，为政府部门进行行业规划提供政策建议。

二是要研究展览场馆建设、配套设施建设、经营管理等方面的行业标准，为展览场馆建设和经营管理提供参考。

三是要建立高效、透明的展览场馆信息发布体系，让社会及业内人士及时了解展览场馆的运行状况和发展趋势。

四是要加强展览场馆经营管理专业人才的培训，提高从业人员专业化素质，从而推动展览场馆经营管理水平的提升。

五是要加强展览场馆行业的国内交流和国际合作，总结和借鉴发达国家在展览场馆规划、建设和管理等方面的先进经验。

六是加强对展览行业相关领域的调查研究，了解展览业发展的总体情况和发展趋势，促进展览业专业化、品牌化、市场化的有序发展。

中国展览业年轻而富于活力，面临挑战与机遇。中国展览业的美好前景需要广大的业内企业和人士来共同描绘。祝愿本次大会开成一个团结的大会、一个取得共识的大会、一个共谋大业、共求发展的大会。

承前启后 继往开来

在首届中国会展经济国际合作论坛上的演讲

中国国际贸易促进委员会副会长 高 燕

2004中国会展业发展状况及政策建议

值此辞旧迎新之际，中国会展经济国际合作论坛（2005年1月11日）的举办，是对中国会展行业的岁末总结，也是对新的一年的展望。受中国贸促会的委托，我非常高兴地通过本次论坛，向大家发布《2004年中国会展经济年度报告》。2004年年初，中国贸促会组织成立了课题组，邀集国内经济学者和会展专家，用一年的时间，对中国会展活动和行业动态进行跟踪了解，运用经济学的研究方法，对所收集到的数据进行统计分析，完成了《2004年中国会展经济年度报告》。在开展这项工作时，我们坚持以科学的理念，始终关注中国会展业的热点事件，并努力把中国会展产业在这一年中所发生的变化，放在中国政治经济的大环境和国际视野中观察。我们主张以积极、开放的心态看待事物，力图从中国会展经济的微量变化中，发现带有方向性的事件和产业趋势。这是中国贸促会首次尝试对中国会展业进行统计和量化分析，希望能填补中国会展产业在统计数据方面的空白，为政府制定会展业的宏观政策和区域规划，为企业选择参加会展活动提供一种参照。借此机会，我要对各级政府相关主管部门和全国各地展览界同行在这项工作中所给予我们的支持和帮助表示衷心感谢。

《2004年中国会展经济年度报告》，从五个方面对中国会展业进行了描述和分析：

1. 会展产业经济分析；2. 中国展览业发展状况；3. 中国会议产业发展状况；4. 中国会展业区域发展报告（包括北京、上海、广州、港澳台区域报告）；5. 中国会展业发展制约因素、趋势和建议。

考虑到我国会展产业发展的现状和研究数据的可获得性等因素，本报告的研究重点是展览行业，对会议产业只作一些概要研究，而对节事活动产业只是纳入我们的研究定义之中，暂时不作研究。在这里，我想着重从宏观的角度，对2004年中国展览业的发展作一个回顾，希望能和大家共同探讨。

2004年中国展览业发展概况

随着社会主义市场经济的发展及对外开放程度的扩大，2004年中国展览业保持了蓬勃发展的增长态势。

首先是全国各省市展览馆数量呈递增趋势。据统计，目前全国正式注册并具有举办经济技术展览会条件的展览馆有118个，其中2004年正式办展的展览馆总量为90个。从展览馆的地域分布看，华东地区现有的展览馆数量最多，占全国总量的36%，中南地区和华北地区分别占23%和18%，东北、西南、西北地区的展览馆数量相对少一些。

其次，从办展数量看，频繁的对外经济文化交往推动了对展览活动需求的增加，展览会营销功能日益凸显，我国展览业发展速度因此明显加快，每年举办的展览会的数量持续增加。根据我们的统计，2004年，在上述全国90个展览馆，共举办展览会2467个，举办展览会最多的5个省市依次为北京、上海、广东、江苏、四川。如按地区划分，华东地区举办的展览会数量最多，其次是华北和中南地区。华东地区中，上海举办的展览会数量最多，占整个地区的45%；华北地区的展览会举办情况在各省市之间的分布极其不均衡，其中北京市举办展览会的数量占整个地区的87%，这显示出上海和北京作为会展中心城市的实力；中南地区以广东省为龙头，也是一个展览业发展比较迅速的地区，该地区其他省市的展览业也呈现良好的发展势头；西南地区中，四川省本年度举办的展览会数量最多，占到整个西南地区的62%；陕西是西北地区中展览业发展比较好的省份，2004年举办展览会53个，占到整个区域的60%；东北地区中，辽宁省举办的展览会数量明显高于其他省份，占整个地区的72%。

研究结果显示，从这90个展览馆举办的展览会的行业分布看，展览业所涉及的领域较以往更加广泛，2004年展会数量排在前10位的是以下门类：房产建材、生产设备、人才招聘、文化体育、新兴技术、医疗保健、服装纺织、旅游酒店、食品饮料、综合展会。由此可以看出本年度展览市场的供需热点。在展览会数量急剧增加的同时，我们也注意到重复办展现象。有些展览会主题不明确，相同类型的展览会过多过滥，重复办展仍是比较普遍的问题。

对于展览会的参展商和贸易观众，我们重点对全国42个主要展览馆举办的1064个的展览会进行了统计。结果显示，在42家展览馆举办的1604个展览中，参展商总量为34万，其中国际参展商为3.1万家，占参展商总数量的8.97%。参观者总人数为1.2亿人次，其中国际参观者总人数为55万人次，占总人数的0.44%。这些数据反映了目前国内的展览会的国际化程度还普遍不高。

以上是在中国境内举办的经济技术展览会的基本情况。

在出国展览方面，近年来，随着经济全球一体化进程的加速和中国加入世贸组织，我国对外贸易呈现出快速发展趋势，出国办展在促进贸易等方面的作用日益为企业所接受和重视，中国参展商在国际上有影响的博览会中所占的比例逐年上升。来自德国经济展览委员会（AUMA）的统计显示，中国是德国最重要的参展国之一，参展商总数超过5200家，排名第八。来自中国的观众人数也以每年20%到30%的比例增长。根据中国贸促会的统计，2004年，全国有107家办展单位赴50多个国家（地区）举办和参加经贸展览会749个，比2003年增长了22%，摊位总数2.7万个，展览团总人数4.5万人。这些数据从一个侧面反映出近年来中国出国展览快速发展的趋势。

考察中国会展业的发展状况，值得关注的一个现象是会展产业带的发展。中国会展业作为都市型服务业，已在一些经济水平较高、基础设施完善、第三产业发达的城市迅速崛起，使中国会展业在区域分布上，基本上形成了分别以北京、上海、广州、大连、成都、西安、昆明等为会展中心城市的环渤海会展经济带、长三角会展经济带、珠三角会展经济带、东北会展经济带及中西部会展城市经济带五大会展经济产业带框架。它们通过准确的功能定位，逐步形成了相互协调、各具特色、梯级发展的互动式会展经济发展格局。以区域经济学的观点来看，上述五个区域的发展要齐头并进不太现实，以梯度形式行进则不失为一种相互竞争和相互拉动的良好策略；而从各区域来看，则应各展所长，充分发挥各会展产业带自身的资源优势、人才优势等，构筑各自的区域创新系统，以促进区域会展经济的腾飞，从而推动我国会展产业的进一步发展。

最后我们再来关注一下中国会展人才市场的发展。伴随着会展业对专业人才和专业知识需求的增长，政府、高校、协会、国外教育机构与团体以及会展公司都纷纷涉足会展教育和培训领域，并且形式多样，紧跟会展行业发展的步伐。目前会展教育、会展培训、会展理论研究、会展传媒等已逐渐进入繁荣时期。

中国会展业的发展，得益于中国社会的稳定和国民经济持续快速增长，也受益于经济全球化对国际会展市场大融合的有力推动，同时，还蕴含着中国社会法律环境的规范、科学技术的进步、电子商务的推广以及专业观众的成长等众多条件的契合。可以说，中国会展业作为快速成长的朝阳产业，有着广阔的发展空间和巨大的增长潜力。

影响中国会展业发展的因素

处于成长阶段的中国会展业，在近年来获得了迅猛发展，但就会展业的规范性、竞争力、效益水平而言，我国会展业与发达国家相比还有很大差距，在为相关产业带来商机和利润的同时也暴露出一些问题。结合采集的数据和年度报告的研究结果，我们认为目前中国会展经济建设过程中存在以下主要问题：

1. 当前中国会展业的发展，仍然是一种粗放型的量的扩张，亟待实现向注重内在质量的集约型增长方式转变。

2. 中国会展业的发展还很不平衡，行业布局和产业结构均需要调整。

3. 中国会展业的市场化程度还很低，行业内计划经济体制的惯性妨碍会展业全国市场体系的形成。

4. 中国会展业相对低下的市场开放度，阻碍了行业内资本市场的形成，使行业发展缺乏后劲。

5. 中国会展业的自身建设还非常薄弱，亟待建立行业自律和公共服务体系。

我国会展业存在的以上问题，从根本上说属于体制性问题。只有在不断深化改革、扩大开放中加以解决，我国会展业才能获得可持续发展的生机和活力。

对中国会展业发展的政策建议

纵观2004年度中国会展业的实践，我们可以得出这样的结论：我国会展产业正在逐步进入快速发展的历史时期，机遇与挑战并存。在此，我们从前瞻的视角提出以下政策建议：

1. 以科学发展观为指导，促进会展产业的健康发展。党的十六届三中全会鲜明地提出了树立和落实全面、协调、可持续的科学发展观的要求，这对于中国会展产业来说，意义尤为重大。树立科学发展观、发展会展经济，主要应把握以下三个要点：第一，落实科学发展观是要实现经济社会的全面发展。会展经济处在其产业的培育和发展阶段，作为一个新兴的产业群体，会展经济与其他经济类型互为发展前提。第二，科学发展观是要达到行业的协调和可持续的发展。会展经济的发展应包含这一产业所有链条、环节的发展，而不仅仅是建设会展场馆，培育会展公司等单方面的进步；它应当既有量的增长，又有质的提升。我们不仅要考虑当前的发展，而且更要谋划长远的发展，制定出符合会展经济发展要求的行业标准，建设既与国际会展业接轨，又符合中国发展实际的会展产业。第三，发展会展经济要体现人的全面发展。会展是会议、展览和节事活动的整合经济形态，它不仅仅是经济活动，体现为对利益的追求，它同时也是社会活动，体现了人们对经济、社会、科教、文化等各方面发展的向往。

2. 发挥政府对会展产业发展的引导和培育作用，建立公平的市场竞争环境。对此我们提出几点建议：第一，建议政府部门通过法律、行政规章和政策等手段对中国会展业进行宏观规范，同时减少对会展活动的直接参与和管理，使会展业各个主体能在公平、透明的环境下竞争发展。第二，有关政府部门共同研究制定中国会展产业政策。第三，研究制定有利于中国会展业发展的税收政策，使会展场馆经营者、会展企业和相关服务业能进一步提高办好会展活动的积极性。

3. 在继续扩大规模的基础上实施品牌战略。会展业从某种程度上说是一种“规模经济”，同时，也是一种“品牌经济”。就会展城市而言，要根据城市的资源禀赋条件，在“展”、“会”与“节事活动”中选择能发挥城市资源优势的重点，促进一批有品牌效应的展会和一批有专业水准、有竞争实力的会展企业在市场环境中胜出并壮大。就展览项目而言，会展企业应该集中优势资源，努力提高展会组织、策划、服务的水准和经营管理水平，不断进行展会活动的创新，争创名优品牌，提升中国会展业的国际市场竞争力和影响力。

4. 加快筹建全国性会展协会，促进中国会展产业化。随着我国政府机构改革和职能转变，政府主要通过制定规则来调控市场，而市场的自律则主要依靠由企业构成的行业协会组织来进行。我们应该借鉴那些展览发达国家的行业管理经验，在认真分析研究我国会展经济现状的基础上，尽早成立全国性的市场化的会展行业组织，充分发挥相关中介机构的行业自律作用，加大协调和服务力度，加强产业内部的交流与合作，协调会展活动。

5. 有意识、有目的地推进会展产业的专业化分工与合作。包括会展产业链上的分工专业化、会展活动服务专业化、会展项目运作的专业化。从会展企业角度分析，专业化主要包括会展内容专业化，会展组织者专业化，会展服务者专业化。专业会展是未来会展发展的趋势所在。

6. 重视现代信息技术的应用，关注互联网的发展给会展业带来的契机。中国展览业是一个年轻的行业，但在它的成长时期即能与发达国家成熟的展览业同样利用现代科技成果，利用同样的技术环境缩小与后者的差距。信息技术将帮助中国会展业实现跨越式发展，相信互联网和电子商务在中国展览业中的运用，将为中国展览业的加速发展安装一个强有力的引擎。

2004年已成为过去，伴随着新年的钟声，迎接中国会展业的仍将是紧张忙碌的一年。中国贸促会已经启动2005年中国会展经济年度报告的研究工作，我们将总结经验，力争使2005年的报告在数据统计和分析等方面更加缜密和完善。

中国的会展业历经几十年的发展，目前正处在一个承前启后，继往开来的重要时期。让我们携起手来，抓住机遇，把握和顺应会展业的发展规律，积极探索适合中国会展业的发展道路，扎实工作，共同发展，共同创造中国会展业的美好未来！

商务部将加大与有关部门沟通协调力度
共促会展经济快速健康发展

2005年1月11日，商务部副部长于广洲出席首届中国会展经济国际合作论坛并发表演讲。于广洲说，本届论坛是在我国首次举办的具有较高水平的国际会展业的盛会，本次论坛为与会者提供了相互探讨、加强合作、共谋发展的良好平台，为促进我国会展业向法制化、专业化、市场化和国际化方向发展具有重要意义。

于广洲强调，会展经济已成为我国经济的一大亮点，今后商务部门要努力做好以下工作。一是加快政府职能的转变，尽快建立健全会展方面的法律法规，加强宏观规划，建立和完善促进体系，加大监管力度，推进建设中介组织，提高会展业的宏观管理水平。二是创造特色会展品牌，充分发挥各类会展业的优势，引导树立品牌意识，强化特色品牌形象，各类综合性展览会要在扩大进出口和引进外资以及“走出去”方面发挥更大的作用。各类专业展览会要突出“专特精深”，在创建名牌上要下大功夫。三是做大做强会展企业，深化体制改革，大力发展国有资本、集体资本和非公有制资本参股的混合所有制经济，积极促进非公有制经济进入会展业，引导外商投资企业进入会展业，重点支持和培育具有一批国际竞争力的会展“航母”。四是推动有条件的企业赴境外办会展，学习和借鉴发达国家的经验，支持有条件的企业赴境外单独或联合办展，加强人员的培训和相互交流，鼓励企业参与境外各种有影响的展览会。五是加强部门协调与合作，商务部与有关部门要进一步加强沟通交流信息，协调制定政策，规范行业秩序，共同促进会展经济持续快速协调健康地向前发展。

据初步统计，近年来，每年在我国举行的各类展览会达3000个左右，室内展览面积达到300多万平方米，超过号称世界展览之国德国的展览面积。根据2004年外商投资企业联合年检结果，截至2003年底，14家外商投资会展企业累计投资1.3亿美元。2004年1至11月份，新批设立会展业外商投资企业32家，合同外资金额达到2200万美元，会展经济的扩大和提高促进会展经济日益壮大，使会展经济在我国社会和经济发展中的作用越来越重要。2003年，我国展览业实际产值80亿美元，促进了旅游、交通、翻译、广告装璜等诸多服务业的发展。

据悉，2004年，有202个国家和地区的3000多名客商来华参加中国出口商品交易会，成交金额超过400亿美元。118个国家1.18万多名客商，参加投资贸易洽谈会，签订各种投资项目196个，总投资149亿美元，利用外资116亿美元。首届东盟贸易博览会也有1105家企业参展，累计成交额11亿美元。

——《国际商报》

中国展览业市场调查课题成果发布

为全面了解近年来中国展览业的发展情况，经过8个月的专项调查，商务部商业改革发展司与商务部国际贸易经济合作研究院2004年年底完成了对2003年我国展览业市场调查项目，调查表明，我国展览业呈现以下主要特点：

一、展览会已成为促进国内贸易和扩大出口的重要手段与交流平台

近年来展览会数量增长迅速，据统计，2001、2002、2003年全国各地举办的经贸领域展览会分别为2387、3075和3298个，范围涉及国民经济的各个行业和主要部门。参展企业数量逐年上升：2001年达到547万家，2002年为687.7万家，2003年受“非典”影响仍达到552.4万家。据不完全统计，2003年全国展览观众近6千万人次，其中专业观众人数达到1751万人次。随着展览专业化、市场化、国际化水平的提高，国内形成了“中国出口商品交易会”、“中国国际投资贸易洽谈会”、“中国国际高新技术出口交易会”、“中国国际机床展览会”等一批具有国际影响的知名品牌展会。越来越凸现出展览会在促进经贸交流和扩大出口方面的积极作用。

二、近年来中国展览业的快速发展具有显著的数量扩张特征

展览场馆总规模急剧扩大，平均收入呈下降趋势。由于举办展览会对于地方经济发展具有明显的拉动作用，许多城市都在新建或扩建展览馆、展览中心或会展中心（以下简称展览场馆）。截止2003年底，全国各地已建成展览场馆212个，分别比2001年和2002年增长81.2%和20.5%。总建筑面积达601万平方米、使用面积为376万平方米、展览面积251万平方米，分别比2002年增长了33.5%、41.07%和39.6%；分别比2001年增长了131.8%、145.3%和133%。据不完全统计，全国各地正在建设或规划在三年内建成展览场馆的展览面积将超过100万平方米，展览场馆建设总体上已出现“过热”苗头。

与展览场馆面积急剧增长形成鲜明对照的是，这三年展览场馆总收入增长缓慢，2001年全国展览场馆收入为16.86亿元；2002年略有上升，达到20.11亿元；2003年全国展览场馆的总收入仅为20.12亿元，与2002年基本持平。但展览场馆平均每平方米建筑面积的收入呈逐年下降的趋势（2002年下降31.3%，2003年下降25.1%）。

展览项目总量增长迅速，展览组织者收入增长不稳定。据调查，2001年全国各地举办的展览项目为2387个，2002年为3075个，2003年为3298个，2002年比2001年增长了28.82%，2003年虽然受到“非典”影响，但仍比上一年增长了7.25%。

同期各类展览组织者的办展收入虽然增长，但增幅有所下降。2001年全国总收入为74.56亿元，2002年全国展览总收入达到90.28亿元，比上一年增长了20.67%。2003年，受“非典”影响，当年我国展览项目和展览面积仍呈大幅增长的态势，但全国展览总收入仅为86.35亿元，比2002年下降了7.78%。

展览企业数量增长较快，企业和从业人员素质有待提高。截至2003年底，全国主营展览组织业务（主办或承办）的专业展览企业已有3千家左右，包括兼营展览组织业务的其他各类企业，这一市场主体将超过5千家。全国专门从事展览组织、展览服务的从业人员达12万人。由于我国展览业作为产业尚处于发展初期，发展环境还不完善，从业人员素质有待提高等原因，目前有能力独立组织展览活动或拥有品牌展会的企业只占很小比重。

表1-1　2003年展览会地区分布情况

	展览会数量(个)	在全国所占比例(%)
华东地区	1320	40
华北地区	576	17.5
华南地区	361	12
东北地区	312	9.5
其他地区	729	21

（注：按展览场馆收入和展览组织者收入分析，华东、华北、华南三个展览产业带所占比重还要更高。）

表1-2　2001～2003年我国展览业数据

年份	展览会数量	观众数量(万人次)	场馆建设面积(万m²)	展览面积(万m²)	展览场馆数量(个)
2001	2387	3709	259.46	107.74	117
2002	3075	4680	450.49	179.79	176
2003	3298	5998	601.32	250.99	212

三、展览业与区域经济发展程度密切相关，展览经济产业带基本成型

调查表明，中国展览业在经济发展较快的沿海地区得到了迅速发展。近年来，广东、北京、上海、浙江、江苏、福建、山东、辽宁等经济发展较快的沿海省市展览业发展较快，并已形成了以上海、北京、广州三大会展城市为中心的华东、华北、华南三大展览产业带。东北地区和中西部地区会展业发展势头不减，第四个展览产业带正在东北地区形成。从整个东北地区看，近三年除了基本没有新建展览场馆外，其展览项目数、展览场馆收入、展览组织者收入等项指标都呈明显增长之势。

就省份分布而言，北京是全国举办展览会最多的省市。2003年，北京共有392个展览会，其次是上海，有348个展览会（2002年北京为481个，上海为338个）。从展览组织者收入分布看，广东、北京、上海和浙江占据绝对份额，2003年这四个省市分别为32.4亿元、18.5亿元、16.2亿元和11.4亿元，总收入超过78.5亿元，占全国展览组织者总收入的91%。从展览场馆收入分布看，近三年仅广东、北京、上海、浙江四省市的展览场馆收入合计每年都占全国展览场馆总收入80%以上（但比重逐年有所下降）。从专业展览公司分布看，截至2003年底广东876个，上海480个，北京约400个，浙江114个，四省市专业展览企业总数占全国的62%。

商务部商业改革发展司

商务部国际贸易经济合作研究院

回放2004中国展览业

商务部国际贸易经济合作研究院研究员 李永江

2004年是中国展览业蓬勃发展的一年，又是展览业开放力度加大，面临机遇和挑战最多的一年。总的来看，2004年中国展览业呈现出如下的特点：

一、政府主导型的展会仍是一大亮点

2004年仍有为数较多的由国家部委和省市政府共同举办的大型展会活动，其中不少展会有高层领导人出席、讲话、剪彩、题词。这对于推动经济发展、扩大对外开放都有重要的宣传作用。如中国出口商品交易会是我国规模最大、层次最高、商品种类最全、到会客商最多、成交效果最好的综合性国际贸易展览会，号称中国第一展，同时也是享誉海外的国际贸易展。据统计，2004年秋季广交会参展的有48个交易团、1.02万多家企业，展位1.84万个，参展商品达12万种，海外采购商超过15万人，成交总额超过200亿美元。此外，中国国际高新技术成果交易会（简称“高交会”）、厦门“投洽会”、北京“科博会”等展会都上了一个新的台阶，取得了长足的进步。特别是2004年11月3日在南宁举办的首届中国—东盟博览会取得了极大的成功，引起了世人的瞩目。博览会是中国—东盟自由贸易区发展到一定程度的必然产物，适应了中国和东盟进一步深化经贸合作的需要。博览会紧扣自由贸易区建设的主要内容和现实进程，展示自由贸易区经济发展成果，以企业为核心，以双向互利为原则，以贸易、投资与经济技术交流为重点，为中国和东盟国家提供了一个双向互动的合作平台，蕴含了巨大的商机。因此，博览会首届举办就在商品贸易、投资合作、服务贸易、高层论坛、文化交流等各方面取得了良好成效。

二、各地方政府纷纷出台相关政策，促进会展业的发展

在展览业发展过程中，地方政府扮演了非常重要的角色。鉴于展览在地方经济发展和城市建设中的特殊地位和作用，不论地理位置与经济发展水平如何，几乎所有级别的地方政府都对展览表现出浓厚的兴趣，投入极大的财力、精力去办展，举行相关的大型活动。虽然这是招商引资、扩大开放、增加地方知名度、促进地方发展的有效途径与方法，但也包含着好大喜功、追求政绩的因素。

但同时也应看到，一些展览业比较发达的城市在展览业管理和政策供给、市场体系建设方面进行了有益的探索和尝试，取得了明显的效果，积累了宝贵的经验。由于缺乏系统、全面、科学的国家级的展览业政策、法令和规划的规制、指导，一些地方政府为了弥补政策供给缺失，根据当地展览业发展的需要，设立专管展览业的政府机构，出台一些相关政策，进行制度创新，虽然未形成体系，但在当地展览业发展中发挥着重要作用。

北京市政府也把展览业列为重点发展的产业，特别是把国际性展览会作为重点发展的支柱产业。在广泛调研的基础上，北京市发展与改革委员会编制的《北京会展业发展规划（2004～2008）》即将完成。上海在产业结构调整中，把会展业作为服务贸易领域的一个重要方面，确定了将上海建成国际性会议展览中心的战略目标，大力完善基础设施建设，吸

引外资。大连被普遍认为是展览业管理的一个成功范例。早在1996年，大连就把展览业作为大连新的经济增长点，列为行业发展重点和实施“外贸、外资、外经、外展”战略的重要举措之一，为此专门成立了大连市展览工作领导小组，对全市展会活动实施统一监管。1999年1月出台《大连市展览会管理暂行办法》，该办法经过市政府法制办审核，成为市政府的规章性文件，对大连市展览业的管理起到了重要作用。2004年大连会展业发生了更大的变化：全国贸促展览工作年会、中国展馆CEO峰会在大连召开；东北会展中心城市联盟成立；大连与香港会展业签订了合作协议；大连星海会展中心二期展馆即大连世界博览广场正日夜赶工地建设……，这些不仅在一定程度上整合了大连会展业的内外资源，也促进了大连会展业朝着国际化、专业化和市场化多元格局发展。

三、中国展览业大开放的格局正在形成

根据中国政府对入世的承诺，2004年12月11日中国服务业对外全面开放，这当中也包括对展览业的开放。其实，早在开放以前，国外展览公司已经染指了中国的展览业。随着中国的改革开放和加入世贸组织，中国进一步打开了市场的大门。在中国展览会的市场上，外国大型展览公司已经跨了进来。其中德国汉诺威、慕尼黑、杜塞尔多夫三家展览公司与上海有关方面合资在浦东成立的上海新国际博览中心更是发展成为外国一些大型展览公司进入中国展览市场的“桥头堡”。

最先把德国品牌展览会向中国上海转移的是德国汉诺威展览公司。汉诺威展览公司拥有著名的汉诺威工业博览会，于是汉诺威展览公司就逐步把汉诺威工业博览会中的“传动技术”、“物料搬运”、“能源电气”等专题展会移植过来。汉诺威另一个著名的展会项目是信息与通讯博览会（Cebit），现在它已经以亚洲信息与通讯博览会的名称在上海举行。

慕尼黑展览公司是将其著名的建筑机械展览会（BAUMA）向上海转移复制，形成了中国建筑、建材机械展览会。此外，慕尼黑展览公司的环保展览会、物流展览会和房地产展览会等项目也陆续转移复制到了上海。

杜塞尔多夫展览公司则是先后将仪器仪表展览会、线材与管材展览会和印刷机械展览会等项目从杜塞尔多夫转移复制到了上海。

2004年以来，国际展览业巨头们更是直接进入了市场，并把其成功的国际展会移植到中国来。10月份，汉诺威就曾在上海同时举行了亚洲国际物流技术与运输系统展览会等五大工业展会，为国际工业巨头和渴望与其直接接触的中国企业构建了一个有效的平台。英国、美国、澳大利亚等国家和地区的专业展览公司，也纷纷与中国的政府部门、行业组织和业界同行合作。笔者认为，展览业的全面对外开放，能够加速建立一个开放性、国际化的经营环境，可以使国内外资本在公平和可预见的法制环境下，在会展领域展开自由竞争，通过竞争与合作使会展资源得到优化配置，促成出现一批具有专业水准和国际影响的品牌展览会，出现一批具有国际竞争力和健全现代企业制度的大型会展企业集团，同时在竞争中淘汰一批企业。同时可以充分利用内展和外展两个市场、两种资源，打破条块分割，打破区域限制，从全方位的视角来推进展览业市场化、产业化的进程，使内展和外展两种资源相互融合，相互促进。

四、中国展览业快速发展

中国加入WTO后，中国展览业进入快速发展阶段，主要表现在：

1. 建设规模不断扩大，全国各地都在大兴土木，增建了大量的展览馆。而目前全国展览馆的建设正方兴未艾，据不完全统计，全国正在建设或规划将在未来三年内建成的各类会展中心的展览面积可能超过100万平方米。据保守估计，到2005年底，全国展览馆面积将超过300万平方米。

2. 展览项目数量急剧增加。调查表明，2001年全国各地举办的展览会为2387个，2002年为3075个，2003年为3298个，2002年比2001年增长了28.82%，全国展览会的数量增长幅度接近30%，2003年虽然受到“非典”的巨大影响，但仍取得了7.25%的增长幅度。2004年中国展览项目数量超过4000个。

3. 全国展览收入增幅明显，从2001年到2002年的趋势看，全国展览收入上升非常快，增长率达到了20.67%。2004年全国展览收入有望超越2002年，远远高于2003年。2003年是我国遭受“非典”灾难严重的一年，对我国的展览业产生了巨大的负面影响，纯属特殊情况，不能代表我国展览业发展的趋势，在“非典”之后，我国展览业恢复了蓬勃发展的趋势。

五、全国专业化展览比重增加，名牌展会暂露头角

近几年全国举办的展览会中，专业化展览占据了越来越大的比重，几乎涉及了国民经济的各个部门和主要行业。更引人注目的是，目前国内已经初步涌现出一批具有知名品牌的展览企业或展会，如北京国际会展中心、上海国际会展中心、大连星海国际会展中心；中国出口商品交易会、北京国际汽车展、深圳高交会等，这些品牌企业或者展会为我国其他城市发展展览业积累了宝贵的经验。特别值得一提的是，中国展览业已出现了一批规模大、质量高、服务好的展览会，并获得了国际展览联盟的认证。2004年6月，我国的上海汽车展喜获UFI认证，给了上海人一个惊喜。同时UFI也确定

了苏州国际博览中心和亚洲国际博览馆（香港）将在场馆建成运营后成为UFI的正式会员。这个现象给了我们两点启示：一方面UFI正日益重视发展展览中心会员和中国会员，这对我们来说是个极好机遇；另一方面对于想加入UFI的机构来说，准备工作做得越早越好，越细越好。人家工程还在建，通过认证的工作却已经做到家了。截止到2004年10月底我国被国际展览联盟接纳为会员的展览会总数已达22个。由于我国会议展览业的迅速发展，UFI正日益关注中国。UFI现任常务副主席Sandy Angus先生表示："中国自身的展览行业从未像今天这样发展得如此迅速"，"我希望在不久的将来，中国能够成为世界上最重要的展览市场之一"。可见与我国的经济发展一样，展览界也同样是"中国需要世界，世界也需要中国"。我们相信，作为一个正在崛起的经济大国和展览大国，中国经UFI认证的展会和UFI会员会越来越多，中国会展业将迎来光辉灿烂的明天。

再接再厉　团结奋进

中国展览馆协会新任理事长陈若薇为协会描绘发展蓝图

"中国展览馆协会已走过20年的历程，其间发生了很大的变化，会员队伍不断壮大，会员结构也更多元化，会员代表性更加广泛，中国展协的会员已涵盖了会展产业链的各个环节，中国展览馆协会在中国会展业的影响日益增强。"中国展览馆协会新任理事长陈若薇为协会会员大会致闭幕词时讲道："今天我们相聚在这里，是为了一个共同的目标，那就是为了中国展览业的发展。作为国内展览界惟一的国家级社团，中国展览馆协会自成立以来，尤其是在上届理事会和秘书处的关心和支持下，始终履行其协调服务功能，贯彻为政府服务、为业界服务、为会员服务的宗旨，做了许多实事。这些工作之所以能顺利进行和开展，与展协所有会员的大力支持是分不开的。"

在谈到新一届理事会的工作时，陈若薇指出"中国展览馆协会作为中国展览业目前惟一的国家级社团，有其自身的优势。新一届理事会正处在一个重要的战略转型期，面临着不可多得的机遇，我们要把握这一时机，秉承协会服务为本的宗旨，按照'积极发展独立公正、规范运作的专业化市场中介服务机构，按市场化原则规范和发展各类行业协会、商会等自律性组织'的精神，以科学发展观为指导，推进中国展览馆协会进一步发展，充分发挥协会行业规范自律、行业协调、行业服务、行业指导的职能，为推动中国展览行业全面、协调、可持续发展做出自己的努力。展协理事会及秘书处应脚踏实地的工作，从自身做起，站在维护中国会展业利益的高度，忠实地为会员、业界、政府服务。"在今后几年新一届理事会将重点做好以下工作：

第一，积极发展会员，不断完善和壮大中国展览馆协会的队伍。发展会员是历届理事会的一项长期且重要的工作任务，此届理事会也不例外。当前，全国从事展览业的企事业单位一万余家，相关单位更多。中国展览馆协会目前有近200家会员，即使将团体会员的个体都看作是与展协其他个体会员拥有同等地位的实体，中国展协也只有近2000家会员，它的代表性还是有一定局限。因此中国展协仍要积极吸收会展产业链的各单位入会，扩大业务覆盖面，逐步把展协建成真正具有行业代表性的全国性协会。

第二，继续办好"展中展"，为会员企业、为行业发展服务。"展中展"是惟一属于展览行业自己的专业展会。自从2000年开始举办第一届以来，"展中展"一直受到业内人士的关注。经过几年的发展，"展中展"已形成了独特的品牌。从第六届起，"展中展"交由中国展协承办。2005年1月的第六届"展中展"取得了很好的效果和反响，达到了预期目的。这是为会员服务、为行业服务的一个重要的方面。要继续努力办好展览，精心培育和保护这个品牌，满足展览产业链上各个环节交流及合作的需要，将"展中展"办成一个真正推动行业发展的盛会。

第三，制订行业规范，推进行业自律。我国展览业出现的诸多问题如重复办展，无序竞争，展览管理水平低下，市场化程度不高等一个很重要的原因是缺乏行业总体协调机制。2004年中国展览馆协会组织召开了"中国展览组织者CEO高峰会"、"中国展览中心CEO高峰会"、"中国展览工程搭建商CEO高峰会"。这些高峰会的举办是中国展协引导我国展览从业者为建立和维护我国展览市场秩序，推动行业经营规范化与自律迈出的第一步，得到了业界的支持和反响。今后协会还将继续深入开展这方面的工作。根据国家政策，逐步推进制订行业服务标准和规范，建立资质认证体系，规范行业行为，促进行业自律体系的逐步建立，促进各地区展览业协调有序发展。

第四，加强行业统计和信息化建设。行业协会为会员服务的基本途径就是通过网站、报刊、论坛等为会员提供相关政策法规、行业和市场动态、理论研究等相关信息，搭建会员间信息沟通交流的平台，为会员单位的发展提供相关的信息和咨询支持。中国展协采取不同的方式收集相关信息对行业状况进行调研工作，将统计数据整理分析后，为社会和会员服务，以便相关会员单位在发展中采取调整自己的企业战略和规划。信息社会离不开网络，因此中国展协在继续办好《中国展览》等相关出版物的同时，将注重搞好协会的网站建设。借助中国国际展览中心集团公司先进的信息系统，构建面向整个展览行业的信息化服务平台。

第五，深入开展专业委员会工作。中国展协下设“组展专业委员会”、“展览工程专业委员会”、“展览理论研究专业委员会”。三个专业委员会成立不久，各项工作还有待开展和完善。建立各专业委员会的规章制度，完善机构设置，确立工作方针，组织各种形式的活动都势在必行。各专业委员会将根据展览产业链的特性制定和出台展览业行为规范，逐步形成行业的自律和发展机制。

第六，根据会展人才市场需求举办会展培训活动，提高会展从业人员的素质。为企业进行人员培训，是行业协会的基本职能之一。根据展览行业形势发展和企业的实际需要，我们将针对不同的人才需求举办有特色的会展专业培训，还要加强与国际展览研究机构及学校合作，通过开办培训班、讲座、论坛、沙龙等形式的活动，引进先进的管理理念，学习先进的操作经验，为中国会展业提供有价值的人力资源。

第七，继续加强中国展览业界与国外同业的交流与合作。虽然我国展览业发展强劲，并逐渐形成一批品牌展会和强势企业，还有许多企业加入相关的国际组织，但这并不说明中国展览业已同国际会展业接轨或达到国际水平。我国会展业的整体水平同发达国家展览业还存有不少差距。中国展协将有针对性搭建国内展览业之间、国内展览业同国际展览业之间交流合作的平台，精心培育和保护品牌展览，增强中国会展业的整体实力，推动中国展览业持续发展。

第八，搭建政府与展览业界沟通交流的平台，反映业界呼声，开展理论研究，为政府提供政策依据和信息支持。协会作为一个中介组织，是政府与业界沟通的桥梁，既要替业界向政府传达意见建议及呼声，又要贯彻政府的意志和政策。这就需要协会时时关注双方的动向，加强交流与协调，引导企业开展会展理论研究，通过案例分析，从不同角度，不同侧面发现问题、解决问题。通过理论研究摸索有价值的规律，指导产业健康、有序、可持续发展，提高中国会展业整体竞争力，并为政府制定会展政策提供依据。

陈若薇最后表示，新一届理事会将在梁文理事长为首的第五届理事会及秘书处的出色工作的基础上再接再厉，与协会全体会员一起努力，团结奋进，共同开创中国展览业的未来。

——《中国贸易报》张汝男

发挥协会作用 力促竞争合作

2005年6月10～11日，中国展览馆协会第六届会员代表大会在北京召开，中国展览馆协会第五届理事会理事长梁文代表第五届理事会在会上作了工作报告。梁文在报告中首先指出，在我国展览业迅速发展、政府职能转移、行业协会承担起新的历史任务的时期，协会以为政府服务、为会员服务、为业界服务为宗旨，在民政部、国资委、工经联和中国贸促会的领导下，在广大会员企业的支持下，较好地完成了理事会所确定的各项任务，并取得了一定的成效。

中国展览馆协会以促进行业健康发展为己任，积极发挥行业协会的协调作用，力促展览行业的有序竞争和成员间的战略合作。梁文表示，协会在这方面作了大量工作。如为建立和维护中国展览业市场秩序，以实现行业经营规范与自律，2004年协会就展览产业链上各个业务分别召开了三个展览企业CEO高峰会——中国展览组织者CEO高峰会、中国会展中心CEO高峰会、中国展览工程CEO高峰会。

对于协会发挥业界与政府沟通的桥梁作用问题，梁文明确指出，协会充分发挥了作为中介组织的桥梁作用，加强了同政府有关部门的联系，反映业界呼声、完成政府交办的任务。特别是在2003年“非典”期间，展览馆协会应广大会员和政府有关部门要求，认真调查研究，先后向国务院国有资产监督管理委员会、国家发展和改革委员会产业政策司呈报了我国会展业遭受损失的情况并请求减免税收，对会展业予以扶持，得到了有关领导的重视。同时，受商务部和国家发改委产业政策司的委托，展协就中国展览业的现状、问题、政策建议，以及展馆设施等专题进行了调研，提交了《我国展览中心场馆建设情况、问题和建议》、《关于制订中国会展业中长期发展政策的调研报告》。

协会十分重视加强会员单位间的信息交流，努力发挥跨行业、跨部门的优势，利用研讨会、论坛、展会、网站、出版物、信息咨询等形式，广泛地开展了信息交流活动。4年间，协会不仅创办了杂志，刊出了15期展协《通讯》，协会还建立了专业网站，以提高信息传递的时效性和扩大信息量。为了给协会会员提供更加完善、周到的专业信息服务，2005年初协会秘书处投入人力、物力构建中国展览信息库。数据库建成后，可以更好地了解我国展览业现状，向政府主管部门提交权威的展览业发展情况报告和提出合理化建议。

伴随着中国会展业的高速发展，会展专业人才稀缺的问题日益凸现。协会为了提高中国会展界从业人员的整体素质，举办了不同形式的会展专业培训和讲座，努力推进会展培训的系统性和规范化。梁文表示，协会针对业内人士的不同需求层，举办了多种形式的展览实务培训，既有会展高级经理证书班，又有经营管理高级培训班。为提高培训档次，协会还与北京大学、国际展览业协会联手举办了“中国会展业高级培训班”，学员普遍反映受益匪浅。

构筑同行间交流与合作的平台，是协会一项重要的工作。梁文指出，要通过举办展中展、会展论坛、研讨会等各种形式的活动，促进展协会员、展览各业务主体、中国展览界同国际展览界之间的交流与合作，探寻共同利益和共同发展的切入点，加快创新步伐和发展速度。协会自2002年以来已举办了两届会展论坛和一次展中展，国际会展业界对这些活动反响热烈，国外和港澳来宾占到了与会人员的1/3，体现了活动的国际性和权威性。

成功申办2006国际展览业协会年会是协会取得的又一成绩，这次成功申办，使我国展览业界有更多机会参与年会活动，对我国展览业界更新观念，改善经营管理，加快同国际接轨有着积极的意义。同时对上海成功举办2010年世博会起到了有益的支持和铺垫作用。

协会在积极开展业务工作的同时，努力加强自身建设，理顺关系，扩大会员队伍，开拓业务领域。梁文在报告中指出，由于新建或扩建的会展中心均定位于举办经济贸易性展览会。因此，大多数会员希望中国展览馆协会主管单位由国家文物局转变为国家经贸委。2002年5月国家文物局、国家经济贸易委员会正式批复，同意中国展览馆协会的业务主管单位由国家文物局变更为国家经济贸易委员会。现主管单位为国有资产监督管理委员会，代管机构为中国工业经济联合会。

成立专业委员会标志着协会组织机构更加完备。2004年10月，展览组织者专业委员会、展览工程专业委员会和展览理论研究委员会正式成立。梁文指出，这三个专业委员会的成立和各项工作的开展，将更加有利于中国展览业各环节的交流协作和市场规范，同时也标志着中国展览馆协会将起到展览业界至今尚未有的核心组织作用。

近年来，协会大力发展会员，增强协会代表性，三年多来共发展会员130多家，会员业务结构也发生了很大变化，使协会更具代表性。

梁文最后表示，随着政府机构改革的进一步深化，行业协会的地位将会更加突出，要求也越来越高。随着中国展览业逐渐走向成熟，协会工作需要不断规范化和制度化，需要在今后的工作中克服困难，加强自我完善，不断适应新形势。随着协会吸引力、凝聚力的不断增强，将会有越来越多的展览企业和热心人士加入进来，共同为推动我国展览业的健康、有序、可持续发展而努力。

——《中国贸易报》任 征

出国经贸展览将迎来新的繁荣期

2005年7月7日，全国出国经贸展览工作会议暨中国展览业法制化、市场化、产业化、国际化发展研讨会在深圳隆重召开。中国贸促会会长万季飞，副会长高燕出席会议并作了重要讲话。来自全国贸促机构，组展、办展、展台设计搭建企业等展览业人士约300人参加了会议。万季飞首先回顾了我国展览业的发展情况，他说：“过去的一年，中国展览业继续保持强劲的增长势头，业界发生了不少具有开创意义的事情。在今年1月举行的首届中国会展经济国际合作论坛上，来自中国、德国、法国、意大利、美国等17个国家和地区的600多位代表，围绕会展经济的热点问题展开充分研讨，共同探讨中外展览的发展之路，对于中国展览业扩大对外开放、与国际展览业界开展战略性合作，都将产生深刻的影响。吴仪副总理代表中国政府到会祝贺并发表主旨演讲，全面分析中国展览业发展状况、存在的问题、面临的机遇，高屋建瓴地指出，中国展览业要朝着市场化、法制化、产业化、国际化的方向发展。这是自新中国成立以来，国家领导人第一次就展览业发展发表的纲领性文件，为全国展览业界指明了努力方向，在全国展览业界引起了强烈反响。”

在首届中国会展经济国际合作论坛上，中国贸促会发布了2004年《中国会展经济年度发展报告》。这个《报告》既有对中国展览业的宏观评述，又有对有关行业、地域展览业发展状况的分析，全面展现了中国展览业的现状、发展趋势、存在的问题等。这是中国展览业发展史上的第一个综合性研究报告，填补了一项空白。

万季飞介绍说，参加2005年日本爱知世博会是中国展览业界过去一年中的一件大事。中国馆由中国贸促会组织，贸促会在总结过去参加世博会经验的基础上，第一次采取开放的方式组织中国馆，无论是中国馆设计方案、中国馆标志，还是中国馆的施工单位，都是面向国内外招标产生的，有关工作广泛征求了社会各界特别是专家的意见，这使得中国馆具有广泛的代表性。同时，中国贸促会这一次邀请国内有关省市参与中国馆的建设和展出，在世博会期间举办“省市周”、招商引资活动，充分发掘了世博会的综合潜力，取得了实实在在的成效，成为中国馆非常精彩的一笔，得到各方面的好评。据统计，爱知世博会观众每三个人中就有一个前往参观中国馆，中国馆接待观众数量位列外国馆之首，至今已经接近300万人。

万季飞强调说：“全国出国经贸展览工作会议暨中国展览

业法制化、市场化、产业化、国际化发展研讨会的召开，就是要落实吴仪副总理在首届中国会展经济国际合作论坛上演讲的精神，研究中国展览业的发展方向和相关举措，创新发展思路，积极推动中国展览业改革、发展、开放、合作。”

他认为，中国展览业法制化发展，就是要按照依法治国的精神，健全展览业法制建设，规范展览市场秩序，创造展览业发展的良好外部环境。中国展览业市场化发展，就是要发扬求真务实的精神，探寻展览业发展规律，按市场规律办事，从以行政导向为主转向以市场导向为主，增强展览业自我约束、自我发展的能力。中国展览业产业化发展，就是要进一步确立展览业在国民经济体系中的地位，重视展览业推动国民经济发展的重要作用，完善展览产业链，发展相关服务环节，健全展览业服务体系。中国展览业国际化发展，就是要从全球视角审视中国展览业，主动融入国际展览市场，积极寻求国际展览合作，增强中国展览业的国际竞争力。

目前，中国展览业实现法制化、市场化、产业化、国际化发展，具备相当有利的条件和良好的环境。万季飞进一步解释说，中国展览业经过改革开放以来20多年的发展，已经具备了较大的规模和相当的实力。无论是从展览基础设施、展览从业人员队伍看，还是从展览活动数量和规模来看，中国都正在步入展览业大国的行列。展览活动的供求双方正在逐步走向成熟，展览市场规则逐步完善。特别是在中国加入WTO之后，中国展览业已经开始与国际接轨，更多地按照国际展览业的规则办事，并在与国际展览业界开展竞争与合作的实践中，经受了考验，积累了一定的经验。法制化、市场化、产业化、国际化发展将是对中国展览业最近20多年发展的继承和深化。

万季飞分析后指出：中国全方位、多层次、宽领域对外开放将进一步推动中国展览业全面参与国际展览市场竞争；中国国民经济和对外贸易的迅速发展是中国展览业全面发展的根本动力。中国经济体制改革的不断深化将有力地推动中国展览业规范化发展。

万季飞对如何推动中国展览业改革发展提出了切实可行的意见，他说，法制化、市场化、产业化、国际化是中国展览业的发展思路，也是展览业界的努力方向。

第一，要求真务实，正确认识中国展览业所处的发展阶段。中国展览业目前虽然具备了较大规模和一定的竞争力，但从效益、质量、水平等方面来看，还不够成熟，“小、乱、散、差”的情况比较严重。展览活动的地域、行业分布很不均衡，开放程度有待提高。尚未形成统一、开放、竞争、有序的全国展览业市场体系，市场规则不够明确，市场行为规范化程度不高，展览理论研究、配套设施建设及展览行业服务等相对滞后。展览业界必须认真总结经验，积极开展交流与合作，努力壮大自身实力，主动迎接更为严峻的挑战。

第二，要总揽全局，正确认识展览业在国民经济中的作用。发展展览业，要求真务实，不能好高骛远，要因地制宜，不能一哄而上。当前一些地方不顾自身实际，盲目建造展览设施，造成资源浪费。要保持清醒的头脑，切实打造、维护全国展览市场的良好秩序，实现展览业的可持续发展。

第三，要开拓创新，努力增强服务能力，提高服务水平。对于展览业从业人员来说，要牢固树立服务观念，为企业服务，为国家建设服务。服务要始终以服务对象尤其是企业满意为标准。要积极创新服务手段，运用科学化的方法为企业提供多层次、立体化的服务。

第四，要胸怀全球，全面参与国际展览市场竞争。中国加入WTO已经进入“后过渡期”，对于服务业的各种保护措施将逐渐被取消，中国展览业界将面临来自国际展览业界的更多冲击。在这种情况下，我们只有积极参与国际展览市场竞争，才能更好地生存，中国展览业才能更好地发展。参与国际展览市场竞争就要放眼全球，主动走出去，到条件成熟的其他国家去发展中国的展览业。

第五，要团结协作，积极规范展览市场行为，推动展览市场体系建设。发展中国展览业，既要强调参与展览市场竞争，更要强调团结合作。要加强自律建设，杜绝行业欺诈行为，杜绝不正当竞争，狠抓诚信建设，树立、维护中国展览业的良好形象。要积极推动成立全国性展览业协会，以全国性展览业协会为主导，开展展览行业调查研究，制定展览业服务规范，协调办展行为，整合办展资源，开展多层面的合作。要重视并加强展览业法制化建设，从展览行业服务规范的制定和实施入手，强化展览行业秩序，并积极推动展览业立法，请中央有关部门与展览业界共同研究编制全国展览业发展规划。

第六，要未雨绸缪，健全展览业服务体系。中国展览业的发展需要争取良好的外部环境，但更要练好内功，打好进一步发展的根基。

第七，要夯实基础，努力培养更多的优秀展览从业人员。要高度重视展览行业培训工作，进一步加大培训工作力度。展览培训内容要力求多样化，既要有理论，也要有管理，还要有实务。

会议期间，中编办、商务部、工商总局、质检局、国家外汇管理局等中央、国务院有关部门的同志认真听取了会议代表的发言。

有效的行业自律协调机制的建立和行业自我服务体系的形成，是一个行业成熟的重要标志。在讨论中，与会代表再次呼吁尽早成立全国性的展览行业协会，构建中国展览业行业自律机制和公共服务体系。

高燕在会议总结中指出：“一年来，我国展览业经历了许多重大的变革，成功举办首届中国会展经济国际合作论坛、发布《中国会展经济年度报告》、组织爱知世博会中国馆、筹备上海世博会、制定新的《出国举办经济贸易展览会审批管理办法》等等，所有这些具有开创意义的大事，都传达出一个信息：改革、发展、开放、合作是中国展览业近一时期的主题。同时，我们必须清醒认识到，根据加入世界贸易组织的承诺，我国服务贸易市场的全面对外开放，将使我国展览业面临更加强劲的国际竞争；对外贸易交往中的贸易保护主义和贸易壁垒的障碍，也将使我国展览业面临严峻的发展环境。这对展览业来说，既是压力，也是动力，我们必须积极应对，才能赢得更大的生存和发展空间。”

——《中国贸易报》朱文伟

第二章 业界论坛

第一部分 理论研究

积极推动展览业的新发展

中国贸促会会长 万季飞

国务院副总理吴仪前不久明确指出，我国展览业要朝着法制化、市场化、产业化、国际化的方向发展。这是对过去几十年我国展览业发展的深刻总结，也是解决我国展览业发展中存在问题的总体思路，具有重要的指导意义。

展览业法制化、市场化、产业化、国际化发展的内涵。我国展览业法制化、市场化、产业化、国际化发展包含着非常丰富的内容。

我国展览业法制化发展，就是要按照依法治国的精神，健全展览业法制体系，规范展览市场秩序，创造展览业发展的良好环境。一是积极推动展览立法，以法律的形式明确办展主体和相关方面的责任、管理体系等，使展览业发展有法可依，走规范化发展的道路。二是全面开展调查研究，编制全国展览业发展规划，推动中国各行业、各地区展览业的均衡、协调发展，实现展览资源的合理配置。三是建立行业自律机制，重点推动成立全国展览业协会，把全国展览业协会建设成为沟通政府部门和展览市场的桥梁，完善我国展览业的协调、管理体系。四是制定展览行业服务规范，对展览会举办者、专业性展览服务者的行为，提出相应的标准和要求，指导、引导展览从业者提供规范、优质的服务。五是建立展览业统计和数据审计监督体系，奖优罚劣，保证展览业界的公平和公正，形成良好的行业风气，维护展览业良好形象。

我国展览业市场化发展，就是要发扬求真务实的精神，探寻展览业发展规律，按市场规律办事，从以行政导向为主转向以市场导向为主，增强展览业自我约束、自我发展的能力。一是加强对展览业发展规律的研究，结合我国的具体国情，把握我国展览业在新时期的发展方向，为推动展览业市场化发展提供理论指导。二是遵循市场经济发展规律，健全展览市场体系，完善展览市场运行规则，创造优胜劣汰的市场机制和公平竞争的环境。三是进一步发挥市场在展览资源配置中的作用，根据市场规则办事，使市场这只“看不见的手”在推动展览业发展中发挥更大作用。四是进一步发挥行业协会在展览业发展中的协调、规范和促进作用，推动地方、行业展览业协会的建设，增强行业协会的影响力和协调能力。五是加快展览业投融资体系建设，加大对展览业的资金投入，优化展览业资本结构。

我国展览业产业化发展，就是要重视展览业推动国民经济发展的重要作用，完善展览产业链，发展相关服务环节，健全展览业服务体系。一是努力提高展览业服务于国民经济发展的水平，以实实在在的成绩取得社会各界对展览业的支持，调动各方面的有利因素参与展览业发展。二是充分发挥展览业在沟通相关行业信息、交流产品和技术、推进行业发展方面的作用，以及对旅游、宾馆、交通、通讯、运输等相关服务行业的带动作用。三是对展览业务进行细分，延长展览产业链条，鼓励专业性展览服务公司发展，提高办展效益和水平。四是大力发展展览行业培训、展览数据统计、展览信息发布、展览咨询等展览行业服务，完善展览服务体系。五是根据国民经济发展的需要合理确定展览业发展目标，积极发展交通、旅游、通讯、运输等相关服务行业，为展览业的发展创造良好的硬件基础和软件环境。

我国展览业国际化发展，就是要从全球视角审视我国展览业，主动融入国际展览市场，积极寻求国际展览合作，增强我国展览业的国际竞争力。一是适应入世后过渡期的现实要求，从管理层面放宽对外资进入我国展览业的限制，鼓励国外资金、技术、管理人员进入我国展览市场。二是要学习、借鉴展览业发达国家的管理经验、经营理念和运作手段等，结合自身实际情况创新服务，开拓思路。三是要主动寻求国际合作，提升办展质量、水平和效益。四是主动走出去，在国外开展、创办自有品牌的展览活动，在国际展览市场的竞争中获得一席之地。五是要积极建立我们自己的全球展览网络，打造中外展览合作平台。

展览业法制化、市场化、产业化、国际化发展的条件。目前，我国展览业实现法制化、市场化、产业化、国际化发展，具备相当有利的条件和良好的环境。

首先，经过改革开放以来20多年的发展，我国展览业已经具备了较大的规模和相当的实力。无论是从展览基础设施、从业人员队伍，还是从展览活动数量和规模来看，我国都正在步入展览大国的行列。社会各界越来越重视展览业的作用，很多地方特别是大城市把展览业列为重点发展的行业之一。展览行业协会正在稳步发展，并发挥着越来越重要的协调、管理作用。展览活动的供求双方正在逐步成熟，展览市场规则逐步完善，并在国际竞争与合作的实践中经受考验，积累经验。

其次，我国全方位、多层次、宽领域的对外开放将进一步推动我国展览业全面参与国际竞争。随着我国加入WTO，国内外展览市场越来越融合成为一个整体，资金、技术和专业管理人员流动相当便利。同时，在入世后过渡期，我国对于服务业的保护措施越来越少，我国展览业必须积极参与国际市场竞争，才能求得发展。

第三，我国国民经济和对外贸易始终保持较高的增长速度。我国企业积极地“请进来”和“走出去”，与国际经贸界开展多方面的合作。受国民经济和对外经贸关系发展的有力拉动，我国展览业将继续强劲增长，总体规模有望在近年内保持20%左右的增长水平。

第四，我国经济体制改革不断深化将有力地推动我国展览业规范化发展。当前，我国社会主义法制体系建设进程加快，依法治国的观念深入人心，展览活动受到相关法律的规范、制约和保护，展览行业行为越来越规范，市场规律将发挥越来越重要的作用。同时，随着经济体制改革的深化，政府将进一步退出对展览业的直接参与，转而依靠经济和法制手段对展览行业行为进行管理、协调和监督，行业协会将在行业协调中发挥积极作用，具有现代企业特征的展览公司将成为展览业的主导力量。这是我国展览业实现大发展的有利时机。

展览业法制化、市场化、产业化、国际化发展的策略。实现展览业法制化、市场化、产业化、国际化发展的目标，需要主动把握展览业发展规律，以科学发展观统领展览业发展全局，积极推动展览业改革发展。

首先，要求真务实，在研究国际展览业发展历史、学习展览业发达国家经验的同时，正确认识我国国情以及我国展览业所处的发展阶段。

其次，要总揽全局，正确认识展览业在国民经济中的作用。一方面，要坚持开拓进取，不断提高展览水平，发挥展览业对相关行业及各个产业的带动、促进作用，引起各方面对发展展览业的高度重视。另一方面，要坚持实事求是的方针，不能夸大展览业在国民经济中的作用，展览业只是服务业中的一个行业，对国民经济的拉动作用是潜在的，展览业自身产值在国民经济中所占的比例也是有限的。发展展览业，一定要求真务实，不能好高骛远，一定要因地制宜，不能一哄而上。各地发展展览业、打造会展中心城市，需要具备独特的区位优势、稳定的产业基础、广阔的消费市场、完善的基础设施等条件，如果脱离本地实际情况，大家相互攀比，甚至打造所谓形象工程，只能造成资源浪费、社会成本增大，既不利于国民经济的发展，也不利于我国展览业的持续发展。

第三，要开拓创新，努力增强服务能力，提高服务水平。展览业是服务性行业，本身科技含量并不高。展览业从业者要牢固树立为企业服务、为国家建设服务的观念。服务要有高起点、高水平，始终以服务对象满意尤其以企业满意为标准。

第四，要胸怀全球，全面参与国际展览市场竞争。参与国际展览市场竞争必须树立开放意识，切实转变思想观念。参与国际展览市场竞争就要放眼全球，主动走出去，到条件成熟的国家发展中国的展览业。要主动与国际接轨，从经营理念、运作方式、人员使用、资源配置等多方面学习国际先进经验。要主动寻求国际合作，在合作中实现共赢、共同发展。要提升与世界各国国际展览组织合作的层次，从简单的办展合作向信息交流、品牌共享、资源共享、市场开发等高层次合作发展。

第五，国内展览业界要团结协作，积极规范展览市场行为，推动展览市场体系建设。要积极开展项目合作、行业服务合作。要加强自律建设，杜绝行业欺诈行为和不正当竞争，狠抓诚信建设，共同维护展览业的良好形象。要积极推动成立全国性展览业协会，以全国性展览业协会为主导，开展展览行业调查研究，制定展览业服务规范，协调办展行为，整合办展资源，开展多层面的合作。

第六，要未雨绸缪，健全展览业服务体系。要加强展览业的理论建设，从对全国展览业和国际展览业的调查研究入手，把握我国展览业的发展特点和运行规律。要加强展览业的信息建设，建立完善的展览信息统计、数据审计、发布体系。要加强展览业合作机制建设，为国内展览业界的合作、国内与国际展览业界的合作提供适合的切入点和平台，提出规范的要求和程序，建造较为成熟的合作体系。

最后，要夯实基础，努力培养更多的优秀展览人才。要高度重视展览行业培训工作，进一步加大培训工作力度。要通过多种形式、多种渠道开展展览行业培训。除高等院校、展览行业协会外，还可以发动有实力的展览公司参与展览行业培训工作。展览行业培训要区分高、中、低不同层次，有针对性地进行，务求实效。

建立符合国际规范的中国出展市场体系

中国贸促会北京分会 储祥银

早在新中国成立之初的1951年3月，中国就组织参加了“莱比锡春季博览会”，标志着新中国出国展览的开始。但是，相当一段时期，受国际政治经济形势的影响和中国经济管理体制的制约，中国出国展览发展较为缓慢。20世纪末以来，特别是中国加入世界贸易组织以后，中国出国展览有了长足的发展，出国展览的规模、数量、组织管理体制和运作水平都发生了一些本质性变化。

据有关资料统计，1950年～1985年的35年间，中国一共只组织了427个出国展览；而1995年～1999年的3年间，中国就组织出国展览1600多次，展出面积50多万平方米，我国参展公司在展览会上直接成交78亿美元。

早期中国出国展览统由中国贸促会代表国家主办，其主要目的是配合国家外交政策，促进与世界人民的友谊，冲破西方国家的政治孤立和经济封锁，宣传新中国经济建设成就，典型地表现出出展渠道惟一性、出展计划指令性和展出目的政治性的特征。随着改革开放的深入，经过一段时间的努力，我国初步形成了从中央到地方、从政府部门到贸易促进机构、商协会、外贸、工贸总公司的多层次多渠道的出国展览格局。现在，中国有出国办展资格的单位200多家。出国展览的目的也发生了根本的变化，以促进商品出口、吸引境外投资和开展多种形式的经贸交流与合作为主要目的，更加注重经济效益。

出国展览组织方式发生了根本性转变。20世纪80年代中期以前，中国出国展览以赴国外单独举办成就展为主，展览会的组织、管理和运作在一种“自我封闭，自我完善”的氛围内进行，展览策划、设计、施工、宣传、组织、服务全部自己干。现在则以参加境外品牌展览会为主，1999年的出国展览项目中，参加国际博览会和专业展览会的数量达到95%，出国展览各个环节，如展览场地租赁、参展企业招展、展台设计和施工、运输报关和广告宣传及相关服务安排等都注意加强与境外相关专业机构合作，国际化、专业化程度大为提高，展出水平和展览效果也有了显著的改进。

长期以来，受计划经济体制的影响，中国出国展览一直表现出计划经济非常鲜明的两个特征：对出国展览的主办者进行资格审定和对出展项目实行严格行政审批。中国加入世界贸易组织以后，出国举办经贸展览会的审批权由国家对外贸易经济合作部转移到国家贸促会，由国务院政府部门转移到国家准民间贸易促进机构。尽管国家贸促会努力弱化政府管理色彩，强调协调和服务，但仍然没有跳出资格审定和项目审批行政俗套。笔者认为，资格认定和项目审批是计划经济的当然产物，在计划经济向市场经济转轨的过程中，为保护国内幼稚产业，一段时间内沿用这种资格认定和项目审批制度，尚情有可原。但随着我国改革开放的不断深化，出展行业的不断发展壮大，长期沿用资格审定和项目审批这些与市场经济运行规则不相适应的管理手段，人为地延续市场垄断和不公平竞争显然有悖于我国经济体制改革发展的方向，也不利于中国展览行业的国际化和市场化，应当学习先进国家经验，尽快建立符合国际规范的出国展览市场运作体系。

因此，首先应当打破行业垄断，取消出国展览主办者的资格审定制度，逐步建立起宽松的市场准入环境。资格认定就其实质是实行一种垄断的、特许的出国展览经营方式，垄断产生惰性，垄断影响竞争，垄断制约市场规律作用的发挥，垄断导致市场机制的扭曲，以致使具有垄断权利的出国展览组织者的服务意识、管理方式和运作手段不能适应市场要求，不能及时根据市场变化作出反应，由此不利于行业服务质量的提高和出展市场的规范。德国、英国、美国等市场经济和展览发达国家，任何商业机构和贸易组织都不需要特殊的审批手续就可以进入展览行业。随着中国外贸经营权限的放宽和外贸经营权实行登记制，出国展览经营权放开是大势所趋。出国展览的经营将不再是那些政府部门、贸易促进机构、全国性商协会和经批准拥有经营资格的外贸、工贸总公司、专业展览公司的经营特权，而应当成为所有经过正规商业注册的中外企业自由选择的经营业务。应当将出国参加展览的自主权还给企业，政府部门不再干预和具体参与出展的业务经营；同时理顺不同企业的业务经营关系，将原外贸、工贸公司所拥有的组展权与自行参展权分离，即将外贸、工贸公司所属的展览服务广告公司同总公司的进出口业务分离，使其继续拥有组展权并作为专业展览公司来发展，取消外贸、工贸公司的组展权，赋予其自行参展权。加强出国展览市场主体的建设，有重点地培育一批有条件的中外合资、民营和外国独资展览公司，赋予其出展经营权，引进竞争，引进先进的市场机制、市场营销手段和优质的服务，促进中国出展市场的发展，在竞争中优胜劣汰。

其次，取消出国展览项目审批制度。在展览发达国家，不管是国际展、国内展和地方展，还是综合展、专业展都是促进产品销售的手段，是一种纯粹的商业市场行为。因此，除极少数仍然实行计划经济体制或计划经济向市场经济转轨的国家出国展览仍实行政府行为的项目审批制外，市场经济国家对展览项目均不需政府审批，也没有专门的政府部门通过行政手段管理展览业。在我国也没有必要继续坚持这种项目审批制度。近年来的实践证明这种审批制度的可操作性越来越低，由于出展项目的审批不能适应快速变化的市场需求，既批计划与实施结果的差距很大，计划实施率逐年下降。1999年的实施率只有54%。

根据展览发达市场经济国家的经验，行业协会和相关贸易促进组织在会展发展过程中发挥了十分重要的作用。展览发达国家的展览市场大多通过展览行业商协会或贸易促进机构以行业自律方式负责协调和规范，如英国的展览组织者协会（组）、展览业联合会（AEO）、德国的经济展览与博览委员会（EI）等。我们应当积极创造条件，尽快建立和完善中国展览业中介机构或行业自律组织体系；建立和健全行业协调和行业自我约束机制；建立和推广展览行业中的资质评审制度，取代现行的资格审定机制；将市场竞争机制引入出国展览，鼓励竞争；研究和制定展览行业服务标准体系，实行行业自律。

政府从资格认定、项目审批和出国展览组织的具体行政管理事务中解脱出来，转而利用经济的、法律的手段，加强对展览行业的宏观指导和政策扶持。政府可以通过总体发展规划和宏观经济政策，引导会展行业的发展方向；可以根据中国产业结构调整、外经贸发展战略和出口商品结构变化方向，完善中央及地方各级政府对出国展览业的扶持政策并使之具体化、制度化，放宽对参展人员在外事、政审、外汇等方面出境的限制并简化出国审批手续；建立必要的支持企业出国参展扶持基金，加大政府对企业，特别是中小企业走出去参与国际市场竞争的支持力度，解决出国参展成本高的问题，以减轻企业负担，提高国际竞争力；建立必要的产业扶持政策，重点扶持科技含量高、加工层次深的产品出国参展。

政府主导型展会转型与退出

厦门国际会展职业学院副院长 夏桂年

近年来我国许多城市展览场馆、交通、通讯建设等，都是在政府主导型展会的推动下发展起来的。在蓬勃发展的城市展览事业中，政府主导型展会功不可没。我国的现实是，没有政府主导型展会的发展，就不会有近年来展览业的繁荣。

造成新的不公平竞争

在探讨政府主导型展会转型的今天，不应忘记目前政府主导型展会的确存在一些问题。

一是不少地方政府在场馆建设方面，不是从实际出发，而是从想象出发，求大求洋，搞形象工程造成社会资源的浪费。场馆建设是发展会展业必不可少的硬件，符合实际、适度超前的场馆建设是需要的。但是，不考虑本地经济规模、人口总量及产业集聚度等展览资源，盲目搞大型展馆建设，则是不可取的。展览投资与一般投资是有别的。一般生产性项目投资的产品，可以进入流通渠道，在全国各地甚至世界各地销售；而展馆投资的结果是展馆自身，是固定的服务场所，只能在展馆被租用时才进入消费状态，它具有不可流动性。对展馆的建设持非谨慎的态度，造成了现今巨大的浪费着实令人心痛。

二是政府主导型展会造成新的不公平竞争。在政府主导型展会发展的同时，我国民营展览公司也有一定程度的发展。由于政府将大部分资源用于政府主导型展会，因而其他公司能从中享有的资源是极少的。民营展览公司，包括一些国营的展览公司，由于其实力不强，因而在与政府竞争中处于不利地位。这是一些城市展会红火、但展览公司发育不起来的原因之一。政府主办展览的目的本来是想通过自己的示范作用，带动本地展览业的发展。现在却出现相反的情况，由于自己过度介入，抑制了展览公司的发展。而展览公司主体的弱小，使当地展览业的繁荣成为不可能的事情。

三是许多政府主导型展会实际效果较差。政府主导型展会本来是适应当地经济发展的实际需要而发展起来的。一般而言，如果定位准确，有市场的实际需要，其效果应该是不会很差的。但是，有些地方不从实际出发，相互攀比，你办我也办，以至出现相互模仿、重复办展等恶性竞争问题，不仅分散了展览资源，而且败坏了展览的名声。现在，有些政府主导型展会的效果越来越差，以致引起人们的疑问，政府动用纳税人的钱从事这类展览，是否合法，是否合理？

虽然政府主导型展会存在上述问题，但是并未引起各级政府的普遍重视。相反，现在更多的政府不顾自身的条件，大张旗鼓地介入并主导展会。因此，就全国而言，除少数地方外，政府主导型展会有进一步强化之势。

解决上述问题的办法，一是正确对待政府的展会职能，适度控制政府介入非竞争性展会；二是促使这些展会转型；三是建立退出机制，使政府从部分已经成熟的商贸性展会退出，从那些无法培植的展会退出。

转型与退出的思路

政府主导型展会的转型与退出，必须遵循一些原则。这些原则主要有：

市场经济原则。政府无论是从展会中退出，还是继续主导展会，都必须遵循市场经济原则。一方面政府要以展会的市场前景作为考虑的主要依据；另一方面，展会的专业承办机构，要尽可能以市场经济主体身份出现，在承办展会的过程中，尤其是在项目代理、印刷品制作、大型活动招标等方面，必须遵循市场经济原则。要警惕少数官员和展会负责人从中谋取私利。

区别对待原则。所谓区别对待，就是实事求是，不搞一刀切。就区域而言，东部会展业相对比较发达，政府更多地可能是从现有比较成熟的展会中脱身，而西部展会相对比较落后，政府可以继续主、承办一些展览；就会展领域而言，对竞争性商贸展会，尤其是一些比较成熟的竞争性展会，政府可以考虑退出问题；而对非竞争性展会，政府的主要任务不是退出，而是在继续主导的情况下实现转型。

保护无形资产原则。展会的名称、会标等，是展会的无形资产。一些由政府主导的成功的展会，其无形资产价值已经相当可观。这是社会的财富，人民的财富，是政府用财政资金及公务员在不计酬劳情况下创造的。因此，政府在从这类展会退出时，必须考虑对无形资产的保护，实行公开的拍卖，以最大限度地实现其价值。防止国有资产流失，应是在退出和转型中特别需要注意的问题。

类别不同的策略

这里仅从投资洽谈类展会和商贸类展会做一定的分析，从上述思路出发，提出对于不同展会的转型与退出问题的不同策略：

过分凸现政府的公共形象，成为投资洽谈类展会的大忌。投资洽谈类展会是适应我国发展的需要而发展起来的。它属非竞争类展会或不完全竞争类展会。政府的介入与主导是必要的。政府的介入与主导主要表现在三个方面，一是政府财政资金的支持；二是对展会方案及实施过程的决策、指挥与监控；三是政府其他资源如客商资源、接待资源、安全保障资源的有效利用。

有人认为，政府对投资洽谈类展会的财政补助是政府在向展会承办者购买服务。这一认识有助于弱化政府在这类展会中的过强的主导角色，从而有利于更多地引进市场机制，变无偿服务为有偿服务；有利于会展承办者或会展的招待机构建立新的核算体制。因为办展单位接受补贴后，其内部分配机制与积累机制都受到上级政府部门的制约。如果说这种补贴本质是属于政府购买服务，则有利于强化会展承办机构的经营与财务自主权。问题是，学界的这一认识能否得到政府的认可，成为政府及相关部门的共识，尚有待于进一步的研讨、交流与观察。

投资洽谈类展会效果不明显的一个原因是政府过分关心自身的公共形象，而对企业及项目突出不够。政府的公共形象是投资环境的一个重要方面，但不是投资环境的全部。寻找合作对象和合适的投资项目，同样是投资者的重要考虑。因此，这类展会的转型，很重要的一个方面是摆正政府在展会中的位置，突出企业与项目的作用与地位。

遵循并强化市场经济原则，是投资洽谈类展会转型的另一个重要问题。政府的主导与政府的服务意识，使这类展会在进行过程中，无法真正贯彻市场经济原则。无偿的服务、权力在资源分配中强行干扰作用，好大喜功，重表面热闹，不重视客商质量等，都违背了市场经济原则，加大了展会举办成本，弱化了展会的效果。

投资洽谈类展会转型的另外一个问题是解决承办或执行机构的单位性质问题。目前从事这项工作的人员或由政府临时从各单位抽调组成，或由政府成立相应的事业机构。由于这类展会的非竞争性或不完全竞争性，成立相应的事业机构是必要的。但应实行企业化管理，建立一套完善的内部分配机制及积累机制，以便在适当的时候有能力完全走向市场。目前许多地方实行的收支两条线政策，虽有利于抑制腐败，但不利于这些单位的积累，不利于他们最终完全走向市场。因此，建立可监控的内部分配及积累机制，鼓励执行机构或承办机构在不影响投资洽谈类展会的情况下，开拓新的展览市场，是这类机构发展壮大并最终走向市场的关键。

政府的上策是从连续三年盈利商贸类展会退出。商贸类展会是竞争型展会。经过近20年的发展，我国的展览公司已经有一定程度的壮大，同时一些商贸类展览在政府的长期扶持下已经成长起来。为了营造公平竞争的展览市场环境，我主张政府从连续3年盈利商贸类展会退出。另一方面，政府长期主导的商贸型展会，经过十几届的培育，仍然效果不彰，也可以考虑退出。

出国办展呼唤政策援助

在WTO框架下，服务贸易不存在可利用的保护屏障。因此，建立在项目审批和资格审定基础上的我国出国展会的垄断经营逐渐被服务领域的贸易自由化取代已为时不远。一方面，这将对我国现行的出国展会管理体制和经营方式构成强烈的冲击；另一方面，也使我国出国展会不可避免地加入到世界展览行业的市场化和品牌化的大潮之中。国内外两种资源、两个市场为我国出国展会全面走向国际市场和迎来更大的发展创造了条件。如何通过政策导向，分步骤地建立起适应我国出国展会对外开放的市场格局，这是我们迫切需要解决的问题。

传统的审批制度制约了出国展会

以行政手段管理出国展会虽然发挥了历史阶段性的积极作用，但同时，也正是因为这种非市场的行政手段导致了我国出国展会不能按照自身的发展规律同国际接轨，从而影响了我国出国展会的健康发展。其消极的原因至少主要表现在以下几个方面：

审定出国展会经营权是我国对出国展会实行的一种垄断的、特许的经营方式，导致市场的有序竞争机制和优胜劣汰的进化机制不能在我国的展览市场中充分体现，使一些出国展会的组织者常常在自我封闭的状态下开展业务，其服务意识、管理方式和运作手段都不能适应参展商的要求，从而影响了行业服务质量的提高，行业服务标准不能健全，出国展会市场也得不到规范。

近年来，我国的出国展会出现了计划与实际差距增大、计划实施率逐年下降的趋势。1999年，经协调审批的出国展会项目为318个，实施率约为54%。造成实施率下降的主要原因是：协调审批部门对申报计划的可行性缺乏严格的审查，现行的审批管理体制又制约了组展单位对展览项目和计划的灵活调整；组展单位在制订计划时对市场需求缺乏较准确的把握，在项目申报方面存在一定的盲目性；与国际博览会沟通的渠道不畅，出国展会项目获得审批后因无法取得摊位而使计划落空；展览项目的针对性不强，往往因招展困难而无法运作。

行政审批所依靠的是政府的行政命令，审批管理部门缺乏对组展单位进行行业引导和提供咨询服务，使我国的出国展会组办单位在选择项目、确定规模和参展商品的结构上以及开发和保护国外展览市场上得不到行政管理部门应有的市场指导和协调，带有一定的盲目性，从而出现“撞车”现象，造成参展商分流，无法形成规模效益，而且使参展商无法区分良莠，难以挑选合适的参展项目。现行的审批管理制度制约了出国展会投诉机制的建立，审批管理部门对违规单位缺乏有效的监督和约束手段，使参展者和组展者之间难以妥善处理彼此产生的争议和纠纷，挫伤了企业参展的积极性。

用科学政策扶持出国展会

结合欧美展览发达国家现行展览运行体制，就加入WTO后的若干年内我国规范出国展会的行业政策，笔者提几点具体建议：

逐渐打破行业垄断，逐步建立起宽松的市场准入环境。要打破我国出国展会建立在近50年垄断经营基础上形成的非市场化体系首先应从“各级政府部门不再办展”入手，使政府部门不再干预和具体参与出国展会的经营业务；其次，应将原中央级的外贸、工贸公司所拥有的组展权同自行参展权分离，即将外贸、工贸公司所属的展览服务广告公司同总公司的进出口业务分离，使其继续拥有组展权并作为专业展览公司来发展，取消外贸、工贸公司的组展权，赋予其自行参展权；再次，有重点地培育一批有条件的中外合资、民营和外国独资展览公司，赋予其出国展会经营权，以其先进的市场机制、市场营销手段和优质的服务参与我国出国展会市场的竞争，并在竞争中使优胜劣汰的市场规则得以体现。

逐步建立出国展会的资质评审制度。在建立资质评审制度之前，首先应建立起规范的出国展会行业服务标准体系。我国目前之所以还要实行出国展会资格审定制度，其中一个原因就是，我国尚未建立起本行业规范的服务标准体系，使一些本不具备出国展会组办条件或服务功能、在市场竞争中已萎缩的单位仍具有出国展会组办资格，而那些既有出国展会服务意识又有服务能力的单位，因没有出国展会组办资格而被排斥在出国展会市场之外。目前，出国展会市场中的一些不良现象，如变相买卖、转让批件、服务质量低、不具规模、重复撞车等都与此有关。世界上凡是展览业发达的国家，其行业服务标准体系也必然是完善的。以英国展览市场为例，英国各类展览服务单位，包括展览组织、展馆场地和配套服务公司都有统一的配套行为规范，由各自的协会组织制订，对会员起指导和约束作用。如英国展览服务商协会规定，任何会员施工单位不能因与客户发生纠纷而中途停止服务，影响客户正常展出。再如规定，会员单位发布的展览统计数字、展览会介绍必须真实、准确，不能夸大贸易效果以误导参展公司和观众。该协会每年还举办展览最佳服务评选活动，即由展览组织单位评选出当年的最佳展览配套服务公司，奖项分8类，包括摊位施工、电力安装、展品运输、保安、展馆管理、家具租赁、工业服务和特殊成就奖。目前，AEO的颁奖大会已成为英国展览行业一年一度最重要的活动，“AEO杰出服务奖”某种程度上已成为英国展览行业中的质量认证。

根据我国出口商品结构调整方向和国家外经贸发展战略，应逐步建立起中央及地方政府对出国展会的扶持政策并使之具体化、制度化。根据中国国情和我国出口战略，出国展会要获得较大的发展，除了要解决市场垄断和行政审批问题外，还需要解决另外三方面的问题：一是放宽对参展人员在外事、政审、外汇等方面出境的限制，并简化出国审批手续；二是要解决出国参展成本高的问题；三是我国目前出国展会项目结构虽然比过去有较大的改善，但也出现了出国展会与我国出口商品结构趋同的发展趋势，机电类和高科技产品类出国展会项目有较大增加，但传统出口商品，包括轻工、服装、玩具、工艺礼品、室内用品等消费类出国展会项目在我国总体出国展会项目中的比例仍然偏大。我国出国展会行业中的这种现象比国外来华展会行业更突出。

为了解决好上述三方面制约我国出国展会发展的问题，除继续探讨落实我国对出国展会管理方式的转变外，当前应重点建立起政府对参展企业的财政支持和扶持体系：即中央与地方政府从外贸发展基金或政府财政中拿出一定比例的扶持专项资金，参照德国、英国、新加坡及中国香港地区的一些做法，对参展企业在摊位租金、广告、展品运输、旅行交通等方面予以财政补贴，以减轻出国参展的经费压力，从而提高企业的参展积极性，并在国际市场上寻求更多的贸易机会。这样的财政补贴虽然近似我国出口商品的财政补贴，但又有本质区别，是国际上至今仍在使用的通行做法，也不违反WTO规则。目前，我国少数城市如深圳、宁波、大连等已率先实行政府对出国参展企业财政补贴的政策。

——《中国贸易报》

第二部分 专题概述

UFI：中国品牌的独特平台

浙江省东方会展产业研究所常务副所长 丁萍萍

UFI是国际展览联盟（Union of International Fairs）的简称，是世界展览业最重要的国际性组织之一。经UFI认证的展会是高品质贸易展览会的标志。目前全球获得UFI认证的国际性展览会或贸易博览会共有629个，其中中国占有37席（内地19个，香港15个，台湾3个），仅次于德国、西班牙和俄罗斯，居世界第四位。

伴随着我国会展业国际化程度的不断提高，UFI这个名词对于许多业内人士来说已经不再陌生。通过努力让自己举办的展会获得UFI认证也日益成为大型国际展会组织者的一个奋斗目标。本文根据权威的最新材料和数据对此作了分析和整理，并就中国展会如何通过UFI认证走向世界提出了一些建设性意见，希望能给业内人士带来一些帮助。

一、UFI基本情况

为了适应发展的需要，在2003年10月20日开罗第70届会员大会上，该组织决定更名为全球展览业协会（The Global Association of the Exhibition Industry），仍简称UFI。

1925年，UFI在意大利的米兰成立，最初由欧洲的20家展览公司组成。前期只有举办展览会的展览公司才能成为其正式会员。从1994年起，展馆、展会以及会展相关机构（如贸易协会；展览服务、管理、统计、研究机构；专业报刊等）也可被接收为会员。不过至今UFI 80%的活动还是集中在展览会举办行业。UFI总部位于巴黎，其法人代表为主席。日常事务由秘书长负责处理，日常运行主要靠会员缴纳的会费。

截至2004年8月，UFI所拥有的256个正式会员来自世界72个国家的155个城市，获得UFI认可的国际性展览会或贸易博览会共有629个。此外，UFI还拥有40个协作会员，以各国的全国性会展行业协会为主。如德国的AUMA和FKM、美国的IAEM、中国的展览馆协会和深圳市会展业协会等。

UFI会员的增加情况见图2-1。

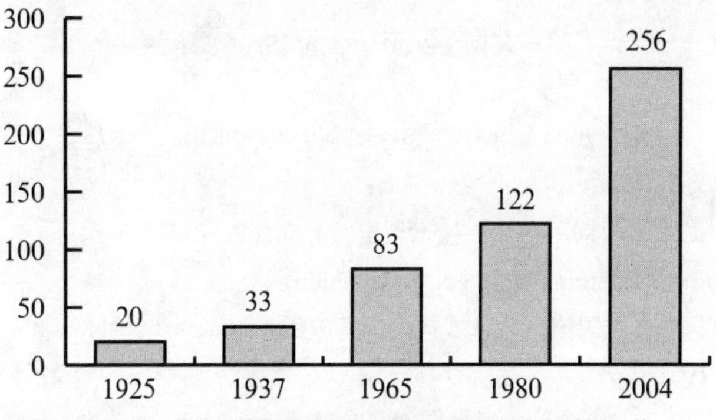

图2-1　UFI发展历史上的会员增长趋势

尽管有越来越多的非欧洲地区展览公司及机构申请加入UFI，但如今来自欧洲的会员仍占总会员数的70%，已获UFI认可的展会也有80%是在欧洲境内举办的。获UFI认证展会最多的8个国家除中国外全部是欧洲国家（图2-2），这8个国家被UFI认可的展会数要占世界展会的2/3。

值得一提的是，拥有全球较大规模的美国展览界至今还没有一个展会与UFI发生联系。显然，这在一定程度上淡化了UFI的国际性色彩。

UFI会员每年举办4000多个国际、国内及地区性展览会或贸易博览会，总展出面积超过5000万平方米，参加这

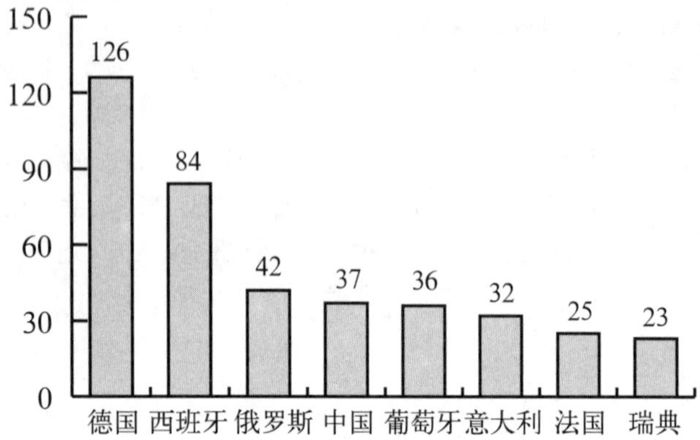

图2-2 UFI认证展会数在20个以上的国家

些展会的参展商超过100万，观众人数超过1.5亿。当前UFI成员所拥有的展览中心可供出租的展览面积高达1200万平方米以上。

对国际性展会进行权威认证是UFI的核心任务。经UFI认可的展会是高品质贸易展览会的标志。展览会举办公司只有在其举办的展会至少有一个被UFI认可后才有可能被接受为正式会员。一个展会要想获得其认证，其服务、质量、知名度皆要求达到一定的标准。UFI对申请加入的展览会的规模、办展历史、国外参展商比例、国外观众的比例等都有极严格的要求。UFI规定的注册标准为：作为国际性展会至少已连续举办3次以上，至少要有2万平方米的展出面积，20%的国外参展商，4%的海外观众。

二、大陆经UFI认证的品牌展会

截至2004年8月，我国大陆得到UFI认证的展览会数目为19个。

1. 北京国际印刷技术展览会 China Print (Beijing International Printing Technology Exhibition)

2. 中国国际机床展览会CIMT (China International Machine Tool Show)

3. 多国仪器研讨会暨展览会Miconex (Multinational Instrumentation Conference and Exhibition)

4. 中国国际金属及冶金展览会 Metal & Metallurgy China

5. 国际制冷、空调、供暖、通风及食品冷冻加工展览会 China Refrigeration（International Exhibition for Refrigeration, Air-Conditioning, Heating and Ventilation, Frozen Food Processing, Packaging and Storaging）

6. 北京国际工程机械展览及技术交流会 BICES (Beijing International Construction Machinery Exhibition & Seminar)

7. 中国国际纺织机械展览会 CITME (China International Textile Machinery Exhibition)

8. 中国国际服装服饰博览会 CHIC (China International Clothing & Accessories Fair)

9. 国际医疗仪器设备展览会 China Med（International Medical Instruments & Equipment Exhibition）

10. 国际铸模技术及设备展览会 Die & Mould China (The International Exhibition on Die and Mould Technology and Equipment)

11. 中国国际林业、木工机械与供应展览会 WoodMac China（International Forestry and Woodworking Machinery and Supplies Exhibition）

12. 国际包装及加工展览会 ProPak China（International Packaging and Processing Exhibition）

13. 国际家具产品机械及附件、室内装潢及家具展览会 FurniTek China（International Exhibition of Machinery and Accessories for Furniture Production, Upholstery and Furnishings）

14. FHC 食品酒店展览会 FHC Food & Hospitality（International Hotel, Restaurant + Foodservice Exhibition）

15. 国际酒店及食品服务展览会Hotel China（International Hotel, Restaurant and Food Service Exhibition）

16. 上海汽车展 Auto Shanghai

17. 中国(深圳)国际机械及模具工业展览会 SIMM（The China Shenzhen International Machinery & Moulds Industry Exhibition）

18. 深圳钟表珠宝展览会CWJF (China Watch, Jewellery & Gift Fair)

19. 大连国际服装博览会暨中国服装出口洽谈会 DIGF (Dalian International Garment & China Garment Export Fair)

我国已获UFI认证的展会基本情况见表2-1、表2-2。

三、我国港台地区获UFI认证的展会

香港是亚太地区最重要的会展中心城市，获UFI认证的展会数在亚洲城市中高居第一，目前已有15个（注1），它们是：1.亚洲国际电气、电子工程展览会；2.亚洲国际酒店、餐厅及餐饮系统、供应、设备、食品和饮品展览会；3.国际香料、香水、化妆品及美发用品展览会；4.亚洲皮革制品博览会；5.香港电子贸易展；6.亚洲电子展；7.香港时装周；8.香港礼品展；9.香港家庭用品展；10.香港国际珠宝展；11.香港光学展；12.香港玩具及游戏展；13.香港钟表展；14.香港国际玩具礼品展及亚洲礼品家用产品展；15.亚洲博览会。其中由香港贸发局主办的展会有9个。

与内地相比，香港获UFI认证展会有两个突出特点：1.国际化程度高。在15个展会中，海外参展商在70%以上、50～70%、50%以下的展会数各占1/3，总体以海外参展商为主。其中亚洲博览会海外展商比例高达100%。2.参展商数量大。15个展会中，展商数在1000以上的有7个（占1/2），其中在

表 2-1　我国获 UFI 认证展会的基本情况（注 1）

展会名称	在同类展会中的排位	加入UFI时间	举办城市
中国国际印刷技术展 China Print	世界6大印刷展之一	1988年	北京
中国国际机床展CIMT	世界4大机床展之一	1993年	北京
多国仪器仪表展Miconex		1994年	北京
中国国际冶金展 Metal & Metallurgy China	亚洲第一 世界第三	1995年	北京
中国制冷展 China Refrigeration	亚洲第一 世界第三	2000年	北京
国际工程机械展BICES	全国第一	2000年	北京
中国国际纺机展CITME	全国第一	2002年	北京
中国国际服装服饰博览会 CHIC	全国第一	2004年	北京
国际医疗仪器设备展 China Med		2004年	北京
中国国际模具和设备展览会 Die & Mould China	亚洲第一	1996年	上海
国际林业展 WoodMac China		–	上海
国际包装展ProPak China		–	上海
国际家具展FurniTek China		–	上海
国际食品展 FHC Food & Hospitality		–	上海
国际酒店展Hotel China		–	上海
上海汽车展 Auto Shanghai		2004年	上海
深圳国际机械模具展SIMM		2002年	深圳
深圳钟表展CWJF		2004年	深圳
大连国际服装博览会DIGF		2002年	大连

表 2-2　我国获 UFI 认证展会的规模（注 1）

展会名称	办展周期	统计数据年份	展出面积（万M²）	参展商数和海外参展商比例		观众人数和海外观众比例	
				展商数（个）	海外比例%	人数（万）	海外比例%
国际印刷技术展（注2）	4年	2001	2.2 (4.5)	696	32.3	5.8 (10)	5
中国国际机床展（注2）	2年	2003	3.9 (7.2)	1,142	47	10.4	–
多国仪器仪表展（注3）	1年	2002	0.85	550	15	3.5	3
国际冶金铸造展	2年	2002	1.2	942	20.2	2.3	5.6
中国国际制冷展（注3）	1年	2004	1.7	630	23	4.5	14
国际工程机械展	2年	2003	4.6	542	48.2	5.7	4.3
中国国际纺机展（注2）	2年	2002	5.0	850	52	3.8 (12)	8
中国国际服装展	1年	2004	10.0	961	31	11.0	5.3
国际医疗仪器展	1年	2004	0.7	308	46	2.4	4.5
上海国际模具展	2年	2004	1.6	773	26	6.2	3
上海国际食品展（注4）	1年	2002	0.3	338	95	1.2	13.8
上海国际酒店展（注4）、（注5）	1年	2002	0.3	338	95	1.2	13.8
上海国际家具展（注4）	1年	2003	0.5	346	90	1.5	10
上海国际包装展（注4）	1年	2002	0.3	208	95	0.9	8.3
上海国际林业展（注4）	1年	2003	0.5	346	90	1.5	10
上海汽车展	2年	2003	8.1	730	32.9	15.0	8
深圳国际模具展	1年	2004	3.5	622	26	8.0	6.2
深圳钟表展	1年	2004	2.5	364	25	2.5	–
大连国际服装节（注2）	1年	2002	0.7 (2.3)	386	40	3.1 (3.6)	5

注释：1.未含港台。2.国内统计与UFI公布数字有较大出入，括号内为国内公开报道数据。3.展会在北京和上海两地轮流举办。制冷展逢单年北京，逢双年上海；仪器展逢单年上海，逢双年北京。4.主办单位为华汉国际会展咨询（上海）有限公司（China International Exhibitions Ltd.），即原香港展览服务有限公司（Hong Kong Exhibition Services Ltd.），举办地点在上海。5.食品展和酒店展互有交叉，二展合一，故各项数据相同。

3000以上的有3个，占1/5，而内地仅有一个机床展参展商数正好超出1000。

台湾的会展规模不大，但也有3个展会已获UFI认证。它们是：台北国际医疗设备与药品展；台北国际包装工业展；台北电信展。

四、UFI 认证：我国品牌展会走向世界的标志

无庸讳言，加入UFI是要交纳一定费用的。但是与UFI标志的价值相比，这个会费是非常值得交的。作为一个会展业迅猛发展中的大国，我们应当争取有更多的展会早日加入UFI这个世界展会“高端俱乐部”，更快地提升我国办展的专业水平和档次。

（一）UFI 认证的价值

提升展会档次，扩大展会影响。一个展会获得UFI认证，就如同一个产品的品牌成为国际驰名商标，对展会的市场推广十分有利。因为UFI的权威性不容置疑，凡被UFI认可的展会，即意味着该展会将按照预先制订的标准举办，能提供具有国际水准的设施和服务。

近年来，我国会展产业发展迅猛，短短几年，展会举办数目已由1997年的1063个增至2003年的2600个，室内展场面积也由1999年的52万平方米猛增至2002年的322万平方米。展会数量激增加上管理上的政出多门，使得几个同类展会撞车现象屡见不鲜。在令人眼花缭乱的众多展会中，参展商和观众会如何选择？当然优先选择高质量的品牌展会，而UFI标志就是全球范围内高质量国际展会的通用标签。

加强国际交流，提高办展水平。近年来，UFI举办的活动

越来越多，除每年的年会外，还有分大洲的区域性活动，以及在不同国家举办的有针对性的各种培训和交流活动。成为UFI成员后，可参加UFI举办的各项活动，加强对外交流，增加学习机会，提高中国展览业在世界上的地位和影响。

（二）如何使我国更多的展会获取UFI认证

未雨绸缪，积极准备。从目前态势来看，未来几年将迎来我国品牌展会申请UFI认证的高峰期。我们应当抽出一定的人力物力，用专业眼光来审视这一问题。由于申请加入UFI的准备期至少在一年左右，国内可以借鉴我国申请世界遗产的经验，由中国国际贸易促进委员会牵头，在自愿申报基础上，经专家论证，将国内具备相应规模和水平、已经连续举办两届以上的国际性展会列出一个预备名单，按照UFI的有关规定择优组织准备送审材料，力求报一个，批一个。

从容应对，争取放宽条件。对我国有的展会而言，5%的海外观众、2万平方米以上的展出面积等条件有时不易达到。UFI的要求是严格的，但也不是毫无变通之处。其章程第八条就有一段文字："不同的经济结构、地理位置以及展品性质造成了种类繁多的展览会，一些展览会不能完全符合上述条件。指导委员会可以例外推荐。"实际上，目前已获认证的展会也有不少没有完全达到规定的各项标准。只要我们的理由充分（如一些公众展由于本土观众数量大而造成海外观众比例低），即使有一两项指标未能达标，有的展会还是可以争取通过认证的。

曲线救国，稳扎稳打。相对而言，UFI对展会的认证、对组展者入会要求最为严格（注2），而对其他成员要求则相当宽松。我们可以先以其展馆正式会员或协作会员的身份入会。当然，UFI也有明确规定展馆会员无权为由第三方主办的国际展会提出认证申请。但是作为会员将有更多的沟通时间，可以不断寻求机会。

抓住机遇，捷足先登。2004年6月，我国的上海汽车展喜获UFI认证，给了上海人一个惊喜。同时UFI也确定了苏州国际博览中心和亚洲国际博览馆（香港）将在场馆建成运营后成为UFI的正式会员。其中苏州国际博览中心一期在2004年9月完工，亚洲国际博览馆将在2005年12月建成交付使用。

展馆建设尚未完工，就已成为UFI的准会员。这个现象给了我们两点启示：一是UFI正日益重视发展展览中心会员和中国会员，这对我们来说是个极好机遇；二是对于想加入UFI的机构来说，准备工作做得越早越好，越细越好。人家工程还在建，通过认证的工作却已经做到家了。

由于我国会议展览业的迅速发展，UFI正日益关注中国。UFI现任常务副主席Sandy Angus先生表示："中国自身的展览行业从未像今天这样发展得如此迅速"，"我希望在不久的将来，中国能够成为世界上最重要的展览市场之一"。可见与我国的经济发展一样，展览界也同样是"中国需要世界，世界也需要中国"。我们相信，作为一个正在崛起的经济大国和展览大国，中国经UFI认证的展会和UFI会员会越来越多，中国会展业将迎来光辉灿烂的明天。

注释：

1．亚洲获UFI认证展会最多的5个城市为：香港（15）、伊斯坦布尔（14）、新加坡（13）、汉城（11）、北京（9）。

2．UFI规定，获认证的展会必须满足其章程第八条所规定的9项标准；组展者至少要有一个由其组织的展会获UFI认可方可申请入会。

相关链接：

加入UFI要交多少会费

1.正式成员（full members）：

1.1.组展者（2000～1.8万欧元）

最低会费	2000欧元/年（含组织1个展会者）
展会数为2～10个	2500欧元/年
展会数为11～30个	4000欧元/年
展会数超过30个	5000欧元/年

此外每个经UFI认证的展会加收150欧元/年。

例：一个组展公司一年办了26个展会，其中有6个是经UFI认证的展会，其要交的年费为：

4000+150×6=4900（欧元）

1.2.展馆（2000～18000欧元）

面积5万平方米以下	2000欧元/年
面积5～10万平方米	3000欧元/年
面积10万平方米以上	4000欧元/年

如自己还组展，会费上限为1.8万欧元/年。

1.3.协会

组展者和展览中心协会、研究中心、管理机构

基本会费	2000欧元/年
中等机构（由程序委员会认定）	1500欧元/年
小型机构（由程序委员会认定）	1200欧元/年

2.协作会员（associate members）

2.1.尚未满足正式会员条件的协会

会费标准同1.3.

2.2.行业合作伙伴

行业供应商、教育研究机构、报刊、顾问等

基本会费：5000欧元/年

个人顾问：2000欧元/年

审视2005年机电国际展会

中国贸促会机电行业分会副会长 陈泽炎

新的一年来到了。回顾2004年展望2005年，我们深切感到中国机电行业展览所面临的机遇和挑战。现在就让我们探讨解读中国会展业的形势，研究如何发挥展会作为商务平台的作用，以求促进机电行业国际贸易和经贸合作的发展。

机电行业在国际展览会中地位日显重要

2004年中国对外贸易金出口总额达到1.1万亿美元的历史最高水平，世界排名成为第三位。其中机电产品的进出口总额比重超过50%，真正成为半壁江山。作为国际贸易重要营销手段的国际展览会自然与进出口贸易的发展形势密切相关。因此，机电行业在国际展览中的地位现在越来越显示出它的重要性。

在来华展方面，目前我国（不含港、澳、台地区。下同）每年大约有2600多个展览会，其中90%属于专业展览会，而专业展览会中的大部分又是属于机电类别的。

截止到2004年底我国加入国际展览联盟（UFI）的展览会项目（作为品牌展览会的重要标志之一）共有19个。其中属于机电行业的展览会项目为13个，比例达到60%。它们是：中国国际印刷技术展（China Print）、中国国际机床展（CIMT）、多国仪器仪表展（Miconex）、中国国际冶金、铸造、锻造展（Metal&Metallurgy China）、中国制冷展（China Refrigeration）、中国国际工程机械展（BICES）、中国国际纺织机械展（CITME）、中国国际医疗仪器和设备展（China Med）、中国国际模具和设备展（Die & Mould）、国际包装展（China Propak）、上海汽车展（China Auto Shanghai）、深圳国际机械模具展（SIMM）、深圳钟表展（CWJF）。

在以上13个机电行业品牌展览会中，中国国际印刷技术展属世界六大印刷展之一、中国国际机床展属世界四大机床展之一；中国国际冶金、铸造、锻造展，中国之冷展均排名亚洲第一、世界第三；中国国际模具和设备展排名亚洲第一，其他也都居于国际领先地位。

在出展方面，据中国贸促会2004年在大连召开“全国出国经贸展览工作会议”发布的统计数字，在2003年全国100家组展单位赴50个国家和地区实施出国办展项目共计612个，比2002年的591个增加了4%；展出总面积达到18万平方米；参展企业约1.67万家；在展会期间接触海外贸易客商130多万个。在2003年全部出展项目中，机电行业项目为282个，占总数的46%，居各行业的首位。

根据2004年11月《世界机电经贸信息》杂志刊登的《中国出国（境）展览服务市场调查报告》，机电行业在全国出国展览中仍然居于重要的主导和领先地位。调查数据表明，出展单位中，属机械类的企业展61%，属电子通信、电器类的企业展24%，属汽车、摩托车类的企业占5%，分别居于前三位，其总比例已经高达90%。

进入WTO后过渡期的中国机电展览会

2005年，随着一些保护性措施陆续失效，中国进入到入世后的“后过渡期”。随着入世的时钟，中国展览业正在加快与世界接轨的步伐。

在2004年至少有两件法规是与此密切相关，一是2004年1月，商务部公告：取消外商设立独资展览公司的限制，这是继CEPA协议实施后，中国展览业对外开放的又一重要标志。二是2004年7月1日开始实施的《行政许可法》，使出国展览审批发生变革。为此，中国贸促会正加紧修改新管理办法，从项目审批制改为资质认定制。

机电行业的展览会在中国展览业中占有非常重要的地位，因此对于中国展览业在对外开放的过程中如何正确处理国际合作与竞争，也就显得格外值得关切。

首先我们看到，国际跨国展览公司2004年在进入中国展览市场方面又有了一些新动作。

一是国外品牌展览会加大向中国转移的速度和力度。譬如，10月德国汉诺威展览公司将原在中国分散的5个展览会集中举办，并打出中国汉诺威工业博览会的旗号；而它的通讯与信息化展览会（CeBIT）也在前两年已经登陆中国。

二是他们以上海为中心进一步向北京、广州和内地进军。上海合资建成浦东新国际展览中心以后，德国展览项目在上海发展很快；日本首家会展公司——TCS会展服务公司，于2004年11月落户北京；9岳的沈阳国际制造业博览会是由中国和新加坡合资的中新展览公司承办的。

三是外资进一步采取并购中国名牌展会的方式，通过资本运作进入中国的会展市场。2004年又有一些项目进入接触和谈判之中。

四是2004年外资在投资建设展馆、合资生产展具和合作进行展览服务等其他方面也有一些新的进展。

但是，更值得称道的是，2004年在外资积极进入中国会展市场的同时，中国会展业也开始以积极主动的姿态走向世界。

一是在2004年6月中国贸促会召开的大连展览会议上，中方开展了一系列国际合作活动；与国际会展组织签署合作协议共同举办“中国会展经济国际合作论坛”，向美国商务部推荐在中国境内的品牌展览会等，体现出中外国会展业之间的平等对话。

二是关于中国会展业在国际合作与竞争中进行必要的产业保护问题，在2004年做了进一步的探讨。2004年的“两会”期间，还出现了对中国会展产业进行保护的提案建议。

三是中国会展结余国际展览会联盟（UFI）的合作有了进一步的发展。2004年又有3个展览会加入UFI。2006年UFI将在北京召开大会。

四是针对欧洲一些国家重要展览会对中国厂家参展的限制，中国贸促会采取在欧洲其他城市另行组展的针对性措施。对赴美参展的签证问题，中国有关方面也加强交涉，使得情况有了一定程度的好转。

认真选择参加2005年的机电国际展会

对于2005年，一个总体分析是，由于国内经济继续向好，国际经济逐步复苏，2005年中国会展业的发展，无论是来展还是出展，都会保持增长的势头。在这样的形势下，机电企业怎么选择参加一个适合的来展和出展项目呢？以下的意见可供参考。

按照展览会级别定位进行参展项目的考察。如果说上述被批准参加国际展览联盟（UFI）的展览会项目算作展览会最高级别的话，那么接下来的就是虽然未加入国际展览联盟（UFI），但也已经发展成为机械行业的一些著名的、定期的、国际性专业大展项目。这两类展会在2005年举办以下一些展会：

机械类的展览会，铸造、锻造专业：3月14～17日北京中国国际冶金、铸造、锻造展；机床专业：4月11～17日北京第九届中国国际机床展；制冷空调专业：4月12～14日北京中国制冷、空调、供暖、通风及食品冷冻加工展；汽车专业：4月22～28日上海第11届国际汽车工业展、11月广州第三届国际汽车展；清洗机械专业：5月9～11日第四届北京国际清洁技术与设备展；焊接专业：5月25～28日上海第十届北京—埃森焊接与切割展；基础件专业：6月7～10日上海中国国际机械基础件工业展；自动化专业：6月14～17日北京第九届国际现代工厂/自动化技术与设备展；仪器仪表专业：9月13～16日上海第16届多国仪器仪表展；工程机械专业：9月20～24日北京国际工程机械展；电工专业：11月28日～12月1日亚洲电力、电工、电气及能源技术展。

电子类的展览会，譬如：5月的长春光电技术展、7月的上海计算机与通信展、11月深圳的国际半导体设备展等。

近年来还有一些新的变化：一是，出现一批以政府名义主办的机电设备类的展览会。譬如2005年11月上海工业博览会、9月沈阳国际装备制造业博览会等。二是，一些民营展览公司承办的展会逐步发展起来。譬如2005年4月北京振威展览公司在北京承办的北京国际石油设备和管道阀门展览会、7月广东振威展览公司在广州承办的广州国际机床展览会等。三是，一些外国大型展览公司将自己手中的名牌展览会向中国转移。譬如德国汉诺威展览公司和国内有关单位合作于2005年11月在上海举办的亚洲动力传动与控制技术展等。

通过专业背景场馆地点等资料来选择展会。面对当前中国会展市场上确实存在的大量“鱼目混珠”、“真假难辨”的现象，企业必须正确选择参加一个货真价实的展览会。当然，对于那些已经举办多届、名声显赫，甚至摊位爆满的展览会，以及那些决定固定地参加几个已经熟悉的展览会的厂商来说，可能不存在这样的问题。只是对于那些出于自己的市场战略、销售战略的需要，希望试探性地选择一些“不太有名”的展览会的参展企业，我们希望能给出一个比较可行的选择办法。

一般来说，参展前应首先认真考察该展会项目的主办单位、合作单位的专业背景、办展资质以及该展会的主副标题、展品范围等信息，以确认其是否与企业的参展目的、市场定位相适应。

进而可以根据企业的国内市场的地区布局、网点规划、销售策略，考察展会观众的辐射范围，以决定参加什么地点的展会。

此外，还可以通过上网查询、具体联络、调看资料、专题咨询等方式了解展会选择的场馆情况、历届展会的情况和展会报名进展情况等方式进行进一步的具体了解。

根据企业国际化战略有计划确定出展项目。对于出展，一般首先需要根据企业的国际化战略和具体的市场战略和营销策略，确定需要参展的国家和地区，进而选择合适的展会项目。以下几个国外展览会项目都是比较著名、值得参加的。譬如：欧洲地区：IT专业厂家可以选择2005年3月德国汉诺威通讯与信息化展览会、4月德国法兰克福国际大型活动及相关通信技术博览会；机械基础件厂家可以选择4月汉诺威工业博览会、9月西班牙毕尔巴鄂国际工业配件展览；五金工具厂家可以选择2月的德国科隆五金工具展览会、5月美国拉斯维加斯五金工具展览会；机床厂家可以选择9月汉诺威欧洲及创展览会等。

亚洲地区：2005年5月越南胡志明市的国际工业机械展览会、8月日本东京的DIY展览会和11月印尼雅加达的国际工业展览会都可以考虑参加。

开拓非洲市场，可首选2005年3月的埃及开罗国际博览会和9月的南非约翰内斯堡国际贸易博览会，它们都是综合性的展览会。

开拓拉美市场，可以考虑2005年5月的巴西圣保罗国际五金机械展览会和11月的秘鲁利马太平洋国际博览会等。

开拓澳大利亚市场，可以考虑2005年5月的墨尔本国际机械展览会。

此外，中国贸促会每年组织对尚未建交国家的展览会，如巴拿马博览会；中国机电产品进出口商会和中国贸促会机械行业分会、电子信息行业分会等组织都有获得国家“中小企业开拓国际市场资金”支持的渠道，可以重点向他们了解相关的出展计划。

确定出展方式配合贸促活动扩大参展效果。在确定具体参加出展的计划和项目以后（独立参展或参加展团），要准备参展展品、进行包装发运；着手联系客户，落实摆放日程，以及制定各种相关商务计划和贸促活动安排等。

参加机电类别的展览会还是应当尽量以产品的实物参展为好，并且最好能在展出期间进行产品的性能演示。因为演示可以突出该机械设备产品的技术性能和主要特点，使观众能够在最短的停留时间内留下最深刻的印象。

介绍产品性能的展板必须内容简单明了，标题项目鲜明，以期抓住观众的目光，引起他们的兴趣。产品和企业的说明资料也同样需要注意这样的问题。

有的参展商只肯花钱购买一般的摊位，而在一般的标准摊位内又不肯租借必要的道具，结果是拥挤的摊位，简陋的布置，使得已经付出的钱达不到应有的效果，这是应当改进的。

此外，参展企业的工作人员应该具有较高的敬业精神和必要的营销本领。努力提高业务技能、待客技巧，这些方面的提高可以通过参展商的培训活动来完成，2005年一些中介组织都在举办这种培训。

——《世界机电经贸信息》

利用好国际性展会开拓国际市场

——访中纺广告展览公司总经理孙晓明

“在今年欧美动荡的贸易环境下，中国企业越来越迫切需要寻找稳定的国际市场。开拓国际市场的方式方法很多，但我始终认为，利用国际性展会，是开拓国际市场最便捷、最有效的方式之一。国际性展会近年也发生了不小的变化，企业了解这些变化，并充分利用各个展会的不同特点，对开拓国际市场能起到很好的帮助作用。在纺织企业的混战中，参加展览，对企业解决长远的和现实的问题能起到实质性帮助。”作为国际纺织贸易行业的资深人士，中纺广告展览公司总经理孙晓明向记者阐述了这一观点。

中纺广告展览公司是较早在纺织行业从事涉外展览业务的专业展览公司。每年在全球各地组织中国企业参加30多个国际纺织服装类的专业展会。可以说，凡是国际上重要的纺织服装专业展会，中纺广告展览公司几乎都组织企业参展。

如何选择和利用好国际性展会来开拓国际市场？孙晓明的建议是，企业参展要有思想准备和心理预期。他认为，决定是否参加一个展会，最重要的工作是研究产品在展会举行的国家或地区有无潜在市场，有没有可能找到销路，同时也要了解这些国际展会的特点和定位。纵观国际纺织服装专业展会有一个共同特点，其创办之初的定位都是服务于批发零售商的，服务于这一目的的参展商、参观商是主流。目前国际上还没有一个像“广交会”那样定位的展会，但同时，随着中国纺织服装企业参展数量的增加，在一些展会开始影响展会的参展国比重，因此，国际性展会也越来越注意到以中国为代表的亚洲参展商作为供应商角色的实际需求，并逐渐适应这些参展商的需求，对展会做一些调整。如作为全球第二大服装展会的美国拉斯维加斯国际时装展（MAGIC），原来中国参展企业都是按照类别放在不同展馆里的。2002年时，孙晓明曾专门就中国企业参加MAGIC展的诉求与美国MAGIC国际会展公司的国际部总监GRASPOVE MASARO进行交流，讲述了中国企业的需求是小摊位、大订单，而且中国已是MAGIC展的第三大参展国。面对中国参展企业的这些要求，MAGIC主办者积极应对和调整，很快做了一个国际展区——大宗贸易展区，几届下来，已经取得了非常好的效果。随着中国企业在国际展会上参展数量的增多，中国对国际性展会定位的影响也越来越大，展会主办方越来越注意满足中国企业的需求。CPD、法国巴黎国际成衣展、丹麦哥本哈根国际时装博览会等著名展会也都适应中国参展企业的需求，开辟国际加工展区。这使得中国企业到国际展会参展可比前几年参展获得的贸易机会要多一些。国际性展会的这一变化趋势对中国企业寻求国际订单能起到较好推动作用。

但孙晓明同时也指出，国际性知名展会往往都是有几十年历史的展会，已融入当地市场的经营环境，其基本定位一般不可能根本改变。企业应掌握展会的特点，并充分利用好展会。特别是在展品的选择上，一定要根据自己的特点与专长，精心组织参展系列产品，切忌求全求多，因为在偌大的展馆里面，一个小小的标准摊位里的东西又杂又乱，很难吸引客商，只有专、精，甚至“少”，才更有机会。在许多国际性展会上，中国参展企业是国外参展企业的上家，他们是前面的“店”，我们是后面的“厂”。外国参展企业很多能成为中国参展企业的客户。中国企业在参展时利用好这个特点，有时甚至到其他摊位上去主动推销自己，往往能获得意外的收获。抓住国际性展会的这些特点和变化，中国企业能获得更多机会。

国际性展会尽管也在注意中国参展企业的需求，但毕竟参展企业仍不是其展会服务的主流客户。日本纺织成衣展则是为中国纺织服装和相关领域的出口贸易和生产企业面对日本市场量身打造的展会。其最主要特点是，满足中国参展企业在日本市场上广泛接触专业客户，选择和吸引客户，建立销售渠道的要求。该展会自2003年起以一年两届的规模已连续成功举办了四届。据展会承办方中纺广告展览公司总经理孙晓明介绍，该展会主要有以下特点：首先，追求展会的专业性。针对纺织成衣展的季节性，展会一年举办两届。展会围绕纺织品、服装以及相关产品为主题，目前已形成了中高档产品为主导的产品格局。在参展的产品中梭织和针织服装具备相当规模和代表性。组织展商也比较注意专业性，展商的素质比较高，经营规模比较大，以第四届日本中国纺织成衣展为例，参展企业年经营额在20亿美元以上，其中50%是对日本贸易，50%以上企业有10年对日出口历史，30%有5年以上对日出口经验。10～20%，虽然是刚开始做日本市场，但生产能力非常强。其次，追求展会的针对性。参展的展商绝大多数是具有多年对日贸易经验的企业，同时鼓励具有产品特色的企业开拓日本市场。展会还将根据日本业界的要求吸引具有国内市场资源、代表新兴产业基地的企业参展，增强展会的双向交流。另外，具有丰富稳定的客户资源。展会与当地权威专业机构密切合作，与日本主流媒体深度合作，全面系统地推介展会和展商，具备3万多个基础客户和拥有1万多名核心客户资源。随着几届展会的不懈努力，“中国纺织成衣展”在日本业界越来越获得重视。目前参观的专业观众其职务结构由最初的基层职务居多，到目前中高层职务居多（高层：21%，中层：38%，基层：41%）。

2005年5月，中国贸促会与中纺集团公司首度联合主办了第四届日本中国纺织成衣展。展会面积达5000平方米，参展企业达120多家，到会专业观众达4000多人。展会设立了500多平方米的特装展区，还设立了时装表演区，展会期间进行了6场精彩时装表演，是中国在日本举办的规模最大也是效果最好的专业展会。

数次组织企业参加“中国纺织成衣展”的中国贸促会青岛分会龚艺萌向记者谈到，客户普遍反映，日本中国纺织成衣展专业性强，展会邀请客商力度大、客商质量高，中国企业的参展产品很适合日本市场的需求。主办单位专业素养很高，又很敬业，提供的服务让参展商很满意。第四届日本中国纺织成衣展，中国贸促会青岛分会试探性地带去了一些家纺企业，结果参展效果很好。有两家企业从未做过日本市场，抱着试试看的想法参展，结果出人意料接洽到客户，展会后客商下了订单。中国贸促会青岛分会已建议展会主办单位加大家用纺织客商邀请力度，以帮助更多中国家纺企业开拓日本市场。

据孙晓明介绍，第五届日本中国纺织成衣展于2005年11月15～17日在大阪市中心的MY DOME OSAKA展馆举行。今年主办方加强了面料、家纺客商的邀请力度。在巩固服装参展企业的基础上，加大家纺企业的组展力度。

孙晓明最后表示，作为为中国纺织企业拓展国际市场提供服务的专业展览公司，中纺广告展览公司愿与同业者为共同寻求稳定的市场贡献自己的力量。

——《国际商报》重 明

科博会为西部带来了什么

5月中旬，第八届科博会开幕之前，科博会组委会组织记者团赴西部采访，看一看科博会为西部带来了什么？西部如何利用科博会？西部对科博会还有怎样的期待？

记者随团赴甘肃酒泉。走进浩浩戈壁，煌煌大漠，片片绿洲，曾经有过的几分沉郁，几分慷慨，转换成几多感奋，几多惊叹。科博会之花就像酒泉城的黄玫瑰，正在灿烂地开放。

数字说话

据酒泉市商务局的统计数据：从2002年的第五届科博会到2004年的第七届科博会，酒泉市共签约项目33个，总金额178092万元，其中签约引资额155886万元。目前实际到位资金53700万元，其中引进资金50580万元。17个项目已建成投产，16个项目正在实施中。

说到从科博会招商引资，做大做强地方产业，玉门市委副书记宋诚感触颇深。

他说，玉门市从2000年起就组团参加科博会，在第三至第七届科博会上共签约项目10个，投资亿元以上项目7个，千万元以上项目3个，现已建成4项，在建1项。签约总金额18.56亿元，占全市招商引资签约总金额45亿元的41.2%。

当然，科博会效应远远不是几个数字所能概括的。

开拓视野，广交朋友
审视不足，发现优势

酒泉市副市长朱玉兰在接受记者采访时动情地说：我们

感激科博会。科博会让我们开拓了眼界，结识了朋友。这位精干的副市长从2000年第三届科博会起就年年组团参会，她说，走出去才知道怎样才能找到项目，才知道客商需要什么。

朱玉兰说，早几年，外面的人一提酒泉，都以为成天没水喝，夏天还要穿羽绒服。酒泉人自己呢，也认为西部这么苦，这么穷，谁来呀？事实上，走出去，在学习先进的科技、文化，在审视自身缺陷、不足的同时，恰恰更好地发现了自身的巨大优势，增强了自信。

比如农业资源，酒泉的全国之最至少有：种子制作、啤酒花、草产业等。还有风电资源、旅游资源、矿产资源。其实在科博会上推介并吸引海内外客商的，正是上述资源开发项目。

中西部地区拥有全国95%的煤碳储量，3/4的陆上油气资源，92%的水能资源，90%的有色金属储量。就在东部实现新的跨越被土地与能源的紧张困扰时，西部的优势凸显出来。朱玉兰说，酒泉有广袤的土地，丰沛的地下水，风力发电更列全国前茅。而随着经济的发展——目前酒泉的发展列甘肃地市第三，当然这也与科博会有关——酒泉这个丝绸之路上的重镇的市场将越来越大，辐射也将越来越广；还有，相对低廉的劳动成本。

在历史性的机遇面前，朱玉兰与酒泉市各级领导一直在扎扎实实地做准备。朱玉兰说机遇是给有准备的人的。全世界都在招商。所以酒泉必须做好准备，准备项目，准备服务，准备环境。

在产业转移、资金转移的一轮一轮大潮中，酒泉已经做好了承接的准备。

科博会的启示
攻“三名”战略

科博会是个大平台。在这个大平台上，有世界先进科技的展示，有前沿思想观念的撞击，全球客商云集，各类商机汇聚，还有媒体打擂台。所以朱玉兰说，科博会更是宣传推介酒泉的好地方。正是借助科博会，酒泉从2000年起每年举行新闻发布会，使许多客商了解酒泉，知道了酒泉有什么，可以开发什么。

提起怎样利用科博会？朱玉兰说，自从第一次参加科博会后，酒泉人一直在探讨这个问题。为了更好地招商引资，他们成立了招商局，建立了网站。2005年还准备协办科博会的国际投资贸易洽谈会，从而能提前知道投资商的情况，同时也让投资商尽早了解酒泉。

攻“三名”战略则是2001年参加科博会后总结提出的。朱玉兰解释说：所谓“三名”，就是名城、名企、名校。名城，就是北京、天津等，名城的影响力是不可低估的。名企，比如王朝啤酒、康师傅等。康师傅方便面的干菜都是酒泉提供的。名校，清华、北大，还有一些科研院所。位于安西县的“中国农科院瓜州农业科技示范园”就是科博会引进的项目。园区规划面积1000亩，分三期建成。该项目以农科院为技术依托，紧紧围绕安西县主导产业，建成集设施农业、节水农业、生态农业和旅游观光农业为一体的现代农业高新技术的聚散地与辐射源，成为展示高效精品农业、推进农业无公害化、标准化、品牌化发展的示范基地。目前一期、二期工程已建成，2005年完成三期建设。

资源开发力争高水平

从酒泉市近年从科博会引进的项目看，主要是开发当地的优势资源，大多数项目填补了当地空白，促进了产业化水平。项目总体运作良好。记者采访其中一些项目——

走进玉门大业草业科技发展有限公司，一片片紫花苜蓿绿意盎然。这是由成都大业国际投资股份有限公司和玉门市政府共同投资1.38亿元建设的高科技农业产业化龙头企业，是我国最大的饲草生产企业。玉门市副市长杨森说，公司已建成年产10万吨紫花苜蓿草块、草粉、草粒生产线，产品销售占全国饲草市场的1/3，一半产品出口韩国、日本等地。

杨森说，大业草业形成了“企业+科研+农户+基地+市场”的经营模式；其新建的一条5万吨茎叶分离草颗粒生产线是中国第一条高端草产品生产线，产品填补国内全价草饲料产品市场空白。

专家认为，玉门地区是世界范围内最好的紫花苜蓿种植带。其光照、土壤等独特的自然条件使苜蓿的蛋白质含量高，草品质优。

还有啤酒花浸膏生产线，设计年加工酒花浸膏400吨，优质饲料5000吨，二氧化碳1500吨，酒花油80吨。玉门市委副书记宋诚说，2004年9月12日，全国啤酒原料产业发展研讨会在玉门召开，会上签约12份，金额达1亿元以上。

一直以为新疆的啤酒花又多又好，原来甘肃的啤酒花也如此之好，玉门的产品尤其好，产量更占全国的1/2。其生产的浸膏便于运输，而且附加值高。难怪玉门市雄心万丈：要把玉门建成全国最大的饲草加工基地和中国啤酒原料之都。

5月13日，记者路经安西，在一片大戈壁上，适逢国家发改委的风电招标项目现场考察。安西县委书记杨克忠热情邀请采访现场的专家。甘肃汇能新能源技术发展有限公司副总工程师闵德庆说，安西是世界风库，风能资源丰富。地下工程结构0.6米以下为砾石层，承载能力强，重型车可直接进入。杨克忠书记说，这期招标10万千瓦，5年后将达100万千瓦，将建成世界上最大的风力发电厂。这个项目希望在科博会招商。

事实上，经科博会签约的风力发电项目已有建成投产的，如雅丹风光互补发电站，由日本新能源开发机构投资3140万元建设。

敦煌艺术名闻天下，但酒泉的旅游接待能力却远远不够。在2004年第七届科博会上，香港金銮有限公司和敦煌市三友公司签约的敦煌市伊塘湖温泉旅游开发区项目已于当年9月12日动工。该项目总建筑面积20多万平方米，总投资20亿元。伊塘湖位于敦煌机场与敦煌市区之间，地热资源丰富。记者现场看到，一座6万多平方米的五星级大酒店地基已打好，工地正井然施工。莫高镇党委书记高华说，这个项目将填补敦煌的多项空白，比如水上娱乐，比如敦煌大剧院，比如敦煌大酒店等。总之，这里将建成敦煌乃至甘肃最大的旅游接待中心。

敦煌艺术底蕴深厚，但一直不能在当地表演。高华说，是科博会帮助敦煌圆了梦。

戈壁滩上的高新区

酒泉高新技术工业园区几乎是一个奇迹。方学贵对4年前领命时的惊愕如今还记忆犹新。他说，近60平方公里，一片戈壁滩，从哪里引资？咋整？如今4年过去，第一期10平方公里已经摆满项目。基础设施投资已达8000万元，道路平整，绿树婆娑，绿草如茵，排水、电力一应俱全，通讯实现无缝隙覆盖。如果不是亲历，有谁能相信，昔日的戈壁能在如此短暂的时间里冒出了一个现代化的新型工业园区？

肃州区常务副区长、高新区管委会主任方学贵说，酒泉高新区主动出来寻商机，凭借优越的地理位置，完善的基础设施，优惠的政策和优质的服务，吸引了众多投资商，还与杜邦公司建立了投资合作关系。

在园区先后建立了山东登海先锋种业有限公司、敦煌种业棉蛋白油脂加工厂、兰州大得利酒泉生物制药厂、海南椰风食品有限公司等一大批科技含量高、示范带动作用大的项目。目前，入驻园区的项目总数已达90个，完成固定资产投资8亿元。

酒泉为科博会带来了什么

我们在采访科博会为酒泉带来了什么时，同时也深感酒泉也为科博会带来了许多东西。比如丰富的资源展示，航天科技展示，大量的得天独厚的商机。还有，酒泉人的热情与执着。

朱玉兰副市长就是一个典型。她6年来一届不落地参与科博会，她说酒泉每年组团达100～200人参会，为什么？就是科博会有甜头，有实实在在的效益。经济的、文化的、观念的，有形的、无形的，一句话难以说清。如果说参加第一届科博会还是行政命令的话，那么，现在参会参展已是企业的自觉与主动了。大家舍不得不参加，生怕落下了什么机会。朱玉兰期待，科博会能更多地针对西部的资源、需求组织客商，以更多地满足西部开发的渴求。

在第八届科博会上，酒泉市推介了63个优势项目，包括农业产业化、工业、能源、基础设施及旅游项目。同时，酒泉人还邀请北京知名高校举行实用科技成果转化应用洽谈会，与北京知名企业举行酒泉市投资合作项目推介洽谈会，还举行“第八届科博会投洽会暨甘肃酒泉投资合作项目洽谈会”。

记者获悉，酒泉此次参加科博会，明确以“开放开发的酒泉，走向世界的酒泉”为主题，以敦煌再发现，神州六号即将升空和酒泉发展新形象为亮点，继续主打敦煌飞天和酒泉航天两大品牌。

走进酒泉，煌煌的历史与历史的煌煌令人激奋。走进酒泉，你伟岸身躯内澎湃的惊天动地的热血灼然可感。历史正再一次垂青西部，垂青作好了准备的酒泉。

——《国际商报》王 屏

引智引技：广西淘金科博会

广西参会“清单”

第八届中国北京国际科技产业博览会23日开幕。且看已经连续5届参加科博会的广西自治区开出的参会“清单”：在科博会综合展馆设立广西展区，展示广西高新技术项目和投资环境、政策及各市县经济发展需求项目，力求在广西的资源优势与北京科博会的智力优势上找到最佳结合点。

记者细览这份“清单”：5月23日，广西——北京林业大学项目对接洽谈、广西——中科院合作洽谈、广西——北京化工大学项目对接洽谈、中科院政策研究所广西科技“十一五”规划座谈、广西人才招聘推介会；5月24日，广西——北京科技大学项目对接洽谈、广西——北京航空航天大学合作洽谈；5月25日，广西——北京有色金属研究总院合作洽谈、广西合作项目签约。这份清单验证了广西自治区副主席吴恒所言，通过5年的摸索实践，广西自治区对参加科博会有了更理性、更明确的“定位”：即以发展广西的资源优势为目标，以研发为主，攻关为重，实施“引智”。

广西具有得天独厚的地理位置和资源优势，蔗糖、松脂、有色金属等产业属资源大省。但上述产业在发展过程中面临严峻挑战，普遍存在企业规模小、产品成本高、原材料和初级产品多、深加工产品品种少、技术水平低、市场竞争力差等问题。如何将资源优势转化为经济优势，由资源大省变为资源强省，是长期以来广西科技、经济发展思考的重点。北京是全国科技文化中心，高等学校、科研院所云集，智力资源密集。同时，一年一届的科博会，已成为集技术、人才、资金、信息于一体的国际交流盛会，这就为广西科技、经济的发展提供了以强补弱、优势互补的平台，为广西引进智力、寻找与国内外各行业交流合作提供了良好的契机。

"引智""引技"
四届科博会成果丰硕

在历届科博会上，广西自治区对科博会的热切关注，人们至今记忆犹新。据科博会广西筹备办公室提供的资料显示，2001年以来，广西连续参加四届科博会，累计组织参展参会企业473家，参展参会项目625项，签约项目174项，签约金额47.12亿元。科博会已成为广西引进项目和智力的重要主渠道。

参加科博会，对广西科技与经济的发展带来哪些影响？已经连续4届组团参加科博会的广西自治区科技厅厅长蓝天立自有一番感受：开拓了眼界，增长了见识。科博会聚集了众多中外行业领头企业的参与，展示了国内外最新科技成果，成为中外科技界、产业界进行交流与合作的舞台。广西企业通过参加科博会，通过科博会这个窗口，了解国际科技经济发展新动向，增长了不少见识。广西田园生化股份有限公司李卫国谈及科博会上的收获，用"四届科博会一届比一届收获大"来形容。自2001年到2004年共参加四届科博会，公司分别与中国农业大学、中国农科院植保所、北京化工大学签订合作协议，成功签约项目共5项，总签约金额达1800万元，同时得到了这些科研院校在技术上和人才培训上的大力支持。其中"研发中心建设项目"开展后，公司的新产品开发水平和研发人员素质有了显著提高，2004年新产品开发数量和质量比上年明显增加。另外，签约的"细菌立灭"子项目，已创总产值2200万元，为公司创造利润320万元；签约的"蚧通杀"子项目，创总产值1800万元，为公司创造利润280万元。

柳工机械股份有限公司与北京工业大学合作开发的柳工工程机械电子电路专用模块组，属高科技含量、高附加值项目，目前已进入设计阶段。负责该项目的柳工副总工程师步长祥告诉记者，该项目全面完成后，将使柳工生产的挖掘机达到国际先进水平。同时，他算了这样一笔账，使用该项装置的挖掘机，每台利润将增加8万元。2006年，柳工的挖掘机产量计划达3000台，其中该项目创造的产值将达3亿元。广西贵港甘化股份有限公司与中国科学院广州化学研究所合作实施"以甘蔗渣/PVC；HDPE为基材的高性能木塑复合材料中试研究"项目，提高了广西甘蔗资源的综合利用价值，延伸蔗糖产业链为广西蔗糖产业发展开辟了新的途径。

与此同时，广西参展企业通过科博会这个国际舞台，展示自己的形象和产品，结识了许多有意合作的潜在客户，为今后参与国际市场竞争增强了信心和决心。

注重实效和特色
寻求最佳结合点

广西自治区科技厅副厅长蒋和生说，在第八届科博会上，广西代表团更加注重实效性、特色性和针对性。所谓实效性，就是科博会广西筹备办公室一方面通过与北京有关院校密切联系，了解对方对项目的需求及现有所能提供的条件；另一方面，与各市科技局和企业进行广泛、深入接触，对申报参会项目资料进行细致研究，反复考虑其市场前景、融资能力、产业化程度、科技含量等指标，并在筛选、包装项目时，力求围绕广西的特色资源，把广西优秀项目与广西的资源优势相统一，吸引院校的目光，提高企业与院校的务实对接洽谈成功率。所谓特色性，即突出广西的资源优势，以特色获胜。重点组织蔗糖及糖化工、有色金属、松脂、农业等特色、优势资源产业，到北京重点院校寻求智力支持；参加第八届科博会，广西有明确的定位——以发展广西的资源优势为目标，以研发为主，攻关为重，实施"三引"，即引智、引技、引人才。

由此，广西参加第八届科博会的各项工作围绕这一定位进行：与北航对接、洽谈、合作重在汽车行业和林化等行业；与中科院合作的重点在人才引进和蔗糖、松脂等行业；与北京有色金属研究总院的合作重在有色金属深加工、新材料开发，提升广西有色金属系列产品的技术含量。广西与中科院的合作洽谈，将在2004年推动糖业发展、提高糖业生产和竞争力的合作方面已经取得标志性进展的基础上，继续加大合作力度，重点对接洽谈以甘蔗为原料制作燃料酒精这一具有重要战略意义的项目合作事宜，做到中长期合作和近期合作相结合，实现合作的可持续发展；广西与北京航空航天大学的合作洽谈，在2004年双方已经达成推动松脂深加工、植物香料油精制提纯、罗汉果等有效物提取、电子产品档次提升等支柱产业化合作意向的基础上，通过进一步对接洽谈，促成北航与柳州、桂林等地有关企业的进一步合作；广西与北京有色金属研究总院的合作洽谈，也在2004年北京有色金属研究总院有关专家在广西调研考察，提出加快有色金属发展建议的基础上，进一步研讨对接后合作事宜，明确合作项目，推动双方的合作发展。

第八届科博会的大幕已经开启，广西人正凭借科博会平台，获取更丰硕的成果。

——《国际商报》山 风

会展拉动地方经济效应有限

中国贸促会北京市分会 储祥银

会展活动通过最新技术、产品展示和最新思想理念、信息交流促进商品、生产要素流动，新技术推广和生产效率提高，进而为会展举办城市、会展举办国家经济增长做出贡献。

会展经济拉动效应

会展经济拉动效应包含通过举办会议展览活动对会议展览运作主体和为会议展览提供服务而导致的经济收益。但这种拉动效用究竟有多大，学者们的看法也不尽相同。根据一般经验性判断和西方会展发达国家的数据统计，有人认为会展产业的拉动效应比率为1∶6，有人则认为是1∶9。

据北京环亚市场研究社对第四届科博会进行的抽样调查测算，科博会期间，展会各方面的直接收入合计为9089.9万元；展会期间接待普通观众约12万人，人均消费314元，接待专业观众约8万人，人均消费3578元，参展商1738家，平均花费7.7万元，普通观众、专业观众和参展商在旅游、交通、通讯、餐饮、购物等方面的综合支出合计45774.6万元，其拉动效应约为1∶5。

会展经济扩散效应

会展经济扩散效应是指通过会展活动举办对一方经济发展带来的发展环境改善、城市声誉提高、商品流动和生产要素重新组合配置方面的影响。会展行业在促进国际收支平衡、商品交易、技术和信息交流以及市场开拓等方面的作用已经得到广泛认可。

据国际会展专业机构——国际大会与会议协会统计，每年全世界国际会议的消费总额约为70多亿美元，展览在世界各大公司9项主要市场推广方式中，已经上升到第3位，在营业额超过5000万美元的大公司中，展览在市场营销支出中占17.3%。据法国有关会展机构的统计，参展商每花费1法郎，平均可以带来35～40法郎的合同，展会宣传费用已经成为仅次于直接促销、报刊电视广告费用之后的第三大宣传推广经费。

中国出口商品交易会（广交会）已经连续举办90多届，成为会展活动促进商品交易方面的典范。中国高新技术产品交易会（深圳高交会）自1999年创办以来，发展势头很猛，根据有关媒体报道，第五届深圳高交会促成的高新技术和产品交易高达128.38亿美元。

扩散效应包含生产要素流动与重新组合配置效应。跨国公司通过参加大型国际会议和展览，在世界范围开发市场，寻找最适合自己的生产基地，进行跨国境优化资源配置，把不同生产区位的优势生产要素组合在一起，在世界范围安排自己的产业链和销售网络，为世界市场加工生产。中国北京国际科技产业博览会本着“搭平台，聚商机，论发展，促合作”的策划原则，以促进科技成果商品化、产业化和国际化为宗旨，通过高新技术及其产品展示、投资合作项目推介洽商、论坛和专项活动交流等载体，有效地推动了资本、技术、人才和信息等生产要素的跨国流动和配置组合。第八届科博会促成以科技项目合作为主的项目成交70多亿美元，第三届（科博会）促成的诺基亚星网工业园落户北京亦庄经济技术开发区项目再次追加投资3亿美元。北京还通过科博会平台招募和吸引科技人才到北京安家落户。2000年科博会期间，北京市推出了吸引留学生归国创业、落户北京的优惠政策，有效地吸引了一大批优秀科技人才落户北京。

扩散效应还包含城市发展环境改善效应。一个成功的展会可以为城市赢得荣誉，成为城市的名片。北京科博会巩固了北京作为中国科技研发和转化中心的地位；大连服装节不仅促进大连服装产业的发展，而且提升了大连市的国际声望。为举办会展而兴建的场馆和交通设施，成为城市基础设施建设的重要组成部分，为城市发展环境改善和招商引资奠定了良好的基础。

会展收入在经济中的比重

尽管会展活动可以带来各种经济非经济效应，会展收入在国民经济中的比重并不太高，欧洲某些国家达到2～3%，美国只有1%左右。

2003年1月，北京市统计局会统计结果表示：2002年北京地区共举办国际会议5379个，国际展览452个，会展直接收入31.7亿元人民币；按照1∶8的拉动效应测算，会展经济创造的收入相当于当年北京市国内生产总值的2.3%。笔者认为，这一比重绝对不能代表会展在中国的水平，北京的情况比较特殊：其一，北京的会展相对国内其他地区要发达一些，得益于首都区位优势，中央单位、国际组织、外国政府和境内外企业在北京举办了不少高水平会议和展览；其二，与上海等超大型城市经济规模相比，北京的总体经济规模不大，进而从另一侧面夸大了会展收入在国民经济中的份额。据有关调查测算，会展在我国国民经济中所占份额不超过0.5%。

会展行业的功效评价

近年来，社会上出现了一种对会展经济作用期望过高的现象，认为会展可以成为推动国民经济发展新的经济增长点，有的甚至提出要将会展发展成为支柱产业。不少城市纷纷大兴土木，建筑大型会展场所，以为只要栽下梧桐树，不愁引不来金凤凰。有关统计表明，目前我国会展场馆的总体规模已经超过会展产业发达的德国和美国，还有一些策划项目和扩建项目等待上马，这一现象已经引起中央最高决策层的重视。

会展产业肯定可以为地方经济发展作出贡献，但其根本前提是会展必须形成规模，形成产业。而会展产业化有其自身的客观规律，完全取决于当地的会展资源和会展市场的吸引力。没有会展资源，市场缺乏吸引力，办不成会展，会展的任何经济效应都无从谈起。所谓会展资源和会展市场吸引力又决定于当地的经济发展水平，与产业结构、消费结构、文化传统和城市辐射能力紧密联系在一起。不具备这些市场条件，单纯提供良好的场馆设施，未必足以吸引众多的会展活动；更有甚者，如果大家都寄希望于吸引外来会展，而全国，乃至世界的会展资源总是有限的，在目前情况下，根本不足以满足已建场馆设施的需求，势必有不少场馆设施闲置，造成资源浪费。

鉴于目前我国会展业发展水平还不高，会展经济对国民经济发展的贡献度不可能太大，我们不能对其寄予太高的期望，会展行业成为新的经济增长点，成为支柱产业的提法只能是努力方向和奋斗目标，还需要进行相当艰苦的努力。我们应当实事求是、恰如其分地评价会展经济的功用，切忌好大喜功，一哄而起，盲目上马，兴建大型或超大型会展场馆，造成新的重复建设和资源浪费。各城市应当认真分析自己城市的文化传统、产业和消费结构特点、实际城市辐射能力，立足于挖掘当地会展资源，找准自己的市场定位，立足创办自己的会展品牌，办出具有当地特色的会展。

知识产权保护积蓄行业裂变能量

知识产权保护问题曾是中国家用纺织行业协会理事长杨东辉心中挥之不去的伤痛。2001年德国法兰克福家纺展上，中国有近400个参展产品因侵犯他人知识产权被撤下展位，身为家纺行业协会的理事长，面对这种状况，杨东辉的感受是“何等的难堪？何等的有损行业形象和国家形象？从那时起，只要开会，我必讲知识产权保护问题。”

2004年德国法兰克福家纺展上，印度企业对大连东立的侵权官司以印度企业撤下产品并向大连东立道歉而告终。“尽管只有一滴水珠，可我却见到了七彩阳光。东立事件像一股清新的风，把压抑在我心中多年的阴霾吹拂开去。大连东立的维权行为成为德国法兰克福国际家用纺织品展上中国企业状告外国企业侵权的首例案例，改变了中国产品常常因为‘盗版’被外商指责的局面。别看在国际性展会上只有我们告倒别人侵权这一例，但这是一个飞跃，是一个重要的转折点。”杨东辉在描述这一事件时，扬眉吐气，心中的喜悦难以自抑。而更令他兴奋的是，2005年8月23～25日，在第11届中国国际家用纺织品及辅料博览会在上海举办期间，中国家用纺织品行业协会和中国贸促会纺织行业分会首次联手发布由我国企业踊跃参与签署的知识产权宣言——《中国国际家用纺织品及辅料博览会关于知识产权保护的上海宣言》。“这意味着我们众多的家纺行业排头兵企业自主创新能力大大提高，愿意举起保护知识产权的大旗。这一行动必将在行业内产生连锁反应。”

唤醒沉睡的意识

和纺织业里服装、纺机、面料等行业相比较，中国家纺行业的起点要低得多，现在家纺行业里的一些较大规模企业，许多是从家庭小作坊起步的。家纺企业原始积累阶段处于非常低的水平。当五六年前，服装、纺机等行业的游戏规则已逐渐完善，知识产权保护意识渐趋加强的情况下，家纺行业的知识产权保护意识还在沉睡中。

“拿过来别人的东西照着用，不觉得是侵权，认为买了别人产品自己照着做，是理所当然的。更有甚者，在模仿别人产品的花样时，原封不动地把别人的牌子也模仿了。”谈起当年家纺企业知识产权保护意识的缺失，中国国际家用纺织品及辅料博览会主办方中国贸促会纺织行业分会秘书长杨兆华至今仍感触很深。“那时跟企业谈知识产权保护根本谈不通，展会主办单位要花很大精力去处理展会上的知识产权纠纷问题。主办单位只能先对企业做培训和教育工作，以期尽早唤醒企业沉睡的知识产权保护意识。”

据杨兆华介绍，在主办单位与参展企业在保护知识产权意识方面存在巨大鸿沟的现实背景下，家纺展主办方采取一系列有效措施在展览会期间保护知识产权，一直把维护参展商合法权益、努力提供公平、健康的贸易环境作为主办方的重要工作来做。首先，通过连续几次在家纺展期间聘请国内知名的法律专家举办与知识产权有关的法律讲座，在中国企业中大力普及知识产权知识，宣传知识产权保护的重要性。2004年，中国国际家用纺织品及辅料博览会第一次与中国国际纺织面料及辅料博览会分开举行。在2004年家纺展期间同时举办的中国家纺发展论坛上，知识产权作为其中一个重要的演讲题目，着重向中国家纺企业进行了推广、介绍。其次，主办方与上海市版权局的执法人员共同在展览会现场组成了知识产权咨询办公室，负责处理在展览会期间出现的与知识产权有关的法律问题。再次，加大对侵犯知识产权现象的惩处力度。在招展的过程中，就要求参展商承诺遵守与知识产权有关的法律法规。如果发现参展商有侵犯知识产权的现象，将中止其参展资格。同时对参展商的知识产权状况进行记录，不允许在这方面记录不佳的参展商今后继续参展。

努力取得了成效。2004年家纺展，没有收到企业有关侵权投诉，参展商在遇到知识产权纠纷时更加理性，更懂得如何利用法律武器维护自身的合法权益。

积累裂变的能量

“现代家纺业，很多产品都是从西方传过来的，像窗帘、几件套、布艺沙发等。从西方引进的产品花型设计必然带着西方的烙印，像布艺，花型基本都是西方的。怎么能使我们的产品保留民族特色，在这方面中国做得不够，比不上印度、巴基斯坦，他们产品中民族特色非常明显。如何把世界潮流和中华民族固有的血脉结合起来，创造出浸透民族特色的产品，中国必须在这方面尽快突破。”杨东辉的急切愿望溢于言表。“如果我们不能保护创新，创新一个新产品很快就被别人剽窃了，创新产品的利润空间很小，创新者就没有积极性。如果家纺行业不能有效保护知识产权，就会压制自主创新。”

杨东辉认为，家用纺织品已经不仅仅是简单意义上的日常用品，家用纺织品的精品更是纺织品中的艺术品，是凝聚了创作者智慧、灵感、以及辛勤劳动的艺术创作。创作者为创造出更美、更精致、更符合人们家居需要的家用纺织品所付出的劳动，理应得到法律的适当保护。知识产权保护正是这样一种能够充分保护家用纺织品创作者创作成果的法律制度。我们对知识产权的充分保护，就是对家用纺织品创造者劳动成果的充分尊重，是对家用纺织品创造者智力劳动的充分鼓励。

杨兆华谈到，至今已举办3届的家纺产品设计大赛，是家纺行业倡导自主创新、知识产权保护的最好体现。大赛刚举办时，模仿比较多，而2005年的作品中原创的很多。大赛组委会明确表示，家纺设计大奖赛的所有获奖作品都要纳入知识产权保护的范围。通过保护知识产权，引导有创造性思维的设计师脱颖而出，创造出更多自主创新的产品，从而丰富和活跃我国的家纺市场。目前中国家纺市场还存在产品同质化严重的情况。服装市场，人们能列举出温州的男装、杭州、深圳的女装、宁波的衬衫等差异化产品，但家纺的市场差异产品还找不到。因此，尽快形成不同风格、针对不同消费层次、不同市场的设计师队伍至关重要。

展会是行业发展的晴雨表。前几届家纺展由于知识产权保护状况不理想，在一定程度上影响了国外企业参展的积极性。“差不多有两年，海外设计师没来参展。今年家纺展搞设计师沙龙后，国外设计师反响很强，愿到中国来实地感受市场，了解中国市场。今年的展会上你会看到很多卖花样的设计师。”杨兆华对此很欣慰，撤出中国市场的外国设计师重回家纺展，或许是对家纺展知识产权保护工作的最好肯定。

把握裂变的时机

“知识产权保护问题，是全球经济一体化时代，知识经济时代，家纺行业发展的至关重要的问题。在纺织品配额取消后的今天，中国纺织品出口还面临着一些国家实施贸易保护主义的威胁。应对贸易保护主义，重要的是要加快我国纺织工业的产业升级，提高我国纺织品的产品档次。要做到这一点，加强知识产权保护、鼓励企业提高自主创新能力、培育企业的自主设计能力和自有品牌就成为促进我国纺织工业产业升级的重要举措。家用纺织品行业是纺织工业的重要行业之一，原创设计的水平直接关系到家用纺织品行业的发展层次。知识产权与家用纺织品行业的发展息息相关，在国际贸易大环境对我国纺织品存在诸多不利的今天，面对家用纺织品日益激烈的市场竞争，中国的家用纺织品行业已经充分认识到只有提高企业的原创能力，才能促使企业生产出更多具有高附加值的产品，从而使中国企业真正走上以‘质’取胜的道路；而只有切实加强知识产权保护，才能促进企业原创能力的提高。”杨东辉和杨兆华都认为，目前是中国家纺行业扛起知识产权保护大旗最有利的时机。这是因为，中国家纺企业知识产权保护的意识已明显提高，知识产权保护现状明显好转，中国已经建立了比较完善的知识产权制度，能够为中外参展商提供比较全面的知识产权保护。

中国许多家纺排头兵企业已经有了很强的维权需求了。因为越来越多的企业拥有了属于本企业的自主知识产权。这是企业自觉地维护知识产权、加强知识产权保护的原动力。

在最近几年里，要求加强知识产权保护的呼声已经不仅仅来自国外同行，越来越多的中国家用纺织品企业也逐渐认识到知识产权保护的重要性。“杨东辉对企业的这种变化感到很满意。”现在企业都忙上了，但要有序地忙。为了家纺行业和市场的有序，杨东辉更是不停地忙碌着，他期待家纺行业这之后的裂变早点到来。

展览会已经成为展示我国知识产权保护状况、加强知识产权保护的重要窗口。随着我国国内企业自主创新能力的提高和知识产权保护意识的加强，展览会期间的知识产权保护状况不仅受到海外企业的关注，也日益受到国内企业的关注。中国家纺协会、中国贸促会纺织行业分会选择在家纺展举行期间发表《中国国际家用纺织品及辅料博览会关于知识产权保护的上海宣言》，就是要向中外参展商以及专业观众，乃至国内外纺织业界的同行表明展览会主办方的鲜明态度：坚决反对任何侵犯知识产权的行为，在展览会期间努力维护参展商、专业观众的知识产权。展览会要向国内外纺织业界展示的，不仅仅是设计优美、质量上乘的产品，还要展示出中国良好的知识产权保护环境和公平的贸易环境，树立中国纺织业界保护知识产权的良好形象，增强国外同行在中国开拓贸易领域的信心。

杨兆华表示，中国家用纺织品行业协会、中国贸促会纺织行业分会要坚决把保护知识产权这杆大旗扛起来，且捍卫住。

——《国际商报》傅莲英

会展业知识产权纠纷：向左走向右走

在2005年7月3日举行的首届会展职业经理高峰会上，业内专家薛婷婷告诫会展业界人士说，在中国展览业目前尚不能完全适应国际竞争的诸多因素中，对知识产权的保护是最易被忽视的环节，维护知识产权关系到中国展览业的健康发展。会展业内人士要遵守法律法规，自觉维护知识产权，不应让自己的展会上出现侵权现象。

我国会展业知识产权纠纷频发

由于我国知识产权工作起步较晚，基础较弱，不能满足国际经济一体化形势发展的需要；又由于利益驱动，监管不严等原因，知识产权侵权，假冒和盗用的现象时有发生，尤其在我国各类展览会中，涉及知识产权的问题更加突出。薛婷婷列举了我国会展业知识产权纠纷的五种现象：

挪用品牌，克隆展会。目前在我国展览行业中存在的众多问题中，重复办展，效益低下的弊病与展会侵权有直接关系。经过20多年市场经济的发展，我国已形成一批具有品牌效应的展会。一个品牌在国内外市场上的竞争，归根到底是自主知识产权的竞争，品牌展会在不断增强开发能力的过程中打造了不可仿造的独有资源与核心竞争力。2004年我国展会数量排在前十位的行业是：房产建材、生产设备、人才招聘、文化体育、新兴技术、医疗保健、纺织服装、旅游酒店、食品饮料、综合展览。据粗略统计，印刷类的展览有一百多个，包装类的展览有近百个，汽车类展览几十个，房产建材展览几十个，缝制机械展40多个，在40多个广告类展会中，冠名“广告四新展”的就有15个；高尔夫在我国仅有不长的历史，也有了十几个展会。在这些繁多的项目中有相当多的展会盲目跟风，缺少策划理念。有的展会拿来现成的名字加上地区就使用，产生明显的侵权行为。

盗用名义，冒牌招展。冒用较有名气的主办方名义招展引起的纠纷时有发生。据有关方面粗略统计，2004年全国冒用名义的展会有10余起，情节严重者发生骗展事件。湖北有人冒用襄樊市政府、园林局、人民广场的名义举办“襄樊首届精品年货博览会”，临近开展时，已收了展费的主办方人去楼空，产生欺诈行为。去年一家公司冒用上海荷雅企龙服务有限公司在北京举办零售业展，另一家公司冒用中国对外经济贸易广告协会的名义办广告展的纠纷也引起业界的注意。类似事件均已构成侵权行为。

践踏专利，展品侵权。近年来在国外的展会上都存在展品侵权、损害他人产品专利的行为，不是把别人已申请专利的产品改头换面弄出产品拿来展示，就是剽窃抄袭他人成果被投诉。2002年在德国科龙五金展上，由我国一家公司展品侵权闹出的纠纷事件想起来至今令人不寒而栗。中国公司被投诉后，警察进入展馆查侵权现象，大有封馆之势。东莞家具展上，小厂仿大厂，大厂仿国外，国内家具企业到国外参加家具产品展会都被拒之门外，意大利米兰灯具展也如此，不让中国企业去参展。在第五届中国漫画大展中评出的“金猴奖”五个作品中，一幅名为“杀戮”的作品被指控抄袭11年前的一幅外国作品，颇令国人汗颜。

盗版软件，肆意抄袭。国内展览会上普遍存在使用盗版软件的现象，展品本身以及以演示为目的的电脑使用盗版软件及盗版光盘。展会上图书、期刊、电子出版物侵犯著作权，音像制品、礼品、纪念品冒牌的现象经常发生。

移花接木，窃用图纸。在展览设计招标过程中，一些企业利用招标不中为理由，把别人的设计图纸略微修改，据为已有并加以实施，或者干脆沿用别人的外形设计，明显侵权。

薛婷婷说：“作为会展业职业经理人，非常有必要注意各种侵犯知识现象，避免发生知识产权纠纷。”

知识产权纠纷何以产生

会展业存在知识产权纠纷是有多种原因的，薛婷婷分析说："我觉得，重复办展实际上就是侵犯知识产权，我们的制度还存在许多弊病，中央和地方都发批文，办展审批渠道多头，由于政出多门，缺乏联网管理，导致竞相效仿，重复办展。地方保护主义盛行，以突现政绩与形象，打造新的经济增长点为诱因，相互攀比，人有我有，一些地方不管城市规模大小，城市定位如何，别人办车展他也办车展，别人办机械展他也办机械展，跟风攀比。国家主管部门缺乏对展会知识产权保护的措施和相应法规，对展会名称的侵权尚处于无奈的境地，导致出现克隆展会、题目雷同。利益群体的角逐，非理性办展导致组展单位、展览场馆受利益驱逐，挪用品牌、诚信缺失、效益低下。另外，全国性展览协会迟迟不亮相，没有资质认证、评估系统和服务标准，缺少协调功能和自律机制，造成无序竞争、资源分散。同时，信息化管理薄弱，缺少权威统计。由于信息不对称，误导一批投资者迷惑于会展经济热，盲目投资，急功近利。"

如何维护知识产权

作为一个现代化的有责任感的会展经理人应不断加强法律知识的学习，增强自觉维护知识产权的意识，这是时代赋予经理人基本素质的要求。2005 年 2 月 18 日，全球展览业协会（UFI）在巴黎正式签署了"会员道德规范"，明确指出：要想成功地实现职业理想，我们需要承担相应的义务。其中第七条规定"作为 UFI 成员我们承诺尊重他人的知识产权，并保护业务对象在商务活动中所提供的机密信息。"薛婷婷说："这是多年来全球展览业协会不断强化会员道德的重要举措，作为迈向世界的中国展览人理应用同样标准约束自己，自觉维权，遵守职业道德。尊重知识产权与否已逐渐成为会展人的自律准则，成为入门的承诺，想回避是不可能的。"

近年来我国各省市、地区的有关部门也开始重视会展业知识产权保护工作，浙江义乌市会展业下发了《关于做好会展业知识产权保护工作的意见》。深圳贸工局下发了《关于实行品牌展会排期保护的通知》，一些地方展览协会正陆续制定有关规定。

对于维护会展业知识产权，薛婷婷提出多种应对措施，她说："要进行商标注册，依法维权。一个展会办了两三届之后，如有一定影响力并看出有发展前途，应立即到工商局登记注册。按目前我国的商标法规定只能注册会徽，尚不能注册名称，但是长期使用一个展会名称，又在工商局备案 LOGO，约定俗成也会产生一定权力，日后如发生纷争对簿公堂，会积累有利因素。要颁布规定，禁令有行。作为主办方，在前期展览策划过程中就应突出知识产权问题，起码在招展通知书上、参展通知书上和展览现场的参展须知上要明确发布保护知识产权的信息，以示主办单位的社会责任。在开展前主办方应与每家参展商签订'保证书'，让参展商保证承诺所有参展展品、产品样本、说明书及现场演示所使用的软硬件不存在侵犯他人专利权、版权和著作权的情况。另外还要明确表示，一旦出现纠纷，主办方将依据国家法律，支持投诉方的维权行为，提前把责任划清。国外对一些敏感的展会，如纺织轻工类、工艺品类、照明灯具类、珠宝类展会严格规定禁止拍照、摄像，以防范对新品外形设计盗版。国内的展会也可以借鉴此法。要严审展品，宁缺毋滥。负责任的主办方在对参展商提出保护知识产权的要求后，还应花大精力去审查展品的合法性，展前最好参展商提供展品清单。对有争议的展品，要坚决说'不'。开展前一两天报名参展的展品十有八九会出现问题，特别要警惕。要进行集体防御，有备无患。出国参加博览会最易引发知识产权纠纷，中国机电商会就提醒赴德国参展的企业，没有自主知识产权的产品不要去参展。中国参展商已置于欧美客户的众目睽睽之下，千万不能携带侵权的展品出展，组团单位应要求参展商携带展品的有关证件和专利，遇有争论或投诉，先将展品撤下再处理，否则会遭到'封馆'的后果。出展组织者特别要提高警惕，出团前做好突发事件预案，如有事发，以组委会名义，有理有节地与大会主办方和投诉方协调相关问题。要聘请顾问，咨询在先。国内展览公司聘请法律顾问的为数不多，对于有品牌展会的知名展览公司更应将此事纳入议事日程，否则遇到突发事件措手不及。展会办得越好，越处于易被侵权的高风险中。国外有的知名展览公司均把自己的律师公布于众，起到先声夺人与威慑的作用。法律意识极强的主办方往往会请知识产权部门现场办公，给参展商提供维权方面的咨询服务。"

我国的会展业还处在初级水平，要为展会争取一个较长的稳定的发展时期，保护知识产权尤为重要，一个好的品牌展会要维护自己的知识产权，走出国门更是要把维权意识放在第一位，才能为中国企业和中国产品树立良好的国际形象。

——《中国贸易报》朱文伟

知识产权保护为展会撑起一片绿荫

近日，上海市第二中级人民法院对一起侵犯上海世博会知识产权的案件作出一审判决，判令上海弘辉房地产开发有限公司立即停止侵犯上海世博会事务协调局申博徽标及"上海世博会"特殊标志所有权、中英文主题词著作权、"中国

2010年上海世界博览会”专有名称权，停止使用楼盘名称中的“士博汇”，同时作出向原告赔礼道歉、赔偿原告经济损失等民事制裁。

这是一起典型的侵犯展会知识产权的案例，不法分子对世博会这样的重大展会尚敢如此，更何况其他展会。维护知识产权的问题已成为展览行业不能回避的现实。记者就此问题采访了部分专家学者。

侵权有两类——展会克隆和展品克隆

时下，人们在给展会下定义时往往在意它的市场定位、展会理念、规模大小、服务意识等因素，却很少用是否尊重知识产权这把尺子去衡量。因而，造成国内展会中侵犯知识产权问题比较突出。这种知识产权侵权、假冒和盗用行为，不仅给知识产权所有者和广大消费者造成损害，而且还扰乱了会展行业的正常秩序。

国内有不少专家学者对展会中侵犯知识产权的行为进行了分析和归类。北京第二外国语学院会展管理系主任刘大可教授在接受采访时指出，展会活动本身作为一种“知识型”和“服务型”产品，其价值更多地体现在名称、品牌、举办历史等无形资产方面，如果知识产权得不到有效保护，题材类似的展会重复举办问题难以避免；另一方面，从参展商角度看，在展会上亮相的几乎全是最新的产品或技术，如果这些产品和技术的不到有效保护，企业的损失将相当惨重。

刘大可教授分析指出的，正是当前展会中存在的两大类侵权行为。

一是展会克隆现象。现在展览市场的实际情况是，只要一个展览会办得好，就有人不分经济基础、区域性市场而盲目跟进，造成同类展会过多、过滥，好的展会被分流，差的展会被投诉的无序竞争状态。以“广告四新展”为例，由中国电子国际展览广告有限责任公司与中国对外经济贸易广告协会经过近一年的国内外市场调研精心策划的首届展会，于1994年在北京成功举办。可到2004年，全国各地已办起近40个相同命题或类似的展会。这种拿来主义和生搬硬套的做法，只能造成恶性竞争，因此有的广告展只办一届就办不下去了，还时常发生被投诉的现象。二是展品克隆现象。就国内展会而言，参展商侵权、损害他人产品专利的行为并不少见，他们不是把别人已申请专利的产品改头换面拿出展示，就是剽窃抄袭他人成果被当场投诉。中国电子国际展览广告有限责任公司主办的“广告四新展”也碰到类似侵权现象，作为主办单位，中国电子国际展览广告有限责任公司在总结经验教训后，深刻地认识到制定措施、坚持原则、依法办事对维护品牌展会至关重要。

防范侵权需四方联手

打击展会中的知识产权侵权行为不是一朝一夕的事情，单靠政府、主办方、行业协会和参展商哪一方单打独斗都是难以制止的，需要四方联手协同努力。

政府制定规则。刘大可教授向记者指出，从政府层面看，首先要不断完善与知识产权有关的法律法规，对产品技术、外形、商标等涉及知识产权范畴的事项，提供法律保护依据，在法律制定的过程中，要充分考虑到一些细节问题，尽量减少侵权者打法律“擦边球”的机会。

记者从国家知识产权局获悉，针对近年来各种展览会期间知识产权侵权行为增多、而又缺乏有力的保障措施的局面，国家知识产权局起草了《展览会期间专利保护办法》。2004年12月初，来自国家知识产权局、各省、自治区、直辖市知识产权局等有关负责人齐聚河南郑州，对《展览会期间专利保护办法》进行讨论并提出意见建议。国家知识产权局有关负责人表示，《办法》的制定将充分考虑各地知识产权局的建议，并在条件成熟时颁布实施。

不仅中央主管部门关注会展市场秩序，要求规范会展知识产权行为，各地地方政府也拿出了更为切实的政策和措施，以促进会展产业的健康发展。

上海正在酝酿出台首个规范展览业发展的政府规章——《上海市规范与促进展览业发展的若干规定》，该规定的草案目前已由市法制办对外公布，近期征询了公众意见。随着这一规定的浮出水面，展览行业上述不规范行为，都将被制止。上海市国际展览有限公司总裁唐贵发表示，上海正在成为一个展览之都，而“展都”除了硬件建设外，自然也离不开行业规范等软件建设。

广东是国内展会知识产权保护做的比较好的省份。两年前，广东省知识产权局、广东省外经贸厅、广东省工商行政管理局和广东省出版权局联合下发《关于加强会展知识产权保护工作的意见》。广东省知识产权局现正在推出建立行业协会知识产权自律机制和开展会展知识产权保护等两项试点，并确定广州市医药业同业会等十家行业协会和中国（广州）美容美发博览会等11个会展单位作为首批试点单位。据悉，该试点工作为期三年，广东省知识产权局将对试点单位予以经费和政策扶持，并加强对试点工作的指导和管理。

主办者使用规则。对于十分敏感的知识产权保护问题，主办方也早有考虑。为了减少纠纷，主办方一般都在参展条件中明文杜绝侵权的产品参加展出。除此之外，主办方还八仙过海，各出其招。

像中国（深圳）国际钟表珠宝礼品展览会为鼓励企业进行新产品的开发，保护企业权益，自2001年，展览会特设置“公平竞争委员会”，负责知识产权保护工作，专门打击抄袭、侵权行为。该工作得到众多企业的拥护。

中国电子国际展览广告有限责任公司在每年举办的广告四新展二号通知书上都印有一份醒目的“保证书”，让参展商保证所有参展展品、产品样本和说明书及现场演示所使用的软硬件不存在侵犯他人产品专利权和涉嫌侵权的问题，如有违反，将自愿承担一切法律责任和相应的经济损失。这份保证书须签字并加盖公司印章在规定日期寄回。

北京纺机展的主办方主动联系了北京市知识产权局等单位，在展览会现场设立知识产权咨询办公室，对发生知识产权纠纷的参展商开展咨询和协调，维护参展商的合法权益。北京市知识产权局执法处张大伟向记者透露，为了从源头上保护发明者的知识产权，我们采取“标本兼治”的方式，着手开展三项活动，首先是对所有参展商进行项目调查，将企业拥有的专利技术登记备案，如果有技术转让协议，必须出示许可合同；其次是主办方和参展商共同签订承诺守信合同，合同中有关于保护知识产权的专项条款；第三是对在调查中发现的侵权行为，建议他们听从专家意见，在撤展与遮盖展品之间选择。对拒不承认侵权的，采取最后一招——在知识产权局正式立案，由工作人员进行现场勘验，拍照把证据固化下来。

行业协会推广、宣传规则。目前，国内每年举办几百个展会，各地知识产权局进驻展会现场虽好，但不可能所有展会都参加。对各行业协会进行法律培训，由行业协会对参展商进行法律监督指导，是一种比较可行的方法。

北京国际会议展览业协会张羚告诉记者，中国的行业协会健全，而且各行业协会都有一套较为完整的行规，由于其专业性强，知识产权局的工作人员也不可能完全掌握，因此执法时，还需听取行业协会专家们的意见。中国的行业协会还有一个特点，即是由原来的政府机构转变而来，在社会上有一定的威望，在会员企业有一定的威信，由他们直接对下属会员单位进行知识产权保护监督在实践机制中可能性最大。

参展商使用规则维权。最后，参展商作为最容易被侵犯知识产权的一方，要有强烈的自我知识产权保护意识，对新产品、新技术要进行事前的商标、专利注册，寻求法律支持。

马佐里（东台）纺机有限公司知识产权办公室主任王皓在纺机展现场接受记者采访时说，这样做的宗旨是尊重他人的知识产权，同时保护自己。他说如果发现自己企业被侵权，企业一定拿起法律武器，不能因为展会时间短，投诉或立案不可能马上有结论而放弃，不制止就是放任，今后企业会遭受更大的损失。

为了保护消费者及企业的合法权益、保护厂商的知识产权、品牌展会的声誉，政府、行业协会、主办方和参展商都应携起手来，积极制止不正当竞争行为，打击和防范假冒、伪劣侵权行为，确保会展行业健康良好地发展。

——《中国贸易报》任 征

众巨头分食会展蛋糕

2004年几乎成了会展业的改革年，一向由政府主导的一些大型展览会，今年都亮出了转制“市场化办展”的告示牌。于是“市场化办展”，成为了本年度的最强音。

当“市场化办展”首当其冲成为了会展业改革的突破口时，垂涎已久的国外展览公司，以兵贵神速的战略，以联合主办，共同承办，独立海外协办的形式，将触角伸向了多个会展城市的多个展览项目。在科隆、汉诺威、杜塞尔多夫、慕尼黑、法兰克福为代表的德国5大展览巨头入户中国之后，莱比锡和斯图加特的国际会展公司相继进入，德国展览公司终于以一个完整的阵容集体亮相。

除德国公司之外，还有法国的欧西玛特、荷兰的荷雅企龙、亚洲博闻、英国的励展、美国的克劳斯、IDG，以及今年新进入的新加坡环球万通会展、新加坡国际展览集团和意大利的米兰国际展览中心、博洛尼亚集团、日本的康格株式会社、杰科姆会展服务公司等也都开始了在中国会展市场跑马圈地。如果算上香港的建发国际、雅式和笔克，中国内地会展蛋糕由内地公司独享的局面已迅速成为历史。中国的会展蛋糕在不断做大的同时，也在被重新分配。

德国巨鳄全面抢滩

早在4年前，由于政策的限制，汉诺威、法兰克福、杜塞尔多夫、科隆、慕尼黑等知名展览公司都是以展览咨询机构的名义在华开展业务，不能直接面对国内企业进行招展。这使得他们的许多国际上知名的品牌展会，移植到了中国，却没能避免冷清的场面。这一状况曾令展览巨鳄们感到困惑。

2004年1月，商务部发布了《设立外商投资会议展览公司暂行规定》，以前只能在中国境内寻求合作伙伴的外资展览公司获得了在中国境内独立办展的权力。

尽管如此，法兰克福上海有限公司有关人士表示：还是倾向于合作，选择有实力的能了解中国国情并能充分开发国内市场的会展公司或者行业协会。以前合作很在乎中国政府的批文，但是现在更在乎的是他们的实力。像这位人士的想法，在外资公司中具有普遍性，特别是近期以来，一些中国本土的展览项目，“国际化”呼声越来越高，在国际招商和组织境外观众上力求突围，这像是发出了邀请，刺激巨鳄们今年的动作尤为频繁。

杜塞尔多夫 进入中国之初，就分别在上海和北京设立了办事处。而尤为引人注意的是2004年4月，杜塞尔多夫展览（中国）有限公司沈阳代表处成立，这是该展览机构在东北设立的首家办事处。据悉，他们此次进驻沈阳还只是先期的考察阶段，并不会在近期举办展会，有先入为主的用意。此外，他们还于2004年下半年的9月和12月分别对西部的成都和重庆进行了考察，据消息人士透露，短期内，杜塞尔多夫极有可能与两个城市进行会展业务的合作。

科隆 继汉诺威、杜塞尔多夫、慕尼黑、法兰克福之后，2004年5月在上海成立代表处，至此德国5大展览巨头全部在上海安营扎寨。10月，科隆公司又在广州设立代表处，计划依托德国总部展览资源，把品牌展移植到中国。对此次挥师华南，德国科隆总部高层表示，广东地区主要行业与科隆主办的展览主题相关度大。为尽量贴近客户，科隆在广州设立代表处。这是继北京、上海、香港之后，科隆在中国设立的第四个代表处。由此，科隆在中国的战略格局初定。

法兰克福 早在1987年就在中国香港举办展会，并通过香港进入内地市场，之后在1994年在香港成立分公司，2002年在北京和台湾都成立了分支机构，进入中国会展市场。其高层官员曾表示：中国一直是法兰克福国际策略的主要焦点，是公司在全球战略中最重要的市场。目前，中国市场的营业额占法兰克福总营业额的10%。从2001年到2004年，法兰克福展览公司在中国市场上的营业额已增长了一倍。这一点从其与中国贸促会纺织行业分会参与主办的多个大型的纺织行业展会上，就能够看出。目前已在中国内地合作举办了17个展览会，已经计划在广州设立办事处之类的分支机构。

2005年9月，大连服装节期间，会同时看到由大连国际服装展览公司与法兰克福（香港）展览公司共同主办的中国国际毛皮时装展览会。

汉诺威 2004年8月，汉诺威展览公司副总裁普律塞尔对成都会展业进行了首次详细的考察，并就在成都合作举办成都国际车展与相关单位进行了磋商。其实，早在2004年5月，汉诺威展览中国公司董事总经理钱军就已经对成都进行了一次考察和交流，双方在这次交流中都达成了一致的认识：每年秋季（如11月份）举办规模、档次仅次于北京和上海的国际车展。其高层认为成都是一个很有潜力的城市，并相信到成都举办车展是可以取得成功的。目前汉诺威展览公司已在中国成功举办了十多项国际性专业展览会。

慕尼黑 慕尼黑国际博览集团与重庆博众地产教育机构于2004年9月结成战略合作伙伴关系。这是该巨头首次将触角伸入到中国西部地区。据悉，根据双方协议：重庆博众成为该巨头在上海的全资子公司——慕尼黑展览咨询（上海）有限公司在中国设立的第一家代理机构，负责代理其西部的会展业务，双方还计划3年内在渝共同投资组建新的合资公司。此外，德国慕尼黑展览公司已经介入重庆摩托车展，相关合作协议已经签订。

日本会展公司挺进京沪

2004年11月19日，日本最大的会展机构，康格株式会社在上海成立的康格会展（上海）有限公司正式投入运营。这是自今年1月国家允许外国投资者在中国境内独资设立会展企业后，第一个在中国境内设立的外国独资会展公司。康格集团一直关注中国会展业和会展市场，并于2002年年底在北京设立代表处。据悉，康格会展（上海）有限公司选择独资公司的方式，是担心合资的方式可能会和中国的会展公司在经营理念等方面产生差距。

事隔三天之后的11月22日，日本另一会展巨头日本杰科姆会展服务公司在北京宣布，注册成立该公司海外第一家代表处，并计划在2005年转为独资公司。据介绍，杰科姆公司在2005年日本举办爱知博览会期间，为能更好地服务中国企业，毅然决定在中国设立独资公司和代表处，这可以说是一个最为直接的原因。事实上，2008年奥运会以及2010年的世博会，都蕴藏着巨大的商机，日本会展企业显然不愿放弃这块巨大的蛋糕。有报道认为，杰科姆在中国设立独资公司，和中国会展界建立广泛的联系，则是吞噬这一蛋糕的开始。但是就目前的现状而言，很多国外的会展公司进军中国市场还是采取了一种较为谨慎的态度，这也是自政策放开以来外国独资会展公司在中国不多的一个重要原因。这些对独资持保留态度的公司认为，虽然独资有更多大的发展空间，但也有多方面的风险。

据了解，康格和杰科姆，都是日本知名的会展企业，拥有显赫的地位。此次两大会展公司采取相似的方式同时进军中国市场，表明了他们一致看好中国会展市场。

香港公司发力西部

相对上海、北京、广州等会展城市来说，成都是一片尚未开垦的处女地，其城市会展经济的发展潜力很大。11月21日，由香港著名国际贸易展览会主办机构建发国际集团全额投资的建发（四川）展览有限公司已正式开业。香港建发国际主席叶纪章表示，继2003年在北京、2004年初在上海后，香港建发国际（控股）有限公司在内地的第三个据点正式落户成都，新成立的建发（四川）展览有限公司注册资金为70万美元，总投资额100万美元。建发（四川）正式运作后，第一个展会目标是于2005年底或2006年初，在成都举办一个以促进西部商品外销为目的的交易会——中国西部出口商品交易会（简称为“西交会”）。

建发进入四川后，希望能把四川、西部的有名商品介绍到世界各地，同时希望把现有的国际展会经验和60万的国际买家资源引入成都，撇开第三方，通过搭建中国西部出口商品交易会这个直通车，把更多的四川产品推广到全世界。叶纪章认为，无论是广交会还是华交会，都已经形成了各自的风格，而广州和上海的本土文化也成为了这两个展会的一部分。如何确定“西交会”的本土文化就成了建发国际要考虑的一个重要问题。

新加坡公司进入二级会展城市

2004年10月，新加坡国际展览集团博览中心有限公司就管理天津滨海国际会展中心与天津泰达集团签订协议。这是新展集团首次在海外达成这种管理协议。根据协议，新展集团将会负责天津滨海国际会展中心的整体管理，包括全球市场广告及促销，也包括展馆中举办的展览。

新加坡国际展览集团前身为港务集团产业部，其背景为新加坡政府。该集团是一个专业的展馆管理、办展及会展投资集团。旗下共有3家相辅相成的分公司，从展馆管理服务、合作办展到展会管理及投资工作，在亚洲地区的展览业界有着相当的地位和影响力。其强项是能以灵活的利用展馆管理和丰富的办展经验，为不同的行业、企业创造不同的贸易平台和商机。

早在2004年年初与沈阳“制博会”联姻的新加坡环球联系公司董事长杨美湘认为，国际会展业正向亚洲国家转移，中国在其中占有举足轻重的作用。他表示，统计资料显示欧洲的会展业已达到巅峰，处于停歇不前的状态，而转向于中国及东南亚地区，目前这些地区的展会在专业程度上、国际程度上都有大幅度的提高。

更多的外国展览公司进入中国会展业市场，给中国市场带来了强而有力的冲击，面对如此多的高手，中国的会展市场还能剩余几分?

面对带来管理和资金也带来冲击与竞争的国际会展巨鳄，中国会展业内一直有两种声音：一些人要求加强行政管理，减少重复办展；另一些人则要求通过市场竞争解决问题。

——《中国贸易报》

德国展览业惊呼：中国人来了

德国有名的m+a出版集团下属的杂志“m+a报告”，在第三期以醒目的标题《中国人来了》报道2005年中国将在德国本土独家举办的两场展览会。从以下编译的文章中，可窥视德国人对中国人在德国境内办展的心态。

远东悄然移近

2005年中国首次将以博览会的形式在德国亮相。这两个展览会只有来自亚洲，特别是中国的企业参展。展览会的名称为“亚洲消费品、礼品及家庭用品贸易展览会”和“中国家电、五金、汽配及卫浴展览会”，中国的主办方分别与科隆博览会、纽伦堡博览会和德国的励展公司联合启动该项目。与此同时，法兰克福人也想在新的发展趋势中参与竞争。

中国让人刮目相看

中国的参展商参加德国的博览会数字飞速增长令人刮目相看。根据德国经济展览会博览会委员会（AUMA）的记录，1994年中国仅有550家公司参加了德国47个展览会，而2004年已有超过6000个参展商参加了85个博览会。据统计，2002年中国已领先美国排在最强的国外参展国名单的第4位。中国贸促会展览办市场服务处沙克仲处长说：“中国在去年发展为全世界最大的消费品制造中心，并在市场份额中成为最大的出口商之一。”中国贸促会在纽伦堡组织了第一个在欧洲的自办专业博览会即“亚洲消费品、礼品及家庭用品贸易展览会”，究其原因是因为独立自主的中国企业迄今没有机会在欧洲完全展示他们自己。与此同时，德国是欧盟最重要的市场并且是欧盟消费品的最大贸易伙伴。中国人模仿德国的主办方把他们的展览会移植到亚洲特别是中国的做法，也到德国去办展览会。“我们对目前博览会场地的现状不满意，提供给中国企业的参展面积远达不到需求，我们要做自己的展会。”沙克仲如是说。

中国像一个牵引车

8月底在法兰克福还同时举办“秋季国际消费品博览会”。中国展会的合作伙伴纽伦堡全球展览公司（NGF）的项目经理阿塞尔·巴特库斯说：“这是主办方有意安排的。”中国的合作伙伴也已对参展企业明确说过这期间没有机会参加其他的展览会了。2005亚洲消费品展的重点是礼品和家用品。8月29日约有650家参展商将在1.2万平米的面积上展出，预计将有5000名专业观众。目标群体是采购人员、零散买家（大顾客）、进口商和专业经销商。中国贸促会招揽中国及澳门地区、印度和马来西亚的参展商，巴特库斯负责其他亚洲区的客户。中国人是认真的，与纽伦堡全球展览公司签订了五年合同，每年举办一次。

中国人的博览会活动也表现出一种日益强大的自主意志。德国励展公司的代理人布丽塔·威茨和中国机电商会合作每年在杜塞尔多夫举办"中国家电、五金、汽配及卫浴展览会。"

这个展会在德国堪称是惟一的一个只由中国机电商会会员即中国企业参展的展览。中国机电商会给他的会员颁发出口许可证。9月12～14日的展览会上人们可以观察到中国人打开的门户，威茨说："中国就像一个牵引车。"

在北威斯特法伦州亲善亚洲的地域政策指导下，在那里创造了一个良好的环境，杜塞尔多夫作为博览会场地最为理想。服务业的公司、供货商和观众在做生意时需要咨询，中国的参展商也不例外，有一个专用的框架程序协助他们做中国的生意。威茨还说："虽然这个展会饱受批评，但还是被视为很新奇的。"届时将有400家参展商在1.1万平米的14号馆展出。期待的观众数目在准备阶段尚未出笼，但是诸如奥迪、SEB集团、Lux工具、Zeus有限公司或一些建材连锁店、建筑和家居市场等都已对展会表示出兴趣。

知识产权最受关注

有关两个展会受批评的不协调声音主要来自供货的质量。巴特库斯和维茨确认中国贸促会和中国机电商会已意识到此问题。在"亚洲消费品、礼品及家庭用品展览"上已要求禁止展示剽窃、侵权产品。主办方甚至将此内容写进参展商资料中。博览会的焦点在提供高价值产品的品牌制造商上。德国励展的经理人说："中国人意识到他们必须满足欧洲的需求。"中国人日益地致力于扩大并出口自己的品牌，他们将展示一些成功的品牌，如奇瑞、科龙、海尔等。

法兰克福和科隆也跟着作了一些领先的事。由法兰克福展览公司（MFA）独立组织了亚洲生活精品博览会(Asialiving)，二月份已在奥芬巴赫的会场与消费品博览会同时举办。负责这个消费品博览会的部门领导尼克雷特·瑙曼说："在奥芬巴赫有75%的中国参展商，2006年预计还要多。法兰克福并不担心来自纽伦堡的竞争，相反也谈不上需求会减少。法兰克福消费品博览会着眼于与亚洲公司的合作这一长远传统，他有530个中国参展商展出厨房、礼品和家居用品。我们的一项任务是在国际博览会上按面积的比例算出总的盘子，使展会结构合理化。"针对纽伦堡的亚洲消费品展，瑙曼认为买家去纽伦堡意味着增加附加费用，还要严格核算的是，在那里参展的亚洲公司没有象在法兰克福消费品展上以3500个参展商那样的阵容对买家提供的国际视野。

亚洲展商市场活力强

科隆人也积极行动起来，当科隆五金展从2004年起决定每两年举办一次时，科隆办起了亚太家具、园林和消费品的专业博览会。主要考虑到来自亚洲的参展商的不满，他们有较强的市场活力，每年都想展示自己的产品。产品经理汉斯·坎佩先生说："亚太展在欧洲创建了一个平台，我们要继续走下去。"在三天的展会上，有546个来自15个国家的生产商和经销商展出了展品和生产能力。其中有399个来自中国内地的参展商，92个中国台湾参展商。展览会汇集了来自60个国家的7000个专业观众，其中2/3来自德国本土之外。国内外的大贸易经销商的决策人物都抵达现场，其中有国外的大建筑市场连锁店、家具仓储店、家乐福和Baomax及同类的Obi、hornbach、Metro/Praktiker、Rewe以及折扣店和邮寄公司等。该展会占据了科隆展览中心3.2万平米的展览面积。

目前还没有亚洲的博览会接受过德国自愿审核博览会和展览会数字公司（FKM）的检测，惟有德国励展公司宣布"中国家电、五金、汽配和卫浴展"，作为重要的质量标准参考，从第三届开始即2007年开始接受FKM审查。

——《中国贸易报》

我国展览场馆普遍中看不中用

正在进行中国展览业调研的商务部国际贸易经济合作研究院副院长沈丹阳在2005年7月3日举行的首届职业经理人高峰会上，针对我国各地大量盲目建设展览馆的问题指出：目前中国展览馆建设的总规模已脱离了中国展览业发展的现实，仅2003年统计全国就有212个展馆，现在这个数字还在增加。中国展览馆可使用面积为250万平方米，已经超过了德国，展馆建筑面积超过了美国。中国的单个展馆建筑面积往往是20万平方米左右，但可使用的面积只有5万平方米。有的展馆是6层大楼，却只有一层是办展览的，其他的是会议厅、宴会厅、领导会见场所等。

沈丹阳说："我国的展览场馆建设攀比严重，过于追求豪华，普遍中看不中用。从投资上看，在展览馆建设中，其他国家建展览馆一般是几千元一平方米，而我国现在的展馆建设投资大多是每平方米2～3万元，豪华程度可见一斑。这与很多地方要求把展馆建成当地标志性、地标性建筑或形象工程有很大关系，投资动不动就是几十个亿，其实展览实用面积并不大。”

沈丹阳指出：“目前我国的展览馆使用率非常低。有人说北京的展览馆不够用也是相对的，只是大展会展览不够。就连中国国际展览中心所说的56%的使用率，如果严格按照国际规范的统计标准来计算，其使用率只能达到30%左右，这在全国已经是最高的。全国绝大多数展览馆平均使用率只有10%左右，不到15%。包括广交会新建展览馆的使用率也只有30%。”

沈丹阳认为，我国展览馆的展览项目处于严重低水平重复状态，据2004年统计，全国约有3298个展览会，每年增长率为20～30%。这些展览绝大多数在进行低水平重复办展，不计效益。沈丹阳指出，“并不是所有的展会都能产生1比9的拉动效益，有的展会上，绝大部分的展商都是本地的，采购商和观众也是以本地的市民为主，这怎么会达到1比9的拉动效益？会展并不是所有城市的面包，并不是在城市上空撒钱。”

沈丹阳进一步指出，目前管展览的部门太多，看似谁都管，其实没人管，谁都想管，却又谁都管不了，中央部门是这样，地方也如此。尽管有的地方成立了会展管理办公室、协调机构或会展领导小组，这对管理地方展览有很大好处，但中央部门还没有一个明确的主管部门。针对以上问题，沈丹阳认为：“要正确引导，规范政府行为，同时扶持展览企业主体的发展，对政府介入展会的行为要进行约束、规范和指导，要明确在展会中，哪些是政府应该介入的。还要明确主管部门，理顺管理体制，制定产业发展规划和政策，各地根据发展规划找准自己的定位，通过宏观调控来引导地方会展业发展。要制订管理办法，规范市场行为和企业行为，我们现在没有管理办法，但这是展览业出现乱相的一个原因，很多展会的知识产权纠纷往往由此而来。这就要推行行业自律，发挥中介组织的作用，加强行业规范、道德规范，推动中国展览业走可持续发展道路。”

——《国际商报》飞 明

场馆环境对展业发展举足轻重

会展场馆选址对会展业的发展而言，可以算得上举足轻重。道理很简单：场馆一旦落成，也就决定了会展业借以发展的空间地理区域，这一区域内的各种基础设施，包括它的相关配套设施、道路交通状况等等，就成为会展业的宏观运行环境，环境的好坏直接影响着项目甚至行业本身的发展。近几年，全国掀起了场馆建设的高潮。然而在盲目兴办会展场馆的同时，更多的问题应运而生，最为严峻的就是展览场馆给周边环境带来的负面效应，即对城市交通的巨大影响。

以北京为例，近几年交通需求量的大幅度增长已远远超过了交通供给的增长，市区道路网以及城市运输服务系统长期处于高负荷运行状态，已逐渐失去应有的整体调节能力。这些仅仅是在日常环境下的各种交通现状，籍此我们就不难理解大规模的会展活动给这个城市带来的沉重压力。然而，城市的交通问题并不是不可解决或者缓解的，如加大对轨道交通的建设，积极扶持公共交通，完善对城市建设的规划与指导等都是十分必要的。但作为会展业宏观环境之一的城市交通问题，仅仅靠改善城市结构和交通状况来解决问题还是不够的，作为会展行业本身也应该从自身着手解决它为城市带来的负效应，扫清会展业发展的障碍。为此会展场馆的选址无疑是制约城市交通最为重要的环节之一。

对于已经落成的展馆已经很难改变其现有地理位置，我们能做的事情恐怕只有维护好、协调好重大活动期间的交通秩序问题和安全问题，增加或者选择替代路线缓解会展活动给城市交通带来的压力。而对于那些正在选址建立会展中心的政府规划部门和建筑商们，我们则有必要为他们提个醒，选择好展馆的建设位置对展馆效益和城市会展业的发展都具有十分重要的意义。

一个好的展馆，不仅仅应该具备完善的内部设施和服务机制，更为重要的是它的周边环境。

其一，好的展馆应处于交通网络发达地区，四周交通便利、换乘方便，各种交通设施齐全，便于游客和参展者的参展。

其二，展馆地址应远离居民区和其他行政机构服务区域，避免给附近居民带来困扰或者妨碍其他公共事务，举个例子：北京市朝阳区拥有CBD、使馆区等重要商务区域，但是在一次外企评测当中，朝阳区的排名居北京市所有城区倒数第二，原因之一就是交通问题，特别是朝阳区国税一所距离中国国际展览中心仅几百米，众多外企公司都要到税务所去缴税，每当国展举办大型展览就造成交通拥堵，严重影响这些企业的效率。

其三，展馆附近应配有齐全的配套基础设施，如宾馆、酒店、商场、健身场所等等，为展会和旅客提供方便的同时，也避免了重复建设所造成的浪费。

其四，展馆群体架构应呈现狭长、分散型，而非集中、聚集型，避免因展馆过分集中而带来的车辆拥堵，难以对其进行有效地集散。这样既可以使观众有效参展，又能够发挥展馆优势，兴办品牌展会。美国的会展城市巴尔的摩，就是依赖其靠近纽约、费城等大型城市良好的区位优势，“平行式”陆路交通的便利，濒临河口位置的海陆交通优势，以及各种配套设施和服务的齐全，塑造了其国际性会展城市的地位。

还有一点值得一提，要避免庞大的会展活动所带来的周边交通问题，对展会的明确定位和对专业观众的区分，也是加强对展会控制、减少观众流动量，以及提高展会质量的有效途径，应在这一方面继续努力。

——《国际商报》王 展

广交会破解“潜力股”参展课题

第98届广交会参展企业的申报工作正在火热进行中。

北京的华旗也已正式申报第98届广交会的参展资格，但截至记者发稿时，华旗仍在等待企业能否参展的消息。

产业规划

广交会不仅仅是一个大型国际性展会，它还通过相关参展规定和措施的设定，体现政府对产业结构的整体规划和导向。

中国对外贸易中心主任、中国出口商品交易会秘书长胡楚生曾对媒体表示，为提高展示质量和成交效益，保持广交会“中国第一展”的水平和吸引力，根据目前我国外贸发展的实际需要和商务部的有关政策，对参展企业设立“门槛”，引入市场淘汰机制，势在必行。

按此思路，中国对外贸易中心今年年初制定了《广交会参展准入管理规定》。《规定》要求，自第97届广交会开始，参展企业都必须符合一定的资质标准，达到一定的出口额。在刚性指标之外，只允许出口金额不达标的生产企业数不超过各地方交易团参展企业总数的8%。

《规定》出台后，影响是明显的。据统计，在摊位总数较上届增加250个的基础上，第97届广交会的参展企业数反而减少了1051个，同时，广交会的品牌展位增加了1286个，增幅达到62%。至广交会闭幕，占展位总数12%的品牌展区出口成交74.2亿美元，占总成交额的25.4%。

《规定》重视了出口“绩优股”但是却没有充分考虑到“潜力股”的要求。《规定》中有关出口额的限制，迫使很多有出口潜力但目前没有出口实绩的中小企业止步广交会大门之外。

考虑到企业的现实情况，在今年6月召开的第98届广交会筹备会上，主办方已经明确将交易团参展生产企业的不达标率确定为20%。

胡楚生表示，由于各省区经济发展不平衡和外贸发展的差异性，政策的调整是出于培育有发展前途和出口潜力的中、小生产企业参展的考虑。“加以调整，对于中西部地区的中小企业而言该政策执行难度相当大；但如果过于放宽，又达不到目的。”20%是外贸中心认为目前较为适宜的标准。

记者在采访中了解到，调整过后的20%对于很多地区而言仍然不够。据负责广交会云南企业招商的省对外经贸交易会服务有限公司的负责人介绍，上届云南的展位缺口超过了总需求量的50%。

胡楚生指出，虽然标准短期内可能对部分小企业或新参展企业带来一定的难度，但从长远看，将有助于推动企业树立品牌意识、完善管理、提高国际竞争力。

“从总体趋势上看，品牌企业是广交会成交大户，扩大品牌展区将是一个不变的趋势，这也有助于更好地解决展位供不应求的矛盾。但是考虑到我国一些地区的实际情况，标准定太高了会妨碍当地发展，”对于未来，胡楚生表示，今后广交会将继续调整企业的准入标准，寻求发展品牌企业与扶植中小企业之间的平衡。

中小企业的参展渴望

穆欣炬最近是忙坏了。身为北京日创电器有限公司的国际贸易部经理，穆欣炬不仅要积极筹备公司第一笔出口大单，而且还要准备公司在法国和德国独家代理事宜的谈判工作。

今年4月初才刚刚办妥自营出口所有手续的日创公司，外贸业务已经开展得有声有色，“这首先要归功于广交会之行。”一谈到企业首次参加广交会的经历，穆欣炬就很兴奋，因为日创是97届广交会北京团的特批成员。

目前，每届广交会的参展人数都在50万人以上，国际采购商也超过20万。对于众多出口企业来说，广交会已经成为它们开拓国际市场、获取国际订单最有效的途径之一。

中小企业中绝大多数不熟悉国际市场，仅仅凭借自身的力量开拓国际市场成本较高。对于他们，能拥有广交会的“入场券”就更显重要。

“广交会能帮助企业直接接触有效客商，提高企业的认知度，并为企业提供了一个了解竞争对手、获知海外市场信息和需求的平台；更为重要的是，作为有政府背景的大型展会，广交会无疑给参展企业增加了一道‘政府背书’的功效，为企业提供了信用保障。”曾经参加过多次广交会的穆欣炬深知广交会对于企业的作用。此次，日创的酸奶机首次现身广交会就能得到客商的认可就是实证。

华旗曾经参加美国国际消费类电子产品博览会（CES）等国际性展会，产品已经远销北美、欧洲、东南亚等地区。“但各种展会的定位不同，不能参加广交会对于企业而言，还是有所损失。”黄白在接受记者采访时表示，“要将产品推向国际市场，为海外的消费者接受，首先是要通过销售渠道将产品带出国门。而广交会集中展示中国制造的产品，众多的参展外商也是带着选购中国产品的强烈意愿，交易针对性较强，有助于企业建立销售渠道。”

有潜力没实绩怎么办？

基于参加广交会的企业和海外客商需要“看样订货”的特点，中小企业一直充当着广交会参展主体的角色。

“去年公司自有品牌的实际出口额已经达到了120万美元，虽然很想借助广交会的平台进一步拓展海外市场，但考虑到相关参展企业的资质要求，华旗并没有申报参展第97届广交会。”北京华旗资讯数码科技有限公司外销部经理黄白坦言公司目前的尴尬。

“目前，华旗产品主要是通过属下的上海华旗讯拓国际贸易有限公司出口，还有部分产品通过保税区进入香港直接出口，公司120万美元的出口业绩在北京海关没有体现。”黄白表示，企业出口的特殊情况在一定程度上阻碍了北京华旗参展广交会。

按照惯例，对企业出口额的审核，通常是以企业所在地的海关数据为准。“企业虽然可以通过上海贸易公司的名义出展，但却很难达到对于公司自有品牌的推广效果，”权衡之下，华旗选择了放弃。

北京汉王科技有限公司也在为《规定》要求的出口额困扰。由于企业的出口规模与要求之间差距较大，汉王甚至还没有进一步了解《规定》中有关不达标的特批企业的规定，就打消了申报参展的计划。

“《规定》的出台，的确给北京很多中小企业带来了困扰。”北京市商务局贸发处处长郑林指出，北京高科技企业较为集中，这些企业多为拥有自主知识产权和自有品牌，生产科技含量较高产品的民营企业。同时，这些企业的成立时间较晚，且在发展初期多将市场开拓重点放在国内。在一段时间内，很多企业出口业绩的增长难于达到《规定》的要求。

截至目前，北京已有8000多家中小企业获得进出口经营资格。

“从长远来看，这些企业的生命力很强，产品也更具有市场竞争力，加以扶持，这些企业的发展更能带动有北京特色的外贸产品的出口。”郑林向记者介绍，北京市商务局已经将这些高科技中小企业作为广交会新参展企业的扶持重点。日创就是直接受益者。

“但局里可供分配的招展性摊会毕竟有限，为将更多的企业‘挤’进广交会，商务局恢复了半个摊位的分配办法，以联营方式实现企业的参展意愿。”郑林无奈，同时，商务局也在催促企业扩大出口能力，以联营或代理其他企业出口的形式尽量达到标准要求。

据记者了解，第97届广交会期间，北京191家参展企业中，有87家企业在未达标企业之列，未达标率达45.55%。

截至记者发稿时，北京市商务局依然在考虑如何将未达标企业装进20%的筐子。

——《国际商报》汤 莉

会徽：见证设计理念的变迁

——看世博会会徽的发展历程

上海世博会事务协调局公关部 杨雅军

世界博览会的会徽是历届世博会公共关系形象的视觉焦点，每一届世博会的会徽无不打上各个时代的烙印，无不留下各个时代设计师们的思想轨迹。综观历届世博会会徽，可以清晰看到其形式变化和理念脉络。

被称为真正意义上的第一届世博会的1851年伦敦万国工业博览会，没有留下类似会徽的形象，但留下一枚镌刻着伊丽莎白女皇和阿尔伯特亲王头像的纪念金币。从1851年到1951年的100年间，世博会的形象由海报、门票、邮票或纪念币等平面设计作品体现。到了1951年的伦敦世博会，出现了一枚比较简练的类似标志的图案，由阿伯拉姆·盖姆设计的这枚标志，已进步到了抽象表现主题理念的阶段，其特点是以简练的线条和块面勾勒出所要表现的主题。随后的1958年比利时布鲁塞尔世博会、1962年美国西雅图世博会和1964年美国纽约世博会的会徽设计，基本采用线条和小块面的设计。以现在的眼光来看，虽然已进步到简练地表现对象，但还是比较繁琐。

值得一提的是，1967年加拿大蒙特利尔世博会的会徽，它的设计以“expo67”作为主要部分，以象征“人类与世界的主题”图案作为会徽的另一主要部分。从设计特点来看，它的表现手法比以前的会徽有了突破的地方，整个会徽比较整体化，阿拉伯字体也比较新颖。这与当时的科技进步有密切的关系。因为那个时期已有了照相排字工艺。《伟大的世界博览会150年》一书是这样评价这个会徽在那一届世博会上扮演的形象角色的：“由朱丽安·赫伯特设计的会徽，在1967年世界博览会上用到了极点。图案设计能取得如此大的成功，这还是首次。它取代了以往世博会建筑和工程标志，频频出现在广告、汽车、烟灰缸还有其他各种纪念品上，可以说是无处不在……”

从这个描述可以看出，以会徽作为视觉形象传达世博会理念，是从1967年开始的，它的形象作用已经取代了标志性建筑或工程，永远留在了人们的脑海之中。

随着市场营销观念的不断演进和更新，人们愈加重视标志（会徽）的作用了，因为人们通过标志（会徽）了解商品或大型活动，进而产生对它们的认同和喜爱。作为世界上最大的一个国际级公共关系大型活动——世博会的组织者，当然也会遵循市场营销规律，遵循视觉审美规律，通过会徽，将世博会的理念传达给每一位参观者，以期达到最充分的沟通和交流。

随着时代的进步和发展，会徽的设计和运用“与时俱进”。而且，每一枚会徽又无不透出其浓郁的民族气息。

在日本举办的几届世博会的会徽设计理念值得在此书写一笔。

譬如1970年日本大阪世博会的会徽、1975年冲绳世博会的会徽和2005年爱知世博会的会徽，它们虽然诞生在不同的年代，但它们的设计风格是如此地一脉相承，均将日本民族文化的元素渗透在会徽之中。比如，1970年的是“樱花”，1975年是和服上的“日本水纹”图案，2005年的太阳光芒线轮。这些会徽除了饱含浓郁的日本传统文化，其表现手法也随着时代的进步逐届更新，越来越简练。由于日本比较早地引进形象识别理念，作为视觉符号，这些会徽在历届世博会上被很有效地运用，发挥了较好的沟通作用和行为识别引导作用。

2000年德国汉诺威的会徽颇具创新意识。会徽图案没有固定形态和固定边缘线，图案一直处在变化之中，印在宣传物和海报上的图案状态可以是这样，也可以是那样。这枚会徽想传达这样的信息：世界是“变化和无穷无尽的”，文化是“多样和丰富多彩的”，发展和运动是基本规律。它富于动感、色彩丰富，但也因此让许多人担心和关注，尤其是设计和制作人员。从现场的运用中，可以得出这样的结论：善于制作高精密仪器的日耳曼民族，没有使这枚前卫的、与众不同的会徽，在各种宣传品的制作中失去自己独特的魅力。虽然它的形态一直在变，但人们对它友善的阅读认同的事实却一直没变。这枚会徽对中国设计界的震动也不小，在征集2010年上海世博会申办会徽时，曾征集到类似的动幻会徽不下10枚。已被采用的申博会徽，也有其设计特点的影子。

世博会从无主题展示，到围绕主题展示商品，再后来又成为世界范围内最大的国家之间的公共关系活动。世博会的会徽虽然在1951年才有其雏形，但它的能量丝毫不低于世博会本身的作用，它也经历了早期的仅属工艺美术设计范畴的图案设计，渐渐地变为人们认识每届世博会的一个载体——视觉符号，继而又被时代的潮流推动着，成为每届参观者行为识别的一个视觉核心。这些经历了岁月磨砺的世博会会徽，除了在全球最大的公共关系交流场所发挥其魔力，还义不容辞地推动着世界范围内的符号设计事业，更将各个时代和各个国家的文化内涵带给了后人。

——《上海世博》

让红色展览点亮红色之旅

最近，中共中央办公厅、国务院办公厅印发了《2004~2010年全国红色旅游发展规划纲要》(以下简称《纲要》)，就发展红色旅游的总体思路、总体布局和主要措施做出了明确规定，并指出，发展红色旅游，对于加强革命传统教育，增强全国人民特别是青少年的爱国情感，弘扬和培育民族精神，带动革命老区经济社会协调发展，培育发展旅游业新的增长点具有重要的现实意义和深远的历史意义。

红色旅游有别于一般的风光旅游的最大特点，就是具有厚重与深刻的政治文化内涵。《纲要》中明确了发展红色旅游的主要内容是：反映新民主主义革命时期建党建军等重大事件，展现中国共产党和人民军队创建初期的奋斗历程。反映中国共产党在土地革命战争时期建立革命根据地、创建红色政权的革命活动。反映红军长征的艰难历程和不屈不挠、英勇顽强的大无畏革命精神。反映中国共产党带领人民抗日救国、拯救民族危难的光辉历史。反映解放战争时期的重大战役、重要事件和地下工作，展现中国人民为争取自由解放、夺取全国胜利、建立人民共和国的奋斗历程。反映全国各族人民在中国共产党的领导下，建立爱国统一战线，同心同德、同仇敌忾的团结奋斗精神。反映老一辈无产阶级革命家的成长经历和丰功伟绩，以及他们的伟大人格、崇高精神和革命事迹。反映各个历史时期在全国具有重大影响的革命烈士的主要事迹，彰显他们为争取民族独立、人民解放而不怕牺牲、英勇奋斗的崇高理想和坚定信念。前不久，国家旅游局在组织专家对“红色旅游”进行专题研究时也指出，“红色旅游”首先是政治工程，具有教育宣传的功能；其次是社会工程，主要用于扶贫；第三是精品工程，主要针对市场需求；第四是革命文物的保护工程。由此可见，通过旅游的方式将娱乐和教育的功能结合起来，以达到寓教于乐的目的才是红色旅游的市场切入点。而弘扬革命传统文化的最佳载体就是“红色展览”。

以红色展览点亮红色之旅，是发展红色旅游的点睛之笔。我国的“红色旅游”景点大都集中在老少边穷地区，人们之所以钟情于到革命圣地旅游，主要是那里的红色文化牵系着人们的情感，吸引着人们的眼球。所以，在开发红色旅游项目上，只有深入挖掘当地的红色文化与红色精神，才能提升红色旅游的感染力。然而，在有些红色旅游的景点，由于红色展览不受重视，已经出现红色旅游的“庸俗化”倾向。据了解，这些倾向包括忽视对红色文物的收集、整理、研究与保护，造成红色展览几十年缺少补充，展品单调；还有的红色景点在建设及对外宣传上，片面地将附近自然风光作为“硬件”大肆渲染与投入，而将红色展览、红色文化等视为“软件”忽视发掘与弘扬，形成了本末倒置的开发理念；另外，有些红色展览由于门票昂贵，服务及知识水平不高，让游客大失所望，降低了宣传红色文化的力度。

作为发展红色旅游的探索，近年来各地也涌现了一些以展促游、以展兴游的成功范例。如重庆的红岩、河南林县红旗渠、江西井冈山、上饶集中营等在推广红色旅游线的同时，将有关的红色展览也带往各地进行巡展，不但弘扬了红色文化，也促进了当地红色旅游产业的发展。据说河南林县的红旗渠在最初对外开放的20年里，每年的客流量平均也没超出过20人，但自2003年红旗渠在全国搞了一个巡回展后，目前已招来了18亿元的旅游项目订单。江苏省盐城市新四军纪念馆今年春节专门为一些健在的新四军老战士举办了一个革命英雄事迹展览，这些老战士退伍几十年一直默默无闻地生活在这块红色的土地上，生活清贫，不为人知，通过这个展览，不但弘扬了新四军老战士的革命精神，也唤起了人们对这片红色土地的向往与关注。

从旅游市场开发角度来说，遍布红色旅游胜地的革命历史遗址、文物，以及先辈们的英雄事迹、传奇故事，就是独具特色的旅游资源，而利用这些遗址、文物、纪念馆等举办的红色展览，构成了红色旅游的文化精髓，也是当地最有卖点的旅游产品。所以，以参观游览革命纪念地、纪念物为形式的“红色旅游”并不是简单的游山玩水，而是承载了国人深厚爱国主义情素的精神追求。因而努力挖掘红色文化，丰富历史积存，办好红色展览，提高展览及旅游从业者的素质，才是打造红色旅游精品的根本。

——《国际商报》

第三章 地方展览业

完善自律体系 规范会展市场
——北京国际会议展览业协会召开第二届会员代表大会

为进一步促进北京地区会展业健康有序的发展，2005年2月23日，北京国际会议展览业协会召开了第二届会员代表大会。北京市副市长陆昊出席了这次会议。近120名与会代表几乎囊括了在北京地区举办的知名会展活动的组织者、相关服务机构和企业。本次会议的主要议题是听取第一届理事会的工作总结，通过协会章程的修改草案，选举产生新一届协会理事会。

理事长姚望代表第一届理事会做了工作总结

他在总结中指出，北京国际会议展览业协会现有会员166家，其中中央在京机构及所属机构76家。六年来，协会作为行业的中介组织和联接企业与政府的桥梁，在为企业提供多方位服务和为政府提供决策信息，助推北京会展业发展中进行了不懈努力。

协会先后会同政府有关部门完成了《北京会展业发展研究报告》、《奥运经济与北京会展业发展研究》等课题调研和报告；参与了首都会展业发展的指导性文件《北京市会展业发展规划（2004～2008）》（简称《规划》）的前期调研和组织专家论证工作；协助市统计局在全国率先建立了会展业统计指标体系；目前正在配合北京市政府有关部门积极推进会展行业立法和建立协调促进机制等工作。在为会员企业服务中，协会组织会员先后与十余个会展业发达国家和地区的会展机构建立了联系，进行交流；组织并形成了会展业短期培训、专业培训、学校学历教育三个层次的专业人员培育格局；开办了为会员单位申办国际会议和展览会提供资质证明和专业咨询等服务。

创新机制

本届大会选举产生了新一届理事会，聘任北京市副市长陆昊为协会名誉理事长，聘任北京市人民政府与会展业相关的委办局领导担任协会的顾问。北京市贸促会会长周茂非当选为协会理事长，中国科学技术协会新技术交流中心主任王军当选为常务理事会第一任轮值主席。

本届会议的最大亮点是设立了轮值主席，这主要是因为协会目前的成员中，中央一级的单位占据了近一半，它们占有重要的市场份额，为北京展览业的发展做出了巨大贡献。为了加强协会与中央单位的联络，顺应展览市场的发展要求，协会常务理事会设立轮值主席制度，轮值主席每年一届，以使理事会始终保持新鲜和旺盛的活力，也便于更好地发挥中央在京会展单位的积极性和强势作用，有更多领导协会工作的机会。

这次会议成为了国内会展业界突破中央和地方归属，国企、民营和中外合资不同所有制企业共同参与，会展专业组织和展览场馆经营、海关、运输、展览装修、旅游接待等相关展览服务行业联手，建立和完善会展业自律体系，推进北京国际会展业市场化进程的良好开端。

展望未来

新当选的协会理事长、北京市贸促会会长周茂非详细阐述了第二届理事会的工作计划。

他说，协会今后将在8个方面加强工作力度：

进一步加强与政府各部门的联系，千方百计为会员单位提供有效服务；

进一步强化桥梁作用，沟通政府与企业的关系，及时向政府反映企业的各种意见和建议；

力争尽快成立北京会展业协调促进委员会，把北京市政府相关领导及有关服务部门、国家有关审批部门、会展业行业协会几方的力量结合起来；

广泛开展调研，提供决策依据。继续广泛组织开展理论研究和市场调研工作，进一步摸清北京会展业家底，研究制定相应政策法规，推进北京会展业的发展；

结合北京会展业发展的实际情况和筹办奥运会的有利时机，开展与国外和港澳台地区会展机构之间多种形式的合作与交流，利用多种形式大力宣传北京会展业发展环境；

针对会展业从业人员缺乏专业素养、服务水平参差不齐的现状，进一步加强对会展管理和从业人员的业务培训工作；

争取在政府授权下，从2005年度开始，对北京每年举办的会议和展览试行登记备案，避免恶性竞争，并为会展举办单位、参加者以及为会展提供公共服务的政府部门提供计划信息；

根据协会在北京会议展览业发展中地位与任务的规定，依法承担协会各项职能，走民主自律、自我发展、自成实体的道路，力争把协会建成在北京地区具有影响力的行业组织。

打造亚太会展中心

会议最后，陆昊代表北京市政府发表了热情洋溢的讲话，他从市场的供给和需求两方面，阐述了北京将努力建设成为亚太地区重要会展中心的六大理由。

从供给角度看：第一，北京会展业最大的优势和繁荣完全得益于北京是首都，所以北京市政府要把中央的优势和北京优势结合起来，为中央在京部门提供更好的服务；第二，会展业发展的一个重要条件，是本地会展业产业群的发育，而北京会展业的发展已经形成了一种综合配套的全方位的产业化活动；第三，北京不仅是全国的政治、文化、交通中心和国际交往中心，更是一个重要的全国乃至国际性市场中心，是境外各类产品和资本进入中国市场的重要门户，是国内产品和服务开展全国性营销效率最高的地点，这就为会展业的发展创造了巨大的市场需求空间。

从需求角度看：第一，北京会展业非移动性观众的影响力是值得行业高度重视的；第二，本地市场是会展活动成功的重要基础。北京作为一个正在发展中的现代化国际大都市，本地市场非常可观，并且对中国内地东北、华北、西北地区的市场有辐射作用；第三，国内外会展客户前来参加会展，都希望自己的营销活动能产生更大的影响，这就要求会展活动具备更大范围和更深刻的影响力。北京凭借自身的政治优势和地理优势，能够满足客户的这些需求。

陆昊强调，政府支持是产业发展的重要条件和推动力。在我国会展向产业化发展的过程中，政府的角色将逐步从会展的组织者和参与者，转变为推动城市会展业发展的规划、监管、服务和促进者。行业协会是市场经济条件下促进行业发展的重要力量，应充分发挥自身联络功能、自律功能、规范功能和协调功能。

——《中国贸易报》

上海展览业步入快速发展期

一、平均每天都有国际会展

2004年以来，上海国际会展业继续呈现快速发展态势，数量和规模都超过了往年。据上海海关统计，2004年前11个月，上海地区共举办了339个国际展览会及技术交流会，展会总面积达167万平方米，同比分别增长了近50%和1倍多。

近年来，鉴于上海在“长三角”经济区域内特殊的地理位置和国际化都市的背景使得上海的国际会展业吸引了全球的目光，随着世博会的申办成功和筹备工作紧锣密鼓地展开，国际会展业这一迅速崛起的新兴行业已越来越受到政府和企业的青睐，上海市政府更是加大了对会展业的支持力度，大批现代化场馆会展功能得到进一步开发完善，尤其是2004年3月份浦东新国际博览中心6、7号馆和室外场地扩建工程完工后其展览总面积超过了12万平方米，成为亚洲最大、设施最先进的展览场馆。展馆面积大、配套设施好、布展环境佳等比较优势进一步凸显，为上海地区大型展览发展提供了有力的硬件支撑。

据统计，2004年在海关备案的展品货值高达3亿多美元，境外参展商有1.35万家，同比增加20%。其中，面积在1000平方米以上的大型国际展会188个，占展会总数的55%以上，面积在1万平方米以上的超大型国际展会也达到了49个，11月中旬在新国际博览中心举行的“2004上海国际工程机械展”面积更是达到了7万平方米。

据了解，浦江两岸国际展会业齐头并进、各具特色。浦西举办国际展览会及技术交流会244个，同比增长45%，其中，面积在1000平方米以上展会130个，1万平方米以上的展会36个；浦东举办国际展览会及技术交流会95个，同比增长了58%，其中，面积在1000平方米以上的展会58个，1万平方米以上的展会13个。浦西展会人文气息浓郁，多以高雅艺术、文化艺术交流和高档消费品及中小型国际展览交易会为主，如“法国及美博物馆青铜像尊展”、“艺术博览会”、“蓝色海岸法国艺术精品展”等吸引了众多市民前往参观；浦东展会则体现了现代制造业的最新成果，以机械设备、建筑材料、纺织原料及高科技产品为主，如“2004中国国际工程机械展”、“2004国际工业博览会”、“第6届国际纺织面料展”、“国际半导体设备及材料、电子元器件光电技术展”等。

随着越来越多的国外展览公司和厂商将上海视作其商品、技术和服务进入中国市场的桥头堡，纷纷选择在上海登陆，展品种类也日益丰富，且普遍具有货物价值高、技术理念强、设备材料新的特点。据上海海关统计，前11个月进口展览品品种已由去年的1413种增至1920种，主要涉及机电产品、建筑装璜材料、轻工产品、纺织产品、高档消费品等领域。

近年来，上海海关积极探索高效、快速的展览会监管新模式，规范内部管理，把握“把关”与“服务”的平衡点，在严密监管的同时，采取切实有效的措施提高通关效率，实现了展览会备案、通关、查验、现场监管、后期核销、退运留购的一站式服务，努力为国际会展提供优质服务。上海海关大力宣传具有国际公认“展品通关护照”功能的“货物暂准进出口（ATA）单证册”知识，不断完善ATA单证册管理系统，目前，具有简便、高效、成本低特点的ATA单证册的使用已被越来越多的境内外展商所接受。2004年1～11月上海海关共签注海、空运展品ATA单证册298份，增长近40%。

同时，作为2010年上海世博会执委会成员单位之一，上海海关有关人员表示，该关正努力将展览会监管业务的发展方向与世博会紧紧相连，开拓创新，不断提高展览品海关监管的科技含量，探索建立更便捷、规范的监管模式。

二、加大开拓国际市场力度

2004年春节刚过，上海市贸促会已呈现一派繁忙景象，该会除夕出发参加2月中旬在德国举行的2005年纽伦堡国际春季玩具展览会的团组传来接获大批订单的消息；此外还欲参展的展会有意大利米兰春季国际皮衣、皮具和箱包展览会、法国巴黎春季国际面料展览会、美国拉斯维加斯春季国际服装展览会、德国法兰克福办公用品展览会、美国拉斯维加斯五金展览会……

该会2005年已排定在世界各地参展的超过80多个经贸展览会呈现几个特点：一是更主动适应外贸市场多元化，展览项目更多。地域横跨五大洲，不仅有传统的欧美、日本、市场，也有新兴的东欧、东南亚、中东、非洲、美洲市场，涉及消费品、纺织服装、礼品、汽车及零部件、化工医药、工业机械等众多领域；二是专业性更强，参加国际知名展览更多。现在世界著名品牌展上都可以看到上海企业的身影，上海产品在德国法兰克福、汉诺威，意大利米兰，日本东京，美国拉斯维加斯等国际大展上随处可见。该会今年出展的最大“亮点”是推出团队式的重点展览，开拓海外新兴市场的力度更大。为帮助和促进上海企业开拓罗马尼亚及东欧市场，该会2005年6月组团参加在布加勒斯特举行的2005年罗马尼亚国际消费品博览会；9月该会还分别组团参加在莫斯科举行的俄罗斯联邦轻纺产品及设备展览会和在内罗毕举行的肯尼亚国际贸易博览会；12月参加在孟买举行的中国商品展览会。这些“上海团队”式的参展形式，将抓住战略性商机，集中展示申城企业发挥比较优势的产品和技术，积极开发利用国外资源和国际市场，建立探讨开展中外经贸交流和合作有效途径的服务平台。“上海团队”式的参展形式还具有规模大，影响大，效果好的特点，得到市政府外经贸委、经委等部门的热情支持。重点展览项目还得到政府中小企业发展资金的扶持。有关人士认为，“上海团队”式的创新参展形式将有力地推动上海企业“走出去”。

三、会展业管理输出扩市场

2004年12月6日，上海光大会展中心展览公司又与国内一个城市达成了一个展览管理输出协议。这标志着上海的会议展览业已做出品牌，会展管理不仅走向全国，而且已开始受到国际同行的邀请走向世界。

由于近年来成功举办了APEC会议、《财富》论坛、《福布斯》全球会议、亚行年会、全球扶贫大会、世界工程师大会，以及上海国际汽车展、模具展、广告印刷展等具有全球影响的会展活动，使上海在世界范围内声名大振。据不完全统计，目前上海已向国内大连、青岛、福建和国外中东、非洲等地成功输出会议管理；申城两家展览公司分别向宁波、杭州等地输出了展览管理。

成功举办APEC会议等一系列重大国际会议后，上海举办大型国际会议和活动的能力为世人所叹服。据上海市大型国际活动和会议办公室主任孙为民介绍，近年来不断有北京、广东、四川等地同行相继前来学习，上海还接连不断地赴外省市帮助培训会议人才。上海会展有限公司等还分别与大连、青岛、福建有关单位签约，具体参与在大连举办的第五届亚欧经济部长会议、在青岛举行的中国与东盟十国外长非正式会议、在福建举行的首届福建省国际友好城市大会等国际会议的运作管理。由于上海带去了先进的国际会议管理理念和管理方法，因此这些国际会议均取得了圆满成功。

第12次APEC领导人非正式会议在智利首都圣地亚哥举办，会前，智利方面风尘仆仆前来上海取经。此外，韩国釜山也邀请承办上海APEC会议的有关负责人介绍办会经验。非洲某国政府特别邀请上海相关部门和企业协助举办该国的国庆活动。上海没有辜负他们的期望，国庆活动取得很大成功，国家元首特地致信我国外交部表示感谢。此外，2004年上海还应邀承办了中东某国的大型国际活动，受到了该国官方和民众的好评。

展览兴市、以展览业拉动地区经济发展，现已成为国内一些城市的目标。在自我摸索的同时，他们纷纷把与上海著名展览企业联姻作为迅速做大当地展览业的捷径。对申城企业来说，此举不失为走出上海、扩大展览市场、开展错位竞争的好机会。

四、政府部门不得办展会

除国家有关部门或者上海市人民政府批准外，各级行政机关不得主办或者承办经营性展览，并不得违背企业意愿，采取或者变相采取行政手段要求企业参展。

2005年3月16日，上海市政府发言人焦扬在上海市政府例行新闻发布会上介绍了刚出台的《上海市展览业管理办法》。据了解，该《办法》限制了政府部门和机构办展，同时加强了对展览活动的市场监管。

资料显示，上海会展业自上世纪90年代以来，全国性或国际性会展数量以每年近20%的速度递增。1990年，上海每年举办的展览会只有40个，展览面积10万平方米。到了2000年，上海市会展猛增至270个，会展直接成交额超过450亿元。而2003年，上海会展业更呈现蓬勃生机，交易额达550亿元，会展直接收入达18亿元，占全国总量的45%，跃居全国会展城市之首。2010年世界博览会的申办成功，更使上海的会展业吸引了全球的眼光。

不过，当前上海展会产业还存在着缺乏统一管理协调体制、对办展主体行为缺乏有效的规范和约束机制、展览市场信息不对称等问题，阻碍了展览业的进一步发展。据介绍，因为管理不善，国际展到处开花，展览“撞车”问题也很严重，曾出现短时期内出现3个汽车展的情况。为此，为了促进上海市展览业更加健康有序地发展，上海制定了《上海市展览业管理办法》。

焦扬介绍，办法明确限制了政府部门和机构办展。鉴于举办展览主要是盈利性行为，政府部门应当转变政府职能，逐渐从该市场行为中退出，让市场主题成为展览业竞争、发展的主角。

限制政府办展的同时，《办法》也加强了对展览活动的市场监管。《办法》规定，工商行政管理部门应加强对本市展览业市场秩序的监管，查处扰乱市场秩序的违法行为。

另外，为了避免展览“撞车”，《办法》还设立了国际展览审查的协调机制；为了增强展览信息的透明度，《办法》要求，上海市外经贸委应会同其他展览项目审批部门制定《年度国际展览名录》，并及时在中国上海网站上予以发布。

（宗 和）

天津会展经济 要起步快起点高

在2005年4月举办的“天津会展经济高层论坛”上，专家一致认为，会展经济在天津大有可为，天津作为环渤海地区的经济中心，也必将在会展经济上有所作为。

改革开放以来，我国会展业得到蓬勃发展，为城市经济提供了发展空间，国内许多中心城市和省会城市都纷纷兴建了现代化大型展馆，着力培育会展经济。北京、上海、大连、深圳等城市明确将会展业纳入重点扶持的都市型产业。但是，由于我国的会展业起步较晚，起点也比较低，目前除了北京、上海外，尚没有哪个城市在会展业方面显出过人的优势。更有人断言：当今中国只有会展，而没有会展业。可以说，中国的会展经济正处于起步阶段，大家都在同一个起跑线上。在这种局面下，天津的会展经济起步一定要快，起点一定要高，以天津的综合优势和竞争实力来看，如果抓住时机，应对得当，天津完全可以跻身国内会展城市前几位。如果贻误了时机，被别的城市抢占了先机，天津缺了会展经济这条腿，既少了一个经济增长点，更是与天津要建成现代化港口大都市的战略目标相违背。

专家认为，与北京、上海相比，天津的会展经济起步相对较晚，不过，晚有晚的好处。展览业在我国的发展只有短短十几年历史，先行一步的城市现在都发现了一些无法克服的缺陷，天津正好可以取长补短。比如一些城市在场馆建设上有不足之处以及同一城市不同行业、单位各自为战，竞争无序且无法整合展览业资源的缺陷等，天津可以吸取经验教训，在一个较高的层次上开展工作。更何况，天津作为计划经济时代举办展览会的指定城市之一，具有办展会的经验，一些在北京举办的展会，很多国外展品都是从天津港进入中国的，天津具有地理优势。可以说，天津选择现在发展会展经济，是选择了一个最好的时机。一方面，中国的展览业刚刚起步，各种层次、多种形式的展览城市都很需要，虽然一些城市已经先行一步，不过今后的变数还很大，应该以变化的眼光看待展览业前景。另一方面，北京的展馆目前已经不够用了，国展中心虽然在刚刚启用时还是比较超前的，可是现在由于面积小等缺陷，很快将被淘汰出局。从规划看，短期内北京不会有较大规模的会展中心建成，只有到2010年，这种状况才会有所改善。天津如果抓住机会，打好时间差，很有可能把天津离北京太近的劣势变成优势，很快把一些展会抢过来。天津市政府提出加速推进会展经济的规模化、产业化和规范化，进一步加快发展会展经济，是实现今后5～10年天津跨越式发展奋斗目标的有力保证。

——《国际商报》北 方

2. 展会贸易成交额逐年增长。2001年展会贸易成交额302亿元人民币，5年来，展会贸易成交额1496亿元人民币。

3. 展会国际性有所增强。2001年有64个国家和地区的2503家外商企业参加了大连展会，2005年有70个国家和地区的2560家外商企业参展。

4. 品牌展会初步形成。2002年10月大连国际服装展览有限公司成为中国第一个加入国际展览联盟的服装展览公司。迄今全年的50多个展会，其中20多个形成了一定的规模和品牌效应，定期展已超过1/3。

5. 合作领域不断扩大。大连会展业发展之初，就重视区域合作，1987年的首届中国大连进出口商品交易会（中国东北地区暨内蒙古出口商品交易会）就是我国最早的区域性进出口商品交易会。2004年我市与香港4家展览机构签署了《大连香港建立会展业战略合作框架协议》，并加盟东北中心城市会展联盟。目前我市与国内外的展览组织及项目合作已超过10个。

6. 出展力度逐年加大。2001年全年组织111家企业参加了国外展览会，成交额6000万美元，2005年组织120家企业参加海外32个展会，国际标准摊位223个，成交额达1.2亿美元。近5年，共组织665家企业，参加海外148个展会，租用展位862个，贸易成交额5.724亿美元，平均每个展位成交66.4万美元。

7. 展览专业队伍初具规模。大连市现有注册展览公司80家，其中：大连国际商会展览实业发展公司、大连星海会展中心等11家单位，被国家商务部授予主办国际展览会的资格，成为办展队伍的骨干力量。

8. 会展场馆硬件条件得到改善。2005年2月，总建筑面积14.2万平方米，国际标准展位3500个，国内单体规模最大、设施最先进的展馆——大连世界博览广场正式竣工，并于3月18日投入使用，我市可供展览面积达到10万平方米，可以满足国际性大型展会在我市举办，解决了长期以来制约会展业发展的瓶颈问题。

二、值得总结的宝贵经验。大连会展业近10年来，之所以形成了大连的品牌，并在某些方面与兄弟城市领先了一步，主要原因是：

1. 市委、市政府对会展业的认识，具有前瞻性。上世纪80年代中期，在大多数城市还对会展业不甚重视时，大连就率先举办了大型展览活动。1987年，在国务院东北规划办的倡导和组织下，东北地区暨内蒙古联合在大连举办出口商品交易会，成为我国最早举办的地区性交易会。1988年，大连成功地推出了首届服装节。

2. 制定了比较规范的行业规则和支持发展会展业的优惠政策。大连市较早地出台了会展业的管理办法，成立了会展管理办公室，保证了刚刚起步的大连会展业健康有序的发展。2000年以后，市政府还拨出专款，为会展业的发展提供了强有力的支持。

3. 得益于过去10年或者说十几年来我市办展方向和定位的正确。展会需要政府的扶持，同时更注重市场化运作。根据大连的城市特点，我市较早地提出了向国际化、专业化靠拢，并通过市场化这只手来把准脉搏。十年来，大连市会展业市场化占80%以上。大连市贸促会依据《对外贸易法》和贸促会章程，积极引领会展业的发展，形成传统优势。在会展业起步之后，与各种类型、各种所有制的展览企业团结协作，规划展览计划，优化展览市场，促进展览业的快速发展。

三、"十一五"发展思路和预期发展目标。

1. 城市功能目标：建成区域性会展中心城市，成为国内外经济技术交流的重要窗口和东北地区主要的商品展示、订货与交易中心；同时，建成国际展览名城，成为东北亚地区举办大型国际展览会以及各种国际会议的重要场所，在国际会展业具有较大的知名度和影响力。

2. 行业发展目标：建立和完善政府引导、行业自律的会展业管理体制，创建规范运行、公平竞争的会展市场环境；拥有设施先进、服务优良、运行高效的大型现代化展览馆；涌现一批经营规模较大、经济效益较好、市场竞争力较强的展览企业集团；形成行业齐全、协作紧密、运行高效的会展业服务体系；培育一批专业化和国际化水平较高、规模效益较好、知名度和影响力较大的品牌展览会；引进一批世界著名的跨国展览公司，举办一批国际品牌的专业展览会，形成规模较大的企业出展队伍，使会展业发展成具有重要地位和作用的服务贸易行业，对全市经济具有较高的贡献率。

3. 主要经济指标：到2010年，会展业的营业收入比2005年增长50%，平均每年增长9%；贸易成交额实现418亿元，比2005年增长47%，平均每年增长8%。

4. 2006年主要指标及工作任务：以振兴东北老工业基地和建设东北亚重要的国际航运中心为中心，努力完成市政府对展览业提出的各项工作指标，计划安排156个展览会项目，实现交易额370亿元。重点办好大连进出口商品交易会、国际服装博览会、汽车工业展览会、软交会、专利展、海事展、环保展、家具展、建材展、艺博会等10个重点品牌展会，开拓新展项；进一步拓宽展览渠道，帮助企业出展，争取出展摊位达到400个。2006年大连会议展览行业协会的将正式运营，《促进大连市会展业发展的意见》可望出台，大连市展览会评估委员会和展览资金运用评审小组也将组成。两个展馆的管理体系会进一步理顺，打造会展业品牌项目，扩大展览业的对外开放是大连市会展业今后工作的努力方向。

中国国际贸易促进委员会大连市分会

大连市展览工作领导小组办公室

2005年11月24日

长春今年会展业早规划

2004年是长春市加强会展工作，会展经济稳步发展的一年。这一年通过完善会展业的组织、规划、协调、管理职能，全年共举办各类会展活动95项，其中展览50项，会议37项，节庆活动18项，大型演出5项，重要体育赛事4项，参与群众达800多万人次。实现会展业直接收入6亿多元，带动相关产业收入56亿元，为促进长春市今后会展经济的发展保持了良好的势头。

为认真抓好2005年会展业管理工作，长春市提出要把会展旅游业全力打造成新支柱产业，继续围绕产业优势和区位特点，超前运作，动员全社会力量，实行政府、部门、企业和社会各界上下联动，在巩固、提高现有的展会基础上，提高展会数量、档次、水平，总的规模要突破110项，力争达到120项，增幅20%以上。围绕汽车、农业、医药、光电、冰雪旅游等11类产业或基础雄厚的产业来做文章，以开发新的会展资源为重点，多层次、多渠道申办、移植和创办适应市场需求的会展项目，按照滚动发展、梯次推进的原则，使会展经济在规模和层次上逐年取得新的突破。另外要广泛动员社会各界、各部门，多渠道开发新的会展项目，特别是40几个有申办能力的部门，要充分发挥自身优势，搞好全国性展会的申办工作。

推进管理工作的科学化、规范化，是实现会展经济健康发展的重要保证。长春市目前正在与商务部研究院共同研究制定《长春市重点展会服务规程》及《展会评估办法》。两项课题在国内属于先进水平，2005年2月份完成。之后将先在汽博会、光博会、电影节等一些有代表性的会展活动中，有针对性地制定可操作性办法，取得经验后，力争2006年在全市重点活动中推开。通过2～3年的努力，使会展经济科学化管理水平有一个明显地提高。另外还要从改善服务入手，解决会展经济发展中的软环境问题。

今年还要全力办好汽博会和光电博览会。第四届长春汽博会于2005年8月5日在长春国际会展中心举办。总体目标是展会规模、参展质量、服务水平、综合效益都要超过第三届，并且在内部经营管理以及市场化运作方面有新突破，要把第四届长春汽博会办成东北亚地区规模最大的国际性汽车展，确保国内三大车展的地位。“第20届国际光学委员会大会”是国际光学委员会成立60年来首次在中国举办的国际性盛会，影响力大，规模大，层次高，通过光博会的举办将会进一步确立长春光电产业主导地位，对促进光电产业的发展会起到不可估量的推动作用。

大力深化开拓国际市场。今年要组织办好长春市滨海边疆区商品交易会和朝鲜平壤中国商品展览会，组织企业积极开拓俄罗斯、朝鲜周边国际市场。还要作好第三届“美国制造业代理商来华采购洽谈会”的各项筹备工作。第三届“美洽会”将于2006年3月在长春市举办。美洽会是由中国贸促会和美国制造业销售代理协会（MANA）共同合作组织的中美两国之间在中国举办的贸易洽谈年度例会，已经在北京、上海（首届），上海、广州（第二届）等城市成功地举办了两届，社会、经济效益都非常好。第三届“美洽会”依然比照前两届的模式，2006年3月在长春和广州共同举办。

我国与东北亚区域经贸合作潜力巨大，为推动长春市与周边国家地区的经济发展，通过“走出去”与“请进来”等方式开展对外经济交流与合作，据了解，中国贸促会长春分会将在2005年举办“中国吉林东北亚投资与贸易博览会”。

另外还要进一步建好长春贸促网站和会展网站信息发布平台，利用现代网络技术与中国贸促会、支会和会员企业广泛联网，大力发展网络服务业务。利用网站建立国内外客户资料数据库、招商引资项目资料库，广泛开展对外宣传。利用会展网发布展览信息，并在网上直接举办展会。

——《国际商报》权赫春

会展经济为黑龙江点雪成银

黑龙江省降雪量大、雪质好、雪期长，冰雪品牌全国闻名，仅适于滑雪的山峰就有100多座。近几年，黑龙江依靠“冰雪搭台，经贸唱戏”，已经成功举办了哈尔滨国际冰雪节经贸洽谈会，带来了很大的商机；哈尔滨国际滑雪节、国际冰雪节，也在国内外有了很高的声望，1996年还成功举办了第三届亚洲冬季运动会。目前，滑雪产业在黑龙江已经初具规模和水平，并且成为中国滑雪产业的窗口和形象。

冰雪资源虽然是黑龙江的自然优势，得天独厚，但近年来，吉林，辽宁、北京，甚至千里之外的四川、新疆、内蒙古也都扛起了旅游滑雪大旗，抢占了一份“天空”，分得一块“厚利”，黑龙江已经很难再把冰雪当成自己的“专利”。如何迎接巨大的市场挑战，精心打造“龙江冰雪甲天下”的冬季会展旅游胜地，巩固黑龙江冰雪经济的龙头地位，最近已成为出席十届全国人大三次会议黑龙江省代表关注的话题。

黑龙江省人大常委会副主任马淑洁代表认为，哈尔滨国际冰雪节已经蜚声海内外，黑龙江的冰雪品牌，已经在全国叫响。但是黑龙江的冰雪资源并没有很好的利用，雪场绝大多数还是低水平重复建设，功能不完善。政府应该统筹规划，实施精品战略，各雪场不应该是点与点的分散，而应是将点连线，形成东、南、西三条长线，每条线路有各自的特点；雪场的功能也要有所不同，档次要分开，以适应不同级别滑雪者的需要。景点的设计要有层次感，不能千篇一律。

哈尔滨四海数控科技股份有限公司董事长刘安丽代表说，沈阳已经申请了2014年世博会，长春也曾申办了许多国际赛事，这些都提升了沈阳和长春的冰雪节影响力。举办国际性赛事本身，就是很好的宣传方式，哈尔滨已经获得了2009年大冬会的主办权，应充分利用举办国内、国际赛事的机遇，利用振兴东北老工业基地的良机，建设黑龙江旅游滑雪基地，使黑龙江成为全国首选的滑雪胜地。

哈尔滨市检察院反贪局局长孙桂华代表说，实施精品战略，应该善用“外脑”发展自己，多聘请国际滑雪专家，合理规划全省滑雪旅游资源，在此基础上，进行大力招商，按照国际水准建设大型雪场开发项目。

文化缺失无疑会制约冰雪产业向前的步伐，失去丰富的内涵、品位和亲和力。马淑洁代表说，冰雪文化是一种地域文化，而我们的冰雪景观很少加入地方文化，大多表现南方的、国外的景观。哈尔滨有着深厚的文化积淀，应该以此为基础，力争在全国打造冰雪文化的新高峰；应该组织专业人士，深挖冰雪文化内涵，并加以升华，形成符合时代要求、现代人欣赏需要的独特冰雪文化。哈尔滨是音乐故乡，当年一曲《太阳岛上》，让太阳岛成为多少人向往的地方，可以考虑在全国征集主题歌，或者采用其他更现代、时尚、适于传播的形式，创造出一种流行，形成自己独特的品位和优势。

据测算，冰雪产业与相关行业的收益比为1：4.3。经过多年的发展，黑龙江已经点雪成银，然而，如何使“白银”成为“钻石”，带动黑龙江经济的发展，却还需要艰辛的努力。代表们认为，冰雪产业要做强做大，就要打好会展经济牌。中国滑雪服市场乃至冬季服装市场虽然还不成熟，但正是因为不成熟，存在着巨大的潜力和商机，应该把哈尔滨建成国内乃至国际的冬季服装之都。过去，哈尔滨有工艺美术厂，当时的牙雕、牛角、麦秸画，还有刺绣都是全国闻名，现在已经见不到踪影，有些可能已经失传。现在已经到了非挖掘不可的时候，这样才能做到后继有人。另外还要发展与滑雪相关的配套产业，利用黑龙江省加工业的整体优势，通过引资合作，发展雪具、滑雪服装、索道等产品；还应该多形式、多角度、多层面加强宣传和营销，扩大影响力和知名度。

——《国际商报》刘伟 徐大勇 贾辉

哈尔滨会展业好戏连台

盛况空前的首届住房博览会刚刚落下帷幕，第八届国际车展大幕将开，2005年以来，哈尔滨会展市场好戏连台。医博会、哈洽会、韩国周、农机展、太行精神展、旅游产品展……会展经济在今年真正“肥”了哈市。以在哈召开的第53届中国国际医疗器械博览会为例，医博会吸引了来自四面八方的参展者、投资者的眼球，中外参会客商达15万人，为哈市各行业带来了10亿元的收入。2005年上半年,全市实现海关进出口总值13.3亿美元，同比增长29.7%。其中出口总值6.2亿美元，增长53.1%,高于上年同期增幅49.9%。上半年，全市实际直接利用外资1亿美元，同比增长9.2%。

会展经济是一种服务经济。2002年以前，哈尔滨开发区北部还是一片空旷的荒地。随着国际会展体育中心的破土动工，一批嗅觉敏锐的地产开发商纷纷占领市场。如今，会展中心一带高楼林立，地价不断攀升，一个新商圈正以惊人的速度迅速生成。当年，因为哈洽会，哈尔滨有了环城路；如今，会展经济使哈尔滨有了集纳四个城区的主要道路，集观光游览和交通功能于一身的景观大道。哈尔滨市政府决定，将通往国际会展中心的主要道路“串联”起来，进行重点整治、修饰和建设，打造出一条会展旅游线路，今后凡以政府名义接待的大型旅游、商贸团队进入会展中心，基本上都将依该路线行进。除了展馆和道路，会展经济让海关、检验检疫、工商、卫生、知识产权、银行、保险、物流、电信、宾馆、商场等部门的服务也随之提升。

——《国际商报》张妍霞

南京会展业奋起直追

南京会展经济在2004年里发展势头十分强劲，全年召开的各种会议、展览及节庆活动达4000多个，有来自50多个国家和地区的200多万人次来参会参展，拉动经济100亿元以上，同比增长50%。

举世瞩目的第六届世界华商大会在南京召开后，南京举办特大型展会的实力得到海内外人士的认可，该市也由此“尝”到会展经济的甜头。近年来，该市陆续举办了世界资本论坛、中国国内旅游交易会、世界历史文化名城博览会、世界旅游推广峰会等大型展会，在海内外产生了广泛的影响。目前，南京与国内外会展机构和组织的交流日趋活跃，仅2004年就先后有新加坡展览公司、中东迪拜贸易中心、俄罗斯莫斯科商会、德国德中海外公司、意大利战略投资集团、日本展览咨询委员会、泰国商务部等展览机构与该市洽谈会展合作。

据中国贸促会南京分会会长、会展业办公室主任尹文女士透露，2004年由中国社会科学院、北京大学、清华大学、中央党校和国内有关权威研发机构对全国44个大、中城市的经济实力、环境质量、智力资源和人才储备、公共服务体系、基础设施、政策环境、会展企业发展和会展活动等九大指标进行综合评价，南京在全国会展城市综合排名中紧随上海、北京、广州、深圳等四大城市之后，跃居五强行列。2003年南京会展业的排名在全国只有第十位左右，短短一年就上升到第五位，中国贸促会南京分会有关人士认为，这主要得益于南京会展业全国一流的软环境。

南京是全国第一家成立会展业协调机构的城市。2002年6月，南京市政府成立了会展经济领导小组，由蒋裕德副市长任领导小组组长，市计委、财政、公安、工商、市容、外经贸、商贸、贸促会、国展中心为成员单位，领导小组下设南京会展业办公室，为国际国内大型会展提供“一站式”服务。办展会的单位只要进会展办公室一个门，按规定提交相关文件，就可以得到包括工商、公安、消防、户外广告等多方面的协调服务。如果遇到特殊情况，会展业办公室还对大型展会提供上门服务。此外，南京展览业的服务体系已经基本形成。全市拥有30多家规模展览公司和一大批经验丰富、善组织、能策划、懂市场、会促销的专业会展人员。“软环境”成了会展经济红火的“支撑主力”。

2005年该市举办第十届全国运动会、首届中国国际绿化博览会、中国国际人才交流暨项目洽谈会等近50个高规格和大型展会。南京正在着手“烹制”今年会展经济“大蛋糕”。环境优美、经济发达的南京，已成为举办各种展会的热点城市。

2005年，南京市政府运用市场的方法引导企业有序竞争、规范经营，提升南京会展质量。市政府下设的会展办公室将对所有办展企业提高门槛。其中重要一点为，今后同一展馆3个月内不得举办同一类展览，避免低水平的恶性竞争。此外，会展办还将对办展企业进行事先考察，如企业无实力办展将不予同意；工商局在企业注册申请时将进行把关。在加强管理和扶持的同时，南京的“会展经济规划”也在制定当中。据了解，南京市会展办与南京大学商学院联合起草的《南京会展发展纲要》正在论证编制中，预计年内将完成并公布，将对今后一个时期南京会展经济提出具体的硬件、软件建设规划，指出发展的明确方向。另外会展政策也将进一步完善，以保证会展的质量与数量同步发展。

（宗 和）

苏州依托产业优势建设会展名城

在我国的展览业区域中，一个以上海为核心，包括杭州、苏州、南京、宁波等在内的长江三角洲会展城市群正迅速崛起，其中已建和在建的展馆面积就达58万平方米。而苏州国际博览中心的建成更让苏州成为了这个群体里极具竞争力的角色。

业内对于“一个城市是否具有国际会展城市基础”列出了这些条件：城市的经济实力，GDP总值；城市对外开放度；是否有国际航空港；是否具有国际水准的展馆。“苏州在经济优势、区位优势、展馆优势之外，最突出的在于其产业优势。”一直活跃在招展第一线的苏州国际博览中心有限公司总经理陈刚有这样的体会。

苏州作为世界制造业中心之一，已经形成了电子信息、精密机械、轻工业、食品制药等较为完整的产业链。其中，苏州IT企业积聚，众多跨国公司前来投资，台湾最大20家电子企业中，已有16家投资苏州。苏州生产的显示器、主机板、笔记本电脑产量均已占全球重要份额，IT已成为苏州第一大产业。正是以产业为依托，电博会才会在几年内一跃成为国内知名展会，首届展会就吸引包括华硕、飞利浦等著名大企业在内的国内外250多家IT企业参展。有了博览中心这个“新家”后，这届电博会有了比往届更大的发展空间，也形成了更多参展商、更多参观者的办展效果。

正是基于对产业优势的充分认识，苏州国际博览中心把市场开发重点放在了工业类展览，充分联合区域产业和市场资源来招展、办展。从汽保展到光博会，在博览中心2005年的展会菜单上还可以发现很多与产业发展相关的展会。

从城市发展的蓝图来看，未来的5年内，苏州将形成以电子信息、机电一体化、生物医药和新材料为主的高新技术产业带；以冶金、能源、化工、造纸建材、汽车及零部件、粮油加工和物流等产业为主的沿江新型基础产业带；以大工业配套加工为主的产业配套经济带以及以风景名胜旅游度假服务为主的旅游及服务经济带。这些支柱产业的形成和发展，必将形成较大的会展卖方市场，形成会展丰厚的一翼，对于博览中心来说，机遇无限。

在过去的几年，苏州每年举办的展会只有10多个，而且规模不大、档次不高。如今，苏州经济发展选择了会展业，会展业也适逢苏州经济盛世，相得益彰。苏州国际博览中心开馆一个多月连续举办6个展会的成功尝试，标志着苏州会展业开始参与长三角会展城市博弈。

苏州国际博览中心一期工程已完成建筑面积18.5万平方米，其中展厅面积7万平方米，从展馆规模上打破了长三角的会展格局，也使苏州确立了在会展城市之林中的新坐标。除了北京、上海和广州3个公认的一线会展城市之外，苏州有望在二线会展城市中后来居上，取得领跑位置。

苏州能够最直接地接受来自长三角会展龙头上海的辐射，有条件借世博会在上海的举办而实现会展经济的“共振”，作为苏州“皇冠”上的一颗“明珠”，博览中心已经形成了招展与办展“两条腿走路”的发展态势。但办展只是第一步，“以展促商、以商养展”才能发挥会展经济的真正带动作用。所以有专家预言，苏州会展经济的兴起将成为苏州城市经济腾飞的重要引擎，增强苏州城市经济中心的枢纽功能、窗口功能、整合功能、集散功能和服务功能，激活国际间和地区间的信息交流，技术交流和贸易往来，并带动和辐射区域经济。苏州会展业适时发展是苏州经济发展中的最佳选择。

——《国际商报》杨 帆

独辟蹊径推动合肥会展经济大发展

合肥市委书记 车 俊

合肥会展业起步于20世纪末，几年来伴随着我国改革开放和合肥市经济社会发展一直持续健康地成长着，且会展业发展的各种促进机制已经制订并投入了运行，业内给了我们很高的评价，把我们会展业发展的态势称为“合肥现象”。

2004年合肥市会展总数突破200个，数量、参展人数分别比上年增长58%和142%，会展收入翻了一番，拉动三产增收6亿多元，比前年净增3.5个亿，为合肥市地税增收2000万元左右。

2004年是合肥市全国性展会和区域性品牌展会办展成绩最为显著的一年，全年共举办各类型展会72个场次，内容涉及汽车、农机、人才交流等近20个行业和产品门类。展会拉动合肥市地方经济效益显著，去年拉动系数已从前年的1：5提升到1：7，仅新特药品交易会等4个全国性展会就吸引11万人参会，拉动第三产业增收约2.75亿元。同时，合肥市已有30多家从事会展的专业企业、200多家企业涉足会展业务。

表面上看来合肥会展业的快速发展带有一定的偶然性，事实上，我认为它是一种必然，一个重要的因素是在一个曾经会展业相对落后的地区，随着外地会展管理经验的成功移植和本地会展发展机制的建立运行，其后发优势自然显现。毋庸置疑，在多方力量的促成下，合肥的会展业已经进入一个快速发展的时期，本地会展业目前已初步形成以安徽国际会展中心为龙头，办展主体多元化的格局，回顾两年来合肥会展经济发展状况，可以说是超常规发展催生了合肥会展经济的现象。

运筹帷幄 缜密论证

作为内陆省份的安徽，在改革开放和中国加入WTO之后的机遇和挑战面前，所采取的战略举措与时代的发展相得益彰。1999年安徽省委、省政府领导审时度势，抢抓安徽经济发展的潜在的机遇，提出了一个具有现代化经济发展意识的重大项目——建设安徽会展中心、发展安徽的会展经济。安徽省地处中部地区，临江近海，处于承东启西的重要战略位置。建设安徽国际会展中心，对进一步完善省会城市综合服务功能，调整经济结构，开拓新的经济增长点，提高安徽省对外开放水平，扩大国内外贸易往来、信息交流和经济合作，树立良好的对外形象，将起到积极的推动作用。

针对展馆经营问题，通过前期考察认为目前中国的展馆的经营管理主要有两种模式，一种是展馆投资方直接管理，一种是投资方委托管理。安徽国际会展中心采取投资方委托管理的形式，但不是委托给一个组织、一个团体，而是委托给个人。这种特殊的委托管理模式的创新，符合了客观发展的要求，使安徽国际会展中心快速地进入了中国展览场馆的中坚力量，并广泛地被业内人士称为“合肥现象”。

明确自身定位，实现超常规发展

客观地说，在安徽国际会展中心没有建成之前，合肥会展因为缺少一个发展的平台而仅仅停留在一般意义上的会展活动上，而且是零星地开展着，谈不上会展业，对会展的认识在本土也比较模糊，而这一切在安徽国际会展中心建成之后，在安徽国际会展中心确立“依靠政府的支持，申办国家级的展会，开拓、培育和带动安徽会展市场；利用经济手段移植外地一些成型展会；依托安徽的资源优势和独特区位优势，组织策划适应本地经济发展的各类展会，培育会展市场”三大市场策略后，都发生了巨大的变化，简单归结起来，合肥会展业的快速发展得益于以下几点：一是有一个优势的硬件平台，会展中心的硬件条件在国内是排得上座次的；二是市委、市政府强劲推动；三是本地经济的快速发展，这是本地会展业快速发展的基础；四是确立了发展本地会展业的正确的思路，并辅以了行之有效的方法。

比较而言，合肥市会展业起步比较晚，本地会展经济还存在发育时间较短，经验不足，会展人才稀少，专业办展主体匮乏等问题，但我们的起点比较高，从安徽国际会展中心立项到专业人员的引进、管理团队组建以及经营，合肥市委、市政府都给予了充分的关注和支持。将“启动展览市场、培育展览市场、规范展览市场”确立为合肥会展业的发展思路，并立足现实，确定了本地区3～5年的战略规划和目标，通过几年的基础培育及发展，把合肥市建成华东地区的会展新城，会展直接收入、就业人数、品牌展会在全国名列前20位，要凭借和利用安徽国际会展中心所具有的国内一流的硬件设施，完善综合服务功能，构建完整的社会化服务体系，大力拓展国际、国内会展市场。

会展先行 融入长三角

按照目前的统计口径所包含的长三角，合肥还不在其中，但继2004年3月合肥市参加皖粤经济技术合作活动、首次正式与珠三角经济区握手之后，9月合肥市又递交了加入长三角城市协调会的申请，究其原因，是在当今高度开放的现代市场经济下，一个地区或一个城市的经济发展，都不再可能是孤立、封闭的，而必然要根据市场联系和产业关联与相关多个地区或城市构建起一体化的区域经济体系。目前，合肥正在广泛承接来自长三角地区的产业转移和投资转移，与长三角地区的市场联系和产业关联程度越来越高，势头越来越强，因此，融入长三角是大势所趋。

会展业，作为一个地区经济发展的晴雨表，在合肥市日益与长三角融合发展的趋势下，必将先行于别的行业。随着各地经济社会发展的联系日益密切，各地的会展业的发展也将息息相关，从某种意义上看，尽管合肥市目前尚不属于长三角地区，但合肥的会展业早已被纳入了以上海为龙头，以沿江、沿海为两翼的长三角会展业的发展格局。可以肯定地说，合肥会展业对整个长三角地区的会展业将是一个有利的补充，在长三角会展经济带，各城市与合肥会展的定位各有不同，各有侧重，如宁波、温州的制造业展会、杭州的休闲、会议、旅游三位一体的定位，苏州的外贸、外资类展会的定位，合肥的高新技术、汽车制造、农业的定位等，这是各地会展相互带动和促进的前提，目前客观地看来，合肥与长三角其他各城市的会展业间既有合作，又有竞争，合作大于竞争。下一步我们要考虑的是如何更有效地与长三角其他兄弟省市开展会展合作，共同改善长三角会展业的市场氛围和运行规则，齐心协力将长三角会展经济这块蛋糕做大。

2005年，合肥市除继续举办全国农机产品订货交易会等全国性会展外，还着手制定“合肥市大型会展工作保障预案”，并建立会展档案和服务配套数据库，实施“合肥会展业行规”。

——《中国市场——会展财富》

青岛依海造势发展会展经济

2004年是青岛市会展经济硕果累累的一年，专业化、国际化的展会和节庆活动数量多，规模宏大，影响力强。应该说，青岛市的会展经济是跨越式发展的，尽管时间短，但是起点较高，2004年仅在会展中心举办的展会就达到48个，带来了专业领域高端信息和技术展示，带来了会展经营的发展思路和启示，带来了大量资金和大批的订单，创造了可观的经济收益，带动了旅游、餐饮、广告、交通等产业的发展。

随着世界经济一体化的进程加快，一个城市召开国际会议和举办国际展览的数量和规模，已成为衡量这个城市能不能跻身于国际知名城市行列的一个重要标志。青岛市2004年仅国际化的展会已占到全年展会的1/4。像青博会、APEC会议、航博会、国际啤酒节、药交会、渔博会等，一个个国际性展会，办得有声有色，显示出青岛市会展经济的国际化水平日益增高，极大促进了青岛经济的发展，提升了青岛的知名度和综合竞争力。

目前，青岛市正在努力塑造“海上奥运”特色，打造“帆船之都”，现在又提出努力建设全国重点中心城市和世界知名特色城市的奋斗目标。2008年奥帆赛，对青岛市城市建设、经济和会展节庆活动的发展都是一个难得的机遇。青岛还是中国家电的名牌之都，还有青啤、双星等著名企业；在北方国际航运中心的争夺战中，青岛市跃居全国第二大外贸港口，是我国五大外贸口岸之一，与世界110多个国家和地区有贸易往来；无论是城建、还是环境，都有很大的优势，这个优势同样是会展经济发展的优势。

借助打造“海上奥运”特色和“帆船之都”，青岛市委、市政府又提出把青岛建成“世界知名的特色名城”，而不仅仅是国内名城。在产业和城建方面都已搭好框架，高规格、专业化、国际化的展会活动就是走向国际市场很好的平台。围绕实现“全国重点中心城市”的目标，青岛要着力建设好四大工业基地、六大产业集群和五个中心，这里就有许多会展业大力开发的项目。同样，这些展会对优化青岛市产业结构，对资源的合理配置都将起到重要作用。会展经济对青岛的经济活力的构成有相当大的影响，持续的经济活力需要继续引进在国内外有重要影响的展会，目前，青岛是展览多，重要会议少，要借鉴博鳌的经验，探索举办国际性峰会，要引进、承办和举办并举，引进和举办重大的文化、体育赛事以提高城市的文化品位。所以青岛市会展经济的内容要更丰富，需要大手笔，需要更快崛起。

青岛强调全力打造会展经济品牌，拓宽展览业的发展空间，而创建展览品牌更是一项具有战略意义的工作。会展已经成为青岛城市经济发展的新兴产业、朝阳产业。要使会展业科学地可持续发展，不仅要面向全国，引进知名展览品牌，更要走出国门，在国际展览资源配置中找准切入点，开发增长点。

青岛已经确定了区域经济的核心地位，明确青岛是打造胶东半岛制造业基地和半岛城市群两大品牌的龙头，要根据青岛市经济发展的特点，打造自己的展览品牌，在策略上要有周密的计划，稳步推进。可以多条思路，可以利用国际展览的品牌。

另外，青岛市会展业的发展还应该遵循展览业自身的发展规律！扬长避短。青岛有海洋的优势、港口的优势和奥运会举办地的优势等，这些优势已形成特色产业，以城市的特色产业培育出特色的展会，往往可以造就世界级的知名展览。像青博会、航博会、国际啤酒节就是具有国际影响的展会，也是青岛的品牌展会。

根据青岛经济发展的整体思路，青岛市的服务业肯定还要大发展，在发展的过程中进一步提高接待能力。要尽快提高青岛会展服务业基础设施的总体水平。会展中心二期工程2006年春季完工后，会展中心室内展览面积将超过5万平方米，室外展览面积5万平方米，会议面积近1万平方米，同时餐饮、会议等配套服务功能也将进一步完善。届时会展中心将具备接待大型展览和会议的能力，对城市经济的拉动作用也将大幅提升。2005年会展中心承展同比增长15%，展会规模、规格都进一步提升。青岛市委、市政府在举办节会方面提出了“政府主导，企业参与，市场运作”的思路，就是要支持和鼓励有发展前景的节会在青岛举办，准备继续引进能够对构筑特色鲜明的现代化国际大城市框架，全面提升城市核心竞争力有推动意义的展会在青岛举办。青岛的目标是经过几年的努力，打造成区域性的国际会展中心城市。

会展和节会通过市场化运作和竞争实现优胜劣汰是大势所趋，这也是与国际化接轨的必由之路。众多的展览公司为青岛市会展经济的发展做出了贡献，但是，总的来讲，还处于成长期，比较弱小。从全国会展业发展趋势上讲，一是会展公司应该走上产业化发展之路，靠市场竞争发展壮大，在竞争中进行跨地区、跨部门的战略重组，从而培育出规范化、集团化的会展公司。二是加快培养专业会展人才队伍的步伐，尽快培养一批具有国际化会展水平的管理人才。三是加大国际国内招展工作力度。发挥政府部门和行业协会的作用，加强国内外会展促销，全方位开展招展活动。相信通过这些措施，新一代展览行业将更加专业化、品牌化、市场化，有实力、有影响、资金雄厚的办展单位会越来越多。名牌展览公司的出现，促使会展经济的国际化水平和质量、效益的不断提高，青岛市会展经济的作用日益增强，会展经济之路将越走越宽广。

——《国际商报》于 冲

淄博集中资源创新会展品牌

山东省淄博市进一步转变办会理念，将节庆会展期间有关活动的承办权、协办权以及广告宣传、实物或服务等权益，面向社会公开招标、竞标，力争走出一条由政府引导、企业参与、专业公司运作的新路子。

淄博是山东省重要的旅游区，这里地处鲁中腹地，承接山水圣人和黄金海岸两大旅游线。更重要的是，这里是齐文化的发祥地，而齐文化旅游也是山东旅游待开发的一大资源。实践证明，充分发挥地方优势和特色办节、办会、办展，不仅可以有力地促进对外经贸工作的开展，而且可以拉动地方旅游业的发展。2004年9月份，淄博充分发挥“中国陶瓷名城”、世界足球起源地等优势，成功举办了2004中国（淄博）国际陶瓷博览会暨国际新材料技术论坛、国际建筑卫生陶瓷交易会、首届国际齐文化旅游节、纪念周村开埠一百周年暨首届中国（周村）旱码头旅游文化节、第三届中国曲艺牡丹奖颁奖晚会、“同一首歌”走进临淄等一系列大型节庆会展活动，不仅为淄博市对外经贸工作开辟了新的领域，而且成为旅游业发展的一个新亮点。

淄博市2005年提出要充分发挥作为工业名城、齐国故都、聊斋故里、陶瓷之乡、世界足球起源地等资源优势，着力打造文化旅游、生态旅游、节庆会展和休闲娱乐“四大旅游品牌”，以办实事、出实效为出发点和落脚点，紧紧抓住招商引资、经贸洽谈和科技合作三大重点，将各种节庆会展活动统一安排，协调运作，力争创意更新、水平更高、轰动效应更强。另外还要积极申办各种全国性、国际性会议、会展、文化、体育、经贸活动，以节造势，以势造市，形成良好的旅游效应。他们还将邀请与淄博市有长期合作关系的国内外客商和国外驻华机构、国际友好城市代表、世界500强等著名大企业、大财团、大商社代表参加各种节庆会展活动，借以提升淄博的城市形象和国际知名度。

——《国际商报》于 建

浙江会展经济形成区域化格局

近年来，随着浙江省产业结构的优化，产品生产能力的提高，城市功能的完善，以及包括旅游市场在内的服务业的发展，以办节办会为主打品牌的会展活动在各地竞相争艳，已经形成了东、北、南、中四个会展区域。其中，北部地区以杭州的“西湖博览会”独占鳌头、海宁的“中国皮革博览会”和“中国家纺博览会”联袂唱戏；东部地区以宁波的“中国国际日用消费品博览会”和“国际服装节”双双领跑；南部地区以温州的“中国轻工产品博览会”独树一帜；中部地区以义乌的“中国国际小商品博览会”独领风骚、绍兴的“中国国际纺织品博览会”、永康的“中国五金博览会”、台州的“中国塑料交易会”、“中国日用商品交易会”精专搭台。从展会特点和区域分布来看，以经贸、科技、文化为主的综合性展会基本集中在杭州、宁波、温州，专业性展会则全部落户在中部地区。

据调查，浙江省自90年代后期以来，特别是近几年，在一些商贸业繁荣的地区，各种类型的集商品展示、交易和经济技术合作等功能为一体，并具备信息咨询、投资融资和商务服务等配套功能在内的综合性展览展销及博览会的数量和规模不断扩大，仅2004年杭、甬、温等地共举办各类展览345个，平均每天接近有一个，其中冠有“国际”名称的56个，占16.2%；全年举办展览面积183.23万平方米，其中杭州81.38万平方米，宁波45.37万平方米，温州15.74万平方米，义乌、绍兴、台州、永康、海宁等城市37.74万平方米。经过多年的培育，“义博会”、“西博会”、“消博会”已发展为浙江省三个标志性展会，它们对旅游、经贸、交通、物流、房产、广告等相关经济的带动作用明显，以杭州、宁波、义乌为龙头的三大会展经济区域已经形成。

在浙江四大会展区域中，中部地区发展最快，东部地区紧随其后，北部地区蓄势即发，南部地区相对滞后。在东部和北部两大会展区域中，浙江投资贸易洽谈会和西湖博览会虽然各自的主题背景相似，但副省城市宁波会展的国际知名度已盖过省城杭州市，形成了东重北轻的会展区域格局。

从历史发展成因来看，依托港口区位优势和人文资源优势是宁波与杭州共创主牌展会的互补之处。其中，杭州举行的西湖博览会在国内外产生了广泛影响。由此可见，宁波凭借其对外贸易口岸的开放度和依存度赋予展会以更多招商引资的特点，而杭州则利用中国会展业发祥地西湖的知名度和美誉度赋予展会以更多商务旅游的特点。

从行业发展现状来看，宁波“消博会”和杭州“西博会”同为国际性的大型综合性展会，但从国际影响力来看，西博会尚不及浙洽会，原因是对专业买家——国际采购商吸引力不够。2004年宁波“消博会”直接来自境外客商7972人，以杭州和宁波为中心的两大会展区域显得东重北轻。

从主要会展城市杭州、宁波、义乌的展会情况看，规模化路子和以城市功能定位的色彩逐步增加。杭州展会主题主要集中在书画艺术、教育科技和生活消费类；宁波展览项目中，经贸性展会所占比率较高，以轻工产品、日用消费品为主；义乌则依托全国最大的小商品集散地和出口基地的优势，以义乌为品牌的展会逐渐增多。总体上看，目前杭州展览的主题比较集中于休闲与生活消费类，宁波相对集中于外向型较强的展会，义乌则借助连续成功举办中国小商品博览会的影响力，较好地实现了品牌延伸效应的扩张，并逐步成为浙江会展业中的第二主力梯队。

——《国际商报》

杭州“两会”关注会展经济

作为国内外的著名旅游城市，杭州在发展会展业上如何定位，该采取哪些有力举措参与市场的竞争？这一问题已引起了“两会”代表委员的高度关注，他们纷纷撰写议案提案，以期杭州在发展会展业上加快步伐，抢得先机，拥有一个更加美好的明天。

据了解，一个城市如果基础设施相对完备、人均收入在世界中等以上、服务业在GDP中的比重超过制造业、优势行业的集聚力量相对较强，那么会展经济就会在该城市得以强势增长，并发挥相关的积极作用。据统计，2004年，杭州的人均GDP已超过4000美元，人均收入名列全国大中城市前列，市民的消费能力大为提高。研究表明，影响会展中心竞争力最主要的因素依次是：生产要素、腹地经济优势、旅游基础设施、法制健全透明度和城市基础设施等23个指标。分析认为，杭州在智力密集程度、基础设施、经济区位、产业集群指数等方面具有较大的优势，一半以上的指标都位居其他城市之前。具体而言，杭州具有丰富的旅游资源和人力资源，形成了良好的经济基础和强大的产业集群，并拥有良好的城市基础设施。综合各方面因素看出，杭州在发展会展业上的竞争力比较明显。但会展经营尚不完善，凸显三大不足：

一是会展企业实力较弱。杭州市会展公司基本上是近五年成立的，企业规模小，资本积累较少，实力较弱，与外省交流偏少，与国际会展业业内人士的合作意识更是淡薄，与先进会展城市相比，存在较大差距。

二是会展专业人才缺乏。会展业是一个新兴行业，目前各高等院校基本没有开设展览专业，人才生产和储备较少，高层次的会展策划专业人员非常紧缺。现有操作会展的人员大部分是原省市外贸单位的工作人员，专业理论知识不够，市场运作能力偏弱。

三是重复办展现象依然存在。由于企业自身原因，企业承办高层次展会能力不够，经营范围窄，无序竞争现象比较突出，相同题材的展会一年有4～5个，造成资源浪费，无法形成一定的规模效应和品牌效应，更有部分企业缺乏诚信，损害了行业形象。

针对杭州市会展业的现状，许多代表和委员们也提出了不少切实可行的意见和建议。如加强对会展企业的引导，建议建立杭州会展业发展基金，专项用于对大型引进项目和优秀会展企业的表彰奖励，培育、引导企业做大做强。政府职能部门要切实履行职能，加大对企业骗展或不讲诚信等行为的整治力度，规范市场秩序，促进行业良性发展。加强与国内外会展机构的交流合作。特别是要加强与上海、香港等会展机构、企业的深层次合作，利用和发挥杭州的区位优势和西博会的品牌效应，积极引进外地企业、中介机构来杭办展、办会。同时要抓住加入WTO后我国服务业对外开放的机遇，大力引进具有较强实力和较高品牌效应的外资会展企业来杭投资，不求所有、只求所在，提升会展业的竞争力。会展企业要充分利用举办2006休博会的契机，加强合作，走联合、兼并之路，整合资源。

加大对会展人才的引进和培育力度。一方面，要加快对会展人才的引进力度，努力引进有理论和实践经验的境内外会展人才来杭创业，努力构筑杭州会展业发展的人才高地；另一方面，要加强对会展从业人员的培训，市会展业协会要积极会同有关部门，将会展业人才的培训纳入经常性工作，尽快在会展企业中推行从业人员资格认定。另外还要发挥行业协会的作用，积极构建信息交流平台，加大对外交流合作，面向国际和港澳台地区及时推介会展计划，吸引其来杭参展、办展；积极在会展企业中推行国际标准质量认证体系，规范会展企业服务标准；对会展公司的资质进行市场化、动态化的评估和认证，并及时对外公布。

——《国际商报》鲍一飞

杭州对会展中心布点进行规划

2005年12月，杭州市规划局批复通过了《杭州市会展中心布点规划》。根据规划，到2020年，杭州市区会展中心将形成“两主四副九场馆”的布局结构。会展经济被认为是高收入、高赢利的行业，尤其对相关行业带动显著。因此该《规划》的批复通过，引起各方关注。

近年来，杭州已经有开发商动起了会展物业的脑筋，大家都想从这个高利润率行业里分到一杯羹。从上海、广州等地经验来看，会展经济对房地产行业带动显著，城市会展中心附近的商铺、酒店、写字楼以及商品房，都成了投资者热炒的“绩优股”。但杭州市规划局有关人士指出，规划是为了避免会展展馆的盲目无序上马，本次规划不仅考虑了杭州市内的会展展馆格局，还充分考虑了长三角会展业的错位发展。

不过这次只是布点规划，项目具体何时上马，由谁投资大多没确定。

据了解，根据《规划》，到2020年，杭州市区的会展中心将形成“两主四副九场馆”布局结构，适应承办国际、国内各种规格的会议和展览，并提供完善的酒店、度假村、商务等服务设施，届时会展中心的展馆部分总建筑面积将达到54万平方米左右，国际标准展位达到2.45万个左右。

“两主”：其一由杭州国际会议中心和杭州萧山钱江世纪城国际会展中心构成，杭州国际会议中心以会议为主，而杭州萧山钱江世纪城国际会展中心以展览为主。两者国际标准展位总数约2900个。

其二为杭州西湖国际会议中心，定位为杭州市国际风景旅游城市服务，以会议为主，展览为辅，酒店、度假村相配套，国际标准展位总数约7000个。

“四副”：其一由现在的和平国际会展中心（浙江农展馆）、规划的浙江国际旅游展示中心（浙江旅展馆）和规划的浙江国际商务中心（浙江工展馆）构成，三个展馆各有侧重，分别为农业、旅游、工业展览馆，国际标准展位总数约7800个。

其二由浙江展览馆、浙江科技馆构成，待西湖文化广场建成后，浙江展览馆、浙江科技馆展览功能转移至西湖文化广场，由西湖文化广场担任副中心功能。

其三为浙江世界贸易中心展厅，依托其周边完善的服务配套设施，形成会展副中心。

其四为杭州国际会议展览中心（杭州汽车城），近期只能作为一个会展场馆，规划通过完善周边的服务配套设施，形成会展副中心。

“九场馆”：主要有高新软件园会展中心、浙大国际交流中心、浙大邵逸夫科技馆、浙江省人民大会堂、浙江图书馆、香格里拉饭店、五洲大酒店、望湖宾馆、雷迪森广场，上述九个场所作为会展场馆功能时，均以会议功能为主，展览功能为辅。

国际上认定的会展对地区经济发展的带动系数高达1:9。据投资者的相关经验，每当有大型会展活动，会展中心附近的写字楼、酒店往往爆满。此外，由于酒店价格在会展期间高涨，部分参展客户开始“弃酒店选择住宅租赁”，促使了住宅短期租赁市场发展。正是基于会展有着强大的热效应，近年来不少房地产开发商开始热炒会展概念。目前，杭城已有一些主打会展板块的楼盘在施工，也有楼盘在销售，卖得还不错，其中会展客商占了不小的比例。

——《国际商报》周成奎

宁波会展业迅速崛起

2005年6月8～12日，与第七届浙洽会同期举行的第四届中国国际日用消费品博览会，近来喜事连连。一是消博会吸引了越来越多国际大买家，摊位首次突破2000个，达到2200个；二是商务部决定与浙江省政府共同主办消博会。

消博会成长为具有一定知名度和国际化程度的国家级展会，仅仅花了4年时间，也是宁波会展业发展的一个缩影。宁波会展业起步并不早，但2004年各类展会已有50个，其中还包括宁波国际服装博览会、中国家居用品博览会、宁波国际住宅产品博览会等一批重点展会。宁波市政府副秘书长、市政府会展办公室主任俞丹桦认为，政府强力推动、市场灵活运作的模式，是宁波会展业迅速崛起的秘诀。

在培育会展业发展中，宁波市提出，政府只需要做好应该做的事，包括制订发展规划和政策，研究和协调重大问题，加大投入建设场馆等配套设施，利用政府丰富的资源做好保障服务等，既要避免大包大揽，又不能撒手不管。2001年之前，宁波全市可用于展会的标准摊位仅6000个左右，自从2002年由市政府投巨资建成拥有现代化设施的宁波国际会展中心后，全市标准摊位已达到2万个以上。

2005年市委、市政府已经提出了要大力发展以会展业为首的现代服务业，要重点发展品牌展会，除继续办好已成规模的浙洽会、消博会、服博会、家博会、住博会、塑博会等重点展会外，还将重点扶持文具展、汽车展、机电展等具有宁波产业优势的专业产业展，对过多的小展会进行合并，防止同类展会之间的恶性竞争，做精做专，办出影响，以推动地方经济的发展。对成功举办的展会在场地费用、资金等方面给予扶持，坚决抵制烂展、闹展等劣质展会。

据了解，为促进会展企业提高经营水平，培育会展主体，宁波市将严格限制由政府机关和部门举办的展会，对已办的政府展会进行梳理，把更多的展会交给会展企业来办，政府部门要做好服务工作。同时，市会展办将建立会展信用档案，对每年举行的各类展会进行优劣评选，对上规模、质量好的展会评选“年度十佳展会”；对违规展会和严重犯规的会展公司列入“黑名单”，直到取消办展资格。

——《中国贸易报》

构建永不落幕的会展城市

——访浙江省义乌市市长吴蔚荣

朱文伟 魏建玲

位于浙江中部的义乌市，过去是一个名不见经传的传统农业县，但近些年来却取得了翻天覆地的变化：2003年综合竞争力居浙江省县级市首位，2004年在“海内外公众最喜爱的中国城市”评选活动中，义乌又列全国县级城市的首位。特别在会展经济发展方面，义乌更是以国际小商品博览会而名扬天下，以会展促发展，义乌走出了一条独特的发展道路，2005年2月，记者采访了浙江省义乌市市长吴蔚荣。

会展经济开辟新天地

经过20多的努力，义乌已发展成为初具规模的国际性小商品流通中心、信息中心、研发中心和展示中心。吴蔚荣市长说：“义乌是全国最具发展潜力的会展城市之一，国家级行业协会以及国内外知名展览机构已有15家在义乌办展，去年已举办各类展会40余个，特别是中国义乌国际小商品博览会，已成为继广交会、华交会后中国的第三大专业展会。为此，先后荣获‘中国十大新星展会’、‘中国品牌展会’等荣誉称号。义博会以及义乌市场的国际影响力在逐步加大，开始了从低端市场的占领对高端市场的渗透的转变。”

吴蔚荣强调，义博会已经展示出会展经济的巨大魅力，以义博会为支点，依托不断升级的商品市场，义乌会把会展经济确定为今后经济发展的一个重要方向。由于义博会是基于市场经济规律发展起来的会展，本身具有强大的生命力，以此为基础，广泛吸纳全国全球各地的会展前来义乌办展，必将给义乌带来新的天地。而义乌恰恰是一个成熟的市场发达之地，会展经济的人流、物流、资金流和信息流将比在别的地方会带来更多的“边际效益”。

从义博会走向国际市场

在义乌，市场经营面积达260万平方米，商位5万余个，从业人员20万，汇集了34个行业1502个大类32万种商品，市场成交额已连续13年位居全国榜首，真正成了“华夏第一市”。

义乌市场价廉物美，齐全的品种和丰厚的利润空间，成了吸引外商的“强磁场”。吴蔚荣说：“义乌有比较强的小商品生产支撑力，产业的支撑为会展业的发展提供了强大的动力，展会组织者看到义乌会展业的发展前景，纷纷到义乌来办展，各国客商也纷纷到义乌来洽谈采购，进入了义乌市场就等于融入了国际市场”。

据吴蔚荣市长介绍，如今的义乌，有来自80多个国家的6000多外商，常驻义乌采购小商品，经批准在义乌设立的境外企业代表处478家，占浙江省的1/3。义乌的商品已出口到206个国家和地区，市场外向度达55%以上。2004年义博会期间，共有来自142个国家和地区的1.23名外商参会，15家跨国零售集团到义乌采购商品。采购商们评价说“谁先发现义乌，谁就抢占了先机”，“义乌市场太有吸引力了”。

吴蔚荣自豪地说：“日趋国际性的商城和大量流向世界的商品，使义乌正在迅速成长为一个‘世界品牌’。在义乌，有10万中国经营者学习外语，同时有5000多外商在学习汉语。”

以展兴市 以展拓市

义乌是一个新兴的会展城市，在2003年度中国会展业年会上，义乌市被展览业界人士评为中国最具潜力会展城市。吴蔚荣介绍说：“义博会一届比一届办得好，一届比一届办得红火。我们把义博会选在广交会两期之间进行，并与广交会进行了良性互动，实现客商资源共享，每年的义博会期间，从广交会上来的客商源源不断，而且大部分是境外客商。我们上届展会达7万平方米的净展面积，3000多个展位，但还是不能满足参展商的需求，很多展商忙着预订下一年的展位。目前，义乌市有了较强的客商接待能力，拥有标准床位4.5万个，上届雅典奥运会的床位也不过4万多个。国际知名采购商参加义博会后非常满意，表示要进一步加强合作。目前，义博会的采购商从以前的发展中国家客商居多、采购低端产品居多的情况下，已改变为发达国家客商居多、采购高端产品为主，发达国家客商占51%以上。”

吴蔚荣说：“义乌梅湖国际会展中心，展馆面积4.65万平方米，室外展场面积2.5万平方米，是华东地区规模最大的大型专业展馆之一。改扩建展览场馆已成为需要尽早考虑的一个问题。同时，我们不去追求豪华气派的展馆，而是追求实效，我们在规划中预留了大片场地，为会展业的发展做好后备之需。进一步加大政府的推动力量，在发展会展业的过程中始终把握住市场，只要通过市场能解决的，我们就通过市场解决，实在解决不了的，就通过行政力量进行推动。把更多展会交给市场去办，今后要更多地发挥市场的作用，让义乌成为永不落幕的会展城市，我们的目的是，把义乌培育发展成为国际性的小商品会展城市。”

——《中国贸易报》

厦门：会展之帆领航海峡西岸

——访厦门市副市长黄菱

厦门是传统的对外通商口岸，是中国最主要的国际招商口岸之一。她是投资的热土，创业的摇篮。厦门被誉为中国最温馨的城市，不久前还被授予联合国人居奖。作为海峡西岸的中心城市，会展为这座美丽的港口城市增添了经济活力。在2005年年初，本刊记者采访了厦门市主管会展业的副市长黄菱女士。

记者：*近几年厦门会展经济呈现出良好的发展势头，黄市长，请您介绍一下厦门市会展业的发展现状。*

黄菱：厦门会展业是伴随着厦门特区经济、社会的迅速发展而成长起来的。

从1985年至今，它经历了一个从无到有，从小到大，逐步壮大发展的历程。十几年来，会展为厦门带来投资、贸易总成交额高达上千亿美元。厦门逐步形成由展览组织、展览工程、展览服务等专业分工明确的会展业。2000年后，厦门会展步入快速发展期，带动了第三产业的发展，形成了具有一定规模的会展经济。2004年，我市举办各类展览23场，面积33万平方米，会议104场。

为了加强对重大会展活动的协调管理，早在1997年，厦门就成立了会议展览协调办公室，主要职能是对重大会展活动做全方位的协调保障。1999年厦门成立了会议展览业协会。近年来，厦门市贸发局、工商局、会展办等单位还就规范厦门会展组织运作程序和市场管理制订了相关文件。厦门的会展业正朝着规范化的方向发展。

记者：*从地理位置来看，厦门并不是一座中心城市，厦门会展将如何从全国众多会展城市中突围出来呢？厦门会展的优势在哪里？*

黄菱：首先，厦门市政府高度重视会展业的发展，在制定我市中长期发展规划中，明确把会展业的发展列为重点扶持的产业之一。为推动会展业的发展，市政府出台了《关于促进会展业发展的若干意见》、《厦门市鼓励会展发展专项资金使用管理试行办法》等扶持、促进会展业发展的政策和措施，以及一系列规范会展业发展的相关会展管理制度。多年"投洽会"、"台交会"的举办，厦门已形成一支高效运营的会展综合保障体系。

厦门的交通、通讯等基础设施都比较完善。厦门形成的海、陆、空立体交通网络，为参展商提供了便捷的展品运输服务。在厦门，台湾同胞、外国人可落地签证，境外客商通关便利。值得一提的是，厦门国际会展中心馆内设有海关、检验检疫等口岸部门，开辟了境外展品绿色通道，提供展品现场监督，仓储及运输服务，并提供餐饮、广告、娱乐、旅游等完整的会展配套服务。

厦门会展基础设施优越。厦门国际会展中心是目前国内最好的展馆之一，设施优良，服务完备。厦门目前的宾馆酒店能提供有三星级以上宾馆32家，各种涉外酒店90多家，各类床位5万多张，可为大型展会的举办提供充足的住宿接待。在会展中心北侧，厦门国际会议中心已在建设当中。

经过20年会展业的发展，厦门在会展项目策划、组展、场馆经营、设计布展、配套服务等各环节，都形成了一批具有丰富经验的从业人员。今年，厦门还创办了全国首家专业培育会展人才的学院。会展业的发展还离不开产业基础。福建省是重要的制造业基地之一，有着良好的会展产业基础，我们在电子信息、机械制造、纺织服装、轻工艺品、石材加工产业都有潜力。省内民营经济活跃，中小企业数量众多，对会展业有着强烈的市场需求。

记者：*厦门会展的发展目标是什么？*

黄菱：用5～10年时间，将厦门发展成为中国的会展名城。

今年初，福建省委、省政府提出了建设海峡西岸经济区的战略构想。厦门将建设成为海湾型城市和海峡西岸经济区中心城市，这将是厦门改革开放和现代化建设的历史转折点。厦门港口、滨海景观、旅游文教资源的优势带来了物流、人流、信息流和资金流。而会展业正是这四个流汇聚的一个平台。会展业对厦门经济发展起着引擎的作用，市委市政府提出要把发展会展经济，建设旅游会展中心作为今后几年厦门发展现代服务业的一个重要组成部分加以重点扶持、推动。今后，厦门还将重点发展专业（贸易）展览会，争取举办国际性的展览会，使这类展会进一步扩大成为厦门展览会的主体。随着中国开放程度的增加，发展国际会议业也是今后的一个重点。一个国际性的会议，往往能迅速提升城市的知名度，相信厦门的会议业也将大有可为。

记者：*对于今后的会展发展，厦门有着怎样的思路？*

黄菱：我们将按三大原则来发展厦门的会展：一是创建会展发展良好环境，政府推与市场化运作相结合，以市场化为主，政府做好后勤、保障工作，推进会展向专业化、产业化、市场化方向发展；二是会议与展览并重的原则，吸引国内外各类大、中型会议来厦门召开，实现会议与展览的协调发展；三是争办、申办与自办并举，努力争取全国性的展会举办，同时根据厦门地区的产业基础，培育自办展览。此外，我们鼓励外商投资会展业，鼓励国际著名展览机构来厦设立分支机构和举办会展活动，尤其是全国性、国际性的会议和展览。

政府在发展会展业中扮演的角色是创造环境，服务企业。出台扶持政策，设立专项奖励资金，规范会展秩序，制订便捷的通关措施和出入境检验检疫办法，引进人才，培训人才。

打造会展品牌，厦门将依据周边地区的产业基础，立足福建，面向台湾、东南亚。现在，厦门除“中国投资贸易洽谈会”、“厦门对台出口商品交易会”这两大会展品牌外，石材展、礼品展、食品展、旅博会等自办展览，也颇具规模。我们还提倡“大会展”观念，实施“会展、旅游、贸易、物流”四者的良性互动战略，以促进相关行业的发展，从而使会展的配套活动和综合保障也更加完善。

——《中国会展》陈 蓉

漳州会展经济融入花卉产业链

花卉产业是福建最具漳州地方特色的区域产业，有着悠久的产业历史和产业基础，在长期的产业运营过程中，也形成了相应的产业品牌基础，是漳州城市核心竞争力的关键要素，因此，花卉及其相关产业，具备并成为打造漳州城市名片的基础要件。而以漳州花卉及相关产业作为基础的“海峡两岸花卉博览会”已经成为打造这张“城市名片”的助动器，是整合城市优势资源、进行整体展示的极好契机。海峡两岸花博会是大陆和台湾在花卉贸易、经济交流、文化沟通和各方面加强联系的专业性展会，在国内大型的展会活动中有着重要的影响和较高的知名度，每年一届的海峡两岸花博会都为大陆与台湾的贸易往来、文化交流、科研开发合作提供了广阔的舞台，同时也为海峡两岸的众多客商和花博会的举办地——东南花都漳州创造了无限的商机。

我国是世界上野生花卉资源和园林植物资源最为丰富的国家之一，被誉为“世界园林之母”。从当前形势看，我国花卉业实现跨越式发展的条件已基本成熟。我国国民经济持续快速发展，人民生活水平总体上达到小康水平，将会有力地拉动花卉消费市场。“十五”期间，农业和农村经济结构要进行战略性调整。从各地花卉业“十五”计划看，不少地方在农业产业结构调整中已经将花卉业作为重要产业进行了科学规划。作为传统的花卉产业重点区域，漳州花卉业正处于实现跨越式发展的关键时期，而“东南花都”这一新的品牌定位，将使漳州摆脱“闽南花卉中心”这一传统的区域定位，形成“东南花都漳州、西南花都昆明、中南花都广州”这一“产业和城市品牌系”联盟，在更高的层面上参与全国乃至全球性竞争，为漳州在参与激烈的国内外市场竞争中赢得一席之地创造了有利的条件。而在“花都”这一概念统领之下，形成“花卉产业——会展经济——生态农业——生态地产——生态文化”等完整的产业链条，实现漳州花卉等相关产业从传统产业模式向现代产业经济的过渡和延伸，让漳州花卉产业及相关产业全面绽放现代产业光芒，东南花都的运营必将在此背景和理念之下实现全面的提升和推进。

漳州有着得天独厚的生态资源，素有“花果之乡”的美称，各种花卉、水果远销海外，在国内外都有着很大的影响力，有着良好的生态产业开发和升级的基础。东南花都及其周围区域良好的生态资源是漳州生态资源的一个缩影，堪称典范。这里全年气候温暖湿润，花果飘香，环境优美，为花卉等植被的生长繁殖提供了良好的基础。新建的闽南瓜果园、大地艺术区以及原有的园林植物场馆都将得到有效的开发和利用，提高这些设施的观赏、科研、生产的价值。运用先进的科技手段和生态技术，对这些奇花异果和特色植物进行合理的保护和培育，将为整个东南花都的更加完善奠定基础。

漳州有着悠久的历史和灿烂的文化，是一个有着很高知名度的历史文化名城，是闽南文化圈中的一个重要区域，在历史上曾经涌现出大量的历史文化名人并保留着许多珍贵的历史文化资源，可谓“人杰地灵，物华天宝”。漳州的民俗文化也是源远流长、异彩纷呈，特色小吃也远近闻名，在市场经济快速发展的今天，在继承传统的基础上对这些人文历史资源进行开发利用，赋予其时代特色和意义，必将创造出更高的价值。东南花都花博园亦有着悠久的历史，流淌不息的策士溪就以它美丽的风姿和凄美的历史传说吸引着远近的游客。挖掘深厚的历史资源，不断完善策士溪周围的环境，加快相关服务设施的建设和完善，也是东南花都市场化运营的必要手段。

东南花都运营的一个重要目的就是要把花博园由原来单纯的花卉生产、交易的场所建成集花卉生产交易、经贸往来、旅游、观光、休闲、娱乐的综合大观园，成为厦门、漳州、泉州和汕头城际间旅游的中枢区域。发挥旅游这一朝阳产业的优势，以园区的不断完善带动旅游，以旅游资源的利用带动园区的开发，是今后东南花都运营的重要一环。而东南花都的市场化运营必将为漳州经济的发展注入新的活力，也必将在市场化的道路上大放异彩。

——《国际商报》庄道火

一座展馆能振兴郑州会展业？

郑州郑东新区的郑州国际会展中心，于2005年10月底开馆；2005年6月郑州出台了《关于大力发展会展业的意见》，提出要经过3~5年努力，把郑州建成中部会展之都和中国会展名城，曾经一度暗淡的郑州会展业似乎又迎来了曙光。此前郑州也曾多次提出把该市建成会展名城，但这一构想却遇到硬件设施有限与缺少产业支持等困局。现今全国许多大中城市都在发展会展经济且竞争非常激烈，此时郑州要想做大会展经济成为会展名城，还面临诸多考验。

曾经叫响过“全国糖酒会”、并连续多年举办商品交易会的郑州，近年来却游离于举国如火如荼的“会展经济”大潮之外。依托着“重振会展业的决心”和全国第三大面积的展馆，三、五年之内郑州能否如愿成为“中部会展之都”或“国家级会展名城”，尚需拭目以待。

“我们办会展的目的是展示城市文化，拉动经济发展，而会展经济正是拉动经济增长的引擎。根据国际经验，会展业每产生1元钱的产值，就能带动相关产业8～12元的产值。”在7月1日郑州市政府举行的新闻发布会上，郑州市副市长孙新雷表示“我们看重的不是1，而是8～12”。

这个数字不是孙副市长的杜撰，而是有国际通用的统计数字做依据。当然这些经验数字，还不足以完全激起郑州提速会展业的冲动。

“在产业逐步由东部向中西部转移的同时，会展业也出现了这样的趋势。”2005年6月初，在上海举行的“首届中国国际会展文化节”新闻发布会上，郑州方面的这种判断得到业界认可。上海会展行业协会会长吴承麟当时就表示，目前上海的会展场馆使用已接近饱和，适当分流是必然。

其实早在2002年12月，郑州市委、市政府就成立了郑州会展业发展领导小组，市长亲自任组长，这一年郑州国际会展中心也正式开工建设，其目标是“建成国际一流的标志性建筑”。

曾叫响过“全国糖酒会”并连续多年举办商品交易会的郑州，近年来会展经济似乎已无可挽回地衰落了。2004年郑交会黯然收场后，有关方面曾多次向全国糖酒协会争取再办糖酒会，但至今毫无结果，这表明郑州离“会展名城”距离尚远。

据业内分析，够叫板“国家级会展名城”资格的，除北京、上海等一线城市外，也有人认为国内还有7个区域名城“候选”城市，在华中，郑州就和武汉、长沙在争夺。

相对这两个对手，郑州有一个优势更为明显，即拥有郑州国际会展中心。该馆在面积上是仅次于广州、深圳展馆的全国第三大展馆。正是因为它，今年第二届中国会展产业年度评选中，郑州被推选为“中国最具潜力的会展新锐城市”，而该展馆也与香港亚洲展馆一起，被授予“中国展馆新锐奖”。

从现实出发，郑州将基本定位于国内展，在实力增长后再兼做一些国际展，与沿海发达城市实行错位竞争。在展会内容方面，除一些综合展外，会有一些结合郑州自身特点的专业展，如食品加工、食品机械、农副产品等展览。

但业内人士也认为，国际会展中心问世，对现有的中原国际博览中心和郑州交易中心来说，是横空杀出的一个强劲对头。河南省会展业商会会长王永国不无担忧地表示，本来会展就不多，国际会展中心一旦开馆，三家展馆极有可能都吃不饱，搞不好就会打价格战。

王永国表示“非典”过后的2004年，郑州一共举办大小会展39个，但其中展位在100个以下的会展居多。根据办展经验，一个展位在100个以下的会展很难盈利，这意味着中博和交易中心有可能走上死亡之路。

据了解，郑州有两个专业场馆，一是1979年建成的郑州交易中心，二是1993年建成的位于郑汴路的中博。前者已不适应较大规模的展览要求，在争夺会展资源过程中，已无法与中博相抗衡，其主展馆也于近年对外实行了出租，转型为商场，所以中博事实上垄断了在郑州举办的各种大型综合会展，但其会展收入却让人无法恭维。据王永国推算，“也就每年不到900万元的收入”，而“交易中心靠租赁每年能净挣600万元”。

按照目前的说法，这三家专业展馆将形成分工，将来大型会展、包括国际性会展和全国性会展，将主要放在郑州国际会展中心，小型专业会展放在交易中心和中博。但就室内展馆面积达到1.3万平方米的中博而言，多年来举办过无数大型会展，如果“硬要退出大型会展业务，实难从命”。

“不能说我们这一开馆，它们就活不了，毕竟它们有办展经验，有自己的客户。”郑州国际会展中心一位人士表示。

但谁又能看清楚，这种经验和客户，能为它们的生存提供多少保险。未经证实的消息说，迫于某种压力，中博准备从会展转型做仓储物流。

与现有这两家展馆相比，各方对郑州国际会展中心的“偏爱”是有目共睹。郑州有关方面表示，将把市政府主办的大型会展放在此地。

不过有业内人士明确表示，靠政府主导的会展业，不可能取得长足进步，会展业的健康发展，也不能单纯依靠一个场馆的建设和发展，政府对某个展馆的偏爱，只会助长它对政府的依赖，政府主导、由政府主办的会展经济，不过是扶不起的阿斗。

——《国际商报》余庆锋 马文宽 汪先腾

广东：展览经济任重道远

中国贸促会广东省分会2005年3月29日首次对外公布《2004广东展览业发展报告》，这是迄今第一份总结广东展览业发展全貌的报告，其披露的问题和决策建言反映出广东展览业发展与国内外同业的差距所在。

新引擎仍是“幼稚”产业

会展业被誉为现代服务业的产业引擎之一。“1∶9”，展览业对其他产业的拉动系数成为国际同业公认的黄金系数，也成为国内众多省市战略规划的决策依据。2005年广东省政府发布1号文《关于加快广东服务业发展和改革的意见》，就将会展业作为鼓励发展的三大生产服务业目标之一。中国贸促会广东省分会副会长白明韶介绍，经过历时半年的调研结果显示，尽管广东展览业起步早，总量大，但其发展现状仍然处于“幼稚产业”。

据商务部有关统计，2003年在全国展览总收入的86.35亿元中，广东展览收入达32.4亿元人民币，比重超过37%；广东已经成为继北京、上海之后的中国三大区域展览中心之一。目前广东展览业发展的坐标图可概括为：以广州——东莞——深圳为中轴包括佛山、珠海在内的珠三角展览带，以每年两届广交会为切入点的两个展会高峰期，以民营展览企业为主力的展会服务，以及广告、餐饮、旅游等延伸服务为一体的第三产业消费链。

同时，广东展览业的问题也非常突出：

——政府主导型展会有增无减。目前广东主要的品牌展大多数是由政府主办的，例如广交会、高交会、中小企业博览会等。政府主办展会过多容易造成不公平竞争，增加财政负担，从长期看不利于展览市场的发育。

——缺乏国际品牌展会意识。创品牌展会的一个重要方式就是与专业化紧密结合，目前广东地区展会追求的是大而杂，没有把产业优势通过细分市场、准确定位而形成鲜明的特色和主题。对于国际展览业协会（UFI）认证的认识和参与度也远远不够。

——主题雷同，重复办展严重。年年岁岁展相似，2004年首届广州国际品牌化妆品展览会落下帷幕没几天，“第20届广州国际美容美发化妆用品博览会”又开锣；3月25～28日举行的“第八届广州国际广告展”，与3月26～29日举办的“2004广东国际广告展”几乎完全重叠。如此现象全国罕见。

——办展欠缺规范化，配套服务水平低，高素质人才缺乏，利用外资力度不够。

长三角略胜一筹

目前长三角与珠三角的展览业发展势头都很迅猛，但细作比较就可以发现其不同特点。

从发展模式而言，珠三角展览业立足区域内资源整合，展览对自身的产业依赖明显，民营展览企业独领风骚。而长三角的展览业注重利用外资，尤其上海是国际展览在中国的第一登陆地，国际展览业巨头云集。

从竞争态势而言，珠三角内主要会展城市的会展发展水平差距不大，广州、深圳作为会展龙头城市的地位不突出，城市间竞争激烈。而长三角内的上海会展龙头地位稳固，杭州、苏州、南京等城市的展览业发展紧随其后，势头良好。

从区位优势来看，长三角位于沿海开放带和长江经济带结合部，展览业有利于辐射庞大的国内市场。珠三角展览业目前对内地的经济辐射力不够强，但从长期看，其与港澳相邻，处于中国——东盟自由贸易区和泛珠三角两大经济圈的交汇点，也有巨大的区域潜力。

另外，长三角在为会展提供配套服务的综合能力和城市的国际化水平上略胜一筹。如上海聚集了众多大型的国际高端会议，而广州和深圳都缺少有国际影响力的活动。

参与此次报告编写的广州大学会展产业研究所所长刘松萍说，区域展览业的发展要看几大要素：龙头城市的经济实力、发展腹地、主要城市的辐射带动、区内城市间的功能组合及产业关联。她认为，两地展览业目前的发展水平相当，长三角略胜一筹；珠三角展览业的发展方向应着眼于包括港澳在内的大珠三角的一体化，充分发挥广东的区位优势，增强对国内和国际市场的辐射力，加强内部城市间的资源整合，并加大推进名牌战略。

政府应逐步退出市场运营

当前，各地政府部门纷纷走到前台亲自操办展会，“政府办展”的日渐增多尤其值得关注。

“从发展趋势而言，政府应有一个明确的退出市场的目标计划；但从现在来看，不能就展览看展览，要把政府办展放在市场经济发展完善的过程中评价。”白明韶认为在推动展览业的产业发展过程中政府发挥的作用非常大，但随着市场机制的完善，就应该逐步退出展览业组织者、承办者和运营者的角色。

“政府要从运营者的角色淡出，但要强化对展览业发展外部环境营造的重视和扶持。”刘松萍说，展览业本身的经济效益有限，政府看重的应该是其相关效应。因此展览业的自身运作应该交给市场，而政府应致力于展览业发展外部环境的营造，包括出台扶持政策、规范展览市场、改善城市配套设施、加大会展人才的培养力度等。

另外，广东省政府已经委托中国贸促会广东省分会编写“广东展览业发展规划”，广东展览业下一步的发展目标是：将以广东为主体的大珠三角地区打造成为亚太区域的重要展览中心之一。

——人民网

广州会展业喜忧参半

作为朝阳产业，广州会展业2004年可谓进入了发展迅速的一年。尤其除广交会跃居世界单年展会规模第二大外，广州国际家具展、建材展、汽车展等超大型展会面积增幅都超过30%。但诸多广州展览人都表示，对2005年的发展并不敢太乐观，反而更多的是面对激烈市场竞争所抱的危机感大大加重。

市场发展呈两极分化格局

中国对外贸易中心（集团）展场经营部总经理庄洪：2004年是中国对外贸易中心（集团）接收琶洲新馆以来，琶洲展馆业务量大幅增长的一年。当前，广州会展业总体往好的方向发展，但整个广州会展市场格局已呈现两极分化的发展态势：一方面，新展馆的启用，给广州会展业提供快速发展的硬件，很多展览数量和规模有了大幅增长；但另一方面，由于展馆增多，管理方没有对展览承办机构的实力做仔细调查，一些中小展览问题也是频频发生。而随着广东已经成为全国大馆超过10万平方米的最密集地区（深圳、东莞2005年下半年有3个），相信本地区域间的展览竞争将会加剧，但一些国际展览巨头也会加快考虑到广东办展的步伐。

广州展馆管理模式是高招

广东省美容美发协会会长马娅：相对北京、上海来说，广州展览市场是健康的。尤其在保护展览题材和遵守行规方面，虽然广州目前没有强制性的行规出台，但不存在北京2004年出现40多个美容展、上海出现30多个美容展的局面，2004年广州除了3月份有同类题材展会外，基本只有一个大的美容展。这应归功于广交会和锦汉展馆管理方，从扶持整个广州展览宏观高度出发，制定相宜的展览策略。尤其2004年琶洲展馆和广交会两大展馆首度由同一专业的展场经营者实施管理，对保护大展品牌展发展是有益的。2004年，汽车、建材、家具展的规模都大幅扩大30%以上就是最好的例子。这种管理模式世界上没有，值得各地学习。其实，只要各地展馆采取适当的协调和默契，中国的展览市场就不会发展成今天的混乱局面。

此外，由于美博会上广东美容企业产品好，协会希望支持民营企业参加出国展，但发现广东的企业没有像浙江的企业一样得到当地政府大力支持，补贴50%参展费用。其实，广东美容企业出口全部自己出钱很困难，需要政府的支持，但当前这一分配权力由政府决定，反而最了解企业的协会没有这个分配权力，这是不合理的。

政府参与角色应摆正

博亚国际集团总裁梁一新表示：2004年政府参与办展的力度比以前有所增强，看得出政府希望规范广州展览市场，欲把广州打造成“中国的汉诺威”。但政府的职能不是办展，希望政府注意把握好自身的角色，像国外先进展览城市一样，注重政策制度的建立健全，而不应既做裁判员，又做运动员，尤其应该注意不应该插手到具体的展览操作中。因为不懂办展的人办展，反而会给广州展览市场添乱。

谋求资源整合正当时

广州商业会展服务中心主任李晓明：广州展览业，发展到今天，办展方和参展方都日渐趋于理性。广州成功展览的经验告诉我们，如同家具展、美容展，商贸展览要走向专业化的道路，才会有生命力。

而购物节、消费节等节庆展览会虽然可以体现综合性，但打造初期要舍得投入。如今，单纯的展示功能难以打动参展商的积极性。要把专业展会纳入综合展会，也要考虑召集专业观众的难题。而针对广州目前展会题材撞车增多的局面，与其双方撞车两败俱伤，不如整合资源谋求联合做大蛋糕。

更多高品质展会将到广州

VNU亚洲展览集团广州荷雅企龙展览服务公司总经理张卫平：展商和观众越来越成熟，对展览会的规模、规格、功能、服务要求越来越高。VNU作为世界领先的展览会主办机构深切感受到这一变化，并为行业的发展感到高兴。目前，VNU越来越多的高品质展览会已经或正计划到广州举办，广州原有的展览会也取得了非常大的进步和发展，这是展商和观众的成熟表现所推动的结果。

为展览正规化发展做些工作

香港国际会展服务公司董事张治：2004年，我们在广东举办了4场不同主题的展会，深感内地展览公司应该为展览的正规化、正常化做一些艰苦的工作。此外，展览人也应以一个更加理性、平和的心态去面对行业的发展，认真地做好每一个展览和展览中的每个环节，相信久历磨练，光明在前。

——《国际商报》

深圳传统产业借展闯世界

一项调查显示，在全国12大展览城市中，深圳的会展服务满意度排在上海和天津之后，名列全国第三，展览会的规模及数量列全国第四。

近几年中，深圳本土培育了高交会、家具展、服装展、黄金珠宝展、玩具礼品展等14个在国内外都具有相当行业影响力的品牌展，深圳每年举办的超过1000个标准展位的大中型展览达十多个。以展览促产业，以产业带动展览，已形成了良性循环。

家具业借展扩大出口，钟表业借展整合资源，服装业借展叫响品牌，传统产业借展闯世界。展会越办越大，产业越做越强，深圳的展览业和制造业已经进入“甜美的春天”。无论是家具、钟表，还是服装、珠宝，每一次展览都会吸引成千上万的国际买家，而深圳企业也藉此签订动辄过亿美元的订单。

2004年8月闭幕的第15届深圳国际家具展是最好的注脚。来自主办方的统计显示，此届家具展接待国内外专业客商近10万，其中海外买家近万人；展会国内成交额达65亿元，另外承接出口订单2亿美元。类似的场景一年四季都在深圳上演。当深圳的钟表展、服装展、珠宝展等纷纷成为“中国第一”时，背后的制造商也是笑逐颜开地满载而归。

家具业借展扩大出口

“深圳国际家具展是名副其实的亚洲第一大家具展。”深圳家具行业协会秘书长侯克鹏表示，家具展平均每届成交金额高达10亿元。在1998年，深圳家具出口额仅为3亿多美元。随着家具展越办越大，家具业出口直线上升。2003年，深圳家具出口额达9.5亿美元，连续4年稳居全国第一，而2003年的出口超过10亿美元。

展会也同样成就了家具业的快速发展。深圳家具行业拥有近2000家企业，从业人员约16万人，成为“中国家具的出口基地、展览中心”，业界称“中国家具看广东，广东家具看深圳”。目前，深圳半数以上的家具企业产品出口，出口量占全国1/3。深圳市家具协会还利用展会经济效应，不仅将在西丽建设一个家具行业科研开发中心，而且还选址龙岗区坑梓街道建立家具产业集聚基地项目。据有关专家预测，基地一期投产后可创造50亿元产值，二期完工后将会带来过百亿元的目标产值以及6亿元的年利税，每年还可以增加3亿美元的出口额。

钟表业借展整合资源

历史悠久的钟表展同样是会展带动产业经济的典范。深圳市钟表行业协会1988年举办“首届深圳钟表展销会”时，只有14家企业参展。当1990年确定每年举办“中国（深圳）国际钟表展”的时候，深圳的钟表行业只有不到100家企业，产值也只有10多亿元人民币。经过14年的洗礼，中国（深圳）钟表展已成为国内目前最大的同类钟表展，每年都吸引来自全世界4万多专业买家，被海外媒体誉为中国最具代表性的专业展。

在钟表展期间，大多数的成品参展商不但在展出中找到买家，而且能与更理想的供货商接触；配件、设备参展商则不单与买家接洽，还可以将产品推销给其他参展商，形成所有参展企业、海内外买家互动发展、资源整合、把握机遇的良好体系。钟表展的巨大成功，带动了深圳的钟表产业。深圳钟表业目前每年产值超过100亿元，企业近900家；每年钟表出口量在8亿只左右，占全国产量的55%以上。

服装业借展叫响品牌

深圳国际服装交易会和深圳时装周，深圳同时拥有这两个服装盛会，这种令兄弟城市羡慕的局面正反映了深圳服装业的实力。更具实质意义的是，作为我国主要的外向型服装基地之一，深圳市服装产业的品牌集聚优势更加明显。深圳正在成为服装品牌成长的沃土。目前深圳品牌服装骨干企业有600多家，占服装企业总数的20%。

深圳国际服装交易会、深圳时装周不仅为服装买家提供了一站式的采购平台，而且已成为深圳纺织服装行业提升产业形象的重要舞台。据了解，目前有80多个国外名牌服装在深圳加工。作为优势传统出口产业，深圳服装出口额逐年增长，去年出口额达到35亿美元。借助会展，部分服装企业的品牌开始走出国门，或开始在国际T形台上“走秀”，或在日本、美国、东南亚等国家和地区开设了专卖店或销售专柜。

——《中国贸易报》深 商

佛山会展市场有潜力缺规划

对广东佛山而言，会议展览业虽然还是一个新兴行业，尚处在起步阶段，但各区、镇早已不动声色地“冒”出了大大小小20多个展馆；更有业内人士估算，佛山会展业的市场空间高达50亿元。然而，由于展馆普遍规模偏小、分布分散，一年下来因展位严重空置而造成的资源浪费也高达数十亿元。

20多个展馆遍布佛山

据了解，目前佛山的展馆主要集中在禅城、顺德、南海3个区，其中上规模的展馆禅城有4个，顺德、南海各有9个。会展涉及的行业包括建材、家电、家具、机械、金属、服饰、花卉、塑料等。按佛山1000多亿元的国内生产总值计算，每年会展的收入可达到50亿元，潜力非常大。为此，2004年9月份，佛山在省内继省会展行业协会、深圳会展协会之后第三个成立了“佛山会议展览协会”，到目前为止已吸收会员120多个，会员覆盖全市五个区，包括展馆、展场、参与会展的大中型企业、会展相关单位，从事行业包括陶瓷、机械、服装、家具、家电等近20个。另外，该协会已注册了“会展商机”网站，将建成国内信息最齐全的会展专业网站之一。2005年，该协会将策划两个以上的全国性展会、两个国际性展会、论坛。

然而，佛山会展业虽然展馆众多，但不少业内人士对佛山会展业却充满忧虑。佛山会议展览协会秘书长陈钦亮认为，佛山会展业一个突出的问题就是重复建设，时至今日，几乎形成“一区多展”“一展馆展一品”的局面。业内人士介绍，佛山的大大小小20多个展馆中，绝大多数规模偏小，两万平方米以上的展馆寥寥无几。更为突出的是，大部分展馆一年下来顶多办两次展览，造成展位严重空置，浪费资源。业内人士估算，仅是诸多展馆的资源浪费就高达数十亿元。

佛山会展业存在的另一个弊端就是展馆分散，单馆展位少，无法形成规模效应。陈钦亮说，佛山的展馆均分布在各专业镇，相距遥远无法形成一体，而且基本在300个标准展位以内。他说，“佛山在国内知名的会展仅限于家电展、陶瓷展、家具展和花卉世界，国际知名的几乎没有。”

陈钦亮认为，佛山会展业要取得长足进步，必须与产业结合办专业型会展。他举例说，德国科隆家电展数年前盛极一时，就是因为它是一个以家电制造基地为依托的展览。随着近年来欧洲家电产业向中国转移，科隆家电展已经逐渐褪去了往日的辉煌。

——《国际商报》谢建辉

海口：会展经济前景广阔

会展经济是集交通、住宿、餐饮、购物、旅游、广告为一体的“三产消费链”，其产业带动系数为1∶9。这块诱人的“大蛋糕”“烹制”起来并不容易。与国内其他发达地区的省会城市相比，海口会展经济还有不小的差距。2005年3月17日下午，中国贸促会海口支会、海口振兴会展业管理有限公司邀请省内知名会展专家、学者共同会诊海口会展业，为繁荣海口会展业开药方。

蛋糕做大，会展助推海口经济

有人形象地说，一座城市召开大型国际会议，就如同一架波音客机在空中撒钱。正是看到会展经济诱人的前景，市委、市政府在财力紧张的情况下，投资一个多亿在海口黄金地段兴建了功能齐全、配套设施完备的海口会展中心。这不仅结束了海南办会展没有固定场所的尴尬，也为海口会展业奠定了坚实的发展基础。

但由于多方面的原因，会展中心建成后一直是“巧妇难为无米之炊”的局面。为此，副市长袁秀梅多次召开专题会议，探索解决良方。2003年10月，市政府将会展中心交由中国贸促会海口支会管理，以市场化运作方式，养好搞活会展中心，振兴海口会展业。

中国贸促会海口支会会长王进才说，此运作模式一操作，市场这只无形的手就显示出无穷的作用。会展中心每年举办的展销会数量稳步上升，参展客商越来越多，成交额逐年增长，社会影响也越来越大，会展业的专业水平也在明显提高，成功举办了全国纸张订货会、中国（海口）旅游商品展销会、首届国际环保汽车科技博览会、海南医药博览会、海口无疫区农业展等大型展览。而且，凭着优质服务和良好软硬件，海口会展中心不仅改变了等米下锅的局面，更让一些大型会展商频频回头。连续4届的房地产交易会、连续2届的汽车展、年货展等就是很好的佐证。

会展中心的繁荣不仅带来门票收入、场地租金等直接经济效益，而且带动大量相关产业的发展。每年的冬交会期间，海口相关的航空运输、旅游、购物等都比平时增加了20%左右。特别是在全国纸张订货会期间，由于展会规模大、档次高，国内外参展及相关人数达3万多人，使海口的酒店客房一度出现供不应求的现象，住房率突破历史最高水平。王进才介绍，我市正积极创建四大特色会展品牌，即中国（海口）旅游商品展销会、冬交会、海口年货展销会、海口国际药品展示展销会，以品牌效应扩展会展业，有计划分步骤地实现海口会展业的跨越式发展。

借力扬帆，发展会展不能光靠自己

面对国内日益成熟的会展经济，海口会展经济要想快速发展，必须引进先进的经验和国际品牌。这是与会专家、学者的共同看法。

朱东海（市政府副秘书长）：会展业是一种综合性、循环经济。海口的会展经济要想尽快搞上去，仅靠自身能力是远远不够的，只有加强与国外资本融合，同欧洲、美国等国际知名会展公司合作、合资、收购、兼并，将国际会展网络引进来，才能拥有走向世界的资本。同时，要构建会展与一、二、三产业联动的机制，将会展与旅游、房地产、农业等产业紧密结合。

王丽娅（海南大学经济管理学院教授）：海口会展经济虽说取得一定成绩，但要追赶上海、广州等会展业发达地区，我们再怎么追赶，也不可能追得上他们。不如我们借力扬帆，和他们合作，把战车挂在他们的快车上，让他们拉着我们跑。

陈毓芬（海口市政协副主席）：海口会展业要多走出去，多学习，尽快与国际惯例接轨，引进国外专业的展览投资管理经验，走国际化、专业化、大型化之路。

树立品牌，海口会展要办出特色

与会专家认为，会展市场发展到一定程度必须创立自己的名牌会展，这是让海口会展这一朝阳产业不变成夕阳产业的惟一出路。

杨学功（中国贸促会海南省分会副会长）：品牌对于会展经济非常重要，特别是进入市场经济时代后，会展经济更需要创立自己的知名品牌。会展品牌对内可拉动餐饮、旅游、住宿、购物等相关产业的发展，对外可扩大经贸、人才、高新技术成果等多领域的交流和合作，创造更多商机。

王进才（中国贸促会海口市支会会长）：海口同国内其他发达地区省会城市相比，在发展会展经济方面存在很大不足，但丰富独特的旅游资源、发达的第三产业、较高的服务水平以及一定的开放程度是海口发展会展业的强大优势，尤其是独特的热带岛屿旅游资源，更是其他地区所不可比拟的。如果结合本地特色，培养几个名牌会展，海口的会展完全有可能实现跨越式的发展。

周大赛（海南共好会议展览有限公司总经理）：近年来，海口举办的全国性会展也不少，但真正能够叫得响、给人留下深刻印象的会展少之又少，这主要是没有自己的名牌会展。海口在做好现有会展的基础上，应着力开发一批有海南特色的会展。

合理规划：避免重复办展、无序竞争，如何加强规范和宏观调控，是海口会展业面临的一个待解难题

郑飞（海口九愚会展有限公司总经理）：同样的展览有政府部门主办的，有行业协会举办的，有企业牵头组织的，从而导致主题相似，资源分散。这种重复办展不仅损害会展经济固有的活力，降低会展对其他产业的带动作用，而且造成对社会资源的巨大浪费。希望有关部门能尽快进行宏观调控，避免刚起步的海口会展业因无序竞争而胎死腹中。

代红（海南省公共关系学会副会长兼秘书长）：目前，由于缺乏合理规划，各部门、单位都可以办会展，类似的展览相继举办，表面上看起来热热闹闹，实则收效甚微。

刘槐（海南圣威尔会展服务有限公司总经理）：有些主办者在选择项目时没有做市场调查，进行可行性分析，或临时办展，或盲目跟风，随意性很大。有些会展没有一个着重点，让厂商无所适从，有的会展干脆眉毛胡子一把抓，不管什么档次与质量的产品都一拥而上。本想通过会展进行招商引资、扩大名气、提升经济效益，但实际效果常常事与愿违。

行业协会：健康发展需要游戏规则，海口会展业，迫切需要一个专门的管理机构

王雷（海南政通会展服务有限公司）：会展业本身是一个系统工程，需要建立公开、公平、公正的展览环境和竞争秩序，需要进行规范化管理和操作。但海南目前还没有一个全省性的专门机构来对会展业进行协调和管理，行业约束机制缺失，办展也没有严格的资格条件限制，造成一些会议和展览水平低，重复办展现象严重。

陈毓芬：由于没有相应的组织管理机构及制度约束，参展商品质量、售后服务等问题不少。所以，尽快成立会展业行业协会，沟通政府联系企业，制定“游戏规则”，加强行业自律和协调管理是目前海口会展业急需解决的问题。

郑飞：目前，广州、上海、北京等会展业比较发达地区都有管理机构，制定相关的规定和规划，但我省这方面还处于空白，希望有关部门能尽快制定《海南省会展行业管理条例》和《海南省会展业发展规划》。

——《海口晚报》

南宁会展业异军突起

区位优势得天独厚

南宁本身具备发展会展业所需的地利和天时——所谓地利指的是南宁市背靠大西南，面向东南亚，毗邻粤港澳，具有得天独厚的区位优势和地缘优势。所谓天时指的是南宁市的气候条件及环境非常适合办展，而北方城市每年的11月以后一直到次年2月，因为太冷就不适合办展了。

除了天时、地利两大优势之外，还有人和，在西部大开发战略决策开始实施的2000年，南宁市审时度势，提出了加快发展会展业、旅游业、房地产业的战略决策。3年之后，伴随着南宁国际会展中心的建成启用，南宁市会展业完善了自我发展的平台，开始高速发展。

2004年，南宁市共安排了178个博览会配套基础设施建设项目，投资122亿元，是去年的两倍多，加大了对道路桥梁、新区建设、旧城改造、重要公共设施、园林绿化、旅游风景设施、水环境整治、宾馆饭店升级改造、市容市貌整治等方面的攻坚力度。到中国——东盟博览会开幕前，投资57亿元的36个项目已建成启用，使南宁城市面貌焕然一新，城市品位大为提升。

对相关行业拉动作用明显

2004年11月，首届中国——东盟博览会取得了非常大的成功，观众达到50万人次，总成交额达到500亿元，南宁赚到了会展业的第一桶金，也让南宁对会展业刮目相看。

据自治区统计局和南宁市统计局进行的调查显示，首届博览会吸引了众多海内外宾客、商贾和游客云集南宁。出入南宁的货物流量从10月25日起就进入了高峰期，10月25～31日平均每天出入南宁市的货物量达825万吨，比平日增加105万吨，增长了14.6%。

10月底后，随着国内外宾客陆续抵达，南宁市的住宿人数日均增一倍。由于人气急升，客房收入和餐饮收入大幅度增长。据对8家主要餐馆的重要调查，11月2～7日，这8家餐馆日平均营业收入达3338万元，比11月1日、8日、9日三天的平均值增长了61.9%。博览会期间，市内公共交通和出租车运载人次数分别增长了158%和226%。其中，每辆出租车日平均增加收入4756元。

据对华联超市、百货大楼、梦之岛等10家大型商场的重点调查，博览会期间，各大商场人潮涌动，商品销售见旺，商品零售额日平均增收237万多元，增长42.5%。

博览会期间人民公园、动物园、青秀山风景区等10大旅游景点日平均增加游客206万人，增长12倍，10个景点营业收入总计增加了150多万元。综上分析，中国——东盟博览会在南宁举办，对南宁市相关行业的直接影响是比较显著的，拉动作用明显。据初步估算，博览会的召开使南宁市的7个相关行业直接增加了约5000万元的收入，受益较大的行业依次是住宿业、餐饮业、商品零售、交通运输、公共交通、出租车和旅游业等，有力地促进了南宁市的经济发展，给老百姓带来了实惠。

实际上，早在2004年之前，南宁市举办的各种投资洽谈会、博览会、商品交易会，就让南宁赚了个盆满钵满。据统计，2004年南宁由会展业直接带来的社会商品零售总额就高达68亿。而从1997年开始举办的南宁国际学生用品交易会已经走过了7个年头，交易会、教育展取得了令人惊喜的成绩：成交额超过30亿元、观展人数达46万人次、国内外参展企业达3000多家，有力地促进了学生用品生产的规范化、专业化、市场化，为创中国学生用品名牌，提供了一个很好的交流、展示、合作平台。学生用品交易会已经成为国内同类展会中规模大、层次高、内容丰富的展会。

今后，南宁要发展会展经济，还有很长的路要走。如提高城市接待能力，改善交通、展馆、餐饮服务等基础设施，包括衣、食、住、行等相关基础设施，并在布展的操作等方面更加规范。

此外，还要用优秀旅游城市的精品名牌吸引广大参展客商，用会展的客源促进旅游经济，扩大南宁在海内外的知名度。

（宗 和）

桂林欲借旅交会打造“旅游品牌”

倍受旅游界关注的2005中国国内旅游交易会，于2005年4月15～16日在山水甲天下的广西桂林市举办。

由国家旅游局、广西壮族自治区人民政府主办，桂林市人民政府、广西壮族自治区旅游局承办的2005中国国内旅游交易会是继2002年11月桂林成功举办博鳌亚洲旅游论坛之后的又一次旅游盛会。2005中国国内旅游交易会设置旅游交易洽谈会、旅游院校及人才交流展区和中国旅游纪念品、工艺品展区，展区总面积2.5万平方米。交易会设展位1500个，参展商和业内观众1万余人。届时，参加2005国内旅游交易会的有来自祖国内地各省、自治区、直辖市以及从事旅游业的各国际国内旅行社、酒店、航空公司、旅游车船公司、旅游度假区、旅游商品设计、生产厂商及旅游院校、旅游培训机构等，整个交易会参展人数约10万人次。

据主办方的有关负责人介绍说，桂林作为中国乃至世界重要的旅游目的地城市，在全球享有较高知名度。每年到桂林旅游的境外旅游者近百万人次，国内游客近千万人次。由国家旅游局和广西自治区政府主办的国内最大规模的旅交会在桂林举办，进一步巩固和提高了桂林在国内外旅游界的领先地位，为展示桂林整体新形象提供了一个绝好的机会。同时，还能提升整个广西的对外形象，进而拉动整个广西旅游业的发展。

旅交会是全国旅游业界及相关企业的盛会，各省、自治区、直辖市的国际国内旅行社、酒店及酒店集团、航空公司、旅游车船公司、旅游体媒体、主题公园、旅游度假区、旅游景点、旅游商品设计、生产销售厂商及旅游院校、旅游培训机构、旅游咨询专业公司都组团参会。

2005年是中国旅游年，为配合在桂林举办的旅交会，广西自治区旅游局正在认真做好以下几项工作：一是实施旅游品牌战略，开发和建设一批旅游新产品。二是继续加强旅游市场整顿，提高行业接待水平。三是加大旅游宣传促力度，包括对全区旅游整体形象的宣传和对在桂林举办的中国国内旅游交易会的宣传报道工作。此外，广西自治区旅游局将通过新的宣传口号和标志广泛开展广西旅游整体宣传，同时，加强对日、韩、东盟和我国港台等国家和地区的传统市场和周边市场的促销力度，力争使广西旅游超过2002年的最好水平。

经过13年的旅游建设，桂林市已具备了举办大型会展的能力。桂林两江国际机场已开通国内、国际航线50条，有通往全国主要旅游城市的列车，桂林高速公路、等级公路四通八达，交通条件方便快捷。桂林现有主要景区（点）200余处分布于五城区、12县，旅游星级宾馆58家，床位1.8万多张，各类旅游接待车辆1100多辆，多种语种的翻译导游近4千人。桂林已经有成功举办博鳌亚洲旅游论坛、第14届全国书市等国际、国内大型会议的经验，无论是在交通和接待各方面都完全能胜任举办2005年中国国内旅游交易会这样的盛会的要求。

——《中国贸易报》兰 馨

2004年成都会展业发展基本情况

概况

经过20多年发展，成都会展业逐步发展壮大，地位和作用明显提高。2003年，成都市委、市政府提出把成都建设成为“辐射全国、面向世界的会展之都”，会展业进入高速发展期。2004年，全市共举办各种展会、节庆活动160余个，国际标准展位达2.3万多个，展览面积超过2万平方米的展会有12个。年创造直接产值5亿元以上，间接产值45亿元以上，来蓉参展赴会的国内外客商超过50万人，拉动消费超过100亿元。目前，成都“一月一会（节）”会展框架已初步形成；专业展览会、会议和节庆活动齐头并进，发展快速；政府部门、中介机构、专业展览公司等多种主体参与办展办会，市场活力增强；会展产业拉动作用明显增强，上下游产业素质和效益有所提高；本地展览公司实力增强，国内外知名展览公司开始登陆成都。

工作措施

政府推动。一是以成都市会展业发展领导小组统揽全局。2003年底，成都成立了市委、市政府分管领导任组长、副组长，职能部门为成员的市会展业发展领导小组，负责我市会展经济的宏观管理，使其沿着科学、健康和持续的轨道发展。二是以成都市会展业发展规划统筹发展。三是以成都会展业发展办公室带动发展。2003年10月，成都市委、市政府决定将原成都市商品交易会办公室和中国贸促会成都分会合并，成立成都会展业发展办公室，合署办公，主要职责是推动全市会展业发展。四是以财政税收政策扶持发展。

环境优先。一是以一流场馆设施支撑发展。2005年7月8日正式投入运营的“成都世纪城·新国际会展中心”，总建筑面积150万平方米，展场建筑面积20万平方米，将发展成为商务活动更为密集、交通更为便利、环境更加优美的现代化国际会展商贸中心区，使成都会展业硬件设施步入全国前列。二是以一站式全程服务促进发展。成都会展办发挥会展行业窗口作用，为外来重点展会提供一站式全程服务。三是以成都会展行业协会规范发展。2005年元月正式成立了成都会议展览业协会，加强行业管理，保护行业利益，实现自律。

市场运作。成都充分发挥市场机制优化配置会展资源的基础性作用，理顺政府、行业协会和企业关系，会展运作模式将逐步由“政府直接承办”模式过渡到“由政府引导和扶持、中介组织及会展企业承办、社会参与、市场化运作”，力争用较短时间培育3～5个具有国际国内竞争力的会展龙头企业。

品牌制胜。一是引进一批国内国际知名展会。二是提升一批现有基础较好的展会。如：“中国国际美食旅游节”、“中医药国际科技大会”、“中国国际软件合作洽谈会”、“成都电脑节”、“成都国际家具工业展览会”、“成都国际汽车展览会”、“成都购物节”、“成都啤酒狂欢节”等优质会展。三是策划实施一批市场前景好、产业特点明显、具有区域优势的新型展会。充分发挥我市在美酒美食、历史文化、旅游资源、电子信息、现代中药产业等方面的产业比较优势，挖掘成都“最佳人居环境”和“休闲之都”的独特文化底蕴，发展富有成都特色的展会。

主要展会活动

全国性展会。2004年，全市先后承办的全国性大型展会节庆活动有：第70届全国春季糖酒会、中国国际软件合作洽谈会暨展示会、万国邮联（北京邮政战略）成果大会、2004（成都）国际现代物流技术大会、首届中国国际美食旅游节、全国大中城市民营企业合作交流会、第11届中国广告节、第94届中国现代家庭用品博览会（中国日用百货商品交易会）等。

地方性展会。2004年，成都先后举办的本土知名展会有：第四届成都周边城市建设暨房地产展示交易会、首届中国（成都）儿童成长产业博览会、2004成都（华润蓝剑）啤酒狂欢节暨消夏夜活动、2004中国（成都）住宅产业博览会、2004第11届中国成都国际建筑装饰博览会、第四届成都国际电脑节、2004首届中国（成都）国际网络文化节和中国国际数字娱乐消费展览会、第五届成都国际家具工业展览会、第七届成都国际汽车展览会、2005成都购物节等。

节庆活动。2004年，成都举办的节庆活动有：成都灯会、花会、庙会、清明放水节等众多民俗文化节会，以及首届中国（成都）道教文化节、中国·成都国际桃花节、国际熊猫节、成都三国文化节等。

主要展览机构和场馆

展览机构及企业。现有注册会展企业30余家，有从业人员数千人。主要展览机构有成都会展业发展办公室、成都世纪城·新国际会展中心展览公司、省科技馆展览公司、成都外经贸展览有限公司、成都新东方展览有限公司、成都好博展览有限公司、成都德纳展览有限公司、香港（成都）建发展览有限公司等。

展览场馆。成都专业展馆有可供展览使用的实际面积近20万平方米。现拥有世纪城·成都新国际会展中心（14万平米）、成都国际会展中心（4.4万平米）、成都房地产交易中心（1万平米）、省科技馆（5000平米）等4个大中型场馆。场馆结构合理，能承接不同规模、类型、规格的展览、会议和节庆活动。

（成都会展业发展办公室供稿）

西安区域会展中心显雏形

2005年以来，在西安举办的各种类型的会议比以往多了许多，尤其是规格渐次升高。中国第一次举办的“亚欧财政副手会议”放在西安举行，就是最好的例证。古城西安正逐渐显现出国际会展中心的雏形，并将以建设区域性国际会展中心为目标，大力发展会展经济。

据悉，目前西安的区域国际会展中心地位已显雏形：除了已经举办的高新技术人才交流会和第九届西洽会，今年西安还将办好国际古迹遗址理事会第15次大会、全国春季农机产品订货交易会、中国广告节等重要展会。此外，西安还在积极申办全国糖酒会、中国餐饮博览会等综合性大型展会。

“历史文化”是西安发展会展经济的一张王牌。以大学和科研院所为主体，主办各学科、各层次的国际学术会议；以丰富的文物遗产为资源，举办与世界各国的文物交流展；以历史文化地位为号召，开展各种形式的国际文化交流活动，创办“西安世界文化论坛”、“西安欧亚发展高层论坛”；以优势的旅游资源为条件，吸引各种类型的国际会议与产品、艺术展览等，都是西安为打造区域性国际会展中心所做的努力。

西安国际会展中心的建设离不开国际化文化环境的营造，今年西安将完成在交通干道、主要景区和重点单位设立双语图文标识；开设外语电视、广播频道；在市民中开展英语日常用语学习活动，学习国际礼仪等项工作；开办国际医疗保险业务；加强外文出版物的编辑发行和发放。对于外籍人士关心的建设常驻外国人的居住区、俱乐部和国际学校的问题，西安市也将在调查研究的基础上进行统一规划、合理布点，以解决不同国度的外国人在西安的住、食、娱乐、子女上学等问题。有关人士指出，这些措施的实施和应用，将为西安国际文化环境建设提供有力的保障。

——《国际商报》俞 刚 刘 燕

宁夏会展经济缺翼难飞

从国内来讲，银川是较早举办会展的城市之一。早在1984年与1985年，连续两届“宁夏国际贸易招商洽谈会”就在银川召开。其时，中国改革开放仅数年，有意识举办会展的城市不多，能举办国际经贸洽谈会的城市更是少之又少。宁夏举办这两届经贸洽谈会，对本地经济的促进作用非常显著。

除了“起点高”这一优势外，借助丰富的旅游资源，宁夏会展业发展已经具备了一定条件，近年来推出的“大漠黄河旅游节”、“国际摩托旅游节”已颇具知名度，“枸杞节”也逐渐为国人熟知。这些品牌的吸引力，正是宁夏会展业的潜在优势。

由此可见，宁夏会展业并非输在起跑线上。与国内较成熟的城市会展业相比较，宁夏会展业硬件设施落后、会展人才匮乏、展会无品牌效应等才是制约其发展的根本，好似鸟儿缺失的翅膀。

据了解，宁夏的会展大多在首府银川举办。而银川至今尚无一座现代化的、功能齐备的大型展馆。要承办会展，除了宁夏展览馆与新兴会展中心，便只能借用体育馆或会堂。

宁夏展览馆建成于1984年，是公益性事业单位，承担着举办宁夏经济和社会发展概况、成就陈列展示的职能。多年来，由于缺乏功能齐全的国际会展中心，区内外政治、经济、科技、文化信息交流，贸易洽谈，产品展销和群众文化娱乐大型活动等，大多选择在展览馆举办，远远超出了它的承载能力。

宁夏新兴会展中心由自治区人民防空办公室投资兴建，2003年7月投入使用。它使用面积5400平方米，可布设150个国际标准展位。虽然地处银川繁华路段，周围商贾云集、交通便利，但因展馆位于地下，进出不便，且面积有限，承办大型展会非常受局限。

缺失了“硬件设施”这只翅膀，宁夏吸引不来大型展会。曾经举办的服装展、房展、医疗器械展、美容美发展、车展等，多是小型展览展销。规模小，更谈不上能办出宁夏自己的品牌展会。

不可否认，宁夏在农业、乳品、清真食品及葡萄酒、羊绒、枸杞、旅游等方面都有举办大型全国性或国际性专业展会的潜在优势，惟一欠缺的就是现代化大型展览馆。所以，国际会展中心的建设，对发展宁夏经济来说意义深远。

但也有专家认为，增加硬件投入可以促进会展业的发展，可一个地区会展经济的强弱，并不单反映在硬件设施上。这跟若干前提条件有关，如城市规模、人口、城市功能设施、城市经贸活动、宾馆餐饮业等会展配套服务行业。如果忽略了这些前提条件搞建设，将导致资源浪费严重。

此外，会展业人才的匮乏也是制约宁夏会展经济发展的又一瓶颈。目前，全国有会展从业人员100多万人，其中从事经营策划的各级管理人员约15万人。北京、上海、广州等地有20余所大专院校已经或正着手开设会展管理专业及类似专业。而据中国贸促会宁夏分会了解，宁夏至今尚无一位专业会展策划师。

宁夏会展业同时缺乏的还有会展行业协会等专门的管理与服务机构。在宁夏会展业发展的初级阶段，需要这样的机构在会展场馆管理、项目经营、项目开发、人才培训、会展服务等方面提供协助，以依托区域产业优势，延伸会展经济产业链条，进一步打造具有一定知名度和影响力的宁夏会展品牌。

——《国际商报》刘 薇

青海会展业拉动效应显现

第六届中国青海结构调整暨投资贸易洽谈会（简称：“青洽会”）在7月12～22日召开期间，青海西宁市各大宾馆全年50%的入住率飙升至80%，“青洽会”带动着青海省的旅游、餐饮、住宿、出租等服务行业。青海某旅行社的有关负责人介绍说，自进入7月以来，他们已接待游客达千人之多，随着青海省已召开的“青洽会”、“环湖赛”和将要举办的“旅游文化节”等活动，预计游客人数还将增加。在各大宾馆客满的情况下，一些设施好，服务优的小宾馆、招待所入住率也将上升。

据了解，“青洽会”期间《同一首歌》和“环湖赛”等一系列活动的举办，青海省的影像器材市场得到了快速发展，照相机、摄像机等影像器材需求加大，销量直线上升，很多品牌的数码相机出现了断货现象。据业内人士提供信息显示，7月份以来青海省影像器材的销量一直呈上升趋势，数码相机的销售数量与去年同期相比上升了30%，家用DV机的销量上升了40%以上。

“青洽会”带火广告印刷业

组委会的有关负责人表示，此次“青洽会”共设室内标准展位1000多个，室外展区5000平方米。大会共设置展区11个，其中，省区市综合展区1个，专业展区10个。这对于青海省的广告装潢产业而言，带来了巨大的商机，从“青洽会”展馆内的展台布置到室外的巨幅宣传画，广告装潢无处不在。除此之外，为了配合各项活动的开展，招贴画、说明书、秩序册等印刷品是必不可少的，仅青海省各地印制的招商项目册、手提袋等，就让不少印刷企业应接不暇，最高的单品印刷量达到了5万册以上。这不仅推动了青海省印刷产业业务数量的发展，同时也推动了青海省印刷行业在印刷质量和印刷技术上的发展。据介绍，为了防止假票的出现，在《同一首歌》演出门票的印刷上，青海省首次运用了数字防伪、缩放防伪等高科技的防伪技术，门票的防伪标记多达6种，几乎创造了青海印刷品防伪的新纪录。

外国客商“青洽会”上领略青海风采

青海有关高层在“青洽会”期间接受媒体采访时表示，“青洽会”的举办对于促进西部地区结构调整，扩大对外开放，加强东西部地区间的合作交流，实现区域经济协调发展，推动东西部大开发战略的实施等方面起着重要促进作用，已成为青海利用外资的重要桥梁和展示青海与宣传青海的重要窗口，在青海社会发展和扩大对外开放中，发挥着越来越重要的作用。

“青洽会”上，美国客商不仅对青海特色展区的产品产生了极大的兴趣，他们还发现这个风光独特的地方有很多地方值得他们了解考察。他们认为青海民间手工艺非常精湛神奇，他们还参加了青洽会上举行的投资环境说明会，也获益匪浅。据悉，此次参观“青洽会”的还有德国、法国、意大利、尼泊尔等国家的客商。

青海力促会展经济

一位从事展馆经营的人士表示，青藏高原是多民族聚居区域，藏文化博大精深，有着悠久的历史，各民族团结进步，共同谱写着千百年优秀的、有着深厚底蕴的民族文化篇章。西部大开发为青海各族人民提供了前所未有的放眼看世界的机会，为提升青海的知名度提供了大好机遇，一年一度的“青洽会”、“环湖赛”、“郁金香节”和“旅游文化节”的举行，使得更多的国人与国际友人认识了青海，遥远的地方不再遥远，夏都西宁的旅游经济圈辐射半径正在逐步扩大，青海高原的经济发展已融入世界经济发展的大环境之中，“让青海走向世界、让世界了解青海”这句话正在逐渐深入人心。

她认为，举办会展活动，积聚人气商气。短短几天的展览会，仅仅是形式上的表现，其真正的作用已经在布展之前大量的宣传报道、出访邀请等活动中表现出来，其深远意义将在展览会之后长久地予以体现。地处经济开发区中心地带的西宁国际展览中心，是青海的窗口、西宁的门户，通过举办各项大型展览活动，一定会吸引越来越多的国内与国外的参展商和参观者，了解开发区，在国人面前展示西宁，向世界人民展示青海，而每个会展览活动都是青海全省人民的一次盛大的节日。

——《中国贸易报》兰 馨

新疆会展业在西部开发中有奔头

新疆是新亚欧大陆桥中国西部的桥头堡，与8个国家接壤，是中国直接与中亚、俄罗斯、南亚、西亚、东欧开展经贸往来的重要的国际经贸中心。改革开放以来，新疆会展业经历了从无到有、从小到大的辉煌历程。据不完全统计，近年来，乌鲁木齐每年举办的各种会展活动近50个（次），各地、州、市举办的会展活动也不断增多。其中影响较大的有乌洽会、新疆国际汽博会、新疆华凌国际建材展、乌鲁木齐国际服装服饰节、吐鲁番葡萄节等。新疆每年组团出国办展、参展和赴内地参展也在逐年增加。这些会展活动，为新疆社会商品的大流通构筑了新的渠道，为相关产业的发展提供了契机，为新疆的对外开放和经济发展起到了积极的作用，并带来了显著的社会效益和经济效益。

然而，虽然新疆的会展业发展迅速，但与我国东部、中部地区相比，在区位条件、经济实力、市场发育和会展经营管理水平等方面尚存在较大差距。所以，今后新疆会展业发展面临的趋势是：

有产业依托的展会将加快发展。未来几年，新疆会展业将伴随着我国改革开放和西部大开发之势保持较快的发展势头，将充分利用新疆的区位资源和产业优势，塑造地方展会品牌，培育有新疆特色的会展市场。就目前而言，新疆的纺织、农牧业、特色食品、旅游等行业在国际国内市场上都有一定的知名度和市场份额。为此应该依托这些优势，大力开发以其为主的展会，使新疆成为全国或西部该行业展示的“中心”。

有实力的会展将逐步走向国际化和品牌化。一个城市召开国际会议和举办国际展览的数量和水平，是衡量这个城市能否跻身于国际知名城市行列的一个重要标志。新疆要借鉴国内外成功经验，将已经做大做强的乌洽会、汽博会、华凌建博会等进一步国际化、专业化，向真正的展会品牌发展。对于那些具有一定规模和知名度的展会，应在展位数量、展会服务、营销管理等方面努力，争取使这些展会尽快向品牌展会发展。对于规模较小，并且在资金、管理、服务等方面都有较大差距的展会，以及一些主题重复的展会，应当在有关部门、行业协会的调控下，尽可能地整合资源，以避免造成重复办展、多头批展、无序竞争、浪费资源的不利局面。

会展业在对外交流与合作方面的积极作用。近年来，在新疆举办的各种展览中，国际性展会只占到了1/3左右，虽然数量不多，但其产生的影响和效益却很大。例如，通过举办乌洽会，推动了新疆的外引内联，全国许多省、区、市及香港和中亚、俄罗斯、巴基斯坦、日本等国家和地区的商会、部门及企业积极参与，使得乌洽会越办越大，越办越好。前12届乌洽会进出口总成交136亿美元、对外经济技术合作总成交46亿美元；国内贸易总成交712亿元、内联项目总成交1098亿元，而乌洽会本身，也成为了引领新疆会展业的、中国西部独具特色的、中亚地区最具影响的国际性经贸洽谈会。

会展与旅游等相关产业的结合将更为密切。新疆具有丰富的自然旅游资源和人力旅游资源。雄浑绮丽的高山、大漠、草原、湖泊、古丝绸之路、“死亡之海”、高昌古城、交河故城、楼兰古城、天池、喀纳斯湖等景观，一方面为新疆塑造旅游业品牌展会提供了得天独厚的优势资源，另一方面也为新疆利用会展经济这个杠杆，积极拉动交通、电讯、运输、餐饮、娱乐、购物、酒店、广告等诸多相关产业的发展发挥了催化作用。

境内外会展将多元化发展。与国内外相比，新疆会展业的差距显而易见。只有通过合作的方式，加强与国内外会展的联合，才能把展会品牌做大做强，加快新疆会展经济的发展速度，实现优势互补、资源共享，提高会展市场竞争力和市场占有率。为此，新疆一要主动走出去，积极举办出国展览或参加境外展览。这方面，近年来新疆在巴基斯坦、哈萨克斯坦等周边国家已成功办展。二可以借助已建立的品牌展会，加强新疆与国外工商会、跨国会展公司的合作，以扩大展会规模，提高展会实效。

会展企业将在市场竞争中优胜劣汰。会展企业是会展市场的主体。在激烈的市场竞争中，竞争力强的企业将在愈做愈大的会展经济蛋糕上占有较大的份额，成为会展业的支柱企业，甚至龙头企业；同时，必然有一些实力较弱、经营不善的企业淘汰出局。随着政府转变职能和会展市场发育程度的加速，尽早成立新疆会展行业的自律性组织——新疆会展业协会，并发挥其管理、协调、服务的职能，已成为紧迫的问题。相信新疆会展业协会的成立，将进一步优化会展业发展环境，规范其发展进程，带动新疆经济社会的全面进步。

会展场馆建设应适应会展业的发展。新疆现在还没有一家符合现代化标准的大型会展场馆，这是制约新疆会展业发展的瓶颈。在新场馆建设方面，政府应当发挥主要作用，同时应整合社会资源，鼓励企业积极参与，并以市场化的理念、机制进行管理和运作。

——《国际商报》田 丰

香港展览市场吸引力依然强劲

据香港展览会议业协会最新的年度调查，香港虽然正面对亚太区日益激烈的竞争，但仍能维持一贯的优势吸引来自世界各地的参展商及访客。该协会自1996年起，每年都要就过去一年在香港举办的主要展览进行这项调查。

调查显示，参加在香港举办展览会的公司数目持续上升。2004年共有3.95万家公司在香港举办的展览会推广其商品或服务。这数字相对2002年的3万家增加近1/3，而相对2000年则增加五成之多，证明愈来愈多参展商确认香港是向国际实力买家进行推广的最佳平台。参展公司数目增长主要是因为来自中国内地的公司数目激增，从2002年的3257家，急剧增至2004年的6350家，增幅多达95%。这些数字指出，虽然近年在内地举办的展览会不断增加，但是，有鉴于在香港举办的展览会可吸引实力雄厚、优质专业的国际买家，不少国内厂家仍乐意来港参展。与此同时，来自亚太区或海外国家的参展商数目保持平稳，而以香港为基地的参展公司则持续增加，2002年为1.6万家，到2004年已超过2万家。

调查又指出，2004年参观香港展会的访客总数接近360万，比两年前的280万增长29%。其中以内地访客的增幅最为突出，2000年仅为4.9万人，2002年已增至8.5万人，到2004年更达12.8万人。香港展览会议业协会主席朱裕伦先生指出：“内地访客数目的增长，证明他们是极渴望来港寻找新产品和服务的。这批拥有强大购买力的访客人数若持续增长，势将成为香港展览业的新兴力量。”

调查结果亦提供了亚太区及海外访客人数的数据。相对于2002年这两类访客均有增长：亚太区访客增加了13%，而来自更远的海外访客则有34%的可观增幅。朱裕伦先生坚信，这些数字，正好粉碎了“国际买家纷纷绕过香港”的臆测。他指出：“事实刚好相反，愈来愈多亚太区及海外买家视香港为通往亚洲和内地的跳板。这些买家也知道，由于香港的展览起着近乎‘品质控制’的作用，来港参展的内地厂商水平甚高，能满足买家的需要。”

一般认为，香港市场已趋成熟，增长潜力有限，但本地访客的持续增长正好打破这种谬误。随着愈来愈多的本地买家认识到在香港举办的展会为他们提供了无限商机，让他们接触到来自世界各地的供货商及得到行业最新信息，本地访客人数由2002年的244万上升至2004年的300多万。香港展览会向以国际化见称，同时以人数众多，深谙营商之道的本地客户为强大支柱，相信此条件在亚太区内一些新兴城市是难以仿效的。

香港展览业的强劲增长为本地经济以及有关行业带来不少效益。2004年，展览摊位租金收入超过15亿港元，其中44%来自香港以外的参展公司。

朱裕伦先生指出：“虽然在展览数目、访客人数及展览摊位租金等方面都有强劲的增长，但展览会面积的增幅不大；两年前展览会的总面积有51.5万平方米，到2004年则为54.8万平方米。这些数字反映本地展览业正面对场地限制的问题，必须尽快解决。可幸的是，本港现正进行有关大型发展项目，相信在未来几年内展览场地供应可以得到改善。”整体而言，这份调查的结果让业界对未来发展感到乐观。

——《国际商报》方燕菁

澳门：努力拉近与国际会展中心的距离

第54届太平洋亚洲旅游协会年会在澳门举行，对于致力于建成国际会议展览中心的澳门来说，主办这次会议无疑是一次具有浓厚“实习”色彩的探索行为。此举表明，澳门正努力拉近与国际会展中心的距离。

将国际会展中心确定为澳门未来的发展方向之一，是特区政府确定的施政方略，也是促进澳门经济向多元化发展的具体措施，这对改变澳门博彩业长期一枝独秀的现状、提高澳门经济抗风险能力，具有显而易见的好处。

事实上，澳门回归祖国后，社会稳定，经济发展，治安良好，国际地位上升，已经具备了发展会展业的大环境；而其完善的基础设施、便利的交通环境、自由开放的经济体系、低税率及低运营成本的优势，更是会展业应运而生并茁壮成长的优良土壤；澳门联系东西方的区位优势及作为世界华商、葡语国家和粤西三个服务平台的独特地位，也为会展业发展提供了广阔空间。

据澳门会议展览协会提供的统计数字，2004年1～9月，澳门共举办了202项会展活动，比2003年同期增长43.26%，参展人数也增加了一倍多。其中，国际性的活动占了15.3%。仅第九届澳门国际贸易投资展览会（MIF）就吸引了37个国家和地区的70多个代表团，4天内有10.7万人次进场参观。

2005年4月以来，澳门举办的以“国际”打头的各种会议也明显增多，如“国际中医药学术会议”、“国际临床营养研讨会”等，接下来便是太平洋亚洲旅游协会年会和国际青年商会亚洲太平洋区周年大会，与会者的来源也越来越“国际化”。今年下半年，更是大型会议展览集中的时段，一年一度的MIF和澳门初次取得主办权的第四届东亚运动会，都将为澳门会展业提供更大的舞台。

从世界会展大国的业绩来看，会展业是一个利润丰厚的无烟产业，不仅自身盈利高，而且产业带动能力强，能直接惠及航空、运输、酒店、旅游等多个周边行业。

但澳门会展业目前也受到诸多因素制约，如规模小、品牌效应不明显、会展机构小而散、展览场地不足、专业人才严重缺乏等。同时，澳门也面临着大珠三角其他城市的竞争，香港这个老牌的会展之都自不必说，广州、深圳也各有颇具知名度的国际会展品牌。

此间业界人士指出，近几年，澳门应采取多项措施促进会展业的发展：如继续扩大对外交往、提升专业素质、完善交流平台、打造会展品牌、举办富有特色的专业性展览会、开展富有成效的人才培训等。相信随着时间的推移和业界的努力，澳门的会展业能顺利度过“学徒期”，成为带动澳门经济增长的一支重要力量。

——新华网

第四章 重点展会介绍

第一部分 国内重点展会精选

北京

1. 第10届中国国际建筑建材贸易博览会
2. 第12届中国国际石材产品及技术装备展览会
3. 第16届国际制冷、空调、供暖、通风及食品冷冻加工展览会
4. 第9届中国国际机床展览会
5. 第6届北京国际印刷技术展览会
6. 中国国际农牧业及食品工业展览会
7. 第14届中国国际专业音响、灯光、乐器及技术展览会
8. 北京国际图书博览会
9. 第8届中国北京国际科技产业博览会
10. 第12届国际广告新媒体、新技术、新设备、新材料展示交易会
11. 第13届中国国际纸浆造纸暨林业展览会及会议
12. 中国国际模型博览会
13. 中国国际珠宝展
14. 中国（北京）国际门窗幕墙博览会
15. 第10四届北京国际广播电影电视设备展览会
16. 第8届北京国际工程机械展览与技术交流会
17. 第8届中国北京国际家具及木工机械展览会
18. 第10届北京——埃森焊接与切割展览会
19. 第9届北京国际食品加工和包装机械展览会
20. 第13届中国国际服装服饰博览会
21. 第11届中国国际纺织面料及辅料（春夏）博览会
22. 2005年中国国际通信设备技术展览会
23. 2004FA/PA第9届国际现代工厂/过程自动化技术与装备展
24. 第17届中国国际体育用品博览会

上海

1. 第14届中国国际医疗设备及技术展览会
2. 第13届中国国际建筑装饰展览会
3. 第15届中国国际电子生产设备暨微电子工业展览会
4. 第14届上海国际酒店用品博览会
5. 第11届上海国际纺织工业展览会
6. 第11届中国国际家具展览会
7. 上海国际专业灯光音响设备和技术展览会
8. 2005中国国际缝制设备展览会
9. 2005国际燃气技术和设备展览会
10. 2005上海国际服装博览会（第11届）
11. 第11届中国国际家用纺织品及辅料博览会
12. 中国国际家用纺织品及辅料(秋冬)博览会
13. 第11届中国国际纺织面料及辅料（秋冬）博览会
14. 第8届中国国际食品添加剂和配料展览会暨第15届全国食品添加剂生产应用技术展示会
15. 第10届中国国际医药展览会暨技术交流会
16. 第16届多国仪器仪表展览会
17. 第16届中国国际玻璃工业技术展览会
18. 第11届上海国际汽车工业展览会
19. 第9届中国国际生物技术、分析仪器、制药机械展览会
20. 第10届中国国际物料搬运及物流技术展览会
21. 2005中国（上海）国际新技术应用博览会
22. 2005第11届中国（上海）零售业展览会
23. 第7届中国国际高级成衣展览会
24. 第7届中国国际地面材料及铺装技术展览会
25. 第13届上海国际音响影视展览会
26. 2005第9届中国国际美容化妆洗涤用品博览会
27. 第16届中国国际体育用品博览会
28. 第5届国际有色及特种铸造展览会
29. 2005中国国际五金展/应用天地亚洲展
30. 第13届中国国际工业装备展览会
31. 2005年第12届国际自动识别技术展览会
32. 2005亚洲国际物流技术与运输系统展览会
33. 2005亚洲国际动力传动与控制技术展览会
34. 第7届中国国际房地产与建筑科技展览会

天津

2005太平洋电信组织（年中）会议及展览会/第10届中国（天津）国际信息技术博览会

沈阳

1．中国东北第6届国际环保给排水、水处理技术设备及泵、阀、管道展览会
2．中国东北第8届国际五金工具展览会
3．第12届中国沈阳国际广播电视信息网络展览会

大连

1．2005年第7届大连国际自动化、仪器仪表展览会

2．第17届大连国际服装节博览会暨中国服装出口洽谈会

3．大连国际电子通信产品展览会

4．2005国际太阳能及新能源、再生能源（大连）展览会

5．中国（大连）国际制冷、空调、供暖、通风设备及技术展览会

6．第9届大连国际信息技术暨通信产品展览会

青岛

1．中国国际消费电子博览会

2．第5届中国国际工业装备（青岛）展览会

烟台

第7届国际果蔬博览会

宁波

第9届中国国际男装展/宁波国际服装博览会

温州

1．中国国际鞋类、皮革制品制造技术和材料展览会

2．中国（温州）国际皮革展

晋江

第7届中国（晋江）国际鞋业博览会

石狮

第8届海峡两岸纺织服装博览会暨2005休闲服装博览会

厦门

1. 第9届海峡两岸机械电子商品交易会暨厦门对台出口商品交易会（台交会）

2. 海峡两岸建筑装饰材料与酒店设备展览会

广州

1. 第12届中国国际包装工业展览会

2. 第9届中国国际啤酒、饮料及酿酒工业展览会

3. 第12届华南地区国际印前设备及印刷工业展览会

4. 第19届中国国际陶瓷工业展览会

5. 2005广州国际广告展

6. 中国出口商品交易会

7. 2005中国国际广播与电视与通信网络设备展览会

8. 第11届中国国际复合材料工业技术展览会

深圳

1．第11届华南国际电子生产设备暨微电子工业展览会

2．深圳国际机械及模具工业展览会

3．第13届深圳国际礼品、工艺品、钟表及家庭用品展览会

4．第9届深圳国际汽车展览会

汕头

2004中国澄海国际玩具工艺品博览会

东莞

国际名家具（东莞）展览会

成都

第6届中国西部国际博览会

昆明

1．中国昆明进出口商品交易会

2．中国国际旅游交易会

（注：做此精选，旨在推动展览会的品牌化，选择展会的条件参照《展览会等级的划分及评定》中A级展会的主要标准：

展出面积：5千m^2以上；

参展外商比例：20%以上；

连续举办届数：5届以上（截止到2005年）

展会数据参照中国贸促会编辑的《2005中国展览会与博览会》及经济日报出版社出版的《2005——2006中国及海外会展概览》，有些展会是在不同地区轮流办，选择时按2004年举办地选编）

第二部分 境内重点展会介绍

家纺展为行业发展导航

从满足人们铺铺盖盖、遮遮掩掩与洗洗涮涮，到展示和体现人们的生活品味和情调，家用纺织品用10年时间完成了自己的凤凰涅槃，并在蜕变的过程中成为中国纺织工业新的增长点。而interTEXTILE可以说是家纺产品的孵化器和家纺行业发展的导航仪，它是中国家纺产品的时尚源头，也是中外家纺业贸易、合作的金桥。

曲高和寡
世界潮流难掀中国市场波澜

1995年秋天，当中国的消费者甚至纺织业界众多企业还不知家用纺织品为何物时，一股家用纺织品的时尚风潮已刮到了北京。在北京国际展览中心举行的首届中国国际纺织面料及辅料博览会辟出专门区域发布96／97国际纱线、面料、室内装饰品流行趋势。对于还处于满足人们铺铺盖盖、遮遮掩掩与洗洗涮涮的中国家用纺织品行业来说，这无疑是高山流水般的雅乐。然而曲高和寡，中国的观众无人喝彩!

中国贸促会纺织行业分会秘书长杨兆华回忆当时的情景时谈到，展览主办单位花大价钱搞的流行趋势，却没有什么人看，没能收到预期效果，让人很痛心。然而这就是当时中国消费市场和家用纺织品行业的现实。当家用纺织品在欧美国家已占到纺织行业1/3发展比例，当欧洲的家用纺织品展览成为家用纺织品潮流源头，当家用纺织品已成为欧美国家消费者生活中与服饰产品同样不可或缺的消费品时，中国的家用纺织品还没有成为一个独立出来的行业。在“温饱型经济”时代，家用纺织品属日用工业品的范畴，中国百姓能消费的家用纺织品也仅局限于毛巾、床单、被罩、用布拼接起来的窗帘等。在1995年10月30日～11月1日在北京举行的第一届中国国际纺织面料及辅料博览会上，中国参展企业中仅有2家还勉强算得上是家纺企业，这就是佛山南方印染股份有限公司、浙江金绫装饰材料有限公司，展出的展品是印花布，可用来做床单等。

在首届中国国际纺织面料及辅料博览会上，众多国外家纺企业展出的家纺产品和中国企业展出的家纺产品形成巨大的落差。欧洲地毯协会组织欧洲8个国家40家地毯生产企业，带着国际市场流行的产品进入中国时，却遇到中国市场的极大断层。在中国家庭装修还停在水泥地板石灰墙的时代，欧洲的家纺产品，还仅仅是中国消费者心目中的工艺品，而不是日用消费品，中国市场对国外高档家纺产品还没有足够的承接力。

但interTEXTILE就像先行的布道者，尽管没有得到市场应有的回应，依旧执着地秉承着国际性、专业性、贸易性的宗旨，向中国纺织业界传递世界最新的理念和流行信息。第二届中国国际纺织面料、家用纺织品及辅料博览会移师上海，室内装饰用纺织品和家用纺织品已占据展会参展产品的第二位和第三位。第二届及以后的几届展会，interTEXTILE依旧坚持向业界发布流行趋势和举办专题讲座，向中国业界大力推广家用纺织品这一新概念。

枯木逢春
家纺行业民营企业茁壮成长

1999年，世界最新的家用纺织品潮流在中国最时尚的城市上海掀起一股风暴。西班牙带着其特有的浪漫，德国带着其特有的典雅和贵族气息，在第五届中国国际纺织面料、家用纺织品及辅料博览会向中国的参观者展示了欧洲家纺产品的独特魅力。那澄静的海水蓝和明丽的宫墙黄给人强烈的视觉冲击。而其完整而细致的搭配营造出的精致生活氛围更让人向往。然而更可喜的是，欧洲产品并不孤单。与第一届中国国际纺织面料及辅料博览会上，国外家纺产品近乎唱独角戏的情形相比，欧美家纺企业已有了不少中国同伴。中国已崛起一批以杭州华龙、众望公司为首的浙江家纺企业及广州佛山的家纺企业。这些企业展出的布艺产品吸收了欧美流行趋势，其很多花色、纹样就是从欧美公司买来的，乍看起来与欧美企业的产品差距并不很大。而一时间，中国市场上也出现了众多高档布艺专卖店。家居时尚，已成为消费者新的追求。润物细无声。InterTEXTILE执着地向中国业界推广家用纺织品新概念的努力得到了中国家纺行业及家纺市场的回应。

InterTEXTILE不仅为中国企带来了世界最新流行趋势，也为中外企业合作架设了一座金桥。当中国家纺行业新崛起的民营企业华龙、众望成为展览会上耀眼的新星时，为其提供花样的国外公司也在展会上开启了象征着赢得市场胜利的香槟酒。

中国企业通过展会向国外企业学习、与国外企业交流、合作，并在交流合作中得到快速提升。经过短短的几年，在江浙、广东等地已崛起一批民营家纺企业，这些企业凭借其快速的市场反应能力及灵活的机制，在中国纺织工业结构调整之际找到了新的发展空间，产品不仅迅速成为中国消费者追逐的热销产品，而且还出口国际市场。中国部分家纺企业通过InterTEXTILE这一展会平台，了解了国际流行趋势，并萌发了开拓国际市场的意愿。1999年，一些中国家纺企业走出国门，参加德国法兰克福的HEMITEXTILE展会，并开始了拓展国际市场的征程。中国国际纺织面料、家用纺织品及辅料博览会在中国家纺行业成长的过程中发展壮大。2000年，博览会分为两部分，面料展在上海国际展览中心展出，家纺展同期在上海世贸商城展出。

2000年3月，在中国国际纺织品博览会上，首次发布了中国家用纺织品流行趋势。这是我国第一次按照国际惯例进行的家用纺织品流行趋势发布。这标志着中国家纺行业不仅理解、吸收了国外家纺产品流行趋势，而且已开始有了自己的设计内涵和设计理念，并向世界推介中国的家纺产品设计理念和家纺新品。此后几年，中国家纺行业蓬勃发展，家纺企业如雨后春笋般涌现出来，大批乡镇和民营家纺企业层出不穷，显示出勃勃生机。不少其他纺织生产企业也开始涉足家纺产品。新兴的企业机制活、概念新、对市场反应快，正逐步替代大型国有企业成为中国家纺业的重心。中国国际纺织面料、家用纺织品及辅料博览会适应行业发展的要求，专业特色日益明显，2002年，中国国际纺织面料、家用纺织品及辅料博览会的名称正式分为两个“中国国际纺织面料及辅料博览会”和“中国国际家用纺织品及辅料博览会”，但两个展会依旧同时举行。2004年第十届中国国际家用纺织品及辅料博览会开始独立举办，首次裂变出来的中国国际家用纺织品及辅料博览会深得行业和企业的热捧，尽管单个展会面积快速增长到4.6万平方米，但仍满足不了企业的需求，仍有80多家企业1500多平方米的展位缺口。

千帆竞逐
中国家纺业向品牌经营迈进

中国家纺行业10年最大的收获是什么？中国家用纺织品行业协会理事长杨东辉认为，家纺从一个陌生的概念，到现在被业界和消费者广泛认同，这是家纺行业10年最大的收获。据杨东辉介绍，1999年以前，全国只有1家企业是以“家纺”命名的，这就是宁波的博洋家纺。近年来，涌现出大量的家纺企业，家纺成了一个纲，这个纲下包含了众多名目的产品。

2004年9月1～3日在上海首次独立举行的中国国际家用纺织品及辅料博览会，展品打破了以往单一装饰布的局面，以多样、多品种的展品诠释了“大家纺”的概念，展品范围涵盖了各类床上用品、毛巾、各类家居用装饰品及工艺品、各种配件及饰品、各式窗帘及遮阳蓬、家用纺织品相关产品及服务。

“大家纺”是行业发展和提升的必然结果。而今天真正形成“大家纺”发展格局，行业协会的推动及家纺展的带动作用不可小视。

2002年10月，中国贸促会纺织行业分会与中国家用纺织品行业协会在上海推出2008年北京奥运酒店纺织品时尚概念展，其目的是为了进一步提升中国家纺产品的质量和档次，树立家纺民族品牌形象。在此之前，1997年，中国家用纺织品行业协会向社会公开推荐24个中国家纺行业名牌产品，2002年9月，7家床上用品获中国名牌产品称号，这7家获中国名牌产品称号的床上用品在当年举办的中国国际家用纺织品及辅料博览会上都以很大的面积展出，深受中外消费者的亲睐。如今，这些名牌产品不仅在国内占据相当大的市场份额，而且远销国际市场。为了保证中国家纺行业有持久发展竞争力，中国国际家用纺织品及辅料博览会主办单位中国贸促会纺织行业分会、中国家用纺织品行业协会和法兰克福展览（香港）有限公司大力倡导原创、鼓励创新。2003年4～10月，主办单位携手举办首届中国国际家用纺织品设计大赛，大赛作品征集范围宽泛，包括家用、酒店宾馆用、医院用及学校军营等集体宿舍用纺织和软装饰产品，体现了“大家纺”的概念。2003年10月，第九届中国国际家用纺织品及辅料博览会举办期间，决赛评出金奖3项，银奖7项，铜奖9项。大赛加速了中外家纺产品设计交流，促进了中国家纺产品更新换代。第二届中国国际家用纺织品设计大赛2004年的活动参与面更广，国际性更强。大赛旨在推动中国家纺产业走向品牌经营时代；提升中国家纺设计师的社会地位，向社会推介一批有成果、有才艺、有创新能力的设计师；家用纺织品设计大赛对推动中国家纺产业升级、促进家纺产品更新换代、繁荣家纺市场将起到重要作用。

在中国家用纺织品行业协会的努力下，在中国国际家用纺织品及辅料博览会的带动下，我们欣喜地看到，中国家纺行业追求原创的设计风气越来越浓，像华龙、众望这样一些在发展初期靠大量购买国外设计生产产品的企业，现在已建立了很完善的设计队伍，产品主要依靠自主设计。像吴海燕、张肇达等服装设计领域知名的设计大师，现已牵手家纺行业，为家纺企业设计产品。目前，越来越多的服装、面料企业转向家纺领域，装饰布、印染企业逐步向成品方向发展，家用纺织品行业队伍逐渐壮大。

中国家纺行业正进入一个百舸争流，千帆竞逐的大发展时期。“我们很幸运，我们赶上了纺织业大发展时期，我们做了一个好项目”。中国贸促会纺织行业分会秘书长杨兆华对首次独立出来的家纺展充满了信心，这种信心也应该属于整个家纺行业和家纺行业的众多企业。

相关链接

大家纺：从概念到现实

1999年，中国家用纺织品行业协会理事长杨东辉提出“大家纺”概念，他认为，过去的八个字“线、带、绳、边、巾、被、毯、帕”已远远不能涵盖家用纺织品的内容，而应该用“巾、床、厨、帘、艺、毯、帕、线、袋、植”十个字来概括。2000年，杨东辉再次提出“软装饰”概念，家用纺织品实际是相对于建筑装饰的室内装饰。大家纺的概念越来越为行业所接受。

第十届中国国际家用纺织品及辅料博览会展品涵盖了各类装饰布艺，床上用品，毛巾，家居装饰品、工艺品，配件及饰品，各式窗帘及遮阳蓬等等。竹制、木制折叠窗帘，窗帘流苏，羊毛毯子，窗帘导轨、窗帘杆等辅饰产品一应俱全。展品品类充分体现了“大家纺”的特点。

定位时尚风标

从米兰、巴黎到法兰克福，时尚没有了时间和地域的差异，生活所包含的衣、食、住、行都渗透了时尚的魅力，家纺产品也已走向时尚化。

两年以前，提起时尚，仿佛只限于捕捉时装的流行，家纺设计的流行总要比时装设计的流行元素晚一年。一年前，这个差距缩短到了半年，可是今日，似乎能感到这个差距已经消失了。因为许多服装知名品牌，同样也经营家纺产品及其他产业。

这种世界潮流，也在向中国渗透，中国越来越多的服装知名企业开始向家纺领域进军。如果说每年3月在北京举行的中国服装服饰国际博览会大力倡导中国服装时尚，成为中国服装时尚源头的话，那么在上海举办的中国家用纺织品及辅料博览会则力争成为家纺领域时尚源头。家纺展将高举时尚旗帜，为中国家纺业发展定位时尚风标。

——《国际商报》

第八届中国投资贸易洽谈会

2004年9月8～12日，由商务部主办，联合国贸发会议、联合国工发组织、国际金融公司、世界投资促进机构协会协办，福建省人民政府、厦门市人民政府和商务部投资促进事务局共同承办的第八届“投洽会”在厦门举办。

本届投洽会共签订各类投资项目1496个，总投资金额149.04亿美元，利用外资115.84亿美元。其中合同项目1110个，总投资101.92亿美元，利用外资81.22亿美元。进出口贸易成交总额1.76亿美元。

来自全球118个国家和地区的11841位境外各界人士参加了这一盛会。其中64个国家和地区的300个境外机构组团参会。和往届相比，本届投洽会参会客商层次得到进一步提高，有1000多位来自全球不同领域的重要客商参会。全国31个省、市、自治区政府和部分计划单列市、国家有关部委、办、局、商协会作为成员单位组团参会参展。

把投洽会打造成全球最具影响力的国际投资博览会，是投洽会的发展目标，第八届投洽会已朝此目标迈出了坚实的步伐。具体体现在以下四个方面。

一是众多国际组织纷纷加盟投洽会。继联合国贸发会议和世界投资促进机构协会之后，联合国工业发展组织和国际金融公司首次成为投洽会的协办单位。此外，联合国计划开发署（UNDP）、经济合作与发展组织（OECD）、多边投资担保机构（MIGA）、安第斯集团、太平洋岛国集团、拉美南方共同体市场等8个国际组织纷至沓来，共襄盛举。他们的加盟，为投洽会真正成为国际投资博览会奠定了更加坚实的基础。

二是到会设展招商的境外国家和地区、城市及机构数量进一步增加，境外馆面积大幅增长。本届投洽会共有来自43个国家和地区政府部门、国际友好城市、商协会、跨国公司参展，境外馆面积达1万平方米，比上届扩大了整整一倍。

三是境外国家和地区充分利用投洽会的平台招商引资。本届投洽会期间，加拿大、法国、瑞典、古巴、墨西哥、印尼、尼日利亚、太平洋岛国及中国香港、澳门等10个国家和地区举办了馆日活动。20多个国家和地区举行了24场投资推介会和说明会。57个国家和地区的招商部门推出了300多个招商项目参加项目对接会。

四是参会境外客商国别和人数继续保持增长势头。特别是本届投洽会参会客商的国别在连续几届保持在100个左右的基础上取得了较大进展，比上届增加了16个国家和地区。

投洽会不仅是中国吸引外资，推动企业“走出去”到海外发展的平台，同时也是促进国际间投资合作的大舞台。

第八届投洽会共举办包括国际投资论坛在内的各类论坛、研讨会62场，内容涉及服务外包，跨国并购，境外融资，知识产权保护等投资热点问题。国务院副总理吴仪，商务部部长薄熙来，中国银监会主席刘明康，世界投资促进机构协会主席、瑞典投资署署长贺瑞凯，墨西哥经济部长卡纳雷斯，中美贸易全国委员会主席、UPS公司董事长兼首席执行官迈克尔·埃斯丘，家乐福首席执行官丹尼尔·贝尔纳德，日立制作所董事会会长金井务等来自全球40多个国家和地区的近300名政界、工商界和学术界的知名人士莅会演讲。论坛、研讨会受到参会境内外客商的广泛关注，听会人数近1万人次。

本届投洽会“国际投资论坛”的主题为“鼓励跨国直接投资、促进世界共同繁荣”。中国政府在本次论坛中再一次明确了我国将进一步改革开放以及继续完善投资环境的政策和决心。国务院副总理吴仪在演讲中向世界庄严承诺：“中国政府将毫不动摇地坚持对外开放方针，继续积极合理有效地利用外资”。商务部部长薄熙来在演讲中强调：“中国的经济形势是非常好的，而且运转顺利；中国的政策是稳定的，而且随着进一步的发展，还能得到进一步的完善；对中国的投资，越早来越好。”

投洽会积极响应中央“走出去”战略，适时组织引导国内资本向境外拓展发展空间，参与国际合作与竞争，广泛邀请其他国家和地区的政府部门的招商机构参加投洽会，展示和介绍当地的投资环境和投资政策，为中国企业了解世界，走向世界架起了一座金色的桥梁。大会期间，参展参会客商之间投资与贸易洽谈非常活跃，签订了一大批投资和贸易合同、协议。

本届投洽会推出三场项目对接会效果显著，签约合同金额大大超过上届。“外商对华投资项目对接会”共有来自40个国家和地区的288家境外投资商设立了洽谈台，安排的对接场次超过1800场。当场签订了13个投资协议，投资金额达19.77亿美元，此外还有166个项目达成意向性协议，投资金额达17亿美元。

首次推出的“中国企业‘走出去’项目对接会”有180家中国企业参加，他们与来自57个国家和地区招商机构代表进行了600场次的对接洽谈。此外还达成意向协议45项，投资金额3.4亿美元。

“国内投资项目对接会”共有52家国内投资商设立洽谈台，安排对接洽谈500场次。签订投资协议6个，投资金额59616万元人民币，意向性协议11个，投资金额36.5亿元。

——中国广播网

DIGF2004—新目标、新主题、新举措

第16届大连国际服装博览会暨中国服装出口洽谈会（DIGF2004）于2004年9月10～13日在大连星海会展中心和星海国际网球中心举行，使用展览面积约2.3万平方米。

DIGF在走过15年成功之路后，在当前国内同类展会激烈竞争的形势下，如何找准切入点，创新发展，突出特色？其承办单位大连国际服装展览有限责任公司总经理李素珍女士分析了DIGF发展的基本思路。大连服装博览会将以“三新”作为今后努力的方向。

确立新目标

大连是地处东北亚中心区域的沿海城市，服装产业和服饰文化氛围由来已久。2003年，国家关于振兴东北老工业基地建设的战略和在大连建立东北亚国际航运中心的决策相继出台，为大连国际服装博览会的发展提供了新思路、新目标。即：充分利用大连建设东北亚航运物流中心的特有环境和毗邻日本、韩国、俄罗斯远东地区的地域优势以及2005年展馆二期竣工上规模的机遇，用5～10年的时间，通过拉长展会的经贸链条，实现展会功能的最大化，将大连国际服装博览会进一步做强做大，进而为将大连尽快打造成为东北亚服装交易中心、时尚发布中心和流行信息研究中心发挥应有的推动作用。

展现新主题

大连国际服装博览会经过十多年的努力，本身已经成为世界展览协会认证的名牌展会，在吸纳海内外品牌方面具有一定的优势。在已经品牌化的基础上，增强时尚色彩，即品牌加时尚，是进一步提升展会的档次水平、促进其健康发展的新趋势。因此，“时尚与休闲”是2004年大连博览会的两大鲜明主题。

本届博览会在中央大堂，展示香港时尚荟萃。在纺织品馆，展示来自韩国的流行时尚面料。同时在服装馆开辟“休闲汇”，重点展示商务休闲和动感休闲，为展会树立了一道新的风景线。

采取新举措

与以往历届大连国际服装博览会相比，2004年的博览会保持了一个优势特点，采取三项新措施。

一是在博览会上，特邀了一至两家“旗舰式”大型商业集团及它遍布各地的连锁机构到博览会上来，免费为参展商搭建与商家“面对面”的平台。

众所周知，博览会是企业和客户最佳结合点。对买家的邀请接待，历来是大连博览会的重中之重。在以往积累大量

贸易商数据资料的基础上，本届博览会根据市场变化情况，下功夫作买家数据库的整合分析和梳理分类工作。不仅要保证买家的数量和覆盖面，更注重专业种类和素质。对多次光临大连博览会和重点邀请的海内外贸易商，给予VIP式的非常优惠的待遇。

此外，为了充分利用展会的宣传资源，聚集某一参展地区的企业品牌和贸易活动，应韩国组团机构的要求，本届博览会首次在展会期间举办“韩国日”活动，在集中推广韩国的服装、纺织品牌和设计师的同时，宣传韩国的饮食、影视、民俗文化，推动中韩经贸和文化的交流。

二是首次举办“时尚品牌推介周”活动。

从2003年开始，香港秋冬时装节的组办者，为了更好地显示香港在时尚方面的引领地位，在坚持举办时装节的基础上，繁衍出了“香港时尚荟萃”。成为与时装展会并驾齐驱的活动，在对香港时装节注入新的元素的同时，也巩固了香港时尚中心的地位。

香港时装节与大连国际服装博览会是姐妹节。2004年一月的香港时尚荟萃，又一次为大连提供了有益的借鉴。即：要在激烈竞争中保持优势，必须不断为展会注入时尚的活力。以展会为辐射点，结合大连及北方实际，吸引和汇集各类时尚品牌信息，范围应该包括时装、服饰、珠宝、化妆品、家居等，定期发布、定期展示、定期交流，通过定期配套的系列活动，将博览会的经贸链条拉长，使之更具竞争力和影响力。为此，大连博览会在4月10日首次举办“春夏时尚精品推介周”活动。作为9月的国际服装博览会的预演和铺垫，形成系列活动。两者烘托映衬，相辅相成，为众多的优秀企业搭建更广阔更具有影响的舞台，展现中国时尚与休闲产业的领先水平。

三是根据CEPA精神，组织香港商品城。

香港贸易发展局一直是大连服装博览会的主办单位。十多年来在香港贸发局的大力支持下，大连一直是香港时装、时尚的北方传播中心，为了进一步落实CEPA安排，加强香港与内地服装业的联系，大连在会展中心附近的大型商业中心——和平广场拿出8000平方米的场地做香港商品城和海外留购产品展示区。为符合CEPA零关税标准的香港原产地产品无偿提供3～5个月的使用期。

另外，对其他海外产品也无偿提供半年的使用期，可做留购产品的保税展示。

再攀新高峰

此届博览会一期展9月13日圆满落幕，共有3万人、7万人次的专业贸易商参加，有关人士称服博会“风头”不输南方展会。

虽然9月23日是此届博览会（二期展）的最后一天，但星海会展中心东西展厅里仍然是人流不断。此次有300多家参展企业、500个展位均呈现旺销景象，据不完全统计，在6天的二期展期间，共实现零售额2400多万元，明显高于2003年。

成为2004年二期展“亮点”的服装机械展，由于规模扩大、展品增加、档次提升，20多家服装机械企业的洽谈订货情况都很好。北京北方天鸟智能科技有限公司升级换代后的大型电脑刺绣机样品，开展第一天就被金州一家企业订购，展会期间又与来自全国各地的客商签订了25台同类大型设备的合同。中韩合资的丘比特洗涤整烫设备有限公司订货额达到200多万元。大连大富基缝纫机有限公司的电脑锁眼机、加固机，日本兄弟公司的平缝机，大连飞马的绷缝机、包缝机等产品，也都很畅销。2004年二期展的展场还延伸到星海会展中心之外，位于天津街的天河广场门前，这两天成了二期展的分会场。引进韩国技术、由韩国设计师领衔设计的“异族”、“经典故事”等大连新品牌，都在临时搭建的舞台上进行了展示。

（宗 和）

平遥摄影展按动古城经济快门

2004年9月16～22日，“2004年第四届平遥国际摄影大展”在山西平遥古城举办。据介绍，为进一步将“平遥国际摄影大展”打造成当代国际摄影界的知名品牌，在前三届“平遥国际摄影大展”成功举办的基础上，2004年的“平遥国际摄影大展”在组织框架、运作机制以及展览作品、艺术风格等方面都有所创新和拓展。此次“平遥国际摄影大展”首次成立艺术策划学术委员会，由在世界摄影界享有声誉的人士参加策展，以进一步强化国际策展人制度，从而确保2004年摄影作品的国际化和专业化。

据了解，山西平遥古城2001首届平遥国际摄影节和2002年、2003年平遥国际摄影大展的成功举办，在国内外产生了巨大的轰动效应和广泛深远的影响。有评论认为，经过20多年的发展，中国摄影界取得了长足的进步。中国摄影人需要走进国际摄影舞台，展示自己的成就，施展自己的才华，在国际图片市场为自己进一步发展壮大寻找广阔的空间；而国际传媒领域也需要大量由中国人拍摄的优质图片深入、全面地介绍中国，并与中国摄影界进行广泛的交流、交往，这就是平遥国际摄影大展得以成功举行，并在国际摄影领域引起高度重视和迅速发展的奥秘。平遥人正是抓住了这一良好的发展机遇，以“摄影展”这个会展市场的独特平台，推动了全县、全市乃至全省经济与社会的发展。

如今，平遥国际摄影大展已经成为继世界文化遗产之后平遥古城的又一重要品牌。1997年12月3日平遥古城列入《世界遗产名录》之后，使平遥的知名度迅速提升，世界文化遗产的品牌效应日渐凸现。同样，通过摄影展的组织举办，也吸引了海内外数百家新闻媒体的广泛关注，并对其进行了连续的宣传报道，尤其是在法国、美国等欧美国家更是引起了巨大轰动，先后迎来法国前总统德斯坦的参观考察，与法国普罗万市签订了友好城市合作备忘录，以及正在策划筹备的中法摄影互换展等一系列大型活动，成为摄影大展品牌效应的有力见证。可以说，世界文化遗产与平遥国际摄影大展是向世界推销平遥古城的两张金字招牌。

这几年，平遥国际摄影大展为拉动县域经济特别是旅游产业快速发展发挥了重要作用。他们借助这一活动相继组织举办了各类家农产品交易会、经贸洽谈会等商贸活动，大力发展了会展经济，把资源优势、文化优势转化为经济优势。更重要的是，以旅游业为带动的餐饮、住宿、交通、客运、广告通讯等行业获得了明显的经济效益。仅2003年的大展七天时间里，就接待国内外参展嘉宾达2万余人，吸引游客2000余人，直接门票收入达120多万元，旅游相关产业综合收入达到1200余万元，已成为平遥古城又一新的旅游黄金周。

平遥国际摄影大展已成为山西省最大的国际文化交流活动，也是该省第一个国际性的文化品牌。特别是2003年度的平遥国际摄影大展以后，除了已经两届全面参与的中国新闻摄影、艺术摄影、广告摄影等专业领域全面介入以外，中国摄影领域涉及面更为广泛的中国摄影家协会系统也正式宣告介入，山西省政府也重新调整组织机构，加强系统组织工作，这就使平遥国际摄影大展真正成为了全面代表中国摄影领域水平和成就的盛事。

2004平遥国际摄影大展取得了令人瞩目的成效，6天内有8843幅摄影作品参展，比原定3500幅作品翻了一倍之多，共接待中外来宾2438名，注册摄影家和参展人达到1343名，中外120多家媒体参加了大展的各类采访报道，观展人数达到10.051万人，门票收入突破130万元。

更为可喜的是大展期间精彩纷呈的活动让中外嘉宾充分感受到了大展主题“文明与发展”的深刻内涵，充分享受到了摄影大展的无穷魅力。

据平遥国际摄影大展艺委会秘书长介绍，2004年大展推出的还有策展人学院和一对一的点评，对推动我们摄影师和提高我们摄影师的创作和交流的水平起到了非常好的作用，大家纷纷表示明年还会再来参加这个活动。

当2004年的平遥国际摄影大展在一片喝彩声中落幕的时刻，还出现了另一个喜人的局面，那就是许多国内外的嘉宾和摄影家们已经开始准备2005年“和平与进步”为主题的展览和加盟合作。

（宗 和）

“纺机”盛会一路走来

2004年10月12～16日，作为中国专业技术水准最高、国际化程度最高、国内首家获得国际展览联盟（UFI）认证的中国国际纺织机械展览会，在北京中国国际展览中心举办了第九届（CITME2004）。

由中国纺织工业协会、中国贸促会纺织分会主办的CITME发展迅速，已成为蜚声世界的4大国际纺机展之一。长期以来，CITME受到纺机生产厂家、专业买家，特别是国外参展商的瞩目。本届CITME2004更是吸引了来自中国（包括香港特区、台湾地区）、德国、意大利、日本、瑞士、英国、法国、美国、韩国、比利时等20多个国家和地区的1000多家企业参展，展出面积超过6万平方米，除启用了中国国际展览中心所有展馆外，还搭建了近8000平方米的临时馆，创造了展会规模的历史最高水平。

海外展团强势参展

据组委会的资料显示，CITME2004海外展馆的展出面积比上届增长了20%。随着中国纺机市场的不断扩大，特别是对技术含量高、能适应高速高效且加工产品质量稳定的纺织机械需求的日趋渐旺，中国已经成为世界纺机市场最活跃的国家，海外纺机制造业对中国市场表现出前所未有的关注。

资料还显示，此次CITME2004德国纺织机械协会（VDMA）组织了迄今规模最大的德国馆强势参展，总净面积达2300平方米，较上届增长了15%，成为本届展会上规模最大的海外展团；英国纺织机械协会（BTMA）此次以全新的形象再次组团参展，13家来自英国本土的参展商在展会上展示其纺织机械的最新技术；法国纺机协会（UCMTF）牵头组成法国展团参加CITME，表明法国纺机制造业长期关注中国纺织工业的发展状况，期望同中国纺织工业保持更加紧密的联系；多年来，参加CITME一直是意大利纺机制造商协会（ACIMIT）和意大利对外贸易委员会（I.C.E）积极开拓中国市场计划的重要组成部分，意大利展团占据中国国际展览中心4号馆已是CITME的固定模式。

行业专业技术荟萃

此次展会以“技术提升产业，合作创造未来”为CITME2004技术交流的主题，旨在加强参展商与专业用户的现场互动，交流一系列前瞻性、权威性的现代纺机技术理论，给与会人士带来新视角、新思路，提升设备进口的准确性、先进性和高科技含量，同时提高进口设备的利用率。

展会期间，组委会还组织了27场技术交流活动。

在此次展会上，值得关注的是主办方再次邀请国内纺织业内知名专家学者，组成了“专家技术评估组”，对海内外参展商的产品和技术进行专业的分析和评估，为业内的专业人士与国际最新设备及技术，近距离地接触搭建平台，有助于纺织界专业人士更好地掌握国内外纺机、纺器技术发展的最新动向。

服务“以人为本”

为了更好地服务于参展商和专业观众，CITME2004组委会首次在纺机展期间每天出版发行《纺机展快报》，以图文并茂的中英文形式进行展会即时报道，以加强主办方、参展商以及专业观众之间的沟通与交流。

为了吸引更多的专业观众，主办方除了采用传统的通过参展商、各省市行业协会来组织联系外，还利用多种信息渠道来建立观众数据库。同时，还先后与巴基斯坦、印度、孟加拉等20多个国家和地区的有关机构取得联系，广泛邀请海外观众前来参观和进行贸易洽谈。

维权首次“法律同行”

随着纺机行业进出口的不断增加，以及中外纺机同行间国际交流的深入开展，如何维护参展商的知识产权，已经深为国内外纺机行业所关注。

作为主办方之一的中国贸促会纺织行业分会，法律服务是其开展的重要业务之一。展会期间，为了维护国内外参展商的合法权益，保证纺机展的顺利举行，从而为参展商创造良好的法律环境，组委会在展会现场设立法律咨询办公室，专门聘请了纪凯知识产权代理公司和北京市知识产权局的专家，为参展商及专业观众提供法律咨询服务。此外，作为专利权行政主管机关的北京市知识产权局也直接参加展会现场的法律咨询工作，这就增强了法律咨询工作的权威性和法律调解工作的可操作性。法律咨询办公室还在展会现场提供专利权现场检索，更方便、快捷地为参展商和专业观众服务。

背景资料

历届中国国际纺机展回顾

第一届

展出面积：3万平方米。

第一届中国国际纺织机械展览会由原纺织工业部与中国国际贸易促进委员会共同主办，于1988年7月8~14日在北京中国国际展览中心举行。参加展出的有19个国家和地区的厂商共582家，参展展品510台套。中国纺机厂商第一次以中国馆的形式独立参展，参展厂商60多家，共展出设备100多个品种。主办单位邀请有关专家组成“专家评估组”，对展出设备进行调研和分析。

第二届

展出面积：3万平方米。

1990年10月15~21日，第二届中国国际纺织机械展览会在北京中国国际展览中心举办。来自中国（包括台湾省）、意大利、德国、英国等19个国家和地区的近400家公司和厂商参加了展出。此次展览会上，中国馆84个展台共展出了150多种纺织机械，展出面积达到2880平方米，比第一届增加了56%。

第三届

展出面积：4万平方米。

1992年11月19~25日，第三届中国国际纺织机械展览会在北京中国国际展览中心和全国农业展览馆分两个展区同时举行。参加展出的有来自中国、意大利、瑞士、澳大利亚等20多个国家和地区的667家公司和厂商。本次展览会期间举办了55场专题技术讲座，参观展览会和技术讲座以及进行贸易洽谈的各界人士超过10万人次。

第四届

展出面积：4.5万平方米。

1994年10月6~12日，第四届中国国际纺织机械展览会由中国纺织总会和中国贸促会联合主办。来自22个国家和地区的800余家公司和厂商参加了展览会，展出设备800余台套。其中我国有185家单位参展，参展面积达1万平方米。展会期间共有近15万观众参观了展览。中国国际纺织机械展览会已经成为世界上四大纺机展之一。

第五届

展出面积：4万平方米。

1996年10月10~15日，第五届中国国际纺织机械展览会在北京中国国际展览中心举行，来自28个国家和地区的800多家厂商参展。主办单位邀请有关专家组成评估组，在展出现场对设备进行调研和分析。展览会期间举办了38场专业技术交流会，来自世界各国的著名纺机制造公司介绍了他们的新工艺、新技术、新设备，有3000多人次参加了交流活动。

第六届

展出面积：4万平方米。

1998年10月13～17日，第六届中国国际纺织机械展览会在北京中国国际展览中心举行。来自22个国家和地区的700多家公司和厂商参展，世界主要纺织机械生产国如德国、意大利、日本、瑞士等国的纺机企业分别以国家展团的形式参展。我国台湾省和香港特别行政区也以相当规模独立组团参展。国内参展企业达到210家，展出纺机设备118台套。

第七届

展出面积：5万平方米。

2000年10月10～14日，第七届中国国际纺织机械展览会在北京中国国际展览中心举行。来自世界20多个国家和地区的近700家参展商分布在国展中心的7个展馆内。"中国馆"的展出面积达到了1.5万平方米，参展厂商共有332家，展出纺织机械设备实物创新的纪录，共有280多台套。展会期间，中外纺机企业举办了20场技术交流会，并首次举办了"中国国际纺织机械发展战略论坛"。

第八届

展出面积：5.6万平方米。

2002年10月15～19日举行的第八届中国国际纺织机械展览会是我国加入世贸组织之后的首次展览会。整个展会占地面积、参展厂商等都达到空前规模，"中国馆"无论是展出规模还是参展厂商数量都再创历史新高，搭建了3240平方米的临时展览馆。参展厂商有421家，展出设备实物有420多台套，技术交流32场。

2004中国国际通信设备技术展览会

由信息产业部和中国国际贸易促进委员会主办的2004年中国国际通信设备技术展览会，于2004年10月26～30日在北京的中国国际展览中心举办。本次展会展出面积超过5.5万平方米，展期5天，来自23个国家和地区的600多家单位集中展示第三代移动通信（3G）技术、下一代网络技术（NGN）、数据多媒体通信等多方面的通信技术、产品及其应用。

作为业界的"奥运会"吸引了无数精英。走过一幢幢展馆，观看一个个展台，体验一项项业务，探索一个个话题，这次展会少了概念性的炒作，多了务实性的业务，少了纯技术的介绍，多了体验式的业务演示。实实在在的应用引领大家进入了基于下一代网络的通信新天地。

视讯体验带你走进NGN时代

国际通信展作为展示企业形象的重要平台，各大参展商都精心设计，展出特色，展出精品。中国电信、中国网通、中国联通、中国铁通等电信运营商不约而同地展示出了视频通信业务。视频通信业务作为引领下一代业务的重中之重受到了各大运营商的重视。

在中国电信展台，视频通信显示屏置于展台的最中央，非常引人注目。据展台工作人员介绍，中国电信新视通是基于公众视讯网，在语音、图像和数据之间实现交互的多方通信业务。除了可视电话外，新视通还可提供视讯会议、数据会议、会议直播、会议录制和点播、与其他网络终端互通等服务。

中国网通也向参观者提供了各种精彩的宽带生活体验。"面对面"的沟通是人们盼望已久的交流方式，不少参观者兴致勃勃地拨打中国网通的可视电话，当看到屏幕上出现对方清晰的面容时都感到兴奋不已。同时，中国网通丰富的宽带业务也吸引了大量观众。他们聚集在演示机前，或点播大片，或玩网络游戏，沉浸在宽带应用的无穷魅力中。在中国网通展台，观众可亲身体验新视通，感觉图像清晰，用户只要通过DSL拨打相应用户的号码就可以实现面对面交流。

展会上，不仅各大电信运营商关注视频通信业务，设备制造商更是超前，提供了各种基于下一代网络的视频通信业务演示。华为展台设置了一个具有浓郁中国式家庭气息的数字化生活体验中心，古色古香的"小客厅"里，摆放了可视电话、与网络相连的视频终端等，参展观众可以亲身体验到视频电话、宝宝在线、远程办公等业务的无穷乐趣。上海贝尔阿尔卡特以用户为核心展示宽带技术，在展台上推出"体验新宽带商务"、"体验多彩宽带家庭"两大体验区，将复杂完善的NGN解决方案包装成现实的业务让参观者亲自感受。很多商务人士对商务体验区的多媒体视频会议、移动视频通等丰富多彩、实用方便的企业NGN业务赞不绝口，一致认为此类业务能够为工作提供极大便利，能提高效率、节省开支。在宽带家庭体验区，通过高速NGN网络，用户可以体验多种家庭宽带娱乐应用。不少参观者坐在舒适的沙发上，欣赏大屏幕等离子显示器上播放的精彩宽带影视。

NGN什么时候开始商用，大家一直在争论。从本次展会上以视频通信为主的多样化宽带应用似乎给了大家一个答案。许多参加展会的业内专家告诉记者，宽带一度是泡沫的代名词，因此大家对下一代网络的发展慎之又慎，。但是随着宽带业务的快速普及，目前用户数已超过3千万，基于下一代网络的宽带业务将不再遥远。

3G精彩应用呈现眼前

下一代移动通信究竟能给我们的生活带来怎样的改变？在中国移动展区可提前体验一回2008年的移动通信生活。作为北京2008奥运合作伙伴，此次中国移动在展会上打出了“向奥运移动，与世界沟通”的鲜明主题，展示内容几乎都与“奥运”和“体育”有关。在中国移动的精心策划下，MO手机上网、流媒体、移动定位、集团业务、可视电话……不再是一个个孤立的业务或服务，而且是以“奥运”为线索连为一个整体。参观者可以按图索骥现场体验移动通信的便捷。

在手机上网体验区，参观者可以通过手机浏览奥运体育新闻报道、体育赛事、运动员资料等大量信息。在移动定位业务体验区，聚集了相当多的参观者，通过移动定位，人们不仅可以查询体育场馆的位置，还可以查询最优路线图。流媒体业务也是参观者关注的焦点，手机屏幕上拳击比赛的视频清晰可见。2008年，人们就可以通过该项业务点播收看精彩的奥运比赛了。可视电话是中国移动基于3G网络的一项业务，虽然目前还没有推广应用，但在奥运比赛现场与千里之外的家人共同感受现场气氛让参观者分外期待。在中国移动展区的一角，围了十几名手持手机、紧张拨号、满怀期待的参观者，正在体验用手机购买门票的感觉。只要拨打门票自动售货机上显示的号码，通过售票机上的按键选择相应代码，售票机就会自动售出一张票，当然这只是一张样票。“2008年奥运生活的一天”让参观者真切体验到了移动通信给生活带来的便利、快捷，感受到了移动通信与现代生活的密切，一位参观者在亲身体验后不禁感叹：看来以后出门只要带个手机就够了。

中国联通强势展示了基于CDMA IX增强型网络的高速无线上网，两台笔记本电脑联网正激烈地进行着赛车游戏，吸引了一群围观者。不过联通展台真正的展示重点是那些基于现有CDMA IX网络的行业以及大众应用。把一根手指放入一个小夹子一样的设备里，把面前的摄像头对准自己，血压、脉搏、心跳等医疗数据和影像立即出现在面前的小显示器上，而稍远处的显示器上也出现了这些数据。原来这是基于CDMA IX网络为移动医疗提供的行业应用，在救护车上安装这套设备用来采集医疗数据，远在医院的主治医生就可以为在救护车中的病人进行远程诊断。这不再是科幻小说里的场景，这已经是上市推出的成熟产品。除此之外，在中国联通的展台，还可以体验到在警务、交通、海运上的一些应用。中国联通市场部总经理谭星辉说：“CDMA IX网络向3G过渡，在技术上是平滑演进的；经过我们的努力，在业务上也能够实现平滑过渡；现在基于2.5G网络的一切努力都是在培育市场，希望能够使市场准备更充分。”

虽然3G业务还无法在两大移动运营商的展台得到体验，但是基于二代半的强大数据应用为3 G应用做了铺垫。走到设备制造商展台，醒目的标语“Let's 3G”、“我们准备好3G了”……将我们带到了3G业务演示现场。作为全球业界为数不多的3G端到端商用解决方案提供商之一，华为在本次展会上通过成熟的商业网络让人们体验到了真实的3G生活，提供了丰富多彩的现网3G业务，包括流媒体、定位、游戏、多媒体彩铃、VOD、VP、VC等。爱立信等厂家在展场建了3G基站和网络，参观者可以用手机打可视电话。

精彩业务演示的背后是强大的技术支持。无论是基于NGN网络的视频通信，还是基于3 G的多媒体化、个性化应用，设备制造商都提供了相对完善的业务解决方案。上海贝尔阿尔卡特在宽带商务体验区，展示IP Centrex 、IP PBX、OTUC统一通信、多媒体视频会议等丰富的企业NGN业务解决方案；烽火科技以“共享网络之美”为主题展示了下一代传送网（ASON）、下一代交换网（Softswitch）、下一代接入网（FTTH）、下一代互联网（Ipv6）等领域的最新产品和解决方案；中兴通讯则展示了以NGN、光传输等为代表的有线网络解决方案……

视频通信、个性化通信、商务办公、家庭办公……一项项能给生活带来精彩、给工作带来方便的网络应用体验，让人们兴奋不已，这次展会必将推动整个电信网络的快速演进。

——《人民邮电》

广交会——引领我国外贸发展新潮头

广交会副主任兼秘书长 胡楚生

2004年开始实施的《外贸法》将进一步推进外贸经营主体多元化，营造公平、公正、公开的法制环境，促进建立统一、开放、有序的市场，为新的经济环境创造更多的贸易机会。新《外贸法》的颁布标志着我国外贸经营权全面放开，我国外贸发展新一轮高潮已经到来。广交会作为“中国第一展”，正在扮演着引领这一新潮头的重要角色。

规模优势成为广交会的强大实力

我国外贸经营权放开，经营主体多元化，最直接的表现是每年两届广交会为国内各类企业参与国际竞争提供了快捷的、近距离的市场机会，也为国外采购商提供了更大范围的了解和选择的空间。进入21世纪后到第95届的广交会，办会规模实现了三步跨越，展位从8000个增加到2.75万个；第95届广交会首次全面启用琶洲展馆，与流花路展馆同时分期举办。第96届广交会10月15～30日继续在琶洲展馆和流花路展馆同时分期举办，展出5大类商品，设35个展区，展位2.776万个，比第95届增加260个，微增0.95%；展览净面积为25万平米，仅次于德国汉诺威通信博览，居世界单年展第二位。但广交会展位依然供不应求。

每届广交会有来自全国各省市、各出口行业的48个交易团参展，第96届参展企业超过上届，达1.3万家，仅国内参展人数（含工作人员）就达到30万人，为历届之最。这说明准备和正在参与国际市场竞争的我国企业对广交会的信赖和期待仍在持续剧增。

从第96届的统计数据来看，广交会的参展主体不断优化，并且优化的步伐显著加快。按参展企业类型统计，生产企业6716家，比95届增加10.79%，占总数约50.38%；外贸企业5716家，比上届增加9.5%，占总数约42.88%；工贸企业814家，占总数的6.11%；科研院所12家，占总数的0.14%；另有其他企业36家，占总数的0.49%。统计显示，参展生产企业稳步增加，参展比例首次超过50%。而按企业性质统计，参展国有企业6485家，占41.15%，比上届减少673家；私营企业4293家，占总数的32.21%，比上届增加31.38%；三资企业（中外合作企业、中外合资企业、外商独资企业）2294家，占17.21%，比上届增加25.56%；集体企业407家，占总数的3.05%，比上届增加14.33%。数据表明，参展私营企业和三资企业继续高速增长，国有企业所占比重首次低于50%。

当我国首批私营生产企业获得进出口经营权，并在第85届广交会上首次以独立身份参展后，广交会民营企业参展队伍迅速壮大，比例增加，5年的时间内占了参展总数的26.75%。民营企业以生力军的姿态在广交会活跃异常，这是我国履行入世承诺，放开外贸经营权的必然结果，是广交会贯彻落实商务部“三优化”战略的必然结果。广交会展位分配打破终身制、参展主体多元化的现实和趋势，适应了我国外贸体制深化改革的新形势，各类有实力的外贸经营主体，都获得机会在广交会占据了一席之地。

概括地说，广交会对商务部重点支持和发展的品牌以及各地的名优新特产品、有自主知识产权的产品在安排参展时给予政策倾斜，名优新特产品成交势头良好。广交会年成交额超过300亿美元，约占我国一般贸易出口总额的1/4。各类机制灵活、市场反映灵敏、实力雄厚的生产企业、民营企业、三资企业参展比例增大，参展企业结构优化，成为广交会显示出来的规模优势。

看样成交和电子商务各显其长，相得益彰

广交会是以现场看样成交为主的国际性展览会。展品细分为工业、纺织服装、食品医药、日用消费品、礼品等5大类商品35个展区，展出的商品种类超过15万。来自全球的采购商一张机票一次行程即可在广交会上圆满完成采购计划，来自全中国的出口商品集中展示在采购商的眼前，省却了采购商的奔波，降低了采购商的进货成本，大受采购商欢迎。

尤其是大量个性化强、附加值高的轻工类、纺织服装类商品，强调的是独特的外观设计、整体的视觉效果或特有的手感和质感，非亲眼看样而不能成交。

广交会的展示功能是毋庸置疑的。眼见为实的采购方式成为广交会历史的特色和成功的原因。

在世界进入信息和网络时代的今天，日趋盛行的电子商务使广交会如虎添翼。电子商务既成为广交会最重要的辅助手段，又对广交会产生巨大的推动作用和深远的影响。

广交会网站定位于国际贸易专业展会网，向展客商提供展会信息、服务资讯、电子邀请等展会服务和电子商务服务，部分展会服务业务已进入国际互联网。

广交会网站推出的“网上广交会”(Cantonfair Online)电子商务平台，依托广交会现场，采用会员制，为国内企业开拓国际市场提供贸易洽谈机会。

网站还开通了基于现场广交会的“网上定点采购专区”，以网上预约、现场洽谈的服务方式，吸引大批参展企业与跨国采购商现场建立业务联系。

截至2004年9月初，广交会网站共拥有13.13万名注册会员，其中国际会员数为8.8万，占会员总数的66.8%；国内会员数为4.35万，占总数的33.2%。网站访问量继续呈上升趋势，8月份访问量为24.57万人次，比2003年同期增长53.5%，其中海外访问量占近40%。

据统计，截止到本届广交会二期开馆第一天，“在线广交会”网站访问累计达3008.5122万次，比95届同期增长7.82%。其中，国外访问量累计达86.14002万次，占网站访问总量的35.6%；确认成交额累计达5642.4万美元，同比增长15.05%；意向成交额累计达1.3344亿美元，比95届同期增长8.44%。

据国际网站浏览量分析权威机构Alexa的最新统计，9月份广交会网站在国内展会网站中排名第一，而且明显高于汉诺威、伯明翰、法兰克福等国际知名展会网站。

广交会传统的看样成交方式和现代的电子商务方式各显所长，相辅相成，“双腿”走路，相得益彰。一年两届的广交会成为集成交、展示、信息三种功能的现代国际贸易大平台，成为国际市场信息、商品信息、技术信息、客户信息以及国内重要外贸政策信息的集散地。现场信息的融会交流，与国际互联网的信息交流相结合，大大增强了广交会的吸引力和竞争力。

服务创新，无愧“中国第一展”

中国资格最老、规模最大、影响最广的广交会，48年的

历史是改革发展的历史，服务创新的历史，办展水平不断地迈上新台阶。

有目共睹，广交会在硬件设施方面已进行了大规模改造和完善，展馆面貌焕然一新，展区面积成倍增加；在以“巩固成果、完善管理、加强服务”办展思想指导下，广交会以强势的自我完善与革新能力，全面提升整体服务形象，被冠以“中国第一展”的盛名。

作为广交会的承办单位，中国对外贸易中心的角色定位是服务，是优质的服务。承办者就是服务员。

近几年来，广交会的各项改革实施都是为了一个目标：优质服务。

第96届广交会认真贯彻商务部“三个优化”、“三个提升”的要求，努力提高展会服务水平：

优化参展主体——第95届广交会生产企业参展首次超过外贸企业，表明广交会优化参展主体的努力取得阶段性成果。第96届广交会上生产企业、民营企业、三资企业参展比例将继续增大，这有利于吸引更多采购商到会，提升洽谈效率。

优化展品结构——第95届广交会首次设立品牌展区，取得良好效果，占展位总数7%的品牌展位，成交占总成交额的18.1%。在此基础上，第96届广交会将扩大品牌展区，进一步完善品牌展区进入标准，继续大力推动企业树立品牌意识。

优化采购商质量——第96届广交会在大幅增加邀请总量的同时，对采购商客源进行认真调研和分析，重点加大对一些有客源潜力的专业买家的邀请，扩大对欧盟和俄罗斯等地区客源的邀请范围。

提升布展水平——本届广交会首次对广交会特装布展单位实行资质认证，经过严格、公正、公平、公开的筛选，有121家单位通过考核，获得进场施工的资质。此举旨在保证布展施工单位的素质，提升布展质量和水平，消除安全隐患。

提升管理水平——本届将原大会办改成秘书处，并重新调整、明确各办职责，加强协调能力；重新修订《展位使用管理规定》、《展位使用管理检查办法》，从源头上防止违规使用展位；重新修订《展品管理规定》，严禁跨区摆放展品，优化展览秩序。

提升服务水平——电子商务方面，扩充网络备案系统和网上办证系统功能，优化电子邀请和联络系统，加大广交会网站的建设，不断完善功能，创新服务。安全保卫方面，9月7日外贸中心与广州市公安消防局在琶洲展馆联合举行大型消防演习，提高协调、应变能力。琶洲展馆经过上一届的全面使用，本届更有针对性地加强导向标识建设，改善交通疏导，改善餐饮配套服务，接待服务能力比第95届有明显的提高。

广交会形象代表中国外贸形象

加入世贸组织是中国新一轮改革开放的标志，对21世纪中国改革开放和现代化建设的影响正在日渐显现。WTO规则的实质是市场经济规则在世界范围内的运用和发展，旨在倡导公平、公开的竞争秩序和规范的竞争环境，与我国建立市场经济体制的目标一致，我国加入世贸组织以来，大幅度推动改革开放，使中国的经济体制与世界通行的市场机制接轨，保持了国内经济持续发展；在市场准入、国内措施、外贸待遇、服务贸易等各个领域，较好地履行了自己的承诺和义务，我国的贸易政策体系已经与国际贸易体制接轨，对外贸易保持了较高的增速。所有这些，为广交会的改革和发展提供了有利的外部环境。

广交会越办越好，深受企业欢迎，是国内企业寻求将产品打入国际市场的首选之地。虽然广交会规模不断扩大，但仍不可能全部满足企业的参展需求。因此，每届广交会筹备期间，总有一些所谓“中介公司”向企业发传真、打电话，自称可以“代理”、“调剂”广交会展位，引诱部分不明真相而又急于参展的企业轻信上当。更有个别“黑中介”一旦收到订金便“金蝉脱壳”，逃之夭夭，企业无端蒙受损失。

商务部对加强展位管理的工作十分重视，在7月份召开的第96届广交会筹备工作会议上作出部署，要求采取有效措施，整顿和规范展览秩序，遏制倒卖展位行为，切实保护参展企业利益，维护广交会形象。外贸中心会同商务部有关部门及时制定了八条具体措施，主要包括：实行问责制（外贸中心与各交易团、商会／协会，各交易团、商会／协会与参展企业，层层签订责任书）；完善参展实名制；打破参展资格终身制；加强舆论监督和宣传；加强现场监管和检查；提请广东省、广州市公安、工商等政府执法部门对黑中介公司进行联合打击；加大对违规使用展位企业的处罚等。

外贸中心分别于8月份和9月份通过新闻媒体，向全社会通报了展位管理的新规定，提醒企业必须循合法途径申请展位，千万不要轻信所谓“中介公司”而上当受骗，并曝光了所谓可提供广交会展位的41家“中介公司”。同时，提请各省、市交易团和进出口商会（协会）加强对所属参展企业的监督，确保企业严格遵守展位使用规定，不参与展位倒卖。

多年来广交会对保护知识产权工作高度重视，从1999年第85届即开始成立投诉站，主要工作职能就是受理侵权投诉，经过探索实践，已形成一套包括组织机构、规章制度在内的、完整的、适合展会实际情况的知识产权保护体系，通过充分发挥商会（协会）、省市交易团的作用，狠抓维权工作。第95届广交会在展会规模大幅扩容，参展企业增加20%，新参展企业占30%的情况下，参展企业的涉嫌侵权率为2.4%，比第94届有所下降。

本届广交会投诉接待站在琶洲展馆和流花路展馆同时设点，第一期共受理侵权投诉104宗，涉及企业421家，最终认定侵权案件49宗，侵权企业270家，其中专利侵权企业195家，商标侵权企业71家，版权侵权企业4家。全部知识产权投诉案件中，外商投诉案件21宗，被诉侵权企业64家，占32.82%。第一期参展企业涉案率为3.78%。对涉嫌侵权企业，投诉站根据实际情况分别采取口头警告、双方协商、签署承诺书、行政处罚等方法进行处理，对侵权产品予以没收。

国务院办公厅于2004年8月下发的《保护知识产权专项行动方案》通知中，要求"总结推广中国出口商品交易会保护知识产权的经验，指导商品交易会、洽谈会主办单位设立专门机构，制订管理办法，邀请保护知识产权相关部门驻会监管，防止参展单位展示、销售侵权产品，防止境外不法组织和个人通过展会组织造假和出口"，对广交会知识产权保护工作给予了充分肯定。

广交会持续好势头

本届广交会到会采购商与成交额均创历史新高，此外，民营和外商投资企业成交增长迅速。

第96届广交会是在我国建国55周年和年外贸进出口总额即将突破1万亿美元的新形势下举办的，期间共有来自203个国家和地区的16.7926万名采购商到会，比上届增长5.8%。其中，欧美采购商明显增多，分别比上届增长33.8%和2.2%，新采购商比重达到了46.8%。

据统计，第96届广交会两期累计共成交272亿美元，比上届增长11%，比94届增长32.8%。

据大会发言人徐兵介绍，机电产品仍是成交量最大的商品，共成交108.2亿美元，比上届增长13.4%，占成交总额的39.8%。从成交国家和地区看，对欧盟成交91.9亿美元，比上届增长19.9%，占总成交额的1/3，凸显了欧盟市场日益重要的地位；对美国和日本的成交额也有不同幅度的增长。此外，广东交易团成交额30.7亿美元，比上届增长9.3%，居48个交易团之首。

本届广交会的一大亮点是，民营和外商投资企业成交增长迅速。其中民营企业成交68.5亿美元，占总成交额的1/4，比上届增长40.7%；外商投资企业成交31.8亿美元，增长43.7%，比重首次超过10%。而成交额一直保持优势地位的国有企业成交141亿美元，占总成交额的51.8%，但比上届下降了10.6个百分点。此外，生产型企业已超过外贸型企业成为广交会的参展主体。

继续推进出口品牌战略，进一步扩大品牌展区是本届广交会的一个突出特点。交易会期间，共有320家企业分别在服装、家用纺织品、家用电器等24个品牌展区设立品牌展位2047个。品牌展区累计成交52.5亿美元，虽然展位数只占总数的7.4%，却占成交额的19.3%。此外，广交会期间商务部举办了"中国名牌服装展示暨流行趋势发布活动"和"出口名牌建设工作座谈会"，对出口名牌战略的实施起到了有力的推动作用。

首届中国——东盟博览会

首届中国——东盟博览会2004年11月3～6日在南宁举办。其宗旨是围绕《中国与东盟全面经济合作框架协议》，推动中国与东盟平等互利、共同发展为基本原则，根据自贸区的建设进程，以自贸区内的经贸合作为重点，努力促进中国与东盟国家之间的优势互补，深化经贸合作，共同实现本地区的普遍繁荣。

本届博览会有三个目的：促进双方工商界的合作；构造一个双方共有大市场的交易平台；推动建立一个促进双边贸易和投资的机制。博览会这个平台将为中国与东盟国家的经贸往来提供更具体、更直接、更便利的条件，为双方企业提供扩大经济合作的机遇，使双方企业能共同分享贸易自由化和区域经济一体化带来的好处。

此次展会共有1505家来自东盟和中国及其他国家的企业参展，其中来自东盟国家和地区的企业的展位占展位总数的32%，世界500强中共有19家前来参会。参展商品涉及机械、家电、电子信息、汽车及配件、五金建材、农产品、医药化工、轻工纺织等11个行业共200多类产品。展览总面积为6万多平方米，展位共有2506个。中国及东盟各国政府对此次博览会十分重视。柬埔寨总理洪森、老挝总理本扬、缅甸总理梭温、泰国副总理披尼、越南副总理范家谦和中国国务院副总理吴仪等都出席了本次博览会。

本次博览会活动内容丰富，除中国——东盟商务与投资峰会外，还有商品交易、投资洽谈、服务贸易及其他方面经贸合作的洽谈、中国与东盟商务与投资论坛以及一系列丰富多彩的文化交流活动。东盟有关国家以及中国有关省区还举办了多场投资促进活动。

根据组委会秘书处统计，截至6日12时，参会的境内外参展商和采购商1.8万余人，其中境外采购商4000多人，博览会期间接待国内外观众30万人次。

在商品贸易方面，累计贸易成交10.3亿美元，其中出口8.26亿美元、进口1.23亿美元、国内贸易成交0.85亿美元。成交额前几位的商品是：机械设备2.27亿美元、农产品1.31亿美元、化工产品1.28亿美元、家用电器0.81亿美元、五金矿产0.71亿美元，医药保健品0.66亿美元。

在投资方面，共签订涉外投资项目129个、总投资49.68亿美元，中国对外投资项目46个、总投资4.93亿美元，国内合作项目102个、总投资475.4亿元。中国东部省市签订项目76个，投资299亿元，西部7个省市签订项目10个、投资53亿元。

每年在广西南宁举办一次中国——东盟博览会是2003年10月8日温家宝总理在第七次中国与东盟国家领导人会议上提议的。作为推动中国——东盟自贸区建设的一项实际行动，这一提议得到了与会东盟各国领导人的普遍欢迎。

截至目前，中国——东盟自贸区建设有关工作进展顺利。中国与东盟国家领导人2002年11月4日共同签署了《中国——东盟全面经济合作框架协议》，由此正式启动了建立中国——东盟自贸区的进程。2004年10月20日，双方在北京最终就自贸区协议中最重要的部分——货物贸易协议达成一致，并就争端解决机制协议达成共识。双方将在11月举行的"10＋1"领导人会议上签署上述两个协议。2005年自由贸易区建设将如期全面启动。

——《国际商报》

菜博会——打造绿色科技品牌

菜博会组委会常务副主任 杨德峰

"中国蔬菜之乡"山东省寿光市，从2000年起，依托当地蔬菜产业优势，连续成功举办了五届菜博会。历届菜博会始终以"绿色与科技"为主题，立足于当地蔬菜产业优势，打特色牌，办特色会，走出了一条依托特色产业举办特色展会，依托特色展会发展特色产业，从而带动区域经济社会发展的成功之路，引起了业内外人士的广泛关注。菜博会的不断发展也使寿光经济社会各项事业步入了加速发展的快车道。

会展带动蔬菜产业迅速发展

一个展会的健康持续发展，强有力的产业支撑是关键。寿光是冬暖式蔬菜大棚的发源地，是全国农业产业化起步较早的地区之一。寿光蔬菜产业的迅速发展，市场体系的日益完善，为菜博会举办提供了得天独厚的"落点"和强大的产业支撑。近几年，菜博会的成功举办又进一步拉动了蔬菜产业的迅速发展。每届菜博会，来自国内外的参展商、经销商和贸易商，不仅带来了蔬菜及相关产业的最新品种、先进技术，而且带来了超前的生产管理理念；主展区和十几个分展区，都把推广应用农业先进技术、引进试验推广新品种作为展示的主要内容，集中展现了蔬菜及相关产业的发展成就、前沿技术、最新成果和发展前景；菜博会上展示的袖珍蔬菜、保健蔬菜、观赏蔬菜、树型蔬菜等特菜品种和立体栽培、无土栽培、生物组培等先进栽培模式，代表了当前蔬菜生产的最新品种和前沿技术。近年来，在菜博会的带动下，全市蔬菜产业规模不断扩大，产业链条不断延伸，市场体系不断完善。目前，全市蔬菜面积发展到了80万亩，冬暖式大棚35万个，蔬菜成为寿光最具竞争力的特色产业。以蔬菜加工为核心的农产品加工企业发展到150多家，农产品加工增值率达到65%以上。"产业支撑、会展带动"，"以业兴会、以会兴业"，会展与产业相互支撑相互促进的良性发展局面已经形成。

会展推动农产品搭上国际市场高速路

举办国际性展会，架起一座中国蔬菜接轨世界的桥梁，打造一个国际间蔬菜产业交流与合作的平台，从而带动外向型农业的发展，一直是菜博会坚持的运作模式。随着中国加入WTO和市场准入制度的完善，农业发展必须与世界接轨，走标准化发展道路。不搞标准化，外向型农业无从谈起。每届菜博会，参展参会外商来自世界50多个国家和地区，涉外参展客商都占到了展商总数的1/4以上，他们不仅向农民传递标准化生产的产品技术，而且传递国际化市场的最新信息。在菜博会的带动下，寿光农业标准化生产步伐大大加快。在蔬菜生产上全面推行了标准化管理制度，在育苗、移栽、施肥、用药等各个环节，全部实现了标准化。同时，菜博会还搭建了农产品走向国际市场的"高速路"，借助菜博会，寿光与美国、荷兰、俄罗斯等30多个国家和地区建立了合作伙伴关系，上百种经过深加工的优质农副产品，直接销往海外。瑞士先正达、以色列海泽拉、荷兰瑞克斯旺等世界知名种子公司先后抢滩寿光，建立了实验示范和种苗研发基地，成为寿光联系世界、加强交流合作的窗口。借助菜博会这一平台，近几年还引进推广了300多项国内外新技术、1000多个新品种和30多种种植新模式，使寿光蔬菜的产业化、标准化、国际化水平不断提高，继续保持全国领先水平。

会展服务"三农"造就"农民百万富翁"

农业博览会，只有立足于服务"三农"主题，才会有旺盛的生命力。每届菜博会，都致力于为农民群众寻找致富门路打造平台。菜博会作为一个“窗口”，把国内外农业新技术、新品种、新成果送到了农民的田间地头，成为农业增效、农民增收的助推器。菜博会期间，从全国各地赶来的农民，成为菜博会的“主角”，广大农民群众通过参会解放了思想，增长了见识，开阔了眼界，学到了先进的生产经营理念，感受到了科学技术是第一生产力的巨大魅力。菜博会作为一个“中介”，架起了农民与市场、农产品与市场对接的桥梁，把农民直接带入了市场农业的广阔天地，广大农民开始重视市场、研究市场、走入市场、驾驭市场。有的农民通过参加菜博会，学会了与外商打交道，谈业务，做生意，使农业生产、农产品销售有了更广阔的天地。菜博会作为一个“孵化器”，有力地促进了农民科技素质的提高，在寿光农民中，学科技、用科技之风蔚然形成。菜博会作为一个“载体”，为农民提供了高收入的就业岗位，开辟了农民增收的新空间。大棚蔬菜平均亩效益达到1.5万元以上，并出现了一批5万元田和10万元田，仅蔬菜一项农民人均纯收入超过3000元。菜博会还造就了一批“农民百万富翁”，不少农民每届菜博会期间收入都超过百万元。目前，寿光农民人均纯收入中75%以上来自农业，城乡各类存款余额中农民存款占到了70%。

会展驱动蔬菜创出金品牌

一个成功的展会，不能停留在就展会办展会的初级阶段，通过举办展会，不断带动区域经济的发展，才是成功的展会。菜博会作为以蔬菜产业发展为主题的专业展会，坚持“会展搭台，经贸唱戏”，汇集了各地的人流、物流、信息流、技术流、资金流，促进了城乡对接，加速了一、二、三产业的融合。借助菜博会这个“金色名片”，寿光呈现出农业始终领跑全国、工业迅速崛起、城建日新月异、三产红红火火的繁荣景象，人们把这种对区域经济社会发展的驱动作用称之为“菜博会效应”。五届菜博会，会期从首届的5天延长到18天，参观人数从28万增加到71万，激活了人气，增添了生气，带来了财气。五年来，以菜博会为桥梁，寿光农业的现代化、国际化程度不断提高，吸聚了大量的外来资本，共签订了合资合作及独资项目550个，签约额157亿元。一年一届的菜博会，极大地促进了城市面貌的改善和人民生活水平的提高，一个现代化中等城市的雏形已经形成。“菜博会效应”还惠及诸多行业，运输、餐饮、服务、旅游、房地产等行业都赚了个“钵满盆满”。在菜博会的助推下，寿光连续六届跻身全国农村综合实力百强县（市），位次不断攀升。

菜博会的成功举办，真正起到了“一会带动一业兴，一业带动一市兴”的巨大作用。立足中国、面向世界的菜博会正逐步成长为业界的一颗会展新星，引起世人的关注，2004年，菜博会被商务部正式批准为年度例会，成为中国惟一的国际性蔬菜专业品牌展会，成为全国五大农业知名展会之一，并以其独有的特色，旺盛的生命力，创造着一个又一个的会展奇迹。

杨凌农高会紧贴“三农”需求

中国杨凌农业高新科技成果博览会（简称杨凌农高会）经过10年发展也已成为与北京科博会、深圳高交会、上海工博会齐名的中国四大科技展会之一。

第11届中国杨凌农业高新科技成果博览会于2004年11月5～9日在中国惟一的农业高新技术产业示范区——杨凌隆重举行。本届展会由国家科技部、商务部、教育部、财政部、农业部、水利部、国家环保总局、国家林业局、中国科学院、国务院发展研究中心等16个部委和陕西省人民政府主办，联合国教科文组织、世界银行、联合国亚太技术转移中心等8个国际国内组织协办。

本届杨凌农高会以服务“三农”为宗旨，以“面向‘三农’的科技与市场”为主题，组织了丰富多彩的活动，分展览、论坛、咨询培训、交易洽谈、“后稷奖”评审、良种及成果拍卖等6大板块进行。其中，紧贴“三农”，满足农民实际需求的活动，场面热烈，气氛火爆，参会的农民兄弟的交口称赞。

农民论坛启迪创业思路

本届杨凌农高会上，现代农民创业论坛可谓是一大亮点。来自全国各地农村的知名村官和能人会聚一堂，为农民兄弟传经送宝。

“农村致富带头人为解决‘三农’问题提供了经验，利用农高会的契机，让他们用鲜活、生动、真实、可信的事例现身说法，直接传授致富本领，从而让农民更快地脱贫致富。”陕西省委副书记杨永茂总结了论坛开设的目的。

先后登上论坛的有河南耿庄村的耿庄集团董事长耿瑞先，陕西王家砭村的王家砭集团公司董事长王科，山东寿光三元采村主任徐国华，山西大寨村的郭凤莲等，这几位在国内有一定影响的农民企业家、农村致富带头人为参会农民讲述了他们各自不同的创业史。这些名人的讲述启发了参会农民的创业思路。

实用技术讲座深入浅出

本届杨凌农高会为农民精心准备的农业实用技术讲座，很受欢迎，场场爆满。

开展第二天，本届杨凌农高会的实用技术馆迎来了150多名西安阎良区的农协会员，他们是在阎良区政府与农业技术专业协会组织下来展会寻找新技术、新种子的。

榆林市100多名村干部和群众专门组团来听技术讲座。一位姓王的村长说，他们每年都组织村民来听讲座，专家传授的方法非常实用，也容易学，许多村民就是通过这些实用技术，学会了肉用绵羊、山羊、猪、鸡等的饲养管理技术，从而发家致了富。

另外据了解，听讲座的除了组织来的农民外，还有许多来自县区基层的农业科技工作者。他们也是想利用这些机会及时更新所学的农业技术。

据悉，本届杨凌农高会实用技术讲座共聘请了来自西北农林科技大学等单位的30多名农业专家教授，涉及的内容有果树栽培、蔬菜种植、畜牧养殖等方面，可以说都是农民在日常生产中最实用的技术，也是最用得着的，因而非常受农民的欢迎。

远程咨询省时省力

“网上视频”是现在很流行的一种交流方式，这种方式也被引进了杨凌农高会。开幕式当天，刚刚投入使用的农业专家远程咨询系统可为农民朋友当场作答。据吕平会讲，农高会上，他通过农业专家远程咨询系统，最远接待过新疆阿克苏的农民，“我要是去趟新疆，不知道要花多少时间多少钱呢”。

据了解，在本届展会上首次推出的这套农业专家远程咨询系统，目前已有80多个会员单位加入，接受农业专家远程指导咨询的，既有陕西省农民，还有宁夏、甘肃、新疆等地的农民。

本届展会共组织42名农业科技专家，利用现代化的农业专家远程咨询系统，在现场开展远程科技咨询和信息服务活动，推广农业实用技术，扩大农高会的对外示范辐射效应。

“致富大讲堂”现场咨询

此次杨凌农高会，农业专家教授成为农民朋友心目中最抢眼的“明星”。展会设了农业专家咨询台，每一个专家教授的桌子前面，都拥挤着许多问这问那的农民。

此外，还有一些团体和组织利用这个难得的机会，向农民群众现场义务传授技术。当地一家农业科技报就是其中的一员。从2001年报社成立以来，连续4年在农高会期间举办专家义务咨询活动。开办农民“致富大讲堂”，也已经是第二年了。

该报负责人说：“原先让专家准备了很充分的讲稿，没想到群众提问这么踊跃，好多专家光顾上解疑答惑了，讲稿连动都没有动。后来我们改变方法，以现场解答为主，尽可能多地解决农民的实际问题。”

据了解，“致富大讲堂”每天讲解两场，每场两个小时。该报专门聘请了41名专家组成顾问团，成员主要来自西北农林科技大学和杨凌职业技术学院，咨询领域涉及种植、养殖、加工等方方面面。

拍卖活动首次举行

本届杨凌农高会首次推出了实物、活体拍卖会，太空种子、布尔种羊等一批名牌农产品及农产品经营权、专利权在激烈的竞价声中被拍卖。

第一个竞拍品是宝鸡正阳农业有限公司的太空Ⅰ代系列种子。这个系列的种子曾搭载中国神舟号宇宙飞船上过太空。

台上拍卖师积极热情，台下竞拍者你争我夺，得到实惠最大的是那些农业成果、产品的持有者。陕西长泰科工贸有限公司总工程师郭长泰，在拍卖会上将自己多年研究成果“压草饼加工机”的地区经营权以14.5万元拍出。他说自己参加了5届农高会，每年都有收获，但2004年的收获最大。

拍卖会是农高会的一个重要组成部分，是对农业科技成果推广形式的创新和大胆尝试。

本届展会从展览内容、布展形式、论坛安排和咨询方面，都紧贴农村发展、农业生产和农民需求。如集中展示、交易国内外最新农业科技成果、实用技术等，为农村发展、农民增收提供技术和信息。展会增设了区域特色农业、种植与畜牧业、绿色食品、果业及加工、农业资讯展，以满足不同地区、不同层次农民的需求。

本届展会共组织了2场集中签约和4场专场签约，签订合同与协议166项，共促成项目洽谈、技术成果及产品交易总额167.8亿元，其中合同金额86.3亿元，利用外资1.15亿美元。5000多项技术成果在本届农高会上展示交流。其中既有不少国内外领先的农业高新科技成果，又有大量农业实用技术，参展领域进一步扩大，参展项目层次进一步提高，使本届农高会展示层次、水平以及科技含量显著提高。

本届展会举办了2场农业高新科技与产业论坛和2场现代农民创业论坛，十几位政府高层官员、知名学者、杰出农民代表和企业界人士在论坛发表演讲，听众达2600人次。邀请知名农业专家、农业科技人员，着重围绕农村产业结构调整、高效农业生产等方面的问题，面向与会客商、农业科技工作者和农民群众，举办农业实用技术讲座31场次，直接培训人数达2000多人次。大会还组织了百名专家现场技术咨询服务活动，咨询人数超过了5万人次。举办了农业科技成果、畜禽良种及名优新特农产品拍卖会，有14项技术、产品和产权成功拍卖，金额近200万元。

第11届杨凌农高会的成功举办，为农民、科技工作者、涉农企业和所有关注“三农”问题的有识之士，搭建了一个广阔的交流平台。虽然只有短短的5天时间，但它在推动先进科学技术向农村传播，促进农业产业化发展，推进农业高新科技成果转化为生产力等方面所产生的影响将是深远的。

——《中国贸易报》

大连车展：自有一番天地

中国贸促会大连市分会 葛玉广

由中国贸促会、中国贸促会汽车行业分会、中国汽车工业协会、中国汽车工业进出口总公司和大连市人民政府共同主办的2004（第九届）大连国际汽车工业展览会，虽然早已于8月底在大连落幕，但其盛况至今令人难以忘怀。

本届汽车展有来自德国、美国、英国、意大利、法国、瑞典、日本、韩国等国家及我国内地著名品牌的240家汽车厂商参展，展示面积3万平方米。参展车辆有奔驰、宝马、美国通用、欧宝、德国大众等102家整车厂商的449辆各类汽车。为期5天的展会，共接待国内外观众23万人次，整车和汽车零部件共成交9.16亿元人民币。

国产车型构筑本届车展的主流

大连国际汽车工业展览会自1996年创办，前7届一直以进口汽车占主导地位。1996的第一届车展中，参展车辆196台，国产汽车41台，仅占参展车辆的21%。随着中国汽车工业的发展，大连国际车展上展出的国产车逐年增加。2003年的第8届车展，国产车数量首次超过进口车，占参展车数量的57%。2004年，国产车的参展比例发生了质的变化，在449台参展车辆中，国产车达到337台，占到75%。东风汽车有限公司乘用车公司副总经理任勇在回顾此次车展时认为，大连国际车展在全国性质的车展中是很有影响力的，我们也很看重这一难得的、与消费者近距离交流的机会。这次我们不但全系列车型全部到位，市场期待已久的“天籁”也在这次车展上一展芳容。大连现代汽车维修服务有限公司销售经理王登武的体会，在参展商中很有代表性。他认为，大连车展一年比一年好，新车型越来越多，看车人越来越多，买车人也越来越多，这是我们经销商最感到高兴的事。在分析国产车比例大增的原因时，他认为，一方面是合资车型多了，另一方面是国家即将实行品牌专卖政策，只有取得代理权的车商才能参加车展，这样对消费者售后服务有保障。

大连国际汽车工业展览会是中国汽车工业发展最好的见证。在2004年的车展上，不论是在中国生产的老品牌还是新品牌：奥迪、别克、雪铁龙、宝马、现代、标致、丰田、日产、马自达等，都主要以国产车的身份出现。这不仅标志着中国的汽车工业在加入世贸组织后有了突飞猛进的发展，同时，受中国汽车产业政策影响，同国外品牌的合资合作及国产化进程也有了实质性的突破。

参展商注重品牌形象

汽车产业和汽车品牌的国际化，使得一些品牌可以在不同的国家或地域内生产。为了适应这种市场发展趋势，许多汽车厂商在本次展会上，淡化国产车或进口车的概念，而是强调品牌及企业形象，将不同档次的国产车和进口车组合成系列车型，同台亮相，既壮大了参展阵容，提高了参展档次，又极大地提升了品牌形象。

一汽集团在本届展会上全力打造企业形象，租用了1300平方米的场地，主打“中国一汽”品牌，成为大连车展9年来第一个过千平方米的展台。一汽集团营销管理部展览经理王清柏说，此次一汽集团携旗下7大品牌的18款乘用车联手参加大连车展，就是为了突出集团的整体实力，不仅凸现以往各品牌独立参展所无法展现的气势，还展示了一汽集团的整体技术和形象。他认为，大连位于东北的前沿窗口，自然是商家必争之地。而作为中国汽车工业的摇篮，一汽集团要做中国汽车业的龙头老大，对大连车展就必然要给予高度重视。东北雪铁龙这次是第五次以厂家的名义参加大连车展，萨拉·毕加索、爱丽舍、赛纳全系产品，以及进口雪铁龙联袂亮相大连车展。东风雪铁龙整车销售部沈阳商务处经理徐长江认为，这充分表明大连汽车市场在东风雪铁龙发展战略中的重要位置。他们对2004年420平方米的参展面积感到明显不足，希望2005年大连车展的规模再大一些。

其他厂家也非常重视利用大连车展的平台，展示品牌，展示形象。上海通用、北京现代、东风标致、东南汽车、奔驰、宝马、沃尔沃、日产、现代等，都大面积租用了场地，精心进行装修设计，力求将各自的品牌形象塑造得最好。

展销结合 特点鲜明

大连车展自创办以来，始终坚持以“展示产品、交流技术、加强合作、促进贸易”为宗旨。突出“展销结合”的特点，通过中外汽车工业的品牌形象的展示，促进国内外汽车行业的交流与合作，推动中国汽车工业、汽车市场及汽车消费的全面发展。本届展会销售和订购汽车2146辆，9年累计销售汽车13613辆，继续保持中国汽车销售量最大的展览会纪录，在国内相对低迷的汽车市场上成为一大亮点。

东风汽车有限公司乘用车公司副总经理任勇对大连车展的市场影响力赞誉很高，他认为：大连是东北首屈一指的汽车消费“前沿阵地”，消费者的消费能力在整个东北是领先的。所以我们会更加关注这个市场，将我们更多更好的产品带给大连人民。南京依维柯汽车北方销售公司副总经理王友强认为，大连车展对车市具有带动作用。他说，大连人的意识很超前，对东北市场有一定的带动和辐射作用，所以此次选择在大连车展上率先推出依维柯都灵V的汽油车，同时带来拥有24种颜色的都灵V“变色龙”，以及素有“欧洲悍马”之称的军用越野车。2003年他们以强大阵容首次参加大连车展后，依维柯的市场份额提高了30%，而2004年在竞争对手销量下滑的前提下，依维柯都灵V的销量却逆势上扬，同比增加了50%，这促使南京依维柯公司将参加大连车展当作一个战略性工程来抓。大连燕德宝汽车公司总经理宋宏达反映，车展开幕仅10多分钟，就有一位客户订购了一辆售价为75万元的宝马X3，第三天又定购出一辆售价80万元的宝马X5，说明大连购买豪华车的能力可观。难怪这家公司组织8辆宝马汽车参展，几乎涵盖了宝马集团所有主要的代表车型，包括已在中国生产和推出的全部5个车款中的4个，代表了世界汽车科技的前沿，也给大连车展带来亮点和看点。大连汽贸通用汽车世界参加了5届大连车展，总经理王大权反映，大连车展已经成为宣传通用汽车世界的窗口，他们经营的品牌欧宝威达、欧美佳、塞飞利、SAAB已经为大连消费者所接受。大连允扬国贸公司董事长董启堂则反映，本届车展期间天公不作美，但本届仍然接到不少订单。尤其是蒙迪欧2.5V6旗舰型，此次刚一亮相大连车展，便赢得了开门红。长安汽车（集团）有限责任公司辽宁省公司市场主管刘渊反映，每天车展结束后，都会有人跟着到经销点看车、选车。本次车展，他们的新车长安雷蒙收获不少，订出20多台。通过本届展会进口车、国产车的旺销，让人们欣喜地看到，大连已不再仅仅是进口车的集散地，正逐步成为国内汽车销售的重要市场，对我国汽车工业的发展起着越来越重要的作用。

个人贷款咨询推动展会成交

大连车展从2000年的第5届开始，就把引入银行、保险机构进行现场咨询活动，作为车展相关活动的一部分，让广大消费者在展场就能办理购车贷款，并能咨询到相关政策，对宣传银行业务，促进汽车消费，扩大展会成交，都起到了良好的推动作用，得到了消费者的欢迎。

2004年，根据国家信贷政策的变化，车展又吸收了其他金融服务公司参加展会的相关活动。在本届车展上，又有中信实业银行大连分行、中国农业银行大连分行等多家银行，以及中华联合财产保险公司大连分公司、大连英和担保股份有限公司等多家汽车金融服务公司，在展会现场推出各种汽车个人消费贷款的举措，为购车者提供服务，使“展销结合”的特点更加突出。南京菲亚特商务部副总经理徐军对大连车展的鲜明特色非常欣赏，他认为，与北京车展更侧重于汽车文化宣传，为概念车和预期投放的新车型的展示不同，大连车展是看车、买车一体化，包括银行、保险和担保公司现场服务，这是厂家一个很好的促销之地，也是大连车展的一大鲜明特色。他们本次订展较晚，展位面积很小，下次这种情况一定会转变。大连百事达超市的经理李嘉鸿说，现在开展担保业务的公司非常多，竞争日趋激烈，大连国际车展历年来形成的以售车为主的特点，使各家公司都不愿错过这个良机来开展业务。

表4-1　大连国际汽车工业展览会历届展会数据

年度/届次	展会规模（平方米）	参展厂商数量(家)			参展整车数量(辆)	参观洽谈人次(万)	展会成交金额(亿)	整车销售书辆(辆)		
		整车	其他	合计				国产	进口	合计
1996年/第一届	21000	34	135	169	196	6.30	2.43	233	738	971
1997年/第二届	21000	45	140	185	234	8.35	4.12	251	755	1006
1998年/第三届	21000	36	150	186	244	8.90	5.01	279	773	1052
1999年/第四届	22000	49	154	203	246	11.93	6.19	525	808	1333
2000年/第五届	23000	46	165	211	349	15.87	6.82	705	709	1414
2001年/第六届	22000	58	162	220	276	18.80	7.33	787	702	1489
2002年/第七届	28000	69	157	226	368	20.50	7.63	822	810	1632
2003年/第八届	30000	76	156	232	484	22.70	10.20	1520	1050	2570
2004年/第九届	35000	102	138	240	449	23.00	9.16	1610	536	2146
合计					2846	136.35	58.59	6732	6881	13613

汽车文化活动丰富多彩

本届大连国际汽车工业展览会得到了政府以及社会各有关方面的密切关注和大力支持。为了帮助参展厂商扩大知名度和影响力，吸引更多的消费者看车、选车、购车，《大连日报·汽车时代》配合展会率先推出东三省消费者看车行、慧眼猜车拼图大赛、车记导购、互动有奖问答、意见反馈接收站、二手车置换平台、“我最喜欢的车型”读者评选、最佳展会广告创意评选、获奖品牌车主媒体看厂行等十大系列主题活动。《新商报·车周刊》配合展会举办“美人豹”杯第9届大连国际车展模特大赛暨网友摄影大赛；大连电台交通频道作为展会现场直播的专业广播媒体，在车展期间设立了展会直播间，为丰富并活跃展会的活动作了充分的宣传。MAZD A6举办的由专业车手进行的试驾表演，把车辆功能与驾车表演融合一体，精彩激烈，烘托了车展的热烈气氛。

2004中国食品博览会扫描

由商务部、湖北省人民政府、武汉市人民政府主办，农业部、科技部、国际食品药品监管局、国家烟草局支持的“2004中国食品博览会”（以下简称“食博会”），于2004年12月11～13日在武汉国际会展中心隆重举行，取得圆满成功。

中国食品博览会作为商务部在内贸领域重点培育的6大品牌展会和在全国范围举办的重大商务活动之一已在武汉培育了10年，在国内食品界及展览界产生了重大影响。

“食博会”创办10年以来先后共有近万家食品工业企业参展，近10万经销商参会，近百外消费者参观。在国内食品行业同类品牌的展会中，它创造了展会规模第一、参会人气第一、贸易成交第一的展贸成果，进而为跃升为食品行业国家级主流品牌展会奠定了良好的基础。

本届“食博会”，既是商务部对湖北武汉这一区域性展会品牌的充分肯定，更是“食博会”自身品牌价值的进一步升华，也是商务部通过政府资源和市场化运作的结合来打造内贸主流展会的一个全新的尝试。因此，为办好本届“食博会”，湖北省与武汉市政府按商务部提出的办展要求，首次推出参展企业“准入制”和专业买家与社会观众内外有别、分期入场的参会方式，提高了参展门槛，严格规范管理，提高了“食博会”的专业质量与效果，实现了参展厂商、行业观众和交易方式的全新转变，取得了参展企业档次、展会布展水平、专业买家参会数量及交易成果为历届“食博会”之最的可喜成果。

本届“食博会”共邀请来自全国各地的品牌食品和食品机械企业达700多家，展出面积2万平方米，共计展位1200个。其中：由各省市组团和知名食品企业搭建的特色展位面积为5千平方米；展示的各种特色食品与食品机械产品达6千余种，参展的专业观众达3千余人次，社会消费者观众达近5万人次，展览成交总额突破60亿元，比2003年“食博会”增加4亿元。

与往届相比，本届食博会发生六大变化：一是展会品牌改造升级，办展主体发生变化。“食博会”由过去为省市政府主办的地区性品牌展会改造升格为国家级内贸领域的食品行业主流品牌展会，并由商务部将其纳为在全国范围内举办的大型展会和重大商务活动之一。这是本届“食博会”最为突出的变化之一。

二是展会组团方式改变，参展商结构发生变化。本届“食博会”由商务部审定展览方案并发文邀请，同时明确了对参展企业实行“准入制”的规范管理。在本届食博会参展的700多家企业中，贵州、武汉等8个省市都组织了10个以上企业的展团。本届“食博会”与往年相比，不仅参展厂商结构发生变化，国内知名食品企业有较大的增加；同时，按“准入制”要求，还有近200家不具备参展条件的食品生产及经销企业被拒之展会门外。

三是展会展销方式改变，“食博会”的专业性更显突出。往年的“食博会”展销是以面向广大消费者群体为主，而本届食博会商务部则明确要求：面向行业专业买家，以行业内大宗贸易展览交易为主。改变展会展销方式，突出“食博会”的专业性，也是商务部对本届食博会品牌培育的新要求。

四是展会主办规格提高，商务部、农业部、科技部、国家烟草局、中国食品工业协会及全国38个省、市的领导及部门负责人都亲临本届“食博会”参观指导。这不仅体现了各级政府对事关国计民生的食品生产与流通业的高度关注与重视，而且也体现了“食博会”这一行业主流品牌展会的良好发展态势。

五是参展交易对象改变，专业买家成为参加展会交易的主体。据了解，境内外知名超市企业的采购团如：沃尔玛、家乐福、麦德龙、普尔斯马特、百盛、上海农工商、北京燕莎、武汉中百集团等都派出了强大的采购阵容参加“食博会”，当地的200多家食品经销企业也派出大批采购商参会，全国各地组织的专业采购商、供应商和经销商代表共达近3千人。

六是展会举办方式改变，到食品产地城市巡展成为今后“食博会”的发展方向。商务部为把“食博会”打造成行业主流展会，已改变过去将“食博会”固定在一个城市定期举办的方式，采取春、秋两季轮流到食品产地城市巡展的办法，并按省市政府申办、市场化运作的模式培育操作。目前，申办"食博会"的省市已达15个。"2005（春季）中国食品博览会"在山东济南市举办。

食品品牌企业多、地方特色食品多、当地出产的新食品多、食品行业《论坛》规格高、展商会期促销花样多、展后服务有创新是本届食博会的"六大亮点"。

一是食品品牌企业多。本届食博会汇集了各地的名烟、名酒、名饮、名茶、名吃等特色食品达6千余种。其中：茅台、五粮液、珠江、华润、张裕、伊利和双汇等200多家知名食品企业，都以其强势品牌的优势在"食博会"上展现企业的风采。

二是地方特色食品多。本届食博会汇集了全国38个省市及地区风味各异的特色环保食品。其参展的新品种达1200余种，产品涉及天然生成、生长、种植、养殖、腌制、烘培、熏烤、蒸煮、煎炸、酿造、烹饪等各类食品、饮品、调味品、果蔬、菜肴和茶类食品。

三是当地出产的新食品多。湖北、武汉作为本届食博会的东道主，其本地知名的食品企业如：王帅府、福达坊、统一、元辰、黄鹤楼等老牌新秀都在本届"食博会"上展露风采，300多种特色食品让各地买家争相选购。

四是食品行业"论坛"规格高。"中国食品市场发展论坛"作为本届食博会安排的展会主题活动之一，为参展商在展会期间提供了一个业内人士之间交流和政府与行业之间交流的平台，行业专家及企业家就"深入实施三绿工程、促进食品市场健康发展"、"中国烟草产业运行状况与趋势分析"、"实施食品放心工程、开展食品转向政治工作情况"等热点议题进行专题演讲。这是近年来国内食品行业的一次最高规格的论坛，也是本届食博会的一个新亮点。

五是展商会期促销花样多。在本届食博会期间，除组委会在报刊、电视、路牌等相关媒体集中组织广告宣传外，各地参展商还在食品促销的包装上下足了功夫；欢快的民族舞、两只巨型热气球、古琴演奏古乐，让人犹如置身高山流水的意境，吸引了大批客商排队观看、品尝。

六是展后服务有创新。本届"食博会"为满足参展商和消费者要求，借展会搭桥，由组委会与武汉中百集团联手，在展览闭幕后，免费为参展企业提供在"中百仓储"所属的300多个超市网点设立"中华特色食品专柜"，举办元旦、春节展销月活动，为参展厂商解决进超市难的问题创造了新的经验。

本届食博会，虽然按商务部要求向专业品牌展会的培育目标迈开了崭新的一步，取得了圆满的成功。但它仍然建立在武汉"食博会"传统特点的基础之上。因此，为确保"食博会"下步到各省市巡展的有序运作，特对"食博会"的相关组织工作提出如下几个方面改进意见：

1. 对食博会的品牌定位，应与其展会自身的特点规律相适应；若要对展会进行高起点定位，就应有高起点的促进措施与之相配合。

2. 在品牌展会的培育过程中，应有效地发挥好政府资源在宣传、动员及组织上的导向作用，为"食博会"的招展招商提供强有力的组织保障。

3. 应加强对"食博会"的预见性，以有效的预案，防止变革过程中的"不适应"；会期的安排应结合食品地域性消费的特点，并满足向社会公众开放的时间要求。

4. "食博会"的招商招展可按市场化方式实施运作，并由企业承担风险。但大型展览会务的组织工作应由政府一个口径统筹安排、统一接待。

5. 会期的活动安排必须贴近展会实际，举办高层论坛应注重实际效果。

6. 商务部应重视对政府相关部门多头、多级收费问题，下大力煞住借大型展会"乱收费"的歪风。

——《中国对外贸易——中国展览》

打造品牌展会核心要素

——剖析广州国际照明展成功因素

广州国际照明展览会创办于1996年，至今已连续举办了九年，展览面积平均每年以70%的速度增长，目前已发展成为世界第二、亚洲第一的国际级照明展。本文作者从专家的角度对广州国际照明展览会的成功进行了剖析，以探讨品牌展会成功的核心要素。

主题准确——产业基础"坐庄"

产业作为会展业发展的基础，是展览会在进行展览策划时首要考虑的因素。广州国际照明展览会的主办者广州光亚展览公司在进行展览策划时选中照明产业，缘于当时中国照明产业的生产规模稳居世界第一。中国有7千家以上的照明生产企业，1万多家建筑技术生产企业，中国同时也是最大的照明产品出口国。另外，中国农村人口有向城市大转移的趋势，未来15年预计将有5亿人口转入城市，照明与建筑技术产品是城市扩容时需求量最大的两类产品之一。照明与建筑技术产品在中国有无尽的发展空间。随着2008年北京奥运会、2010年上海世博会和广州亚运会在中国的相继举办，我国许多城市进行的城市改造工程以及居民家装工程等大量启动，我国照明市场正以每年15%的高速度增长。故此，主办者判断，照明+建筑电气技术展览在中国会有强劲的发展趋势。

地利人和——广州具备办展的软硬件条件

“广州国际照明+建筑电气技术展览会”选择在广州举办，是其成功的又一重要因素。一是政府对会展业的扶持。广州政府将发展会展经济作为一项重要的经济政策，力争借助地处泛珠三角核心经济圈的区位优势，全力打造国际会展之都，会展业成为广州四大支柱产业之一（造船、汽车、会展、物流）。二是雄厚的经济优势。珠江三角洲是全国改革开放最早、中国经济最发达、增长最迅速的地区之一。广州位于最具活力的珠三角的腹地，经过20多年的改革开放，广州的GDP总量突破3600亿元；另外，珠江三角洲经济带已成为世界最大的生产基地之一，以照明产业为例，中国60%以上照明企业集中在以广州为中心的珠江三角洲经济带。广东省是中国灯饰及灯饰配件最主要的生产基地，产品范围广泛全面，从大型的工商业照明到高品质的室内照明一应俱全。广东照明产业以装饰用灯为主，它以中山市古镇为中心，向全国乃至世界辐射，并形成了配套化的产业链。三是优越的地理位置。广州毗邻香港和澳门特别行政区，是中国南部经济、文化的中心，又是中国重要的海空大港和交通、通讯中心，中国经济可以通过广州及整个珠三角地区走向全世界。四是城市环境良好。广州先后建成地铁一号线、二号线、内环路和外环路；广州新白云机场是中国最重要的空港之一；广州拥有目前仅次于德国汉诺威展览中心的世界第二大会展中心。广州还是著名的旅游城市，其商业文化、饮食文化丰富，对海外专业买家有一定的吸引力。此外，广州开放程度高，企业服务意识强，服务的专业化水平高。

合理定位——角逐差异竞争

展览会定位要求主办者具备战略眼光，要对世界经济、中国经济、产业历史、当前的产业状态及未来的发展有全面的了解，要考虑有没有相类似的主题展览会，其竞争对手的力量如何？能否进行差异定位？照明展在中国有很多，包括广交会有一个照明展区。这些没有对“广州国际照明展”构成威胁。而随着外资展览公司的进入，国际上的品牌展会可能会造成威胁。在这种情况下，基于法兰克福被誉为全球展览业“航空母舰”，为了规避风险，2003年11月18日，广州光亚展览贸易有限公司与法兰克福展览有限公司实现了联合，对广州国际照明展项目进行评估作价，法兰克福按作价金额投入其中50%资金，并获得该照明展50%股份。根据合作协议，法兰克福一百多年积累的128个国家和地区几十万的客户资料，包括专业参展商及买家的庞大网络无偿提供给广州照明展，广州光亚展览公司8年来积累的国内市场、客户、专业参展商及买家的资源，也与法兰克福共享。光亚通过与法兰克福整合，进一步提高了广州国际照明展的国际化程度，有效地避免了竞争，获得了双赢。

换位思考——从参展商的角度来拓展

赢得参展商的参与是大型国际展览成功的开始，组织专业大型国际展览是为了满足参展企业的贸易需求。广州国际照明展一直致力于和参展商共同开发。

以2004年作说明，2004年有来自22个国家及地区的917家企业参加这次展览会，其中包括172家海外参展商。约有40%的参展商展出了专业照明产品，30%的参展商展出了家居/市内的照明产品，25%的参展商展出了电灯，22%的参展商展出了配件，8%的参展商展出了照明控制与测量系统。

企业决定参展，是认为参加大型国际展览能为企业带来价值，能满足他们宣传产品、树立企业形象、促进贸易订货等需求。广州国际照明+建筑电气技术展览会组办者进行换位思考，从参展商角度进行展览策划，其主要做法体现在两个方面：

一是设立品牌馆。尽管我国照明行业得到了快速发展，但与进口品牌相比，本土照明生产企业存在着企业多、规模小、手工作坊和手工生产的竞争劣势，缺乏核心技术和国际知名品牌。为了加强本土照明生产企业的品牌意识，突出地传播一些知名企业的品牌形象，2004年广州国际照明展首次设立了品牌展馆。光亚设计“品牌展区”主旨就是将照明行业的知名品牌和实力企业集中起来，通过一定的门槛来突出这些企业的品牌形象，传播“品牌——质量——诚信”概念。进入品牌馆本身就体现了品牌效果，因为要求那些进入品牌馆的企业对展会的投资至少20～200万元，且要具有诚信认证。在整个展馆的布置方面，要根据公司本身特点及产品特点特殊装修，特殊推荐，以更好体现企业形象。行业领头羊TCL照明、飞利浦、ISOLA、吉迪尼等纷纷落户品牌馆。

二是加大对专业观众的推广邀请力度。参展商实现参展价值的关键，在于是否有大量高质量的专业观众。2004年广州国际照明展海外观众的邀请由法兰克福来组织，光亚同时在国外16家杂志、国内32家杂志以及网站如搜狐、阿里巴巴以及全球报、环球资源这些专业网站的贸易版等进行推广，做了全方位的宣传。在强大的宣传和细致的组织下，2004年广州国际照明展共有观众3.5万多人，分别来自90个国家和地区，其中来自海外的观众多达3727人。

综上所述，由于选择题材准确，举办地点适合，结合自身实力合理定位，规避竞争风险，加上站在参展商的角度与参展商共同发展，“广州国际照明+建筑电气技术展览会”获得极大成功。主办者乐观地估计，未来三年内至少可保持40%的发展速度，到2007年可预期展览面积将达到16万至20万平方米，“广州国际照明+建筑电气展览会”成功经验值得会展同行借鉴。

——《中国会展》刘松萍

国际展览界群雄云集北京 吴仪副总理亲临现场演讲

——首届中国会展经济国际合作论坛取得圆满成功

中国贸促会展览部 刘小冬

经国务院批准，中国贸促会与国际展览局（政府间国际展览组织）和国际展览管理协会、独立组展商协会、全球展览业协会（全球性非政府间国际展览组织）合作，于2005年1月11～13日在北京举办了“首届中国会展经济国际合作论坛”（China Expo Forum for International Cooperation，简称：CEFCO），此届论坛获得了圆满成功。

一、举办论坛的背景情况

国内背景。近年来，我国展览业有了很大发展。自从改革开放，特别是上世纪90年代以来，中国展览业空前活跃，总体规模年均增长近20%，在全球展览业中异军突起，形成了一个新兴的展览业市场。仅2004年，中国举办的经贸展览会达到2500多个，展览业直接产值达到92亿元人民币。目前，全国有150多个展览场馆，面积约130万平方米。中国已经拥有一批具有国际水平的现代化展览场馆，形成了一些具有一定实力的展览集团公司，也培育了一批水平高、影响广的名牌展览会。

尽管中国27年的改革开放使得中国展览业有了较大发展和显著提高，但中国展览业整体水平和实力同国际先进水平相比还有很大差距，需要学习和借鉴发达国家的经验，进一步深化展览业体制改革，尽快建立展览行业组织，以加强展览企业的自律和经营能力的提升。

我国会展产业正在逐步走入快速发展的历史时期，机遇与挑战并存。党的十六届三中全会鲜明地提出了树立和落实全面、协调、可持续的科学发展观的要求，中国展览业以科学发展观为指导，全面建设和推进展览业可持续发展战略。中国的展览企业和相关组织，需要通过积极同国际展览界开展形式多样的互利合作来壮大自身的实力，引进先进经验和管理诀窍，提高各方面的水平，培养出一支高水准的展览专业队伍。国内需要一个与国际展览界开展交流与合作的平台。

国际背景。上世纪80年代末90年代初，外国展览公司就已开始进军中国展览市场。外国展览公司在中国建立合资或独资展览公司，深度开发中国展览市场。如美国克劳斯公司（E.J.KRAUSE）、CMP展览集团、荷兰皇家展览集团公司、VNU展览集团、法国爱博展览集团、法兰克福展览公司、杜塞尔多夫展览公司、慕尼黑展览公司、汉诺威展览公司等都在中国建立了合资或独资公司。

这些合资或独资公司宣传、推介其在本国举办的展览会，间接或直接地组织中国公司企业参展。外国展览公司的优势在于它有完善的营销网络、雄厚的资金、高素质的人才、健全高效的组织和丰富的管理经验。此外，外国资本开始投资中国展览场馆建设，如德国的汉诺威、杜塞尔多夫和慕尼黑展览公司共同投资上海新国际展览中心，表明外国展览公司开拓中国展览市场的长期战略和参与中国展览市场竞争正在升级。外资进入中国展览市场，带来了会展运作、展示设计、管理策划、高级公关、国际营销等方面的技术，也带来了新的理念和方法，这对于基础薄弱、理论研究匮乏的中国会展业将是一个很好的学习机会。另一方面，外国展览公司也将迫使中国会展企业自我净化、自我规范，寻求新的发展之路。

中国加入WTO已三年有余，服务贸易领域中的展览业将全面对外开放，为境外展览资本、项目、管理技术和展览专业人才进入中国市场提供了客观条件。

在上述背景下，中国贸促会与全球展览业协会（UFI）、国际展览管理协会（IAEM）、独立组展商协会（SISO）携手合作，共同创立举办中国会展经济国际合作论坛（CEFCO）。首届论坛主题是“开放·合作·共赢”，旨在落实以科学发展观全面建设和推进展览业可持续发展战略，为中外展览界提供互利合作的平台，提升中国展览业在国际合作和竞争中的能力和水平。

2004年4月，吴仪副总理访问美国时，中国贸促会与总部设在美国达拉斯的国际展览管理协会（IAEM）签署了《关于促进中美展览业交流与合作协议》。举办本届论坛，是双方落实上述协议，开展新一轮合作的重要举措。国际展览局、全球展览业协会、独立组展商协会和国际展览管理协会等国际展览组织作为本届论坛活动的共同主办和支持单位，使其具有了更加广泛的国际影响。同年6月，在中国贸促会主持召开的2004年全国出国经贸展览工作会议上，中国贸促会与全球展览业协会（UFI）、国际展览管理协会（IAEM）、独立组展商协会（SISO）正式签订了《关于共同举办“中国会展经济国际合作论坛”的合作协议》，国际展览局（BIE）、德国经济展览委员会（AUMA）等国际展览组织，作为支持单位对于论坛的举办给予积极的协助。

二、论坛的内容安排

论坛组织机构。论坛经国务院批准，由国家发改委、科技部、商务部、海关总署、旅游局、国务院新闻办、国家外专局和北京市人民政府、国际展览局（BIE）、德国经济展览委员会（AUMA）共同支持，由各支持单位领导组成指导委员会，对论坛各项筹备、组织工作给予指导。

论坛组委会由中国贸促会领导、合作主办方领导以及国内15个展览行业组织、组展单位的领导组成，体现广泛的参与性和包容性。

论坛设立顾问委员会，由24家世界知名展览企业的高层领导人和一家中国境外企业领导人担任。顾问委员会的职能是对论坛工作提出意见和建议。

论坛内容安排。本届论坛由两个板块组成：“论坛会议”和“中国国际展览和会议展示会（简称展中展）”。

“论坛会议”板块包括论坛大会开幕、“开放·合作·共赢”主题大会、面向21世纪的会展城市论坛、会展业全球CEO峰会、会展行业组织圆桌会议、展览项目合作推介会和洽谈会。

对论坛进行上述内容安排和活动设置，旨在为中国和国际展览界搭建广泛交流与合作的平台。与会嘉宾和代表围绕会展经济的热点问题展开研讨，中外展览界同仁共同探索发展和合作之路，扩大中国会展业的对外开放和招商引资，推进中国会展业的法制化、专业化、市场化和国际化，实现中国会展业与国际会展业的战略性合作。

论坛力图体现出国际性、专业性和开放性的特征，安排了中外展览业项目推介和洽谈会。

“展中展”(InterExpo 2005)。作为中国会展经济国际合作论坛的组成部分，第六届中国国际展览和会议展示会（展中展）与论坛同期举办。“展中展”主要是展览业内公司展示、培训和专题讲座等，展出面积为8000平方米。此展示邀请外国驻华使领馆商务机构、商协会及贸易促进机构等方面的人士参观展出或进行洽谈，促进业内企业的合作与交流，促进展览网络渠道的建设。

论坛举办的展览培训包括展览培训讲座和专题讲座，主要涉及“如何有效组织观众”、“展览会系统工程”、“如何管理展览会的危机”、“同类竞争性展览会的信息管理”等题目。

三、举办论坛的情况

首届中国会展经济国际合作论坛于2005年1月11～13日在北京中国大饭店举行。来自德国、法国、意大利、美国、日本、瑞典、中国及香港、澳门等17个国家和地区的约650多位中外展览业人士出席了此次论坛，其中境外代表人数近150人。这是一次国际会展业的全球性精英聚会。

此次论坛得到了政府的高度重视。国务院副总理吴仪亲临论坛并发表重要主旨演讲。吴仪副总理回顾了改革开放以来我国展览业发展所取得的成就，并对中国展览业向法制化、产业化、市场化和国际化的方向发展提出了具体要求。

随后，中国贸促会会长万季飞、国际展览业协会董事总经理文森特·吉拉德、国际展览管理协会董事总经理史蒂文·哈克、独立组展商协会执行总经理玛丽·贝丝·瑞贝德、国际展览局主席吴建民、国家发改委副主任李盛霖、商务部副部长于广洲、中国经济体制改革研究会会长、著名经济学家高尚全、中国贸促会副会长高燕、德国经济展览委员会首席执行官克莱斯分别进行了演讲。美国驻华使馆公使衔商务参赞克莱格·艾伦先生作为美国商务部副部长的代表，以发展中美两国的贸易关系为题了进行演讲。全国人大副委员长成思危先生出席论坛的开幕晚宴以示祝贺。

中国贸促会副会长高燕在论坛上做了关于发布《2004年中国会展经济发展报告》的报告。《报告》以宏观论述和分行业、地域或城市微观点评相结合，对2004我国展览业和会展业发展做出基本评估或总结，其中首次发布会展业的一些最新统计数据和对国民经济影响的百分比统计参数。以此为基础，《报告》进一步分析了目前我国会展业呈现出的新业态、国家宏观经济政策和市场经济发展对会展业发展的影响以及存在的主要问题等。《报告》对中国会展业未来的发展趋势进行预测并提出了努力的目标。《报告》是中国展览业第一个比较权威的研究及总结报告，填补了空白。发布《中国会展经济发展年度报告》将成为中国贸促会展览工作的重要内容之一，作为论坛的固定题目，每年都将在论坛上发表。

中国许多城市将展览作为“以展促贸、以展引资、以展会友、以展兴市、以展扬名”的支柱性产业来发展。经过十多年发展，初步形成了北（以北京为中心）、东（以上海为中心）、南（以广州为中心）三个较明显的、各具特色的展览经济产业带，城市会展经济发展炙手可热。“面向21世纪的会展城市”论坛中，北京市副市长陆昊、上海市副市长周禹鹏、广州市副市长陈明德、大连市副市长邢良忠、厦门市副市长黄菱、成都市副市长何华章、义乌市市长吴蔚荣、沈阳市市长助理杨亚洲以及日本爱知县特别顾问菅沼惠勇先生、新加坡国际企业发展局副局长谢忠文先生等同台亮相，根据各自城市发展展览业的经验，分别以“会展业与区域经济建设”、“会展业对城市经济的拉动作用”、“会展城市未来发展战略”、“场馆资源的规划与利用”、“政府在推动城市会展经济发展的作用”等为题进行了演讲，探讨21世纪的会展城市发展之路。他们对如何筹备、举办好2010年上海世博会也提出了建议。

论坛的会展业全球CEO峰会上，邀请来自德国的法兰克福展览有限公司、纽伦堡展览有限公司、德意志（汉诺威）展览公司、科隆展览公司、慕尼黑展览集团公司、杜塞尔多夫展览有限公司、意大利波伦亚国际展览公司、英国励展博览集团、蒙哥玛利展览集团、亚洲博闻有限公司、美国MediAlive国际展览集团、UPS联合包裹公司、荷兰VNU欧洲展览集团、日本交通公社、日本康格会展公司、新加坡国际展览集团公司、香港讯通控股有限公司以及中国国际展览中心集团、上海世博（集团）公司、深圳市优博国际展览有限公司等20家国际展览业知名企业家共聚一台，展开高峰对话。这些企业包括以展览业为主的跨国公司、大型展览服务商、媒体公司等。他们分别以“会展经济的跨国合作”、“会展经济资本运作的策划与谋略”、“知名品牌展览公司的海外战略”、“会展业服务商的挑战”、“跨国展览公司的经营与开拓策略”、“展览公司的海外营销”、“会展业服务商的商机与策划”、“如何打造世界级的专业贸易博览会”等为题发表演讲。他们普遍谈到了展览业如何面对今后的竞争，如何进入中国市场参与合作，如何开展展览业的培训、如何规范展览业的标准评估等问题，并同与会代表进行了交流。

论坛的会展行业组织圆桌会议上，中国贸促会、德国经济展览委员会、全球展览业协会、国际展览管理协会、独立组展商协会、韩国大韩贸易投资振兴公社、欧洲主要展览馆协会、意大利贸易展览会协会、法国国际专业展促进会、泰国贸易展览会协会、泰国会议展览局、美国设备制造商协会、香港会展业协会、中国展览馆协会、北京国际会议展览协会、深圳市展览行业协会等16个知名展览行业组织的领导人展开圆桌会议，共商会展行业组织的建设大计。圆桌会议以会展组织的结构与职能、会展组织行业建设、对中国会展行业组织建设的建议等为题进行对话交流。在中国成立全国性的会展行业协会，是业界由来已久的愿望，但中国全国性的会展行业组织至今仍然没有成立。在中国会展业面临市场转型和走向产业化道路的关口，对会展行业组织的建设及其作用进行讨论，这将有助于中国会展业成立全国性的行业组织——中国全国会展业协会。

在展览项目合作推介会暨展览合资合作洽谈会上，德国法兰克福展览有限公司、纽伦堡展览有限公司、贸促会广州市分会、贸促会大连市分会、沈阳市人民政府、义乌市委宣传部、贸促会厦门市分会、英国励展博览集团、深圳市优博国际展览有限公司、北京变色龙展示有限公司、美国BPA审计公司、广州花城会展中心、澳大利亚展览会注册公司等13家单位和公司，进行了相关合资、合作项目的介绍、宣传和推广，内容涉及展博览会、展览品牌、展览场地、展览服务等领域的合资合作项目。这是中国会展业与国际会展业开展战略性交流与合作的一次有效尝试。

作为此界论坛的第二个板块，第六届中国国际展览和会议展示会（展中展）于论坛开幕1天后即1月12～13日在中国国际展览中心举行，共有国内外120多家会展企业参展。此届展览会设计水平、搭建质量、展出规模、观众数量均比前5届有较大程度的提高。展览会期间，首次开创性地举行了由展览会主办商、展览会工程搭建商、展览场馆管理商及展览业运输服务商等参加的“四方对话”，同台开展交流互动。展览会针对各行业商务企业（参展商）举办大规模的免费培训式讲座《参展商培训讲座》，题目主要有“如何有效组织观众”、“展览会系统工程”、“如何管理展览会的危机”、“同类竞争性展览会的信息管理”等。通过六个部分17个专题近50项内容的讲座，为国内展览组织者创造了一个给客户提供附加服务和交流的平台。

四、论坛的特点

经过精心筹划、筹备和组织，首届论坛的规格、质量、影响力和声势都达到了预期的效果，取得了圆满成功。首届论坛有以下特点：

政府支持。首届论坛经过国务院审批，由国家发改委、科技部、商务部、海关总署、旅游局、国务院新闻办、国家外专局和北京市人民政府作为支持单位，这8家部委署局办市领导亲自担任论坛指导委员会委员，对论坛的各项工作进行指导，体现了中国政府对此届论坛的积极支持。此外，广州市、上海市、大连市、厦门市、沈阳市、义乌市等城市的政府也积极支持和参与论坛活动。上海市副市长周禹鹏主持了“世博之夜”晚宴，广州市副市长陈明德在“广州欢迎您”午宴上致词，欢迎各位代表2006年1月在广州相聚。义乌市市长吴蔚荣、沈阳市市长助理杨亚洲等分别举行了新闻发布会，向媒体介绍相关情况。

高层领导与会演讲。首届论坛参会代表众多，层次高，讨论议题广泛，既涉及眼前的发展，又关注会展业的可持续发展。国务院副总理吴仪亲临论坛并发表重要主旨演讲，对我国会展业的发展进行全面回顾和展望，阐述中国政府鼓励和促进发展会展业的重要政策，提出了具体的目标和要求。这是新中国成立后，首次由国家领导人将展览业作为一个产业而做全面的政策性阐述，意义深远，影响巨大。

国家发改委副主任李盛霖、商务部副部长于广洲、中国经济体制改革研究会会长、著名经济学家高尚全等领导参加论坛并进行了演讲，分别从不同的角度对中国展览业的发展提出了要求，体现出国家各相关部委对中国展览业发展的关注和支持。

企业参与。参加首届论坛的国内外组织、协会、公司、企业为290家，其中境外为100家。国际展览业知名组织、协会、公司、企业的领导人基本上都参加了论坛和相关活动。此届论坛体现了参与的广泛性。

此外，德国的法兰克福展览有限公司、英国励展博览集团、上海世博（集团）公司、深圳市优博国际展览有限公司、义乌市小商品城会展中心、贸促会电子行业分会、沈阳世界园艺博览会组委会、广州花城会展中心、北京变色龙展示有限公司、北京亚海会展有限公司等单位和企业，利用此届论坛的平台，通过商业赞助的形式进行广泛宣传，取得了较好的效果。

媒体宣传。本次论坛也受到媒体的关注，中央电视台、中国国际广播电台、新华社、国际商报、中国经营报、经济参考报、新浪网等媒体单位均对论坛盛况进行了广泛报道，并在论坛现场对一些领导人、中外展览业人士进行了采访报道。

注重实效。在论坛筹备初期，就论坛有关的议题，主办方与各主办方多次磋商，专门召开会议，与业内人士反复沟通，确定哪些是当前展览界最关注、最值得讨论的话题，再邀请相关领域的专家为大家答疑解惑。在议题的设置上，注意了时代感与现实感的有机结合，强调互动。

本届论坛议题体现了宏观与微观相结合的特点，既有国际和区域性合作、中国会展经济发展年度报告的发布与研讨等内容，也有会展城市论坛、会展行业组织论坛行业性的专题讲座，还组织了中外展览合作项目，开展了展览业品牌、资金、技术、服务的项目推介和招商引资项目的洽谈以及人才培训与展览管理技术的引进等交流内容，还有关于展览业的展示，非常务实。在形式上将会议和展览有机结合，既有交流的平台，又有展示的空间，更充分地体现出会展业的行业特点。

五、倾力将论坛打造成为国际知名品牌

首届中国会展经济国际合作论坛在北京举办，是中国展览业的盛会，也是全球展览业的一件大事。

参加论坛的各国代表认为，首届论坛有创意新、规格高、论坛广等特点。论坛筹备时间短，但经过各方努力，论坛各项筹备、组织工作做得较好，领导运筹帷幄，工作团队表现出色，在业界影响很大，首届论坛在会议规模、宣传、造势等方面，取得了良好效果，他们纷纷对论坛的成功表示祝贺。

目前，国际展览业上最重要的论坛是国际展览管理协会（IAEM）的年会和全球展览业协会（UFI）年会。国际展览管理协会年会一般在每年12月举行，参会代表多达2500人以上，其中美国境外代表约150人左右，内容包括大会、峰会、项目推介和“展中展”展览会，从参会规模和内容安排来看，该论坛应当属国际展览业第一论坛。

全球展览业协会（UFI）年会一般在每年11月举办，参会代表约350人左右，内容包括大会和峰会。首届“中国会展经济国际合作论坛”的规模和内容安排已经超过全球展览业协会年会。我们的目标是倾力将论坛打造成为国际展览业知名品牌。

回顾首届论坛的组织和举办，论坛的主题会议、会展城市论坛、会展业全球CEO峰会、会展业行业组织圆桌会议、中外展览项目推介会、中外展览合资合作洽谈会等，已经得到各方的认可，应该作为论坛的固定内容保留下来，要成为论坛的特色，但每届要有改进，要有创新，适应业界新的形势和要求，每届能够吸引新的代表参会。论坛的继续举办，存在一个可持续发展的问题。每届再针对业界新的形势、新的特点、新的问题，进行不同的策划、设计和安排。

首届论坛尚存在着许多不足，如日程内容过于丰富、嘉宾演讲时间较短、同与会代表互动交流不够、没有实现网上报名和网上代表间的联络与交流、论坛与“展中展”场地不在一起，影响了代表与参展公司的交流等，这些都需要在下届论坛举办过程中予以改正。

第二届论坛将移至广州市举办，各项筹备工作将逐步展开。我们将首先向业界进行调研，了解业界的需求和呼声。在论坛整体策划、设计和安排方面，我们要充分考虑中西文化的差异，我们鼓励演讲人讲短话，讲精华，增加他们同代表的互动和交流。

第六届展中展：新气象新思想

2005年1月12～13日，一年一度的展中展在北京中国国际展览中心举行。与前几届展中展不同，在这次展会上，标摊展台少了，取而代之的是特装展位，在国展8号国际展馆6000平方米的展览场地内，41家特装展位显得气势不凡。

尤为引人关注的是，德国展览业巨头全体亮相，刚在上海成立不久的日本独资公司，康格会展（上海）有限公司也盛装出席，海外驻华商社，香港特区以及台湾省展团也倾情加盟。特别值得一提的是，由刚刚成立的展览馆协会展览组织委员会组织的28家拥有国际品牌的展会组织机构首次以展团的形式参展，可谓盛况空前。

新展馆不遗余力。“郑州国际会展中心在没有动工前，就已参加两届展中展，不是新面孔了。但郑州国际会展中心还只是刚刚出生的婴儿，非常需要象展中展这样的行业展会，与会展业界进行交流，让业界都知道，希望引起业界的关注，更希望将来能有合作。因为，郑州国际会展中心2005年7月正式启用。”郑州国际会展中心的副总经理曾华如是说。

展中展上，首次露脸的新展馆还有：大连世界博览广场、成都新国际会展中心、潍坊富华国际展览中心，参加展中展的迫切心情，都和郑州国际会展中心一样，太希望引起业界的关注，更急于寻求合作商机。

展中展每年举办一次，而今年的展中展盛况空前，被业界关注的程度是前几届不曾有过的。潍坊富华国际展览中心有限公司副总经理于菲菲很激动，她表示，第一次参加展中展，了解到会展行业那么多的管理经验，真是受益匪浅。

良性互动是魅力所在。此次展中展是第一次由中国展览馆协会承办。中国展览馆协会理事长梁文接受媒体采访时表示，本届展中展，参展商愿意参展的原因有很多，其中最重要的原因是主题确定得比较好。另外，前几届展中展缺少观众，越办越困难，主要是没有界定清楚观众究竟是谁。观众基本都是一些会展业界的人，而这些观众肯定不是展中展参展商所期待的观众，一个没有有效观众的展会，肯定越办越困难。

很显然，中国展览馆协会承办展中展，先从找准定位入手，在展览这个产业链上，组展商处于上游位置，只有上游企业参加展中展，下游相关企业才能对这个展会感兴趣，才能吸引更多的观众。这次展中展的亮点之一，就是一个由28家组展商组成的中国国际展览组织展团，只有组展商参展，才能全面展示会展行业的发展水平。事实上，这届展中展，基本上也找准了观众定位。梁文认为，这届展中展，亮点定位、主题定位都比较清晰，对行业具有了一定的吸引力，前几届展中展，论坛、讲座都是单方面的演讲，没有互动。基于上述考虑，此次展中展期间，举办了“四方对话”活动。让主办方、场馆、工程、运输4方代表坐到一起，了解每一个环节的难点，看到相互配合、相互沟通、相互谅解的重要性和必要性。只有四方产生良性互动，才会共赢。

主办权易主使展会“变身”。业内人士比较清楚，前5届的展中展，从上海到北京、到广州、到武汉、再到上海、到北京，一直由中国国际展览中心集团公司和上海市贸促会主办，中国国际展览中心和上海国际展览中心承办。因为是会展企业牵头，使得这个会展行业的展会，在某种程度上缺少一定的影响力，也曾经因为观众少而面临窘境。

从本届开始，展中展由中国贸促会（CCPIT）、国际展览局（BIE）、国际展览管理协会（IAEM）、独立组展商协会（SISO）、全球展览业协会（UFI）联合主办，承办由原来的两家企业变成中国展览馆协会，而北京、上海贸促分会和中国国际展览中心集团公司为协办单位。这样，“展中展”这个展览人自己的展览会，才“变身”为展览业的盛会。

——《中国贸易报》

裘交会锋芒显现

2005年1月11～13日，由国际裘皮协会及中国食品土畜进出口商会支持，中国土产畜进出口总公司及三利广告展览有限公司主办的第31届中国国际裘皮革皮制品交易会在北京中国国际贸易展览中心举办。做为跻身于亚洲最大，国际第三大的裘交会，这一届承载的主题更为深化：让中国的裘皮拥有自己的品牌，摘掉中国只能做品牌加工的帽子，促进裘皮服装产业由生产大国、贸易大国迈向品牌强国。

本届展会最大的突破就是举办了首届中国国际青年裘皮服装设计大赛，大赛以引导裘皮服装设计师设计品牌化、社会化、市场化为主旨，创造时尚的服饰文化氛围，从而推动中国裘皮服装产业的发展。

规模：居亚洲之首。此次裘交会有来自中国、美国、加拿大、俄罗斯、英国、德国、意大利、希腊、土耳其、西班牙、丹麦、挪威、韩国、澳大利亚等多个国家和地区的企业参展。参展商达到230家，其中外商48家，展出面积占总面积的20%；裘皮服装服饰在展会中的比重增加，今年参展裘皮服装服饰的企业已经达到了20%，较去年增长了5%，参展面积占总面积的25%；本届裘交会展览总面积为1.3万平方米，启用了国贸3个展厅的全部展览面积，较去年增长了30%，成为亚洲规模最大的裘皮交易盛会；参观交易会的观众达1.2万人次，这些都创下了最高记录。

据了解，上届裘交会有15%的参展企业为裘皮服装生产企业，而今年参展的同类企业已经达到了20%，参展面积占总面积的25%。

值得一提的是，裘交会国际化水平越来越高，首次参展的希腊裘皮公司AVANTI FURS的裘皮服装展位就达到了160平方米，挪威拥有上百年历史的裘皮服装企业RIEBER SKINN

表4-2　　国际国内主要同类展会一览

举办时间	展会名称	展览面积（平方米）
每年1月	中国国际裘皮革皮制品交易会	13000
每年2月	香港国际裘皮服装展览会	15000
每年3月	法兰克福裘皮服装展	8000
每年4月	米兰国际裘皮时装展	18000
每年4月	希腊卡斯托里亚裘皮展览会	6000
每年10月	莫斯科裘皮服装展	8000

也首次参加了交易会。

更为引人关注的是，国际裘皮协会以及北美裘皮协会还组团参观了这次国际裘皮盛会。

有业内人士认为，这是一个强烈的信号：中国不仅是世界裘皮服装加工大国，也将成为世界裘皮服装消费大国。

回头率：八成企业跟着展会走。浙江桐乡市银杉皮草有限公司已多次参加裘皮展，其工作人员介绍说，经过近几年的快速发展，裘交会已树立其在行业内的权威地位，其国际范围的影响力正在稳步提升。展会上，几乎有八成的参展商，都是多年来一直参展的企业，如北京元隆皮草皮革有限公司、肃宁华斯裘革制品有限公司、北京圣龙利泰毛皮制品有限公司，还有一些国外的公司也都一直在展会上见面，每年也都有一些新面孔的加入，部分还属于新生力量，参加展会，希望通过这样的一个平台，了解市场的同时，也让市场知道公司的品牌。

他认为，这届裘交会与历届展会相比，有几个明显的特点：首先，此次裘交会在国际同类展会中的品牌地位进一步巩固。其次，裘皮“产业链展”的特点更加清晰。第三，裘皮服装在产业链上龙头地位进一步凸现。第四，设计在裘皮服装服饰中主导地位进一步加强。

——《中国贸易报》

Nepcon China展览会 领航中国电子业

2005年上半年，信息产业部表示，“十一五”期间，电子成品制造将继续列为电子发展基金投入的重要领域之一，国家将进一步追加对高端电子产品生产的投入。但伴随着这个新兴产业的发展规律，挑战就摆在了面前。首先，从国内来说，日益缩短的产品生命周期和采购与生产的外包，使得原始设备制造商在设计思想和设计流程上需要突破瓶颈。其次，随着国外先进的开发制造商进入中国，使国内原本不太坚固的市场变得脆弱。再次，在基础研发领域，我国的大部分电子生产制造商还没有自己的知识产权，大部分企业的制造研发技术是通过购买或合作的形式获得的，缺乏自己的独立性。在与世界先进水平企业的竞争上存在着“动力不足”的隐患。以上所存在的“缺陷”并不是在短期内所形成的，而是在相当一段时间内在这个成长的国际，国内大环境下所孕育成型的。由励展博览集团主办的Nepcon China / EMT China电子展会为解决这些困难和挑战带来了曙光，成为了电子生产厂商技术和信息的补给站。通过Nepcon China / EMT China展会可以第一时间了解到最新的电子行业信息，掌握最新的技术，看到最前沿的电子产品，Nepcon China / EMT China是全球电子生产厂商的坚强“后盾”。

产品创新一直是电子工业发展的根本前提。全球的业内专家一致认为，整个行业目前正处于高科技产品爆炸性增长的前夕，前所未有的发展机遇很快就会到来。Nepcon China / EMT China通过专题论坛、技术峰会、展商讲座、产品展示等一系列的专业活动，为展商提供了进入中国这一高速发展市场的高效平台和展示最新电子生产设备和技术的契机。展商可以通展览会和研讨会展示最新的技术，在高科技产品爆炸性的环境下以最快、最为直接的方式展示自己的产品，从而从众多的产品中脱颖而出；Nepcon China / EMT China完善的买家招商计划把全国各地区的买家汇聚到一个共同的交易平台，展商可以与买家进行直接阐述和交流，以最大限度地满足展商的投资回报。同时，我们也为观众提供了一站式的生产解决方案和振奋人心的学习平台，因为我们所展出的展品将涵盖电子生产方面的所有领域，使观众能在同一地点进行交流技术、洽谈贸易和寻求合作伙伴。

Nepcon China / EMT China已经成为了电子生产设备行业最具认可度的的的专业性展会。每年它都聚集了超过90%的全球顶级电子生产厂商，这其中包括有美亚电子、安必昂、松下、欧姆龙、日东、环球仪器、日立、WKK、Yamazen等。这些明星企业宛如一串串璀璨的璎珞，连缀起从元器件供应到电子生产设备的整个电子产业链，使观众能在此展会上了解国际电子生产行业发展的最高水平。另外一个值得关注的趋势是，每年这些一流电子生产厂商都带来他们的新产品和新技术，让中国电子行业决策人士不出国门就能见到国际最高水平的产品与技术。Nepcon / EMT展会正为业内人士获取商机，共谋发展提供了绝好的机会。

Nepcon / EMT已经成为了励展博览集团在大中华业务区的旗舰展会品牌。目前，电子行业的投资规模有明显的地域特征，投资主要集中在以上海为中心的华东地区，以深圳、广州为中心的华南地区和以京、津、唐为中心的华北地区。正是凭借多年成功举办Nepcon中国的成功经验以及对迅速发展中的电子信息市场的充分认识，该公司还在中国地区成功举办了Nepcon华南展览会，同时针对中国华北地区的环渤海电子周也将在天津拉开序幕。该公司力求为加快这些快速成长的电子生产步伐，同时也更进一步帮助全球的电子生产厂商打进中国华南和华北的潜在市场，以为他们改善利润提供帮助。

（励展博览集团供稿）

华交会十五年终成正果

华东进出口商品交易会（简称华交会）已走过15年历程，在改革中发展，在发展中改革，华交会与时俱进，15年发展成效显著。

展览面积倍增。1991年，第1届华交会展出面积2.1万平方米，展位900个。第15届华交会展出面积8.05万平方米，展位4158个。展览面积是第1届的4倍。

参展企业遍布国内外。第1届华交会参展的华东地区企业600多家，第15届华交会境内外参展企业3300多家，是第1届的5.5倍，其中，参展的中国企业来自中国26个省市、自治区和13个城市，参展的126家境外企业来自15个国家和地区。华交会已从一个区域性的外贸平台发展成为国际性的外贸盛会。

到会客商不断增加。第14届华交会到会客商近1.9万人次，来自150多个国家和地区，是第1届到会6000多客商的3倍。

进出口成交有增长。第14届华交会成交25.59亿美元，比上届增长25.4%。比第1届华交会成交10亿多美元增长250%。华交会已累计成交247.03亿美元，成为参展企业走向国际市场的重要桥梁。

表4-3 历届华交会统计数据

届数	展出面积（平方米）	展出地点	展台数（折合9m²/个）	参展企业数	国外参展企业数	成交额（亿美元）	海外客商到会数	主办单位
第1届	21000	上海世贸商城 上海国际展览中心	900个	617家		10.23	6018	上海、江苏、浙江、安徽、江西、南京、宁波
第2届	29000	上海展览中心 上海商城 上海国际展览中心	1330个	700余家		13.32	6158	上海、江苏、浙江、安徽、江西、南京、宁波
第3届	35000	上海展览中心 上海商城 上海国际展览中心	1550个	近1000家		16.48	6741	上海、江苏、浙江、安徽、江西、南京、宁波
第4届	36000	上海展览中心 上海商城 上海国际展览中心	1600个	1000余家		18.05	7788	上海、江苏、浙江、安徽、江西、南京、宁波
第5届	51000	上海展览中心 上海商务中心	2100个	1400家		21.41	7906	上海、江苏、浙江、安徽、江西、南京、宁波
第6届	49161	上海展览中心 上海商务中心	2000个	1500家		22.36	7543	上海、江苏、浙江、安徽、福建、江西、南京、宁波
第7届	64200	上海世贸商城	2536.89个	1500余家		22.31	7738	上海、江苏、浙江、安徽、福建、江西、山东、南京、宁波
第8届	65432	上海世贸商城 上海国际展览中心	2585.67个	1799家		19.65	6518	上海、江苏、浙江、安徽、福建、江西、山东、南京、宁波
第9届	54746	上海世贸商城 上海国际展览中心	2216.87个	1500余家	76家	12.06	6108	上海、江苏、浙江、安徽、福建、江西、山东、南京、宁波
第10届	45600	上海世贸商城 上海国际展览中心	1920.37个	2000余家	45家	12.95	7277	上海、江苏、浙江、安徽、福建、江西、山东、南京、宁波
第11届	63300	上海世贸商城 上海国际展览中心	2807个	2990家	100家	15.3243	10562	上海、江苏、浙江、安徽、福建、江西、山东、南京、宁波
第12届	57500	上海新国际 博览中心	2850个	2300余家	98家	16.8922	13646	上海、江苏、浙江、安徽、福建、江西、山东、南京、宁波
第13届	57500	上海新国际 博览中心	2966个	2400余家	99家	20.4034	15749	上海、江苏、浙江、安徽、福建、江西、山东、南京、宁波
第14届	80000	上海新国际 博览中心	4158个	3081家	142家	25.5918	18915	上海、江苏、浙江、安徽、福建、江西、山东、南京、宁波

主办省市扩展。第1届华交会由华东7省市主办，目前华交会的主办单位是上海、浙江、江苏、安徽、福建、江西、山东、南京、宁波9省市，还增加了杭州、厦门、青岛3个组团城市。

经济实力的强劲支撑。华东地区是中国最具潜力与活力的商贸地区。中国改革开放以来，特别是随着我国加入WTO效应的进一步显现和促进外经贸发展政策效应的逐步发挥，华东地区外向型经济飞速发展，呈现出总量扩张、结构改善、效益提高的良好态势，2004年，华东九省市实现GDP总额62370.95亿元，占全国GDP总额的45.69%；外贸进出口总额5338.86亿美元，占全国进出口总额46.23%。华东地区以雄厚的经济实力、与国际经济基本适应的新兴产业体系和宝贵的人才优势，成为中国经济发展的领头羊。华东地区的经济实力对华交会形成了有力支撑。

办会运作实行“三公开”。办事公开，重大事项由筹备会议和大会工作委员会讨论决定；客商信息公开，建立客商资料库，实行客商资源共享；财务公开，坚持预决算制度，9省市联合审核，账目公开。同时华交会既发扬平等协商、充分民主、心情舒畅的传统，又建立了科学、合理、高效的议事决策机制，以体现平等原则和效率原则，做到议事决策制度化、规范化、有章可循。

注重在改革中发展。华交会举办14届以来，推出一系列改革创新举措，主要有：改单向出口为进出口结合。华交会从1999年起增加了进口功能。改国内招展为国际招展。1999年华交会设立了“境外馆”，参展企业从国内扩展到国外。改省市组馆为专业组馆。原来以省市为单位组馆，1997年起，以大类商品划分设立若干个专业馆，大大便利了外商参展洽谈。改综合性交易会为轻纺产品为主的专业性交易会。1998年前专业组馆时，华交会为综合性交易会，设有6个专业馆。2000年，华交会开始向专业化发展，设立纺织服装、轻工工艺馆和境外馆，将机电五矿、食品土畜、医保化工、综合4个馆归并为综合馆。

2002年华交会又向专业化迈进了一大步，只设立纺织服装、轻工、工艺、境外四个馆，取消了综合馆，使华交会成为轻工、纺织产品为主的专业性交易会。13届华交会又取消了境外馆，设立纺织服装、轻工、工艺3个馆，增强了专业化特色。第15届华交会将轻工馆、工艺馆合并为轻工工艺馆，设立纺织服装、轻工工艺2个专业馆，并首次设立2个展区（服装展区，装饰礼品展区），细化了专业布局。改单一形式招商为多种形式招商。除了对外发帖招商，还组团出访招商、委托境外机构招商、网络招商、广告招商。改繁为简。华交会注重精简机构、简化礼仪、勤俭办会。不再设大会主席团，9个职能办公室归并为6个，取消了开幕式，将开幕与开幕招待会合而为一，并大幅度减少礼仪活动和工作人员。改进硬件、软件。华交会原来一会三址（上海展览中心、上海商城、上海国际展览中心）、一会二址（展览中心、商务中心），2002年移址新国际博览中心举办，使展馆从分散到集中，展馆设施堪称一流。第15届华交会实行“三网合一”，大会统计数据、参展商数据和专业观众统计数据三个平台合在一起，将大大提高数据和信息应用、查询效率。改会期从长到短。华交会原会期10天，举办日期是3月5～14日；1999年起会期改为7天，举办日期是3月5～11日；2001年起，举办时间提前，会期为3月1～7日；第15届华交会会期又从7天改为6天，举办时间为3月1～6日。

强化管理和服务。华交会制定参展商品和参展企业的有关条件，加强对参展商品和参展企业的审核把关；大会与参展企业签定“参展企业遵守展览秩序承诺书”，从源头上杜绝违反展览秩序等行为，并建立展览秩序督察队和设立“督察员”，开展大会展览秩序检查执法和督察工作，严格维护大会展览秩序；修定出台《华交会涉嫌侵犯知识产权的处理办法》，并在展馆提供知识产权管理现场咨询和查处侵权行为；建立“一站式”现场服务，为展商提供方便、快捷的各项服务。

——《国际商报》

纺织展会盛装迎接跨国采购

零售业，是产业发展的第一道工序，零售业了解并代表了消费需求，纺织产业以消费作为生产的起点，要增强生产企业的市场意识和服务意识，这样才能不浪费资源，真正落实科学发展观，走可持续发展之路。本着这一目的，2005年春天在北京同时举行的中国国际服装服饰博览会、中国国际纺织面料及辅料（春夏）博览会、中国国际纺织纱线展览会、中国国际针织博览会、中国国际内衣展、全球纺织经济论坛，以跨国采购为主要立意，全面整合纺织业上下游各种资源，为跨国采购提供全方位一条龙服务，让跨国采购，把中国纺织产业与世界零售业链接起来。

此次展会为了保护知识产权，展会上设置了法律办公室。企业发现有侵权现象可以投拆，而且走法律程序。一旦发现有侵权行为，马上采取措施。

一、第13届中国国际服装博览会

2005年3月27日，北京中国国际展览中心一派繁忙景象，第13届中国国际服装博览会在这里拉开了一期展会的帷幕。

此次“服博会”是取消配额后的首次盛事，展馆外张贴着大幅海报，展馆内参展商比拼实力特装了一个个大面积展台。这是服装行业每年一届的盛事，在这盛事之上，却彰显出行业内竞争的白热化。

此次展会面积12万平方米，有来自意大利、法国、德国、英国、西班牙、芬兰、土耳其、美国、日本、韩国、新加坡、印度、中国及香港、澳门和台湾共计16个国家和地区的1000余家企业参展，其中国内各省、市组团17个，海外展团7个。

最抢眼展馆：国有品牌一个都没少。如果还有人不知道中国男装品牌有多少，就去国展中心参观“服博会”吧，展会上能看到所有知名品牌，如才子、富贵鸟、乔木、九牧王、报喜鸟、庄吉、波司登、罗蒙、顺美、宜禾等男款正装齐聚国展中心1号展馆1层的A、B两个展厅。

与其说这里是展会，不如说是看不见硝烟的战场，半封闭半开放的展台，透着几分神秘，禁止同行入内参观，成了没有明文规定的行规。展馆的广播不停地播放：禁止录像、拍照，就连站在展台橱窗里的活人模特也拒绝拍照，知识产权在这里十分敏感。

因为汇聚了国内顶尖品牌，1号展馆的人气也最旺。专业观众不仅对服装的款式有兴趣，对颜色的搭配更是细细品味，甚至对报喜鸟展台的入口和出口设计也赞不绝口，认为展台设计极为人性化：观众由入口进入，只能沿着展品的摆设一路走到出口，入口和出口的观众不会发生碰撞。

最显眼装饰：背投电视是共同选择。特装展台是参展商吸引观众注意力的手段之一，可谓是各有千秋。长方形、正方形；200平米、300平米，展示实力的同时，也展现了品牌的理念，各显其神通广大。可参观过后就会发现，虽然每个展台设计都不相同，但有一点可是英雄所见略同，每个展位都在最显眼的地方，配有一台背投电视，反复播放着模特T台秀，尽管它的存在不会成为被关注的焦点，但作为背景的一部分，可是不能缺少的。

最大亮点：香港时尚汇展首次加盟。此次香港时尚汇展的加盟，成为本届“服博会”一个亮点。在过去的两年，香港时尚汇展一直是在北京中国国际贸易中心举办，基于“服博会”在国际上的规模和影响力，以“资源共享、相互合作”为目的，本届展会香港时尚汇展搬到“服博会”中来，在一期8号馆做一个“大时尚”的概念。

作为香港时尚汇展的组织方，香港贸易发展局的有关负责人表示，随着CAPE之后香港中高档产品陆续进入内地，“服博会”为香港产品进入内地提供了一个重要的贸易平台。

当然，展会期间，香港时尚汇展的T台秀，成为行业关注的焦点，3月27日，“服博会”开幕当天，香港时尚汇展就举行了一场休闲时装秀，吸引了包括媒体在内的众多关注的目光。

最大展位：杉杉品牌超豪华登场。中国服装行业的领军企业杉杉集团在国内外强手如林的态势下，另辟蹊径。这次杉杉旗下的16个品牌以品牌群的参展方式，在9号展馆专设“杉杉专馆”，彰现中国品牌魅力。“杉杉专馆”因此也成为本次展会展位面积最大的参展商。作为中国服装行业第一家上市公司，杉杉生产链扩大到西服、衬衫、女装、家纺、牛仔、职业装、皮具、内衣等产品，此次展会上，杉杉女装的流动宣传队伍，也成为一道抢眼的风景。

据杉杉集团的有关负责人表示，针对未来市场格局，杉杉集团董事局主席郑永刚曾预见性地指出：国内市场竞争的国际化，跨国品牌本土化、国际化，将是中国服装企业未来生存的环境所在。此种理念，催生了杉杉集团“多品牌，国际化”战略的成功运作，使企业迅速步入到低风险、低投入、高利润的品牌多元化经营轨道中，大大加强了杉杉在国内服装行业的优势地位。

据了解，截止到目前，杉杉旗下已拥有国内外品牌22个，近3000家专卖店（厅），预计到2010年，杉杉经营的品牌将达到30个。其中，70%将为国际化品牌。

二、面料展汇聚时尚潮流

由中国纺织工业协会主办，中国国际贸易促进委员会纺织行业分会、中国纺织信息中心、法兰克福展览（香港）有限公司共同承办的第11届中国国际纺织面料及辅料(春夏)博览会，在2005年3月30日～4月1日再次在北京展览馆亮相。新品荟萃的面料展，在为众多中外面料企业提供商机的同时，也给服装界带来更多创作素材和创新灵感。

据组委会提供的资料，本届展会展出面积共计2.8万平米，并搭建两个临时馆。共有来自17个国家和地区的537家参展商与会，展览会规模比去年同期增长12%。国内参展商依然按照棉、麻、丝、毛、化纤、功能面料、针织、辅料、综合、专业媒体等产品类别分区排布。国内参展企业中，各类型面料企业均继续稳步增长。长期参加面料展的企业报名势头仍然十分踊跃，如：湖北迈亚（毛），山东如意（毛），湖南益鑫泰（麻）。今年还增加了一些新的优秀企业携带新推广的面料前来参展，如：杜邦公司，泉州海天等知名企业。海外参展商共计110家，以展团形式参展的有意大利、韩国、德国、法国、泰国、中国台湾地区。

我国纺织业经过前几年的战略调整和大规模技术改造，纺织企业技术水平有了长足进步，涌现出一批接近国际先进水平的面料企业和产品，使国产面料的质量、生产水平及配套能力大大提高。面料由中国服装业发展的瓶颈，逐渐成为服装企业增强竞争力的期待。据业内人士介绍，21世纪的面料，应是高新技术与现代艺术相结合的产物，应具有天然纤维棉、毛、丝、麻的舒适透气性，又有合成纤维不易起皱、不易收缩变形的特点，穿着随意，便于护理，同时还要具有一定的功能性，如抗菌防臭、防静电、防辐射等。此外，在面料生产加工、使用以及废弃物处理过程中，对人类及环境必须是友好的，是无毒无害的。具有这些特性的面料，通过近年举办的面料展，陆续步入市场。第11届中国国际纺织面料及辅料博览会，高技术与现代艺术结合的面料产品仍成为面料展的亮点。

传递时尚资讯，引领时尚潮流，一直是面料展担当的重任。今年的面料展流行趋势以生态变奏、完美无瑕、异国情调为主题，在11号馆及12号馆的流行趋势发布区进行展示。

凭借在业界的良好口碑，企业间展会信息的相互传递和组委会愈加“人性化的服务”，中国国际纺织面料及辅料博览会对海内外众多展商的吸引力也在逐年增加。

据组委会透露，今年中国国际纺织面料及辅料(春夏)博览会展位依旧供不应求。而主办方一直秉持专业性及贸易性的原则以及为展商服务、为行业服务、为市场服务的宗旨，把博览会的重点放在对专业观众的组织、国际最新流行信息的传递以及促成实质性的贸易与合作等方面。同时，为了更好地为展商和观众服务，在展会组织过程中，主办方紧跟市场需求，不断追求创新。此外，还举行一系列丰富多彩的题为2006春夏流行色及女装趋势、中国企业社会责任建设、配额取消后的国际市场变化与国际买家的最新动向等的专题讲座，论坛内容涵盖最新国际流行趋势、企业新产品的介绍以及有关行业、市场及贸易政策、法律咨询与服务等方面。

三、中国国际纺织纱线展为国外企业开启贸易之门

由中国国际贸易促进委员会纺织行业分会、中国棉纺织行业协会、中国毛纺织行业协会、中国化学纤维工业协会、中国麻纺行业协会、中国纺织信息中心和法兰克福展览（香港）有限公司联合承办的第二届中国国际纺织纱线展览会（YARN EXPO2005）于2005年3月29～31日在北京全国农业展览馆举行。纱线展是致力于开拓中国市场的国外纱线企业最为便捷和有效的贸易平台，展会的这一重要意义已被众多国外参展企业所认识。

面对中国市场的需求和潜力，国外纱线企业均把YARN EXPO作为在中国市场建立新的业务联系、巩固已有客户关系、推广新产品的绝佳途径。据展会主办单位提供的资料，本届展览会在纺织行业良好发展态势的带动下，吸引了来自中国、比利时、印度、巴基斯坦、新加坡、西班牙、泰国、土耳其等15个国家和地区的120多家纱线、纤维类参展商加盟，展出面积4000平方米。展品涵盖各类纺织纤维和纱线。其中海外参展商40家，展位面积占总面积的1/3。印度参展商以国家展团的形式亮相本届展览会，把最新的产品及业界信息通过纱线展这一平台带到中国。

据海关统计，2004年1～12月中国共进口纱线41亿美元，同比增长3%。中国对国外高品质纱线的市场需求，是海外企业参展的巨大动力。比利时亚麻及毡制品生产商Procotex在2005中国国际纺织纱线展览会上推广自己的新产品。“过去5年里，中国亚麻纱线及面料市场一直飞速发展，每年需从比利时或法国进口约6万吨亚麻纤维。作为全球主要的亚麻纤维生产商及出口商，Procotex参加中国国际纺织纱线展览会，亦是看好这一平台。” Procotex的Bruno Douchv先生说道：“此次展览会是我们在中国市场推广新产品的绝佳渠道，有助于建立新的业务联系，同时可巩固我们过去几年里已经建立的关系。”生产质量上乘的精梳及超精梳棉制品的印度Mountain Spinning Mills今年首度参展。Mountain Spinning Mlills负责人与Bruno Douchy先生看法相同，他们一致看好中国国际纺织纱线展览会的贸易效果。“我们生产质量上乘的精梳及超精梳棉制品，虽然这是我们首次到中国，但我们期待结识全球各地的新客户，我们相信我们会有收获的。”

作为北方地区最大的纺织纱线、纤维类盛会，YARN EXPO2004年首次登台亮相，便备受业界追捧，以其突出的国际性、贸易性和专业性的特点，深得参展企业和专业观众认可。众多国内纱线领域知名企业，如杭州中汇、宁波百隆、新疆彩棉、山东魏桥、江苏阳光、邯郸二棉等携最新产品再次参展。本届展会还凸现地方特色，中国纺织行业新兴的生产和出口基地——山东，组织省内的优秀纱线企业，以地区展团形式集体亮相。

四、第三届中国国际针织博览会和第九届中国国际内衣展览会印象

3月29～31日，在北京全国农业展览馆举办的第三届中国国际针织博览会(CHINA KNITTING)和第九届中国国际内衣展览会的会期时间不长，但其贸易性和专业性还是吸引了来自45个国家的专业观众与客户，真正实现了展会“交流”与“贸易”的宗旨。

针织博览会“暗战”。中国国际针织博览会与中国国际内衣展览会共计3000平方米，有来自12个国家和地区的近100多家参展企业，展会规模与去年相比持平，办展理念突出以创新技术为主题。其中，泉州海天公司的短纤系列面料和山西恒天的牛奶蛋白纤维颇受关注。

泉州海天公司推出系列新面料，如源自杜邦Sorona聚合物的柔软细腻的CORNTECTM（PTT）短纤系列面料，这一系列内衣面料集高科技性、功能性以及舒适性于一身，开创了有别于传统内衣面料的发展新领域；山西恒天纺织新纤维科技有限公司也带来牛奶蛋白纤维等新兴纤维，这是继2003年第一届针织博览会上推出大豆蛋白纤维后的又一种新兴纤维。

除部分“明星产品”外，由中国纺织工业协会授牌的中

国毛衫名镇浙江桐乡濮院镇和广东东莞的大朗镇也成为“明星团队”，在展会上分外耀眼。他们携旗下20多家企业集中亮相，通过现场动态产品展示和新闻发布会全方位接触市场。近小半个展区被这20多家中国企业烘托得十分热闹，周围的看客络绎不绝。

与众多国产品牌同台献技的外国品牌参展区在会场中显得相对安静，展示的产品相对精美，在展区内逗留的多半是前去洽谈生意的观众。国外参展商多少表现出技术方面的成熟和经营方面的老道，一位业内人士戏言：看上去，那些洋品牌像是来做生意的，而我们的国产品牌更像是来做秀的。

本届中国国际针织博览会的“外来品牌”虽然没有形成强大阵势，但其大牌风范让人嗅出“来者不善”的气息，从秀场到生意场，竞争压力已经显现。印度的Bestretch Elastomers、法国的Creations Lingerie、意大利的RRC Renzo Cambianica等知名品牌以领先国际水平的工艺和原料，在此届展会小试了一下牛刀，其品牌底蕴已经让参观者感受到了冲击力。

内衣展览看似“平淡”。自从1996年第一届中国国际内衣展上石破天惊的内衣秀开始，以促进中国内衣产业和市场发展为己任的中国国际内衣展览会已成功举办了八年。它的海外参展商数量一直超过50%，国际专业观众一般保持在15%的比例。

本届展览展品范围包括：女士文胸、男士内衣、内裤、保健内衣、针织内衣、真丝内衣、功能性内衣、衬裙、紧身衣、健美服、寝服、睡衣、泳装、沙滩装、袜类、蕾丝，相关内衣面料、辅料、刺绣等。

与针织展会相比略显冷清，虽然参展企业都是如雪莲、赛洋、三枪、莺迪歌、珍贝等国内响当当的大牌，展区的布置也比去年更有新意，但产品本身总体感觉在设计上缺乏新意，包括内衣款式和面料的图案、花形等，缺乏视觉冲击力。但是，细看产品，还是有一些意外的惊喜：雪莲推出有各种香味的内衣面料，在本次展览会上就夺了众人的眼球。

本次参加内衣展的外国厂商不多，因此国内厂商提供的“眼熟”的产品无法唤起观众的热情。倒是西班牙的EXCALS.A请了模特在还不怎么暖和的初春，穿上了内衣新品现场展示，与国内品牌秀场一较高下。在我国内衣行业蓬勃发展的今天，看似平淡的展览会，多少让人有着难以言状的遗憾。

尽管这次国内外品牌表面的反差并不明显，但是，就是一些很细微的变化，让你感觉到国际级品牌的精致细腻、别具匠心，以及与众不同：除了具有先进技术设备制作的痕迹之外，比国内企业更胜一筹的，还是设计。

在北京同时举办的5个展会，每个会都是相关产业的教科书，这就是行业协会主办的展会所独具的优势。纺织行业协会组织展览会，直接推动行业产业链进步的意义非常突出。组织展览会，不仅仅是展览，而且要促进行业提升，促进行业走新型工业化道路，落实科学发展观，节约资源，提高资源的使用效率，注重环境保护，对企业转变增长方式可以起到引导和示范作用。

（宗 和）

规模空前的中国国际机床展

2005年4月17日，亚洲规模最大的国际机械装备展览会、世界四大机床名展之一的第九届中国国际机床展览会（CTMT2005）在北京中国国际展览中心落下帷幕。来自德国、美国、法国、韩国、意大利、瑞士、日本等26个国家和地区的1000多家知名企业在北京演绎了机床工具工业的盛世景象。

由中国机床工具工业协会主办，并与中国国际展览中心集团公司共同承办的机床展，每一届都是世界主要机床工具制造商同台竞技的大舞台。目前，机床展的规模和影响力，位列欧洲国际机床展览会、美国芝加哥国际机床展览会、日本东京国际机床展览会之后，被国际机床工具工业行业公认为是最具影响力的国际机床盛会，吸引着众多行业巨鳄的注意力。

规模再创新高。本届展览会是在中国机床市场繁荣，需求旺盛的情况下召开的，2004年中国机床消费达到94.6亿美元，其中机床进口为59.16亿美元。从2003年开始，中国连续三年保持世界机床消费第一和世界机床进口第一。2005年中国机床消费和机床进口继续稳步上升，中国机床消费达到100亿美元左右，其中机床进口约为60亿美元。本届展会吸引世界各机床和零部件厂商踊跃参展，参展国家或地区的数量、参展厂商的数量、参展设备的数量以及展出面积都创历史之最，展品集中反映了当今世界数字制造技术的新成就和机床技术进一步向高速、精密、复合、智能、环保发展的趋势。展品以数字化制造技术及装备为主，包括各类机床、功能部件及配套产品、工业机器人、物注配送系统、数控刀具、数控检测仪器、量具及工卡具、磨料磨具、超硬材料及制品、计算机应用技术、新工艺新材料以及各种成套和专用设备等。

本届机床展，中国国际展览中心16个展馆（含两个临时馆）、7.2万平方米面积全部启用。国内参展机床和大型量仪总数达到了600多台，其中金切机床近530台、锻压设备近50多台，另有三坐标测量机等量仪20余台。在参展的金切机床中，加工中心110多台，约占参展金切机床总数的20%；车床160多台，占参展金切机床总数的29%左右，车床数控化率达93%；钻镗床20多台，占参展金切机床总数4%，数控化率为91%；铣床近60台，占参展金切机床总数10.5%，数控化率为64%；磨床50多台，占参展金切机床总数10%，数控化率为85%；特种加工机床80多台，占参展金切机床总数15.5%，数控化率为75.5%；齿轮加工机床近20台，占参展金切机床总数3%，数控化率为100%；其他近30台。这次参展展品以数控机床为主，金切机床数控化率为85%；锻压设备数控化率为92%，都大大高于上届，体现了当前市场需求的总潮流。从参展产品可以看出，国产数控机床在高速化、多轴化、复合化、精密化、自动化等方面技术上取得了明显的进展，在创品牌、创名牌上取得了可喜的成绩。

海外展商占半壁江山。据组委会的有关负责人介绍，本届展会参展的海外公司近600家，展出机床及大型量仪近400台，参展的公司数量和水平都超过了上一届。各国展品集中反映了机床技术在高速、复合、多轴、精密技术领域的新进展，反映出了当今世界先进制造技术的最新成就和发展趋势。就机床展与其他三大名展相比，其技术水平一点也不逊色，甚至在某些方面超过了他们；从国外参展商的比例来看，高达60%的水平在四大名展中是最高的，也最具有国际性。

在每个展馆都能看到以展团形式参展的国际制造商，如7号展馆韩国展团，大宇机床的“开创了机床的新标准”吸引着观众的注意力，美国展团、瑞士展团、意大利国际展团、英国展团、德国展团、日本展团等都在不遗余力地吸引着观众的眼球。

精品吸引高层次用户群。据统计资料显示，此次机床展的专业观众超过了10万人次，重点用户组团参观，如汽车制造、模具加工、航天航空、国防、造船、铁路、纺织、电子、轻工机械等行业的集团和地方省市的一大批用户组织团组参观考察、洽谈贸易、选购设备。一批国家科研单位、工科高等院校都组织专业人士来展会参观、学习、交流，至于制造业企业更是早就作出组织团队进京参观学习的计划安排，组织了技术人员、生产骨干、专门人才到会。

（宗 和）

第九届海峡两岸机械电子商品交易会暨厦门对台出口商品交易会

第九届海峡两岸机械电子商品交易会暨厦门对台出口商品交易会（简称台交会）于2005年4月15日成功降下帷幕。本届台交会呈现以下六大特点：

两岸机电厂商踊跃参展，汇集众多龙头企业和高新技术产品。本届台交会展位达1486个，展览面积3.3万平方米。由国家半导体照明工程协调领导小组办公室和中国汽车工业协会等权威机构加盟主办的2005中国（厦门）国际半导体照明展览会、2005中国（厦门）国际汽车及零部件展览会与本届台交会同期举办，进一步丰富了本届展会的展览内容。本届台交会展商阵容强大，参展企业近1000家，产品种类上万种，汇集了一大批两岸业界龙头和品牌企业，如全球产量最大的塑机生产企业海天集团、全球最大的立式成型机生产企业台湾今机机械工业股份有限公司等。境内外一大批高新技术企业带来了一批最新科技成果的前沿产品，如全球清洗机械生产巨头德国凯驰集团在本届台交会中展示的十多款在今年7月才正式上市的新品种，北京精雕带来的国际领先技术的CNC雕刻机，以及境外企业带来的蓝宝石晶体生长、切割，晶圆片切割、抛光，LED制造、检测设备等当今世界最高水平产品。

境内外专业客商踊跃参会、购销洽谈活跃。截至4月15日，本届台交会共有来自39个国家和地区的1.52万多名专业客商到会，比上届增长14%，其中境外客商3231名，比上届略有增长。

大会期间展商和采购商之间洽谈十分活跃，大部分参展企业在会上接获了金额可观的订单。烟台惠丰电子有限公司在本次展会中与俄罗斯客商签订了年供应变频器400万美元的协议，并签订了近60万元人民币的国内客户订单。斯迈特自动化控制有限公司达成内外贸意向合同2000多万人民币。已连续五届参展的厦门华信机电设备有限公司本届台交会前三天接获的订单超过400万人民币。台交会的另一个老客户展锋机电有限公司是日本星牌机械代理商，在本届展会中销售星牌机械手170套，价值1100多万元人民币。据组委会抽样调查，绝大部分参展企业在本届台交会期间达成了成交协议，同时达到了宣传推广企业形象和产品的预期目的。参加本届台交会的新老客户普遍反映本届台交会的布展水平、管理服务水平和产品档次明显提高，参展企业对本届台交会的参展效果普遍感到满意。

论坛研讨高端名家汇集，呈现两岸联手共同推进国际交流的势头。组委会组织的“海峡两岸机电产业合作论坛”和“海峡两岸光通讯运营与制造企业圆桌会”，邀请了内地、台湾和香港地区的汽车、光电研发和生产企业高端人士莅会演讲，为两岸机电界产、学、研高层人士的交流，为高新技术产业的合作、推广和普及提供了重要平台。同时为业界人士搭建了深入交流和探讨合作的平台。

由国家半导体照明工程协调领导小组办公室、中国照明学会、中国照明电器协会主办的“2005中国（厦门）国际半导体照明论坛”和系列研讨会在本届台交会期间举行，邀请了全球半导体照明领域的顶尖专家学者发表演讲，成为一次展示当今世界半导体研发成果的盛会，同时为两岸半导体照明界的合作提供了契机。

台交会成为两岸业界广泛认同的经贸交流的桥梁。本届台交会吸引了台湾电公会等10多个专业商会组团参会，100多家生产厂家参展和众多专业采购商莅会洽谈，为台湾产品进入内地，为内地产品进入台湾，为两岸联手拓展全球市场提供了最佳通道和桥梁。台湾电公会总干事郑富雄先生说："台交会办得很好、很成功，今后将组织更多的台湾企业参展参会。台湾电公会等单位经过多年努力，本届台交会成功达成台湾企业赴内地参展专案直航，为今后台湾企业赴内地参展起到了积极的示范作用，掀开了两岸交流的又一新的篇章。"

台交会紧密跟踪两岸和世界机电产业最新产品和成果，在促进两岸贸易交流的同时，不仅为推动厦门产业升级和结构调整作出了贡献，同时为促进海峡西岸经济区的建设建立了一个重要的技术成果转化平台。上海、大连、南昌、厦门四大半导体照明基地和台湾光电联盟联袂参展，在厦门、福建乃至全国掀起了"光电热"。

配套活动紧扣两岸交流主题，活动内容丰富多彩。台交会始终贯穿"交易、交流、交友"的宗旨，组织和安排多项活动，促进两岸的交流与了解。4月11日晚，大型城雕"海上生明月"落成庆典晚会引发了两岸人民盼团圆的思乡之情。台商吴进忠先生说："希望这座明月之桥，加深两岸经贸和文化交流交往，促成中华儿女的大团圆"。山东临沂、江苏徐州等地区也利用台交会的机会组织了多场经贸座谈会。组委会组织的海峡机电人才交流会、专题技术讲座等活动，为两岸同胞的交流提供了投资、技术和人才信息。

台交会打造一流展会品牌的努力初见成效。随着台交会影响和知名度的扩大，本届台交会不仅吸引了两岸机电企业踊跃参展交易，也吸引了欧、美、日、韩、中国香港及东南亚等国家和地区企业参展。其规模、展商结构、参展商品的科技含量都有较大提升，台交会已经成为两岸乃至亚太地区高新技术产品的展示和交易基地。台湾工研院光电研究所所长刘容生博士认为："台交会展品向光电延伸，有利于台交会做大做强，台交会有望成为世界一流的大型展会"。本届台交会受到了境内外媒体的广泛关注，新华社、中新社、人民日报、中央电视台、中国国际广播电台、中央人民广播电台、中国日报、经济日报、科技日报，香港文汇报、凤凰卫视，台湾东森电视台、TVBS电视台、台湾工商时报等20多家中央和境外媒体，以及福建、厦门地区媒体派出300多位记者与会。新闻媒体的广泛报道，进一步扩大了台交会在全球的影响。

——第九届台交会组委会

首届"中国——阿拉伯国家合作论坛企业家大会"

2005年4月12～13日，首届"中国——阿拉伯国家合作论坛企业家大会"在北京召开。由中国贸促会主办、商务部和外交部协办的此次大会，受到了中国政府及有关方面的高度重视。全国政协主席贾庆林、商务部部长薄熙来、外交部部长李肇星、中国贸促会会长万季飞以及中阿政界、经贸界和实业界人士出席了大会。

首届大会吸引了中阿双方千余名企业家及政府代表参加，涉及能源、金融投资、机电、轻工业、通讯、汽车、医药、建筑和承包工程等。据主办方介绍，本次企业家大会是中阿企业界第一次大规模、高规格、全方位的对话。会议期间，中阿商会组织间和企业间签署了中国贸促会与阿拉伯商人协会合作协议、苏丹喀土穆北电站三期项目、海湾—中国基金配售项目等7个合作协议，涉及金额超过4.7亿美元。

贸易互补性强

推动和进一步扩大中阿经贸合作关系的发展是"中阿合作论坛"的重要内容之一。中国与阿拉伯国家的经贸往来源远流长，在古代，中国丝绸、茶叶、瓷器、香料等产品经阿拉伯国家销往欧洲。新中国成立后，更加重视与阿拉伯国家发展经贸关系，特别是20世纪90年代后，中阿经贸合作进入快速发展时期，双边贸易额从1991年的24.2亿美元增长到2004年的367.1亿美元，14年增长了14倍。

阿盟秘书长穆萨在给会议的题词中说，目前，方方面面和对未来的预计都证实，中阿合作将在未来阶段取得重大发展，这种合作对双方都有许多积极的意义。

中国贸促会会长万季飞分析说，中阿双方长期保持良好政治关系，经济互补性很强，发展潜力巨大。据了解，中国对阿出口主要是机电和轻纺产品，中国产品物美价廉，深受阿拉伯国家消费者的欢迎。中国自阿进口主要是原油、成品油、化工原料、化肥等。据统计，2004年我国自阿进口原油已占我原油进口总量的36.5%，这些能源和原材料的进口为中国经济发展发挥了积极作用。

投资领域活跃

在中阿贸易规模不断扩大的同时，投资合作不断稳步推进。上世纪80年代，中国企业开始在阿拉伯国家承建住宅、道路和桥梁项目，现在业务已经拓展到通讯、电力、油田开发、石化、交通和农业等多个领域。据商务部统计，截至2004年底，中国对阿累计直接投资额约2.31亿美元，阿拉伯国家累计在华投资额7.18亿美元。

阿拉伯企业家联合会主席哈姆迪·塔巴在会上说，在过去的十年间，中阿双方在各个经济领域的共同利益不断增长，双方的合作伙伴关系有了战略性的转变。他建议双方结合中国的技术经验和阿拉伯国家的投资经验，创造出一批高产出的经济项目，为中阿经济增加资本积累。他认为，双方在油气田、通讯、信息技术、铁路、电力、石化和化肥等领域有许多投资机遇。

中国商务部长薄熙来在会上表示，希望中阿双方能进一步加强双向投资，扩大中阿贸易规模，并积极探索中阿经贸合作新途径。

能源成为焦点之一

除双边投资外，中阿之间的能源合作是人们关注的另一焦点。

阿拉伯国家联盟驻华大使赛瑞此前向媒体表示，随着中国经济的快速发展，中国对石油的需求与日俱增。海湾国家一向以"世界油气库"著称，它巨大的开发项目与中国丰富的发展经验及对能源的需求使中阿合作的意义越来越大。

商务部外贸司副司长江帆认为，中阿石油合作具有稳固的基础和美好的前景。随着中国经济的迅速发展，中国已经成为全球第二大石油消费国和第三大原油进口国。阿拉伯国家所在的中东及北非地区是全球石油储量最丰富的地区，2004年，中国自该地区进口原油占中国进口总量的36.5%。中阿石油合作前景美好，希望双方共同努力，以保持石油贸易的长期、稳定发展。

合作发展中问题亟待解决

江帆在发言中表示，近几年来，我国生产制造的大型成套设备和生产线以及船舶、汽车、家电产品相继进入阿拉伯市场。中国的出口企业越来越关注阿拉伯地区市场。

据了解，中国已在阿联酋连续举办了三届中国商品交易会，在沙迦设立了中国机电产品展览中心。去年底，迪拜中国商品分拨中心也已正式开业。中国的活牛、活羊已经重新进入约旦市场。2004年，我国对阿农产品出口比上年增长23%，纺织品增长24%，轻工产品增长10%。这都说明中国产品具有较强的竞争力，受到了当地市场消费者的欢迎。

但江帆也指出，目前，中阿经贸领域也还存在一些问题，主要包括"亚洲溢价"（即中东产油国销售给亚洲的原油价格比销往欧美的高出1～1.5美元／桶）等不合理的做法；部分国家至今仍以疫情为由，禁止进口中国的活牛羊和禽肉产品等；同时，纺织品一体化又成为摆在中国和以纺织品为支柱产业的发展中国家面前亟待解决的难题。

与会的中方人士希望阿拉伯国家政府和企业家们能够客观评价中国产品的市场竞争力，推动双边贸易的健康稳定发展。

对于这些问题，塞瑞曾向媒体表示，"中阿经济具有较强的互补性，发展经贸合作潜力很大。所以我们很少看到双方相互实施贸易保护措施。目前出现的矛盾和分歧，也大多是一些可以通过讨论来解决的技术性事务。"他认为，这次大会可以帮助双方的企业家了解对方的条件和潜力。

——《中国贸易报》马 莹

国内旅交会彰显英雄本色

2005年4月15～16日，2005中国国内旅游交易会在桂林国际会议展览中心举办，旅交会期间，桂林市到处都能见到喜庆旅交会开幕的条幅，同时也看出了桂林举全市之力承办旅交会的决心。此次旅交会聚集了全国旅游各相关行业共1400余家企业参展，展位总数为1501个，其中旅游交易会展区展台1405个，中国旅游纪念品、工艺品展区展台36个，旅游教育展区展台60个，展出总面积达到2.4万平方米。

邵阳崀山抢滩桂林成最大亮点。4月14日，湖南邵阳市与广西桂林市签署旅游合作协议书，达成建立两市无障碍旅游区、加强旅游人才资源开发合作等多条协议。邵阳崀山景区与桂林八角寨景区同属国家地质公园，两地山水相连，旅游资源互补性强。两市签订的旅游合作协议内容包括：桂邵两市建立无障碍旅游区、推进跨省区旅游景区和线路建设合作、加强桂邵两市旅游宣传促销合作、加大旅游项目投资合作力度、加强旅游人才资源开发合作、建立良好合作保障机制。

在本次旅交会期间，崀山旅游景区的灯箱广告遍布大街小巷。崀山风景区总面积108平方公里，辖六大景区，丹霞地质结构奇特，山、水、林、洞浑然一体。将军石、骆驼峰、天下第一巷、天生桥、辣椒峰，被誉为崀山六绝。据介绍，自2005年1月1日起，湖南崀山风景名胜区经营权移交湖南龙凤旅游公司，该公司入主崀山，使崀山同张家界黄龙洞、湘西凤凰古城、常德壶瓶山景区融为一体。此次崀山抢滩桂林，携带其他三大景区“集团军”整体作战，吸引了国内外旅游公司、旅行社极大的关注，有近千家旅游机构纷纷表示欲参观考察崀山旅游线路，使其成为此次旅交会上最受关注的景区。

上海流行“红色”游。红色旅游是今年中国旅游业的主题。此次上海共有126家旅游单位参展，展览面积近900平方米，是仅次于东道主的最大展团。苏浙沪三地展台中都打出了“共走红色路，同游苏浙沪”的醒目宣传标语，上海把原汁原味的海派石库门建筑“一大”会址模型也拷贝到了现场，上海各大旅行社还推出了上百条红色旅游线路，如中共“一大”会址与嘉兴南湖红船的连线、长三角区域内名人故居景点的连线等。

广西与东盟旅游合作进入实质性阶段。本次旅游交易会虽然是国内旅游交易会，但借助这个平台，广西旅游与东盟旅游合作也进入了实质性阶段。

旅交会期间，自治区旅游局与桂林市政府举办了“境外旅游业界负责人相聚在桂林大型联谊活动”，邀请了主要来自亚洲市场特别是东盟国家的旅行商近百人参加联谊会。通过本次联谊活动，加强了广西旅游业界与境外特别是东盟旅游业界的交流，向境外旅行商展示了广西旅游新形象和最新旅游产品。

在联谊活动中，境外旅游业界人士对广西特别是桂林旅游环境的改善、秩序的建立、服务质量的提升等给予了高度评价，并就如何进一步加强与广西旅游的合作与交流，共同发展旅游大业进行了探讨。桂林市旅游协会与泰国旅游协会、马来西亚桂林旅游同盟代表分别签订了旅游合作协议书。

广西赚了。旅交会为广西搭建了与业界加深合作的新平台。在本届旅交会期间，广西旅游局与云南省旅游局、海南省旅游局、四川省旅游局签订了省级旅游合作协议，拉开了西部省级旅游大合作的大幕；全国有近十家省级旅游局与广西旅游局合作，在桂林开展了一波接一波的旅游推介活动。

据不完全统计，在旅交会召开前后的一个星期内，有10万游客到桂林旅游，其中包括约一万正式参展商，两万非正式参展商，以及常规游客。今年除了常规游客外，旅交会的召开还吸引了三万人的参展商以及约两万因旅交会到桂林旅游的非参展商游客。根据桂林市旅游住宿设施的床位数统计，旅交会期间，桂林的旅游住宿设施爆满。由于自治区旅游局和桂林市旅游局的全力推动，其中因旅交会来桂林的五万游客也大多到桂林市以外的广西其他地方旅游。

——《中国贸易报》周春雨

博鳌亚洲论坛呼唤亚洲共同体

主题为“亚洲寻求共赢——亚洲的新角色”的博鳌亚洲论坛年会2005年4月24日在博鳌落下帷幕，来自40多个国家和地区的1200多名政界、工商界人士和专家学者出席了会议。与会者认为，亚洲要实现经济增长，必须解决四大问题，即能源问题、贸易壁垒问题、货币问题，并加快建立亚洲自由贸易区进程，才能在世界经济中拥有更大的发言权，占有更为重要的地位。

能源：生产国和消费国间应建立经常对话机制

能源问题已经成为亚洲发展所面临的最大挑战之一，这是与会者一致的共识。

世界石油大会高级副主席王涛表示，由于局部战争、政治动乱、恐怖活动以及人为炒作等因素的影响，世界油价一路攀升。油价的飙升给世界经济，特别是亚洲经济，尤其是中国和印度等发展中国家的经济和社会生活，带来了极大的冲击，因此亚洲国家所面临的一个严峻挑战就是如何有效地应对能源问题。

伊朗外交部副部长阿里·马加迪在年会上建议亚洲地区能源的生产国和消费国建立一个经常对话的机制，以切实解决亚洲发展所面临的能源问题，阿里·马加迪说，亚洲经济的快速发展，以及亚洲对于能源的极大需求与依赖都意味着在亚洲这里石油的需求只增无减，因此亚洲国家必须就此进行更多的合作，这些合作包括在石油与天然气方面共同投资，也包括在一些下游领域，包括石化、交通方面进行联合投资，如此将能够使世界石油市场区域稳定，使亚洲地区实现能源的安全。

在此次年会上，与会者还呼吁建立节能的社会，在开源节流的同时，积极开发水电，鼓励发展风电、生物智能等再生能源，优化能源结构，以应对能源问题对亚洲发展所带来的严峻挑战。

中国是建立节能社会的积极推动者之一。在此次论坛年会上，全国政协主席贾庆林在题为“推进全面合作共建和谐繁荣的亚洲”的主旨演讲中表示，虽然能源问题已经成了中国面临的一个挑战，但是中国政府将立足于国内来解决这个问题，把节约能源放在第一位，调整结构，加强管理，逐步建立一个节能的社会。

克服贸易壁垒：多边和双边的贸易合作机制并举

对于亚洲国家，特别是对亚洲的发展中国家来说非常重要，目前亚洲国家间存在的诸多贸易壁垒问题对未来保持经济持续增长是一个巨大的挑战。

如何破除这一壁垒？与会人士认为，通过多边和双边的贸易合作机制比如世界贸易组织和亚洲自由贸易协定可逐步解决这一问题。

韩国国际经济和贸易大使玄定泽指出，亚洲的国家从世界贸易组织的多边系统当中获益匪浅，但是在这个过程中，彼此间进行双边的合作也非常重要。不过，玄定泽同时也表示，亚洲地区的双边合作已经有了一些成果，但是也面临很多挑战，如亚洲一些大国之间才开始启动自由贸易协定谈判，在亚洲竞争和对抗多于合作，亚洲和其他地区一体化的差距不是在缩小而是在拉大，等等，对此，亚洲各国应对状况有一个清醒的认识。

世界银行的报告显示，2004年全球经济实现了5.1%的增长，是近30年来的最高纪录，然而隐藏在数字背后的却是世界各国经济发展的严重失衡。中国商务部副部长廖晓淇就此发表评论指出，导致全球经济发展失衡的因素有很多，其中一个重要的原因就是许多国家在经济全球化过程中没有采取合理有效的应对方法。他认为，只有在各国充分实现对外开放的基础上，一个资源充分流动、市场相互开放的公平自由的全球经济体系才能得以形成，进而为所有参与国带来实惠。

廖晓淇举中国的例子说，中国自1978年实行对外开放以来，积极有效地应对经济全球化所带来的机遇和挑战，取得了举世瞩目的成绩。在过去近30年里，中国国内生产总值年均增长率高达9.4%，国内生产总值提高了36倍，经济总规模由世界第12位提高到第7位。国家统计局数据显示，2004年国内生产总值达到1.6万亿美元，增长9.5%。与历史上许多经济崛起的国家相比，中国经济发展的开放性很强。改革开放以来，中国持续下调关税，2005年中国平均关税总水平仅为9.9%，超过了加入世贸组织时承诺的10%的水平，并且取消了所有的非关税壁垒，提前实现了外贸经营权由审批制向登记制的过渡，履行了服务业对外开放的承诺，贸易自由化和国内市场开放的速度世所罕见。

货币和金融稳定：应致力于建立一个亚洲共同货币机制

1997年亚洲地区发生的金融危机，对于亚洲国家来说，迄今记忆犹新。在论坛上，与会者一再提到亚洲金融危机，并希望建立某种机制，以保持亚洲货币和金融的稳定。

中国人民银行行长周小川表示，虽然说亚洲金融风波的问题基本上得到了克服，但是也不是所有的问题都彻底解决了，比如导致亚洲金融风波的金融、实业界的公司治理仍然存在很多问题，这对今后微观经济是非常大的挑战，因此他认为亚洲的金融部门应该从中吸取教训，避免过去犯过的错误。

香港特别行政区行政长官曾荫权则强调，1997年的金融风暴充分暴露了金融制度问题，现在世界经济日益全球化，而亚洲受益于此，因此，亚洲应该建立单一货币以加强亚洲的金融市场和金融制度。

韩国总统经济顾问丁文秀在论坛上发表演讲时表示，1997年的金融危机给韩国经济造成了很大的打击，其金融和公司系统也濒临崩溃，但是韩国在危机之后对金融机构进行了改革，并建立了相应的责任分担的体系，终于度过了难关。因此，丁文秀表示，他希望亚洲国家在金融方面进行合作，通过东盟10＋3的框架深化和增强现有的货币调剂网络。同时，通过这个框架提供一些多边的流动性的支持和监管系统，最终建立亚洲共同货币机制。

共同繁荣：呼吁加快建立亚洲自由贸易区进程

一个国家仅仅靠自己的力量不能实现亚洲共同合作、共同繁荣，需要协调努力，携手并肩走向光明的未来。因此，与会者呼吁，亚洲国家应建立区域经济共同体，并加快建立亚洲自由贸易区的进程。

在此次年会上，马来西亚总理阿布杜拉·巴达维说，东亚国家应共同努力，建立一个和睦、共赢的东亚共同体。巴达维表示，他所倡导的东亚共同体必须建立在“共赢”的基础之上，即各国从共同的利益出发，建立一个稳固的联合体，从而带来该地区的整体和平和繁荣。在这个共同体内，不允许霸权主义的存在。各国之间应平等相处，大国不能将其意志强加于小国之上。同时必须杜绝任何以牺牲东亚共同体成员国利益为代价的行为或决策。对于一些敏感问题的处理应该采取积极与务实的态度。在解决共同体内部问题过程中，各国应主动采用对话和磋商的方式，而不是通过经济制裁或武力威胁达到目的。

巴达维说，东亚共同体将与其他国家和地区保持紧密的金融、投资和贸易联系，在维护共同体内和平、繁荣、和谐发展的同时，积极寻求与国际社会的交流与合作。他说，东亚共同体的建立还处于起步阶段，有很长的路要走，在建立的过程中可能面临许多困难与挑战。他强调，东亚共同体的建立应该是积极、友好和有建设性的。

韩国总统经济顾问丁文秀认为，亚洲国家要付出更多的努力促进本地区地区性的经济合作，这些努力将会促进本地区的经济增长和稳定，也将给亚洲国家和其他地区经济体比如说欧盟和北美自由贸易区进行竞争提供一个公平的机会。因此，亚洲国家之间很长时间以来一直在讨论建立自由贸易区的问题，丁文秀认为，现在必须加快这个进程。

——《北京青年报》

档案珍品展现历史记忆

——中国档案文献遗产珍品展小记

来自全国20多个国家综合档案馆的202件国宝级档案文物，2005年4月18日～5月31日在广东省档案馆免费开展，该“中国档案文献遗产珍品展”展出的珍贵档案，上起唐代，下至民国，时间跨度超过1200多年。它们或记载某一重大历史事件，或印证某一重要历史史实，或记录一段鲜为人知的秘闻轶事，从多个侧面反映了中华民族的灿烂历史。整个展览分为“唐代档案”、“元代档案”、“明代档案”、“清代档案”、“民国时期档案”五个部分。据悉，如此高规格、大规模的国家档案珍品汇展在全国尚属首次，其展品大部分为各档案馆的“镇馆”之宝，并收录于《中国档案文献遗产目录》，是世界记忆工程的重要组成部分。

最后一张金榜有半人高

本次展出的光绪20年(1894年)殿试大金榜，也是科举制度终结前的最后一张“金榜”，足足19米长！清代科举考试的最高规格是殿试，即皇帝亲自主持对贡士的考试。殿试揭晓的榜式称为“金榜”，黄纸墨字，以皇帝诏令的形式下达。金榜分大、小两种，大金榜加盖“皇帝之宝”用于张挂，小金榜不用印，只供皇帝御览和举行典礼时宣布名次使用。

这次展出的“大金榜”有半人多高，曾张贴在天安门外长安横街的长安左门。该金榜分别用汉文、满文写成，宣布315名人士分别中了第一甲、第二甲、第三甲，被赐予进士、进士出身、同进士出身。其中第一甲有3人。

明代“免死牌”状如蒸笼

据有关人士介绍，明朝以前的档案由于种种原因基本上没有保存下来，明代的档案只保存下来几千件。本次展出的“免死牌”是明代档案中较珍贵的几件，也是国内目前惟一幸存品。

据专家介绍，“免死牌”只是民间的称呼，其真正的名字叫“金书铁券”，属于金石档案的一种，始于汉代。为防止假冒伪造，铁券一般分为左右两半，左半部颁给功臣良将，右半部留藏于皇宫内府，以待出现异常时相验二者是否吻合。

此次展出的“铁券”是明朝英宗皇帝天顺二年(1458年)赐给右军都督府都督李文的。该“免死牌”制作考究，熔铁铸文，形如板瓦，状如蒸笼，断而为二。高37.5厘米，宽21.2厘米，厚0.2厘米，重足有1300克。其正面镌有195个金楷书，为明英宗诰命“制”文，注明赐予李文“食禄一千石……免其一次死罪”的特殊待遇，而背面也有楷书一行，文为：“若犯死罪，禄米全不支给”。

石室金匮储放皇帝实录

装档案的大工具如今也成了档案的一部分。在中国古代对档案的保管就有“石室金匮”之称。明朝中叶嘉靖13年(1534年)修造的皇史晟就是按照中国古代“石室金匮”之制，建造在1.42公尺高石台上的一座砖石叠砌的宏大宫殿式建筑，就连门窗也都是以石材雕琢而成，冬暖夏凉，恒温恒湿，极利于档案的保管。在大殿中央特制的石台上，排放着“金匮”。本次展出的金匮是清代嘉庆年间的，重166公斤，用樟木制成，外包铜皮，雕龙刻凤，鎏金为饰，主要用于存放皇帝的实录、圣训等重要档册。

清代红绿头牌相当现代名片

据有关人士介绍，清朝入关前，纸张缺乏，常将重要事宜书写于薄木片之上，往来传递，称牌子。木牌随时削制而成，形式各异，大小不一，上端有一小孔，可用牛皮穿在一起。现存于世的清代满文木牌仅20余枚，藏于中国第一历史档案馆。

红头牌、绿头牌是其中非常特别的一种，清宫在挑选秀女时用绿头牌。牌子上写明该女子的旗籍、父名、本人年岁、有无生疤等内容。如其中一个长10厘米、宽约2厘米的木片上，有一绿色箭头，上写：“正黄旗祥贵管领下苏拉得禄之女大妞，无生疮气味，年14岁”。另外，皇帝每晚召幸后妃时，同样靠翻绿头牌决定。即在皇帝晚膳时，后妃们都递上绿头牌，皇帝决定当晚召幸谁，就将其牌子翻过来留下。由此可见“红、绿头牌”的作用在当时很重要。

在另外两张有红色箭头的木片上，记者分别看到了“和硕醇亲王（白镶）”、“多罗贝勒载漪（红镶）”等字样。据介绍，“红、绿头牌”也是清代高级官员因事向皇帝呈递的衔名竹牌，相当于现在的名片。红头牌仅供宗室王公使用，而其他大臣只能用绿头牌。

中山纪念堂最完整设计档案

广州中山纪念堂于1929年1月奠基，1931年10月建成，由著名建筑设计师吕彦直设计。此次展出的广州中山纪念堂建筑设计档案是已知收藏最为完整的一套，包括20世纪30年代中山纪念堂旧照、设计图布图、设计图蓝图之一、纪念堂地址扩充情形图、孙中山纪念堂及纪念碑图样送审函等。

从图片中可看出，初期的中山纪念堂周围古树参天，环境幽雅，总体布局采取宫殿式的传统风格和近代总平面设计的手法，建筑采用钢架和钢筋混凝土结构，大厅设计尤其巧妙，不见一柱，是中国古典艺术与近代建筑技术相结合的产物，也是中国近代建筑的成功创作。

——《国际商报》小 珍 钟 鸣 何 欢

坚持改革创新 领航中国会展

——第97届中国出口商品交易会

2005年4月15～30日在广州举行的第97届广交会，继续维持在琶洲展馆和流花路展馆同时分期办展的格局。据了解，本届广交会的展位总数增加至28010个，较上届增加250个，总展览面积达到56万平方米，共计1.23万多家企业参展。参加本届广交会的50个交易团中，新增了深圳交易团、海南交易团和厦门交易团，而原特区交易团取消，其中的珠海、汕头交易团归入广东交易团。与上届相同，参展商品继续按五大类细分，分35个展区展出，并分两期，在流花路展馆和琶洲展馆同时举行。

据统计，有6649家企业在第一期参展，第二期参展企业达到5630家。按企业类型统计，参展企业中，生产企业为6226家，占参展企业总数的50.7%；外贸企业5348家，占43.6%；工贸企业642家，占5.2%；科研院所12家，占0.1%；其他企业51家，约占0.4%。按所有制类型分，参展国有企业4322家，占总数的35.2%；民营企业4207家，占34.3%；三资企业2326家，占18.9%；集体企业415家，占3.4%；其他企业1009家，占8.2%。

第97届广交会组展工作呈现以下几个特点：

提高更新率，制定参展企业资质标准，继续优化参展主体。第96届广交会，生产企业首次超过参展企业总数的50%，表明广交会优化参展企业结构的努力取得显著成效。第97届广交会，按照商务部“逐步提高准入条件，提高参展质量”的要求，各类参展企业更新率有较大幅度的提高。目前，已安排的保证性品牌类和名优新特类展位的企业，更新率均已超过8%。同时，参展企业的准入条件更加细化与清晰，标准更加公平公正，经过稳步推进，有助于各类优秀企业，特别是优秀的生产企业获得参展资格，使一些更有创新能力，更具生命力的企业进入广交会。

扩展品牌展区，优化展品结构。第95届广交会首次设立品牌展区。第96届广交会占展位总数7.4%的品牌展区成交52.5亿美元,占总成交额的19.3%，效果明显。第97届广交会品牌展区展位达3360个，比第96届的2074个增加1286个，增幅62%，占比提高到12%。商务部近期公布的2005～2006年度重点培育和发展的190个出口名牌，有153家企业参展。

打击展位倒卖出台新举措。第96届广交会，根据商务部的统一部署，针对社会上“黑中介”恶意炒卖广交会展位现象，实施了问责制、实名制、取消参展终身制、加强现场检查、加重处罚等办法，遏制倒卖展位的势头，有15家企业被查实为违规企业并受到严肃处理。第97届广交会认真总结上届成功的经验，再次修订《广交会展位使用管理规定》，力求使各项措施更加有效并便于操作。一是对违规认定的标准及处理程序进行明确规定；二是对联营类型进行限定，规定流通型企业仅限于与非流通型企业联合参展；三是对举报倒卖进行奖励：买入展位的实际参展企业主动举报倒卖，并出示确凿证据，本身又符合该展区参展条件的，给予该展位当届及下一届合法使用权的奖励，而卖出展位单位将受到处罚。若不举报，查实后与卖出展位单位一起按违规处理。

规范布展施工，提高布展水平。从第96届广交会开始，广交会实行特装布展施工单位资质认证制，有121家单位通过认证，获得进馆特装施工的资格，当届特装展位达8241个，占展位总数的30%，特装展位面积达16.5万平方米。特装布展施工单位资质认证制有效保证了施工单位的素质，有助于提升布展质量和水平，消除安全隐患。第97届广交会新增30家具备资质的特装布展施工单位，使合资格的施工单位达到151家。

推进信息化建设，提高服务水平。第97届广交会实现了全部展位图纸电子化，电脑制图不但精细美观且方便使用，通过网络传输到全国各交易团和商会、协会，工作效率成倍提高。3月中旬，广交会网站开通“参展易捷通”服务平台，为展商提供现场服务在线预约和参展信息查询服务，所有在备案系统登记的本届参展商，均可获得该服务互动平台的账号、密码，享受各项个性化的在线服务。此外，网络备案系统、网上办证系统、电子邀请平台等服务系统功能得到进一步完善，广交会网站建设得到进一步加强。本届广交会外贸中心还投入1000多万元用于两馆安检、来宾报到点、快餐、卫生保障以及水电等服务设施的改造和完善，力求为国内外来宾提供安全、舒适的洽谈环境。

成效显著，实现双突破。据大会业务统计，本届广交会共有来自210个国家和地区的19.55万位采购商到会，比上届增长16.4%；本届广交会成交总额累计达292.3亿美元，比去年秋交会增长7.5%，比去年春交会增长19.3%。

据广交会发言人徐兵介绍，到会采购商和出口成交是“双突破”，达到了历史新高。他说，各大洲采购商普遍增加。其中，亚洲采购商到会11.31万人，比上届增长11.92%；欧洲3.46万人，比上届增长9.35%；美洲2.46万人，比上届增长25.54%。

世界零售商250强中有71家参加了本届广交会，其中排名前50强的零售商中有25家到会采购，沃尔玛、家乐福、家得宝、麦德龙等国际大买家到会。

据分析，从商品看，机电产品是第一大成交商品，共成交119.3亿美元，占总出口成交额的40.8%；服装和纺织品分别成交27.4亿美元和21.8亿美元，分别比上届下降4.1%和0.3%；出口增长较快的是建材和鞋，成交额分别为8.3亿美元和7.5亿美元，比去年春交会分别增长39.9%和23.2%。

从国家（地区）看，欧盟是最大的成交对象，共成交102.6亿美元，比去年春交会增长35.2%。美国和中东地区列二、三位，分别为45.5亿美元和37.9亿美元，比去年春交会分别增长6.4%和12.6%。

从企业性质看，国有企业、民营企业和外商投资企业成交额分别为133亿美元、119.8亿美元和39.5亿美元，所占比重分别为45.5%、41%和13.5%。民营企业在广交会上十分活跃，累计成交比上届增长了78.9%。

徐兵说，本届广交会进一步扩大品牌展区，集中展示了中国名牌出口商品，促进了名牌商品出口成交，实现了名牌商品与名牌展会的良性互动。品牌展区仅占展位总数的12%，出口成交额却高达74.2亿美元，占总成交额的25.4%。

本届广交会继续加强对知识产权的保护。截至4月29日，大会受理知识产权侵权投诉共203起，涉及773个参展企业，其中认定425个企业涉嫌侵权，分别较上届下降8%、16%和9%。

据徐兵介绍，在商务部的有力领导下，经过各交易团、各进出口商（协）会、中国对外贸易中心和全体与会人员的共同努力，第97届广交会运行有序，安全平稳，实现了到会采购商和出口成交“双突破”，参展企业、商品、采购商结构“三优化”，服务、管理、布展水平“三提升”，先进性教育活动和业务工作“两不误、两促进”，圆满完成了各项工作任务。

（宗 和）

第六届北京国际印刷技术展览会

由中国印刷及设备器材工业协会和中国国际展览中心集团公司主办，中国印刷及设备器材工业协会、北京华港展览有限公司及华港国际展览有限公司共同承办的第六届北京国际印刷技术展览会于2005年5月11～15日在北京中国国际展览中心和全国农业展览馆同期举行。

规模再扩大 创亚洲第一

据组委会统计，国际参展商有250余家，使用展馆面积3.6万平方米，展出净面积高达2.5万平方米，其中包括了海德堡、曼罗兰、高宝、小森、三菱、惠普、柯尼卡、美能达等世界知名印刷厂商。同时，国内众商云集，汇集了包括北人集团、上海电气集团、北大方正、乐凯二胶等知名印刷厂商650余家，使用展馆面积5.6万平方米，展出净面积达到3万平方米。合计总面积达到了9.25万平方米，创历史最高记录，因此就产生了两馆齐办的宏大场面。

展会综合性强 观众队伍庞大

据组委会的有关人员介绍，此次展会按境内企业及境外企业，分成A、B两个展区。划分展区的标准以在中国内地生产制造、使用内地商标的产品，划分为A区；而在中国内地以外制造的产品及在境内生产使用境外商标的三资企业产品划分为B区。

本次展会展品可分为印前处理系统、印刷机、装订设备、包装与整饰设备、办公自动化设备、印刷器材、检测仪器仪表、印机自控设备及其他配套机电产品、纸张加工设备及材料、丝网印刷及广告制作技术设备器材、各类二手印刷及相关设备、瓦楞纸箱及纸加工、包装加工的机械设备等若干大类，展品贯穿整个印刷产业链。同时CTP技术及新型材料的广泛应用、大幅面印刷和制版技术、设备等数字化技术的应用等成为本次展会的主流及亮点。此外，本次展会专业观众队伍庞大，有来自海外41个国家的130多个团组和国内40多个团组前来参观，观众超过16万人次，其中专业观众12万多人。

企业包馆成亮点

本届展会的另一个亮点就是，以上海电气为首的几家企业分别包下整个展馆展示其一系列的产品。上海电气印刷包装有限公司包下国展中心6、7号馆，展览面积达6000平方米，成为参展面积最大的企业。此外，海德堡中国有限公司包下国展中心2号馆，北人集团占用了国展中心8B馆。这也足以证明我国印刷产业产业链的完整与产品的齐全。

北京国际印刷技术展览会创办于1984年，每四年在北京举办一届，至今已成功举办过五届。1988年，成为国际展览会联盟（UFI）的会员，是目前国内最具影响力的印刷展览会，同时也是世界六大印刷展之一。

展会期间，主办方还精心组织了一系列相关活动，有“国际印刷发展论坛”、“CTP版材最新成果信息发布会”、“中外数码印刷现状及未来发展趋势与CEO对话”、“国际柔印技术发展高峰论坛暨国际技术交流会”、“国际凹印新技术发展研讨会”、“2005年中国药业包装高峰论坛”、“国际标签印刷技术论坛”等。

为了增加本届展会的文化气氛，中国印刷博物馆和德国古登堡印刷博物馆还展示了古代印刷技术发明、发展史。博物馆的参展进一步增进了人们对印刷历史和古代印刷技术的了解，使得印刷工业技术与中国文化的发展更加紧密地结合在一起。

此外，本届展会不仅限于展览场地和展会期间的展示，网络技术的应用使展会可以跨越时空，突破时间和地域的限制，充分体现了信息时代的特点。在展会开幕前一年多就建立了专门网站全方位报道展会动态和相关信息，提供网上参展报名、相关资料下载、展商信息发布，免费为参展商提供网上在线服务，为媒体提供展会资料下载，为观众提供预先网上登记注册等服务。

相关链接

世界6大印刷展览会

DRUPA国际印刷与纸业展览会——最初由图文、造纸和印刷及造纸机械行业代表集会动议。于1951年5月26日～6月10日在德国杜塞尔多夫首次举办，展会周期为每4年或每5年一届，主办方为杜塞尔多夫展览机构组织（messe Dusseldorf）及德国机械及设备商协会（VDMA）下属机构和德国印刷油墨生产商协会（VdD）。

DRUPA展览会被公认为是世界上规模最大的印刷盛会，第13届展会于2004年5月6～19日在德国杜塞尔多夫举行，展会的口号是：出版者、设计者、印刷者的天堂。

PRINT美国芝加哥印前、印刷及加工贸易展——号称世界第二大印刷展，每4年举办一次，主办方为印艺展览有限公司（GASC）。

2001年9月6～13日在芝加哥麦考密克（McCormick Place）展览中心举行的Prin01，展出面积约10万平方米，参展厂商逾1000家，前往参观的专业观众达10万人次。

IPEX国际印刷展——是印刷、出版和传媒技术的窗口，每4年举办一次，由英国最大的展览商llR及Picon共同主办。IPEX02于2002年4月9～17日在英国伯明翰国家展览中心举行，展出面积约10万平方米，参展商超过1000家。作为规划未来、开展业务和会晤重要合作伙伴的商贸会，IPEX展会一直深受业界人士赞誉。

IGAS国际印刷技术及器材展览会——由日本印刷供应者委员会（JGASC）组织，最初每2年举办一次，自1999年开始每4年举办一次。

第17届展会IGAS03于2003年9月22～28日在日本东京BigSight国际展览中心举行。

Converflex／Grafitalia——是意大利国际造纸工业、纸类制品加工及包装印刷及包装材料展览会／意大利印前、印刷出版及电子编印机械材料展览会的联展，由意大利专业展览服务中心（Centrexpo）股份有限公司主办。Centrexpo则是意大利包装印刷、造纸和纸加工机械制造商协会（ACIMGA）早在1980年就成立的专业展览机构。Grafitalia2001和Converflex Europe2001展会于2001年6月12～17日在米兰举行。

CHINAPRINT北京国际印刷技术展览会——由中国印刷及设备器材工业协会和中国国际展览中心集团公司主办，自1984年开始，每4年一次，已成功举办过6次。

北京国际印刷技术展览会1988年成为国际博览会联盟（UFI）会员，是我国第一个加入国际博览会联盟的展览会。

——《中国贸易报》

财富论坛　破解中国奇迹

风云际会，群贤毕至，头脑风暴，共商未来。2005年5月18日下午4时，历时三天的2005年《财富》全球论坛在北京钓鱼台国宾馆落下帷幕。此次论坛以“中国和新的亚洲世纪”为主题，与会国外嘉宾近500人，其中来自全球500强的董事长、CEO和总裁近80人。中国国家主席胡锦涛出席了论坛开幕式并发表主旨演讲，国务院总理温家宝在论坛闭幕后会见了出席论坛的企业家代表，包括曾培炎副总理和人大常委会副委员长成思危等20多位高官在论坛上发表演讲，阐释了中国发展路向，本土企业家则和来自世界各地的商界巨子、政学界名流就中国、亚洲和世界经济发展议题，进行了广泛的“脑力激荡”。

在为期三天的论坛会议期间，与会的中外人士取得了广泛的共识，即中国商机无限，其发展离不开世界，世界的发展也需要中国，两者相互依存，应互惠共赢。不少企业家坚定在华投资决心，其中有相当企业确定了首次投资中国内地的计划。

《财富》论坛主办方时代华纳副总裁傅秉德高度评价本届论坛，他认为本届论坛是《财富》论坛历史上最大最好最成功的一次，他希望北京《财富》论坛的效应能够长久地持续下去。国务院新闻办公室主任赵启正称，本届论坛很成功，最大收获在于使全世界的投资界和经济界更准确地了解了中国。他认为，论坛的积极效应将在论坛结束后逐步显现。

参会人数创下历史纪录

本届论坛与会人数达847人，企业432家，其中外国企业252家，为历次论坛之最。此次参会的《财富》全球500强企业和美国500强企业计89家，其中名列《财富》全球500强企业多达77家，创下《财富》全球论坛历史之最高纪录。此外，还有25位中国高官及专家学者出席论坛并发表演讲。因此，用盛况空前来描述此次论坛一点也不夸张。

时代华纳集团董事长兼首席执行官理查德·帕森斯表示："2005年北京《财富》全球论坛令我印象深刻。"他表示，本次论坛参加者的数量创下了历届出席人数的新高，有如此多的世界知名企业CEO以及中国知名企业参与令他很满意。

同时，所有与会者都对这次北京《财富》全球论坛给予了高度的评价和充分的肯定。Gonld纸业公司的总裁HarryGonld已经是第三次偕同夫人来到中国，参加了在中国举办的第三次《财富》全球论坛后，他们夫妇二人激动地表示："这次在北京举办的论坛相当成功，同以往两届相比，规模更大，反响更好。"时代华纳亚太区高级副总裁休·斯蒂芬斯也表示："每一次《财富》论坛都举办得很成功，但在北京举办的这次大会更加出色。"

国务院新闻办公室主任赵启正认为，本届论坛所以如此成功，除了《财富》论坛是一个著名的思想交流平台外，一个当然原因是东道主是备受全球关注的中国。

实际上，也只有中国这个活跃的经济体能够吸引如此之多的财富巨子参加论坛，也只有中国市场的魅力才能吸引众多高质量的演讲人到会演讲，如此，使得《财富》能够举办一届高质量的论坛会议。

由于本届论坛如此成功，以至于论坛主办者兴奋地表示，不排除论坛再次回到中国举办的可能。

25位高官阐释中国商机

虽然本届论坛是《财富》杂志主办的会议，但是中国协办方和承办方成功地赋予此次论坛以中国因素，并成功利用此次论坛向世界成功说明和展示了中国的正面形象。

赋予此次论坛以中国因素首先体现在主题上。国务院新闻办主任赵启正告诉记者，此次论坛的议题是经过双方充分协商的，虽然美国《财富》杂志是论坛年会的主办方，而国务院新闻办是协办方，但是因为他们对中国国情的了解不如我们，所以需要向中方了解中国企业界的需求。而对于中国企业界的需求，我们很清楚，就是要了解世界的情况。因此，中方和美方在每一个主题上各自考虑在中国和世界之间作进一步的沟通，然后找到世界和中国的连接点并凸显其中国因素。所以，在中方和美方的共同努力之下，此次论坛最终将中国和亚洲的经济结合在一起，并联系世界经济发展现状，让与会者进行了11场大会和15场专题讨论。而包括国务院副总理曾培炎、国家发展与改革委员会主任马凯、商务部部长薄熙来、信息产业部部长王旭东、科学技术部部长徐冠华、中国人民银行行长周小川、国家体育总局局长刘鹏等多达25位中国高官及专家学者与会描绘财富图谱，说明中国商机，也给那些想要在中国掘金的企业家提供了一个绝好的了解中国的机会。此外，中方还通过在天坛祈年殿举行招待会等形式，让与会嘉宾充分领略古老文化与现代文明相结合所产生的独特的中国魅力，并以此加深对中国的印象和认识。

有关人士指出，论坛的"中国因素"，即中国的发展取向、中国的潜力和对中国稳定的评估，是论坛千名出席者最想摸清的"底牌"。在这个本真的意义上，此次北京《财富》全球论坛成为一场别开生面的"财富外交"角逐以及"透明中国"的"展示会"。

作为一次高层次的论坛，此次论坛吸引了全球300多家主流媒体参与报道。《财富》论坛还未正式开幕之前，世界主要媒体有关这一盛会的新闻已经扑面而来。美国有线新闻网（CNN）从5月14日起，开始为期一周的"中国周"报道，将镜头瞄准中国，对中国社会方方面面进行报道。同时，CNN还直播了中国国家主席胡锦涛在《财富》全球论坛期间的讲话。早些时候，美国《新闻周刊》则刊登了一系列关于中国各方面潜力的报道，演员章子怡则成为该期杂志的封面人物。此外，5月16日出版的新一期《财富》亚洲版，封面专题是"改变中的中国"。这些报道和论坛本身一样有助于更好地说明和展示中国，说明和展示北京，让世界更充分、更真实地了解中国改革开放的政策，了解中国在现代化建设中取得的发展进步和正面临着新的更大的发展机遇，有助于增强跨国公司对华合作的决心和信心，更积极地参与中国的经济发展。

未来数月将现"财富效应"

《财富》论坛给北京最为直接的效应可能是财富效应。国务院新闻办主任赵启正认为，论坛引发的"财富余波"未来将在北京显现。

从上个世纪80年代初，世界500强企业进入北京以来，浪潮涌动的财富一波接一波地涌入北京，他们带来的资金和产品除了改变了北京人的生活方式以外，还将这座古老美丽的城市迅速地推向了财富的潮头。同时，北京这座焕发着青春的古城，尤其是2008年奥运会所带来的巨大商机，也为财富的安全流动提供了一个最佳的增值机会。此次《财富》全球论坛在京举行，明确无疑地点明了全球500强对北京的这一财富渴望。

据北京市商务局数据，目前，《财富》杂志评选的全球500强跨国公司当中，累计已有185家来京投资。此外，目前，全球500强企业在京设立近300家代表处、上百家研发机构、80多家投资性公司，拓展了北京与国际社会在经济、科技、文化等方面交流与联系的渠道。有关官员表示，虽然有如此多的全球500强投资落户北京，但是他们进入的程度不同，有些还在观望，等待机会扩大在北京的业务，而北京通过承办此次《财富》论坛年会可能给北京带来新的商机，首先是它将进一步提高北京的国际知名度，其次它将为跨国公司领导人提供一个观察了解北京的平台，最终必将给北京带来投资。

据介绍，上海《财富》全球论坛举行后的一年多时间内就有70多家500强跨国公司先后在沪投资、设立地区总部或研发机构，而在2001年香港《财富》全球论坛之后，随着当年中国加入WTO，跨国公司即掀起了新一轮来华投资热潮。那么，此次论坛的财富效应将如何在北京显现呢？有记者就此问赵启正，曾担任上海市副市长的赵启正回答说："当年在上海的《财富》论坛会议上，可以说没有任何即时成效，没有任何合同诞生，但在会后有了70亿美元合同的增加，所以，具体收获要再等一等，应该在两三个月之后。"

论坛议题

中国体育圆桌会议：迅猛的发展及涌现的机会

主题发言：中国与体育

文化圆桌会议：迎接新的中国：文化变迁、挑战及机遇；媒体在中国日益重要的角色

新的亚洲世纪

印度：另一座正在崛起的发电站

1. 美元贬值对全球的冲击
2. 如何在亚洲做生意：理解什么奏效
3. 中日关系
4. 创造全球劳动力

能源：为持续的经济发展寻找燃料

透视全球对南亚海啸的反应

知识产权：更多的问题还是相互理解？

亚洲会成为科技创新之地吗？

全球、地域及本土品牌：谁是赢家？为什么？

——《北京青年报》植万禄

第三届航博会获得圆满成功

在社会各界和有关单位的支持配合、积极参与下，为期4天的第三届中国国际航海博览会暨水上运动及船艇展览会于2005年5月21日下午圆满闭幕。作为我国惟一一个以航海命名的博览会，本届展会受到了国内外企业的广泛关注，共有来自美、法、意、德、西、荷、日、韩和中国及香港、台湾等十几个国家和地区的近百家企业参加本届展会，展出摊位450多个，规模达1.5万余平方米(含室外展区)，单以水上运动产品与船艇的展出面积而言，本届展会是历届航博会中最大的一届。4天来，共有来自5个国家和地区的高层次政府代表团到会参观。到会参观、洽谈的专业客商累计达1.5万人。

从4天来的情况看，本届展会呈现出以下几个特点：

一是国际化程度高。随着航博会在业界的知名度不断提高，本届展会吸引了众多世界知名品牌前来参展，国外展位超过总展位数的50%，达到了较高的国际化水平。水星、宏达、雅玛哈、圣斯克、圣罗娜、贝内托、亮世、艾歌蕾斯等，都是世界知名的游艇发动机、豪华游艇以及世界闻名的帆船生产厂家与水上休闲服装的厂家。这些企业带来了世界一流的技术和产品，令人耳目一新。除参展客商外，本届展会还吸引了法国、俄罗斯、立陶宛、德国等国的有关城市纷纷组织由市长带队的高层政府代表团前来参展或参观，其中法国布列塔尼大区的政府参展团多达45人，大区主席（省长）、副主席以及6个沿海城市的市长、副市长亲自率团参会。

二是展示和交易效果良好。参加本次展会的许多展商都是第二次、第三次参加航博会，与前两届航博会相比，他们一致表示：整个展馆的布置和展位的设计更合理，内容安排也更专业，特别是会场秩序方面，避免了许多展会一般参观人流大、噪音大、专业洽谈少的"商场化"毛病，本届展会在参观人数方面的统计尽管没有前两届多，但专业观众的数量却远多于往年，较好地实现了观众从"量"到"质"的改变、展会从"虚"到"实"的提升。4天来，整个会场平静有序，有利于展商和客商进行沟通和洽谈，受到了大多数展商的好评。本届展会的现场交易成果也非常可观，由于不再采

用“拿来”一些业已成交的项目前来会场签约的模式，本届展会的交易成果都是现场达成的，是实实在在的成果。据不完全统计，展会4天的现场成交超过2000万元。美国水星公司的一条139万元的豪华游艇，展会第一天就被订购。参加现场展示的300多条大小游艇、帆船和帆板，基本上被订购一空。从会后对展商满意度的调查情况看，绝大多数展商对航博会这一平台给予了充分肯定，85%的展商表示满意或比较满意，75%的展商有意继续参加下届航博会。

三是配套活动丰富多彩。在本届航博会中，除水上运动和船舶主题展外，奥运主题展是重要的一项活动，另外还有国际游艇新品发布会、国际游艇产业研讨会、帆船帆板赛高级裁判培训等专业活动以及全国帆板冠军赛、布列塔尼—山东双体帆船比赛、帆都时尚模特大赛和青少年帆船模型制作竞赛等相关配套活动，都使本届展会增色不少。国际游艇产业研讨会无论是规模，还是层次，都堪称青岛市研讨帆船、游艇及相关水上运动发展的一次盛会，中外专家在会上就如何学习国际先进经验、做好奥运文章、更好地打造“帆船之都”提出了很多好的观点和建议。全国帆板冠军赛尽管在参赛人员方面作了严格的限制，但原来预计60人的参赛规模由于报名的人员太多，最后突破至120人。布列塔尼—山东双体帆船比赛则吸引了4位奥运冠军、2名世界冠军参赛。帆都时尚模特大赛是这次航博会新增加的一项活动，在4天的比赛中，也引起了市民和媒体的广泛关注。

（中国贸促会青岛分会）

北京搭台 全球唱戏

由科技部、商务部、教育部、信息产业部、中国贸促会、国家知识产权局和北京市人民政府共同主办的第八届中国北京国际科技产业博览会于2005年5月23～27日在北京举办。中共中央政治局委员、国务院副总理回良玉出席23日的报告会并作主题报告。他强调，当今世界，科学技术越来越成为引领先进生产力发展的主导力量，自主创新是经济和社会发展的重要支撑。要不断提高自主创新能力，加强原始创新、集成创新和在引进技术基础上的消化吸收，加快建设以企业为主体、更具活力的技术创新体系，推动科技成果向现实生产力转化，为我国经济社会全面、协调、可持续发展奠定坚实基础。

第八届北京科博会，本着“集中展现最新科技，聚集经济科技发展热点，注重实际效应，贴近百姓生活”的策划原则，本届科博会安排高新技术及产业化展览、科技经贸项目推介洽谈、论坛和专题会议等多个专题的百余场活动。海内外40余个展团、近2200家企业参展。参展面积达6万平方米。专业展览包括电子信息与现代通讯、数字奥运技术及装备、生物工程与医药、现代制造与汽车科技、科技与文化、科技与安全、科技与环保、循环经济与可再生能源技术；综合展区则包括境外国家展团、全国各省市展团、中关村自主创新项目科技成果交易展、北京高新技术产业基地及科技成果展、国家和北京重点科技攻关项目与科技奥运成果展等。

在规模最大的数字奥运技术与设备展馆中，奥运赞助企业三星、联想、中国移动、中国网通及LG电子、海尔、海信、长虹、首钢等一批国内外知名企业分别推出了其最先进的数字技术产品；诺基亚、CE、SMC、奔驰、中芯国际、京东方等近百家企业则在北京经济技术开发区展馆集中展示了电子信息、装备制造、汽车、生物技术新医药领域的最新产业成果；8号馆的传媒科技展馆，更是首次展出了高科技在传媒产业的应用成果，其中数字电视、平面媒体的数字化采编、数字广播、网络传播等高新技术则是通过互动式场景演示让观众直接参与。此外，福建、山西、青海、四川等18个省市也在展区集体展示了各地的高科技产业发展环境和优势资源，并推出了重点合作项目。

北京科博会组委会常务副秘书长周茂非说，与往届相比，本届科博会更具创新性、前瞻性，不仅较往届更加重视最新科技成果的展现，而且在关注企业战略性发展方面推出了多个首次。周茂非说，通过这些创新性和前瞻性的内容，他相信，今年的科博会将汇聚更多的产业发展信息，涵盖更高的科技含量，展示更先进的国际国内领先的技术成果，提供更多的国际科技经贸合作机会。

首次演绎循环经济新理念

从有形的高新技术产品展示推广，到无形的创新思维论坛，本届科博会力求从多视角、多领域、多形式对科学发展观和可持续发展战略进行诠释，对实现的途径、实现的高技术支撑、可持续发展给企业创造的巨大商业机会进行全面的展示交流。

周茂非说，除了已举办两届的“中国经济高峰会”再度关注宏观研讨经济调控与中国可持续发展主题外，作为即将举行的本届科博会的最大亮点之一，本届科博会还将首次举办“中国循环经济发展高峰会”并首次开设循环经济与可再生能源技术展区，峰会和展区将围绕循环经济这一全新经济模式，对走以最有效利用资源和保护环境为基础的经济可持续发展之路进行多层面理论研讨和技术展示。

此外，本届科博会还首次设立“中国可持续发展院士论坛”，邀请两院院士与会，围绕中国科学院今年最新发布的《中国可持续发展战略报告》、《科学发展报告》、《高技术发展报告》，以中国经济可持续发展战略为主题，就可持续发展与环境资源保护、高科技产业及战略高技术创新等热点话题进行深入探讨，并就《报告》对中国未来十年可持续发展、国民经济和国际形象所产生影响进行诠释。

“走出去”首次成为热点

本届科博会的另一个亮点就是，首次举办海外投资环境专场系列推介会。周茂非表示，随着中国经济对世界经济影响的日益扩大和中国企业参与国际竞争实力的增强，越来越多的国内企业开始走出去实施国际化战略，为了适应国内外客商招商投资趋向的转变，本届科博会特意设立了海外投资环境专场系列推介会，邀请外国驻华使馆商务官员、来访的境外代表团和在海外成功发展的国内企业介绍当地投资环境、市场需求及优惠政策等，并组织国内有实力的企业就“走出去”与来访代表团进行面对面沟通。

除了设立海外投资环境专场系列推介会外，本届科博会的“中国经济高峰会”也首次云集世界八大证券交易所，其中纽约交易所、美国NASDAQ证券市场、新加坡交易所、韩国交易所、伦敦证券交易所分别举办专场研讨会，向国内企业推介海外融资渠道及上市业务。

首次聚焦电信增值服务业

作为本届科博会的重要内容，本届科博会还举办“2005国际电信增值服务提供商推介会”，这是科博会创办以来，首次聚焦电信增值服务业。

周茂非说，中国电信增值服务业已经显示出巨大的发展潜力，为展示这一新型产业新技术、新商机，实现中国未来3G时代相关产业的合作共赢，使信息技术产业更好地服务于中国经济建设，科博会组委会遂决定在本届科博会上举办“2005国际电信增值服务提供商推介会”。

创业领军人物首次登台开讲

在本届科博会上，还首次举办“创业中国——2005中国创业者高峰会”，该峰会邀请走过初级创业阶段的中国第一批创业成功企业家，包括本土和跨国公司在中国创业的领军人物，就在全球化竞争环境下如何实现持续稳健增长进行理念和战略的交流，并在企业进入新一轮创业期的大背景下，对科学发展观指导下的企业创业机遇、创业战略进行研讨。

周茂非表示，随着企业科技创新主体地位受到普遍关注，本届科博会的论坛和专题会议研讨主题及参与对象也更多地转向企业。

更多“中国创造”走进科博会

与往届相比，本届科博会上，有更多具有自主知识产权的“中国创造”高技术成果登台亮相，以助力更多的“中国制造”向“中国创造”延伸。

据介绍，在本届科博会上，作为国家级科技创新基地的中关村科技园区，以“自主创新，中国创造”为主题，集中展示园区整体自主创新能力和自主创新成果。此外，为促进我国科技发展战略向自主创新转变，已连续举办四届专门对国家科技产业政策进行权威发布和释义的“中国科技产业论坛”，对即将出台的国家中长期科技发展规划进行解读，同时对科技自主创新中投融资体制建设进行研讨；在国家知识产权局倡导下举办的“创新中国与知识产权保护国际论坛”，从中国加入世贸组织后过渡期中国企业进军海外市场面临的知识产权困局入手，对构建和完善自主创新的法律环境及国内企业如何实施知识产权保护战略进行研讨交流。

希腊和伊斯兰国家展团首次参会寻商机

周茂非介绍说，随着科博会影响力的逐年扩大，科博会已经成为全国乃至境外国家和地区政府及高科技园区、业内企业展示投资发展环境、推出和交流交易最新技术成果，推介重点科技合作项目的重要平台。

据介绍，今年的科博会，不仅吸引了新疆、福建、深圳、广西等国内沿海及中西部省市、自治区参加，也引起了国际社会更加密切的关注，有41个境外代表团报名参会，绝大多数为政府或商会率领的企业家代表团，分别来自欧盟、南美、东欧、伊斯兰国家和美国、韩国、澳大利亚等29个国家和地区，其中来自希腊和部分伊斯兰国家的展团是首次进入科博会寻找商机。

“可持续发展”理念贯穿科博会

周茂非表示，与往届相比本届“科博会”呈现出几大特点：第一，科博会已成为国内外最新高科技产品首次亮相中国市场的舞台，全球首款500万像素拍照手机、全球最薄的19英寸液晶显示器、全球第一款13.1英寸宽屏笔记本电脑等各种充满高科技概念的产品都选择在科博会期间进行首次发布。第二，全面展示了数字技术的最新成果以及多领域显示数字技术进步对人们生活质量提高的影响，从数字公交亭、数字化智能交通、掌上影院到数字化远程在线签约，展览现场的实景式、互动式展示，使观众实实在在地体验到了高科技对生活的改变。第三，全面体现了可持续发展的战略思想，多视角阐述了循环经济的新理念。

再创新高

“今年科博会的成交额远远超过去年的第七届，达到60亿美元。”尽管之前科博会组委会已经表示原则上不再发布科博会的成交额，但是在第八届科博会闭幕新闻发布会上，中国贸促会北京分会会长周茂非还是按捺不住内心的激动，向与会的媒体透露了这个令人兴奋的数字。“当然，这么高的成交额绝不是科博会这几天就能促成的，有很多企业愿意把签约放到科博会上进行，是看好科博会巨大的影响力。”周茂非强调说。

北京市副市长陆昊在评价本届科博会的成果时表示，本届科博会在突出国际化、强调专业化，以及为外省市在北京发展提供机会三个方面有了新的进展。陆昊说，当前北京科博会在运作中碰到的最大问题，是在市场化环境中如何将市场主体利益诉求与政府的公益性要求协调统一。未来北京科博会的内容将适当压缩，力争精益求精。

此外，据统计此次展会参观观众达22万人；论坛听众达2.1万人。

主要活动一览表

1. 展览会

中国国际展览中心：

1号馆（一层A、B）数字奥运技术与设备展（电脑网络信息技术、电子通讯技术）（二层A馆）；环保节能新材料技术展区、中小企业与个人创新科技展区、住宅科技展区、汽车电子展区

2号馆：北京经济技术开发区展馆

3号馆：首都科技创新与科技奥运成果展

4号馆：中关村项目推介暨技术洽谈会、外国国家展团

5号馆：汽车科技展

6号馆：中国生物医药园区汇展暨生物医药高新技术产品展

7号馆：循环经济与可再生能源技术和设备展

8A馆：国内省、自治区、市展区，信息安全与存储展区

8B馆：传媒科技展、北京留学人员成果展

2. 经贸洽谈

科博会国际投资项目洽谈会。内容：来自欧盟、南美、东南亚、美国、韩国等国家和地区的200多家中外投资商和贸易商与中国企业进行对口项目洽谈。参会项目2000多个，涉及科技、纺织服装、机械制造、房地产、建材、医药保健、专利转让等。

科博会投资贸易洽谈会。内容：来自美、英、法、加、德等30多个国家的150家外商与中国企业进行对口洽谈，涉及中外合作和进出口项目约500个。

内地与港澳经贸合作发展推介会。内容：香港生产力促进局、香港中华总商会、澳门经济局、澳门贸易投资促进局负责人和香港澳门工商界代表携投资合作项目就CEPA下商品贸易、物流、房地产、医疗、食品、专业服务、高科技等领域的合作发展与内地政府及企业进行推介交流。

2005国际电信增值服务提供商推介会。内容：国内数十家大中型SP企业和来自美国、瑞典、韩国、法国等国的电信企业到会，就SP行业相关政策、应用平台、产业价值链、3G及知识产权保护等进行交流；就电信业务市场开发计划、电信增值服务等内容进行推介。

政府采购专场。内容：北京市政府采购程序和相关政策咨询；教育系统和卫生系统政府采购项目咨询。

奥运市场开发推介。内容：北京奥组委市场开发部官员介绍奥运知识产权保护、赞助计划、特许商品计划及企业如何参与奥运市场开发等。

科技奥运项目推介会。内容：发布国家体育场、游泳中心、国家体育馆、奥运村、五棵松文化体育中心等31个奥运场馆建设和场馆改造项目的采购需求信息。

海外投资环境专场推介会。内容：阿根廷、德国、奥地利、乌克兰、希腊、土耳其、联合国工业发展组织的官员和代表就投资环境、优惠政策等内容进行推介，中国企业介绍海外投资的经验及如何规避风险。

省市重点项目招商引资推介会。内容：部分省市和地区的领导推介投资环境、地域发展优势、优惠政策，并发布政府优先发展的合作信息及招商项目；来自美国、加拿大、俄罗斯、乌克兰、阿根廷、马亚西亚等国的代表团出席并进行交流。

3. 省市代表团专项活动

福建省新闻发布会暨高新技术项目推介会

福建省高新技术产业发展座谈会

广西代表团项目签约仪式

广西——中科院合作洽谈会

广西——北京林业大学项目对接洽谈会

广西科技“十一五”规划座谈会

广西人才招聘推介会

广西——北京化工大学项目对接洽谈会

广西——北京科技大学项目对接洽谈会

广西——北京航空航天大学合作洽谈会

广西——北京有色金属研究总院合作洽谈会

甘肃省酒泉市新闻发布会

甘肃省酒泉市投资合作项目推介洽谈会

甘肃省酒泉市与北京高校、科研单位技术创新及科技成果转化洽谈会

甘肃省酒泉市项目签约仪式
甘肃省陇南市新闻发布会
4. 论坛及专题会议
中国经济高峰会
开幕式暨中国深化改革主题报告会
中国金融改革与发展
资本市场、产权交易与公司治理
全球并购论坛——全球买家卖家面对面
高成长企业与金融市场
中国产业（汽车、房地产等）发展战略
中国城市发展与区域经济
中国循环经济发展高峰会
中国可持续发展战略院士论坛
高新企业发展前沿论坛
2005 中国国际医药高峰论坛
新药研发与产业发展专题
中国能源战略高层论坛
中国交通科技与管理高层论坛
体验汽车科技——试乘试驾活动
第五届中国科技产业论坛
中国企业国际竞争力论坛
创业中国高峰论坛
中国环境与资源保护国际投资论坛
2005 中国软件产业发展论坛
科技中国——IT 电信新技术引发新市场
中国城市防灾减灾国际论坛
农业产业化发展大会
创新中国与知识产权保护国际论坛
中国海外留学人员及国际科技项目交流会
网上人才招聘会

（宗 和）

2005 诺贝尔奖获得者北京论坛

2005 年 5 月 30 日～6 月 1 日，备受瞩目的“2005 诺贝尔奖获得者北京论坛”在北京举办。在这场为期 3 天的国际顶级经济盛会上，7 位诺贝尔经济学奖获得者和 5 位世界著名经济学家聚集一堂，为北京人带来 12 场精彩的专题演讲。演讲内容既包括全球经济的热点话题，也包括中国经济发展中的焦点问题。如此高规格的经济学盛会在中国尚属首次，而璀璨夺目的经济界明星大腕的闪亮登场更是令人关注。

在论坛期间，12 位经济学家依次登台演讲。5 月 30 日“打头炮”的是中国的老朋友罗伯特·蒙代尔，这位“欧元之父”刚刚拿到“北京绿卡”，算是中国人最熟悉的诺贝尔经济学奖获得者，他演讲的主题是“关于人民币汇率的一个大辩论”。同时登场的还有最具传奇色彩的约翰·纳什，他被称为“博弈论大师”，曾经在最辉煌时患上精神分裂症，而以其为原形的著名影片《美丽心灵》的轰动，让更多人认识了这位经历坎坷的天才人物，他的演讲题目是“理想货币与渐进理想货币”。

此外，还有三场涉及中国经济热点的主题演讲。30 日下午，美国哥伦比亚大学教授，就业与增长理论的著名代表人物爱德蒙·菲尔普斯进行演讲，主题为“中国经济进程的一种理论：从成本扩散和贸易限制的角度来理解创新，投资和储蓄”。31 日上午，2003 年诺贝尔经济学奖得主克里夫·格兰杰以“经济预测与北京奥运”为主题进行演讲。还有一场演讲是来自美国哥伦比亚大学教授，以研究宏观经济和货币政策著称的迈克尔·伍德福特，他的演讲主题是“央行沟通交流与宏观经济稳定”。

在 5 月 31 日下午和 6 月 1 日上午安排三场高层论坛，由演讲嘉宾与国内的政策决策者、著名经济学家以及知名企业家进行对话和交流。高层论坛围绕“经济学与经济政策”、“奥运经济”和“企业家精神与企业发展”等主题展开。

为了配合顶级大师演讲的高规格，各个系列的主持人都是国内相当知名的经济学家，如林毅夫、张维迎、樊纲、谢平等。为了让更多人能聆听到大师的精彩演讲，论坛特别为经济学相关专业的师生安排了旁听席，但要求旁听观众的学历要至少在经济学硕士以上。

此次论坛活动也并非都是在圆桌旁“传经论道”，在 6 月 1 日，几位大师还分别前往北京大学、清华大学等 9 所高校与师生交流，并接受各个高校授予的名誉称号。还有 9 位参加论坛的经济学家是携夫人一同来到北京的，论坛组委会还特别为这些随行家眷安排了参观故宫、品尝全聚德烤鸭等特色旅游。

通过一系列诺贝尔奖得主在北京的活动，北京提升了城市魅力，又一次受到世界关注，“学术北京”的品牌正在被擦亮。

演讲人物背景资料

罗伯特·福格尔
1993 年诺贝尔经济学奖得主
演讲主题：预测 21 世纪的人口寿命

1926年出生，美国芝加哥大学教授。他的研究领域是：北美死亡率的经济解释，营养、福利以及生产力的长期变化。他通过运用经济学理论及数量的方法，来解释经济发展和制度变迁，创造了全新的经济研究方式，因此获得1993年诺贝尔经济学奖。

约翰·纳什

1994年诺贝尔经济学奖得主

演讲题目：理想货币与渐进理想货币

1928年出生，是一个天才的数学家和经济学家。一篇关于非合作博弈的博士论文就早早确立了他博弈论大师的地位。他其实只做了两件事情：一是研究过讨价还价的问题；二是关注了经济问题并从数学的角度加以分析。进而有了天才发现——非合作博弈的均衡，即“纳什均衡”理论。

罗伯特·蒙代尔

1999年诺贝尔经济学奖得主

演讲题目：关于人民币汇率的一个大辩论

美国哥伦比亚大学教授。他以研究最优货币区域理论而闻名，具有革新意义的研究为欧元汇率奠定了理性基础，1969年，发表了“欧洲货币计划”，由此被称为“欧元之父”。此外他对经济学的伟大贡献还有开放条件下宏观稳定政策的理论(蒙代尔——弗莱明模型)。

爱德华·普雷斯柯特

2004年诺贝尔经济学奖得主

演讲题目：如何在人口老龄化条件下为养老提供财务支持

1940年出生，美国亚利桑那州立大学杰出教授。由于在动态宏观经济学，即“经济政策在时间上的连贯性与商业周期的驱动力”方面的研究贡献，与芬·凯德兰德同获2004年诺贝尔经济学奖。同时，他还在研究股市价值变化、国际收入差距理论等方面有所建树。

詹姆斯·莫里斯

1996年诺贝尔经济学奖得主

演讲题目：如何在一个发展的经济体中征税

1936年出生，牛津大学教授。主要致力于计划理论、发展经济学以及公共财政的研究。近年来对福利经济学的贡献很大。因其“不对称信息条件下的经济激励理论”获1996年诺贝尔经济学奖。该理论已经成为现代经济学的基石。

克里夫·格兰杰

2003年诺贝尔经济学奖得主

演讲题目：经济预测与北京奥运

美国加州大学教授。他被称为“最伟大的计量经济学家之一”。在时间序列研究经济学方面，他是最有影响力的学者之一，并因此获得2003年诺贝尔经济学奖。运用他的研究，经济学家可以更容易地解释经济模型并做出更为准确的预测。

弗农·史密斯

2002年诺贝尔经济学奖得主

演讲题目：经济全球化：一个和平的字眼

1927年出生，美国乔治——梅森大学经济学和法律教授。由于在实验经济学方面贡献突出而获得诺贝尔经济学奖。是他建立了实验室实验，并将其作为一种工具应用于实验经济分析中，尤其是在选择性市场机制的研究中成就显著。

“我想全球化不是一个新的现象，它是一个描述古老人类活动现代的词语，一个描述人类通过交换，通过资源的全球化分工来追求更美好生活的词语，它是一个和平的字眼，而且我想引用一句名言结束，如果商品不跨越国境，士兵们就会跨越国境。”

艾尔波托·艾莱斯纳

美国哈佛大学教授

演讲题目：全球化与政治分离主义

“如果一个国家的国界开放，贸易也放开，在这方面一项主要的规模收益就消失了，国家越开放，人均稳定国家产出的水平越高，而国家大小的影响在这方面越来越小，每一个国家都能从对外开放中受益，小规模的国家比大规模国家得到的好处更多。在一个开放的世界，一个国家的大小就不那么重要了。”

夏威尔·萨拉·伊·马丁

美国哥伦比亚大学教授

演讲题目：收入分配、贫困、不平等与经济增长

“是不是要照顾穷人，使得穷人经济收入的增长速度和整个增长速度保持一致，如果穷人的增长速度没有富人的增长速度快，不平衡现象就会加剧。比如说在今天的中国，最贫困地区的经济增长是5%～6%的速度，这是很好的事。尽管最富的地区和最富的人增长是10%，不平等现象肯定会加剧，大家会说这不平等，这不公平，但是我也不大清楚，到底什么是公平，什么是平等，我觉得穷人这样的增长已经很好了。”

(宗 和)

第九届中国国际软件博览会暨软件产业发展高峰论坛

2005年6月14～16日，第九届中国国际软件博览会暨软件产业发展高峰论坛在北京中国国际展览中心举办。据组委会统计到会参观人数达6.82万人次，是历届软博会中参观人数最多的。

本次软博会是国务院颁发18号文件和《振兴软件产业行动纲要》以来，对于国内软件业发展的一次全面检验，是自举办以来规模最大的一次软件业博览会。本次展馆分别由国际馆、北京馆、省市馆、专业馆等构成，展出面积达2万平方米，展区分为软件产业成就展区、集成电路企业展区、数字化3C企业展区、开源软件展区和游戏软件展区。有国内外微软、CA、SUN、MOTOROLA、NEC、日立、用友、联想、神州数码、中星微等400多家企业参展，是国内最全面的一次软件行业展示。软博会已经成为发布新政策、新技术和新产品的平台。

本次博览会组委会联合有关专家和媒体，总结评选出本次博览会四大关键词及十大热门软件产品和技术。

突飞猛进。国务院2000[18]号文颁布5年来，我国软件产业突飞猛进，软件产业规模已超过印度和韩国，从2000年的593亿元增至2004年的2300亿元，增长了2.8倍；软件出口从2000年的4亿美元增至2004年的28亿美元，增长了6倍。5年来，国家在投融资、税收、产业技术、出口、收入分配、人才培养、采购、企业认定、知识产权保护、行业管理等方面投入了数十亿资金，推动了软件和集成电路产业的快速发展。迄今为止，我国共建立了11个国家软件产业基地和6个国家软件出口基地，以及172个国家级重点软件企业，形成了软件产业的总体布局。

软件之都。北京打造“中国软件产业之都”再次成为本次大会最强音。在总结北京软件产业近五年来的发展成果时，北京市副市长范伯元指出，北京软件产业发展需以自主创新为基，以市场需求为源，以人才资源为本，才能取得突破性的发展。同时他再次强调了打造北京为软件之都的目标。北京市科委主任马林同时提出，北京软件产业的工作就围绕着构建完整有序的软件创新生态系统展开。主要作好五件事：建立以市场为导向，以企业为主体的创新体制；倡导企业用好用足北京丰富的科技教育资源；重点支持企业做大做强，带动中小企业共同发展；倡导企业间关系既是竞争，更是合作；联合才有竞争力，企业联盟是软件产业提高竞争力的有效选择。

展望未来几年，可以看到，继制造业转移以后，全球出现知识型服务业向发展中国家转移的浪潮，这将使中国丰富的智力资源优势得到释放。北京市亦将抓住重要机遇，对软件和信息服务产业给予更大的重视，在知识型服务业大转移的浪潮中勇立潮头。

企业联盟。位于北京馆的长风联盟成为本次展会的亮点。成立于今年4月14日“长风联盟”，率领着联盟内的22家企业，在北京馆内展现了他们联盟发展的新气象。同时，中关村软件园、863软件园、北京信息安全产业基地、北工大软件园等作为全国科技园区的典范，“开放、协作、增值、品质”成为软件产业发展的趋势。

共绘蓝图。中央各部委领导共同描绘中国软件产业的蓝图。信息产业部部长王旭东指出，国务院领导对我国软件产业发展极为重视，始终坚持认定软件产业发展来推进信息化全面建设。自18号文件颁布五周年和47号文件实施三周年以来，为国内软件产业发展带来良好的政策环境，软件技术、人才、服务等方面都发展良好。外包市场逐步扩大，目前国内软件厂商面临市场良好机遇，在这种情况下，应该紧抓市场、加大技术创新，大力发展软件产业。

科学技术部副部长程津培认为，信息化已经正在从整体上引领世界经济和社会发展的进程，信息技术已经成为经济发展的关键因素，信息产业也已经成为全球经济发展的主导产业之一，而软件是经济成功、科学与技术研究以及国家安全的基础，对商业、通信以及国家基础设施建设具有越来越重要的作用，软件产业作为信息产业中的核心和21世纪推动世界经济增长的重要动力已经成为国际竞争的制高点。因此科技部在“十五”期间针对重大软件和基础性软件开发给予了重大支持，国家863计划也把推出自主知识产权的软件核心产品列为重点目录，到现在也取得重要进展和重要影响。在当前正在制定的“十一五”科技发展规划中，将进一步提升我国软件产业的自主创新能力，开发基础软件作为支持的重点。

国务院信息化办公室副主任陈大卫指出，要注重健全市场机制，完善法律政策环境，着力连接国际软件生产业体系。要发挥政府、中介、企业、用户、媒体等不同主体在软件产业发展中的不同作用，健全和完善软件产业的发展机制，完备法律法规，加大软件和知识产权的保护力度，营造开放和公平的市场竞争环境，鼓励软件企业在竞争中脱颖而出。面对经济全球化的趋势，我国软件产业要着力打造国家软件生产业体系，在更大范围，更广领域和更高层次上参与国际竞争与合作，提高软件产业的整体水平，更好地利用两个市场，两种资源，获取更多的国际订单，更好地培养和吸引优秀软件人才，以推动我国软件产业在国际软件市场上占有相应的份额。我们要认真研究软件产业的发展规律，把握国际软件产业发展整体趋势，找准在国际软件生产业体系中的定位，发挥比较优势，走出一条中国特色的软件产业发展道路。

在本次博览会上评选出的十大热门软件产品和技术是：

1. SUN公司在本次软博会上与全球同步正式发布了Open Solaris。

2. CA在展会期间发布了功能强大操作简单的反垃圾邮件及网络欺诈的侦查产品eTrust Anti——Spam，另外推出了Unicenter套件高效管理Linux UNIX及Windows上的大型复杂DB2 UDB数据库。

3. Motorola在展会上推出了软件产品、软件技术和解决方案，其中包括无线企业解决方案、家庭监控系统解决方案、车载智能通讯系统、无线医疗远程监控系统等。

4. 神州数码在展会期间推出了基于税务、金融、电信、政府、教育行业的整体应用解决方案。

5. 北京新华富才软件有限公司发布了LINUX服务器版的华镭操作系统，是全球首例基于DEBAINA的全球服务器系统。

6. 北京新空气软件技术有限公司发布了自行研发的游戏产品“真悟空传”。

7. 北京美髯公科技发展有限公司推出了服务型网站，“你好北京”，以期更好地服务于社会。

8. 苏州国芯科技有限公司推出的C*CORE为内核的SOC产品广泛应用于各类嵌入式产品。

9. 北京日立北工大信息系统有限公司在展会期间推出微型无线自动识别IC芯片。此款产品是现今世界最小的RFID芯片。

10. 北京恒信通电信服务有限公司整合了电信和金融资源，推出了面向农村市场的“易付通”便民缴费系统，成为软件服务信息化，服务三农的最好典范。

——中国软件网

刑侦技术装备展 科技强侦新体验

“2005国际刑侦技术装备展暨科技强侦论坛”于2005年6月22～25日在北京中国人民革命军事博物馆举行。这次展览把“科技强侦”体现得淋漓尽致。

本次展会共有百余家国内外企业参展，设展台200余个。来自中国、瑞士、美国、日本、丹麦、以色列、德国等国家的展商参加，展示了刑事科学技术类、警用交通工具、警用防护类、警用械具类、防暴、排爆器材、公安专用信息通信、警用业务信息开发管理技术等六大类40多项产品和信息内容。

人脸识别 科技助力奥运

这次展览会上，识别系统作为一个大类，参展商众多。北京东方金指科技有限公司推出了指纹自动识别系统、掌纹自动识别系统、声音自动识别系统、活体指纹采集系统、人像智能识别系统等多种应用软件。海鑫科技扎根于以刑侦为主的公安用户市场，致力于以指掌纹和DNA等生物识别技术为基础的刑侦技术信息化产业的开发与推广。这次海鑫科技也带来了先进的指掌纹识别与采集技术、面像识别技术、数据挖掘与信息管理等技术。该公司的销售经理赵云介绍，公司与公安系统密切合作，去年一年公安系统侦破的案件中有近一半采用了海鑫的刑侦技术。

行者集团则专门推出人脸识别系列产品，包括人脸识别PDA（警务通）、人脸识别手机、人脸识别PC、人脸识别智能加密门、人脸识别联网报警系统等。据了解，2008奥运会中国将全面使用人脸识别，这也是奥运史上的第一次。该系统是通过建立自动人脸识别报警服务网，对于运动员、教练、场馆工作人员、后勤、食品运送人员，摄像机自动识别未经过登记授权限制进入场馆的危险人物，向网络报警中心报警，奥运会安保人员可以随时随地将可疑人员图像传至各个安全中心，多个安全中心即时联动处理。

展会现场，行者集团展示了人脸识别智能加密门，其展位大屏幕上对人脸识别系统的影像介绍也吸引了很多观众。

数码笔 引领信息技术新革命

在北京龙昊警用器材有限公司的展位上，展出了一种能与电脑相连进行记录的新型数码笔，人们使用了几千年之久的传统笔，正悄悄地发生着一场信息化革命。

用数码笔在纸上书写，然后将其内容以邮件或短信的方式发送出去，或者直接发送到电脑里，既可以保留原笔迹，也可以识别处理为标准印刷文档，这就是数码纸笔技术的主要内容。这种笔的外表与普通笔没有很大的区别，但他的用处可是很大。用这种笔在一张普通的白纸上画了一个卡通人头，然后用USB连线将其与电脑连接，通过几次点击，电脑屏幕上就出现了一张画有卡通人头的纸。

据厂家介绍，数码笔的用途很大，可以用在电子政务、物流速递、医疗防疫、公检法交、金融保险等多个领域。但现在公司主要是与公安系统合作。比如110指挥中心是公安局处理警情、处置应急突发事件的中枢，担负着接警先期处置任务，接警员可以先作出出警决定，再向上级汇报，这要求110民警要有较强的公安业务知识和指挥调度能力。在110指挥中心，除了刑事报警、治安报警、问讯求助电话外，工作非常繁忙，在众多的报警电话中，如何将报警分类尽快地部署到相关的部门处理，做到快速出警，并将其录入、存档，是一项繁杂而庞大的工作。使用龙昊数码笔接报警处理系统后，就将110的接报警工作电子化，只需详细记录并填写好接报警表单，随后自动传输入电脑，轻轻点击鼠标，各项后续程序均可自动实现。

这种数码笔同样适用于工商、税务、银行等行业。由于这些部门需要保留用户的手写笔迹作为证明文件，因此需要用户先手填表单，再让人录入电脑，同时往往还要对原文件扫描存档，重复劳动，麻烦费事。如果使用数码笔填单，则可以一次性生成三种文档：纸面文档、原笔迹电子文档、标准印刷体文档，这样就减少了工作环节，大大提高了工作效率和服务质量。信息电子化将是今后发展的趋势，数码笔的使用也将是今后的一大趋势。

——《中国贸易报》张汝男

善用调解 化解中美商事纠纷

2005年7月15日，由中国贸促会和美国国际争议预防与解决协会（CPR）共同举办的“中美商事调解大会”在京举行。全国政协副主席张怀西、中国贸促会会长万季飞和美国国际争议预防与解决协会主席托马斯·斯蒂潘诺维奇出席了大会。

参加大会的企业界和法律界人士表示，本次大会不但为中美两国企业开辟了解决纠纷的新渠道，为企业创造了良好的发展环境，也增进了中美两国的友谊，促进了中美经贸关系的健康发展和两国的共同繁荣。

中美经贸关系要着眼于长远利益

美国国际争议预防与解决协会高级副总裁彼得·菲利普斯一句幽默的话引起了与会者的共鸣，他说：“在美中建交前，中国贸促会就已经与美国经贸界开展合作了。在我们与万季飞先生的交往中，他总是带给我们灵感。”

全国政协副主席张怀西对调解这种解决商事争议的方式给予了很高的评价。他说：“通过这次大会的举办，我看到了中美商事调解的美好明天和中美经贸关系良好的未来。”对于中美企业间近年来发生的纠纷，他认为，中美在经贸领域应着眼于长远利益，因此，以调解的方式来解决两国企业间的问题，将会对中美经贸关系的健康、有序发展起到推动作用。

中国贸促会会长万季飞表示，美国是中国最重要的贸易伙伴之一，中美贸易关系的稳定和发展事关中美两国企业的切身利益和两国人民的持久友谊。中美两国的进出口贸易总起来看是呈逐年增长趋势的，美国的在华直接投资亦发展势头良好。但是，我们也应当看到，伴随着贸易往来的增多，中美两国之间的贸易争端也日益增多，这些争端如若得不到有效的解决，必将阻碍中美贸易伙伴关系的巩固和发展。

万季飞认为，中美商事纠纷通过调解的方式来解决，可以减少贸易摩擦，为企业节约时间，节省精力、财力，减少纠纷带来的负面影响。

有一位西方诗人说过这么一句话：“东西方永远不可能相遇。”意思就是说，由于东西方的文化差异，必将导致东西方各领域间的冲突。对此，美国国际争议预防与解决协会主席托马斯·斯蒂潘诺维奇先生认为，文化差异导致的冲突在各国间都很常见，但并非不可调和。中美商事调解中心的建立，为美中企业界找到了解决问题的途径，也使得我们站在了中国伟大的传统之上。根据托马斯·斯蒂潘诺维奇先生的介绍，并非所有美国公司都喜欢打官司，调解在美国也很流行，并受到了大企业的推崇。在美国，50%以上的民事和经济类纠纷最终通过调解结案。

放眼大局 调解为首选

针对近段时间中美经贸关系中不断产生的商事纠纷，商务部条法司司长尚明在本次大会中对其进行了分析并表明：“在看待中美商事纠纷时，既要看到中美双边经贸关系中面临的问题，又要看到中美两国关系与经贸合作的大局，从最大的发展中国家与最大的发达国家之间的商品贸易的互补性大于竞争性来看，贸易摩擦和纠纷的妥善解决有益于中美经贸关系的发展。”

美国商务部前部长埃文斯曾说：“不管任何国家或贸易伙伴，只要有往来就会有问题，我们更应该看到美中经贸取得了巨大发展这一大局。”由此可知，纠纷的产生是正常的，关键是要用发展的观点和适当的方法去解决纠纷。

尚明说：“商事纠纷是经贸往来过程中不可避免的问题，如何妥善处理纠纷是维护和保持中美经贸关系健康平稳发展必须面对的问题。”因此，善用调解的方式，妥善地解决商事纠纷，建设一个完善的、多元的纠纷解决机构，能够为两国经贸发展提供一个稳定和平的环境，为中美两国的企业解决纠纷提供一个除诉讼和仲裁以外的，更加灵活、迅速、节省费用的方式。

在会上，中美商事调解中心中方秘书长杨华中对中美贸易额做出了统计，并强调了中美商事调解中心在中美贸易发展中的重要作用，他说：“中美建交26年来，双边经贸关系迅速发展，合作内容也由单一扩展到了多个领域。尤其是近两年来，中美双边贸易额实现了20%以上的增长，截至2005年5月底，美对华投资项目累计约4.67万个，合同金额1035.3亿美元，美方实际投入491.7亿美元，如果未来几年都能保持这一增长速度，到了2012年，中美双边贸易额将有可能超过3000亿美元。在两国经济迅速发展的这26年中，双方在不停尝试各种方式解决多种贸易摩擦，如通过WTO争端解决机制进行解决，但大量的企业之间的具体纠纷，更适合用调解的方式进行解决。”

杨华中强调，将调解作为解决中美双边贸易纠纷的核心，充分发挥它的作用，能为双方带来一个稳定和谐的发展环境，能使美国企业在中国的投资获得巨大利润的同时，也为中国带来先进的技术和管理经验，为未来两国的贸易发展带来一个双赢的局面。

美国驻华使馆公使衔商务参赞克雷格·爱伦先生认为，中国经济正稳步融入世界，给美国公司带来了机会，促进了美国的就业。但经济的增长必然会带动争议的频繁发生。实际上，美国公司并不愿意通过法院方式解决问题。而调解作为一个双方都能接受的好的方式，它必将促进美国公司在中国的商业利益。

“和为贵”符合双方利益

中国自古以来就有“和为贵”、“和气生财”等思想和理念，调解解决纠纷的办法在中国有着悠久的历史传统、广泛的参与性，在竞争激烈、节奏快速、注重效率的今天，人们更加认识到了“和为贵”的重要性。

杨华中说：“中国正处在和平发展时期，要想抓住机遇，就要适应经济全球化的新形势，积极开展国际经济贸易合作，参与国际竞争。同时，在发展经贸的过程中要注意遵循国际惯例，依法解决在经贸活动中出现的各种纠纷，而调解正是解决经贸纠纷的很好的方式。”杨华中认为，基于中美经贸关系的现状，贯彻“和为贵”的理念将更符合双方企业界的最大利益，也能更好地保证我国商务工作和对外贸易的顺利发展。

美中贸易全国委员会副会长包崇侃先生认为，美中经贸关系中，纠纷、冲突不可避免，打官司成本高、伤感情，而通过友好磋商的调解方式，双方找到了共同点。因此，美中贸易全国委员会支持以调解的方式解决问题，这对美中双方都有益。

万季飞强调，中美商事调解中心为解决中美两国贸易争端提供了一个新的平台，为促进中美两国贸易的健康发展发挥了作用。本次大会是中美商事调解中心成立以来的一次重要的联合推广活动，以“推广商事调解，构建和谐社会”为主题，将有助于参会来宾对商事调解服务的了解，为中、美企业界创造互相沟通和了解的良机，加深彼此友谊，促进中美经贸关系的健康发展。

——《中国贸易报》张伟勋 李 莹

SINOCES八方面取得重大突破

由国家商务部、信息产业部、科学技术部和山东省政府主办，青岛市政府和中国电子商会共同承办的2005中国国际消费电子博览会（以下简称“2005SINOCES”）于2005年7月1～4日在青岛国际会展中心举办。此次展览占据了青岛国际会展中心2.65万平方米的展览面积，参展企业达310多家。共吸引境内外专业观众4.1万人次，其中境外客商4000多人次。

本届博览会在“3C融合与无缝生活”的主题下，汇集全球最领先的消费电子技术、最前沿的消费电子产品、最重量级的消费电子企业，为参展的企业打造了产品展示和技术交流的最佳平台。特别是与全球最大的消费电子展——美国消费电子展（CES）成功合作，使博览会的知名度和影响力大大提升，进一步巩固了SINOCES在中国乃至整个亚洲消费电子业界的地位，并对全球消费电子业发展产生了积极影响。

与往届相比，本届博览会在以下八个方面取得了重大突破：

1. 与全球最大的消费类电子专业展会——美国消费电子展（CES）成功合作，“冬美夏中”（冬季在美国举办，夏季在中国举办）的全球消费电子展览产业新格局初见端倪。SINOCES与CES的合作，是国内电子专业展会第一次同一个世界闻名的拥有40多年历史和十几万客户，具有50多个国家网络分布的美国最大的消费电子协会合作，共同举办消费电子博览会，抓住了一个重大机遇。双方的合作是一个双赢的局面。通过与CES的强强合作，为SINOCES带来全球最领先的办展理念、最先进的办展模式，带动博览会从形式、内容、管理、招商、服务等几大环节，迅速与全球最先进的国际化大展接轨。CES也将借助SINOCES进一步扩大其在亚太地区的影响力。在此基础上，SINOCES依靠全球第三大同时也是最具增长潜力的消费类电子市场——中国市场的支撑，将逐步发展成为东半球最大的电子、家电技术、产品、贸易基地，与冬季举办的美国CES遥相呼应，构筑“冬美夏中”的全球消费类电子展览产业新格局。

2. 2005SINOCES首次实现了消费电子产业链的大聚首，是继CES之后又一次全球消费类电子产业3C产业、技术、产品的盛宴。

3. SINOCES跨越地理的界限，成为联结中国三大消费电子生态圈、亚洲乃至全球消费电子产业的重要平台。

4. 2005SINOCES彻底告别了普通家电、IT展，致力打造3C融合为主题的消费类电子专业展会。本届博览会正式更名为“中国国际消费电子博览会”。在展示内容上，2005中国国际消费电子博览会做出重大调整，参照CES展示模式，结合中国消费类电子产业的自有特点，将展示范围定义为家庭影音、家庭娱乐、家庭网络、家用电器、便捷办公设备、移动通信设备、移动存储产品等几大类，几乎涵盖了当今消费电子的所有领域。

5. 主承办方达成一致，在办展观念上实行了战略性调整，目标和定位更加明确，前景更加广阔。本届博览会在2004年“青岛搭台，全国唱戏、国际唱戏”的基础上，在展会定位、参会客商层次、主题论坛等方面进一步突出了专业化和国际化，充分体现SINOCES作为惟一经中国政府批准的国家级消费电子专业国际博览会，作为目前亚洲规模最大、最具影响力的消费类电子展会在消费电子产业全球化进程中所应具备的战略性、先进性和融合性。

6. 在办展主体中，政府角色进一步淡化，专业协会参与力度明显加大，进一步凸现博览会的专业化色彩。在办展主体上，首先是引入了美国消费电子协会（CEA）作为SINOCES的海外主办方，使得SINOCES在展会品牌塑造、办展理念、展会影响力等各方面都获得了极大的提升。其次，博览会进一步加强了与世界各国和地区行业电子协会的沟通与联系，积极争取他们的支持与参与，对境内外消费电子企业的号召力大大增强。三是在主题论坛的组织上，博览会期间全部11个主题论坛一律由CEA、中国电子商会等专业行业协会牵头主办，在演讲嘉宾邀请、论坛形式、内容设置等方面，更加贴近消费电子产业的特点，致力于探讨全球消费电子发展现状、趋势和目前存在的问题，共同研究探讨解决办法。

7. 突出“3C融合”主题，专业化趋势更加明显，进一步体现人性化。本届博览会以“3C融合与无缝生活”为主题，参展的产品几乎涵盖了全球所有的消费电子知名品牌，展示了全球最先进、最前卫、最人性化的各式消费类电子产品，进一步体现了博览会的专业化、高科技、尖端性。人性化的理念得到进一步体现，展示的产品与人们的生活更加接近，全面展示消费类电子新技术、新产品在实际生活中的应用，通过3C产品与人的有机互动，充分展现科技的人性化、人与信息的完美结合。

8. 新产品、新技术进一步奠定了SINOCES的权威性。本届博览会上，商家各出奇招，竞相展示自己独具特色的具有3C融合特质的新产品、新技术，进一步奠定了SINOCES作为消费电子专业国际展会的权威性。索尼、三星、苹果等跨国企业都把SINOCES作为一次前沿产品发布秀。

相关链接

SINOCES展示范围

前沿科技。展现消费电子产品的最新理念、技术与发展方向。

可穿戴计算机、机器人技术、语言识别技术、导盲技术、生物芯片技术等。

家用视听产品。现代生活必备，体验影像与声音的完美结合。

数字电视、平板电视、影碟机、便携式媒体播放机、立体音响系统等。

便携数字设备。随时随地地感受工作乐趣，品味信息尽在掌握的新理念。

笔记本电脑、平板电脑、掌上电脑、学习机移动存储产品等。

移动通讯设备。包罗无线通讯未来的发展方向。移动通讯设备、电讯及网络服务、卫星定位等。

新兴家用电子、电器产品。展现科技服务生活。

车载电子产品、保健电子产品、居家安全系统及各种创新科技小家电。

——青岛新闻网

第13届昆明进出口商品交易会

2005年6月11日，为期5天的第13届昆明进出口商品交易会落下帷幕。本届昆交会成果丰硕：各项成交累计分别为15.97亿美元和303亿元人民币，其中进出口9.32亿美元，协议利用外资6.65亿美元，国内经济技术合作累计总投资达303亿元人民币。

透过这一串数字，人们看到的是昆交会的外向度越来越高，在国内的影响越来越大，已成为西南地区举足轻重的国际性商品交易会。

客商众多1190多企业参展。据介绍，本届昆交会共有1190多家企业前来参展。其中，来自海外22个国家及我国香港、台湾等地的参展企业有230多家。除东盟国家外，瑞典、孟加拉、韩国等国家组织了较大规模的企业参展团，澳大利亚和荷兰企业也首次参展。

国内共有28个省、区、市的企业参展，除了联办六省七方外，还有上海、青海、浙江等20多个省、区、市企业参展，其中上海、青海、湖南组织了较大规模的参展团。

本届昆交会有越南国家工商会、老挝国家工商会、印尼中华总商会等近20个国外商协会组团参加。其中越南国家工商会组织了90人的代表团参会并在会期组织对口洽谈；孟加拉组织了近40人的采购团前来参加昆交会；菲律宾世纪金源集团、马来西亚海鸥集团、泰国正大集团等一批知名企业和国际机构前来参会。据初步估计，东盟10国和南亚国家参展人数约5000余人。

在国内客商方面，除了联办方政府代表团外，国家商务部、我国驻缅、老、越、柬、泰5国大使馆的商务参赞亦应邀前来参加昆交会，国家有关部门和其他兄弟省区市也派代表到会参观、考察和指导工作，来自全国20多个省区市的国内客商约4000余人。

硕果累累 做成多笔大生意。本届昆交会硕果累累，无论是进出口，还是招商引资，都做成了许多笔大生意。

在商品进出口方面：一般贸易进出口完成成交额7.47亿美元，其中出口5.57亿美元，进口1.9亿美元；边境贸易进出口成交1.85亿美元，其中出口1.08亿美元，进口0.77亿美元。

对东盟国家进出口成交额2.96亿美元，占进出口成交总额的31.76%，其中出口2.03亿美元，进口0.93亿美元。出口商品主要有白银、乳制品、汽车、螺纹钢等，进口商品主要有氧化铝、金银锭、汽车及配件、干果粮油等。

本届昆交会上农副产品交易呈现出较好的势头，进出口累计成交1.82亿美元，占进出口成交总额的19.5%。出口成交的主要商品有红辣椒圈、乳制品、青刀豆、松茸等。

本届昆交会利用外资项目签约47项，协议利用外资金额6.65亿美元。其中，昆明滇池旅游度假区管委会与香港华美达投资有限公司合资建设休闲购物公园、昆明滇池旅游国有资产经营管理公司、大连海昌集团与新加坡希瑞克投资公司签约的昆明极地海洋世界，协议利用外资分别为1亿美元。

国内经济技术合作签约250项，累计总投资303亿元人民币，协议引资金额180亿元，其中高新区北区开发项目协议引资金额达20亿元、中国禄丰恐龙城协议引资16亿元。

昆交会联办方其他省区市也大获丰收，外经贸总成交额为2607.3万美元。

区域特色 进一步得到显现。作为主要面向东南亚、南亚的商品进出口交易会，昆交会的区域化特色进一步得到显现。

本届昆交会继续设置东盟馆和南亚馆，昆交会面向东南亚、南亚市场的定位更加明确。随着澜沧江——湄公河次区域合作日益深入，中国——东盟自由贸易区建设的启动，昆明作为连接中国与东南亚的通道地位日益明确。本届昆交会上，东南亚、南亚参展商品档次及布展水平都高于往年，菲律宾世纪金源集团等知名企业参展，东盟馆和南亚馆仍然是本届昆交会上的亮点。

本届昆交会还组织了一批高水准的国际活动，主要有“中印经贸合作发展会议”、“第三届东盟华商投资西南项目推介会”、“加强中国与中东欧、中亚国家和俄罗斯经贸合作研讨会”、“《中国——东盟全面经济合作框架协议货物贸易协定》报告会”、“面向东盟国际物流企业发展论坛”等。这些活动大大丰富了昆交会的内涵，充分展示了昆交会面向东南亚的桥梁和纽带作用。

——云南网

2005法国家居装饰艺术展

今年的北京酷暑难耐，然而，7月5～9日在中国国际贸易中心上演的一场法国家居艺术的饕餮大餐却着实让大家感受到了一种带有异国风情的清爽感觉。

本次展会汇集了法国100多家企业参展，涉及室内家具、灯具及装饰物品，建筑、室内装饰与设计，厨房和卫浴设施，家居装饰面料、家居布艺等多个领域。这次展览不是一个国家的成就展，而是真正的沟通中法企业间交流与合作的贸易展。

传统的手工艺

这次展览专门设有一个手工艺大师的展位，里边陈列了法国多位手工大师的杰作。据了解，自1994年以来法国文化与公共关系部部长已为63位专业人士颁发了工艺师的称号，此称号为终身荣誉称号。这次展会就有3位工艺大师亲临现场做演示，让大家亲身体验了法国传统手工艺的魅力所在，吸引了大批观众。

镶嵌工艺师埃里克·桑松用法国传统的切割机器切割已在木头上画好的字母，这种技术全靠两只手的配合。埃里克·桑松这次展出的作品之一是以木瘤材料及黄杨羊皮制作的书写桌。这个书写桌由一个嵌有字母的屏风式书架和桌面及方凳组成。据工作人员介绍，这个书架上的字母是由一句名人的箴言随意打乱顺序后镶嵌上去的，而书架很小，只能用来放对自己最有影响的三本书的，薄薄的桌面里还藏有暗格，里面可以放信纸，作品把精湛的艺术和人生的哲学结合在一起，是一件不可多得的艺术品。

麦秸编制工艺师里松·德科纳则为大家介绍了麦秸编织的工艺程序。她展出的作品是一个于2001年修复的一个19世纪的中国桌子和一件用蝴蝶作装饰的屏风。折扇制作工艺师安娜·奥盖从事的折扇事业是有100多年历史的家族事业。安娜主要为影视剧、高级时装界和舞台表演界制造各种折扇。她也在现场演示了折扇的制作过程。

谈到手工艺大师集体参展的目的时，该展位的工作人员介绍说，这次法国文化与公共关系部带来很多法国艺术家的作品，首先是让大家了解法国的手工艺品，另外就是看看大家能不能接受这种手工艺品。如果有观众对其感兴趣可以与法国文化与公共关系部联系或直接与展会的主办方联系商洽合作事宜。

精湛的工艺

在LINDER SA的展位，好多人被各式的窗帘、窗纱所吸引。这也是一个家族企业，LINDER SA已连续五年生产各式宽幅窗帘。1903年，宽幅织造的开创者，年轻的瑞士工程师Celestin Linder将他的技术带到法国，公司的技术人员将该技术运用到生产中并不断改进发展至今。

这家的窗帘在中国已经有了代理商，此次展览除了企业方前来参展外，中国的代理商也来了，一位来自长沙的客户正在与其进行现场订货。据这位代理商介绍，这个公司的窗帘品质很好，一般的国产窗帘经过长时间的暴晒边缘会卷曲，而这种窗帘则完全不会。由于其品质一流，价位也相对高一点，每米在110元左右，因此，这种窗帘主要的销路还在北京、上海等大城市。这位代理商还表示："好多女孩看了我们的产品都舍不得走，说用这些窗纱做丝巾会更漂亮，可这种想法还没有得到法国企业的认可，因为他们只专注于他们的窗帘产品，想把其做得更好。但如果真的能做丝巾生意，那它的市场利润会更高。"

在展厅的中央部位有一家名叫写意空间的专门设计生产沙发的企业，据工作人员介绍，公司除了有先进的设计理念外，其做工更是一流。有一种带竖褶的沙发，上面均匀的褶皱都是由有30多年经验的老工人用机器手工匝成的。

独特的设计

在"幸福"设计室的展位上，一款充气式餐桌吸引了很多观众。这种充气式餐桌是由公司的设计师专门为巴黎著名餐厅 Potel et Chabot 设计的。这款餐桌主要用于酒店、餐厅为家庭承办室外Party时在室外使用。这种桌子不用拼搭，携带方便，充气后就可以使用，非常方便。

法国哥堤亚公司是现代家具的先驱之一。该公司从事生活家具、旅馆卧房、办公家具等各个领域的家具设计与生产。据公司马小姐介绍，公司这次来主要是宣传儿童家具，"我们公司的各种家具都很出色，但现在中国的家具从设计到品质也都很不错，而且价格又不高，因此这次来主要推出了我们最有把握的儿童家具。我们的所有设计款式和加工工艺都以针对儿童的生理特点及保证其日常生活为宗旨。展出的这款CALYPSO儿童卧房系列里以海洋为灵感的船形书架受到了观众的好评。而以汽车为底座的儿童床更是设计独特，充满童趣。"

其实，一个好的产品其设计与工艺往往是分不开的，记者把二者分开来介绍主要是想对其分别加以强调。不能否定，法国的产品有其传统的一面也有其现代的一面，不管是历史悠久的家族企业还是成立不久的现代公司都有其独特的地方，在这次展览中法国制造走进了中国市场，同时也让中国更加了解了法国，了解了法国制造。正如法国驻华大使高毅在展会指南的欢迎辞中所说，这个展览充分证明了法国对亚洲尤其是中国的高度关注。如今，许多法国家居领域的大型企业已进入中国市场，不仅是他们，实际上，现在越来越多的法国中小企业也来到中国。此次展会对他们来说是一个充分展示公司技术及创造力的良机。

——《中国贸易报》张汝男

上海国际海洋博览会彰显我国航海科技

2005年是我国伟大航海家郑和首次下西洋600周年。作为郑和下西洋600周年6项纪念活动之一的郑和航海暨国际海洋博览会，于2005年7月8～15日在上海展览中心举办，主办方为交通部、上海市政府和国家海洋局。与此同时，北京还召开纪念大会、江苏举行国际学术交流活动。

郑和航海暨国际海洋博览会，是国家级纪念和展览活动，是郑和下西洋600周年纪念活动中的重要内容。根据纪念活动"热爱祖国、睦邻友好、科学航海"的主题，博览会以郑和下西洋的伟大壮举和我国航海历史、世界航海科技成果为主线，全面展示当代国内外航运事业、造船工业、海洋事业和港口建设的最新成果，同时充分挖掘海洋文化的丰富内涵，增强全社会对发展航运事业、加强海洋环境保护、科学开发利用海洋资源、推广应用航海和海洋科技的现代意识，促进航海、海洋、造船、港口建设等领域的国际经济、贸易和技术交流合作。

博览会设五大展馆，包括1个主馆和4个分馆。主馆集中展示郑和下西洋的伟大创举，突出中国自古以来就是伟大的文明之邦，突出台湾自古以来就是中国不可分割的一部分，展示郑和所使用的船只、出发的港口、线路、对海洋知识的探索，将历史、文化、教育融为一体。

4个分馆集中展示当代中国及世界航海和海洋科技最新成果。航海馆主要涉及：国际航运、海事管理、救助打捞、船舶检验、海上通讯导航、航海科技与教育。海洋馆主要涉及：海洋资源开发和综合利用、海洋环境保护和综合管理、海洋高新技术和应用、海洋文化及相关研究成果、渔业、南北极科学考察成果。船舶馆主要涉及：中国造船发展历史、现代化舰船和船用装备、世界造船最新科技成果、现代船厂与船舶制造技术成就。港口馆主要涉及：中国港口发展历史，建设中的上海国际航运中心，当代信息技术与港口现代化，当代港口机械、工程设计、筑港、疏浚、港口环保技术和设备，港口仓储、物流与设备，集装箱多式联运技术与设备，港口工作船舶等。

整个博览会布展面积为2.5万平方米。参与展览承办的共有31家单位。

据统计，海博会吸引了超过16万人次的观众前来参观，不少外省市观众也专程赶来，一睹郑和七下西洋的辉煌历史和当代国内外航运事业、造船事业、海洋事业和港口建设最新成果。近5万名大中小学生参观了“海博会”，使之成为一次弘扬民族精神、增强航海和海洋意识的爱国主义教育活动。此外，“海博会”期间举行的2005年东海联合搜救演习、国际海事论坛、国际海洋论坛、我国首个航海日等活动，成为海内外航海、海洋界企业和人士交流当今世界航海、海洋科技的发展成果，广泛开展经济与技术合作的平台。

——《中国贸易报》朱文伟

中法文化年
(Les Annees China-France 2004/2005)

一、中法互动文化年的由来

历史性创意

1999年和2000年时任中国国家主席江泽民和法国总统希拉克在互访的时候共同确定举办中法文化年。

2001年4月时任中国副总理李岚清访问法国期间与法国外交部长韦德里纳签署了关于中法互设文化中心和互办文化年的《会谈纪要》。

双方商定，2003年10月～2004年7月，中国在法国举办文化年；2004年秋季～2005年7月，法国在中国举办文化年。

中法文化关系

文化关系是中法双边关系的重要组成部分，对于推动两国关系全面发展发挥着重要作用。与其他国家不同的是，文化关系在中法两国国家关系中发挥着更为独特的作用，直接受到两国最高领导人的关注，已成为两国友好关系的重要特征。

在两国领导人共同关心和支持下，中法文化关系发展顺利，目前处于最好的时期。两国间经常性文化交流项目每年均保持在200起以上并有不断增长的势头，交流与合作的范围涵盖文化领域的各个方面，并呈现不断深化的新局面。1999年和2000年中国在法国成功举办的“巴黎中国文化周”和“中国文化季”等大型文化活动吸引了大量的法国公众，产生了良好的效果。法国在中国举办的罗丹雕塑展，法国国家交响乐团、巴黎歌剧院芭蕾舞团来华演出等项目受到中国观众的热烈欢迎。随着两国文化关系的不断深入发展，中法双方文化艺术界人士对对方的历史、文化、艺术的兴趣愈加浓厚，两国人民之间相互了解的愿望也更为迫切。为进一步加强两国业已存在的友好合作关系，并进一步增进两国人民之间的传统友谊，两国国家元首共同决定中法互办文化年。

二、中国文化年回顾

2003年10～2004年7月，“中国文化年”在法国成功举办，这是深厚凝重的东方华夏文化与浪漫迷人的西方法兰西文化在世纪之初的一次热烈的握手，标志着中法全面战略伙伴关系的开始和深入。在“中国文化年”期间，法国史无前例地映红了作为法兰西象征的埃菲尔铁塔，并开放了香榭丽舍大街，这充分体现了法国政府和人民对加强两国友好往来的美好心愿。在中法建交40周年之际，中国国家主席胡锦涛应法国总统希拉克的邀请，于2004年1月26～29日对法国进行了国事访问，掀起了中国文化年高潮。

浓缩的主题

中国文化年以“古老的中国、多彩的中国、现代的中国”为主题，展示了中国悠久、灿烂的古代文化，绚丽多彩的民族民间传统和艺术以及不断创新发展的当代文化精神，以大文化的视角诠释中国，反映中华民族精神。

鲜明的特点

决策层次高。中法互办文化年是两国最高领导人亲自确定和支持和项目。

时间跨度大。2003年10月～2004年7月，中国在法国举办文化年；2004年秋季～2005年7月，法国在中国举办文化年。

交流领域广。文化年涉及文学艺术、教育、科技、广播电视、图书出版、青年、体育、民族、宗教、建筑、环保、旅游等方面，共计300多个项目。

覆盖面积大。中国文化年活动通过友城等渠道覆盖法国全境。两国现有的46对友好省区和城市对文化年活动都表现出很大的热情。北京、上海、广州、重庆和武汉等城市分别在巴黎、马赛、里昂、图鲁兹和波尔多等城市举办了文化周活动。

项目质量精。中国文化年项目立意新、水平高、质量精，如“四川三星堆文物展”、“中国当代艺术展”、“康熙时期艺术展”、“神圣的山峰文物展”、“走近中国——中国当代生活艺术展”、“21世纪中国高等教育展”、“中国民族服饰展演”、中央芭蕾舞团巡演、中央民族乐团同巴黎国家交响乐团合作演出等。

合作程度深。中法双方成立混合委员会，在具体项目的运作上采用从策划到实施的全方位合作方式。

三、里尔奏响中国主旋律

当2003年10月～2004年7月举办的“中国文化年在法国”成为法中关系的现在进行时，“里尔2004，欧洲文化之都”的组织者们围绕中国民间文化举办了一系列活动，通过美食、中医疗效、时尚设计以及系列时装表演等丰富的形式把中国的生活艺术展现给法国公众。建筑师们给里尔带来了惊喜：菲德尔博大街(Rue Faidherbe)用神奇的霓虹灯装扮成上海南京路，博大精深的中国茶楼在里尔歌剧院广场落脚。里尔在相当一段时间内奏响了中国主旋律，特别是上海调。

走出里尔——欧洲火车站，游者便被一幅巨大无比的上海海滨林荫道漫步的照片吸引住，不由自主地信步往菲德尔博大街走去，这是里尔开发的一条巴塞罗那式的热闹商业大街。2004年3～5月，这条街成了一条中国街。事实上，在霓虹灯和书报亭的装饰下，菲德尔博大街的原貌已经无法辨认，上海南京路上的景观都一一搬到了这里。在“中国女性”风格的推动下，菲德尔博大街上的店铺橱窗里都展出了中国最新时装作品。令人称奇的是在菲德尔博大街出口处，在四周都环绕着弗朗德勒建筑风格房屋的歌剧院广场上，竟然建了一家中国茶楼。这是上海一个最古老的楼阁的复制品，建于明朝，1855年改建成茶楼。

在茶楼中品茶是中国世代相传的一门生活艺术，如今，源于中国的茶艺在里尔市民中获得了极大成功：名为“茶苑”的中国茶楼坐落在里尔老城，其茶品单上的茶饮不下300种，都是中国的茶中精品。里尔市民有机会亲眼目睹艺术气息浓郁的茶道全过程（茶壶需时时用沸水浸烫），品味袅袅茶烟带来的幽幽清香。从中国各地来的茶品如玉叶、上海曙光、云雾茶、龙井、铁观音、祁门毛峰、六安瓜片、黑茶、果茶等无不飘逸着浓浓的诗意，并给人们带来平和的心境。这家中国茶楼的推销员让·博诺瓦·布莱尔(Jean · Benoit Bourrel)希望“在传统氛围中品茗中国优质茶，为这座茶楼注入灵气”。在品茶时，他不忘向里尔市民详细介绍各种茶的成份以及18、19世纪时期茶在外交与商贸关系中的重要作用。

除了茶以外，中医疗法无疑也令法国人着迷。为了展现中医疗法的效用和不同的形式，法国“泛文化协会”（Pankultura）在里尔的特利博斯塔尔展览馆（Tri Postal）内安排了几场免费讲座，现场演示推拿按摩（或坐或躺）乃至气功。这些活动的关键词是“人与人之间的相互亲和”，参观者们愉快地交流各自的体会，犹如中国过新年时习惯地在“食堂”里上茶和饺子。里尔的瓦泽姆区（Quartier Wazemmes）居民活动中心为喜爱中国饮食或对中国菜感兴趣的人准备了从听课、现场制作到成品菜上桌的全过程讲解。还有一系列活动列入2004里尔年的活动范畴，由里尔市长奥布雷(Martine Aubry)授权迪迪埃·弗西里尔(Didier Fusilier)负责组办，如木偶演出，动画片放映，儿童时装表演，中国式新娘妆和摄影等，以公众能亲身感受并能触觉到的方式从各个不同的层面介绍中国文化。

作为“中国——与世界平行”活动框架内的“上海特快”活动正在以各种形式进行，如摄影、摄像作品展在里尔特利博斯塔尔展览馆举行。格雷戈·吉拉尔德(Greg Girard)的作品着重展示上海和香港的风貌以及两地居民的日常生活，这些镜头都是在居民家里或他们的作坊及摊位上拍摄的，有的是在远离市中心的居民区拍摄的，如香港的九龙。艺术家张焕（音译）对人体的探索令人震惊，充满了悬念。他认为人体既是某种媒介，同时也是艺术家的语言。他的系列摄影作品尤其引人瞩目：一张张脸庞布满了汉字，一位中国业余摄影爱好者将这些汉字翻译出来是“为中国增光”“抓住机遇”等。王建伟（音译）则安装了四台录像放映机播放四个时间段的中国，“观众徜徉在中国历史长河的四个时空中”。上海通过各类演出来表现《永恒的中国》主题。应邀在里尔歌剧院演出的京剧别具一格地将对白、歌舞、杂技以及打斗揉合在一起，讲述一个中国民间故事《白蛇传》。古老的中国及其艺术表现技巧都在此得到完美的体现。

四、法国文化年在中国拉开序幕

由中法两国最高领导人共同倡议的“中法文化年”活动的第二阶段——“法国文化年在中国”于2004年10月10日法国总统希拉克对中国进行国事访问之际正式拉开帷幕。

“中国文化年”从2003年10月～2004年7月在法国取得圆满成功。法国本着“以人为本和革新”及“浪漫与创新”的主题来到中国，从2004年10月～2005年7月，法国文化年在北京、上海、广州、深圳、香港等地举办百余项活动。

10月10日开幕式当天举办了法国音乐家雅尔的紫禁城激光音乐会，中法两国大批艺术家直接参加了这场大型演出，北京市内多个超大屏幕现场直播了音乐会实况，并在两国电视台分别进行了转播。

同日，“法国印象派绘画珍品展”和“法国时尚百年设计展”，两个标志性展览在北京开幕。“法国时尚百年大型设计展”汇集了法国100年来的各种时尚设计，通过引人入胜的方式在中国国家博物馆展示法国一个世纪以来的工业设计和创造成就。在中国美术馆举行的“法国印象派绘画珍品展”汇集了法国奥赛博物馆的50多幅珍贵藏品，印象派画家的代表人物莫奈、马奈、毕沙罗等人的作品首次亮相中国公众眼前。随后还有“走近法国”（虚拟游览法国）、“新浪潮”（蓬皮杜艺术中心现代艺术藏品展）、“世界之家”（城市发展成就展）、“法国镜象”（建筑展）、“法国国王路易十四展”和“新式家居”等一系列展览活动。这些展览都从不同侧面向中国观众展现法国创新精神，其中大部分展览分别在中国的2到4个城市巡回举行。

2005年4月底，巨型野餐会“了不起的万人会餐”在万里长城上举行。

法国文化年期间还举行数个旨在推动中法两国进一步合作的重大活动，如2004年10月起在上海建立的巴斯德研究所和一所中法技术学院，设立在北京的法国文化中心已经开放。此外，法国文化年的活动计划中还包括多场演出（尤其是在北京、上海、香港艺术节期间）、电影展映活动（室内或露天）以及大量讲座和研讨会，并且计划在法国文化年期间播放大量关于法国的电视节目。

“法国文化年在中国”活动不仅得到中法两个国家、地方政府以及文化、教育和科研部门的通力协作，而且得到法国文化年荣誉委员会的鼎力支持，该委员会汇集的50多家中法企业，均积极参与了这个在中法两国全面合作伙伴关系发展框架内史无前例的大型活动。

中法两国是世界上重要的文化大国。两国都具有悠久的历史和灿烂的文化，都十分重视保护和弘扬民族文化和维护文化主权。作为东西方文化的代表，中法两国主张开展不同文明间的对话和进行不同文化间的交流与合作。中法互办文化年有利于两国人民的相互了解，有利于东西方文化相互学习，共同发展，有利于维护世界文化的多样性。

（注：第三部分作者为：伊娜丝·沙蒲容—索马里；第四部分作者为：徐涛）

——《国际商报》

首届海峡两岸图书交易会

2005年7月29～31日，首届海峡两岸图书交易会在厦门国际会展中心举办。相比其他全国书市活动，本届交易会最大的亮点是首次允许并组织了台湾图书在交易会现场进行销售，这是两岸图书交流工作在政策上的重大突破。

据悉，作为第一次在祖国大陆举办并面向海峡两岸出版发行界招展的地区性专业展会，首届海峡两岸图书交易会创下了不少全国“第一”：是全国首次由大陆和台湾共同举办的面向全国招展的图书交流展会；是台湾参展商来大陆参展规模最大、人数最多、内容最丰富的一次图书展会。

此外，交易会由台湾方面第一次组织台湾销售大陆简体字图书的经销商参会；首次邀请两岸书业界精英围绕推动两岸图书交流发展这个主题举办学术论坛；与台湾方面一道积极促成台湾出版发行界以联合组团的方式实现人员和货物经厦金航线直航祖国大陆，促进两岸“三通”。

据了解，本届交易会的内容主要有：图书展示、订货、图书销售、图书版权贸易和海峡两岸图书交流学术研讨等。展示和销售的图书有海峡两岸近几年约15万种出版物，其中台湾约3万多种出版物，主要是学术、历史古籍、科技、社科、经管、文教、生活、美术、工具资料、文学、少儿类等适合于图书馆收藏和两岸经济建设、人们生活所需的图书。

据介绍，交易会展销两旺，版权贸易洽谈活跃，交易会共销售和征订图书达2000多万元。两岸共500多家出版社和图书公司参展，大陆方面为388家，350个展位。台湾方面到会的出版和发行机构有200多家，100个展位。台湾排名前10位的出版社悉数到会，交易会不仅是两岸出版发行业者寻找商机，共谋发展大计的平台，也是一场厦门乃至福建众多读者的文化盛宴。本次交易会展示厅组委会共向福建地区免费发放了5万张门票，但比起广大读者的需求，这些门票远远不够。免票进场的销售区，自交易会首日起，就人头攒动，台湾展馆更是本届交易会人们关注的热点，成为内地人民了解台湾图书的窗口。不仅是厦门市民，福州、泉州、漳州等地的不少读者，甚至包车前来交易会购买图书。据统计，本届交易会到会客商有近万人，参观和购书的人数有10多万人。

本届交易会版权交易也非常活跃，闽台出版界经过近段时间的交流与商洽，在交易会首日即达成14种图书版权项目的交易意向，并于当日上午在国际会展中心进行了版权交易签约仪式。这14种图书版权交易项目包括引进图书版权7种，输出图书版权5种，输出图书版权意向2种。据统计，交易会共达成版权交易意向的有100多种。

本次交易会还达成了多项合作协议。其中以福建省新闻出版工作者协会与财团法人中华出版基金会、台北市出版商业同业公会签订合作备忘录最受瞩目，这是海峡两岸出版发行界首次形成具有实质性合作交流项目的备忘录。双方就举办两岸图书交易会、开展两岸出版物版权贸易、开展学术研讨会及人才培训、印刷、创办两岸图书批销中心、合办杂志、开展数字动漫出版合作、参与开发厦门、泉州印刷工业园等几个方面的项目，达成逐步合作的备忘录。

厦门对外图书交流中心与台湾问津堂书店在交易会签订购书协议，根据这份协议，台湾问津堂书店在今后每年都将通过厦门对外图书交流中心进口达1000万元人民币的大陆简体字图书；同时，它们还将共同投资3000万元人民币，在台北市设立大陆简体字图书物流中心。

交易会期间，厦门市还同时举办海峡两岸著名作家签名售书活动，海峡两岸青少年读书夏令营以及海峡两岸文学艺术家诗歌吟诵活动等配套活动。

作为海峡两岸出版发行界加强交流合作的文化盛会，首届海峡两岸图书交易会由厦门市人民政府、福建省新闻出版局、中国出版工作者协会和台湾图书出版事业协会、台湾图书发行协会联合主办。

——东南新闻网

四新展：见证中国广告业嬗变

“我们又卖给非洲客商一台数控雕刻机，而且运输和关税全部由客商自己负担，等展会闭幕，设备就运往非洲”。2005年8月3～6日，在北京中国国际展览中心举办的第12届（北京）国际广告新媒体、新技术、新设备、新材料展示交易会（简称“四新展”）上，合肥力宇数控设备制造有限责任公司参展人员兴奋地告诉记者。

合肥力宇每年都参加四新展，由于“力宇”有“合肥力宇”和“安徽力宇”之分，所以展会现场，两家“力宇”的特装展台尤为引人注目，也吸引着媒体记者的注意力。

“合肥力宇”的有关人士向记者介绍说，以前参加四新展，国内企业的注意力都放在国际上新技术、新设备、新材料和新媒体上了。但是近几年来，这类现象发生了非常大的改变，现在在四新展上，猎奇新设备、新材料的都是来自境外的采购商，而出现这种改变在中国广告业只用了不到10年的时间。

现在：广告“四新”在中国

四新展现场像一个世界工厂，数码喷绘、数控雕刻机、数控机床整机、压克力设备、影像写真都展示出最好的技术，让与会者分享。深圳某视图技术公司此次是首次参加四新展，展示的3D视觉图像技术，立体视觉效果突出，展会开幕的第一天越南客商就签了订货意向。其北京办事处的史榕表示，此前公司的3D视觉图像产品客户都是欧美客商，没想到本次四新展亮相的第一个客户竟然是来自越南，完全出乎意料。

据史榕介绍，3D视觉图像技术是引进的美国技术，目前国内使用此类技术发布产品广告还非常少，就是知名品牌也对3D视觉图像技术缺乏认识，但在欧美国家，已经是品牌生产商们广告发布的首选，原因就是视觉冲击力强。史榕分析说，由于这项技术要求高，目前在亚洲还没有太大竞争，但在欧美国家生产制作价格非常高，于是，他们就转到中国订购，不仅节约了成本，而且技术水准也符合他们的要求。

来四新展上寻找新的广告载体的客商还会发现，一款由韩国公司（t——works）生产制造的“双面电视”悬挂在展台上。无论观众处于哪个位置，都能根据需要调整观赏画面的最佳角度。据其参展的有关负责人介绍，这是一款世界上首次开发的新工艺超大型双向屏幕，此前只在韩国和丹麦生产。此次首次亮相就吸引了众多业界同行的关注，相信这一次在展会上做到了广而告之。这位负责人还介绍说，“双面电视”将在北京市的公共场所推广。

关注和见证四新展变化的还有来自境外知名广告标识类展览会的组织者，他们此次参加北京四新展与中国参展商见面，为准备跨入国际市场的中国参展商提供面对面的交流平台。据德国励展有关人士表示，之前，德国励展是将德国的参展商介绍到中国参加四新展，将德国的新产品、新技术、新材料、新媒体介绍给中国。现在，他们到中国来招展，又要将中国广告业“四新”介绍给德国，因为中国广告业的“四新”发展的很快，不能忽视来自中国“四新”的动向。

过去：广告“四新”看国际

四新展起源于1994年，当时在北京民族宫举办。据四新展组委会的有关负责人介绍，1994～1998四新展的前五届，这期间主要是海外先进的广告技术、设备和材料通过四新展与国内业界人士面对面，来自德国、法国、美国、荷兰、瑞士、意大利、以色列、澳大利亚、日本、韩国和中国香港、台湾等国家和地区的厂商带来电脑设计、雕刻机、大型喷绘机、激光打印机、喷墨打印机、静电写真设备、灯箱、耗材、纸张、油墨等新产品。

据其介绍，世界四大喷绘机制造厂商：美国威特公司、桑泰克公司，以色列诺尔公司、赛天使公司，意大利雕刻机生产商左拉公司等每届都以强大的阵容参展，澳大利亚卡图斯材料供应商、荷兰广告照明灯具、德国超薄组合灯箱、韩国的热转印设备和立体灯箱等都先后参加了四新展。

当时，国外的先进设备制作出高精度、大幅面、色彩靓丽、生动逼真的画面，让国内同行惊喜不已。境外参展商不但卖出了参展的展品，还在展会期间接下了大量的订单。有的公司甚至能卖出十几台20～30万美元的设备。据介绍，当时的四新展上，境外参展商经常做"四新"产品的发布会，他们一直认为：广告新设备、新技术、新媒体、新材料的最大买家在中国。如此庞大的需求令海外厂家始料不及，有的参展商一次展会的贸易额达到几千万元甚至上亿元，买家都是国内的客户。

深圳某大型三面翻制作公司的陈先生表示，上个世纪90年代初期，只要留意四新展国外参展商们带来了什么最新的玩意，就知道广告行业的"四新"趋势了。

未来：与国际"四新"同步

采访中记者得知，本次四新展展出总面积首次突破2万平方米，荟萃了世界各地顶尖的新型广告制作设备、技术、材料和新型媒体，如广告设备及技术区域展示的数码喷绘设备及技术、影像写真设备及技术、雕刻切割设备及技术、亚克力吸塑设备及技术、装裱设备及技术、光电显示设备及技术等，全新设备技术和系统解决方案成为一道视觉盛筵。视觉传递在中国的理念为"四新展"与国际接轨和技术延伸创造了无限的空间。

有业内人士表示，自2000年开始，四新展上出现了国内大型户外数码喷绘机、雕刻机等产品，标牌加工和标识系统的制作让人眼花缭乱，形成国内一个新兴产业集中展示的壮观局面。

与此同时，海外参展商带来的产品逐渐减少，反而观众和买家增多，很多亚洲、中东、东欧、拉美国家和地区的买家来此货比三家，物美价廉的各类小型制作设备特别受到海外买家的关注。

据组委会的统计显示，有1/6的参展商连续五六年参加四新展，有的参展商从作代理开始，从卖外国设备起步，看准国内市场需要的设备，与生产厂家联合，投入人力和资金，研发自己的设备投入国内市场，以适中的价格填补国内市场的需求后，又立即转向海外市场，这一过程只有5～6年的时间，而且大部分生意就在同一个展会上实施运作。

北京某科技发展公司此次展示的雾屏，就是与国际同步的最新广告发布载体。据其参展人员介绍，雾屏已经使用在公共安全教育机构、电力科技展示中心和儿童活动中心等，而在国外，只有微软公司投入了雾屏这一最新载体。记者在现场看到，雾屏可以播放幻灯图片、录像、电影资料，图像清晰，极富动感。因为雾屏无毒无味没有污染，观众可以与雾屏实现互动，所以吸引了很多参观者的关注，其中就有来自非洲的客商，他们表示出极大的兴趣，有意进一步洽谈。

——《中国贸易报》周春雨

长春打造东北亚最大汽博会

由中国贸促会、中国机械工业联合会、中国汽车工业协会、吉林省人民政府、长春市人民政府共同主办，中国贸促会长春市分会、长春国际经贸展览有限公司承办的"第四届中国长春国际汽车博览会"于2005年8月5～14日在长春国际会展中心举行。

本届中国长春国际汽车博览会以其展会规模大、参展车型全、厂商参与广、人气指数高、展会效益好的新纪录，实现了历史性突破，基本实现了规模化、专业化、市场化、国际化，并在诸多方面形成自己的特色，创造了新的辉煌。

车展创多项全国之最

本届汽博会的主题是"振兴东北，名车驰骋"，宗旨是"开拓汽车市场，交流汽车信息，探索汽车未来，引导汽车运动，弘扬汽车文化"。

长春市副市长李龙熙说："与以往三届汽博会相比，与国内其他同类展会相比，本届汽博会特点鲜明：一是规模大、档次高。从展场面积上看，本届展会总面积达到12万平方米，比上届增加了20%。与国内规模最大的上海汽车展会面积相同（比北京汽车展会多4万平方米，比广州汽车展会多5万平方米）。从参展阵容上看，共有27个国家的1000多家整车及零部件企业参展。参展的整车达到了600台，成为国内展示整车数量最多的展会。世界汽车业巨头像通用、福特、戴姆勒－克莱斯勒、丰田、大众、宝马等公司悉数参展，并携所有新款车型和概念车参展，再加上现代、起亚、标致、雪铁龙等国际知名企业倾力助阵，使本届汽博会的国际化水平有了大大提升。二是国产汽车争相亮相。本届展会除第一汽车集团、上汽集团和北汽集团携旗下的所有品牌参展外，奇瑞集团、华晨集团、南汽集团和吉利集团也均以强大的阵容参展。二汽集团下属的所有品牌企业也全部参展。这就使所有主流民族品牌汽车生产企业全部参加了展会，民族品牌参展厂家超过以往国内任何车展。三是参展品种创全国之最。本届展会的展示品种涵盖了国内外新款汽车、概念车、历史名车、军用车，可谓重、轻、中、微、轿门类齐全，此外，还有世界汽车图片、汽车摄影展等，展示车型之全，内容涉及面之广，也是国内车展之最。”

本届汽博会还是经贸交流活跃、会展效益突出的一次汽车盛会。汽博会期间，国际展览协会亚太区主席、汽车界专家学者、包括一批著名汽车集团高管在内的国内外参展商1万多人参加了第四届长春汽博会。展会共签订内、外资项目9个，签订金额18亿元。展会期间销售汽车3597台，其中乘用车3339台（经济型车2460台），商用车798台，比上届多售1397台，同比增长63.5%，其中国产汽车销售占销售总量的96%。展会交易额达4.87亿元,比上届增加321.25万元。其中汽车销售额4.49亿元，汽车零部件销售额580.85万元。签约及交易总额达22.86亿元，比上届增加3.36亿元。本届汽博会，汽车销售数量最多的厂家是一汽大众有限公司，销售259台；排名第二的是一汽集团，销售254台；第三名是北京现代公司，销售222台；第四名是长春市汽车改装公司，销售220台；第五名是长安汽车公司，销售163台。

汽车销售额最多的厂家是一汽大众有限公司，销售额5710万元；第二名是一汽集团，销售额3516.4万元；第三名是长春瑞孚销售公司，销售额1780万元；第四名是长城汽车公司，销售额1570万元；第五名是长春三星奔驰销售公司，销售额1293.3万元。

依托文化打车展牌

“如果说北京车展重技术含量、上海车展重商业收益，那么长春汽博会则是一道最美的汽车‘文化大餐’，是长春人在家门口就能看到的最好的车展。”来自中国汽车工业咨询发展公司首席分析师贾新光认为，长春作为中国汽车工业的摇篮有着得天独厚的地域优势，所以长春汽博会在力求带动消费热的同时，更要凭借深厚的汽车文化底蕴打响车展文化牌。

世界精品老爷车展是本届汽博会上的一大亮点，每款老爷车的背后都有一个故事，其本身就是一部生动的历史文化教材。贾新光说：“车展文化包括设计文化、品牌文化和边缘文化，而边缘文化则是拉动展会经济效益的关键，长春汽博会一定要坚持下去，把汽车文化做大、做透。”

本届展会还以官方网站为平台，引进世界一流的网上互动多媒体交流与展览技术，举办“网上互动长春车展”。人们可以通过网站了解长春汽博会的具体情况，并且有专家在网上现场同观众讨论答疑。展会期间组委会还组织召开了“中国汽车·长春论坛”，本次论坛以“2005年之后的中国汽车走向”为主题，以“总结入世历程，研究保护期之后的汽车业发展趋势，商讨新形势下中国汽车产业政策的作用及影响，交流、切磋汽车生产技术和经验”为宗旨，为中外汽车业界人士打造阐释理念、交流信息、切磋技术、共绘蓝图、为中国汽车工业发展献计献策的舞台。

本次汽车博览会除论坛以外还分别在“汽车经贸”、“汽车文化”、“汽车运动”等三方面设计了更加丰富多彩的配套活动。

商业运作锋芒初露

本届长春汽博会是首次商业化运作，贾新光认为，这非但不会脱离车展本身的价值，反而会成为提升车展文化味的催化剂。

长春车展已经成为北京、上海和广州之后的国内第四大车展。主办方宣称努力将它打造成东北亚第一车展，同著名的日本东京车展一比高下。中国贸促会副会长于平说：“长春有着雄厚的汽车工业基础，有良好的举办车展的优势和办展经验，通过积极努力和精心培育打造，长春车展一跃成为全国著名的国际性品牌车展之一，取得了令人瞩目的成绩，长春车展和北京、上海车展一样有名。”

宋丽华说：“市场化增加了长春汽博会的生命力，本届汽博会完全实现市场化运作，招商组展以及相关配套活动，公开向社会招标，如第四届中国国际汽车模特大赛、文艺晚会的冠名权、门票系统等多个项目。这大大调动起了社会各界的积极性，使全社会都参与到汽博会的举办中来。本届汽博会期间，长春市的旅游、住宿、餐饮、交通、装修、建材、广告等相关行业，为长春市带来5.6亿元收入，比上届增长19.1%。展会期间宾馆入住率平均提高15%以上，旅游收入提高15%，餐饮收入增加10%，仅汽博会现场餐饮销售额达40万元；公交集团每天平均出动近500台公交车及小客车,共运送观众65万人次，展会装修激活了长春市的装修和建材市场，并为长春带来了近1亿元收入。从促进汽车工业经济的角度看，作用更是显而易见的。通过举办汽博会，可以更直接地了解当今世界最新的汽车产业信息、发展动态和发展趋势，这对长春这座有着悠久历史的汽车城来说，是非常珍贵的。可以说举办汽博会的意义已经远远地超出了展会本身。”

据了解，第四届长春汽博会执委会开始启动了UFI国际展览认证工作，长春汽博会力争在2005年10月份莫斯科举办的国际展览认证工作会议上审核通过并拿到认证，使中国长春国际汽车博览会达到国际展会的标准。国际展览联盟亚太区主席陈若薇也在汽博会期间进行了相关的考察，她说：“我国展览业与世界发达国家相比距离还很大，长春车展在参展商的国际化上还需努力，国内的A级车展只有北京和上海的车展，长春要赶上他们还需一段时间的努力。大会的管理水平和服务水平与国际著名车展还有一定差距。”

相关链接

第一届长春车展。1999年，长春举办了第一届车展。近千家国内外汽车和零部件厂商云集长春，展会期间，交易和合同金额达10.5亿元。长春作为汽车产品集散地的优势凸现。车展过后，本田、别克等一批4S店落户长春。

第二届长春车展。2001年长春举办第二届车展，其规模、场馆、水平等与第一次相比，有了非常大的进步。

根据有关部门调查，展会期间有500多家汽车生产企业及零部件企业参展，参观总人数达100多万。

第三届长春车展。2003年，第三届长春车展在长春国际会展中心举行。车展恰逢一汽50周年，来自24个国家、地区以及国内共计1000多家汽车企业参加了本次车展。展馆总面积10万平方米，分设7个展馆，展出各种车辆总计412辆。

（宗 和）

2005第11届中国国际美发美容节暨中国国际美容美发用品博览会

2005第11届中国国际美发美容节暨中国国际美发美容用品博览会（简称美发美容展）历经4天，于8月15日在北京中国国际展览中心圆满落下帷幕。

本次美发美容展由中国美发美容协会与杜塞尔多夫展览（中国）有限公司共同主办，共有150家国内外美发美容知名品牌参加，总计300多展位，展览展示面积超过1.4万平米。展示的产品主要来自美国、法国、日本、韩国、意大利和中国内地及台湾省等盛产美发美容品牌的国家和地区。另外，四天的展会共吸引了来自海内外的专业买家3.22万人，其中海外专业观众主要来自美国、日本、意大利、韩国、英国、西班牙、德国、以色列和我国台湾等国家和地区。

首度携手中国美发美容协会共同主办此届盛会的杜塞尔多夫展览（中国）有限公司使海外专业观众的参观人次明显增加，受到了知名品牌参展商的一致好评。作为世界顶级美容美发设备专业生产公司——日本宝贝蒙公司的中国代理商锦诚兴业商贸有限公司对此次展览会的效果表示满意，他们在现场展示了全新的产品：OASIS可移动洗发器、ALIVIO高档电动理发椅。来自法国的知名品牌——芬琳思已经连续多年参加中国国际美发美容用品博览会，他们很看好中国美发美容协会在行业内的影响力，同时对中美协联手杜塞尔多夫展览（中国）有限公司的合作方式十分赞赏，在此次展览会上该品牌还推出了独特的“凯蒂鸡尾酒美白组合”以及获得中华消协颁发的2004年顶级消费品奖的“水解胶原蛋白系列”护肤品。上海臻美美容有限公司推出了臻美2代。北京邦定美容保健科技有限公司推出了全新纤体产品“芳香紧致霜”。北京阳光花都公司在美发美容展之际发布该公司成为MATRIX(美奇丝)北京总代理的消息。此外，浙江奉化溪口镇、南方汀蓝科技发展有限公司、永丰飞彩发艺有限公司、北京锦诚兴业商贸有限公司等展商分别获得了由中国美发美容协会授予的“中国美发美容器具生产基地”、“中国化妆品高科技样板企业”、“中国发制品知名品牌”、“中国美发美容业重信誉经销商”等荣誉称号。

位于4号馆的主题论坛气氛热烈，场场爆满。来自大大士大发艺工作室、古贝发艺中心、韩寒时尚文化公社等单位的知名发型师发艺演示吸引了众多业内人士前来观摩学习，而“生产与科研嫁接”科技研讨会、“中国美甲业精英巅峰对话”等主题学术讨论则充分显示了中国美发美容协会对行业发展趋势的密切关注、积极扶持的态度，受到了与会人士的一致好评。

展会同期，绚丽多姿的表演活动让5号馆成为时尚欢乐的海洋。13日，同期举办的第16届全国发型化妆大赛圆满结束，来自全国29个省市自治区的150余名选手各展奇能，最终决出11个单项金奖、3个团体金奖。其中辽宁选手梁学义在首次推出的“女士盘发”项目中脱颖而出，摘得桂冠；而天津选手周成获得了女士消费技术、女士晚宴发型两个项目的冠军，成为本次大赛的最大赢家。大赛期间，美国华尔推剪集团的著名发型师LISA女士、日本的ASAKURA美发美容株式会社朝仓博美社长以及杨晓东、吴长春等17位国家队成员轮番献上精彩绝伦的发艺表演，将赛场的热烈气氛推向最高潮。

14日，首次推出的“飞彩杯”中国长发风采大赛决赛在万众瞩目中拉开帷幕。14名决赛选手齐聚北京，她们身着款式各异的白色礼服，将长发衬托得益发飘逸动人。通过形体展示、知识问答、才艺表演等环节，选手们充分展现了自身的美，赢得了现场观众的阵阵掌声。最后，11号选手亚方凭借优秀的综合素质和过人的舞台表现摘走桂冠，银奖和铜奖分别由刘萍和祝景获得。

赛后，现场进行了长发竞拍捐资助学大型公益活动。选手祝景自愿捐献出自己的蓄留多年视如生命的长发，希望用拍卖长发所得的款项捐助广西红瑶的失学儿童。她对长发的珍视之情和为了助学毅然割舍长发的决心感动了在场的每一个人，不仅企业家们踊跃竞拍，发艺大师Suiki剃发支持，募捐活动更得到了所有人的热情回报，从主持人到观众，无不慷慨解囊，通过实际行动表现出对本次活动的支持，远道而来的日本友人也派专人前来捐助，视线所及都是温暖动人的场景。最终，祝景的长发由厦门伟栊服饰有限公司总经理蔡美月女士以4.2万元竞得。此外，拍卖及募捐所得共计人民币13.5万元，除部分拍卖款项用于帮助祝景完成学业外，其余款项将在特邀检察官、知名律师的见证监督下，由中国市长协会女市长分会转交广西红瑶的失学儿童。

14日还进行了2006中国发型化妆潮流趋势发布。本次发布中国发型化妆艺术研创中心带来了以现代神话、飞离地球、机器时代为主题的发型潮流和以影舞、暗香、嬗变为主题的化妆潮流，美伦美焕的妆容造型和绮丽的舞台设置将现场观众带入了梦幻的世界，充分体现了研创中心成员丰富大胆的想像力、张扬却不失细致的表现力和对中国特有的发型化妆潮流趋势的把握。发布现场，部分中心成员还进行了发艺修剪表演，使观众充分领略了大师风采。最后，本届美发美容展“时尚传播大使”张咪小姐亲临现场，为观众献上动人的歌声和动感的舞蹈，为本次美发美容展系列表演画上了圆满的句号。

——中国美发美容协会

“中针会”打造品牌孵化器

由中国纺织品商业协会主办、中纺联（北京）会展服务有限公司承办的第86届中国针棉织品交易会暨中国国际针纺织品博览会于2005年8月19～21日在北京中国国际展览中心举办。

中国针棉织品交易会（简称中针会）暨中国国际针纺织品博览会经过多年发展，目前已获商务部重点支持，被公认为是代表中国针纺行业发展趋势的品牌展会。

第86届“中针会”以“绿色科技、魅力时尚”为主题，展览面积达2.4万平方米，有近300家企业参展，设标准展位1600个。行业内的知名企业，如北京铜牛针织集团、威海银洁家饰用品公司、常州顶呱呱彩棉服饰有限公司、宁波博洋家纺有限公司、上海三枪（集团）有限公司、水中花（国际）内衣有限公司、上海菊花纺织有限公司等企业悉数到会，展示代表绿色、科技、时尚品味的最新产品。

本届“中针会”更加突出“以人性化服务为根本，以服务行业为己任”的理念，凸显针纺行业的专业特色，努力提升国际化水准，延伸“大舞台”功能，使“中针会”再次成为针纺行业进行业务交流、寻求代理、洽谈贸易的最佳平台。

时尚内衣 秀出潮流

“中针会”举办了85届，在行业内树立了绝对的领导地位，并愈发散发出巨大的影响力和辐射力。本届展会，多年来一直徘徊在“中针会”之外的以文胸类为代表的时尚内衣，首次以集团军的形式组团参展，面积达400平方米，参展企业主要来自江浙地区。戴安芬、水中花等时尚内衣企业采取动、静结合的产品展示，为展会带来新的亮点。

据介绍，时尚内衣的全新加盟，在本届只是一个开始，今后，参展企业会更多，范围会更大，“中针会”将成为发布时尚内衣流行信息的最新阵地和企业展示品牌的最佳“秀”场。

中小企业 重拳出击

据介绍，在针纺行业，中小企业的需求经常被忽视，属于“弱势群体”。一年参加一场展览会，经常拿不到足够全年生产的订单。然而，一年参加两届，成本和费用往往成为中小企业不能承受之重。企业对展位有需求，作为行业领导展会的“中针会”，理解中小企业希望利用“中针会”这一平台，扩大影响、寻求代理、承接订单的需求，特别辟出专门的展区，出台了专门针对中小企业的优惠政策，在宣传推广上有针对性地开展工作，鼓励企业参展，利用“中针会”的平台扩大生意，尽快成长为有实力的大企业。据承办单位中纺联（北京）会展服务有限公司介绍，本届展会，新企业和中小企业的展位面积占总面积的近50%。中小企业重拳出击，成为本届展会的一大亮点。

当然，这样的作法，肯定会影响到展位一向供不应求的“中针会”的收益，但主办单位中国纺织品商业协会表示，重视的是行业的发展和未来。作为行业协会，扶持企业发展是义不容辞的责任。“中针会”之所以被称为“品牌孵化器”，就是每届都做一些“费力，但也讨好”的事，扶持中小企业发展，使许多品牌随“中针会”成长壮大。

专业观众 专业水准

“中针会”之所以历时50年之久、举办了80多届而长盛不衰，拥有高质量的专业观众是主要原因之一。本届展会，组委会更加大了对专业观众的邀请力度，除了向以往参加过“中针会”的专业观众继续发出邀请函外，还通过与境外相关企业，如国际大型传媒组织、亚太（香港）广告会展公司等合作，邀请国际买家。邀请方式也较往届更加形式多样，除常规的邮寄外，还通过电邮群发、短信群发、参展企业邀请、赴全国各专业市场邀请买家等方式，不但扩大了邀请范围，而且使邀请函送达点更准确更可靠，保证了到场专业观众的数量和质量。

本届展会在专业观众邀请方面的一大亮点是，承办单位走访了国内针纺织品主产区、主销区的十几家大型专业市场，邀请那里的商户和经销商参会，使专业观众质量明显提升。

相关链接

中国针棉织品交易会简介

中国针棉织品交易会源于20世纪50年代的计划经济时期，当时以供应会的形式缓解资源紧缺、商品供应不足的矛盾。从20世纪70年代末期开始，国家改革开放各种政策出台，计划经济开始向市场经济转轨，供应会上商品资源增加，品种丰富，供需逐步趋稳。进入20世纪80年代，针棉织品生产逐渐发展，完全摆脱了紧缺的局面并转向充裕，供应会的形式也随之改变为交易会。1990年中国纺织品商业协会成立后将过去的春秋季交易会更名为中国针棉织品交易会，并不断地改进运作方式，提高管理水平，先后提出“上规模、上档次、上水平、与国际博览会接轨”的策略和“专业化、市场化、品牌化、国际化”的办会要求，使“中针会”的规模不断扩大，并形成了遍布全国各地的客户群。

目前中国纺织品商业协会已将“中针会”相对固定在北京、上海、广州三个综合功能较强的城市，并创造条件向完全固定办会地点和时间过渡。协会还在加强与国际专业展览

表4-4　　历届中国针棉织品交易会概况表 1987年～2004年

届数	时间	举办地	主办单位	承办单位	展览面积（平方米）	参会人数（万人）
50	1987.11.10～11.17	唐山	河北省纺织品公司	唐山纺织站	1.53	0.85
51	1988.4.19～4.26	大连	辽宁省纺织品公司	大连纺织站	1.5	0.8
52	1988.11.4～11.10	南昌	浙江省百货公司	江苏省百货公司	1.16	0.85
53	1989.5.14～5.19	无锡	江苏省纺织品公司	无锡纺织站	1.85	0.9
54	1989.11.19～11.24	成都	上海针织品公司	成都针织站	1.53	0.9
55	1990.5.6～5.11	哈尔滨	天津针织站	黑龙江省纺织品公司	1.51	0.9
56	1990.11.12～11.17	广州	广州针纺站	广州针纺站	2.17	0.8
57	1991.2.20～2.25	南昌	江西省百货公司	江西省百货公司	1.4	0.8
58	1991.11.10～11.14	武汉	湖北省纺织品公司	武汉市纺织品公司	1.8	0.8
59	1992.5.19～5.23	成都	四川省百货公司	成都针织站	1.48	0.65
60	1992.11.25～11.29	西安	中国纺织品商业协会	陕西省纺织品公司	1.47	0.6
61	1993.5.12～5.16	福州	中国纺织品商业协会	福建省纺织品公司	1.25	0.65
62	1993.10.5～10.19	太原	中国纺织品商业协会	山西省百货纺织品公司	1.18	0.62
63	1994.4.14～4.17	苏州	中国纺织品商业协会	江苏省纺织品公司 苏州市纺织品公司	1.3	0.95
64	1994.9.8～9.11	北京	中国纺织品商业协会	北京市针棉织品批发公司	1.3	0.75
65	1995.2.26～3.1	广州	中国纺织品商业协会	广州针纺站	1.5	0.92
66	1995.9.23～9.26	沈阳	中国纺织品商业协会	辽宁百纺站	1.5	0.92
67	1996.3.24～3.27	上海	中国纺织品商业协会	上海第一百货针织品公司	2.2	2
68	1996.9.21～9.24	成都	中国纺织品商业协会	四川省百货公司 成都针织品公司	2.19	0.78
69	1997.3.16～3.19	昆明	中国纺织品商业协会	云南省纺织品公司	2.2	0.87
70	1997.9.12～9.15	广州	中国纺织品商业协会	广东省纺织品公司	2.4	0.84
71	1998.3.21～3.24	西安	中国纺织品商业协会	陕西省纺织品公司	2.18	0.94
72	1998.9.19～9.22	福州	中国纺织品商业协会	福建省纺织品公司	2.3	0.95
73	1999.3.18～3.20	上海	中国纺织品商业协会	上海第一百货针织品公司	2.88	2.52
74	1999.9.9～9.12	哈尔滨	中国纺织品商业协会	黑龙江省纺织品公司	2	2.2
75	2000.3.16～3.19	杭州	中国纺织品商业协会	浙江省百货公司 江苏省纺织品总公司	2.4	3.58
76	2000.9.28～9.30	北京	中国纺织品商业协会	北京市针棉织品批发公司	2.4	3.65
77	2001.3.15～3.17	上海	中国纺织品商业协会	上海第一百货针织品公司	2.6	4
78	2001.9.12～9.14	西安	中国纺织品商业协会	陕西省远丰纺织有限公司 中国百货纺织品公司	2.3	3.5
79	2002.3.9～3.11	深圳	中国纺织品商业协会	广东省纺织品公司	2.5	4.8
80	2002.9.10～9.12	北京	中国纺织品商业协会	北京市针棉织品批发公司	2.4	6.8
81	2003.3.20～3.22	上海	中国纺织品商业协会	上海一百集团会展公司	2.5	6.2
82	2003.9.5～9.8	青岛	中国纺织品商业协会	山东省纺织品商业协会 青岛市纺针织品总公司	2.6	3.8
83	2004.2.26～2.28	广州	中国纺织品商业协会	中纺联(北京)会展服务有限公司 广东省纺织品总公司	3.3	8
84	2004.8.19～8.21	北京	中国纺织品商业协会	中纺联(北京)会展服务有限公司 北京市针棉织品批发公司	2.4	

公司的联系，酝酿将“中针会”扩大为国际博览会，引进国外的知名品牌和采购商，为中国的针棉织品企业走出国门和整个行业的发展做出更大的贡献。

（宗 和）

第14届北京国际广播电影电视设备展览会

第14届北京国际广播电影电视设备展览会(BIRTV2005)于2005年8月25～28日在中国国际展览中心举办。

本届展览会是国家广播电影电视总局和中国广播影视集团共同主办的中国国际广播影视博览会的重要组成部分。共有来自日本、法国、英国、荷兰、美国等23个国家和地区412家中外厂商参加本次盛会，其中国际厂商185家，展出面积4.5万平方米，85%以上的参展展台为特装展位。

在4天的展览会期间，有超过5万名来自全国和世界各地的专业观众前来参观。

BIRTV展览会是一个以广播影视节目和信息内容制作、播出设备为核心的综合性展览会，展品涉及广播电视采、编、播的全线产品，经过多年的经营业已发展成为中国市场广播影视设备与技术展示的最佳舞台。高清制作和数字电视仍是今年展览会的重要看点。具体讲，展览会有以下三个方面的主要内容及特点：

1. 全面展示中国广播影视的整体实力、发展的最新成果，大力推进广播影视新业务和服务功能。

展览会中设有数字广播影视新业务展区，展现了广播影视数字化以后，在作为重要的宣传工具的同时，在满足受众更广泛的个性化需求和作为中国社会最普及的接收终端、在促进社会信息化、带给百姓信息需求方面所起到的重要作用。其中，中央电视台的展出面积达800平方米，全面展示了在新技术应用及新业务开展方面的成果，高清电视体验区、付费频道展区不仅可以感受到非同一般的精彩节目，还表现出作为2008年奥运会主办国在电视转播方面所具有的相当实力。

现场还有中央电视台著名主持人与观众的互动和交流。展览会还在电影馆和国内馆体现国家广播电影电视总局“电影发展年”和“农村服务年”的相关内容。

2. 全面展示国内外广播影视的最新技术与设备。BIRTV作为中国广播影视系统最有影响、最具权威的设备展会，一直是国内外著名厂商展示新产品、新技术，发布新产品、新技术的重要舞台。

近20年以来，BIRTV为扩大国内外广播影视行业的交流与合作、促进中国广播影视民族工业进步、推动中国广播影视事业发展发挥了非常积极的作用。可以说，BIRTV的成长历程见证了世界广播影视技术的发展态势和中国广播影视技术的进步历程。本届展会期间，索尼、松下、汤姆逊等国际知名企业以及大洋、索贝等蓬勃发展的中国公司全力出击，携最新的产品和技术参展。

3. 展会期间活动丰富多彩。高水平的主题报告会和40余场的专题研讨会是BIRTV的重要组成部分，更是对展览会内容的提升。同时，展会期间继续充实和完善BIRTV产品、技术及应用项目评奖，中国影视数码剪辑大赛，并新推出数字新媒体高峰论坛、数字图象中国节等主题活动。

此外，主办方还于27日举办“公众日”活动，向普通观众介绍广播影视新业务，让潜在的节目受众能够在展览会现场体验到高清电视、数字电视、网络电视和手机电视等新技术手段所带来的全新视听享受，为数字电视新业务的推广和普及服务。

从展会开幕以来几天的情况看，作为“广博会”重要组成部分的“中国国际影视节目展”异常火爆。以节目交流为主的“中国国际影视节目展”到今年已是第三届，而且随着我国广电事业的发展，在整体规模上又有了新突破，在继续领先、稳居国内第一的基础上，一跃成为亚洲第一，规模效应使节目展凸现优势，也成为了目前亚洲最大的广播影视交易市场。

由于今年有纪念中国抗战胜利暨世界反法西斯战争胜利60周年的大背景，参展的单位多数都推出了各种形式的纪录片、献礼片等，据主办方统计，共计有电视剧232集，纪录片52集之多。其中电视剧依然是今年“广博会”影视节目展中影视制作机构和电视台的最爱，也制作出了一批优秀的节目，如《八路军》、《新四军》、《临界20天》、《杨靖宇将军》、《新敌后武工队》、《沃土》、《白求恩》、《红灯记》、《非常出击》、《亮剑》、《嘎达梅林》、《上海迷雾》等。纪录片则有《中国抗日战争纪实》、《东北抗日联军》、《长征》等。

值得注意的是，今年的广博会首次设计了自己的固定标识，并第一次交由中央电视台承办。据悉，中央电视台将成为以后广博会的永久承办方。

——首都科技网

中国国际家用纺织品及辅料博览会

于2005年8月23～25日在上海浦东新国际博览中心举行的第11届中国国际家用纺织品及辅料博览会吸引了来自全球16个国家和地区的600余家参展商（海外参展商72家），其中不乏江苏梦兰集团、浙江维科集团、深圳富安娜家饰用品有限公司、山东亚光纺织集团有限公司、孚日家纺股份有限公司、浙江洁丽雅毛巾有限公司及青岛喜盈门集团公司等众多拥有“中国名牌”称号的企业，使得今年博览会的展览面积达到7万平方米，比去年增加50%。这更加巩固了博览会在家纺行业中亚洲第一展的地位。该博览会由中国纺织工业协会主办，中国贸促会纺织行业分会、中国家用纺织品行业协会、法兰克福展览（香港）有限公司共同承办。

中国家纺行业经过近几年的快速发展，已进入品牌竞争时代。在品牌竞争时代，拥有品牌就意味着有更大的市场发展空间和更多的机会。市场的竞争不是单一产品的竞争，而是品牌的竞争。品牌是企业形象、文化的集中体现，品牌战略是市场战略的核心部分。推广品牌的方式多种多样，但参加知名专业展会，在相关业界人士面前展示品牌风貌，是最经济和最有效的方式之一。一些知名家纺品牌企业在这方面都有很强的感受。

知名展会是企业对外树形象，对内夯实经销网络的有效平台。深圳富安娜家饰用品有限公司有关人员谈到展会时说，国内很多重要的展会，富安娜都会参展，像家纺展这样专业性强、在业界影响力大的展会更不会错过。富安娜参加展会的目的，除了树立自己的形象，推广新产品，接洽新客户外，也是公司本部与广大经销人员沟通的好机会。展会期间，富安娜往往会邀请很多自己的经销商到展会。经销商也普遍感觉参加家纺展这样的高层次专业性展会收获很大。一方面了解公司新一季产品，甚至确立新季订单，另一方面也可在众多业内知名企业同台竞技中充分体会自己经销品牌的竞争力，同时，还能了解整个行业发展态势及产品的流行趋势。

浙江凯喜雅国际股份有限公司在此次展会上订了两个摊位。据公司贸易管理部经理周匀介绍，家纺博览会专业性较强，人气很旺，说明大家对发展家纺行业充满信心，参加家纺展，凯喜雅能了解许多家纺行业的信息。这几年家纺行业发展很快，凯喜雅极为看好家纺行业的发展前景。凯喜雅在上海的子公司家纺方面贸易做得很好，公司本部的家纺业务近几年才起步，但感觉发展势头不错。

大连东立工艺纺织品有限公司负责参展事务的曲莹秀认为，对于企业来说，参加展会本身就是企业营销策略中的一项重要内容。展览会能使产品与更多的买家见面、能使企业接触更多的合作伙伴，这是其他营销方式不能达到的。并且，在展览会中同行业的众多企业同时亮相，企业的产品优势和技术能力会得到很好的展示。谁的产品优势大、谁的技术能力强，就具有了营销优势，就会获得更多的订单。

第11届中国国际家用纺织品及辅料博览会更充分体现了“大家纺”的概念，展品范围有所扩大，主要分为布艺、床上用品（包括毛巾）和家用纺织饰品配件、非纺织类窗帘四大类。产业集群与更多的优势企业成为本届展会的主角。

——《国际商报》蒲 靖

光电展品照亮光学城

国际光学大会被誉为国际光学界“奥林匹克盛会”，每三年召开一次，至今已成功举办过19届。第20届国际光学大会（ICO—20）于2005年8月21～26日在长春市举行，这是国际光学大会首次落户中国。有40多个国家的国际光学界著名专家、学者近千人云集长春，展示当代光学领域最前沿的科研成果、科研动态，讨论光学科学技术发展的最热门话题。本次大会主要活动包括全体大会、专题会议、论文张贴发布等。

为配合此次国际光学大会召开，8月23～26日，还同期举办中国（长春）光电博览会。

八大活动展示光学成就

与第20届国际光学大会同步举行，是本届光博会的最大卖点，光博会期间举办8项主要活动。

长春光学事业成就展，集中展示长春50多年来在光学、光电子学领域的科研成就和成果，展现长春作为中国光学之城的实力。

第20届国际光学大会学术交流成果展，分为11大项、117个子专题，涵盖了21世纪创新发展所需要的所有光学领域，展示国际光学领域最新、最尖端的学术成果。

光电信息新产品推介及政府采购商品订货会，通过政府采购引导光电信息产品的应用推广。

光电信息产业技术项目合作洽谈会，通过学术与产业的交流、国内与国际的交流、企业间的交流，推介长春光电信息产业的优势和条件，促进长春与国内外产业间的合作。

光电信息企业人才现场招聘会，在国际化氛围下，为人才搭台，创建国际范围的人才供需交流环境。

首届光电信息企业经销商年会，建立产销衔接机制，为光电信息企业创造市场拓展机会。

青少年光电信息科普活动，为青少年提供了解、熟悉光电信息科技知识的环境，增加感性认识，培养光电信息技术兴趣，激发青少年的科技理想。

本届展会设立“第20届国际光学大会中国（长春）光电博览会”网站，同步发布展会实况，形成交互平台，通过“网上展会”的形式将本届光博会的覆盖范围扩大。

光博会期间还邀请国际光学委员会领导、诺贝尔奖获得者与参展商代表见面，组织光学领域权威科学家与企业家进行对话、探讨光电信息产业发展中的有关问题。同时安排参展企业代表参加光学大会及专题会议等。

展览内容令人惊叹

本届展会以“科技之光，引领未来”为主题，集中展示18大门类，8000多个品种，部分产品是首次面世。

光显示器件及整机产品，包括发光二极管及芯片、液晶显示屏、等离子体平板显示器等显示器件及各种整机应用产品。

光电元器件与材料，包括发光材料及器件、光纤传感器、太阳能电池及光学冷加工器件等。

光存储及输入和输出设备，包括数码照相机、光盘机、条码扫描仪、光复印机、光传真机等。

激光器件及应用产品，包括各种激光器、激光全息制品、激光医疗设备等。光通讯元器件、设备及终端产品，包括光通信系统设备、网络工程辅助设备、移动通讯终端产品等。

光电仪器仪表与设备，包括光电检测设备、光电仪器仪表、各种光电望远镜、显微镜等。

汽车电子产品，包括汽车电子产品及配套元器件、汽车电子应用系统（卫星定位、智能交通等）及设备。

软件方面，包括企业与商务软件解决方案及产品、软件支持平台、信息安全技术及产品、电子商务等。

数字家电及办公自动化设备，包括数字家电与配套产品、计算机设备、网络设备、办公自动化设备等。

据悉，本届光博会将致力于展示国内外光电信息最新技术和产品，增进业内交流与合作，提升产业层次和实力，加快长春国家光电产业基地建设进程。

本届展会共有德国、韩国、日本和我国香港、台湾等8个国家和地区、国内18个省市的600多家企业参展，展出面积达2万多平方米，合1000多个国际标准展位，其中特装展位达到50%。展品涵盖了光显示器件、光电仪器仪表、光电材料、光通讯及家电18大门类，8000多个品种，部分产品是首次面世，堪称光电行业的一次顶尖盛会。

——《中国贸易报》肖 尧

第二届东亚国际旅游博览会

由国家旅游局、辽宁省旅游局、大连市政府主办，大连市旅游局、大连北方国际展览策划有限公司承办的第二届东亚国际旅游博览会于2005年8月28日在大连世界博览广场落下帷幕。本届博览会共设展位615个，其中：海外旅游展区112个展位，国内旅游展区313个展位，旅游商品展区80个展位，酒店设备和用品展区110个展位；中外参展企业430多家，专业参展人员达到5000多人，参观展会人数10.8万人次。

东博会上共签订国内外互换游客协议67个（其中境外包机合同106架次），带来收益10.8亿元；旅游景区开发项目投资金额7000万元；发放各类旅游宣传资料100万份。

本届博览会简化了开幕式，把开幕式和欢迎酒会合并举办；邀请的海内外来宾都是与旅游业务直接相关的宾客；专业洽谈日与公众开放日分开，为业内买家和参展商、参会者提供业内交流和洽谈，为买卖双方合作提供舞台，力求把东博会办成“平台有效”的专业展会。本届东博会有20多个省、市的专业交易团参加展示及交易，进行了广泛的业务交流和洽谈。同时，还举办了“大连·俄罗斯旅游和交流恳谈会”、“东北无障碍旅游区论坛”、“辽台（湾）互动·相约辽宁旅游高峰论坛”等专业特点突出的主题活动，进一步彰显了本届博览会的专业性。

本届博览会参展商重视布展，展台特点明显。日本、韩国、马来西亚、泰国等主要境外参展单位的展台全部是特装，风格鲜明独特，极具本地特色；国内城市中“东北4+1联合体”展位、北京展位、沈阳展位、长影世纪城展位等都引起了广泛关注，树立了良好的城市形象和产品形象。特别是大连展区第一次以“军团式”参展，大特装套小特装，形成自身特色，也具有了一定的专业布展水准。老虎滩海洋公园、森林动物园的动物明星的表演也为展会增色不少。

本届东博会海外参展客户分别来自日本、韩国、俄罗斯及澳大利亚、埃及、北欧四国和中国香港及台湾等22个国家和地区，500多位海外参展商多是对华业务开展较好的企业。同时，有来自日本国土交通省、日本观光振兴机构、韩国观光协会、俄罗斯远东及中亚地区旅游局、新加坡旅游局、马来西亚旅游局、泰国旅游局、埃及和土耳其驻华使馆、中国香港旅游局和中国台湾六大旅游协会的贵宾与会。

东北“4+1”城市（沈阳、长春、哈尔滨、大连＋鞍山）建设无障碍旅游区合作会议上，大连市旅游局局长柳振万和上海旅游委助理巡视员朱承蓉两位专家就无障碍旅游区建设的实施作了主题发言。同时，五城市领导共同签署了东北“4+1”城市关于建立无障碍旅游区的框架协议,走出了东北无障碍旅游区建设实质意义的一步。协议约定，东北五城市要马上建立组织平台、优化信息平台、完善联动平台，加强旅游指示系统、旅游咨询服务中心等基础设施建设，建立联合体各城市旅游投诉处理协调工作机制，统一制作五城市旅游宣传品、旅游服务手册，明确五城市旅游形象主题定位等。由于近年来到辽宁旅游观光的台湾游客人数迅猛增长，辽宁省旅游局、辽宁省台湾事务办公室举办了辽台互动·相约辽宁2005旅游高峰论坛。论坛上来自辽宁和台湾的旅游界人士一致表示，要寻求最佳交流合作和宣传促销的新途径、新方式、新领域，联手拓展旅游市场，进一步加强交流与合作，以促进两岸旅游产业的快速发展。

大连·俄罗斯旅游交流合作恳谈会上，俄罗斯客人进一步了解到了大连的冬、夏季“3S”等特色旅游产品；两地旅游企业、航空公司的代表就俄罗斯游客特点、航线对旅游业的影响等问题进行了广泛的交流。大连老虎滩海洋公园与伊尔库茨克州旅协、大连森林动物园与滨海边区、同仁堂大连医馆与伊尔库茨克州旅协、大连神谷中医院与滨海边区旅游公司现场签订了合作协议，在为大连输送游客、特别是输送康复理疗客人等方面建立了合作关系。

第二届中国大连东亚国际旅游博览会旅游工艺品、纪念品大奖赛收到来自大连各旅游纪念品生产企业83个系列、884个品种的参赛作品。这些产品荟萃了大连市旅游商品的精华，评委会专家组通过对参展旅游工艺品、纪念品的地方特色、公众反应及销售量方面量化评分的评审，共评出金奖10个，银奖20个，铜奖30个。展会期间即获得订货合同金额194.58万元，意向合同金额1646万元。

另外，博览会期间，还举办了市民最喜爱的旅游目的地评选活动，让广大市民以短信投票的方式评选出他们喜爱的景区（点），前四位是：大连老虎滩海洋公园、新圣亚海洋世界、大连金石滩国家旅游度假区、大连森林动物园。

——辽宁省旅游信息网

让世界装备业劲吹中国风

——记第四届中国国际装备制造业博览会

第四届中国国际装备制造业博览会是由国家商务部、国务院振兴东北办、中国贸促会和辽宁省政府主办，由沈阳市人民政府和中国贸促会辽宁省分会等单位承办的国家级、国际性的装备制造业博览会，是集产品展示、贸易订货、学术研讨、投资洽谈和技术合作为一体的专业盛会。自2002年开始举办以来，制博会在业内的影响力迅速提升，已成为我国装备制造业的重要品牌。

据统计，前三届制博会展览面积累计达到16万平方米，展位总数5861个；参展企业1985家，其中境外企业686家；专业观众达到36万人次，实现国内交易额182.78亿元人民币，进出口贸易额12.38亿美元；合资合作项目415项，外商投资总额92.89亿美元。来自美国、英国、德国、日本、韩国、意大利和中国香港、台湾等23个国家和地区的众多知名企业参加了展会，其中包括美国通用电气、德国西门子、韩国大宇、现代、日本松下以及中国沈阳机床、大连机床、特变电工、太原重工等。

筹备工作进展良好

第四届制博会于2005年8月30日～9月3日在沈阳国际会展中心举办。展出面积为6万平方米，展位3062个，超过上届（2368个）29.3%，是首届制博会（1640个）的1.87倍。

在此次参展企业中，境外企业和外商投资企业的展位1440个，占展位总数的47%,主要来自德国、日本、韩国、美国、瑞典和我国台湾等17个国家和地区，其中包括通用电气、哈斯、西门子、现代、大宇、松下、东芝、三菱等世界500强企业共23家。内地企业展位1622个，占展位总数的53%,主要来自北京、上海、广东、广西、江苏、黑龙江、山东、云南等23个省、区、市；在东北老工业基地企业参展方面，辽宁、黑龙江和吉林三省共有174家企业参展，展位668个，其中沈阳市参展企业126家，展位551个；桂林机床、徐工机械、特变电工、沈阳重型、沈飞集团、太原重工、大连冰山、北方交通等一批中国装备制造业重点企业均参加展会。机床展位数量1079个，占室内展位的52%；工程机械展位数量976个，比去年增加了一倍；现场展品以实物整机为主，参展企业进行现场操作演示。

第四届制博会还根据装备制造业的特点，重点对展会现场进行了整体规划和统一设计。在设计风格上，充分体现端庄稳重、大气磅礴的现代化工业特点；现场颜色基调以蓝色为主，灰色为辅。在展馆布局上，按照专业设置7个专业展区，分别为机床、工程机械、工业自动化设备、泵阀等通用设备、输变电及电站等专用设备以及工具附件、铸造设备等。在展馆设施上，增容了电力系统，升级了通讯系统，实现了电话、宽带全馆覆盖和智能化、数字化管理，新建了贵宾休息室、新闻中心和仓储中心，扩建了餐厅，规范了停车场，改善了卫生间条件。

在前三届展会成功举办的基础上，本届制博会按照专业性、实效性、权威性的发展方向，实行市场化运作与政府适度参与的机制，进一步强化了制博会的信息、资金、科研和人才平台的作用，以"装备制造与高新技术"作为展会主题，充分展示代表当今国际先进水平的装备制造业产品，立足沈阳、服务东北、辐射全国、面向世界。

活动安排注重实效

制博会期间，举办多场大型会议和论坛，其中有铁西新区装备制造业招商项目说明会、2005年中国沈阳装备制造业投资与采购说明会、浑南新区投资环境说明会等15项经贸洽谈活动以及参展展品评奖、参展企业品牌排行活动。

中国装备制造业发展高层论坛。邀请国务院振兴东北办领导及中国工程院、中国社会科学院的有关专家、学者做主题报告，围绕装备工业对我国国民经济发展的重要作用和地位、我国装备制造业"十一五"发展思路和结构调整的重点、国家重点工程项目和重大技术装备自主制造目标、国家当前振兴装备制造业的战略目标和重点任务、国家振兴东北老工业基地的最新鼓励政策和相关措施等做专场演讲。本次论坛邀请省市及东北三省有关政府部门的领导，组织国内外重点装备制造业企业、科研院所、大专院校以及新闻媒体等方面1000余人参加。

世界500强企业CEO论坛。邀请40家世界500强企业参加，包括美国哈斯公司、泰克集团、李尔公司和艾默生公司的4位中国区总裁，英国摩根集团亚太区总裁和GTA公司中国区总裁，比利时贝卡尔特公司副总裁，法国威立雅公司、米其林公司和阿尔卡特公司的3位中国区总裁，德国西门子中国区总裁和贝灵格公司执行董事，瑞典前哨公司中国区总裁，日本住友、东芝、三洋电器、新日铁、东北开发协会、国贸促、松下电器、三洋电机和日立造船等公司10位中国区总裁或原会长等。

第二届国际品牌论坛。全国政协常委（中国商业文化研究会会长）胡平、国务院国资委监事会主席解思忠、中国轻工业联合会会长陈士能、国家统计局副局长邱晓华、国务院研究室副主任侯云春、亚洲品牌协会秘书长山本学（日本）、欧洲导报总裁陶静等嘉宾应邀出席，并作重要讲话或专题发言。在本次论坛上，作为中国品牌年的启动仪式，还发布了《品牌中国白皮书》。同时，发布"中国国际装备制造业博览会品牌排行榜"，包括：品牌综合影响力十佳企业、品牌知名度十佳企业、品牌管理十佳企业、品牌上升力十佳中小企业、荣誉首席品牌官十佳人物（由亚洲品牌委员会主办）。

第四届中国（辽宁）国际投资融资洽谈会。邀请著名经济学家温元凯、美中金融企业家协会顾问夏怡宁博士、瑞士圣加伦大学亚洲研究中心主任张利才教授到会演讲。邀请欧洲近70家企业、美国金融家投资代表团、日本中小企业投资代表团、我国港、澳、台地区投资机构的特派员到会。

中国铸造工业发展高层论坛。邀请柳百成、傅恒志2位院士和香港铸造协会会长、清华大学等20所大学和一汽等10多家企业的100多名专家和专业人士参加。还宣布和颁发全国铸造行业学术论文最高金、银奖（由中国机械工程学会主办，铸造分会承办）。

欧亚设备制造商联盟2005年年会。组织欧洲德国、意大利、英国、捷克等国的50家企业与亚洲中国、印度、马来西亚等国的80家企业共同研究国际装备制造业发展与合作，进行项目对接，经贸洽谈等（由英国中约克郡工商会、捷克布尔诺商会、西班牙巴塞罗那行业商会等联合主办）。

机电产品品牌研讨会。重点围绕国际知名品牌的创立与培育，以及对我国机电产品发展的影响这一课题，组织我国有关专家和重点企业的代表，共同探讨我国企业创立和培育自主产品品牌的有效途径。

装备制造业职业技能竞赛。今年的比赛共设数控车工、钳工和电工3个工种，分初、决赛两个层次进行。首先由各条战线、各个地区、各个行业进行预赛和复赛。决赛在制博会期间进行，分理论考试和操作技能竞赛两个方面，每个工种进入决赛的选手有100名左右。

特色鲜明重点突出

今年的展会规模进一步扩大，吸引力和影响力不断增强。招展工作提前2个月超额完成了任务，显示了展会市场运作的强大生命力。此外，在专业化、国际化及招展质量方面也有很大提高，主要表现为六多。

一是参展的机床企业增多，向专业化方向又迈出了一大步。报名参展的机床和机床附件企业为265家，占参展企业总数（670家）的40%。展位1079个，占室内展位数量52%。比第三届制博会（662个）增加了417个展位。

二是首次参加制博会的企业增多，说明制博会品牌的影响力越来越大。首次报名参加制博会的企业为156家，占参展企业总数23%，展位437个，占展位总数14%。如美国哈挺中国有限公司、日本宁夏小巨人机床、日本（上海）北滨精密机床、瑞士阿奇夏米尔公司、云南磨床厂、长沙锻压机床有限公司都是首次参加制博会。林德——厦门叉车有限公司（德国独资企业）在观察了两届制博会后，决定参加第四届制博会。英国莱玛特（沈阳）精研磨抛光有限公司是在沈阳投资的第一家英国公司，刚刚开工投产，就申请了200平方米展位。

三是连续参加四届制博会的企业多，说明企业参加前几届制博会取得了良好的实际效果。报名的参展企业中有61家连续四届参加制博会，其中省内企业32家。

四是要求增加展出面积的企业多。本届制博会有48家企业要求增加展出面积1982平方米，折合标准展位220个。如美国哈斯机床集团去年展出面积270平方米，今年增加到400平方米，广东东莞方达集团代理比利时HACO精密数控机床参加第三届制博会展出面积126平方米，今年增加到315平方米。

五是进行展位特装修的企业多。本届制博会有147个企业对展位进行特装修展示，装修面积12366平方米，折合标准展位1374个，占室内展位总数的66%。A馆展位数量343个，特装修展位多达299个，占该馆规划总数87%。

六是参展国内外知名企业多。共有115家国内外知名企业参展，占参展企业总数17%。如哈挺中国有限公司（美国）、上海北滨精密机械有限公司（日本）、宁夏小巨人机床有限公司（日本）等。

展会的专业性、国际性更加突出。本届制博会全面贯彻了“突出重点国家、重点企业、重点产品”的原则，把招展工作重点放在世界500强和国内外知名大企业上，开展了重点招商，此次有23家世界500强企业参展；在展区规划上，全部按照专业划分展区，实现同类展品集中摆放。尤其是重点突出机床和工程机械两类展品。其中，安排机床展位1079个，安排工程机械展位976个。两个专业的展位占全部展位的2/3。

会议论坛质量明显提高。为进一步提高制博会的档次，组委会在对原有会议论坛进行整合的基础上，重新设计，重点推出了两项重点活动。第一项是中国装备制造业发展论坛，邀请国务院振兴东北办领导及中国工程院、中国社会科学院的有关专家、学者做主题报告，发布装备制造业发展动态信息。第二项是世界500强CEO论坛，邀请40家世界500强或大型跨国公司CEO重点谈在华投资意向。

展会的权威性有所提高。从第四届制博会开始对参展展品开展评奖工作和品牌排行工作，邀请全国的一批装备制造业行业协会和专家成立评审委员会，对参展展品进行评奖，以提高展会的权威性。今年对机床、工程机械和自动化与控制三大类展品进行评奖，设立金、银、铜奖，并在展会上发布评奖结果，鼓励参展企业展出技术含量高、经济性能好的产品。以后随制博会展会规模的逐渐扩大，评奖的范围也会扩大。为增加装备制造企业对制博会的关注度，强化行业内品牌管理观念，提高行业品牌管理质量，塑造民族装备制造工业品牌，提高中国国际装备制造业博览会的国际品牌形象，为本行业企业与国际企业接轨创造技术条件，本届制博会还对参展企业进行品牌排行。

评奖工作由中国机械工业联合会及相关行业协会的专家组织实施，目前工作已经展开。有关评奖方案、实施细则、申报程序已经上网公布，并向参展企业逐个发出通知，企业申请参评已于日前开始。

品牌排行工作由亚洲品牌委员会、中国品牌协会、中国首席品牌俱乐部组织实施。设立品牌综合影响力十佳企业、品牌知名度十佳企业、品牌管理十佳企业、品牌上升力十佳中小企业、荣誉首席品牌十佳人物等奖项。

展会市场化运作程度进一步提升。今年展会的展务工作委托沈阳振兴展览公司负责，在招展工作中，坚持“统一价格、统一政策、统一收费、统一管理、统一安排”的原则；在展会服务上，坚持依靠市场标准，选拔最优秀的服务队伍，提供最优质的服务。同时，积极探索实施政府适度参与和商业化运作相结合的办展形式，为制博会的长远发展奠定基础。

按照部署，沈阳市政府在展会期间抽调1000名机关干部为展会服务，做到每一个参展企业都由政府的机关干部对接、协调，全程跟踪，全力做好各项服务工作。在展会现场，已经通过公开招标，选拔了优秀的服务队伍，建立了功能齐全、设施完备的展会服务系统。相关的旅游、交通、文化、公安、接待、商业和服务业等部门都推出了为制博会服务的具体措施。

据统计，本届制博会上，国内交易额39.8亿元，进出口贸易签约额6.3亿美元，两项指标分别比上届增长了12.2%、11%。

——《国际商报》秦志刚

汽车——让生活更精彩
第11届上海国际汽车工业展览会再创新高

中国汽车工业在经过2003年的井喷、2004年的振动之后迎来了关键发展期的2005年。如果把2005年中国车市比作一出精彩大戏的话，那么4月22～28日在上海新国际博览中心开演的主题为“汽车——让生活更精彩的”上海车展无疑是这场戏的序曲。上海国际汽车展从1985年首次举办至今正好是20年。上海车展从第一届时的73家厂商1万多平方米规模发展到现在12万平方米、力争达到国际A级车展的发展历程，可以说，从一个侧面，见证了中国改革开放和汽车工业的发展。2004年6月，上海国际汽车展顺利通过了国际博览联盟（UFI）的认证，成为中国第一个被UFI认可的汽车展。2005上海车展就规模而言，已成为亚洲第一、世界第三。

2005上海车展组织阵容强大，主办单位是中国汽车工业协会、中国贸促会上海市分会和中国贸促会汽车行业分会；承办单位是世博集团上海市国际展览有限公司、德国慕尼黑国际展览有限公司/IMAG国际展览会与交易会有限公司；协办单位是上海汽车集团股份有限公司。并得到了中国机械工业联合会的特别支持和中国汽车工程学会的支持。

阵容强大 再创新高

本次上海车展使用了上海新国际博览中心全部7个室内展馆，3个室外临时展棚和室外场地，总规模达到12万平方米，比上届增加50%。

来自美国、日本、瑞士、德国、韩国、印尼、泰国、印度、瑞典、法国、新加坡、奥地利、英国、意大利、俄罗斯、西班牙、荷兰、土耳其、丹麦、阿根廷、伊朗、中国及香港特别行政区和台湾省等26个国家和地区1036家厂商踊跃参展，为历届之最。展品包括各种概念车、轿车、跑车、客车、商用车、汽车零部件、汽车音响、汽车检测维修设备、汽车用品等，其中各类整车693辆（直接从海外运来的整车为140辆），集中体现了国际汽车工业最新成就及国内企业近年来的领先技术和产品，全面展现当代汽车工业的发展水平。

本届展览会期间到会观众总数为391593人次，分别来自113个国家和地区，其中境外观众占16%。

车展新闻中心共接待了来自35个国家和地区的1020家媒体的5380余名记者，其中境外媒体281家，包括来自海地、希腊、阿联酋、乌克兰、阿根廷、智利、克罗地亚、哥伦比亚、墨西哥、菲律宾、泰国、马来西亚等首次参与上海车展报道的媒体。各新闻媒体对本次车展投入了极大的热情。美联社、路透社、法新社、彭博新闻社、美国时代周刊、纽约时报、日本经济新闻、美国CNN、英国BBC、华尔街日报、道琼斯、福布斯、法国电视二台、德国电视二台、德国之声、意大利电视7台、法国世界报、NHK、朝日、读卖、南华早报等海外知名媒体都积极参与了车展的采访报道。

知名品牌全线出击

中国巨大的市场需求,使各汽车制造公司纷至沓来,投入巨大的人力物力,向消费者展示其风采及实力。全球知名汽车制造厂联合公司各相关品牌,全线出击本次盛会。世界汽车巨头6+3悉数到场。

各汽车公司均投入巨资，期望以更大的规模参展，各家报名的面积都远远超过新国际博览中心所能够提供的面积，由于场地所限，通过与厂商的协商，各公司都相应减少了展出面积。尽管如此，各汽车集团仍将上海车展视为国际A级，从展位预定、展台设计、展车挑选到供应商的选择与现场活动安排,都达到顶级国际车展的水平。

轿车方面：福特集团（包括沃尔沃汽车、马自达汽车、福特汽车、捷豹、陆虎、林肯及福特商用车),大众集团（包括德国大众、上海大众、一汽大众、奥迪汽车、一汽奥迪、兰博基尼、宾利、斯柯达)，通用汽车（包括美国通用、上海通用、SAAB、泛亚、上汽通用五菱等），戴姆勒——克莱斯勒集团公司(包括奔驰轿车、迈巴赫、奔驰卡车、北京吉普、克莱斯勒),以及宝马（劳斯莱斯、MINI）都以国际A级车展的规模集团形式参展。此外，还有丰田（包括日本丰田、一汽丰田及广州丰田)，本田（日本本田、广本及东风本田)，日产，三菱，法国雷诺，标致，雪铁龙等。中国巨大的市场潜力吸引了众多高档车及运动品牌，宾利、劳斯莱斯、法拉利——马萨拉蒂是展会另一道亮丽的风景。而兰博基尼、布加迪、捷豹、陆虎、保时捷、世爵、迈巴赫、先进通、光岗等更是首次在上海车展亮相的品牌。同时，来自伊朗的汽车工业集团公司也首次来华亮相。

国内的一汽集团，上汽集团，长安集团等与国外厂商同堂竞技，体现了国内汽车做大做强的信心。华晨，长城汽车，比亚迪，奇瑞，东南，吉利，江淮，南汽，华泰，依维柯，哈飞，华普，中顺等都竞相显示各自实力。

商用车、卡车方面包括第一汽车、上汽、雷诺、重汽、

MAN、奔驰、北方奔驰、福特、陕汽、安徽华菱、东风日产柴，北汽福田、金华客车等。

零部件方面除了欧洲国家展团、日本展团、韩国展团外，德尔福、DENSO、博世、ZF、西门子、法雷奥、伊顿以及米其林、普利斯通、固特异轮胎、阿尔派、松下、歌乐音响等都同堂展示最新技术与产品。

相关活动精彩纷呈

技术交流会。展览会期间举行了22场技术交流会，涉及汽车制造、加工、工艺等方面的技术、产品和服务。为中外同行提供了切磋技术、交流信息的良机。

爱心飞扬慈善捐助活动。展览会期间，由上海市慈善基金会、东方卫视和上海车展组委会在现场举办“爱心飞扬天天彩2005上海车展专场”活动。观众通过向设在现场的轿车中投掷纸飞机，不仅有机会赢取家庭轿车，更重要的是奉献爱心，积极参与到慈善公益事业中。募捐得到的所有款项，作为“专项汽车人才助学金”，捐赠给上海交通大学汽车专业的贫困学生。

网上展览互动。为更好地服务于参展厂商和观众，今年车展首次引进了世界一流的网上互动多媒体交流与展览技术，并以官方网站（www.autoshanghai.com.cn）为平台，举办“网上互动上海车展”。这样，不仅网上展览与现场展览同步，各参展公司还可随时回答网友提出的问题。

配套服务以人为本

“以人为本”，为参展商、观众、媒体提供优质高效的服务始终是上海车展主办方追求的目标。本届上海车展在服务上更突出“人性化”的特点。

为展商和观众。本次车展继续采用电子门票，便于观众流量分析，实施信息化管理。在入口大厅和新闻中心设置42寸大屏幕电视，提供展会及活动信息。展期内有免费班车往返于龙阳路地铁站至展馆。主办方搭建近4000平方米餐饮、休息区域，每天可供2～3万人同时用餐。同时还设置2个专用休息区，专供老人和儿童休息。考虑到观众流量大，还在场馆外设置了近40个流动厕所。每个展馆都设有问讯处，便于观众了解展会情况。借鉴国外大型展览的经验，在室外场地设立一个等候处，配有明显标记，以便展商和观众及时找到需要会面的人。为方便老弱儿童参观，主办方特意安排两辆电瓶观光车行驶于各场馆之间，供老弱儿童免费乘坐。现场还特设移动电话工程车，增加覆盖面，解决展览现场电讯盲区问题。此外，为解决相关法律问题，特设知识产权办公室。现场设医务室，主办方聘请医生为展商、观众及工作人员提供常见的医疗服务。

为媒体。上届上海车展首次设立的新闻中心曾给媒体留下了深刻印象，被称为“记者之家”。今年继续与米其林公司合作，在上届的基础上，扩大了新闻中心的面积，调整部分功能的设置使之更趋合理和人性化。除了免费提供给记者撰稿、通讯、上网、电子邮件、复印、光盘刻录等先进的工作条件外，还要保证休息区设施和服务的舒适性。考虑到车展规模大、记者采访任务重，分别在展馆大门口设立一个大的主新闻中心，并在W3号馆外侧再设立一个小的新闻中心，方便记者及时报道车展。两个新闻中心的面积达到1000平方米以上。同时考虑到记者发稿的环境要求，部分展商的新闻发布会场地改在E2号馆二楼的会议室。

（世博集团上海市国际展览有限公司供稿）

2005中国国际信息通信展览会在沪隆重举行

作为上海国际信息化博览会大框架下最重要的展会——2005中国国际信息通信展览会（ELE/PT COMM CHINA）于2005年6月22～25日在上海国际展览中心和上海世贸商城同时举行。10多个国家和地区的近百家企业积极参与，展出面积1.2万平方米。中国电信业六大运营商首次悉数到齐。

中国信息通信业的持续高速发展举世瞩目，目前我国固定电话用户数3.25亿户，移动通讯用户数3.49亿户。2004年我国电信用户规模继续扩大,固定电话和移动电话双双突破3亿户，继续位居世界首位。2004年共发短信2170亿条。宽带用户发展迅猛，互联网上网人数居世界第二位。国内外的电信运营商和设备制造商十分关注中国、上海的信息通信业的发展，渴望能跻身其中，充分发挥各自优势。

本届展览会组织阵容强大，主办单位是上海市信息化委员会、上海市通信管理局、中国贸促会上海市分会、上海世博（集团）有限公司、中国电信集团上海市电信公司、上海移动通信有限责任公司及中国联合通信有限公司上海分公司，并由上海市国际展览有限公司和中国邮电器材集团公司承办。同时得到了以色列电子和信息产业协会等国外专业机构的全力支持。各单位分工协作、优势互补，合力打造精品展会。

此次展会展品丰富，技术含量高。来自日本、韩国、美国、德国、瑞典、以色列、西班牙、中国和香港特别行政区和台湾省等国家和地区的中外通信企业带来了新产品、新技术，包括3G、NGN与软交换、宽带接入、数据多媒体通信、IPV6、光通信、通信终端、智能网、电信增值业务、电信支撑系统、电子商务、数字家庭、远程教育、信息家电等先进的信息通信技术与产品。上海贝尔阿尔卡特、中国普天、大唐、朗讯、NTT DoCoMo、LG、西班牙电信、罗德与施瓦茨、ANYDATA、上海文广新闻传媒集团、英华达公司等踊跃参展。NTT DoCoMo、上海贝尔阿尔卡特、大唐、朗讯的3G技术，LG、英华达的新型手机，文广传媒的手机电视流媒体业务等，给观众耳目一新的感受。

特别值得一提的是，中国电信、中国网通、中国移动、中国联通、中国卫通、中国铁通等中国电信业六大运营商首次在该展会上集体亮相，在本届展览会上展示其新技术与新产品。上海电信带着前不久刚面市的机卡分离式小灵通参展；中国网通的“空中会议室”和“一号通”业务，也在这次展会上进行展示；上海移动与上海文广传媒集团强强联合，共同推出“手机电视”媒体业务；上海联通在本届会展中展示在去年F1上海站和今年世乒赛上小露真容的CDMA 1X增强型技术；上海铁通推出面向社会公众的多项增值电信业务。

展览会期间还举行了多项配套活动，6月22日、23日，上海市通信管理局、上海通信学会在上海世贸商城举办“电信业和信息通信技术发展趋势”高层研讨会和报告会；6月23日下午在上海世贸商城，思科公司和上海通信学会主办“下一代网络技术研讨会”；6月24日下午，上海科委牵头编著的通信科普读物《沟通世界的通信》在上海国际展览中心举行新书首发式。

（世博集团上海市国际展览有限公司供稿）

第15届中国国际自行车展览会隆重举行

以“自行车，让我们与大自然和谐共处”为主题的第15届中国国际自行车展览会在充满勃勃生机的火红之月拉开帷幕，再现雄姿。2005年5月4～7日来自海内外近千家参展商在上海浦东新国际博览中心的全部七个展馆中，摆开3700个展位，共同演绎这场世界顶级的自行车大展。预计包括来自80多个国家的近12万名中外观众可近距离地享受这份自行车的“饕餮大餐”。

中国国际自行车展览会自2000年以来，得到了快速发展。与2004年相比，今年又增加了500个展位，增长15.6%，特新辟了两个展馆以适应展商需求。展览会在短短四天内把国内外千家企业，万名买家集聚在一起，搭起企业与市场、中国与世界沟通的大舞台，再一次印证了中国国际自行车展览会以有限的空间集聚无限的能量的功能。

“加大国际化交易”是本届展会的主旋律。众多国际自行车行业的领军人物聚首本届展会，考察中国的自行车市场。意大利两轮车制造商协会的参展团来了，印度自行车制造商协会的参展团来了；世界最著名的传动部件制造商日本SHIMANO公司来了，世界最著名的自行车设备制造商荷兰HOLLAND公司来了；美国自行车第一、第二品牌Trek、Specialized也第一次参加“中国大展”，第一次参展的国家还有瑞典、丹麦、越南等国家。其他还有来自德国、法国、韩国、波兰、日本、美国、意大利和荷兰等国家的30多个企业参展。与此同时，世界的各种媒体也相继采访和报道本届展览会的盛况。

随着展会的发展，受到了更多中外媒体的关注。《中国自行车》杂志、《中国国际自行车展览会网》、《上海热线II》的会展频道、CYCLEPRESS、WHEELGIANT、TRANDWINDS、CYCLETREND、BICYCLETODAY等行业内的主要媒体也在展中设摊，并在各自的媒体上及时向全球报道有关展览会的各种信息。为有利于方便媒体工作，首次专设新闻中心。

展览会共吸引了来自73个国家和地区的专业观众10.5万人次，其中海外专业买家3993人次。

展会期间还推出了国际时尚自行车运动，有“挑战极限、激情无限”BMX小轮车表演，世界最著名的Trek车队的栗濑裕太到场做精彩表演，让车迷与明星沟通和交流车技；有“酷车前线、时尚魅力”自行车极限园，热情火爆、活力四射的“酷车前线”的活动向国内外参展商充分展示中国自行车文化的丰厚底蕴，演绎中国人使用自行车娱乐的各种方式，如自行车文化寻宝之旅、自行车场地障碍越野挑战街头、U槽极限公园滑板等表演，展现国际国内高端自行车的文化魅力，以宣传品牌形象，凝聚年轻活力，烘托展会气氛，夺人眼球，形成亮点。

（世博集团上海市国际展览有限公司供稿）

第11届上海国际纺织工业展览会在沪举行

亚洲规模最大的“第11届上海国际纺织工业展览会”于2005年6月3～7日在上海新国际博览中心隆重举行。来自全球23个国家和地区的1400多家公司积极参与此次盛会。

“上海国际纺织工业展”自1984年首次举办以来，规模从第一届时1.15万平方米发展到本届的10万平方米，办展水平和对外影响日益扩大，成为国内纺织同行引进、吸收国外先进技术，推进中外经济技术合作，提高产品档次，推动国际贸易的理想平台。

中国是世界公认的纺织大国，“入世”以来，我国纺织工业在市场更开放、竞争更激烈的形势下，取得了较大的发展。2004年我国纺织机械产品进出口总额为53.31亿美元，其中进口金额为46.56亿美元，相比去年上升0.92%；出口金额为6.76亿美元，同比上升28.13%。2005年对于纺织机械行业来说，更是充满机遇和挑战的一年。纺织品服装国际贸易一体化，将进一步促进纺织工业的发展，随着产业地域方面的转移、结构性的调整和外商的投资，纺织机械行业将具有更加巨大的市场。本届展会是我国纺织品取消出口配额后的首次亮相，引起了海内外纺织同行的高度重视和积极参与，新国际博览中心7个室内展馆和2个临时展馆共10万平方米早在几个月前就被预定一空。尽管展出面积比上一届增长40%以上，但仍有不少参展商要求增加展台面积。

来自奥地利、比利时、加拿大、法国、德国、印度、以色列、意大利、日本、韩国、荷兰、新西兰、新加坡、西班牙、瑞典、瑞士、土耳其、英国、美国和中国及香港特别行政区、澳门特别行政区、台湾省等众多中外企业积极参展。海外纺织行业协会、贸易促进机构纷纷组织庞大的展团集体参展，意大利、德国、瑞士、法国、英国、美国、西班牙、韩国和中国台湾省等都组团参展。其中意大利和德国展团更是占了新国际博览中心1号馆和6号馆的“半壁江山”。同样，中方企业也不甘示弱，中国纺织机械总公司、太平洋机电（集团）有限公司都以超大面积参展。

本次展览专业门类齐全，展品范围广泛，中外厂商带来了最新设备。展品包括各类先进的纺织、针织、服装、印染后整理、无纺布等制造机械、设备、零部件和纺织化学品。为了便于同类企业同堂展示，方便专业观众的参观，特设立5个专区：针织及织袜机械专区、印染整理机械设备专区、纺织化学品专区、纺纱机械专区、织造机械专区。充分体现了展会的专业性。

展览会期间举行四大专题研讨会，分别是：“新型纺纱质量控制分析技术研讨会”、“新型织机高端装备技术研讨会”、“染整新技术和环保化学品研讨会”、“高新技术在产业用纺织品领域推广应用研讨会”。此外，国内外著名企业的纺织专业人士在展览会现场作不同专题技术交流讲座及高新技术产品的推广发布会。

展览会期间，主办单位在现场设立知识产权侵权投诉中心，并邀请有关职能部门现场处理投诉。同时，在现场设立展品贸易联络中心，为展品贸易成交提供便利。为保证专业观众有良好的参观秩序，展前开通了专业网站，接受海外及国内专业观众在网上的登记，并根据观众登记的信息，提前寄发专业观众胸卡。展会期间还开设免费班车，设立展商、观众休息区域，安排手机通讯车、现场医务室等服务。大会新闻中心设在3号馆，于6月2日起开放，免费向记者提供撰稿、采访、通讯、上网、发电子邮件、休息等服务。

本届展览会由上海纺织控股（集团）公司、中国贸促会上海市分会、中国国际商会上海商会主办，上海市国际展览有限公司、上海纺织技术服务展览中心和雅式展览服务有限公司承办，并得到了安徽、福建、贵州、河南、黑龙江、湖北、浙江、湖南、江苏、江西、山东、四川、云南等13个省纺织（轻纺）厅、局、经贸委纺织办、轻纺行业管理办、总公司的大力支持。

（世博集团上海市国际展览有限公司供稿）

上海国际服装纺织品贸易展览会隆重亮相

自1995年以来，一年一度的上海国际服装文化节已产生了广泛社会影响，积累了丰厚的无形资产，广为人知。做为其重头戏的上海国际服装纺织品贸易博览会(FASHION SHAJGHAI)同样连年上台阶，获得了长足的发展。

第11届上海国际服装纺织品贸易博览会于2005年4月12～14日在上海浦东新国际博览中心举行，展会面积达4.6万平方米，比上届展会增加35%。参展企业多达1300余家，包括服装企业270余家、纺织面料企业680多家、童装及儿童用品企业120多家、服装辅料140多家、纱线企业80多家。

本届展会按照上下游企业和地区特征，设立了海外服装服饰馆、国内服装服饰馆、童装/用品馆、纺织面料馆、功能性纺织品形象区、家用纺织品名品区、高档辅料展区、纤维/纱线区等，颇有特色。如此专业馆细化展品集中展出，有助于产业链互动，既可以使现场的参展企业彼此沟通、交流、贸易洽谈，又大大便利了进场的专业观众与买家直观地了解纺织服装业最新的发展动态，在第一时间得到时尚信息，对促进纺织服装商业整体贸易采购提供了极大的便利，促使众多的海内外重量级买家和相关展商在这个贸易平台交朋友，开展商贸活动。

展览会得到了海外同行的关注和支持，日本纺织品进出口协会、韩国时尚纤维协会、韩国纺织品进出口协会、越南纺织品进出口公司、意大利远东贸易协会、俄罗斯中小企业联合会和中国台湾纺拓会、澳门贸易发展商等均派员参展参观，增加了展会国际性的氛围。海外展商来自法国、美国、英国、意大利、日本、韩国、马来西亚、土耳其、荷兰和我国香港、澳门、台湾省等10多个国家和地区，其中英国、荷兰、美国、土耳其等国家均为首次参展。在领馆展区闪亮登场的有意大利对外贸易协会、日本贸易振兴机构、土耳其领馆和中国香港贸发局等。韩国时尚协会和汉城设计师协会这次组织了庞大的韩国代表团，共租订多达20个展位，显示出韩国迫切希望打开中国服装市场的姿态。本届国际服装展览会吸引了很多国际著名公司和品牌服饰参展，其中包括法国时尚界的象征卡纷公司（Carven）、以细密针织技术闻名的英国John Smedley公司、全球排名第三的休闲时尚品牌美国Skechers，以及日本Ykk公司等。

国内参展商中，包括三枪、海螺、丽婴房等海内外知名服装、童装、家用纺织品品牌，这些企业均已较大规模的展台推出最新品牌形象。

上海国际服装纺织品贸易展览会是一年一度的上海国际服装文化节的重要活动之一，是上海惟一得到市政府支持的服装纺织品专业贸易活动，也是全国每年春夏季最具规模的专业展览会之一。尽管面临着国内外展览业的激烈竞争，本届展会依然展现出其独有的魅力，得到各国、各地区参展商的青睐，成为全国业界的一大盛会。

（世博集团上海市国际展览有限公司供稿）

行业巨头亮相全球最大染料工业展

全球最大的染料、有机颜料、印染助剂专业展览会在上海拉开帷幕。近10家全球500强企业及300多家著名化工企业在申城一展风采。

由中国染料工业协会、中国印染行业协会、上海世博（集团）有限公司和上海市国际贸易促进委员会共同主办，上海国际展览服务公司承办的第五届中国国际染料工业暨有机颜料、印染助剂展览会于2005年4月26～28日在上海国际展览中心举行。

近年来，中国经济保持持续、快速的增长。其中染料、助剂和有机颜料行业的生产与市场发展健康而迅速。有关统计表明，2004年全国染料产量59.83万吨，比上年增长了10.4%；有机颜料产量14.36万吨，比上年增长了13.3%。全国染料进出口总量29.12万吨，比上年增长了10.64%；有机颜料进出口总量13.88万吨，比上年增长了16.15%。中国已经成为世界染料、助剂和有机颜料的生产、消费和交易大国。

中国染料、有机颜料和其他纺织化学品的发展迅猛，也为第五届中国国际染料工业暨有机颜料、印染助剂展览会奠定了坚实的基础。本次展览会面积达1.2万千平方米，共有包括美国、德国、意大利、丹麦、日本、韩国、印度、印度尼西亚、瑞士、西班牙、泰国和中国及香港特别行政区和台湾省等国家与地区的厂商参加本次展览会，其中海外展区的面积占了近50%，韩国、印度、日本及中国台湾省等都以展团形式参展。

本届展会的特点是参展企业知名度高，展出种类丰富，展品技术含量高，美国杜邦公司首次参加展览会，并带来了先进的技术和设备。许多其他国外企业也纷至沓来，如德司达、巴斯夫、汽巴、多闻、诺维信等，成为了展览会一道亮丽的风景；国内企业也毫不示弱，龙盛、闰土、亚邦、吉华、楚源等企业也在展览会上展示了企业形象与实力。

除世界各国各大厂商同台亮相，争奇斗艳之外，还有马来西亚，印度尼西亚，印度，韩国，中国台湾省等的染料协会或精细化工协会前来助阵，组织行业代表团参观、采购。此外，美国、英国、意大利、比利时、巴西、加拿大、法国、德国、印度、印度尼西亚、日本、马来西亚、新加坡、韩国、西班牙、瑞士、泰国、英国、土耳其、墨西哥、澳大利亚、阿根廷、新西兰、瑞典、阿拉伯联合酋长国、以色列的海外观众也前来参观、洽谈。

为提升展览会档次，“2005中国国际染料、有机颜料、印染助剂行业高峰论坛”于4月26日举行。中外同行就印染助剂业如何应对生态环保的趋势；中国纺织业发展趋势与良机；染料工业在汽车行业内的应用与前景；世界纺织用染料工业现状及发展趋势等内容进行研讨，是行业内一次高层次的交流盛会。

作为展览会的配套活动，中国印染行业协会在展览会同期举办了第四届全国印染行业四新技术交流会；中国涂料颜料协会在展览会前夕举办了2005年上海涂料染料行业年会暨信息发布会。

（世博集团上海市国际展览有限公司供稿）

中国国际影像和摄影器材展览会全新亮相申城

“中国国际影像和摄影器材展览会”于2005年7月14～17日在上海国际展览中心隆重举行。来自德国、法国、印度、以色列、意大利、瑞士、瑞典、美国、乌克兰、英国、日本、韩国、泰国、马来西亚和中国以及台湾省、中国香港特别行政区的15个国家和地区的150余家海内外厂商参展，展出面积达到1.2万平方米。由上海市摄影家协会组织的“二手相机收藏交流”也作为本次展会的同期活动，吸引观众参与。

本次展会首次引进了海外合作伙伴——德国科隆国际展览有限公司的加盟，中外强强联手，凸显该展的专业性。这次展览由中国贸促会上海市分会、上海世博（集团）有限公司、上海市摄影家协会和德国科隆国际展览有限公司主办，上海市国际展览有限公司和科隆展览有限公司承办。上海主办方经过六年的精心培育，打造的“上海国际摄影器材博览会”摄影器材专业展览这一品牌，已经成为华东地区最具专业水准的摄影行业盛会。德国科隆国际展览公司作为世界知名的展览公司，其主办的世界影像博览会（PHOTOKINA）在参展规模和参展商数量方面都数一数二，吸引了全球主要数码影像类厂商和来自世界各地的参观者。这次中德双方携手，共同举办更具权威性和影响力的国际影像摄影器材盛会，旨在进一步提高该展览会的国际化和专业水平，促进我国与世界影像和摄影器材领域的交流、合作。

本届“中国国际影像和摄影器材展览会”内容涉及模拟相机、数码相机、摄影和摄像器材及其配件、照相工作室设备、照相冲洗印加工设备、相片印刷机、摄像耗材和各种影像服务。佳能（中国）有限公司、富士胶片（中国）投资有限公司、捷成洋行、索尼（中国）有限公司上海分公司、柯达（中国）股份有限公司、诺士日（上海）精密机械制造有限公司、适马（香港）有限公司、爱克发公司、虎丘、索非亚、多丽、华旗咨询、中恒数码、金贝等著名摄影器材和影像公司纷纷参展。德国厂商则以国家展团的形式参展。

据有关资料显示，中国现在拥有一千几百万的专业摄影师和摄影爱好者，这个数字还在逐年递增，中国已经拥有了世界上最为庞大的摄影队伍。中国的专业和业余摄影师群体已经成为带动摄影摄像产业发展的巨大力量。

本次展会根据国际惯例，设立了专业观众日和公众开放日，观众有机会接触到最新、最尖端的影像和摄影方面的产品、服务和技术。

展览会期间还举行丰富的现场演示和文化活动。为了活跃展会气氛，主办单位举办了预登记专业观众幸运抽奖。展会期间还举办了“中片幅摄影——现况与前瞻”、“中国影像市场的未来发展”等业内技术交流研讨会和交流会。

（世博集团上海市国际展览有限公司供稿）

亚洲最大婚纱摄影器材展览会在沪登场

第八届中国（上海）国际婚纱摄影器材展览会于2005年7月14～17日在上海世贸商城（兴义路99号）隆重举行。本次展览会是2005年度中国乃至亚太地区婚纱影楼界的顶级专业盛会，也是过去七届国际婚纱摄影器材展以来规模最大的一次。上海世贸商城1～7层全部铺设了展台，展出面积达2.2万平方米。来自日本、韩国、新加坡、中国和台湾省及香港特别行政区等国家和地区的200多家厂商参展。

随着人们生活水平的提高，婚庆消费不断升温，全国每年的结婚消费额高达2500亿元，带动了40多个相关行业的发展。上海是全国婚庆市场最具消费潜力的城市之一，以影楼为轴心的婚纱摄影业成为一个快速发展的行业，企业数量正在迅速增加。各婚纱摄影企业也随着消费者品位的上升，对婚纱摄影的相关设备有了更高的要求。这次展会的展品包括婚纱、化妆品，相册相框、背景、数码影楼系统等婚纱摄影行业中的相关设备，汇聚了亚洲最时尚的婚纱设计、展示了最完善的婚纱摄影行业配套产品。

本届国际婚纱摄影器材展览会由中国贸促会上海市分会、上海世博（集团）有限公司、上海市摄影家协会主办，上海国际展览服务公司承办。上海世贸商城一楼展出的是婚纱摄影的背景和相册；三楼是儿童摄影、摄影化妆品、相册、婚纱摄影培训等连锁加盟的展台；四楼展出的全部是婚纱；七楼是婚纱和连锁加盟店。蔡美月国际婚纱、广州彩韵坊、丽伊莎、金利禾、厦门豪客、云裳嫁衣、仟乔相册、台项、华昌背景、苏州沁心彩妆等著名厂商都带着各自的精品参展。

展览会期间，上海世贸商城七楼展厅有国际婚纱时尚表演，六楼还举行上海市摄影艺术展览。

另外，"中国国际影像和摄影器材展览会"也在与婚纱摄影器材展一路之隔的上海国际展览中心同时举行，相关产业的展会为影楼企业、摄影摄像器材企业和广大用户搭建商务平台，促进相互交流与合作。

（世博集团上海市国际展览有限公司供稿）

第三部分 名展回顾

广交会在变革中成长

上世纪50年代中期，社会主义建设事业蓬勃兴起，以美国为首的一些西方国家，坚持敌视新中国的"封锁、禁运"政策。当时，同中国建立外交关系的国家只有20多个，我国外贸的1/4是与原苏联和东欧社会主义国家及朝鲜、越南、蒙古等国家进行的记账式贸易。

为了寻找一种多创外汇的新途径，从1955年到1956年，凭借广东与港澳和华侨联系密切的优势，我国在广州先后举办了一些物资展览交流会，取得了好成绩。广东外贸界人士在总结这类交流会经验的基础上，向外贸部提出了举办全国性出口商品交易会的建议，得到外贸部和国务院的重视与支持。1956年11月，以中国国际贸易促进委员会的名义，在广州原中苏友好大厦举办了为期2个月的"中国出口商品展览会"。这个展览会，从组织形式、客商邀请接待、展览宣传、成交、会期选择等方面为举办交易会提供了全面的经验。

经国务院批准，1957年春，由中国各外贸总公司联合在广州举办了首届中国出口商品交易会。首届交易会到会客商1223名，洽谈成交1800万美元。这个客户数字和成交额，在当时来讲，在政治、经济、外交各方面都具有重大的意义。广交会给新生的共和国带来了欣喜和希望。

47年来，广交会以发展为目标，以改革为动力，伴随着时代的脚步前进，始终保持着旺盛的生命力和蓬勃的发展势头，成为我国举办历史最长、层次最高、规模最大、效果最好的特大型国际商务交流活动，为促进国民经济和对外贸易发展，特别是扩大出口发挥了不可替代的积极作用。

起步（1957～1969）

上世纪50年代，广交会成为当时我国走向世界的重要窗口和桥梁。中国的对外开放严格地说就是从这个时期开始的。

上世纪60年代，中苏关系恶化，三年自然灾害造成出口货源不足，"文革"严重干扰。广交会克服困难，仍保持了可贵的延续。在周恩来等老一辈党和国家领导人的亲切关怀下，广交会创造了从不间断的奇迹，使这条与世界经济交往的渠道，在特殊的年代保持了通畅。

1. 组织方式。专业外贸总公司一统天下 。1956年11月的中国出口商品展览会是中国出口商品交易会的前身，从1956年11月的商展会至1978年春季交易会，均是以当时外贸部直属各专业总公司为首。各届交易会的交易团数量和各交易团的名称与当时国家设立的外贸专业公司及其名称基本一致。

2. 参展客商。中国港澳地区、新加坡

3. 曾用过的展馆。（1）中苏友好大厦。1957年第一届广交会在中苏友好大厦举行，当时展馆面积只有1.8万平方米，广交会租用的展出面积约1.4万平方米。

1957年，首届和第2届中国出口商品交易会租用了此大厦作举办地，当时展览洽谈场地面积为9610万平方米，另外还有办公室、接待室和洽谈室等约4500平方米。

（2）侨光路陈列馆。第3届（1958年春交会）起，中国出口商品交易会迁至"侨光路陈列馆"举行。该陈列馆位于广州市侨光路2号，展馆使用面积1.3万平方米。原国务院副总理陈毅为该展馆题写"中国出口商品陈列馆"馆名。1958年秋天，周总理在陪同朝鲜民主主义人民共和国主席金日成参观出口商品交易会时说，展馆太小，应建一座大馆。所以，此馆举办了第3～5届中国出口商品交易会，仅使用了3届。

（3）起义路陈列馆（海珠广场会址）。1959年11月1日，起义路陈列馆迎接第6届中国出口商品交易会的开幕。该馆占地面积1.0939万平方米，展馆使用面积3.4475万平方米（约为侨光路陈列馆的2.65倍）。该展馆从第6～34届，共举办了

29 届广交会。

4. 现场实录：参加交易会要唱语录歌。第一届广交会在中苏友好大厦举行，在开幕式上，不但有舞狮子，还表演红绸舞、秧歌舞等歌舞，引得许多市民围观。那时大家都不知道交易会是怎么一回事，剪彩仪式一完，大家都拼命往大门里挤，想先睹为快。

那时参加广交会的交易团不多，而我国的出口商品也是以工艺品、食品和土特产为主，品种也不多。那时广东省工艺品进出口公司租下了整个2楼，但却没有那么多的商品可摆，只好又把地方分租给别人。

早期的广交会对与外国做生意，有许多严格的规定，如美国、日本、韩国那时还没有与中国建交，与这些国家做生意也不得随便进行。那时广交会期间，国家外贸部就会派出“对美贸易小组”、“对日贸易小组”等各个工作组，国内的进出口公司要与这些国家做生意，除了要采用由国家统一制定的合同外，还要把合同送给这些“贸易小组”审查，没有问题才能与外商签订。直到1972年以后，中国与许多国家的外交正常化，才慢慢放宽了管制，让各个进出口公司有自己做生意的权利。

文革期间，到处都乱成一团，就连广交会内部都分为了“红旗”和“东风”两派，斗得不亦乐乎，最后还是周总理亲自来广州才调停了两派的争斗，让广交会继续正常举办。从1967年开始连续几年，广交会都在“军管”下进行，而外宾来到广交会，还要跟着中国人一起唱语录歌、喊口号。

尽管广交会能正常举办，但由于“文革”期间，国内各大进出口公司的60%～70%职工都被下放到农村，只能留下1/3的人工作，结果在广交会上与外商签订的订单管理一片混乱，有许多订单发了货却没人去收钱，有的订单连是否发货都不知道。

5. 大事记。1956年11月中国出口商品交易会的前身——中国出口商品展览会于1956年11月10日～1957年1月9日在广州举办，《人民日报》为此发表社论，阐述了这次展览会在政治、经济上的重要意义。这次展览会为正式创办广交会摸索了初步经验，成为创办广交会的预备会。

1957年3月成立中国出口商品陈列馆，是外贸部驻广州办事处和广东省外贸局属下事业单位，作为常设机构。

1957年4月15日～5月15日在原中苏友好大厦举办首届中国出口商品交易会。参展交易团13个，参展品种1万多种，到会有19个国家和地区的1223位客商，以中国港澳地区、新加坡为主，出口成交额1754万美元。

1958年春交会会址从中苏友好大厦迁至南堤大马路76至88号（今侨光路2号）新的“中国出口商品陈列馆”，由国务院副总理陈毅题写馆名。

1958年春交会制定了《1958年春季中国出口商品交易会关于货源组织工作的作法》，各交易团统一对外开展出口成交业务，并开展进口业务。有38个国家和地区的2256位客商到会。出口成交额首次突破1亿美元，达1.5亿美元；进口成交额为1229万美元。

1959年秋交会会址迁至起义路陈列馆，总建筑面积达2万平方米，是侨光路陈列馆的2.7倍。

1967年春中共中央下达文件，要求保证广交会的顺利进行。

1967年春交会周总理视察交易会，并做群众组织工作，保证交易会顺利召开。

发展（1970～1979）

上世纪70年代中美建交，中日邦交正常化，邓小平同志主持工作，治理整顿，我国外交形势、国内形势出现好转，广交会展现新契机。70年代初，国务院批准立项“广州外贸工程”，兴建了广交会新馆、东方宾馆新楼、流花宾馆和白云宾馆。10年间，广交会成交增长4.6倍，年成交额突破50亿美元；外商到会人数增长2.4倍，一届达到2万多人，为迎接改革开放的大潮打下了坚实的基础。

1. 组织方式。工业与外贸相结合的公司出现在广交会。1978年中国机械设备进出口总公司成立，它是国家工业部门（第一机械工业部）所属的第一家工业和外贸相结合的公司。

2. 参展客商。上世纪70年代后期，广交会成交对象主要为：中国港澳地区、日本、西欧共同体、中东产油国等，合计占总成交额的80%左右。

3. 曾用过的展馆。流花路展览馆座落在广州市流花路117号，从1974年春交会起使用至今，已有30年历史；它占地9.7917万平方米，建筑总面积为110491平方米（含原中苏友好大厦）。原中国科学院院长、大书法家郭沫若1963年11月8日来广交会参观时，题写了“中国出口商品交易会”9个大字，现悬挂在主楼正面。

4. 现场实录：住不了宾馆住医院。那时候的交易会就像过节一样，北京外交部、外贸部每年都要派副部长以上的官员参加，海珠广场的交易会展览馆都进行了严密的保安，普通市民进都别想进，更别说进馆参观了。

前中国国际旅行社翻译王弼成说，那时候我们做翻译还是很忙的，一直到上世纪70年代，一到广交会，我们就得接待大批的外宾。那时候，重要国家代表团的外宾有专门的接待办事处和宾馆。例如，欧洲的代表团主要入住东方宾馆，那里设有专门的接待处，简称一办；日本代表团一直都住在广州宾馆，专门的接待处称为三办。

有专门宾馆接待的还算是重要外宾，像美国，那时候还没有专门的接待处。别的代表团就没那么幸运了，有的来得早，还可以找到落脚的地方，有的来晚了，做接待的只好用车拉着他们满城跑，给他们找住宿的地方。有时候找得到，就不管什么国家的人，反正两个人一个房间，塞进去就完了，也管不了他们有没有意见了。

最紧张的是上世纪70年代中期，有时候实在找不到宾馆，只好把当时南方医院接待华侨病号的贵宾楼腾出来，让外宾住进去。有时候就连这也不够住，就把外宾拉到佛山、肇庆七星岩去住，还得跟他们说是照顾参观，这种情况直到80年代才得到缓解。

5. **大事记**。1970年春交会周总理视察交易会展馆。

1971年秋交会、1972年春交会、秋交会李先念副总理连续三届视察广交会。

1972年2月《中美联合公报》发表后，经国务院批准，1972年春交会向38户美商发出邀请，美方应邀到会有42人，这是中美贸易中断20多年后美商首次到会。

1972年春交会周恩来总理接见了交易会的代表。

1974年春交会第三次搬迁至现在的流花路新建的广交会大院。大院占地面积9.7917万平方米，当时建筑总面积11.0491万平方米，有东、西、南三个露天广场。展馆正面镶有郭沫若先生手书的“中国出口商品交易会”牌匾。

1978年春交会外贸部下发《关于来料加工有关规定的通知》，从这届起，广交会开始洽谈来料加工等“三来一补”业务。

进步（1980～1989）

上世纪80年代改革开放，国门打开，出口渠道多元化，人们对广交会的举办形式和规模产生疑问：有无必要再办？有无必要扩大规模？并在1982年的春交会尝试过缩小规模和缩短会期的改革。结果是：缩短会期是可行的，而缩小规模，却使当届成交仅为上届的18.4%，到会客商仅为上届的40%。经过这次实践，在全国外贸系统和广东省、广州市达成了一致共识：广交会必须扩大规模，越办越好。在这10年，广交会乘着改革开放的春风走向成熟，为世界了解中国，中国走向世界提供了最好的场所。

1. **组织方式**。各种新型的外贸公司群雄并起。随着外贸体制的改革和发展、经济特区的建立和“三资”企业的兴办，陆续组建了一批新的交易团参加大会。新组建交易团的主要特点是工贸、军贸、农贸、技贸。

2. **参展客商**。80年代后期，新增加了对韩国、中国台湾地区、美国的成交。

3. **曾用过的展馆**。流花路展览馆曾先后进行了多次的加层、扩建、改造和整饰，总建筑面积达到17万平方米。

4. **大事记**。1980年经国务院批准成立中国对外贸易中心，作为广交会的承办机构。

1980年春交会1979年我国政府提出对台湾通商协议。按外经贸部规定，广交会可同来自港澳地区和旅居海外华商洽谈内地与台湾之间的贸易。

从此，广交会开始了对台贸易。

1982年春交会广交会举办时间由30天缩短为20天。

1983年春交会中外合资企业首次到会开展出口成交业务。

1985年春交会胡耀邦为广交会题词：“广交互利通天下”。

1985年秋交会美国副总统布什参观广交会。

1986年秋交会（60届）广交会斥资6000多万元对展馆进行系统改造，装饰一新，并举行了庆祝活动。

1987年春交会葡萄牙总理席尔瓦、捷克总理卢博米尔·什特劳加尔、阿拉伯也门共和国副总理默罕默德·赛义德·阿塔尔分别参观广交会。

1989年一年两届出口成交额首次突破100亿美元，达到108.9亿美元。

1989年春交会交易会会期由20天改为15天。

1989年秋交会新增设了由厦门、深圳、珠海、汕头、海南等经济特区组成的经济特区交易团，共有19个交易团参展。

变革（1990～2004）

深化改革给历史悠久的广交会带来了持续发展的动力。组展方式改革，由专业总公司组团改为由各省、市、自治区组团；“五个优化”（优化参展企业结构、优化参展商品结构、优化服务体系、优化展馆条件和服务设施、优化交易秩序），使广交会适应外贸体制改革的需要，在贯彻市场多元化、以质取胜、科技兴贸发展战略中发挥了导向作用，成为洽谈成交效果最好的场所，亚洲金融危机也未能影响其成交额和到会客商人数的稳步增长。从第1999年第85届开始，到会客商和成交额连创新高，迎来发展的鼎盛时期。

1. **组织方式**。1994年秋交会对组展方式实行了“省市组团、商会组馆、馆团结合、行业布展”的重大改革。随后，放宽了参展条件，打破了外贸专业公司“一统天下”的局面。参展企业达到3000多家，摊位分配逐步向有发展潜力的外商投资企业、生产企业倾斜。

1996年，外经贸部提出了广交会的“五个优化”的奋斗目标。即优化参展企业结构、优化参展商品结构、优化服务体系、优化展馆条件和优化交易秩序，以实现以质取胜、科技兴贸战略。贯彻“五个优化”，取得了显著成效，广交会的整体办展水平再上新台阶，生产企业、科研院校、民营企业进入广交会，提高了展品的质量、档次和科技含量，促进了出口成交。

2. **参展客商**。1990年，首次邀请原苏联及东欧国家赴会，非洲，拉美、大洋州国家到会客商和成交也逐步增加；从1994年秋交会开始，对欧盟的成交额首次取代广交会创办以来居首位的中国港澳地区；1998年秋交会，美国到会客商4195人，成交16.31亿美元，占总成交额的15.9%，又超过了港澳地区位居第二。

第95届广交会对欧盟、美国和中东成交额仍列前三位，金额分别为73.3亿美元、42.8亿美元和28.1亿美元。同俄罗斯、澳大利亚和韩国成交额快速增长，分别增长33.2%、29.7%和27.2%。

3. 曾用过的展馆。琶洲展馆（一期）2004年春交会正式启用，它位于广州市东南部的琶洲岛，建筑总面积70万平方米，首期建筑面积39.5万平方米，已建好16个展厅。

4. 现场实录：民企首次"摆摊"。民营企业在1999年春天首次小规模挺进广交会。当年的秋交会，终于掀开盖头，名正言顺成为扩大出口的生力军，成为广交会新的"弄潮儿"。当年的报道认为，民营企业进入广交会，是继国营外贸公司、自营进出口企业、三资企业、三来一补企业之后的第五路外贸大军。

此前，民营企业只能以或外贸代理、或想方设法以集体、合资企业名义进入，或在展场外提篮、摆摊等各种形式活跃在广交会上。只要是有商机的地方，就有民企，就有民企在寻找海外市场，个中艰辛一言难尽。

河北团也首次组织四家民营企业到广交会参展。其中利兴实业公司和奕兴羊绒制品公司均来自世界闻名的羊绒基地——清河县，且是该省省长点名来的。

1999年春交会，广东率先把"金阳、爱多"两家效益好、竞争力强的民营企业推上85届广交会的大舞台，遗憾的是只能与其他企业共享一个摊位。当年秋交会，广东团的民企已达五家，除"金阳"、"爱多"外，还有广东新会利华实业公司、佛山星星制冷设备厂，其中，首次进入广交会的"星星"制冷公司，靠其骄人的出口业绩和高新技术产品入主保证性摊位。

5. 大事记。1991年秋交会国务院总理李鹏、副总理田纪云、陈慕华参观广交会。

1993年春交会一改原来由专业外贸总公司组团的格局，实行主要由"省市组团、按团设馆"的改革，共设45个交易团，试办轻纺交易会。会期由15天改为10天。

1993年秋交会会期由10天恢复为15天。

1994年春交会、秋交会李岚清副总理视察广交会。

1994年秋交会按省市组团、商会组馆、馆团结合、行业布展的方案组展。设六大行业馆。

1996年秋交会广交会斥巨资对展馆进行装修、改进，还加大了招商力度，邀请国外知名工商贸易团赴会。

1999年秋交会获外经贸部授予自营进出口权的私营企业首次亮出自己的牌子走上前台。

2000年秋交会广交会会期由15天改为12天；到会客商突破10万人；"中非合作论坛"贵宾参观广交会。

2001年春交会到会客商超过11万人，成交金额达158亿美元，本届广交会加大了保护知识产权的力度。

2002年春交会（第91届）又实行了一届两期办展的重大改革。将原6个行业馆、28个展区调整为按商品用途设置的8大类商品、33个展区。这是广交会创办以来的一次最根本的改革。

2003年春交会"非典"时期全国惟一能够如期举行的国际大型展会，保持了广交会从未间断的历史纪录，并取得成交44亿美元的来之不易的成绩。

2003年秋交会首次在广州市新港东路琶洲新馆设立分馆试运行，共分编织品、铁石制品、珠宝首饰、园艺、骨刻玉雕等5个展区。

2004年春交会（第95届）展位面积创历史之最，广交会展馆和琶洲新展馆都全面开放，两馆展区共35个，囊括五大类商品，汇集了1.2万多家展商。

——《国际商报》

依托产业优势 自筹资金创市场

——对河北国际医疗器械展览会成功运作的思考

石家庄经济学院 陈建新

2005年3月，2005第十届河北国际医疗器械展览会在石家庄国际科技博览中心隆重举行。

历经10年的发展，河北国际医疗器械展览会已成为享誉全国医疗卫生界、展览业界的专业性品牌展览会，成为河北沟通中外、促进对内对外贸易的平台。一大批重大贸易项目通过展览会签约，一大批客商通过参加该展览会达成合作伙伴，一大批新技术新设备通过与会交流登上了世界的舞台。

本届展览会在各方面均达到历届之最，主要呈现出以下几个特点：一是展位数最多，参展面积最大，共设展位319个，展出面积6000多方米；二是国际化程度较高，参展参会企业500多家，外商参展展位数超过了15%，吸引了美国通用、荷兰飞利浦、德国西门子、日本东芝等世界500强的公司前来参展；三是展出的新设备最多，尤其是数控设备、中国首推的设备明显增多；四是举办的活动较为丰富，如举办了高层次的数字化医院管理学术论坛，举行了隆重的捐赠活动，通用电气（中国）医疗集团、天健科技集团向西柏坡乡卫生院、平山县医院捐赠了10万元医疗设备和价值10万元的计算机及门诊收费系统软件等。

本届展览会在国内医疗系统引起了强烈反响。国内知名公司如北京万东医疗、沈阳东软数字医疗、深圳迈瑞公司，以及来自北京、天津、上海、广东、江苏等10多个省市的生产商、制造商、代理商参加了展会。其中河北的参展厂商所占展位达到了25%，为历届最多。三天来，参观观众达4.5万人次，其中90%为专业观众，63.6%的医疗单位在展览会上采购到了满意的产品，89%的参观者了解到所需要的信息。

为什么河北国际医疗器械展览会的规模越来越大，影响越来越大？认真剖析，不难发现其中原因：

一、市场化运作是基础

自1996年该展会创办以来，秉承“依托医疗卫生产业、服务医疗卫生产业、提升医疗卫生产业”的信条，坚持“政府主导、多方参与、市场化运作”，以国际展览业的最新理念打造河北省最专、最强、最具品牌效应的展览会。

展会组委会充分发挥商协会广泛联络的优势，争取各级领导和有关行业部门的大力支持，坚持市场化运作，自筹开拓资金，使得展会的规模逐年扩大，从第一届展会80个展位，1000平方米的展出面积，发展到了本届319个展位（受场馆条件制约，尚有100多家企业未能如愿参展），6000多平方米的展出面积。短短10年的打拼，使得河北国际医疗器械展打出了自己的品牌。

2003年，河北国际医疗器械展览会在展览面积及构成、参展商数量及构成、观众数量及构成、参展商满意率等多项指标体系综合考核中脱颖而出，顺利通过国家商务部、中国贸促会等国家权威展览机构组织的专家委员会B级品牌展的认定，这充分表明了其在激烈的市场竞争中具有顽强的生命力和竞争力。

二、以优势产业为支撑

据有关资料显示，我国医疗器械市场今年预计超过600亿元。而我国医疗器械整体装备水平还很低，全国17.5万家医疗卫生机构现有的医疗仪器和设备中，有15%左右还是20世纪70年代前后的产品，大量的设备需要更新换代。

专家分析，中国政府对医疗市场设备的投入每年正以13%的速度增长，在未来三年内，中国医疗市场的年增长率有望超过10%，这一速度现已超过德国，并将在今后6～8年内超过日本，成为世界第二大医疗市场。这种潜在的巨大的市场需求，为河北国际医疗器械展览会留下了发展空间。

医药产业是河北省十大产业之一。省会石家庄最近几年来更是出台多种措施，依托华北制药、石家庄制药、神威药业三大集团，积极推动医药产业的发展，全力打造“中国药都”。河北国际医疗器械展的举办，不仅符合石家庄的产业发展规划，而且将发挥“助推器”、“催化剂”作用，促使石家庄的医药产业走出国门，迈向世界，促进石家庄的经济快速发展。

会展经济是市场经济中的一种新型经济业态。权威专家预测，会展业是我国今后10年最具发展潜力的十大行业之一。随着地区之间、行业之间以及行业内部经济技术交流与合作需求的日益增强，展会将成为满足广大企业“走出去”与“引进来”的重要渠道。

河北国际医疗器械展览会正是充分发挥展览作为连接企业与市场的桥梁纽带作用，推动了河北省医疗卫生系统与世界牵手，同时，以最低的成本、最快的方式、最好的界面向国内外客商介绍了河北的企业和商品，展示了河北省优越的投资环境和潜在的商贸良机，还极大地提高了石家庄的城市知名度，使得城市竞争力、吸引力和凝聚力迅速提升。

如今的河北国际医疗器械展览会已成为石家庄一张最响亮的城市名片。

十年磨一剑　厚积而薄发

中国国际家用纺织品及辅料博览会伴随行业发展由小及大走过十年历程

中国贸促会纺织行业分会秘书长　杨兆华

“中国国际家用纺织品及辅料博览会”自1995年创办以来，已经走过十年的历程。它伴随着我国家纺行业的迅猛发展，从一个只有2、3家企业，4、5个展位的小展区，发展成为如今有700家企业，7万平方米规模的国际第三大家用纺织品博览会。10年时间完成了自己凤凰涅槃的蜕变，并在完成蜕变的过程中推动了中国纺织工业新的增长点。是什么神奇的力量，让它有如此的发展速度呢？

时间退回到1995年，当中国的消费者甚至纺织业界众多企业还不知家用纺织品为何物时，家纺产品只是作为“第一届中国国际纺织面料及辅料博览会”的一类展品参加展示，当时，国内只有2家企业参加。应该说那时的中国家用纺织品还没有成为一个独立出来的行业，在“温饱型经济”时代，家用纺织品属于日用工业品的范畴，中国百姓能消费的家用纺织品也仅局限于毛巾、床单、用布拼接起来的窗帘等。相比之下，欧洲企业对中国市场具有较大的兴趣，参展企业有30多家，带来布艺产品和地毯，引起了国内生产企业和用户的极大兴趣。首届中国国际纺织面料及辅料博览上，众多国外家纺企业展出的家纺产品和中国企业展出的家纺产品形成了巨大的落差。

尽管没有得到市场应有的回应，中国国际家用纺织品及辅料博览会依旧坚持向中国纺织业界发布流行趋势和专题讲座，大力推广家用纺织品这一新概念。随着博览会一年一年的举办，中外纺织企业间的交流不断深入，国内企业逐渐了解了海外家纺产品的概念，开始模仿生产同类产品，出现了一些专门生产家纺产品的企业。这期间，博览会规模虽然有所增长但是幅度不大。

到了1998年，中国家用纺织品行业协会正式成立，我国家纺行业开始了轰轰烈烈的发展，家纺企业如雨后春笋般涌现出来，大批乡镇和民营家纺企业层出不穷，显示出勃勃生机，家纺行业成为了我国纺织工业三大支柱型产业之一。

为了适应形势发展的需要，主办单位果断地决定，要将家纺产品从“中国国际纺织面料及辅料博览会”分离出来，一来可以使其向专业化发展，二来可以满足两个展览会的急剧增长的要求。但是如何让参展企业接受？如何保证展览会分开举办后观众的数量？这些都是主办单位所考虑到的风险因素。在广泛听取了重点参展商和贸易观众意见的基础上，主办单位作出了三个重要决策：2002年打出了“中国国际家用纺织品及辅料博览会”的旗号，采用了一个博览会二个名称的做法，为“中国国际家用纺织品及辅料博览会”的独立举办做准备；2003年与“中国国际纺织面料及辅料博览会”分开举办，成功实现了博览会向更加专业化方向发展的目标，并且扩大了“中国国际家用纺织品及辅料博览会”的展品范围，提出了“大家纺”的概念；2004年在保持原有布艺企业参展的基础上，加大招揽床品、毛巾及辅件生产企业的参展，初步形成博览会“大家纺”的展品范围，为“中国国际家用纺织品及辅料博览会”的快速发展，打下了良好基础。

经过这一系列的变革，2005年的“第11届中国国际家用纺织品及辅料博览会”已有近700家参展企业，展示规模达到7万平方米，贸易观众超过2万人，以多样多品种的展品诠释了“大家纺”的概念，当之无愧地成为亚洲第一大家用纺织品展。主办单位用了十年的时间，完成了“中国国际家用纺织品及辅料博览会”从无到有，从弱到强的发展过程，成功打造了一个业内众知的博览会品牌。

回顾过去的十年，“中国国际家用纺织品及辅料博览会”主要经历了三个发展阶段：

培育期：从1995～2000年，逐步使国内的企业和用户理解和接受家纺产品的概念和用途；使国内的生产企业接受博览会的专业理念。

发展期：从2000～2003年，随着我国家纺行业的壮大和博览会贸易性的显现，生产企业和贸易商踊跃加入，博览会进入了快速增长期。

完善期：从2003～2006年，这期间，主办方将大力推广“大家纺”的概念，不断丰富展品范围，使其成为真正的“家纺博览会”。从目前的情况来看，效果很好，每年展示面积递增超过60%，其中床上用品和辅料的增长都接近100%。

在今后的2～3年里，我们还将吸引各个产品领域的领头企业参展，使博览会逐渐步入“成熟期”。

“中国国际家用纺织品及辅料博览会”的成长经历，也是我国家用纺织品行业成长历史。正是由于全行业的良好发展态势，才为博览会提供了增长空间。同时，经过十年风雨的博览会就象一个催化剂，也推动了家纺行业的发展。总而言之，展会和行业发展两者相辅相成、相得益彰。回顾走过的历程，我们深深体会到：

第一，市场是博览会生存的前提，行业是博览会发展的基础。在市场经济条件下，所有的企业行为都要从市场出发，博览会也不例外。在1995年，博览会举办初期，我国还没有非常清晰的“家纺产品”概念。当时床单和窗帘企业是在印染行业，地毯是在轻工行业，管理分散，更谈不上协调发展。那时中国家庭装修还停在水泥地板石灰墙的时代，人们对床单和窗帘的需求停留在最低水平，用床单来挡尘，用窗帘来挡光，而且是不坏不换。因此市场需求很小，生产企业也很少。那时只有几家国内企业以“家纺产品”参展是非常正常的。随着我国人民生活水平的提高，对床单和窗帘的需求也逐步提高。床单从“四菜一汤”的形式，发展为“四件套”、“六件套”甚至“八件套”。窗帘从挡光，发展到遮光，同时要求和谐搭配。我国的家纺行业在市场需求的拉动下，发展迅速，生产企业由几十家发展为上万家。对博览会而言，招展对象多了，展品丰富了。所以说博览会的发展离不开市场的发展和行业的壮大。

第二，博览会的成功举办促进了行业的发展和提升。博览会是一个贸易和信息交流的商贸平台，其基本功能就是达成交易，获得企业所需的市场和产品流行信息。一个成功的博览会，一定要将它的功效发挥的淋漓尽致。参展商通过博览会生意做多了，企业发展就快了，行业也就壮大了！同时，参展商和贸易观众通过博览会加强了沟通，使参展企业了解了市场需求，使贸易观众了解了新产品和流行趋势。此外，主办单位作为中国纺织工业协会的一个成员，始终没有忘记肩负着引导行业发展的重任。在每届博览会举办前的筹备期，都要依据当时的市场环境、行业情况审慎分析，策划组织一系列有助于行业发展的活动，如知识产权保护、产品设计大赛、参展企业筛选、论坛等活动，旗帜鲜明地宣扬我们的主张，对行业大发展起到了很好的引导作用。可以说一个好的博览会，不仅要为所有的参与者带来经济效益，同时也要促进行业的发展和提升。

第三，参展企业要充分利用好博览会的贸易与交流平台。博览会的特点是时间短（一般为3～5天），人流（参展商和贸易观众）集中。参展企业一定要根据这一特点，展前做好充分的准备。展位布置时除了树立企业形象，还要突出企业的产品特点，以及在博览会上要推出的新产品，要在最短的时间内吸引住贸易观众的眼球，这样才能发挥博览会的最大功效。事实上，这几年，我国参展企业的布展水平提高很快，给海外买家留下了深刻印象。但这部分企业所占比例不高，大部分企业展品随意摆放，不成体系，不能给买家留下什么印象，因此错过了很多贸易机会。如何利用博览会来宣传企业的文化和产品，实际上是一门新的学科，企业的决策层一定要给予充分认识。

作为中国纺织工业协会旗下的一员，中国贸促会纺织行业分会将连同博览会的另两家主办单位中国家用纺织品行业协会及法兰克福展览（香港）有限公司继续通力合作，共同为促进中国家纺行业、繁荣中国家纺市场尽一份绵薄之力！也希望通过我们不懈的努力与追求，中国国际家用纺织品博览会能够缔造新的辉煌！

——《中国贸易报》

第五章 行业简况及行业展会

中华人民共和国
2004年国民经济和社会发展统计公报

中华人民共和国国家统计局

2005年2月28日

综合

初步核算，全年国内生产总值136875.9亿元，按可比价格计算，比上年增长9.5%。其中，第一产业增加值20744亿元，增长6.3%；第二产业增加值72387亿元，增长11.1%；第三产业增加值43384亿元，增长8.3%。第一、第三产业对国内生产总值的贡献率为9.2%和29%，分别比上年提高5.2个百分点和2.8个百分点。

全国居民消费价格总水平比上年上涨3.9%，其中服务价格上涨2.3%。商品零售价格上涨2.8%。工业品出厂价格上涨6.1%。原材料、燃料、动力购进价格上涨11.4%。固定资产投资价格上涨5.6%。农产品生产价格上涨13.1%。

全国城镇新增就业人员980万人，比预期目标多80万人。全年有510万下岗人员实现了再就业。年末城镇登记失业率为4.2%，比上年末下降0.1个百分点。

年末国家外汇储备达到6099亿美元，比上年末增加2067亿美元。人民币汇率继续保持稳定，年末汇率8.2765元人民币兑1美元，比上年末上升2个基本点。

全年各项税收收入25718亿元（不包括关税和农业税），比上年增加5256亿元，增长25.7%。全国规模以上工业企业实现利润达11342亿元，比上年增长38.1%。

国民经济和社会发展中存在的主要问题是：农业基础还不稳固，保持粮食增产、农民增收的难度增大；在建和新开工项目较多，投资盲目扩张的冲动仍较强；能源、原材料价格上涨幅度较高；煤电油运供求关系紧张的矛盾仍然很突出；重特大安全生产事故时有发生；资源浪费、环境污染问题还比较严重；部分居民生活仍较困难。

农业

全年粮食种植面积10161万公顷，比上年增加220万公顷；棉花种植面积569万公顷，增加58万公顷；油料种植面积1452万公顷，减少47万公顷；糖料种植面积157万公顷，减少9万公顷；蔬菜种植面积1767万公顷，减少29万公顷。

全年粮食产量46947万吨，比上年增加3877万吨，增产9%；棉花产量632万吨，增产30.1%；油料产量3057万吨，增产8.8%；糖料产量9528万吨，减产1.2%。蔬菜、水果在扩大优质品种的基础上平稳发展。

全年肉类总产量7260万吨，比上年增长4.7%。其中，牛、羊肉分别增长7.9%和10.6%。全年水产品产量4855万吨，增长3.2%。

全年新增有效灌溉面积98万公顷，新增节水灌溉面积130万公顷。

工业和建筑业

全年全部工业增加值62815亿元，比上年增长11.5%，其中规模以上工业增加值54805亿元，增长16.7%。产品销售率98.1%，比上年提高0.2个百分点。

全年一次能源生产总量18.46亿吨标准煤，比上年增长15.2%；发电量21870亿千瓦小时，增长14.5%；原煤19.56亿吨，增长17.3%；原油1.75亿吨，增长2.9%。

全年黑色金属冶炼及压延加工业增加值比上年增长26.8%，有色金属冶炼及压延加工业增长22.4%，化学原料及化学制品制造业和非金属矿物制品业分别增长18.2%和19.9%。主要原材料产品中，粗钢产量2.73亿吨，增长22.7%；钢材2.97亿吨，增长23.3%；水泥9.7亿吨，增长12.5%；十种有色金属增长16.4%，硫酸、纯碱、烧碱、乙烯等主要化工产品增长2.4%至18.5%。

全年通用设备制造业增加值比上年增长22.2%，电气机械及器材制造业增长17.7%，交通运输设备制造业增长14.0%。大中型拖拉机产量增长101.4%，发电设备增长92.9%；汽车产量507.4万辆，增长14.2%，其中轿车231.4万辆，增长11.7%。

高技术产业增加值比上年增长23.1%。在高技术产业中，通信设备、计算机及其他电子设备制造业增长26.9%，其中光通信设备、程控交换机、移动电话机、微型电子计算机等产品产量分别增长14.7%至40.3%。

全年规模以上工业企业中，国有及国有控股企业实现利润5312亿元，比上年增长42.5%；集体企业实现利润512亿元，增长31.3%；股份制企业实现利润5448亿元，增长39.4%；外商及我国港澳台地区投资企业实现利润3455亿元，增长25.5%；私营企业实现利润1237亿元，增长40.1%。

全年全社会建筑业实现增加值9572亿元，按可比价计算，比上年增长8.1%。全国具有资质等级的总承包和专业承包建筑业企业实现利润621亿元，增长19.5%；上缴税金959亿元，增长26.4%。

固定资产投资

全年全社会固定资产投资70073亿元，比上年增长25.8%，增速比上年回落1.9个百分点。其中，城镇投资增长27.6%，农村投资增长17.4%。

分地区看，东部地区投资40242亿元，比上年增长24.8%；中部地区投资15126亿元，增长30.2%；西部地区投资13749亿元，增长26.6%。

在城镇投资中，第一产业投资由上年下降19.6%转为增长20.3%；第二产业投资增长38.3%，增速比上年回落8个百分点；第三产业投资增长21.6%，回落0.5个百分点。

在城镇500万元以上项目中，钢铁投资比上年增长32.3%，增速比上年回落63.9个百分点；铝业投资由上年增长86.6%转为下降1.8％；水泥投资增长43.3%，增速比上年回落70.1个百分点；汽车投资增长53.5%，回落24.3个百分点；纺织投资增长30.3%，回落56.4个百分点。

全年房地产开发投资13158亿元，比上年增长28.1%；商品房销售额10376亿元，增长30%，其中销售给个人增长30.4%，所占比重为93.3%。

主要生产能力继续增加（见表5-1）。

长江三峡工程累计完成投资1114亿元，累计投产11台发电机组，累计新增发电机组容量770万千瓦；青藏铁路累计完成投资198亿元，累计正线铺轨743公里；西气东输管道工程年底全线正式商业运营；南水北调东线、中线同时开工建设，5项单项工程累计完成投资21亿元。在中央政府投资支持下，累计改造县际和农村公路15万公里，解决了农村5020万人的饮水困难；突发公共卫生事件医疗救治体系累计完成项目163个，国家疾病预防控制网络体系1296个项目基本竣工。

国内贸易

全年社会消费品零售总额达到53950亿元，比上年增长13.3%，扣除物价上涨因素，实际增长10.2%。分城乡看，城市消费品零售额35573亿元，增长14.7%；县及县以下消费品零售额18377亿元，增长10.7%。分行业看，批发零售业零售额44840亿元，增长12.5%；餐饮业零售额7486亿元，增长21.6%；其他行业零售额1624亿元，增长1.5%。

表5-1　2004年固定资产投资新增主要生产能力

指标	单位	绝对数
新增发电机组容量	万千瓦	5055
11万伏及以上变电设备	万千伏安	14996
新建铁路投产里程	公里	1433
增建铁路复线投产里程	公里	352
电气化铁路投产里程	公里	409
新建公路	公里	46411
其中：高速公路	公里	4476
港口万吨级码头泊位新增吞吐能力	万吨	11958
新增局用交换机容量	万门	7020
新增光缆线路长度	万公里	65
新增数字蜂窝移动电话交换机容量	万户	6049

在限额以上批发零售业零售额中，文化办公用品类零售额比上年增长22.7%，通讯器材类增长41.7%，家用电器和音像器材类增长13.7%，建筑及装潢材料类增长27.1%，家具类增长21.8%，食品、饮料、烟酒类增长17.9%，服装鞋帽、针、纺织品类增长18.7%，汽车类增长23.4%，石油及制品类增长45.9%。

对外经济

全年进出口总额达11548亿美元，比上年增长35.7%。其中，出口5934亿美元，增长35.4%；进口5614亿美元，增长36%。进出口相抵，顺差320亿美元，比上年增加65亿美元。对主要贸易伙伴的贸易额保持较快增长（见表5-2）。

全年批准设立外商直接投资企业43664个，比上年增长6.3%；合同外资金额1535亿美元，增长33.4%；实际使用外商直接投资606亿美元，增长13.3%（见表5-3）。

全年对外承包工程完成营业额175亿美元，增长26.0%；对外劳务合作完成营业额38亿美元，增长13.4%。

交通、邮电和旅游

全年交通运输和邮电通信业实现增加值7777亿元，比上年增长14.9%。

全年各种运输方式完成货物运输周转量66698亿吨公里，比上年增长23.8%。其中，铁路19289亿吨公里，增长11.8%；公路7596亿吨公里，增长7.0%；水运38973亿吨公里，增长35.7%；民航72亿吨公里，增长24.0%；管道768亿吨公里，增长3.9%。

全年各种运输方式完成旅客运输周转量16324亿人公

表 5-2 2004 年对主要国家和地区进出口情况（单位：亿美元）

国家和地区	出口额	比上年增长%	进口额	比上年增长%
香港地区	1009	32.3	118	6.1
日本	735	23.7	944	27.3
韩国	278	38.4	622	44.3
东盟	429	38.7	630	33.1
欧盟	1072	36.9	701	28.8
俄罗斯	91	51.0	121	24.7
美国	1249	35.1	447	31.9

里，比上年增长18.2%。其中，铁路5712亿人公里，增长19.3%；公路8765亿人公里，增长13.9%；水运65亿人公里，增长3.3%；民航1782亿人公里，增长41.1%。

全年全国港口完成货物吞吐量40亿吨，比上年增长21.3%。其中外贸货物吞吐量11.5亿吨，增长18.4%。集装箱吞吐量6150万标箱。

年末全国民用汽车保有量达到2742万辆，比上年增长15%。其中私人汽车1365万辆，增长12%。民用轿车保有量达到920万辆，其中私人轿车600万辆。

全年完成邮电业务总量9791亿元，比上年增长34.9%。其中，邮政业务总量566亿元，增长4.4%；电信业务总量9225亿元，增长37.4%。全年新增局用交换机7020万门，总容量达到4.2亿门。新增固定电话用户4970万户，年末达到31244万户。其中，城市电话用户21085万户，乡村电话用户10159万户。新增移动电话用户6487万户，年末达到33483万户。年末全国固定及移动电话用户总数达到64727万户，比上年末增加11457万户。电话普及率达到51部/百人。

全年入境的旅游、商务、探亲等人数10904万人次，比上年增长19%。其中，外国人1693万人次，增长48.5%；我国港、澳、台同胞9211万人次，增长14.8%。在入境旅游者中，过夜人数4176万人次，增长26.7%。国际旅游外汇收入257亿美元，增长47.9%。全年国内出境人数达2885万人次，增长42.7%。其中因私出境2298万人次，增长55.2%，占出境人数的79.7%。全年国内旅游出游人数达11亿人次，增长26.6%；旅游总收入4711亿元，增长36.9%。

金融、证券和保险

年末广义货币供应量（M2）余额为25.3万亿元，比上年末增长14.6%；狭义货币供应量（M1）余额为9.6万亿元，增长13.6%；流通中现金（M0）余额为2.1万亿元，增长8.7%。年末全部金融机构本外币各项存款余额25.3万亿元，比上年末增长15.3%；全部金融机构本外币各项贷款余额18.9万亿元，增长14.4%。

全国农村信用社人民币贷款余额1.9万亿元，比上年末增加2532亿元。全部金融机构人民币消费贷款余额2万亿元，增

表 5-3 2004 年外商直接投资分布行业情况（金额单位：亿美元）

行业名称	合同项目(个)	合同金额	实际使用金额
总计	43664	1534.8	606.3
农、林、牧、渔业	1130	32.7	11.1
采矿业	279	11.6	5.4
制造业	30386	1097.4	430.2
电力、燃气及水的生产和供应业	455	39.6	11.4
建筑业	411	17.7	7.7
交通运输、仓储和邮政业	638	23.7	12.7
信息传输、计算机服务和软件业	1622	20.2	9.2
批发和零售业	1700	25.0	7.4
住宿和餐饮业	1174	21.7	8.4
金融业	43	5.8	2.5
房地产业	1767	134.9	59.5
租赁和商务服务业	2661	67.4	28.2
科学研究、技术服务和地质勘察业	629	10.1	2.9
水利、环境和公共设施管理业	164	8.2	2.3
居民服务和其他服务业	251	5.4	1.6
教育	59	1.7	0.4
卫生、社会保障和社会福利业	21	1.5	0.9
文化、体育和娱乐业	272	10.1	4.5
公共管理和社会组织	2	0.1	0.0

加4327亿元。其中个人住房贷款余额1.6万亿元，增加4073亿元。

全年证券市场通过发行、配售股票共筹集资金1511亿元，比上年增加153亿元。其中，发行A股（包括增发及可转债）123只，配股23只，筹集资金836亿元，增加16亿元；发行B股、H股共28只，筹集资金675亿元，增加137亿元。年末境内上市公司（A、B股）数量由上年末的1287家增加到1377家，市价总值37056亿元，比上年末减少12.7%。

全年内外资保险公司保费收入4318亿元，比上年增长11.3%，其中寿险保费收入2851亿元；健康险和意外伤害险保费收入377亿元；财产险保费收入1090亿元。支付各类赔款及给付1004亿元，其中寿险业务给付308亿元；健康险和意外伤害险赔款及给付129亿元；财产险赔款568亿元。

教育和科学技术

全年研究生教育招生32.6万人，在学研究生82万人，毕业生15.1万人。普通高等教育招生447.3万人，在校生1333.5

万人，毕业生239.1万人。各类中等职业教育招生548.1万人，在校生1367.9万人，毕业生351万人。全国普通高中招生821.5万人，在校生2220.4万人，毕业生546.9万人。全国初中招生2078.2万人，在校生6475万人，毕业生2070.4万人。普通小学招生1747万人，在校生11246.2万人，毕业生2135.2万人。特殊教育招生5.1万人，在校生37.2万人。幼儿园在园幼儿2084.4万人。

全年科学研究与试验发展（R&D）经费支出1843亿元，比上年增长19.7%，占国内生产总值的1.35%，其中基础研究经费102亿元。年末国有企事业单位共有各类专业技术人员2716.3万人。全年国家安排了824项科技攻关计划课题和1071项“863”计划课题，新安排高技术产业化示范工程项目333项，新建国家工程研究中心10个，安排国家重点实验室改造项目40项，择优支持53家企业技术中心进行创新能力建设，累计认定国家级企业技术中心332家。全年共取得省部级以上科技成果3.1万项。全年受理国内外专利申请35.4万件，授权专利19万件，分别比上年增长14.7%和4.4%。全年共签订技术合同26.5万项，技术合同成交金额1334亿元，比上年增长23%。全年成功发射卫星8次。

年末全国共有产品检测实验室18983个，其中国家检测中心263个。全国现有产品质量、体系认证机构169个，已累计完成对3.1万个企业的产品认证。全国共有法定计量技术机构4098个，全年强制检定计量器具3400万台（件）。全年制定、修订国家标准893项，其中新制定458项。全国共有天气雷达观测站点255个，卫星云图接收站点382个。全国共有地震台站1253个，地震遥测台网30个。全国共有2706个海洋观测、监测站点。测绘部门公开出版地图1767种，测绘图书430种。

文化、卫生和体育

年末全国共有艺术表演团体2599个，文化馆2858个，公共图书馆2710个，博物馆1509个。广播电台282座，电视台314座，教育台60个。全国有线电视用户11470万户，30个城市开展有线数字电视业务，用户122万户。年末广播综合人口覆盖率为94.1%；电视综合人口覆盖率为95.3%。全年生产故事影片212部，科教、纪录、美术片44部。出版全国性和省级报纸257.7亿份，各类期刊26.9亿册，图书64.4亿册（张）。年末全国共有档案馆3982个，已开放各类档案5626万卷（件）。

年末全国共有卫生机构27.7万个，其中医院、卫生院6.2万个，妇幼保健院（所、站）3000个，专科疾病防治院（所、站）1718个。医院和卫生院床位300.4万张。卫生技术人员434.3万人，其中执业医师和执业助理医师189.2万人，注册护士128.6万人。全国疾病预防控制中心（防疫站）3590个，卫生技术人员16万人。卫生监督检验机构1270个，卫生技术人员2.7万人。乡镇卫生院4.4万个，床位67.4万张，卫生技术人员89.8万人。全国共有333个县（市）开展了新型农村合作医疗试点工作，约覆盖10691万农村人口，实际参加新型农村合作医疗的农民8040万人。

全年我国运动健儿在27个项目中共获得了106个世界冠军，7人2队16次创16项世界纪录。在雅典奥运会上，我国运动员共获得金牌32块，银牌17块，铜牌14块，金牌数和奖牌总数均居世界第2位。在雅典残疾人奥运会上，我国运动员共获得金牌63块，银牌46块，铜牌32块，金牌数和奖牌总数均列第1位，创造历史最好成绩。全民健身运动蓬勃发展。

人口、人民生活和社会保障

年末全国总人口为129988万人（见表5-4）。全年全国出生人口1593万人，出生率为12.29‰；死亡人口832万人，死亡率为6.42‰；全年净增人口761万人，自然增长率为5.87‰，比上年下降0.14个千分点。

全年全国农村居民人均纯收入2936元，扣除物价上涨因素，实际增长6.8%，是1997年以来增长最快的一年；城镇居民人均可支配收入9422元，实际增长7.7%。农村居民家庭恩格尔系数（即居民家庭食品消费支出占家庭消费总支出的比重）为47.2%，城镇居民家庭恩格尔系数为37.7%。按年人均纯收入低于668元的标准，年末农村绝对贫困人口为2610万人，比上年末减少290万人；按年人均纯收入669～924元的标准，年末农村低收入人口为4977万人，比上年末减少640万人。

年末全国参加基本养老保险人数为16342万人，比上年增加836万人。其中参保职工12242万人，参保的离退休人员4100万人。全国参加失业保险的人数为10584万人，增加211万人。全国参加医疗保险的人数为12386万人，增加1484万人。其中参保职工9033万人，参保的离退休人员3353万人。年末全国企业参加基本养老保险离退休人员3770万人，全部实现了养老金按时足额发放；年末仍有国有企业下岗职工153万人，进入再就业服务中心的下岗职工全部按时足额领到了

表5-4　2004年人口主要构成情况（单位：万人）

指 标	年末数	比例(%)
全国总人口	129988	100.0
其中：城镇	54283	41.8
乡村	75705	58.2
其中：男性	66976	51.5
女性	63012	48.5
其中：0～14岁	27947	21.5
15～64岁	92184	70.9
65岁及以上	9857	7.6

基本生活费，并由中心代缴了社会保险费；年末全国领取失业保险金人数为419万人，与上年末基本持平；全国共有2201万城镇居民得到政府最低生活保障，比上年减少46万人。

年末全国各类收养性社会福利单位床位133万张，收养各类人员102.3万人。城镇建立各种社区服务设施17.4万个，其中综合性社区服务中心9888个。全年销售社会福利彩票226.4亿元，筹集社会福利资金79.2亿元，直接接收社会捐赠款14.2亿元。

资源与环境

2004年，随着科学发展观的贯彻和落实，国家加大了对资源与环境保护的投入力度，资源的有效利用与环境保护工作取得一定进展。但是，资源消耗高、浪费大，对经济发展的制约更加突出，环境保护的压力增大。

加强土地资源管理取得成效。通过土地市场治理整顿，查出往年未变更上报的建设占用耕地14.8万公顷。全年实际建设占用耕地14.5万公顷，比上年减少37%。灾毁耕地6.3万公顷。生态退耕73.3万公顷，因农业结构调整减少耕地20.5万公顷。土地整理复垦开发补充耕地34.6万公顷。当年净减少耕地80万公顷。

当年人均水资源2040立方米，比上年下降4%。全年平均降水量620毫米，下降2.8%。年末全国422座大型水库蓄水总量1758亿立方米，增加70亿立方米。全年总用水量5500亿立方米，比上年增长3.4%。其中，生活用水增长2.2%，工业用水增长2.8%，农业用水增长3.8%。全国人均用水量为423立方米，增长3%。全国有79个城市缺水，有2340万人口、1300万头大牲畜发生临时性饮水困难。

根据第六次全国森林资源清查（1999～2003年）结果，全国森林面积1.75亿公顷，森林覆盖率为18.21%。活立木总蓄积量136.2亿立方米。森林蓄积量为124.6亿立方米。

国土资源调查及地质勘察新发现大中型矿产地205处，其中，能源矿产地24处，金属矿产地66处，非金属矿产地113处，水气矿产地2处。有56种矿产新增查明资源储量，其中，石油10.98亿吨，天然气3802亿立方米，原煤96.54亿吨。

初步测算，全年能源消费总量19.7亿吨标准煤，比上年增长15.2%。其中，煤炭消费量18.7亿吨，增长14.4%；原油2.9亿吨，增长16.8%；天然气415亿立方米，增长18.5%；水电3280亿千瓦小时，增长15.6%；核电501亿千瓦小时，增长15.6%。主要原材料消费中，钢材3.1亿吨，增长15.1%；氧化铝1284万吨，增长9.7%；水泥9.6亿吨，增长12.4%。万元GDP能耗1.58吨标准煤，上升5.3%。

七大水系的413个水质监测断面中，有41.6%的断面满足国家地表水3类标准，比上年上升3.5个百分点；30.5%的断面为4～5类水质，下降1.7个百分点；超过5类水质的断面比例占27.9%，下降1.8个百分点。珠江、长江水质较好，海河、辽河、黄河、淮河、松花江水质较差。

全国近岸海域246个海水水质监测点中，达到国家一、二类海水水质标准的监测点占49.6%，与上年基本持平；三类海水占15.4%，比上年下降4.4个百分点；四类、劣四类海水占35%，比上年上升5个百分点。全国海域未达到清洁海域水质标准的面积为16.9万平方公里，比上年增加19%，其中，严重污染海域面积约为3.2万平方公里。对15个海洋生态监控区监测表明，主要海湾、河口及滨海湿地生态系统处于亚健康或不健康状态。

全年城市污水日处理能力达7402万立方米，比上年增长11.7%；集中供热面积20.5亿平方米，增长8.4%。建成区绿化覆盖率达到32.3%，比上年提高1.1个百分点；城市污水处理率达到43.6%，提高1.2个百分点。在监测的319个城市中，有132个城市空气质量达到二级标准，占监测城市数的41.4%，与上年持平；有119个城市为三级，占37.3%，比上年增加5.5个百分点；有68个城市为劣三级，占21.3%，比上年减少5.5个百分点。在328个城市的道路噪声监测中，噪声污染严重的占2.1%，中度污染的占5.2%，轻度污染的占9.1%。

生态环境建设稳步推进，黄河连续5年实现不断流，塔里木河连续3年实施向下游台特玛湖应急输水。全年完成造林面积716.7万公顷。全国共批准国家级生态示范区166个，自然保护区达到2194个，其中国家级自然保护区226个，自然保护区面积14822.6万公顷，占国土面积的14.8%。国家地质公园达85个，新建地质遗迹保护区27个。综合治理水土流失面积4.9万平方公里，实施水土流失地区封育保护面积11万平方公里。

全年因洪涝和干旱造成的直接经济损失975亿元，比上年减少50%；因洪水和沿海风暴潮死亡人口1282人。全年全国农作物受灾面积3710.6万公顷，比上年下降31.8%。其中，绝收436万公顷，下降49%。全年因海洋灾害造成的直接经济损失约54亿元，比上年降低32.6%。全年发现赤潮96次，比上年减少23次；累计赤潮面积约26630平方公里，比上年上升83%。全年共发生各类地质灾害15954起，共造成697人死亡，直接经济损失20.6亿元。全年共发生5级以上地震22次，共造成8人死亡，直接经济损失9.5亿元。全年共发生道路交通事故56.8万起，造成9.9万人死亡、45.2万人受伤，直接财产损失27.7亿元。

注：

1. 本公报为初步统计数。2. 各项统计数据均未包括香港特别行政区、澳门特别行政区和台湾省。3. 国内生产总值、各产业增加值绝对数按现价计算，增长速度按可比价计算。4. 表2中的水果产量含果用瓜。5. 钢材产量及消费量数据中含部分使用钢材加工成其他钢材的重复计算因素。6. 表5中固定资产投资按地区分类，东、中、西相加不等于总数是因为有部分不分地区的投资未计算在内。7. 电话普及率的计算含接入用户交换机的话机数。8. 邮电业务总量完成额按2000年不变价格计算。9. 第六次全国森林资源清查涉及的全国森林面积和森林覆盖率含清查间隔期内新增的国家特别规定的灌木林。

1. 轻工行业

① 玩具、礼品行业

行业简况

中国玩具业面临空前挑战

由于行业起步较晚，相关投入不多，尽管生产规模大、生产总量高，但成本、营销、品牌、科研、质量、国际竞争等九大因素，正使中国玩具产业面临前所未有的挑战，制约着中国玩具业的长足发展。

1. 成本上涨优势被削弱。2004年以来，国际原油、钢材价格不断攀升，使得塑料化工、金融等原料价格大幅上扬，相关玩具企业生产成本增加，市场竞争加剧，加上东部沿海一些地区出现的电力供应紧张以及劳动力短缺问题，制约了玩具行业的发展。中国玩具低成本、低价格的全球竞争优势已大为削弱。

2. 品牌自有率低，对外依附严重。中国虽然已成为世界玩具生产大国，但是由于玩具行业是从上个世纪80年代后发展起来的，起步较晚，正处在发展阶段，全国8000家玩具生产企业中，3000家获得出口许可证，但其出口的70%以上玩具都属于来料加工或来样加工，都是在为国外品牌打工，自主开发和创新的能力不强，能够以自创品牌出口的为数不多，对外依附严重。

3. 科研不足，附加值少。由于科研不足，创新能力弱，自有品牌少，中国已沦为世界玩具业的"生产基地"，产业产品附加值少，总体效益低。

据悉，内地厂家每为外国商人制造一件玩具，在美国卖20美元，但厂家只可从中得到1美元左右的收益。

4. 企业集中程度低。中国玩具行业的企业集中程度较低。2002年，前十位企业的销售仅占全国15%的销售份额，且没有一家企业市场份额超过10%。在中国有众多玩具生产企业，但很少有消费者能够叫得出名字来的企业或品牌。

5. 国际标准设限，出口门槛增高。尽管中国玩具市场巨大，但国外相关标准和法规的调整，使中国玩具行业目前面临的形势非常严峻。

近年，美国、欧盟和其他国家政府在不断制定和修改其现有的玩具安全标准、相关法律和法规，而且越来越严格，这无疑将抬高中国玩具出口的门槛。

6. 市场单一，营销能力不足。目前，中国玩具产业经销模式和玩具消费市场相对于欧美国家仍处初级发展阶段，经销成本高，贷款回收周期长，市场开拓和营销能力亟待提高。

据悉，长期以来，中国玩具产、销一直是"一只脚长、一只脚短"，严重失衡。国际市场拓展较为单一，主要面向欧美等地，一旦欧美国家相关政策有变就容易被动，只有开拓多元化市场才能继续保持玩具出口的优势。

7. 规范化程度不高，质量问题突出。2004年10月1日，新颁布的《国家玩具技术安全规范》已正式实施。但据国家质检总局去年公布的玩具抽查结果，中国国内市场的玩具质量合格率仅为76.3%。目前的大多数中国玩具企业，其生产离新标准要求仍有不小的距离，各种质量问题突出。

8. 国际竞争加剧。国际竞争加剧，中外玩具企业的同台竞技已是现实。在广州地区打造的全球最大的国际玩具礼品城，除了国内的商家外，同时还有约20%的海外商家入驻，主要来自巴西、阿联酋、日本、泰国、韩国、美国等12个国家和地区。

9. 科研机构少、专业人才缺乏。目前中国玩具产业仍停留在最初的简单生产、单一营销阶段，放眼全国，竟仍未有一个权威的专业科研机构和专业培训、教育机构，与高校的联动更是稀少，现有的玩具从业人员基本是"半路出家"，专业人才非常缺乏，令产业发展后劲无力。

——雅虎中国

展 会

中国国际玩具展

由中国玩具协会和德国纽伦堡玩具展览公司联合举办的“2004年中国国际玩具、模型及礼品展览会”于2004年10月18～21日在上海世贸商城举行。

据中国玩具协会秘书长梁梅介绍，本届中国玩具展齐聚了200多家参展企业精彩亮相，数万种产品同台展示；展出面积达1000平方米，两万多专业买家竞相采购，其参展商遍及20多个国家和地区，贸易观众涵盖了40多个国家和地区。展会首次设立大型模型专业展区，丰富了展品的种类，并延伸了传统玩具的范围。

据介绍，这次展会的特点为专业性、国际性和商贸性。从以往来看，多数企业可以通过展会与买家交流，并达成一定的意向和协议，包括直接下订单、合作经营、共同开发新产品等。

两千展商云集香港玩具文具展

“香港玩具展”和“香港国际文具展”于2005年1月11～14日在香港会议展览中心举办。

由香港贸易发展局（香港贸发局）主办的“香港玩具展”，今年共有来自35个国家及地区共1899家公司参展，较去年增加5.1%。海外展商主要来自德国、意大利、韩国、巴基斯坦、西班牙及泰国。首次参展的有哥伦比亚、法国、瑞士、土耳其及斯洛文尼亚的公司。这次展览新增加了“魔术专区”，并扩大“户外及运动用品专区”和“嗜好玩具展区”的规模，以配合市场需求。

同时香港玩具厂商会在展览期间举办了“香港玩具业论坛”，邀请八位业内专家共同分析世界玩具业的发展趋势，并探讨香港玩具业在全球竞争环境中，如何应用有效的企业策略、创新管理方案与独特营运模式，迎接未来的挑战。

“香港国际文具展”由香港贸发局与法兰克福展览（香港）有限公司合办，共有265家公司参展。除香港外，展商主要来自韩国、泰国、中国内地和台湾地区。

两项展览共有逾2100家生产及代理商参展，香港贸发局特地为两项展览邀请了超过2700名来自40个国家及地区的采购商参观这次展览，并提供商贸配对服务，按他们的需要，寻找最合适的供货商及合作伙伴。

玩具发展趋势高峰会

由广州市经济贸易委员会及中国贸促会广东省分会联合举办，广州国际玩具礼品城有限公司承办的“2005年玩具产业发展趋势高峰会”于2005年4月27～28日在广州花园酒店国际会议中心举办，这是迄今为止中国玩具界首次最高级别、最具权威性的产品展示会及专业高峰会。来自海内外玩具界的高端人士会聚一堂探讨玩具产业的发展趋势，并有来自国内数十家知名玩具品牌生产商莅临，展示其新颖、高端的玩具产品，吸引来自亚洲、欧美等国家与地区的百余家协会领导带领的采购团以及来自广交会的千余采购商，其中包括马来西亚、泰国、韩国、日本、新加坡、丹麦、法国、印度和中国香港、台湾等国家和地区的玩具协会商会组团参加。

本次活动在广交会期间玩具礼品展示阶段举办，活动中云集的国际采购商通过此次活动可以全面了解中国玩具产品潮流趋势和创新突破，中国玩具生产商同时可以全方位直接了解到世界玩具市场的发展趋势，为中国乃至世界玩具业搭建沟通互动的桥梁。

会议当天，中国玩具协会副理事长兼秘书长梁梅女士发表了内容为“中国国内玩具市场展望”的讲话，并对中国玩具业市场的前景充满了信心。利丰发展（中国）有限公司研究经理钱慧敏女士发表了内容为“国际玩具市场采购流程实务”的演讲，就有效地运用信息科技和资产运营模式发表了独特的见解，为我国玩具市场的创新与发展拓展了新方向。此外在亚洲采购商互动论坛上，中国台湾先施实业有限公司总经理廖胜东先生、韩国工商会会长李勉官先生、日本玩具协会法务室课长小泉充彦先生、印度工商会驻中国首席代表阿杜尔先生、中国广州国际玩具礼品城公司总经理吴榕凯先生展开了热烈的讨论。

在展示会上，来自中国的知名玩具品牌星月、迪孚、美联、好孩子、康力、雅皮士、神探威威猫、小花农、巧巧、英德、万顺、美斯达、丰丹达美、怡高、咸蛋超人、康昱、大树等纷纷亮相。其中，银辉在德国纽伦堡获创新奖项的X—UFO产品也在此活动中展出。数十位模特伴着各个厂家新鲜出炉的玩具产品登台演出，新颖的展示方式独具特色，人与玩具的魅力赢得全场热烈的掌声，现场展出的产品无论从款式或是质量，无论在创新或是科学含量上都显示了各厂商的强大实力和潜力。这次展示表演精彩纷呈，为国内之罕见，为国内玩具厂家提供了近距离实物展示、现场演示最新产品的平台，也为国内外采购商沟通和相互了解提供了珍贵契机。

目前，中国玩具产业正处于从高数量低技术型向高质量高技术型大转变的时期。在这一关键时刻通过此次活动，中国玩具产业将寻找新的突破口，让国际市场了解中国玩具产业的雄厚实力和长期积淀下来的传统优势，主动占领世界玩具产业的制高点，提高中国玩具产业的生产工艺，提升中国玩具产业的核心竞争力，打造中国玩具的自有品牌。

境内展

展名：香港玩具游戏展览会
时间：2005年1月11～14日（香港）
周期：一年一届

展名：第27届北京国际礼品工艺品暨家居用品展览会
时间：2005年3月16～19日（北京）
周期：一年两届
创办时间：1993年
上届数据：展出面积（平方米）：32000
观众人数（人次）：45000
展商总数（家）：550

展名：第39届全国旅游品和工艺品交易会
第39届国际礼品和家庭用品展
时间：2005年3月16～19日（北京）
周期：一年一届
创办时间：1974年
上届数据：展出面积（平方米）：16000
其中外国参展面积（平方米）：1700
观众总数（人次）：70000
展商总数（家）：520
其中外国参展商数目（家）：56

展名：第11届北京国际礼品、工艺品暨家用精品展览会
时间：2005年3月21～24日（北京）
周期：一年两届
创办时间：1999年
上届数据：展出面积（平方米）：15000
观众总数（人次）：18000
展商总数（家）：760
其中外国参展商数目（家）：50

展名：2005中国义乌工艺品、礼品贸易展览会
时间：2005年3月（义乌）
上届数据：展出面积（平方米）：6000
观众总数（人次）：3万
展商总数（家）：300

展名：2005中国义乌玩具暨儿童用品博览会
时间：2005年3月（义乌）
周期：一年一届
创办时间：2004年3月
上届数据：展出面积（平方米）：7700
观众总数（人次）：4万
展商总数（家）：300

展名：第九届亚太礼品文具暨家庭用品展览会
时间：2005年3月（上海）
周期：一年一届

展名：第16届上海春季国际礼品暨家庭用品展览会
时间：2005年3月（上海）
周期：一年两届
上届数据：展出面积（平方米）：6000
其中外国参展面积（平方米）：300
展商总数（家）：230
其中外国参展商数目（家）：20

展名：第17届中国广州国际玩具暨礼品展览会
第二届广州玩具原料、配件暨设备展览会
时间：2005年4月7～9日（广州）
周期：一年一届
创办时间：1989年
上届数据：展出面积（平方米）：8586
其中外国参展面积（平方米）：500
观众人塑（人次）9600
展商总数（家）：282
其中外国参展商数目（家）：48

展名：东莞玩具、礼品、文具暨家居用品展览会（春季）
时间：2005年4月21～24日（东莞）

展名：台北国际礼品暨文具春季展览会（暂定）
时间：2005年4月22～25日（台北）

展名：2005北京国际玩具暨婴童用品展览会暨第六届全国玩具暨儿童用品（北京）博览会
时间：2005年4月27～29日（北京）

展名：2005香港礼品暨赠品展览会
时间：2005年4月28日～5月1日（香港）
周期：两年一届

展名：2005中国澄海国际玩具工艺品博览会
时间：2005年4月28日～5月1日（汕头）
周期：一年一届
创办时间：1999年10月
上届数据：展出面积（平方米）：14200

其中外国参展面积（平方米）：5680
观众总数（人次）：42000
展商总数（家）：166
其中外国参展商数目（家）：50

展名：第六届西安国际旅游商品工艺品礼品展览会
时间：2005年5月18～20日（西安）
周期：一年一届

展名：2005大连国际旅游、工艺品、礼品暨家庭用品展览会
时间：2005年5月25～28日（大连）
周期：一年一届
创办时间：2004年9月
上届数据：展出面积（平方米）：3000
观众总数（人次）：26000
展商总数（家）：126

展名：2005香港夏季礼品、家庭用品、玩具展览会
时间：2005年6月5～8日（香港）

展名：厦门礼品展览会
时间：2005年7月2～5日（厦门）
周期：一年一届
创办时间：2003年10月

展名：2005大连国际旅游工艺品、礼品暨家庭用品展览会
时间：2005年7月13～16日（大连）
后期：一年一届
创办时间：1998年7月
上届数据：展出面积（平方米）：3000
观众总数（人次）：26000
展商总数（家）：126

展名：2005台北玩具妇幼用品大展暨儿童博览会
时间：2005年7月（台北）

展名：中国（北京）国际礼品暨家庭用品展览会
时间：2005年8月6～9日（北京）
周期：一年一届

展名：沈阳第六届礼品、工艺品暨家居用品展览会
时间：2005年8月8～12日（沈阳）
周期：一年一届
创办时间：2000
上届数据：展出面积（平方米）：10000
观众总数（人次）：3万
展商总数（家）：80

展名：第12届北京国际礼品、工艺品暨家用精品展览会
时间：2005年8月11～14日（北京）
周期：一年两届
创办时间：1999年
上届数据：展出面积（平方米）：15000
观众总数（人次）：18000
展商总数（家）：760
其中外国参展商数目（家）：50

展名：中国国际礼品、赠品暨家庭用品展览会
时间：2005年8月23～26日（北京）
周期：一年一届

展名：中国国际玩具展览会
时间：2005年8月（上海）

展名：第16届上海国际礼品暨家用品展览会
时间：2005年9月5～8日（上海）
创办时间：1993年
上届数据：展出面积（平方米）：6000
其中外国参展面积（平方米）：417
观众人数（人次）：18000
展商总数（家）：235
其中外国参展商数目（家）：12

展名：2005中国（成都）玩具、礼品、工艺品展览会
时间：2005年9月（成都）

展名：台北国际礼品暨文具秋季展览会
时间：2005年10月25～28日（台北）

展名：第14届香港国际礼品暨玩具展览会
时间：2005年10月（香港）
周期：一年一届

展名：第13届亚洲礼品、赠品暨家用品展销会
时间：2005年10月（香港）
周期：一年一届

展名：东莞玩具、礼品、文具暨家居用品展览会（秋季）
时间：2005年10月（东莞）
周期：一年一届

展名：上海国际玩具礼品暨婴儿用品展览会
时间：2005 年 10 月（上海）
周期：一年一届
创办时间：2002 年

境外展

展名：纽伦堡春季国际玩具博览会
时间：2005 年 2 月 10～15 日（德国）

展名：东京国际礼品博览会（春季）
时间：2005 年 2 月 15～18 日（日本）

展名：纽约国际玩具博览会
时间：2005 年 2 月 20～23 日（美国）

展名：拉斯维加斯礼品暨消费品博览会（春季）
时间：2005 年 2 月 27 日～3 月 3 日（美国）

展名：莱比锡国际礼品和生活用品专业博览会（春季）
时间：2005 年 3 月 5～7 日（德国）

展名：美国纽约国际礼品暨家庭用品博览会
时间：2005 年 5 月 15～18 日（美国）

展名：中东（迪拜）玩具博览会
时间：2005 年 5 月 28～30 日（阿联酋）

展名：2005 年马来西亚国际礼物精品展
时间：2005 年 6 月 15～18 日（马来西亚）

展名：亚特兰大国际礼品暨家庭装饰品博览会
时间：2005 年 7 月 15～19 日（美国）

展名：美国拉斯维加斯国际消费品暨礼品展览会
时间：2005 年 8 月 11～15 日（美国）

展名：多伦多国际礼品博览会
时间：2005 年 8 月（加拿大）

展名：巴西圣保罗国际家庭用品和礼品博览会
时间：2005 年 8 月（巴西）

展名：莱比锡礼品、家饰品、钟表和首饰专业博览会
时间：2005 年 9 月 10～12 日（德国）

展名：莱比锡国际礼品和生活用品专业博览会（秋季）
时间：2005 年 9 月 10～12 日（德国）

展名：莱比锡模型制造、轨道模型和新型模型展览会暨莱比锡游戏节
时间：2005 年 9 月 30 日～10 月 3 日（德国）

展名：东京国际礼品博览会（秋季）
时间：2005 年 9 月（日本）

展名：德国科隆国际婴儿、青少年用品博览会
时间：2005 年 9 月（德国）

展名：斯图加特玩具展览会暨斯图加特模型玩具展
时间：2005 年 10 月 29 日～11 月 1 日（德国）

展名：德国南部玩具创新暨模型制作展
时间：2005 年 10 月 29 日～11 月 1 日（德国）

展名：德国南部娱乐、玩具暨游戏展览会
时间：2005 年 10 月 29 日～11 月 1 日（德国）

展名：印度国际礼品消费品博览会
时间：2005 年 10 月（印度）

展名：斯图加特轨道模型展览会
时间：2005 年 11 月 24～27 日（德国）

② 皮革行业展会

2004 年中国国际皮革展览、中国国际鞋类展和国际时装及时尚配饰展

2004年中国国际皮革展览，中国国际鞋类展和国际时装及时尚配饰展于2004年9月1～3日在上海新国际博览中心隆重举行，展览会首次举办以来不断扩大并受到业内人士广泛的支持，至今已是中国皮革业界最大型及最具国际规模的盛会，也是中国皮革及皮革制品制造商最重要的采购平台。

2004年的展览规模比往年增加20%，更重要的是本届所有的展台位置已于展会开始前三个月全被订购。

本届展会共吸引来自30个国家及地区超过600家的参展公司，作为中国最具国际性的皮革行业盛会，参展商来自澳洲、巴西、法国、德国、印度、意大利、韩国、墨西哥、巴基斯坦、西班牙、土耳其、美国、日本及中国台湾等国家和地区，而泰国展团更是首次亮相。

展览会展出的皮革展品种类繁多,包括各式各样的原料、化工、制车机器、制鞋机器、配件及配饰、皮衣、鞋类、皮包及人造革等。展览会同期还举办了丰富的研讨会，借此为参展商带来更多高质素的买家。

2004年1～5月，我国皮革工业进出口均保持增长态势。出口金额为65.1亿美元，比上年同期增长9.8%，其中，增长幅度最大的是裘皮服装，达到1.32亿美元，比上年同期增长198.1%，皮革和皮革服装出口金额分别达到5.3亿美元和6.6亿美元，分别比上年增长17%和4.6%，皮面皮鞋出口22.4亿美元，比上年同期增长10.6%。与此同时，我国皮革工业主要商品进口金额为20亿美元，比上年同期增长18.3%。

作为全球皮革行业知名国际展览之一，中国国际皮革展和中国国际鞋类展在信息交流贸易促进,以及品牌树立方面,发挥着越来越重要的桥梁作用，2003年中国国际皮革展、中国国际鞋类展和国际时装及时尚配饰展共吸引来自29个国家和地区的700多家参展公司，以及1.2万多名专业观众参展。2004年展览进一步扩大，展览面积近3.5万平方米，比2003年增加50%。

2004年，中国国际鞋类展在2003年的基础上，有三个明显的突破：首先是展览面积有大的突破，使更多的企业有机会参与到展会当中；其次是展品类型的突破，除以往占主导地位的皮鞋企业外，还增加运动鞋、旅游鞋企业的数量；三是参展企业的分布区域也有大的突破，中西部地区的生产企业有明显增加。

为了更有效地突出“真皮标志”的品牌优势，展会期间，设立了“真皮标志”产品展示，另外，对于生态皮革，仍将以整体形象单独设立展区，突出行业的环保主题。

跨国展览公司联手打造亚洲一流鞋展

“2005中国国际鞋展·鞋机展”于4月21～24日在东莞国际会展中心举行。本次展会由GDS德国杜塞尔多夫展览（中国）有限公司、香港雅式展览服务有限公司、中国贸促会广东省分会及东莞市支会联合举办。

据雅式展览服务有限公司董事长朱裕伦先生介绍,“中国国际鞋展·鞋机展”已成功举办了两届，本届展会规模再创新高，有超过350家企业参展，前来参观的专业观众多达2万余人，展会面积达2万平方米，其中大约2/3是“鞋展”，1/3是“鞋机鞋材展”。朱裕伦先生介绍说，本届展会参展商品以“中、高档鞋”为主，而且参展商“国际化”程度较高，参展商大约50%来自中国香港特区，35%来自中国内地，7%来自中国台湾省，其中包括长江鞋业（香港）、信亨鞋业、Goddess（HK）、高创鞋业、荣光集团、金源鞋业制造厂等鞋商，几乎汇集了亚太地区最知名的鞋业制造商。另外，国际参展商还有越南皮革及鞋业公会、菲律宾鞋业商会、马来西亚鞋业厂商公会以及来自墨西哥、比利时、马来西亚、美国等国家的鞋业制造商，其中包括比利时名牌葛天娜（CortinaNV）公司。展会最大的亮点是葡萄牙展团，他们虽然首次来中国参展，但是组织了13家名牌鞋业制造商，带来的参展商品不但“品质优良”深受买家青睐，他们还希望通过本次展会能直接与中国买家接触，更好地开拓中国高档鞋业市场。本次展会同时被中国轻工工艺品进出口商会看好，他们也组织了8家企业参展。另外还有香港橡胶暨鞋业厂商会、香港皮鞋业鞋材业商会、台湾区制鞋工业同业公会、中国贸促会惠州支会以及温州鞋业商会等具有权威性的专业协会也组团参加。

“中国国际鞋展·鞋机展”被众多展商和买家看好，据了解原因有四：其一，主办方实力强大，并具有国际背景。其二，天时、地利、人和。四月是广交会举办期间，在此期间举办国际性的鞋展，既可以增加国际买家，又可以方便国际买家来华采购；东莞地处香港特别行政区与广州之间，属珠三角展览带，具有向海内外辐射的能力；东莞是中国鞋业出口市场的重要基地，年产鞋10亿余双，因此具有深厚的产业基础。其三，GDS与中国国际鞋展·鞋机展实现了互动和互补。其四，展馆设有展示区并且主办方在展会期间安排了表演项目，丰富了展会内容，提高了展会的档次。

亚太区皮革展1866家公司参展

2005年4月6～9日，“2005亚太区皮革展”在香港举办。至今皮革展已发展成为两项相互配合的展览：分别为亚太区皮革展——原料及制造技术展和亚太区皮革展——时尚汇集。两者的配合让参观者可全面和详尽地认识皮革业，展示了由原料供应到制成优质时尚皮革产品的过程。

今年的亚太区皮革展吸引了来自亚洲、欧洲、北美和南美洲，及非洲的63个国家及地区的1866家公司参加，其中包括31个团体展览馆及55家首次参展的公司。展出产品种类有生皮及原皮、鞣皮机器、半制成革及制成革、人造革（包括合成及天然材料）、制革化工及CAD／CAM系统等工厂技术、组件及配饰等。

以“Making a Difference in Style”为主题的2005年时尚汇集是首个特别为业内人士展示最时尚优质时装产品、造就理想商机而设的业界盛事，吸引了来自34个国家及地区超过741家公司参与，包括10个团体展览馆及63家首度参展的公司。展会期间活动丰富多彩，包括时尚大道、时装潮流荟萃廊、APLF 最佳展品选举、时装汇演、研讨会等。

2005 中国国际鞋业博览会

“2005中国国际鞋业博览会”于2005年7月3～5日在北京中国国际贸易中心举办。

作为第二届举办的鞋博会不仅吸引了来自国内外的众多知名品牌参展，还特别吸引了来自意大利的世界20个顶级品牌前来参展。他们不仅带来了国际鞋业流行的新趋势，还带来了怀旧和现代完美结合，充满梦幻的“威尼斯时尚映象”，和表现出意大利精湛工艺和设计的“威尼斯时尚鞋秀”。一场备受瞩目，事关中国鞋业未来的“北京——世界鞋业论坛”也同时举行。论坛以“两个市场，两种资源——破解中国鞋业走出去的困局”为主题，在中国鞋业面临国际贸易摩擦前夕，全面回答了如何推动、扶持中国鞋业品牌进入国际市场，怎样才能避免恶性竞争，中国应该建立怎样适应国际规则和有国际竞争力的贸易体制等备受关注的问题。论坛还通过“解析康奈——破解中国鞋业走出去的困境”的经典分析探寻创中国国际品牌之路。

鞋博会作为国际贸易和交流的平台，特别邀请了欧盟采购联盟主席马希莫·唐达先生、意大利鞋业协会联合主席洛伊诺·罗西先生和副主席弗兰克·巴林先生作为嘉宾前来参加中国国际鞋业博览会和北京——世界鞋业论坛。他们的到来标志着鞋类的展览作为桥梁与国际鞋业的正式接轨。

中国郑州鞋业贸易洽谈会

由河南省人民政府主办，河南省商务厅、郑州市人民政府、中国贸促会河南省分会和河南达发新鞋城共同承办的中国郑州鞋业贸易洽谈会于2005年8月20～22日在郑州举办。本次洽谈会有来自全国各地超过500家鞋业企业参会，展位超过800个，郑州是中西部交易最大的鞋业交易批发集散地及中西部最大的成品鞋批发市场，得天独厚的区位优势，使得每年的批发交易量在60～100亿元人民币。

据了解，此次鞋业洽谈会规模宏大，名品云集，郑州每年的鞋业贸易量达5亿多双，有5000个以上的品牌代理商云集郑州。本届洽谈会总占地面积达到10万平方米，参展产品有皮鞋、运动鞋、休闲鞋等各类成品鞋。参展的品牌，几乎囊括了全国各地名品，品类丰富多样。组委会负责人介绍，此次洽谈会精心打造一个“以鞋业交易为主线、以专业商会、专业市场为依托，以鞋业产业招商为目标”的鞋业盛会，将推动沿海鞋业产业向河南省转移，提升河南鞋业生产水平及竞争能力。

境内展

展名：第31届中国国际裘皮革皮制品交易会
时间：2005年1月11～14日（北京）
周期：一年一届
创办时间：1975年
上届数据：展出面积（平方米）：10000
其中外国参展面积（平方米）：380
观众人数（人次）：13350
展商总数（家）：167
其中外国参展商总数（家）：35

展名：2005香港国际毛皮时尚展览会
时间：2005年2月25～28日（香港）
周期：一年一届

展名：中国国际鞋业机械暨材料交易会
时间：2005年3月8～11日（东莞）
周期：一年一届

展名：第七届中国（晋江）国际鞋业博览会
时间：2005年4月19～22日（晋江）
周期：一年一届
创办时间：1999年
上届数据：展出面积（平方米）：4万
其中外国参展面积（平方米）：10200
观众人数（人次）：7万
展商总数（家）：500
其中外国参展商数目（家）：371

展名：天津国际皮革鞋类连锁店展览会
时间：2005年4月（天津）
周期：两年一届
创办时间：1957年

展名：2005台北春夏鞋展览会
时间：2005年4月（台北）

展名：中国东莞鞋业暨皮革制品技术材料展览会
时间：2005年4月（东莞）
周期：一年一届

展名：2005第二届中国（上海）国际鞋类、皮革、箱包制造技术和材料展览会
时间：2005年5月24～26日（上海）

周期：一年一届

展名：国际鞋业暨皮革生产设备、原材料展览会
时间：2005年5月31日～6月3日（广州）
周期：一年一届

展名：2005中国西部皮革展览会
时间：2005年6月21～26日（成都）

展名：中国箱包皮具暨饰品博览会
时间：2005年7月3～5日（北京）
周期：一年一届
创办时间：2004年

展名：2005中国国际鞋业博览会
时间：2005年7月3～5日（北京）
周期：一年一届
创办时间：2004年

展名：2005台北秋冬季鞋展览会
时间：2005年7月（台北）

展名：沈阳国际鞋类暨皮革制品工艺材料展览会
时间：2005年8月（沈阳）
周期：一年一届

展名：2005中国（义乌）箱包拉链暨皮革制品展览会
时间：2005年8月（义乌）
周期：一年一届
上届数据：展出面积（平方米）：5000
　　观众总数（家）：1万
　　展商总数（家）：100

展名：中国皮革工业博览会
时间：2005年9月7～9日（上海）
周期：一年一届
创办时间：1998年

展名：2005海宁中国皮革博览会
时间：2005年9月（海宁）
周期：一年一届
创办时间：1994年9月
上届数据：展出面积（平方米）：2000
　　其中外国参展面积（平方米）：150
　　观众总数（人次）：3万
　　展商总数（家）：200
　　其中外国参展商数目（家）：15

展名：中国国际鞋业、皮革暨辅料展览会
时间：2005年9月（上海）

展名：中国国际鞋业博览会
时间：2005年9月（上海）
周期：一年一届
创办时间：2003年

展名：中国国际制鞋机械材料展览会
时间：2005年9月（温州）
周期：一年一届

展名：第二届国际名鞋展暨皮革、鞋材、鞋机（厚街）交易
时间：2005年10月27～30日（东莞）

展名：时尚博览会——手袋、旅行用品、鞋类、皮装、饰品
时间：2005年10月（香港）
周期：两年一届

展名：第九届大连国际裘皮革皮暨制品展览会
时间：2005年11月18～23日（大连）
周期：一年一届
创办时间：1997年11月
上届数据：展出面积（平方米）：7500
　　其中外国参展面积（平方米）：300
　　观众总数（人次）：12万
　　展商总数（家）：200
　　其中外国参展商数目（家）：18

境外展

展名：2005年欧洲国际时尚汇集——鞋类、旅行箱包、流行皮件暨时尚配饰展览会
时间：2005年1月31日～2月2日（比利时）

展名：美国拉斯维加斯国际鞋业博览会（春季）
时间：2005年2月5～8日（美国）

展名：美国国际旅行物品、皮革暨附件博览会
时间：2005年3月18～20日（美国）

展名：德国杜塞尔多夫GDS鞋展览会

时间：2005年3月（德国）

展名：第43届中东（迪拜）春季国际纺织服装、箱包鞋帽暨皮革制品博览会
时间：2005年4月11～14日（阿联酋）

展名：2005年欧洲国际时尚汇集——鞋类、旅行箱包、流行皮件暨时尚配饰展览会
时间：2005年6月20～22日（比利时）

展名：越南国际鞋类、皮革暨工业设备展览会
时间：2005年6月28～30日（越南）

展名：巴西国际鞋业博览会
时间：2005年7月（巴西）

展名：美国拉斯维加斯国际鞋业博览会（秋季）
时间：2005年8月4～7日（美国）

展名：德国杜塞尔多夫GDS鞋展览会
时间：2005年9月（德国）

③ 珠宝、钟表与眼镜行业

行业简况

中国珠宝行业：华光初放

中国宝玉石协会的调查报告表明，中国珠宝行业已步入稳定发展期，企业对珠宝首饰行业前景乐观，但投资回报不甚理想。人才和资金的缺乏是企业面对的最大挑战。

发展期。本次调查结果显示，受访者从事珠宝经营活动的时间比例分别为：上世纪80年代以前为7%，80年代为15%，90年代为59.5%，2000年后为17.6%。可见，珠宝行业只有20余年发展历史，是随着我国市场经济产生而产生的。珠宝行业的快速发展期为上个世纪90年代，是随着我国市场经济的发展而发展的。2000年以后，珠宝行业进入稳定发展期，从事珠宝经营的企业居高不下，这是和我国高速发展的国民经济、稳定的政治形势、良好的投资环境分不开的。在拉动内需的大经济环境下，珠宝产业成为朝阳产业。

市场与消费。本次调查结果显示，52%的珠宝企业的主打产品是钻石，37%是金饰品，33.5%是翡翠，21.6%是红、蓝宝石，以珍珠、银饰、仿真饰品及其他产品作为公司主打产品的比例分别是18.5%、15.4%、1.3%和4.85%，这说明产品多元化依然是珠宝市场的现状。钻饰品依然是珠宝市场的当家产品，其在市场上的主打产品地位不容动摇。金饰品虽然近年来有款式陈旧、工艺落后等问题，但消费份额依然可观，可视为我国主流珠宝产品。翡翠产品消费份额急剧增加，这是和我国珠宝行业整顿市场、打击假冒伪劣产品、维护珠宝市场秩序分不开的，同时也是珠宝行业大力普及珠宝知识、推广翡翠文化，带动绿色消费的结果。红、蓝宝石的消费有所下降，但市场份额依然不可小视。珍珠产品具有一定的消费需求，但需要市场的引导。

具体地说，11～30克拉钻饰品在市场上最具购买力，金饰品中以3～10克重的金饰品最受消费者欢迎。

本次调研结果还显示，消费珠宝的消费者层次分别为：22岁以下为9.7%，22～28岁为14.1%，29～40岁的消费者是珠宝产品的主要消费群体。同时，58.1%的受访者未回答问题。这说明珠宝首饰行业产品开发程度，如个性、款式、年龄、层次、工艺、价位等不能满足消费者需求，产品开发、行业技术改造、工艺水平提高的任务还很艰巨。

对于产品价位，调查显示，价格2000～4000元的珠宝产品是消费的主流产品。这说明不同消费层次的消费者均对珠宝有所需求。珠宝首饰已从收藏保值的奢侈产品，逐渐过渡到大众需求的消费品。同时也说明我国的经济发展水平，还处于相对较低状态，即使是高收入人群购买珠宝首饰的比例也不大。市场占有率相对较低。珠宝行业应有很大发展空间，在国民生产总值每年不低于7%的增长速度下，珠宝行业是真正的朝阳产业。

营销方式。本次调研结果显示，41.9%的受访者选择自营，26.9%的受访者选择其他经营方式。这一结果与珠宝首饰行业私有化程度、行业壁垒、购物环境要求苛刻十分吻合。

在销售方式上，57.7%的受访者选择商场专柜，49.8%的受访者选择专卖店，28.6%的受访者选择直销，4%的受访者选择网络销售，可见，商场专柜是目前珠宝销售的重要途径；专卖店是今后珠宝首饰销售的必然之路；直销无论是目前，还是今后都是珠宝首饰不可忽视的方式；网络销售作为一种新兴的销售方式，也适用于古老、神秘、文化色彩浓厚的珠

宝行业。

人才。在珠宝行业从业人员中，具有大学本科以上学历者相对较少，大专以下学历者占绝大多数，培训后即上岗是珠定企业员工的资质现状。珠宝设计人员水平需求提高，行业自律、行业立法亟待加强，经营者知识产权手段应尽快跟上，避免或减少市场上珠宝产品雷同的现象。

在我国加入世贸组织后，珠宝企业感到了来自外部竞争的压力，而34.4%和33.5%的企业认为，人才匮乏、资金不足是面对WTO的最大挑战。尤其在选料、加工、设计等方面，人才缺乏，现有人员的经验、制作技巧以及文化底蕴需要积累，整体素质需要提高。面对国外先进的企业管理模式和高素质人才，中国企业感到了巨大的压力。

中国珠宝首饰进出口公司孔军总经理认为，应大力培养珠宝首饰设计专业人才。珠宝首饰设计是首饰的灵魂，更是塑造品牌的基石，因此首饰行业的大发展需要设计人才的大发展，设计水平的提高会促进行业的发展进步，二是相辅相成的关系。

她在分析国内珠宝人才市场状况时说，纵观国内，自己具有设计师队伍的珠宝首饰加工厂商少之又少，一些所谓的设计师其实就是描图员，他们的设计是到市场上抄版式或直接从国外进口。造成这种情况的原因从行业内来说，一方面是设计师的培养需要金钱和时间上的大量投入，另一方面国内首饰加工业的抄袭之风日甚，加工厂商众多，每年推出新款众多，谁抄袭了谁无法知道。即使享有了设计版权和保护，从经济和精力上也不可能一一追究。况且珠宝首饰的时尚流行随着时间和潮流而变化，即使打击盗版成功，其需要耗费的时间太长，因而也没有任何商业意义。

在谈及人才培养的相关社会环境时，孔总认为，相关行业给予的关注与支持远远不够。以教育为例，目前我国约有40多所大中专院校和职业学校开设首饰设计专业，在校学生近5000人，毕业的学生中还有部分转入其他行业，数量上远远不能满足行业的需求，质量上大多数学校的设计教育与珠宝首饰的实际认识和加工制作还衔接不够。优秀的珠宝首饰设计师需要掌握整个珠宝首饰的生产程度，辨认各类宝石及特性，明白生产过程及技巧，如此才能设计出好的作品，因而从首饰设计专业的毕业生到成长为一个真正的设计师，从设计图稿转化为实际成品者需要一定时间。况且首饰与服装或其他服饰有着互动的关系，服从于个体审美的需要。优秀的珠宝首饰设计师需要广博的知识与多方面的兴趣喜好，这也为我们珠宝首饰设计师的培养提出了更高要求。

孔军总经理认为，应大力培养珠宝首饰的专业技术和经营人才，提升全行业的加工及其经营水平。她说，我国的珠宝首饰加工业起步晚，发展快，加工设备和工艺及其技术工人和经营人才的培养相对落后。目前我国加工技术主要是伴着香港珠宝首饰加工业的北移内地而生，首饰制作中的蜡镶、电脑熔铸、中控电镀和激光点焊等多种先进技艺已被广泛采用，意大利、美国和日本等国的先进生产设备也纷纷引进，这些对中国本土加工工艺的提升发挥了积极的作用，但由于缺乏规模，先进设备的引进和相关科研项目的投入就十分有限，特别是专业技术工人的培养方式是师傅带徒弟的方式，见效慢，工艺技术陈旧。反观印度，去年8月在印度孟买专门建成了以培养珠宝首饰加工以及经营高级人才为目的印度珠宝首饰学院，相比之下，我国对专业技术人员和经营人才的培养就相形见拙，我们的产品竞争力主要建立在劳动力低廉的基础上。

广告宣传。我们现在所处的时代是一个信息时代，企业发展、产品营销以及品牌建设都要靠信息，也即广告宣传，这是一个不争的事实。中国宝玉石协会的调查完全反映了这样一个事实：43.2%的被访者认为广告宣传非常必要，44.1%被访者认为广告宣传需要。两者相加已达87.3%。珠宝产品已从藏在深闺人未识，变成公开炒作，买卖，可供大众消费的商品。

对于广告投放方式，42.7%的受访者选择电视媒体，58.1%的受访者选择报纸作为广告投放方式。网络作为一种新兴的媒体形式发展迅猛，在此项调查中也得到了印证：15.4%的受访者选择了网络。

调查还显示，中高收入年轻人和高收入中老年人是珠宝公司广告宣传的主要目标受众群体。

珠宝企业普遍选择自己做广告，只有少部分珠宝企业选择请广告公司或策划公司做广告。这一方面说明珠宝是一个刚刚兴起行业，人员、资金专业化分工都不强，不丰厚，没有多余的资金请人才代理、策划广告；广告策划业也没有专门服务于珠宝行业的专门人员。另一方面也说明珠宝行业的路还很长，还需要国家投资者、有识之士给予更大关注和支持。

而广告投放量低是珠宝企业的普遍现象。广告投放量在10万元以下的公司为43.6%，11万～50万元的公司为20.3%。这说明珠宝行业还是一个较为传统、其自身特点和属性较为明显的行业，有其自身生存和传播的途径，不太依赖于现代传媒作为自己的营销工具。同时也说明珠宝行业规模较小，处于发展的初期阶段，还无法与广告铺天盖地的房产、汽车、手机、计算机等发展的行业相比。

——新华网

展 会

第17届中国国际眼镜业展览会

2004年9月24日，由中国眼镜协会、中国轻工业对外经济技术合作公司主办的第17届中国国际眼镜业展览会，在北京中国国际展览中心落下帷幕。在本届展会上，来自国际品牌的NBA、NIKEVISIOVN、CK、柳川一郎，以及来自国内的北京裕天世纪伟业科技发展有限公司、广州一番光学眼镜有限公司等，共启用了国展中心1号馆的（1、2、3层）以及6、7、9号展馆，其中1号馆一层的A厅和B厅为国际馆。据组委会介绍，本届展会有16个国家的670家企业参展，参展面积超出了3.5万平米的规模，已是亚洲规模最大的专业眼镜展。

小眼镜成就大产业

2004年眼镜行业呈现快速发展的态势，许多企业在管理、营销等方面都有很大的提升。我国的眼镜批发市场一年的销售总额超出100亿元人民币。根据相关的统计显示，我国有集中交易场地且形成规模的眼镜批发市场，如北京眼镜城、广州眼镜城、南京华东眼镜城、丹阳眼镜市场、杜桥眼镜市场、郑州虎风眼镜城等30余家。这30多家批发市场，年销售额最高的达6亿人民币，最低的也有几千万人民币。除了这30多家形成规模的“眼镜城”外，我国还有更为庞大的眼镜批发市场。

高新技术支持眼镜业

北京裕天世纪伟业科技发展有限公司是首次参加国际眼镜展。该公司主要从事眼镜行业的系统集成，以及行业管理软件及配镜设备产品的研发和销售。该公司开发的“裕天智能选镜管理系统”,其应用原理是通过拍摄装置将顾客的脸部实戴和裸眼图像拍录到计算机中，该系统的主要功能有：实戴对比、虚拟试戴、智能选镜、镜架定制、镜片展示、有色隐形眼镜的模拟试戴、瞳距的测量、产品展示以及客户管理和系统维护。据介绍，其“裕天智能选镜管理系统”在未来的眼镜市场中将有不错的商机。

万新光学吸引观众眼球

镇江万新光学有限公司此次展会参展面积达到了200平方米，该公司的展品是此次最齐全的企业之一，研发的Retia晶钻膜树脂镜片（简称CDRII）是宝世杰第一代晶钻膜与全新纳米技术融合的高科技产品，CDRII的出现，使得树脂镜片的防磨损、防水防污的能力又有了质的飞跃。其镜片的表面采用了纳米镀膜技术，因此镜片的表面更加光滑，使得灰尘、污垢不会黏附在镜片上，CDRII镜片容易清洗，对水和油渍的排斥力极强，而且通过纳米镀膜后，镜片也变得更加耐磨，使用寿命也增强了。

据悉，中国国际眼镜业展每年举办两届，春季在上海、秋季在北京举办，国际眼镜展的展品几乎包括了眼镜架、眼镜片、眼镜片毛坯、角膜接触镜、太阳镜、老花镜等各类成镜到眼镜盒、眼镜零配件、眼镜制造设备、验光配镜的仪器及设备、眼镜专用工具，生产眼镜所需要的原辅材料及相关的所有产品。

2004年中国国际钟表展览会

得益于20多年的改革开放，中国不仅已经成为世界钟表生产大国、钟表外观件主要生产国，而且也已经成为钟表的主要消费国之一。

由中国钟表协会与中国贸促会轻工行业分会共同主办的中国国际钟表展览会已走过了13年的历程。

2004年9月20～23日，中国国际钟表展览会在北京展览馆举行，共有来自瑞士、日本、德国、韩国以及中国内地和香港近百家的厂商前来参展。其中，国内几大主要品牌，如飞亚达、罗西尼、上海、海鸥、依波、北极星等均悉数登场亮相。

保护知识产权落在实处

钟表之所以经久不衰，特别是机械钟表，就在于其制作过程需要精湛的工艺和高精尖的技术，这些工艺和技术理所当然属于知识产权的保护范围，因而，对于展品包含大量新技术的钟表展来说，知识产权保护显得尤为关键。

中国钟表协会早在2000年10月就开始试行协会自己制定的知识产权保护办法。办法第八条规定：在中国国际钟表展览会期间，中国钟表协会知识产权保护委会员负责审查参展产品有无侵权行为，一旦发现侵权产品，有权劝其撤出展台，拒绝侵权产品参展。

在2004年中国国际钟表展览会期间，中国钟表协会为了不断提高钟表产品的外观质量和档次，增强产品竞争力，弘扬创新精神，保护知识产权，又特别开展了对参展企业的产品进行“外观创新奖”的评选活动。

2004中国国际珠宝展

经过历时一年的精心筹备，备受业内外人士关注的珠宝年度盛会“2004中国国际珠宝展”于2004年11月10～14日在北京中国国际展览中心举办。1000个展位，2万平米的面积，300家参展商，高达80%以上的品牌创了北京历届展会的规模和档次之最。展商来自意大利、泰国、缅甸、波兰、日本、韩国、中国的台湾和香港等10余个国家和地区。本次展会迎来5万多业内外观众。

本次珠宝展共有2A, 2B, 3A, 3B四个展厅，按照参展企业产品和地域进行了大致区域划分。大致上分为中国名牌展区、国际展区、品牌区、翡翠区、珍珠区、银饰和流行饰品区、天工奖展区、设计师概念珠宝设计展示区以及包装设备区等。所涉及的产品包括钻石、红蓝宝石、翡翠、珍珠、白玉、黄金、铂金、白银、琥珀等镶嵌首饰成品、半成品和原料，玉石挂件、摆件，矿物晶体，礼品纪念品等。另外，还有相关配套鉴定仪器、加工工具设备、包装、媒体刊物等。

参展的珠宝企业涵盖了整个珠宝领域具代表性的品牌企业，最受瞩目的当属最近刚刚被中国名牌战略推进委员会评选出来的九家中国名牌：ADK爱得康、同心牌、安盛华、老凤祥、宝亨达BHD、明MING、金皇、翠绿和福辉，这九家品牌所属的企业全体出席。此外，中国珠宝业驰名品牌的代表瑰宝、瑞恩、欧罗普、山东鑫意等，国际品牌代表Korloff珠宝、ORO Di ROMA等，珠宝首饰加工企业代表千禧之星等，零售企业代表及珠宝销售明星企业菜百、城隍珠宝、齐鲁金店等，放心店代表企业大雄珠宝等，钻石企业代表Dehras、迈克尔、森迪文等，翡翠企业代表七彩云南、多佳兴龙、阳美集团等，珍珠企业代表佳丽珍珠、阮仕珍珠、千足珍珠等，银饰品牌思彼垂银、雅诺信、富理、七度银匠等品牌，半宝石企业代表煜华、仙路等全国乃至世界各地的珠宝品牌在珠宝展这五天时间里会聚一堂，共同向业界及消费者展示其完美的企业形象和产品，并和业内外同仁进行切磋、交流和交易。意大利ORO Di ROMA此次首次组团参加北京的珠宝展，40多个意大利珠宝艺人的纯手工制造的珠宝精品在会上展示。罗马副市长也随团参加本次国际珠宝展。

珠宝展期间安排了丰富多彩的活动。主办单位中国宝玉石协会、国土资源部珠宝玉石首饰管理中心和上海钻交所以大型“珠宝之夜”晚宴招待业内精英、答谢八方来客，老凤祥、佛山同心、七彩云南、台湾馆、威海金玉等企业和机构将一一奉上夺人眼球的“珠宝VS美人”的精彩首饰秀。

珠宝展期间的《展会快讯》即时提供展会的最新进展和动态，另外，新闻中心向媒体开放，对展会进行现场滚动报道。

此外，2004年珠宝首饰行业发展论坛也于珠宝展期间在昆仑饭店隆重举行。同期举行的行业会议还有2004年中国珠宝首饰学术交流会和2004年全国珠宝首饰质检站工作会议。

第三届深圳黄金珠宝展

第三届中国（深圳）国际黄金珠宝玉石展览会于2005年3月12日在深圳中国国际高新技术成果交易会展览中心降下帷幕。该展会由中国黄金协会、亚洲博闻有限公司及中国国际展览中心集团公司合办。

此次展会喜获业界大力支持，展览面积和参展商数目均再创新高。为期4天的展会吸引了14个国家及地区共382家公司参与展出，包括泰国、日本、印度、以色列、比利时、意大利、瑞士、捷克共和国、土耳其、美国、加拿大和中国及香港、台湾地区。展览面积逾1.7万平方米，较2004年增加两成，参展商数目比去年增加25%。

中国黄金协会副会长吕文元先生表示：“中国（深圳）国际黄金珠宝玉石展览会至今已举办三届，是国内外黄金珠宝界人士进行交流与合作的高层次的平台。展会在过去两年茁壮成长，已发展为国内上半年最重要的珠宝展览会。我相信，这次展览会的成功举办必将对黄金珠宝业的繁荣与发展起到更大的推动作用。”

主办单位致力为国际珠宝业在国内建立一个高素质、多功能的商贸平台，特意在展会开幕前两天3月7～8日，安排多项厂房参观活动。大会精心挑选了多家在品种类别富有特色和具不同生产规模的深圳珠宝制造商，接待海外业者到其工场参观，以加深对深圳珠宝制造加工业的认识。两天的参观活动共有超过74家来自24个国家和地区的公司的120多位代表参加。

除了厂房参观活动，另有一系列专题研讨会及相关的推广活动于展会期间同期举行，包括世界黄金协会组织的2005K－Gold时尚金饰发布会和K金首饰展示，以及由香港珠宝玉石厂商会主办，名为“翡翠锦囊”的推广活动。而美国宝石学院、香港宝石学协会和《亚洲珠宝》也主讲了有关彩钻知识、铂金分级系统介绍、钻石处理和珠宝潮流等不同规格的研讨会和讲座。

中国（广州）国际黄金珠宝玉石展览会

第二届中国（广州）国际黄金珠宝玉石展览会于2005年6月12～15日在广州中国出口商品交易会琶洲展馆举行。

来自8个国家和地区的100多家客商积极参与，包括巴西、捷克共和国、土耳其、以色列、泰国和中国及香港和台湾地区。其中著名的参展企业包括：DTC钻石贸易公司、EFD钻石公司、怡安宝石首饰厂有限公司、上海轩尼星钻石有限公司、上海百利钻石有限公司、深圳市翠绿珠宝首饰有限公司、深圳市景升实业有限公司、广州恒钻珠宝有限公司、广州庞达珠宝首饰有限公司等。为了建立一个高素质，具国际视野的商贸平台，主办机构还邀请了知名的行业协会美国宝石学院和业界权威性刊物《亚洲珠宝》中文版在展会期间举办了一系列关于有色宝石、钻石处理、珍珠鉴定和珠宝潮流等不同主题的讲座和研讨会，海外业者与主讲单位进行了交流。

此外，主办单位之一的广州市番禺区人民政府还举行研讨会，探讨国内珠宝业市场的发展概况。近年来广东省的珠宝首饰制造业发展迅速，为了让海外业界人士能更加了解广州的珠宝制造及加工业的现况及发展，亦为日后来华营商作好准备，主办单位在6月15日及16日期间，还安排海外业界人士实地参观番禺区八家在品种类别富有特色和具不同生产规模的珠宝首饰制造厂房，进一步了解各种珠宝首饰的制造和加工过程。

境内展

展名：国际眼镜暨光学博览会
时间：2005年2月24～26日（上海）
周期：一年一届
创办时间：2001年

展名：2005香港国际珠宝展览会
时间：2005年3月1～4日
周期：一年一届

展名：中国国际金银珠宝首饰展览会
时间：2005年3月9～12日（深圳）
周期：一年一届

展名：2005山东酒店用品、珠宝工艺品展览会
时间：2005年3月18～20日（济南）

展名：第95届中国钟表珠宝首饰工艺品礼品交易会
时间：2005年4月16～19日（济南）

展名：中国钟表、珠宝、礼品展销会
时间：2005年4月25～28日（深圳）
周期：一年一届

展名：上海国际珠宝展览会
时间：2005年5月11～13日（上海）
周期：一年一届

展名：2005第二届中国（广州）国际黄金珠宝玉石展览会
时间：2005年6月12～15日（广州）
周期：一年一届

展名：香港珠宝暨钟表展览会
时间：2005年6月16～19日
周期：一年一届
创办时间：1988年

展名：六月亚洲时尚珠宝饰品展览会
时间：2005年6月（香港）
周期：一年一届

展名：六月香港珠宝钟表展销会
时间：2005年6月（香港）
周期：一年一届

展名：中国国际黄金珠宝首饰展览会
时间：2005年6月（广州）
周期：一年一届

展名：北京国际珠宝展览会
时间：2005年7月14～17日（北京）
周期：一年一届
创办时间：2000年

展名：2005台北婚纱摄影暨珠宝大展览会
时间：2005年8月（台北）

展名：中国国际眼镜、光学博览会
时间：2005年9月5～9日（北京）
周期：一年一届
创办时间：1985年

展名：2005温州国际眼镜贸易展览会
时间：2005年9月6～8日（温州）
周期：一年一届
创办时间：2003年
上届数据：展出面积（平方米）：12100
观众人数（人次）：11363
展商总数（家）：296
其中外国参展商数目（家）：107

展名：深圳国际珠宝展览会
时间：2005年9月14～18日（深圳）
周期：一年一届

展名：九月亚洲时尚珠宝饰品展销会
时间：2005年9月（香港）
周期：一年一届

展名：中国国际钟表珠宝博览会
时间：2005年9月（上海）
周期：一年一届
创办时间：2002年

展名：九月香港珠宝钟表博览会
时间：2005年9月

周期：一年两届

展名：中国钟表礼品进出口展销会
时间：2005年9月（深圳）
周期：一年一届

展名：2005香港钟表展览会
时间：2005年9月
周期：一年两届

展名：2005中国（深圳）钟表、礼品进出口交易会
时间：2005年9月
创办时间：2003年8月
上届数据：展出面积（平方米）：7000
其中外国参展面积（平方米）：800
展商总数（家）：270

展名：中国国际钟表展览会
时间：2005年10月（北京）
周期：一年一届
创办时间：1986年10月
上届数据：展出面积（平方米）：11000
其中外国参展面积（平方米）：1000
观众总数（人次）：20000
展商总数（家）：120
其中外国参展商数目（家）：30

展名：第二届中国（济南）国际珠宝展暨工艺礼品展览会
时间：2005年11月4~7日（济南）

展名：北京国际珠宝展览会
时间：2005年11月（北京）
周期：一年一届

展名：2005香港眼镜博览会
时间：2005年11月
周期：一年一届

展名：第13届香港国际珠宝商展览会
时间：2005年12月
周期：一年一届

境外展

展名：第32届欧洲国际钟表、珠宝首饰、银器暨加工设备贸易博览会
时间：2005年2月25~28日（德国）

展名：中东（迪拜）国际珠宝首饰&钟表博览会
时间：2005年3月12~14日（阿联酋）

展名：莱比锡礼品、家饰品、钟表和首饰专业博览会
时间：2005年9月10~12日（德国）

展名：汉堡国际珠宝展览会
时间：2005年12月9~11日（德国）

④ 食品行业展会

首届中国国际茶叶博览会

2004年10月24日，由中国食品土畜进出口商会、中国土产畜产进出口总公司等主办的首届中国国际茶业博览会在北京中国国际贸易展览中心落下帷幕。此次展会参展的有英国、印度、斯里兰卡等20多个国家和地区的220多家茶叶企业参加，世界上国际性的茶叶组织及国内从事生产、加工、包装、流通、贸易等各个产业链的龙头茶叶企业也都到会参展，展出总面积达1.1万平方米，启用了国贸展馆的全部展厅。

首届茶博会的主题定位："茶经济的全球平台，茶文化的世界之窗"，旨在打造多项茶文化活动的平台。

此次茶博会是目前国内规模最大的茶文化展会，不论规模，还是观众的数量，都是行业内比较靠前的。但来自武夷山清深阁茶叶有限公司的朱女士却希望，在展会的专业观众日之后，能够组织更多的普通观众到会参观，她表示，茶叶经销商们对行业内的情况比较熟悉，哪儿的乌龙茶好、哪儿的普洱茶好，几乎是了如指掌。反而是最终的消费者，对哪儿生产什么茶，并不是很清楚。所以组织普通消费者到展会上参观，可以有一个认知的过程，只要消费者认识了，才能放心地购买，茶商才能有更好的市场。她强调，展会不要太专业，只有有市场，经销商才能有销售渠道，不要把消费者挡在门外。

此次展会除展示外，茶叶论坛也是一个很大的亮点。每天7场的论坛，几乎都坐满了听众。内容包括：世界茶叶经济现状与发展趋势、茶叶的全球消费与未来趋势到弘扬茶文化、提倡茶为国饮、茶为"万病之药"，勿忘饮茶健身；内容包括：印度茶饮消费现状与发展趋势、斯里兰卡茶产业的清洁生产到英国茶叶发展现状与趋势、欧洲茶叶现状与发展趋势；乌龙茶的健康效能到乌龙茶是21世纪的新宠等。

此次展会还邀请了联合国粮农组织、国际茶叶委员会、欧盟茶叶委员会、世界茶叶产销大国的官员和专家，并于10月22日在国贸二层的3号馆举行了“中国茶叶北京宣言”。

此外，首届茶博会期间的活动还有：国际贸易和项目洽谈，茶叶产品、包装、技术、品牌、营销通路等专场推介，以及中国茶具推介、有机茶推介、小包装系列产品推介等。此外，还举办了茶叶包装设计大赛暨获奖作品拍卖，举办国际茶道、茶艺和茶礼品赏会等。

2004年中西部食博会展示美味品牌商品

2004年11月21～24日，中国中西部国际食品产业博览会在郑州中原国际博览中心举办。据悉，这是我国中西部地区首次举办的国际性食品产业博览会，也是河南省首次举办的国际级食品产业博览会。

此次博览会由河南省发改委、河南省农业厅、河南省粮食局和河南省政府食品工业办公室主办。博览会设置了肉类加工、乳制品加工、精品粮油、果蔬加工和其他食品及相关技术设备、加工包装机械等5大展区，前来参展的企业达200多家，其中有瑞士布勒、日本佐竹、瑞典利拉伐等在国际食品行业影响较大的外国公司，有双汇、汇源等国内知名企业、知名品牌，还有国家粮食科学院等国内高水平的科研院所，他们都带来了优秀的产品、先进的设备和先进的技术。

据介绍，河南省作为中西部地区食品工业第一大省，举办此次博览会旨在进一步扩大河南食品工业在中西部地区乃至全国的影响力和市场占有率，同时更好地促进河南省的农产品加工转化。该博览会作为搭建中西部地区食品产业信息交流、技术交流和贸易交流的平台，今后将长期举办下去。

2005年东南亚食品与生产、包装机械（广西）交易会

2005年东南亚食品与生产、包装机械（广西）交易会于2005年3月31日～4月3日在广西南宁市广西展览馆举行，此次交易会参展商品以休闲健康食品、调味品、农副产品、酒类为主，同时有果蔬保鲜机械、方便食品加工设备、冷冻干燥设备、消毒净化设备、食品包装、喷码机等设备参加展示和交易。开幕前一天就成交了上海申佳机械工贸有限公司价值38万的包装设备，佛山奥弛机电设备有限公司带来了4套饮料罐装设备也于开幕当天成交了3套。

此次交易会是继中国——东盟博览会在南宁成功举办之后，国家商务部首次批准在广西举办的面向东南亚地区招商招展的又一行业盛会。交易会由中国国际经济技术交流中心主办，广西绿色食品办公室、广西英纳博会展有限公司承办。

本次交易会，东盟国家派出了不少政府企业代表，仅越南就组织了80多人的企业及政府代表团。越南平顺省副主席阮文秋观看了每一个展位，广西十万大山的系列食品、八桂田园的野菜奇果、大新的苦丁茶、钦州的百香果、北海的海产品以及全国各地农产品加工和包装设备，都引起了他极大的兴趣。

此次共有来自越南、泰国和中国及香港、台湾等国家和地区的采购商119家农业龙头企业、绿色食品生产企业及专业观众参加了交易会，交易会累计成交金额120万元。

杭州茶博会打造“中国茶都”

2005年4月22日～5月22日，由杭州市人民政府、中国国际茶文化研究会、中国茶叶学会共同主办的“2005中国杭州西湖国际茶文化博览会”在杭州举办。

杭州以西湖龙井茶闻名于世，种茶、喝茶历史悠久。目前，杭州会聚了中国茶叶学会、中国茶叶检测中心、中国农科院茶叶研究所、中国国际茶文化研究会等8个国字号茶叶研究机构，以及全国一半以上的顶级茶叶研究专家。杭州作为绿茶之乡，发展茶产业有得天独厚的优势。就茶叶产业来说，2003年浙江茶叶总产量13.27万吨，总产值32.6亿元。就茶楼产业来说，杭州现有茶楼约700家，杭州茶楼首创的自助式茶点已成为全国茶楼业模仿的对象，业内称为杭州模式。

但在东南亚等国，茶经济的提升却有超过中国的势头。2003年，我国茶饮料销售虽已达到约350万吨，但仍比不上有些国家的茶饮料消费水平。在这种背景下，杭州茶经济有了极大的提升空间，杭州举办茶博会，就是想进一步提升茶经济，以确立杭州在全国茶领域的龙头地位。

杭州市有关领导表示，茶博会不同于以往单一以茶交易为内容的茶展，而将力争办成国际影响力最广泛的茶产业、茶文化、茶旅游权威盛会。据悉，杭州还准备建设与茶产业有关的5大中心：国际茶文化展示中心、茶科学茶文化国际培训中心、全国性的茶叶质量技术培训服务中心、茶叶信息中心和茶叶交易中心，目标是成为全国茶叶经销的主要集散地。

据了解，杭州茶博会有一条主线：开茶、品茶、赏茶、购茶、论茶、敬茶。很强的群众参与性是其特点之一。目前已开展的有“天下名茶聚茶都”寻访活动，寻访队伍走遍中国“名茶之乡”，寻找各地名茶、茶歌舞、茶历史等有价值的信息。

2005（杭州）国际名茶之乡博览会是茶与旅游、茶与文化相结合举办展览会的一种全新尝试。名茶之乡博览会共设展台200个，海外参展商达到20%以上，日本、韩国、斯里兰卡、印度等国家都来参展。国内城市的热情更为高涨，绍兴市还组织大规模的参展团参展。

国际美食斗“秀”中国展会

法国爱博展览集团和（中国）商业发展中心共同主办的

第六届中国国际食品和饮料展览会于2005年5月18～20日在上海新国际博览中心举行。

本届展会创下了中国食品展参展国最多的纪录，有来自全球50个国家和地区的海外企业参加展出。海外企业的参展面积比去年增加了66%，共有33个展团，参展团的规模迅速扩大：法国推出近700平方米的展台、美国推出近400平方米的展台、韩国推出近300平方米的展台、意大利、德国、西班牙、比利时、希腊、土耳其、巴西、阿根廷、日本、泰国等都有上百平米的展台。众多海外展商的加盟，凸现了食品贸易全球化发展的大趋势，将对我国食品行业发展产生不可低估的拉动作用。

国内企业参展同样十分踊跃。农业部对外经济合作中心组织了中国农业专业展区，协助中国农产品走向国际市场；中国罐头工业协会也再次组团参展；中国食文化研究会健康素食文化委员会主办的国际健康素食文化展区首次在展会亮相。此外，北京、河南、河北、甘肃、江苏、大连、青岛、烟台、临沂等省市的地方权威机构积极组织本地的龙头企业组团参展，一方面开拓国内市场，同时又瞄准国外市场，积极推动地方优秀企业和国外企业的合作。

为了确保展会圆满成功，展会主办方在中央电视台、中央人民广播电台以及《中国食品报》、《中国食品质量报》、《国际商报》、《名牌时报·超市周刊》、《中国食品工业》、《中国贸易报》等几十家有影响的专业媒体和新闻媒体展开了强劲的宣传攻势。并在上海、北京以及南京、杭州、成都、广州、大连等经济发达城市举办展会推介会进一步宣传展会。

此外，主办方和法国国际专业展促进会的全球营销网络密切合作，在亚太地区十多个国家和地区，如日本、韩国、泰国、马来西亚、新加坡、印度尼西亚以及中国台湾和香港等地区，精心组织多种形式的展会促进活动，专门动员和组织海外贸易商前来展会进行采购，从而为国内参展商提供了“在国门之内做海外生意”的大好机会。国内不少农业大省和专业协会纷纷组团来沪参观，并和展会主办方探讨如何围绕上海SIAL CHINA展和巴黎SIAL展发展长期的双边合作关系。

内容丰富多彩的展会活动是值得关注的另一个“亮点”，如：国际食品大趋势和新产品发布会、中国国际葡萄酒和烈酒品酒会、国际橄榄油大赛、西尧中国食品市场投资研讨会、中法文化交流年的特别活动、“西班牙日”、世界著名的糕点大师和西餐大师进行现场厨艺表演、罗杰—乐口特杯上海调酒师大赛、家乐福和麦德龙两大国际连锁零售集团的现场采购洽谈会等多项商务活动。

2005中国国际肉类工业展览会

中国肉类协会至今在北京已成功地举办了两届中国国际肉类工业展览会，世界肉类组织主席菲利普·森先生和帕屈克·摩尔先生率专家组应邀参观，给予很高评价，并决定世界肉类组织与中国肉类协会于2005年7月21～23日在北京展览馆共同举办“塞飞亚——2005中国国际肉类工业大会”暨“2005中国国际肉类工业展览会”。

本次大会和展会由世界肉类组织、中国肉类协会联合主办，美国肉类出口协会、澳洲肉类及畜牧业协会、爱尔兰食品局协办。举办本次大会的主要目的是向全行业及相关企业发布中国肉类工业发展动态信息；为全行业及相关企业提供互相交流的平台；促进中国肉类食品行业企业与国外相关企业间的贸易交流；通过相关行业企业与肉类工业企业代表的交流与合作，进一步促进肉类工业的发展；通过主流宣传渠道，做好向全社会宣传推广，进一步扩大中国肉类食品行业的声势。

本次展会的展出面积在前两届的基础上扩大到2万余平方米，特装展位占总面积的75%。国际参展商达到总参展企业的35%。有不少企业在上届展会时就预订的展位。参展企业类型涉及肉类食品加工、肉类机械设备、肉类食品添加剂、肉类食品包装、肉类加工技术等。这是一届专业性强、涉及面广的国际性展会。在两会期间，主办单位安排了技术讲座、商务洽谈及商务考察活动，同时，还有部分企业自主举办的产品发布会、技术交流会等。

“2005中国国际肉类工业大会”暨“2005中国国际肉类工业展览会”是一个中国肉类食品行业与世界肉类食品工业相互融合、增进交流、促进国际合作与发展的行业盛会，是一个生产商、贸易商、终端零售商及广大消费者聚集一堂的商业盛会。

2005中国（青岛）国际啤酒、饮料及酿造技术博览会

2005年8月17～19日，2005中国（青岛）国际啤酒、饮料及酿造技术博览会在青岛国际会展中心举办。

作为第15届青岛国际啤酒节重要经贸活动，本届博览会紧贴世界市场脉搏，以青岛的啤酒工业为基础，借助啤酒节的巨大魅力，致力打造前瞻国际市场、反映啤酒和饮料行业最新技术发展趋势、亚洲首屈一指的酿造行业盛会。

本届博览会由中国轻工业联合会、中国轻工机械协会、中国酿酒工业协会啤酒分会、国家啤酒质量监督检验中心、青岛市外经贸局、青岛市啤酒办共同主办，青岛国际会展中心等单位承办。主题是技术、交流、合作、创新。通过集中展示、宣传国际酿酒饮料制造行业最先进的新技术、新产品、新装备，突出展示具有实用、高效、经济、耐用等特点的高质量啤酒饮料加工设备，为国内外企业提供良好的新技术展示场所和可靠的商业交易平台。

本届展会展览总面积达到1万平方米，与上届相比扩大

一倍。重点邀请了啤酒、饮料生产企业，机械设备供应商和用户，包装企业，原辅料生产供应商等参展，并邀请专业贸易商、代理商、批发商及相关企业的技术部、设备部、采购部经理参会采购。

展会上，德国西门子、美国英威达等世界500强企业，南轻、广二轻、乐惠、秦皇岛中德等国内灌装、贴标等大型企业集团首次亮相，还有众多国内外知名企业如德国克朗斯、GEA、西派克，美国伟迪捷、福斯、科时敏，瑞士布勒，比利时莫拉，乌克兰UBC，国内的珠海中富、哈尔滨汉德，欧华包装、上海成智、德峰精密仪器等都参加了展出。

境内展

展名：迎春食品采购会
时间：2005年1月17～26日（南京）

展名：第四届南京（全国）春节食品交易会
时间：2005年2月1～5日（南京）
周期：一年一届
创办时间：2002年
上届数据：展出面积（平方米）：8000
观众总数（人次）：100000
展商总数（家）：400

展名：2005亚洲食品配料暨技术展览会
时间：2005年3月1～3日（上海）
周期：一年一届
创办时间：1998年3月
上届数据：展出面积（平方米）：17000
其中外国参展面积（平方米）：6000
观众总数（人次）11502
展商总数（家）：523
其中外国参展商数目（家）：152

展名：国际食品配料、半成品加工、产品开发暨质量控制展览会
时间：2005年3月1～3日（上海）
周期：一年一届

展名：第九届中国国际啤酒、饮料暨酿酒工业展览会
时间：2005年3月8～11日（广州）
周期：一年一届
上届数据：展出面积（平方米）：8000
观众人数（人次）：11000
展商总数（家）：130

展名：国际食品加工和包装机械展览会
时间：2005年3月15～17日（北京）
展期：两年一届

展名：国际餐饮食品、原辅料暨设备展览会
时间：2005年3月15～17日（北京）
周期：两年一届

展名：第九届中国国际食品添加剂和配料展览会
时间：2005年3月17～19日（上海）
周期：一年一届
创办时间：1997年
上届数据：展出面积（平方米）：33000
其中外国参展面积（平方米）：4500
观众总数（人次）：28000
展商总数（家）：817
其中外国参展商数目（家）：102

展名：春季全国糖酒会
时间：2005年3月25～28日（成都）
周期：一年两届

展名：中国食品暨配料展览会
时间：2005年3月（上海）
周期：一年一届

展名：中国国际饮料暨酿造技术展览会
时间：2005年3月（广州）
周期：一年一届

展名：上海国际茶文化节
时间：2005年4月13～17日（上海）
周期：一年一届
创办时间：1994年

展名：第11届香港餐饮设备、供应暨科技博览会
时间：2005年5月10～13日（香港）
周期：两年一届

展名：第四届中国（广州）国际乳品工业展览会
第二届中国（广州）国际冰淇淋工业展览会
时间：2005年5月12～14日（广州）
周期：一年一届
创办时间：2002年
上届数据：展出面积（平方米）：12000

其中外国参展面积（平方米）：3000
观众人数（人次）：23000
展商总数（家）：159
其中外国参展商数目（家）：110

展名：第八届中国国际焙烤展览会
时间：2005年5月17～19日（上海）
周期：一年一届
创办时间：1997年
上届数据：展出面积（平方米）：33000
其中外国参展面积（平方米）：3000
观众总数（人次）：6万
展商总数（家）：600
其中外国参展商数目（家）：54

展名：第五届上海国际包装和食品加工技术展览会
时间：2005年5月18～20日（上海）
周期：一年一届
创办时间：2000年5月
上届数据：展出面积（平方米）：7000
其中外国参展面积（平方米）：1500
观众总数（人次）：13000
展商总数（家）：200
其中外国参展商数目（家）：50

展名：上海国际食品加工暨包装展览会
时间：2005年5月18～20日（上海）
周期：一年一届

展名：中国西部国际美食产业博览会
时间：2005年5月25～28日（成都）
周期：一年一届

展名：第二届中国国际食品工业暨中国出口食品展览会
时间：2005年5月26～28日（青岛）
周期：一年一届
创办时间：2004年
上届数据：展出面积（平方米）：1000
其中外国参展面积（平方米）：270
观众人数（人次）：20000
展商总数（家）：300
其中外国参展数目（家）：80

展名：第11届中国国际酒店餐饮用品、食品、饮料暨服务设施博览会
时间：2005年5月31日～6月2日（北京）
周期：一年一届
创办时间：1993年
上届数据：展出面积（平方米）：8000
其中外国参展面积（平方米）：500
观众总数（人次）：11000
展商总数（家）：850
其中外国参展商数目（家）：25

展名：国际焙烤技术暨甜品展销会
时间：2005年5月（上海）
周期：一年一届

展名：国际焙烤设备用品交易会
时间：2005年5月（广州）
周期：一年一届

展名：中国南京糖烟酒交易会暨中国糖烟酒经销商发展论坛
时间：2005年6月7～12日（南京）
周期：一年一届

展名：2005北京焙烤设备暨原辅料展览会
时间：2005年6月10～12日（北京）

展名：台北国际食品展览会
时间：2005年6月16～19日（台北）

展名：中日韩国际茶文化交流会
时间：2005年6月25～27日（厦门）
周期：一年一届

展名：第13届中国国际食品饮料展览会
时间：2005年6月27～30日（北京）

展名：国际餐饮业、焙烤工业博览会
时间：2005年6月28～30日(北京)
周期：两年一届
创办时间：1994年

展名：第六届中国高级食品展览会暨食品安全、无公害食品国际会议暨2005年世界水产与海鲜展览会
时间：2005年6月28～30日（上海）
周期：一年一届
创办时间：1994年9月
上届数据：展出面积（平方米）：11000

其中外国参展面积（平方米）：500
观众总数（人次）：15000
展商总数（家）：320
其中外国参展商数目（家）：33

展名：中国食品博览会
时间：2005年6月（上海）
周期：一年一届

展名：第三届中国国际烘焙、甜点、西餐配料暨设备展览会
时间：2005年6月（上海）

展名：上海国际包装暨食品加工机械展览会
时间：2005年7月26～29日（上海）
周期：一年一届
创办时间：1995年

展名：中国国际啤酒暨酿酒工业博览会
时间：2005年7月（上海）
周期：一年一届
创办时间：1995年

展名：2005珠江食品博览会暨华南名酒交易会
时间：2005年8月5～7日（东莞）

展名：青岛国际啤酒暨酿造技术博览会
时间：2005年8月13～16日（青岛）
周期：一年一届

展名：中国甜食、休闲食品暨技术展览会
时间：2005年8月31日～9月3日（上海）
周期：一年一届
创办时间：2004年9月

展名：中国国际糖制品工业博览会
时间：2005年8月31日～9月3日（上海）
周期：一年一届
创办时间：2004年

展名：国际糖果、糕点、快餐食品暨冰激凌展销会
时间：2005年8月31日～9月3日（上海）
周期：一年一届

展名：2005年台北中华美食展览会
时间：2005年8月（台北）

展名：第三届中国国际奶业展览会暨高层论坛
时间：2005年9月5～7日（大连）
周期：一年一届
创办时间：2003年
上届数据：展出面积（平方米）：7000
观众人数（人次）：6000
展商总数（家）：125
其中外国参展商数目（家）：18

展名：2005第四届中国国际冰激淋设备暨原辅料展览会
时间：2005年9月28～30日（上海）
周期：一年一届
创办时间：2001年
上届数据：展出面积（平方米）：8000
观众总数（人次）：12000
展商总数（家）：200

展名：第三届中国国际奶业展览会暨高层论坛
时间：2005年9月（北京）
周期：一年一届
创办时间：2003年9月
上届数据：展出面积（平方米）：7000
展商总数（家）：120

展名：第二届中国国际茶叶博览会
时间：2005年10月（北京）
周期：一年一届

展名：第七届中国酒类、饮料暨超市食品展览会
时间：2005年10月（上海）
周期：一年一届
创办时间：1999年10月

展名：国际食品加工暨包装机械展览会
时间：2005年10月（北京）
周期：两年一届
创办时间：1989年

展名：国际葡萄栽培暨葡萄酒酿造技术设备展览会
时间：2005年10月（青岛）
周期：一年一届

展名：第五届中国南京食品采购交易会
时间：2005年11月3～8日（南京）
周期：一年一届

创办时间：2002 年
上届数据：展出面积（平方米）：8000
观众总数（人次）：20000
展商总数（家）：400

展名：第六届中国汕头国际食品博览会
时间：2005 年 11 月 10～14 日（汕头）
周期：一年一届
创办时间：1999 年
上届数据：展出面积（平方米）：20000
其中外国参展面积（平方米）：1000
观众总数（人次）：100000
展商总数（家）：400
其中外国参展商数目（家）：50

展名：中国出口食品展销会
时间：2005 年 11 月 15～18 日（上海）
周期：一年一届

展名：国际餐饮产品、设备、焙烤工艺暨食品零售业展览会
时间：2005 年 11 月 15～18 日（上海）
周期：一年一届

展名：中国国际名酒博览会
时间：2005 年 11 月 25～28 日（成都）
周期：一年一届
创办时间：2004 年
上届数据：展出面积（平方米）：1 万
其中外国参展面积（平方米）：3000
观众人数（人次）：8 万
展商总数（家）：350
其中外国参展商数目（家）：80

展名：2005 中意葡萄酒展览会
时间：2005 年 11 月（上海）
周期：一年一届

展名：第 15 届台湾国际优良食品暨设备展览会
时间：2005 年 12 月（台北）

展名：第 3 届香港美食嘉年华
时间：2005 年 12 月（香港）

境外展

展名：越南第六届国际食品饮料暨加工、包装设备展览会
时间：2005 年 1 月 13～16 日（越南）

展名：柏林国际水果蔬菜展览会
时间：2005 年 2 月 10～12 日（德国）

展名：2005 第十届海湾（迪拜）食品、食品设备、酒店设备博览会
时间：2005 年 2 月 20～23 日（阿联酋）

展名：汉堡国际宾馆、餐厅、烘焙暨糖果贸易展览会
时间：2005 年 3 月 4～9 日（德国）

展名：2005 英国国际食品饮料展览会
时间：2005 年 3 月 13～16 日（英国）

展名：世界面点展览会
时间：2005 年 4 月 16～20 日（法国）

展名：国际食品暨包装机械展览会
时间：2005 年 5 月 1～5 日（沙特）

展名：越南国际食品包装机械设备暨技术展览会
时间：2005 年 5 月 17～20 日（越南）

展名：第六届迪拜国际酒店展览会
时间：2005 年 5 月 22～24 日（阿联酋）

展名：2005 第 13 届沙特国际食品、餐饮暨其装备展览会
时间：2005 年 5 月 22～26 日（沙特）

展名：世界葡萄酒暨烈性酒展览会
时间：2005 年 6 月 19～23 日（法国）

展名：雅加达国际食品包装机构设备暨技术展览会
时间：2005 年 8 月 31 日～9 月 3 日（印度尼西亚）

展名：第 10 届饮料与液体食品技术世界博览会
时间：2005 年 9 月 12～17 日（德国）

展名：2005 莫斯科世界食品展览会
时间：2005 年 9 月 20～23 日（俄罗斯）

展名：斯图加特肉制品展览会
时间：2005年10月2～4日（德国）

展名：食品安全暨品质控制展览会
时间：2005年10月5～7日（日本）

展名：2005日本健康食品原料展览会
时间：2005年10月6～8日（日本）

展名：巴里国际酒店、餐饮设备暨服务展览会暨食品博览会
时间：2005年10月6～8日（印度尼西亚）

展名：德国科隆国际食品博览会
时间：2005年10月8～12日（德国）

展名：斯图加特面包暨糖果商品展览会
时间：2005年10月15～18日（德国）

展名：莱比锡面包暨糖果展览会
时间：2005年10月29～31日（德国）

展名：莱比锡国际肉制品展览会
时间：2005年10月30日～11月1日（德国）

展名：国际宾馆、酒店暨餐饮业专业展览会
时间：2005年10月30日～11月2日（德国）

展名：2005年俄罗斯国际食品配料展览会
时间：2005年11月8～11日（俄罗斯）

展名：意大利里米尼国际酒店设备展览会
时间：2005年11月20～26日（意大利）

⑤ 美容、化妆行业展会

第三届中国国际美容美发用品博览会

2004年10月18～23日，以“2004美容中国”为主题，由《中国美容时尚报》、德国美沙展览集团和首旅集团北京展览馆携手举办的“2004第三届中国国际美容时尚周”在北京展览馆举行。国际美容美发用品博览会、专业美容美发化妆大赛、国际国内发型、化妆造型的时尚演绎、美容化妆品行业论坛及全城互动主题活动相继开展。

据组委会负责人介绍，此次第三届国际美容美发用品博览会，总体参展商达到500多家，有近200家国际企业来华参展，包括威娜、TONIGUY、沙宣、雅诗兰黛、欧莱雅等品牌；英、法、美等20多个国家的行业协会以及许多国际知名专家学者到会。还有来自美国、德国、意大利、法国、西班牙、日本、韩国等国家和地区的海外厂商参展，海外商家的总数占所有参展商的2/5。

目前最为行业关注的是一系列以美容经济为主题的论坛。包括2004中国美容经济论坛、环球杰出女性财富论坛、中国美容院院长论坛、中国国际美容教育论坛、中国国际美容化妆品中外经贸论坛、中国国际美容营销论坛，汇集了各个国家和地区美容协会会长、国际美容化妆品行业精英、国内外美容专家、经济学家、学术权威等共同探讨中国美容经济发展现状以及未来发展走向。

10月18～22日，北展剧场上演超过20场精彩表演，包括威娜2005趋势发布、Toni&Guy发型时尚表演、沙宣发型时尚秀、吉米石破天惊、毛戈平彩妆艺术造型表演、秦怡东方陈香艺术表演、徐全友炫亮彩妆造型展示等为观众带来2004年度美容美发行业最大的视觉盛宴。而大赛方面，2004第三届中国国际美容时尚周冠军大赛、2004第二届中国十大青年发型师大赛、2004首届中国十大青年美甲师评选等，更是展现选手们精彩的发艺、化妆造型等表演。大赛严格按照评判团提出的评判标准行事，力争达到国际专业美容美发表演水平。

此次美容时尚周结合美容行业现状及实际，通过组织如：长城诚信宣言、顶级时尚表演、国医美容演示、专家现场咨询，与消费者、美容院大型多向互动等活动，达到全面提升行业形象的作用。特别是长城诚信宣言，这是行业向全国各界人士的一个承诺，将对扭转整个行业在消费者心目中的形象有着重大的意义。它开创了美容行业在文化领域里交流的先例，它将鼓励这个行业里不同领域不同层次的从业人员发展前进。

这次展会有国内外40多家专业媒体来跟踪报道中国的美容时尚周。而且意大利《ESTETICA》和法国《ICN》两本具有国际知名度的专业媒体亦借此次时尚周推出中文版本。这必将强化时尚周的国际效应。

第94届全国化妆洗涤美容美发商品交易会

由中国百货商业协会和广东省美容美发行业协会主办的94届中国化妆洗涤美容美发商品交易会于2004年11月18～20日在中国国际展览中心举行,这是京城年度最大规模的展会,主办方强强联手，充分发挥各自优势，为繁荣、规范和推动中国美容化妆品市场做出了贡献。

展会吸引了韩国、法国、美国、英国、澳洲、日本等美容美发的贸易商、批发商，国内的有广州、北京、天津、大连、深圳、云南、上海、汕头、余姚、厦门、福州、温州、陕西等地的企业参展。展馆分类包括：美容、美发、美体、美甲、彩妆、仪器、生产设备、原料、包装等等。其中超市及连锁机构的日化线买家7000家，全国各地专业经销商及美容院经理人达16万人，现场有美导师热情专业的服务，让终端买家亲自体验美容减肥仪器，另有韩国著名讲师的美发产品特别讲座等，为国内外广大专业人士创造了一个聚会、交流、订货、采购和展示新产品、新形象的大平台。

相关资料

由于化妆品的季节性很强。生产厂家每年都会推出应季新产品，因此全国化妆洗涤美容美发商品交易会每年举办两届，上下半年各一次。上半年在南方，针对夏季主打防晒产品，一般固定在上海进行。下半年选择一个北方城市举行，主要是想推出冬季护肤产品，具体地方之所以不确定，就是因为在不同城市举办，可以扩大这个展会的受众群体，提高知名度，吸引更多观众参观洽谈，让参展商不必为缺少专业观众而苦恼。

2004亚太区美容展

亚太区最权威和最大型的美容贸易盛会——亚太区美容展，于2004年11月10～12日在香港会议展览中心举行。现已踏入第九届的美容展，规模会有所扩大，吸引了超过850家来自36个国家及地区的参展商，数目较上届激增15%。

本届展会占地超过2.8万平方米，分为四个独特区域，即专业美容院、身心健康产品及设备区；香水、化妆品及护肤品区；美发产品、仪器及发廊家具区；包装、原料、机械、私人品牌及承包生产区，展示现时美容界最新的产品和潮流，为超过3.98万名来自亚太区内外各国的业内买家提供了一个一站式的商贸平台。

本届展会还同期举办了第三届天然保健产品展。

除了得到美国馆的热烈支持外，亚太区美容展亦得到其他多个国家及团体展馆的积极参与。它们分别来自澳洲、中国内地及台湾、法国、德国、印尼、以色列、意大利、日本、韩国、西班牙、美国、泰国和英国。

境内展

展名：第15届中国武汉美容美体化妆品春季博览会
时间：2005年3月10～12日（武汉）
周期：一年两届
创办时间：1996年
上届数据：展出面积（平方米）：12000
观众人数（人次）：15万
展商总数（家）：300

展名：第95届中国化妆洗涤美容美发商品交易会
时间：2005年3月23～25日（上海）
周期：一年两届

展名：2005中国国际化妆品、美容暨整容技术博览会
时间：2005年3月24～27日（青岛）

展名：广州国际美容化妆用品展览会
时间：2005年3月26～29日（广州）
周期：一年两届

展名：济南春季美容美发化妆用品暨日化洗涤用品展览会
时间：2005年4月11～13日（济南）

展名：2005上海国际美容设备和医学美容设备展览会
时间：2005年4月20～24日（上海）
周期：一年一届
创办时间：2001年4月
上届数据：展出面积（平方米）：5000
观众总数（人次）：8000
展商总数（家）：103
其中外国参展商数目（家）：1

展名：中国（哈尔滨）国际美容化妆洗涤用品博览会
时间：2005年4月22～24日（哈尔滨）
周期：一年一届
创办时间：2004年
上届数据：展出面积（平方米）：3600
其中外国参展面积（平方米）：900
观众人数（人次）30万
展商总数（家）：200
其中国外参展商数目（家）：20

展名：大连国际美容美发、化妆洗涤用品（春季）博览会
时间：2005年4月21～24日（大连）
周期：一年两届
创办时间：2001年7月
上届数据：展出面积（平方米）：7500
其中外国参展面积（平方米）：3000
观众总数（人次）：10万
展商总数（家）：300

其中外国参展商数目（家）：80

展名：2005 武汉国际美容美发化妆品展览会
时间：2005 年 4 月（武汉）
周期：一年一届
创办时间：2000 年 9 月
上届数据：展出面积（平方米）：10000
其中外国参展面积（平方米）：1000
观众总数（人次）：4 万
展商总数（家）：300
其中外国参展商数目（家）：50

展名：第九届中国国际美容化妆洗涤用品博览会
时间：2005 年 5 月 11～14 日（上海）
周期：一年两届
创办时间：1998 年
上届数据：展出面积（平方米）：14400
其中外国参展面积（平方米）：2850
观众人数（人次）：11 万
展商总数（家）：780
其中外国参展商数目（家）：127

展名：第 6 届美容健身博览会
时间：2005 年 6 月（香港）
周期：一年一届

展名：济南秋季美容美发化妆用品暨日化洗涤用品展览会
时间：2005 年 8 月 4～6 日（济南）

展名：台湾第二届医学美容博览会
时间：2005 年 8 月（台北）

展名：广州国际美容化妆用品展览会
时间：2005 年 9 月 9～12 日（广州）
周期：一年两届

展名：大连国际美容、美发、化妆、洗涤用品（秋季）博览会
时间：2005 年 9 月 16～19 日（大连）

展名：第 96 届中国化妆洗涤美容美发商品交易会
时间：2005 年 9 月（上海）
周期：一年两届

展名：第 12 届美容美发化妆用品（济南）展览会
时间：2005 年 10 月 11～13 日（济南）

展名：2005 亚太美容展览会
时间：2005 年 11 月（香港）
周期：一年一届

境外展

展名：第一届国际卫生保健用品暨化妆品展览会
时间：2005 年 1 月 25～29 日（伊朗）

展名：中东（迪拜）激光护肤用品暨设备展览会
时间：2005 年 4 月 24～26 日（阿联酋）

展名：第 10 届中东（迪拜）国际化妆品、美容暨护肤用品博览会
时间：2005 年 5 月 2～4 日（阿联酋）

展名：纽约国际水疗、美容美发沙龙展览会
时间：2005 年 9 月 25～27 日（美国）

展名：美国保健暨美容展览会
时间：2005 年 9 月 27～29 日（美国）

展名：斯图加特美容美发用品贸易展览会
时间：2005 年 12 月 4～5 日（德国）

⑥ 办公用品行业展会

境内展

展名：香港国际文具展览会
时间：2005 年 1 月 11～14 日（香港）
周期：一年一届

展名：2005 中国（广州）国际打印技术暨耗材展览会
时间：2005 年 3 月 11～14 日（广州）

展名：2005 第二届上海国际办公设备、打印耗材暨电脑周边设备展览会
上海国际智能卡与自动识别技术、产品暨设备展览会
时间：2005 年 4 月 6～8 日（上海）
周期：一年一届

展名：第95届中国文化用品商品交易会
时间：2005年4月30日~5月3日（北京）
周期：一年两届

展名：第五届上海国际纸业展览会
时间：2005年6月30日~7月2日（上海）
周期：一年一届
创办时间：2001年
上届数据：展出面积（平方米）：1008
其中外国参展面积（平方米）：117
观众人数（人次）：1005
展商总数（家）：39
其中外国参展商数目（家）：5

展名：第五届中国（上海）国际打印技术与应用展览会
时间：2005年8月31日~9月2日（上海）
周期：一年一届
创办时间：2001年
上届数据：展出面积（平方米）：4500
其中外国参展面积（平方米）：800
观众人数（人次）：25000
展商总数（家）：195
其中外国参展商数目（家）：40

展名：第96届中国文化用品商品交易会
时间：2005年9月（上海）
周期：一年两届

展名：中国国际文具暨办公用品展览会
时间：2005月11月15~17日（上海）
周期：一年一届

展名：亚洲打印耗材展览会
时间：2005年12月6~10日（上海）
周期：一年一届

境外展

展名：日本东京国际文具和办公用品博览会
时间：2005年7月6~9日（日本）

⑦ 家具行业

行业简况

中国家具行业迎来高速发展期

在全国经济高速增长的大好形势下，2004年中国家具行业呈现出超常规高速增长的态势。

中国家具行业的高速发展是由于国民经济持续高速发展、人民生活水平不断提高和国际市场需求旺盛的大好形势推动的结果。全年家具行业发展有如下几个特点：

一是生产规模不断扩大。新厂房、新的工业园区建设加快，产能扩大，同时购进大量先进设备，加快了用高新技术改造传统产业的步伐。

二是产品质量不断提高，花色品种不断增加。普遍重视新产品开发和原创设计水平的不断提高，加上新材料、新工艺的采用，多功能性产品不断涌现，产品更加丰富多彩。

三是产业集群和特色区域逐步形成。以广东和浙江省最为突出。如已命名的广东中山大涌“中国红木家具生产专业镇”、浙江安吉“中国椅业之乡”、广东乐从“中国家具商贸之都”、东莞大岭山“中国家具出口第一镇”、山东宁津“中国桌椅之乡”，还有一些地区也在积极申报之中。

四是家具城的建设方兴未艾。规模越来越大，水平越来越高。同时一批经销商的队伍已经形成，对促进家具产品流通和销售起到了重要的作用。

五是家具出口增势强劲。尽管受到美国木制卧房家具反倾销的影响，但出口仍呈高速增长。2004年1~10月出口80.47亿美元，增速37.83%。美国商务部终裁后，11月份超高速增长，月增10.57亿美元；12月份出口12.49亿美元，创出新高。

未来5~10年，在国内经济高速发展、人民生活水平稳步提高和国际市场需求旺盛、国际家具产业转移的大背景下，中国家具行业将迎来第二个高速发展期。这个时期主要不是量的扩张，而是质的提高。用高新技术改造传统产业，转变增长方式，提高产品质量，实现第二次飞跃，基本实现由家具生产大国向强国跨越的目标。

——中国家具网

展　会

第六届中国(乐从)国际家具博览会

2004年10月26～30日，第六届中国（乐从）国际家具博览会在乐从举办。此次展会有逾万海外客商从印度、中东、欧洲、美国等不同国家和地区来到乐从。

本届博览会的最大亮点，就是在博览中心总面积达8000多平方米的中庭举办的“中国明清家具珍品收藏展”。本次活动得到了国内知名明清家具收藏家的大力支持，首次展出百余件稀世家具珍品。展出的珍品分为五大类：一是官至礼部侍郎，在华人世界有颇大影响的顺德知名人士李文、田学规的真迹牌匾，刘墉、郑板桥等人的木刻对联真迹等；二是稀世珍宝黄花梨家具；三是稀世之宝，明末清初的“黑漆寿山石九如图屏风”；四是龙椅、龙床；五是古玩、古瓷器。这些珍品或出自古代皇宫或由知名人士收藏，每件珍品都有中国文物馆等国家权威部门鉴定认证并出具鉴定书，展出的家具珍品总值超过8000万元人民币。为使展览安全，保障有序，组委会还为其投天价保险，博览中心实行24小时严密保安措施，配备闭路电视监控和安检系统。

对于家博会在中国家具产业发展中所起到的作用，中国家具协会副理事长陈宝光说，广东有很多家具展，但没有一个像乐从家博会一样具有如此鲜明的时代、文化特色。作为中国极具影响力的家具展会，家博会对广东甚至是全国家具行业与世界家具同行之间的交流起到了重要作用。它为中国家具产业进军国际市场打造了一个国际交易平台，对提高中国家具产业核心竞争力做出了重要贡献。家博会已成为中国家具产业与世界交流的桥梁和纽带。

北京国际家具木工机械展

2004年12月9～12日，在中国国际展览中心展馆举行的最后一场热闹的压轴戏——由中国国际展览中心集团公司、中国建筑装饰协会、北京家具行业协会主办的“第七届中国北京国际家具及木工机械展览会”最近落下帷幕，该展会的闭幕也预示着国展中心展馆送走了2004年最后一台展览会，为2004年在北京举办的大型国际展会划上一个圆满的句号。

此次的家具木工机械展以“首都·国际家具设计秀”变脸，给观众以全新的题材、全新的角度和全新的面貌。该展会是国际家具业首次云集北京的“群英会”，素有“国际家具王国”之称的意大利协会领军联合展出。中国国际展览中心辟出全部8个展厅、3.5万平方米的摊位供450家中外厂商参展。

与展会同期举办的活动还有2004年雅典奥运会供应商家具论坛、国际大师“新北京、新奥运”未来家具趋势展望论坛、世界200家国际买家洽商会、意大利集团登陆采购洽谈会。组委会还特别邀请了超过6000家的中国三星级以上酒店家具采购团、奥运工程制定采购团、全国家具及饰品经销商采购团、中外营建商采购团、中外专业建筑、家具、设计群体等前来与会，从而进一步扩大了成交领域。

除了意大利展团带来了最新款的家具设计和最前卫的新潮产品外，国内知名家具厂商和木工机械制造商也纷纷带来了自己的拳头产品。

广州家博会细分专业题材

素有中国家具业“晴雨表”之称的中国广州国际家具博览会已发展成为亚洲家具展览的一颗璀璨明珠。2005年3月，广州家具博览会迎来第15届盛会。为顺应国际家具展览运作方式，进一步提高专业化程度，更好地适应市场需求，本届博览会在中国出口商品交易会琶洲展馆分两期举办：第一期于3月18～21日举行，展出题材为现代家具、古典家具；第二期于3月26～29日举行，展出题材为办公家具和商用家具。中国广州国际木工机械、家具配料展览会与第一期家具展同期举行。中国广州国际家纺布艺展览会与第二期家具展同期举行。两期展览总规模超过20万平方米，成为世界最大的专业家具展之一。

通过分期举办，广州家具展细分了专业题材，产品结构更加合理，买家采购更加方便。而除此之外，广州国际家具展今年又出新招：在举办家具博览会的同时，还有个“展中展”同期推出，即“顶级大师共同演绎办公空间”设计作品展，通过中国环艺界10位顶级设计大师的双手，将设计师最新的理念和国际办公家具潮流进行有机的融合，描绘出当今最时尚、最具代表性的办公空间文化，这无疑成为此次家具博览会的点睛之笔。

家具作为现代办公空间的重要组成部分，随着现代办公需求和观念的不断发展，广大消费者对办公空间的要求也越来越高，近几年办公家具的市场需求骤然增长，办公家具设计也越来越成为设计人士的热门话题。在2005年的广州国际家具博览会的筹备活动中，广州国际家具展组委会意识到办公家具与办公空间设计、办公空间艺术密不可分的关系，希望能够以一个高级别的办公空间设计展丰富家具博览会的文化内涵及深度，打造一个与其他家具展不同的、具有广州特色的家具博览会，让博览会散发出更多的文化内涵的气息，彰显出广州家具博览会与众不同的深度和个性。在本届家具博览会期间同期举办高水平办公空间设计展览的创意由此而生，广州国际家具展组委会通过严格的筛选征询，最终确定携手室内设计行业知名IT企业圆方软件公司，共同创办“中国10位顶级大师共同演绎办公空间”设计作品展。

本次作品展邀请10位中国环艺设计的大师级人物，专门为本届广州家具博览会进行办公空间设计，展现大师对办公空间文化的理解，领中国办公家具潮流，倡导办公空间文化。这10位顶级环艺大师不单是行业顶尖级的大师，也是活跃于全国市场的主流设计师，是国内大型装饰设计的主笔人。他们不单个人设计成绩非凡，更有全国数十万室内设计师都密切关注着他们，他们的设计风格、家具选择、设计用材等都是全国室内设计师跟风仿效的对象。此次“中国10位顶级大师共同演绎办公空间”设计作品展为本届展会注入办公文化新概念，为家具博览会提供了一项增值服务。业内人士指出，如此高层次、高水平的设计大展，必将有力地引领办公家具潮流，倡导办公空间文化，开启人们对“办公”的创意空间，对今后的家具博览会产生积极而深远的影响。

广州家具博览会促进家具出口

第16届广州国际家具博览会和国际家纺布艺、家居饰品展览会于2005年8月18～21日同时在广州国际会展中心举行。从本次广州家具展签约来看，中国家具出口增势未减，美国等反倾销案对中国家具出口影响有限。美国反倾销促进了中国家具形成出口国家和地区多元化及产品多元化的格局。目前中国家具出口国家及地区已增长到100多个，虽然近期家具出口仍以美国为主，但从发展趋势上看，欧洲和其他地区的份额将会很快增长。

据悉，最近五年中国家具出口额以每年30%以上的速度增长，2004年中国家具出口首次突破百亿美元，超过意大利居世界首位。目前，世界家具产业中心已加快向中国转移。广州家具展应运迅猛发展，从第一届的展出规模4万平方米扩大到现在的13万平方米，参展企业从400多家到现在的近千家，海外买家4万多人到会参观采购，成为亚洲最具规模和影响力的家具展之一。

境内展

展名：国际名家具（东莞）展览会
时间：2005年3月16～19日（东莞）
周期：一年两届
创办时间：1999年
上届数据：展出面积（平方米）：20万
其中外国参展面积（平方米）：12000
观众人数（人次）：10万
展商总数（家）：610
其中外国参展商数目（家）：47

展名：中国广州国际家具博览会
时间：2005年3月18～21日（第一期）
3月26～29日（第二期）（广州）
周期：一年两届
创办时间：1998年
上届数据：展出面积（平方米）：130000
观众总数（人次）：75095
展商总数（家）：999

展名：中国广州国际木工机械、家具配料展览会
时间：2005年3月18～21日（广州）
周期：一年一届
创办时间：2003年3月
上届数据：展出面积（平方米）：20000
观众总数（人次）：75095
展商总数（家）：389

展名：第九届龙彩家具精品展销会
时间：2005年3月19～22日（佛山）
周期：一年两届
创办时间：2001年3月
上届数据：展出面积（平方米）：40000
观众总数（人次）：80000
展商总数（家）：350

展名：第16届深圳国际家具展览会
时间：2005年3月19～23日（深圳）
周期：一年两届
创办时间：1995年
上届数据：展出面积（平方米）：16万
其中外国参展面积（平方米）：1万
观众人数（人次）：8万
展商总数（家）：500
其中外国参展商数目（家）：20

展名：国际木材、木制品、家具暨建筑博览会
时间：2005年3月22～25日（上海）
周期：一年一届

展名：国际家具生产设备、辅料暨室内装潢展览会
时间：2005年3月22～25日（上海）
周期：一年一届

展名：上海木工机械展览会
时间：2005年3月（上海）
周期：一年两届

创办时间：2004年

展名：龙精品家具展览会
时间：2005年3月（佛山）
周期：一年两届

展名：第17届台湾国际家具家饰建材系列展览会
时间：2005年3月（台北）

展名：2005年台北国际家具展览会
时间：2005年3月（台北）

展名：第七届济南国际家具暨木工机械展览会
时间：2005年4月6～8日（济南）

展名：2005中国东北第九届国际木工机械家具生产设备、家具配件暨材料展览会
时间：2005年4月23～25日（沈阳）
周期：一年一届
上届数据：展出面积（平方米）：8000
观众总数（人次）：17000
展商总数（家）：87

展名：2005中国东北国际家具、家纺布艺暨家居饰品展览会
时间：2005年4月23～27日（沈阳）
周期：一年一届

展名：第六届台北进口内销家具大展览会
时间：2005年4月（台北）

展名：2005中国西部木制品、木工机械暨家具辅料展览会
时间：2005年5月16～19日（成都）

展名：第十届中国国际家具（出口）暨木工机械展览会
时间：2005年5月28～31日（大连）
周期：一年一届
创办时间：1996年10月
上届数据：展出面积（平方米）：20000
其中外国参展面积（平方米）：216
观众总数（人次）：4.2万
展商总数（家）：295
其中外国参展商数目（家）：32

展名：第12届全国家具展览会
时间：2005年5月30日～6月2日（北京）
周期：一年一届
创办时间：1993年
上届数据：展出面积（平方米）：20000
展商总数（家）：106

展名：第11届台湾家具展览会
时间：2005年6月（台北）

展名：台北国际木工机械暨设备展览会
时间：2005年7月1～4日（台北）

展名：新世纪家具精品大展
时间：2005年7月（台北）

展名：国际名家具（东莞）展览会
时间：2005年8月18～21日（东莞）
周期：一年两届
创办时间：1999
上届数据：展出面积（平方米）：20万

展名：龙精品家具展览会
时间：2005年8月（佛山）
周期：一年两届

展名：中国国际家具博览会
时间：2005年8月（广州）
周期：一年一届
创办时间：1997年

展名：第11届中国国际家具展览会
时间：2005年9月14～17日（上海）
周期：一年一届
创办时间：1994年
上届数据：展出面积（平方米）：80000
其中外国参展面积（平方米）：5000
观众总数（人次）：56610
展商总数（家）：800
其中外国参展商数目（家）：80

展名：2005宁波房产家具展览会
时间：2005年9月23～26日（宁波）
周期：一年一届

展名：第五届成都国际家具工业展览会
时间：2005年9月25～28日（成都）

周期：一年一届
创办时间：2000年9月
上届数据：展出面积（平方米）：35000
观众总数（人次）：10000

展名：第九届台北国际家具节
时间：2005年9月（台北）

展名：中国国际办公家具展览会
时间：2005年9月（上海）
周期：一年一届

展名：中国国际家具生产设备暨材料展销会
时间：2005年9月（上海）
周期：一年一届

展名：第11届中国国际家具生产设备暨原辅材料展览会
时间：2005年9月（上海）
周期：一年一届
创办时间：1993年
上届数据：展出面积（平方米）：18000
其中外国参展面积（平方米）：4000
观众总数（人次）：18000
展商总数（家）：300
其中外国参展商数目（家）：43

展名：2005中国（义乌）家具博览会
时间：2005年9月（义乌）
周期：一年一届

展名：国际家具展览会
时间：2005年9月（成都）
周期：一年一届

展名：华北国际家具工业展览会
时间：2005年9月（廊坊）

展名：2005中国（中山）国际红木古典家具展览会
时间：2005年10月18～21日（中山）
周期：一年一届
创办时间：2005年

展名：台北国际建材家具暨照明大展
时间：2005年10月（台北）

展名：台北内销家具寝具暨婚纱摄影珠宝展览会
时间：2005年10月（台北）

展名：中国国际家具暨木工机械博览会
时间：2005年10月（北京）
周期：一年一届
创办时间：1998年

展名：第八届中国北京国际家具暨木工机械展览会
时间：2005年11月3～5日（北京）
周期：一年一届
创办时间：1998年
上届数据：展出面积（平方米）：15200
其中外国参展面积（平方米）：2000
观众总数（人次）：20000
展商总数（家）：420
其中外国参展商数目（家）：44

境外展

展名：亚洲家具展
时间：2005年9月17～20日（泰国）

展名：日本东京国际家具展
时间：2005年11月24～27日（日本）

2．石化行业

行业简况

中国石油大突围路线图

中国国际工程咨询公司石化专家　杨上明

石油成为中国能源瓶颈

过去三年中国GDP年均增速8.6%，带动能源需求旺盛。2004年中国GDP增速9.5%，推动一次能源消费量增加15.1%，当年国内能源消费量占世界总量的13.6%。据BP统计，全球能源需求增幅已从2002年的3.4%升至2004年的4.3%，而中国2001年～2004年3年间，该增幅是52%。同期全球能源需求增幅为1.9%。2001~2004年全球石油需求增幅为1.9%，中国同期增幅却高达37%。2004年中国原油需求上涨15.8%，与2003年7.7%的增幅相比跃升两倍，主要是短期内电力供应不足所致。

由于电力短缺，近几年中国从电荒发展到煤荒加油荒，政府开始感受到前所未有的能源压力。未来中国经济发展仍将保持高速，能源消耗越来越多，中国已遭遇能源瓶颈，但并不说明中国已出现能源危机。

中国是能源消费大国，也是能源生产大国。中国拥有丰富的煤炭资源，其是国家能源主体，在能源生产过程中占76%，在能源消费过程中占67%。2004年中国能源总自给率达94%，2003年~2004年我国总体能源当量（包括天然气、煤炭、石油）对外依存度均不到6%。据商务部等相关统计数据，目前我国原油加工能力达3亿吨，加上在建项目，成品油生产能力能够满足国内市场对成品油的需求。

从市场发展趋势看，中国能源消费中占主导地位的煤炭资源，可保证国内经济发展需要，但石油资源不乐观。中国1993年成为石油净进口国，1996年成为原油净进口国，2003年成为第二大石油消费国，2004年成为第三大石油进口国；2005年由于新增电力缓解了电力紧缺现象，中国对外石油需求势头已减。随着经济发展，国内石油需求还会平稳增长，石油对外依存度将进一步提高。据BP统计，2004年中国石油消耗为每天668.4万桶，占全球石油消费总量的8.3%；同年中国原油产量达1.75亿吨（相当于每天350万桶），对外依存度为48%。预计2020年中国石油需求达每天840万桶，原油产量达约1.95亿吨（相当于每天390万桶），对外依存度将上升为54%。需强调的是，届时中国石油需求量仅为2004年美国消耗量的2/5，并非与美国消耗量一样多。未来16年中国石油需求量年均增速1.4%，国内原油产量年均增速0.7%。相比之下，后者仅为前者的1/2。与其说中国遭遇能源危机，不如说石油资源已成中国能源瓶颈。

2004年7月随着《2004～2020年能源中长期发展规划纲要》出台，中国能源战略初步形成。2005年5月底国家能源领导小组成立，这是中国政府将能源提升至战略高度的具体体现。但为确保能源战略实施，中国应恢复能源部，并将能源工作领导小组扩展为“能源工作委员会”，统筹各能源机构及国防、外交、经济等部门。能源资源作为中国重大战略问题，重中之重应是资源节约、能源替代、国内勘探开发、国际合作四部曲同奏，重要路径是立足国内。

资源节约是中国石油首要战略

2004年世界、中国一次能源消费量分别为1022440万吨和138620万吨油当量，石油消费量分别为376710万吨和30860万吨。而当年世界GDP为406705亿美元，中国GDP为16494亿美元（折合值，人民币为13.65万亿元）。按同口径计算，世界一次能源消耗水平为每万美元2.51吨油当量，中国为8.4吨油当量；世界石油消耗水平为每万美元0.93吨，中国为1.87吨。中国一次能源消耗水平为世界的3.35倍，石油消耗水平为世界的2.01倍。不仅如此，同年美、日、印一次能源消耗水平分别为每万美元1.99吨油当量、1.1吨油当量和5.68吨油当量，石油消耗水平分别为每万美元0.8吨、0.52吨和1.8吨。中国一次能源消耗水平分别为美、日、印的4.22、7.64和1.48倍，石油消耗水平分别为美、日、印的2.34倍、3.6倍和1.04倍。中国能源利用水平不仅低于美、日等发达国家，也低于印度等发展中国家。这说明中国一次能源具有巨大节能潜力，石油节能潜力也较大。

目前中国政府正推行新能源政策，基本方针是立足国内，节约为主，短期看政策效果开始显现。如2004年中国每万元GDP耗能比1990年下降45%，累计节约和少用能源7亿吨标准煤。与1990年相比，2004年中国每万元GDP石油消费下降33%。2020年预计中国GDP与2000年相比增长约四倍，此时能源包括石油需求希望仅增长两倍，这需要大幅提高能源效率。

日本的经验值得借鉴。40年前日本石油消费99%依赖进口，今天依然如此，其重要做法是降低燃料成本。上个世纪70年代开始，石油冲击日本长达20年的两位数增长，1973年~2000年，日本能源消费占GDP比例下降33%。1979年日本以新能源节约法来面对，同时提高汽油税，这是日本汽油价格比美国高一倍的原因之一。日本还放弃耗油量大的汽车，为耗油少的汽车消费者提供减税优惠。

石油消费99%依靠进口的西班牙，尽管平均每人拥有一辆车，但由于采取征收高额汽车燃油税政策，一般高出税前价格45%左右，实现了每万美元GDP消耗石油0.78吨的水平，比美国耗油水平还略低，仅为中国耗油水平的2/5。

中国应优化消费结构，在消费领域推广和普及节约技术，鼓励消费能源资源节约型产品，逐步形成节约型消费方式。建议国家尽快制定《能源资源节约法》，以法律保障能源资源节约。从石油消费结构优化角度看，未来中国应优先提高交通运输效率，压缩用于燃料的石油产品消费量，降低石油消费总量，大幅减少原油进口。当务之急是立即实施燃油税政策，有利于抑制汽油等油品消费高增长。据初步测算，仅采取燃油税政策这一项措施，就将提高燃油效率12%左右，降低石油消费量7%左右。在高油价形势下，一个酝酿10年的政策再不能因“择机出台”而无限期等待下去。未来16年间如节能措施得当，加上石油替代顺利，2020年中国每万元石油消耗量在现有水平基础上，至少可再降低1/3甚至2/5。因此资源节约应成为中国石油大突围首要战略，也是突破中国能源瓶颈的关键。

加快石油替代步伐
是优化能源结构的重要手段

中国目前已通过《可再生能源法》，石油替代潜力巨大。如已在农村推广1300多万户沼气用户，近期还将由国家安排10亿元国债资金，继续推进沼气推广。太阳能也如此。中国有2/3的国土面积年日照时间超过2000小时，如把各种可再生资源结合在一起，是非常好的发展途径。到2020年中国优质清洁可再生能源在一次能源消费中的比重，将由目前的7%提高至13%。

据BP统计，2004年中国一次能源消费结构中，煤炭占69.0%，石油占22.3%，天然气占2.5%，可燃氢占5.4%，核能占0.8%。而同年世界一次能源消费结构中，煤炭占27.2%，石油占36.8%，天然气占23.8%，可燃氢占6.2%，核能占6.1%。相比之下，中国核能仅为世界的13.1%，太阳能为85.5%。从消费结构看，中国核能具有较大差距，开发利用潜力大应加快发展。可燃氢包括水电也有一定潜力。从替代能源角度看，中国首先应加快核能、水电资源开发建设，太阳能、风能和可燃氢等可替代能源也应注重开发。

尽管中国能源消费结构与世界相比，石油、天然气的比例并不高，但加快石油替代步伐仍是优化能源结构的重要手段，有利于降低石油对外依存度。从石油替代战略看，利用国内丰富的煤炭资源，实施“煤变油”以直接替代石油，或通过煤制甲醇进而制烯烃（乙烯、丙烯）以间接替代石油，都不失为可选择的发展方向之一。但煤炭是中国重要的基础能源和原料，如何合理开发利用，已成为重大隐忧。

迄今为止世界仅南非掌握成熟的“煤变油”间接液化技术并工业化生产，马来西亚、新西兰建有小型天然气液化工厂，其他国家包括德、美、日、荷等发达国家都掌握成熟技术，却没进行大规模工业化。我国经过不懈努力已掌握较成熟煤直接液化技术，2004年8月25日，世界第一套年产500万吨油品生产规模的“煤变油”直接液化工业化装置，在我国内蒙古自治区鄂尔多斯开工。但国内片面追求石油替代的做法令人担忧。部分西部地区对煤炭的炒作，远超过煤化工产业实际发展需要，大量圈占资源、无序滥采现象出现，不仅不利于资源合理开发，也将破坏当地脆弱的生态环境，并进一步加大安全压力。由于煤变油是技术、资金、人才高度密集型产业，尽管在当前油价高涨状况下，其经济性值得尝试，但大规模地将一种稀缺资源替代另一种稀缺资源，代价不菲，不乏市场风险，且从可持续发展角度看，非长久之计。

烯烃是国内化工产业急需的基本原料，而煤制甲醇进而制烯烃可成为化工生产工艺新路线，有可能突破传统上单一由石油为原料生产烯烃方法的依赖，因此尽管煤制甲醇技术国际上已成熟，甲醇制烯烃技术尚待工业化，但国内各地已有纷纷上马趋势。长远看中国适度发展煤变油、煤制甲醇进而制烯烃等战略性产业非常必要，关键是应实行煤炭、电力、化工等联合布局，合理发展。

更具可持续发展意义的石油替代，应是加快实施可再生物质能源工程。乙醇汽油作为新型清洁燃料，是目前世界上可再生能源发展重点，既可直接替代石油、降低汽车尾气排放，也利于增加农民收入。作为世界上惟一只用乙醇汽油的国家，巴西利用甘蔗为原料生产乙醇，进而推广乙醇汽油，已有400多万辆汽车在使用。美国用玉米作乙醇汽油主要生产原料，已在全国41个州推广使用乙醇汽油。继美国、巴西之后，中国近年来也加大力度发展乙醇汽油并获成功，已在全国布点建设4个以玉米为原料的燃料乙醇生产基地，东北地区基本实现车用乙醇汽油封闭销售。在此基础上，全国有9个省份实行车用乙醇汽油试点，还将进一步加以推广。按全国车用汽油60%使用量中掺合10～15%乙醇计，石油消费量将降低4%左右。但从长远看，中国应加快开发以其他作物如薯类、甘蔗、高粱为原料生产乙醇，特别是对纤维类作物如秸秆作为生产乙醇的研发，确保乙醇汽油的原料供应。此外也应积极研发生物柴油等其他生物质能源。

加大国内石油资源勘探开发
是保障石油安全的前提

据BP统计，2004年中国石油剩余探明储量23亿吨，仅占世界总量的1.4%；储采比13：4，仅为世界的1/3。受国内资源条件限制，中国原油产量增长缓慢，2004年国内原油产量1.75亿吨，仅比上年增长2.9%。预计2010年~2020年中国原油产量将进入高峰期，年产量为1.8～2亿吨。但目前中国石油资源探明率仅20%左右，剩余可采储量只占已探明储量的不到40%。随着开采技术进步及加大勘探开发力度，在增加石油地质储量和开采储量的同时，提高国内油田石油产出率，是保障石油安全的前提。

中国石油资源海上占24%，陆上占76%。海域主要分布在渤海、南海和东海。而在陆上石油资源分布中，东部地区约占51%，西部地区约占49%。陆上中西部地区石油资源大多分布在高原、黄土塬、山地、沙漠、沼泽和滩海等较复杂、恶劣环境中。在已探明石油储量中，已动用的石油储量高达75%左右，未动用的石油储量约一半属难动用、低渗透资源，原油稠度大，含硫量高，油质差，难开采。在剩余石油可采储量中，低渗透和特低渗透油、重油、稠油或埋深大于3500米的占50%左右。因此中国在增加探明石油资源的同时，应对已勘探开发油田采用新技术。

世界上由于地质条件不同，各油田原油开采率差别很大，有的达80%，有的仅10%。一般情况下采用新技术及注水法等，可使原油开采率达35%。如印尼杜里油田原油开采率40年内提高6倍。通过不断研发，未来10~15年内，世界油田平均开采率将提高到50%。

大庆油田已在提高原油开采率上领先一步，2005年上半年其原油产量达2266万吨，主力油田采收率达50%，居全国首位。其石油探明储量也持续增长，在已探明储量中，剩余储量近38亿吨。过去45年该油田累计生产原油18亿吨，占全国陆上原油产量的40%，并连续27年实现年产原油5000万吨，创造了世界同类油田开发史上的奇迹。其目标是“以技术换资源”，并形成大型陆相砂岩油田水驱开采、聚合物驱开采的配套技术系列，将主力油田采收率提高到50%，并有望达60%。例如，中国通过努力将原油采收率由平均35%提高到50%，中国原油产量保持稳产增产完全可能。

加强国际合作是中国石油突围的必由之路

中国石油资源相对不足，利用国外石油资源势在必行，加强与能源国和消费大国的合作，也是中国石油大突围的必由之路。

在国外石油资源利用上，除购买石油外，主要依靠参与资源国勘探开发，利用技术和资金优势，取得合法权益和份额油。参与或独家开发境外油气田，购并海外石油企业等，是中国实施国际石油合作的主要战略。

中国利用国外石油资源已有10多年历史，到目前为止，中石油、中石化、中海油已参与全世界60多个石油和天然气开发项目，如果对外石油战略实施顺利，中国获取可控石油资源量将达2/5以上。

几年前中国三大油公司启动海外合作和收购行动，如中石油成功收购哈萨克斯坦阿克托别石油天然气公司60%的股份，成为其中最大一笔交易；其他大型收购交易目标是委内瑞拉、苏丹、伊朗、伊拉克、秘鲁、阿塞拜疆和印尼的油田和气田。2005年7月1日，中石油、中石化相继与俄罗斯石油公司签署原油进口长期合作协议、建立合资企业议定书。2005年6月下旬，中海油宣布竞标美国第九大石油公司优尼科，更将全球石油并购活动推向高潮。尽管该收购可能不成功，但中国石油企业对外合作的步伐不会因此而停止。

除上述途径外，在国内建立合资企业引入石油资源，也是一种途经。2005年7月8日，由中石化参与投资的福建炼化炼油乙烯一体化合资项目正式开工。该项目得以实施的基础，是沙特石油公司年提供1200万吨原油。此类资源获取方式，将是中国石油石化企业今后开展对外合作的方式之一。

但未来几十年中国在能源领域与西方的摩擦将日趋激烈，中海油购并优尼科，只是中美双方在石油领域展开商业竞争的锋芒初试。为化解西方敌意，中国可考虑加入“西方石油俱乐部”——国际能源机构，以与西方展开对双方有利的战略合作和外交协调，同时分享石油资讯，共同防止石油危机产生，并减少与西方的摩擦。

确保石油进口通道安全，也是中国开展国际石油合作的重要组成部分。马六甲海峡是联结亚、非、欧三大洲的要冲，在国际海运业占有重要地位。近年来每天通过该海峡的各类船只达200多艘，年穿行船只超过8万艘，且以每年8%的速度增长。日本、中国进口原油的80%、近一半的其他进出口物资途经该海峡。美国一直想以“反恐”为由向该海峡派驻军队，虽然遭到海峡共同管理国马来西亚、印度尼西亚和新加坡三国的反对暂未实现，但其企图已暴露无遗。无论马六甲海峡由于海运繁忙自身可能引起安全问题，还是国际强势军事实体甚或恐怖势力控制海峡通道，对中国而言都可能引发海峡困局。为确保进口的中东和非洲等地原油、特别是新增进口石油资源运输安全，现有海上运输通道不宜再大幅增加运量，应加快研究其他海上或陆上通道。

2005年底中哈原油管线一期工程即阿塔苏——阿里山口石油管道将建成，2006年春季投入运营。从哈萨克斯坦中部到中国西部的石油管道一期工程，年输油能力为1000万吨。建成后的最初阶段，中、俄、哈三方已基本商定，将主要运送俄罗斯石油达500万吨；按中哈政府协议，在石油资源能够落实的基础上，其二期工程年输油量将达2000万吨以上。这是目前我国惟一由陆上通过原油管线大规模进口原油的工程，不仅有利于实现原油资源多元化，也有利于实现原油通道多元化，同时对优化配置我国西部原油资源、形成西部石油大通道，产生战略性影响。在中俄能源战略业已形成的合作框架下，中国还应积极争取由泰纳线至中国境内的原油支线早日建成投用，力争2015年中哈、中俄等陆上原油管线年输油能力达4000～5000万吨。

——《国际商报》

展 会

国际涂料展首次移师京城

由中国涂料工业协会、中化建常州涂料化工研究院、全国涂料工业信息中心联合主办的第九届中国国际涂料、油墨及表面处理展览会（ASIACOAT2004）于2004年9月23日在北京中国国际展览中心闭幕。以“为绿色奥运添光彩”为主题的本届展会吸引了国内外250余家企业参展，此次是“国际涂料、油墨及表面处理展”首次在北京举办。

虽然本届展会上，国际知名品牌只看到了“立邦”漆，但国内的知名品牌如华润、红狮、灯塔等企业都以特装展台参展。据组委会介绍，本届展会移师北京举办主要是因为2004年北京奥运的缘故，也搭一次奥运的快车。在此之前，“国际涂料、油墨及表面处理展”一直在上海世贸商城举办，而本届展会因为首次在北京举办，也吸引了墙面涂料的企业首次参加“国际涂料、油墨及表面处理展”。

本届展会吸引了来自德国、日本、美国、荷兰、中国及香港特区等17个国家和地区的企业参展。此外，此次展会还首次尝试举办了2005年流行发布会等文化性活动。同期还举办了第二届国际彩板及涂料涂装论坛暨第21次全国涂料工业信息年会、第三届建筑涂料发展战略论坛、第八届亚太涂料理事会、第四届中国涂料市场国际研讨会、全国涂料和颜料标准化2004年年会、粉末涂料与涂装年会、“百年回顾，引领未来”——中国涂料百年历程回顾展示等活动。

2004中国（乐从）塑料经贸洽谈会

2004年10月12～14日，2004中国（乐从）塑料经贸洽谈会在乐从举办。

本届展会是入场人数最多、专业观众比例最高、参展的外地企业幅度大增、国内化工塑料巨头来得最齐全、海外行业名企纷至沓来的一次成功盛会。乐从塑料市场巨大的市场发展空间不仅吸引国内中石化和中石油两大巨头“龙争虎斗”，更促使海外化工塑料知名企业垂涎乐从。乐从年塑料交易超过100万吨，此次展会自然成为海外巨头抢滩乐从的一次良机。此次“塑洽会”有以下几方面收获：一是整个展会进场人次接近3万，专业观众证加印了两次还供不应求，总数量接近1万个。二是给生产厂家和用料的客户提供了一个巨大的交易平台，促进发展的平台。三是为产需双方探讨，把握了解今后一段时间内塑料原料的价格走势、需求情况，为相互支持配合提供了一个极好的沟通交流机会。四是促进提升了乐从塑料市场的国际化水平。通过展会，使许多国内外展商认识了乐从，他们今后将更加重视这个市场。五是大大提升了乐从市场的影响力与辐射力，使乐从更加受国内外同行关注。

第19届中国国际塑料橡胶工业展览会

第19届中国国际塑料橡胶工业展览会(简称“2005国际橡塑展”)于2005年6月21～24日在广州国际会展中心举办，这次为期四天的亚洲第一大国际橡塑工业展吸引了来自世界各地29个国家和地区的1100多家参展商。

本届国际橡塑展的展场面积达7.7万平方米，比去年上海的展览增加了28%，1100多家展商中65%为外商，其中除了中国和中国台湾省的参展商，还有奥地利、加拿大、德国、意大利、印度、日本、英国、美国等十几个国家及地区的大型展团参展。

本次展会设立了机械专区、饮料及塑料包装设备专区、辅助设备及测试仪器专区、模具专区、化工及原材料专区、橡胶设备专区、半制成品专区以及中国出口机械馆等8大展区。其中化工及原材料展区达1.8万平方米，比上一届的面积增加了一半。会上展出了900多台橡塑机械，包括注塑机、吹瓶机、挤出机、辅助设备等，以及各种化原材料。到场的观众来自玩具、汽车、建材、化工、食品饮料、电子电器、包装、通讯等各行各业。

除了会展中心的机械和原材料展示，大会亦同期举办专题研讨会，给观众及展商提供了解市场信息及新技术研发成果的机会。从22日开始，大会还同期举办“塑料及橡胶应用与汽车配件生产”论坛、“食品及饮料业之塑料包装——如何利用最新科技与物料以配合市场高速发展”专题研讨会以及“改性塑料及崭新注塑技术在电子电器行业的应用”等研讨会。埃克森美孚化工、巴斯夫、DS M工程塑料公司等知名企业作为研讨会的主讲单位对他们的新技术作了深入讲解。

德国杜塞尔多夫展览（中国）有限公司加盟成为协办单位之一，使本次展会更上升成为全球第三大国际橡塑展，仅次于德国K展及美国芝加哥NPE展。

中国国际塑料橡胶工业展览会创办于1983年，每逢双年在上海举行，单年在北京及广州轮流举办。本届展会由香港雅式展览服务有限公司主办，中国对外贸易中心(集团)、国家轻工业联合会、中国塑料加工工业协会、广东省塑料工业协会及杜塞尔多夫展览(中国)有限公司共同协办。

境内展

展名：2005华南聚氨酯化工展览会
华南硅氟材料展览会
时间：2005年3月7～9日（东莞）

展名：国际塑料制品展览会
时间：2005年3月16～19日（东莞）
周期：一年一届

展名：2005中国义乌第三届（国际）塑胶工业、机床、模具展览会
时间：2005年3月25～27日（义乌）
周期：一年一届
创办时间：2003年3月
上届数据：展出面积（平方米）：5600
其中外国参展面积（平方米）：2000
观众总数（人次）：5000
展商总数（家）：162
其中外国参展商数目（家）：18

展名：香港国际塑料展览会
时间：2005年3月（香港）
周期：一年一届

展名：第四届国际涂装、电镀、防蚀环保暨表面处理展览会
时间：2005年4月6～9日（沈阳）
周期：一年一届
创办时间：2002年4月
上届数据：展出面积（平方米）：6000
观众总数（人次）：5700
展商总数（家）：114

展名：第五届中国国际染料工业展览会暨有机颜料印染助剂展览会
时间：2005年4月26～28日（上海）
周期：一年一届

展名：国际石油化工博览会
时间：2005年4月（沈阳）
周期：一年一届

展名：中国国际输油管道铺设暨技术装备展览会暨研讨会
时间：2005年4月（廊坊）
周期：一年一届

展名：国际燃气工业、燃气车辆暨加油站设备展览会
时间：2005年4月（沈阳）
周期：一年一届

展名：国际矿业暨安全生产博览会
时间：2005年4月（沈阳）
周期：一年一届

展名：中国国际化工服务展览会
时间：2005年5月18～20日（南京）
周期：一年一届

展名：第五届广东涂料、油墨、胶粘剂展览会
第五届广东表面处理、涂装电镀展览会
2005广东加固材料暨技术展览会
时间：2005年5月19～21日（广州）

展名：2005大连国际橡塑工业展览会
时间：2005年5月25～28日（大连）
周期：一年一届
创办时间：2003年5月
上届数据：展出面积（平方米）：3000
观众总数（人次）：8700
展商总数（家）：100

展名：2005上海国际石油、化工自动化技术装备与粉体工业展览会
上海国际天然气技术暨泵阀门管道工业展览会
时间：2005年5月28日～6月1日（上海）
周期：一年一届

展名：中国国际塑料橡胶工业展览会
时间：2005年6月21～24日（广州）
周期：一年一届
创办时间：1987年6月
上届数据：展出面积（平方米）：60000
观众总数（人次）：50000
展商总数（家）：850

展名：中国国际化工技术展览会
时间：2005年7月13～16日（上海）
周期：一年一届

展名：2005大连国际橡塑工业展览会
时间：2005年7月13～16日（大连）

周期：一年一届
创办时间：2003年5月
上届数据：展出面积（平方米）：3000
观众总数（人次）：8700
展商总数（家）：100

展名：第三届温州国际表面处理暨涂料、涂装展览会
时间：2005年9月6~8日（温州）
周期：一年一届

展名：中国国际燃气技术暨设备展览会
时间：2005年9月7~9日（杭州）
周期：一年一届
创办时间：1999年

展名：第三届中国（济南）化工博览会暨防腐涂料涂装表面处理化工泵管阀展览会
时间：2005年9月28~30日（济南）

展名：中国国际石油、燃气工业博览会
时间：2005年9月（北京）
周期：一年一届
创办时间：1994年

展名：沈阳国际化工加工技术展览会
时间：2005年9月
周期：首次举办

展名：亚太国际塑料暨橡胶工业博览会
时间：2005年9月（广州）
周期：一年一届

展名：2005义乌国际工业设备暨塑胶工业博览会
时间：2005年9月（义乌）
周期：一年一届
创办时间：2001年9月
上届数据：展出面积（平方米）：6000
观众总数（人次）：2万
展商总数（家）：200

展名：2005年第七届中国国际气体技术、设备与应用展览会
时间：2005年9月（杭州）
周期：一年一届
创办时间：1999年4月
上届数据：展出面积（平方米）：3000
其中外国参展面积（平方米）：184
观众总数（人次）：4000
展商总数（家）：115
其中外国参展商数目（家）：17

展名：国际煤炭暨矿业技术装备交流展览会
时间：2005年10月25~28日（北京）

展名：中国国际轻工产品博览会
时间：2005年10月（温州）
周期：一年一届
创办时间：2002年9月
上届数据：展出面积（平方米）：15000
其中外国参展面积（平方米）：1000
观众总数（人次）：5万
展商总数（家）：641
其中外国参展商数目（家）：40

展名：国际水泥暨粉末材料研讨会暨上海国际无机材料先进工艺展览会
时间：2005年10月（上海）
周期：一年一届

展名：国际粉末散装材料博览会
时间：2005年10月（上海）
周期：一年一届
创办时间：2003年

展名：中国国际涂料、油墨、粘合剂展览会
时间：2005年11月15~18日（上海）
周期：一年一届
创办时间：1996年

展名：国际表面处理暨涂装产品展销会
时间：2005年11月16~18日（上海）
周期：一年一届

展名：中国国际表面处理暨涂装材料展览会
时间：2005年11月16~18日（上海）
周期：一年一届
创办时间：1983年

展名：国际精细化工暨有机中间化合物展览会
时间：2005年11月30日~12月1日（上海）

展名：中国国际表面处理暨涂料展销会
时间：2005年11月（广州）
周期：一年一届

展名：国际涂料、油墨、粘合剂展销会
时间：2005年11月（广州）
周期：一年一届

展名：2005台湾国际化学、纳米科技展览会
时间：2005年12月（台北）

境外展

展名：纽伦堡国际有机产品展览会
时间：2005年2月24～27日（德国）

展名：第七届中东迪拜国际塑料橡胶工业展览会
时间：2005年3月20～23日（阿联酋）

展名：2005阿赫玛美洲展
时间：2005年4月12～15日（墨西哥）

展名：埃及泛阿拉伯/非洲塑料橡胶博览会
时间：2005年5月26～29日（埃及）

展名：第16届马来西亚国际橡塑胶机械暨模具工业技术展览会
时间：2005年6月23～26日（马来西亚）

展名：韩国精细化工展览会
时间：2005年9月1～2日（韩国）

展名：第九届海湾（迪拜）国际化工博览会
时间：2005年9月9～11日（阿联酋）

展名：国际化学分析、测试、生物技术展览会
时间：2005年11月3～7日（意大利）

展名：第3届埃及国际石油和天然气协商会议暨工业展览会
时间：2005年12月18～20日（埃及）

展名：国际塑料工业展览会
时间：2005年12月（土耳其）

3．纺织行业

行业简况

我国纺织品出口空间有所扩大
——商务部外贸司负责人就中欧纺织品谅解备忘录执行情况答记者问

2005年6月11日中欧就纺织品问题达成谅解至今已有两月。谅解备忘录执行情况如何？纺织品出口形势是否有所改善？2005年8月21日，商务部外贸司负责人就此回答了记者的提问。

问：*中欧纺织品谅解备忘录签署后，我纺织品出口形势如何？*

答：最新海关统计数据显示，今年前7个月我纺织品出口达615亿美元，其中6、7月两月出口均突破100亿美元大关，单月增幅分别达到27.8%和23.2%，较前5个月19.3%的增幅有明显上升。其中前6个月我国对欧盟出口共计86.5亿美元，比2004年同期增长130%，6月份单月对欧出口达到21亿美元，同比增长85%，比前5个月的累计增幅提高了35个百分点，超过我纺织品出口总体增幅，增长势头明显，扭转了今年4、5月份因美、欧相继对我出口设限导致我出口增幅大幅下滑的势头。

纺织品出口形势的好转，与中欧纺织品谅解备忘录的签订密切相关。备忘录签署后，迄今为止，还没有1个国家对我国纺织品出口作出新的设限决定，美国已两次推迟对我国6种纺织品作出是否设限的决定，我国与发展中国家在纺织品贸易上的矛盾也得以缓解。应该说，我国纺织品整体出口环境正在向好的方向发展，我相信，今年我国纺织品整体出口将保持平稳较快发展。

问：*两个月来谅解备忘录执行情况如何？商务部主要做了哪些工作？*

答：备忘录签署后，中欧双方一直就备忘录执行中的有关问题保持着密切联系和沟通。就目前情况看，备忘录的执行情况总体良好。

为保证备忘录的有效执行，两个月来，商务部从法律保障、技术支持等方面做了大量工作，专门出台了《纺织品出口临时管理办法》，在最短的时间内向企业公布了管理产品目

录和各企业可申请数量，并日夜加班完成了调整发证系统等大量细致的技术准备工作。从7月20日起，中方对有关产品的管理工作已经如期实施。

最近，经过我们的不断努力，欧方同意10类产品中的手工制品和欧盟外发加工产品（OPT产品）不计入中方获得的协议量，中方的产品可以自由出口。这样，我国企业出口空间在原有基础上又有了新的扩大。

问：*最近，国外一些媒体报道，中国对欧出口的套头衫和裤子已在欧盟海关卡关，积压在港口。19日欧盟又宣布女式衬衫进口配额已用完，为什么会出现这样的问题？*

答：当前套头衫、裤子和女式衬衫出现的问题主要是由于管理空档期内双方企业抢出口和抢占进口数量造成的。

由于双方内部立法程序限制，6月11日协议签署到7月20日实施监管之间存在1个多月的“管理空档期”。这段时间内我10类产品均可自由进入欧盟，不需要申领许可证。正是在这段管理空档期，双方贸易商为规避之后实施的数量监管，在套头衫、裤子和女式衬衫3类产品上出现了抢关出口的情况。

双方企业的非理性行为导致上述3类商品对欧出口激增。以套头衫为例，据欧盟统计，在今年前4个月自由贸易状况下，欧盟从中国进口共8000万件；而在1个多月的管理空档期内，欧盟监测数据显示，其进口许可证发放数量达到1.2亿件，相当于前4个月进口总量的150%。应该说，这种现象是不正常的。

问：*造成部分纺织品在欧盟卡关的问题，是否也有中欧协议规定的我企业对欧可出口数量不够大的因素？*

答：应该说，我们在中欧备忘录中，最大限度地维护了我国企业的利益，为我国纺织品对欧出口争取了较大的空间和稳定的贸易环境。

从出口空间看，能否争取较大的出口数量主要取决于两个因素：一是增长率有多大？二是在什么基础上获得增长？其中后者是更关键的因素。以套头衫和T恤衫为例，套头衫2004年的基数只有3942万件，通过谈判，我获得的出口基数为1.1亿件，2005年可出口量为1.8亿件，比2004年增长361%；T恤衫2004年的基数只有1.2亿件，通过谈判，我国获得的出口基数为4.5亿件，2005年可出口量为4.9亿件，比2004年增长287%。其他8类产品2005年可出口数量与2004年相比，增长率平均达238%。据测算，今后几年我国10类产品在欧盟市场的份额，平均将由去年的12.4%提高到2007年的31.4%。

备忘录不仅解决10类产品的出口数量问题，还维护了我国整体贸易环境的稳定。今年欧盟对我国取消配额的产品共41个类别，除上述达成协议的10个类别外，还有31个类别，也牵涉到国内大量的生产企业和职工就业。经谈判，欧方在备忘录中作出了今后3年对这些纺织品克制使用242段限制措施的政治承诺，而且从目前的情况看，欧方信守了这一承诺。这31类纺织品的出口环境得到了有效保障，仍处于完全的自由贸易状态，想出口多少就出多少。今年6月份，这31个类别对欧出口比5月份增长了39%。可以说，该解备忘录是中欧双方互相合作、共同努力的结果，是通过磋商方式解决贸易争端的成功案例，符合中欧双方的共同利益，也为各国间解决贸易摩擦树立了典范。

也要指出，近年来，我国纺织业投资不断扩张，增幅比全国固定资产投资增幅高出1倍以上，生产能力已超过6000万锭。其中有些产品，再多的出口数量，也无法满足其生产能力的要求。在全球化的时代，我们需要看到，纺织业作为传统产业，是许多发展中国家的支柱产业。比如孟加拉国，其80%的出口创汇来自于纺织品，巴基斯坦也有类似的情况。中国作为负责任的WTO成员，要为全球纺织品贸易体制的平稳过渡尽一份责任，必须照顾到这些发展中国家的利益，在双赢中实现发展。2004年，全球纺织品贸易仅增长1.3%，如果中国纺织品出口过度增长，既影响一些发展中国家的利益，也不符合我们的根本利益和长远发展。中国纺织品要实现可持续发展，必须着力转变增长方式，优化出口结构，切实提高出口增长的质量和效益。

问：*是不是中欧双方在统计上也存在较大差异？*

答：双方统计数据差异问题确实存在。如：按中方统计，6月11日～8月7日中国向欧盟出运裤子5514万件，占协议量的近53%，而欧方统计的进口许可证发放数量1亿件，已经达到了全年的协议量。

造成双方统计差异的主要原因：一是出口和进口存在时间差；二是中方的出口统计不包括从中国出口到第三地再转口至欧盟的产品，而欧方进口统计则将该部分产品计算在内；三是欧方目前公布的是进口许可证发放数量，与实际进口数量并不完全相同，存在着管理空档期内欧盟进口商突击领证但至今尚未实际报关进口的情况。

问：*欧盟对套头衫、裤子和女式衬衫3类产品卡关后，已获得数量分配的企业的出口是否会受到影响？中欧双方准备如何解决目前3类产品出现的问题？*

答：为保证分配给企业的数量不超过备忘录的规定，商务部在7月上旬确定了2005年10个类别的第一次分配总量，其中套头衫345万件，裤子1041万件，分别仅占6月11日至今年底我可向欧盟出口数量的5%和10%。第一次的分配总量是在6月11日后近1个月时间内我国相关类别在欧盟海关的平均进关速度及第三地转口因素的基础上测算确定的。坦率讲，我们当时已经考虑到了企业在管理空档期内可能会出现抢出口的情况，因此给套头衫和裤子类分别预留了6550万件和1亿件的出口数量。同时，为引导企业在管理过渡期内有序出口，商务部在海关总署的协助下，在商务部网站上适时公布了相关产品的海关出运统计，为企业提供及时的信息参考。

在获悉有关产品即将卡关后，为防止我已获得第一次分配数量的企业的货物出运后无法在欧盟清关，从而遭受进一步的损失，商务部立即通知各发证机构暂停签发有关产品的出口许可证。目前，我们正在紧张统计尚未使用第一次分配数量的企业的情况。

为尽快解决问题，中欧双方有关部门正抓紧时间，密切联系，积极研究解决问题的办法。

问：在今年的第一次数量分配中，有些企业得到的数量很少，甚至只有几件或几公斤。您如何看待这一情况？

答：商务部门是严格按照《纺织品出口临时管理办法》的规定来进行数量分配的，即以我国海关统计显示的各企业出口业绩为基础，计算出各企业的可申请数量，并遵循"公开、公正、公平"的原则，将分配结果在商务部官方网站上公布。

由于各企业出口实绩不同，出口业绩较少的企业可申请数量也较少，甚至出现了你说的几件或几公斤的情况。这样的情况实际上是极个别的，占我分配总量的比例不足1%。这主要是考虑到数量再少也是企业的权益，应由企业自主选择处理方式。如果企业认为数量太少无法安排出口，可根据《纺织品出口临时管理办法》，将数量上交，统一进行二次分配。

问：如您所说，目前中欧已就纺织品问题达成谅解，中美也正在进行积极磋商，您能否在此简要介绍一下中美磋商的情况？

答：目前，中美已进行了3轮司局级磋商，第4轮磋商也将在近期举行。应该说，经过多次交换意见，中美就纺织品问题已取得了积极进展，双方也都表达了希望达成协议的愿望。但由于在部分问题上仍有重要分歧，双方同意继续就相关问题进行磋商，共同寻求解决问题的办法，努力创造双边纺织品贸易稳定发展的环境。

问：最后，能否请您谈谈2006年我国对欧盟纺织品出口的形势分析？

答：明年我纺织品对欧出口将获得更为稳定的贸易环境，中欧谅解备忘录的积极作用将得到进一步显现。10类产品的出口数量将在今年的基础上进一步扩大，其他类别的纺织品增长空间将更大，我国纺织品占欧盟市场的份额有望进一步提高。

明年的管理工作也将完全步入正轨，纺织品数量分配工作将得到进一步完善，欧方将严格按照中方签发的出口许可证来发放进口许可证，并由双方进行严密的技术核查，我相信不会再出现类似目前突击抢运和到港滞压这样的问题。

——《国际商报》步 欣

美纺织品市场现状和中美纺织品贸易扫描

一、美国纺织品市场现状

（一）市场巨大，持续增长。根据美国海关统计，2002年、2003年和2004年美国纺织品进口额分别是778.55亿美元、833.11亿美元和898.27亿美元，占同期世界纺织品进口总额的20%以上。按美国人均进口纺织品计算，近几年美国年人均进口纺织品额近300美元。2003年和2004年美纺织品进口额分别比上一年增长7.1%和7.8%。2005年1～5月美国纺织品进口365.95亿美元，比去年同期增长11.2%，呈持续稳定增长态势。

（二）美纺织品进口以服装为主，服饰类产品进口增幅较快，原料性产品进口增幅下降或呈负增长。服装在美国各类纺织品进口中占有突出地位，2003年和2004年，美国服装进口分别为627.82亿美元和662.79亿美元，分别占美国纺织品进口总额的75.35%和73.78%。2005年1至5月，美国服装进口额达264.83亿美元，占其纺织品进口总额（365.95亿美元）的72.36%。同期，服饰类产品进口大幅度增长，2004年美服饰类产品进口117.48亿美元，分别比2003年和2002年增长18.97%和35.83%，2005年1～5月美服饰类产品进口达53.55亿美元，比去年同期增长17.38%。纱线、布料等原料类产品进口增幅呈下降趋势，2005年1至5月，美进口布料27.87亿美元，只比往年同期增长3.9%，同期美纱线进口则呈负增长。

（三）美纺织品进口主要来自中国、北美自由贸易区、加勒比地区和其他发展中国家或地区。根据美国海关统计，2004年对美出口最多的前十位国家和地区依次是：中国、墨西哥、印度、加拿大、巴基斯坦、洪都拉斯、印度尼西亚、越南、意大利和孟加拉国，这10国对美出口总额达492亿美元，占美国进口总额的54.8%。2005年1～5月美从上述10国进口的纺织品达223.46亿美元，占美纺织品进口总额的61.06%（见表5-5）。

（四）纺织品市场竞争激烈。造成美国纺织品市场竞争激烈的原因主要是：1.美国是世界上最大的纺织品进口国，其进口总额占世界市场的20%以上，这对纺织品出口国和地区具有很大的吸引力；2.纺织品产业是劳动密集型产业，大部分发展中国家和地区均具有纺织服装的生产加工能力，其产品必须竞相出口，抢占他国市场；3.发展纺织服装业可大大提高就业水平和带动相关产业的发展，各国政府，特别是发展中国家和地区均鼓励发展纺织服装业，致使全球纺织品市场供大于求；4.纺织品配额的取消给纺织品市场注入了新的活力后，特别是长期受配额影响的一些发展中国家和地区，其活力更是显而易见，这不可避免地加剧了世界纺织品市场包括美国市场的竞争。

竞争方式除价格竞争外，主要还有品牌竞争和技术创新的竞争。著名品牌在美服装市场竞争中占有很重要的地位，美国服装消费者的品牌意识很强，各服装店均根据自身多年的销售经验，推出各自的品牌，诸如POLO，LEVIS，GAP，GUCCI，CK，TOMMY，TIFINI，NUATICA，GUESS，CELINE，BOSS，LONDON，FOG，MALBORO，PORTS，LOCOSTE，APPLE，PRADA，PLAYBOY，GIODANO等等。据业内人士介绍，知名品牌服装在美国大的服装公司的营业额中占有98%以上的份额。

技术创新竞争是纺织品是否具有生命力的竞争。纺织品市场新技术产品层出不穷，据报道，美国纤维巨商杜邦公司的科学家已开发出一种以玉米为原料生产服装的新型工艺。其新开发的生物技术工艺可以取代以往使用的石化技术工艺，利用玉米生产服装原料Sorona聚合物，这种聚合物手感更柔软，可进行多种染色，耐洗性强，还可防紫外线照射。美国联合信号公司使用自产的超高强力聚乙烯纤维织入尼龙中，生产出具有卓越抗撕裂和耐磨性能的纺织品。据介绍，联合信号公司研制的抗撕裂纺织品中的聚乙烯纤维的强力比尼龙高7倍，能有效防止任何穿刺及撕裂口的延伸扩展。这种抗撕裂纺织品具有优异的抗撕裂作用，靴鞋、滑雪服及运动装备制造业对这种纺织品产生极大兴趣。世界各地对超高强力聚乙烯纤维的需求日益增加。

美国Nhega公司开发的高速电子提花转换系统，已被美国大型制衣企业Liz Claiborne整合至全球生产网络。该公司称，其开发的高级人工智能计算机视觉技术NScan，可以用一台自动化扫描系统，在20分钟内电子转换整片成衣提花图案，比数字化平台的提花转换速度快5倍。另外，该公司还表示，该系统运行精确，几乎不会出现图案变形的问题。同时，该技术还可以同所有主要的CAD / CAM技术（包括Gerber、Lectra、Optitex和Polygon等）相兼容。美国商务部指定美国应用DNA科学公司所出售的DNA鉴定技术，作为美国海关及纺织业者对付伪冒的工具。美国应用DNA科技公司所销售的DNA鉴定技术，先从纺织厂取得纤维的基因密码，然后将其放入在工艺中可与纺织品相容的液体当中。在整体供应链的任何一环只要手持扫描器，便可判读出合法产地及制造厂商。美国麻省理工学院创建了一所军事纳米技术研究所，用于研究纳米工艺的防护品。美国陆军希望两三年内，用更好的防护服装备部队。由于采用了纳米技术，防护服能防御生物武器，经过特别处理的纤维，不但能透气又能阻止毒素进入服装。现在已制成一种纳米中空纤维，其内充有铁磁流体，磁化时就变硬。此外，研究人员正在研制贮存能量的织物，并正在检测贮存能量的人造材料。北卡罗莱纳州立大学纺织研究单位率先从事开发以个人安全为目的的防御性功能成衣，研究重点是如何将电子装置仪器加入成衣纤维。该电子装置可显示穿戴者的正确位置，并能侦测出人体暴露在某种特定生化药剂中身体变化的情形。

（五）纺织品贸易壁垒依然存在。美国纺织品市场中的壁垒主要有三个方面：一是关税壁垒。美国纺织品进口平均关税约20%，是其所有商品进口平均关税的10倍左右。服装进口关税一般均在20%以上。二是技术性壁垒。美国技术性壁垒又称“绿色壁垒”，它以所谓保护环境和保障人身安全为由，通过立法或制定严格的强制性技术标准（法规），限制国外产品进口。由于这些强制性技术标准以美国技术水平为基础，发展中国家往往难以达到。三是启用保障条款。美国参议院通过了贸易法关于纺织品和服装进口有关条款的修正案。修正案的主要内容是针对向美国出口纤维制品、纺织品和服装产品的发展中国家和地区，包括中国、印度、巴基斯坦和越南等。修正案的宗旨是保护美国本国企业的利益。美国纺织品协议执行委员会引用我国入世议定书纺织品市场保护条文的最终规则，美国及其他世贸成员国如认为来自中国的纺织品及服装扰乱市场，可以要求与我国谈判，必要时可实施配额限制。

二、中美纺织品贸易现状与存在的问题

（一）中美纺织品贸易规模。根据美方统计，2002年、2003年和2004年，我国对美纺织服装出口额分别为121.87亿美元、149.25亿美元和182.40亿美元，在美纺织品进口总额中的比重分别为15.65%、17.91%和20.31%。今年1～5月，中国对美纺织服装出口达94.72亿美元，在美国纺织品进口总额中的比重为25.88%，与去年同期相比，中国纺织品对美出口增长53.6%。

（二）中国输美纺织品构成。中国对美纺织品出口以服装为主，服饰次之，布料和纱线较少。2002年、2003年和2004年，中国对美服装出口额分别达到76.85亿美元、91.24亿美元和107.83亿美元，在中国对美纺织品出口总额中的比重分别为63.05%、61.13%和59.1%。2005年1～5月，中国对美服装出口61.06亿美元，在中国对美纺织品出口总额中的比重为64.46%。中国服饰对美出口仅次于服装。2002年、2003年和2004年，中国服饰对美出口额分别为24.46亿美元、33.41亿美元和44.20亿美元，在中国对美纺织品出口总额中的比重分别为20.01%、22.38%和24.23%。2005年1～5月，中国服饰对美出口21.45亿美元，占中国纺织品对美出口总额的22.65%。同期，中国布料和纱线对美出口3.55亿美元，在中国对美纺织品出口总额中的比重为3.75%（见表5-6）。

（三）配额取消后半年来中美纺织品贸易变化情况。中美纺织品贸易在配额取消后的近半年的时间里发生很大的变化，主要表现在以下两个方面：1.输美纺织品增速大幅度提高，在美纺织品进口中的比重进一步扩大。根据美方统计，2003年和2004年中国对美纺织品出口分别比往年增长22.46%和22.2%。2005年1～5月，中国对美纺织品出口94.72亿美元，比

往年同期出口（61.67亿美元）猛增53.6%，大大高出前几年的增长速度，更是高出美同期全球进口11.2%的增长速度。2005年1～5月，中国输美纺织品在美进口中的比重由往年同期的18.73%上升到25.88%。2.服装出口增长迅速，纱线、布料、帽子、手套等出口增速低于平均水平。2005年1～5月我对美服装出口61.06亿美元，与往年同比增长71.92%，其中，男士、男童内衣和睡衣出口增长192.4%，男士、男童套装、西服和外套出口增长173.4%，男士、男童裤子、宽松长裤和牛仔裤出口增长113.7%，女士和女孩套装、外衣、夹克和裙子出口增长90.2%。同期，我纱线、布料、服饰出口增长率分别为41.66%、40.37%和31.62%。毛皮服装出口增长最小，只有1.5%。

（四）中美纺织品贸易中存在的主要问题。1.配额取消后带来的低价竞争被动配额的取消一方面有利于我国扩大纺织品出口，另一方面造成了低价竞争。原因主要有两个方面：一是美商利用中国无配额成本对我压价，将中国支付配额的费用转为美商利润；二是配额取消后中国出口商家增多，并竞价外销，美商乘机杀价。

2.中国纺织品对美出口面临的外部竞争压力大。这种压力主要来自五个方面：（1）众多的纺织品生产供应国。美国纺织品市场虽然巨大，但总容量是有限度的。中国要想扩大对美出口，就必须挤占他国的市场份额。（2）日本、欧盟等发达国家。这些国家纺织品技术工艺水平高，把持世界名牌服装的销售，中国自有品牌服装出口很难在短期内有所突破。（3）多种纤维协定国。这些国家和地区与中国一样，美国在

表5-5　美国纺织品进口国别地区分布（百万美元）

构 成	2003	2004	2004年1～5月	2005年1～5月	同比增长
世界	83311.6	89827.9	32916.7	36595.8	11.2%
中国	14925.0	18240.4	6167.5	9472.2	53.6%
墨西哥	8406.2	8208.8	3250.6	3107.3	−4.4%
印度	3639.7	4117.7	1677.7	2162.3	28.9%
加拿大	3339.1	3332.7	1420.9	1369.6	−3.6%
巴基斯坦	2319.6	2655.8	1005.2	1123.2	11.7%
洪都拉斯	2575.3	2751.9	1046.2	1102.3	5.4%
印尼	2336.1	2606.5	1027.9	1176.4	14.4%
越南	2416.2	2637.1	929.0	972.9	4.7%
意大利	2470.0	2553.6	940.2	945.2	0.5%
孟加拉国	1960.6	2092.9	744.8	918.4	23.3%

（资料来源：美国海关）

表5-6　　中国输美纺织品构成（百万美元）

	2002	2003	2004	2004年1～5月	2005年1～5月
总额	12187.3	14925.1	18240.4	6167.5	9472.2
纱线	9.3	11.2	16.2	7.2	10.2
布料	456.4	532.4	659.0	253.3	355.5
服饰	2446.5	3341.1	4420.2	1630.1	2145.7
服装	7685.2	9124.9	10783.7	3551.9	6106.7
其他	1589.9	1915.5	2361.3	725.0	854.1

对中国取消配额的同时，也对这些国家给予相同待遇。因此，中国部分纺织品被动配额取消后，对美出口面临这些国家的竞争压力。（4）加勒比地区。根据美国贸易与发展法（The Trade and Development Act），美国将加强与加勒比地区国家的经济贸易合作，这些国家地区工资水平较低，加之其出口运输成本较低，具有很强的竞争优势。（5）北美自由贸易区。在NAFTA协议下，墨西哥纺织品成衣输美可享受免关税优惠，地理上与美相邻，竞争优势明显。

3.美国业内限制我国纺织品进口美国纺织品制造商协会、美国纤维制造商协会、美国棉花协会等六大贸易协会不断对中国这种或那种纺织品提出设限要求。美国纺织品制造商协会曾说，这一行动的初期目标是说服美国政府针对中国实施纺织品特别保护措施，以便及早有效地缓和中国出口商品浪潮。值得指出的是，美国这一限制有可能对中国其他纺织品扩大对美出口产生连带影响。

4.缺乏自主品牌。中国对美国出口的服装大多是外商委托加工生产的，自有品牌服装出口很少。从长期来看，这将严重影响中国纺织品出口效益。

5.纺织品设限等市场潜在不确定因素短期内尚难消除。今年年初以来，美国不时对中国部分纺织品出口提出设限要求，造成中国商家极大被动，这一不确定因素不解决，将是中国纺织品对美出口的重大障碍。

三、几点建议

（一）进一步重视开发美国纺织品市场。美国是世界上最大的纺织品进口国，中国是世界上纺织品生产出口大国。中国在纺织品生产出口方面有很强的比较优势。扩大纺织品生产出口对带动中国相关产业的发展和提高就业水平十分重要。就中国目前纺织品产能和竞争优势而言，中国对美纺织品出口还有很大潜力，在美纺织品市场中的份额还可进一步提高。根据美国业内人士估计，配额取消后的5年内，中国服装出口可望占据美国服装市场的50%以上，而目前我国服装在美市场上的份额还不到24%。

（二）加强与加勒比地区和北美自由贸易区国家的合作，充分利用他们输美纺织品无设限要求的优势，为中国纺织品对美出口开辟新的途径。

（三）积极寻求与美纺织业的合作。利用我国低生产成本、规模生产和纺织业上、中、下游产业齐全等优势，吸引美纺织业内人士到中国投资设厂或与中国合资合作经营。这一方面可利用美方较先进的技术和管理经验，提升我国纺织产业水平，另一方面又可为中国在输美纺织品配额取消后扩大对美出口。

（四）注重提高纺织品服装质量和环保标准，提升“中国制造”口碑。在美各大商场中，随处可见“中国制造”产品。

美国消费者对“中国制造”已习以为常，纺织品市场也是这样。中国纺织品服装出口中多数为外商委托加工出口，使用外商品牌，自有品牌的纺织品服装出口数量较少。尽管“中国制造”只是产地说明，与品牌是两个不同的概念，但要用战略眼光来对待“中国制造”，利用为国外知名品牌生产加工的机会，全面提高“中国制造”的声望，让国外消费者普遍认同“中国制造”的东西不错，为中国自有品牌商品出口打下坚实的基础。打造“中国制造”品牌的前提是商品的高质量与环保的高标准。

（五）增强自身设计能力，打造培育自有服装品牌。服装市场也是品牌竞争的市场，品牌的树立与独巨匠心的设计有着密切的关系。中国是纺织品服装生产和出口大国，培育、扩大自有品牌服装出口是提高中国纺织品服装行业竞争力和经济效益的必经之路，也是使我国由纺织品服装生产出口大国转变为纺织服装生产出口强国的必经之路。自有品牌的培育，除企业自身努力外，有关行业协会要大力扶持。

（六）建立有效的信息掌控机制，及时了解贸易壁垒情况。积极参与程序公正机制，加强与美沟通与磋商。

（七）中国要根据中美纺织品协议和多种纤维协议规定，做好中国纺织品出口疏导工作，同时也要对美国在进口中国有关纺织品设限问题上积极进行交涉，通过各种途径和渠道做美方的工作，尽量减少中国纺织品出口的障碍。

（八）要充分运用WTO规则应对各种限制措施。运用WTO“国民待遇”与“最惠国待遇”原则，对抗不合理的绿色壁垒、技术壁垒。运用WTO反倾销规则对抗美国反倾销的不适之处。运用WTO关于实施保障措施的条件限制规定对抗美国的保障措施。

（中国驻纽约总领馆经商室）

展 会

第五届中国国际纺织化学品及环保技术展览会

从2004年10月12～16日，北京的中国国际展览中心将成为纺织行业聚焦的热点。由中国贸促会纺织行业分会、中国纺织工程学会、染整专业委员会主办，全国印染科技信息中心协办的第五届中国国际纺织化学品及环保技术展览会（CITCE2004），与规模盛大的第九届纺织机械展览会同期举办。

本届展会专业性更强，主题更突出，有众多著名企业参展，所展示的产品性能、应用工艺、环保性能都具备很高的技术水平。展品都是针对我国纺织、印染行业重点推出的具有代表性的先进产品与技术，比较适合中国国情。展品均突出节能与环保——短流程、节能降耗、提高固色率、提高可降解性，在提升产品技术和质量的同时强调“绿色”生产和环保意识。

据组委会介绍，两展同期举办可以实现优势互补——软、硬件相结合，专业观众共享。在纺机展庞大的专业观众中，包括了众多的印染企业的技术与经营决策者，在参观染整设备的同时，又了解了染料、助剂、整理剂的产品与应用。这样使染整设备硬件与染料、助剂的应用工艺软件相结合，更好地服务于专业观众，纺机展观众与化学品展观众实现共享。同时，也可促进纺织和化学两个领域的相互了解和渗透，为展商和观众做好深层次的服务。

此外，组委会在展览会期间还安排了相关公司的5场技术交流活动，以便于专业观众更好把握纺织化学品领域的最新发展动态和应用技术，加强参展商和专业观众之间的信息技术交流。

宁波服博会市场化办展

第八届中国国际男装展、宁波国际服装博览会于2004年10月19～22日在宁波国际会议展览中心举办。本届博览会总面积达到4.5万平方米，参展企业351家，展位2200个，包括男装、针织外贸、女装童装、面辅料、服装机械等展区。

来自组委会的消息，本届宁波国际服装博览会有来自美国、法国、意大利、日本、英国、韩国等国家以及中国香港、台湾地区的60多个国际品牌参展，展位数达到554个，占总展位数的25.2%。

宁波服博会经过8年磨砺，不断发展壮大，在全国200余个同类展中脱颖而出，成为排名仅次于北京的全国第二大服装博览会。宁波服博会的成功是因为走了一条国际化、专业化、市场化运作的道路，而其中市场化运作无疑是其最根本的原动力。

作为按新体制运作的服博会，1998年宁波服装博览会规模扩大到620个展位，宁波市政府没有补贴一分钱，承办方宁波国际展览公司还填补了上一年的亏损，服博会在品牌数量、档次和成交额上都超过上届。此后，随着市场化运作机制的进一步完善，宁波服博会规模不断扩大。到2002年第六届服博会，展位总数达到了2700个，在国内仅次于北京服博会，跃居全国第二。

在组委会看来，一个按市场化操作的会展项目，最关键也是最难做到的是如何划分和政府之间的分工。2003年的“非典”，对全国会展业造成了很大冲击，外地一些会展项目纷纷取消。但特殊时期的宁波服博会的规模仍然位居全国第二位。2003年由国家商务部组织的全国会展业评比中，从全国4000多个展会中评出的37个展会被列为国家A级展会，宁波服博会名列其中。而这次评选的第一条就是展会是否按市场化运作。

第八届宁波国际服装节以“融合－依存”为主题，架起国际间服装品牌、信息、资本、理念，技术及人才交流的时尚之桥。融会贯通，共图发展。

首先专业化服务是本届展会的重点，邀请海内外的专业客商到会是重中之重。中国国际男装展作为中国惟一的专业男装展，展会3／5的展位吸纳了海内外的男装品牌加盟。本届展会更注重其专业化、品牌化、个性化的风格，通过对口洽谈会、发布会、媒体广告等途径确保参展效果。

此外展会还组织“欧洲服饰文化周”，专设“韩国街”，特邀海外买家团到会。展会期间还举办“第二届中国服装产业国际合作洽谈会”及“第三届中国服装论坛”。

第三届中国（大朗）国际毛织产品交易会

2004年10月18～23日，第三届中国（大朗）国际毛织产品交易会在广东东莞大朗镇举办。

大朗镇是中国羊毛衫名镇，全镇有毛织行业企业2000多家，年产各类毛织产品超过2亿件（套），年出口额达3亿多美元。作为国内乃至国际颇具规模和影响力的毛织行业盛会，大朗“织交会”显示出旺盛的生命力。“织交会”已成功举办了两届，规模不断扩大，国际化程度越来越高，成交额逐年增加。2004年“织交会”展场面积达12万平方米，展位1600多个，参展企业600多家，分别来自德国、日本、意大利、匈牙利、奥地利以及中国台湾、香港等国家和地区。其中不乏国内外知名品牌企业的产品，这表明“织交会”正不断迈向新的高度。

本届“织交会”专业活动丰富，期间除举办展示、交易、研讨等活动外，还举办毛织服装模特大赛、毛织服装设计大赛以及多场的服装品牌发布会。参加本届“织交会”的专业客商超过3万人，其中国际羊毛局以及俄罗斯、意大利、美国、日本、南斯拉夫、匈牙利等国家均有专业采购商参会。

上海面料展蕴含广阔商机

2004年10月26～29日在上海新国际博览中心举办的第十届中国国际纺织面料及辅料博览会，展览面积达4.6万平方米，共吸引来自24个国家和地区的1209家参展商加盟，尚有200余家展商因展位不足无法满足参展要求。观众创历史新高，达4.2万人次，其中海外观众占到25%。

展会是市场的缩影，展会的火爆从某种程度上反映了中国纺织服装市场的火爆，而市场的火爆离不开有卖点的热销产品。在第十届中国国际纺织面料及辅料博览会上，代表世界前沿水平的面料新品，分外耀眼，吸引着中外买家。日本展团大打技术牌，许多企业展出的产品都具有独自开发、高附加值、差别化、高技术含量等特点。在伊藤忠商事展位上，一种含有山白竹、脱乙酰壳、海藻糖、电器石等成份的波动式产品，可使细胞产生活化作用，从而能调节血液循环及促进新陈代谢。使用这种产品5分钟后，血液循环、免疫力等指标经仪器检测有明显改善。据伊藤忠商事参展人员介绍，这种产品已在日本推广销售6年，目前正在寻找代理商，希望把产品推向中国市场。意大利展团，高档面料风彩依旧。此次面料展各参展商都有精美的面料呈现。展商珂莱瑞奇展出了极具创意、风格独特的面料。这些面料所用原料从纯毛到人造丝、到羊毛混纺，从棉到麻，都是天然高档材质。展会上，中国具有自主知识产权的纤维产品，深受买家追捧。上海天竹纺织纤维有限公司的展位，尽管在4号馆较偏的地方，但酒香不怕巷子深，这项我国具有自主知识产权的纤维产品，由于稳定性好，可纺性强及适用性强，深受观众欢迎。展位上，观众一直络绎不绝。我国另一项有自主知识产权的大豆蛋白纤维，在前两届面料展成为热点追踪产品后，本届面料展依然热度不减。昆山旭荣纺织企业在展会上展出了大豆蛋白系列针织面料，由于在染色方面取得重大突破，其生产的大豆纤维针织布，手感滑糯，质地柔软，布面光洁，色泽艳丽，水洗牢度达到4级以上，产品深受观众喜爱。

展会更是行业发展的写照。面料展不仅是国外企业拓展中国市场的重要桥梁，也是其向世界买家展示实力的重要窗口。韩国晓星集团参展人员向记者介绍，韩国在嘉兴投资的氨纶厂，每月1000吨产量中，有200吨供出口。韩国一家生产海岛纤维的参展企业向记者介绍，其生产海岛纤维的工厂全部迁到中国，他们出口到世界各地的海岛纤维产品都是在中国生产的，参加面料展，不仅是为了找到中国的买家，也是为了找到世界其他地区的买家。大同利美特有限公司作为日本在华企业，在本届展会上醒目地打出，向欧美买家推出具世界一流水准织物的口号，希望在展会上寻求到具有全球战略眼光的企业合作。

面料展成为拓展国内外市场的重要平台，一个重要变化是，以出口为主要目的的一些传统外贸公司，也纷纷亮相本届面料展，而且对面料展的贸易功能大加称赞。北方国际集团天津市新的纺织品进出口有限公司，作为专业外贸公司，是第一次参加面料展，但感觉展会专业性很强，参观的客商多。江苏省纺织品进出口集团股份有限公司也是第一次参加面料展，并认为展会专业性强，且展会在广交会结束之后，参加广交会的客商到长三角拜访自己的客户后，多来参加面料展，外贸企业参加这个展会有机会结识到新客户。她们认为，以往把面料展看成只适合生产企业参加的展会是错误的，面料展是值得外贸企业投入大力气拓展客户的展会。

第五届中国沙溪休闲服装博览会

2004年10月29日～11月1日，第五届中国休闲服装博览会在中山市沙溪国际展览中心举行。据组委会统计，本次博览会参展参观客商达8万多人，其中专业买家8000多人；项目投资总额达27.69亿元，贸易成交总额约47.55亿元。

中国休闲服装博览会从2000年起已成功举办了四届。前四届展会共吸引了20多个国家和地区100多万人次参观，签订投资项目922宗，投资额74亿多元，贸易成交合同2765宗，成交额144亿元。并以其权威性、独特性、时尚性、商贸性和开创性，奠定了其品牌展会的地位，被服装权威媒体评为中国服装界最有影响的十大服装博览会之一。

此次展会投资额1.2亿美元、贸易额1亿美元的八大签约项目成为本届博览会的一大亮点。鄂鱼恤、剑龙、马克·张、柏仙多格、美特斯邦威等近百家品牌企业到会参展，展览面积达1.5万平方米。广东省副省长游宁丰在服博会开幕式上强调，中山已成为广东省重要纺织服装生产基地和出口加工基地，尤其是沙溪休闲服装业5年来形成的区域特色，与东莞时装业、南海内衣业相辉映，共同构成具有广东特色的服装设计和生产体系，大大提升了广东省产业素质和整体水平。

第九届虎门国际服装交易会

“2004第九届中国（虎门）国际服装交易会”于2004年11月12～17日在中国女装名镇广东虎门黄河时装城举行。

已连续举办了八届的中国（虎门）国际服装交易会以其主题鲜明、交易活跃、国际性强、专业性和文化品味高、新闻传播广等优势而蜚声海内外。2003年11月份举办的以国际化和专业化为前提的第八届中国（虎门）国际服装交易会短短6天时间进场77万人次，成交额高达30.6亿元。共有来自世界20多个国家和地区，30多个省市、5000多家国内外企业的时尚品牌云集虎门，向世界展示了海内外服装最新的时尚潮流和国际化、专业化、品牌化的发展趋势。

本届交易会进场80万人次，成交额高达32.6亿元人民币，比第八届增加了2亿元。本届交易会以国际化和专业化为前提，洋溢着更加浓郁的国际味，主会场黄河时装城815个标准展位被来自12个国家的服装商、面辅料商、服装机械商占满。加盟商、订货商蜂拥而至。27个分会场也是人流如鲫，上万个服装店及面辅料店铺同时敞开大门迎接来自世界各国的来宾，向世界展示了海内外服装最新的时尚潮流和发展趋势。

开幕式历代服饰表演把人们的思绪带到了那远古的时代，使人们倍加感受到中国服装服饰文化的博大精深；18场服装表演、场场精品荟萃、异彩纷呈；“虎门杯”国际青年设计（女装）大赛，10国选手同台竞技，时尚潮流元素得到充分体现，“天上联盟”——美国时装设计师时尚发布会和“东边到西边……”、“盛开”——韩国时装设计师时尚发布会为人们带来浓浓的美韩风情。本届交易会得到了来自海内外媒体的支持，近200家海内外媒体400多名记者全程参与报道了大会的盛况，本届交易会成了名副其实的国际性服装展示和贸易的盛会。

中国·尚村国际皮草交易会

为期三天的第五届中国·尚村国际皮草交易会于2004年12月2日落下帷幕，会上共签订包括王氏皮草公司建设项目在内的10个投资项目，总投资8500万元；实现皮革及裘皮服装等产品购销额7.8亿元，为历届之最。

这届交易会推出了国际最具领先水平的精品裘皮服饰展览和各种裘皮加工成品、半成品、生皮、熟皮及珍稀皮毛动物展示，举办了购销、技术交流、专题研讨、投资洽谈等活动，内容丰富。同时就成立全国特种动物养殖协会及在中国内地筹建毛皮拍卖行等有关事宜进行了探讨。诸多活动的成功举办，使这次交易会改变了以往单一的交易模式，成为一个集交易、招商、讲座为一体的综合性大会。

来自英、法、俄、芬兰、意大利等10余个国家的200多名外商和北京、新疆、青海、珠海等20多个省市的5000余名客商参加了了交易会，100多家皮毛加工企业、300多家特种动物养殖企业到会参展。总参会人数达2万多人，共展出了1000余个品种，体现了当今中国皮草界的最高层次。

据介绍，这次交易会的成功举办，促进了河北沧州市与国际、国内皮草界的经贸合作与交流，使国内外客商充分了解了沧州的皮毛产业优势，极大地提高了沧州和肃宁在国内外的知名度和影响力。

香港时装展吸引逾千名参展商

“香港时装节秋冬系列2005”和“香港国际时尚荟萃2005”于2005年1月18～21日举行，两个展览会分别吸引了1087家和194家参展商参展。

本届香港国际时尚展吸引了来自澳大利亚、加拿大、法国、马来西亚、韩国、新加坡、泰国、美国、越南、中国及香港等国家和地区的参展商，推广超过300个品牌及设计师系列。

而同期举行的“香港时装节”则吸引了来自16个国家及地区共计千家参展商参与，较去年上升10.6%，展出多元化服装产品、高级时装、布料及配饰，供世界各地的买家采购。贸发局特别组织了接近100个买家团，总共超过3500人参观了这两个展览会。

据了解，香港2004年前11个月的成衣及配饰出口总值达1788亿港元，比2003年同期上升9%。

中国针棉织品交易会越办越火

由中国纺织品商业协会主办，中纺联（北京）会展服务有限公司、江苏省纺织品总公司联合承办的第85届中国针棉织品交易会暨中国国际针纺织品博览会于2005年3月8～10日在上海光大会展中心举行。该交易会经过多年发展，目前已获商务部重点支持，已成为代表中国针纺行业发展趋势的品牌展会。

本届交易会以“展示行业精粹，引领时尚潮流”为主题，展会总面积达3.4万平方米，共设有1850个国际标准展位，在上海光大酒店另设有分会场。本届交易会共有来自韩国、美国、法国和中国及香港特区等国家和地区的近400家企业参展，山东、广东、浙江、江苏等传统纺织强省都以组团的形式参展，占展会总面积的20%以上。展品包括各种内衣、床上用品、家居布艺、巾被类、毛毯、袜子、草制品等多个品类。

本届交易会的一大亮点是知名企业以大面积特装形式参展，展位面积在200平方米以上的参展企业有10家，展位面积在100平方米以上的参展企业有70多家，仅特装展位面积就达2万多平方米，占展位总面积的70%，是历届展会中特装面积最多的一次。

本次展会吸引了全球1000多个品牌参展，国内外知名大品牌的数量创历届展会之冠，参会人数达到6万人次。

第八届海峡两岸纺织服装博览会

第八届海峡两岸纺织服装博览会（简称：海博会）于2005年4月18～21日在新落成的石狮服装城举办。本届海博会各项成果均有重大突破。据组委会统计，本届交易会共实现意向交易额42.6亿元，比上届海博会的31.2亿元增长36.54%；在海博会期间，共有15.6万人次参观，比上届海博会增长了三倍。来自欧美、日本、韩国、中东及我国港澳台等20多个国家和地区的采购商达5100人，国内专业采购商达1.8万多人。本次展会共有16个重大项目签约，其中项目分类为纺织服装9个、鞋业鞋材1个、机械1个、化工1个、体育用品1个、酒店服务业2个。

本届海博会凸显以下几个特点：

1. 规模空前 成效显著。本届海博会展览面积达创纪录的20万平方米，可谓盛况空前。服装城展区“四区一馆”共设3000个展位（展示店），共有1500多家企业参展。展馆分设运动休闲馆、商务休闲馆、西裤馆、男装区、女装区、童装区和中小企业外贸贴牌加工馆；中心展区展位达800个，中心展区参展企业数352家。中心展区一层为机械馆，同时设置05/06中国休闲面料流行趋势发布区。二层设立品牌特装区、中国台湾馆和CAD资讯馆。三层是流行面辅料馆和韩资企业馆，同时设置视觉设计展示区和品牌动态发布区，展区另设有功能齐全的配套商务服务区和现场服务区。

2. 名牌荟萃、明星云集。本届海博会共有七匹狼、九牧王、波司登、浩莎、富贵鸟、安踏、威兰西、卡宾等300家品牌企业参展，范思哲、保罗、耐克、爱迪达斯等国际著名品牌也积极加盟，凸显“规模、专业、休闲、时尚”的大展会特征。名牌更多集聚在休闲主题，休闲服装特装展位占80%以上。品牌企业成为本次博览会的主角，交易额占交易总数的60%以上。

第八届海博会将贸易与文化相互交融，明星演绎时尚文化成为本次博览会的一大亮点。刘欢、任贤齐、张敬轩、吕颂贤、李修贤、邵兵、萧蔷、迪克牛仔、唐朝乐队、新丝路名模及五届中国职业模特大赛冠军得主等国内外演艺界明星助兴海博会。

3. 石狮服装城永不落幕。海博会的成功举办奠定了石狮服装城成为中国服装专业批发市场第一站的坚实基础，1850家商户落户石狮服装城，石狮服装城成为永不落幕的博览会平台。同时，石狮服装城已成为闽南地区商务旅行的首选地。应广大客户的要求，中心展区二楼特装馆延展至5月10日。

境内展

展名：香港时装节（2005秋冬系列）
时间：2005年1月18～21日（香港）
周期：一年一届

展名：2005迎春服装服饰展销会
时间：2005年1月6～16日（南京）

展名：上海国际纱线贸易博览会
时间：2005年3月1～3日（上海）
周期：一年两届

展名：第85届中国针棉织品交易会暨中国国际针纺织品博览会
时间：2005年3月8～10日（上海）
周期：一年两届
创办时间：1956年
上届数据：展出面积（平方米）：25000
其中外国参展面积（平方米）：1000
观众人数（家）：52000
展商总数（家）：400
其中外国参展商数目（家）：15

展名：中国国际纺织暨制衣业博览会
时间：2005年3月8～11日（东莞）
周期：一年一届

展名：2005第五届国际纺织面料、辅料暨纱线展览会
时间：2005年3月10～12日（青岛）
周期：一年一届
上届数据：展出面积（平方米）：4500
其中外国参展面积（平方米）：1000
观众总数（人次）：20000
展商总数（家）：180
其中外国参展商数目（家）：50

展名：东盟纺织业展览会
时间：2005年3月21～23日（香港）
周期：一年一届

展名：2005春季亚洲国际纺织品博览会
时间：2005年3月21～23日（香港）
周期：一年一届

展名：2005中国义乌第三届（国际）针织、纺织、制衣工业展览会
时间：2005年3月25～27日（义乌）
周期：一年一届
创办时间：2003年3月
上届数据：展出面积（平方米）：5600
其中外国参展面积（平方米）：1980
观众总数（人次）：5千
展商总数（家）：162
其中外国参展商数目（家）：24

展名：中国广州国际家纺布艺展览会
时间：2005年3月26～29日/8月18～21日（广州）
周期：一年两届
创办时间：2004年3月
上届数据：展出面积（平方米）：22000
观众总数（人次）：75095
展商总数（家）：200

展名：中国国际服装服饰博览会
时间：2005年3月27日～4月4日（北京）
周期：一年一届
创办时间：1993年
上届数据：展出面积（平方米）：100000
其中外国参展面积（平方米）：20000
观众总数（人次）：110000
展商总数（家）：961
其中外国参展商数目（家）：296

展名：上海国际内衣泳装展销会
时间：2005年3月29～31日（上海）
周期：一年一届
创办时间：1996年

展名：中国国际纺织纱线展览会
时间：2005年3月29～31日（北京）
周期：一年一届

展名：第三届中国国际针织博览会
时间：2005年3月29～31日（北京）
周期：一年一届

展名：2005第六届中国国际纺织、印染、针织工业（青岛）展览会
时间：2005年3月31日～4月2日（青岛）
周期：一年一届
上届数据：展出面积（平方米）：16000
其中外国参展面积（平方米）：3840
观众总数（人次）：3.5万
展商总数（家）：220
其中外国参展商数目（家）：66

展名：上海国际流行时尚博览会
时间：2005年3月（上海）
周期：一年一届
创办时间：1993年

展名：第十届广州特许经营、连锁加盟展览暨研讨会
第六届广州服装服饰特许加盟暨名牌服饰展览会
时间：2005年4月2～4日（广州）

展名：第六届上海国际纱线贸易博览会
时间：2005年4月12～14日（上海）

展名：2005上海国际服装纺织品贸易博览会
第11届上海国际服装博览会
时间：2005年4月12～14日（上海）
上届数据：展出面积（平方米）：28000
展商总数（家）：800

展名：第八届海峡两岸纺织服装博览会暨2005休闲服装博览会
时间：2005年4月18～21日（石狮）
周期：一年一届

展名：第七届东莞国际面辅料纱线暨拉链展暨2005华南（东莞）国际箱包皮具展览会
时间：2005年4月21～24日（东莞）

展名：上海国际纺织品面料展览会
时间：2005年4月（上海）

展名：大连春夏季服装服饰展览会
时间：2005年5月1～8日（大连）
周期：一年一届
创办时间：2000年5月
上届数据：展出面积（平方米）：7000
观众总数（人次）：100000
展商总数（家）：200

展名：义乌国际针织产品暨服饰展览会
时间：2005年5月（义乌）
周期：一年一届

展名：广州国际非织造布料展览会
时间：2005年6月1～3日（广州）
周期：一年一届

展名：国际纺织工业博览会
时间：2005年6月3～7日（上海）
周期：两年一届
创办时间：1984

展名：第六届上海国际产业用纺织品、非制造布展览会
时间：2005年6月3～7日（上海）

展名：香港时装节（2006春夏系列）
时间：2005年6月12～15日（香港）
周期：一年一届

展名：第五届中国（深圳）国际品牌服装服饰交易会
时间：2005年7月6～9日（深圳）
周期：一年一届
创办时间：2000年
上届数据：展出面积（平方米）：37324
其中外国参展面积（平方米）：6966
观众人数（人次）：52409
展商总数（家）：518
其中外国参展商数目（家）：95

展名：山东东亚地区纺织服装洽谈会暨鞋业皮革展览会
时间：2005年8月12～14日（济南）

展名：中国广州国际家纺布艺展览会
时间：2005年8月18～21日（广州）
周期：一年两届
创办时间：1998年
上届数据：展出面积（平方米）：12843
观众人数（人次）：75095
展商总数（家）：197

展名：香港流行纱线博览会
时间：2005年8月（香港）
周期：一年一届
创办时间：1997年

展名：上海家用纺织品博览会
时间：2005年9月6～8日（上海）
周期：一年一届

展名：上海国际流行纱线展览会
时间：2005年9月7～9日（上海）
周期：一年两届

展名：第17届大连国际服装博览会暨中国服装出口洽谈会
时间：2005年9月10～13日（大连）
周期：一年一届
创办时间：1988年8月
上届数据：展出面积（平方米）：18000
其中外国参展面积（平方米）：7000
展商总数（家）：350
其中外国参展商数目（家）：120

展名：第七届中国江苏国际服装、家纺、面料博览会
时间：2005年9月10～13日（南京）
周期：一年一届
创办时间：1999年9月
上届数据：展出面积（平方米）：2500
其中外国参展面积（平方米）：1000
展商总数（家）：258
其中外国参展商数目（家）：10

展名：服装业国际采购商大会
时间：2005年9月20～21日（上海）

展名：国际纺织服装品牌交易会
时间：2005年9月20～22日（北京）
周期：一年一届

展名：第七届中国东莞国际纺织服装工业展览会
时间：2005年9月20～24日（东莞）

展名：上海国际非织造布料展览会
时间：2005年9月26～28日（上海）
周期：两年一届

展名：2005年台北纺织服饰展览会
时间：2005年9月（台北）

展名：中国国际家用纺织品暨辅料展销会
时间：2005年9月（上海）
周期：一年一届

展名：中国时装论坛暨时装发布会
时间：2005年9月（上海）

展名：中国国际休闲职业服饰展览会
时间：2005年9月（上海）
周期：一年一届
创办时间：1999年

展名：意大利男女服饰暨童装展览会
时间：2005年9月（上海）
周期：一年一届

展名：青岛国际时装周
时间：2005年9月（青岛）
周期：一年一届
创办时间：2001年

展名：第七届中国国际高级成衣展览会
时间：2005年9月（上海）
上届数据：展出面积（平方米）：12000
展商总数（家）：166

展名：2005秋季亚洲国际纺织品博览会
时间：2005年10月5～7日（香港）
周期：一年一届

展名：上海国际纺织品服饰博览会
时间：2005年10月26～29日（上海）
周期：一年一届
创办时间：2002年

展名：第二届湖北国际服装博览会
时间：2005年10月（武汉）
周期：两年一届
创办时间：2001年
上届数据：展出面积（平方米）：10000
其中外国参展面积（平方米）：2000
观众总数（人次）：5万
展商总数（家）：180
其中外国参展商数目（家）：60

展名：中国国际服饰面料暨辅料展销会
时间：2005年10月（上海）
周期：一年一届

展名：中国国际童装暨用品展览会
时间：2005年秋季（北京）

展名：亚洲（北京）国际纺织品专业处理展览会
时间：2005年11月10～12日（北京）
周期：三年一届

展名：女性世界——首次国际女性时尚生活方式展览会
时间：2005年11月29日～12月2日（北京）

展名：国际纺织工业博览会
时间：2005年11月（厦门）
周期：一年一届
创办时间：1986年

展名：国际纺织品洗护设备交易会
时间：2005年11月（北京）
周期：三～四年一届

展名：2005第六届义乌国际袜子、针织暨服装工业展览会
时间：2005年11月（义乌）
周期：一年一届
创办时间：2000年11月
上届数据：展出面积（平方米）：10000
其中外国参展面积（平方米）：6000

展名：2005宁波国际纺织面辅料展览会

时间：2005年12月（宁波）

展名：第五届中国（国际）袜业博览会
时间：2005年（浙江大唐）
周期：一年一届
创办时间：1999年
上届数据：展出面积（平方米）：7000
观众总数（人次）：3万
展商总数（家）：500

境外展

展名：美国拉斯维加斯国际服装服饰博览会（春季）
时间：2005年2月14～17日（美国）

展名：巴黎春季纺织面料展览会
时间：2005年2月（法国）

展名：杜塞尔多夫（春）服装博览会
时间：2005年2月（德国）

展名：第15届越南纺织暨制衣工业展览会
时间：2005年4月5～8日（越南）

展名：越南布料暨制衣配件展览会
时间：2005年4月5～8日（越南）

展名：美国纽约家用纺织品博览会（春季）
时间：2005年4月8～11日（美国）

展名：第43届中东（迪拜）春季国际纺织服装、箱包鞋帽暨皮革制品博览会
时间：2005年4月11～14日（阿联酋）

展名：欧洲非织造布展览会
时间：2005年4月12～15日（瑞士）

展名：土耳其伊斯坦布尔国际家用纺织品博览会
时间：2005年5月18～22日（土耳其）

展名：法兰克福产业用纺织品展览会
时间：2005年6月7～9日（德国）

展名：中国纺织品服装贸易展览会
时间：2005年6月14～16日（美国）

展名：巴西纺织暨服装贸易博览会
时间：2005年6月（巴西）

展名：意大利国际针织服装展览会
时间：2005年6月（意大利）

展名：日本中国纺织品服装贸易博览会
时间：2005年6月（日本）

展名：越南时装展览会
时间：2005年7月15～21日（越南）

展名：德国杜塞尔多夫国际服装博览会（秋季）
时间：2005年7月24～26日（德国）

展名：美国拉斯维加斯国际服装暨面料展览会
时间：2005年8月（美国）

展名：德国CPD专业成衣博览会（CPD）
时间：2005年8月（德国）

展名：美国纽约内衣博览会
时间：2005年8月（美国）

展名：2005年中东（迪拜）国际服装、纺织品（及其辅料）博览会
时间：2005年9月7～10日（阿联酋）

展名：比利时布鲁塞尔家用纺织品面料博览会
时间：2005年9月8～11日（比利时）

展名：莱比锡国际室内装潢暨纺织品专业博览会
时间：2005年9月10～12日（德国）

展名：巴黎秋季纺织面料展览会
时间：2005年9月（法国）

展名：法国第一面料展览会
时间：2005年9月（法国）

展名：比利时布鲁塞尔国际家用纺织品博览会
时间：2005年9月（比利时）

展名：美国纽约家用纺织品博览会（秋季）
时间：2005年10月16～19日（美国）

展名：2005新加坡亚洲纺机展览会
时间：2005年10月17～21日（新加坡）

展名：印度国际家用纺织品博览会
时间：2005年10月（印度）

展名：法国国际批发商服装服饰展览会
时间：2005年11月（法国）

展名：印度消费品暨家纺展览会
时间：2005年11月（印度）

4. 建设行业

① 建筑、房地产行业

行业简况

2005年中国房地产趋势与市场商机

温家宝：应使土地价格能够反映中国土地稀缺状况

在全国深化改革严格土地管理工作电视电话会议上，国务院总理温家宝发表讲话，他要求根据不同地区土地资源状况和经济社会发展水平，确定土地基准价格，制订协议出让土地最低价标准；严格控制划拨用地的范围，经营性基础设施用地要逐步实行有偿使用；严格区分公益性和经营性两种不同性质的用地，经营性用地价格要由市场来决定，实行招标、拍卖、挂牌出让。利用原划拨土地进行经营性开发或转让土地使用权的，必须按照市场价补缴土地出让金。任何地方都不得以低于国家规定的最低价标准协议出让土地，不得随意减免新增建设用地土地有偿使用费。

薄熙来：要严格遵守土地法律法规集约高效利用土地资源

在全国国家级经济技术开发区工作会议上，商务部部长薄熙来代表商务部、国土资源部、建设部要求国家级经济技术开发区严格遵守土地法律法规，集约利用土地资源。国家级经济技术开发区要认真贯彻“十分珍惜、合理利用土地和切实保护耕地”的基本国策，提高土地集约利用程度，绝不允许违规下放土地审批权，违反土地利用总体规划擅自扩区。薄熙来指出，要注重盘活现有建设用地，鼓励挖掘存量建设用地潜力，根据各地情况，充分利用荒山、荒地、矿山废弃地、滩涂、低产盐田等进行开发，尽量减少占用耕地。要坚持土地有偿使用，鼓励规范高效用地。实行供地量与投资额、产出效益、建筑密度、容积率等指标挂钩。对于土地利用规范高效、内外资密集、高新技术产业发展快、带动力强的国家级经济技术开发区，在用地政策上继续予以支持和鼓励。

鹿心社：从全局的高度把握国土资源工作

在全国国土资源厅局长会议上，国土资源部副部长鹿心社说，关于贯彻国务院《决定》、严防反弹的问题，2005年是贯彻落实《决定》的关键一年，土地供应仍需坚持从严从紧政策。对不依法行使行政权力的地方，将暂停相应的行政权力，一经发现问题即责令整改，整改期间坚决暂停该地区的农用地转用审批。力争2005年上半年完成《全国土地利用总体规划纲要》报批；省级规划修订根据需要，分先后展开，争取2006年年底前完成；市、县规划，根据需要与省级规划衔接，分批安排。关于土地集约利用、保障发展的问题，走挖掘内涵的道路，推进经济增长方式和土地利用方式的根本转变，集约利用土地，这是缓解土地供需矛盾、保障经济发展、合理用地的惟一出路。

姜伟新：防止投资过快增长不能放松

国家发展和改革委员会副主任姜伟新撰文指出，全国在建投资项目总规模2004年在20万亿元左右。尽管加强和改善宏观调控取得明显成效，投资过快增长的势头得到有效控制，但固定资产投资规模过大的问题仍未彻底解决，主要是工业投资增长过快，城市建设规模过大、标准过高，过去几个过热行业投资规模仍然较大，新的盲目投资问题同时出现。继续严把土地和信贷两个闸门、加强对投资活动的政策引导将是搞好2005年投资宏观调控的重要举措。

顾云昌：中国房地产市场将平稳较快发展

在“宏观调控下中国房地产市场形势分析”论坛上，中国房地产产业协会副会长顾云昌提出，中国房地产市场将由过去快速乃至高速的增长进入一个平稳较快发展的轨道，而房价的快速提升是当前我们房地产市场最应该关注的一个问题。一个持续健康发展的房地产市场，要在投资增速下降的情况下，仍然保持供略大于求，这样才能保持市场价格的平稳。为了达到各地供应量要供略大于求的目标，可以采取以下措施。第一要关注各地房地产市场的变化，特别要关注房价的变化，第二要重视利率杠杆的调控作用，通过贷款利率的逐步放开，灵活有效的进入手段来调控市场，而不是光一味地用行政的办法。商品房特别是普通住宅的开发用地应该给予保证，应当做到提前供地，充足地供地，千万不要实行饥饿型供地，这样会造成供求关系的紧张，会造成房价的上升，会导致大家投资的增加，加快，加大供不应求，加大房价的提升。另外控制房地产拆迁速度和规模，要加快盘活和二次开发土地，通过存量盘活土地和房地产来加大供应量。

业界观点一：资本市场的认可度将决定房地产企业发展前途

华远集团总裁任志强称，实行招拍挂对房地产开发企业的资金要求越来越高了，因为参加投资资格的保证金就是5000万元，很多中小企业越来越多地感觉到面临的资金困难以及他们在银行信贷方面的困难。这样就迫使很多企业不得不用更多的方式获得资金，各种各样的联合和融通渠道应运而生。以万科和万通为例，前者在资本市场上获得了公开的募集渠道，同时又通过私募的方式和境外联合取得了融通的渠道；后者通过和国有企业泰达合作，利用国有土地的资金支付现实土地资金，并且获得资金支持。展望2005年的房地产市场，任志强认为，会更多提出把地产和金融相结合的问题，“这种结合包括企业之间的联盟形成的结合，包括与资本市场的融通之间形成的联合，也包括和境外基金等其他方式合作的一种联合”，“资本市场的认可程度最后将决定我们中国的房地产企业发展的前途”。

业界观点二：合理的融资渠道会活跃起来

北京银都房地产发展有限公司副总经理郑健力介绍，现在很多公司都开始考虑集团发展战略，风险意识加强了，是多层次、多产品的投资。企业的融资渠道在近几年发生了改变。国外房地产企业资金来源通常是40%的房地产基金，40%是私募基金（包括私人投资或者企业之间的投资），剩下20%才是银行贷款，这种方式比较健康，银行风险也比较小。而现在国内房地产投资银行贷款比例占到70%，由于比例太高使银行处于不安全状态，导致国家金融也处于不安全状态。2004年银行贷款基本上被停止了，银行贷款门槛提高，但是基金门槛降低了。而这个时候企业从资金角度来说，也需要从更多渠道募集资金，缓解企业资金方面的压力。很多房地产基金可能借此机会找到它存在的空间，一些比较合理的融资渠道就会活跃起来。

业界观点三：外资、基金此时进入将得到双倍好处

清华大学经济管理学院房地产金融系教授王洪预言，在一段时期内，金融政策不会调整的可能性比较大，信贷手段不会放开，这样对于基金进入市场无疑是利好消息。王洪认为这不是坏事，因为“城市化、现代化有这个需要，基金进入可以填补这个缺口”，“外资、基金很‘挑剔’，并不会盲目大规模进入，而且它们并不一定是做贷款”，“我们原先地产金融跟银行贷款关系太密切了，占到了90%以上，这跟银行放贷不够审慎有很大关系，也给银行埋下了隐患”。“当前，人民币有升值的希望，房地产又是一个比较好的投资渠道，加之WTO框架下，金融市场渐趋透明，外资、基金如果此时进入，将会得到双倍收益。”

——《国际商报》谭文邦

展会

首届中国（深圳）城市建设开发展览会

为了展示我国城市建设所取得的巨大成就，塑造城市品牌形象，促进城市建设开发和招商引资，实现城市全面协调可持续发展，首届中国（深圳）城市建设开发展览会（简称中国城博会）2004年11月3～5日在深圳高交会馆隆重举行。

参加中国城博会的有北京、成都、昆明、海口、苏州、郑州、太原、秦皇岛、佛山、贵阳、泉州、梅州、汕头、汕尾、泰安、潍坊、济宁、德州、胶南、眉山、巴中、广安、酒泉、白银、定西、新沂、邳州、遵义、都匀、丽江、香格里拉、铁力、常德等40多个城市。品牌地产商万科、招商、和记黄埔、华侨城、金地、星河、中航、深业、杭州宋城集团等，公用事业投资商中华燃气、法国里昂水务、深圳水务集团、招商局，商业巨子沃尔玛、家乐福等也出席了本次大会。

同时，为了提高城市规划建设水平，大会还开设了城市规划、景观园林及市政环卫设施等展区，国内外知名企业均来参展。

大会同期还举办了中国城市竞争力与城市营销国际论坛与中国城市规划与旧城改造国际论坛。CCC／UN（联合国国际交流与协调委员会）执行主席、前纽约规划局局长Bob Borger，CCC／UN亚太总干事Flank Liu，全球生态村发展委员会副主席Liora女士，原建设部副部长、中国城市规划协

会理事长赵宝江，同济大学城市规划学院院长、博导吴志强等区域经济研究专家在论坛上做了精彩演讲。

中国知名品牌城市推介提名活动也得到了广大城市的热烈回应，主要考核以下内容：国内国际知名度、美誉度、城市战略定位、城市竞争力、城市特色、城市文化、人居环境、营商环境、创业环境、可持续发展等。报名参加提名活动的城市有佛山、贵阳、潍坊、秦皇岛、巴中等数十家城市，组委会在高交会馆现场开辟中国知名品牌城市提名展区，介绍各城市的宏观情况和特点、亮点，获得提名市长们在展会期间现场推介自己的城市，这也是首届城博会的一大亮点。

国际文化社区推介活动是CCC／UN授权、城博会组委会承办的一项高规格的活动，首次以联合国的名义表彰在城市建设开发和城市文化、社区文化中做出杰出贡献的社区和开发商。

2004中国城镇建设科技博览会

为期三天的由建设部科技发展促进中心和VNU亚洲展览集团共同举办的2004中国城镇建设科技博览会于2004年11月5日在广州锦汉展览中心开幕。本届展览会共吸引包括欧洲展团、美国展团、荷兰展团、日本展团在内的200多家代表国际先进技术水平的企业参展，展出内容包括国际最先进的城市规划、景观设计、建筑设计、园林技术、门窗幕墙与建筑节能技术等。

同期举办的还有首届欧洲园林建设协会（ELCA）亚洲年会。此次年会在广州召开，向中国园林界展现了欧洲乃至世界先进园林建设理念和技术，有利地促进了中欧园林业界的技术和贸易合作。

珠三角地区是中国景观园林行业发展较早的地区，近年来紧随市场潮流，在园林设计、工程和高科技应用方面有很大提高。同时广东也是中国乃至世界知名的园林和花园家具产业基地。随着广州2010年亚运会申办成功，广州将要进行大量的城市建设项目，这给中外园林设计公司和工程建设公司带来前所未有的商机，吸引了国内外众多著名设计公司的目光。

“一平方公里”显影中欧城市文化

为人们描述北京、上海、巴黎和柏林城市发展状况的“城市取样1×1”展于2004年11月11～26日在北京规划展示馆举办。策划人卢志刚称，这个展览选取了1平方公里的区域，把这些城市的建筑、城市规划放在一起比较着看，从中可以管窥城市文化的差异。

平时少有人注意到的细小元素让各个城市的性格一目了然，展览中的模型、照片和数据都在表明四个城市发展状况的异同。卢志刚幽默地称“甚至不同城市摆放椅子的习惯都不同”。

巴黎“取样”是中国城市的榜样。从2004年7月22日开始，“城市取样”巡回展已经在巴黎、上海展览过，北京展出后还将去柏林展览。在北京选取的是西单地区。相对上海、巴黎和柏林，这里道路更宽阔，但是建筑风格也更为杂乱，正如批评家王明贤给展览的序中写到的，“经过迅速的拆除和建设，我们发现整个城市的记忆都丧失了”。观众通过展览能看到上海、北京正在建造越来越多的高楼来容纳更多的人流，而巴黎的建筑更矮一些，人流密度却不比北京差。“也许北京也可以向巴黎那样在一些历史街区用一些手法达到和高层建筑一样的密度，而不用牺牲人性化的建筑风格”，王明贤谈到。

从具体空间反思中国城市。“城市取样”并不仅仅是一个建筑展，策划这个活动的卢志刚的正式身份是华东建筑设计研究院创作所副总建筑师，他说自己发起这个活动也是因为作为建筑师的困惑。“2003年有一段时间闲下来，感到很困惑，这可能也是中国建筑师现在集体面对的问题——为什么我们日日夜夜努力做项目，而我们的城市不是我们所期待和设想的样子，而且变得连我们生活其间的人都觉得陌生。”因此他萌发了这个概念——在一个具体的空间内考察建筑在整体城市环境中扮演什么角色的问题。

从2003年5月到2004年5月，北京、上海、巴黎和柏林的40位建筑师、城市规划师、城市管理者及记者组成志愿团体，选择各自城市中的某一平方公里内的建筑和文化状况进行为期一年的比对研究。他们在选择四个城市的1平方公里的区域时，特别强调了这个区域内要有能代表所在城市的文化和建筑传统以及这个城市中最新的发展趋势，应该是一个公共建筑、居民住宅、商业区等重叠的复合区。

第三届中国家居博览会

由中国轻工业联合会和宁波市人民政府共同主办的第三届中国家居博览会，于2005年4月8～11日在宁波国际会展中心举办。

本届家博会的主题是“绿色、科技、健康、时尚”。展出面积比上届提高20%，达到5.5万平方米，设展位2500个。展览内容在承接上届家博会成功举办的基础上进一步与国际接轨，涵盖上游房地产，中游建材、家装和下游的家居用品，整个展览分为房地产、家装材料、厨房设备、卫浴设施、家装服务、家居用品及设施、家电及家庭信息化设施、家纺、家具、家用乐器十大展区。家博会期间，主办方还举办家居产业趋势发布和房地产走势高端论坛，并邀请国家主管部门及业界专家进行专题演讲，并邀请国家主管部门及业界专家进行专题演讲，3S——中国网上家博会也同时推出。

据统计，到会的中外客商达1.2万人次，总成交量（含意向合同）25.755亿元人民币。本次家博会成交额超亿元的房地产企业在10家以上，卫浴、洁具、地板、橱柜等产品的交易尤其火爆。许多参展商头两天展览就完成了整个展会的销售计划。97%以上的参展商明确表示明年还会再来。

琳琅满目的商品让国内外采购商赞叹不已。他们认为，家博会上中下游产业联动展贸的新模式，有利于帮助采购商更高效地从家居庞大的产业链中选择自己所需要的产品。据现场统计，家博会建材、家居展厅最多时每10个参展观众中就有1名是采购商，家博会在专业化和国际化方面迈进了一大步。

家博会也吸引了众多市民。展览期间，约20万人次市民进场参观，人流量最高时达每分钟1700多人。

众心所向：屋顶绿化让城市多片绿色

2005年5月18～20日，中国国际城市风景园林建设展览会在北京全国农业展览馆举行。这次展览由德国纽伦堡展览公司与长城国际展览有限责任公司共同主办，得到了中国风景园林学会、德国国家园林建设协会、欧洲园林建设协会、中华环境保护基金会屋顶绿化工程组委会的大力支持。中国国际城市风景园林建设展览会（GaLaBau China）以国际上最大的纽伦堡国际城市风景园林建设展览会（GaLaBau）为基础，充分发挥品牌号召力，力求为迅速崛起的中国企业提供一个业已成熟的交流与贸易的平台。

随着中国城市化建设步伐的加快，绿化美化城市、改善人居环境、提高城市品位、完善公共设施已经成为关注和投资的热点。特别是2008年北京绿色奥运和2010年上海世博会，更是极大地推动了城市园林绿化建设。中国在很长一段时间内将继续保持"城市化速度之最"。巨大的市场给园林绿化、户外设施、景观设计、工程与维护行业带来无限商机。展览会上一个2008屋顶绿化展团吸引了观众的视线，屋顶绿化的市场也是一片光明。

屋顶绿化，顾名思义是在屋顶上进行绿化，简单的是种草，复杂一点的就是在屋顶建花园之类。在工业、住房用地需求不断增大，城市绿地不断减少的今天，屋顶绿化无疑成为解决园林绿化与城市用地的首选方案，而北京城区目前有6000万平方米以上的建筑物屋顶裸露，这将是一个潜在的巨大市场。

谈到屋顶绿化的发展，最早的屋顶绿化只是用假的花花草草对屋顶进行装饰，后来慢慢发展到在屋顶摆盆花，再后来才逐渐发展成为现在的直接在屋顶种草，种花，乃至建花园。说到建花园，就会有水池、假山石等装饰品，因此，为迎合高级屋顶绿化就出现了专门生产用于屋顶花园的轻质假山石等一系列产品的厂家，这又带动了相关市场的发展。

北京2005年夏季房展会

由北京市房地产开发市场、北京青年报联合主办，众多媒体协办的北京四季房展2005年夏季房地产展示交易会，于2005年6月16～19日在国贸展览中心举办。

新盘集中价格平稳。本届夏展中参展项目78个，展出面积近万平方米。本届参展项目中，葵花社、君濠国际、百世城商业街、沿海赛洛城、中海安德鲁斯庄园、美华世纪、纽约客、金海花园、星河皓月、蓝湾等15个新项目是首次展出，占到参展项目的20%。在价格分布上，均价8000元/平方米以上的项目占16%，5000～8000元/平方米的项目占24%，而势头最强的5000元/平方米以下的项目则占到了60%，大部分参展项目的价位低于北京市第一季度商品房住宅均价。

北京市四季房展向来被称为是京城房地产业的"晴雨表"，业界人士一般都通过四季房展来预测北京房地产业的发展趋势。今年5月11日，国务院办公厅发出通知，转发建设部等部门《关于做好稳定住房价格工作的意见》，今年的夏季房展无疑在很大程度上能够显示从去年到今年北京市房地产市场的变化情况。在对入驻夏季房展的楼盘销售价格进行统计后，结果显示：从去年冬天到今年春天，房地产市场整体呈上扬之势，大部分楼盘的销售价格都有所上升，如日光清城，去年冬展时销售价格为每平方米4000元，今年春展上涨到4400元；而湖畔雅居则由去年的7500元上涨到了今年的8200元。春展结束后，京城房地产市场则出现了新的变化，主要原因是国家出台的新房地产政策使得北京市房地产市场价格趋于稳定，大部分楼盘的销售价格都与春展时的价格保持了一致，如日光清城此次参加夏展的销售价是4400元，维持了春展时的水平；德国楼尚、永泰园新地标和湖畔雅居等楼盘在定价方面则与日光清城如出一辙。除个别参展单位小幅上扬外，其余项目在价格方面都保持了平稳状态。

年初，业内人士纷纷预测：2005年是楼市不确定的一年。据悉，"8·31"过关的288个项目由于取得销售许可证和经过必要的开发周期等因素，将会在下半年集中推出。而于6月16日开幕的夏季房展也已充分印证了这一预测。

二手房中介机构进场。往年的夏季房展都在强调新楼盘的增加量，而本届展会则把二手房放在了相当重要的位置上。本届房展会上以中大恒基为代表的二手房中介机构全面入驻房展会现场，展出面积近千平方米。

之所以如此，是因为从长远来看，二手房是稳定房地产市场价格的重要筹码。今年，国家出台新的政策调控房地产市场，稳定市场价格，这无疑为北京市房地产的二级市场注入了新的动力。二级市场凭借价格、地理位置优势，以及成熟的配套设施，为置业者提供了更多的选择余地。

老百姓在购房的过程中，由于缺乏信息或经验，经常会遇到各种各样令人头疼的问题，诸如按揭买房、装修、中央新出台的政策对房价的影响以及二手房买卖等等。针对这些问题，夏季房展邀请相关领域的专业人士，在展会现场举办专题活动，为百姓购房答疑解惑。

境内展

展名：广东房地产嘉年华
时间：2005年1月1～4日（广州）
周期：一年一届

展名：春季房产展览会
时间：2005年3月7～13日（南京）

展名：2005北京第四届中国城市建设、交通运输技术暨电梯设备展览会
时间：2005年3月9～12日（北京）

展名：上海之春房产展示交易会
时间：2005年3月17～20日（上海）

展名：2005中国北方国际住宅产业与建筑科技博览会
时间：2005年3月18～21日（大连）
周期：一年一届
创办时间：1993年
上届数据：展出面积（平方米）：4万
其中外国参展面积（平方米）：5000
观众人数（人次）：104000
展商总数（家）：440
其中外国参展商数目（家）：13

展名：第三届北京国际楼宇智能装备暨数字化家居展览会
时间：2005年3月22～24日（北京）

展名：2005北京第十届国际建筑、建材暨城市建设展览会
时间：2005年3月23～26日（北京）
周期：一年一届
创办时间：1985年3月
上届数据：展出面积（平方米）：25000
其中外国参展面积（平方米）：2000
观众总数（人次）：40000
展商总数（家）：700

展名：2005年中国广西城市建筑装饰材料暨设备展览会
时间：2005年3月23～26日（南宁）
周期：一年一届
创办时间：2005年

展名：2005第三届中国昆明城市规划建设博览会
时间：2005年3月25～29日（昆明）

展名：中国东北第十届国际建筑装饰暨城市建设博览会
时间：2005年3月29～31日（沈阳）
周期：一年一届
创办时间：1996年3月
上届数据：展出面积（平方米）：20000
其中外国参展面积（平方米）：2000
观众总数（人次）：2万
展商总数（家）：420
其中外国参展商数目（家）：31

展名：青岛国际城市建设博览会
时间：2005年3月31日～4月3日（青岛）
周期：一年一届
创办时间：2004年
上届数据：展出面积（平方米）：10000
其中外国参展面积（平方米）：3000
观众总数（人次）：20000
展商总数（家）：180
其中外国参展商数目（家）：54

展名：国际建筑建材暨城市建设展览会
时间：2005年3月（北京）
周期：一年一届
创办时间：1995年

展名：上海国际建筑博览会
时间：2005年3月（上海）
周期：一年一届

展名：2005年中国成都建筑科技博览会
时间：2005年4月1～4日（成都）

展名：2005年中国北京春季房地产展示交易会
时间：2005年4月7～10日（北京）

展名：第三届中国家居博览会暨2005宁波现代装饰材料博览会
时间：2005年4月8～11日（宁波）

展名：2005年四川市政市容建设展览会
时间：2005年4月12～15日（成都）

展名：2005中国（青岛）房地产与建筑装饰展览会
时间：2005年4月14～17日（青岛）
周期：一年一届
创办时间：2003年4月

上届数据：展出面积（平方米）：20000
其中外国参展面积（平方米）：8000
观众总数（人次）：10万
展商总数（家）：500
其中外国参展商数目（家）：40

展名：第六届上海别墅博览会
时间：2005年5月2～5日（上海）
周期：一年两届
创办时间：2002年5月
上届数据：展出面积（平方米）：10000
其中外国参展面积（平方米）：230
观众总数（人次）：5万
展商总数（家）：56
其中外国参展商数目（家）：2

展名：国际商品房地产研讨会暨展览会
时间：2005年5月18～20日（上海）
周期：一年一届

展名：北京五月城市房地产展览会
时间：2005年5月19～22日（北京）
周期：一年两届
创办时间：1998年

展名：第十届中国国际建筑贸易博览会
时间：2005年5月24～27日（上海）
周期：一年一届

展名：2005武汉国际房地产暨建筑装饰展览会
时间：2005年5月（武汉）
周期：一年一届
创办时间：1997年5月
上届数据：展出面积（平方米）：10000
其中外国参展面积（平方米）：1000
观众总数（人次）：1.5万
展商总数（家）：120
其中外国参展商数目（家）：10

展名：上海国际建筑博览会
时间：2005年5月（上海）
周期：一年一届
创办时间：1996年

展名：长春春季房地产交易会
时间：2005年5月（长春）

展名：2005广州国际家居安保产品暨个人防卫器材展览会
时间：2005年6月8～11日（广州）
周期：一年一届
上届数据：展出面积（平方米）：5000
其中外国参展面积（平方米）：1000
观众人数（人次）：3万
展商总数（家）：168
其中外国参展商数目（家）：29

展名：第六届广州国际智能社区暨智能家居产品展览会
时间：2005年6月8～11日（广州）
周期：一年一届

展名：2005年中国北京夏季房地产展示交易会
时间：2005年6月16～19日（北京）

展名：2005第五届中国国际住宅产业博览会
时间：2005年6月26～29日（北京）
周期：一年一届
上届数据：展出面积（平方米）：30000
其中外国参展面积（平方米）：2000
观众总数（人次）：40000
展商总数（家）：1000
其中外国参展商数目（家）：200

展名：成都夏季住宅产业博览会
时间：2005年6月26日～7月6日（成都）

展名：2005义乌住宅产业博览会
时间：2005年6月（义乌）
周期：一年一届
创办时间：2003年6月
上届数据：展出面积（平方米）；7000
观众总数（人次）：2万
展商总数（家）：100

展名：2005中国北京商铺展暨投资性商用房产展示交易会
时间：2005年7月30日～8月1日（北京）
周期：一年一届
创办时间：2004年
上届数据：展出面积（平方米）：5000
观众总数（人次）：5000
展商总数（家）：50

展名：2005 香港房地产展览会
时间：2005 年 8 月 27～29 日（北京）

展名：投资性房产暨商用房暨商铺展览会
时间：2005 年 8 月（上海）

展名：第 3 届家居潮流博览会
时间：2005 年 8 月（香港）
周期：一年一届

展名：2005 年中国北京秋季房地产展示交易会
时间：2005 年 9 月 8 月～11 日（北京）

展名：第四届中国国际城市景观、建筑设计与园林建设展览会
时间：2005 年 9 月 13～15 日（广州）

展名：中国国际家居装潢、家庭用品暨照明设备展览会
时间：2005 年 9 月（上海）
周期：一年一届

展名：南京国际钢结构房屋、智能建筑暨安全设备展览会
时间：2005 年 9 月（南京）

展名：2005 第五届浙江国际住宅产业博览会
时间：2005 年 9 月（杭州）
周期：一年两届
创办时间：2004 年 9 月
上届数据：展出面积（平方米）：10000
观众总数（人次）：3000
展商总数（家）：200

展名：国际住宅建筑博览会
时间：2005 年 9 月（上海）
周期：一年一届
创办时间：2000 年

展名：长春秋季房地产交易会
时间：2005 年 9 月（长春）

展名：2005 年中国国际城市建设信息化展览会暨建设信息技术设备展览会
时间：2005 年 9 月（天津）
周期：一年一届
创办时间：2005 年

展名：假日楼市——黄金周别墅博览会
时间：2005 年 10 月 3～6 日（上海）

展名：第 22 届大连房产交易大会
时间：2005 年 10 月 20～23 日（大连）
创办时间：1998 年 7 月
上届数据：展出面积（平方米）：15000
观众总数（人次）：15 万
展商总数（家）：200

展名：北京十月城市房地产展览会
时间：2005 年 10 月 20～23 日（北京）
周期：一年两届
创办时间：1998 年

展名：第三届昆明现代家居博览会
时间：2005 年 10 月（昆明）
周期：一年一届
创办时间：2003 年
上届数据：展出面积（平方米）：3500
其中外国参展面积（平方米）：800
观众总数（人次）：10 万
展商总数（家）：300
其中外国参展商数目（家）：50

展名：第十届中国宁波国际住宅产品博览会
时间：2005 年 11 月 10～14 日（宁波）
上届数据：展出面积（平方米）：45000
观众总数（人次）：210000
展商总数（家）：2100

展名：2005 成都冬季住宅产业博览会
时间：2005 年 11 月 28 日～12 月 6 日（成都）

展名：室内装修暨理想家居博览会
时间：2005 年 11 月（上海）
周期：一年一届

展名：上海房地产博览会
时间：2005 年 11 月（上海）
周期：一年一届

展名：中国国际住宅建筑博览会暨中国智能建筑博览会
时间：2005 年 11 月（上海）
周期：一年一届

展名：2005中国北京冬季房地产展示交易会
时间：2005年12月8～11日（北京）

展名：中国国际房地产暨建筑技术博览会
时间：2005年12月（上海）
周期：一年一届

展名：第五届上海商业房地产展示交易会
时间：2005（上海）
周期：一年一届
创办时间：2004年6月

上届数据：展出面积（平方米）：7000
观众总数（人次）：1万
展商总数（家）：70

境外展

展名：国际房地产、投资和服务交易会
时间：2005年2月24～27日（德国）

展名：第8届国际商业房地产专业博览会
时间：2005年10月4～6日（德国）

② 建材行业

行业简况

中国建材行业四大瓶颈不容忽视

如果说中国房地产行业近年来的发展可以用“血脉贲张”来形容的话，那么在房地产行业的拉动下，中国建筑材料行业的发展如今也已不可小觑。种种迹象表明，中国的建材工业正在以超过欧美等发达国家的增长速度而发展，中国已成为了名副其实的建材生产和消费大国。《经济参考报》就我国建材市场的热点问题以及行业发展中遇到的瓶颈，对中国建材工业协会党委书记孙向远进行了采访。

建材行业的四大瓶颈

经济参考报：*我们该如何认识中国建材行业目前的发展状况？*

孙向远：改革开放20多年来，我国的经济飞速发展，固定资产投资增长了30多倍，城镇居民人均住宅面积从1981年的3.5平方米增加到1998年的8.8平方米，总共增加了46亿平方米。在这样的背景下，作为基础和先行的建材工业，在为大量重点水利、电力、铁路、公路、港口等工程建设，以及各种城镇公用设施、住宅建设、装饰装修行业源源不断地、及时足量地提供了大批建筑材料的同时，自身也取得了令人瞩目的进步。

目前，我国不仅掌握了具有国际先进水平的水泥窑外分解、平板玻璃浮法技术，而且拥有自主知识产权的洛阳浮法玻璃技术已成为世界三大浮法技术之一，并可自行设计和装备日熔化500吨级浮法玻璃生产线，已基本实现水泥日产4000吨级新型干法生产线工艺技术和装备国产化，装备自给率达80%。并且，浮法玻璃、窑外分解水泥的成套技术、装备已批量出口，受到好评。

20年间，墙体材料中新型墙材比例由不足5%提高到22%。新型建筑材料从无到有、从小到大，已初步形成较完善的工业体系，正成为建材工业新的经济增长点。非金属矿的一些优势矿种的加工技术不断提高，高岭土、滑石、石墨、石英等的提纯与超细技术已达到世界水平。一批无机非金属高科技产品的研究开发成功，也促进了国内高新技术产业的发展，如非线性光学人工晶体在国际上占有重要地位，光学纤维面板和微通道产品已在兵器、航天、医学领域应用，功能陶瓷与电子工业配套发展已具有一定规模。

建材工业也一改往昔能耗大户和污染大户的形象，不仅万元产值能耗大大下降，在治理自身粉尘等污染的同时，还化废为宝，为维持生态平衡贡献着力量，对粉煤灰的综合利用量占全国利用量的30%以上，对煤矸石的综合利用量占全国利用量的50%以上。

改革开放以来，我国的建材工业充分利用国内国外两种资源两个市场，及时吸收了资金、技术和先进的管理方法，累计批准外商直接投资企业4500多家，合同外资金额约130亿美元，实际利用约50亿美元；引进了一批先进技术，为发展建材工业开辟了新的资金、技术渠道。

在今天，建材工业已同建筑业一起成为国民经济的一个支柱产业，这是由建材工业综合实力的增强和国民经济发展的需要确定的。现在，中国建材工业不仅有了一套比较完整的产业体系，而且有了一个初具规模的市场体系。建材工业的年产值在各个工业行业中位居第五。

经济参考报：*目前我国建材行业在发展中还存在哪些问题？*

孙向远：2004年，我国的建材工业在保持良好发展势头的同时确实存在着几个突出问题。最为突出的就是煤、电、油、运的持续紧张影响了建材企业生产能力的发挥，从而导致了生产成本的上升。由于能源、原料、运输成本的上涨，水泥、玻璃、陶瓷等行业的生产企业均受到了不同程度的影响，造成企业生产成本的上升。

其次，产业结构调整的任务仍然艰巨。虽然新型干法水泥、浮法玻璃生产技术等先进生产工艺在建材工业的生产中已占重要地位，对抑制落后生产能力的增长起到了重大作用，但由于消费需求的拉动，落后生产能力仍有相当大的市场空间，技术落后、产品结构不合理的问题仍然存在。落后生产能力与先进生产技术争资源、争能源的现象仍然存在，这就加剧了能源供应、交通运输的紧张局面，因此产业结构调整任务仍然艰巨。

再有，建材工业的可持续发展之路任重道远。由于我国水泥工业目前仍以立窑为主，因此，水泥工业对环境的污染问题仍然严重；平板玻璃生产企业的硫化物、氮化物等有害气体的排放量也明显高于发达国家的企业；墙体材料生产中，60%的产品仍然是粘土实心砖，烧砖毁田耗能问题依然突出。

最后就是由局部地区生产能力增长过快而引发的产能过剩以及恶性竞争问题。应该说，自2001年以来，局部地区由于缺乏规划和引导，新上项目过于集中，生产能力增长过快，发展带有一定的盲目性，直至现在，部分地区落后的生产能力仍在进行盲目建设，导致市场出现恶性竞争。

——焦点装修家居网

铝门窗幕墙行业的可持续发展

随着新材料、新设备、新工艺、新技术的广泛应用，近几年，我国建筑幕墙和铝合金门窗行业结构优化取得明显效果。市场上出现越来越多符合国家建筑节能技术政策的新型幕墙、铝合金节能门窗产品。

未来五年，我国铝门窗及建筑幕墙产品还将继续保持稳步增长，整个2004年铝门窗的年产量维持在1.5亿平方米，在建筑门窗市场占有率保持在55%以上。而其产品结构有极大的改变，断热铝型材、中空玻璃、优质五金配件等产品的铝合金节能门窗的使用比例大大提高。

建筑幕墙仍将是公共建筑中外围护结构的主导。2008年的北京奥运会工程将是全世界建筑幕墙行业的亮点。奥运主体建筑幕墙工程将是世界顶级幕墙公司展示自已实力和最新技术的舞台，也是国内外幕墙公司拼实力、拼价格的市场。其建筑幕墙技术将以体现建筑主体风格、通透、节能环保、舒适为特点。幕墙的索结构设计、玻璃结构设计等关键的前沿技术将有所突破。2010年我国的建筑幕墙行业的主要技术领域将达到国际先进水平。我国目前是全世界第一大建筑门窗、建筑幕墙生产使用大国，巨大的市场潜力和发展机遇，吸引着国际上知名的企业和跨国集团纷纷来华投资办厂，加盟工程建设。中国的建筑幕墙行业紧随国际市场令世界同行业人士刮目相看。

在新技术、新型材料的应用方面，玻璃产品及其结构的开发和应用发展迅速。随着建筑功能性的要求，各类满足现代技术要求的建筑玻璃孕育而生，具有节能要求的“LOW—E玻璃”、满足防火性能的“铯钾防火玻璃”、具有自动清洁功能的“自洁玻璃”、使用在夏热冬暖地区“反射型LOW—E玻璃”等。玻璃原来仅仅是门窗产品的一部分，采光是其最主要的功能。随着幕墙技术的发展，玻璃已经远远超过了门窗产品部件的功能，成为建筑玻璃幕墙结构中的一部分承接幕墙结构受力。玻璃这种晶莹剔透的脆性材料的内在潜力在建筑幕墙中发挥得淋漓尽致。

点支式全玻幕墙的使用，带动了围护结构轻钢空间结构技术及其设计、制造和安装技术的创新，提高了建筑玻璃工程技术的科技含量，推进了不锈钢结构体系和空间拉索结构技术等新技术在玻璃幕墙工程中的运用，把建筑的三维空间带入了新的发展领域。

点支式全玻幕墙体现了建筑物内外空间得通透和融合，形成人、环境空间和谐统一的美感，它突出点驳接结构新颖的韵律美和玻璃支撑空间结构体系造型的现代感，它充分发挥玻璃、点驳接、支撑系统空间形体的工艺魅力，构成轻盈、秀美的景观效果，成为现代建筑艺术的标志之一。

点支式全玻幕墙在大中城市公共建筑、空港、商务中心等标志性工程中的应用，空间玻璃幕墙已经成为先行建筑领域的亮点。

屋顶和幕墙密不可分。现代建筑中屋顶和幕墙的结构已经是密不可分，过度结构设计已应用在不少工程上，我们的幕墙企业要尽快行动。屋面设计及其应用在我国已经逐步开始，但还很不完整，有待进一步开发并形成一套完整的理论体系。

夏热冬暖地区节能与遮阳技术也有明显提高我国地域广阔，从北方严寒的东三省到南国炎热的海南岛，从干燥的西北内陆到潮湿的东南沿海，气候环境差别巨大。只有根据各地建筑气候特点与设计要求，才能正确进行建筑外墙的选择和节能工作的开展。对夏热冬暖地区建筑的基本要求是：建筑物必须充分满足夏季防热、通风，防雨要求，冬季可不考虑防寒、保温。

提高夏热冬暖地区的节能应考虑尽可能利用自然条件，在获得适宜的室内热环境的前提下，得到最大的节能降耗效果。利用适宜的室内温度和自然空气调节、采用门窗的内外遮阳系统、推广采用隔热的节能玻璃、提高门窗的气密性能、讲究门窗的科学设计、合理利用门窗的空气流动。

我国铝门窗和建筑幕墙行业科技进步和技术创新，改变了行业面貌，提高了产业科技含量，新型建筑材料的应用开拓了市场空间，千丝板、埃特板、微晶玻璃、陶瓷挂板等一大批新型建材在建筑幕墙上使用，加速了幕墙技术的发展，建立了新世纪可持续发展的技术基础。

在我国，铝合金门窗与建筑幕墙产品经过20年的发展壮大取得了长足的进步，技术得到了发展，形成了具有中国特色的产品结构体系。但是，行业的发展是不平衡的，东西部之间，企业之间，产品之间都存在着明显的差距；市场秩序和市场行为不够规范，压价竞争，无序竞争，部分伪劣铝型材和伪劣铝门窗充斥市场的问题尚未得到根治，部分企业研制开发能力和创新能力仍然比较低，企业科技进步机制很脆弱，产品开发和产品质量不够稳定，技术储备较少，后劲不足；高新技术产品，新型材料，专用机电一体化的先进工艺设备以及部分特殊原料仍有空白，和国际先进水平有一定差距。幕墙企业应进一步掌握国际行业前沿技术，创建和发展具有国际竞争能力的骨干企业，打造一流民族品牌企业。

——《幕墙技术》

展 会

第七届唐山中国陶瓷博览会

2004年9月18～22日在唐山举办的“隆达之光”第七届唐山中国陶瓷博览会，已圆满结束，并取得丰硕成果。

此次博览会共有来自国内外319家陶瓷及相关产品厂商参展，参展陶瓷达数十个系列、上千个品种。新开辟了国际展区，美国、韩国、意大利等国外陶瓷厂商首次亮相博览会，带来了当今国际陶瓷的新产品、新工艺、新理念。

本届博览会到会客商和来宾6200多人，其中陶瓷销售商和陶瓷用户2500多人，均为历届最多。据统计，本届博览会共签订贸易合同总金额13.6亿元人民币，其中陶瓷国内贸易合同金额7.25亿元人民币，陶瓷出口贸易合同金额7648万美元。分别比上届增长34.8%、36.3%和33.2%，均创历届最高水平。在历时五天的展览中，参观购物者络绎不绝，日客流量达4万多人次，据不完全统计有30多万人参观了陶瓷展览和各类活动。

博览会期间，唐山市同时举办对外经贸洽谈会、人才技术交流大会等一系列活动，共签订外商直接投资项目合同55个，总投资3.7亿美元，合同利用外资2.4亿美元；达成对外经济合作，技术贸易、劳务输出意向合同37个；签订国内协作项目79个，总投资106.8亿元，合同引进省外资金100多亿元。

2004（秋季）第二届中国陶瓷产品交易会

由中国陶瓷工业协会、佛山市禅城区政府主办，佛山市华夏国际展览有限公司承办的2004（秋季）第二届中国陶瓷产品交易会于10月16～22日在佛山华夏陶瓷博览城隆重举办。包括华夏陶瓷博览城500家企业和100多家参展商，共有600多家国内外企业参加了展会。本次展会荟萃了中国精美陶瓷产品。

本届陶交会期间，中国陶瓷工业协会营销分会举办了有300家经销商参加的第二届中国优秀陶瓷经销商颁奖大会和中国陶瓷营销峰会等活动，还有很多企业更是不失时机地在交易会上举办各类活动。

本届展会参观者达5万人次，到会经销商2万多人，其中仅外商就达2000多人，最终实现签约金额33亿元人民币的良好业绩，其中美金2.8亿元，人民币10亿元。乘陶瓷春交会东风，陶瓷秋交会再次跃上了新的台阶。

本届交易会和春交会相比，出现几个可喜的现象：首先，春季与会的外商中，以中东、东南亚、俄罗斯为主，秋季则是意大利、西班牙、美国、韩国、日本等欧美发达地区和中东、东南亚、俄罗斯等国家和地区并重。这说明，中国陶瓷出口市场在逐步拓宽，出口量也在加大，中国陶瓷越来越受到世界各国更广泛的欢迎。其次，出口以仿古砖、中小规格的抛光砖、马赛克、洁具和包含新技术的产品为主，国内则是各种品种、各种规格的陶瓷都受到了不同地区不同程度的追捧。第三，新产品大量涌现，我国陶瓷显现出了蓬勃的活力。第四，参展企业的观念和服务有了较大的进步。

国际建机及建材展会聚业内名企

2004年11月9～12日，第11届中国国际建材机械展览会暨第六届中国国际建材及室内装饰展览会，在北京中国国际展览中心举办。在国展中心主展馆1号展馆内，会聚国内外的知名厂家为业内人士展示了多种混凝土及砌块的生产线及成型设备、新型墙材、建筑材料、木材／成材、室内装饰材料、建筑服务、环保节能技术、涂料及测量设备等。

本届展会的主办单位香港雅式展览服务有限公司董事长朱裕伦表示：随着国内大力推行墙体改革，建筑界对各类新型墙材及其生产设备的需求大增，本届展会继续以此为重点推介项目，为业内人士提供一个引进海外最新技术、产品及服务的机会。通过展商及观众相互接触，海外供货商及制造商亦可掌握中国市场的最新情况，有助他们在中国发展业务。

此次展会现场有来自加拿大、丹麦、芬兰、德国、法国、意大利、日本、韩国、马来西亚、新加坡、南非、美国、越南和中国及香港等国家和地区的展团参展。本届展会面积达7000平方米，展商约100家。其中B厅的国际建机展中的知名厂商有美国贝赛尔、Knauft PFT、哥伦比亚、Nycon、美泰科、意大利柏岱斯蒂、沃泰克斯、Marcantonini、德国海斯、玛莎、AKW、莱斯、摩泰克、拉斯科、考布拉模具、蓝福模具、日本虎牌、香港瑞图、俊溢、常熟通盈、江苏万力、西安银马、沉阳韩宝、山东郯城胜亚、上海培新、福建海源等。

A厅的国际建材展方面则包括有韩国的Daewon Partition、Chojung Silver、Cheonil、Daisung Chemical、Ofn、世化普利特光电科技；加拿大CANFOR的北美木结构房屋建材；芬兰洪卡玛嘉的木制别墅；日本秋田县的杉木；SPL南欧海松工业提供的锯开木材；FAR EAST ASIA的欧洲PMMA亚加力板及PC实心板材、ALKHODAIR瓷漆金属板、FU－VI模板；霸龙科技的ASHZIP立缝屋面；主要用于屋顶及墙面包覆的杜邦无纺布；马来西亚屋瓦工业有限公司的石砾表层屋顶钢瓦；适用于屋顶、墙面覆盖和房顶排水系统的凯美欧洲金属泰古系列铜材；新加坡新来贺的SLIDE & HIDE空心墙体框架系统等。此外，还有著名的化工企业如拜耳、国泰颜料和英可瑞等。

为促进技术交流，本届展会期间举办了第一届国际建筑节能墙材革新及粉煤灰综合利用高级论坛，邀请专家主讲，探讨关于墙体改革和建筑节能技术、国内外粉煤灰混凝土砌块的技术装备状况和发展历程、大规模降低水泥成本粉煤灰等工业废渣直接制得复合水泥的技术、大范围应用粉煤灰生产陶粒的技术和工艺、以煤矸石为基质生产新型高效生物肥料、小投资大回报粉煤灰陶粒的技术和工艺、国外混凝土制品的生产与应用、低等级粉煤灰的活化处理与应用、粉煤灰分选技术的发展方向、粉煤灰在高分子制品中的应用、首次在世界发现粉煤灰纳米球簇等议题。

国际门窗幕墙博览会

中国（北京）国际门窗幕墙博览会于2004年11月24～27日在北京中国国际展览中心举办。

据了解，2004年博览会比2003年的博览会增加了一个馆，达到了1.5万平方米的展出面积，展位已售出近700个，展品包括了铝门窗幕墙、塑料门窗、木窗、玻璃钢窗、幕墙及配套件、通风设备、加工机械、密封胶、车库门、工业门、家居门等，展示了建筑门窗幕墙行业的全线产品。有来自美国、德国、意大利、法国等14个国家的140多家国内外知名企业参展。值得一提的是，在2004年的欧洲展团中，德国国家展团得到德国经济部的支持和直接资助，有EBH、KarlGold、Stegherr等12家德国企业参加。与往年相比，本届博览会国际化程度提高。展商参展踊跃，展位出现供不应求的局面。随着中国房地产的快速发展，门窗幕墙已达位预定出现供不应求局面。到了5亿立方米年需求量。正是这一广阔的市场，吸引了全球商家纷踏而至。

第三届中国（北京）国际绿色建材展览会开幕

2004年11月24～27日，第三届中国(北京)国际绿色建材展览会在北京中国国际展览中心举行。据介绍，有来自美、加、德、日等20多个国家和地区的几百家国内外知名企业参展。展会展出了数百家企业的近千种新型建材，我国产品成为突出看点。

北京金隅集团的国内首条生态水泥生产示范线被专家看好。水泥一向与能耗、污染结缘。直到20世纪90年代，发达国家才开发生产出生态水泥。生态水泥不仅质量好，而且节省能源，它“吃”的原料是大量的工业固体废料和生活垃圾。我国有上万条老式生产线。这条生态水泥生产线的普及推广，将使水泥窑炉从污染环境的“能源老虎”变成处理城市垃圾的“清洁工”，水泥业将告别污染，变为环保行业。

秦皇岛耀华玻璃公司生产的在线LOW E玻璃创造了两个“神话”，一是反射率极低，光线再强也不会产生光污染，二是保温隔热，可降低30%的建筑能耗。专家说，如果京、津、沪、渝4城市所有建筑使用这种玻璃，每年节省的电费总和相当于三峡大坝的投资。此外，无毒无味的环保型油漆、可以解毒的纳米涂料、可以根据大小便自动设定冲水量的节水型坐便遥感器等，都给人以全新感受。

全国陶瓷展在京举办

中国工艺品进出口总公司、北京工艺美术博物馆、浙江省工艺美术协会将于2005年2月1～6日在王府井大街工美大厦联合主办“第四届全国陶瓷艺术教授、大师作品展”。

据介绍，此展比前三届更具有广泛的代表性和更高的艺术水准，作者分别来自江西景德镇、江苏宜兴、湖南醴陵、浙江龙泉、河北唐山、定州、山东淄博、上海、广东、河南、陕西；中央美术学院、清华大学美术学院、广州美术学院、景德镇陶瓷学院；中国艺术研究院、浙江省陶瓷研究所、中国轻工业陶瓷研究所等全国八大主要陶瓷产区。汇集了中国现代陶瓷艺术之精华。展览囊括了中国自古至今的陶瓷艺术表现手法，包容了当代中国陶瓷艺术的各种门类、品种和流派，熔现代艺术与现代科技于一炉，可谓异彩纷呈，百花争妍。

广州建筑展又创新高

2005年7月6～9日，由中国对外贸易中心（集团）和中国建筑装饰协会联合主办，中国对外贸易广州展览公司和广州博亚展览发展公司联合承办的第七届中国（广州）国际建筑装饰博览会在广州中国出口商品交易会琶洲展馆成功举办。据最新信息显示，作为目前亚洲最大的建筑装饰博览会，该届展会在参展企业、专业买家、招展规模和博览会档次等方面都创历史最高水平。

据了解，本届建博会展出面积达到12万平方米，展位6000余个。其中，参展企业达1867家，较上届增长约13%，参展企业覆盖国内22个省市和海外13个国家和地区。而本届博览会总共到会买家64541人。较上届增长约24%，且来自国内14个省市和海外93个国家和地区。其中海外观众5569人，较上届增长52%。博览会4天总的参观商入场人次达到了92569人次，较上届增长40%。

此外，展会主办方也与国外同类型博览会加大了合作力度，如与韩国建材类最大的京乡建筑展互换展位。还有本届在邀请国际顶级专业买家团方面也作积极探索。据了解，此次主要到会的跨国采购团有：马来西亚古晋马中贸易进出口商会、马来西亚建设部房屋发展委员会、越南工商业商会、俄中信息协会、美国家得宝集团、泰国正大集团。

对于展会的成效分析，美国驻广州总领事馆商务领事Murphay认为，广州建筑装饰博览会是一个真正国际性展览会，为美国企业提供了一个展示产品和设计的极佳平台。英国欧洲设计师联盟每年都参加世界各地知名的装饰设计类展览会，今年首度把目光转向中国，就选择了该博览会。其负责人Karin · Beate Philips认为，通过参加本博览会已经收到了非常好的反馈和收获，并计划下一届扩大参展规模，带来更为先进的产品和理念。而瑞典BALCOAB公司对本博览会组织机构的服务和展出效果非常满意，在博览会上发送了上万册公司产品介绍。唐山惠达陶瓷（集团）股份公司企划部的李先生则表示，广州建博会规模之大，不愧为亚洲巨展，在世界也有一定的影响力，参加此博览会能找到商机，广交朋友，并能取得较好的效益。

境内展

展名：中国国际门窗与屋面系统展览会、国际建筑节能与遮阳技术展览会
时间：2005年3月1～3日（广州）

展名：第十届中国国际建筑建材贸易博览会
时间：2005年3月1～4日（北京）
上届数据：展出面积（平方米）：30000
其中外国参展面积（平方米）：5000
观众总数（人次）：40000
展商总数（家）：600
其中外国参展商数目（家）：200

展名：第12届中国国际门业暨建筑装饰五金展览会
时间：2005年3月2～5日（北京）
周期：一年一届
上届数据：展出面积（平方米）：10000
其中外国参展面积（平方米）：2000
观众总数（人次）：30000
展商总数（家）：500
其中外国参展商数目（家）：50

展名：2005西部建材与建筑产业——环保给排水、暖通空调（重庆）展览会
时间：2005年3月3～5日（重庆）

展名：2005广州建筑防水材料暨技术展览会
时间：2005年3月5～7日（广州）

展名：第12届全国建筑装饰行业订货会
时间：2005年3月9～12日（北京）
周期：一年一届
创办时间：1992年
上届数据：展出面积（平方米）：10000
其中外国参展面积（平方米）：2000
观众总数（人次）：30000
展商总数（家）：500
其中外国参展商数目（家）：50

展名：中国（广州）国际霓虹灯展览会
时间：2005年3月11～14日（广州）
周期：一年一届
创办时间：2003年
上届数据：观众人数（人次）：3万
展商总数（家）：200

展名：中国国际石材产品暨技术装备博览会
时间：2005年3月14～17日（北京）
周期：一年一届

展名：春季家装展览会
时间：2005年3月14～20日（南京）

展名：第十届中国（大连）国际建筑装饰材料等用品展览会
时间：2005年3月18～21日（大连）
周期：一年一届

创办时间：1996年10月
上届数据：展出面积（平方米）：15000
其中外国参展面积（平方米）：200
观众总数（人次）：7万
展商总数（家）：306
其中外国参展商数目（家）：12

展名：2005中国广西国际门窗幕墙展览会
时间：2005年3月23～26日（南宁）
周期：一年一届

展名：2005中国广西现代厨房、卫浴设备暨用品展览会
时间：2005年3月23～26日（南宁）
周期：一年一届
创办时间：2005年

展名：2005中国广西国际地面铺装材料、地板暨装饰木制品展览会
时间：2005年3月23～26日（南宁）
周期：一年一届
创办时间：2005年

展名：中国东北第七届国际新型建材、建筑门窗、屋顶技术暨加工设备展览会
时间：2005年3月29～31日（沈阳）
周期：一年一届
创办时间：1999年3月

展名：中国东北第四届国际地面铺装材料、地板暨装饰木制品展览会
时间：2005年3月29～31日（沈阳）
周期：一年一届
创办时间：2002年3月
上届数据：展出面积（平方米）：8000
观众总数（人次）：13200
展商总数（家）：33

展名：中国东北第七届国际门业、装饰五金、玻璃、幕墙展览会
时间：2005年3月29～31日（沈阳）
周期：一年一届
创办时间：1999年3月
上届数据：展出面积（平方米）：20000
其中外国参展面积（平方米）：2000
观众总数（人次）：2万
展商总数（家）：420
其中外国参展商数目（家）：31

展名：2005中国上海石材产品暨石材技术装备展览会
时间：2005年3月31日～4月3日（上海）
周期：一年一届
上届数据：展出面积（平方米）：20000
观众总数（人次）：3万
展商总数（家）：450

展名：中国国际门窗暨建筑设备展览会
时间：2005年3月（北京）
周期：两年一届
创办时间：1999年

展名：中国国际建筑建材贸易博览会
时间：2005年4月1～4日（北京）
周期：一年一届
创办时间：1988年

展名：厦门国际石材加工技术暨产品展览会
时间：2005年4月3～6日（厦门）
周期：一年一届

展名：2005大连第11届国际建筑、装饰材料与酒店设备展览会
时间：2005年4月5～8日（大连）
周期：一年一届
创办时间：1984年7月
上届数据：展出面积（平方米）：8000
观众总数（人次）：20000
展商总数（家）：500

展名：第13届中国国际建筑装饰展览会
时间：2005年4月6～9日（上海）
周期：一年一届
上届数据：展出面积（平方米）：46000
其中外国参展面积（平方米）：1000
观众总数（人次）：45851
展商总数（家）：741
其中外国参展商数目（家）：56

展名：中国（天津）第五届现代住宅装饰材料博览会暨2005年天津市建设工程材料选材会
时间：2005年4月6～9日（天津）
周期：一年一届

上届数据：展出面积（平方米）：6000
观众人数（人次）：5万
展商总数（家）：194

展名：第六届长春国际建筑建材贸易博览会
时间：2005年4月7～10日（长春）

展名：第八届长春建筑门窗、板材、管材、幕墙、涂料暨加工设备博览会
时间：2005年4月7～10日（长春）

展名：第六届钢结构、空间结构暨相关设备博览会
时间：2005年4月7～10日（长春）

展名：第16届中国国际玻璃工业技术展览会
时间：2005年4月13～16日（上海）
周期：一年一届
创办时间：1986年6月
上届数据：展出面积（平方米）：13600
其中外国参展面积（平方米）：2000
观众总数（人次）：31000
展商总数（家）：593
其中外国参展商数目（家）：236

展名：2005中国建筑装饰材料（重庆）博览会
时间：2005年4月14～16日（重庆）

展名：中国（广州）陶瓷、器皿暨餐厨、铁石制品出口交易会
时间：2005年4月15～20日（广州）
周期：一年一届

展名：中国建筑装饰、新型建材（山东）博览会
时间：2005年4月22～24日（济南）

展名：第五届北京国际耐火材料、工业陶瓷、工业炉窑技术展览会
时间：2005年4月26～28日（北京）
周期：两年一届
创办时间：1996年

展名：中国门窗结构展览会
时间：2005年4月（上海）
周期：一年一届

展名：中国建筑装修博览会
时间：2005年4月（上海）
周期：一年一届

展名：中国室内建筑装修展览会
时间：2005年4月（上海）
周期：一年一届

展名：中国陶瓷卫浴产品展览会
时间：2005年4月（上海）
周期：一年一届

展名：第五届中国厦门国际石材展览会
时间：2005年4月（厦门）
周期：一年一届
创办时间：2001年4月
上届数据：展出面积（平方米）：10000
其中外国参展面积（平方米）：2000
观众总数（人次）：28000
展商总数（家）：400
其中外国参展商数目（家）：200

展名：第六届大连国际玻璃陶瓷暨工艺品博览会
时间：2005年5月1～7日（大连）
周期：一年一届
创办时间：2000年6月
上届数据：展出面积（平方米）：7500
其中外国参展面积（平方米）：1500
观众总数（人次）：25000
展商总数（家）：270
其中外国参展商数目（家）：15

展名：中国国际陶瓷工业展览会
时间：2005年5月11～14日（广州）
周期：一年一届
上届数据：展出面积（平方米）：20000
其中外国参展面积（平方米）：2000
观众总数（人次）：25000
展商总数（家）：240
其中外国参展商数目（家）：80

展名：国际铝业博览会
时间：2005年5月18～20日（上海）
周期：两年一届

展名：中国国际厨卫设备展览会

时间：2005年5月24～27日（上海）
周期：一年一届

展名：中国国际卫生洁具博览会
时间：2005年5月25～27日（上海）
周期：一年一届

展名：中国（广州）国际建筑装饰博览会
时间：2005年7月6～9日（广州）
周期：一年一届
创办时间：1999年7月
上届数据：展出面积（平方米）：110000
观众总数（人次）：52000
展商总数（家）

展名：中国国际卫生洁具、照明设备暨节能技术展览会
时间：2005年7月13～16日（上海）
周期：两年一届

展名：中国国际厨房与卫浴展暨建筑陶瓷订货会
时间：2005年8月17～20日（北京）

展名：第11届中国国际复合材料工业技术展览会
时间：2005年9月1～3日（广州）
周期：一年一届
创办时间：1995年

展名：第六届中国国际地面装饰暨地毯展览会
时间：2005年9月13～16日（北京）
周期：一年一届
创办时间：2000年

展名：海峡两岸建筑装饰材料与酒店设备展览会
时间：2005年9月18～21日（厦门）
周期：一年一届
创办时间：1994年
上届数据：展出面积（平方米）：18000
其中外国参展面积（平方米）：6000
观众人数（人次）：120万
展商总数（家）：780
其中外国参展商数目（家）：250

展名：第16届中国（上海）国际建材暨室内装饰展览会
时间：2005年9月21～24日（上海）
周期：一年一届
上届数据：展出面积（平方米）：20000
其中外国参展面积（平方米）：4000
观众人数（人次）：2万
展商总数（家）：700
其中外国参展商数目（家）：89

展名：2005全国建材商品展销会
时间：2005年9月23～26日（天津）
周期：一年一届
上届数据：展出面积（平方米）：2万
观众人数（人次）：10万
展商总数（家）：850

展名：上海国际建筑建材展览会
时间：2005年9月（上海）
周期：一年一届
创办时间：2002年5月

展名：南京国际门窗幕墙博览会
时间：2005年9月（南京）

展名：南京国际建筑装修材料装备展览会
时间：2005年9月（南京）

展名：国际不锈钢博览会
时间：2005年9月（上海）
周期：两年一届
创办时间：1999年

展名：中国国际地毯地板材料博览会
时间：2005年9月（北京）
周期：一年一届

展名：2005第三届中国（廊坊）复合材料暨玻璃纤维工业展览会
时间：2005年9月（廊坊）
周期：一年一届
创办时间：2004年
上届数据：展出面积（平方米）：5200
观众总数（人次）：8547
展商总数（家）：127
其中外国参展商数目（家）：3

展名：第七届大连国际建筑装饰材料暨装饰装修产品展览会
时间：2005年10月20～23日（大连）

周期：一年一届
创办时间：1999年10月
上届数据：展出面积（平方米）：5000
其中外国参展面积（平方米）：50
观众总数（人次）：5万
展商总数（家）：76
其中外国参展商数目（家）：6

展名：国际建材机械博览会
时间：2005年10月25～28日（上海）
周期：一年一届
创办时间：1994年

展名：国际陶瓷工业展览会
时间：2005年11月9～12日（广州）
周期：两年一届
创办时间：1987年

展名：中国窗子、门和室内装潢展览会
时间：2005年11月16～19日（北京）
周期：两年一届

展名：国际建材机械博览会
时间：2005年11月（上海）
周期：一年一届

展名：中国国际建材、装修暨建筑服务展览会
时间：2005年11月（上海）
周期：一年一届

展名：国际陶瓷工业博览会
时间：2005年11月（上海）

展名：第五届中国国际钢结构展览会
时间：2005年11月（北京）
周期：一年一届
创办时间：2001年10月
上届数据：展出面积（平方米）：1200
其中外国参展面积（平方米）：400
观众总数（人次）：8000
展商总数（家）：220
其中外国参展商数目（家）：40

展名：第17届优良建筑建材暨产品展览会
时间：2005年12月（台北）

境外展

展名：加拿大五金建材展览会
时间：2005年2月6～8日（加拿大）

展名：韩国京乡综合建筑材料展览会
时间：2005年2月25日～3月2日（韩国）

展名：斯图加特房屋暨木质建筑暨建筑更新和现代化展览会
时间：2005年3月17～20日（德国）

展名：第15届沙特（吉达）国际建筑暨室内装饰博览会
时间：2005年4月17～21日（沙特）

展名：纽伦堡国际涂料展览会
时间：2005年4月26～28日（德国）

展名：捷克国际卫生洁具、供暖、制冷空调展览会
时间：2005年4月（捷克）

展名：美国奥兰多国际覆盖材料暨石材博览会
时间：2005年5月3～6日（美国）

展名：国际屋顶技术、墙面技术和隔热技术展览会暨会议
时间：2005年5月4～7日（德国）

展名：国际城市绿化、美化、设计、建设和维护交易会
时间：2005年5月18～20日（德国）

展名：第九届俄罗斯国际卫生洁具、供暖暨空调展览会
时间：2005年5月23～26日（俄罗斯）

展名：第14届国际石材暨石材加工技术展览会
时间：2005年5月25～28日（德国）

展名：第11届黎巴嫩国际建材/石材博览会
时间：2005年6月7～11日（黎巴嫩）

展名：美国国际石材博览会
时间：2005年7月14～17日（美国）

展名：莱比锡国际室内装潢暨纺织品专业博览会
时间：2005年9月10～12日（德国）

展名：意大利博罗尼亚陶瓷卫浴博览会

时间：2005 年 9 月 27 日～10 月 2 日（意大利）

展名：美国国际石材博览会
时间：2005 年 10 月（美国）

展名：巴黎国际建材暨设备展览会
时间：2005 年 11 月 7～12 日（法国）

展名：国际建筑技术暨设备展览会
时间：2005 年 11 月 16～19 日（美国）

展名：北欧卫生设备、制热、管道设备和空调设备展
时间：2005 年 11 月 23～26 日（德国）

展名：第 17 届沙特阿拉伯国际建材、石材博览会
时间：2005 年 12 月 11～15 日（沙特）

5．服务行业

① 金融业

行业简况

汇率改革对国内各行业影响分析

人民币升值对各主要行业影响的传导路径和范围各不相同，总体来看可以从以下几个不同的角度加以分析：

（一）外汇负债类行业将明显受益，主要包括航空、贸易等行业。这些行业由于有较多的外汇负债(特别是美元负债)，因此人民币升值将给这些行业带来汇兑损益，特别是像航空类公司，往往都有巨额的美元负债，因此将明显受益。

1. 航空业。人民币升值将使飞机、航空燃油等进口物品的采购成本大幅下降，同时以美元计价的大量外债将明显减少。中国民航业美元负债估计在60亿美元左右。人民币对美元汇率上升5%会带来汇兑收益3亿美元，上升10%为6亿美元，折合人民币为25亿及50亿左右。以南航为例，人民币兑美元升值1%将给每股收益增加0.03元。此外，进口美国飞机、航材、燃油等均会因美元贬值而减少人民币支出，降低运营成本。不过，对于经营国际航线较多的国际航空和东方航空而言，人民币升值将降低其从国际航线特别是从美元区获得的收入，是不利的影响。

2. 电信运营商。以中国联通为例说明人民币升值对电信运营商的利好效应：由于目前中国联通有大笔的海外银团贷款，一旦人民币升值，对中国联通及类似企业业绩肯定有正面影响：目前中国联通海外银团贷款合计99.32亿元人民币，其中海外贷款占总额的 1/3 左右，2004 年上半年公司所有贷款利息是 12 亿元左右；而海外贷款利率远低于国内贷款。如果以人民币升值 5% 计算，中国联通的海外贷款利息将为 7.6 亿元，比 2004 年减少 0.4 亿元。

3. 金融行业。人民币升值对银行业影响较小，对证券业有较大的正面影响。目前上市股份制商业银行的外汇存贷款业务占比重较小，以招行为例，2003 年底公司的美元外汇资产为48.89亿美元，其他币种资产大约141亿人民币，大约占总资产比例的11%，其中美元外汇负债总额46.99亿美元，汇率风险敞口1.9亿美元。如果简单计算，则人民币升值对其影响很小，假定人民币升值5%，大约直接减少盈利7885万元，折每股收益 0.01 元。浦发银行的外汇资产所占比重大约只有 7% 左右，升值对其影响相对较小。

人民币升值对资本市场将产生重要影响，这一点可以从日本及我国台湾等国家或地区的本币升值过程得到借鉴。我们认为，升值前或升值初期，国际游资及投机性资本将逐步介入股市，为股市上升创造相对宽松的资金环境，因此证券公司将有望从中受益。

4. 上市公司。人民币升值对上市公司有两个直接影响：一是对上市公司的成本和业绩直接产生实质性影响，二是对上市公司的财务报表会产生重大影响。

众所周知，中国进口的铁矿石已占国内消耗量的一半；进口原油已近国内消耗量的1/3，由于人民币对美元升值，则中国的企业进口这些原材料的成本也会相应降低。一方面国际商品价格上涨带动国内相关产品价格也相应上涨，另一方面，人民币升值又使原材料进口成本下降，在其他情况不变的条件下，由此必然使国内相关上市公司的业绩及其股票投资价值明显提高。一旦机构投资者产生了上述预期，就会提前买入相关行业和相关上市公司的股票，从而推动这些行业与公司的股价上涨。

但是，人民币升值又有抑制出口的趋势。对于出口为主业或其产品出口份额比较大的企业，其业绩很可能要受到一定的影响，股票会遭到投资者的抛售。同理，与那些使用进口原材料较多的企业一样，由于人民币升值即外币贬值导致进口商品价格有下降的趋势，那些以从事进口为主业的公司则可能因此受益，其股票也应有上升趋势。

再说说对上市公司财务报表的影响。对有B股和(或)H股，或在国外上市的公司，在业绩不变的情况下，当这些上市公司按照国际会计准则或外资股市场(即B股市场和H股市场)的要求，把人民币会计报表转换成美元和港币的会计报表，人民币升值将导致其账面业绩相应提高，从而使B股、H股和国外上市股票投资价值相应提高。

(1)如果上市公司交易的货币都是人民币，即该公司采购在国内，销售也在国内，流出与流入都是人民币。如前所述，假定其经营规模、成本和业绩都不变，则人民币升值后，其A股价值不变，但换算成美元和港币后其账面业绩从而使其B股/H股和境外上市股价值将相应提高。

(2)采购在国外，销售也在国外，流出与流入都是外币。假定其经营业绩不变，则人民币升值后，其B股/H股和境外上市股投资价值理论上并没有发生变化，而其A股价值将可能相应下降。

(3)采购在国内，销售在国外，即流出是人民币，流入是外币。假定流出和流入规模都不变，则人民币升值后，其B股/H股和境外上市股价值理论上也不应发生变化，其A股价值则应相应下降。

(4)采购在国外，销售在国内(如从事进口的外贸公司)，即流出是外币，流入是人民币。假定流出在人民币升值之前，流入在人民币升值之后，且其采购价值不变，因其是商业经营，实现的人民币也不变，则其A股价值不变，但此时以美元等外币计价的业绩相应提高，从而其B股/H股和境外上市股价值也相应提高。

(二)原材料或部件进口型行业也会有所受益，主要包括造纸(纸浆进口)、钢铁(铁矿石进口)、轿车(部分重要零部件进口)、石化(原油进口)、化纤及塑料(原料进口)、航空(航空器材进口)、服装(高档面料进口)等行业。由于这些行业每年均需要进口相关的原材料及部件，因此人民币升值将使得这些行业的成本有一定程度的下降。如中国造纸行业中的纸浆成本占70%，而纸浆中的38%是进口的，因此人民币升值将使得造纸行业的成本有较为明显的下降，从而明显提升造纸行业的盈利水平。

1. **造纸业**。人民币升值将使得国内造纸企业进口纸浆、废纸等重要原材料以及机器设备变得便宜，有利于企业降低成本；但同时也使得进口国外的成品纸变得便宜，有可能对国内纸价造成一定的冲击。

一般来说，生产高档纸(如彩色胶印新闻纸、铜版纸、轻涂纸、高档包装纸如白卡纸等)使用的原料多为进口木浆和废纸，而传统的书写纸、文化纸、低档包装纸等多使用国内自制的草浆和木浆。因此，人民币升值只能降低高档纸的成本，而对低档纸无影响。

例如生产铜板纸、高级新闻纸、高档包装纸等的龙头企业晨鸣纸业、华泰股份等将很自然地从人民币升值中受益。华泰股份将成为人民币升值的最大赢家，公司主要原材料为美国进口废纸，公司每生产1吨新闻纸耗用1.4吨废纸，按2004年均价140美元/吨预测，人民币升值3%，则公司的原材料成本的下降将提升公司业绩6%。另一龙头晨鸣纸业进口浆约占纸浆总量的15%，公司2004年预计用汇2亿美元，以此测算，人民币升值3%，将提升公司业绩3.2%。鉴于造纸企业还需从外国进口制造设备，人民币的升值还将降低设备成本。

2. **钢铁行业**。人民币升值对钢铁行业的最大利益在于降低钢铁行业的采购成本：目前40%左右的铁矿石依赖进口，而以铁矿石为主的原料占钢材成本的30%~40%；受益的上市公司主要包括宝钢、武钢、马钢、济钢、南钢等以进口铁矿石为主要原料的公司，这些公司的铁矿石采购进口和国内采购的比例基本是7：3，其他如鞍钢、新钢钒这类公司以自有矿山为主的公司，则影响较小。如果人民币升值5%，每吨钢的成本下降18元(以目前的铁矿石FOB价格为准，同时不考虑船运费的影响因素)，升值10%，成本下降36元/吨。

人民币升值对钢铁行业的负面影响主要是将加大钢材的进口量，同时减少出口量。当然这种负面影响是中长期的，在短期受国内需求和国内外价差制约，这种负面影响可以忽略不计：首先，目前国内钢材需求仍然旺盛，出口量所占产量比例仅为4%。从产品结构而言，出口的主要是附加值较低的线材及普板等产品，进口产品则以国内无法生产或者是产能不足的高附加值产品，包括汽车用薄板、船用中厚板等。其次，国内外目前的价差在20%以上，即使人民币升值，依然无法弥补这一块价差。从中长期来看，随着价差的逐步缩小，特别是独联体价格目前已经比较接近国内价格，这些地区的价格对国内价格会产生抑制作用，而人民币升值将加大这方面的影响。对于具体公司的影响可以忽略不计，因为钢铁行业上市公司出口的比率都非常小。

目前钢铁行业面临的主要问题是需求和供给。一方面，2006年经济增速的放缓，特别是固定资产增速的下降，对钢铁的需求产生较大的影响；另一方面，2002年钢铁行业进入第二次投资高峰，2002年投资704亿元，2003年高达1427亿元，同比增长96.6%。2004年长材(主要指螺纹钢、线材等建筑用钢)已经过剩，2005年、2006年投产的中厚板、热轧薄板、冷轧薄板分别达到1500万吨，2100万吨和2800万吨，主要的产能释放在2006年，因此2005年板材达到供需平衡，2006年则也会产生过剩。因此，目前钢铁行业面临的主要矛盾是供需关系，而人民币升值只是次要矛盾。

(三)投资品行业也会受到一定的资金追捧，主要包括具有土地价值的房地产、园区开发等行业、具有资源价值的煤炭、有色金属等行业。由于此次升值幅度不大，因此境外资金有可能对通过投资这些行业中的公司所拥有的土地或房产来获得升值收益，从而加大资金对这些投资品行业的吸引力，从而引发价格的上涨。

1. 房地产行业。人民币升值对房地产行业的影响将主要通过以下几条渠道体现出来。

资金流入效应：人民币升值一般意味着国内经济整体向好，投资机会多而且收益水平相对可观(至少可以得到额外的汇兑收益)，因此将有大量的外资通过各种渠道进入国内市场，股市和房地产等市场由于流通性较好将成为这些资金集中的场所，最终导致股市上涨，房地产价格上扬，这在日本和我国台湾市场表现得比较明显。尽管中国外汇管制比较严格，但从2003年外资流入情况看这种趋势也正在形成：2003年末中国外汇储备增加约1169亿美元，但贸易顺差仅为255.3亿美元，外商直接投资约为570亿美元，缺口约344亿美元中可能就有大量的投机资金在其中，而且外商直接投资中也不排除改变投资方向，再考虑这部分资金的放大效应，对整个经济的影响不可低估。

预期效应：在评估升值影响时，应该对人们的心理因素给予高度的重视，人们的趋利心理和从众心理非常普遍，并随着市场的升温将表现得非常充分，这会对资本市场和房地产价格上升起到明显的推波助澜作用。

2. 煤炭行业。由于大多数公司(不包括兖州煤业)煤炭出口量占公司产量的比例很小，甚至没有出口。汇率对这样的公司几乎没有影响。另一方面，国际煤炭价格依然高于国内煤炭价格，加之运力和运费成本等因素，除沿海地区外，汇率上升10%以内不会对中国煤炭市场形成价格冲击。主要煤炭上市公司基本没有外币形式的负债，因此也不存在汇率对财务成本上的影响。

3. 电力行业。进口电力设备和燃料的成本将下降，同时有美元负债的公司账面汇兑收益将增加。人民币汇率调整对电力企业的影响具体表现在下面几个方面：

在电力设备投资方面，火电机组30万千瓦以下的发电机组都属国产设备，而部分大型燃油燃气机组仍从国外进口，如深南电的主力机型PG9171E机组2 × 12万千瓦主机价格为人民币4亿元左右，人民币上涨5%，将减少进口成本2000万元。对购买国外机组的企业来讲总体上采购成本会有所降低，从而折旧有略微下降。

收入方面，电力公司的业务都在国内以人民币计价，不受影响。韶能股份有部分汽车配件出口美国，接近300万美元，人民币升值对其有一定负面影响。

燃料成本方面，国内发电企业除华能国际有很少进口煤外都采用国内电煤。只有深南电影响较大，公司每年进口重油60万吨，轻油6万吨，耗资外汇价值12亿元人民币，人民币上涨5%，成本减少6000万，净利润增加5000万，每股收益增加9分钱。

外债方面，桂冠电力有剩余1200万美元的外债，人民币升值5%，债务减少500万，汇兑损益影响当年每股收益0.6分。漳泽电力所属河津发电厂的两台350 MW发电机组是利用日本海外协力基金借款建设的，截至2002年12月31日，共取得贷款217.77亿日元。近年来，日元汇率波动显著，漳泽电力汇兑损益在2001年、2002年和2003年1～9月分别为2.1亿元、1.4亿元和1.1亿元，占当期经营利润比例分别高达213.99%、50.04%、34.18%——人民币对日元汇率每变动1%，漳泽电力每股收益变动约0.014元。其他如申能股份、国电电力、上海电力等公司也有一定外债，但这几家公司都称已做了套期保值，因而影响不大。

(四) 传统的出口优势型行业则受到直接冲击，包括纺织服装、家电、机械等产品。由于人民币升值带来的成本上升会使得这些行业的利润率有所下降，但我们认为仅2%的升值幅度影响不大，通过成本压缩和价格适当转移会使得这些行业的公司，特别是龙头企业有较强的抗风险能力。

1. 外贸行业。经过出口退税调低的影响，外贸企业的利润水平已经非常低，很多企业仅仅是通过出口增加销售量，以求降低单位产品固定成本，进一步降价的空间很小。因此，中国产品的竞争力会受到较大程度的影响。从利润的角度看，由于外贸企业在产业链中处于劣势地位，进口业务很难从人民币升值中获取超额利润，但是出口业务则会遭受重大损失，因此，如果人民币进一步升值，则大多数外贸企业将会处于亏损的边缘。

2. 纺织服装行业。中国纺织服装行业对外依存度高，对汇率变化敏感。2003年纺织服装工业总产值超过1.2万亿元人民币，其中出口800亿美元，占到行业收入的55%，全国出口值的18.36%，是国内创汇第一大行业。纺织行业出口产品大都以美元结算，如果人民币升值，出口产品的人民币收入将随之降低。由于国内纺织服装业集中度非常低，竞争激烈，公司一般较难将人民币升值的负面作用向客户转移。如果2005年汇率调整5个百分点，企业至少要自己吸收3～4个百分点，使出口毛利率相应降低3～4个百分点。因此人民币升值对纺织服装上市公司的负面影响较大。

3. 家电行业。人民币升值对家电行业上市公司的影响需要考虑三个主要方面：外汇存款和负债带来的汇兑损失或收益、出口利润下降、出口需求下降。

家电企业基本无外币债务，可忽略不计；报表账面披露的外币存款多为外汇保证金，结汇风险可控，而且所引起的汇兑损失是一次性的，只对当年业绩有影响；实际上，风险较大的汇兑损失来自应收账款中的外币应收款，由于报表披露将其换算为人民币与国内应收合计披露，无法确知各公司的实际外币应收款，故无法估算该部分影响。与部分公司的沟通了解到，银行提供相关结算工具可帮助企业提前结汇，锁定汇兑损失。总的来说，出口比重大、回收款不力的公司承受的风险更大，如四川长虹。

出口对利润的影响传导机制是：生产企业对出口销量的诉求使产品定价能力弱，结果人民币升值导致产品价格下降，而国内采购成本不变，引起利润下降。

出口需求的下降较难测定，原因是其影响受企业的出口市场策略左右：企业为保证出口的价格竞争力奉行降价与升值幅度相当的策略，则出口市场需求下降可能不明显；若企业对产品出口的降价幅度低于人民币升值幅度，则相对东南亚等低成本地区，出口竞争力下降。预计对重点上市公司，前一种可能性较大。各子行业因其在全球供应链的地位不同，出口需求受到的影响略有差异，空调出口占全球供应的65%以上，受到的影响应该小一些。

（五）国际化定价的行业将受到一定的冲击，包括完全国际化定价的有色金属、部分国际化定价的石化、钢铁、电子元器件等行业，由于这些行业的产品价格受到国际价格影响较大，因此人民币升值将使得它们以人民币计价情况下的售价有所下降，从而导致利润的下降。

1. 石化行业。原油采掘：影响该行业的关键指标就是油价，国内油价早已同国际接轨，而且是以美元定价，因此人民币升值5%将直接导致上市公司原油售价下跌5%，利润将受到挤压。

炼油业：该行业的特点是原料(原油)定价国际化，产品(成品油)定价由政府控制，因此人民币升值5%将直接降低原油成本5%，而成品油价格很有可能会调整滞后，相关利润将得到大幅提升。

石化业：该行业的特点为原料(石油)定价由政府控制，产品(各类石化产品)定价国际化，因此人民币升值对其影响刚好与炼油业相反——原料价格不变，产品价格下降，利润将受到挤压。但由于行业前四家企业均为炼油——石化一体化公司，石油由公司自己生产，直接成本——原油价格也会下降，因此所受影响有限，而对于齐鲁石化将直接面对价格下滑的压力，利润将受到较大挤压。

氮肥业：总体来讲，国内氮肥业的国际化程度较低，原料和产品均为国内采购和销售，以人民币计价，所以影响不大。

2. 有色金属行业。有色金属也是国际定价型的大宗商品，人民币升值将导致从国外进口这些大宗商品的成本下降，从而对国内相关企业形成较大的降价压力，进而对有色金属类公司盈利形成一定不利影响。

（六）进口产品替代的行业将也会受到一定的不利影响，包括汽车、工程机械、钢铁、家电等。这些行业的产品和国外进口产品竞争较为激烈，而人民币升值以后会导致国外进口产品以人民币报价下降，从而使得本土产品的竞争力有一定的下降，并进而影响到这些行业的盈利水平。

1. 汽车行业。一方面，从国外采购零部件，升值有利于降低成本；但同时也使进口汽车价格下降，对国产车的冲击加大。总体而言，由于目前国产车零部件国产化率较高，进口零部件价格下降难以抵消整车进口价下降的负面影响。如果人民币升值5%，假设其他因素不变，那么进口汽车价格将下降5%。对轿车行业的影响将大于卡车、客车行业。对于部分国产化率较低的车型如Mazda6、蒙迪欧等有利于降低成本。而对于部分有出口业务的零部件公司如福耀玻璃、万向钱潮等有负面影响。

2. 工程机械行业。人民币升值对工程机械行业上市公司利大于弊，工程机械行业上市公司中挖掘机、泵车、装载机的生产均有部分零配件采购来自国外。因此人民币升值将降低公司的进口采购成本，有益于公司的经营。

出口方面，工程机械行业上市公司中产品出口的份额目前来看都不足公司年主营业务收入的10%，同时国内产品与国外产品的价格相差1/3强，因此人民币升值5个百分点对产品的性价比影响微弱，几乎不影响出口需求。

（七）外贸服务业行业可能会间接受损。由于人民币升值可能对中国外贸，特别是出口带来一定的不利影响，因此将可能对港口、机场和航运行业带来一定的不利影响，但由于升值刺激进口可能也会有一定幅度的增加，因此其影响幅度相对较小。

1. 交通运输（公路、港口、航运）。人民币升值对交通运输行业的影响可从以下几方面分析：

资产结构方面，无论是港口、航运还是公路，基本上都是以人民币计价，今后的资产扩张上也是以人民币资产为主，因此，人民币升值对行业及上市公司的资产基本没有影响。

负债结构方面，港口和航运企业有少许美元或港币负债，但金额都不大，所占负债比例也不高，因此，尽管人民币升值有利于减少企业的财务费用，但对净利润的影响甚微。

收入结构方面，以远洋运输为主的航运企业超过90%以美元结算，以内贸为主的也有少许外币收入，因此，升值将直接影响公司的收入。港口企业也有近一半的收入以美元或港币结算，不可避免地受到负面影响。

成本结构方面，除了远洋运输有超过50%的以美元计算外，其他行业基本以人民币为主，因此，升值对远洋运输企业减少成本有利。

企业议价能力方面，尽管港口企业有较强的议价能力，但由于行业特点和业务惯性，收入和成本结构不会发生大的变化。远洋航运企业在成本和收入的结构方面有调整的余地。

进口产品的替代性方面，由于交通基础设施具有一定的地域性和垄断性，因此人民币升值对港口、公路等提供交通运输服务的行业没有直接影响，而航运企业会受到外资船队的竞争压力。另外，从人民币升值对中国进出口贸易的影响看，有利于进口而不利于出口，因此对港口吞吐量总体没有大的影响，对进出口货种结构有影响，而中国集装箱吞吐量以出口为主，因此集装箱港口可能会受到负面影响。

总体而言，人民币升值对交通行业有一定的负面影响，程度由大到小依次是航运、港口和公路，其中公路基本不受影响。

2. 食品饮料行业。茅台与五粮液有部分酒出口到我国台湾，汇率调整会有不利影响，不过考虑到出口量小、出口价格低于国内销售价，因此影响会非常小。燕京啤酒也有一些出口，量很小。张裕可能受到进口酒的压力，不过2004年进口葡萄酒关税降低了，进口葡萄酒的价格也没有调低，汇率调整对公司存在的不利影响应该也不大。光明乳业会得益于进口原料奶粉价格的降低，但进口原料奶粉占全部用奶量比重估计最多5%，受益有限。对双汇发展基本无影响。

——《中国对外贸易》罗雪峰 牛方礼

展 会

德国保险机构在我国举办大型产险展会

世界最大再保险公司——德国慕尼黑再保险公司于2004年10月28～29日在北京成功地举办了大型产险中国展会，这次展会不仅是慕尼黑再保险在中国举办的首次行业展会，而且是其在世界各地举办的行业展会中规模最大的展会之一。

此次展会共展出了慕尼黑再保险公司在电子、网络、自然灾害、电厂、钢铁厂、石油天然气、地铁等10个行业的产险承保经验和技术。在展会展出的同时，还举办了经验技术交流会，来自中国保险界各大公司的近200名专业人士参加了此次展会和研讨会。为确保能向中国同行们详尽地介绍慕尼黑再保险公司在上述行业的管理经验和知识，每个专题的演讲人员都安排了慕尼黑再保险在相关行业的知名专家和学者。

德国慕尼黑再保险公司大中华及东南亚区总裁董悟熹表示，此次中国展会的最主要目的是为公司与中国保险界人士搭建起一个交流的平台，双方可以就观点、信息及专业知识进行互动交流，其中也包括慕尼黑再保险曾经经历过的挫折和教训。同时，德国慕尼黑再保险公司也可以借此机会与中国保险界人士、中国的保险公司建立起良好的关系。

北京首次把涉外服务搬进展会

2005年4月27～29日，由北京市外商投资服务中心主办、北京京展佳会国际会议展览公司和亚商在线共同承办的“首届北京涉外服务展览会”，得到了北京华商会、美国国际商会、日中经济贸易中心的协助，更有首都律师网、中华财会网、搜房网、中华培训网等媒体的大力支持。

本届展会是在京举办的第一次以涉外服务企业为主体的专项展会，展会旨在提高首都北京对外窗口的服务水平，改善投资软环境，为在京的外国机构寻找各类服务商提供方便。参加展览会的服务商涉及银行、律师事务所、专利及知识产权保护机构、会计师事务所、外商代表处及外企注册代办机构、物流与报关公司、猎头公司、职业教育及培训机构、汽车租赁、医疗保健机构、娱乐健身、办公用品、商务礼品及其他中介服务机构等。

北京现有外商代表机构近万家，外资企业7000余家，外国驻华使馆100余家，常驻北京的外国人士近10万人，每年来京的外国旅游者近300万人次。随着我国进入WTO后过渡期，市场开放的范围和力度加大，加之2008年奥运会在北京举办，涉外的金融、房地产中介、法律、人力资源、物流、医疗、旅游及商务服务需求日益旺盛，北京涉外服务市场空间巨大。

长期以来，在京外商获得服务信息的渠道有限，仅限于报纸的分类广告。而平面广告并不能全面展示服务企业的实力和形象，因而造成了外国企业和机构选择服务商的盲目性，无形中提高了企业运作的成本。利用展会的形式将服务企业会聚一堂，集中展示，不仅便于外国企业和机构寻找合适的服务商，也有助于服务商提升品牌形象，从而推动服务经济的发展。

为提升北京涉外服务水平，推荐优质服务企业，展会承办单位还在年内携手编辑出版《2005北京涉外服务指南》，向各国驻华使馆、商会及外国公司发放。相信随着更多促进涉外服务业发展新举措的不断出现和实施，北京的涉外服务业将会走出一条更加坚实、更加辉煌的行业发展之路。

组委会邀请了北京市商务局、北京市投资促进局、北京市外商投资企业协会、北京市侨联、北京华商会、北京国际会议展览业协会、北京市朝阳区投资促进局、新加坡商会、中国前外交官联谊会，以及20余个外国驻华使馆、商会等诸多机构领导出席展览会开幕式，组委会有针对性的邀请驻京使馆、外企、外商代表处、商会等机构前来参观。

展览会共约150家展商参展，涉及近20个涉外服务行业，其中不乏知名单位，如：中欧国际工商学院、美国友邦保险有限公司、我爱我家公司、汇丰银行、安吉汽车租赁、嘉捷集团、中外运、德衡及京华律师所、华尔街英语、渣打银行、外企服务总公司等。

张张金卡秀展会 凸现发展新趋势

如今，在我国的一些城市，市民出门之前都要检查一下有没有带齐各种磁卡，就像检查有没有带家门钥匙一样成为习惯。一张张小磁卡与老百姓的日常生活紧密地联系在一起，乘坐公交车、消费购物、缴纳税费，甚至领取工资，只要拿出磁卡轻轻一刷就都解决了。

当磁卡在生活中发挥越来越重要作用的时候，磁卡登陆展览会成为光彩夺目的主角，便成了自然而然的事。2005年5月25～27日，第八届中国国际智能卡博览会在北京中国国际贸易中心隆重举行。

本届展会得到了国内外智能卡企业以及业内权威人士的高度关注，共有来自德国、美国、法国、意大利、日本、韩国、新加坡等十几个国家的近百家智能卡厂商参展，他们集中展示了国内外最新的芯片和制卡技术、产品及应用解决方案。

本届展会是由中国信息产业商会、中国电子信息产业发展研究院、中国贸促会商业行业分会联合主办，北京赛迪会展有限公司承办的。

据主办者介绍，国人接触各种磁卡始于1986年我国开始发行的银行卡，以后为与国际经济接轨，国家于1993年正式启动了金卡工程，十余年来随着金卡工程建设的不断深入发展和推进，各类卡在国民经济和社会生活的各个领域得到广泛使用。中国国际智能卡博览会正是在这种背景下应运而生。

这位工作人员指出，我国智能卡市场是伴随着国家金卡工程建设的不断推进而拓展出的一个新兴市场。发展至今，IC卡应用与配套的智能卡产业正在形成一个完整的产业链，成为国民经济新的增长点，并引起了全球智能卡业界的关注。近两年，从银行卡跨行联网建设、交通一卡通系统试运行，到已经开始的全国第二代身份证换发，使本来已经处在快速路上的智能卡产业获得了加速发展。根据国家计划，到2010年我国将在社会生活各相关领域、中心城市及经济发达的县乡初步建立起先进的、实用的IC卡应用系统，这意味着中国智能卡市场仍旧蕴藏着不可比拟的发展潜力，越来越多的国内外智能卡企业非常看好这一点，积极参与其中，于是才出现了智能卡博览会大受到企业热捧的现象。

历经七年的发展，中国国际智能卡博览会已成长为国内最具权威性、规模最大、参展商最多、观众最专业、影响力最大的智能卡业界盛会。本届展会总面积超过5500平方米，会聚了诸如Sumsung Electronics、Infineon、ST、Renesas、EVC、Datacard等国外著名企业以及华大、中电、航天信息、大唐、华旭、华虹、亨胜、锐安、上海长丰、广州鼎胜、领新达嘉等40余家国内知名企业同场竞技，而这些企业多数都参加了上届展会。

本届展会吸引了来自国内金融、电信、社保、交通、教育等行业的近1万名专业观众到场参观，观众纷纷对展会给予高度评价。

境内展

展名：第一届北京金融文化节暨北京金融理财国际博览会
时间：2005年4月1～4日（北京）

展名：中国第五届税收电子化展览会
　　　中国第九届证券保险信息服务暨投资产品博览会
时间：2005年4月13～15日（北京）

展名：中国国际智能卡博览会
时间：2005年5月25～27日（北京）
周期：一年一届
创办时间：1998年6月
上届数据：展出面积（平方米）：6000
　　　　　其中外国参展面积（平方米）：2500
　　　　　观众总数（人次）：12230
　　　　　展商总数（家）：112
　　　　　其中外国参展商数目（家）：40

展名：智能卡暨智能标签技术研讨会暨展览会
时间：2005年5月25～27日（上海）

展名：中国国际商用支付终端设备与技术展览会暨应用大会
时间：2005年6月9～11日（北京）
周期：一年一届
创办时间：2005年6月

展名：2005北京国际不动产博览会
时间：2005年7月20～22日（北京）

展名：2005北京国际理财博览会
时间：2005年9月1～4日（北京）

展名：第七届中国国际智能卡与智能标签展览会暨用户大会
时间：2005年9月21～23日（上海）
周期：一年一届
创办时间：1998年7月
上届数据：展出面积（平方米）：4000
　　　　　其中外国参展面积（平方米）：600
　　　　　观众总数（人次）：4000
　　　　　展商总数（家）：80
　　　　　其中外国参展商数目（家）：8

展名：中国国际投资、商贸、金融、保险博览会
时间：2005年9月8～11日（厦门）
周期：一年一届

展名：金融财经博览会
时间：2005年10月（上海）
周期：一年一届

展名：2005北京国际钱币博览会
时间：2005年10月28～30日（北京）

展名：理财博览会
时间：2005年11月18～20日（上海）

境外展

展名：国际房地产、投资和服务交易会
时间：2005年2月24～27日（德国）

展名：斯图加特公共机构和私人投资展览会
时间：2005年4月8～10日（德国）

展名：扩张、合作、投资欧洲中部和东部
时间：2005年6月21～22日（德国）

② 物流行业

行业简况

甲申2004的中国物流

中国物流与采购联合会常务副会长 丁俊发

中国物流业发展快于经济增长

社会物流货物总值大幅度增长，这一方面反映了中国经济总量的增长带动了物流总需求的扩张。但由于中国进入重化工时期，工业品在货物总额中2001年占84.1%，2002年占84.6%，2003年占84.5%，2004年1～9月占82%。进口货物也大部分与重化工有关。2004年1～9月货运总量为16亿吨，同比增长9%，但其中煤炭、石油、焦碳、金属矿石、钢铁及有色金属、水泥等大宗基础原材料的货运量达11.7亿吨，增长12.5%，而同期这些货物的总资源高达28亿吨，使物流不畅，在途时间延长，压港压库严重，降低了物流效率，提高了物流成本。

社会物流总成本占GDP的比重三年来稳定在21.5%左右，小幅波动，比1991年的24%下降了3个百分点。反映入世的三年，中国的经济运行总体上仍然是粗放式的，运行质量与效率不高，特别是受到运输能力供应不足影响，使运输成本明显上升。

社会物流增加值与经济同步增长，稳定在9%～10%，社会物流增加值占第三产业增加值的20%以上的水平，成为拉动第三产业发展的稳定因素。

第三方物流企业迅速增加，其营业额成倍增长。根据美国美世顾问与中国物流与采购联合会的调查，2001年真正第三方物流企业的营业额为400亿人民币，但以30%的速度上升，据测算，2002年已接近600亿，2003年接近800亿，2004年超过1000亿。反映工业与流通企业物流外包明显增加，有60%左右的企业选择部分或大部分物流外包。

中国物流业新变化

物流产业形成最有标志性的东西，一是发改委决定制定全国物流业发展“十一五”专项规划；二是发改委与国家统计局决定建立社会物流业国家统计制度；三是国家标准委在2005年推行物流企业分类标准。

工业与商贸企业“大而全”、“小而全”的商业运作模式开始打破，非核心竞争力的业务外包已成为一大趋势，特别是物流业务的外包。

根据2004年中国仓储协会等单位进行的《第5次中国物流市场供需状况调查报告》数据表明，生产企业成品销售物流中，全部外包给第三方的占18%，部分外包的占55%，选择部分外包的企业比2003年高出11个百分点，比2002年高出19个百分点。商贸企业选择全部或部分物流外包的占27%。根据中国物流与采购联合会2004年的调查，在制造业中，选择全部或部分外包的占57%，在商贸企业中选择全部与部分外包的占38%。在不同地区、不同行业，工业与商贸流通企业物流外包发展极不均衡，东部地区第三方物流需求的释放快于中部、西部，连锁超市、家电、汽车、石化、电力、日化、医药、烟草等行业的物流需求释放快于其他行业。中外合资、外商独资与股份制企业的物流需求大于国有独资企业与民营企业。

物流企业初具规模，形成了一个崭新的行业。由运输型物流企业、仓储型物流企业与综合服务型物流企业组成的物流企业集群形成了中国一个崭新的行业，从所有制性质区分有：国有独资、国有控股、国有参股企业，民营企业与中外合资、外商独资企业。进入物流领域的已有八个方面军：物流企业、工业与商贸企业、物流设备与设施提供商、IT企业与咨询公司、物流教育与研究部门、物流地产投资商、金融与保险业、物流仲裁机构。

第三方物流企业个性化、多功能的增值服务必然成为中国物流发展的一大趋势。客户是多元的，服务是全方位的，物流提供商最终将成为供应链的一个重要组成部分。

物流市场初步形成，开始从无序走向有序。物流市场虽不完善、不成熟，还比较混乱，市场化程度不高，但已初步形成，无序的状况有所改善，有些管理条例已经或正在出台，正向有序发展，但要走的路的确还很长。

外资物流快速进入中国市场，形成了中外物流企业共赢的局面。涉及物流业的八大主体业务先后均有进入；跨国物流公司在中国物流市场大投入、做大手笔。进入中国物流市场的有跨国物流公司，也有中小物流公司，但跨国物流公司，特别是世界排名前20名的公司在气势上占了上风。世界著名的物流装备生产厂也大举进入中国市场；中外合资合作已初步克服“水土不服”症，外资将向控股、独资方向发展。

中国物流的六大亮点

1. 物流园区。中国各城市规划了几百个物流园区，小的几百亩地，大的十几个平方公里。可以区分为港区物流园与基地物流园，也可以区分为综合性物流园与专业性物流园。规划与建设物流园区引起了极大争论，国务院决定与其他园区一样列入整顿范围。但这并不表示国家反对搞物流园区，而是要科学地规划与发展物流园区。

2. 区港联动。把港口经济与以提供关税和优惠待遇为基本特征的自由贸易区或保税区在发展中彼此依存、紧密配合、互相促进，形成息息相关的利益共同体。上海外高桥保税区区港联动试点是指通过设立连接保税区和港区的上海外高桥保税物流园区，充分发挥保税区的政策优势和港区的区位优势，重点发展仓储和物流产业，以进一步拓展国际中转、国际配送、国际采购中心和国际转口贸易四大功能，从而有力地促进港航、仓储和物流产业的联动发展。

3. “物流银行”——仓单质押。为了解决货物在物流过程中的资金短缺，银行开展了仓单质押业务。目前仓单质押已从进库静态货物扩展到运输过程中的流动货物。异地质押、多点质押、买方信贷质押等模式被普遍采用。

4. RFID。它的出现将最终替代条形码，成为商品流通过程中的识别技术的主流。RFID技术必然对物流运作产生巨大影响，正受到广泛关注。但由于价格原因，在中国不可能很快推进，但必须起步。

5. 物流地产。与商业地产一样，入世三年来，物流地产开始出现。物流园区以及物流节点建设，也使物流地产扩展了发展空间。物流地产商目前既有国外投资商，也有国内投资商，他们的优势是有资金，熟悉供应链。

6. 多式联运。中国的社会物流成本中，运输成本偏高，2004年估计要占社会物流总成本的57%。多式联运与发展集装箱、厢式半挂车运输是最关注的问题之一，2003年与2004年中国工程院开展的“中国综合运输体系研究”以及国务院发展研究中心开展的“中国公路货运现代化及装备发展方面研究”都把多式联运提到了战略高度。

展 会

第七届中国特许加盟大会暨展览会

许多人都有过做老板的梦想，如何利用有限的资金来投资创业，让自己曾有的梦想化为现实？2005年5月14日开幕的2005中国特许展是一个不可错过的好机会。为期3天的“2005中国特许展”会聚了来自海内外约180家特许品牌及相关机构，涉及零售、餐饮、服务、地产等50多个行业和业态，其中不乏全聚德、东来顺、馄饨侯等老字号，肯德基和麦当劳更是不甘其后。空前的规模、丰富的商业概念和最具影响力的特许品牌，为个人创业者和机构投资提供了众多选择，在京城掀起新一轮的投资热潮。连日来参观者达3.7万多人，是去年人数的一倍。

据了解，“2005中国特许展”包括两部分，中国特许加盟大会探讨特许经营的理念和发展模式，领略特许经营的精髓，解析特许经营的相关政策；展览部分则提供面对面的交流平台，使得社会投资人以及潜在加盟商有机会与海内外知名特许品牌分享特许成果，寻求合作机会。

中国连锁经营协会秘书长裴亮表示，经过7年的发展，“中国特许展”已成长为国内最高层次的专业品牌活动，丰富的商业概念和众多的加盟品牌，并已跻身世界一流特许展会的行列。

中国国际物流节

2005年5月18～20日，2005中国国际物流节暨第五届中国国际运输与物流博览会在上海新国际博览中心举办。

来自世界各地的国际专家齐集上海新国际展览中心，共同参与在上海新国际博览中心举办的中国国际运输与物流博览会，并分享他们的专业知识和成功经验。

根据励展集团发布的消息，此次展会的代表来自全世界14个国家和地区，他们展示了物流和运输领域的最新成果，其中包括：意大利、法国、俄罗斯、美国、英国、新加坡、日本和中国台湾。

在为期三天的展会期间，超过8000名以上的观众到访总展出面积为1万平方米的展览厅。

境内展

展名：中国东北第六届国际物流技术暨运输系统展览会
时间：2005年4月6～9日（沈阳）
周期：一年一届
创办时间：2000年6月
上届数据：展出面积（平方米）：6700
其中外国参展面积（平方米）：78
观众总数（人次）：26791

展名：第七届中国（北京）特许加盟大会暨展览会
时间：2005年5月14～16日（北京）
周期：一年一届
创办时间：1999年

展名：2005大连国际港口、船舶物流展览会
时间：2005年5月25～28日（大连）
周期：一年一届
创办时间：2004年5月
上届数据：展出面积（平方米）：4000
其中外国参展面积（平方米）：600
观众总数（人次）：20000
展商总数（家）：90
其中外国参展商数目（家）：12

展名：第十届中国国际物料搬运与物流技术展览会
时间：2005年5月31日～6月3日（上海）
周期：一年一届
创办时间：1991年5月
上届数据：展出面积（平方米）：6658
其中外国参展面积（平方米）：666
观众总数（人次）：19285
展商总数（家）：215
其中外国参展商数目（家）：43

展名：2005中国（山东）国际物流博览会
时间：2005年6月3～5日（济南）

展名：第四届大连国际交通物流博览会
时间：2005年6月15～18日（大连）
周期：一年一届
创办时间：2004年9月
上届数据：展出面积（平方米）：10000
其中外国参展面积（平方米）：2000
观众总数（人次）：2万
展商总数（家）：200
其中外国参展商数目（家）：40

展名：中国国际物料运输暨物流展览会
时间：2005年6月（上海）
周期：一年一届

展名：2005大连国际物流港口航运展览会
时间：2005年7月13～16日（大连）
周期：一年一届
创办时间：2004年5月
上届数据：展出面积（平方米）：4000
其中外国参展面积（平方米）：600
观众总数（人次）：40000
展商总数（家）：90
其中外国参展商数目（家）：12

展名：2005中国（上海）国际城市轨道交通展览会
时间：2005年9月7～9日（上海）
周期：两年一届
创办时间：2003年9月
上届数据：展出面积（平方米）：4500
其中外国参展面积（平方米）：1500
观众总数（人次）：3436
展商总数（家）：80
其中外国参展商数目（家）：24

展名：第二届南京国际特许加盟暨创业商机展览会
时间：2005年9月10～12日（南京）
周期：一年一届
创办时间：2003年

展名：2005国际（浙江）道路运输与物流科技博览会
时间：2005年9月（杭州）
周期：一年一届
创办时间：2003年8月
上届数据：展出面积（平方米）：10000
其中外国参展面积（平方米）：1600
观众总数（人次）：1500
展商总数（家）：150

展名：上海国际物料输送、自动化技术暨物流博览会
时间：2005 年 11 月 28 日～12 月 1 日（上海）
周期：一年一届
创办时间：2000 年

展名：国际物流博览会
时间：2005 年 11 月（上海）
周期：一年一届

境外展

展名：海上旅游暨海运业展览会
时间：2005 年 3 月 14～17 日（美国）

展名：专业运输暨材料装卸展览会
时间：2005 年 5 月 11～15 日（泰国）

展名：第十届慕尼黑国际物流、远程传送暨交通运输贸易博览会
时间：2005 年 5 月 31 日～6 月 3 日（德国）

展名：智能化交通管理系统年会
时间：2005 年 9 月 20～24 日（新西兰）

展名：智能化交通管理系统年会
时间：2005 年 9 月 20～24 日（澳大利亚）

展名：包装物流交易会
时间：2005 年 9 月 26～28 日（德国）

展名：国际物流博览会
时间：2005 年 10 月 11～15 日（德国）

6．医疗行业

行业简况

医药企业亟待提升核心竞争力

——浅析人民币汇制改革对我医保进出口行业影响及应对建议

中国医药保健品进出口商会 曹 钢

2005 年 7 月 21 日央行宣布，即日起我国人民币汇率不再钉住单一美元，正式开始实行以市场供求为基础、参考一揽子货币进行调节、有管理的浮动汇率制度。尽管 2% 的升值比原来预计的要少，但这却是我国人民币汇率制度改革迈出的重要一步，对我国医药保健品进出口行业影响深远。

近期面临巨大损失

一直以来，我国医药保健品进出口企业对于人民币升值问题非常关注。此次汇率调整，从近期看，我国医药保健品进出口企业首先面临汇兑的巨大损失，据统计，某医药保健品进出口公司在人民币升值 2% 后汇兑损失达 800 余万元人民币，另一医药保健品进出口公司汇兑损失也达 400 余万元人民币，损失包括货物已经出运但未收汇和已经签定的合同须履约执行。如果测算全行业的汇兑损失，按人民币升值前半个月和升值后半个月出口合同执行情况，合计一个月时间对企业的影响，以目前全行业平均一个月的出口额在 10～12 亿美元计算，人民币升值 2%，汇兑损失在 2000 万美元至 2400 万美元左右，再加上一些企业签定的长期合同，保守估计全行业的汇兑损失不会低于 2 亿元人民币。汇兑的损失直接压缩了企业的预期利润，对出口企业打击较大。

人民币升值 2% 对于一些加工贸易方式占重要比重的企业影响不大。但对全行业来讲，一般贸易方式占七成、加工贸易方式仅占两成的比例。此外，虽然人民币升值有利于中国进口，有利于降低最终进口用户的成本，但外贸公司在进口环节中基本上做的都是代理，外贸公司本身并没有得到多少实惠。

目前 2% 的升值还是控制在一个较小的范围内，大部分企业能够承受，以一般医药保健品出口企业为例，净利润多在 2%～3% 左右，人民币升值 2% 的压力基本能够化解，出口企业仍有提高竞争力的空间。

利于促进商品结构调整

从长期看，如果人民币继续升值，出口企业在价格上的优势也将不断地减少，那么我企业在国际市场的竞争力将受到较大影响。

首当其冲的就是西药原料药，其受的负面影响将是最大

的。我国是世界西药原料药的最大生产国和主要出口国之一，可生产西药原料药近1500种，具有规模大、成本低、产量高的特点，出口额约占我国医药保健品出口总额的52%，是我国医药保健品行业的出口支柱。我国的传统大宗西药原料药特别是维生素、青霉素、扑热息痛、地塞米松、糖精钠、柠檬酸等产品在世界范围内占有相当份额。人民币如继续升值将使西药原料药出口价格不可避免地上涨，势必降低我国西药原料药出口的整体竞争力。我国西药原料药在国际市场上的竞争对手主要是印度，印度产品普遍比中国产品价格高10%左右，最近以来有些产品的价格差距已缩减到5%，有的产品如盐酸雷尼替丁出口到非洲的价格，我们比印度产品每公斤还高1美元，这种局面明显对我不利，极易发生我西药原料药主要竞争对手印度趁机蚕食我出口份额的局面。

其次，人民币如果继续升值对我国医疗器械出口也将产生不利影响，我医疗器械出口目前以中低端产品为主，国际市场竞争激烈，价格因素起决定作用，出口额占医药保健品出口总额的22%，如果人民币继续升值，我医疗器械产品势必丧失价格竞争力，像非洲等第三世界的国家采购我医疗器械的数量将随着价格的上升而减少。而进口国外医疗器械价格的降低，反过来又将冲击国内医疗器械生产企业。所以，如果人民币继续升值，对于医药保健品进出口行业来说，占医药保健品出口总额77%的西药原料药和医疗器械两大类出口商品将受到较大负面影响，形势相当严峻。

相比之下，西成药、生化药、中成药和中药材受的负面影响将较小，西成药和生化药目前出口量较小，出口额只占医药保健品出口总额的5%，西成药绝大部分是仿制药，出口没有优势，而生化药出口有一定优势，我国的基因工程疫苗、干扰素和胰岛素均达到世界先进水平，从行业的角度看，人民币升值对其整体出口影响不是太大。但国外进口西成药和生化药的价格将会随着人民币升值而下降，目前进口西成药和生化药占进口医药保健品总额的16%左右，对于国内生产西成药和生化药的企业来说国内市场竞争压力将加大。对于中成药和中药材来讲，价格受国内市场供求关系影响，出口受文化差异和注册困难影响，国际市场需求增长有限，人民币升值对其出口影响不大。另外，由于中成药和中药材所独有的治疗作用，在中国有很好的群众基础，特别是那些具有自主知识产权的知名中药品牌，受进口产品影响较小。

尽管如果人民币继续升值，对我国医药保健品进出口行业负面影响较大，但也有助于行业内部分企业改变目前高能耗、高污染、低附加值的局面，有利于加快出口商品结构的调整，提高出口商品质量、技术含量和附加值，促进产业结构升级。

企业应提升竞争力

面对汇率调整的考验，我医药保健品进出口企业须抓紧调整，开拓创新自己的核心竞争力。逐步改变以美元为主的成交结算币种，灵活采取以人民币价格、欧元价格或其他硬通货币价格报价和结算，还可采取即期L/C，提高预收款比例，通过押汇、保理等方式，缩短结汇时间，还可选择如“远期结售汇”方式，即企业和银行按照现在的汇率进行远期结汇，规避金融风险。

建议政府有关部门抓紧研究制定如何帮助和指导企业应对人民币汇率制度改革的措施，加紧对企业进行浮动汇率机制的培训。继续加大国家对外贸企业的扶持力度，制定有效措施，防止恶性竞争，适当调整提高出口商品退税率，退税时间和手续更快捷，进一步改善出口企业的资金状况。在一些政府项目如经济外交、援外项目上更公开透明，以便让更多的企业能够参与其中。

建议出口信用保险能够增加汇率风险保险品种，同时将国家扶持出口信用保险基金补贴保费的比例进一步提高。此外，在出口环节中的每一个细节都要注意为企业节约成本，如企业反映目前收汇超过20万美元要放在银行的临时账户审查，短则几天长则两三个星期，无疑加大了企业汇兑风险，对企业影响较大。有企业在人民币升值前两天刚有一笔美元收汇，因在临时账户审查，眼瞅着不能汇兑而遭受损失。

人民币升值也同时为企业的对外投资提供了货币基础，应鼓励有条件、有实力的企业到境外投资办厂，拓展医药保健品进出口行业的发展空间，可以通过投资建厂和创办合资企业等方式来增加对国外市场的出口，并带动我国成套设备和零部件以及原材料的出口，在一定程度上也可缓解国内资源的需求，促进医药保健品进出口行业结构的调整和资源的置换。

展　会

中国泰达生物论坛·2004

“中国泰达生物论坛·2004”于2004年10月23～24日在天津经济技术开发区举行。本次论坛联合了瑞典Karolinska研究所（诺贝尔生理及医学奖评选机构）等专业机构，邀请各国院士及世界著名生物技术领域产业界人士出席会议并发表精彩讲演。通过总论坛与分论坛相结合、主题发言与互动发言相结合、论坛与合作洽谈相结合的形式，促进交流与碰撞，为技术项目持有人与投资方、专业人才与需求企业牵线搭桥，以共谋中国生物技术产业发展大计。有相关科技界、教育界、产业界和金融界的专业人士和部分政府官员参会，会议规模约1500人。

2002年10月和2003年12月，在天津经济技术开发区先后举办了两届“TEDA——WATSON生物技术及医药国际年会”。参会代表中不仅有诺贝尔生理及医学奖评委会主席Jan-Ake Gustafsson、加拿大前国务卿GerryWeiner、加拿大肿瘤基金会主席Pierre Audet-Lapointe、瑞典Uppsala大学药学院院长Lennart Paalzow、美国科学院院士George Halpern、美国NCI生化实验室负责人Dean Hamer、人工细胞技术发明人Thomas Chang等一批具有国际影响的知名人士，而且还包括了一大批生物科技、产业及投融资领域专家和从业人士，会议规模分别为500人和700人。两届年会取得了一批实质性成果，在国际生物技术及产业界产生了重要影响，并已成为目前我国生物技术领域高水平的盛会之一。该年会对推动中国生物技术产业政策的尽快出台，加强生物技术领域的国际交流，促进科技与产业的融合与项目合作发挥了积极作用。

鉴于前两届会议的成功举办和深远影响，本届年会正式改设为“中国泰达生物论坛”，成为定期、定址、上规模、上水平的国际会议平台，并逐步确立科学化、国际化的管理和运行机制，使“中国泰达生物论坛”成为亚洲乃至世界生物技术及医药产业界高水平的年度盛会。

本次论坛具有国际会议交流平台、生物人才奖——泰达生物奖的设立、企业与产业孵化平台、专业风险投资基金、交流互动网站与专业刊物发行、生物工业化组织的建立六大功能。同时，会议还实现促进中国生物技术产业政策尽快出台等5个方面的突破。

性健康科普展开展

2004年10月28日是第五个男性健康日。由石景山计生协等单位主办的“性与生殖健康科普展”也同日正式开展。此次展览是计划优质生育和创新科普的一次大胆尝试，旨在打破性封闭、扫除性愚昧，同时传播健康的生殖健康科普知识。

本次展览由石景山区计生协和区科协、北京性健康教育研究会联合举办。据主办方介绍，展览共分六部分，包括性崇拜、性生理、性心理、性伦理、性和谐以及两性生殖健康。其中，性崇拜部分剖析了远古时期的人们在蒙昧状态下对性器官、性交的原始崇拜；性生理则从现代科学角度展示了人从受精卵孕育开始，经过青春期、更年期的生命历程；性心理部分主要是解析正常的性与错位性心理现象，指导人们正确对待心理变化；性伦理道德展示的是伴随着社会发展，人们的性伦理道德的演变；性和谐部分是通过性交体位及适用人群讲解，帮助夫妻提高性生活质量。展览最新的部分是生殖健康教育介绍，通过大量图片和展品，为参观者展示了避孕节育知情选择、出生缺陷干预和生殖道感染干预“三大工程”的工作内容和作用，指导人们科学对待生殖系统疾病，以及如何生育健康的宝宝。

主办方之一，石景山计生协负责人表示，展览采用内部展示形式，观众主要是全市计划生育、科普和性健康教育研究工作者，以及石景山区的“准爸爸、准妈妈”。展览持续到11月17日。

第五届东北药交会火爆沈城

第五届（东北）全国医药、保健品交易会2005年1月7～8日在沈阳国际会展中心举办。展会由辽宁成大方圆医药连锁公司、辽宁成大医疗器械公司、沈阳展览业协会主办，沈阳明日科技展览贸易有限公司承办。

本届药交会吸引了来自全国16个省市医药和医疗器械行业400多家企业参展，特别是全国知名的企业——广药集团、哈药集团、东药集团、石药集团、西安利君集团、桂林三金药业、武汉健民药业、吉林修正药业、沈阳恩世药业、沈阳东新药业、上海医疗器械公司、沈阳东软数字医疗系统有限公司、无锡中原医疗器械公司、深圳恩普电子技术公司、天津天感感光材料公司等均来参加本届药交会。有来自全国各地的5万余名经销商到会参观采购订货。沈阳及周边城市的市民也冒着寒风来到展会现场。

东北药交会的举办，的确给医药及医疗器械生产厂家提供了一个展示交流的平台，也大开了广大市民的眼界。会议的主、承办方还经常调整办展思路，为地区之间，生产厂家、经销商和消费者架起了一座沟通的桥梁。几年来，东北药交会参展企业已达1800家，展位2000个，参展商和经销商累计达23万人次，展会交易额26.5亿元人民币。

乳腺癌国际论坛

由美国癌症协会、中国抗癌协会和“百万妇女乳腺普查工程”项目办公室共同举办的“首届中国乳腺癌防治国际论坛”2005年2月22～24日在北京举行，这个医学论坛的商机引来众多跨国公司的关注。

柯达医疗影像大中华区总经理就柯达医疗影像集团和“百万妇女乳腺普查工程”合作事宜，与主办方进行了实质性的商洽。AGFA医疗集团北亚地区总经理日前访问“百万妇女乳腺普查工程”组织机构，表达了合作愿望。西门子医疗系统集团SP产品部总裁表示，西门子医疗集团将全力配合“中国百万妇女乳腺普查工程义诊万里行”市场推广活动，并当即表示赞助一台最先进的数字乳腺机。来自美国、英国、加拿大、比利时等14个国家和世界卫生组织的代表参加了此次论坛。

辽宁首届医博会亮相沈城

2005年6月11～13日，由辽宁省卫生厅主办，辽宁省医学会与辽宁三和策划机构共同承办的“辽宁省首届专科医疗技术博览会”在沈阳举行。

本届展会是建国以来辽宁省首次举办的各级、各类医疗机构及相关医学研究机构为参展主体的行业展览会。全国知名的中国医科大学第一、二附属医院、解放军沈阳陆军总院、沈阳市第四人民医院等40家医疗机构参加了展览。展出10大科别，70余种最新、最具高科技含量的疾病诊疗技术与方法，供广大观展市民参观和咨询。

举办本届会的目的在于通过将医疗机构集中进行展示的形式，更好地推广先进医疗技术和方法，向广大百姓普及医疗与健康知识，为专科医疗机构搭建一个信息交流、形象展示、推介服务、宣传品牌的平台，使医院、医生与患者实现零距离的沟通。

据展会组委会部长张洪军介绍，本届展会为辽宁省医疗技术专业展填补了一项空白，打破了医疗机构以前那种传统的、枯燥无味的甚至是隐蔽的医疗技术推介方式，把医疗机构请到展会上直接面对百姓，供百姓自由选择，为广大百姓提供了一个现场咨询、自主选择医疗机构和疾病治疗方法的平台，这也是辽宁省医疗行业展会的一个亮点。

本届展会盛况空前，前来参观的近5万人次，接待群众健康咨询和问诊3.44万余人，发放医疗技术和健康教育宣传单近15.2万余份。听取医学科普讲座的群众有近800人。

第五届世界制药原料中国展

由中国医药保健品进出口商会和欧洲博闻展览咨询有限公司(CMP Information)联合主办、上海博华国际展览有限公司协办的“第五届世界制药原料中国展”于2005年6月14～16日在上海光大会展中心举行。本次展会面积达3万平方米，有来自全球80多个国家和地区的4561多名国外专业参观商，以及1.39万多名国内专业参观商参观此次盛会。

本次展览会共有756家公司参展。其中包括来自17个国家和地区的110家海外公司，他们代表了行业中具领先地位的制造商和供应商。这些海外公司来自以下国家：印度、意大利、日本、马来西亚、爱尔兰、韩国、俄罗斯、新加坡、瑞士、英国、美国、阿根廷、加拿大、捷克、法国和德国。

本次展会云集了全球制药界知名厂商，他们在现场举办了13场高层次的学术讲座和技术交流会。演讲者既有来自德、法、瑞士、美国等欧美公司的CEO、海外著名大学的教授，也有国内的知名研究员和大型制药集团。论题聚焦在前沿学术探讨以及最新国际市场动态。

这些业界领军人物发起的研讨会视角独特、见解精辟，受到了与会者的积极响应。会议室场场爆满，且有大批听众在门外聚集，希望领取相关的文字材料。很多人表示，类似的讲座信息量丰富，权威性强，除了可以零距离了解很多技术应用与产品信息之外，对于整个制药业界的发展方向，也起着风向标的作用。

泛珠三角中医药论坛暨展览

泛珠三角中医药论坛暨展览2005年6月21～23日在澳门举办。主办单位表示，通过展览、论坛、产品推介等形式，活动取得了丰硕的成果。

此次论坛共吸引了48位来自海内外的专家参与。展览方面则吸引了54家来自泛珠江三角洲地区的参展单位，共设展位71个，包括中医药研究所、大学、药厂及企业等。

据介绍，此次活动中，主办单位安排的112场合作配对，成功率高达92%。另外，通过此次中医药盛会，达成协议及初步意向书20多项，其中9家单位分别就销售代理、优质中药认证计划、推广中药硕士学位等方面现场签定了合作协议。

境内展

展名：2005年第五届中国（成都）医药保健品暨制药设备、药品包装机械暨材料展览会
时间：2005年3月1～3日（成都）

展名：第14届中国国际医疗设备暨技术展览会
时间：2005年3月1～3日（上海）
周期：一年一届
创办时间：1991年
上届数据：展出面积（平方米）：6000
观众人数（人次）：8108
展商总数（家）：90
其中外国参展商数目（家）：72

展名：华南国际牙科医疗设备技术博览会暨研讨会
时间：2005年3月4～7日（广州）
周期：一年一届
创办时间：1995年

展名：2005中国医疗器械（山东）春季博览会
时间：2005年3月8～10日（济南）
周期：一年两届
创办时间：1995年3月
上届数据：展出面积（平方米）：20000
其中外国参展面积（平方米）：5000

观众总数（人次）：40000
展商总数（家）：650
其中外国参展商数目（家）：150

展名：首届中国（山东）临床检验、病房护理设备设施暨技术展览会
时间：2005年3月8～10日（济南）

展名：2005中国重庆第11届国际医疗器械展览会
时间：2005年3月8～11日（重庆）

展名：国际医疗器材、设备技术展览会
时间：2005年3月15～17日（上海）
周期：一年一届

展名：第二届江苏（南京）国际医疗器械展览会
时间：2005年3月21～23日（南京）
周期：一年两届
创办时间：2001年9月
上届数据：展出面积（平方米）：2000
其中外国参展面积（平方米）：500
观众总数（人次）：3400
展商总数（家）：80
其中外国参展商数目（家）：12

展名：2005年春季第九届中原医疗器械展览会
时间：2005年3月22～23日（郑州）

展名：2005第五届中原口腔设备暨材料（春季）展览会
时间：2005年3月24～27日（郑州）

展名：2005中国东北第七届国际口腔设备暨材料展览会
时间：2005年3月25～28日（沈阳）
周期：一年一届
创办时间：1999年4月
上级数据：展出面积（平方米）：15000
其中外国参展面积（平方米）：500
观众总数（人次）：19800
展商总数（家）：107
其中外国参展商数目（家）：3

展名：第21届湖北（武汉）国际先进医疗仪器展览会
时间：2005年3月（武汉）
周期：一年一届
创办时间：1985年
上届数据：展出面积（平方米）：10000
其中外国参展面积（平方米）：2000
观众总数（人次）：2万
展商总数（家）：200
其中外国参展商数目（家）：30

展名：湖北（武汉）国际制药机械与药品展览会
时间：2005年3月（武汉）
周期：一年一届
创办时间：2000年3月
上届数据：展出面积（平方米）：4000
其中外国参展面积（平方米）：600
观众总数（人次）：1.5万
展商总数（家）：200
其中外国参展商数目（家）：30

展名：中国（厦门）国际医药暨保健品博览会
时间：2005年3月（厦门）
周期：一年一届
创办时间：2003年3月
上届数据：展出面积（平方米）：8000
其中外国参展面积（平方米）：400
观众总数（人次）：15000
展商总数（家）：350
其中外国参展商数目（家）：20

展名：2005第四届医疗器械、临床检验暨输血用品设备展览会
时间：2005年4月5～8日（成都）

展名：2005年第五届西部（成都）口腔技术设备暨材料展览会
时间：2005年4月5～8日（成都）

展名：2005山东国际口腔设备暨材料展览会
时间：2005年4月6～8日（济南）

展名：2005第三届东北医疗器械、口腔技术设备暨制药机械展览会暨全国药品、保健品、中药材交易会
时间：2005年4月14～16日（长春）

展名：第九届中国国际生物技术和医药工业展览会暨研讨会
第六届中国上海国际制药机械暨医药包装设备展览会
时间：2005年4月15～27日（上海）
周期：一年一届
上届数据：展出面积（平方米）：6000
其中外国参展面积（平方米）：270

观众总数（人次）：7086
展商总数（家）：153
其中外国参展商数目（家）：23

展名：2005济南国际医药暨保健产业博览会
时间：2005年4月16～17日（济南）

展名：2005全国医药、药品（成都）交易会
时间：2005年4月24～26日（成都）
周期：两年一届
创办时间：2002年
上届数据：展出面积（平方米）：8000
其中外国参展面积（平方米）：200
观众人数（人次）：38000
展商总数（家）：260
其中外国参展商数目（家）：22

展名：第二届中国国际新特药、非处方药、保健品展览会
时间：2005年4月24～26日（北京）
周期：一年一届
创办时间：2004年
上届数据：展出面积（平方米）：5000
其中外国参展面积（平方米）：600
观众总数（人次）：12000
展商总数（家）：150
其中外国参展商数目（家）：6

展名：中国国际医疗器材博览会
时间：2005年4月24～27日（北京）
周期：一年一届
创办时间：1989年

展名：2005中国（安徽）医药暨保健产品博览会
时间：2005年4月26～28日（合肥）

展名：2005第三届华中口腔、视光眼科与耳鼻喉医疗技术设备展览会暨技术交流会
2005华中检验医学技术设备与产品展览会暨研讨会
时间：2005年4月28～30日（武汉）

展名：成都国际医疗器械暨制药设备博览会
时间：2005年4月（成都）
周期：一年一届

展名：第53届中国国际医疗器械春季博览会
时间：2005年5月16～20日（哈尔滨）
周期；一年两届
创办时间：1979年3月
上届数据：展出面积（平方米）：70000
其中外国参展面积（平方米）：10000
观众总数（人次）：130000
展商总数（家）：2000
其中外国参展商数目（家）：400

展名：中国兽医兽药技术博览会
时间：2005年5月22～23日（济南）

展名：中国西部国际中医药产业展览会
时间：2005年5月23～25日（成都）
周期：一年一届

展名：2005中国国际生物技术、医药与健康产业展览会暨会议
时间：2005年5月23～27日（北京）
周期：一年一届
创办时间：2005年

展名：第54届中国国际医药原料药、中间体、包装、设备交易会
时间：2005年5月（大连）
周期：一年两届

展名：国际口腔医疗设备技术展览会
时间：2005年6月6～9日（北京）
周期：一年一届
创办时间：1996年

展名：山东制药机械暨药品包装设备展览会
时间：2005年6月8～10日（济南）

展名：世界制药原料中国展览会
时间：2005年6月14～16日（上海）
周期：一年一届
上届数据：展出面积（平方米）：25000
其中外国参展面积（平方米）：2500
观众总数（人次）：12000
展商总数（家）：560
其中外国参展商数目（家）：120

展名：国际制药原料中国展览会
时间：2005年6月14～16日（上海）

周期：一年一届

展名：第五届台湾国际生物科技大展
时间：2005年7月（台北）

展名：第十届大连国际医疗仪器卫生设备暨医疗保健品展览会
时间：2005年8月16～18日（大连）
周期：一年一届
上届数据：展出面积（平方米）：5000
其中外国参展面积（平方米）：2500
观众总数（人次）：3万
展商总数（家）：180
其中外国参展商数目（家）：80

展名：第二届全国临床检验医疗设备与产品展览会暨学术研讨会/第二届全国医用材料暨医疗用品展览会、2005年全国输血设备暨医疗用品展览会
时间：2005年8月18～20日（北京）

展名：国际现代化中医药暨健康产品展览会暨会议
时间：2005年8月（香港）
周期：一年一届

展名：2005中国医疗器械（山东）秋季博览会
时间：2005年9月21～23日（济南）
周期：一年两届
创办时间：1995年3月
上届数据：展出面积（平方米）：20000
其中外国参展面积（平方米）：5000
观众总数（人次）：40000
展商总数（家）：700
其中外国参展商数目（家）：70

展名：2005中医药国际科技博览会、中医药现代化国际科技大会
时间：2005年9月23～29日（成都）

展名：中国国际医疗设备博览会
时间：2005年9月（北京）
周期：一年一届
创办时间：1991年

展名：国际中医药博览会
时间：2005年9月（青岛）
周期：一年一届

展名：中国国际天然药物药材展览会
时间：2005年9月（北京）
周期：一年两届
上届数据：展出面积（平方米）：5000
其中外国参展面积（平方米）：70
观众总数（人次）：1万
展商总数（家）：110
其中外国参展商数目（家）：5

展名：中国制药机械设备展览会
时间：2005年9月（长春）

展名：国际生物技术研讨会暨医疗器材技术展览会
时间：2005年10月12～17日（深圳）
周期：一年一届

展名：中国国际药材博览会
时间：2005年10月25～28日（上海）
周期：一年一届
创办时间：1996年

展名：国际口腔医疗牙科保健博览会
时间：2005年10月26～29日（上海）
周期：一年一届
创办时间：1994年

展名：中国国际保健节
时间：2005年10月27～30日（北京）
周期：一年一届
创办时间：1994年10月
上届数据：展出面积（平方米）：12000
其中外国参展面积（平方米）：400
观众总数（人次）：60000
展商总数（家）：800
其中外国参展商数目（家）：120

展名：第54届中国国际医疗器械秋季博览会
时间：2005年10月31日～11月4日（哈尔滨）
周期：一年两届
创办时间：1979年3月
上届数据：展出面积（平方米）：75000
其中外商参展面积（平方米）：12000
观众总数（人次）：150000
展商总数（家）：2500
其中外国参展商数目（家）：430

展名：中国国际牙医技术设备展览会暨研讨会
时间：2005年10月（上海）
周期：一年一届

展名：台北国际医疗器材、药品暨生物技术展览会
时间：2005年11月10～13日（台北）

展名：国际非处方药暨保健产品博览会
时间：2005年11月（大连）
周期：一年一届
创办时间：2004年

展名：2005天然保健产品博览会
时间：2005年11月（香港）
周期：一年一届

展名：2005第三届健康博览会
时间：2005年12月（台北）

境外展

展名：第一届国际卫生保健用品暨化妆品展览会
时间：2005年1月25～29日（伊朗）

展名：德国南部医药技术、制药、医院诊所用品和设备展览会
时间：2005年1月28～30日（德国）

展名：中东牙防展览会
时间：2005年3月1～3日（阿联酋）

展名：临床医学会暨展览会
时间：2005年3月3～5日（德国）

展名：日本健康产业博览会
时间：2005年3月16～18日（日本）

展名：斯图加特健康和舒适生活展览会
时间：2005年3月17～20日（德国）

展名：2005年中东医药暨医疗设备博览会
时间：2005年3月21～23日（阿联酋）

展名：医疗保健、康复暨专业护理会议暨展览会
时间：2005年4月12～14日（德国）

展名：2005年世界制药原料日本展览会
时间：2005年4月20～22日（日本）

展名：2005年越南第12届国际医药、医疗器械展览会
时间：2005年5月17～20日（越南）

展名：沙特（吉达）国际医疗博览会
时间：2005年5月29日～6月2日（沙特）

展名：2005年越南第五届国际医药制药、医药设备展览会
时间：2005年9月7～10日（越南）

展名：莱比锡国际牙科诊所和实验室展览会
时间：2005年9月21～23日（德国）

展名：莱比锡牙科展览会
时间：2005年9月23～24日（德国）

展名：个人护理产品原料暨技术展2005
时间：2005年9月27～29日（美国）

展名：美国保健暨美容展览会
时间：2005年9月27～29日（美国）

展名：斯图加特口腔诊所暨实验室展览会
时间：2005年10月7～8日（德国）

展名：第25届国际药品加工技术暨设备交易会
时间：2005年10月11～13日（德国）

展名：世界制药原料展览会2005
时间：2005年11月1～3日（西班牙）

7．农林牧渔业

行业简况

稳定发展 谋求突破

——入世以来我国农产品出口概况及2005年展望

中国食品土畜进出口商会

入世三年来，我国农产品出口在面临国内外诸多不利条件的情况下，每年均保持或接近双位数的增长速度。三年间，农产品出口金额年平均增幅为13.13%，比入世前1995年～2001年的年均增长速度高出9.84个百分点。尽管2004年我农产品出口230.9亿美元，增幅仅为8.69%，但如不考虑粮食出口大幅下降和禽流感对禽肉产品造成的负面影响，2004年我国其他农产品的出口增幅实际达到了21%。园艺产品和水海产品的出口增长较为明显。

我国农产品出口增长的特点

出口商品结构发生变化，传统农产品的出口在整个行业出口中的主导地位正在被优势农产品所取代。油、糖、棉、地毯、茶叶、蜂蜜等传统出口商品增长缓慢或呈负增长，在出口总值中比重下降。蔬菜、水果、畜产品、水产品和加工食品等优势农产品增幅加快，在出口总额中的比重逐渐加大。与1995年相比，到2004年，肉制品出口增长173%、水产制品增长247%、果菜制品增长155%、杂项加工食品增长222%。

出口主体发生变化，非国有企业成为带动行业出口增长的主导力量，龙头企业开始走上出口舞台。国有外贸企业出口额所占比例从1995年的81.4%下降到2004年30.8%；非国有企业比重从18.6%上升到69.2%。其中，三资企业从17.5%上升到43.6%，民营及股份制企业由1.1%上升到25.6%。与此同时，出现了一批贸工农一体化的龙头企业，如中粮国际、山东龙大集团等年出口创汇额均在5000万美元以上。

出口市场显现多元化格局。农产品出口的传统市场是日本、欧盟、美国和我国香港地区。尽管我农产品对这些国家和地区的出口比重仍保持在70%左右，但对新兴市场的出口增幅高于传统市场。1995年～2004年，对大洋洲出口增长303%，对南美洲增长410.5%，对非洲增长177%，均远高于农产品出口平均增长幅度。

农产品出口质量安全问题得到改善，行业应对国际贸易争端能力进一步增强。出口企业质量意识普遍提高，突破技术壁垒能力逐渐增强。2004年，欧盟解除我禽肉产品以外的动物源性产品禁令；活羊、活牛在中断了8年后，恢复向中东市场出口；苹果首次出口到拉美市场。同时，“中央政府、地方政府、行业组织、企业”四体联动的贸易争端应对机制在进一步完善，努力为企业出口保驾护航。

此外，企业的外贸环境有所改善。出口退税拖欠问题逐步得到解决，人民币汇率稳定为企业出口创造了良好的条件。

但是，我们也必须看到，当前乃至今后相当长的时期内，我国农产品出口仍面临许多困难与不利因素，主要是：国际贸易中的技术壁垒对我出口构成严重威胁；针对我农产品的反倾销、反补贴等贸易救济措施层出不穷；我农业产业化水平不高，食品安全体系和质量保障体系比较薄弱；农产品出口仍以原料性和初级加工产品为主，自有品牌不多，竞争力不强；我农产品贸易企业以中小企业为主，参与国际市场竞争和抗风险能力较弱；等等。因此，不断改善贸易环境，进一步提高农产品经营企业的整体竞争力，逐步改变农产品出口增长方式，是一项长期的工作。

今年前两个月农产品贸易情况

按照商务部统计口径，2005年1至2月农产品出口36.5亿美元，同比增长15.5%。进口35.5亿美元，同比减少17.8%。

从出口来看，今年前两个月水产品、果菜产品和肉类产品均保持了较高增长速度，其中水产品出口9.97亿美元，同比增长25.9%；水果、蔬菜及制品出口10.5亿美元，同比增长20.6%；肉类出口增长38.6%。而粮食出口仅为1.47亿美元，同比下降43.6%。其中大米下降64.7%。小麦下降94.1%，玉米下降40.6%。

从进口情况看，水产品的进口金额从去年1至2月的2.15亿美元增长到3.23亿美元，增幅达到50.6%；羊毛进口2.6万吨，同比增长6.5%，棕榈油进口31万吨，同比增长53.1%。粮食进口金额的增长幅度达到224.6%，其中小麦进口的迅速增长起到了主要的拉动作用，进口数量增幅达到755.6%；而大豆、豆油、棉花的进口数量分别下降了12.2%、41.6%和60.8%。

从出口市场看，我对亚洲、欧洲、南北美洲、大洋洲的出口均有不同程度的增长。其中我对东盟出口3.18亿美元，同比增长12.2%，对中东出口1.36亿美元，同比增长30.5%，对欧盟25国出口5亿美元，同比增长42%，对独联体出口1.43亿美元，同比增长40.2%。

从进口市场看，1～2月我国从美国进口12.1亿美元，同比下降38.9%，从澳大利亚进口3亿美元，同比增长17%，从阿根廷进口1.83亿美元，同比下降37.1%。从东盟进口4.7亿美元，同比下降2%，从欧盟25国进口3亿美元，同比增长59.4%，从独联体进口2亿美元，同比增长46.7%。

总体来说，今年前两个月我国农产品进出口运行基本正常。据有关专家预测，2005年我国国民经济仍然保持相对较高速度增长。从国内生产来看，2004年粮食增产幅度超过10.21%，连续多年的粮食总产量滑坡的势头得到遏制。畜产品、水产品、园艺产品生产继续增长，价格趋于稳定。由于周边市场对我国的玉米仍有一定的需求，预计2005年粮食出口超过去年，并对农产品出口的整体增长产生拉动作用。禽肉产品出口得到一定恢复，水产品、园艺产品继续保持较快增长，奶制品则有可能成为出口新的增长点。2005年更多的农产品出口促进政策有望出台，中小企业也得到更多的政策支持，品牌农产品出口成为一个热点，这些都将对我国农产品贸易产生积极的影响。同时，我主要农产品出口市场在不断调整进口政策、自然气候条件是否变化、人民币汇率是否调整等因素，为2005年农产品出口增加了不确定因素。

——《国际商报》

花卉产业如何破解出口难题

2005年过半，云南省花卉出口大户——昆明海宇公司已有300万支玫瑰香飘海外，比去年同期增长了约200倍，花香又引来了众多前来购花的国际买家。公司副总经理殷小东表示，这还仅仅是公司对直接出口量的统计，如果再加上转口进入国际市场的数量就更多了。

花卉出口大幅增长的企业还不止海宇一家。据中国山货花卉进出口公司经理陈林介绍，该公司从2004年开始出口菊花，2005年上半年的出口额就有了两位数的增长。这些企业的出口情况也是我国花卉出口现状的一个缩影。

质量稳定性欠佳成为花卉出口瓶颈

统计数据显示，今年1～6月，我国花卉出口总额达到3705万美元，同比增长32.8%。花卉生产大省云南仅一季度的花卉出口量就达到了1023.6吨，出口额为195万美元，比去年同期增长101%。

出口的大幅增长表明我国花卉产业在国际市场的竞争力逐步增强，特别是一些大型花卉企业的专业化生产和规模化经营水平在迅速提升。但是，有专家提醒，我国作为目前世界花卉种植面积第一大国，与国际上花卉主产国相比仍有很大的差距，我国花卉的年出口额在全球花卉年出口额中所占的比例仅为2%。是什么制约了我国花卉大步跨入国际市场的大门？

殷小东说，一直以来，大多数国内花企把高昂的航空运费、严重缺乏的冷链配置看作制约我国鲜切花出口的瓶颈。但他认为，实际上这些都不是问题的关键，最大的考验还是我国出口花卉质量的稳定性和能否保证持续供给。花卉行业是科技含量较高的农产品行业，花卉品种的研发需要大量的科研经费。从国际经验看，花卉业只有形成产业化、规模化、现代化、专业化，才能提高产品质量、稳定产量、获得持续发展。但目前我国花卉企业多为中小企业，想要获得贷款扩大生产规模，改进生产设备，却无有效的融资途径，抵御市场风险的能力很弱。因此，花卉企业在不断地淘汰、衍生，能持续发展的企业数量非常少，也使出口货源难以保证。

另外，殷小东认为，国内花卉企业只有加强联合，不断切磋技术、交流经验，才有利于提高我国花卉产业的整体水平，提升国际竞争力。在这方面可以多借鉴一些国外的经验和做法。如在荷兰，为了解决包括病虫害防治等生产中的任何一个问题，一个育种商就能号召组织起数十家农场主共同研究对策，达成共识，技术共享，抵御风险，其最终目的就是稳定花卉质量，保证货源。在这方面我国企业做得还不够，事实上，如果有了稳定的高质量的货源，我国企业不仅可以联合建冷藏库，甚至能够联手包机到国外去拍卖产品，这样不仅冷链配置的问题可以迎刃而解，运费也能够降下来。

亟须加强品种产权保护意识

陈林认为，我国花卉企业的品种产权保护意识亟待加强。目前我国引进的花卉品种滞后，产品质量难以达到要求，这主要是因为进口种苗推广到我国后需要缴纳品种使用费等一系列高额费用，以缴纳玫瑰花品种使用费为例，通常品种使用费为0.95美元/支种苗，种植1000株，就要缴纳950美元。一些生产企业和农民不愿意承担这笔费用，出现过用进口种苗自行栽培的现象，但由于没有掌握引进种苗的栽培关键技术，致使生成的花卉产品无法达到国外市场的要求。

另外，由于国内品种产权保护不力，国外客户和国内进口商不敢将最新研发的花卉品种引入中国，导致中国引进的品种很多是过季或二流品种。而花卉作为时尚的产业，越站在前沿，推广的产品越新，收到的效益才越大，在目前我国花卉生产关键技术尚需引进，种苗、种球大部分依靠进口的情况下，引进品种的滞后，成为制约我国花卉外销价格提高的瓶颈。

陈林呼吁，国内花卉企业在对外贸易中要严格自律，加强品种产权保护意识，遵守国际规则，这不仅是对品种专利权所有者的尊重，维护公平贸易，同时也有利于企业自身的长远发展。因为培育新品种不仅需要时间也需要资金，培育一个新品种一般需要7～8年的时间，授权使用人交了专利费才能促进育种人更快地开发新品种，相互间的信誉可以使这种合作进入良性循环，使生产企业的产品始终站在市场时尚的前沿，在国际市场卖出高价。

发展前景看好 出口潜力巨大

近年来，随着世界花卉产业国际分工的深入，花卉生产从欧美国家向发展中国家转移的趋势越来越明显。2005年以来，我国部分优势花卉企业生产规模的扩大、产品结构的优化、出口的强势增长，显示出我国花卉产业对外贸易的巨大潜力。

据殷小东介绍，海宇作为云南最大的玫瑰生产企业之一，已经把目光瞄准澳大利亚和欧洲市场，同时兼顾日本等亚洲市场。为此，公司制定了严格的品质把关制度，尤其注重新品种的引进，以此带动老品种出口的扩大。2005年以来，公司已先后从德国、荷兰等欧洲育种商处引进了22个玫瑰新品种，加上2003年、2004年引进的，海宇目前引进的国外专利新品种已经达到36个。为了做大做强企业，参与国际竞争，海宇立足在生产规模和产品质量方面领先一步，目前海宇共建了6块玫瑰生产基地，总计320亩，在国内可谓首屈一指。同时，海宇还采取“公司＋农户”的方式，联营500家农户的1500亩土地用于种植玫瑰，并且从种苗提供、技术指导到产品出口一条龙负责，以保证玫瑰的品质和产量，保证出口货源稳定。如今，海宇玫瑰已经在国际市场上形成了一定的品牌优势，海宇今年玫瑰的出口超过800万枝，2006年则有望达到1200万支，海宇的长远目标锁定为中国在海外市场高端玫瑰切花的最大供应商。

（中国贸促会福建分会）

展　会

第二届中国国际农产品交易会

为期5天的第二届中国国际农产品交易会于2004年10月11日在北京农业展览馆举办。本届农交会展览规模和产品质量都超过了第一届，是一届气势更大、企业更强、产品更精的国际农产品交易盛会。

2004年以来，在全国上下的共同努力下，农业和农村经济出现了令人鼓舞的发展势头。特别是粮食生产出现重要转机，上半年农民现金收入出现多年未有的好形势。在粮食增产、农民增收的大好形势下，第二届农交会展示了2004年农业和农村经济的最新成果，推动国内外交流，进一步搞活农产品流通和贸易，推动农业和农村经济的进一步发展。

此次有全国31个省、自治区、直辖市和新疆生产建设兵团共550家企业参展，其中国家级重点龙头企业197家，获得“三项认证”的企业235家，“双料”(既是龙头企业，又是“三项认证企业”)企业93家，水产企业94家，农机企业41家。预定室内展位650个(另外还有一些企业通过网上展厅参展)。31个展团的971家企业报名参加销售，预定销售摊位1020个。境外展区有美国、日本、法国、澳大利亚、乌克兰等14个国家的32家企业和贸易协会参展。本届农交会的参展企业、展出面积、展位数量都比2003年增加近一倍。

本届农交会在总结首届农交会成功经验的基础上，提出“四个不变”和“三个创新”。“四个不变”：一是“展示成果，推动交流，促进贸易”的办展宗旨不变；二是“精品、开放、务实”的办会原则不变；三是突出农业产业化和农产品质量安全的准入条件不变；四是“按行业分馆，按产品分区，以企业为主体”的布展原则不变。“三个创新”是组织创新，机制创新和内容创新。为确保农交会的质量和信誉，此次参展企业都至少具备以下条件之一：一是国家级农业产业化重点龙头企业；二是产品获无公害农产品认证、绿色食品认证、有机农产品认证的企业；三是大中型农产品重点出口创汇企业；四是优秀农机、水产畜禽生产企业。

同首届农交会相比，本届农交会参加展示、销售的企业大幅增加，参展产品更加丰富、可交易能力更强。室内展览总面积增加到近3万平方米。参展产品共有12大类，3200多个品种，可供本次交易会交易的产品总量约500万吨。

有1万多家境内采购商和400多家境外采购商参加了交易和洽谈会。观众人数达到20多万人次，其中专业观众5万人，普通观众20万人。本次交易会成交额突破200亿元，超过了第一届的水平。

在组织现场展示交易活动的同时，本届农交会还建立了“中国农业网上展厅”，集中发布中国农产品信息。目前，网上展厅发布了2010家企业和2887个产品的信息，并进行网上展示。

本届农交会还筹备了内容丰富的展会活动，与展览、销售相呼应，力求形成最直接、最有效的贸易、技术和信息的全面交流的盛会。农交会还设立采购商专场、国际采购洽谈会、贸易成交签约仪式、中国农产品质量安全与认证认可报告会及中国农产品及农业生产资料连锁经营研讨会。

2004年全国农机订货交易会暨第8届中国国际农机展

有史以来人数最多、规模最大的2004年全国农机订货交易会暨第8届中国国际农机展于10月18～20日在安徽省合肥市召开。据组委会最新数据统计，本次盛会展览面积达7万平方米，参展企业近2000家，参展客商及参观人数达到10万人，均超过上届。

全国农机产品订货会的主办单位是华星集团农业机械有限公司和合肥市人民政府，并由中国农业机械流通协会与中国农业机械工业协会协办。自1976年首届至今，每年召开一届，已近30个年头。进行统计数据汇总记载则始于1980年，也是在安徽省合肥市。当时实行的是农机产品预拨订货，计划分配。随着指令性计划取消，产需双方直接见面，至1999年农机订货会改称为农机产品订货交易会，并将每年一届的中国国际农业机械展览会移师与全国农机产品订货交易会在同期同地共同举办。

目前，这一盛会已成为我国农机界展览会的最高品牌，其功能也在不断增加。从最初作为沟通农机产销双方的重要途径，发展成为企业宣传自身形象，展示名、优、新农机产品，国内外农机行业信息交流，业内人士了解掌握行情动态，深入研究探讨农机行业发展有关问题的重要集会。会议期间活动内容不断丰富，近年来分别召开了高层研讨会、中外农机经贸洽谈会、亚洲农机社团与企业领导人联席会，特别是农机界最高层次的“中国农机论坛”，2004年已举办到第四届。全国农机产品订货交易会正逐渐向专业化、规范化、国际化方向发展。据悉，20多个国家的国际农机行业知名企业如约翰·迪尔、纽荷兰、凯斯、福克森、库恩、久保田、洋马、亚细亚等，也均投放产品到这一盛会来。

第八届中国(廊坊)农交会

为期三天的第八届中国(廊坊)农交会2004年10月20日落下帷幕。丰富多彩的展会内容，更具市场化、更加专业化、更趋国际化的办会理念，向来自五湖四海的嘉宾、客商展示出河北现代农业的新形象。

以“绿色、科技”为主题的本届农交会盛况空前。据介绍，2004年展会内容上增加了赛牛大会、畜牧养殖园展示、农业园区招商、新型农药肥料展销、新型果品展示等6项内容。往届展会上的名优特新农产品展示，特色产品展销、农业高新技术交易，优良籽种、种苗交易、农业机械、农业设施展销、农业合资合作项目洽谈，农业专家课堂等10项内容在本届农交会还被保留。

此外，交易会期间还举办了第二届中国区域经济（廊坊）高层论坛和首届全国市、县电视台农业节目创新研讨会，吸引了来自辽宁、内蒙古、上海等16个省、自治区和直辖市以及港澳台地区的5800多名客商莅临盛会。亲身参与到果王评选、专家课堂等各项活动中，让到会参观的8万多农民更加深切地感受了“农交会——农民自己的节日”的内涵。

本届农交会在市场化、专业化、国际化等方面实现了新突破。会务工作除媒体宣传、领导和贵宾接待、大会开幕式由政府部门组织外，其他完全采取了市场化运作方式。展示、展销分区设置，展销摊位由上届的243家增加到476家，名优产品评选等名牌栏目精彩纷呈，充分体现了本次农交会的专业化程度的进一步增强。经过连续七届的经验积累，中国(廊坊)农交会已开始迈向国际品牌专业展会。2004年农交会期间，国内3400多名购销商、16个国家的商务使节和187名港澳台商慕名而至，美国新泽西州政府也发来了贺电，并派团到会考察。

首届东北森林食品大会

首届东北森林食品大会，于2004年10月18～19日在长春举办。来自全国各科研院校，东北地区各国有林业企业、林场、森林食品生产企业，有关林区县、乡（镇）政府，全国设备生产和食品经销企业，国内外贸易机构、专业机构、专业社团等单位的数百名代表参与了大会。据介绍，由东北三省的林学会、林科院和吉林省食品学会、黑龙江省食品科技学会等单位联合主办、延边林业集团支持的这届大会是新中国成立后首次召开的森林食品专业大会。

大会专题交流了以东北林区药食动、植物为原料的12大类系列森林食品的开发与拓展。会议期间举办的专家报告会和8个专业交流会和展洽会，通过专家、企业家互动交流座谈与专家现场咨询等形式，让与会企业代表得到了产品开发与市场拓展的新信息、新思路。来自不同行业的参会者一致认为：大会连接了原料、加工、营销产业链条，开展了业内官、产、学、研交流合作，搭建了产品、市场、技术信息平台，扩大了森林食品整体品牌影响，向国内外市场推出了高市场附加值的东北森林食品，圆满实现了各项预期目标。大会“不图热闹，重在实效”的办会风格也受到与会代表的赞赏和欢迎。

首届中国（深圳）国际水果及技术展览会

2004年10月28～31日，首届中国国际水果及技术展览会在深圳高交会馆举办。来自10个国家和我国山东、陕西、河北、山西等果品主产区的代表和客商汇集这里进行交流，合作洽谈，共谋发展。

本次展览会由中国贸促会深圳分会等单位主办，中国经济林协会、中国果品流通协会等单位协办，旨在加强水果生产及技术交流，促进贸易往来，提升我国优质水果的国际竞争力。展览会的举办，为中国乃至世界果品产业提供了一个展示交流、经贸合作的平台。展览会主展馆设在深圳市高新技术展览会交易中心，展位面积4000多平方米，有120多家企业参加展出。深圳市的展位位于主展馆显著位置，面积54

平方米，参加展示的果品有苹果，梨、桃、葡萄4个种类，24个中晚熟品种。此外，天水长城果汁公司、甘谷科达果业有限公司等3家企业也参加了展览会。

展会期间还举行了中国水果之乡高峰论坛会。

第九届中国国际渔业博览会

第九届中国国际渔业博览会和中国国际水产养殖展览会于2004年11月2～4日在青岛国际会展中心举办。本届博览会有中国、阿根廷、比利时、加拿大、智利、丹麦、法国、冰岛、印度、伊朗、日本、韩国、马来西亚、尼日利亚、挪威、秘鲁、菲律宾、葡萄牙、俄罗斯、沙特阿拉伯、新加坡、南非、西班牙、瑞士、荷兰、阿拉伯联合酋长国、英国、美国、越南、我国香港特别行政区及台湾省等31个国家和地区的550家中外企业参展，展位近700个，展出面积达1.2万平米，展览规模再创新高，有50个国家和地区的1.5万名专业人士参加展会。展会场面热烈，成交颇丰。

中国国际渔业博览会和中国国际水产养殖展览会，是由中国贸促会农业行业分会主办，美国海洋展览公司协办，每年定期举办的国际渔业专业展览会。展会自1996年起，先后在青岛、北京、大连、上海成功地举办了7届，来自45个国家和地区的4206家企业参加了展会，累计专业观众达16.31万人次。目前，中国渔展在规模上已是亚洲最大的渔业专业展，为世界上最有影响的三大渔展之一，对中国渔业发展发挥了十分重要的促进作用。

第四届大京九农副产品食品（常平）交易会

2004年11月6～8日，第四届大京九农副产品食品(常平)交易会在广东东莞市常平镇物流中心展馆举办。随着四届大京九农交会的举办，东莞市常平镇已成为农副产品采购、中转集散基地，每年通过该镇枢纽大站收发的货物超过200万吨。常平东迅货场每天粮、油、饲料等农副产品的出货量在5000～7000吨左右。在“泛珠三角合作”核心的粤港合作方面，常平以地处穗港深经济轴中点的区位优势，发挥着积极作用。

京九中心镇遇良机。常平，地处京九铁路、广深铁路和广梅汕铁路三路交汇处，北有经济较发达的环渤海湾经济区，中有长三角，南有珠三角。2001年7月，众多著名专家、学者和京九沿线近百个县(市)的领导相聚在大京九物流论坛上，共同探讨了大京九区域发展的战略重心，并重点研讨了常平形成区域物流枢纽的可行性和相关策略。同年10月，常平借助独特的区位优势，成功举办了第一届农交会。

此后，常平依托铁路枢纽和东莞国际制造业基地的优势，为京九线上的农副产品流通提供交易平台，规划建设了功能齐全、管理先进的区域性电子成品及配件、工业成品及半成品、农副产品等货物的采购中心、配送中心和中转中心。该镇还于2003年底建成了大京九农副产品中心批发市场，交易面积达2.8万平方米，并被农业部批准为“农业部定点市场”即“国家主要农产品价格信息中心”。

本届农交会由中国物流与采购联合会、广东省农业厅、大京九经济协作带市长联席会、东莞市政府联合主办，常平镇政府承办。本届农交会共有13个展团参展，参展企业785家，分别来自13个省50多个地区。参展的行业协会共有7个，境外的参展商也比往年有所增加。本届农交会上，还有80多个采购团参加，采购企业共832家。采购商主要来自全国各地，部分来自东南亚地区，主要集中于泛珠三角地区，尤其是在珠三角农副产品、食品消费能力强大的城市。

找到产销最佳结合点。前三届农交会成交额突破了35亿元人民币，汇集了国内外名优企业2500多家，参展企业来自全国25个省、80多个地区，远远超越了京九沿线地区，影响延伸至东北、新疆各地，参展的名优产品不断增多，创造了显著的社会效益和经济效益。第四届农交会上名优产品有所增加：除上届就已参展的百事可乐、雀巢咖啡，新增的有珠江啤酒、上海外贸集团、屈臣氏食品等知名企业。各地方政府也积极组团参展，如山东滨州、河南濮阳和商丘、安徽亳州、山东聊城、广西河池等市参展热情高涨，都希望通过常平这一京九重镇，帮助企业开拓泛珠三角市场。农交会的成功举办，不仅解决了京九沿线各省市的农副产品积压严重、难觅销路的问题，并且为京九沿线各省市农民脱贫致富创造了条件。其中河南濮阳市最为显著，该市上两届都积极助团参展，共有78家企业120多种产品参展，签订合同52份，合同金额8.6亿元。

正如山东省菏泽市政府副秘书长赵晓英所说：珠江三角洲是全国最大的农产品消费区，京九铁路拉进了我们之间的距离，为荷泽鲜活农产品进入珠三角创造了条件。农交会提供了一个平台，可直接面对国际国内两个市场，对促进产销对接，实现农业增效、农民增收、农产品竞争力增强成效显著。菏泽每届参展企业80%都找到了理想的合作伙伴。

第九届中国北方农业新品种、新技术展销会

2005年3月7～9日在辽宁锦州举办的第九届中国北方农业新品种、新技术展销会受到了农民参观者的广泛欢迎。本届农展会突出展示了优质、高效、绿色农业的新品种、新技术和新成果。共有北京、天津、辽宁、广东等27个省、市、自治区的农业科研院所、农业高等院校和农业企业200多个单位500多名代表参会，同时还有俄罗斯、韩国、美国等5个国家和中国台湾及香港地区的客商到会参展。本届参展单位达到300多家。

农展会场外，科技图书展吸引了很多农民朋友。据新华书店营业书刊发行公司的营业员介绍说，为了本届农展会他们特地购进了一批有实用价值的科技图书，种类有养殖、栽培、花卉等，其中养猪和果树类的图书最受欢迎，第一天就销售2000多元。

农展会场上，利用多媒体宣传自己的企业和产品越来越成为一种新潮流。开发区占据了一个有利位置，气势雄浑的专题片播放先声夺人。锦西天然气化工有限责任公司的宽屏幕液晶电视更是显得“出身豪门”，再配上两个超级音箱，引得参展者纷纷驻足。大有大的气魄，小有小的精巧。朝阳大枣示范基地的电视机虽然不大，但专题片内容实惠有声有色，鲜光的大枣引人垂涎。

500根金黄的玉米穿成一座象征着五谷丰登的粮仓，在本届农展会的地下室展区，这个特殊的广告格外引人注目。广告创意者来自凌海，他们对这个创意也很是满意。因为农展会的召开正值春耕前，展区内主打玉米种子的就不下30家，竞争之激烈可想而知。很多参展单位同样在宣传上下了功夫，条幅比往年多了，宣传单页比往年醒目，货物码放也较往年整齐得多，有些外来的参展单位还特别制作了落地画轴式的喷涂广告。

参加农展会的除了广大农民，还有基层的技术人员。他们前来获取新知识、新技能，寻觅新品种。可以说，不少好的农牧品种得以落户都与他们的努力分不开。一位在基层林果站工作了36年的老技术员，每届农展会都要参加，来了就往果木堆里一扎，选择优新品种，几年来，他从展会上挑选的金太阳杏、农园秋李等优良品种都已经试栽成活，为此也对农展会充满了感激。

中国（南宁）东南亚粮农产品绿色食品展览会

为促进我国和东南亚国家粮农行业间的交流与合作，搭建企业间开展经贸合作与技术交流的平台，由中国贸促会粮食行业分会、中国粮食行业协会等7个单位共同主办的“2005中国（南宁）东南亚粮农产品绿色食品展览会暨粮农加工技术设备展示会”于2005年6月11～13日在南宁国际会展中心举办。

此次主题为“交流、合作、互利、发展”的展览会的主要内容包括：举办粮农产品绿色食品、粮农加工技术设备展示和粮油票证展览，举行粮食竞价交易会及招商引资项目和贸易洽谈签约仪式等。参加这次展览会的客商主要有来自中国和东南亚各国的粮食企业、食品企业、饲料企业、粮农机械制造企业以及种子、农副土特产品生产经营企业等。

此次展览会展出面积1万多平方米，共设国际标准展位360多个；参展企业600多家（其中国外企业26家），参展交易代表达5000多人。展览会上签约投资项目30多个，总投资14亿元；签约的贸易合作项目30多个，粮农产品交易量300多万吨，预计交易额达60多亿元。此外，还组织了粮食竞价交易，交易品种有稻谷、玉米、小麦，总产量达10万多吨。

此外，本次展会期间，还举办中国——东盟粮农产品商会、行业（中介组织）合作局长研讨会：重点研讨粮农产品进出口以及中国与东盟2006年全面实施零关税以后粮农产品的互通问题；中国——东盟粮农绿色食品交易平台招商引资洽谈会；中国绿色食品、放心粮油、粮农技术、设备推介会；组织东南亚的粮油组织、粮农企业进行互访、加强合作以及组织畅销的“放心粮油”产品、“绿色食品”推评活动和科技成果、招商项目等相关活动。

这次展览会是中国——东盟博览会的一个延伸，是一次跨部门、跨行业、跨区域、国际性的大型专业展览会，是中国与东南亚国家开展粮农合作的一次新探索。

第三届中国（厦门）国际食品交易博览会

第三届中国（厦门）国际食品交易博览会于2005年6月25～27日在厦门举行，这是由中国食品工业协会和厦门市贸易发展局共同主办的一场国际性、专业性的食品业盛会。

本届食博会有来自国内外的数百家参展商到会参展，展位达600多个，展览面积达1.5万平方米，其中特装展位占35%，境外展位占总数的20%。专业客商人数1.5万人以上。

为了庆祝中泰建交30周年，泰国领事馆组织了一个代表团赴会参展采购。印尼由贸工部相关领导直接带领印尼食品饮料协会和印尼食用油协会组成一个代表团赴会参展采购，与我国相关的政府机构，协会商会进行交流。同时，也与参展的大企业进行合作洽谈。菲律宾、马来西亚、新加坡等也有专业的采购商团到会采购。

本届食博会无论从展位规模、布展档次、参观人数，还是交易成果方面都比上届展会有很大的突破。约60%的采购商找到了较理想的食品供应商，约80%的参展商找到了意向采购商。

据了解，本届食博会上，我国台湾的水果、泰国果蔬产品等吸引了众多企业、市民的关注，会上单果蔬等产品的零售额就达到120多万元。有10家台湾水果供货商与大陆20多个城市的水果经销商、批发商进行了实质性的面对面洽谈。

据统计，本届食博会到会交易参观的人数达到12万多人次，合同及意向交易额约10亿元人民币。

海峡两岸农业合作展览暨台湾农产品展销会

2005年7月18～20日，迄今最大规模的两岸农产品展销会“海峡两岸农业合作展览暨台湾农产品展销会”在上海举办。本次展会共展出了台湾农产品中19个品种的水果以及270多种深加工系列农产品。其中很多品种的产品都是在大陆首次“亮相”，在展销会上受到了热烈欢迎。据组委会透露，仅展销会第一天就销售出台湾水果20吨，3天展期内现场销售额近5亿元人民币。两岸农业界达成的意向性合作项目投资金额超过23亿元人民币。

本次展销会规模空前，创造了三项“第一”的纪录。首先，超大现代农业集团组织“登陆”参加展销会的这批台湾农产品有近百吨，是迄今为止数量最多，贸易额最大的一次。其次，这次展销会是祖国大陆第一次集中展示台资农业企业在大陆发展的丰硕成果。第三，本次展览有70多家参展单位来自台湾岛内，是岛内各级农会、协会、农业合作组织以及农业企业来大陆参展规模最大的一次。

本次展销会得到商务部、国台办、农业部、海关总署、质检总局等部门的大力支持，国台办副主任郑立中在展销会上说，这次展销会造福两岸，互利互惠，我们愿进一步推动两岸交流合作，欢迎经营农产品的台商到大陆发展，我们将为台商提供优惠政策和良好的环境，促进两岸农业开展多渠道的交流合作。农业部、海关总署、质检总局有关司局官员在展会上介绍了两岸农业合作、台湾农产品便利通关和检验检疫方面的政策措施，同时还举办了“海峡两岸农产品贸易研讨会”、“海峡两岸农业交流与合作座谈会”，此外福建、江苏、山东、陕西等地也在展会上推介当地农业合作试验区和农业投资环境的专场宣传会。

境内展

展名：2005东南亚（广西）水产畜牧交易博览会
时间：2005年3月18～20日（南宁）
周期：一年一届

展名：国际林业暨木工设备展览会
时间：2005年3月22～25日（上海）
周期：一年一届

展名：第七届中国国际花卉园艺展览会
时间：2005年4月6～9日（上海）
周期：一年一届
创办时间：1998年4月
上届数据：展出面积（平方米）：12000
其中外国参展面积（平方米）：800
观众总数（人次）：14839
展商总数（家）：316
其中外国参展商数目（家）：53

展名：2005年春季全国农机产品订货交易会
时间：2005年4月16～18日（西安）
周期：一年一届
创办时间：1987年
上届数据：展出面积（平方米）：25000
其中外国参展面积（平方米）：200
观众人数（人次）：35000
展商总数（家）：430
其中外国参展商数目（家）：4

展名：国际花卉园艺暨绿化展览会
时间：2005年4月（沈阳）
周期：一年一届

展名：中国园林业、园林技术博览会暨研讨会
时间：2005年4月（北京）
周期：两年一届

展名：国际畜牧业养殖业产品技术博览会
时间：2005年4月（沈阳）
周期：一年一届

展名：国际灌溉暨温室技术设备展览会
时间：2005年4月（沈阳）
周期：一年一届

展名：2005年上海亚洲畜牧业展览会
时间：2005年5月12～14日（上海）

展名：畜牧业展览会
时间：2005年5月18～20日（长春）

展名：国际城市绿化暨园林设计展览会
时间：2005年5月18～20日（北京）
周期：一年一届

展名：中国国际园林绿化与户外设施展览会
时间：2005年5月18～20日（北京）
周期：一年一届
创办时间：2005年5月

展名：国际农业、畜牧业暨食品加工技术展览会
时间：2005年5月（北京）
周期：一年一届
创办时间：1999年

展名：第五届中国大连国际渔业展览会
时间：2005年6月15～17日（大连）
周期：一年一届
创办时间：1999年

展名：2005年中国水稻机械设备暨相关技术展览会
时间：2005年6月26～28日（娄底）
创办时间：2002年
上届数据：展出面积（平方米）：5000
其中外国参展面积（平方米）：2500
观众人数（人次）：15000
展商总数（家）：122
其中外国参展商数目（家）：58

展名：世界水产与海鲜博览上海展览会
时间：2005年6月28～30日（上海）

展名：第九届广州国际农业博览会
时间：2005年7月1～4日（广州）
周期：一年一届

展名：第二届中国黑龙江农业机械博览会
时间：2005年8月15～18日（哈尔滨）
周期：一年一届
上届数据：展出面积（平方米）：3万
展商总数（家）：159

展名：中国农业科技论坛暨展览会
时间：2005年9月6～8日（上海）
周期：一年一届

展名：2005中国国际农牧业暨食品工业展览会
时间：2005年9月14～16日（北京）
周期：一年一届
创办时间：1990年
上届数据：展出面积（平方米）：9000
其中外国参展面积（平方米）：3000
观众总数（人次）：40000
展商总数（家）：250
其中外国参展商数目（家）：80

展名：中国国际灌溉展览会
时间：2005年9月14～16日（北京）
周期：一年一届
创办时间：2000年9月

展名：中国林产品交易会
时间：2005年9月19～25日（菏泽）
周期：一年一届

展名：第13届中国国际纸浆造纸暨林业博览会暨会议
时间：2005年9月20～22日（北京）
周期：一年一届
创办时间：1987年
上届数据：展出面积（平方米）：12000
其中外国参展面积（平方米）：7000
观众总数（人次）：20000
展商总数（家）：300
其中外国参展商数目（家）：150

展名：2005年第四届中国武汉农业机械与农用装备展览会
2005年第四届华中水产畜牧饲料兽药暨加工机械展览会
时间：2005年9月23～26日（武汉）
周期：一年一届
创办时间：2000年
上届数据：展出面积（平方米）：3万
其中外国参展面积（平方米）：1840
展商总数（家）：7710

展名：第七届国际果蔬博览会
时间：2005年9月23～27日（烟台）
周期：一年一届
创办时间：1999年10月
上届数据：展出面积（平方米）：5400
其中外国参展面积（平方米）：900
观众总数（人次）：5万
展商总数（家）：480
其中外国参展商数目（家）：80

展名：中国国际园艺、花卉专用肥料展览会
时间：2005年9月27～29日（北京）

展名：第六届中国花卉博览会
时间：2005年9月28日～10月7日（成都）
周期：四年一届
创办时间：1987年5月
上届数据：展出面积（平方米）：98000
其中外国参展面积（平方米）：3000
观众总数（人次）：108万
展商总数（家）：520
其中外国参展商数目（家）：15

展名：国际畜牧业产品加工展销会
时间：2005年9月（上海）
周期：一年一届

展名：第二届中国浙江渔业博览会
时间：2005年9月（宁波）
周期：一年两届
创办时间：2001年
上届数据：展出面积（平方米）：3500
其中外国参展面积（平方米）：200
观众总数（人次）：10000
展商总数（家）：160
其中外国参展商数目（家）：5

展名：昆明国际花卉展览会
时间：2005年9月（昆明）
周期：一年一届

展名：廊坊国际农产品博览会
时间：2005年10月18～21日（廊坊）
周期：首次举办

展名：国际农业博览会
时间：2005年10月（连云港）
周期：一年一届

展名：中国杨凌农业高新科技成果博览会
时间：2005年11月5～9日（杨凌）
周期：一年一届
创办时间：1994年
上届数据：展出面积（平方米）：24000
观众人数（人次）：110万
展商总数（家）：1000
其中外国参展商数目（家）：102

展名：中国国际渔业博览会
时间：2005年11月8～10日（广州）
周期：一年一届
创办时间：1996年10月

展名：中国国际林业展览会暨研讨会
时间：2005年11月10～12日（北京）
周期：一年一届

展名：中国国际渔业博览会和中国国际水产养殖展览会
时间：2005年11月10～12日（广州）
周期：一年一届
创办时间：1996年

展名：海峡两岸（福建漳州）花卉博览会
时间：2005年11月28日～12月5日（漳州）
周期：一年一届
创办时间：1999年
上届数据：展出面积（平方米）：15000
其中外国参展面积（平方米）：5000
观众人数（人次）：26万
展商总数（家）：362
其中外国参展商数目（家）：130

展名：中国国际林业展览会暨研讨会
时间：2005年11月（上海）
周期：一年一届

展名：2005第二届云南（昆明）农业博览会
时间：2005年12月3～5日（昆明）

境外展

展名：莱比锡住宅·园艺·休闲展览会
时间：2005年2月5～13日（德国）

展名：德国科隆亚太家居、园艺产品博览会
时间：2005年2月27日～3月1日（德国）

展名：SIMA国际农牧业技术暨设备展览会
时间：2005年2月27日～3月3日（法国）

展名：斯图加特园艺和花卉爱好者展览会
时间：2005年3月17～20日（德国）

展名：德国中部农业展览会
时间：2005年4月28日～5月1日（德国）

展名：国际农产品加工技术、机器设备和厂房博览会
时间：2005年5月30日～6月2日（德国）

展名：莱比锡花卉设计、内部装修、园艺暨技术展览会
时间：2005年9月4日（德国）

8. 能源行业展会

中国电力论坛

2005年8月10～11日，由中国电力企业联合会主办、美国Penn Well公司为海外组织者的中国电力论坛（China Power2005）在北京中国大饭店及嘉里中心酒店举行。

本次论坛以“经济全球化背景下中国电力的新型工业化道路”为主题，精心组织了精彩的主题报告和多种形式的交流活动，包括：政府部门高层领导的主题报告、策略和技术两个方向的专题研讨、电力企业高峰论坛、国际专家圆桌座谈、国内外电力技术产品设备展示等。70多位国内外政府官员、企业领导、专家学者就国际能源发展趋势、环境保护、能源资源节约、可再生能源、电力规划、先进输电系统和发电技术等内容发表演讲，近300位国内电力行业的高层人士、专家及学者和100多位国外同行就中国电力发展的诸多方面进行广泛交流。

中国的电力装机容量和年发电量近年来已跃居世界第二，2004年新增发电装机容量突破5000万千瓦，今后几年的新增装机容量将保持在年7000万千瓦左右，电力市场发展迅猛。随着全面建设小康社会步伐的加快，中国电力市场的发展前景十分广阔，电力行业市场潜在的机会十分诱人。

中国电力企业联合会秘书长王永干指出，我国电力发展成绩举世瞩目，电力体制改革已经取得了阶段性重要成果，但随着电力工业的高速发展，也集中暴露了发展过程中的一些问题，“高投入、高消耗、高排放、难循环、低效率”问题还比较严重。解决问题的关键是要认真贯彻落实科学发展观，加强改善宏观调控，努力贯彻能源发展战略，探索一条科技含量高、经济效益好、资源消耗低、环境污染少、人力资源优势得到充分发挥的新型工业化道路。

中国电力企业联合会多次举办了具有重大影响的大型活动，为国内外电力企业搭建了交流与合作的平台。中国电力论坛已经成为中国电力行业具有影响力的盛会，成为政府有关部门和国内外电力同行共商当今中国和世界电力改革发展大计、交流信息、学习经验、沟通感情的重要平台。

境内展

展名：国际电力传输与控制技术博览会
时间：2005年3月8～11日（广州）
周期：一年一届
创办时间：1999年

展名：2005中国节能产品（山东）博览会
时间：2005年3月23～25日（济南）

展名：第六届电力、电工暨电气自动化博览会
时间：2005年3月23～26日（长春）

展名：中国东北第五届国际太阳能、新能源、再生能源技术展览会
时间：2005年3月29～31日（沈阳）
周期：一年一届
创办时间：2001年3月
上届数据：展出面积（平方米）：4000
观众总数（人次）：35000
展商总数（家）：38

展名：2005中国东北国际电力展览会
时间：2005年3月30日～4月1日（沈阳）

展名：国际核工业博览会
时间：2005年4月6～8日（上海）
周期：两年一届

展名：2005中国东北第八届国际电力、电工暨变压器展览会
时间：2005年4月6～9日（沈阳）
周期：一年一届
创办时间：1998年6月
上届数据：展出面积（平方米）：40000
其中外国参展面积（平方米）：15000
观众总数（人次）：26791
展商总数（家）：700
其中外国参展商数目（家）：200

展名：国际供电设备暨电网技术展览会
时间：2005年6月1～3日（北京）
周期：一年一届

展名：2005广州国际太阳能技术展览会
时间：2005年6月8～11日（广州）
周期：一年一届
创办时间：2002年

展名：第七届中国国际电池产品暨原辅材料、零配件、机械设备展示交易会

时间：2005月6月28～30日（北京）
周期：两年一届
创办时间：1997年

展名：2005年台北国际环保暨能源展览会
时间：2005年7月（台北）

展名：亚洲风能大会暨博览会
时间：2005年7月（北京）
周期：一年一届
创办时间：2003年

展名：第六届大连国际电力电工技术与设备展览会
时间：2005年8月15～18日（大连）
周期：一年一届
创办时间：2000年6月
上届数据：展出面积（平方米）：7000
其中外国参展面积（平方米）：1000
观众总数（人次）：3万
展商总数（家）：200
其中外国参展商数目（家）：18

展名：中国国际电力设备技术展览会
时间：2005年9月20～23日（上海）
周期：一年一届
创办时间：1986年

展名：上海国际可再生能源博览会
时间：2005年10月（上海）
周期：两年一届

展名：国际风能博览会
时间：2005年10月（上海）
周期：一年一届

展名：第四届中国（上海）国际网络能源与机房设备展览会
时间：2005年11月9～11日（上海）
周期：一年一届

展名：亚洲能源博览会
时间：2005年11月28日～12月1日（上海）
周期：一年一届
创办时间：2002年

展名：国际能源管理、能源科技暨可再生资源展览会
时间：2005年11月28日～12月1日（上海）
周期：一年一届

展名：国际电力传输、液压技术、空气压缩暨内燃机技术博览会
时间：2005年11月28日～12月1日（上海）
周期：一年一届
创办时间：1991年

展名：上海国际节约与保护水资源新技术新产品展览会
时间：2005年11月29日～12月1日（上海）
周期：一年一届

展名：上海国际电力设备技术展览会
时间：2005年11月（上海）
周期：一年一届

展名：台北国际电能论坛暨展览会
时间：2005年12月1～3日（台北）

境外展

展名：2005年第八届中东迪拜（国际）能源电力博览会
时间：2005年2月1～3日（阿联酋）

展名：国际能源贸易展览会
时间：2005年3月8～11日（德国）

展名：亚洲水力工程技术展览会
时间：2005年7月7～10日（泰国）

展名：德国胡苏姆国际风能展览会
时间：2005年9月20～24日（德国）

展名：越南电力展览会
时间：2005年12月7～9日（越南）

展名：越南煤炭暨采矿工业展览会
时间：2005年12月7～9日（越南）

9．环保行业展会

境内展

展名：中国（广州）国际给排水、水处理技术与设备展览会
中国（广州）国际泵、阀门、管道展览会
2005中国（广州）国际大气、固体废物污染治理技术与设备展览会
时间：2005年3月8～11日（广州）
周期：一年一届
创办时间：2000年3月
上届数据：展出面积（平方米）：10000
观众总数（人次）：11872
展商总数（家）：263

展名：中国东北第六届国际环保给排水、水处理技术暨泵、阀、管道展览会
时间：2005年3月29～31日（沈阳）
周期：一年一届
创办时间：1999年
上届数据：展出面积（平方米）：20000
观众总数（人次）：5万

展名：第六届北京国际环保水处理、燃气、天然气汽车加气站技术设备展览会
时间：2005年4月7～9日（北京）

展名：2005第五届大连国际给排水、水处理暨泵、阀门、管道展览会
2005大连国际流体机械展览会
时间：2005年5月23～25日（大连）
周期：一年一届
创办时间：2000年
上届数据：展出面积（平方米）：15000
其中外国参展面积（平方米）1500
观众人数（人次）：249600
展商总数（家）：278
其中外国参展商数目（家）：32

展名：2005第二届东北地区国际环保设备浴技术展览会
时间：2005年5月27～29日（沈阳）
周期：一年一届
创办时间：2004年
上届数据：展出面积（平方米）：3200
其中外国参展面积（平方米）：450
观众人数（人次）：55000
展商总数（家）：152
其中外国参展商数目（家）：22

展名：北京国际环保大会暨展览会
时间：2005年6月7～10日（北京）
周期：两年一届

展名：第二届中国节能、节水、环保科技新产品博览会
时间：2005年6月23～25日（北京）

展名：中国国际污染治理暨环保技术博览会
时间：2005年7月13～16日（上海）
周期：两年一届

展名：中国国际供水系统暨水处理技术展览会
时间：2005年7月13～16日（上海）
周期：两年一届

展名：中国国际气体压缩技术暨相关体系展览会
时间：2005年7月13～16日（上海）
周期：两年一届

展名：首届绿色环保产品云南博览会暨绿色环保产业推广论坛
时间：2005年8月18～22日（昆明）

展名：中国温州给排水、水处理暨泵阀管道展览会
时间：2005年9月20～22日（温州）

展名：沈阳国际污染治理暨环保技术博览会
时间：2005年9月（沈阳）
周期：首次举办

展名：中国国际环保、节能、资源综合利用技术博览会
时间：2005年9月（北京）
周期：一年一届

展名：2005国际给排水、资源回收技术展览暨会议
时间：2005年9月（台北）

展名：沈阳国际供水系统暨水处理技术展览会

时间：2005年9月（沈阳）
周期：首次举办

展名：沈阳国际空气压缩技术展览会
时间：2005年9月（沈阳）
周期：首次举办

展名：中国河北环保给排水、水处理技术暨泵、阀、管道展览会
时间：2005年10月18～21日（廊坊）
周期：一年一届
创办时间：2005年

展名：中国国际水处理博览会
时间：2005年10月26～29日（北京）

展名：广州国际环保博览会
时间：2005年11月（广州）
周期：两年一届
创办时间：1994年

展名：中国环保与污染治理博览会
时间：2005年11月（上海）
周期：一年一届
创办时间：2004年

境外展

展名：2005中东国际环保、水处理博览会
时间：2005年2月1～3日（阿联酋）

展名：国际环境技术暨服务贸易展览会
时间：2005年3月8～11日（德国）

展名：第14届国际环保、废水暨废物处理博览会
时间：2005年4月25～29日（德国）

展名：国际水、环保展览会
时间：2005年6月12～26日（美国）

展名：国际环保技术展览会
时间：2005年7月7～10日（泰国）

展名：国际环保工业展览会
时间：2005年11月29日～12月2日（法国）

10．造纸、印刷、包装行业展会

双印展阵容强 产品优

2004中国印刷机械设备及器材展览会、2004国际快速印刷设备及技术展览会于9月15～18日在北京农业展览馆隆重举行。本次展览会由中国印刷及设备器材工业协会主办，印刷机械分会、印刷器材分会，快速印刷分会联合承办。三家协会的首次联合，体现出把行业整体品牌形象做大做强的共同愿望。同时也把印前、印中、印后三个阶段有机结合起来，真正做到“印前数字、网络化；印刷多色、高效化；印后多样、自动化；器材高质系列化”。

本次展会重点展示了我国印刷机械设备及器材行业当前的高新技术成果，面向报纸、书刊、包装、票证、办公快印等印刷领域，提供印前、印中、印后等最新设备及器材；同时很多最新的CTP直接制版系统和数控印刷机也在本次展会上闪亮登场。

本次展会设有印刷机械，印刷器材，快速印刷三个展区，总面积突破1万平米。中国轻工集团、北大集团、上海电气印包公司、联强集团、温州中德集团等都以几十个摊位的规模展现集团整体形象。另外，还有众多知名企业也都以最强阵容成为本次展会的亮点。像海德堡（中国）北京代表处，澳西（北京）有限公司、北京经论全讯、北京合众动力航空技术有限公司、东联（天津）国际贸易有限公司，上海光华、高斯、紫光、紫明、北京环球印刷器材、嘉和顶新、北京豹弛、乐凯二胶、富士星光、天津东洋油墨、深圳精密以及配套产品生产厂家上海杉川、北人晨光等。由于参展企业不断推陈出新，将名、优、新、特产品齐聚本届展会，使得展会现场精彩纷呈、亮点辈出，给专业观众带来耳目一新的感受。

北人股份有限公司推出的BEIRN300对开四色胶印机和BEIRN200四开四色胶印机，引进国外先进设计原理，各个关键环节与意大利、德国、美国等制造商合作，采用了世界水平的先进结构，速度达1.5万张／小时，是满足用户对印刷机需求的理想产品。

上海光华Bestech40和Bestech28使用大倍经滚筒，从厚纸到薄纸，从氯化乙稀材到包装纸盒用卡纸，均能实现高品质印刷。还有Jprint40和Jprint29高生产性能新型双面印刷机，将世界一流的单张纸胶印机和商业轮转机的优势完美

结合起来。

与2号机械设备展馆相比，3号快速印刷设备展馆显得格外热闹。各个展位都有观众驻足。OCE奥西办公设备（上海）有限公司的展位上更是人满为患。

第12届华南地区
国际印前设备及印刷工业展览会

华南规模最大、历史最悠久的第12届华南地区国际印前设备及印刷工业展览会(简称华南国际印刷展)在2005年3月11日在广州琶洲国际会议展览中心圆满闭幕，一连四天的展会与同期举行的第12届中国国际包装工业展览会联成一气，使展会打造为华南第一大印包界盛事，共吸引了超过3万人次参观，其中印刷展的专业观众达1.7万多人，刷新以往参观人数的纪录。

此届展会规模亦是历史之冠，展位达2000多个，展场总面积超过2.8万平方米，参展商超过350个，曼罗兰、大昌洋行、互通、力高、大族激光、罗铁、广州浩田、宝中宝、威海滨田、艾利、基利、神户等均是座上客。

大会邀得多个贵宾参观团出席，包括越南自动化科学及技术协会(VIETSTAA)、昆明市包装技术协会、福建省包装技术协会、厦门市印刷技术协会、天津市包装技术协会、湖南邵阳市食品、包装协会等，并于开幕前夕设宴款待。这些贵宾参观团对展会感到收获丰富，其中昆明及福建的代表成员更现场向展商采购设备，所有协会均表示明年必定会再次莅临参观。

不仅观众满意，展商也同样高兴，多家展商均表示取得生意合约，其中包括基利、宝中宝、翁开尔、金印油墨、东林、合丰等，而爱克美、力高及保利特更表示其展品受到客户青睐，数台机组已被当场认购。

展会主办单位雅式展览服务有限公司董事长朱裕伦表示："展会的成绩美满，受到展商及观众的赞赏，一方面证明华南是中国及香港的印刷重地，对印刷设备、技术及物料的需求甚殷，同时亦是对我们提供的专业服务给予肯定，我们会继续努力，把'华南印刷展'打造为泛珠三角的第一大印刷展，将影响力辐射全国及东南亚"。

据一项现场的观众调查显示，约15%的观众来自海外及港澳台，海外观众中，尤以东盟为多(30.6%)。观众的业务性质以生产为主，占72.1%。观众所在的单位，56.1%曾在过去两年引进国外的印刷或数码影像设备，73.5%则在未来两年内有引进意向。85%的观众认为展会的整体表现良好，超过7成观众视本展会为国内行业中具影响力的展览会。

"华南国际印刷展"由中国对外贸易中心(集团)及香港雅式展览服务有限公司主办；中国对外贸易广州展览公司承办；并由广东省印刷协会及广东省包装技术协会协办。

境内展

展名：2005国际（温州）印刷技术、瓦楞设备暨纸张、器材展览会
时间：2005年2月26日～3月3日（温州）

展名：印刷机械展览会
时间：2005年2月27日～3月4日（南京）

展名：华南地区国际印前设备暨印刷工业展览会、中国国际包装工业展览会
时间：2005年3月8～11日（广州）
周期：一年一届
创办时间：1994年3月
上届数据：展出面积（平方米）：28000
观众总数（人次）：31000
展商总数（家）：450

展名：成都国际包装印刷暨塑料工业博览会
时间：2005年3月16～18日（成都）

展名：国际包装业展览会
时间：2005年3月16～19日（东莞）
周期：一年一届

展名：第二届全国造纸印刷、纸制品展览会
时间：2005年3月21～27日（南京）

展名：中国国际包装暨瓦楞纸技术设备展览会
时间：2005年3月30日～4月1日（上海）
周期：一年一届

展名：华南国际包装机械材料展览会
时间：2005年3月（广州）
周期：一年一届

展名：华南国际印前设备暨印刷工业展览会
时间：2005年3月（广州）
周期：一年一届

展名：2005义乌印刷包装设备暨器材展销会
时间：2005年3月（义乌）
周期：一年一届

展名：香港国际包装展览会

时间：2005年3月（香港）
周期：一年一届

展名：中国东北第六届国际塑胶机械暨包装工业展览会
时间：2005年4月6～9日（沈阳）
周期：一年一届
创办时间：2000年4月
上届数据：展出面积（平方米）：40000
展商总数（家）：700

展名：2005中国东北第六届国际包装印刷展览会
时间：2005年4月6～9日（沈阳）
周期：一年一届
创办时间：1998年4月

展名：2005年东北大型印刷机械展览会
时间：2005年4月8～11日（长春）

展名：第六届北京国际印刷技术展览会
时间：2005年5月11～14日（北京）
周期：四年一届
创办时间：1984年
上届数据：展出面积（平方米）：60000
其中外国参展面积（平方米）：25000
观众总数（人次）：80000
展商总数（家）：600
其中外国参展商数目（家）：200

展名：华南国际塑料制品暨包装业展览会
时间：2005年5月（广州）
周期：一年一届

展名：2005第七届中国西部（重庆）印刷包装工业展览会
时间：2005年6月2～5日（重庆）

展名：台北国际包装工业展览会
时间：2005年6月16～19日（台北）

展名：华南瓦楞纸箱包装暨印刷工业展览会
时间：2005年6月28～30日（东莞）

展名：2005上海软包塑包展览会
时间：2005年6月28日～7月1日（上海）
周期：一年一届
创办时间：2004年
上届数据：展出面积（平方米）：5000
其中外国参展面积（平方米）：750
观众人数（人次）：7000
展商总数（家）：159
其中外国参展商数目（家）：24

展名：中国上海国际广告印刷、包装、造纸工业展览会
时间：2005年7月6～9日（上海）
周期：一年一届
创办时间：1993年6月
上届数据：展出面积（平方米）：20000
其中外国参展面积（平方米）：2250
观众总数（人次）：101000
展商总数（家）：642
其中外国参展商数目（家）：190

展名：国际机场模具暨橡塑制品、包装技术展览会
时间：2005年7月6～9日（苏州）
周期：一年一届

展名：中国东北国际印刷包装设备展览会
时间：2005年7月12～14日（沈阳）
周期：一年一届
创办时间：1995年
上届数据：展出面积（平方米）：5000
其中外国参展面积（平方米）：500
观众人数（人次）：1万
展商总数（家）：142
其中外国参展商数目（家）：13

展名：2005大连国际印刷包装工业展览会
时间：2005年7月13～16日（大连）
周期：一年一届
创办时间：2002年8月
上届数据：展出面积（平方米）：3000
观众总数（人次）：17000
展商总数（家）：120

展名：上海国际塑料包装技术材料展览会
时间：2005年7月26～28日（上海）
周期：一年一届
创办时间：1995年

展名：国际加工、包装暨印刷展览会
时间：2005年7月26～29日（上海）

周期：一年一届

展名：中国国际药品化妆品生产包装技术展览会
时间：2005年7月（上海）
周期：一年一届
创办时间：1995年

展名：台北国际表面粘着暨印刷电路板生产设备暨材料展览会
时间：2005年7月（台北）

展名：第18届印刷包装机械博览会
时间：2005年8月（香港）
周期：一年一届

展名：2005大连国际印刷工业暨广告技术和设备展览会
时间：2005年9月1～3日（大连）
周期：一年一届
创办时间：2003年9月
上届数据：展出面积（平方米）：3000
其中外国参展面积（平方米）：120
观众总数（人次）：17000

展名：第四届华南国际印刷电路暨组装技术展览会
时间：2005年9月14～16日（东莞）

展名：第三届汕头国际塑料、印刷、包装博览会
时间：2005年10月12～15日（汕头）
周期：一年一届
创办时间：2003年11月
上届数据：展出面积（平方米）：15000
其中外国参展面积（平方米）：2000
观众总数（人次）：30000
展商总数（家）：350
其中外国参展商数目（家）：68

展名：上海国际橡塑包装工业博览会
时间：2005年10月（上海）
周期：一年一届
创办时间：2002年

展名：2005台北国际印刷器材展览会
时间：2005年10月（台北）

展名：第13届上海国际印刷包装纸业展览会
时间：2005年11月22～25日（上海）
周期：一年一届
创办时间：1993年
上届数据：展出面积（平方米）：10800
其中外国参展面积（平方米）：1080
观众人数（人次）：15000
展商总数（家）：220
其中外国参展商数目（家）：24

境外展

展名：国际食品暨包装机械展览会
时间：2005年5月1～5日（沙特）

展名：越南国际印刷、包装机械设备暨技术展览会
时间：2005年5月17～20日（越南）

展名：斯图加特国际包装技术和包装产品展览会
时间：2005年6月15～18日（德国）

展名：国际包装展览会
时间：2005年6月21～24日（墨西哥）

展名：韩国国际数字印刷与影像展览会
时间：2005年6月23～26日（韩国）

展名：印尼雅加达国际印刷、包装机械设备暨技术展览会
时间：2005年8月31日～9月3日（印度尼西亚）

展名：印尼雅加达国际食品包装机械设备暨技术展览会
时间：2005年8月31日～9月3日（印度尼西亚）

展名：国际包装暨印刷机械展览会
时间：2005年9月7～10日（印度尼西亚）

展名：包装物流交易会
时间：2005年9月26～28日（德国）

展名：包装印刷暨包装用品交易会
时间：2005年9月26～28日（德国）

展名：第15届包装和标签技术交易会
时间：2005年9月26～28日（德国）

11．船舶工业

行业简况

三大不足影响船舶工业健康发展

中国船舶工业行业协会理事长王荣生在2005年亚洲造船国际研讨会上指出，经过20多年来顽强拼搏，中国船舶工业走出了一条“以我为主，博采众长，集成创新，扩大出口”的增长之路，成为国内为数不多的外向型出口支柱企业。

船舶工业是技术密集型的产业，需要高技术支撑，同时又是劳动密集型的产业，需要大量的劳动力。我国有丰富的劳动力资源，相关技术及配套业也不断发展：5668TEU、8350TEU集装箱船，VLCC，FPS0船，LNG船等高技术、高附加值船舶都已在或正在国内建造。我国目前还在研发30万吨、40万吨的铁矿石运输船；在配套方面，宝钢的5米宽厚轧机、上海的船用曲轴都已投产；沪东重机也计划建设新厂，提升船用柴油机的产能。由此可见，我国具有发展船舶工业的巨大优势。

但在我国造船业高速发展同时，也必须清醒地看到存在的问题：

1. 建造能力与国际水平存在差距。目前，中国整体造船水平大致相当于上个世纪90年代初的国际水平，不少高科技、高附加值船型，包括超大型集装箱船、大型液化石油气船、天然气船、豪华旅游船年产量与日韩的差距很大，在国际市场，日韩共占据约70%的份额，而我国还在14%左右；高科技、高附加值船型的开发设计能力储备不足，不能满足开拓市场的需要。

2. 配套行业成为发展的瓶颈。制约中国造船业未来发展的最大障碍是配套能力较低。我国劳动力价格低廉，原本船舶贸易是很大的优势，但船用配套设备的研发滞后，品种、质量和性能不能满足近年来船舶工业规模的扩大和船舶类型的增加等发展需要，这使劳务成本优势已丧失，出现了造船高消费的现象。目前中国造船的国产设备配套率平均为40%，而日韩分别在98%和85%以上，德国、挪威等国船用设备生产不但能满足其本国造船的需要，还有大量的产品出口，中国船舶出口对国产机电产品的拉动作用很低。

3. 管理水平相对落后。我国造船业的快步发展，正面临管理相对落后和缺乏高级技术人才及领军的企业经营管理人才的考验。近年来面对低船价、大订单量时，因钢材等原材料的大幅涨价等因素影响，船厂的经济效益并未随着造船产量的大幅度提升而相应增长，这是近来我国造船业突出问题，很重要原因是管理水平低、生产效率低。

——中国船舶工业行业协会

展　会

展名：中国国际船舶博览会
时间：2005年4月9～12日（上海）
周期：一年一届

展名：中国国际船艇暨技术设备展览会
时间：2005年4月9～12日（上海）
周期：一年一届
创办时间：1996年4月
上届数据：展出面积（平方米）：7000
其中外国参展面积（平方米）：3000
观众总数（人次）：12008
展商总数（家）：120
其中外国参展商数目（家）：48

展名：郑和航海暨国际海洋博览会
时间：2005年7月8～14日（上海）

展名：国际船舶技术研讨会暨造船业、港口开发、海上勘探、航海技术展览会
时间：2005年12月6～9日（上海）
周期：两年一届

展名：中国国际航海大会暨博览会
时间：2005年12月6～9日（上海）
周期：一年一届
创办时间：1981年

12. 机电行业

行业简况

我机电产品出口大有可为

2004年我国经济建设取得了丰硕成果，国民经济保持了平稳较快发展的良好势头。在中国入世三周年到来之际，我国外贸进出口额突破了万亿美元大关，成为世界第三大贸易国。在这历史性的跨越中，机电产品发挥了重要作用。机电产品出口自1985年以来以年均增长超过30%的速度快速增长，出口额由最初的16.8亿美元到2004年突破3200亿美元，在我国外贸出口中从数量很少上升到"半壁江山"，持续、稳定、快速增长的机电产品出口为全国外贸出口增长和国民经济的健康发展做出了重要贡献。

据海关统计，2004年1～12月份我国外贸进出口总额达11547.4亿美元，比上年同期增长（下同）35.7%，其中出口5933.6亿美元，进口5613.8亿美元，分别增长35.4%和36%。同期机电产品进出口总额突破6000亿美元大关，达到6253.1亿美元，增长38.2%，占全国外贸进出口的比重为54.1%，比上年同期提高了0.9个百分点。其中机电产品出口3234亿美元，占全国外贸出口比重为54.5%，增长42.3%，比上年同期净增959.4亿美元，占全国外贸出口增量的61.9%，拉动全国外贸出口增长21.9个百分点；机电产品进口3019亿美元，增长34.2%：全年机电产品顺差达到215.1亿美元。占全国外贸顺差的67.3%。

一、机电产品出口的主要特点

1. 在上年快速增长的基础上单月出口额不断攀升，各月增幅略有波动，顺差逐月增加。2004年全年机电产品单月出口额稳步上升，屡创新高，自年初1、2月份的不足200亿美元，到4月份的258.1亿美元，已超过历史最好水平，再到9月份的300.7亿美元和12月份的351.5亿美元，出口额稳步上升。在增长幅度方面，2002年以来机电产品出口再次掀起持续快速发展的浪潮，特别是当年7月之后，我国机电产品出口进入了一个较高的增长阶段，连续18个月，每月出口同比增长都在40%左右；在这高速增长的基础上，2004年机电产品出口又取得了42.2%高速增长的好成绩，充分显示了机电产品出口增长的持续性和强大的出口实力。在机电产品顺（逆）差方面，第一季度机电产品进出口贸易出现小幅逆差，但随着出口的攀升和进口在宏观调控下增幅有所下降，累计顺差逐月增长，全年累计顺差额已达到215.1亿美元。

2. 出口商品结构继续向技术含量高、附加值较大的产品优化，大宗重点商品带动出口增长。2004年机电仪产品及设备出口以42.3%的增幅高速增长，占机电产品出口比重达到了93%，其中电气及电子产品、仪器仪表出口增长最快，分别增长了45.7%和53.5%，占机电产品出口的份额分别为40.1%和5%，比上年略有提高；机械及设备增长41.5%，占比为36.5%，基本与上年持平。

从2004年大宗重点商品出口情况来看，自动数据处理设备及部件（841.6亿美元，41%）出口继续领先，主要是手提电脑（207.8亿美元，84%）和显示器（147.3亿美元，52%）增长迅速，零部件（238.9亿美元，31）出口稳步增长。我出口强项产品家电及消费类电子（420.8亿美元，41%）依旧稳步、快速增长，其中数码像机（48.6亿美元，70%）、彩色电视机（53亿美元，63%）增长最为迅速，激光视盘机（70亿美元）、空调器（38.4亿美元）、电风扇（17亿美元）和电冰箱（11亿美元）等出口金额较大的商品增长也较快。通信设备及零件（338.5亿美元，73%）和电子元器件（224亿美元，52%）出口增长十分显著，其中手机（141.7亿美元）、集成电路及微电子组件（112.2亿美元）和移动通信设备零件（106.1亿美元）分别增长96%、70%和61%。以上四类重点商品总计出口1824.9亿美元，平均增长47.4%，占机电产品出口的份额提高到56.4%，进一步优化了机电产品出口商品结构。

其他重点商品中，电工器材（198.7亿美元）、机械基础件（108.3亿美元）、汽车及其关键件（81.6亿美元）、起重及工程机械（66.5亿美元）和农业机械（12.8亿美元）出口增幅在40%左右，尤其是汽车增长高达73%；照明器材（61.3亿美元）、游戏用品（57.1亿美元）、集装箱（51.3亿美元）、电动机及发电机（34.7亿美元）、摩托车及零附件（27.7亿美元）和自行车（25.3亿美元）增幅在20%～30%左右；船舶及船用设备（34.1亿美元）、钟表（20.6亿美元）增长缓慢，增幅未超过10%。

另外由于受原材料价格上升、能源供应紧张等因素影响，2004年部分商品特别是传统的、资源性商品出口价格上扬，如摩托车、自行车、拖拉机、空调器、电冰箱、电风扇以及变压器及变流器、通断电路保护装置及类似的电工器材等出口价格均有不同程度的上升。

3. 一般贸易和加工贸易出口增长均在40%以上。2004年，一般贸易和加工贸易出口均实现了快速增长，且一般贸易发展要更快一些。全年机电产品一般贸易出口723.1亿美元，增长43%，略高于平均增幅0.8个百分点，占比为22.4%。一般贸易出口中呈现国有企业、外商投资企业和民营企业三分天下的局势：国有企业出口258.2亿美元排在第一位，增长13%，占比为35.7%，其次外商投资企业出口224.1亿美元，增长57.6%，占比为31%；民营企业出口162亿美元，增长最为迅速达到106%，占比为22.5%。

加工贸易出口2398.9亿美元，增长41%，低于平均增幅1.2个百分点，占比74.2%，其中进料加工2004.3亿美元，增长42.4%；来料加工装配贸易394.6亿美元，增长34.2%。加工贸易出口中外商投资企业占据主导地位，出口2076.5亿美元，增长45.7%，占比为86.6%；国有企业比上年略有增长，出口239.9亿美元，增长11.9%；民营企业增长迅速，出口44.8亿美元，增长61.4%。

4. 国有企业出口增长较缓，外商投资企业和民营企业出口占比继续扩大。2004年国有企业机电产品出口530亿美元，增长13.6%，增幅较缓，但11月与12月份增幅有所回升，增长19%以上。外商投资企业继续带动整体增长，出口2373.8亿美元，增长47%，高于整体增长5.6个百分点，占比达到73.4%，比上年同期上升了2.7个百分点，净增765.5亿美元，占机电产品净增额的79.8%。民营企业出口在多年快速增长的基础上继续保持高速，增幅接近一倍，出口216.6亿美元，增长92%，占比为6.7%，比上年同期上升1.7个百分点。

从各类型出口企业的规模、数量来看，大型企业构成出口主体：全年有机电产品出口实绩的企业总共59070家，前一千家企业总计出口2216亿美元，占出口总额的68.5%。出口企业中国有企业7625家，其中出口超过1亿美元的52家，5千万到1亿美元之间的89家，以上企业（数量占比1.8%）出口额占国有企业的58.5%；外商投资企业27864家，其中出口超过1亿美元的357家，5千万到1亿美元之间的283家，以上企业（数量占比2.3%）出口额占外商投资企业的73.1%；民营企业19555家，其中出口超过1亿美元、5千万到1亿美元之间的企业为10家和25家，以上企业（数量占比0.15%）出口额占民营企业的20.3%。

5. 东部地区是出口主体，中部地区份额小但增长迅速，西部地区出口份额小且增长相对减缓。2004年东部11个省市仍旧是出口主体且充分带动整体出口增长，出口额3132.9亿美元，增长42.7%，略高于整体增长，占比96.8%，出口净增额936.7亿美元；占出口净增额的97.6%，是我机电产品出口增长的重要力量。我机电产品出口前十名的省市全部位于东部地区，其中广东省出口（1297.4亿美元，30%）仍遥遥领先于其他各省市，占比高达40.1%，但因增速低于均值10多个百分点占比有下滑趋势；长三角地区近年来发展迅速，在加工贸易的带动下出口增长活跃，江苏（579.7亿美元，55.5%）、上海（478.5亿美元，63.7%）和浙江（217.1亿美元，51.6%）增长都在五成以上，总共占比接近广东省，上升到39.4%；另外天津、河北和山东增幅也在50%以上，占比不断上升。中部八省虽然出口占比仅为1.55%，但增长十分迅速，总体增幅达到45.4%，除黑龙江（80.9%）和吉林（59.9%）出口高速增长外，山西（49.5%）、安徽（47.3%）、江西（44.2%）和湖南（40.7%）也有超过40%的增长。西部地区出口额有限，占比为1.57%，且增幅仅为18.1%，与东部、中部地区的差距又有所拉大，其中仅有贵州（如.9%）和内蒙古（51.4%）增长超过全国平均增幅，而四川、西藏和青海出口则有不同程度下降。

6. 继续贯彻市场多元化战略，对各大洲出口实现全面增长。2004年机电产品对亚洲出口（1523.7亿美元，40.1%）迅速发展，市场份额仍是各洲之首，所占比重为47.1%。不仅对重点市场如我国香港（627.5亿美元）、东盟（235.3亿美元）、韩国（115.7亿美元）、我国台湾省（77.2亿美元）等增长超过40%（韩国高达60%），而且对部分新兴市场的开拓更是取得飞快进展，如对印度（25.8亿美元）、沙特阿拉伯（8.9亿美元）、孟加拉国（6亿美元）等增长超过了60%，另外对日本出口（321.5亿美元）增长28.2%，发展比较平稳。对北美洲（806.2美元，42.4%）出口占比为24.9%，其中对我第一大出口市场美国（765.5亿美元）和加拿大（39.5亿美元）分别增长41.7%和54.2%。对欧洲（722.5亿美元，44.4%）出口增长较快，占比为22.3%，对我第二大出口市场欧盟25国（684.2亿美元）增长44.1%，其中对意大利（41.7亿美元）、比利时（25.8亿美元）和西班牙（25.3亿美元）等出口增长超过50%，另外对俄罗斯（19.5亿美元）、瑞士（5.7亿美元）也有54.7%和96.9%的高增长。虽然拉丁美洲（79亿美元，58.9%）和大洋洲（47.9亿美元，52.1%）市场份额仅为2.5%和1.5%，但增长幅度高于其他各洲，其中对澳大利亚（42.1亿美元）、墨西哥（26.1亿美元）和巴西（17.6亿美元）增长均在55%以上。对非洲（54.9亿美元，39%）整体出口少且在各洲中增长较低，但也要看到对部分国家开拓所取得的进展，如南非（10.7亿美元）和阿尔及利亚（4.4亿美元）等，特别是出口额在1千万到5千万美元的市场增长很快，17个在此区间的国家中有10个增长超过了60%。

7. 机电产品国际地位不断提高。随着机电产品出口总量不断提升，我国已成为机电产品出口大国之一。1985年我机电产品出口16.8亿美元排在世界第28位，约占世界机电产品贸易额的2%；1996年以482.1亿美元上升至第15位，但出口额仅相当于美国、日本的1/7、德国的1/6；2000年我国机电产品出口突破千亿美元，而美国出口达到4800亿美元，日本3700亿美元，德国3300亿美元，仍远远高于中国，另外法国、英国出口额分别为1770亿美元和1460亿美元；但之后几年受各自国内经济影响，美国、日本出口有不同程度下滑，德国呈上升势头，2002年美国出口4100亿美元，德国3700亿美元，日本3100亿美元，法国1730亿美元，英国1460亿美元。考虑到

2003年德国整体外贸增长22%，美国增长4%、日本增长13%，法国、英国增长缓慢，以及2004年世界经济走势，发达国家机电产品份额变化不大等因素，预计2004德国出口机电产品在5300亿美元左右，美国在4800亿美元左右，日本在4000亿美元左右，我机电产品出口超过3200亿美元后将位于世界前四名，与前三强的差距逐步缩小，我国已经进入机电产品出口大国行列。（注：2002年美、德、日、法、英数据来源于各国海关统计，统计口径依中国机电产品定义而定）

二、影响机电产品出口的主要因素

1. 良好的国内经济环境、各项促进出口的政策以及金融机构的支持为机电产品出口提供良好的运行基础。国内经济建设快速平稳发展，2004年GDP同比增长9.5%，综合国力进一步增强，为出口持续发展奠定了良好的基础。虽然年初调低大部分机电产品的出口退税率对出口有一定影响，但各地纷纷加快出口退税速度、缩短退税周期，从一定程度上加快了企业资金周转，消除了退税调整的部分负面效应。同时相关部门出台的指导文件、鼓励措施，金融保险部门也通过各种渠道的资金支持纷纷促进机电产品出口，如2004年进出口银行共支持了340.7亿美元的机电产品和高新技术产品出口，以及67.9亿美元的对外承包工程项目和境外投资项目，为我成为贸易大国做出了积极贡献。

2. 各地区经济与美国、欧盟同步复苏，世界贸易增长强劲为我出口提供了广阔的市场。世界经济已经进入新一轮持续增长阶段，美国和亚洲经济明显好转，欧元区经济也正在复苏，国际需求明显增多，为我机电产品出口提供了良好的发展机遇。特别是我与美国和欧盟的贸易关系发展迅速，前两年对美国出口增长均在40%以上，2004年又增长到42.4%；前年对欧盟出口增长高达64.4%，2004年又增长到44.1%。我对二者出口机电产品1413.7亿美元，占机电产品出口的44.8%，净增434.7亿美元。如此迅速的增长势头，一是与国际市场需求上升密切相关；其次是我出口产品具有明显价格优势，产品质量日益提高，积极申请国际认证获得国际市场认可，市场开拓力度不断加大；同时加工贸易迅速发展的带动作用，加工贸易已经占到我出口欧美贸易的76.3%，且产品多为计算机、通信设备、电子元器件等科技含量较高的产品；另外美元汇率持续低迷，对我出口有利。

3. 世界产业结构的动态调整不断促进我出口商品结构的优化，新的出口增长点不断涌现。90年代我国实施扩大机电产品出口战略，抓住了家电、视听类产品国际产业结构调整的机会，一批新兴产业群迅速在长三角地区兴起；世纪之交，以信息通讯技术为代表的高科技产业大规模向我国转移，我国同样抓住机遇，珠三角、长三角、环渤海等地区初步形成了各具特色的电子信息产业群和城市群。2004年在家电、视听、电工器材和机械基础件等传统产品保持40%左右快速增长的同时，计算机、移动通信设备、显示器和数码相机等技术含量高、附加值较大的产品出口增长十分迅速，占比不断提高，成为新的出口亮点，进一步带动了我出口结构的优化。

4. 原材料价格上涨、能源电力供应紧张和国际油价大幅上涨等导致产品成本增长，出口价格随之上扬。我出口商品中能源、资源密集型产品及粗加工产品仍占有较大比重，因此资源紧张、油价上涨等导致附加值低、技术含量不高的传统商品受影响较大，如手工具、小型家电、农用机械、机械基础件和电工器材等出口价格纷纷上升。另外相当一部分地区电力供应紧张，对工厂实行拉闸限电，对企业履约造成一定影响。

5. 大型出口企业既是出口的主体，也是出口快速增长的促进力量。2004年出口额最大的前1000家企业（不到总数量的2%）共占出口总额的68.5%，平均增幅超过50%，净增额占机电产品净增总额的75%左右，有力地带动了整体增长。这1000家企业出口额均在3735万美元以上，更有28家出口超过10亿美元的超大型企业，且生产企业、外资企业逐步增多，外贸、工贸企业占比有所下降。同时出口企业数量的不断增长，出口企业结构不断丰富，保证了机电产品整体出口的稳定性。

6. 外商投资企业占比进一步增加，民营企业国际竞争力日益增强。随着近年来国际产业转移和我国吸收外资速度不断加快，国际上知名的大型企业尤其是跨国公司纷纷到我国投资建厂，一批大的出口导向型外资公司应运而生，由此也带来了大量的销售渠道和客户群，对促进出口增长发挥了重要作用。2004年外商投资企业出口增长47.6%，高于整体增长5.4个百分点，占比接近3/4，在出口中的份额进一步提高，尤其是江苏、上海、浙江、天津等出口大省外商投资企业出口增长迅速，增幅在60%以上。而民营企业在入世三年的时间里，在外经贸经营权逐步放开的有利形势下，不论在出口企业数量还是平均出口规模上都有很大提高，参与国际市场竞争的能力及出口实力逐步加强，出口额连续多年成倍增长。2004年民营企业机电产品出口又实现92%的高增长，比上年同期净增103.8亿美元；有出口实绩的民营企业接近2万家，比上年增加8千多家。

三、2005年机电产品出口增长趋势

2005年我国机电产品出口依然具备平稳、快速发展的基本条件：国内经济稳步发展，世界经济仍将保持较快增长，国际需求依旧旺盛，全球产业结构将加快调整，国际制造与服务业进一步向我国特别是长三角转移，我国仍将是全球外资注入最活跃的地区等等。

1. 国内经济稳步发展、促进政策不断完善，对出口增长

有利。2005年，我国国民经济仍处于新一轮增长周期的上升期，经济自主增长能力进一步增强，2004年宏观调控的成果和经济发展取得的成绩，都为继续抓住战略机遇期、促进经济平稳较快发展奠定了基础。2005年我国政府将继续采取宏观调控措施，国内经济环境会继续得到改善，国家促进出口的各项措施将保持稳定，金融保险政策等也将不断完善和发展；而入世三年后的积极效应会进一步得到释放，外贸发展环境日益成熟，越来越多的经历过国内市场竞争考验的民营企业开始走上国际市场，使出口主体不断壮大。

2. 国际贸易大环境稳步发展，市场多元化战略将推动2005年机电产品出口增长。2004年是贯彻市场多元化战略取得丰硕成果的一年，我对各大洲出口实现全面增长，2005年世界经济将继续复苏，国际市场需求依旧旺盛，据国际货币基金组织最新预测，2005年世界经济的增长率将在4.3%左右，对我出口有利。我主要贸易伙伴美国、欧盟、日本国内经济复苏步伐加快，对外贸易将继续保持较快增长，部分市场开拓成效显著的国家如印度、巴西、俄罗斯和土耳其等市场也都具有很大增长潜力。市场多元化战略将避免出口因局部地区经济起落而受到较大影响，保证整体增长的稳定性。

但也要看到国际环境中的不利因素，在油价居高难下、全球通胀压力趋升，美联储加息，可能影响经济增长步伐，欧元区经济发展不平衡以及欧元坚挺和内需增长势头较弱，亚洲一些国家和地区经济发展可能放缓等等，将对我机电产品出口产生影响。

3. 加工贸易和外商投资企业出口将保持一定增速。机电产品出口中加工贸易和外商投资企业占有相当大的比重（分别为74%和73.3%），而加工贸易进口和外商直接投资则是影响两者出口增长的重要因素。2004年机电产品加工贸易进口增长43.2%，合同外资金额增长34%，尤其是我国在吸收外商投资方面，设备制造业、电气机械及器材制造业等高技术领域吸收外商投资持续大幅增长，外商投资设立研发中心和地区总部数量迅速增加；东北老工业基地吸收外资大幅增长。2005年国际投资仍将趋于活跃，世界产业向中国转移的势头有望保持，我国加工贸易和外商投资企业出口仍将保持一定增速。

4. 大进大出的贸易格局有利于整体平稳增长。伴随贸易基数不断增大，贸易主体不断丰富，贸易结构不断优化，机电产品贸易大进大出的格局日益形成，整体走势将更趋平稳，个别因素波动的影响将被弱化，而且经过多年努力，我国对外贸易已经基本建立起一套有效、迅速的反应体制，可以保证外贸有序、健康的发展。

5. 原材料、能源、电力供应紧张对出口的影响不容忽视。随着国民经济和外贸的迅速发展，资源性和原材料性商品的短缺，将成为制约机电产品出口实现可持续增长的重要因素。机电产品中计算机、通信设备等技术含量高的产业多为加工贸易又多为外商投资企业所掌控，而传统制造业对原材料、能源、电力的依赖性较大，2005年原材料、能源和电力的供应很难实现根本改善，由此造成的产品成本上升等不利因素将对众多传统产业国际竞争力和出口签约产生一定影响。

6. 规范出口秩序，建立和完善公平、合理的外贸大环境是实现出口持续、健康发展的前提。目前我国出口中秩序混乱、恶性竞争、低价倾销等现象在部分行业不同程度的存在着。随着改革开放的进一步发展和入世后政府直接管理职能的淡化，部分企业为了眼前的即得利益常常视国家利益、行业秩序、公平竞争于不顾，特别是部分传统、重点、敏感商品出口企业竞争激烈，出口秩序亟需规范。因此要引导企业形成自律、互律、联合对外的机制，从维护国家、行业、企业整体利益出发，建立公平、合理、有序的外贸秩序，为企业和行业发展创造良好的外贸大环境。

7. 国际贸易摩擦和各种保护措施对出口的影响将继续存在。发达国家甚至不发达国家纷纷以知识产权保护、非关税壁垒和反倾销为武器，加大保护自己市场的力度，贸易保护主义日渐盛行，对我出口不利。2005年在积极应对国外反倾销、特保调查等保护措施的同时，尤其要警惕欧盟的“两个指令”，2004年我机电产品对欧盟出口684.2亿美元，两个指令涉及的电子电器产品占有很大比重，我出口企业应对是否得力，将成为影响在欧盟继续发展的前提。

我国机电产品出口虽然取得了举世瞩目的成绩，成为机电产品出口大国，但要成为机电产品出口强国，实现机电产品继续健康、快速发展，依然任重道远。为此应保持出口促进政策的持续稳定性，充分发挥银行保险等金融机构的作用；进一步促进产业结构调整，增加高新技术带动、改造、提升传统产业的步伐，促进加工贸易的转型升级，积极引导外商投资企业健康有序发展，增强机电产品持续发展的内在动力；进一步调整产品结构，全方位满足国际市场需求，注重出口名牌建设，不断提高出口增长的质量和效益，增强国际竞争力；完善出口企业结构，既要发挥大型企业的优势，又要注重扶持、提高中小企业出口实力；加大国际市场开拓力度，重点市场与新兴市场实现全面增长；合理调整区域结构，在东部省市快速发展的同时应继续加大对中西部地区的支持力度，提高中西部地区的出口比重。

（中国机电进出口商会）

1）电脑信息行业

行业简况

中国行业信息现状与发展趋势调查

据商务部透露，中国商务部研究院信息咨询中心与北京信索信息咨询有限公司联合开展的《中国行业信息现状与发展趋势调查》已经于近期完成，商务部研究院于2005年3月推出了《中国行业用户IT采购与2005/2006年需求趋势系列研究报告》。本次调查执行期为2004年11月～2005年1月；调查范围包括：政府、金融、电信、制造、交通、能源、教育、物流等信息化应用程度较高的行业，总体调查样本数为3750个。

本次调查从定性深访和定量问卷两种方式展开。定性部分通过对行业、企业信息化主管部门的采访，得到信息化所处的阶段、特征，未来信息化的规划、步骤、重点建设项目等；定量部分通过行业、企业的信息化应用部门调查，得到其信息化的具体进程、IT投入规模、重点建设项目与未来需求状况。通过多维度交叉验证，掌握行业信息化IT投入的现状与未来需求趋势。

报告显示，未来3年行业的信息化IT投入将进入高增长期；电信业由于3G的水落石出，其信息化IT投入将呈现爆炸式增长态势；政府由于电子政务的推动，信息化IT投入也呈现高增长；能源行业经济效益巨幅增长带动信息化IT投入大幅增长；而交通、物流等制约国民经济发展的瓶颈产业的信息化改造需求十分强劲，信息化IT投入也呈高速增长；制造业细分行业众多，部分行业已处在由过程信息化向管理信息化升级的阶段，从而带动整个行业信息化IT投入快速增长；而金融、教育等行业信息化开展较早，已经步入由大规模建设向整合功能、提升应用水平过渡的阶段，信息化需求已有所减弱，未来3年信息化IT投入将呈平稳增长态势；预计2005年至2007年中国行业信息化投入的绝对增加额将达到1267亿元，2007年行业信息化IT投入的“蛋糕”将是3817亿元。而随着信息化对行业改造作用的日益深化，行业信息化将由单纯的建设阶段向应用阶段过渡。信息化IT投入中重硬件轻软件的状况将大大改观，软件、服务占总体信息化IT投入中的比例将由2004年的41.5%上升到2007年的46%。

未来3年中国行业信息化IT投入总体增长近50%

中国经济持续快速健康发展的20年，就是中国行业、企业的信息化应用的20年。经济发展为信息化提供了良好的外部环境和充足的信息化投入资金。信息化的应用也有力地推动了中国的经济持续增长、产业的升级、竞争力的提高。信息化与经济发展形成了良性循环。据中国商务部研究院信息咨询中心和北京信索咨询公司的调查，2004年中国行业信息化IT投入额达2549.8亿元，同比增长11.8%，增长较快的行业分别是：政府、交通、能源、物流。

预计2005年至2007年中国行业信息化IT投入将迎来一个提速增长期，年提速约1.5个百分点。期间对信息化IT投入增长拉动最大的是电信，其2007年信息化IT投入将比2004年增长112%。政府、交通、能源、物流也将保持较快增长。预计2007年我国行业信息化IT投入将达到3817.4亿元，比2004年增长49.7%。

我国“以政府信息资源开发利用为突破口，带动全社会信息资源的开发利用；在经济和社会发展的重要领域和关键环节率先应用信息技术，积极运用信息技术改造和提升传统产业，加快企业信息化步伐”的信息化发展的方针，促成了我国信息化IT投入的现有格局。

中国经济的高速增长，带动了对能源产品的强劲需求，这也大大促进了能源行业信息化进程的加快。2004年能源行业信息化IT投入增长13%。但随着我国经济增速的趋稳，能源供应紧张的状况趋于缓和，能源行业也将呈平稳增长。其信息化投入大体维持在11%的增幅以内。预计至2007年，能源行业信息化投入将接近280亿元。

物流行业的信息化起步较晚，规模较小，但由于各行业对其依赖程度越来越高，市场前景极为看好。未来的信息化投入也将呈逐级增长状态，2007年的增长幅度会接近20%。

从趋势上看，对未来信息化IT投入格局影响最大的是电信业，其在行业信息化IT投入中所占的比重由2004年的14%上升至2007年的19.9%，成为信息化IT投入的第一大行业，并且与处于第二位的政府拉大了差距。在信息化IT投入所形成的1267亿元增量“蛋糕”中，电信就占了401亿元，占增量的29%，可以说抓住了电信业，就是抓住行业信息化IT需求的龙头。

软件与服务比例的上升标志着行业信息化应用进入了新阶段

调查显示，2004年行业信息化IT投入中，软件与IT服务的投入比例达到了41.5%，2005年则升至43.1%。信索咨询认为，未来3年中国行业信息化IT投入中的软件和IT服务投入的比例将逐步上升，2007年二者的投入比例将达到46%。

信息化经过多年的发展，已由初期的盲目投入、大量功能闲置到目前70%以上的信息化业务都已经实现初级应用，其应用水平还在不断向中级、高级过渡。如果说，前20年的信息化是实现从无到有，注重信息化对行业和企业的覆盖，注重硬件产品的配备的信息化投入期，那么未来3年将是实现质量（应用水平）的提升，逐步达到了“用信息技术整合、开发利用现有信息资源，从而实现对外部信息（市场）快速反应”目的的信息化的整合见效期。

投入的目的不同，需要解决的问题不同，所要采用的手段和工具也就不同。如果说在信息化的投入期，硬件产品大行其道的话，那么在信息化的整合见效期，软件和服务将以提升软硬件的应用效果的强大功能，而使信息化真正成为促进行业与企业发展的发动机。进入这一阶段才标志着信息化真正实现了由初级向中级乃至向高级应用水平的跨越，从而真正奠定我国信息化发展的黄金时期。

——《国际商报》苏 铁

展 会

第二届中国（济南）国际信息技术博览会

为期5天的第二届中国（济南）国际信息技术博览会于2004年9月26日闭幕。

本届信博会吸引了包括美国IBM、柯达，日本爱普生、京瓷、科尼卡美能达、佳能，芬兰诺基亚，韩国三星，香港思科、科想，台湾宏基以及新浪、联想、中创、海尔、厦新、清华同方、神州数码等在内的208家客商、近4000人参展。截至26日上午，大会共接待参观人数超过21万人次。其中仅22～23日两天专业开放时间，就有近10万人次观展，参观人次之密集，创下济南市大型展会历史之最。

信博会5天里共签约24个项目，项目总额达101.31亿元人民币。这些项目分布于信息化基础设施、软件、通讯、IC卡等10多个领域。山东北方通信技术有限公司和天津环球磁卡股份有限公司共同承建的菲律宾国家邮政信息网络系统工程，以总投资5亿美元一举夺魁，成为最大的签约项目。

第二届中国国际数码互动娱乐产品及技术应用展览会

2004年10月5～7日，第二届中国国际数码互动娱乐产品及技术应用展览会在上海浦东新国际博览中心举办。

本届展会由新闻出版总署、科学技术部、国务院信息化工作办公室、中国国际贸易促进委员会和国家版权局主办，由信息产业部、中国出版工作者协会游戏工作委员会和北京汉威国际展览有限公司承办。

本届展会展览面积达到2万平米，有参展公司130家，分别来自欧洲、北美、亚洲以及中国。其中包括世界顶级娱乐软件厂商，如美国艺电、法国育碧、韩国游戏产业开发院、韩国唯美德等等。还有盛大、九城、光通、奥美、网易、搜狐、网星艾尼克斯、万向通信、网龙中国、兆鸿科技、智冠、游戏橘子、欢乐数码、浩方、9游、聚友网络、坤迈等国内外知名企业带来了展品，足以代表当今游戏研发的先进水平。

本届展会旨在鼓励中国民族游戏的自主研发，推动游戏产业健康、有序地发展，支持正版产品，正确引导青少年健康、适度地使用游戏产品。近年，新闻出版总署、科技部等部门采取了一系列措施，大力提倡自主研发，鼓励用健康向上的游戏作品替代舶来品，满足青少年需求，得到了广大厂商和消费者的响应。2004年，中国有大批自主研发的民族游戏产品上市，为适应这一发展趋势，本届展会的主题定为“自主创新、健康体验，振兴中国民族游戏产业”。

本届展会参展的国内外游戏作品达到180款，包括以PS2、PC、网络和N-Gage为平台的诸多国内外著名游戏产品。其中自主研发的民族游戏产品有来自盛大的《传奇世界》、《英雄年代》、《神迹》、《梦幻国度》，智冠的《互动武侠》、《吞食天地》、《仙境传说》，蜗牛电子的《航海世纪》，唯晶科技的《圣女之歌》、《天方夜谭》 网易的《大话西游》、《梦幻西游》，天晴数码的《幻灵游侠》、《信仰》、《征服》，赛博先锋的《宠物派》、《荣耀》，目标软件的《天骄2》、《傲视三国online》和H3D的《放逐之魂》等。一些国际的著名游戏制作公司也携其多款大作参展，如美国EA公司PS2版的《黄金眼2》、《Burnout3》、《战场2》，PC版的《猫女》、《虚拟人生2》、《NBA05》，NGAGE版的《FIFA05》，PSP版的《极品飞车之地下狂飙》，NDS版的《模拟城市》，和XBOX版的《NFL橄榄球》、《NHL冰球》等等。

作为本届展会的一项重要活动，中国国际数码互动娱乐产业高峰论坛将与展览会同期举行，包括主题论坛26场、中国游戏产业投资与合作分论坛7场、中国移动游戏产业发展分论坛7场、中国民族游戏借鉴与创新技术分论坛9场及游戏分级与保护未成年人圆桌会议和虚拟物品保护圆桌会议。

本届展览会上最大的配套活动China Joy游戏角色扮演嘉年华，简称China Joy Cosplay，以更加丰富多彩的表演内容为展会增添活力。来自21个著名的游戏厂商的游戏Cosplay角色会鲜活地再现于玩家的面前，把玩家在游戏中最熟悉和最期待的游戏人物带到真实世界中。

第六届中国东莞国际电脑资讯产品博览会

2004年10月13～16日，中国东莞国际电脑资讯产品博览会在东莞国际会展中心举办，本届电博会创新运作模式，取得显著成效。

本届电博会着眼于展示代表世界先进水平的技术和产品，新科电子、雅新电子、太阳诱电等一大批企业均到场展示自己的最新产品，技术含量极高。

本届展会观众专业性突出，4天的展会共有来自26个国家和地区的近三万名专业人士入场参观、洽谈和采购。展会主办方也接待了来自美国、法国、日本、瑞典、意大利等国家以及国内各省市的10多个代表团，数量超过历届电博会。中国贸促会东莞支会会长黄创新说："雅新、台达公司参加了六届电博会，此届效果特别明显。塞尔维亚采购团第一天就下了900多万美元的订单，印度、巴西、委内瑞拉代表团收获也很丰厚，海外买家下订单比较多。"

本届电博会，民营企业参展的数量明显增多，比上届增加一成半，占了总参展企业的半数，首次参展的顺德盈科电子公司认为，参加电博会可以提升企业形象，增加销售渠道。大族激光公司已经连续6年参展，是电博会的长期客户，本次参展也取得了满意的效果。

此届电博会主办机构从参展企业、场地规划、入场观众、服务管理等多方面加强专业化运作，参展企业的满意率将近九成，黄创新说："我们发出民意调查，回收的问卷有87%认为此届展会非常好。我们这一届有很大的转变，重点创新、突破、办出实效，使参展商得到实惠。"

第二届中国国际网络文化博览会

第二届中国国际网络文化博览会于2004年10月28～31日在北京展览馆举办。有100多家企业参展，展览面积达1.5万平方米。据不完全统计，在4天的展会期间，网博会共接待了近10万现场观众，先后有近百家媒体、500多位登记注册的记者对网博会进行了报道。

这次展会共吸引了美国、日本、韩国、俄罗斯、印度、马来西亚、新加坡等国家的多家公司前来参展，其中如日本SONY、美国EA，中国的盛大、新浪、游戏橘子等在内的诸多知名公司也纷纷亮相。在这次展会特设的"互动娱乐展示区"前，围满了兴致勃勃的观众，这里共有包括《魔兽世界》、《传奇Ⅲ》、《巨商》、《泡泡堂》、《大话西游》在内的近百款国内外优秀游戏产品在现场代玩家试玩。

网博会期间还举办了中国国际网络文化论坛、2004中国网吧产业发展峰会和国家动漫戏产业发展年会三个重要的论坛和研讨会。其中，中国国际网络文化论坛是一次高层次的行业盛会。演讲内容既具有高文化内涵，又具有高技术含量，现场充分互动，讨论深刻，反响强烈。文化部、信息产业部、北京市政府等有关部门，日本经济产业省、日本游戏协会、中国互联网协会等行业协会以及国内外著名互联网企业、游戏企业的23位中外嘉宾在论坛上发表演讲。论坛主题涉及了网络文化所有相关内容，已经成为国内外网络文化界思想交流的平台，各位演讲嘉宾在产业政策、技术方向、资源整合、实际应用等方面都进行了深入探讨。

此外，网博会发布了两个产业调查报告：《中国网吧产业调查报告》和《中国网络游戏产业调查报告》；两个专刊：《第二届中国国际网络文化博览会会刊》和《国家原创动漫游戏产业年会会刊》；一个论文报告集：《第二届中国国际网络文化论坛专刊》。网博会还设计了10项主题活动及20多项分项活动，还在北展剧场举办中国国际网络文化博览会颁奖仪式和中国首届网络相声大赛展演晚会，向观众展示中国优秀的网络相声作品。

2004年亚太区资讯科技方案博览会

由香港生产力促进局（生产力局）及雅式展览服务有限公司合办的2004亚太区资讯科技方案博览会（下称"方案博览会"）于2004年12月11日在香港会议展览中心落下帷幕。

这次"方案博览会"云集了200多家参展商，展出全方位的资讯科技方案，包括文件管理系统、客户关系管理、销售、采购及仓储管理、生产及数据库管理、财务管理等，以助各行各业提升工作效率及降低营运成本，并在瞬息万变的市场中开拓更多商机。此外，反间谍解决方案、指纹识别升级电脑、供应链新应用、多元化功能资讯亭、崭新的PC通讯工具、"相片调教"软件、中小企监察系统、最新规格的中文字型产品、知识管理系统等新产品及技术也是一些与时俱进的资讯科技产品。

展品当中包括超敏科技有限公司最新推出的Poly－com VSXTM7000 Series视像会议系统，此系统突破一般视像会议低解像度及音质的局限，其高解像度支援大型显示器，迎合多人会议的需要，而其简易的接驳及系统连接亦方便一般办公室的行政人员使用。

成为CEO或许是很多人的梦想，"方案博览会"中展出的CEO－Match游戏，可让游戏参加者一尝CEO的滋味，学做CEO无惧亏损，特别适合中小企及跨国公司作商业培训及大学教材之用。CEO－Match游戏亦可让参与者加强了解公司及组织的运作模式，同事一起参与CEO－Match亦可增进工作关系及培养团体精神。此软件是由新加坡展商展出，是"亚太资讯及通讯科技大奖"其中一个优秀的方案。

这次展会前三天（12月8～10日）专为业内人士及企业用户而设，一家网络公司的顾问到场参观时表示，除一系列热门的企业系统外，现场亦找到了本地甚为稀有的数据销毁及修复服务供应商。

首届中国——印度软件产业合作高峰会

在2005年2月27日举行的首届“中国——印度软件产业合作高峰会”，来自IT咨询公司高德纳、塔塔、印度著名软件行业机构NASSCOM和ESC，以及包括TCS、Infosys、Satyam和Wipro四大巨头在内的印度软件企业及中方政府有关部门、软件企业和行业机构的高层人士约350人济济一堂，就“当前中印软件产业是竞争还是合作”、如何促进中印软件产业进行全面交流和探讨。

中印软件业优势互补。虽然从长远来说，印度的软件业势必会与中国企业在全球形成竞争之势，但是就目前而言，中国与印度软件合作比竞争更为重要。

国家发改委高技术产业司副司长许勤在发言中指出，目前，中国的软件外包市场主要集中于亚洲，而印度的软件外包市场主要集中在欧美，两国在外包领域有很大的互补性，印度企业要实现更有效地进入东亚市场，加强和中国的合作，中国的资源和市场应该是不可或缺的。

中国企业要进入美国和欧洲市场，印度企业有很好的经验可以借鉴。两国产业界在软件技术、用户经验、文化、企业管理、质量控制和人力资源等诸多方面，会有许多的相互需求，这为双方企业间的合作奠定了基础。他表示相信中印两国在软件产业方面的合作是互补的合作，更是双赢的合作。高德纳公司副总裁SUJAYCHOHAN则表示：“中国的优势往往是印度的弱点，而中国的弱势往往是印度的优势。”SUJAYCHOHAN认为，中国的优势是规模非常大，基建非常强，成本比较低，而且对Linux技术也非常的强，另外跨国公司在中国目前的运作也成为中国发展外包行业的一个非常重要的优势。因此，他认为双方加强合作可以帮助印度公司进入中国的庞大市场，还可以帮助印度公司进入日本和韩国的市场，印度公司可以了解中国对于日本和韩国市场的支持，可以分享中国对日本和韩国市场的了解。此外，在中国也可以在合作中了解到印度流程方面的知识和流程控制的优势，获得印度销售的专业人才，从而帮助中国企业进入美国和欧洲市场。此外，他认为，中国和印度两国软件产业应该在离岸外包业务和制定IT服务标准上加强合作。

中印软件企业存在五大差距。尽管我国软件产业这几年来取得了长足的进步，但是与美国、印度、爱尔兰等软件发达的国家相比，我国软件产业还存在很大的差距。

在此次会议上，国家发改委高技术产业司副司长许勤指出，我国软件企业存在五大差距：首先是产业规模小，大型骨干软件企业和软件拳头产业不足，国际竞争能力不强；其次是创新能力弱，资源共享程度低，人才不足，结构不合理；第三，软件产业附加值较低，产业化能力不强；第四，软件出口能力强，国际市场开拓能力不够；第五，软件开发的标准化和工程化程度低。

印度INFOSYS中国区CEO James Lin则认为，中国软件企业现在缺的是制度化，他认为制度化是企业实现快速增长的关键，在这一点上中国应该向印度企业学习。

用友软件董事长王文京表示，北京具备了成为世界软件产业中心的综合环境，这种环境并不是所有的城市、地区都可以拥有的。从产业角度来看，应该把北京定位为硅谷＋加罗尔更为正确。

此外，王文京对中印在IT上一硬一软的提法提出异议，他说，通常人们讲到中国的时候就讲到“中国制造”，讲到印度的时候就讲到“服务”，而具体到IT领域，则一般讲到中国的硬件，印度的软件，他认为，这种提法对中国服务业发展和印度制造业发展将会带来不利影响，而且也对中国的软件业、印度的硬件业带来不利的影响。其实两个国家在硬件业、软件业、服务业都在快速地发展。

第三届中国国际软件和信息服务交易会

2005年6月23～26日，第三届中国国际软件和信息服务交易会在大连世界博览广场举办。

本届软交会由国家商务部、国务院信息办、科技部、信息产业部、辽宁省人民政府等共同主办。除展览外，软交会期间还举办了全球软件和信息服务国际合作部长峰会暨企业家高层论坛、中国软件和信息服务外包业务年会、项目合作及投资洽谈会、IT人才招聘洽谈会和国家软件出口基地出口工作座谈会等活动。

本届软交会展览面积近3万平米，展位数达1200个，参展单位800家左右。除国际著名跨国公司、我国港台企业设台参展外，北京、重庆、辽宁、黑龙江、河南、陕西、甘肃、山东、深圳等省市也组团参加了展览。其中，北京团展览面积近160平米，用友、汉王、博彦、联合创新等30多家企业参加了本届展会。

北京展区采取统一特装，以红色为基本色调，突出古都风貌。中关村国家软件出口基地巨大的规划示意沙盘吸引了众多来宾驻足观看。展板不仅宣传了近年来北京软件产业、软件产业基地建设和软件出口的发展成就，而且展示了北京一批具有自主知识产权的优秀软件企业和软件产品，给与会者留下深刻印象。

境内展

展名：台北国际电玩暨电脑多媒体展览会

时间：2005年2月（台北）

展名：2005数码世界博览会
时间：2005年2月（香港）
周期：两年一届

展名：Carriers World2005亚洲信息传输科技展
时间：2005年3月8～9日（香港）
周期：一年一届

展名：第三届中国国际软件合作洽谈会
时间：2005年3月（成都）
周期：一年一届
创办时间：2002年
上届数据：展出面积（平方米）：8000
其中外国参展面积（平方米）：200
观众总数（人次）：10000
展商总数（家）：200
其中外国参展商数目（家）：12

展名：台北电脑软件暨春季电脑展览会
时间：2005年4月（台北）

展名：亚太国际信息技术、电信、软件工程暨服务展览会
时间：2005年5月11～14日（上海）
周期：一年一届

展名：2005亚洲信息暨通信技术展览会
时间：2005年5月11～14日（上海）
周期：一年一届
创办时间：2001年9月
上届数据：展出面积（平方米）：23000
其中外国参展面积（平方米）：16000
观众总数（人次）：51252
展商总数（家）：354
其中外国参展商数目（家）：245

展名：国际信息通讯技术和消费电子博览会
时间：2005年5月17～19日（杭州）
周期：一年一届
创办时间：2005年5月

展名：2005中国（沈阳）国际数字娱乐软件博览会
时间：2005年5月17～20日（沈阳）
周期：一年一届
创办时间：2004年
上届数据：展出面积（平方米）：2100
其中外国参展面积（平方米）：2000
观众人数（人次）：5万
展商总数（家）：52
其中外国参展商数目（家）：27

展名：深圳国际信息技术博览会
时间：2005年5月17～19日（深圳）
周期：一年一届
创办时间：2004年
上届数据：展出面积（平方米）：18000
其中外国参展面积（平方米）：2000
观众人数（人次）：8万
展商总数（家）：450
其中外国参展商数目（家）：50

展名：计算机、电子、通信技术博览会
时间：2005年5月19～22日（香港）

展名：中国西部国际通信、信息暨网络展览会
时间：2005年5月25～28日（成都）
周期：一年一届

展名：台北国际电脑展览会
时间：2005年5月31日～6月4日（台北）

展名：亚洲国际电脑博览会
时间：2005年5月（香港）
周期：一年一届
创办时间：1985年

展名：上海国际计算暨网络技术博览会
时间：2005年5月（上海）
周期；一年一届
创办时间：1995年

展名：中国国际软件和信息交易会
时间：2005年6月22～24日（大连）
周期：一年一届
创办时间：2003年

展名：2005第九届中国国际软件博览会
时间：2005年6月23～25日（北京）
周期：一年一届
创办时间：1997年
上届数据：展出面积（平方米）：8000

其中外国参展面积（平方米）：500
观众总数（人次）：40000
展商总数（家）：220
其中外国参展商数目（家）：20

展名：国际电信暨计算机技术博览会
时间：2005年6月（上海）
周期：一年一届
创办时间：1985年

展名：台湾平面显示器展览会
时间：2005年6月（台北）

展名：2005第四届中国信息、电子技术（重庆）博览会
时间：2005年7月6～8日（重庆）

展名：第九届大连国际信息技术暨通信展览会
时间：2005年7月13～16日（大连）
周期：一年一届
创办时间：1997年

展名：台北国际电信暨网络展览会
时间：2005年7月15～18日（台北）

展名：台北电脑应用展览会
时间：2005年7月28日～8月1日（台北）

展名：2005中国（长春）国际光电信息产业博览会
时间：2005年8月23～26日（长春）

展名：2005亚洲国际信息与影像融合技术展览会
时间：2005年8月（香港）
周期：一年一届

展名：第十届中国（天津）信息技术博览会
时间：2005年9月23～26日（天津）
周期：一年一届
创办时间：1996年
上届数据：展出面积（平方米）：4000
其中外国参展面积（平方米）：500
观众人数（人次）：4万
展商总数（家）：59
其中外国参展商数目（家）：20

展名：2005香港国际计算机大会
时间：2005年9月（香港）
周期：一年一届

展名：中国东莞国际电脑资讯博览会
时间：2005年10月13～16日（东莞）
周期：一年一届
创办时间：1999年10月
上届数据：展出面积（平方米）：20000
其中外国参展面积（平方米）：5000
观众总数（人次）：200000
展商总数（家）：700
其中外国参展商数目（家）：100

展名：2005年中国国际通信设备技术展览会
时间：2005年10月18～22日（北京）
周期：一年一届
创办时间：1995年
上届数据：展出面积（平方米）：45000
其中外国参展面积（平方米）：31500
观众总数（人次）：300000
展商总数（家）：500
其中外国参展商数目（家）：350

展名：北京国际无线通信技术博览会
时间：2005年10月18～22日（北京）
周期：两年一届
创办时间：1995年

展名：华南暨香港国际电信和信息科技展览会
时间：2005年11月（广州）
周期：一年一届

展名：亚洲信息技术博览会
时间：2005年12月（香港）
周期：一年一届
创办时间：1990年

展名：华南国际电信大会暨展览会
时间：2005年12月（广州）
周期：两年一届
创办时间：1995年

境外展

展名：国际办公自动化、信息技术、电讯展览会

时间：2005年3月10～16日（德国）

展名：国际大型活动暨相关通讯技术、音像制作暨娱乐展览会
时间：2005年4月6～9日（德国）

展名：斯图加特国际计算机辅助技术和生产创新发展博览会
时间：2005年10月4～7日（德国）

展名：国际信息暨通信技术展览会
时间：2005年10月20～24日（意大利）

展名：慕尼黑国际信息技术、通讯和新媒体博览会
时间：2005年10月24～28日（德国）

展名：斯图加特计算机和电子技术爱好者展览会
时间：2005年10月29日～11月1日（德国）

展名：国际工业图像处理和确认技术展览会
时间：2005年11月8～10日（德国）

2）电子电器行业

① 家用电器行业展会

国际厂商借供热展抢滩中国市场

中国城镇供热协会、德国法兰克福展览公司和华港国际展览公司于2004年14～17日联合在北京主办的“第五届中国国际供热空调、卫生洁具及城建设备与技术展览会”（ISH），是德国法兰克福ISH展览会旗下的品牌展会之一，而德国法兰克福ISH展览会则在全球10大展会中名列第二位。本届展会不仅是国内外专业观众与厂家和商家直接沟通与交流的平台，也是不久的将来我国改革供热计量收费制度，城镇居民关注的焦点。

根据2003年国务院8部委联合下发的《关于城镇供热体制改革试点工作的指导意见》的精神，实行“总机两收费”的市场化运作制度。即：根据采暖的实际用热量，由受暖人自己掏腰包。现已确定43个城市为首批试点城市。

仅按30平方米的两居室面积计算，全国对互用表的需求量就达120万台，温控阀至少也得600万台，加上三居室、四居室、复合式居室等，数量相当可观。现在新建的楼宇已经开始安装这些设施。本届ISH展会国际相关厂商正是看好中国供热制度改革的大市场，带来大量的新产品、新设备，为中国未来的供热市场未雨绸缪。

获悉中国将改革供暖收费制度的信息后，大批国际知名厂商借此机会抢滩中国供热大市场。据统计，来自阿根廷、丹麦、芬兰、法国、德国、意大利、日本、韩国、波兰、新加坡、西班牙、瑞典、瑞士、土耳其、英国、美国等16个国家和地区的220多家供热装置、卫浴设备、空调及通风系统以及安装和维修服务的厂家、商家都争先恐后地前来参展。包括有丹佛斯、格兰富、兰吉尔、西门子楼宇科技、意大利依玛、利雅路和北京霍尼韦尔，丹麦区域供热委员会和德国经济劳动组织等两个国家展团也积极参与。其中，中国和香港地区的生产厂和商家也不甘落后，纷纷亮出自己的顶尖产品。

国际灯饰博览会

由广东省中山市人民政府、中国照明电器协会、中国国际贸易促进委员会轻工行业分会主办，广东省中山市古镇镇人民政府、广东省中山市经济贸易局、灯都会展（中山）有限公司承办的2004中国（古镇）国际灯饰博览会于2004年10月18～23日在广东省中山市古镇灯饰广场举行。此次展会灯饰生产企业和国内外灯商实现了双赢。据组委会统计，在6天的展会中，迎来75个国家和地区业内人士51302人，其中国内专业买家46575人，国外专业买家4727人，总成交额达到68.6亿元，其中国内贸易成交额39.26亿元，国外贸易成交额1.8亿美元，投资金额14.4亿元。

中国灯饰之都的影响力在此届灯博会上得到了集中体现，大批国内外客商组团前来，买家人数比上届灯博会大幅增加。一批知名灯饰企业分别在灯博会展馆和公司展厅布展，分别邀请几十乃至数百位国内外客商前来观展，意想不到的是，新结识的客商远远超过邀请的客商。由于灯博会在广交会期间举行，组委会和许多企业有专车在两个展馆之间穿梭，形成了两大展会的联动效应，大批参加广交会的国外采购商慕名而来，不少国外采购商拖着皮箱等行李风尘仆仆赶往灯博会展馆，有的外国采购商在展馆反复出现，许多采购商当场下单，几位首次来到古镇的意大利灯饰采购商，见到古镇满街都是灯，灯饰质量款式又那么好，价格那么便宜，连称“惊奇”。

此外，此届灯博会参展企业比上届增加42%，国外参展企业增加一倍，组委会还采用国际通行的办展模式，并决定今后每年举办一次，将灯博会打造成为国内外灯饰业界最具影响力的国际化、专业化、商业化专业展会之一。

第四届顺德国际家用电器博览会

由中国机电产品进出口商会、中国国际贸易促进委员会

广东省分会和顺德区人民政府共同主办，日本电机工业会、韩国电子工业协同组合（KEIC）、香港贸易发展局、广东省连锁经营协会支持举办的“2004中国顺德国际家用电器博览会”（简称“顺德家电展”）于2004年10月20～23日在享有“家电王国”美誉的广东顺德举行。据统计，本届家电展一共迎来了45286名观众，其中专业观众为37286人，境外观众为3243人，专业观众所占比例达到82.3%，比往届提高了10%，境外买家占的比例超过7%。

本届家电展专业观众和境外观众的人数均大幅上升，体现出“全球交易平台”的特色。本届展会为了保证展会的专业性，特意采用卖门票的方式，观众必须购票入场，并且在家电展的前3天，只允许专业观众入场，因此本届家电展专业观众超过八成。德国科隆展的执行副总裁克兰兹先生在参观展会后就评价，本届家电展的观众质量之高，在同类展览中是名列前茅的。

本次到会的参展商共有383家，参展产品品种齐全，有智能家电、网络冰箱、DLP等离子电视、双子星空调、个性化厨房小家电、环保家电等代表当今发展趋势的高科技家电产品；配件配套产品从空调压缩机、智能控制器、电子元器件到塑料模具，五金配件、涂料设备等产品。大多商家表示，这几天的参展超过了预期效果，来得值。

顺德家电展一直坚持家电制造商、配件商、经销商“三商参展”的特色。本届家电展对经销商参展的概念进一步深化，为大力提升现场交易效果，在会展现场设立了“采购专区”。国美电器派出由总部业务拓展部主管负责的采购队，在现场向广大中小型家电制造商发布采购计划和合作意向。经过与39家制造商洽谈后，选定其中的9家作为合作伙伴，签下总价值8120万元人民币的采购合同。

2005中国(北京)第六届国际照明电器博览会

2005中国（北京）第六届国际照明电器博览会于2005年3月10日在中国国际展览中心闭幕。本届展会共设国际标准展位900多个，展区面积达2万余平方米，共有国内外400余家照明行业知名企业前来参展，到场专业观众达3.2万多人次，有意向的交易额达1.7亿人民币。

中国（北京）国际照明电器博览会自2000年以来已成功举办了六届。在这六年当中，中国（北京）国际照明电器博览会取得了长足的进步，从一个仅有98个国际标准展位的小展一跃发展成为规模近千展位的国际展览，成为我国照明展览界的一枝奇葩。中国（北京）国际照明电器博览会已成长为不仅仅在国内具有知名度和影响力的照明展览，在国际上也有一定的知名度。到目前为止，曾来参观过北京照明展的国际采购商约有9000多人次。

此次博览会由中国照明学会、中国照明电器协会联合主办，它们作为中国照明行业之舰的领航仪，一直引导着中国照明行业的发展。在展会的开幕式上，中国照明学会理事长王锦燧先生致开幕词，不仅表示了对此次展会的肯定和期许，也对整个照明行业的发展和态势作了分析和展望。

近年来，国内市场对照明产品的需求逐年大幅度增长，尤其是伴随着2008年奥运会的申办成功，北京奥运经济发展正在形成一个巨大的市场，体育场馆、市政项目、道路交通、宾馆饭店、商场、医院和娱乐项目等将大规模新建、改建和扩建；城市全面改造还将大大带动成片房地产和住宅项目开发，这些都蕴藏巨大的照明商机。

本届展会以实力和精心展现风采。在展会期间举行奥运会配套工程照明产品推介会，组织专业买家与厂商进行洽谈；举办展览现场技术交流会，美国著名的KIM照明公司（此公司曾经参加过洛杉矶、亚特兰大、巴塞罗那、悉尼奥运会工程项目）、香港安恒利（ACE）公司与国内照明行业知名人士共同探讨了海外LED照明应用和绿色照明应用等问题，这些都成为本次展会的亮点。

展会以实力展现风采的核心是企业和产品。欧司朗、欧普小泉、日本NEC、贝亚亮、曼佳美、佛山照明、雷士照明、TCL、松本照明、鸿联等知名照明厂家纷纷前来参展。这些企业均倾力展出最新科技照明产品和引领时尚潮流的家居灯饰产品。

在展会现场，NEC、浙江阳光、广州九佛、常州鸿联、TCL、雷士、清华同方、海洋王、上海金马、上海宏源、厦门曼佳美、三雄极光、浙江勒克斯等特装展位精心设计，尽显企业风采；一批新产品在展会亮相，如NEC与曼佳美公司展示的采用储光型荧光粉开发的有弱光照明功能的灯具产品，深圳海洋王展示的专利产品工程抢险应急照明系统，上海金马展示的新款庭院灯，上海宏源展示的专利光源产品——蘑菇型无极灯，品能光电LED新型灯具等等，令参观者耳目一新。

2005中国制冷展

由中国贸促会北京市分会、中国制冷协会、中国制冷空调工业协会共同主办的“第16届国际制冷、空调、供暖、通风机食品冷冻加工展览会”（简称2005中国制冷展）于2005年4月4～14日在北京展览馆举办。

从1987年起，中国制冷展已经成功举办了15届，自1994年开始，该展每年轮流在北京与上海两地举办。中国制冷展多年来跨越式的发展，赢得了国内外制冷企业的公认，目前已得到国际展览联盟（UFI）和美国商务部两项权威认证。

据主办者介绍，中国制冷展自创办以来，一直得到了行业内外的大力支持，已跻身于全球三大暖通制冷空调展会之列，成为与美国AHR EXPO和德国IKK齐名的国际知名展览会，也是亚洲规模最大的同类专业展会。

中国制冷展受到业内人士的追捧，用热闹非凡形容一点也不过分。本届展会共吸引来自全球23个国家和地区的400多个企业参展，其中美国、德国、西班牙、韩国还组织了阵容强大的国家展团参展。本届展会展出面积达到2.8万平方米，动用北京展览馆全部12个展馆，还在广场搭建了临时展馆，即使这样还是无法满足企业参展的迫切要求，由于场地限制而不能参展的厂商竟多达200多家。

中国制冷展近年来有了一些变化，已不再是大的整机厂一统天下的局面，配套厂商参展的比率越来越大，这样就能真正反映行业的全貌，也说明中国制冷展得到了全行业的上上下下一致的认可。

2005中国制冷展共吸引来自全球82个国家和地区的专业人士参观展览。

境内展

展名：2005中国南京国际空调节暨国际空调设备暨技术博览会
时间：2005年3月11～15日（南京）
周期：一年一届

展名：2005中国（广州）家电博览会
时间：2005年3月18～21日（广州）

展名：中国东北第八届国际供暖、空调、燃气设备展览会
时间：2005年3月29～31日（沈阳）
周期：一年一届
创办时间：1998年9月
上届数据：展出面积（平方米）：12700
观众总数（人次）：13200
展商总数（家）：239

展名：2005第四届中国（武汉）国际照明电器展览会
时间：2005年3月31日～4月2日（武汉）

展名：国际集成电路研讨会暨展览会
时间：2005年4月4～5日（深圳）
周期：一年一届

展名：第七届长春供热供暖、制冷空调暨燃气设备、太阳能博览会
时间：2005年4月7～10日（长春）

展名：国际集成电路研讨会暨展览会
时间：2005年4月8～9日（北京）
周期：一年一届

展名：国际集成电路研讨会暨展览会
时间：2005年4月12～14日（上海）
周期：一年一届

展名：第十届国际集成电路研讨会暨展览会
时间：2005年4月12～14日（上海）
周期：一年一届
创办时间：1994年
上届数据：展出面积（平方米）：6000
其中外国参展面积（平方米）：1500
观众总数（人次）：5000
展商总数（家）：82
其中外国参展商数目（家）：50

展名：第五届成都照明暨建筑电器技术博览会
时间：2005年4月12～15日（成都）

展名：中国国际制冷、供热、空调、通风暨食品冷冻加工展览会
时间：2005年4月（北京）
周期：一年一届
创办时间：1997年

展名：中国国际照明电器展览会
时间：2005年4月（上海）
周期：一年一届
创办时间：1994年

展名：第七届山东国际燃气、暖通空调、给排水、水处理暨钢结构展览会
时间：2005年5月13～16日（济南）
周期：一年一届
创办时间：1999年5月
上届数据：展出面积（平方米）：8000
其中外国参展面积（平方米）：1000
观众总数（人次）：20000
展商总数（家）：200
其中外国参展商数目（家）：30

展名：中国国际专业音响、灯光、乐器暨技术展览会
时间：2005年5月（北京）
周期：一年一届
创办时间：1989年

展名：2005广州国际制冷、空调、供暖、通风设备展览会

时间：2005年6月8～11日（广州）
周期：一年一届

展名：广州国际照明暨建筑业电力技术展览会
时间：2005年6月（广州）
周期：一年一届

展名：中国国际供热、空调、通风、空气净化、制冷暨建筑自动化展览会
时间：2005年7月13～16日（上海）
周期：两年一届

展名：第七届（大连）国际制冷、空调、采暖、供热、通风、燃气设备暨技术展览会
时间：2005年7月19～22日（大连）
周期：一年一届
创办时间：1999年6月
上届数据：展出面积（平方米）：5000
观众总数（人次）：8万
展商总数（家）：200
其中外国参展商数目（家）：55

展名：第三届中国国际集成电路产业展览暨研讨会
时间：2005年9月（上海）
周期：一年一届
创办时间：2003年3月
上届数据：展出面积（平方米）：15000
其中外国参展面积（平方米）：7000
观众总数（人次）：12000
展商总数（家）：300
其中外国参展商数目（家）：60

展名：2005中国顺德国际家用电器博览会
时间：2005年10月20～23日（顺德）
周期：一年一届
创办时间：2001年10月
上届数据：观众总数（人次）：35000
展商总数（家）：368

展名：香港国际照明展览会
时间：2005年10月（香港）
周期：一年一届

展名：香港国际五金暨家用器材博览会
时间：2005年10月（香港）
周期：一年一届

境外展

展名：国际消费电子产品展览会
时间：2005年1月6～9日（美国）

展名：第十届沙特国际电力照明能源设备展览会
时间：2005年2月20～24日（沙特）

展名：第八届国际制冷、加热、通风设备暨技术展览会
时间：2005年2月20～24日（沙特）

展名：法兰克福国际供暖、空调、制冷暨卫生洁具、浴室设备博览会
时间：2005年3月15～19日（德国）

展名：国际灯饰博览会
时间：2005年4月12～14日（美国）

展名：俄罗斯莫斯科国际家用电器和消费类电子产品博览会
时间：2005年4月13～16日（俄罗斯）

展名：捷克国际卫生洁具、供暖、制冷空调展览会
时间：2005年4月（捷克）

展名：国际照明与电子、电工技术展览会
时间：2005年5月17～21日（意大利）

展名：第九届俄罗斯国际卫生洁具、供暖暨空调展览会
时间：2005年5月23～26日（俄罗斯）

展名：韩国国际LED照明展览会
时间：2005年5月25～28日（韩国）

展名：越南国际制冷、空调、供暖、通风系统展览会
时间：2005年6月29日～7月1日（越南）

展名：印尼雅加达国际制冷、空调、供暖、通风暨食品冷冻技术展览会
时间：2005年8月31日～9月3日（印度尼西亚）

展名：柏林国际电子消费品展览会
时间：2005年9月2～7日（德国）

展名：英国国际专业灯光音响展览会
时间：2005年9月11～14日（英国）

展名：制冷、空调、通风供热与空气处理贸易博览会
时间：2005年9月20～23日（巴西）

展名：美国国际厨房卫浴、给排水管道、供热暨空调设备博览会
时间：2005年10月（美国）

展名：国际制冷暨空调贸易展览会
时间：2005年11月2～4日（德国）

展名：国际供热、通风空调、卫浴与环保技术贸易博览会
时间：2005年11月23～26日（捷克）

展名：北欧卫生设备、制热、管道设备和空调设备展览会
时间：2005年11月23～26日（德国）

展名：俄罗斯国际照明贸易展览会
时间：2005年12月（俄罗斯）

② 视听、摄影产品行业

行业简况

数字电视国际市场及我国出口潜力分析

数字电视采用电脑显示使用的高场频（高刷新率）逐行扫描技术，彻底消除了模拟电视普遍存在的大面积闪烁现象，其画面的清晰度和色彩的逼真性更趋完美，给人身临其境的感觉。

数字电视开辟了电视技术的新领域，目前由于多种数字化电视演播室设备的投入市场以及数字化电视接收机的研制成功，使这一领域再次迅速变化。随着传统电视机市场的逐渐饱和，利润空间迅速缩小，数字电视取代模拟电视已经是必然的发展趋势。数字电视的发展和逐渐普及将为我国面临困境的消费电子产业带来复苏的新曙光。

数字电视销售高潮的到来，也就是新一轮电视机市场竞争的开始。目前，国内不少数字高清电视机生产厂家和跨国集团公司正为新一轮电视机市场大战布阵，准备大动干戈。在我国一些消费电子企业纷纷转向其他行业的时候，一些跨国集团却进入我国消费电子行业，并已有一些日本公司宣布数字电视降价的先兆，其用意很明显是利用其优势抢夺数字电视市场先机，以便与我国消费电子企业在新的电视机市场上决一雌雄。

世界主要国家数字电视发展概况

数字电视的研制和发展已经走过了近50年的历程。从1956年起，电视的拍摄、录制、编辑、接收等形成了现在的基本模式。虽然由于彩色电视的研制过程中造成各国的电视制式不同——欧洲和我国是PAL制式，美国和日本采用NTSC制式，前苏联采用的是SECAM制式，同步扫描的原理却是一样的，因而面临的问题也是相同的，即由于扫描行数的限制而造成的清晰度不够理想。PAL制是624线；NTSC制是525线；SECAM制式是625线，而35毫米电影却相当于2400线，即使是16毫米电影也有1000线以上。

为了提高图像的分辨率，从70年代开始，发达国家开始了对高清晰度电视的研究。最早是从日本的NHK开始的，到了80年代初取得了成效，制作了1125线的数字电视机，60场/秒，2∶1隔行扫描标准的高清晰度电视，简称HDTV。但不能与现在普遍使用的电视机兼容。日本想通过这种技术垄断数字电视市场，遭到了欧洲各国和美国等国家的强烈抵制，欧洲和美国的数字电视才开始运行，以求拥有自己的数字电视市场。到了90年代，形成了日本、欧洲和美国三大数字电视制式。日本和欧洲的两种制式出现比较早，图像压缩比较小，采用模拟信号输出；美国的全数字式方式吸收了日本和欧洲的优点，采用数字编码和数字通讯技术、传递速率高，有效地压缩了带宽，适合于窄带传输的地面广播，且不干扰使用相同的频道和其他节目，实现了与先行模拟信号电视兼容过渡的根本目的。

数字电视仍在继续发展，目前，新的数字电视芯片、设备不断涌现。例如，Micronas公司推出了名为VSP9500的崭新扫描速率变换器。其中涉及不用跳行方法使电视图像转换到100Hz的整块集成方案。VSP94 × 2A是新系列引线芯片的第一个，用它可使电视机制造商在一块同样的电路板上使用从低成本到高终端的电视机整个产品品种的相同芯片。在芯片上有A/D、D/A转换器、PAL、NTSC和SECAM用的多标准彩色显示器、两个快速扫描信号的YUR/RCB输入端，接收符合ITU656的组合数字发射信号的接口、水平扫描器、噪声抑制和包括存储图像数据的3Mbit嵌入式存储器的存储器控

制器。该芯片电压3.3V或1.8V。

此外，Micronas公司还推出了数字电视用混合制造的单芯片译码器MDE9500。该芯片满足多媒体家用平台（MHP）标准的要求。MDE9500可使制造商生产组合数字电视（IDTV）。在今后几年，IDTV取代有相关外部机顶盒的传统模拟电视机。Micronas公司将利用MDE9500，瞄准新形成的既可处理模拟信号又可处理数字信号的电视机市场。

多媒体家用平台的目标是创造用于交互电视的开放和标准化程序接口。每个MHP接收机可以重放MHP兼容的应用，如电视购物、游戏和电子节目手册。

我国是1995年开始投入数字彩电的研制和试运行，距今已有近10年的时间。但由于数字高清电视标准迟迟没有出台，节目内容单调，价格高以及其他技术原因，至今仍难以普及。

世界主要国家数字电视市场潜力分析

随着技术的发展，数字电视彻底取代模拟电视已经为时不远。据报道，美国国家电视网要在2006年普及数字电视，全面停止模拟信号。美国在1998年首次开通卫星高清晰度电视，以推动地面高清晰度电视的发展。1999年7月，美国分布在大中城市的69个电视台播放数字电视节目，覆盖了美国50%的人口，四大电视网的120家电视台于1999年11月1日开始播放数字电视节目，而公共广播机构在2003年5月1日前完成电视台建设并开始播放数字电视节目，孕育了10年的“数字电视技术革命”终于到来。

据报道，截至2001年4月17日，美国17家电视台开展了数字电视广播，2000年销售了64.8万台数字电视显示器，总价值14亿美元，2001年销售达到112.5万台，销售额达21亿美元，2002年～2006年销售量分别或预计为210万台、400万台、540万台、800万台和1050万台，2000年约有2000多万个家庭使用机顶盒。从现在到2006年，美国平均每年将有160亿美元的数字电视产品。

1996年欧洲数字电视接收机设备拥有量约为320万台，1997年达到620万台，普及率为70%。在接收方式上多以机顶盒为主，从各有线网或电视卫星接收。2000年欧洲有1800万个数字电视用户，其中英国就有77.4万个家庭购买了数字电视机。英国实现从模拟电视向数字电视过渡的时间从2006年开始，预计2010年结束。

日本于2001年开播整套卫星高清晰度电视，但地面高清晰度电视要在2003年才会在主要大城市开播。日本1999年数字电视市场为7.4万台，预计2000年以后10年间，日本数字电视需求会增至47万亿日元，2001年日本DTV市场规模约43万台，到2006年数字电视市场规模约为1760万台，日本计划2010年完成数字电视的普及。

我国全面实现数字电视要经过10～30年时间，国家高清晰度数字电视项目总体组组长张文军认为：数字电视是大势所趋，但考虑到我国的情况，数字电视技术是一个实现的过程，淘汰更换模拟电视大约需要10年以上的时间。我国有上千家电视台，3亿2千万台模拟电视机，更换这样庞大数目的发送设备和电视机，需要相当大的预算和投入，这绝非一朝一夕的事情，需要一个过渡期。

我国发展数字电视采用了平稳过渡的策略，让数字电视与模拟电视和平共处，这段时间大约在10～30年之间。这期间，模拟电视也不必更换，但可增加一种机顶盒。机顶盒接收标准清晰度数字电视节目以后，再将信号传输给模拟彩电。这段过渡时间对于以前生产的彩电来说，足以使用到它的生命极限。

据悉，我国数字电视发展分四步走：第一阶段：2005年直辖市、东部地区地（市）以上城市；西部地区部分省会城市的有线电视完成向数字电视过渡。

第二阶段：到2008年，东部地区县级以上城市、中部地区地（市）级城市和大部分县级城市、西部地区部分地（市）级以上城市和少数县级城市的有线电视基本完成向数字化过渡。

第三阶段：2010年，中部地区县级城市、西部地区大部份县级以上城市的有线电视基本完成向数字化过渡。

第四阶段：到2015年，西部地区县级城市的有线电视基本完成向数字化过渡。

目前，由于成本高，数字电视机的价格还很高。数字电视的基础是双向电视网络，而我国有线电视网中双向网很少，将单线网改成双向网的成本核算是单向网的5倍。每挖一米电缆要付出3千元的成本。而用户终端的HDTV接收机售价大约在1.5万元，目前普及还很困难。

我国的电视机用户在3亿2千万台左右，如果每年以10%的数字电视替代模拟电视，就会有上百亿美元的市场规模。按10年的过渡期计算，每年配3千万台机顶盒，年营业额为600亿人民币，仅我国市场规模就在1万亿元左右。

但是，由于我国广大居民收入低，要拿出1.5万元以上买数字电视机，其经济负担不小。再说，中国人没有交钱看电视的习惯，连每家每月交38元的收视费都很难做到。2003年中国数字电视用户20多万到30万，与预期的近百万用户还相差很远，可见，要在全国普及数字电视，其难度有多大。

尽管目前发展数字电视面临的问题还很多，技术、经济上的困难还很大，真正实现数字电视的梦想还不能马上实现，但达到这个目标已为期不远了。

我国数字电视出口潜力分析

据分析，目前，世界上有6亿人口的数字电视市场。其中美国、欧洲和日本都是有潜力的市场。

我国研究开发和生产高清数字电视的厂家有TCL、厦华、创维、海信、海尔、康佳和长虹等大型集团。不仅TCL集团等国内几家大型彩电厂家很早就开始打数字电视的主意。厦华在很早以前就开始倡导数字电视并以在业界树立强者形象为目标。海尔也完成了高、中、低等不同档次的产品布局。康佳早在1999年1月7日就推出了中国第一台高清数字电视。

2004年3月30日，TCL召开彩电战略发布会，会上展示出的二十几款新产品全部是采用了“数字高清归一技术”的数字电视。与此同时，创伟也透露，将在成都发布全方位的数字电视战略，内容涵盖与上下游供应商之间的整合。长虹更表示，实现数字生活梦想的“长虹数字家庭”解决方案已全面形成并具备规模化生产条件。

由此可见，我国主要大型彩电厂家已在酝酿数字彩电的规模化生产，以便迎战即将到来的数字电视大战。一旦时机到来，数字电视将成为我国消费电子行业的主要出口产品。国内不少彩电厂家正为数字彩电的大规模出口做准备。问题是看谁最先抢占到出口的先机。从目前的情况看，海信已先走了一步。前不久，海信的1万台高清数字电视就已出口到美国。美国迅速发展的数字电视市场已经给中国彩电提供了新的机会，由于2006年美国将停止模拟电视播放，据权威预测，在2004年～2006年间，美国数字电视每年增幅将超过30%，美国仍是世界最大的数字电视市场。关键是采取什么方式出口到美国，这是我国企业在经历了反倾销挫折以后需要认真研究的问题。

——《世界机电经贸信息》盛水源

展 会

2005中国国际广播电视网络信息展览会

规模庞大位列三甲。2005中国国际广播电视网络信息展览会（CCBN）于3月21～23日在中国国际展览中心举办。历数当前全球范围内的广播影视类的展会，在美国有NAB，在欧洲有IBC，在亚洲当属CCBN，CCBN已经成为与NAB和IBC鼎足而立的区域性、国际化广播影视展览会。

CCBN组委会秘书长董震在接受媒体记者采访时，曾明确指出CCBN经历了12年的发展，已经逐步成为一个以广播影视行业为主、涵盖IT、电子等相关行业在内的大型世界级展览盛会，是亚洲地区最大的广播影视技术展览会，世界排名首位的数字电视和宽带网络展览会。

据介绍，本届展会有超过1000家的企业参展，他们来自世界30多个国家，其中国际参展商的数量较去年增加50%，这表明CCBN在国际化方面取得了很大进展。与去年一样，本届展会仍占用了国展中心12个展馆，展览面积逾6万平方米。可以说，本届展会无论是从参展商数量、展会规模，还是从国际化水平等方面来考量，都可以称之为是世界级的行业盛会。

政府背景引“凤”聚集。如参展商所说，CCBN有着强烈的政府背景。的确，这也正是CCBN的一大特色，它是由国家广播电影电视总局主办，国家广播电影电视总局广播科学研究院、广播影视信息网络中心和全国各省市自治区直辖市广播电视厅局共同承办的一年一度的行业盛会，从中传递出信息：中国政府对这一展会是大力扶持的。不仅如此，国家广播电影电视总局还把CCBN当成是每年向行业内发布大的政策方针、发展战略和工作重点的平台，总局领导每届展会都亲临现场作主题报告。不管是国内企业，还是国外企业，要想了解未来一年中国广电领域的发展态势，以决定此后年度的攻坚方向，就不能不来参加CCBN。

CCBN超强人气，使得众多跨国公司和中国企业将CCBN视为发布前沿技术与年度发展规划的首选时机。在今年主题报告会上发言的有UT斯达康公司高级副总裁、首席技术官黄小庆、索尼（中国）有限公司副总裁迟泽准、IBM媒体与娱乐全球总裁Dick Anderson、思科系统公司有线视频网络事业部高级总监Paul Sanchirico、松下电器广播电视系统公司技术总监孙奉明、美国哈雷公司CSD总裁Yaron Simle等，从这一长串的名单不难看出，全球广电领域的行业巨头对CCBN的高度重视。

展会的人气指数是与主办单位的精心培育分不开的。由于CCBN是一个高度专业化的展会，所以组委会一贯重视专业观众的组织工作。2005年，CCBN组委会加大力度组织业内参观团和采购团，展会期间共接待参观观众20万人次，全国31个省市自治区广电局、电视台以及相关行业近800个代表团约5000多人前来参观采购，此外还接待了国外参观机构165家，其中有不少是组委会直接组织邀请来的，这种有计划的组织国外参观团的做法在国内还不多见。

2005CCBN作为今年国内广电行业的首个大型展会，其“平台效应”、“品牌效应”得到了充分发挥，展示了广播影视数字化发展的新技术、新手段、新方式、新模式，对推动广播影视数字化发展起到了重要作用。

第八届中国国际照相机械影像器材与技术博览会

2005年4月24～27日，第八届中国国际照相机械影像器材与技术博览会（CHINA P&E）在北京中国国际展览中心举办。

本届展览会参展厂商200多家，包括声名显赫的外国厂商，如索尼、富士、腾龙、诺日士、适马、三星、徕卡、柯达等，还有颇负盛名的中国厂商，如凤凰、海鸥、索菲亚、多丽、乐凯、西光等，而100多家中小厂商的展位在四个展馆中则像群星一样散布。从展馆高处俯视，使人不禁感叹展会组织者经过长达半年的精心策划组织所绘出的这幅产业“蓝图”是多么的壮观。

本届展会丰富的参展展品，透露出丰富的技术与市场信息。日本腾龙本次展出的产品涵盖全系列腾龙镜头，包括2004年推出的6款数码、传统两用镜头和2005年推出的两款数码相机专用镜头。上市才几天的焦距18-200mm这款变焦镜头，使单反数码相机用户有了“一镜走天下”的可能。

索尼公司一直走在数码科技的前端，在民用型数码相机领域内占有很大的比重，索尼品牌倡导的风格是使消费者在享受数码科技的同时，拥有更大的娱乐性、自主性和时尚性。本次博览会上索尼所带来的数码技术不仅极具前瞻性，而且切合市场需求。索尼M1型数码相机不仅具备530万像素，3倍光学变焦，可拍摄长达22分钟的影片等高性能参数，尤其是它时尚、精巧、别致的外观设计，更荣获“华龙奖”之创新设计奖；索尼研发的新真实影像处理器可降低噪点20%，极大地改善了影像品质。

本届展会上，富士公司带来了最新的F10型数码相机，配置光学性能卓著的富士龙镜头，第五代Super CCD HR，全新的RP(Real Photo)处理器，630万有效像素足以使大多数摄影者满意，更有高达1234万输出像素的S3Pro专业单反数码相机，成为专业摄影人的首选之一。

天津三星光电子有限公司本次展出了该公司全系列数码相机和热升华打印机等。三星的Digimax Pro815是第一次出现在国内展会上。该机最大的特点一是镜头变焦15倍，相当于135相机的28-420mm，二是LCD后背屏特别大，达3.8英寸，三是电池相当“给劲儿”，为1900mAh。该机为镜身一体、800万像素的类单反相机，有望6月份上市。三星的几款热升华打印机也引人注目，尤其是即将上市的SPP-2040，可插卡打印。

香港适马公司这次带来了全系列的数码镜头，包括刚刚上市的、备受瞩目的18-200mm F3.5-5.6 DC数码专用镜头。适马目前有40多款镜头，其中包括7款数码专用镜头（DC）。适马向来以镜头品种多而著称，为客户提供尽可能多的选择。“性价比”是适马研发产品与开拓市场的第一个着眼点。适马的另一个特点是对市场反应极快，就像18-200mm F3.5-5.6 DC这支镜头，从PMA发布到上市，才几个月时间；在奥林巴斯推出4/3系统数码相机后，适马也迅速设计生产了适用该系统的18-25mm、18-50mm、55-200mm三款镜头。

柯达本次参展的展品只是该公司代理的德士专业数码冲印机。展品中包括最大制作30英寸照片的Theta76和Ep-silon Plus，最大制作20英寸照片的Theta50等产品。本次展会上Theta76是第一次在中国“露脸儿”。

很多摄影器材经销商也来参展，不仅有多家老牌彩扩机厂商参展，也有新面孔。北京亿瀚达影像设备有限公司刚刚“染指”数码彩扩机，也是慕名参加P&E，感觉效果较好。很多客户对他们带来的拥有自主知识产权、价值仅为进口产品1/10的数码彩扩机兴趣浓厚。业内人士分析，不出两年，国产数码彩扩机将形成高、中、低层次分明、技术成熟的完整的产品系列，国产数码彩扩机的鼎盛时期即将来临。

作为我国照相机制造企业的元老，海鸥公司也在极力研发数码产品，开拓国内、外市场。半个世纪以来，海鸥从模拟走向数字，从传统走向现代，在摄影器材竞争如此强烈的今天，依然占有一席之地，这也是我国民族照相机制造业的骄傲。特别有意思的是：这次摄影器材“华龙奖”的评选中，海鸥公司有两款相机获奖。一款是60年代初生产的海鸥4A-109型双反120相机，它获得的是传统相机组的经典相机奖，另一款海鸥DB-8201望远数码照相机则获得了数码相机组的普及型创新设计奖。这一老一少两款相机今天同在博览会上亮相，也可说是一大看点。

我国历史悠久的军工企业西光集团在展台上摆放着望远镜、数码相机、数码相框、数码伴侣等产品。相比于其他国产数码相机品牌，西光产品走的是“差异化”道路，比如，生产200万像素数码相机，给数码相机加上MP3音乐功能、FM收音接收功能，都是旨在以普及、廉价为主导的方针争取校园市场。

在本次展会上，乐凯依然是主推近年来的主打产品，如乐凯数码打印相纸、数码纸冲洗套药、彩色胶片等。在乐凯的展位上，乐凯“快乐印”加盟店招贴非常显眼，工作人员都忙于接待对该加盟计划有兴趣的客户。目前，乐凯也在代销诺日士彩扩机，作为其业务的补充。乐凯在全国有几千家连锁店，这就是乐凯独特的市场优势。

每届CHINA P&E都不仅是产品展示、技术交流的最好场所，也是艺术交流的理想之地。本届展会上隆重推出了广州市政协副主席陈纪萱先生的摄影展，“木棉情”、“广州美”、“西部行”、“海外风”四大部分作品的精彩展示，给参展商和观众们带来了一片心灵的祥和安宁。腾龙杯《中国摄影》反转片摄影展、索尼“自有我主张”摄影展也与之相响应，强化了展会的艺术气氛。腾龙不仅办了影展，还举办了现场摄影比赛。腾龙上海事务所所长马志兴先生亲自导演：请来了黑脸包公，还请来了“新新人类”，古今对比，令人忍俊不禁，更引得快门声声。现场拍摄的作品在现场免费打印并参加展览评比，胜出者奖励新款的腾龙数码镜头。这场精彩的摄影秀让参观展会的摄影者过足了眼瘾和拍照瘾。

中国摄影家协会各大媒体亦在展会设专区为广大读者、摄协会员和参观者提供服务。中国摄影出版社、中国摄影报社等为观众准备了从摄影书籍到摄影用具等丰富的摄影产品系列，编辑记者现场与观众交流，丰富了展会内容。

我们注意到，CHINA P&E多年连续举办，展览的整体设计水平、管理水平已相当成熟。以往展会上的过分喧闹不复存在，即便是热舞也控制了适度的背景音乐音量，参观者不再为“噪声”而烦恼。另据了解，为切实保障参展商的利益，组委会为本届展会动员了各方力量，采取了严密的措施，带来了安全有序的参展环境，这是2005年CHINA P&E取得圆满成功的重要因素之一。

国际专业音响京城赶考

中国的专业音响市场需求有多大？2005年5月31日，在北京中国国际展览中心开幕的第14届中国国际专业音响、灯光、乐器及技术展览会上，得到了来自国内外经销商们普遍而肯定的回答，中国已经并正在成为最大的专业音响市场。来自行业协会相关人士的介绍也显示，近三到四年时间里，在演艺设备与器材领域内，中国的行业组织与国外行业组织的合作日益密切，中国企业与国外企业的商贸往来也日益频繁，这一趋势使中国国际专业音响、灯光、乐器及技术展览会，在经济技术交流方面的国际化进程不断提速，吸引了更多国外行业组织和企业的关注。

据组委会提供的资料显示，本届展会的展出规模超过6万平方米，其中，乐器部分的参展商近400家，展览面积超过1.6万平方米；国内灯光、音响部分的参展商近460家，展览面积超过3.2万平方米。8号和10号展馆为国际专业音响馆，展览面积近1.2万平方米，国外展商有85家。组委会的有关负责人介绍，本届展会的参展企业和机构超过了1000家，来自美国、德国、日本、西班牙、意大利、法国、荷兰、韩国等几十个国家以及中国香港、台湾地区的著名企业和机构都参加了本届展会。

由中国文艺演出物资协会、中国贸促会北京分会、中国技术市场管理促进中心、新加坡国际研究所展览有限公司共同主办的“中国国际专业音响、灯光、乐器及技术展览会”，展览内容涵盖专业音响、灯光、舞台机械、演出场馆设施、中西乐器等多个类别，全面集中地展示演艺领域的设备与器材。据了解，中国国际专业音响、灯光、乐器及技术展览会自1988年开始，已是中国举办历史最长、规模最大的国际专业展会。其展览规模在同类展会中居亚太地区之首，国际排名第三位。作为精品战略的一次重要实践，组办方立足于演艺设备行业，以技术和商务交流为主要内容，组织多种形式的活动，其中包括国际论坛会、信息和技术交流会、中外厂商联谊会、中外行业组织联谊会等活动，以实现参展商多元化的参展效应。

在这次展会上，“CALM MUSIC2005校园乐队大赛”成为了一个亮点。6月1日，展会开幕的第二天，首届“CALM MUSIC2005校园乐队大赛”颁奖仪式及汇报演出在中国国际展览中心一号馆后广场举行，来自全国70多个大专院校的校园乐队参加了比赛，颁奖仪式和汇报演出为整个展会带来了青春的活力。据了解，这是主办方首次尝试与中国乐器网联合举办首届“CALM MUSIC2005校园乐队大赛”。

与此同时展会主办方在皇家大饭店还举办了“第三届中国国际演艺设备与科技论坛”。本届论坛的主题为“乐器艺术科技”，来自国内外乐器研发、生产、经销厂商，音乐教学、研究机构的专家、学者，业内人士等相关行业机构负责人200人会聚一堂，交流经验，共同探讨有关乐器制造、研发、销售与应用等方面问题。

数码喷绘新载体亮相摄影展

2005年8月3～6日，第三届北京国际婚纱摄影及器材用品展览会在北京中国国际展览中心举行。展览会上，服装厂商大打儿童装和婚纱牌；一些设计公司则向影楼推出自己设计的各种拍摄造型；造型各异的像框、相册也吸引了很多观众的眼球。此外，展览会上还出现了金银相纸以及毛绒面、木头等新型数码喷绘载体。

在哈尔滨东方数码照相器材厂的展位上，几幅大的人像照悬挂在展位上，与一般照片不同，这些照片泛着柔和的光，人像的皮肤显得格外细腻。原来这里展示的就是一种新型相纸——富丽特毛绒面数码写真耗材。展位上询问的人很多，据介绍，本产品采用绒毛为载体，由细小绒毛组成，它与原布成90度角，经特种工艺处理在绒毛表面形成含墨层，从任何角度观赏都不会造成反光，色彩还原正确，影像逼真，增加了空间感，更具亲和力。该产品还具有抗绉、抗折性能，不需要装裱或水晶制作，而且适合各种型号的喷墨写真机，操作简便、成本低、利润可观。此外，这种产品还配有专用装饰物件，铝艺绒杆、绒绳、木珠，可制成挂毯形式，新颖大方。据悉，这种耗材每平方米在20元左右。

北京由你趣影像制作中心的展位上，一个个悬挂的小木块别有新意，走近一看，原来还有影像。据展商介绍，当今的人们更加追求新颖别致的东西，他们这个实木影像制作是通过现代工艺，利用高温高压将图像印制在木制品表面，由于其载体小巧、新颖，受到年轻人的喜爱。据了解，由于在木头上印制影像，要求木头的纹理细密，因此，公司采用的木头都是从加拿大进口的枫木，大家看到的这种木头相片都是自然色泽、天然纹理。由于在印制过程中，影像的颜色已渗入到木头里，所以不用添加任何涂层影像也不会脱落，因此这种产品又是环保无污染的。

境内展

展名：第八届中国哈尔滨国际摄影器材影像设备暨婚纱影楼用品展览会

时间：2005年3月10～13日（哈尔滨）

展名：中国（广州）国际婚纱摄影暨影楼用品展览会
时间：2005年3月11～14日（广州）
周期：一年一届
创办时间：2005年

展名：中国国际婚纱暨摄影器材博览会
时间：2005年3月15～18日（北京）
周期：一年一届
创办时间：2002年
上届数据：展出面积（平方米）：8000
观众人数（人次）：30000
展商总数（家）：150

展名：2005香港影视展览会
时间：2005年3月22～24日（香港）

展名：2005济南广播电视网络设备暨音响展览会
时间：2005年3月24～26日（济南）

展名：第二届数码成像、婚纱摄影器材展览会
时间：2005年4月1～3日（济南）

展名：第13届上海国际音响影视展览会
时间：2005年4月15～18日（上海）
周期：一年一届
创办时间：1993年
上届数据：展出面积（平方米）：3000
其中外国参展面积（平方米）：2000
观众人数（人次）：35000
展商总数（家）：90
其中外国参展商数目（家）：70

展名：中国上海国际视听集成系统展览会
时间：2005年4月27～29日（上海）
周期：一年一届

展名：中国国际摄影暨摄像技术装备展览会
时间：2005年4月（北京）
周期：一年一届

展名：第12届中国沈阳国际广播电视信息网络展览会
时间：2005年5月17～19日（沈阳）
周期：一年一届
创办时间：1993年
上届数据：展出面积（平方米）：6000
其中外国参展面积（平方米）：200
观众人数（人次）：1万
展商总数（家）130
其中外国参展商数目（家）：25

展名：2005中国国际广播电视与通信网络设备展览会
时间：2005年5月25～27日（广州）
周期：一年一届
创办时间：1995年
上届数据：展出面积（平方米）：15000
其中外国参展面积（平方米）：10000
观众总数（人次）：50000
展商总数（家）：300
其中外国参展商数目（家）：150

展名：上海国际摄影博览会
时间：2005年7月13～16日（上海）
周期：一年一届
创办时间：2003年

展名：2005大连国际大屏幕显示技术、激光暨光电新产品技术展览会
时间：2005年7月13～16日（大连）
周期：一年一届
创办时间：2004年9月

展名：第八届中国（上海）国际婚纱摄影展览会
时间：2005年7月14～17日（上海）

展名：台北婚纱摄影暨珠宝大展、台北数码影视音响展览会
时间：2005年7月（台北）

展名：上海摄影技术展览会
时间：2005年7月（上海）
周期：一年两届

展名：第二届国际数码影像、数字印刷解决方案暨产品展览会
时间：2005年8月（北京）
周期：一年一届
创办时间：2004年8月
上届数据：展出面积（平方米）：4000
其中外国参展面积（平方米）：800
观众总数（人次）：32000

展商总数（家）：60
其中外国参展商数目（家）：12

展名：第六届中国国际大屏幕显示设备暨光电产品展览会
时间：2005年8月（北京）
周期：一年一届
创办时间：2000年
上届数据：展出面积（平方米）：4000
其中外国参展面积（平方米）：800
观众总数（人次）：32000
展商总数（家）：60
其中外国参展商数目（家）：13

展名：2005年照相摄影器材暨资讯展览会
时间：2005年9月（台北）

展名：2005上海国际专业灯光音响设备与技术展览会
时间：2005年10月19～22日（上海）
周期：一年一届
创办时间：1998年4月
上届数据：展出面积（平方米）：8000
其中外国参展面积（平方米）：1500
观众总数（人次）：1万
展商总数（家）：110
其中外国参展商数目（家）：28

展名：中国（上海）国际乐器展览会
时间：2005年10月19～22日（上海）
周期：一年一届
上届数据：展出面积（平方米）：30000
其中外国参展面积（平方米）：3700
观众总数（人次）：40520
展商总数（家）：570
其中外国参展商数目（家）：150

展名：2005中国（山东）国际广播电视网络暨设备博览会
时间：2005年10月25～28日（济南）

展名：台北国际数位摄影器材展览会
时间：2005年11月（台北）

展名：第26届台北音乐影视展览会
时间：2005年11月（台北）

展名：第二届中国（广州）国际影像产业博览会
时间：2005年12月8～11日（广州）
周期：一年一届
创办时间：2004年

境外展

展名：法兰克福国际乐器、音乐硬软件、乐谱暨附件博览会
时间：2005年4月6～9日（德国）

展名：土耳其广播电视、线缆和卫星展览会
时间：2005年10月（土耳其）

③ 通讯器材行业展会

我国雷达业仍需努力

2005年5月18～20日，2005年世界雷达博览会在北京中国人民军事博物馆举行。两年一届的世界雷达博览会作为全球惟一的雷达专业展览会到今年已经举办了三届，此次展览会上，来自美国、德国、法国、意大利、丹麦、乌克兰等国家和国内近120家参展企业现场展示了各种先进火控、探测、预警雷达，展品面向军内用户和国内外特定客户。

据主办方介绍，随着信息现代化的高速发展，雷达技术水平日益提高，其应用范围也由当初以军事为主扩展到了气象、环保、航空、航天、航海和地球定位等诸多领域，与人民生活日益密切。面对雷达应用市场领域的扩大，科研、运输、商业、气象以及环保、农业、防灾等方面对雷达的要求也迅速提高。我国近年来雷达技术的交流与设备的现代化发展也逐渐成为业内人士关注的焦点。

作为参展商，扬州船用电子仪器研究所的王先生讲道：“现在我国的雷达技术发展很快，也涉及了各个领域，在这种展览会上参展商之间，参展商与观众之间都会有很好的交流，但这并不排除各企业对自己技术的保留。这种现象在军用雷达上体现得更明显，因为它关系到一个国家的安全问题，因此最先进的军用雷达是不会在展览上展出的。我国的雷达技术较英美等发达国家还有很大的差距，因此，我们展出的雷达主要是针对在这一领域相对落后的第三世界国家。”

此外，由于是雷达专业展，其展品涉及到军事、航空、航天等高科技，所以主办方对参观人员控制比较严格。各企业在展位的布置上也不像其他行业的展览那么富丽堂皇，大部分展位都只是以图片加说明的展板向观众展示各自的雷达产品，只有一小部分企业展出了产品模型，但这并不影响专业

观众参观展览，他们关心的是展板上的一些具体参数。前来参观的除了各个雷达用户外还有一部分是相关专业的学生。

第三届天津手机配套洽谈会

众多知名的手机整机厂商和核心零部件供应、手机设计厂商集体亮相天津，共同演绎手机产业当前最新发展潮流。2005年5月26～28日，第三届国际制造业（手机）配套采购洽谈会暨论坛在天津滨海国际会展中心隆重举行。今年的会议规模、技术档次等均远远高于往届，从手机设计、元器件、手机制造、手机配件，到手机用材料、整机厂，每个领域都有众多知名企业前来参展。

本次展会展览面积1.5万平方米，大会共有326家企业设立展位542个，其中采购商30家设立展位100个，296家供应商设立展位442个。本次展会在规模适当增长的前提下，展商质量得到了极大的提升。确认参展、参会的采购商共51家，包括手机品牌厂商、设计公司、ODM、OEM、EMS等。全球著名品牌厂商摩托罗拉、诺基亚、三星、西门子、索爱、LG、松下、波导、三菱、NEC集体参加了本次展会。

市场调研公司iSuppli报告显示，全球手机市场连续两年呈现两位数字高增长的景观将告一段落，但中国依然是名副其实的全球生产和销售第一大国。2004年全国手机产量达2.3亿部，出口达到1.4亿部。根据信息产业部制定的2005年经济发展目标，今年手机出口目标为1.6亿部。在全球半导体元器件市场寒流涌动之时，中国手机市场的增长态势仍将给手机设计、芯片、器件、配件厂商提供一个赢利的舞台。

此次展会依然以专业服务手机产业链为主，致力于提供一个国际手机产业链各环节具有竞争优势的产品和技术展示平台，国际手机产业链上下游企业的配套采购平台，手机产业链最新政策和资讯发布平台，促进产业链上下游企业的互动展示、交流和配套采购。该展览及同时举行的系列论坛、研讨会已真正成为国际手机产业链各环节的采购、生产、设计、研发、销售等相关业内人士的年度盛会。

本届会议同时举行多场专业论坛、研讨会，从不同层面和角度介绍最新的手机产业政策、趋势、采购和技术发展现状、应用等。这也是中国政府、手机制造商、手机设计商、供应商等首次如此大规模高层次集中讨论。

为了提高参加会议企业的服务质量，组委会结合已经成功运营了两年多的国际手机采购网，为专业参观人士和展商提供创新的商业配对服务，将有需求的采购商和意向相配套的供应商双方通过网上或现场填写供需配对信息，快速得到与之配套的厂商资料，实现高效的经贸往来。同时，由本次展会组委会倡导组织的首个以中国手机产业经理人聚会为目的的沙龙也于5月27日在天津举行。该沙龙为手机产业链各环节厂商的中高层管理人员和技术人员提供了一个轻松交友、休闲娱乐和互相交流的开放式交流平台。

境内展

展名：2005中国移动通信设备展览会
时间：2005年7月1～4日（青岛）

展名：北京国际多媒体通信会议室设备暨办公自动化展览
时间：2005年7月12～16日（北京）

境外展

展名：2005印度国际通讯博览会
时间：2005年11月8～11日（印度）

④ 仪器仪表行业

行业简况

仪器仪表行业概况

一、行业基本情况

1. 2004年中国仪器仪表行业的基本情况。企业数为2494个；职工人数55.1万人，同比增长4%；总资产1378亿元，同比增长12.5%；销售收入1189亿元，同比增长23.3%；利润总额73亿元，同比增长18.8%。

2. 主要产品产量。自动化仪表及系统：4738万多台，同比增长5.32%；电工仪器仪表：4184万多台，同比下降15.94%；光学仪器：772.95万多台，同比下降10.85%；成分分析仪器：6.44万台，同比增长0.14%；试验机：1.93万台，同比下降5.49%；汽车仪器仪表：2143万多台，同比增长14.14%；环境监测仪器仪表：1043台，同比下降43.38%。

3. 进出口情况。全年进总额为122.3亿美元，同比增长35.2%；出口总额为40.6亿美元，同比增长38.4%。

4. 企业经济类型结构。按企业经济类型分：国有企业410个，占总数的12.44%；民营企业1418个，占55.86%；三资企业666个，占26.7%。

按企业规模分：大型12个，中型256个，小型2226个。

二、行业发展情况

1. 国有企业改制改组步伐加快。国企改制、转制及相关改革措施力度加大。2004年又有一些国有重点企业已经转为民营。如开封仪表有限公司、合肥精大科仪表有限责任公司等已改制、民营化。国企工业总产值完成161.1亿元，同比增长11.5%；销售收入162.9亿元，同比增长13.4%；总资产同比增幅2.9%。国企生产总值占全行业13%，销售收入占全行业13.7%。生产总值、销售收入增长明显加快，增幅均为两位数，是近十年来首次。但由于吴忠仪表集团有限公司报亏5.3亿元，致使国有企业利润总额为亏损4.1亿元。

2. 探索向海外发展的新路。走出国门，探索发展新路。面对激烈的市场竞争，一些企业特别是生产能力富余的企业，积极面向国际市场，探索发展新路。

2004年5月28日，华立集团公司与阿根廷IATE集团公司合资的华立（阿根廷）电能表有限公司开业。至此，华立在海外的第二座电能表制造基地正式投产。合资公司的目标是年产销30万台华立牌电能表，产品主要销往阿根廷及巴西、秘鲁等南美国家。在阿根廷设立电能表生产基地，是华立实施国际化战略，走出去，进行海外布局的重要一环。通过以较低成本进入较大市场，与当地有实力的公司合作这一形式，从而进一步扩大华立电能表在目标市场的占有率。

2004年8月，北京京仪控股有限责任公司所属京仪北方仪器仪表有限公司与孟加拉国EPIL公司、中国建筑材料及设备进出口总公司共同签署了在孟加拉国合资建设电度表工厂的合作协议和公司章程。该项目从2003年年底开始接触，各方均以现金出资。工厂所需设备由京仪北方公司提供，预计2005年1月可进行小批生产。

2004年初，吴忠仪表集团有限公司为了铸件出口，向“德国莱茵技术监督顾问股份有限公司”申请了〈欧盟承压设备规范〉的PED认证和AD 2000—— W0认证，经过半年多的努力工作，于2004年6、7月分别取得了认证证书，从此打开了欧盟铸件产品市场的大门，为公司增创效益铺平了道路。

3. 国际知名仪器仪表企业纷纷独资，建立研发生产基地。2004年，三资企业销售收入597.9亿元，同比增长30.1%，占全行业比例首次突破50%；利润总额42.9亿元，同比增长30.1%，增幅虽有所下降，但仍占全行业的59.2%；总资产同比增幅23.9%，比2003年高出1.5个百分点。国外著名的仪器仪表跨国公司非常看好中国市场的前景，都继续在我国投资建厂，或者扩大生产。

日本山武公司为了迎接2006年创业百周年，正在实施整个集团的大规模资源优化战略，因此，该集团将中国总部从北京迁到上海，并在上海成立了山武（上海）自动化仪表有限公司。该集团频频同国内著名仪器仪表制造商接触探讨合作，谋求在中国的市场上取得更大的份额。

2004年10月28日，E+H集团在苏州的生产基地——恩德斯豪斯流量仪表技术（苏州）有限公司开业。该工厂位于苏州工业园区，占地2500平方米，目前总投资已经超过400万欧元，苏州公司将发展成为集团在中国的制造中心。除流量仪表外，集团还计划在明年引入液位和压力仪表、工业分析系统生产线。明年E+H在中国新的营销中心也将在上海落成。该集团正不断加强在中国的发展。

ABB公司仪表产品部于2004年夏在中国上海新建压力变送器生产线，以加强压力变送器业务的世界领先地位并更好服务中国客户。新生产线的建立将以更加高效的方式为中国客户提供世界领先的产品和服务，并实现对客户的高度关怀。整条生产线由ABB中国仪表产品部从意大利引进，生产包括264DS, 264PS, 264HS and 264GS型号的2600T系列压力变送器。单班生产能力为每月900台。压力变送器的主要部件如传感器等进口自德国和意大利。

霍尼韦尔公司加大对中国的研发投入。在多元化技术和制造业方面占重要地位的跨国公司霍尼韦尔正式启用其位于上海浦东新区张江高科技园区内的新亚太地区总部及研发中心。此举意味着该公司亚太地区研发重心移至上海，成为全球重要的五大研发中心之一。霍尼韦尔四大业务中的三大战略性业务部门：自动化控制系统集团、特殊材料集团以及交通和动力产品集团的亚太区总部也都将搬至上海。新址还包括一系列特殊材料研发实验室，一个软件开发实验室，一个引擎和涡轮增压机主要测试中心，以及为霍尼韦尔亚太地区业务运作提供各种支持的全球业务服务中心。

罗克韦尔自动化公司落户青岛。2004年9月9日，世界知名的工业自动化解决方案供应商罗克韦尔自动化公司在青岛成立分公司。该公司在工业自动化、控制和信息技术解决方案等领域占据领先地位。公司总部设在美国，在全球80多个国家设有450多个分支机构，在中国设有13个销售机构。

德国巴鲁夫传感器成都投产。2004年，由全球排名第五的传感器“巨头”德国巴鲁夫（BALLUFF）投资的巴鲁夫传感器（成都）有限公司正式投产，这是德国巴鲁夫在中国设立的第一家生产基地，也是其在亚洲设立的第二大生产基地。巴鲁夫传感器（成都）有限公司首期投资100万欧元，其前两年生产产品将全部用于出口。巴鲁夫还计划将逐步把现运营成本较高的日本基地的业务转移到成都，并最终将其建成亚洲最大的传感器生产中心。

三、行业综合水平有所提高，部分重点领域取得突破

总体上达到国际80年代末期90年代初期水平，40%的产品实现了数字化，达到国际80年代末期水平；约15%的产品实现了智能化，达到国际90年代水平。

品种门类较为齐全，有一定的成套能力：可以承接30～60万千瓦火电站、核电站、30万吨合成氨、120吨转炉、日产30万立方米城市煤气站工程、成套大型炉窑等大型工程成套控制项目。

科学测试仪器：中高档产品市场满足率约为35%，中低档约65%；过程测量控制仪表及系统：大型工程项目中的品种满足率50%，中小型工程70%。

本国企业已经拥有工业自动化领域的代表性高科技产品——分散型控制系统的自主知识产权，其产量、产值、销售收入和订货承接量都已超过国际著名公司在华独资和合资企业。国产系统在30万千瓦及以下火电机组和相当水平控制规模的其他应用领域已具备竞争实力，并第一次进入60万千瓦火电机组项目。比较典型的业绩有：上海新华控制技术（集团）有限公司的XDPS-400分散型控制系统在与众多国内外知名品牌DCS的激烈竞争中，一举中标贵州盘南（响水）电厂一期工程4×600MW机组中2台600MW机组。这是国产DCS首次进入600MW大型火电机组，打破了国内600MW机组DCS市场被进口DCS一统天下的局面。这也标志着国产DSC已达到国际先进水平。

2004年4～5月，和利时公司连续中标山东沾化京博生态纸业有限公司300t/d漂白麦草、苇浆全国最大生产线：连续蒸煮、洗选漂、蒸发、燃烧、苛化全线DCS控制系统，山东华泰纸业股份有限公司2条2640/550文化纸机全线DCS控制系统和青岛海王纸业有限公司3600/450文化纸机全线DCS控制系统，国外DCS在造纸行业控制系统方面多年形成的行业垄断被一举打破。

浙江浙大中自集成控制股份有限公司的DCS系统项目在国内石化行业贡献突出。亚洲最大的连续重整装置、测控点数超过三千点的大型聚合装置等一系列成功应用表明，浙大中控已经奠定了在国内石化行业的绝对优势地位。

四、行业特点和趋势

1. 国际仪器仪表主要发展趋势。①数字化、智能化、网络化、微型化；②兼并、重组加剧,大型仪表企业进入更强大综合性工业集团趋势明显；③跨国公司加速推进对华战略,进入以建独资生产企业和控股投资公司、兼并中方优势企业为主的“第三阶段”。

2. 我国仪器仪表行业的特点和趋势。①门类齐全，有一定行业基础，在发展中国家，属“上游”，与发达国家差距明显；②受体制、机制、经济及科技综合水平、管理、人才等条件的制约，企业“多、散、弱”，科研开发能力不强，产品稳定性、可靠性有差距，市场出现高中档产品以三资和进口为主，中低档产品以中资企业为主的趋势，而且由于市场规模、人力成本、行业基础等比较优势，一些量大面广的产品将成为生产和出口大户；③三资企业高速发展，民企发展迅猛，国企处境艰难，不同经济类型企业差距拉大，具体指标如下所列：

行业总体上呈向上发展态势，除三资企业外，中资企业的亮点集中在已有一定规模和实力的民企、改革已见成效的少数国企和由大学及科研机构创建的高科技企业。

——东方集成网

展 会

第15届多国仪器仪表展览会（MICONEX2004）

由中国仪器仪表学会主办的“第15届多国仪器仪表展览会（MICONEX2004）”2004年9月14～17日在北京举办。值得关注的是在2004年的展会上，颁发第一批中国仪器仪表学会“优秀工业控制系统奖”，获奖单位来自国内外11家知名工业自动化系统企业。

据中国仪器仪表学会秘书长吴幼华介绍，2004年参加本届展会的600余家厂商分别来自美国、英国、德国、日本、加拿大、奥地利、澳大利亚、匈牙利、韩国、意大利、芬兰、瑞士、瑞典、丹麦、俄罗斯和中国及香港、台湾地区，展览面积逾2.5万平方米，业内国内外知名企业基本上全数登场。本届展会期间举办36场专业技术交流会，以及第二届“工业自动化系统知名企业高峰会”和中国仪器仪表学会学术年会。此次大会邀请了中国科协副主席、国防科工委副主任栾恩杰、中国工程院院士张钟华研究员及业内知名专家、学者与参会的1000多位学术代表就测控技术、科学仪器、自动化系统与信息技术等议题进行报告和研讨；并就仪表功能材料及其应用、资源保护与环境监测、科学仪器的发展、传感技术数字化应用、电磁测量及电测仪器仪表等热门学科进行学术交流。

据了解，目前，MICONEX展会已发展成为亚洲第一，世界第四大型仪器仪表专业技术展览会，也是中国仪器仪表学会举办的精品活动之一。自1983年以来，中国仪器仪表学会先后与联合国教科文组织、联合国工发组织、美国仪表学会、英国测量与控制学会、日本计测学会共同发起组织了多国仪器仪表学术会议暨展览会（MICONEX），到目前为止已经成功地举办了14届。由于大会充分发挥了集“学术、展览、技术、贸易、转让”于一体的突出优势，诚心服务于仪器仪表科研单位、企业及直接用户，从而已成为与国际著名仪器仪表、测量控制和自动化技术展会齐名的重要展会活动，在国内外享有极高的权威性与知名度。1994年MICONEX正式加入了国际展览联盟（UFI）组织，并成为世界仪表测量与自动化展览联合会（WORLD－FIMA）的创始会员。

境内展

展名：第十届台北国际仪器展览会
时间：2005年2月（台北）

展名：2005第六届（济南）华东国际工业自动化暨控制技术展览会暨（济南）国际仪器仪表与传感器、计量测试展览会
时间：2005年3月3～5日（济南）

展名：2005第八届武汉国际工业控制自动化暨仪器仪表展览会
时间：2005年3月3～5日（武汉）

展名：2005武汉国际分析测试仪器暨演示设备展览会
时间：2005年3月3～5日（武汉）

展名：中国（广州）国际工业控制自动化暨仪器仪表展览会、华南液压气动密封暨空气压缩机国际展览会
时间：2005年3月8～11日（广州）
周期：一年一届
创办时间：1997年3月
上届数据：展出面积（平方米）：20000
观众总数（人次）：20000
展商总数（家）：500

展名：中国宁波工控自动化暨仪器仪表展览会
时间：2005年3月15～17日（宁波）

展名：2005中国重庆（第八届）仪器仪表工业控制自动化国际展览会
时间：2005年3月17～19日（重庆）

展名：2005年第七届中原工业控制暨仪器仪表展览会
时间：2005年3月17～20日（郑州）

展名：第六届长春工业控制暨自动化、仪器仪表博览会
时间：2005年3月23～26日（长春）

展名：2005中国东北第八届国际仪器仪表暨工业自动化展览会
时间：2005年4月6～9日（沈阳）
周期：一年一届
创办时间：1998年4月
上届数据：展出面积（平方米）：40000
其中外国参展面积（平方米）：10000
观众总数（人次）：26791
展商总数（家）：400
其中外国参展商数目（家）：100

展名：中国东北第六届国际质量控制、无损检测暨测试测量设备展览会
时间：2005年4月6～9日（沈阳）
周期：一年一届
创办时间：2000年4月
上届数据：展出面积（平方米）：40000
其中外国参展面积（平方米）：10000
观众总数（人次）：26791
展商总数（家）：200
其中外国参展商数目（家）：30

展名：2005年（第六届）西南地区自动化暨仪器仪表、动力传动暨液压气动、制造业信息化高峰论坛暨国际展览会
时间：2005年4月19～22日（成都）

展名：第三届上海国际分析仪器、生化试剂和实验室设备展览会
时间：2005年4月25～27日（上海）
周期：一年一届
上届数据：展出面积（平方米）：6000
其中外国参展面积（平方米）：270
观众总数（人次）：1000
展商总数（家）：153
其中外国参展商数目（家）：23

展名：第六届中国（广州）国际分析测试仪器展览会暨技术交流会
第四届中国（广州）国际生物技术展览会暨技术交流会
时间：2005年5月19～21日（广州）
周期：一年一届
创办时间：1999年
上届数据：展出面积（平方米）：3200
其中外国参展面积（平方米）：1000
观众人数（人次）：11000
展商总数（家）：116
其中外国参展商数目（家）：33

展名：2005中国上海国际仪器仪表展览会
时间：2005年6月8～10日（上海）

周期：一年一届

展名：2005（第七届）大连国际自动化仪器仪表展览会
时间：2995年6月16～18日（大连）
周期：一年一届
创办时间：1999年6月
上届数据：展出面积（平方米）：10000
其中外国参展面积（平方米）：1500
观众总数（人次）：19890
展商总数（家）：283
其中外国参展商数目（家）：12

展名：中国国际液压气动设备、控制系统暨电力传输技术展览会
时间：2005年7月13～16日（上海）
周期：两年一届

展名：中国国际测量监控技术展览会
时间：2005年7月13～16日（上海）
周期：两年一届

展名：第16届多国仪器仪表展览会
时间：2005年9月13～16日（上海）
周期：一年一届
创办时间：1983年
上届数据：展出面积（平方米）：25000
其中外国参展面积（平方米）：7000
观众人数（人次）：5万
展商总数（家）：650
其中外国参展商数目（家）：200

展名：沈阳国际测量监控技术仪器展览会
时间：2005年9月（沈阳）
周期：首次举办

展名：中国沈阳国际液压气动设备、控制系统暨电力传输技术展览会
时间：2005年9月（沈阳）
周期：首次举办

展名：中国国际测量仪器暨自动化技术展览会
时间：2005年9月（上海）
周期：一年一届

展名：第四届山东国际分析检测仪器与实验室设备展览会
时间：2005年11月17～19日（济南）

境外展

展名：中东实验室技术展览会暨考察
时间：2005年2月4～6日（阿联酋）

展名：匹兹堡化学分析测试暨仪器展览会
时间：2005年2月27日～3月5日（美国）

展名：国际生物分析技术暨设备展览会
时间：2005年4月5～8日（德国）

展名：量度暨测试仪器展览会
时间：2005年5月11～15日（泰国）

展名：国际工业工具量度系统分析暨调控科技展览会
时间：2005年7月7～10日（泰国）

展名：科学仪器暨实验设备展览会
时间：2005年7月7～10日（泰国）

展名：拉美国际分析展览会
时间：2005年8月13～15日（巴西）

展名：日本分析技术展览会
时间：2005年9月1～3日（日本）

展名：国际化学分析、测试、生物技术展览会
时间：2005年11月3～7日（意大利）

⑤ 电子元器件行业展会

上海慕尼黑电子展

2005年3月15～17日，由慕尼黑国际博览集团和上海新国际博览中心主办的第四届慕尼黑电子展在上海新国际展览中心举办。

据组办者介绍，在本届慕尼黑电子展上，中国本土电子企业参展规模大幅度上升。中国展商数量达到了132家，比上届增长了20%，占参展商总数的45%。

慕尼黑电子展见证了中国电子产品市场近年来的高速发展，同时也为中国本土企业做大做强、走向国际市场做出了积极的贡献。中国的企业在这里了解到国际最新的产品和技术，寻找到可靠的合作伙伴，很多企业通过展会将自己的产品推向了世界。

在现场，有深圳的大族激光、东莞的建时达都以72平方米的大型展位布展。还有厦门宏发、中国电子科技集团公司第四十五研究所等等单位，都在展会上亮相，这也从一个侧面反映出本土电子工业开始在电子元器件、生产设备等领域向国际企业挑战的市场现状。

在前两年的展会上，国内企业的主要目标是在展会上拿订单，一个大的订单对于企业全年的生产都很关键。但在近两届展会上，这一局面已经完全改变。一些本土企业已经成长为行业中的重要企业，它们也把树立品牌形象和寻求技术合作作为参展的主要目标，这些都表明本土企业已经可以与国际同行们同台共舞了。

功率器件与连接器成亮点。从慕尼黑电子展宣传可以看出，在涵盖电子行业整个产业链的同时，展会侧重于快速增长的功率器件、显示、汽车电子及制造服务业等领域。与以往相比，本届展览会除了涵盖传统领域如高端电子元器件、SMT设备之外，还突出了PCIM功率半导体芯片与线束连接器两大主题。

在现场可以看到，在PCIM功率半导体专区中会聚了如意法半导体、英飞凌、飞兆半导体、安森美、国际整流器、三菱电机及富士电机等厂商。

英飞凌在展览会上重点推广了其高性能的16位单片机和传感器产品，这些都是汽车电子中不可缺少的。同时，来自英飞凌科技奥地利有限公司的范尼道奎斯特博士重点介绍了创新设计的CoolMOSCS服务器系列高压功率晶体管。

另一个亮点当属今年新设的线束连接器专区，其中，泰科电子210平方米的大型展位格外引人注目。除泰科外，还有来自德国的ERNI、Harting、Samtec及C&W等厂商。他们展示的产品中不乏高速连接器等最尖端的产品。

展会规模升至最大。在上海新国际展览中心，慕尼黑电子展占据了二号馆和三号馆的一半。来自全球22个国家和地区的308家展商，错落有致地分布其中。来自德国、英国等国的展团，为此次展会增色许多，在近1.5万平方米的展会现场显得格外耀眼。

“慕尼黑电子展为我们提供了一个与亚太地区，尤其是中国客户见面的绝佳机会。这个展会独特的商业氛围非常适于展示全系列的产品线。我们接待了许多客户。”泰科电子全球市场资讯总监汤姆·多纳利如此评价这次展会。

库迈思精密机械(上海)有限公司总经理刘承鑫对这次展会也很满意。他说：“今年我们参展的效果比去年还要好。观众质量很高，我们期待的客户都来了。此外，一些我们平时难接触到的观众也来了。慕尼黑上海电子展在我们这一领域越来越有行业代表性。目前我们已在计划明年参展的方案。”

同2004年相比，观众的统计也很乐观。组委会提供的信息显示，在三天内接待共计3.2万名参观者，观众总数与去年相比上升了28%。在这些人当中，有96%的人表示他们会向商业伙伴或同事推荐这次展会，而94%的人表示明年还会再来参观。

境内展

展名：中国国际电子元器件、组件、光电技术博览会
时间：2005年3月15～17日（上海）
周期：一年一届

展名：国际半导体材料技术展览会
时间：2005年3月15～17日（上海）
周期：一年一届

展名：慕尼黑上海电子展览会
时间：2005年3月15～17日（上海）
周期：一年一届
创办时间：2001年
上届数据：展出面积（平方米）：14375
观众人数（人次）：24716

展名：第七届东莞国际电子元器件暨电子设备、仪器仪表、工业自动化展览会暨第12届珠江三角洲电类厂商配套采购会
时间：2005年3月26～30日（东莞）

展名：台北国际春季电子展览会
时间：2005年4月7～11日（台北）

展名：台北国际光电展览会
时间：2005年4月7～11日（台北）

展名：中国电子产品暨元器件展览会
时间：2005年4月12～14日（上海）
周期：一年一届

展名：2005年春季电子产品暨零件跨国采购会
时间：2005年4月12～14日（上海）
周期：一年两届
创办时间：2003年4月
上届数据：展出面积（平方米）：18000

其中外国参展面积（平方米）：8000
观众总数（人次）：1万
展商总数（家）：607
其中外国参展商数目（家）：201

展名：2005年春季（第65届）全国电子产品展览会暨2005中国（深圳）国际电子展览会
时间：2005年4月12～14日（深圳）
周期：一年两届
创办时间：1964年
上届数据：展出面积（平方米）：35000
观众人数（人次）：36191
展商总数（家）：1500

展名：中国国际电子工业博览会
时间：2005年4月12～15日（上海）
周期：一年一届
创办时间：2000年

展名：第15届中国国际电子生产设备暨微电子工业展览会
时间：2005年4月12～15日（上海）
周期：一年一届
创办时间：1982年
上届数据：展出面积（平方米）：31000
其中外国参展面积（平方米）：12000
观众总数（人次）：12000
展商总数（家）：660
其中外国参展商数目（家）：500

展名：上海国际半导体暨电路板博览会
时间：2005年4月12～15日（上海）
周期：一年一届
创办时间：1985年

展名：海峡两岸机械电子商品交易会暨厦门对台出口商品交易会（简称台交会）
时间：2005年4月12～15日（厦门）
周期：一年一届
上届数据：展出面积（平方米）：26244
其中外国参展面积（平方米）：2000
观众人数（人次）：2万
展商总数（家）：800
其中外国参展商数目（家）：120

展名：苏州电子制造组装科技设备展（EMATEX Suzhou）
苏州电路板暨电子组装展览会（Circuitex Suzhou）
时间：2005年4月13～15日（苏州）

展名：2005香港春季电子产品展览会
时间：2005年4月14～17日（香港）
周期：一年一届

展名：中国国际电子产品暨微电子技术博览会
时间：2005年4月（上海）
周期：一年一届

展名：第二届国际光电子展览会暨研讨会
时间：2005年5月30日～6月1日（上海）
周期：一年一届
创办时间：2004年

展名：台湾半导体设备零组件暨材料展览会
时间：2005年6月（台北）

展名：中国国际消费电子博览会
时间：2005年7月1～4日（青岛）
周期：一年一届
创办时间：2001年
上届数据：展出面积（平方米）：21000
其中外国参展面积（平方米）：10290
观众人数（人次）：101430
展商总数（家）：312
其中外国参展商数目（家）：81

展名：第九届大连国际电子元器件暨生产设备展览会
时间：2005年7月13～16日（大连）
周期：一年一届
创办时间：1997年8月

展名：台北国际半导体暨平面显示器生产设备暨材料展览会
时间：2005年7月（台北）

展名：IEIG国际电子产品展览会
时间：2005年8月25～27日（东莞）

展名：第11届华南国际电子生产设备暨电子工业展览会
时间：2005年8月30日～9月2日（深圳）
周期：一年一届
创办时间：1984年
上届数据：展出面积（平方米）：15000

其中外国参展面积（平方米）：12000
观众人数（人次）：15552
展商总数（家）：350
其中外国参展商数目（家）：280

展名：华南半导体暨电路板技术博览会
时间：2005年8月（深圳）
周期：一年一届
创办时间：1996年

展名：2005年中国国际光电博览会（第七届）
时间：2005年9月6～9日（深圳）
周期：一年一届
创办时间：1999年
上届数据：展出面积（平方米）：50000
其中外国参展面积（平方米）：20000
观众总数（人次）：70000
展商总数（家）：1200
其中外国参展商数目（家）：350

展名：台湾半导体设备暨材料展览会
时间：2005年9月12～14日（台北）

展名：国际电子产品暨微电子技术博览会
时间：2005年9月（深圳）
周期：一年一届

展名：中国国际机械暨电子产品展览会
时间：2005年9月（武汉）
周期：一年一届

展名：台北国际电子展览会
时间：2005年10月12～16日（台北）

展名：中国电子产品暨元器件展览会
时间：2005年10月（上海）
周期：一年两届

展名：中国国际电子工业博览会
时间：2005年10月（上海）
周期：一年一届
创办时间：1992年

展名：2005亚洲电子博览会
时间：2005年10月（香港）
周期：一年一届

展名：2005秋季香港电子博览会
时间：2005年10月（香港）
周期：一年一届

展名：2005秋季（第66届）全国电子产品展览会
时间：2005年11月22～24日（上海）
周期：一年两届
创办时间：1964年

展名：第六届台湾国际电路板暨电子组装展览会
时间：2005年11月（台北）

展名：2005年跨国电子采购（深圳）博览会
时间：2005年11月（深圳）
周期：一年一届

展名：中国国际电子生产设备博览会
时间：2005年12月（上海）
周期：一年一届

境外展

展名：2005年第八届中东迪拜（国际）能源电力博览会
时间：2005年2月1～3日（阿联酋）

展名：印度国际电子元器件、材料暨电子生产设备贸易博览会
时间：2005年2月1～4日（印度）

展名：第十届沙特国际电力照明能源设备展览会
时间：2005年2月20～24日（沙特）

展名：美国电子元器件暨组件博览会（春季）
时间：2005年4月12～14日（美国）

展名：国际电子元器件（工业）展览会
时间：2005年4月25～29日（巴西）

展名：国际照明与电子、电工技术展览会
时间：2005年5月17～21日（意大利）

展名：马来西亚电子元器件展览会
时间：2005年5月24～27日（马来西亚）

展名：韩国国际LED照明展览会
时间：2005年5月25～28日（韩国）

展名：中国机电产品展览会
时间：2005年6月9～12日（菲律宾）

展名：第17届国际应用激光、光电技术贸易博览会
时间：2005年6月13～16日（德国）

展名：中国机械和电子产品贸易展览会
时间：2005年8月10～13日（马来西亚）

展名：澳大利亚国际电气和电子展览会
时间：2005年8月30日～9月1日（澳大利亚）

展名：斯图加特国际电力技术和电子技术展览会
时间：2005年9月21～23日（德国）

展名：巴黎国际电子元器件展览会
时间：2005年10月（法国）

展名：国际电气工程、电子暨照明技术贸易展览会
时间：2005年11月1～5日（阿根廷）

展名：美国电子元器件暨组件博览会（秋季）
时间：2005年11月8～10日（美国）

展名：第16届国际电子生产设备贸易博览会
时间：2005年11月15～18日（德国）

3）机械电机行业

① 机床行业

行业简况

中国机床行业亟待转变增长方式

为什么要提出转变机床行业经济增长方式这个问题呢？因为这切中了当前快速发展的机床行业的要害。以金属切削机床为例，我国金切机床年产量连续几年在30万台以上，2004年超过35万台，这是一个不小的数字，国际排行榜进入第四名，可谓机床生产大国。而代表当今世界机床先进水平的数控机床，尽管我们自己和自己比进步很大，但是总量也只有5万台的年产量，而且有70%左右都是经济型的。国产高档数控机床的品种虽有不少，但仍然没有摆脱依靠进口的局面。去年我国金属加工机床进口高达55亿美元，而出口只有5亿美元，这就是我们必须加快转变行业经济增长方式的重要依据。

要转变机床行业的经济增长方式，要抓好以下几项工作。

——行业发展必须由量的增长转向质的提高。目前行业的2016个企业大多数在生产低水平的普通产品，效益低下没有特色。因此行业的发展必须由速度型向效益型发展，由粗放型的外延增长转向集约型的内涵增长。技术水平低的机床产品市场在逐渐萎缩，质量不好的产品今后肯定没有市场，没有效益的企业今后也将无法生存。机床企业必须加快行业内的改革重组，寻找新的发展思路，否则不可能有所作为。别无选择的是只能在质量和效益发展的轨道走内涵发展的集约化经营，用技术创新、机制创新、管理创新实现企业的新生。

——靠科技进步与创新引领产业结构调整。2004年国家加强宏观调整以来，机床行业的用户部门在不断进行产品结构调整，这就要求我们提供大量高效的数控机床，而普通机床的市场则迅速萎缩。如果前几年机床行业没有大力发展数控机床，那么今天我们又将陷入非常困难的局面。当然也要看到，有相当数量以生产普通机床为主的企业，今后一段时间里日子不会好过。因此，我们要认真总结历史的教训，要更加积极主动地依靠技术创新，加速数控新品开发，推进数控机床产业化进程。没有技术创新，就不可能实现产业结构的调整。要高度认识产品结构的调整和产业发展的核心是技术创新。

——必须走向国际市场。当前，我国的市场已经是国际化的市场，机床行业不能只维持大进而小出和以普通产品出口为主的局面。我们必须到国际市场上去拼，加快国际合作的步伐，迅速扩大数控机床国际市场份额，把产业做强做大。否则机床行业难以实现在技术、经济、人才、贸易等方面迅速和国际接轨。在开放的条件下不进则退，不发展则灭亡。因此扩大国际市场占有份额是机床行业今后一项重要的战略任务。

——必须发挥比较优势，降低生产成本。我们必须在降低原材料消耗、降低能源消耗、发展循环经济、最大限度减少环境污染上下功夫。我们生产机床和刀具，在耗材、耗能和对环境污染的程度上与国外水平相比要差得很多，不加快解决这些问题则难以为继。我们要在淘汰一批低水平普通机床和低质切削工具的同时，还要注意解决好提高生产效率的问题。我们要在高速、精密、复合、智能、环保等方面利用

国际先进技术，加快数控机床和刀具新品的开发，让用户在使用国产机床和刀具上得到实惠，给用户创造更多的企业效益和社会效益。

——向用户提供全方位服务。今后要有针对性地对用户产品使用情况负起责任。在提高新产品制造质量的同时，我们还要重视用户设备使用中的问题，帮助用户改进设备功能和对旧机床进行数控技术改造。我们要改变目前只重生产新产品而轻旧设备改造，重视用户新设备安装调试而轻视老用户的个性化服务的问题。在创建新型的用户满意工程的过程中，不断提高对用户工艺技术的研究。

——慧聪网

展 会

中国机电展成交火爆

2004年9月23～26日，由商务部、中国国际贸易促进委员会、湖北省人民政府、武汉市人民政府共同举办的“第五届中国国际机电产品博览会首期机电产品展”在武汉举办。

展会上，共签约外资项目61项，投资总额97745万美元，合同外资69471万美元，其中，签订合同25项，投资总额34537万美元，合同外资23044万美元；协议意向36项，投资总额63208万美元，签订协议外资46427美元；签订出口合同10项，和约总金额28202万美元；签订内资项目30项，总计金额突破20亿元人民币。

据了解，本届展会吸引了来自美国、德国、荷兰、日本、韩国等34个国家和地区7700多名客商，其中外商1800多名。在历时4天的机电新产品和新技术会展中，共有136家境外企业亮相，其中包括52家世界500强企业。展会期间，36家跨国公司在签订相关合作、合资协议的基础上，还就在中国建立跨国采购网络等，进行了深入的考察和多层次的沟通。

海外兵团云集广州机械装备制造业博览会

首届中国（广州）国际机械装备制造业博览会暨首届广州国际工业设计博览会于2004年12月7～10日在广州国际会展中心举行。在近1000家中外参展商中，外商比例高达40%，西门子、日立、通用、三菱等国际知名品牌组成强大的海外兵团，成为该博览会上最大亮点。

据悉，本次展览会面积达5万平方米，展位超过2000个，展出的新产品及新设备万余种。该展会目前是华南地区规模最大，国际化程度最高的工业类展会。

近年来，随着国际产业转移步伐的加快，一批国际知名企业纷纷加快抢滩中国装备制造业市场。广州，拥有庞大的国际化生产能力，在CEPA框架和“泛珠三角”大经济圈中，广州已成为国际制造企业寻找商机的战略要地。

在此次展会上，除了许多本土装备巨头外，在近四千平方米的“著名品牌展区”内，西门子、日立、通用、德林、英格索兰等国际知名品牌，展开了一场实力相当的比拼。此外，一些知名跨国公司还携带了数额可观的采购订单前来，其采购商品涉及机械装备及零部件、家电、成套设备、汽车零部件、光电产品等。

第9届国际现代工厂/过程自动化技术与装备展览会

由中国机电一体化技术应用协会主办并承办的2005FA/PA第9届国际现代工厂/过程自动化技术与装备展览会于2005年6月14~17日在北京中国国际展览中心举办。

每年一度的“FA/PA国际现代工厂/过程自动化技术与装备展览会”，已成功举办了8届，被业界广泛评价为品牌价值优、科技含量高、创新成果多的展会之一。本届展览会以“引进、吸收、合作、创新”为主题，吸引了世界工业自动化领域的著名厂商踊跃参与。包括德国的西门子自动化与驱动、图尔克、伦茨、菲尼克斯电气、魏德米勒、美国的罗克韦尔自动化、国家仪器、艾默生网络、中达电通、日本的富士电机、安川电机、日立、欧立、韩国的LG产电、中国（含港台）的天津罗升、智能电气、泓格科技、深圳步进、惠丰电子、龙博科技、新利同创、思维佳、三维力控、机械工业自动化所等十几个国家和地区的近200家自动化领域的著名企业齐集展会，展示他们近年来研制的先进技术和创新成果。

为了配合展会的成功举行，展会期间还举办了“工业自动化技术论坛”，主办单位特邀国家科技部火炬办、中国机电一体化技术应用协会等业内知名资深专家作专题报告。

FA/PA国际现代工厂/过程自动化技术与装备展览会已成为工业企业寻求自动化解决方案的令人瞩目的焦点，它对我国工控领域高新技术的交流和推广，对传统制造业的改造和创新，将起到巨大的推动作用。

境内展

展名：中国东北第六届国际机床、工模具技术展览会

时间：2005年3月1～4日（沈阳）

周期：一年一届

创办时间：2000年8月

上届数据：展出面积（平方米）：12000

其中外国参展面积（平方米）：200
观众总数（人次）：26791
展商总数（家）：139
其中外国参展商数目（家）：10

展名：2005 第七届中国（西安）国际工业装备展览会
时间：2005 年 3 月 4～11 日（西安）
周期：一年一届
上届数据：展出面积（平方米）：25400
其中外国参展面积（平方米）：100
观众总数（人次）：35000
展商总数（家）：368
其中外国参展商数目（家）：36

展名：第九届中国国际机床暨工模具（成都）展览会
时间：2005 年 3 月 7～10 日（成都）
周期：一年一届
创办时间：1986 年
上届数据：展出面积（平方米）：3000
其中外国参展面积（平方米）：1000
观众人数（人次）：1 万
展商总数（家）；145
其中外国参展商数目（家）：30

展名：第 12 届中国机床、工模具展览会
时间：2005 年 3 月 11～13 日（温州）
周期：一年一届
创办时间：1994 年

展名：香港国际机床暨连接工业展览会
时间：2005 年 3 月 16～19 日（香港）
周期：一年一届
创办时间：1989

展名：国际机床——联动机械设备博览会
时间：2005 年 3 月 16～19 日（东莞）
周期：一年一届

展名：2005 第五届国际电力电工装备暨电器自动化设备（济南）展览会
时间：2005 年 3 月 23～25 日（济南）

展名：第六中国重庆工业装备暨矿业安全设备展览会
时间：2005 年 3 月 24～26 日（重庆）

展名：第九届华南工业控制自动化展览会
时间：2005 年 4 月 21～24 日（东莞）

展名：2005 温州工业自动化暨电子零配件展览会
时间：2005 年 4 月 27～29 日（温州）

展名：2005 中国国际工业装备（大连）博览会
时间：2005 年 5 月 23～25 日（大连）

展名：2005 年第六届机械机床工模具（重庆）展览会
时间：2005 年 5 月 26～29 日（重庆）

展名：2005 中国西部国际机电装备维修与改造展览会
时间：2005 年 6 月 8～11 日（重庆）

展名：第六届大连国际机床展览会
时间：2005 年 7 月 13～16 日（大连）
周期：一年一届
创办时间：1999 年 9 月
上届数据：展出面积（平方米）：8000
其中外国参展面积（平方米）：1500
观众总数（人次）：38000
展商总数（家）：300
其中外国参展商数目（家）：48

展名：第 13 届中国国际工业装备展览会
时间：2005 年 7 月 20～23 日（上海）
周期：一年一届
创办时间：2004 年 7 月
上届数据：展出面积（平方米）：6500
其中外国参展面积（平方米）：267
观众总数（人次）：15011
展商总数（家）：255
其中外国参展商数目（家）：23

展名：中国东莞国际机床展览会
时间：2005 年 7 月（广州）
周期：一年一届

展名：第五届中国国际工业装备展览会
时间：2005 年 8 月 16～18 日（青岛）
周期：一年一届
创办时间：2001 年 8 月
上届数据：展出面积（平方米）：25000
其中外国参展面积（平方米）：5000

观众总数（人次）：65000
展商总数（家）：698
其中外国参展商数目（家）：156

展名：第四届中国国际装备制造业博览会
时间：2005年8月30日～9月3日（沈阳）
周期：一年一届
创办时间：2002年

展名：第二届中国国际机电工业博览会
时间：2005年9月（宁波）
周期：一年一届
创办时间：2004年9月
上届数据：展出面积（平方米）：10000
观众总数（人次）：15000
展商总数（家）：150

展名：广州国际机床展览会
时间：2005年9月（广州）
周期：一年一届

展名：2005亚洲国际自动化技术与设备展览会
时间：2005年11月26日～12月1日（上海）
周期：一年一届
创办时间：2002年
上届数据：展出面积（平方米）：7900
其中外国参展面积（平方米）：4662
观众人数（人次）：51058
展商总数（家）：191
其中外国参展商数目（家）：118

展名：中国国际机床模具技术设备展览会
时间：2005年12月（上海）
周期：一年一届

境外展

展名：亚洲国际机床展览会
时间：2005年3月9～12日（越南）

展名：国际机床博览会
时间：2005年9月14～21日（德国）

展名：国际机床与自动化展览会
时间：2005年11月23～26日（巴基斯坦）

展名：泰国国际机床和金属加工机械博览会
时间：2005年11月（泰国）

② 工具、模具行业展会

第九届中国五金博览会

2004年9月26～28日，中国五金之都——浙江永康迎来一年一度的五金盛会。来自全球的20余万五金客商聚集在一起。

本届五金博览会是历来参展人数最多，交易范围最广，组织规模最大的五金盛宴。对中外客商来说，这是捕捉全球商机的好机会。本届博览会成为观测全国五金制造业发展趋势的“气象台”，展示世界五金名品的“大舞台”。

永康是全国盛名的“五金之都”，现有五金机械企业万余家，从业人员达30多万人，产品涵盖机械五金、装潢五金、日用五金、建筑五金、工具五金等1万多个品种，其中出口创汇产品100余种，五金工业产值占全市工业总产值的90%左右。目前，该市销售收入超亿元的企业有42家，无区域性企业集团已达20余家，省名牌产品16个，省著名商标15个。该市已成为中国先进五金制造业基地。

目前，永康市已有五金专业市场12个。中国科技五金城作为国内最大的五金专业市场，2003年成交额达151亿元，已成为“让永康五金走向世界，让世界五金汇集永康”的大舞台。中国五金博览会连年举办，对永康市经济快速发展起到了积极的拉动作用。据统计，本次展会参展参会洽谈贸易外贸人员达1.97万人次，同比增长52.7%；外商0.46万人次，同比增长70%。

发生交易额43.2亿元，同比增长21%（其中达成意向29.31亿元，同比增长27%；签订合同9.56亿元，同比增长4.4%；现场成交4.33亿元，同比增长24%）。

发生出口额2.63亿美元，同比增长26.8%（其中达成意向1.811亿美元，同比增长36.3%；签订合同0.819亿美元，同比增长9.9%）。

技术交易洽谈项目712项，同比增长94%；达成合作意向140项，同比增长460%。

26～27日的人才交流设摊招聘人才单位111家，与2003年持平；应聘报名4628人，同比增长182%（其中外来人才2067人，同比增长389.8%）；招应聘达成意向983人，同比增长43.1%；当场录用602人，同比增长193.7%。网上五金博览会访问量10.1万人次，同比增长432%。

据悉，国家商务部、浙江省人民政府携手加盟支持的本届博览会，由中国贸促会、中国商业联合会、中国科技金融促进会、中国发明协会主办，浙江省永康市人民政府、中国贸促会浙江省分会承办。在博览会期间，举行了规模宏大的五金商品交易活动，展示了国际五金新产品，并举行以技术难题招标、高新技术项目发布、专利新产品和高新技术成品的展示与交易、学术报告会为内容的技术交易活动。另外，还举办了大型人才交易会、大型焰火晚会、群众文艺汇演等一系列内容丰富、活跃的活动的节目，使博览会更加热烈、开放、安全、有效。

首届泵阀博览会

中国首届泵阀博览会于2004年10月13～15日在浙江永嘉县瓯北镇举行。有来自各地的泵阀生产、贸易商以及韩、德等国160多家著名企业参展，展位240多个。

据组委会透露，该博览会作为轻博会的专业展之一，旨在树立"中国泵阀之乡"的良好品牌形象，推动"国际先进泵阀生产基地"的建设，打造"品牌温州"，并借此促进泵阀企业与国内外业界的交流与合作，为永嘉泵阀业创造更多与同行、贸易商及使用单位面对面的接触机会，推进永嘉泵阀企业朝着规模化、集团化、现代化的方向发展。

展会期间除了展示最新款式的泵类产品、阀类产品、管道类产品、水暖洁具及消防器材外，还同时举行中国（首届）泵阀博览会论坛、"中国泵阀之乡"泵阀企业30强授牌仪式等活动。此外，作为2004温州轻博会的泵阀展区，此次博览会度身定制个性化邮票，也是展会的一个亮点。

据不完全统计，此次博览会共吸引了与会客商及参观者共2.6万人次，其中专业客商2000多人。作为全国首次泵阀行业的专业展会，此次展示的泵阀品种齐全，科技含量较高，共有500多个品种，5000多个规格的泵阀产品及相关配套设备参加展示。其中，省级以上新产品216个，国家级新产品17个。博览会期间，参展企业共签订合同交易额2300万元，意向协议额1.43亿元，其中外贸进出口协议260万美元。

中国国际轴承及其专用装备展览会

中国国际轴承及其专用装备展览会于2005年6月7～10日在上海光大会展中心开幕。

中国国际轴承及其专用装备展览会从1990年举办首届至今已是第九届。15年来展览会的规模和水平不断提高，展览会的品位和影响不断提升。

本届展览会参展单位踊跃，包括一批国内外著名轴承公司在内共500多家参展，展出总面积达3万多平方米，比上届增加66.6%，为历届之最；汇集了高、精、特、新轴承产品及先进轴承装备与仪器；展会期间，举办"钢球制造的最新发展"、"延长轴承寿命"等内容的技术讲座，交流轴承行业取得的新技术新成就；展会期间，中国轴承协会与国外同行协会座谈交流工作经验，共商行业合作事项；展会贸易活动十分活跃，有国内外著名轴承公司、商会组成参观团或采购团进行洽谈合作，扩大贸易。

境内展

展名：中国国际金属工业博览会
时间：2005年3月8～11日（广州）
周期：两年一届
创办时间：2003年11月
上届数据：展出面积（平方米）：12000
其中外国参展面积（平方米）：1000
观众总数（人次）：5000
展商总数（家）：155
其中外国参展商数目（家）：30

展名：第17届工业国际模具展览会（东莞常平）
时间：2005年3月9～12日（东莞）

展名：台北国际工具机具展览会
时间：2005年3月15～20日（台北）

展名：深圳国际机械暨模具工业展览会
时间：2005年3月25～28日（深圳）
周期：一年一届

展名：2005第三届国际铸造锻压暨工业炉展览会
时间：2005年4月6～9日（沈阳）
周期：一年一届
创办时间：2003年4月
上届数据：展出面积（平方米）：5200
观众总数（人次）：7300
展商总数（家）：101

展名：2005中国东北第八届国际五金工具展览会
时间：2005年4月7～9日（沈阳）
周期：一年一届
创办时间：1998年4月
上届数据：展出面积（平方米）：11500
观众总数（人次）：16900
展商总数（家）：240

展名：第五届中国西部金属暨冶金工业展览会

时间：2005年4月14～16日（重庆）
周期：一年一届
创办时间：2000年
上届数据：展出面积（平方米）：15000
其中外国参展面积（平方米）：1000
观众人数（人次）：16000
展商总数（家）：392
其中外国参展商数目（家）：31

展名：亚洲五金交易会
时间：2005年4月14～17日（香港）
周期：四年一届

展名：2005第二届中国国际五金电器博览会
时间：2005年4月21～23日（义乌）
周期：一年一届
创办时间：2004年4月
上届数据：展出面积（平方米）：16000
展商总数（家）：530

展名：中国国际冶金工业博览会——铸造、锻造、熔炉暨热处理技术展览会
时间：2005年4月（沈阳）
周期：一年一届

展名：2005中国成都国际金属暨冶金工业博览会
时间：2005年5月11～13日（成都）

展名：华南模具博览会
时间：2005年5月（广州）
周期：一年一届

展名：第七届西南五金机电商品博览会
时间：2005年6月3～6日（成都）

展名：第4届国际模具科技展览会
时间：2005年6月9～12日（香港）
周期：三至四年一届

展名：中国国际泵机技术展览会
时间：2005年7月13～16日（上海）
周期：两年一届

展名：中国国际管阀装置博览会
时间：2005年7月13～16日（上海）
周期：两年一届

展名：第七届大连国际五金工具暨模具展览会
第12届大连国际工业零部件、原材料展览暨专业协作配套洽谈会
时间：2005年7月13～16日（大连）
周期：一年一届
创办时间：1999年9月；1994年9月
上届数据：展出面积（平方米）：5000
其中外国参展面积（平方米）：1500
观众总数（人次）：38000
展商总数（家）：300
其中外国参展商数目（家）：48

展名：第四届大连国际铸造展览会
时间：2005年8月3～5日（大连）
周期：一年一届
创办时间：2002年8月
上届数据：展出面积（平方米）：3000
其中外国参展面积（平方米）：300
观众总数（人次）：38000
展商总数（家）：300
其中外国参展商数目（家）：48

展名：2005中国西部工业科技装备暨金属冶金工业展览会
时间：2005年8月17～19日（成都）

展名：2005第四届华东国际模具和成型技术暨设备展览会
时间：2005年9月13～16日（上海）
周期：两年一届
创办时间：1999年6月
上届数据：展出面积（平方米）：10000
其中外国参展面积（平方米）：2500
观众总数（人次）：1万
展商总数（家）：229
期中外或参展商数目（家）：62

展名：第十届中国五金博览会
时间：2005年9月26～28日（永康）
周期：一年一届
创办时间：1996年9月
上届数据：展出面积（平方米）：6000
其中外国参展面积（平方米）：200
观众总数（人次）：26万
展商总数（家）：800

其中外国参展商数目（家）：20

展名：沈阳国际泵机技术展览会
时间：2005年9月（沈阳）

展名：中国沈阳国际管阀装置博览会
时间：2005年9月（沈阳）

展名：亚洲五金机械博览会
时间：2005年10月（上海）
周期：一年一届
创办时间：2003年

展名：中国国际粉末冶金展览会
时间：2005年12月（上海）
周期：一年一届

展名：上海金属工业博览会
时间：2005年12月（上海）
周期：两年一届

境外展

展名：亚洲金属板材展览会
时间：2005年5月11～15日（泰国）

展名：越南国际金属加工设备暨技术展览会
时间：2005年5月17～20日（越南）

展名：第九届国际金属加工展览会
时间：2005年6月20～23日（俄罗斯）

展名：泰国水泵暨阀门展览会
时间：2005年7月7～10日（泰国）

展名：印尼雅加达国际金属加工设备暨技术展览会
时间：2005年8月31日～9月3日（印度尼西亚）

展名：第八届国际工具、金属加工和制造工艺展览会
时间：2005年10月31日～11月3日（俄罗斯）

展名：国际金属工业暨技术展览会
时间：2005年10月（韩国）

展名：越南钢材暨金属展览会
时间：2005年12月7～9日（越南）

展名：欧洲模具展览会
时间：2005年12月（德国）

③ 工程机械行业展会

中国市场吹热工程机械展

2004年11月16～19日，在上海新国际博览中心举办的第二届中国国际工程机械展，吸引了成群结队前来“淘金”的境外专业观众、推销商和采购商，场面十分火爆。这些观众来自数十个国家。

据中国工程机械工业协会有关人士分析，2004年国内对工程机械、建材机械、工程车辆及设备的需求有望比2003年增长4成以上，其中进口将首次突破50亿美元。全世界的厂商可以从这个处于发展中的市场上获利。

全球最大通用风冷式汽油发动机生产商——美国百力通公司，拿出几乎所有品种的发动机，在展台上尽情亮相。该公司亚洲区营销副总裁普拉姆说：“中国发展潜力令人鼓舞，我们充满信心。”2003年全球营业额227亿美元的卡特彼勒公司除展示其最新推出的建筑机械、土方机械等产品外，还首次推出融资租赁业务，并与第一批中国客户签订了融资租赁合同，使其在与同行的竞争中胜出一筹。展览会上，日本、韩国、印度、哈萨克斯坦等一队队境外专业观众在高举引导牌的外国人士带领下，成群结队进行参观洽谈，成为一道奇特的风景。

2004年的工程机械展面积达10万平方米，比2002年第一届猛增1.44倍；来自27个国家和地区的742家企业参展，比首届来自19个国家和地区的458家企业增长6成以上。据悉，首届工程机械展到会专业观众3.2万人，其中境外专业观众4490人，2004年境外专业观众人数比上届至少增长3成以上。

北京埃森焊接展会再创辉煌

由中国机械工程学会及其焊接分会、德国焊接学会和德国埃森展览公司共同主办的“第九届北京·埃森焊接与切割展览会”，于2004年11月10～13日在北京中国国际展览中心举办。

据组委会介绍，北京·埃森焊接展经过17年的发展，目前已成为亚洲最大、世界规模第二大的焊接与切割展览会，

堪称中国乃至亚洲范围内焊接行业的“奥林匹克”盛会。17年来，北京·埃森焊接展对推动中国焊接工业的发展产生了深远的影响。

随着近年来中国制造业的良好持续发展，带来了焊接行业的空前繁荣，这从近三届展览会规模的增幅就可以看出来，每届展会的展览面积均以20%的增幅增长。本届展览会共有来自17个国家和地区的500多家公司参展，展览面积超过3万平方米，1745个标准展位，覆盖了几乎整个中国国际展览中心的6个展馆。美国展团、德国展团、欧洲展团、韩国展团的面积都有明显增加，展会的国际性更加增强，已成为国际焊接界瞩目的重要行业盛会。

据悉，由于中国焊接器材制造水平的飞速发展，中国展商的展品展示已成展会的重头戏。丰富多彩的展品使该展览会已成为远东最大的焊接器材集散地，同时也是我国焊接器材出口的重要舞台。本届展会展现的巨大商机和广阔的发展空间吸引了世界各地的采购商，这说明北京·埃森焊接展作为亚太地区焊接行业的“奥林匹克”盛会，已赢得了国内外众多知名企业的信赖与鼎力支持，已成为名企树立品牌形象、展示新产品的交流平台。

2004年组委会为了更好地为参展商服务一改过去十几年时间里，机械工程学会和焊接分会秘书处分别在北京与哈尔滨两地各自办公的方式。于2004年初，由中国机械工程学会及其焊接分会共同组建了北京·埃森焊接展组委会办公室，合署办公，负责与埃森展相关一切工作。同时，组委会还积极引进人才，增加人力，专注于为参展商提供优质服务。与此同时，还进一步通过多种渠道，扩大招展范围；合作伙伴德国焊接学会，埃林展览公司和美国焊接学会、韩国焊接学会也分别在德国、欧洲、美国及韩国开展了积极而有效的招展工作，使国际展区的面积先后两次增加，使2004年的展会比上届增加了近40%。

组委会办公室的成立，进一步加快北京·埃森焊接展国际化和专业化的进程。

据介绍，“航空航天焊接国际论坛”是本届展会最大的亮点和重要配套活动之一。

航空航天工业是一个国家综合国力的集中体现，是反映制造业能力与水平的最显著的标志之一，也是新技术、新工艺和新材料等研究与应用的竞争领域。在航空、航天的装备和材料加工的过程中，焊接和连接技术始终处于至关重要的地位。我国的航空和载人航天技术已取得了举世瞩目的成就，跨入了世界航天大国的行列。然而，人类征服空间的理想和航空航天事业拓展的艰巨性、复杂性、综合性和长期性需要国际社会和各界人士共同不懈的努力。

本次论坛得到德国DVS、美国AWS、EWI、俄罗斯VIAM、乌克兰PWI、日本JWS、新加坡SWS等国家学会和研究机构的鼎力支持，同时也得到国内行业龙头、研究机构、专业院校的热烈响应。本次论坛通过专题演讲和论文交流方式，着重反映近年来在航空航天工业中焊接与连接技术的最新成就和进展。其中包括四个专题方向：①综述性、前瞻性的报告。②新方法和新材料。③新装备与新工艺。④结构完整性、质量检测、评定与维护技术。会议期间，还组织相关的技术参观活动。

为加强国内和国际之间在该领域的交流与合作，共同推动我国及国际航空航天科学技术的发展，中国机械工程学会在展会的期间，在北京皇家大饭店组织召开了“航空航天焊接国际论坛”。

首届佛山国际陶瓷工业展览会

2004年11月23日，由中国陶瓷工业协会、佛山市人民政府主办，佛山市禅城区人民政府、禅城区南庄镇人民政府协办的“首届佛山国际陶瓷工业展览会”（简称陶瓷工业展）在佛山华夏陶瓷博览城国际会展中心降下帷幕。这次展览会有100多家国内外陶瓷机械企业前来参展，共设800多个展位，面积达1万多平方米。

此次工业展与会观众达6万多人次，客商签订各种合作合同500多个。专业客商除了佛山本地的陶瓷企业外，还有很大一部分来自四川、山东、福建、潮州、清远、肇庆、河源等各大陶瓷产区。虽然是第一次举办，还是有不少国外客商闻风而动，据不完全统计达到数百人次，有来自东南亚、中东、欧美等国家的客商。本次展会，科达、娜塞提、力泰、科信达等知名陶机企业都带来了先进的机械，受到了客商的广泛欢迎。

陶瓷工业巨头和科研机构还签订了重要的合作项目。其中广东新明珠陶瓷集团和意大利萨克米陶机公司签订长期技术合作协议，国家陶瓷科研机构华夏建陶研发中心和广东科达机电公司签约，共同承担国家十五公关项目大规格超薄砖的开发工作。

本次展会推出的微粉技术、高技术复合微晶石板材、(长)3米×(宽)2米×(厚)3毫米的大规格超薄砖技术，包括除尘、废渣利用、废水处理等在内的清洁生产新技术，高白抗污无放射性高档玉质抛光砖专利技术、最新的印刷布料技术等一系列对当今建筑陶瓷发展产生重大影响的先进陶瓷生产技术，纷纷被有关企业追捧，并签下大批合作协议。环保型的陶瓷生产原料、陶瓷机械设备是会上备受瞩目的焦点。

本次工业展集中展示了当今最为先进的设备、技术，其积极融入并引导国际陶瓷工业发展的思路，为我国陶瓷工业特别是广东陶瓷产区带来了一股清新之风。

境内展

展名：第三届中国（珠海）国际建筑工程机械、建筑装饰材

料博览会
时间：2005年2月28日～3月3日（珠海）
周期：一年一届
创办时间：2001年3月
上届数据：展出面积（平方米）：30000
其中外国参展面积（平方米）：6300
观众总数（人次）：207万
展商总数（家）：227
其中外国参展商数目（家）：39

展名：2005温州金属加工机械暨材料展览会
时间：2005年3月11～13日（温州）
周期：一年一届
创办时间：1994年
上届数据：展出面积（平方米）：10000
观众人数（人次）：1万
展商总数（家）：280

展名：中国国际机械工业展览会
时间：2005年3月24～27日（宁波）

展名：2005第四届中国武汉国际工程机械道路工程材料与交通技术设施展览会
时间：2005年3月31日～4月2日（武汉）

展名：上海国际生产自动化、系统集成暨IT方案展览会
时间：2005年3月（上海）
周期：两年一届
创办时间：2003年

展名：2005年第七届西岸国际工业博览会
时间：2005年3月（西安）
周期：一年一届
创办时间：1999年5月
上届数据：展出面积（平方米）：20000
观众总数（人次）：3万
外国参展商数目（家）：420

展名：中国东北第七届国际动力传动与控制技术展览会
时间：2005年4月6～9日（沈阳）
周期：一年一届
创办时间：1999年4月
上届数据：展出面积（平方米）：40000
其中外国参展面积（平方米）：15000
观众总数（人次）：26791
展商总数（家）：700
其中外国参展商数目（家）：200

展名：2005中国东北第九届国际焊接技术设备展览会
时间：2005年4月7～9日（沈阳）
周期：一年一届
创办时间：1997年4月
上届数据：展出面积（平方米）：11500
观众总数（人次）16900
展商总数（家）：240

展名：第四届工程机械、建筑机械展览会
时间：2005年4月7～10日（长春）

展名：山东国际建材机械暨建筑工程机械展览会
时间：2005年4月22～24日（济南）

展名：第七届国际焊接、切割技术暨设备展览会
时间：2005年5月18～21日（上海）

展名：第十届北京—埃森焊接与切割展览会
时间：2005年5月25～29日（上海）
周期：一年一届
创办时间：1987年5月
上届数据：展出面积（平方米）：11000
其中外国参展面积（平方米）：1645
观众总数（人次）：2万
展商总数（家）：420
其中外国参展商数目（家）：43

展名：第十届中国国际连接器工业展览会暨中国国际电线电缆工业展览会
时间：2005年5月31日～6月2日（上海）
周期：一年一届
创办时间：1996年
上届数据：展出面积（平方米）：6000
其中外国参展面积（平方米）：280
观众总数（家）：5千
展商总数（家）：110
其中外国参展商数目（家）：15

展名：华南国际机械暨材料展览会
时间：2005年5月（广州）
周期：一年一届

展名：中国国际齿轮传动技术博览会
时间：2005年6月7~10日（上海）
周期：两年一届
创办时间：2001年

展名：中国国际机械零部件工业博览会
时间：2005年6月7~10日（上海）
周期：两年一届
创办时间：1996年

展名：中国国际轴承工业博览会
时间：2005年6月7~10日（上海）
周期：两年一届
创办时间：1990年

展名：2005亚洲国际代加工工业博览会
时间：2005年6月9~12日（香港）
周期：两年一届

展名：北京国际建筑施工技术、机具、设备博览会
时间：2005年6月15~18日（北京）

展名：第六届广州国际钣金机械、锻造、冲压暨设备展览会
时间：2005年6月29日~7月2日（广州）

展名：第六届广州国际压铸、铸造暨工业炉展览会
时间：2005年6月29日~7月2日（广州）

展名：广州国际机械零配件、材料技术展览会
时间：2005年6月（广州）
周期：一年一届

展名：中国国际现代化工厂设备展览会
时间：2005年6月（北京）
周期：一年一届
创办时间：1989年

展名：第二届中国国际机械制造技术暨设备展览会
时间：2005年7月20~23日（青岛）
周期：一年一届
创办时间：2002年
上届数据：展出面积（平方米）：4500
其中外国参展面积（平方米）：99
展商总数（家）：161
其中外国参展商数目（家）：6

展名：2005年台北国际自动化工业大展
时间：2005年7月（台北）

展名：大连国际焊接技术设备展览会
时间：2005年8月3~5日（大连）
周期：一年一届
创办时间：2003年8月

展名：中国工程机械展览会
时间：2005年8月15~18日（哈尔滨）
周期：一年一届
上届数据：展出面积（平方米）：3万
观众人数（人次）：4万
展商总数（家）：200

展名：中国国际设备制造博览会
时间：2005年9月1~5日（沈阳）

展名：第八届北京国际工程机械展览与技术交流会
时间：2005年9月20~23日（北京）
周期：两年一届
创办时间：1989年
上届数据：展出面积（平方米）：47400
其中外国参展面积（平方米）：
观众总数（人次）：57867
展商总数（家）：542
其中外国参展商数目（家）：261

展名：国际工业自动化暨控制装备展览会
时间：2005年9月（武汉）
周期：一年一届

展名：2005中国（山东）国际机械制造技术与装备展览会
时间：2005年10月11~13日（济南）

展名：2005年第11届国际电线、电缆、紧固件、弹簧暨其他线材制品展览会暨学术会议
时间：2005年11月2~5日（北京）
周期：两年一届
上届数据：展出面积（平方米）：6000
其中外国参展面积（平方米）：600
观众总数（人次）：13000
展商总数（家）：200
其中外国参展商数目（家）：24

展名：国际工业自动化、机电装备暨工程管理展览会
时间：2005年11月28日～12月1日（上海）
周期：一年一届

展名：上海工业自动化博览会
时间：2005年11月28日～12月1日（上海）
周期：一年一届
创办时间：2003年

展名：国际焊接、切割技术展览会
时间：2005年11月（上海）
周期：一年一届

展名：中国国际质量控制暨检测设备展览会
时间：2005年11月（上海）
周期：一年一届

展名：中国国际工业博览会
时间：2005年11月（上海）
周期：一年一届
创办时间：1992年

展名：第12届中国国际建筑砌块机械暨混凝土预制技术博览会
时间：2005年12月6～8日（上海）
周期：一年一届
创办时间：1994年
上届数据：展出面积（平方米）：7000
观众人数（人次）：5300
展商总数（家）：105

展名：中国国际工业自动化展览会
时间：2005年12月（上海）
周期：一年一届

展名：中国国际代加工工业博览会
时间：2005年12月（上海）
周期：一年一届

境外展

展名：国际机械制造周
时间：2005年3月7～10日（美国）

展名：国际机械动力传动展览会
时间：2005年3月15～19日（美国）

展名：第七届中东迪拜国际工业机械技术展览会
时间：2005年3月20～23日（阿联酋）

展名：2005年汉诺威工业博览会
时间：2005年4月11～15日（德国）

展名：澳洲机械装备周
时间：2005年4月18～25日（澳大利亚）

展名：国际机械制造技术贸易博览会（机床展）
时间：2005年4月19～22日（匈牙利）

展名：国际工业机械展览会
时间：2005年5月10～13日（澳大利亚）

展名：国际机器展览会
时间：2005年5月11～15日（泰国）

展名：专业焊接技术暨配件工艺贸易展览会
时间：2005年5月11～15日（泰国）

展名：机器工具展览会
时间：2005年5月11～15日（泰国）

展名：工业自动化展览会
时间：2005年5月11～15日（泰国）

展名：越南国际食品包装机械设备暨技术展览会
时间：2005年5月17～20日（越南）

展名：越南国际工业机械暨技术展览会
时间：2005年5月17～20日（越南）

展名：国际工业博览会
时间：2005年5月24～27日（匈牙利）

展名：国际工业机械设备展览会
时间：2005年5月（马来西亚）

展名：中国机电产品展览会
时间：2005年6月9～12日（菲律宾）

展名：国际工业零部件暨原材料展览会
时间：2005年6月22～24日（日本）

展名：澳大利亚国际工业制造周
时间：2005年6月（澳大利亚）

展名：第16届马来西亚国际橡塑胶机械暨模具工业技术展览会
时间：2005年7月7～10日（马来西亚）

展名：中国机械和电子产品贸易展览会
时间：2005年8月10～13日（马来西亚）

展名：印尼雅加达国际工业机械展览会
时间：2005年8月31日～9月3日（印度尼西亚）

展名：印尼雅加达国际金属加工设备暨技术展览会
时间：2005年8月31日～9月3日（印度尼西亚）

展名：印尼雅加达国际塑料机械暨技术展览会
时间：2005年8月31日～9月3日（印度尼西亚）

展名：国际机械展览会
时间：2005年9月12～16日（捷克）

展名：国际焊接博览会
时间：2005年9月12～17日（德国）

展名：工业机械暨工具展览会
时间：2005年10月6～9日（泰国）

展名：第八届国际工具、金属加工和制造工艺展览会
时间：2005年10月31日～11月9日（俄罗斯）

展名：第五届国际工业博览会
时间：2005年10月（伊朗）

展名：国际工业零部件转包贸易博览会
时间：2005年11月（瑞典）

展名：国际工业配件展览会
时间：2005年11月（法国）

展名：巴黎国际工业配件展览会
时间：2005年12月（法国）

④ 纺织机械行业展会

东莞国际针织刺绣工业展 东莞国际染整展成功落幕

由香港雅式展览服务有限公司和中国国际贸易促进委员会东莞市支会主办的”第二届东莞国际针织、刺绣及服装技术展览会”和“东莞国际纺织化学品、印花及染整技术展览会”于2004年9月10日在来自各方面的殷切关注中成功落幕。

此届展会吸引了来自海内外的观众达4100人，其中海外观众占37%左右,主要来自韩国、日本、意大利，和中国香港、澳门、台湾等国家和地区。

本届展会获得了多家海内外的业内巨头支持，90%为海外展商。不少展商表示对本届展会的质量、观众的数量，特别是观众的质量表示满意。因为许多展商在展会上结识了许多新客户，落实了不少客户的订单。

在为期3天的展览会上，世界首次展出的最新型号的横编织机、中国首次展出的最新型号横编织机均由荣荣工业有限公司展出，令专业观众确实感到本届展会的专业性和国际性，看到了国际上最新型的针织刺绣设备，了解到了业界的发展趋势。

在“东莞国际针织刺绣工业展”和“东莞国际染整展”举行的同期，还举行了技术研讨会。由香港理工大学的专家，在展会开幕当日主持了有关“纳米技术在纺织业上应用”的研讨会；在纺织化学品行业内享负盛名的美国道康宁公司也有一名专家专程由美国前来赴会，透视相关科技在针织及染整业上的影响，主讲了“含硅柔软剂在织物防污整理之应用技术简介”；在展会的第二天由香港制衣业训练局的专家主讲了“立体创样技术在针织界的应用”。出乎主办单位的意外，参加研讨会的听众十分踊跃，令研讨会会场爆棚，不得不临时增加许多位置。

此外，展会期间进行了多场时装巡礼，展示了多家国际机械公司以最崭新的科技及设备制造的成衣及内衣，令观众从模特儿身上体会针织衣物的最新的潮流趋势。

境内展

展名：第六届中国（济南）国际缝制设备暨纺织工业展览会
时间：2005年3月18～20日（济南）

展名：北京国际缝制设备与辅料展览会
时间：2005年3月27～29日（北京）

展名：2005浙江省第13届国际纺织机械展览会
时间：2005年3月29～31日（杭州）
周期：两年一届

上届数据：展出面积（平方米）：5000
其中外国参展面积（平方米）：1500
观众总数（人次）：55000
展商总数（家）：201
其中外国参展商数目（家）：58

展名：第十届广东纺织机械展览会
时间：2005年4月2～4日（广州）

展名：第五届中国东北国际纺织机械缝制设备展览会
时间：2005年6月17～19日（沈阳）
周期：两年一届
创办时间：1993年
上届数据：展出面积（平方米）：10000
其中外国参展面积（平方米）：900
观众人数（人次）：14000
展商总数（家）：146
其中外国参展商数目（家）：10

展名：2005第六届青岛国际缝制设备展览会
时间：2005年6月28～30日（青岛）
周期：一年一届
创办时间：2000年11月
上届数据：展出面积（平方米）：22000
其中外国参展面积（平方米）：6700
观众总数（人次）：5万
展商总数（家）：810
其中外国参展商数目（家）：195

展名：亚洲缝制设备、面料辅料暨纱线展览会
时间：2005年6月29日～7月1日（广州）

展名：中国国际缝纫设备暨配件展览会
时间：2005年9月（上海）
周期：一年一届

展名：第四届国际纺织机械、服装机械配件器材展览会
时间：2005年10月16～18日（济南）

展名：国际缝纫机械博览会
时间：2005年10月（上海）
周期：一年一届

展名：中国国际制衣机械技术博览会
时间：2005年11月（厦门）
周期：一年一届

展名：第八届宁波国际缝制设备展览会
时间：2005年12月（宁波）
周期：一年一届
创办时间：1998年
上届数据：展出面积（平方米）：2600
其中外国参展面积（平方米）：500
观众人数（人次）：6000
展商总数（家）：112
其中外国参展商数目（家）：11

展名：第三届全国缝制机械零部件采购会
时间：2005年12月（宁波）
周期：一年一届
创办时间：2003年
上届数据：展出面积（平方米）：1400
观众人数（人次）：3000
展商总数（家）：60

境外展

展名：雅加达纺织机械展览会
时间：2005年4月19～22日（印度尼西亚）

展名：2005年中东（迪拜）国际纺织机械博览会
时间：2005年9月7～10日（阿联酋）

⑤ 飞机、汽车、摩托车、自行车行业

行业简况

我国汽车产业现状与发展趋势

20世纪90年代以来，我国汽车产业快速发展，产业实力不断增强。随着我国汽车市场需求的快速提高和开放程度的逐步加大，跨国汽车集团调整了对华战略，提高了对中国市场的重视程度，将中国市场看作其全球市场的重要组成部分。为了使我国汽车企业能抓住机遇，深化改革，发展自己，提升企业竞争力，我们很有必要对我国汽车产业现状与发展趋

势进行深入分析。

我国汽车产业现状

1. 整车生产能力得到巨大提升，形成了一批大型汽车企业集团。2004年我国汽车产销量达到507万辆，占全球的7.85%，位居世界第四。在整车生产能力大为提升的同时，我国汽车产品结构日趋合理，轿车产量所占比重不断攀升，已达到43%以上，接近欧美日汽车制造大国的水平。

我国汽车整车生产能力的提升在很大程度上得益于国家吸引外资的政策、国内汽车市场需求和国内汽车企业集团的快速发展。目前，世界九大汽车集团均已进入中国市场进行了战略布局，设立众多合资企业。2002年我国汽车产业进行了大规模的并购重组（全年13起），初步形成了新的发展格局：以一汽、上汽、东风三大集团为主导，加上广州本田、重庆长安、北汽控股、安徽奇瑞、沈阳华晨、南京菲亚特、浙江吉利、哈飞、昌河和江铃汽车十家独立轿车生产集团。2004年，一汽、上汽、长安、北汽、东风等重点企业销售量均超过50万辆，其中一汽销量达到100.75万辆，为国内首家销售突破百万辆的企业，上述5家企业汽车销售占到全国的69%。

2. 汽车零部件业的发展滞后于整车制造业，但发展前景广阔。中国汽车零部件产业是紧随桑塔纳等合资项目的国产化配套战略成长起来的，发展时间不长。相比跨过公司，我国汽车零部件企业多年来定位于汽车集团内部配套或服务于地方区域市场，国内竞争不充分，发展明显滞后于整车。主要表现在以下几个方面：一是市场竞争不充分，产业集中度低，企业规模效益普遍不高，不能适应零部件业规模化、低成本的发展要求。二是受体系供应链条的限制，不同地区的零部件供应体系之间的供应链互相不交叉。三是零部件供应以外资或合资企业为主，本土企业的专业化水平不高，产品技术含量低。

虽然企业现状不容乐观，但是我国汽车零部件业发展前景广阔。据毕博管理咨询公司预测，中国汽车零部件业销售额将由2003年的3000亿元达到2010年的8000亿元。国际汽车零部件供应商非常重视中国市场，在中国建立了众多合资或独资企业。2004年，外商在中国投资的零部件企业已达到500家以上，德尔福、伟世通、TRW和日本电装等国际大型汽车零部件公司，都在中国建立了生产企业和研发中心。同时，跨国汽车公司在中国设立全球零部件采购中心，在华采购力度加大。中国将有望成为全球重要的汽车零部件制造中心。

3. 自主品牌缺乏竞争力，自主设计与研发能力不强。我国汽车，尤其是乘用车的生产和销售以外资品牌为主，而且自主品牌汽车档次比较低，产品附加值小。据统计，2004年我国自主品牌乘用车的市场占有率为19%，而其产值所占比重仅有9%。自主品牌缺乏竞争力，主要是因为我国汽车企业自主设计与研发能力不强。设计与研发是汽车产业价值链的关键环节，基本上被跨国公司所控制。近年来，我国汽车产量虽然增速很快，但主要是中外合资的汽车企业所生产的外资品牌汽车的产量迅速增加。这些汽车大部分是合资企业通过CKD（全散件组装）和SKD（半散件组装）的方式生产的，汽车特别是轿车的新产品开发被跨国公司所控制。除了整车设计开发外，我国汽车零部件企业的技术水平和研发能力也相对较弱，难以满足汽车零部件的系统化、同步化、模块化发展要求。

4. 汽车经销与服务模式多样，整车制造商对该环节有较强控制力。随着国民经济快速发展和综合国力不断增强，我国已经发展成为世界汽车消费大国，汽车经销和售后服务市场巨大。2004年，中国汽车产销量达507万辆，其中轿车220万辆，全国汽车保有量2742万辆，其中个人汽车保有辆1446万辆。毕博公司指出，2005年中国汽车售后市场规模达到970亿元，2010年将达到1900亿元，在亚洲将仅次于日本位居第二。

我国汽车经销和售后服务企业经营管理模式多样，主要采取汽车专卖店、汽车交易市场、汽车超市、汽车园区等模式。其中，3S和4S汽车专卖店是最主要的模式。除此之外，汽车售后服务企业还采取特约维修店、独立连锁维修机构、连锁快修企业、汽车用品连锁服务企业、DIY个性化连锁服务企业等相对独立的发展模式。

虽然我国形成了一批实力较强的汽车经销和售后服务企业，但是整车制造商对该环节有着较强的控制力。这主要是因为我国汽车产业的发展是整车制造带动的，而且整车制造环节20%以上的高利润造就了强势的汽车制造企业集团。它们通常会对汽车经销与售后服务商的销售方式、宣传方式、服务标准、销售流程、专卖店的整体形象等做出严格的要求。而且，汽车制造商对汽车零配件的流通进行了十分严格的控制，例如上海通用汽车要求相关零配件的购买和维修须经由上海通用汽车授权的销售服务中心进行。

我国汽车产业发展趋势

入世以来我国汽车市场的开放力度不断加大。从2005年1月1日起取消汽车进口配额、许可证管理，整车进口关税降到30%，零部件进口关税降到13%。到2006年整车进口关税最终降到25%，零部件进口关税降到10%。中国汽车产业总的发展趋势是融入到以跨国公司为主导的全球汽车生产体系中。

1. 面对产能过剩和竞争压力，整车制造商会进一步并购重组。我国汽车产业的生产能力迅速提升，同时也出现了产能过剩。2002年我国汽车产能已达到550万辆，轿车产能达到250万辆。而2004年国内汽车产销量为507万辆，其中轿车产销量222万辆，已显现出产能过剩的态势。另据国家发改委统计资料显示，2003年～2007年全国各地对汽车业的投资将达2000多亿元，新增产能600万辆，到时我国汽车产能将达到1000～1200万辆，大大超过有关专业机构预测的2007年市场需求850万辆的规模。

同时，随着我国汽车产业的日益成熟以及与国际市场接轨，汽车制造商的整体利润率将下滑，市场竞争将日益加剧。目前，国内有整车制造企业100多家，有27个省市生产汽车，17个省市生产轿车，还有不少省市刚建成轿车生产线。目前实力强劲的是三大综合集团和十余家轿车生产集团。面对产能过剩和市场竞争压力，国内整车制造商会进行进一步的并购重组。据罗兰贝格公司预测，2010年后中国汽车市场将由3~4家全系列和1~2家针对细分市场的制造商所主导。

2. 零部件企业将出现两极分化，并购重组。面对中国汽车零部件业广阔的发展前景，国际汽车零部件供应商会加大在中国的投资力度，在扩大规模的同时设立技术研发中心，以提高对中国零部件业的控制力。我国现有汽车零部件企业数量较多，存在技术、管理、生产规模、配套能力等方面的问题，在激烈的市场竞争中将出现两极分化。零部件企业的并购重组是大势所趋，民营资本的进入，会加速零部件企业整合。据罗兰贝格公司预测，到2010年，经过大规模整合的中国零部件供应商的总数量将减少70%，最后形成20-30家模块集成和一级供应商，它们将成为中国汽车零部件业的主导者。

3. 跨国公司设立更多研发中心，同时国内企业自主研发能力增强。通用、大众、日产等国际厂商已在中国设立合资研发中心。随着我国汽车产业的进一步发展，九大国际汽车集团将会在中国设立更多的合资或独资设计研发中心。国际知名零部件供应商已在中国建立了大量合资或独资生产企业。据统计，目前外商在中国投资的零部件企业已接近500家。而且国际零部件商还在扩大投资计划，为了在中国保持强劲的市场竞争力，它们也将会在中国设立研发中心。

国内大型整车及零部件企业在与跨国公司合作发展的同时，也会注重自身研发能力的提高。奇瑞、吉利、福田等一批以自主品牌发展为主的内资汽车企业为了应对激烈的市场竞争，会加大研发投入，注重研发能力提升。可以遇见，国内汽车企业自主研发能力增强的同时，自主汽车品牌在细分市场上将保持一定的竞争力。

4. 经销服务商面对经销利润下滑的压力，更为注重售后服务。未来几年中国汽车市场将呈现增速减缓、竞争加剧、持续降价的态势，汽车经销商的利润率下降。面对激烈的市场竞争，汽车经销商会出现两极分化，一批实力雄厚的经销商将发展壮大，而其他众多的中小经销商将举步维艰，最终可能会被淘汰出局。汽车经销服务商面对经销利润下滑压力，会更为注重售后服务业务的发展。汽车售后服务包括维修、保养、改装、装饰和租赁等。在国外，售后服务是汽车经销服务商重要的利润源。国际上品牌知名度比较大的汽车经销服务商利润来源中，汽车销售所占比例只有10%，售后服务高达50%，零部件销售占10%，二手车经营占20%。随着我国汽车保有量的不断扩大，汽车售后服务的发展前景广阔，经销服务商将非常重视售后服务业务。

5. 跨国公司对我国汽车产业的控制力将进一步增强。在中国主要的十几家汽车企业集团中，大部分都实行中外合资，生产的基本上都是跨国汽车集团的品牌汽车(外资品牌占我国80%以上市场份额)。同时，核心零部件都是跨国汽车零部件商在中国的合资或独资企业供应，或者直接从国外进口。我国的整车及零部件设计与研发、核心零部件生产、汽车品牌等关键环节都处于跨国公司掌控中。一汽、东风、奇瑞、吉利、华晨、福田等国内汽车集团虽然也进行自主品牌的汽车生产，但技术含量较低，市场份额小，很难对跨国汽车集团构成较大的竞争压力。近年来，外资又逐步加强对营销环节的控制。随着我国汽车金融市场的逐渐放开，通用、福特、丰田、大众、戴·克等跨国汽车集团又利用其管理、渠道和资本优势，在华设立汽车金融公司，旨在占领我国汽车金融市场。

随着加入WTO以来我国汽车市场的进一步开放，跨国汽车集团及零部件供应商纷纷调整了在华战略，将过去相对独立的“中国战略”转变为符合其长远利益和整体利益的“全球战略”，中国市场逐步成为其“全球战略”的重要组成部分，它们对中国市场的投资会进一步加大。可以遇见，跨国汽车集团及核心零部件供应商对我国汽车产业的控制力会进一步增强。

——《国际商报》张发伍

摩托车产品出口隐忧犹存

——上半年摩托车产品出口情况分析

中国机电产品进出口商会摩托车分会 王法林

据海关统计，2005年上半年我国摩托车出口311.32万辆（不含海关编码为87119000的产品），比去年同期（184.99万辆）增长68.29%；出口金额达10.04亿美元，同比增长47.92%，创我国摩托车出口历史的最好水平。但出口平价单价也从去年同期的367.03美元下降到今年的322.59美元，同比下降12.11%。

今年上半年摩托车发动机出口数量为105.39万台，金额1.23亿美元，分别增长15.89%和15.19%。出口平均单价基本持平。

上半年摩托车出口情况

出口规格。今年上半年我国摩托车出口的主要车型是

100～125ml排量的摩托车，出口数量为114.24万辆，占摩托车出口总量的36.7%，同比增长49.52%；出口金额为4.46亿美元，增长46.92%；出口平均单价为390.44美元，下降1.71%。排在第二位和第三位的出口车型分别为50ml以下排量摩托车和50～100ml排量摩托车，其中50ml以下排量摩托车数量增长210.87%，金额增长95.08%，平均单价下降37.24%。值得注意的是超过125ml排量摩托车的出口数量增长迅速，说明出口摩托车的档次有所提高。

出口国别。2005年上半年我国摩托车共出口到171个国家和地区，比上年同期减少11个。出口数量超过10万辆的国家有7个（比去年同期增加2个），分别为尼日利亚、美国、西班牙、土耳其、德国、英国和印度尼西亚，对以上7个国家的出口数量和金额之和分别占出口总量和总值的48.65%和43.51%。其中，对尼日利亚出口数量和金额仍排在第一位，出口达到49.15万辆，同比增长30.81%，占出口总量的15.79%；出口金额达1.5亿美元，同比增长26.96%，占出口总额的14.9%。出口数量在1万～10万辆的国家有53个。从出口数量看，最需要关注的是对欧洲主要国家及加拿大等国的出口，增幅大多超过10倍（德国也达582%），但平均单价也大幅下降近一半。相反，对传统市场越南的出口单价却实现了123.45%的增幅。按出口金额排序，出口金额在1000万美元以上的国家共24个，其出口数量和金额分别占全国出口总量和总值的73%，基本涵盖了我国摩托车出口的主要市场。

出口经营企业。2005年上半年我国摩托车出口企业达555家，比去年同期增加328家，增长144%。金额在5000万美元以上的企业只有1家；出口金额在1000万～5000万美元的企业有20家。从出口数量看，出口10万辆以上的企业有3家，5万～10万辆的有13家，1万～5万辆的企业有56家，1000～1万辆的企业有149家，而出口不足1000辆的企业有334家。这一方面反映了今年出口增势明显，另一方面也说明摩托车出口配额招标取消后大量企业进入出口行列。

无论按出口数量还是按出口金额排序，金城集团进出口有限公司、重庆力帆实业（集团）进出口有限公司和江门市大长江集团有限公司均排在前三位。

从出口企业性质看，民营企业和国有企业仍是我国摩托车出口的主力军，其中民营企业出口数量和出口金额分别占出口总量和总值的48.94%和44.23%，同比分别增长165.89%和118.19%；国有企业出口数量、出口金额分别占出口总量和总值的29.18%和28.5%，同比分别增长18.37%和7.61%；中外合资企业在摩托车出口中排在第三位，出口数量和出口金额分别占出口总量和总值的14.08%和20.9%，同比增长93.2%和86.59%。以上数据说明我国摩托车出口企业结构仍在进一步调整中，民营企业和中外合资企业的发展潜力巨大。

从贸易方式看，摩托车出口以一般贸易为主，出口数量和出口金额分别占出口总量和总值的95.16%和91.58%，同比增长72.04%和48.03%。

出口企业分布情况。2005年上半年我国共有27个省、直辖市、自治区（未含港、澳地区和台湾省）出口摩托车，其中出口金额在1亿美元以上的地区有4个，分别是重庆、广东、江苏、浙江。按出口金额排序，重庆仍排在第一位，出口80.84万辆，金额达2.78亿美元；广东和浙江的增速则超过了重庆，特别是浙江省，今年出口企业数增长7倍，出口数量和出口金额分别增长5倍和2.2倍（但平均单价下降46.76%）。以上4个省市的出口数量（270万辆）和金额（8.57亿美元）之和分别占到我国全年出口总量和总值的86.72%和85.36%，是我国摩托车出口最主要的省市。

摩托车发动机出口情况

出口规格。我国出口的摩托车发动机共涵盖了3个海关编码，合计出口105.39万台，金额1.23亿美元，分别增长15.89%和15.19%。其中海关编码为84073200，即排量在50至250ml的摩托车发动机出口数量和出口金额最大，分别占全国出口总量和总值的95%和93.84%。

同整车出口的贸易方式一样，发动机出口的贸易方式也是以一般贸易方式为主，出口数量和出口金额均达到出口总量和总值的90%以上。

出口国别。2005年上半年我国共向95个国家和地区出口摩托车发动机，发动机出口金额超过1000万美元的国家有两个，100万～1000万美元的有10个。我国摩托车发动机出口

表5-7 上半年我国摩托车出口规格统计表（单位：辆，美元）

代码	商品(八位码)	数量	增长%	金额	增长%	平均单价	增长%	金额占比%	数量占比%
87112020	100ml<排量≤125ml	1142441	49.52	446053710	46.92	390.44	−1.74	44.41	36.70
87111000	排量≤50ml	1113441	210.87	247892977	95.08	222.64	−37.24	24.68	35.77
87112010	50ml<排量≤100ml	678939	6.52	209147060	5.98	308.05	−0.50	20.83	21.81
87112030	125ml<排量≤150ml	134471	78.76	71025451	73.18	528.18	−3.12	7.072	4.319
87112040	150ml<排量≤200ml	28122	206.14	15911945	216.06	565.82	3.24	1.58	0.90
87112050	200ml<排量≤250ml	14909	159.97	12923952	174.25	866.86	5.50	1.29	0.48
87113010	250ml<排量≤400ml	750	24900.00	1056905	19747.98	1409.21	−20.61	0.11	0.02
87114000	500ml<排量≤800ml	161	50.47	301596	56.69	1873.27	4.14	0.03	0.005
	合计	3113234	68.29	1004313596	47.92	322.59	−12.11	100.00	100.00

市场主要在亚洲，伊朗仍为第一大市场。对日本出口额则增长115倍，且平均单价增长64%，成为第三大市场。前四大市场（伊朗、越南、日本、印尼）均在亚洲，其出口总量和出口金额分别占到对全球出口总量和总值的70.97%和71.61%。

发动机出口平均单价为116.94美元，比去年同期略微下降。

出口经营企业。2005年上半年我国共有161家企业出口摩托车发动机，其中出口金额在1000万美元以上的企业只有重庆力帆实业（集团）进出口有限公司一家，出口22.8万台，出口金额2054万美元。出口金额超过300万美元的发动机出口企业只有11家。

从出口企业性质看，民营企业和国有企业是摩托车发动机出口的主要力量，特别是民营企业的出口数量、出口金额均占全国出口总量和总值的约一半。

出口前景不容乐观

2005年上半年我国摩托车产品的出口情况有以下几点值得注意：从整车出口数量看，需要关注的是对欧洲主要国家及加拿大等国出口增幅大多超过10倍（德国也达582%），但平均单价也下降近一半。虽然有出口基数低的因素，但在当前国际贸易环境下，如此快的增长幅度不能不令人担忧。

上半年我国摩托车（整车）出口企业达555家，比去年同期增加328家，增长144%，而其中出口量不足1千辆的企业有334家。同时，共有161家企业出口摩托车发动机，增加69家，增幅达到75%。这说明原有管理手段取消后大量企业已进入出口行列，应验了商会在去年年末的预测。

各省市出口企业数量与去年同期相比均有大幅增加，其中浙江省的出口企业数增长7倍，而出口数量和出口金额仅分别增长5倍和2.2倍，平均单价下降46.76%。

今年摩托车产品出口进入重新洗牌阶段，摩托车产品出口队伍进一步扩大，竞争更加激烈。少数企业为了挤占其他企业的市场份额，仅以价格手段相竞争，将会影响行业长期利益。许多出口企业反映，长此下去，中国摩托车产品在世界市场上的前途将不容乐观。

展　会

天津国际汽车贸易展招商顺利

由天津滨海新区管委会、天津港保税区管委会、中国进口汽车贸易中心主办的，以“21世纪进出口汽车的门户”为主题的2004天津国际汽车贸易展览会于2004年9月29日～10月5日在天津泰达国际会展中心举行。作为天津市规模及影响最大的国际汽车专业展会，国内外各大汽车厂家和经销商参展十分踊跃。有奔驰、宝马、陆虎、沃尔沃、尼桑、丰田、道奇、华普、奇瑞、东风日产、悦达起亚、东南汽车、一汽轿车、上海大众、上海通用、海南马自达、浙江吉利、天汽集团、厦门金龙等国内外汽车厂商都参加本届车展，其中进口品牌预订展位面积均在400平方米以上。同时，一些国外知名品牌的概念车也在车展期间展出。

汽车配件也有50余家知名汽配厂商参展。另有日本、韩国汽配厂商团体组团参展。

本届车展还得到了广大汽车车模及相关品收藏爱好者的积极响应，汽车收藏展馆集中了我国南北著名收藏家所藏的车模、邮票、图片、汽车手工制品、车饰等，展示品种之多、参展人数之众，展品质量之精成为本届展会的又一亮点。

据组委会介绍，本届展会具有四个优势，一是天津国际汽车贸易展成功举办过两届，已搭建起为中外企业提供宣传企业形象、提升品牌价值、发布最新消息、展示科技实力的平台，成为了国内知名品牌汽车展会之一，一些国内外汽车企业，已将天津国际汽车贸易展列入每年的参展计划中；二是天津港保税区是目前我国最大的进口汽车市场，占全国汽车进口总量的60%，展会期间进口品牌汽车继续占据主导地位，是名副其实的国际汽车贸易展；三是展会依托天津港保税区的地域、功能、政策等优势，是目前大陆惟一具有进出口汽车贸易功能的国际性专业展会，“以展代销、以展促贸”的特色深入人心，展会吸引力大；四是展会形成了一整套由海关、工商、税务、检验、金融、保险、交通等相关部门组成的一条龙服务体系，为参展商提供了优质、便捷的服务。

本届展会展出面积为4万平方米，售出车辆1500部，交易额实现2.8亿人民币，其中进口车占30%。参观人数达22万。参展商普遍认为，车展为持续冷清的车市注入了新的活力。

第四届东莞车展圆满落幕

2004年10月5日，为期六天的第四届东莞车展在厚街广东现代展览中心圆满落幕。据组委会初步统计，参观参展人数接近15万人次，共卖车629辆，意向成交和现场订车成交额达11.2亿人民币。

东莞汽车消费巨大的市场吸引了海内外汽车巨头。本次车展吸引了世界著名品牌：劳斯莱斯、奔驰、宝马、现代、丰田以及国内的六大汽车集团悉数到场，共展示车辆300多辆。其中，劳斯莱斯幻影Phantom、凯迪拉克CTS、凯迪拉克SRX、奔驰SLK、宝马Z4、roadster3.0i、现代途胜、天籁、蓝鸟智尊、标致307、广本两厢飞度、长安CM8、长丰猎豹V73、中兴驰野2400等几十款新车型都是在东莞第一次公开亮相，东莞车展在区域车展中独占鳌头。国内汽车界权威人士评价东莞车展“够档次，够品味、够水平”，并表示今后将更加关注东莞，扶持东莞。

第五届中国国际航空航天博览会

第五届中国国际航空航天博览会于2004年11月1～7日在广东省珠海市航展中心举办。

中国国际航空航天博览会是以实物展示、贸易洽谈、学术交流和飞行表演为主要内容，集专业性与观赏性于一体的大型国际展览。第五届中国航展由广东省人民政府、国防科学技术工业委员会、中国民用航空总局、中国国际贸易促进委员会、中国航空工业第一集团公司、中国航天科工集团公司共同主办，执行单位为珠海市人民政府，由珠海航展有限公司承办。

第五届中国航展在总结前四届航展经验的基础上已日趋成熟。本届航展按照“国际化、专业化、科学化、市场化、品牌化”的运作要求，以“天下珠海，蓝天盛会”为定位的方向，以崭新的形象、高素质的服务，如期、安全、成功地在广东珠海举办。

航展期间，航空航天界专家围绕“中国航空航天业的发展与市场机会”进行了深入研讨，波音、空客和中国航空工业第一集团公司发布了中国航空市场预测报告，中国潜力巨大的民用飞机市场和航天民用市场，成为参展商争夺的焦点和积极寻求合作的重要领域。

此次展会有来自32个国家和地区的500家航空航天企业参展，共签订价值45亿美元的合同、协议及合作意向，成交95架各种型号的飞机。其中，北京泛美国际航空学校有限公司从奥地利钻石飞机工业公司采购60架飞机；中国航空技术进出口总公司与哈飞航空工业股份有限公司签订了20架运12系列飞机的收购合同；中国航空技术进出口总公司、陕西飞机工业集团公司和美国汉胜公司签订16亿美元的“运8F600”飞机辅助动力装置电源系统引进的协议；空中客车公司、西安飞机工业集团有限责任公司和中国航空技术进出口总公司签订了1500架份A320系列飞机电子舱门的转包生产合同等。

本届航展还首次展出了“神舟”五号飞船返回舱实体、“环境一号”C星、KS－1A地空导弹武器系统、我国自主研发的新一代高级歼击教练机“山鹰”、L－15高教机、ARJ21支线客机等航空航天成果，显示了我航天和国防工业的辉煌成就。

第二届中国（广州）国际汽车展览会

第二届中国（广州）国际汽车展览会，于2004年11月23～29日在广州国际会议展览中心举办。本届车展有三大亮点：规模大、配套活动多、服务好。据介绍，第二届广州汽车展继续坚持高品位、国际性、多元化、展示汽车技术与文化的大型专业汽车展这一定位。

本届车展总展览面积近8万平方米，比上一届增长近60%。参展企业超过270家，其中轿车企业40余家，商用车、汽车配件企业则达到230余家。宝马、日产、现代、起亚、法拉利、光冈、双龙、雪铁龙、标致、东风本田、长安福特、海南马自达、长安集团、比亚迪、东南汽车、哈飞、江淮、东风柳汽、北京吉普、奇瑞等数十家国内外知名企业均亮相本次汽车展。

本届车展还举办丰富多彩的系列活动，包括：第二届广州汽车展开幕晚会暨首届全国汽车模特大赛总决赛、中国（广州）汽车产业论坛、中国高校大学生汽车知识大奖赛、首届中国（广州）汽车文化节、汽车百年历史文化展、汽车行业相关研讨会等，从不同角度充分彰显了汽车文化内涵。

此外，还首次增设从市区主要酒店到展会现场的穿梭巴士，方便观众到会参观。第一次引入电子卡门票、验证系统加强观众管理。本届展会还加大了解决餐饮服务问题的力度，通过积极的工作，本届展会可以同时提供5万人次同时就餐的餐饮环境。

第六届广州国际摩托车展览会

由中国贸促会汽车行业分会、中国汽车工程学会举办的“第六届广州国际摩托车展览会”于2004年11月25～28日在广州中国出口商品交易会举办。

广州国际摩托车展览会自1993年创办以来，参展商不断增加，参展的摩托车品种不断增加，展品的技术含量不断提高，展览面积不断扩大。广州摩托车车展已成为摩托车行业企业间交流、合作、贸易洽谈的重要平台，成为当今国内外摩托车行业的同仁们与各界朋友的一次盛会。

广州摩托车展是亚洲地区以机车为主题的展览会，共有国内外100余家厂家参展，展出面积1.2万平方米，展览会汇集了当今国内外摩托车行业的最新技术产品，同时展出公众最喜爱的摩托车产品。展会代表了当今摩托车发展的新水平。

据介绍，从数量上我们是摩托车生产大国，2003年产量突破1475万辆，出口近300万辆，但我们不是摩托车生产强国，通过展会将促进摩托车技术革新，尤其小排量摩托车的研发创新。

首届上海国际汽配展实现国际化

迈向2004年，中国汽车业继续积极发展，海外零配件及售后市场产品生产和供货商对市场的吸引力持续上升，第一届上海国际汽车零配件、维修检测诊断设备及服务用品展览会（以下简称：上海国际汽配展）便正好反映这一现象。

据主办单位之一的法兰克福展览（上海）有限公司透露，2004年12月2～4日在上海新国际博览中心举行的上海国际汽配展吸引了来自26个国家及地区的235名展商参与，共有来自60个国家共9138名观众入场参观，当中有近1400人是来自海外的买家。到场参展的国际著名公司包括大众汽车、通用汽车、戴姆勒·克赖斯勒、日本株式会社电装、德国百斯巴特、德国伍尔特、采埃孚股份有限公司、中国元征科技、上海保隆实业，还有奥地利、德国、意大利和斯洛文尼亚以展团形式参展。

上海国际汽配展的展品种类包括：部件及原件、修理及有关汽车服务、配件、改装设备、补给燃料及汽车护理产品，是在华一个供汽车售后市场的国际性、具高质素的专业平台。展会同期举行活动包括上海国际汽配展配对洽谈会及上海国际汽配展专题研讨会。这两大项目加上展会便能为业界提供中国汽车市场的全面概览，以及展示本地和国际市场上的产品。

"上海是我们在中国内地的主要业务点，而这个展览会在上海也很重要，这都是我们决定参展的因素。"一汽——大众销售有限责任公司副总经理米夏埃尔·弗勒希先生说。"我们很高兴参加了这个展会。第一天有许多观众到我们的展台参观，我们很高兴这些观众都乐意参加我们展台举办的更换轮胎比赛等活动，参加上海国际汽配展绝对是一个正确的决定。虽然此届展会规模较小，但这是一个极具潜力的展览项目。"

中国国际运动车博览会

首届中国国际体育运动汽车摩托车博览会于2004年12月1～6日在北京经开汇展中心举办。

本次国际运动车展是由中贸国际商务交流中心主办，国家体育总局、国家体育总局汽车摩托车管理中心、中国汽车工业咨询发展有限公司、北京汽车摩托车运动协会提供支持的国际大型运动车展，也是迄今为止中国最高规格的专业运动车展。

作为本年度北京车展的压轴之作，以运动为主题的本次车展汇集了包括BMW、M G、BENZ、NISSAN、哈雷、路虎、悍马等众多国际顶尖汽车公司品牌，车商们也带来了如越野车、赛车、沙滩车、多功能车、摩托车、跑车、房车、F1方程式赛车等一系列最新款的车型。展会同时还展示了各类改装汽车及汽车改装技术、器材、设备以及汽车运动配件、装备、配套产品、纪念品等运动汽车的相关配套服务设施及服务方案。

在本次车展上，最吸引人眼球的莫过于F1展厅里法拉力车队旗下的F1方程式赛车。作为最顶级品牌，法拉利公司在向人们展示了世界上最顶级的F1赛车及跑车的迷人风采。同时展区还开辟了"新《车时代》杂志摄影师于明F1图片主题摄影作品展"，同样吸引了大量的观众。此次展出的作品是首支中国摄影小组2004年全程现场采访拍摄的全球18站F1比赛的成果，第一次以中国人的视角观察记录了全部比赛过程和F1在全球的文化现象。在此次国际体育运动汽车摩托车博览会上举办此次F1摄影展既是对F12004赛季的回顾，更是一次对F1文化的推广，使得更多中国普通观众有机会走进F1的世界，领略它的风采。

同时，此次车展还设立了吸引了众多车迷玩家大展身手的"极品飞车：地下车会"电子竞技大赛、香车美女的国际汽车模特大赛评选以及中国运动汽车文化暨产业峰会论坛等众多项目活动。

据了解，目前在全国每年都有许多的国际国内车展，但具有个性化特色的专业型展会却并不多见。作为中国目前惟一的体育运动汽车博览会，本次国际运动车展的成功举行，不仅促进了运动汽车及汽车运动产业化的发展，也为中国会展产业的发展增添了浓重的一笔。

第五届新疆国际汽车工业博览会

由中国、法国、俄罗斯、德国等国内外500多家企业参展的第五届新疆国际汽车工业博览会，2005年4月13～17日在新疆华凌国际博览中心举办。此次展会以5.6亿元销售额圆满结束，并以30万参观人次创历届最高。

在华凌新国际博览中心室外3万平方米的广场上，停满了各式各样的工程用车和豪华客车。新疆国际工程机械、专用车辆展览订货会参展企业达到了70多家；10余家客车企业的各类客车成为国内外客商洽谈的重点；室内3万平方米的展厅，被400多辆亮丽轿车和80多家汽车维修汽保汽配用品厂家分割，会聚成了极富现代感和艺术品位的名车"斗秀场"。看着国内外知名汽车品牌大规模集体展示，乌鲁木齐消费者大饱了眼福。巴基斯坦、俄罗斯等国的50多位客商也前来参展，吉尔吉斯斯坦客商还带来了他们的拉达车，专门请汽博会组委会给他们调剂展位。

中国贸促会汽车行业分会会长、中国汽车工业协会常务副会长蒋雷致词时表示："新疆国际汽车工业博览会是引领新疆汽车工业发展、开拓国际市场的最好平台。它的突破和发展，将影响西部地区乃至周边国家汽车的销售。"

第五届中国北方国际自行车展览会

2005年3月27日，为期3天的第五届中国北方国际自行车展览会在天津闭幕。据统计，本届展会共吸引5万客商和12万公众。接待了来自日本、韩国、美国、伊朗、土耳其、印度等20多个国家的客商，交易洽谈十分活跃。共实现自行车交易量476万辆，其中出口152万辆；电动自行车成交7.8万辆；零部件成交2280万套（件）；实现交易额12.66亿元。同时，还签订820多项意向订单。交易成果突破历届纪录，充分体现出天津自行车产业的发展速度与能量。

据介绍，本届展会全方位、大力度地集中展示了天津和国内自行车产业发展的新面貌。参展的400多家中外厂商借天津自行车展会这个特大型商贸平台展示企业形象，开展广泛交流与平等竞争，并同消费者面对面地直接沟通，使企业进一步拓展了市场，获得更多的市场信息。同时，众多知名企业和高技术企业的参展及大量高新技术产品的亮相，更加推动了自行车行业致力于创意活动的开展。

中国汽车用品行业第一展

2005年6月10～12日，为期三天的2005中国国际汽车用品展览会暨首届国际改装车展览会在北京全国农业展览馆新馆举办，有来自20多个国家和地区的3万多人参加了本届展览会。本次展会展出面积室内1万平方米，室外5000平方米，参展企业近300家，是迄今为止中国汽车用品行业规模最大、影响力最强的行业展会。

展会从第一天开幕式开始，广场上已经挤满了专业观众，直到下午5点闭馆时展馆内还非常拥挤。许多企业的负责人讲，他们一直在接待客户，见到了许多客户，带来的宣传材料一天就发完了；有的参展商忙着接待客户连水都来不及喝；新加坡法拉特公司的陈总告诉记者，他第一天就接待了600多个客户。许多参展商后悔申请的展位面积小了，有的企业临时决定把展位进行特装，加印宣传材料。展会第二天人流量比第一天增加了将近一倍，这让组委会和参展商都始料不及，农展馆挤满了参观国际汽车用品展的车辆，还有许多车辆排在馆外无法进入。

据组委会介绍，本次由雅森国际展览有限公司主办的2005中国国际汽车用品展览会暨首届国际改装车展览会是中国首个汽车用品行业的专业展览会。它为中国汽车用品行业搭建了一个展示平台，展会的成功举办将成为中国汽车用品行业走向规模化、国际化、品牌化的里程碑。

第七届中国国际现代化铁路装备展览会

2005年7月5～8日，第七届中国国际现代化铁路装备展览会在北京中国国际展览中心举办。国内外220多家参展厂商在为期三天的展会上，围绕中国铁路跨越式发展的需要，展示当今世界先进的技术与装备。

2004年1月，国务院常务会议讨论并原则通过了《中长期铁路网规划》。到2020年，全国铁路营业里程将达到10万公里，主要繁忙干线实现客货分线，复线率和电气化率达到50%，运输能力满足国民经济和社会发展需要，主要技术装备达到或接近国际先进水平。为此，中国铁路将进一步加强国际交流与合作，把引进国际先进技术与自主创新结合起来，全面提升技术装备水平。

1.3万平方米的展区里集中展示了客运专线建设、铁路提速、重载运输、货物运输、环保、节能等领域的最新技术与先进装备，同时也展现了中国铁路在大面积提速、重载运输、青藏铁路建设、信息技术发展等领域取得的成就。本届展览会由铁道科学研究院、中国国际贸易中心股份有限公司共同主办，是近年来规模最大的一次。外国参展商大幅增加，不少厂商是首次来华参展。在8号馆的国际馆，聚集了来自德国、法国、美国、日本、加拿大、奥地利、瑞典、澳大利亚、荷兰、瑞士、韩国、比利时、意大利等十几个国家的参展商。仅是德国展团的20家企业就占据了国际馆342平方米的空间，展示德国的最新技术。磁悬列车、城际快车、列车运行的安全设备与保护装置、铁路建造、环境保护与能源节省；市内与市郊的轨道交通等等。

展览期间，围绕铁路跨越式发展，“铁路客运专线建设管理与工程”和“铁路客运专线信号通信”等技术交流会同时举行。

——新华网

亚洲首次公务机展在上海举行

2005亚洲公务机展（ABACE）于2005年8月9～11日在上海举办。这是美国国家公务机协会（NBAA, 全称National Business Aviation Association）首次在亚洲举办专业性公务机展，对业内人士和潜在客户开放，使众多专业人士有机会见识世界不同款式的公务机。

这次公务机展的主展馆位于上海新国际博览中心，另外在虹桥国际机场停机坪内设立公务机静态展示。湾流、赛斯纳、庞巴迪、Prime Jet等11架公务机悉数登场，展出的公务机中售价最高的达4千多万美元。全球50多家公务机运营商及相关供应商到场参观。

据悉，美国国家公务机协会作为服务于公务机制造商和运营商的一个机构，在欧洲、拉丁美洲和美国本土每年举办一次展会，而在亚洲却是首次。

公务机运营是通用航空的一部分。身材小巧的公务机，五脏齐全。可乘旅客数名到几十名，航程可达5000多公里，航速可达800多公里。公务机常被称为“空中的士”、“空中办公室”具有旅行计划灵活，客舱设施豪华、省时、方便等多种长处。在国外主要为国家政要和财富500强等大型企业的商务、会议、旅游和高官的度假旅游提供服务。公务机的发展在美国已经十分发达，拥有22万架通用航空飞机、62万名飞行员，年产值超过170亿美元，并且公务机的数量正在以每年4%～5%的速度增长。

公务机在欧美发达国家也已经十分普遍，国内也有多家公司开始进行公务机运营。在上海，公务机运营每年以15%

以上的速度增长，2004年已达到1200多架次。据悉，上海机场正在规划建设专门用于公务机运营的通用航空设施。

很多人认为，设施完备的公务机价格不菲，乘坐公务机的花费也会更大，其实不尽然。据业内人士介绍，公务机一般都采取包租形式，每小时的租金在1～2万元人民币，如果有8、9人参加同一个会议，包租公务机的价格甚至比一般民用客机的票价更有竞争力。

为期3天的会展期间还安排公务机飞行演示，组织厂商、航空公司、机场等方面人士，举行公务机研讨会和演讲等活动。

第十届大连汽车工业展览会

2005年第十届大连国际汽车工业展览会8月30日落下帷幕，为期5天的展会实现销售整车3430台，销售额达12.9亿元，较上届增幅分别达59.8%和34.3%。

同时，本届车展也吸引了30.1万观众入场参观，比去年增加7万余人次。

据了解，由于大连市新展馆大连世界博览广场的投入使用，迈入第10个年头的大连国际汽车展，规模空前，创下了数项“车展十年之最”：首先是规模最大，8万平方米的展示面积，是上届的210%；其次，参展厂商最多，426家参展厂商超出上届240家近一倍；此外，展出车辆最多，660台参展车辆，同比增长47%。所以，本来就享有“国内销售最好车展”盛誉的大连车展，在汽车市场依然低迷的大环境下，却销售势头旺盛，很多的汽车未下展台就被订购。

100多种国内外乘用车、商用车、专用车都受到了观众的热情追捧，汽车零部件、汽保设备、汽车用品等行业的展商也收获颇丰。

展会同期举办的汽车文化节、中国汽车营销战略论坛、汽车技术交流研讨会、汽车高峰论坛、新车上市发布会、企业新产品推介会及试乘试驾等系列活动也给车商与车迷提供了尽情体验和享受汽车文化的空间。本届车展的成功举办，表明大连已不再仅仅是国内进口车的集散地，而逐步成为国内汽车销售的重要市场之一，还将进一步发展成为重要的汽车零部件生产基地和集散地。

境内展

展名：2005台北世界新车大展
时间：2005年1月（台北）

展名：2005年成都国际SUV汽车展览会
时间：2005年3月1～7日（成都）

展名：中国国际汽车维修检测设备暨汽车配件服务用品博览会
时间：2005年3月4～7日（北京）
周期：一年一届

展名：台北自行车展览会
时间：2005年3月4～7日（台北）

展名：第12届中国国际汽车维修技术工具暨设备展览会
中国国际汽车清洗、油品、加油机暨保养用品展览会
时间：2005年3月6～8日（北京）
周期：一年一届
创办时间：1994年
上届数据：展出面积（平方米）：10000
其中外国参展面积（平方米）：2000
观众人数（人次）：22000
展商总数（家）：400
其中外国参展商数目（家）：40

展名：第二届中国电动车暨摩托车暨橡胶轮胎展览会
时间：2005年3月13～15日（济南）

展名：亚洲国际客车制造业博览会
时间：2005年3月15～17日（上海）
周期：一年一届

展名：第六届长春国际汽车工业装备博览会
时间：2005年3月23～26日（长春）

展名：华北国际摩托车、汽车暨配件展览会
时间：2005年3月25～27日（廊坊）

展名：2005中国重庆国际汽车工业展览会
时间：2005年3月30日～4月3日（重庆）

展名：2005中原电动车招商洽谈会暨大河家庭购车节
时间：2005年3月30日～4月3日（郑州）
周期：一年两届
创办时间：2005年

展名：第四届中国国际摩托车博览会
时间：2005年4月7～10日（重庆）
周期：一年一届
创办时间：2002年
上届数据：展出面积（平方米）：7000
其中外国参展面积（平方米）：2000
观众人数（人次）：2万

展商总数（家）：112
其中外国参展商数目（家）：28

展名：沈阳第四届国际家用轿车暨商用、专用汽车展览会
时间：2005年4月13～18日（沈阳）
周期：一年一届
创办时间：2005年
上届数据：展出面积（平方米）：15000
其中外国参展面积（平方米）：300
观众总数（人次）：60000
展商总数（家）：80
其中外国参展商数目（家）：2

展名：中国（广州）汽车（摩托车）与配件用品进出口交易会
时间：2005年4月15～20日（广州）
周期：一年两届

展名：中国（广州）电动自行车进出口交易会
时间：2005年4月17～19日（广州）

展名：全国汽车配件交易会
时间：2005年4月23～25日（合肥）

展名：国际汽车制造业博览会
时间：2005年4月24～29日（上海）
周期：两年一届

展名：2005第四届青岛国际汽车展览会
时间：2005年4月29日～5月3日（青岛）
周期：一年一届
创办时间：2002年4月
上届数据：展出面积（平方米）：40000
其中外国参展面积（平方米）：15000
观众总数（人次）：20万
展商总数（家）：400
其中外国参展商数目（家）：48

展名：第15届中国国际自行车展览会
时间：2005年5月4～7日（上海）
周期：一年一届
创办时间：1990年9月
上届数据：展出面积（平方米）：65000
其中外国参展面积（平方米）：2400
观众总数（人次）：12万
展商总数（家）：903
其中外国参展商数目（家）：56

展名：中国国际自行车摩托车博览会
时间：2005年5月4～7日（上海）
周期：一年一届
创办时间：1991年

展名：台北国际汽车零配件展览会
时间：2005年5月13～16日（台北）

展名：2005中国西部商用车辆、专用车辆暨零部件展览会
时间：2005年5月16～19日（成都）

展名：2005第三届中国湖南汽车博览会
时间：2005年5月18～23日（长沙）
周期：一年一届
创办时间：2003年
上届数据：展出面积（平方米）：4万
其中外国参展面积（平方米）：1万
观众人数（人次）：15万
展商总数（家）：148

展名：2005第六届中国国际汽车零部件暨相关产品展览会
时间：2005年5月24～26日（上海）
周期：一年一届
创办时间：2000年

展名：2005武汉国际汽车暨零部件展览会
时间：2005年5月（武汉）
周期：一年一届
创办时间：1999年
上届数据：展出面积（平方米）：30000
其中外国参展面积（平方米）：4000
观众总数（人次）：8万
展商总数（家）：120
其中外国参展商数目（家）：20

展名：北京国际航空、航天检测技术暨飞行器舱内装备展览会
时间：2005年5月（北京）
周期：一年一届

展名：第六届西部（成都）汽车售后服务暨相关产品展览会
时间：2005年6月3～6日（成都）

展名：第六届山东国际汽车维修检测设备、零部件暨汽车用

品展览会
时间：2005年6月8～10日（济南）

展名：第十届国际地铁、轻轨暨高速轨道展览会
时间：2005年6月13～15日（北京）
周期：一年一届

展名：云南国际汽车展暨第六届世博品牌汽车展览会
时间：2005年6月22～27日（昆明）
周期：一年一届
创办时间：2000年

展名：第四届中国沈阳汽车工业博览会
时间：2005年6月30日～7月5日（沈阳）

展名：2005湖北国际自行车、电动车暨零部件展览会
时间：2005年6月（武汉）
周期：一年一届
创办时间：2004年6月
上届数据：展出面积（平方米）：4000
其中外国参展面积（平方米）：500
观众总数（人次）：8万
展商总数（家）：60
其中外国参展商数目（家）：8

展名：第七届中国国际现代化铁路装备展览会
时间：2005年7月5～8日（北京）

展名：第四届中国长春国际汽车博览会
时间：2005年7月15～24日（长春）

展名：台北国际航天科技暨国防工业展览会
时间：2005年8月11～14日（台北）

展名：第十届大连国际汽车工业博览会
时间：2005年8月25～29日（大连）
周期：一年一届
创办时间：1996年8月
上届数据：展出面积（平方米）：30000
其中外国参展面积（平方米）：6000
观众总数（人次）：22.7万
展商总数（家）：232
其中外国参展商数目（家）：52

展名：第八届哈尔滨国际汽车工业博览会
时间：2005年8月26日～9月4日（哈尔滨）
周期：一年一届
创办时间：1998年
上届数据：展出面积（平方米）：6万
其中外国参展面积（平方米）：2万
观众人数（人次）30万
展商总数（家）：600
其中外国参展商数目（家）：70

展名：台北国际改装车暨超级重型机车展览会
时间：2005年8月（台北）

展名：中国国际汽车摩托车配件展示交易会
时间：2005年9月8～10日（廊坊）
周期：一年一届
创办时间：2005年

展名：第八届成都国际汽车展览会
时间：2005年9月10～25日（成都）

展名：第六届中国（湖北武汉）国际汽车工业展览会
时间：2005年9月15～19日（武汉）
周期：一年一届
创办时间：1995年

展名：2005南京国际汽车展览会
时间：2005年9月18日～10月3日（南京）
周期：一年一届
创办时间：2002年5月
上届数据：展出面积（平方米）：50000
其中外国参展面积（平方米）：5000
观众总数（人次）：120000
展商总数（家）：100
其中外国参展商数目（家）：10

展名：中国航空博览会机场、空中交通控制博览会
时间：2005年9月21～24日（北京）
周期：两年一届

展名：第五届中国东莞国际汽车展示交易会
时间：2005年9月28日～10月3日（东莞）

展名：深圳国际汽车展览会
时间：2005年9月（深圳）
周期：一年一届

展名：香港汽车配件暨维修检测设备展览会
时间：2005年9月（香港）
周期：一年一届

展名：中国国际轮胎制品展览会
时间：2005年9月（上海）
周期：一年一届

展名：亚太航运用品展销暨研讨会
时间：2005年9月（上海）
周期：一年一届

展名：中国（广州）汽车（摩托车）与配件用品进出口交易会
时间：2005年10月15～20日（广州）
周期：一年两届

展名：中国国际现代化铁路设备展览会
时间：2005年10月（北京）
周期：一年一届
创办时间：1991年

展名：第六届中国杭州国际汽车展览会
时间：2005年10月（杭州）

展名：第26届中国浙江国际自行车电动车展览会
时间：2005年10月（杭州）

展名：中国（广州）国际汽车展览会
时间：2005年11月22～28日（广州）
周期：一年一届

展名：中国国际汽车配件暨维修用品展销会
时间：2005年11月23～25日（北京）

展名：中国（广州）国际自行车展览会
时间：2005年11月（广州）
周期：一年一届
创办时间：2004年
上届数据：展出面积（平方米）：6180
观众人数（人次）：9153
展商总数（家）：208

展名：2005上海国际停车设备和智能系统展览会
时间：2005年11月（上海）
周期：一年一届

展名：2005上海国际汽车零部件暨汽车用品展览会
时间：2005年12月6～9日（上海）
周期：两年一届
上届数据：展出面积（平方米）：15000
观众人数（人次）：25000
展商总数（家）：300

展名：亚洲物料搬运与运输系统展览会
亚洲卡车与专用车展览会
时间：2005年12月7～10日（广州）

展名：2005台北新车大展
时间：2005年12月（台北）

展名：2005国际（台州）汽模配博览会
时间：2005年（台州）
周期：一年一届
创办时间：2005年

境外展

展名：自行车和野外旅游展览会
时间：2005年1月15～16日（德国）

展名：莱比锡摩托车展览会
时间：2005年2月18～20日（德国）

展名：第四届日本国际汽车售后市场展览会
时间：2005年3月3～6日（日本）

展名：国际古典车、老爷车、老福特车、摩托车、零部件和修复交易会
时间：2005年3月11～13日（德国）

展名：阿联酋迪拜国际汽摩零配件展览会
时间：2005年3月15～17日（阿联酋）

展名：莱比锡国际汽车博览会
时间：2005年4月2～6日（德国）

展名：莱比锡国际汽车部件、修配厂和加油站设备专业博览会
时间：2005年4月2～6日（德国）

展名：2005年伊斯坦布尔国际汽车制造、销售暨维修展览会
时间：2005年4月21～24日（土耳其）

展名：马来西亚汽配展览会
时间：2005年4月（马来西亚）

展名：国际汽车生产暨配件展览会暨会议
时间：2005年5月11～15日（泰国）

展名：西班牙马德里国际汽车零配件博览会
时间：2005年5月11～15日（西班牙）

展名：中东（迪拜）国际汽车摩托车配件博览会
时间：2005年5月28～30日（阿联酋）

展名：国际汽车零部件、设备暨服务贸易博览会
时间：2005年6月5～9日（巴西）

展名：巴黎国际航空航天展览会
时间：2005年6月13～19日（法国）

展名：2005汽车配件工业展会·专业会议·采购日
时间：2005年6月21～23日（德国）

展名：日本汽车零配件展览会
时间：2005年6月（日本）

展名：第十届非洲（肯尼亚）国际汽摩配件展览会
时间：2005年6月（肯尼亚）

展名：2005年巴西国际汽车配件、设备暨服务贸易博览会
时间：2005年7月5～9日（巴西）

展名：墨西哥国际汽车零部件、原料加工暨售后服务贸易展览会
时间：2005年7月13～15日（墨西哥）

展名：越南西贡摩托车暨汽车博览会
时间：2005年7月15～18日（越南）

展名：莫斯科国际汽车暨配件展览会
时间：2005年8月（俄罗斯）

展名：第61届德国法兰克福国际汽车博览会
时间：2005年9月15～25日（德国）

展名：意大利米兰国际自行车和摩托车博览会
时间：2005年9月（意大利）

展名：巴黎国际汽车工业展览会
时间：2005年10月13～18日（法国）

展名：国际汽车暨配件展览会
时间：2005年11月13～18日（沙特）

展名：拉斯维加斯国际汽车零部件展览会
时间：2005年11月（美国）

展名：第八届中东国际汽车展览会
时间：2005年12月（阿联酋）

⑥ 电梯行业展会

展名：2005广州国际电梯设备展览会
时间：2005年6月8～11日（广州）
周期：一年一届
创办时间：2005年

13．体育产业

行业简况

中国体育产业增速超越经济增速

2005年5月16日，国家体育总局局长、中国奥委会主席刘鹏在“2005北京《财富》全球论坛中国体育圆桌会议”上指出，当今世界，体育产业的发展明显加快，已经成为经济增长中的一大亮点。在中国，全民健身服务业、体育竞赛表演业以及体育用品的生产销售呈现出迅速增长的趋势，增长速度明显高于经济增长的速度。

目前我国的健身休闲业正逐步普及，体育竞赛表演业日趋活跃，体育制造业稳步发展，体育咨询与中介业开始兴起，

体育产业不仅成为推动体育自身发展的新动力，而且已成为我国经济发展重要的增长点。

从20世纪80年代起，伴随着中国从计划经济向市场经济体制改革的不断深化，中国体育产业开始在探索中起步，90年代中期以后有了较大发展。

如今，在北京、上海等一些现代化程度较高的大中城市，以及东部沿海发达地区，体育产业创造的经济增价值在国内生产总值中已经占到了相当的比例，接近一些发达国家的水平。

刘鹏说，与过去计划经济体制下单纯依靠政府投入办体育的情形相比，体育发展资金的来源渠道不断拓宽，体育社会化的程度明显提高，体育正在为社会创造前所未有的价值和财富。体育与经济你中有我，我中有你，互动共存，正变得越来越密不可分。

与发达国家相比，中国体育产业仍有很大不足。人均体育场地、人均体育消费和经常参加体育锻炼的人数，仍处在较低水平。地区之间、城乡之间体育发展程度差距较大。竞技体育优势项目不多，综合实力与传统的体育强国相比还有明显的差距。

刘鹏表示，将继续致力于促进体育产业的发展，不断深化体育改革，积极培育体育市场，广泛调动社会力量兴办体育事业的积极性，积极研究制定政策规划，加强行业管理，完善体育公共服务。

他特别提到，2008年北京奥运会将为我国体育事业的发展和经济社会的全面进步注入巨大活力，提供强劲动力，这同样也是我国体育产业发展所面临的重大机遇。面对千载难逢的机遇，我们要有充分的准备，不失时机地把中国体育产业推向新的阶段。

（宗 和）

展 会

北京高博会规模空前

2005第四届中国（北京）国际高尔夫球博览会6月10～12日在中国国际贸易中心举办。与前三届高博会相比，第四届博览会的参展厂商数量明显增加，实力也更加雄厚。吸引了境内外150多家厂商踊跃参展，展出面积达1万多平方米，还有40多家国际公司派人到会参会。据悉，由于今年2月美国商务部通过了对高博会的“商品交易会”认证，从而为本届中国（北京）博览会打开一扇更紧密联结世界的大门。在获得美国商务部认证的同时，美国灌溉协会、美国练习场协会、美国球场设计师协会和比利时高尔夫博览会相继成为中国（北京）国际高尔夫球博览会的海外支持机构。另外，在此次博览会中最引人注目的是“中国草坪总监联谊会”在高博会期间正式成立。此次高博会是与以往三届相比规模空前盛大的一次博览会。

第16届中国国际体育用品博览会

第16届中国国际体育用品博览会2005年6月20～23日在上海新国际博览中心举办。为期4天的体博会吸引了16万人次观众观展，其中包括来自70多个国家和地区专业贸易人士。

此次体博会参展的国内外体育用品企业近千家，各参展商更强调品牌的概念，更注重展示品牌形象。众多国外品牌利用体博会拓展中国市场，特别是国际化程度较高的户外运动用品。发展最快的是健身器材，该展馆中的中外品牌呈现出分庭抗礼的局面。

首次在体博会上出现的“展会撮合系统”共撮合了1385对贸易伙伴，为国内外企业的交流和合作提供了一个便捷有效的平台，受到参展商一致好评。

体博会组委会副主任金国祥希望今后有更多的世界知名体育用品制造商把冬季体育用品拿来参展，而中国体育品牌也能依托体博会不断向世界宣传和推广，成为有相当影响力的国际知名品牌。

境内展

展名：中国国际体育场馆设施暨体育休闲用品博览会
时间：2005年1月18～20日（北京）
周期：一年一届

展名：香港国际高尔夫展览会
时间：2005年3月11～13日（香港）

展名：2005亚洲SPORTEL体育用品博览会
时间：2005年3月15～17日（香港）
周期：一年一届

展名：中国国际高尔夫球博览会
时间：2005年4月14～17日（北京）

展名：台北国际体育用品展览会
时间：2005年4月15～18日（台北）

展名：第三届中国国际水上运动产品与船艇展览会
时间：2005年5月18～21日（青岛）
周期：一年一届

创办时间：2002年7月
上届数据：展出面积（平方米）：8000
其中外国参展面积（平方米）：4000
观众总数（人次）：30000
展商总数（家）：80
其中外国参展商数目（家）：30

展名：2005第四届中国（北京）国际高尔夫球博览会
时间：2005年6月10～12日（北京）
周期：一年一届
创办时间：2005年6月

展名：中国国际体育用品展览会
时间：2005年6月20～23日（上海）
周期：一年一届

展名：北京国际体育休闲暨场馆设施展览会
时间：2005年7月14～16日（北京）

展名：第六届中国（广州）国际体育用品博览会、第三届户外运动用品展览会
时间：2005年9月8～11日（广州）
周期：一年一届
创办时间：2000年6月
上届数据：展出面积（平方米）：20000
观众总数（人次）：35000
展商总数（家）：300

展名：中国国际体育用品展览会
时间：2005年9月15～18日（广州）
周期：一年一届

展名：第三届上海高尔夫博览会
时间：2005年9月25～27日（上海）
周期：一年一届
创办时间：2003年
上届数据：展出面积（平方米）：1500
其中外国参展面积（平方米）：300
观众人数（人次）：3000
展商总数（家）：66
其中外国参展商数目（家）：15

展名：第八届中国（深圳）国际高尔夫球博览会
时间：2005年9月（深圳）
周期：一年一届
创办时间：1998年9月
上届数据：展出面积（平方米）：10000
其中外国参展面积（平方米）：3000
展商总数（家）：180

展名：第17届中国国际体育用品博览会（秋季）
时间：2005年10月28～30日（北京）
周期：一年两届
创办时间：1993年
上届数据：展出面积（平方米）：10000
其中外国参展面积（平方米）：2000
观众总数（人次）：10000
展商总数（家）：200
其中外国参展商数目（家）：30

展名：第二届山东国际体育用品博览会
时间：2005年11月17～19日（济南）

境外展

展名：莱比锡马事展览会
时间：2005年1月20～23日（德国）

展名：第62届慕尼黑冬季国际体育用品和运动时装贸易博览会
时间：2005年2月6～9日（德国）

展名：第31届国际狩猎和体育枪支、户外装备暨配件展览会
时间：2005年3月18～21日（德国）

展名：斯图加特国际枪支专业展览会
时间：2005年4月1～3日（德国）

展名：第63届夏季国际体育用品暨运动时装贸易博览会
时间：2005年7月3～5日（德国）

展名：2005年德国科隆国际体育用品、露营设备暨花园用具博览会
时间：2005年9月4～6日（德国）

展名：第13届慕尼黑国际高尔夫运动用品博览会
时间：2005年10月2～4日（德国）

14. 休闲产业

行业简况

中国旅游业商机无限

根据世界旅游组织的预测，到2020年，中国将成为全球最大的入境旅游目的地和第四大出境旅游国。中国将接待入境旅游者2.1亿人次，旅游总收入将超过3.3万亿元，相当于中国国内生产总值的8%至11%，占世界旅游市场的8.3%。

投资“沃土”

旅游业是中国对外开放最早和开放程度最高的行业之一，也是政府确定的外商投资优势产业，具备良好的投资和发展环境。从1978年改革开放起，中国旅游业就开始利用侨资、外资修建旅游住宿设施。迄今为止，中国已有700多家外商投资的饭店，希尔顿、雅高、香格里拉、万豪、巴斯、仕达屋等全球主要饭店连锁集团都在中国投资建立或管理了大批旅游饭店。在旅行社行业中，先后成立了“云南力天”、“广州康泰”、“广东永安”、“北京新纪元”、“星辰方舟”、“首都雅高”、“天津天新”、“无锡威霖”、“罗林康辉”等10余家合资旅行社。

量子基金的发起人之一，美国知名的投资家和金融学教授罗杰斯先生曾说：假如他的侄女有100万美元要在中国投资，只要她愿意做营销和具备良好的社交能力，他将会建议她了解中国的旅游业或投资中国的旅游业。罗杰斯先生认为中国的旅游业很有前途。中国人现在出国旅游不容易，但是这种情况很快就会改变，中国人民希望如此，中国政府也希望如此，尽管发生这些变化可能需要一些时间，但是这一变化肯定将会发生。旅游业，既包括入境旅游也包括出境旅游，将是未来几年中国经济一个重要的增长点。

世界旅游及旅行理事会总裁吉恩·劳德·鲍姆加特恩认为旅游业每年将为中国新增130万份工作，中国将成为全世界从未有过的旅游经济大国。他表示：旅游业对经济的影响非常深远。首先，它有利于旅游及旅行服务的提供者，他们将是最先获得利益的行业，例如航空公司、酒店、租车、餐饮、零售、娱乐等等。他们从现在开始必须有意识地进行考察、更多的规划和行动，以免在发现机会后措手不及；其次，它对经济中其他行业有着更广泛的影响，特别是在那些与之相关的活动中各行业的供应商，如航空公司的供餐商、洗衣店服务、食品供应商、批发商、金融和财务公司等。值得一提的是：那些给参观者和旅游业提供服务的政府机构也能从旅游及旅行业的发展中受益。它们可以利用这个机会使自己更为完备，获得更快发展。最后，旅游业对以下行业均有影响：比如钢铁、建材、石油等生产企业、建筑业、日用品供应企业等，这些企业以各种方式进入旅游及旅行业的供应中。他们应该从现在开始意识到，旅游和旅行业中有可能就是他们的下一个经济增长点。吉恩·克劳德·鲍姆加特恩说：大部分好的商业决策和投资开始时都有一个准备充分的商业计划。在许多案例中，这一点还太初级。中国的投资者应该多看看国外成功的投资和商业活动，从而理解在其他地方什么是成功的旅游和旅行业，然后将这种知识消化成适用于中国及其国内外游客的商业机会。

对外开放政策和产业导向政策的支撑，使外商今后投资中国旅游市场有望获得更多的空间。长期从事旅游产业研究的经济学专家吴坚认为，无论是从近期的发展势头观察，还是从远期的增长评估考量，中国的旅游市场都是外商投资的“沃土”。

市场热点

中国旅游市场在21世纪进一步扩大，其不断发展的有利条件有：中国丰富的旅游资源不断得到开发；旅游产品结构不断完善；旅游产业规模不断扩大；发展旅游的大环境逐渐优化，这些都为中国旅游市场的扩大提供了坚实的保障。

入境旅游市场：入境旅游市场将会继续扩大，亚洲是中国的最大客源市场，随着东南亚金融危机的过去，东南亚、日本的经济复苏，亚洲客源肯定有较大的发展；欧美远程客源国来华人数都在不断增长，在中国国际旅游市场上，来自欧美的游客只是一个全球的平均水平，欧美来华旅游的潜力显然很大。

出境旅游市场：中国对出境旅游的政策是“适度发展”，但中国出境旅游的发展速度很快，2000年以来因私出境的人数一直超过了因公出境人数。随着一批高收入者的队伍不断扩大，中国的出境旅游将有一个大的发展，出境的目的地也将由目前的东南亚国家和地区及近邻国家扩展到欧美发达国家。

国内旅游市场：20世纪90年代国内旅游出游人数平均每年以18.5%的增长速度发展，城镇居民和农民的出游率不断上升。随着人们生活水平的提高，可自由支配收入比重的增大，节假日的延长，闲暇时间的增多，必然会极大地促进国内旅游的发展。假日旅游的火爆就充分证明了这一点。发达国家发展旅游业的经验表明，在人均GDP达到1000美元以后，旅游的大众化、普遍化便开始迅猛发展。我国已经接近于这一临界值，说明我国的大众旅游时代很快就要到来。按国际惯例，国际旅游收入与国内收入的比例为1:8或1:9，我国目前仅达到了1:2.35，潜力很大。中国的国际旅游与发达国家相比差距很大，入境过夜旅游人数只及法国的一半，国际旅游收入还不到美国的1/5。由此可见，中国旅游业的发展潜力巨大。

曾经参加国家旅游局对“旅游产业政策”课题研究的专家高舜礼认为，中国旅游业提前兑现入世承诺，允许外商控股和独资旅行社，有利于发挥其管理和品牌优势，并通过确保服务质量、降低经营成本、发掘产品特色，吸引更多的客源。

业内专家分析认为，面对庞大的中国市场，与以往的旅游投资热潮相比，目前呈现多渠道、多方式、领域不断扩大且各有侧重等特点。其中，外商对传统的旅行社、旅游饭店的投资持续升温，旅游电子商务领域和旅游人才培训与教育、旅游基础设施建设等领域正成为新的投资热点。

以下热点应予以重点关注：

旅行社业的整合（中青旅连锁模式＋上海春秋的网络拓展模式）；饭店管理集团的扩张是资产扩张最迅速的一条发展途径，发展前景广阔（锦江模式、锦江之星）；景点管理模式输出（华侨城的“中华锦锈”工程）；具有前景的旅游电子商务运营模式（上海春秋散客网络、青旅在线、携程网）；西部地区增长极地区高级别旅游景点的开发、旅游集团的组建上市；铁路、民航的市场化、奥运旅游产业以及旅游商品的生产和销售、旅游餐饮的连锁化经营等都是极具投资价值的机会。

发展态势

中国旅游三大市场拥有旅游资源丰富和市场日益扩大两大迅猛发展动力。中国市场经济体制的不断完美和加入世界贸易组织将给中国旅游业的壮大发展创造不可多得的历史机遇。在新的竞争环境下，我国旅行社业呈现出以下发展趋势：

中国旅行社业的市场将进一步开放。中国加入WTO后，国外的旅行社可能以网络预订系统等各种方式进入中国市场，中国的旅行社面临的冲击和压力很大，竞争将进一步加剧，许多规模不大、竞争力不强的旅行社将面临破产的危险。

企业制度改革将进一步深入。国有旅行社将通过实行股份制等形式进行改革，各种经济成份将通过各种进入旅行社业，旅行社的所有制将有多样化。

一些长期对中国旅游业对外开放战略开展研究的专家分析指出，随着已成立的合资旅行机构站稳脚跟，外商控股或独资旅行机构的逐渐增加，外资在中国旅游市场的综合优势将越来越明显。中国旅行社业的分工体系将得到调整。通过对现有旅行社的改造、分化、组合等方式实现大型旅行社集团化、中型旅行社专业化、小型旅行社通过代理制形成网络化的目标模式。中国旅行社的数量将进一步增长，旅游产品开发将出现多样化。由于中国旅游市场迅速扩大，现有旅行社的数量远不能满足国内旅游迅猛发展的需要，旅行社的数量将进一步扩大；同时，旅行社开始细分市场，产品开发将趋于多元化。

信息技术将得到广泛应用。信息技术的广泛应用将进一步提高旅行社的效率和促进中国旅行社业分工体系调整。

旅行社业的竞争将从目前的价格竞争过渡到品牌竞争。旅行社在加剧管理、提高服务质量的同时通过内部规范和外部促销，在市场上树立起鲜明的形象，建立企业的品牌。少数旅行社将走向跨国经营的道路。

——《国际商报》

2004年商务旅游城市发展调查报告

2005年2月，e龙公司发布了2004年中国热点商务旅游目的地城市调查报告，报告结果显示：2004年中国热点商务旅游城市排名与2003年相比主要表现为：珠江三角洲城市群、长江三角洲城市群和京津唐环渤海湾城市群都取得了不同程度的发展，其中珠三角城市群更为成熟，发展也相对较快；长三角城市群次之；京津唐环渤海湾城市群发展的步伐逐渐加快。

而e龙2004年中国十大商务旅游城市排名的变化也一定程度上反映了这个特点：广州超过杭州，重新位列三甲，杭州退居第四；天津首次上升为第九位，青岛由第11上升至第十，武汉、成都再度排名互换，分列第七、第八位；而北京、上海、深圳、南京则保持不变，仍分列第一、第二、第五、第六位，苏州则被“挤”出十甲之列。

e龙公司的报告称，珠江三角洲曾经是我国经济发展的一座丰碑，当上个世纪90年代随着浦东新区的开发，以上海为首的长江三角洲以强劲的发展势头吸引了更多人的视线。2004年，在长三角与珠三角的区域经济逐渐成熟，在不同领域各领风骚的情况下，珠三角再度夺回领跑大旗，回复高速发展轨道。

珠三角：超越速度欲求联合突破

广州：应该说，广州是2004年中国城市发展最耀眼的明星。作为改革开放的前沿阵地，广州的经济发展一路高歌，除2003年曾被风头强劲的杭州一度超过外，广州一直稳居中国商务旅游城市三甲之列，2004年更是以绝对优势一举收复失地，重新位列三甲，取得了商务、旅游的协调发展。

究其原因，主要有两点：一是各种大型国际展会的举办。除了例行的春、秋季交易会，广州的展会可谓“连绵不绝”，国际汽车展览会、国际五金工具展览会、第21届国际美容美发化妆用品博览会等相继举行，这不仅表明国内外商家对广州城市商务功能发展的认可，同时展会的举办又促进了广州商务、旅游的繁荣发展。

二是城市环境的综合治理。广州从1996年开始连续8年每年超过150亿元的城市建设投入，超过500多亿元的环境综合整治投入，使广州这座历史名城变为一个现代化的国际花园城市。而优美的城市环境及良好的经济发展除了吸引来自五湖四海的人才定居广州，还带来了大批的投资商及游客。目前广州新一轮外商投资热潮已扑面而来，汽车、造船、会展和物流将成为广州继续前进的最大动力。

深圳：曾以无与伦比的“深圳速度”创造城市发展史上奇迹的深圳，在2004年取得了持续、稳定的发展，继续保持中国十大商务旅游城市排行榜第五位。虽然年轻的深圳经济发展已趋向成熟，但仍保持了较高的发展速度。作为与香港及东南亚乃至亚太地区合作的前哨，深圳有着巨大的发展空间。此外，深圳正在部分地并将可能全面地进行制度创新，而这种制度创新带给深圳、珠三角甚至全国的影响也将是不可限量的。

此外，珠海、佛山、江门、东莞、中山、惠州市等珠江三角洲其他城市也高速发展多年，目前珠三角城市群已较为成熟，产业结构调整升级也较其他地区快半拍，但珠三角也面临一些比较突出的问题，如城镇同质竞争、重复建设、资源浪费等，这些因素将严重地制约珠三角的可持续发展，影响区域整体竞争力的进一步提高。所以，珠三角所面临的早已不是什么速度问题，而是如何实现区域经济整合的问题。因此，加强内地与港、澳的互动，确立广州和香港在珠三角的中心城市地位，以香港和广州两驾马车协力带动区域发展，互为补充、比翼齐飞，将是珠三角今后发展的良机。

长三角：在快速成长中逐渐成熟

2004年，长江三角洲最值得一提的是宁波和无锡，虽尚未进入中国十大商务旅游城市排行榜，但两个城市已保持了连续数年的高速发展，排名连年上扬。宁波拥有优良的深水良港，市内基础设施完善，民营经济产值占总产值比重已经达到95%，企业产权清晰，资源市场配置程度较高，而且其与东盟的经贸往来频繁，外资在城市总资本中占有较高比重。因此，宁波的发展相当惹眼。而享有“太湖明珠”美誉的无锡，是全国10大重点旅游城市之一，不但江河湖海相通，京杭大运河穿城而过，而且京沪铁路、沪宁高速公路交汇于此，是连接南北、沟通东西的重要枢纽。目前其跨江开发已取得实质性进展，而临江开发的工业园、生态园及新城区也即将形成。

上海：连续四年列中国十大商务旅游城市排行榜第二位，作为长三角乃至全国经济的领军城市，上海各类国际会议及旅游业蓬勃发展，有着巨大的经济增长空间。杭州，作为2003年中国十大商务旅游城市排行榜上最耀眼的明星，其发展一如既往，虽然2004年被广州超过，下降为第四位，主要是广州2004年发展更快所致。而苏州由2003年中国十大商务旅游城市排行榜第九位下降为2004年的第12位，也并非其发展速度不快，不过由于国家宏观调控使部分新上马项目暂停、暂缓的确是苏州在2004年被其他城市赶超的原因之一。

此外，长三角的常州、南通、扬州、嘉兴等城市的发展也在不断提速。与珠三角相比，长三角的发展后劲儿似乎更足一些。但是，长三角还没有进入成熟期，需要加快经济产业结构调整的步伐。作为中国东部沿海开放城市带和沿长江产业密集城市带的结合区，中国对内、对外联系的主要节点，长三角有着江海交汇、南北居中得天独厚的地理位置，必将在我国今后的经济发展中起到更大的作用。

京津唐环渤海湾：逐渐发力 发展提速

北京，作为中国的政治、经济、文化、科技中心，跨国公司总部的首选城市之一，重大国内、国际会议的举办地，一直处于高速发展的轨道，已连年列中国十大商务旅游城市排行榜第一位。而作为中国老直辖市的天津，其经济地位与其政治地位似乎不太相称，每年勉强进入中国十大商务旅游城市排行榜，已连续三年列第十位，但是2004年天津上升至第九位。这主要是因为前中国人民银行行长戴相龙出任天津市长，带来了巨额的投资用于改善市政建设，成效已逐渐显现。而这也正与e龙2004年的城市发展报告的预测相吻合。未来天津仍有很大的发展空间。

青岛、大连2004年各上升一位，分列中国商务旅游城市排行榜第十、十一位。这主要是因为青岛、大连作为海边旅游城市，2003年旅游业受SARS影响较大，因此2004年出现较大反弹。但是同样是上升，大连与青岛城市发展则有所不

表5-8　中国十大商务旅游城市排名

时间／排序	2004	2003	2002	2001
1	北京	北京	北京	北京
2	上海	上海	上海	上海
3	广州	杭州	广州	广州
4	杭州	广州	杭州	南京
5	深圳	深圳	南京	杭州
6	南京	南京	深圳	深圳
7	武汉	成都	成都	武汉
8	成都	武汉	武汉	成都
9	天津	苏州	青岛	青岛
10	青岛	天津	天津	天津

同，自去年以来，大连并无太大变化。而青岛则在纯粹旅游的基础上加进了不少商务的色彩，青岛国际啤酒节、青岛国际海洋节等大型国际展会的承办，使青岛的商务实力明显增强，青岛的未来值得期待。

与珠三角、长三角不同，京津唐环渤海湾城市群还没有形成整体高速发展、遥相呼应的格局。沈阳、石家庄、唐山等城市的发展亟待提高。

其他城市和地区

武汉、成都、厦门在2004年仍在有条不紊地前进，只是步调相对不够快。昆明作为著名的春城，是团队游而非商务游城市，因此，昆明多作为游客去丽江、西双版纳等景区的中转站，但是本身不具有特色景点，其发展前景较为一般。与2003年相同，北部（黑龙江、吉林、辽宁、内蒙古）、西部（宁夏、陕西、甘肃、新疆、西藏）、中部（河北、河南、山西、安徽等省或自治区）城市都仍然没有多大发展。

通观2004年，中国城市的发展与区域经济的发展密切相关。长三角是中国大陆最大的三角洲，珠三角是中国大陆第二大三角洲，经过改革开放20年的快速发展，两个三角洲区域经济已积累了相当的实力。就发展阶段而言，珠三角因为起步较早，发展也较为成熟。而长三角区域面积广、人口多、经济规模大，区域内经济成长的潜力应优于珠三角。相比较而言，京津唐环渤海湾城市群则刚刚起步，但是其发展意义重大，将对东北、西北以及中原等地区起到有力的辐射作用。

e龙报告称：可喜的是，我国经济的增长已由相互独立的“点”逐渐扩大到具有一定规模效益的“面”。但是，对于一个960万平方公里的广阔疆域来说，三个“面”还是太少了。在我国的东北、西北、西南甚至大部分的中原地区，没有“面”，甚至没有“点”。在期待现有“面”扩大的同时，我们更期待那些新“点”的出现。

——《国际商报》

展　会

首届中国犬业展览会

由中国畜牧业协会犬业分会（CNKC）主办的首届中国犬业展览会，于2004年10月5～6日在北京海淀展览馆举办，这是中国犬业有史以来规模最大、节目最丰富的犬业盛会。

展会有来自日本、韩国、中国及港澳台地区的近千只参赛犬和展示犬参加。

首届中国犬业展览会是中国犬业发展到今天的必然产物，其设计内容丰富多彩，既有严肃的国际标准大型犬赛，又有群众喜闻乐见的趣味性犬业文化活动；既设计犬只活体展览交易，又将安排展示行业风采的国际标准展位；既进行首次纯种犬鉴定，又采取积分制，赛出中国排行第一犬。

据悉，关于犬赛，本届犬赛采取国际FCI标准，设计科学赛制，聘请一流审查员，搭建一流赛场，创造公平、公开、优良犬赛环境，在赛前进行纯种鉴定，同时对优胜犬只采取积分制，赛出中国犬只积分排行榜。针对宠物及宠物用品展销会，组委会的服务理念是在展前、展中、展后为参展、参赛、参会者服务，将展会办成永不落幕的犬业展览会。一方面为犬食品、用品生产、销售企业、犬舍、宠物医院、美容院、各种媒体提供展示、交易舞台，另一方面为优秀名犬提供展览、交易机会。

关于大众化趣味性犬业文化活动，具体内容有敏捷性训练比赛、绝对大胃王、CNKC吉尼斯、家庭宠物选美秀、趣味竟答、最受女性青睐犬评选、军警犬表演赛、藏獒救助主、爱心行动、宠物文化等。

第八届中国国际宠物水族用品展览会

2004年10月11～14日，长城国际展览有限责任公司主办的第八届中国国际宠物水族用品展览会在北京展览馆举办。有来自法国、英国、日本、美国和我国香港、台湾等国家和地区的300多家企业参展。。

从本届宠物展来看，其规模正在向纽约宠物展和法兰克福宠物展接近，已成为亚洲最大的宠物展盛会。本届展会除了展示国内外不同品牌的最新宠物用品、水族类宠物用品，其中包括食品、卧具、餐具、玩具等，同时，还举办了国际宠物美容师美容示范讲演会。

第五届旅博会

由中国贸促会、中国旅游业协会、中国轻工业联合会、中国商业联合会、安徽省政府共同主办，安徽省旅游局、中国贸促会安徽省分会和芜湖市政府共同承办的第五届中国（芜湖）国际旅游商品博览交易会，于2004后11月3～6日在芜湖会展中心举行。

本届旅博会以“国际化、专业化、信息化”为目标，以“弘扬中国旅游商品精粹，培育中国旅游知名品牌”为宗旨，以推动中国旅游商品企业的国际化经营，促进中国旅游商品的生产研发和交易，进一步促进旅游商品产业的发展，繁荣旅游经济。

旅博会设标准展位640个，特装展位19个，展品主要为特色旅游商品。与前四届旅博会相比，本届旅博会成为主题突出、特色鲜明的“品牌展会”。一是规模大，有千余家海内外厂商和2万名客商参会。二是国际化，本届展会专设国际展区和港澳台展区，邀请境外知名旅游商品生产、销售企业与我国港澳台客商参展会，境外组团超过20个。三是专业化，严格控制普通生活用品、一般性旅游商品参展，增设旅游纪念品、特色工艺品、礼品设计展区和旅游教育展区。四是信息化，利用网络，打破时空和地域限制，提高展会期间的网上咨询服务水平。

2004年旅游推广峰会

首届世界旅游推广峰会23日在南京落下帷幕。峰会期间，来自全球45个国家和地区的180多位外国代表以及300多位中国旅游界高层管理者欢聚一堂，寻求合作机会。此次峰会由中国国家旅游局和南京市政府共同主办。为期3天的论坛深入探讨包括旅游推广的发展趋势、出入境旅游面临的机遇与挑战等重要议题，还针对中国现状探讨“振兴中的中国入境旅游和出境游的动力与方向”。会议还为各国参会的旅游企业家提供了演讲专场，展示世界各地丰富的旅游资源，促进各国代表的交流合作。赞比亚旅游部部长帕特里克·卡里方格瓦、埃及旅游部部长艾哈迈德·哈迪姆等多位部长级官员和政府高层官员也通过此次峰会与中国旅游业建立新的互惠关系，增加对中国旅游市场的了解。来自大型跨国旅游公司、旅行社和旅游胜地的负责人也利用这个平台与中国旅游界人士交流，寻找合作机会。此次，世界旅游推广峰会在中国召开表明了世界对中国旅游事业巨大发展潜力的信心。

峰会期间安排了多种多样的活动。风格特色的“脱口秀”圆桌会议，使与会代表有机会与全球高层领导人进行互动式交流。VISA全球总裁克里斯托夫·罗德斯、万豪国际酒店有限责任公司总裁兼董事总经理毅富荣、Opodo欧洲旅游集团的大卫·斯科斯尔、美国CNBC电视台的皮特·格林伯格、香格里拉(亚洲)有限公司的董事乔凡尼·安吉莉尼、文华东方酒店集团常务董事艾杜尔德·埃特德、《精英旅游者》杂志的杜尔·戈兰等国际旅游风云人物在峰会担任了主讲嘉宾。美国运通集团、法国Mondial Assistance保险公司、美国国际金融保险集团、四季酒店度假村、法国雅高饭店集团等机构的负责人也出席会议，与代表一同探讨了感兴趣的话题。

为更好地推进旅游的交流与合作，峰会上还特设了交互式的交易型会议及合资机会探讨会议，在优秀旅游推广产品和服务展上，代表们充分展示自身优势；会前开始的虚拟贸易展，也将一直持续下去，为代表们搭建在线交易平台，并提供进军电子商务市场的机遇。

在闭幕式最后，南京市副市长蒋裕德将世界旅游推广峰会会旗交与下届（下届世界旅游推广峰会将于2006年在北京召开）主办城市北京市旅游局局长于长江。

上海国际旅交会创亚洲规模之最

由中国国家旅游避、上海市人民政府、中国民用航空总局共同举办的2004中国国际旅游交易会于11月25～28日在上海新国际博览中心举办。本届国际旅游交易会主要指标均创历史新高，呈现出交易需求旺盛、场馆大幅扩容、国际参与趋多、参展阵容扩大、专业化程度提高等特点。国家旅游局官员沈蕙蓉表示，中国国际旅交会带来大量国际国内的旅游新产品和新信息，成为亚洲规模最大、专业性最强、国际影响最广泛的国际旅游盛会，目前已超过英国伦敦旅交会，再经过几年的努力，可望赶超目前排名第一的德国柏林旅交会，成为全球最大的旅交会。

本次交易会总面积达4.6万平方米，比2002年旅交会增加了33%。展会共设展台1848个，其中国际展台652个，占总数的35.2%，国际参展商遍及64个国家和地区。是展出面积最大、展台数量和参展国家与地区最多的一届国际旅交会。参展的不仅有中国公民出境旅游目的地国家，还有欧洲的英国、乌克兰，北美的美国、加拿大，南美的巴西、智利、秘鲁、阿根廷，太平洋岛国帕劳、萨摩亚等尚未向中国公民开放旅游的国家。中外景点、度假区、航空公司、游船公司、酒店、国际组织、政府旅游局、民间旅游组织、旅行社、酒店预定网站等，不仅展示了各具特色的旅游资源和旅游产品，还带来一台台多姿多彩的文艺表演，让中国人一睹当地的民俗风情。

中国国际旅交会备受国际旅游界瞩目，有来自世界各地的1万多名参展商和业界人士参展，交易会期间的上海高星级酒店几乎全部爆满。

名犬名猫天津作秀

天津市首届国际宠物展暨“文文”杯世界名犬、名猫展评大赛于2005年1月1～3日举行。源自海内外的数百条世界名犬、名猫参与比赛，赛会内容丰富，集世界名犬种大赛、世界名猫展评大赛、美容师大赛、名犬展示、警犬表演等于一身。

自古以来，狗是人类最亲密伴侣，随着人们生活水平的提高，宠物产业作为一种新的行业行态，将越来越被各阶层人士所接受，而宠物经济作为一种新的经济形态，也为广大有识之士所关注。热爱生活、关爱生命，将驯养宠物与科学健身有机结合，提高百姓生活质量，是举办赛会的目的。

此次展会有数百个展位，对宠物用品、宠物文化等进行全方位的展示，并为满足宠物爱好者的不同需求，提供了一个观赏、选购宠物及宠物用品的平台，也是广大爱宠人士了解宠物相关知识，展示世界纯正血统宠物的理想场所。

“国际钓鱼用品展”异常火爆

2005年2月21日，第15届中国国际钓鱼用品贸易展览会在中国国际贸易中心开幕，本届展览会共有273家中外参展商展出了包括渔竿、渔线轮、渔线、渔饵、网具、假饵、竿包、配件、钓鱼服、帐篷等15个系列数千种渔具产品，展出的展品代表了当前国内的最新和最高水平，使渔具爱好者大饱眼福。

本展展会是历届规模最大的一次。展览会共设有6个展厅，近1.4万平米，863个国际标准展位。在交易日期间有4000名持证人员在场内交易，在对公众开放日期间，参观人数达2万人左右。

据介绍，这一届国际钓鱼用品展有两大特点：

首先，“国际钓鱼用品展”是亚洲最大、世界三大国际渔具专业展览会之一。它是一个以海外贸易商为采购、订货为主体的贸易展览会。此次有60个国家和地区338家公司参加展览会。其中60家美国渔具公司的110名贸易商参展，是参展人数最多的国家。位居第二名的是来自澳大利亚的贸易商，共有25家公司的47名贸易代表参加，法国和德国则并列第三名，共有13家公司的31名和24名贸易代表。英国著名钓具专刊《Tackle Trade World》称这个展会为世界顶级渔具展。

首届中国藏獒展览会

2005年2月26日，首届中国藏獒展览会在廊坊国际会展中心正式开幕，一共有300多只“东方神犬”在这里与广大友人见面。展会尚未开门，已经有数千名市民等待购票进场，一些人甚至是从山东、河北等地连夜赶来的。还有的市民竟将自家的宠物狗也一并带来，希望能和鼎鼎大名的藏獒比比美。

在展览会上，一共有5只威风凛凛的藏獒向大家表演了关于咬断绳索营救主人、拒绝陌生人投喂的食物、在烟雾中抓住犯罪分子等项目。只见一个工作人员手上缠着厚厚的护具，扮成小偷的样子潜入“民居”。一只黑色藏獒在听完主人的指令之后，立刻跳起半米多高，从掩体中一个50厘米见方的孔中一跃而过，咬住“小偷”的手臂不放，一直将他拖出了五六米，把手上戴的棉制护具都咬穿了。为了给藏獒增加难度，工作人员在掩体周围放起了烟雾和鞭炮，即使这样藏獒也没有丝毫退缩，在几秒钟内就轻易搜寻到目标。

据介绍，藏獒最大的特点是保护领地，能解主人之意，对主人极为忠诚。一条成年藏獒能斗败三条恶狼，可使金钱豹甘拜下风，藏獒是真正的“东方神犬”。

第39届旅交会在北京举办

由中国工业经济联合会、中国工艺美术（集团）公司联合主办的第39届国际旅游品和工艺品交易会暨国际礼品和家庭用品展（以下简称旅交会）于2005年3月16～19日在北京全国农业展览馆举行。

本次交易会展出面积近2万平方米。参展企业有520多家，分别来自中国大陆及香港、台湾地区和美国、意大利、日本、巴基斯坦、尼泊尔等国家。参展产品包括旅游品、工艺品、礼品和家用消费品四大类50个类别，近16万种产品，分设旅游天地、欢乐节日、品味居室、潮流饰品、美好家居、温馨厨卫六个主题展厅集中展示。专业观众则主要是旅游用品、礼品和家用消费品的批发商、经销商、贸易商、零售商。

在参展的地方展团中，以上海、北京、厦门、广东、杭州、天津等省市的展团比较突出，这成为本届旅交会的一大看点。专家认为，组团参展的形式更有利于专业买家参观。同时，通过组团的这种形式，也有利于单个企业提升自身品牌的形象。据了解，全国最大的现代礼品生产基地广东，以仿真植物为多，此外，潮州彩瓷、潮州精木雕也很有特色。上海展团每年都有最新的成果展示给观众，今年将要展示的是以“水晶一条街”为代表的一批海派企业。而本地参展的北京展团则以景泰蓝为代表，两位国家级的工艺美术大师张同禄和米振雄携带最新创作的景泰蓝作品在旅交会上呈现给观众。高档工艺礼品不仅仅是赠送亲友的佳品，而有些限量制作的工艺品还具有很高的收藏价值，北京的景泰蓝、杭州的王星记扇、上海的老凤祥饰品、厦门的漆线雕等都在可选之列。

旅交会自本届开始已经商务部批准成为国际旅游品和工艺品交易会暨国际礼品和家庭用品展，升级后的国际性体现在两个方面。一方面，旅游产品和工艺礼品很大部分属出口型国际产品，本届旅交会的参展企业有40%以上都是内外销兼营的，将吸引更多的国际采购买家。另一方面，还有一些国际品牌参展，主要是东南亚地区的尼泊尔、印度、巴基斯坦等工艺品，韩国现代礼品较多，意大利、美国、日本，则属于一些大的品牌企业，如意大利皮尔卡丹等。国际品牌的参展丰富了国内礼品市场的品种，为国内买家和普通百姓提供了更多的消费选择。

旅交会同期还举办评选活动和行业论坛。围绕“人文奥运”的大主题，主办方和清华大学美术学院合作举办第39届旅交会“金凤凰”杯原创旅游产品设计大赛，参加者有企业和个人，并还邀请专家、买家进行现场作品评奖点评。而论坛方面，也专门请到了高级工艺美术师徐凌志教授，进行“超越概念——设计的创新思维”、“传承、超越与创造”演讲，而杨玉琪教授则就“另类谋略”的主题和大家共同交流如何开拓国内外市场。

2005北京国际旅游博览会

2005年6月22～24日，由北京市旅游局主办，新加坡会议与展览管理服务有限公司、北京瑞莱森展览展示有限公司联合承办的2005北京国际旅游博览会在北京举办，本次旅博会以“感受中华美文化、展现北京奥运新形象”为主题，吸引了国内外旅游企业、航空公司等相关机构参展。

旅博会举办期间，正值北京气温最高的几天，而北京展览馆内，来自各国的参展商们上演的民族风情歌舞似乎要与初夏炎热的高温叫板。在国际展示区域，马来西亚的热带风情，埃及摆出的金字塔阵容，新加坡肆意购物的诱惑，印度佛祖巨图深邃的佛教文化，斯里兰卡美妙的歌舞韵律，菲律宾小姐欢快的竹竿舞，无不诱惑着中国公民身临其境，一探究竟。捷克此次占据了1号馆正对入口的位置，浪漫的布置吸引了观众的注意力。捷克旅游局北京代表处的有关人员表示，这正是他们的初衷。

据组委会的有关负责人介绍，参加旅博会从来都是旅游发达国家人们获取旅游信息的一种极好方式，伴随着中国出境旅游的日渐升温，本届旅博会的规模达到了1.5万平方米，比去年增加了4000平方米，增长了36%，国际展区比去年增加了1296平方米，增长了26%。特别是由于欧洲游的开放，本次旅博会参展的欧洲国家比去年增加了17个，众多的出入境旅游项目，全新的旅游线路推介，为北京游客赴欧洲旅游提供了方便和咨询。这位负责人还介绍说，为了提前抢得商机，一些尚未开放的旅游目的地国家也参加了此次展会，如尼亚加拉大瀑布公园所在地加拿大和中东一些国家。

境内展

展名：世界旅游资源博览会
时间：2005年1月20~23日（上海）
周期：一年一届

展名：第15届中国国际钓鱼用品交易展览会
时间：2005年2月21~23日（北京）
周期：两年一届
创办时间：1990年
上届数据：展出面积（平方米）：6500
其中外国参展面积（平方米）：650
观众人数（人次）：2000
展商总数（家）：260
其中外国参展商数目（家）：10

展名：香港商务旅行博览会
时间：2005年3月22~23日（香港）
周期：两年一届

展名：2005中国国内旅游交易会
时间：2005年4月15~16日（桂林）

展名：北京国际旅游博览会
时间：2005年4月20~23日（北京）
周期：一年一届

展名：2005中国（北京）国际假日旅游展览会
时间：2005年4月20~23日（北京）

展名：第三届上海国际休闲运动装备博览会
时间：2005年4月（上海）
周期：一年一届
上届数据：展出面积（平方米）：3500
观众总数（人次）：5000
展商总数（家）：42

展名：第22届河北省经济贸易洽谈会——第六届（廊坊）国际商务节
2005中国河北国际仓储物流技术设施展览会
京津冀旅游景区、旅游路线、旅游商品展览会
时间：2005年5月18~21日（廊坊）
周期：一年一届
创办时间：2005年

展名：中国西部国际旅游交易会
时间：2005年5月25~28日（成都）
周期：一年一届

展名：2005中国北方旅游交易会
时间：2005年6月4~5日（长春）

展名：第19届香港国际旅行博览会
时间：2005年6月9~12日（香港）

展名：2005年台湾电子游戏机国际产业展览会
时间：2005年6月（台北）

展名：2005中国（义乌）文体用品暨旅游纪念品贸易博览会
时间：2005年6月（义乌）
创办时间：2004年6月
上届数据：展出面积（平方米）：7700
观众总数（人次）：3万
展商总数（家）：300

展名：中国（北京）国际商务暨奖励旅游展览会

时间：2005年7月25～27日（北京）

展名：第二届东亚国际旅游博览会
时间：2005年8月26～27日（大连）
周期：一年一届
创办时间：2004年
上届数据：展出面积（平方米）：18000
其中外国参展面积（平方米）：6000
观众人数（人次）：38500
展商总数（家）：986
其中外国参展商数目（家）：355

展名：中国国际宠物水族用品展览会
时间：2005年8月（上海）
周期：一年一届
创办时间：1997年

展名：中国（济南）国际旅游交易会
时间：2005年9月2～4日（济南）

展名：中国（威海）国际钓鱼制造设备、原材料暨小配件展览会
时间：2005年9月10～13日（威海）
周期：一年一届

展名：亚洲宠物展览会爱好者乐园
时间：2005年9月22～23日（上海）

展名：亚洲休闲健身设备器材展览会
时间：2005年9月（上海）
周期：一年一届

展名：大连国际旅游工艺品暨旅游商品展览会
时间：2005年10月1～7日（大连）
周期：一年一届
创办时间：2000年9月
上届数据：展出面积（平方米）：10000
其中外国参展面积（平方米）：3000
观众总数（人次）：30000
展商总数（家）：400
其中外国参展商数目（家）：17

展名：第四届亚非拉手工艺品博览会
时间：2005年10月（厦门）
周期：一年一届
创办时间：2002年10月
上届数据：展出面积（平方米）：8000
其中外国参展面积（平方米）：400
观众总数（人次）：2万
展商总数（家）：350
其中外国参展商数目（家）：25

展名：第九届中国国际宠物水族用品展览会
时间：2005年11月7～10日（广州）
周期：一年一届
创办时间：1987年
上届数据：展出面积（平方米）：15000
其中外国参展面积（平方米）：1500
观众总数（人次）：20000
展商总数（家）：280
其中外国参展商数目（家）：26

展名：2005年第13届台北国际旅游展览会
时间：2005年11月（台北）

展名：台北国际游艇暨水上活动展览会
时间：2005年12月15～18日（台北）

境外展

展名：自行车和野外旅游展览会
时间：2005年1月15～16日（德国）

展名：高尔夫和健身旅游展览会
时间：2005年1月20～23日（德国）

展名：汉堡国际旅游展
时间：2005年2月9～13日（德国）

展名：柏林国际旅游博览会
时间：2005年3月11～16日（德国）

展名：海上旅游暨海运业展览会
时间：2005年3月14～17日（美国）

展名：斯图加特健康和舒适生活展览会
时间：2005年3月17～20日（德国）

展名：第九届新加坡国际观赏鱼暨水族器材展览与研讨会
时间：2005年5月26～29日（新加坡）

展名：美国盐湖城夏季户外用品博览会
时间：2005 年 8 月 11～14 日（美国）

展名：斯图加特宠物暨宠物健康专业展览会
时间：2005 年 11 月 12～13 日（德国）

展名：莱比锡旅游暨旅行车展览会
时间：2005 年 11 月 16～20 日（德国）

展名：莱比锡国际电子游戏展览会
时间：2005 年 8 月 18～21 日（德国）

展名：德国南部娱乐、玩具暨游戏展览会
时间：2005 年 10 月 29 日～11 月 1 日（德国）

15．文化、艺术、传媒业展会

北京图博会展现中国出版业生机

2004 年 9 月 2～6 日在首都举办的第 11 届北京国际图书博览会，再次显示了其在世界图书展会中的突出地位。据统计，此次图博会共有 42 个国家和地区的 900 余家中外展商参展，展台总数近千个，其中展厅 13 个，销售厅 1 个、销售台 22 个，展场面积达到 26800 平米。

日前，有关部门制定出有关出版业的两项相关政策，一是准许外资及行业外资金注入发行业，二是全面加强保护知识产权力度。用出版业的行话来说，就是进一步规范了出版业的“上游”，在此前提下，开放了“下游”，使出版物在有秩序的条件下，作为一种纯粹的商品，在流通领域良行循环。毋庸讳言，这是在为出版业的全面开放做着科学的、理性的、有次序的准备。

在图书博览会开幕前两天举办的“北京国际出版论坛”上，新闻出版总署副署长柳斌杰指出，改革开放给我国出版业注入了无限的生机和活力，使我国一跃而成为世界出版大国，书报刊出版总量居世界第一位。2003 年，中国年出版图书 19 万种、总印数 66.7 亿册，报纸 2100 多种、总印数 383 亿份，杂志 9000 多种、总印数 29.5 亿多本，音像制品 2.8 万种、总出版量 5.7 亿盒（张），电子出版物 5000 种、总量接近1亿张，网络出版、国际出版贸易市场也在快速增长，整个出版物市场销售年均达到 1500 多亿，实现利润 135 亿，满足了国家发展和人民文化生活的需求，成为国内最为看好的行业之一。

为了抓住机遇、深化改革，近年来，中国出版业在重塑市场竞争主体的集团化建设、转换机制创造活力的市场化经营、壮大出版业实力的产业化发展方面果断地作出了三大战略选择，到目前为止，我国已建成 70 家出版、报业、发行集团，在出版业中发挥着主导作用。另外我国民营的发行企业已达7万多家，中外合资合作的印刷企业已经超过 3000 多家，中外合资或外商独资的出版物零售企业 100 多家，中外版权贸易、版权合作、科技方面的出版合作也在不断扩大，给海外国外的出版发行商提供了共同发展的好机会。

首届中国国际音像博览会

2004 年 9 月 26～29 日在广州举办的首届中国国际音像博览会上，客商云集、交易活跃，专业观众已接近1万人次，参展单位与客商达成合作或交易意向3.4万单，达成合作或交易意向总金额近10亿元。众多参展企业和机构在这次音博会上广泛联络，广交朋友，无论是在信息、资源、技术的获得上，还是在企业或产品形象的宣传展示上，都有重要收获。

据了解，自 19 世纪末唱片业兴起后，视听产品的载体和记录方式随着高科技的快速进步不断推陈出新，电子、激光等技术的引入，更是带来了视听技术的革命性变化，极大地推动了音像制品的更新换代和音像产业的蓬勃发展，使人类进入了一个文化阅读和审美享受的崭新时代。当今，音像业在许多发达国家和地区已经发展成为支柱型文化产业，在产生巨大经济效益的同时，对社会生活和人们的价值观念产生了不可低估的影响力。

我国唱片业诞生于20世纪初期。而真正进入音像业的快速发展时期，则是在改革开放以后。音像数字化产品在 20 世纪 90 年代后逐步赢得市场，音像业规模迅速扩大，目前我国已拥有音像出版单位 300 多家；音像制品复制单位 300 多家，年生产能力在 50 亿张（盒）以上；音像节目制作发行公司约 2000 多家，音像零售、出租门店 10 万余个，年销售额超过 100 亿元人民币。无论在生产技术还是流通领域，我国音像业正在跟上世界音像业发展的步伐。

首届音博会通过集中展示中国音像业所取得的成就，并吸收代表国际音像业发展水平的音像产品与技术成果参展，为音像界搭建起国际性大型交易平台，使音博会成为国际音像界加强互相之间联系和合作的桥梁与纽带，从而进一步扩大中国音像业对外的影响力，为我国文化企业实施走出去发展战略作出有益尝试。

第七届北京国际艺术博览会

由中华海外联谊会、欧美同学会、台湾会馆、北京海外交流协会和北京海外联谊会联合主办的第七届北京国际艺术博览会于2004年10月1～5日在中国国际贸易中心举行。2004年的博览会在8000多平方米的展览场地设置300多个国际标准展位，展出中西绘画、书法、工艺美术等众多艺术品。

本届博览会的海外展区已被日本、美国、韩国、意大利、法国、俄罗斯等外国艺术机构的100多位艺术家租用一空。已连续五次参加艺术博览会的日本世界文艺社，本次展会租用了40多个展位、组织100多位艺术家的作品参展。美国TD国际艺术公司、韩国国际美术交流协会组织30多位艺术家的艺术精品加盟。中央美术学院、清华大学美术学院、天津美术学院、四川美术学院等亦有名家名作参展。观众在展会上可一睹徐悲鸿、李可染、启功、刘海粟、吴作人、吴冠中、钱绍武等名家作品的艺术风采。故宫博物院斥巨资购藏的《出师颂》复制品也现身博览会。艺术大师吴冠中30年前创作的长6米巨幅油画《一九七四年·长江》也参加了展览。加盟2004年博览会的新军团是已在海外取得巨大艺术成就的华人艺术家，他们看好中国必将融入国际艺术品市场，并推动中国艺术品在国际市场占有一席之地。

北京国际艺术博览会以丰富多样性、学术性、国际性吸引北京高品位的观众和艺术品购藏者。艺术博览会为塑造北京的国际文化交流形象，提升艺术品交易市场，为海内外艺术家提供展示舞台创造良好的环境。2004年，中国优秀中青年艺术家的作品在市场上出现较大的升值，投资商纷纷将目光投向艺博会，早已有多家海外的艺术投资机构预约参观艺博会。第七届北京国际艺术博览会以全新的面貌、更高的起点走进中外观众的视野。

首届中国电视广告交易会在沈阳召开

由中国广告交易协会电视委员会和辽宁广播电视局主办，辽宁电视台承办的“2004首届中国电视广告交易会”于10月12～13日在沈阳科学宫会展中心举行。全国有100多家各大电视台及电视广告媒体竞相登场，展示各自的独特魅力。

2004年首届中国电视广告交易会旨在综合展示中国电视媒体整体形象，是我国有史以来最大的一次电视广告交易盛会，是电视媒体最大的一次集体亮相，具有里程碑意义。它将在全国电视广告史上留下重要的一页。此次交易会推出“结盟电视媒体、展示品牌突破”和“中国电视媒体广告经营发展论坛”两大主题论坛，与会者切磋中国电视媒体经营发展战略，介绍国外先进电视台的经营理念，共同探讨电视媒体的经营方式与发展方向。2003年中国的广告收入突破1000亿人民币，电视广告收入255亿元人民币。中国电视广告已经成为中国电视业的主要经济支柱之一，在未来，中国电视广告市场有望成为全球最大的电视广告市场之一，各方在共同努力，建立一个良好的电视广告市场运营体系，“中国电视广告交易会”将成为促进业内协调发展，共同迈向成功未来的多功能展示平台。

第六届中国上海国际艺术节演出交易会

2004年10月17日上午400多名中外演出经纪人齐聚上海光大会展中心，参加当天开幕的第六届中国上海国际艺术节演出交易会。

从首届中国上海国际艺术节开始，国际演出交易会已经成功举办了五次。本届国际艺术节演出交易会上，共有170家演出经纪机构和演出团体开设展台，他们分别来自美国、法国、日本、意大利、澳大利亚和中国及中国台湾等32个国家和地区。

本届艺术节交易会上，国外参展机构数量首次超过国内，达到98家。其中包括全球演艺界两大权威组织：国际演艺协会和国际艺术经理人协会；美国最著名的两大演艺公司：哥伦比亚艺术经纪公司、IMG艺术经纪公司。

一批国际著名艺术节纷至沓来，显示仅有6年历史的上海艺术节知名度与日俱增。澳大利亚阿德莱德艺术节、德国维尔特国际戏剧节、奥地利维也纳艺术节、荷兰鹿特丹艺术节和澳门音乐节等等，给上海艺术节带来了不少新近演出的国际作品。

除了“著名国际艺术节展区”，本届艺术节演出交易会还设立“国际交易会展区”、“英国演艺机构展区”、“美洲大洋州演艺机构区”等等，一些展区现场演出推介节目，气氛颇为活跃。此外，本届艺术节交易会还专门设立了“国家舞台艺术精品工程”板块，对入选30台初选剧目中的外省市演出团体全部予以免费演出和推介。

在本次演出交易会开幕之前，第六届中国上海国际艺术节论坛已于16日先期举行。

紫禁城国际摄影大展

2004年10月1日～11月1日，由中国文化部批准，故宫博物院主办、云南红河实业独家赞助的以“文明对话”为主题的“紫禁城国际摄影大展”在故宫举办。此次活动特邀40多位国际摄影大师和国内著名摄影家首次在故宫联袂展出他们曾经让世界瞩目的300幅代表作品，其间国内9位文化艺术名流也应邀与来自法国、美国、瑞士的摄影文化名流一道，出任此项摄影大展的评委。他们还以“故宫印象”为主题，进行为期3天的故宫摄影创作。全部的摄影杰作和论坛美文都将结集为《故宫：文明对话》限量出版，并作为2005年故宫博物院建院80周年大庆的珍贵纪念藏品。

此次展览举办规格之高、参展大师阵容之大、展出作品之精、展出场地之宏伟，都为近些年来世界各类摄影展会所罕见。更值得一提的是故宫打开宫门面向社会举办大型摄影展，无论对于故宫还是摄影界都尚属首次，因此备受国内外摄影界和社会各界的广泛关注。

中国翻译成就展

新中国成立以来中国翻译界的首次大型展览，也是国际翻译界的首次专业展览——中国翻译成就展2004年11月4～7日在中国军事博物馆举办，国务院新闻办公室主任赵启正、副主任蔡名照，国际翻译家联盟（简称国际译联）主席贝蒂·科恩女士（Betty Cohen）出席开幕式。

中国翻译成就展由中国外文局、中国翻译工作者协会主办，其目的是聚焦我国翻译成就、展示我国翻译界实力、繁荣我国翻译事业。展览共分翻译与媒体传播、翻译与网络传播、翻译人才评价与教育培训、翻译服务产业与行业自律、翻译出版与版权贸易、民族语文翻译工作、军事翻译工作、外交翻译工作等九大板块，展览以大量实物和图片充分展示了翻译工作在对外传播、外事外交、军事、新闻出版、教育培训、产业科技等领域取得的成就，突出体现了中国翻译事业在改革开放以来的迅速发展和巨大贡献，其中部分展品是首次公开展出，具有珍贵的历史价值。

首届文博会成交280亿元

由文化部文化产业司、广东省文化厅、广东省广播电影电视局、广东省新闻出版局和深圳市政府共同主办，深圳电视台、深圳报业集团承办的首届“深圳国际文化产业博览会”于2004年11月18～22日在深圳举办。此次博览会取得了丰硕成果，5天的会期里各类文化产品交易活跃，累计合同成交额280亿元，意向成交额77.5亿元，成交项目涵盖了文化设施、文化产品、网络文化、文化旅游、文物保护与利用、文化会展等多个方面。

这次文博会为全国文化产业成果的交易和链接提供了良好的平台。据介绍，会上名家书画拍卖总成交额为9200万元，其中由赵朴初、关山月等22位书画大师在上世纪90年代创作的《和平颂》起价4000万元，最后以5000万元成交，创出中国书画拍卖的最高价，黄宾虹的名画《三十六峰》也拍出了80万元的高价。会上影视剧本和小说影视剧改编权拍卖活动引起市场高度关注，共有16部作品成交，成交总额达594.5万元，其中姜一的作品《我是谁》卖了100万元。

这次文博会开创了完全市场化运作的社会办展新模式，对如何加快文化产业的发展作了积极探索，受到各地来深赴会的文化界和企业界人士的赞赏。

韩国设计展暨中韩设计论坛2004

设计，代表着一个国家的文化发展水平，在设计逐步走出象牙塔的今天，我们在生活中越来越感受到设计无处不在，从建筑到汽车，从时装到玩具，以至手握的杯子，我们享受着设计之美带来的种种喜悦。设计，就在每一个人的身边。

为了增进中韩设计交流，共同推进亚洲设计走向世界，由韩国产业资源部与中国商务部主办的“韩国设计展”暨“中韩设计论坛2004”于11月24～27日在北京中华世纪坛举行。

本次活动分为两部分，重头戏“韩国设计展”以几大区域分别展现韩国设计行业最具代表性的企业与作品。其中，企业宣传区展示韩国以设计为核心发展动力的企业及其产品；专业设计公司区推介韩国最顶尖的设计公司；主题区介绍专业设计公司与客户之间的成功案例以及优秀作品。此外，展会还特别设置了享誉韩国的产品设计评选制度的“GD”作品展览，以及展现中韩设计后起之秀的中韩大学交流区。

活动的第二部分是“中韩设计论坛2004”，旨在围绕本次论坛主题——“亚洲设计的未来与展望”而进行探索性的交流活动。论坛荟萃了两国知名设计精英、政府官员和企业界人士，他们从设计的视觉对区域文化、经济、政治、学术，乃至设计商务制度等，多视角、多层面地展开探讨与交流。

据悉，本次活动无论从规模和级别都堪称国内罕见，它不仅仅展现了韩国近年来最具代表性的设计企业与作品，让国内诸多业内同仁人领略到韩国最顶尖的设计力量，而且还立足亚洲设计现状，展开具有广泛意义的设计思潮对话。我们将从中感受到这个亲密友邦是如何让设计推动商业振兴，商业又怎样促进设计发展的系统思路和做法，无益对正处于经济高速发展的中国具有重要的启发意义。

第18届北京图书订货会

作为国内图书业三大盛会之一，北京图书订货会已走过了19个年头，到今年是第18届。与以往相比，本届定货会处处显露出了打造世界规模最大的华文图书交易平台的雄心和气魄。由于主办单位中国出版工作者协会和中国书刊发行业协会的努力，在上一届首次正式邀请来自海外的代表参会的基础上，本届展会又迎来了美国、法国、日本、韩国、新加坡、马来西亚六国和我国港澳台地区共计超过100家华文书店和出版机构的代表，他们不但参与订货和版权贸易，还与国家新闻出版署的官员、中国图书进出口总公司决策层以及展会主办单位的领导就合作拓展华文图书市场、网络时代等话题进行了重点研讨。

另一方面，2005北京图书订货会是在新闻出版事业进入实质性改革的大背景下举行的首个重要展会。因此，本届展会将不可避免地成为“书市新一年的风向标”，更多的业内外人士关注本届展会，则欲从展会中折射出的行业影像，把握下一步的机遇、动态和趋势。

已形成品牌的北京图书订货会，2005年再创四项新高：展场面积最大，在原有的1号馆和8号馆的基础上，增加了2号馆和3号馆，达到3.8万平方米；展位数最多，比上届再增加300多个，总数达到1939个；参展单位数量最多，共有出版社443家，期刊社24家，出版社分支机构和民营一、二级批发单位超过100家；展位形象特装比例最高，由于出版社普遍注重自身形象，有2／3的展位进行了特装设计，共达到1200多个。

用组委会秘书长黄国荣的话说，本次展会就是要力求实现“四化”，即国际化、规范化、现代化、市场化。对于本届图书订货会表现出来的特点，黄国荣总结道：本届图书订货会在图书产品、图书选题上展现出了三大趋势。一是经典重现，许多出版社对经典作品进行了重编、重译；二是崇尚科学，科技图书表现不俗，表现出出版界对自然科学的关注，“更科学、更具启发性、更突出博物学”被业内人士认为是科技类图书的发展趋势；三是青春文学类图书继续畅销，虽然此次图书订货会文学类图书整体缺少亮点，但青春类文学却卖得很火。这些充分体现了出版界的精品意识和理性回归。

所以，人们寄希望这次会聚全球华文出版精英，而在国内又是首次有民营书业者集体亮相的2005北京图书订货会，能再创订货码洋数新高。1月21日，为期5天的北京图书订货会落下帷幕。据组委会透露，本届图书订货会成交码洋30.09亿元，比去年增长4亿多元，居历届订货会之首。

第16届澳门艺术节

由澳门文化局主办的第16届澳门艺术节于2005年3月7日～4月2日举行。共18个不同项目26场演出，表演包括音乐、舞蹈、昆曲、越剧、话剧、木偶戏、粤剧、多媒体音乐剧等。表演团体来自美国、加拿大、巴西、葡萄牙、印度、韩国和中国。

澳门艺术节至今已成功举办了15载，是澳门每年一度的文化盛事，举办期间均吸引了广大本地居民及周边地区观众参与。据澳门文化局林晓白介绍，近几年，澳门在举办各类文艺盛事的同时，都努力吸引珠三角的观众前往澳门欣赏文艺演出，以便进一步促进澳门的旅游文艺市场以及促进粤澳之间的文化交流。

古典戏剧 现代演绎

在本届艺术节上，著名华人作家白先勇联同两岸三地昆剧研究专家、苏州昆剧院及江苏昆剧院，共同制作青春版昆剧《牡丹亭》，成为本届艺术节的开幕巨献。此剧先后在中国内地多个城市、香港及台湾演出，所到之处无不引起轰动。浙江小百花越剧团在海内外享有广泛的声誉，被专家学者美誉为“东方奇葩”，他们还在本届艺术节上演波澜壮阔的新编越剧《藏书之家》。著名青年越剧表演艺术家茅威涛担纲主演。

澳门艺术节的本地制作也是经过精心打造，反映了澳门近年文艺创作水平。戏剧农庄的《细味人生》是澳门戏剧舞台上难得一见的现代大型歌舞喜剧，描绘小城风情入木三分，人物地道，对白歌词叫人绝倒。澳门娱乐之友剧艺会的粤剧《玉簪记》则是中国十大古典爱情喜剧，题材轻松，情节吸引。另外，台湾的台原偶戏团带来偶戏《大稻埕的老鼠娶新娘》；加拿大的多媒体音乐剧《震颤》讲述爱情、生命和战争的故事，内容曲折发人深省，是多媒体音乐剧这一年轻剧种的经典之作。

综合艺术音乐

澳门乐团、上海歌剧院以及澳门演艺学院合作的清唱剧与舞蹈《卡布拉那·布拉那》是20世纪上演频率最高的综合舞台艺术之一。它由澳门著名编舞家应萼家编排，注入现代舞蹈元素，融合气势恢弘的大型歌舞场面和磅礴的现场乐团演奏，将作为本届澳门艺术节的压轴节目。

2005年是中国电影诞生一百周年纪念。澳门中乐团献上“纪念中国电影诞生一百周年”音乐会。刚刚获得中国十大杰出青年的著名指挥家彭家鹏，率领澳门中乐团众乐师现场演奏经典电影歌曲。澳门乐团还演出《复活节音乐会》。

音乐是流动的艺术，无形的珍宝。澳门的文化建筑瑰丽多姿，是凝固的艺术，把两者巧妙地结合起来是澳门艺术节的特色。《印乐韩风》集合了印度音乐和韩国敲击乐，在历史古迹大炮台举行。《你眼中的火花》由来自葡萄牙的著名歌唱家谢西奥·高天若演出，作品既有流行摇滚风味又带人文色彩。巴西籍女歌唱家艾芭·若玛玉以过人的表演才艺和大胆奔放的舞台风格，融合多个国家地区音乐元素，演绎了一场《巴西惊艳》音乐会！

舞蹈及艺术展

美国极具国际影响力的比路布斯舞蹈剧团，带来了异常独特的舞蹈表演《舞无极限》，以人体舞出各式各样奇特的动作和图案。“国际数码录像艺术展”是另一个了解光怪陆离世界的窗口，透过来自世界各地全新的录像摄影作品，可以发现世界万物的另一面。而澳门一年一度的视觉艺术年展则以“穿越历史”为主题，探讨澳门历史遗产的内涵，体现澳门多元文化的地域特色。此外，“百年中国电影精彩回眸”展映16部中国电影精品，藉此重温历史难忘片段。

第二届中国国际画廊博览会

第二届中国国际画廊博览会于2005年5月2～5日在北京国贸中心举办。此次博览会上15个国家和地区的92家画廊一一亮相，包括美国高古轩、意大利常青、日本小山登美夫等知名画廊。它们将展出包括德加、安迪·沃霍儿、里希特等大师的作品。虽然多是小幅作品，但原作的到来还是让一些艺术爱好者兴奋异常。

展出数量最多的还是中国当代艺术作品，代表作品有艺术家宋冬的录像作品《炒北京》等。在日常炒菜的场景背后是北京的标志性建筑、街头景观，《炒北京》用纷繁混杂的景观来表现今日北京的特点。除了展示作品以外，个别艺术家还带着自己的作品集向画廊毛遂自荐。各个画廊的主人则忙着销售作品、与北京艺术界建立联系。

世界顶尖的巴黎当代艺术国际博览会、巴塞尔艺术博览会的要员也出现在博览会上。他们此行的目的是考察中国的艺术市场，并开始研究这个新兴博览会将带来的挑战。巴黎当代艺术国际博览会主席马丁·贝诺德向记者说，今天的艺术世界已经多元化、多中心，但并不认为北京博览会是对他们的威胁，“相反，这给不同兴趣、地区的收藏家提供了更多选择，我们期望和北京博览会有更多接触和合作”。

以经营华人当代艺术品出名的台北诚品画廊的黄雅文对记者说，这次博览会让她真正感受到中国艺术品市场“一年一个变化”，“去年我们来的时候也带有徐冰、蔡国强作品过来，根本没有什么内地藏家问，可是这次不少内地藏家来跟我们了解”。

而他们代理的北京画家刘小东的《新十八罗汉》则被内地企业家组成的一个艺术基金会购买，成交价在45万美元左右，这更加坚定了他们对于内地市场的信心。另外，以经营早期华人油画著称的索卡画廊、大未来画廊等都取得佳绩，索卡画廊的一张赵无极油画作品以420万人民币达成出售意向。

在普遍看好中国内地艺术市场的情况下，意大利常青画廊（galleriacontinua）、布鲁塞尔的Apothiki国际当代艺术基金会、中国台北帝门艺术中心、马德里法比恩·弗兰斯画廊（Fabien Fryns）已经确定要在北京开设分部，未来北京乃至全国画廊之间的竞争也将加剧。对此，北京现代画廊的王小巫认为海外画廊的进入确实会给内地的画廊很大压力，“但是我们更熟悉内地艺术圈，和艺术家的关系也更密切，这点海外画廊一时还赶不上，海外画廊在运作技巧、资金上更有优势”，不过她认为由于中国艺术市场增长很快，所以短期内竞争并不会很激烈。

据统计，本届博览会成交数额远远超过去年，在4000万人民币以上，是去年的两倍。其中中国画廊生意兴隆，而欧美画廊却相对萧条。

全国书市办到哪火到哪

2005年5月18～28日，为期10天的第15届全国书市订货会在天津举办，参展的500余家出版社共接到了11.3亿元的订货单，本届书市规模之大、范围之广、活动之多均超过往届。

我国出版业每年有三大盛会，一是年初的北京图书订货会，二是五月的全国书市，三是年末的北京国际图书博览会。1980年即开始举办的全国书市越来越火爆，2004年的桂林书市接待了近百万读者，此番天津书市前三天参观人数达到32万人次，书籍零售达到2360万元，与桂林书市相比毫不逊色。25年间，全国书市实现了从单一的展销模式到展、销、订、批四位一体、从单一的图书展销到图书、音像制品和电脑网络产品的百花齐放、从单纯的国内国有出版发行单位到国有、民营和台、港、澳同场竞争的跨越式发展模式，成交总额25年间翻了274倍多，充分反映了当前中国出版业的繁荣景象。

全国书市目前已经成了一年一度的大型文化经贸活动。在北京、上海、广州、深圳、南京、桂林、天津等城市，读者光顾全国书市已不仅仅是一种单纯的购书行为，而是将其作为获得知识、享受读书氛围的文化盛宴。

据有关人士介绍，2006年全国书市将在乌鲁木齐举行，山东有意承办2007年全国书市。而本届书市组委会新闻发言人算了一笔账：书市展位收入480多万元；各类户外广告收入初步匡算超过展位出租所得。参加天津书市的正式代表有6000多人，实际到会两万余人，据估算，书市参展者人均消费在4000元左右，再加上吸引周边城市观展、旅游的客流，书市的直接、间接收入都不菲。以天津的餐饮业为例，新挂牌的狗不理大酒店为书市提供高级别的商务餐，日营业额提升了30%；红旗饭庄以津味特色招徕书市客户，商务餐比重由平时的30%上升到70%。

其实，早在第11届南京书市即拉动当地消费增长了8亿元，到了桂林书市，更是与旅游相得益彰，拉动当地消费增长已超过10亿元。本届书市主办方统计，书市拉动天津消费增长10亿元。

与承办地本土文化结合是全国书市的特色。桂林书市打出“山水牌”和“民族牌”，30多家民族出版社用3000多种民族书籍装点书市，浓郁的民族风情让人久久不能忘怀。天津书市飘散着“城市书香”，由多家单位发起的“我与书”、“城市书香”征文活动已经热热闹闹地办了半年。书市期间，几十场新书首发式、新闻发布会、研讨会排满日程，少儿、教师、军人、医务工作者、残疾人等购书专场一场接着一场，可以肯定地说，天津书市是市民参与最广泛的一届书市。

首届中国国际动漫节

2005年5月31日～6月5日，由广播电影电视总局和浙江省人民政府主办的首届中国国际动漫节在杭州开幕。动漫节期间，举办了“中国国际动漫产业博览会”、“中国国际动漫产业高峰论坛”、“全国影视动画工作会议”等系列活动。

此次博览会共有展位近400个，展会面积达2万平方米，参展企业300多家，是2002年以来国内动漫产业博览会中规模最大的一次，也是继美国、法国和日本东京动漫产业展会后的首个中国国际动漫产业交流与展示的大展。为了吸引国内外众多动漫公司参与博览会，国家广电总局、浙江省政府、杭州市政府决定对每个展位补贴3000元，希望降低价格门槛，为动漫产业的交流和贸易合作搭建平台。政府出面，补贴参展企业，这在全世界恐怕都是头一次，政府对于动漫产业寄予的厚望和大力支持可见一斑。

本次动漫节博览会分5个展区展出各类作品：如国内原创作品、国内外动漫优秀作品和国内知名作家的珍藏作品；国内外动漫影视作品（其中包括首次展播的作品）；国际性、专业性、权威性的各色媒体、企业、国家产业与教研作品汇集，并邀请网络媒体为动漫节做宣传；动漫出版物及国内外知名产品展示；动漫玩具和衍生产品展示和交易。动漫节期间还有配套的动漫嘉年华、游戏、现场涂鸦和COSPLAY等活动。

据不完全统计，参加本届动漫节的总人数为120万人次；动漫节的成交金额（包括有意向的）为30亿元人民币，招商引资项目金额为2.5亿元人民币。

克罗地亚动画大师波尔多·多文考维奇、日本著名动画艺术家久保雅一以及香港漫画大师黄玉郎、马荣成等业界名人作为嘉宾出席动漫节活动，也成为动漫节一道亮丽的风景线。

在动漫节期间举行的“动漫产业信息发布会暨合作项目签约仪式”上，共有23个动漫项目签订了合作协议。“首届中国杭州动漫人才招聘会”吸引2000余人次的动漫专业人才应聘。此外，动漫节期间还揭晓了“首届中国国际动漫节原创动漫大赛”评选结果，《梁山伯与祝英台》等近30个国内外原创动漫作品分获各大奖项。

首届中国数字出版博览会

2005年7月8～10日，由中国新闻出版总署主办的首届中国数字出版博览会在北京国际会议中心隆重举行，来自出版社、电子书制作商、软硬件技术提供商等各领域的优秀企业，借博览会平台向国内外的参观者展现了中国数字出版业在内容、技术等方面的发展现状，共同探讨行业热点问题，为解决行业发展困境寻找有效途径。同时也为国内数字出版业的资本引进和市场开拓提供机会。

本届数字出版博览会由“中国数字出版与网络传播展览”和“中国数字出版产业高峰论坛”两部分共同组成。三天来，首届中国数字出版博览会以及21场高峰论坛、6场主题分论坛、3场新闻发布会共吸引了上万人前来参展、参会。

博览会期间，各企业的高新技术含量产品纷纷亮相，吸引了大批大、中学生的参与。在内容资源领域，一批新兴的数字出版公司通过各种软件技术，将内容资源数字化，制作多媒体电子书，以全新的阅读方式，展开一轮阅读革命。

比如XPLUS与上海通力公司，分别将杂志与动漫小说等进行二次创作，加入音乐、动态画面等时尚元素，制作成各具特色的电子书在网上销售。他们推出的完全意义上的数字出版，在一定程度上颠覆了读者的阅读习惯，满足了用户多元化阅读需求。

在硬件方面，飞利浦公司展示了最新产品“电子纸”，这种电子纸利用环境光阅读，不需电池，丰富多彩的内容可以通过内存或外存存放，使用方便，是目前数字出版领域最佳终端显示技术。

此外，博览会期间，大会设了主、分论坛，议题囊括了中国数字出版领域的几乎所有热点，诸如“网络出版知识产权与法制”、“转行期的报业问题解决方案”、“印刷数字化发展趋势”、“期刊数字化前景与第四媒体”等。据悉，博览会结束后，由中国出版科学研究所编写的《中国数字出版产业发展报告》和《中国数字出版行业前沿技术集锦》将作为博览会的科技成果向业内发布。

据新闻出版总署音像司提供的统计，我国网络出版年产值已达25亿元人民币，占国内信息产业产值的10%。网民数量2005年已超过1亿。

上海图书展

2005年上海书展于8月6～14日举办。本届书展共接待了读者30万人次，现场销售总额2500万元，其中，余华的《兄弟》以5000本的销量成为本届书展销售榜的龙头老大。

2004年的书展共接待了读者20万人次，现场销售1300万元，曾经一举创造了上海图书市场的几个新纪录。而今年30万人次2500万元销售总额再一次刷新了去年的纪录。此外，在本届书展上，来自国内150家图书馆的团购订货总码洋达到1750万元，而书展期间图书交易会上的订货码洋更是超过了2亿元。

本届书展的78815种零售书目中，《兄弟》、《辞海》（1999年版）语词分册、《非人》、《达芬奇密码》、《中华历史大系表》、《话说中国》、《向世界说明中国——赵启正演讲录》、《不成样子的怀念》与《历史不应忘记》等图书成为书展期间的畅销书，而上海图书公司博古斋的一套线装古籍《百衲本二十四史》以18万元的高价被读者购走，创造了上海书展零售单笔交易的最高纪录。

据上海书展组委会介绍，本届书展上出现了不少港台地区的出版界巨头，并表达了希望今后能够参展的愿望。因此，主办方计划在2006年上海书展上设立一个港澳台专馆，以吸引港澳台地区的出版商前来参展。

本届书展，不光是一个图书展示的舞台，更是作家们的一个秀场。余秋雨、余华、凡一平、赵玫、毕飞宇、叶辛、孙甘露、朱文颖等知名作家相继亮相，使得书展现场出现了不小的“追星潮”，让文学爱好者大叫“过瘾”。

第12届中国艺术博览会

第12届中国艺术博览会于2005年8月24～28日在北京中国国际展览中心开幕。本届艺博会展场面积近万平方米，380名艺术家携近万幅原创作品与观众见面，内容涵盖油画、国画、版画、雕塑等各个门类。展览面积近万平方米，展位500个。

据介绍，经过11届的连续举办，艺博会已发展成为国内参展规模最大、种类最齐全、水准最高的国家级艺术盛会，每年都吸引了10万以上观众和艺术品收藏者。本届艺博会依托文促、贸促力量，进一步提升了规格，扩大了规模。

为期5天的本届艺博会亮点频出。特设现代中国书画名家展区；首次亮相的艺术产品展区，扩大了展示门类，包括陶瓷艺术展、框业与画材展、金银珠宝艺术展；而特邀国展区则首次集中展示了韩国美术家协会组织的当代艺术家作品，代表了当今韩国艺术创作的最高水平。

秉承打造国家级艺术盛会的宗旨，本届艺博会继续通过“名家提名”和“权威机构选送”的参展办法，对参展作品进行了更严格的筛选。知名美术家、权威美术机构等提名或选送的作品，进一步提高了艺博会的艺术水准，保证了参展作品具有更高的收藏价值。

本届艺博会由中华民族文化促进会主办，中国文化艺术有限公司承办。

方寸卡片 精彩展现

第三届中国青岛电话卡展览于2005年8月26～28日在青岛举行。这一活动是由青岛市电话卡协会举办的，目前已成功举办了两届：2001年的第一届卡展，到会收藏家及制卡厂商、专业卡友共计300多人次，国内外观众1万余人，电话卡成交量10余万张；2003年的第二届卡展，到会收藏家及制卡厂商、专业卡友共计300多人次，国内外观众2万余人，电话卡成交量20余万张。通过前两届展览的运作，青岛卡展已成为全国电话卡收藏界很有影响力的展览活动。

青岛是2008年北京奥运会的惟一合作伙伴城市和奥运帆船比赛城市。本届展会主题是“蓝色的梦想”，旨在通过电话卡这种特殊的载体宣传奥运精神和文化。

本届展会设五个展区，分别为专题电话卡展区、精品电话卡展区、特制电话卡展览区、电话卡设计大赛作品展览区、集卡交流活动区。、

专题卡展区和精品卡展区精选了国内外万余枚卡品，突出围绕奥运和体育竞技内容，集中反映奥林匹克精神和文化，题材丰富多样，设计唯美，编排有序，给人以美的享受。特制卡制作区配备了先进的制卡设备，可为参展人员现场制作电话卡，满足了人们追求时尚和个性的愿望。集卡交流活动区，邀请了全国百余名卡商现场进行交流。

本届展会期间还组织了“电话卡收藏文化主题沙龙”，面向全国电话卡收藏领域的专家学者征集论文，就电话卡收藏文化展开主题研讨。

特制卡制作区配备了先进的制卡设备，可为参展人员现场制作电话卡，满足了人们追求时尚和个性的愿望。

境内展

展名：第13届台北国际图书展览会
时间：2005年1月（台北）

展名：第六届国际广告、印刷设备（济南）展览会
时间：2005年3月3～5日（济南）

展名：2005年第六届济南国际广告标牌、网印技术暨摄影器材展览会
时间：2005年3月3～5日（济南）
周期：一年一届
创办时间：2000年

展名：2005年第八届湖北广告与传媒展览会
2005年第五届武汉春季印刷包装技术设备展览会
时间：2005年3月10～12日（武汉）

展名：2005第四届中国西部（重庆）广告与传媒博览会
时间：2005年3月10～12日（重庆）

展名：2005广东国际广告展览会
时间：2005年3月11～14日（广州）
周期：一年一届
创办时间：2003年
上届数据：展出面积（平方米）：18000
观众人数（人次）：3万
展商总数（家）：250

展名：中国哈尔滨第八届国际广告“四新”暨印刷包装技术设备暨材料展览会
时间：2005年3月24～27日（哈尔滨）

展名：华南国际数码影像暨广告设备展览会
时间：2005年3月（广州）
周期：一年一届

展名：第八届长春广告博览会
时间：2005年4月8～11日（长春）

展名：第三届中国成都国际广告四新展览会
时间：2005年4月19～22日（成都）

展名：中国动画节
　　　中国国际卡通产业高峰论坛暨亚洲动画博览会
时间：2005年4月29日～5月5日（上海）

展名：中国国际画廊博览会
时间：2005年5月2～5日（北京）

展名：第三届中国（曲阳）国际石雕艺术节
时间：2005年5月15～17日（曲阳）
创办时间：1989年
上届数据：展出面积（平方米）：10000
　　　　　其中外国参展面积（平方米）：800
　　　　　观众总数（人次）：25000
　　　　　展商总数（家）：120
　　　　　其中外国参展商数目（家）：11

展名：中国西部国际文化产业营销展览会
时间：2005年5月25～28日（成都）
周期：一年一届
创办时间：2000年
上届数据：展出面积（平方米）：8000
　　　　　其中外国参展面积（平方米）：1000
　　　　　观众人数（人次）：15万
　　　　　展商总数（家）：220
　　　　　其中外国参展商数目（家）：20

展名：2005中国西部国际动漫展览会
时间：2005年6月11～15日（成都）

展名：2005香港图书展览会
时间：2005年6月20～25日（香港）
周期：一年一届

展名：第13届上海国际广告技术设备展览会
时间：2005年6月26日～7月1日（上海）
周期：一年一届
创办时间：1993年
上届数据：展出面积（平方米）：10800
　　　　　其中外国参展面积（平方米）：1620
　　　　　观众人数（人次）：20281
　　　　　展商总数（家）：342
　　　　　其中外国参展商数目（家）：52

展名：艺术法国、家中绽放
　　　——2005年法兰西家居装饰艺术展
时间：2005年7月5～9日（北京）

展名：2005大连国际广告技术和设备展览会
时间：2005年7月13～16日（大连）
周期：一年一届
创办时间：2002年8月
上届数据：展出面积（平方米）：3000
　　　　　观众总数（人次）：17000
　　　　　展商总数（家）：120

展名：第四届台北城市图书展览会
时间：2005年7月（台北）

展名：上海国际儿童图书展览会
时间：2005年7月（上海）
周期：一年一届

展名：第六届台北多媒体大展
时间：2005年7月（台北）

展名：2005年第12届中国艺术博览会
时间：2005年8月24～26日（北京）
周期：一年一届
创办时间：1993年
上届数据：展出面积（平方米）：7000
　　　　　其中外国参展面积（平方米）：1000
　　　　　观众总数（人次）：60000
　　　　　展商总数（家）：400
　　　　　其中外国参展商数目（家）：6

展名：第14届北京国际广播电影电视设备展览会
时间：2005年8月25～28日（北京）
周期：一年一届
创办时间：1987年
上届数据：展出面积（平方米）：40000

其中外国参展面积（平方米）：15000
观众总数（人次）：52000
展商总数（家）：382
其中外国参展商数目（家）：119

展名：第六届漫画博览会
时间：2005年8月（台北）

展名：第12届国际广告新媒体、新技术、新设备、新材料展示交易会
时间：2005年8月（北京）
周期：一年一届
创办时间：1994年11月
上届数据：展出面积（平方米）：15000
其中外国参展面积（平方米）：3000
观众总数（人次）：50000
展商总数（家）：210
其中外国参展商数目（家）：42

展名：第5届亚洲广告牌技术暨物料设备展览会
时间：2005年8月（香港）
周期：一年一届

展名：北京国际图书博览会
时间：2005年9月1～5日（北京）
周期：一年一届
创办时间：1986年9月
上届数据：展出面积（平方米）：26000
其中外国参展面积（平方米）：10000
观众总数（人次）：100000
展商总数（家）：1000
其中外国参展商数目（家）：500

展名：第二届中国国际数字暨网络视频展览会、2005网际暨多媒体视讯国际论坛
时间：2005月9月25～28日（北京）
周期：两年一届
创办时间：2003年
上届数据：展出面积（平方米）：4000
其中外国参展面积（平方米）：1000
观众总数（人次）：8000
展商总数（家）：110
其中外国参展商数目（家）：30

展名：2005北京国际艺术博览会
时间：2005年10月1～5日（北京）

展名：第七届克里奥中国广告大会
时间：2005年10月22～24日（上海）
周期：一年一届
创办时间：1999年9月
上届数据：展出面积（平方米）：3000
其中外国参展面积（平方米）：36
展商总数（家）：40
其中外国参展商数目（家）：2

展名：上海艺术展览会
时间：2005年11月16～20日（上海）
周期：一年一届
创办时间：1997年

展名：2005中国网印暨广告牌业展览会
2005亚太网印暨制像展览会
时间：2005年11月21～24日（广州）
创办时间：1985年
上届数据：展出面积（平方米）：5625
其中外国参展面积（平方米）：1688
观众人数（人次）：12500
展商总数（家）：248
其中外国参展商数目（家）：35

境外展

展名：第11届中东（迪拜）国际广告暨技术设备博览会
时间：2005年2月1～3日（阿联酋）

展名：莱比锡国际图书展览会
时间：2005年3月17～20日（德国）

展名：美国拉斯维加斯国际标识展览会
时间：2005年3月30日～4月2日（美国）

展名：澳大利亚商店、展示、设计展览会
时间：2005年7月20～22日（澳大利亚）

展名：墨西哥标识摄像展览会
时间：2005年8月18～20日（墨西哥）

展名：柏林艺术论坛、国际现代艺术展览会
时间：2005年9月28日～10月3日（德国）

展名：杜塞尔多夫国际影像广告技术与标识制作展览会
时间：2005 年 9 月 29 日～10 月 1 日（德国）

展名：土耳其国际视觉传递与户外媒体展览会
时间：2005 年 12 月 9～12 日（土耳其）

16．教育产业展会

第五届中国国际教育展

2004 年 10 月 23～24 日，第五届国际教育展览会在北京国际会议中心举办。

此次有 13 个国家以国家展团形式参展，它们分别是法国教育部支持、法国高等教育协作总署组织的法国国家展团；德意志学术交流中心组织的德国国家展团；澳大利亚教育国际开发署组织的加拿大展团；泰国高等教育部组织的泰国展团；英国使馆文化教育处组织的英国展团；马来西亚高教部组织的马来西亚展团；新西兰贸易发展局组织的新西兰展团；新加坡旅游局组织的新加坡展团；阿根廷工商会组织的阿根廷展团；菲律宾贸易委员会组织的菲律宾展团；日本学生支援机构组织的日本展团；土耳其展团。参展的近 400 所院校分别来自 28 个国家。法国是此次展会参展院校最多的国家。40 多所综合大学、30 所高等专业商学院、25 所工程师学院在内的 150 所法国院校组成了强大的法国“国家队”前来参展。据法国方面统计，在全世界 220 多万的外国留学生中，法国接纳了其中的 9%，美国分享了其中的 28%，英国为 14%，德国 12%，澳大利亚 7%。法国显然不满足于此，为此他们公开宣布，要将比例由占 9% 提升到 25%～30%。在中法文化年的背景下，法国对中国留学市场的渴望顺理成章。

尽管 2004 年 7 月份以来提高了赴英国的签证难度，但是英国此次60所院校的参展规模仍显示出中国市场对其的重要性。英国大使馆文化教育处中国教育推广总管表示，在英国非欧盟区留学生中，18% 来自中国，而目前在英国留学的中国留学生总人数大约为 5 万人。他们每年的生活费至少为 6000 英镑左右，此外，其中大部分人选择的为期 1 年的研究生课程，学费是 7000 到 1 万英镑。

据悉，2003 年我国各类出国留学人员总数为 11.73 万人，2004 年这一数据只会增不会减。按照平均每人全年消费 12 万元人民币来计算，保守地估计，2004 年国内出国留学市场的规模至少在 140 亿元人民币。

中国国际教育巡回展

2005 年 2 月 26～27 日，一年一度的国际教育巡回展在北京国贸展厅举行。由教育部留学服务中心主办的“第十届中国国际教育巡回展”邀请了英国、法国、荷兰、爱尔兰、加拿大、美国、澳大利亚、新西兰等 27 个国家和地区的 350 多所高校和教育机构参展。

与前九届巡回展相比，今年展会的最大特点就是各个国家都推出了各自的独家政策以吸引参观者的目光。法国宣布了 11 项与留学生密切相关的优惠政策，如帮助所有外国学生办理居留证，放宽国际学生在法国的定居条件，在法国的院校中增加英语教学项目，对国际性较强的教育项目进行政府认证等诸多措施吸引中国学生。意大利大学校长联合会将宣布针对海外留学生的“马可·波罗计划”，面向本科生、博士生和研究人员的课程，参加该计划的中国学生还将获得在意大利企业实习的机会。新西兰移民局近日与中信实业银行推出新的留学生贷款政策。该政策可为留学申请者提供 30 万到 60 万元的贷款，方便申请者提供资金能力证明等等。

意大利是首次大规模参展，使馆文化处专门推出服务中国学生的中文网站 WWW · STUDYINITALY · CN。在展览会上，有 33 所大学（意大利政府机构认可的大学总数为 79 所），和意大利大学校长联合会、意大利大学毕业生数据库等机构共同参与。33 所分布在意大利的大学推出本科课程、进修课程、硕士课程和博士课程，涵盖了人文和科学等众多研究领域。

此外，英国、澳大利亚、荷兰、新加坡、新西兰等国也都展出了自己的学校及优惠政策。

此次参观的人数，创下历届展会最高纪录，达 1.8 万人。

境内展

展名：2005 教育与职业博览会
时间：2005 年 2 月 19～22 日（香港）
周期：一年一届

展名：中国国际高等教育展览会
时间：2005 年 2 月 26～27 日（北京）

展名：2005 英国春季教育展览会
时间：2005 年 3 月（台北）

展名：2005 第三届中国云南现代教育技术装备展览会暨教育信息化
时间：2005 年 4 月 7～9 日（昆明）

周期：一年一届

展名：中国教育博览会
时间：2005年5月（上海）

展名：国际教育用品、专业训练暨远程教育展览会
时间：2005年5月（上海）
周期：两年一届

展名：第三届大连民办教育展览会
时间：2005年5月（大连）

展名：第六届中国西部国际教育交流展览会
时间：2005年6月11～12日（成都）
周期：一年一届
创办时间：2000年
上届数据：展出面积（平方米）：3000
观众人数（人次）：1万
展商总数（家）：80

展名：第六届辽宁（沈阳）国际教育展览会
时间：2005年7月23～24日（沈阳）
周期：一年一届
创办时间：2000年

展名：第50届中国教学仪器设备展示会暨第六届中国长春教育展览会
时间：2005年9月17～19日（长春）

展名：2005中国国际教育展览会
时间：2005年10月20～23日（北京）

展名：中国国际教育博览会
时间：2005年10月（上海）
周期：一年一届

展名：2005澳洲教育展
时间：2005年10月（台北）

展名：第13届加拿大教育展
时间：2005年10月（台北）

境外展

展名：斯图加特国际教育和培训展览会
时间：2005年2月28日～3月4日（德国）

17．其他

第三届中国制博会成果丰硕

2004年9月1～5日，第三届中国国际装备制造业博览会在沈阳举办。本届“制博会”实现了国内交易额238.9亿元人民币，比上届增长308%。进出口贸易签约额5.7亿元，比上届增长10%；合资合作项目签约215项，投资总额44.6亿美元，其中外资额35.8亿美元，比上届增长10.8%。

本届“制博会”吸引了包括24家世界500强企业在内的744家中外企业参展。国外参展商、采购商及各方面来宾近5000人；参观人数达15.9万人次，比上届增加了15.3%，其中专业观众达8.6万人次，比上届增长了1.6万人次。“制博会”品牌效应得到了更广泛的认同，北京、上海、广东、黑龙江等9个省、自治区、直辖市，南昌、齐齐哈尔等20个工业城市派团参加了本届“制博会”，国外大企业参展数量和参与层次显著提高，展会的国际性、专业性得到充分体现，“制博会”已成为对国内外装备制造业产生巨大吸引力的展示交易平台；展会期间新颖别致、丰富多彩的子项活动，烘托了展会的主题，营造了浓厚的氛围，在更大的范围、更多的领域产生了关联效应。

本届“制博会”首次实施市场化运作，取得了较大成功。在国内五大国家级展会中，“制博会”率先实行展会工作市场化运作。本届“制博会”将展览业务委托中外合资企业承办，在展馆设计、布展、宣传品印制以及餐饮公司进场服务等方面实行了公开招标，取得了显著的成果。

辽宁省副省长李佳在闭幕式上表示，“制博会”已成为辽宁对外开放的一个品牌，是振兴东北老工业基地的一个重要载体，我们要下大力气把“制博会”继续办下去，办出水平、办出特色、办出效益，办成中国北方第一会。

乌洽会：投资新疆的便捷平台

中国新疆对外经济贸易洽谈会已成功地举办了12届，累计对外经贸总成交181.22亿美元，国内经贸总成交1828.97亿元人民币，取得了丰硕的成果。12年来，国内外参会参展的客商、企业不断增多，层次日益提高，迄今有70多个国家和地区的客商参会参展，国内30多个省区市的上万家企业参

展。乌洽会已经发展成为我国西部最大的综合性国际经贸盛会，是各省区市扩大开放，沟通世界各国经贸往来的重要窗口和桥梁。

2004年乌洽会于9月1～8日在乌鲁木齐举行。本届乌洽会准备工作充分，内容丰富，更注重实效，呈现一些新特点：一是突出扩大向西开放和区域经济合作的特色，广泛推行代理招商制，扩大招商招展，得到了俄罗斯联邦、哈萨克斯坦、吉尔吉斯斯坦、乌兹别克斯坦、巴基斯坦、土耳其、日本等国家及中国香港地区商务机构的支持和参与；二是在乌洽会开幕前夕8月30～31日举行"中西亚经贸合作高层论坛"，邀请俄罗斯、中亚、西亚、南亚等十几个国家的经贸商务高层代表与会，就区域经贸合作进行专题研讨，促进双边、多边经济贸易发展；三是乌洽会电子商务网站以中英俄三种文字为中外企业提供会前、会中、会后全方位服务，实现免费注册和自由交易。注册入网企业已超过3000家，发布各类招商项目300多个；四是成立了乌洽会名优企业协会、乌洽会名优品牌推广委员会，启动乌洽会名优品牌推广工程，在更大范围内宣传、推广乌洽会名优企业品牌。

本届乌洽会得到了国内外客商和各界朋友的广泛关注。有俄罗斯、土耳其、哈萨克斯坦、马来西亚、巴基斯坦、乌兹别克斯坦、蒙古等国家及中国香港地区参展达60个展位，国内16个省区市参展达400多个展位，带来了150多个经济合作项目，到会的中外客商比上年有较大幅度增加。

本届乌洽会在对外贸易、对外经济合作和内联、内贸四个方面取得了显著成绩。对外贸易进出口成交总额191973万美元，比上届增长14.7%；对外经济技术合作项目及利用外资成交总额68829万美元，同比增长42.9%；内联合作项目成交金额446.77亿元；签订国内贸易合同成交金额60.7亿元。

第六届深圳高交会

一年一度的深圳高交会于2004年10月12日拉开帷幕。本届高交会从规模到水平都迈上了一个新台阶，呈现出"新标志、新内容、新水平、新挑战"的四大特色。

新落成的、具有国际先进水准的深圳会议展览中心和高交会展览中心共同成为第六届高交会举办场地，使展览总面积达到了13.55万平方米，是历届高交会规模最大的一次，由此而带动的各项工作全面提升，使第六届高交会具有里程碑式的意义，标志着高交会进入了一个新的发展时期。第六届高交会将重点突出"技术、产品、人才、资金"四大板块，着力搭建"高新技术成果交易"、"招商引资"和"人才交流"三大平台。整个展会由"高新技术成果交易"、"高新技术专业产品展"、"世界科技与经济论坛"、"super——SUPER专题活动"、"高新技术人才与智力交流会"和"不落幕的交易会"六大部分组成。

据介绍，本届高交会有以下几大特点：

一是参展的外国团组数量创历届之最。加拿大、意大利、法国、俄罗斯、美国、德国等21个国家及国际组织组团参加，再次突破历史纪录；二是全国各省市区参展面积创下新高，参展面积创历届之最，比上届高交会增长了22%；三是高校独立组团参展数量创历届之最；四是国家部委院强强联手，打造"国家高新技术成果展区"，汇集了近年来我国在科技创新和高新技术产业化方面的国家级成果；五是高新技术项目配对洽谈成为是重头戏之一。

本届高交会在专业展览设置上也有新的突破。本届高交会为促进光电子技术及制造技术的发展和产业化，增设了"光电子及平板显示技术与产品展"和"先进制造技术与产品展"。英特尔、甲骨文、惠普、三洋、日立等多家跨国公司带来了他们的最新技术与产品。

本届高交会有42个国家和地区的115个代表团、62家跨国公司参会，4041家国内外参展商的9674个项目和1882家投资商参加了展示、交易和洽谈。国外21个国家及国际组织，中国内地的36个省、自治区、直辖市和计划单列市，31所著名高校及港澳台地区均组团参展。国外组团数、国内组团数、参展高校数，均创历史新高。47名国内外政界要员、知名专家和商界巨子，走进"世界科技与经济论坛"，进行了7场主题演讲和10场专题研讨会。首次推出的"人才高交会"吸引了9万多名各类人才到场，1050家海内外知名企业现场招聘了1.2万余名高级人才。56个留学生企业的高新技术项目和24个引进国外人才项目签约。

第五届中国沈阳商品交易会

第五届中国沈阳商品交易会在2004年10月14～17日在沈阳国际会展中心举行。沈阳市政府为了打造"东北商品交易第一会"，加速推进"沈交会"的国际化和市场化进程，转变政府职能，遵循市场经济规律，将"沈交会"移交给专业展览公司承办。引进国际先进的会展经营模式和招商组展营销机制，采用专业会展录入系统，实现智能化数字化管理。借助会展公司的专业化包装，使"沈交会"的品牌飘洋过海，本届"沈交会"首次吸引国际参展商。

本次盛会现场零售额达5170万元，其中辽沈地产商品零售额为1690万元，而各地企业之间签订的意向交易额更是高达36.28亿元。

本次展会共设立1100个国际标准展位，有700余家企业参展，参加企业带来了万余种商品。从食品到住房，从家具到汽车，从工艺品到体育用品，从家电到珠宝首饰，让本届展会成为东北地区规模最大的内贸型综合商品交易会。

另外，本届"沈交会"首次设立的"会中会"颇受市民和参展商的欢迎，其中，厦门商品展销会、中国沈阳体育健身用品展和中国北方（沈阳）国际家具展三个“会中会”各具特色。

首届中国孕妇、婴幼儿用品及服务展览会

由中国妇女儿童事业发展中心及中国国际贸易促进委员会商业行业分会、北京青少年发展基金会等单位主办，由北京京正展览展示有限公司承办的“首届中国孕妇、婴幼儿用品及服务展览会”，于2004年10月16～19日在北京中国国际展览中心举办，有80余个国内外品牌企业参展，展场面积4150平方米，展品包括婴儿哺乳用具及用品、孕妇及婴儿服装、喂养食品、营养补充食品、皮肤保护日化产品、消毒设施、纸尿裤、玩具、童车床、智力开发用具、早期教育服务、摄影及成长纪念品等内容。JOHNSON、PIGEON、AVENT、HEINZ、APRICA等世界知名的品牌及很多国内孕婴用品的成功企业在会上积极展开各种形式的宣传和商贸洽谈活动，获得了丰硕的成果。在4天的展期内专业观众超过2000人次，普通观众达1.8万人次，精心的组织和周到的服务以及展商的认真准备，使在中国首次召开的孕婴展获得了喜出望外的效果，经过对展商的意见调查显示，超过90%的展商表示对本展会满意。

在本届展会上，科技含量高及舒适性和个性化特点突出的产品受到普遍关注，如德国ZöLLNER公司的婴儿床垫是首次向中国市场推出，但由于具有科学、安全、舒适的明显优势，受到代理商的追捧，也赢得了众多的普通消费者的喜爱。而英国AVENT公司的哺乳用具不仅具有世界一流的品质，更因为产品具有不断更新的贴切设计和丰富的功能，其展台观众汇集量最多，商贸成果最为显著。同时国内厂家生产的婴儿服装和科技含量较高的消毒设备、电子体温计、喂养食品、环境温度监测服及防辐射孕妇装等也成为展会的亮点。值得关注的是，中国孕婴用品的销售主要靠专卖店和商场专卖柜台的形式，但代理制度和代理商水平有待改善和提高，展会成为展商考核代理商水平，充分宣传产品特色、靠近客户、提高产品销售能力的重要形式。同时，消费者对于新颖、高科技和一流品质产品的热情和购买力，有力地证明着中国孕婴用品市场的广阔和发展基础。

首届中国中小企业博览会

由国家发展和改革委员会、国家工商行政管理总局、广东省人民政府主办的首届“中国中小企业博览会”（简称中博会）于2004年10月18～22日在广州花城会展中心举行。本届中博会，展场面积为4万平方米。

本届中博会设展位1860个，1950家企业参展，并吸引了大量境外客商、跨国零售集团和境内大型商贸企业、中高级批发市场以及各类战略投资商进场交易和洽谈，仅开幕当天国内外采购商就超过1万人，合同成交额达2.1亿元，意向协议金额20多亿元。据统计，中博会共吸引了国内外采购商5.2万人，其中国外采购商5600多人，共有11.8万人次到场参观、洽谈采购。总成交额达320亿元，其中：合同签约46亿元，意向协议274亿元；场内交易210亿元，场外交易110亿。

在开幕式刚刚结束不久，广东远光电缆实业有限公司便与广西电力公司签订了一笔3000多万元的订单；广州恒大集团占据了12个标准展位，打出“寻找具备世界一流规模前景项目”横幅，最终谈成了三个项目，总额达21亿元；广东华新担保有限公司为中小企业达成的担保业务额就达1800万元。参展参会的代表普遍反映：想不到中博会的内容如此丰富和精彩，想不到企业参展如此踊跃、想不到参会客商如此之多、想不到签约成果如此之大。

第十届国际消防设备技术交流展览会

从2004年10月19日开始的四天里，北京全国农业展览馆变成了“红色海洋”，来自美国、韩国、德国等30多个国家和地区的“消防巨头”带着先进的消防车、消防栓、消防服、防毒面具等会聚这里，参加第十届国际消防设备技术交流展览会。

创办于1986年的国际消防设备技术交流展览会，发展至今，其规模、科技水平在国内外享有较高声誉，已成为国内外消防界普遍关注的大型消防专业展会之一。

作为展览会的主办方，中国消防协会一直致力于在中国推广和引进世界上的消防新产品、新技术。中国消防协会的一位现场负责人向记者介绍说，国际消防展以推动我国消防科技和产业的快速发展为目的，每届展会观众总能看到当时世界消防安全技术的精华和国际消防科技的最新成果。本届国际消防展就汇集了来自中国、美国、日本、德国、法国、英国、俄罗斯、意大利、荷兰、芬兰、加拿大、瑞典、瑞士、奥地利、韩国、新加坡和中国香港、台湾等17个国家和地区的355家企业及科研机构参展。展品包括有应用于高层、地下、大空间等各类建筑的消防新技术新产品、新型火灾探测与报警设备、新型灭火系统、高效灭火剂、各式消防车、消防员个人设备、消防通讯调度指挥系统、抢险救援设备等。

本届消防展的国际性是名副其实的，不仅世界上最主要的几个消防产品生产企业悉数参加，而且拿出了各自看家的展品，如英国一家公司展出了保护性集成头盔，这种头盔中部的摄像头即使在面罩完全被浓烟遮住的情况下，依然可以在火场发现火源和任何活动的生物体。

观众在现场还可以发现德国是以国家展团的形式参展，统一进行展台装饰，以示对本届展览会的高度重视。不仅如此，本届展览会得到了德国消防促进协会、韩国消防检定公

社、美国消防协会和英国消防工业联盟的大力支持，他们代表各自的国家出现在展会上。

本届展览会的服务工作也是下了功夫的,比如为了让每位观众详细了解参展商的信息,尽快找到他们的展位,给每位观众发放一册会刊,这是其他展览会所没有的举措。尽管此举花费巨大,但满足了观众的需求，得到了观众的高度评价；再如专门设立了饮水区,参展商和观众可以随便饮用,而大多数展会是不提供这种服务的,事情虽小,却体现了为大家服务的真诚性；再如为了解决提前撤展这个展会的老大难问题,让观众在最后半天也能安心观看展览,在每个展馆出口和入口张贴了撤展通知，详细规定了撤展的时间、手续和顺序。

高品质的展品、高质量的服务，是一届展会能否成功的两条基本要素。第十届国际消防设备技术交流展览会正是具备了以上两点，才赢得了观众的青睐。

第9届澳门国际贸易投资展览会

第九届澳门国际贸易投资展览会于2004年10月21～24日在澳门旅游塔会展娱乐中心举行，70个海内外代表团前来参加这个一年一度的澳门最大型经贸盛事。

本届展览会由中国与葡语国家经贸合作论坛常设秘书处和澳门贸易投资促进局联合主办。

2004年展览会的规模有所扩大、国际化程度有所提高，展位的总面积、登记的客商代表团和参会国家、地区的数量都比2003年有可观的增长。

展览分室内和室外两个展区，其中室内展位234个、室外展位98个，合计332个，比上届增加了23%。室内展馆以展览和会议洽谈为主，室外展馆则以展销为主。

本届展会突出了CEPA和中国与葡语国家经贸关系两大特色。展会期间举办了一系列活动推广CEPA,澳门贸易投资促进局和经济局还联合举办“紧握CEPA,共创新机”介绍会,举办CEPA图片展，在展会现场设立CEPA信息柜台，安排专人解答问题。展会得到了各葡语国家的大力支持，除组织企业家参加有关活动，作为“中国——葡语国家经贸合作论坛”的一项后续工作，还展出了各国的特色产品。

2004年在展览会上首次设置了“采购洽谈区”，为采购商提供一个商贸平台。展会期间，举行了40多个论坛、会议、研讨会，其中包括“加强区域合作，携手共创商机”为主题的“国际贸易投资论坛”、“青年创业论坛2004年”等。还举办南非、美国、波兰、阿根廷等国家的投资推介会和项目洽谈会。

“湘洽会”助湖南腾飞

2004年10月21～25日，2004年中国湖南投资贸易洽谈会（简称“湘洽会”）在湖南长沙举办，本次“湘洽会”除受到“泛珠三角区域”各地的广泛关注外，还吸引了欧美、日韩、东南亚和我国港澳台等国家和地区的投资者及全国各省市的客商近万人。在249名重要客人中，有来自德国的萨尔州经济部长等政界要员、世界著名的跨国公司总裁、亚洲颇具实力的公司董事长和总经理及我国港澳台知名人士共222人，包括远洋重要客商70人以及国内著名企业家27人。湖南真正引起世界的注意了。

此次“湘洽会”，通过一系列招商、贸易洽谈、展示推介活动的成功举办，共签订项目608个，引进资金872.01亿元，其中外资项目246个，引进外资209.08亿元；内资项目362个，引进省外境内资金662.93亿元；省级重点合同项目共85个，其中外资项目51个，合同引进外资9.1亿美元，内资项目34个，为湖南省注入了新的血液。“经济欠发达的湖南以这次湘洽会为契机，进行全面突围，争取跃上一个新台阶！”这是来自湖南省政府决策部门最强烈的声音。10月21日，中共湖南省委副书记、常务副省长于幼军在接受中外媒体记者采访时说，“湖南是一个农业大省，工业弱省，与沿海和中部强省相比，湖南的经济发展还是‘小老弟’，但湖南目前正处于经济加速发展期，面临着三大发展机遇，即以经济全球化为背景的全球产业转移的机遇、中国经济市场化为背景的沿海产业转移的机遇、泛珠三角区域合作的机遇。”

从区域经济梯度转移的理论和我国各地区的发展态势看，我国改革开放和发展从沿海开始，逐步向中西部地区梯度推移。前20年是东南沿海得改革开放风气之先率先发展，现在发展水平较高，经济实力雄厚，市场发育较成熟，经济运行的体制机制较完善规范。但由此也伴随出现经济运营成本升高、各行业资本进入的密集度较高、市场门槛高等新现象，各领域的竞争十分激烈。而中部地区经过建设和发展正处在经济快速发展阶段，投资领域广阔，投资机会很多。湖南看好的恰恰是这一点，并且借“湘洽会”力荐自己，因为湖南突围的时机已到。

2004中国义乌国际小商品博览会

2004年10月22～26日，中国义乌小商品博览会在义乌市梅湖国际会展中心举行。据统计，本届义博会展览交易额为74.3亿元人民币，比上届增长19.5%，其中外贸交易额为5.63亿美元，占总交易额的62.9%，比上届增长26.2%。

本届义博会展览规模和档次均创历史新高。据了解，本届义博会共设国际标准展位3000个，全部采用标改特或企业特搭的方式，其中企业特搭展位占41.6%；七个展馆共设工艺礼品、五金电器、文体玩具、家居用品、皮具箱包、化妆用品、电子商务等8大展区，其中电子商务区和山海协作专区为本届义博会的创新之作；参展企业1700家，分别来自20多个国家和地区及国内26个省、市，其中，生产企业、民营企业占85%以上，知名企业、品牌产品企业参展比例达30%，境外企业和外资企业比例近20%。

本届义博会客商人数和档次明显提高。据统计，本届义博会专业客商达82667名，比上届增长17%，其中境外客商人数为12312名，比上届增长20.6%，分别来自世界142个国家和地区，国别比上届增加16个。在实际参会的境外客商中，欧美等发达国家的客商占一半以上。义博会期间，到会的境外商务组团有72个，比上届增加11个，英国、德国、日本、丹麦等22个国家的驻华使领馆官员应邀参会，麦德龙、乐购、欧尚、上海联华等15家跨国零售集团前来洽谈采购，规模空前。麦德龙等四家连锁超市还在本届义博会专设的定点采购区与参展商面对面洽谈，与1200多家企业实现贸易配对。

网上义博会虚拟洽谈交易平台受到全球普遍关注，义博会网站访问量大幅增加。五天展期，义博会网站客户访问量高达203061人次，比上届增长一倍以上，最高的一天客户访问量达57646人次，成为本届义博会的一大亮点。

本届义博会招商引资取得了较好成果。展会期间，24个投资项目成功签约，总投资2.23亿美元，协议利用外资1.24亿美元，其中，外商独资项目占19个，其总投资额占全部项目的73.51%，有11个项目的投资总额在800万美元以上。

本届义博会除了广泛地展览贸易活动以外，各种会议活动也相当活跃，内容丰富多彩。中国民营企业商务发展高级研讨会、2004国际市场报告会、跨国零售集团采购说明会、国际化与外贸知识论坛、针纺行业新技术新工艺新产品研讨暨发布会等多项活动举办得非常成功，为参展企业和客商提供了大量的经济信息，也为本届义博会营造了浓厚的氛围。

西博会展示八条特色街

第六届西湖博览会于2004年10月16日～11月6日在杭州举行，为期22天。本届博览会以“生活与创业”为主题，“广博中求精专”，从杭州城市特色出发，把一系列专业性展览、会议、活动等项目有机结合，力求办成具“国际化、市场化、专业化和品牌化”的国际性盛会。据悉，本届博览会共安排项目55个，总展位1.092万个，境外展位1110个，国际性会议的比例达到70%。

作为西博会的一个特色项目，2004年杭州商业特色街风采展于10月18～25日举行，参与的商业特色街扩大到8条，以充分展示杭州休闲文化特色。

据悉，2003年首次推出的西博会商业特色街风采展示活动吸引了337多万人参与，体现了一个大型活动品牌的巨大魅力，同时它还带来了13.9亿元的总成交额，活跃了杭城的会展经济和旅游经济。2004年的商业特色街风采展示活动每天推出一条商业特色街区为主题活动日。10月18日是南山路艺术休闲特色街区的“休闲之夜，相约南山”活动，同时举行“2004年中国杭州商业特色街风采展示”开幕式；19日是丝绸特色街区展示“丝绸时尚，走进生活”；20日是清河坊历史文化特色街区的“民间艺术，市井风情”；21日由四季青服装特色街区展示“霓裳起舞，四季常青”；22日是文三路电子信息街区——“数字文三大道，创业生活天堂”；23日为信义坊步行街的“品味生活，分享美食”；24日是武林路时尚女装街区——“武林时尚，美丽之约”；25日为梅家坞茶文化村——“十里梅坞新景，休闲品茗农家”。梅家坞经全面整治后，2004年以焕然一新的形象首次加入特色街区展，吸引了更多的市民游客前往品茗问茶。

商业特色街区活动各具特色，着重体现了市民游客的参与性。清河坊历史街区抓住“民间艺术”大做文章，身着古装的民间手工艺人现场表演，展示剪纸、泥塑等民间艺术。信义坊推出的各种美食大餐让人一饱口福。武林路、丝绸城、四季青推出的各类时装展示、优惠酬宾活动，更是让观众慷慨解囊。南山路上的街头表演、露天酒吧让人充分领略杭城时尚、休闲的一面。

特色街活动展示期间，主办单位还发放杭州商业特色街区休闲购物导图，设立商业特色街展示活动公交专线，让市民游客休闲购物更方便。

第一届中国国际信用和风险管理大会

2004年10月27～29日，由中国贸促会与美国金融、信用和国际商业协会（FCIB）联合主办的第一届中国国际信用和风险管理大会在北京成功举办，这是国内首次召开的大规模的国际性信用管理大会。中国贸促会领导与FCIB高层对本次大会十分重视，万季飞会长、于平副会长和王锦珍副秘书长出席了大会相关活动，FCIB协会主席、嘉里逊总裁及其上属机构美国信用管理协会库克会长也到会致词。商务部、海关总署、国家工商总局、国家税务总局、美国财政部等也给予大会很大的支持。大会的参会人员超过了400人，其中包括来自美国、欧洲、东南亚、日本、韩国等8个国家和地区的外籍来宾约100人。大会还吸引了60多家媒体进行采访报道，如中央电视台、新华社、人民日报、中国日报、国际商报、中国贸易报、金融时报、财经时报、网易等，在社会商造成了较大影响。

此次演讲题目覆盖金融、保险、商业领域信用风险管理等内容。本次大会还有商务部张志刚副部长、国家开发银行陈元行长、海关总署盛光祖副署长、北京大学中国经济研究中心林毅夫主任、招商银行行长、商务部贸研院院长、中国市场学会信用工作委员会主任、对外经贸大学法学院院长，以及中国银行、平安财险、人保财险、联想集团、中国出口信用保险公司等的高层领导参与演讲。他们的演讲受到听众的热烈欢迎。

工博会：品牌效应正在形成

由国家发改委、商务部、科学技术部、信息产业部、教育部、中国科学院、中国国际贸易促进委员会、中国科学技术协会、中国工程院和上海市人民政府共同主办、中国机械工业联合会协办的第六届工博会于2004年11月4～9日在上海新国际博览中心举办。

本届“工博会”展览面积比上届增加近2万平方米，展位3359个，创历史之最。参展企业1286个，参观观众38.1万人，其中专业观众24.25万人，市外观众7.45万人，境外观众1.21万人，都接近历史最好水平。“工博会”国内外影响日益扩大，“工博会”的品牌效应正在形成。

本届“工博会”打破以往按地区、按企业集团组展的常规，根据展商的需求和国际展会的惯例，采用按专业组展的办法，设立电子信息、数字制造、电力设备与控制等8个专业馆，深受展商欢迎。一大批行业领先企业纷纷加盟工博会。本届“工博会”境外参展企业展位899个，占展位总数的26.77%，市外企业展位1263个，占37.6%。

大会办首次启动了展会评估机制，采取抽样调查的办法听取展商、客商的意见。从调查结果来看，大家对本届“工博会”按专业组展给予较高评价。在接受征询调查的680家参展商中有502家表示愿意参加下一届“工博会”，占比高达73%。

中国重大工程成就展作为“工博会”的一大亮点同期展出，体现了我国重大工程的整体水平，吸引了众多海内外观众，扩大了“工博会”国际影响。

全国产权市场首次集中亮相“工博会”，各地的40多家产权交易机构精心挑选196个各类产权交易项目，向国内外推介，收到很好的效果。

本届“工博会”奖项评审的权威性进一步提高。参加评审的47位专家中，研究员、教授和教授级高工41位，占专家总数的87%以上，比上届提高了12%，其中6位外籍专家来自美、英、德、日等国家，联合国副秘书长、安南秘书长的特别顾问莫里斯·斯特朗先生和英国皇家工程院院长艾力克·布洛尔爵士也应邀成为评审专家。在评选的奖项中还增设了重大工程成就展特别参与奖和产权交易最佳策划奖。

最引人注目的是展品技术档次明显提高。ABB、欧姆龙、西门子等世界著名企业都带来了IRC5新型机器人、传感与控制技术、自动化控制系统等最新产品。桂林机床、南方汇通、大连机床、杭州友嘉等带来了代表当前国内外先进水平的数控机床、微型硬盘等新产品。上海广电、上海电气、上海汽车也推出行业领先水平的产品。据评审部的统计，参评的230个项目，达到国际先进水平的占6%，达到国际比较先进水平的占35%，拥有自主知识产权的达到60%，其中有26%是属于发明专利的核心技术。

第六届重庆高交会

历时4天的第六届重庆高交会暨第二届军博会于2004年11月16日降下帷幕。据了解，本届重庆高交会共签订项目179项，成交总额达122亿元。其中技术交易类项目130项，成交金额55亿元；技术平台建设类项目49项，成交金额67亿元。

本届高交会规模大、层次高，充分体现了“开放、创新、务实”的办会精神，在高新科技成果展示、高科技成果交易、高科技论坛、高科技主题活动等方面取得了新的进步；高新技术综合展、军转民展和信息及通信展、新材料展等几个专业展，主题突出，特色鲜明，展出的8000多个项目技术含量高，比较适合西部地区的产业结构调整；“军转民技术与西部经济发展论坛”、“知识产权战略和企业竞争力国际研讨会”等6个论坛，吸引了许多听众。

经过6年的发展，重庆高交会已经成为西部的科技盛会。在每一届高交会上，全国都有不同学科、不同领域的数千项科技成果在这里亮相。通过展示、交易，一大批科技成果落地生根，开花结果。前五届高交会累计参展代表团316个，累计参展的高新技术项目2.5万个，累计合同成交额293.64亿元。连续5年，重庆市技术合同交易额稳居全国前五位，西部稳坐头把交椅，其中，高交会对该指标的贡献率达到30%以上。

诚信建设展激励社会讲诚信

2004年中国诚信建设成果展系列活动于2004年11月23～25日在北京举行。

本届诚信建设成果展系列活动以弘扬诚信道德、规范市场秩序、树立诚信形象、增强社会信任为宗旨，通过展览展示、高层论坛、大型主题文艺晚会等形式，展示全国“共铸诚信”活动和社会信用体系建设的丰硕成果，总结推广各地诚信建设经验，促进区域经济及各行各业诚信建设的交流与合作。组委会严格按照6家主办单位的要求，以“共铸诚信”为主题，遵循“按程序、依法律、从高从严，宁缺勿滥”的组织原则，开展了卓有成效的组织工作。首先，制定了明确的组织工作规范。在展会系列活动的每一个环节，都设置了相应的操作规程和行为准则，严禁任何违规行为。其次，设置了严格的参展资格审核标准。为了防止不诚信的单位混进成果展，组委会委托专门机构邀请十多名专家学者，历时3个月设计制定了本届展会活动参展资格审核标准。按照该标准，一部分已报名参展的单位被取消参展资格，一部分自知存在诚信缺失问题的企业看到参展资格审核标准后自动放弃了参展要求，个别诚信缺失严重的企业试图以赞助的方式参与展会活动，也被挡在了展馆门外。在展会组织过程中，不少企业提出只要发给他们一个奖牌多出点钱都愿意参加，否则就不参加，组委会一概未予应允。因此，本届展会活动在规模上受到了一定的影响，但这恰恰体现了诚信的主题，这比什么都重要。第三，本着自主自愿，公益为先的指导思想，本届成果展系列活动对于那些符合参展资格，有参展参会意愿，却无参展参会经费的企业，一律减免参展费用，有些甚至免收全部参展费用，其展位租赁、市场制作等成本费用也由组委会全部承担，这种情况大约占到全部参展单位的20%左右。

本届成果展系列活动包括：诚信建设成果展、中国诚信建设高层论坛、《诚信中国》大型主题晚会。

本届成果展系列活动得到了社会各界的大力支持。美国吉斯达控股有限公司等协办了本届活动。吉斯达希望通过协办此次展会系列活动，表达吉斯达对共铸中国诚信社会的关注、决心及行动。

2004中国诚信建设成果展由国家统计局、中央精神文明建设指导委员会办公室、全国整顿和规范经济秩序领导小组办公室、国家税务总局、国家工商行政管理总局、国家质量监督检验检疫总局6家单位主办。

首届全国行业协会成就汇报展

由民政部、国家发展和改革委员会、国务院国有资产监督管理委员会联合主办的首届全国行业协会成就汇报展览会于2004年12月9～11日在北京展览馆举行。这次展览会展览面积达1.95万平方米，组团单位有全国性社会团体业务主管单位33家，省、市、自治区及计划单列市民政厅（局）30家，共有参展协会456家。这些协会来自各行各业、全国各地，多年来，它们都在各行业为国家的经济体制改革，为社会发展和社会进步做出了显著的成就，不少协会还在首次全国先进民间组织表彰会上受到表彰。

据组委会方介绍，在我国，民间组织已成为社会组织结构的重要部分，行业协会则是民间组织的一个重要方面。行业协会作为市场经济具有活力的重要参与力量，早已被国际社会公认。新中国的行业协会产生于20世纪70年代末我国实行改革开放政策以后，并伴随着我国经济发展，政府机构改革和社会主义市场经济体制建设的步伐而不断壮大。目前，全国各类行业协会已达四万多家，约占我国社会团体总量的1/3。

今后行业协会在数量上还会不断增多，协会的主要经营模式也将从官办转为民办，民办协会的比重会不断加大。全国或地方的行业协会将会更好地联合本行业企业，积极发挥行业企业间的相互监督，相互激励，共同抵御行业风险的能力，据了解，广东省各行业协会2004年主办各类展览近400个，极大地促进行业产业的发展。上海等地的地方行业协会在非典、亚洲金融危机到来时，也都采取了相应的措施以保证本行业的正常运做与发展。

参加这次展览的还有北京展团、上海展团、中电联、中国百货商业协会、中国轻工业协会、中国纺织工业协会、中国企业联合会、中国传统文化促进会、中国食文化研究会等。展会第一天仅供各协会会员参观，从第二天起，展会向公众开放。

首届中国——南亚商务论坛在昆明举行

2004年12月21日由中国贸促会、云南省人民政府和南亚联盟工商会共同主办的首届中国——南亚商务论坛在云南昆明举行。这是我国与南亚各国工商界第一次举办大规模、团体性集会。

本次论坛以“交流、合作、发展、共赢”为主题，分为“使节和高官论坛”和“工商领导人论坛”两大部分。来自中国和南亚各国企业界及政府、学术界的450多位代表齐聚昆明，共同商讨中国与南亚地区商务合作的发展领域和途径，并就该区域如何加强双边和多边经贸合作进行了务实广泛的交流。

中国贸促会会长万季飞、副会长于平，云南省省长徐荣凯、副省长邵琪伟，外交部部长助理沈国放，南亚联盟工商会主席哈希姆，印度、巴基斯坦、孟加拉、尼泊尔和斯里兰卡驻华大使、参赞，以及包括与我未建交国不丹在内的相关国家工商会主席、副主席，企业领袖等贵宾出席了此次商务论坛并发表演讲。

万季飞在开幕式上说，中国——南亚商务论坛是在中国与南亚各国政治互信日益发展的前提下，中国与南亚各国工商界致力于多边商务一体化的重要举措，是本地区发展区域经济合作的积极探索。

南亚联盟工商会主席哈希姆说，中国与南亚合作潜力巨大，南亚各国将积极与中国进行交流对话，拓展经贸合作关系。

万季飞会长代表中国贸促会与南亚联盟工商会签署了合作协议。此外，中国贸促会与孟加拉国工商会联合会，中国贸促会云南省分会与印度工商会联合会也分别签署了合作协议。

中国——南亚商务论坛的举办为中国与南亚国家进行对话交流和开展互利合作提供了新的平台。目前，中国与南亚国家经贸合作不断深入。据海关统计，2004年前11个月，中国与南亚7国（印度、巴基斯坦、孟加拉国、斯里兰卡、尼泊尔、不丹、马尔代夫）的双边贸易达到174.3亿美元，其中出口98.7亿美元，进口75.6亿美元。预计全年接近200亿美元。

第二届印度制造产品展览会

2003年成功举办第一届“印度制造产品展览会”之后，第二届“印度制造产品展览会”于2004年12月1～4日在北京全国农业展览馆举行。本届展会由印度工业联合会（CII）和印度驻华大使馆联合举办，并得到了中国贸促会的大力支持。诸多印中高层人士出席了开幕仪式，其中包括印度驻华大使苏里宁、中国贸促会副会长张伟、印度工业联合会会长坎特·孟加尔和印度工业联合会总干事斯利尼瓦桑。450多位来宾出席了开幕典礼，祝贺在全国农业展览馆举办的为期四天的展出活动正式开幕。多家媒体跟踪报道了这一盛况。

第二届印度制造产品展览会继续发扬了第一届展会的精神，展示了印度工业的实力和多样性，包括机床工业、化学制品、金融业、信息科技产业、服装业、汽车配件、食品加工和教育等各个不同领域的发展变化。这届展会共有60多家印度著名公司前来参展。主要参展商有塔塔集团（Tata）、印度Haldia石油化工有限公司、Hind液压设备工程公司、印度机床工业协会（IMTMA）、印度汽车零件制造协会（ACMAI）、“印度”品牌推广基金会（IBEF）、印度农产品及加工食品出口发展局（APEDA）以及印度橡胶局等。卡纳塔克邦政府在展会上搭建了展台。主要参展行业涉及汽车、汽车配件、软件、水泥工业、精密仪器、时装、机床工业、石化工业、娱乐业、金融服务和教育等行业。

印度美食节作为展览会的一项活动，还在会场搭设了印度美食亭。展览会开幕后，中国中央人民广播电台接连三天在现场进行了实况广播报道。印度驻华大使馆还在展览会上举办了佛教遗迹摄影展。据估计，展会期间4千多名来宾到会参观洽谈，印度和中国的公司举行了多次会谈。

中国—加勒比经贸合作论坛
首届部长级会议举行

以促进合作、共同发展为主题，由中国政府和牙买加政府共同举办的“中国－加勒比经贸合作论坛”首届部长级会议于2005年2月2日上午在牙买加首都金斯敦开幕。中国国家副主席曾庆红出席开幕式并发表题为“共同谱写中加互利合作的历史新篇章”的演讲。

牙买加总理帕特森、安提瓜和巴布达总理鲍德温·斯潘塞、多米尼克总理罗斯福·斯凯里特、古巴国务委员会副主席拉赫、苏里南副总统尤勒斯·阿约迪亚等领导人，以及来自中国、加勒比国家的政府官员、企业界人士、国际及地区组织代表近千人出席了开幕式。

曾庆红在演讲中表示，论坛的成立是中加关系发展史上的一个里程碑，为深化中国和加勒比国家的友谊，扩大中加之间的互利合作提供了平台，形成了机制，意义重大，影响深远。它标志着中加之间的友好合作从此将迈上一个新的台阶。曾庆红还对如何推动中加友好合作不断取得新的实质性进展提出五点建议。

帕特森总理在致词中说，论坛的举行恰逢其时。今天的会议是加中关系史上的里程碑，它揭开了双边关系发展新的一页。加中携手探索新的合作领域和途径的时刻已经来到。他说，越来越多的加勒比国家坚持一个中国政策，积极参与同中国开展互利合作，这将进一步推进双边的经贸合作和共同发展的伙伴关系。

中加论坛是中国于2004年倡议建立的，这一倡议得到了加勒比国家的广泛响应。它以探讨促进中加经贸交流与合作、实现共同发展为宗旨，每隔3～4年举办一次，在加勒比各国和中国轮流召开，是一种以经济合作发展为主题的经贸合作论坛。据悉，下次会议将在中国举办。

开幕式后，中国和11个加勒比国家的代表签署了中加经贸合作行动纲领。曾庆红和帕特森等出席了签字仪式。当日下午，曾庆红出席中国－加勒比贸易展览会开幕式并剪彩。

据悉，在为期两天的会议期间，中加政府官员及企业家代表分专题就进一步加强在投资贸易、农业渔业、旅游、航空、金融和人力资源等领域的合作展开具体磋商，还举办中加企业家大会、经贸合作项目对接会和贸易展览会。

据中方统计，2004年中加贸易总额超过20亿美元，同比增长42.5%。截止到2004年底，中国企业在加勒比地区开展各类承包劳务合同金额达到13.2亿美元，完成营业额超过9亿美元。

“2005年北京人才大市场”招聘大会

2005年2月25～26日，年内最大规模的招聘会——“2005年北京人才大市场”招聘大会在中国国际展览中心举行，而从今天起至4月这个春季，北京将有大大小小不下二三十场的招聘会将陆续登场亮相，几乎排满了这期间的每一个周末。

“北京人才大市场”招聘大会，是由北京人事系统举办的北京地区规模最大的招聘品牌活动，算上今年已连续举办了十次，今年有1400多家用人单位报名参加，其中外国商社驻京代表处、外企、三资企业、国内大型企业占了大多数，提供的职位可达2万多个。到场的求职者人数最高可达10万人次。同期，北京外企服务集团也在中国国际展览中心举办“第13届外国企业人才招聘会”。

周六“第七届全国高级人才洽谈会”也在中国建筑文化中心（海淀区三里河路13号，甘家口商场北50米）举行。因为定位人群为“高级人才”，所以对求职者有一定要求：硕士以上学历，或“海归”及部门经理以上职务，本科学历者需工作两年以上或具有中级以上职称，以及注册会计师、律师等各类执业资格证书的拥有者。

周六至周日，还有“2005年春季人才招聘会”、“中级人才招聘会”分别在农展馆和工人体育馆举行。

近期的招聘会还有，3月2日在清华大学东操场室内田径训练馆举办的“清华大学2005年毕业生就业洽谈会”、3月5

日在虎坊路13号市总工会职介中心院内举办的"高级蓝领招聘会"、3月18日在长城饭店举办的"第三届金领职场高级人才洽谈会"等。

由教育部、国资委主办的2月22～28日的"全国大中型企业与2005年应届高校毕业生网上双选周"网上招聘活动也正在进行中，毕业生可在www.myjob.edu.cn、www.job100.cn两个网站上与用人单位"面对面"交流。

此外，一些固定人才市场招聘会也将照常开放，包括每周五的全国人才流动中心人才市场，每周一至周六的雍和宫招聘会，每周五的北京中高级人才市场洽谈会，每周三的安定门北京人才大厦招聘会，每周三、五、六的中关村招聘会，每月最后一周周日的中老年人才洽谈会等。

首届婚庆博览会

2005年2月25～27日，中国首届婚庆博览会——2005年中国婚博会暨北京结婚展在北京展览馆举办。在本次展会上，与会者不但了解到国际流行婚纱趋势、今年中国南北方婚礼的时尚等内容，还可以现场体验婚纱影楼、婚庆婚宴服务。婚前体检、蜜月旅游、新婚保险、银行个人理财及信贷等服务，准新人们在现场可以一站式完成。

据有关部门介绍，目前全国每年有近1000万对新人喜结良缘，仅北京市每年平均就有9万对左右的新人登记结婚，全国每年因结婚产生的消费总额已达2500亿元。婚庆同时带动了包括婚纱影楼、婚宴、婚庆服装、美容美发、珠宝首饰、饭店旅游、汽车、楼盘、银行贷款、保险理财在内的40多个相关产业的发展。婚庆产业已成为一个充满巨大商机的朝阳产业。

主办机构中国商业联合会和中国社会工作协会此次还举办了2005年时尚新潮婚纱、婚庆服饰流行趋势发布、中国婚礼流行趋势发布、中国婚庆行业领袖企业高峰论坛、各类婚庆品牌商品及服务现场交易等活动。

第二届国际投资促进论坛

"随着世界经济的快速增长和经济全球化的深入发展，全球产业结构调整和国际资本流动进一步加快。面对新的机遇和挑战，中国政府将坚定不移地执行对外开放政策，在吸收外资的工作中坚持以我为主，为我所用，加大吸引高新技术产业，高附加值服务业及研发中心的力度。"商务部副部长马秀红2005年3月17日在天津经济技术开发区举行的第二届国际投资促进论坛上发表演讲时表示，中国政府将根据跨国直接投资的新特点，抓紧制定有效措施，鼓励外商投资设立服务外包企业，承接跨国公司的外包业务；鼓励跨国公司在华设立地区总部、研发中心；鼓励外国公司将更多高技术含量、高附加值的生产环节转移到中国；鼓励中小企业对外合作，加强引导民营企业、中小企业参与跨国公司全球配套网络；鼓励外商通过并购参与多种所有制企业的改组改造，优化存量资源的配置；鼓励外商进行风险投资和参与不良资产的重组与处置；加大力度，鼓励外商到中西部地区和东北老工业基地投资。

截至2004年底，已有来自近200个国家和地区的投资者在华投资，涵盖制造业、服务贸易、农业、基础设施建设等众多领域，累计设立外资企业超过51万家。全球最大的500家跨国公司中，有450家已在华投资，设立地区总部和研发中心近700家，目前，高新技术产业和服务贸易企业正在成为外商投资新的热点。与此同时，已有2000多家中国内地企业在167个国家和地区投资设立了8299家企业，中方直接投资金额已超过370亿美元(不包括金融领域的海外投资)。

据介绍，与会的专家就跨国投资趋势达成了共识，即新一轮增长已经开始，而全球范围内对外国直接投资的争夺将更趋激烈，中国要保持现在相对有利的竞争地位，就应在充分发挥既有优势的同时，开创新的投资环境和服务能力优势，推动投资促进活动的精细化，为投资者提供全方位、深层次的服务。

据介绍，经过近25年的积极探索和不懈努力，具有中国特色的投资促进体系已初步形成，这一体系将投资促进机构依托政府与面对市场商业化运营两种机制有机结合，成为中国吸收外商直接投资和促进中国企业到海外投资两大投资促进主体的重要平台和有效机制。

"中国已经成为世界上吸收外商直接投资最多的国家之一，并将日渐成为重要的对外投资国。中国将在世界直接投资新一轮增长中发挥更加积极的作用。"马秀红表示。

中欧合作交流研讨暨展览会(EC-Bridge)

中欧合作交流研讨会暨展览会(EC-Bridge)于2005年3月17～18日在北京新世纪日航饭店举办，主办单位是欧盟委员会和中国科学技术部。来自欧洲和国内的机构、企业和政府有关部门就"数字物流"和"远程协作"这两个领域的合作进行交流，展示双方先进成果和最佳解决方案。

EC-Bridge是由欧盟和中国科技部支持的一个项目，旨在促进和加强中国与欧盟在"数字物流"和"远程协作"等领域开展高层次的研讨与合作。该项目的目的是鼓励和促进欧洲和中国参与者共同申请和合作欧盟第六框架中的项目，特别是信息社会技术方面。目前，欧盟已经注册120家机构，希望在会场寻找适当的合作伙伴，并签订合作意向书。

中欧合作交流研讨会所涉及的具体内容包括，欧盟专家讲解如何递交有关研究与技术发展的项目建议书，这些有效的讨论将为参会者提供寻求资金支持和彼此合作的机会；中方参会代表利用工作组讨论与欧洲企业和研究机构签订合作意向书，为今后双方的合作奠定前期基础。

本次展览会共设28个展位，来自欧洲的15家参展商和中国的12家参展商进行了展示。主要参展商对象包括软件技术开发商、设备提供商、内容和服务提供商、运营商、研究机构、终端用户等。展览会与研讨会同期举行，并对社会各界免费开放。参会的有上千人。

北京市反腐倡廉警示教育展

2005年3月21日上午9点，为期一个月的由北京市纪委监察局等单位主办的“北京市反腐倡廉警示教育展”在中华世纪坛展出。毕玉玺的照片和案情被制成展板首次公布于众，同时展出的还有2000年后发案的41宗典型案例。其中不少案例属于首次披露。此次展览分为“高速腐败，人生路上亮红灯”、“金融动脉，割除毒瘤保畅通”、“权力寻租，为官腐败毁根基”、“特殊岗位，人微权重需警惕”等11类案进行展示。

另外，在此次展览中，还有此前媒体很少披露的政法系统的几个案例，包括北京市劳教局原局长周凯东受贿案，北京市监狱管理局北京市监狱原副监狱长赵振义受贿、贪污、贿赂案，海淀公安分局羊坊店派出所原民警毕桂敏受贿案及崇文交警支队原民警郎凤珍诈骗案。

展览以图文并茂的形式制成了近百块展板，共刊登了5万余字并配发了千余张涉案照片。案例按照腐败原因、所属行业等不同角度，分为11大类，覆盖建筑、金融、基建、财会等领域和行业，涉及私吞国有资产、权力寻租、“59现象”、道德败坏等多种腐败现象。

据了解，仅29日一天就有近5000人观看了展览，除了北京市委、公检法等部门的4500名党员观看展览外，自购票参观的百姓有300余人，当天预订票有2258张。

首届彩票博览会在京闭幕

为期三天的首届“中国国际彩票技术与设备博览会”于2005年4月4日在北京中国国际贸易中心举行了闭幕仪式。在这次博览会上来自世界20多个国家、地区的彩票业内人士首次欢聚一堂，展会让中国彩票了解了世界，让世界认识了中国彩票。不少外国彩商感叹此次中国市场前景广阔。

本届博览会是经中华人民共和国民政部、商务部批准，由中国社会工作协会彩票工作委员会主办，神州风采(北京)彩票娱乐文化有限公司承办的博览会。本届博览会以“技术交流，市场共享”为主题，以“开拓彩票市场、交流彩票技术、探索彩票未来、推进国际交流、创造幸福社会”为宗旨，通过展示中外彩票业新产品、新技术，加速与国际接轨，促进中国彩票事业的全面发展。

博览会由专业展览会、主题论坛、产品交流、商务咨询等系列活动组成，展品范围涵盖彩票发行与管理、科研、软硬件供应、印刷等环节。这次盛会吸引来自美国、瑞典等20多个国家、地区的彩票技术设备提供商和彩票运营商积极参与，代表国际最高彩票技术水平的移动彩票、网络彩票、视频彩票也首度揭开神秘的面纱。广东、黑龙江、重庆等地的福彩中心都设立专门的展位，用来展示当地的主流彩票玩法和先进技术设备。

彩票服务业作为当今世界的第六大产业，是在迅猛的技术变革浪潮中迅速成长起来的。中国彩票发行18年来，取得了举世瞩目的成就。中国彩票业始于1987年中国社会福利有奖募捐委员会（后更名为“中国福利彩票发行管理中心”）成立。近18年以来总销售额达到约1250亿，共筹集公益金约450亿，为中国的福利和社会公益事业做出了巨大的贡献。为解决老人、残疾人和贫困人群等问题，向社会发行彩票集资兴办福利事业便顺理成章，而现今愈加火热的彩票行业也由此应运而生。发行彩票集资可以说是现代彩票的共同目的，由于形式合法、原则公平，能有效地重新分配社会散闲资金，并在协调社会的矛盾和关系上有一定作用，就使彩票有了一席特殊的位置，世界上五大洲100多个国家和地区发行彩票便是明证。

这次博览会以“技术交流”为主题，以“创造幸福社会”为宗旨，体现了彩票业发展的前进方向。那就是要突出彩票的社会公益性，加强对彩票技术的研究与管理，将彩票发行作为一件具有重要社会意义的事业来做。在主题论坛中，与会代表纷纷谈到中国福彩“扶老、助残、救孤、济困”的发行宗旨，代表们认为福利彩票为扶持社会福利事业发展，起到了行善积德、扶危济贫、造福社会、弥补政府投入不足的作用，为社会福利、社会救助等社会保障事业筹集了大量的社会福利基金。人们购买福利彩票一方面是一种游戏，是一种乐趣，同时也是一份对社会的贡献。福利彩票一方面为彩民生活提供了一种休闲方式，另一方面也为社会福利事业提供了有力保障，这才是适合我国国情的彩票发展方向。

“西洽会”合同协议总额1500多亿元

据会务组统计，2004年4～8日召开的第九届中国东西部合作与投资贸易洽谈会（简称“西洽会”），达成各项合同协议总额为1596.83亿元，其中外资合同投资额比上届增长近四成。

此次洽谈会注重实效，大力引进外资，在实现中国与境外企业交流和东中西部互动合作中发挥了重要的平台作用，共有2000多客商参会，他们对中国20多个省份在会上提供的投资项目十分感兴趣。

来自美、欧发达国家的投资者对中国中西部地区的兴趣渐浓，日本和韩国的企业与中国企业举行了对口交流洽谈会，智利、埃塞俄比亚、马来西亚、孟加拉国等亚非拉国家的驻华官员专门赶到会场，表示愿意与中国企业进行贸易往来。

同时，中国企业对到境外投资也表示出强烈兴趣，他们积极向与会的外国官员和商人了解当地的投资环境、投资政策和投资项目，“西洽会”出现了中外企业双向交流的局面。

据会务组公布，本届“西洽会”共签订利用外资项目合同131个，总投资额18.65亿美元，比上届激增39.4%。

此外，本届“西洽会”更看重中外企业之间、东中西部企业之间长期的经贸往来，为此，会议开展了多种积极有效的中介服务。国内企业交流方面，共举办了15个重点投资促进活动，来自东中西部20多个省份的3200个企业进行了洽谈。在中外企业交流方面，“西洽会”举办了11个推介和活动，500多位境外客商，与2000多家国内企业进行了面对面的会谈。

首届“名博会”隆重举行

经国家商务部、国务院台办批准，由国台办海峡经济科技合作中心主办的“2005海峡两岸名优产品博览会”（简称“名博会”），2005年4月17～21日在广州花城会展中心举行。

这是48年来台商首次可以通过“名博会”共享“广交会”万商云集的采购商资源，是两岸企业及其名优产品展示、交流的平台，是沟通两岸同胞情感，增强两岸经贸合作的友谊之桥；是两岸企业增强优势互补，促进经济快速发展，携手开拓国际市场的重大举措。

本次展会会聚了中国内地和台湾的名优精品，主要展品包括：电子信息产品、小家电、服装、家用纺织、纺织面料、橡塑、建材、机床、建筑陶瓷、机电产品、农业机械、汽车配件、摩托车、自行车、五金、灯饰、食品及农产品。

手足情深台商力捧“名博会”。台湾台商发展促进协会理事长蒋孝严先生非常关心和支持“名博会”的筹备工作，亲自署名发函给各地台商协会、台湾相关行业协会，邀请台商参加“名博会”。他还为“名博会”题词“精诚合作、共创大业”。尽管时间仓促，台商仍然非常踊跃，特别是台湾的名优水果首次亮相“名博会”，成为大会一大亮点，本届共有133家台商参展。

政府重视万众瞩目。广州市政府对“名博会”的举办非常重视，市政府副秘书长李治臻同志受市政府领导的委托，组织市台办、市外经局、市协作办、市贸促会等部门领导，听取“名博会”筹备工作的汇报。筹展期间还在浙江、广东、福建等经济较发达省市的县市召开了不同形式的“名博会”招商说明会，得到了全国有关省市地方政府和工商界有识人士的全力支持。

行业巨头激情加盟产业基地强势出击。中国电机行业的龙头企业之一，年出口额高达25亿美元的福建泰格电机首次以54平方米的特装加盟本次博览会；有“中国电机电器城”美誉的福安（中国每出口4台电机，其中就有一台来自福安。）汇集了20多家知名动力机电品牌，以产业基地的优势强势出击，以“闽东电机”整体形象亮相“名博会”，成为“名博会——动力机电展区”一道亮丽的风景线。

温州企业闻风而动争抢市场先机。敢为天下先的温州人在参加了“广交会”和深圳的电子展的情况下，仍然通过温州市电子信息产业协会重点组织了一批温州名优电子、仪表精品企业参加本次展览，显示温州企业家的精明和占领市场制高点的战略眼光。

打破常规展览交易更具人性化。主承办单位以一切为了展商的效果为宗旨，为了让外商和展商有更多的时间洽谈、交易，打破展览业常规，将原定每天的展览交易时间从17点延长到19点，这不仅是广东展览史上没有的先例，也是中国展览业首创。

今后，“名博会”将长期落户广州，两岸名优产品企业可长期借助“名博会”共享“广交会”扩大产品出口，拓展海外市场。

首届津洽会硕果累累

2005年4月22日，历时5天的2005中国天津全国商品交易会暨投资洽谈会圆满落下帷幕。本届“津洽会”突出“实施大经贸战略，推进对内对外开放”的时代主题，充分发挥商品交易、投资洽谈和人才交流的平台作用。展会总展位达到2450个，展览展示总面积达4.4万平方米，16个国家及港澳台地区共计16万人次到会。

凸显天津环渤海中心地位。美国通用公司中国区总裁、韩国贸易商会会长等表示，过去只看重在珠三角和长三角投资发展，这次到天津参展亲身感受了天津经济腾飞的强劲势头和蕴含的巨大发展潜力。荷兰贸促会负责人表示，5月份还组织两个贸易代表团来津洽谈具体项目。原上海市副市长庄晓天说，天津滨海新区是未来天津的“浦东”，具有强大的带动作用和拉动效应。一些台湾和香港的客商纷纷表示要抓住机遇，捷足先登到滨海新区投资发展。展会期间天津滨海新区共签订工业加工、城建设施、文化教育等多方面投资项目占全市40%，资金额近50%。浙江、云南、上海、辽宁客商纷纷表示，今后要进一步加强和巩固与天津的经贸合作关系，促进携手、互动发展。

搭建区域交流与合作平台。北京、天津、辽宁、烟台、太原、石家庄等省市充分利用展会平台，广泛宣传推介投资环境，积极洽谈合作项目，取得了一批实实在在的成果。天津、北京、河北、山西、内蒙古等12省、市、自治区共同签署了《跨区域口岸合作天津议定书》，进一步推进跨区域口岸合作。环渤海地区5省2市及甘肃、贵州、广州、西安等地共推出涉及高新技术、能源电力、交通基础设施、精细化工等26大类

196个合资合作项目。天津市产权交易中心推出的总资产额近1000亿元人民币的产权转让项目，现场达成意向合作19个，意向成交额55亿元。

招商引资成果颇丰。本届展会国际化程度明显提高，到会的发达国家和世界500强企业显著增加。展会期间，天津市共发布全球招商项目300个，投资总额近600亿美元，涉及制造业、服务业、基础设施、外资并购四大板块，其中服务业项目97个，涉及投资额372.61亿美元，位居四大板块之首。在展会上，共有30个外资项目正式签署投资合作协议，实现合同引资额10.8亿美元，其中超亿元大项目5个。项目主要涉及基础设施建设、新能源和环保、工业制造业、旅游娱乐及服务业等领域。

名品荟萃引领现代时尚。本届展会展示交易的商品涉及吃、穿、用、行四大方面，参展名品精品比重达80%以上。展会期间，国美电器黑白家电达到购销协议700余万元；服装展区共推出新潮时尚、休闲旅游服装500多个花色品种，吸引了大批客商前来洽谈；食品展区突出无公害和绿色食品主题，天津市10个国家级产业化龙头企业83家国家级、市级农业重点企业推出的绿色食品现场成交1亿多元，农业工业产品成交额达4亿元，海南、内蒙、云南的特色地方产品成为代理商追踪洽谈的热点；汽车展区，共推出的20多个品牌的近百款最新车型，现场销售239辆，成交额4800余万元。

会中会精彩纷呈。本届展会期间，会中会活动达20多个。其中重大的活动有津京经济合作项目签约仪式，天津市投资环境推介洽谈会，加快科技创新、促进天津经济可持续发展院士论坛，跨区域口岸合作签约活动，香港投资环境座谈会，天津商业地产投资展暨论坛等。展会期间举办的“环渤海区域经济振兴与发展座谈会”反响强烈，与会省市进一步形成了区域合作、联合发展的共识。津洽会港澳主题分会是我国加入世贸组织后天津市举行的第一次港澳商品贸易展览会，旨在抢抓CEPA先机，扩大津港澳合作，加快天津现代服务业发展，繁荣环渤海区域经济，实现共同发展。

第十届渝洽会引资近400亿

2005年4月28日，第十届渝洽会落下帷幕。本次渝洽会共签订各类项目180个。其中投资项目178个，项目总投资额398亿人民币。贸易项目2个，成交金额560万美元。

178个签约项目中重庆150个，占84%。重庆签约的150个投资合同项目中，利用外资项目85个，拟引进外资7.8亿美元，其中合同52个，合同外资1.5亿美元，协议33个，协议拟引进外资金额6.3亿美元。市外境内投资重庆项目65个，拟引进资金146.6亿元人民币。投资项目涵盖工业制造、房地产、服务咨询、农业、商业、基础设施、旅游等领域。

据组委会介绍，渝洽会已逐步成为全国性签约平台。本届渝洽会涉及16个省市签约；既有投资合作项目，也有贸易合同；既有外资项目，也有境内投资项目。

沿海企业西进明显，重庆市外境内投资项目有80%左右来自沿海。如大连万达集团、山东如意集团签订了投资重庆市南岸区的协议；广东东莞大雁电子厂、浙江中龙羽绒制品有限公司签订投资重庆铜梁县等。

三峡库区区县签约积极，三峡库区各区县共签约市外投资项目33个，占全市签约总数的22%。

已在渝投资外商积极扩张：已投资开发融侨半岛的香港融汇集团又与沙坪坝区签下了检查院地块旧城改造项目，与巴南区签下了融华江城项目；澳门恒河集团在已投资重庆柑橘、水果项目后，又积极进军重庆房地产，与重庆市城投公司签定了重庆国际会展中心西侧地块开发项目。

服装产业和商业分销成亮点，香港森仕集团在重庆市北碚区和童南县投资服装生产项目，山东如意集团在重庆南岸区投资服装项目，国内外较知名的品牌服装集团的进入对重庆做大做强服装产业形成产业集群具有积极意义。

作为西部乃至全国企业的投资贸易平台，今年的渝洽会设立了专门的洽谈馆，洽谈的规模、档次和效果都超过往届。在洽谈馆设立对接洽谈展位的采购商和投资商达40家，据初步统计，有1530多家供应商和招商单位进场进行2960人次洽谈，达成意向合作582对，意向金额3.6亿美元。这其中很多是跨国公司与重庆和国内其他省市的企业达成采购和投资意向，由于现场洽谈时间较短，供需双方达成了一些采购意向，但具体采购合作金额还需进一步落实后才能确定。

本届渝洽会还举办了全球采购论坛、欧洲货币论坛、中国企业投融资战略论坛、中小企业发展论坛、公司治理与国企改革专题论坛等5场论坛活动，场次和档次创历届之最。

北京国际警用反恐装备展览会

2005年5月10～12日，中国(北京)国际警用装备及反恐技术装备展览会暨学术研讨会在北京展览馆举办。本届展览会由中国科学技术协会和北京市公安局主办，中国科协新技术开发中心、北京市公安局科技处和北京亿思瑞德科技发展有限公司承办。

本届展会展出面积近2万平方米，参会企业有200多家。参展的产品包括交通工具、通信指挥系统、视频监控系统、计算机信息及网络安全系统、消防设备、刑事侦察技术设备、武器、警用械具、安全防护装备等。

首都北京作为国家的神经中枢，集政治、经济、外交、科技、军事等重要职能于一体，已成为接待各国政府首脑，开展团体友好往来，举办国际重要会议和体育赛事的世界中心城市之一，特别是2008年奥运会的成功申办，进一步提升了首都北京的国际地位和影响。随着奥运脚步的临近，北京市委、市政府、奥组委提出将把2008年北京奥运会举办成为绿色奥运、科技奥运、人文奥运。根据这一精神，正在加大安保及警用装备的科技含量，使北京成为稳定、繁荣的现代化国际大都市。

为确保2008年奥运会和首都北京及其国内外重大活动的安全，北京市公安局拟利用3年的时间，完成北京警方技术装备的更新换代工作，以实现指挥现代化、装备现代化、人文素质现代化，使2008年的奥运会圆满成功地举行。为此，北京市公安局和中国科学技术协会举办了这次反恐警用装备展，通过展览展示国内外先进的警用装备和反恐技术装备，以便于北京警方现场选型选购，提前预定相应的警用技术装备，更好地吸收并引进国际安全防卫行业的新技术、新产品，有效地加快警用技术装备的更新换代。展览会期间，反恐学术研讨会还邀请国内外著名反恐专家和技术装备专家结合典型实际案例进行学术研讨和座谈。

2005世界公厕论坛暨第一届世界厕所博览会

2005世界公厕论坛暨第一届世界厕所博览会于2005年5月9～11日在上海市举行。论坛期间，与会的境内外代表200多人从模范城市的公厕文化与礼仪、现代厕所的发展趋势与技术维护、公厕管理体制与运行机制等3个方面，探讨公厕管理的理念和思路，为积极筹办2010年中国上海世博会出谋划策。

本届论坛及博览会由世界厕所组织、上海市市容环境卫生管理局和国际展会策划有限公司三方共同主办，论坛的主题是“模范城市，优雅生活”。世界公厕组织创立人沈锐华出席了论坛并致开幕词，来自英国、澳大利亚等国的公厕协会会长以及中国台湾地区卫浴协会理事长共60余名海内外来宾在会上作了交流。在论坛召开期间，他们不仅带来全球最前沿的公厕管理经验、保洁应用技术，以及先进公厕文化理念，还参观上海旅游景点的厕所设置和一些特色民居厕所。

据了解，上海举办此次活动主要是为了实现两点目标：一是改变上海公厕格局。从现在的上海公厕主要是以政府投资建设为主，社会厕所为补充，逐步转变为社会经营为主，政府着重管规模、管策划的模式；二是力争到2006年底，在上海建立起法规健全、协调有力、程序规范、运作有序的公厕配套管理体制，在外环线内的城市化地区、郊县中心镇、主要旅游景区完善公厕服务体系。将2000平方米以上的公厕纳入“市容环境卫生责任制”管理范围，并达到“导向醒目、标识规范、清洁卫生、服务文明”的要求。

第四届北京国际清洁设备与技术展览会

第四届北京国际清洁设备与技术展览会于2005年5月9～11日举行。展览会占用了国贸展厅的1、2、3号馆，国内外的制造商、代理商们都看好中国的清洁市场，前来参展。

威霸清洁器材服务有限公司以大展位在1号馆亮相，向大家展示了各种清洁设备。3M公司也展示了各种清洁方案。这次展览展出产品主要以大型扫地机和洗地机等清洁设备为主，但所展出的产品也涉及了清洁市场的各个方面，中国的清洁市场正随着中国人清洁意识的增强不断扩大。

汇瀛环保科技有限公司在展会上向大家展示了自行研制的中央空调管道清洗系统。其核心技术是管道内部工作的清洁机器人。

新加坡异绩控股私人有限公司这次来参展主要是推出一种新的空气清新剂。这种清新剂是浓缩型的，需要按1∶100的比例与水混合。与其配套出售的是一款专门用来混合清新剂的仪器。这种仪器体积不大，呈球形，中间有一圈小灯，很像是室内装饰品。这款清新剂并不是吸附空气中的细菌，而是通过仪器震荡使清新剂分子散发到空气中而彻底杀灭细菌。据公司人员介绍，这款配套产品在中国生产，但由于其技术含量很高，价格也较高（新加坡售价200美元），因此还没有在中国出售，这次来主要是寻找分销商。该公司还有专门为宠物准备的喷雾式杀虫剂。

此外，各式各样的抹布也摆上了展台。别小看那不起眼的抹布，如今也有了很高的科技含量。

大连丰深科贸有限公司更是把广告做到了抹布上。该公司生产的海绵布不仅是很好的清洁用品，还是一个擦不掉的广告媒体。公司可以通过多至6色的精致印刷，将客户的广告创意通过其耐磨、耐高温、可机器洗涤、长久耐用等特点牢固地印在海绵布上，锁定目标客户群体，可谓是一种全新的广告工具。

除了抹布外，旗下拥有舒洁、好奇、舒尔美等多个品牌的金百利（中国）投资有限公司商用消费部也前来参展。成立于1872年的金百利公司一直是欧洲最高级面纸典范。此次，金百利向大家展示了工作间擦拭用品、卫生间擦拭用品两个系列的多个产品。该公司商用消费部的安先生表示：“这个展览到今年已经举办了4次，这4次我们都参加了，效果也很不错。如今中国的清洁市场很大，2008年奥运会在中国举办，这不仅带动了包括清洁行业在内的很多行业的发展，还使得整个中国的公民卫生意识有所加强，这又从另一方面促进了行业的发展。”

拉美经济体成新一轮投资机遇

2005年5月10日，中国贸促会在主办2005年第二次亚太经合组织工商咨询理事会会议之际，特别为来自APEC拉美经济体的代表举办“跨越太平洋的机遇：智利、墨西哥和秘鲁”研讨会，以进一步加深中国企业对这些国家经贸机遇的了解，促进中国和这些国家的经贸关系的发展。

中国贸促会副会长高燕在致词中说：“中国经济连续26年保持了年均9.4%的增长速度，中国的发展不仅会造福于中国人民，而且必将给包括拉美国家在内的世界各国带来互利共赢的机遇。事实证明，中国巨大的市场和稳步的发展都是对世界经济的贡献，仅以中国现在已形成的每年5000多亿美元的进口大市场而言，它为各国企业界都带来了巨大商机和合作空间。”

据了解，中国同拉美地区近年来的经济合作发展势头不断增强，双方在投资、贸易、技术等各个方面展开了合作，取长补短、互通有无，从而提高了双方在全球范围的竞争力，取得了互利共赢的成果。智利、墨西哥和秘鲁分别是中国在拉美的第三、第二和第六大贸易伙伴，双边贸易额逐年显著增长。它们地理位置优越，并与很多重要市场签有自由贸易协定或享有优惠贸易安排，这为日益国际化的中国公司开拓国际市场提供了绝好的选择。

来自智利、墨西哥和秘鲁的工商界负责人分别介绍了本国的经济发展形势、投资环境、自然资源和政策法律法规等情况，并表示欢迎中国企业界到那里去投资。

智利生产和贸易联合会会长埃尔南·索麦维叶说：“中国目前在世界贸易上有着重要的地位，对拉美经济影响巨大。我们国家的关税水平为6%，但我们与世界上许多国家签署了自由贸易协定，所以我们的实际上的关税平均只有2%。希望中国企业能到智利去投资并以此为平台，向其他拉美国家延伸。我们目前正在与中国进行自由贸易协定的谈判。”

高燕说：“随着中国在世界贸易组织中的作用的不断增强和中国更多地参与国际经贸活动，相信拉美各国企业界人士也将在中国获得更多的合作商机。”

据悉，为了更好地促进拉美国家与中国的经贸交流与合作，拉美国家的驻华使馆工作人员还专门成立了拉美国家商务参赞工作组，以期更便捷有效地为中国与拉美国家经贸合作服务。

2005中国国际徽商大会

2005年5月18～20日中国国际徽商大会在安徽国际会展中心举办，包括50家世界500强企业在内的境内外客商2000名踊跃参会。

这次徽商大会以“交流、合作、发展、繁荣”为主题，遴选了一大批发展潜力大、市场前景好的合作项目，安排了一系列经贸洽谈、成果展示和科技文化交流活动，力求办成海内外客商了解安徽的重要窗口、投资安徽的良好平台。欣欣向荣、蓬勃发展的安徽，孕育着无限的商机，一定能成为海内外广大投资者投资成本的盆地、投资服务的高地、投资回报的福地。

本次大会专设1.2万平方米投资洽谈展区、名优精品展区、汽车及工程机械展区，以精美丰富的项目、展品，向境内外参会人员充分展示安徽的经济实力和发展前景。大会展示了本省客车、专用汽车、轿车及零部件、工程机械、农用机械、家电、烟酒、轻纺产品、高新科技产品、名优农产品等10大类精优产品，供客商深入了解安徽的产业实力，促进投资贸易洽谈。

大会的序馆、“861”项目推介厅、科学城厅、开发区厅、17个市厅，突出展示了安徽的悠久历史、厚重文化和奋力崛起的当代风采。大会专设的徽商历史文物馆，以丰富的实物藏品空前展现了徽州商帮、新安绘画、徽州文学、新安医学、徽州名人的历史文化精髓，使称雄中国商界300年的近代徽商，风采再现，精华重扬，为当代徽商的奋力崛起展示出深厚的历史基础。

开幕式后，大会举行了项目推介会暨签约仪式。安徽把国际资本流动趋势和本省资源优势及产业重点紧密结合，精心编制出包括国有资产并购、现代服务业、基础设施、高新技术产业、制造业、旅游业、农业等8大板块的重点推介项目542个，投资总额近400亿美元，提供境内外客商选择洽谈。有80多个投资项目和合作协议首批在会上签约。

作为安徽省最大的工业企业，马鞍山钢铁公司也在这次徽商大会上与英国BOC集团签订了马钢最大的外商合资项目——马钢工业气体处理项目。项目总投资额9424万美元，主要从事生产和销售气态和液态形式的空气产品。另外，中国纺织服装产业的龙头企业恒天集团投资40亿元，在铜陵市经济技术开发区建设中国服装（铜陵）产业园，构建全球服装加工和销售、服务为一体的平台。

2005中国国际徽商大会由安徽省人民政府主办，商务部、国家工商总局、国家质检总局等协办，安徽省商务厅和合肥市人民政府具体承办。

海交会商交会成果超去年

第七届海峡两岸经贸交易会、第二届中国福建商品交易会，2005年5月18～22日在福州展览城圆满落下帷幕。海交会期间福州市实际签约外商投资项目342项，利用外资24.78亿美元，其中合同项目仍占大头，共209项，利用外资10.37亿美元。商交会累计出口成交额达3052万美元，今年海交会、商交会成果超过去年水平。

据统计，与去年海交会成果相比，福建市签约项目利用外资超出5100万美元，合同利用外资超出3915万美元。在福建市外资签约项目中，总投资千万美元以上的项目共87项，利用外资19.69亿美元，项目数仅占25%，利用外资比重却高达79.5%；增资扩产项目明显增加，共有73项，利用外资6.4亿美元；农业成为签约项目的新亮点，共38项，利用外资3.6亿美元，其中直接以台湾名义投资的农业项目达11项；服务贸易业呈持续发展态势，共签约52项，利用外资2.56亿美元；吸引世界500强跨国公司投资又有新突破，新签世界500强跨国公司投资项目3项，利用外资7800万美元。今年海交会签约项目投资国别、地区愈趋多元化，投资外方主要来自东南亚、日、美等国家和地区以及我国港、台地区。

此外，海交会期间全市共签约内联投资合作项目265项，总投资88.55亿元，其中合同项目166项，总投资51.5亿元。合作项目涵盖基础设施、机械电子、纺织、冶金、电力、农业和商贸等行业。

海交会期间福建市外商投资企业动工投产项目共141项，合同外资6.29亿美元，分别同比增长10%、27%。32项外资项目在海交会期间举行动工投产仪式，合同外资2.54亿美元，包括住友电装、福顺半导体制造、山崎实业、迅捷光电、金纶石化纤维、亿源石材、棕榈油等。此外，还有26个内资企业举行动工投产仪式。

天津、昆明、长沙、南宁、江苏盐城、北京顺义区等城市、区代表团在海交会期间举办了招商专场，签约投资合作项目53项，总金额达37.55亿元。投资合作项目涉及机械、电子、基础设施、农业绿色食品加工、商贸等行业。

另外，截至5月22日，第二届商交会累计出口成交额达3052万美元，比上届增长19.22%，内销成交额达1.22亿元，比上届增长89.74%。据介绍，第二届商交会全省出口成交主要呈现以下特点：东盟和我国港、台地区成交活跃，来自东盟和我国港、台地区的订单占总成交额的80%；企业成交呈多元化，民营生产企业大放异彩，占参展企业总数的80%，成交额占总成交额的90%以上；名优产品受青睐，名牌商品独领风骚，凡是采用新技术、新材料、新工艺、新创意的"四新"产品普遍受到客商的关注。

西博会吸引资本走西口

集商品贸易、经贸洽谈、招商引资、商务论坛于一体的国家级大型经贸盛会——第六届中国西部国际博览会于5月25～28日在成都举办。组委会执行主任、四川省副省长黄小祥表示，本届西博会最大特色可概括为一个"新"字，无论展览规模、布展水平，还是国际参与和专业化服务都跃上一个新台阶。

本届"西博会"突出"外资西进、内资西移，东西合作，实现双赢"的主题，积极吸引外资和东部资本参与西部大开发，努力促进西部地区的对外交流与合作。

中国西部国际博览会是四川和西部地区扩大对外开放，拓展发展空间的重要窗口和交流平台。在国家有关部门、兄弟省区市和各界朋友的大力支持下，"西博会"已发展成为集商品展销、经贸洽谈、招商引资、商务论坛于一体的国家级经贸盛会，成为西部规模最大、影响最广、辐射力最强的国际博览会。本届会议期间，首次举办"韩国合作周"、"法国日"、"泰国日"、"印度日"等活动。此外，"四川—台湾企业高层论坛"、"中美贸易发展论坛"、"CEPA香港日论坛"等活动也充分体现综合性博览会的特点。西博会组委会还第一次通过公开征集项目方式向全社会收集了340个招商项目，设置了信息产业、现代交通、机械制造、商业地产、美食产业、文化旅游、采购洽谈7个专业馆和1个国际馆，同时在四川省展览馆分会场设置了教育和医疗器械两个专业馆。展场以开放式展位为主，开放式展位超过85%。

本届西博会现场贸易成交和签订贸易合同金额111.3亿元；大会签订投资项目合同198个，合同总金额230.67亿元，其中省外、境外合同类项目137个，总投资额195.32亿元，引进省外、境外资金190.65亿元。

本届西博会首设准入制，从知识产权保护、企业信用等方面提高了参展条件。突出了国际性、东西合作和专业性。国际馆是历届西博会参展面积最大的一届，浙江、广东、辽宁、深圳、南京等省市组织了一批知名企业前来参展；信息产业、美食产业、现代交通馆、商业地产等专业展馆既风格多样，又和谐自然，整体效果达到较高水平；各市州展馆，突出地方、文化、民族和区域经济特色。

中国国际酒店博览会

2005年5月31日，为期三天的第11届中国国际酒店博览会将在中国国际贸易中心展览大厅拉开帷幕。本届博览会共有来自国内及意大利、法国、德国、瑞士、西班牙、希腊、土耳其、南非等20多个国家和地区的200多家企业带着各自的新产品、新技术和新项目前来参展。

随着奥运经济的不断深入，奥组委为了体现创办"绿色奥运、科技奥运"的理念，对各酒店的软、硬件条件提出了更高的要求。因此，酒店采购商对酒店用品的功能和技术含量也提出了更高的要求。中国国际酒店博览会也正是顺应这种趋势，在酒店用品各个领域集中了各类高端的产品进行展示，以满足酒店的需求。

为了使活动更加丰富、服务质量更高，组委会在展会同期举办首届中国咖啡师大赛、2005中国国际橄榄油及食用油展览会、2005年现代饭店更新改造高级研讨会、第二届现代饭店与科技论坛及全国饭店万能工管理培训班等活动。展览、会议、表演，多元化的方式带给大家耳目一新的感觉。此外，展会期间还同时举行中国旅游饭店业协会主办的众多主题研讨会，各参展的酒店用品供应商与来自全国的数千家星级酒店总经理，以及采购、工程、餐饮等部门总监直接会面，洽谈业务，寻求商机。

中国国际酒店博览会由中国旅游饭店业协会支持、中国国际贸易中心股份有限公司展览部和北京龙之旅会展有限责任公司共同承办，自1993年以来，已经成功举办了10届。在10余年的发展历程中，中国国际酒店博览会不断创新，得到了业内的广泛认可，现已成为业界最具影响的专业展会之一，是北京及华北地区规模和影响最大，规格最高，专业水准最强的酒店用品博览会。

消博会、浙洽会凸显五大亮点

第四届中国国际日用消费品博览会、第七届浙江投资贸易洽谈会于2005年6月8～12日在中国浙江省宁波国际会展中心举行。

本届消博会首次由商务部和浙江省政府联合主办。第四届中国国际日用消费品博览会、第七届浙江投资贸易洽谈会的主要活动内容由投资洽谈、贸易展览、开放论坛和科技人才引进四大板块组成。

投资洽谈按照“扩大领域、创新方式、拓展空间”的要求，重点组织好第三届海峡两岸产业对接洽谈会及其他国家和地区产业（项目）洽谈等10个专场，举办部分国家（地区）投资环境（项目）专场推介和“走出去”项目对接活动。

贸易展览还进一步突出“中国制造”，以打造日用消费品中国第一展为目标，在全国范围内组织名企、名品、新品参展，在全球范围内组织知名国际跨国采购商参会。设标准摊位2200个左右，并举办国际买家采购说明会和外贸业务（项目）对接会，强化展览现场的对接服务功能。继续开设“网上消博会”。

开放论坛以“树立科学发展观、营造开放新优势”为主题，围绕开放型经济发展的热点问题进行专题研讨，有浙商经济与对外开放、中韩经贸合作、浙台服务业合作、民营经济发展等7个专题论坛。

人才科技引进以“人才科技促进开放水平新提高”为主题，会同国家有关部门、国内外科研机构、大专院校，举行第七届浙江省引进海外人才智力洽谈会和第三届浙江（宁波）科技成果交易会，开展人才智力引进和科技成果转化、推广及交流、合作活动。

相比往届消博会、浙洽会的举办，本届展会有5个创新之举。

首次举办市长与中外记者见面会。本届浙洽会、消博会首次举办以“活力浙江、和谐浙江、缤纷浙江”为主题的全省11个市的市长与中外记者见面会。全省11个市的市长聚会宁波，就最能反映城市发展特色和发展前景的某一专题，与中外记者面对面开展对话交流。

首次设置各市投资洽谈区。取消各市城市形象展示，以体现求真务实、节俭办会的要求。

首次设置国际投资促进机构投资洽谈区。本届展会邀请10家以上国际投资咨询机构，携项目和投资信息与本地投资招商机构和企业进行对口洽谈，扩大招商引资的项目信息来源。

首次消博会摊位突破2000个。采用加搭场外馆的方式，消博会共设标准摊位2200个左右，比上届增加600个，按行业划分家纺服装、家电电子等六大展区，增加了境外摊位、省外摊位和宁波市以外的城市摊位比重，增加了名企、名品、新品参展摊位的比重。

首次在“走出去”系列活动中举办“国家日”活动。本届展会首次尝试举办国家日——“德国日”活动。德国驻沪领馆、德国工商会高度重视德国日活动，配合德国啤酒馆、德国风情表演等推介德国的投资环境，吸引浙江企业赴德创业。

中国国际项目外包商务博览会

2005年6月8～10日，首届“中国（深圳）国际项目外包商务博览会”（以下简称“外包会”）在深圳高交会馆举办。

本届外包会由商务部中国国际经济技术交流中心与深圳外商投资企业协会联合主办；有来自美国、加拿大、法国、新加坡等10多个国家和地区的近200家专业机构前来参展、洽谈，国内有近500家高质量的合同制造商和分包商进场洽谈，展览面积达2万平方米，展览内容包括企业产品及企业形象展示，国际项目外包商务信息发布及商务洽谈活动，企业招商引资信息发布及洽谈、合作，行业的技术、学术交流，商务配对服务、系列展示推介活动等。

展览范围涉及生产加工业原品制造合同外包或分包，工业机械制造合同外包，物流信息及服务外包，人力资源信息外包，国际研发机构，政府采购项目及出口加工区等行业的相关企业及产品展示，以及外包商务洽谈活动、国际项目外包商务信息发布及招商引资信息发布。

因此，首届中国（深圳）国际项目外包商务博览会可谓“中西荟萃，万商云集”，可以说它是近年来最大规模的国际性“外包”专题博览会，也是国家商务部自成立以来批准举办的第一个大规模、高标准的专业性国际盛会。首届外博会是一个永续经营的国际外包商务盛会。

组委会在“外博会”网站基础上，建立外包信息合作平台，开展商贸洽谈，执行专业的商务配对和点对点的服务，同时邀请业内专家精心编撰中国《外包通讯》，使企业掌握更多商业资讯，更快速、更准确地把握国际商机，拓展市场。外博会在准备阶段和会展期间，举办了一系列论坛及系列热点研讨会，发布了“世界项目外包需求报告”、“中国项目外包领域现状报告”。

同时，与海外合作机构举办双向交流活动，使参展企业充分获得与国外发包机构交流和合作的机会，为参展企业提供价值增值的服务。本届“外博会”重在探索和促进中国项目外包的创新与发展，推动中国国际项目外包的产业化、市场化进程，释放出潜在的无限商业机会和巨大商业价值。

世界市长论坛

世界城市和地方政府联合组织(UCLG)成立以来的首次理事会会议暨世界市长论坛2005年6月9日在京开幕。与会的中外代表共400多人，其中有来自包括中国在内的38个国家和地区的近百位市长。北京市市长王岐山9日设晚宴欢迎与会人员。当晚数十位市长们登上国际饭店顶层观景平台观赏北京夜景。

UCLG现任主席、巴黎市长贝特朗·德拉诺在开幕式上表示，在城市和地方政府间有效开展国际合作，将有助于全球人民之间的协调和互助，有助于在更大范围内实现世界的和平、繁荣与稳定。与会市长纷纷表示，在北京得到了与同行分享管理经验，交流执政心得，探讨城市发展方略的好机会。

论坛下午的议题是“地方政府和联合国千年发展目标”，多位中外代表作了主题发言。由于曾经有过奥运会举办经验的法国巴黎市市长、西班牙巴塞罗那市市长，以及即将举办2010年世界杯的南非比勒陀利亚市市长均出席了会议，2008年北京奥运会也成为了会议的另一大热门话题。北京市副市长张茅向与会代表介绍了北京奥运会的筹备情况。

王岐山在晚宴致词中说，举办一届有特色、高水平的奥运会，这对于现代化及城市化正在加快进程的北京来说是一个很高的目标。欢迎大家把世界各地地方政府在城市建设发展以及管理方面的经验告诉我们，把在美丽北京短暂停留期间的看法和意见留给我。这些意见和建议对我们非常宝贵。

第16届中国哈尔滨经济贸易洽谈会

第16届哈尔滨经济贸易洽谈会于2005年6月15～19日在哈尔滨举办。作为首届升级为国家级的大型国际展会，本届哈洽会共签订进出口合同39.6亿美元。

本届哈洽会有来自俄罗斯、日本、英国、加拿大、澳大利亚等81个国家和地区的1万余名客商以及国内29个省市的客商参会参展。共有36个交易团组与45个国家（地区）的客商签约。共签订进出口合同39.6亿美元，比上届增长18.9%。其中：出口合同22.6亿美元，比上届增长47.7%。

第16届中国哈尔滨经济贸易洽谈会突出了“对俄经贸科技合作战略升级和加快东北老工业基地振兴”两大主题，搭建了高水准的贸易、投资、技术交流与合作的平台。洽谈会期间由俄罗斯和中国政府联合举办了“俄罗斯商务日”、包括振兴东北老工业基地项目推介会、西伯利亚联邦区经济科学潜力推介会、俄滨海边疆区进出口企业对接会等6个专题推介会，共签订进出口合同9项6.69亿美元。同时，本届哈洽会共签订机电产品出口合同6.8亿美元，比上届增长3.2倍，能源开发利用、资源深加工、高科技产品签约额也比以往增多，体现了国家振兴东北老工业基地振兴战略实施以来，国内外客商对东北雄厚的基础产业的关注。

本届哈洽会设立了老工业基地合作项目馆、高新技术馆、绿色食品馆、机电馆、俄罗斯专馆。同时，展会上的东北老工业基地合作项目馆由黑龙江省、辽宁省、吉林省共同主办，集中展示国家推进振兴东北老工业基地战略取得的成果，集中宣传和推介东北地区国企产权转让和工业调整改造项目，以及国家振兴东北老工业基地的战略、规划和相关政策。

哈洽会是经国务院批准的大型国际经贸洽谈会，自1990年创办以来，已连续成功举办了15届。

第六届亚欧财长会议在津隆重举行

第六届亚欧财长会议2005年6月26日在天津隆重开幕。国务院总理温家宝出席开幕式并发表重要讲话。他强调，亚欧各国要加强全面合作，发挥各自优势，共同战胜困难和风险，把亚欧合作提高到一个新的水平。

上午9时许，温家宝发表了题为“加强亚欧财金合作 促进各国共同发展”的重要讲话。

本次会议是亚欧会议成员扩大后的首次财长会议，是亚欧财长会议首次在中国举行，也是历届会议中规格最高、参会人数最多的一次。亚欧会议39个成员方均派出代表团，国际货币基金组织、世界银行、亚洲开发银行以及欧洲中央银行派出副行长或副总裁以上代表，共计43位部长级的代表参会。

亚欧财长会议是亚欧会议的一个重要论坛，其宗旨是落实亚欧领导人会议有关财政金融问题的决定和精神，并通过对话和磋商推动亚欧之间经济和金融等领域的合作。

相关链接

亚欧财政部长会议（简称亚欧财长会议）是亚欧会议框架中的重要组成部分。

1994年10月，新加坡总理吴作栋访问法国时，提出召开亚欧会议的构想，得到有关国家积极响应。1996年3月，在泰国首都曼谷召开的首届亚欧首脑会议确定，亚欧国家领导人将在定期举行的亚欧首脑会议上共商亚欧合作大计；同时确定采取包括举行亚欧财长会议在内的一系列后续行动。

亚欧财长会议旨在落实亚欧首脑会议有关财政和金融问题的决定和精神，并通过对话和磋商推动亚欧之间经济和金融等领域的合作，为亚欧各国的财政、金融部门就宏观经济、财政金融、资本市场的发展等问题进行交流提供场所。

近年来，全球经济和金融形势日益复杂，亚欧财长会议在探讨本地区经济发展模式，交流区域经济和金融合作经验，进行宏观经济政策对话方面的作用逐步增强。

亚欧财长会议最初两年举行一次。为了更好地向亚欧领导人提供宏观经济政策的分析和建议，使首脑会议能对全球最关注的宏观经济政策协调问题进行深入探讨，从2001年起，亚欧财长会议改为每年举行一次。

第11届中国（上海）零售业博览会

第11届中国（上海）零售业博览会2005年6月28～30日在浦东新国际博览中心举办，它在参观人次和专业化程度上成功地刷新了历史记录，达到了全新的高度。业内人士指出，这一“中国零售业旗舰展”焕发着无限的生机和活力，正引领着中国零售行业乘风破浪，勇往直前。

2005年，共有来自13个国家和地区的160余家的零售业知名设备，技术和服务供应商前来参展，展示面积达1.1万平方米。此次盛会吸引了1.12万多名观众前来参观；其中来自40多个不同国家的专业买家和参观商达1089人，占总参观人数的10%，列前三位的海外观众来源国为俄罗斯、美国和印度。这些海外观众不仅前来采购中国零售设备、产品，而且希望能够在展会上找到合作伙伴并在中国建立起生产基地。

本届展会的观众主要为超市百货企业，零售设备生产商、供应商，零售设备批发、分销和代理商，此外也有不少的建筑、室内设计师参观了此次展会。据抽样调查，45%的观众表示，采购产品，寻求新的供应商，并与原供应商增强联络是他们来参观此次展会的主要目的。另有39%的观众希望借展会“了解行业发展趋势，寻求投资合作项目”。而首次列入CRC板块的“商业空间设计及展示技术设备展”和“销售推广技术及促销用品展”反应甚佳，均有超过20%的观众表示感兴趣参观。另有近50家海内外权威媒体全场采访和报道了此次展会及论坛等各项活动。

首届中国国际会展文化节

2005年7月10～12日，以“和谐社会与会展业发展”为主题的首届中国国际会展文化节暨2005中国会展年会在河南省郑州市召开。国际展览局主席吴建民、中国轻工业联合会副会长王世成、中国机械工业联合会执行副会长陆仁琪、河南省委常委、郑州市委书记李克等领导和嘉宾出席了本次会展文化节，与400余位业界人士共同探讨会展文化与创造和谐的会展业发展秩序之间的关系。

近年来，会展经济在我国持续升温的同时，也暴露出一些问题，引发了人们的思考：为什么我国会展业真正的品牌展不多？为什么展会雷同或低水平办展现象重复出现？为什么会出现展会欺诈和诚信危机？会展业为何没有成为我国经济产业中的独特门类？专家认为，缺少文化内涵成为制约会展产业整体发展的一个重要因素。

首届中国国际会展文化节以会展文化为题，展开了一系列丰富多彩的活动。国际展览局主席吴建民发表了题为“文化：会展的灵魂”主题演讲。吴建民在发言中指出，目前国内对于会展经济的研究比较多，而关于会展文化的探讨这是第一次。任何一次成功的展会，留给人们印象最深的一定是它所反映的文化。

随着中国的崛起，世界正在重新认识中华文化的价值，中国会展业正处于大发展之中，对于中国会展业所反映的中华文化的特性会加倍注意。他提醒中国人要重新认识中华文化的魅力。

中展集团总裁梁文从业界专家角度阐述了关于加强产业文化建设，营造良好市场氛围的问题。梁文指出，产业文化是市场环境、道德理念、价值观的有机结合。中国会展产业文化的内容应包括产业的目标、产业从业人员价值观以及产业的核心理念。当前会展业出现的恶性竞争、欺骗顾客、不注重细节、缺乏责任感等问题，都与不重视产业文化建设有关。应当从建立公平合理的竞争观念、树立诚信的经营价值观、提高尽责的服务意识、培养合作共赢的协作精神、提高为国家、为相关行业积极奉献的责任感等方面建设会展产业文化，需要政府、行业协会和企业三方的共同努力。

本次会议还组织专家和业内人士就展馆经营发展、政府主导型展会改革发展、展览搭建、展品运输、会展教育等六个专业领域内存在的问题，展开具体而务实的研讨。

第19届中国大连进出口商品交易会

2005年7月13～16日，第19届中国大连进出口商品交易会在大连星海会展中心和世界博览广场隆重举行。数千名国内外嘉宾出席了本次“大交会”开幕式。

据了解，本届交易会是“大交会”历史上规模最大、专业水平最高、参加团体最多的一次工业盛会，有1000多家企业参展，其中有近100家海外企业，总展出面积达4.2万平方米，分设航运/港口/物流/船舶、现代制造业装备、电子信息通讯和石油化工四大展区。开幕当天参观人次突破3万，有来自美国、英国、法国、德国、意大利、日本、韩国等40多个国家和地区的近百个专业团组到会洽谈采购。港口、船舶、航运、物流、游艇、电子通信、橡塑、包装等项目成为各路采购团关注的投资热点，还有许多跨国公司希望借此次“大交会”东风抢滩我国北方市场。

首届全国安全生产及技术装备展

2005年7月14～17日，首届全国安全生产及技术装备展在北京展览馆隆重举行。该展由中宣部、国资委、国家安监总局、国家质检总局、中华全国总工会、中国工业经济联合会、北京市政府联合举办，展会上展示了来自全国31个省市自治区、国家七部委、16家中央企业、34家技术装备专业公司安全生产及技术装备最高水平的沙盘、模型、图片灯箱、光盘演示。中国铁路工程总公司所属的中铁一局集团公司青藏铁路2M × 4M的沙盘、中铁大桥局的小天鹅架桥机、中铁隧道集团的盾构机模型代表中铁工程总公司参展。中铁一局的沙盘采用声、光、电制作技术，地形按照青藏原始地貌特征制作，形象地展示了中铁一局在高原条件下先进的施工装备和安全生产作业，受到了参观者的赞誉。

展览会展示了我国各领域高度重视安全生产的工作状况，展示了党和政府为保护人民群众生命财产安全所做的努力，综合反映了我国的安全生产状况、工作业绩和发展思想，展示了我国安全生产监督、安全技术、安全装备和安全文化的发展水平，为构建“政府统一领导，部门依法监管，企业全面负责、群众参与监督、全社会广泛支持”的安全生产工作格局、加强和推动全国安全生产工作、促进全国安全生产形势的稳定好转和构建社会主义和谐社会起到了积极作用。

与此同时，还举办了“首届中国企业安全生产高层论坛”，主题为“遵章守法，关爱生命，构建社会主义和谐社会”。

第六届中国青海结构调整暨投资贸易洽谈会

2005年7月18～22日上午，第六届中国青海结构调整暨投资贸易洽谈会（简称“青洽会”）在西宁经济技术开发区举办。

本届青洽会由国务院国有资产监督管理委员会、国务院西部开发办公室等15家国家部委支持、青海等25个省区市主办、联合国工业发展组织等10个单位协办、青海省人民政府承办。今年的青洽会展区面积大幅度增加，扩大到了4万平方米（去年为3万平方米）；展示内容也更加丰富，体现了专业性与广泛性的结合，设有专业展区10个，综合展区1个；展示水平也普遍提高，声、光、电等现代科技手段充分应用到展区中；另外还首次引进了国内最先进的项目预约撮合系统，在会上为投资商和寻求投资的招商方的双方合作开展服务。同时，组委会还组织了为投资商服务的窗口单位，集中在会上开展综合服务，包括咨询、协调、办证、资料发放等。还第一次在展馆内专门设立了投资服务中心，以接收投资商对青海投资环境的意见、建议。

本届青洽会围绕“扩大对外开放，开展交流合作；加快结构调整，构建特色经济；发挥区域优势，聚集发展要素；促进西部开发，实现可持续发展。”的主题，开展了项目招商和产权交易等多种形式的经贸交流与洽谈，包括主题报告会、东西部企业家论坛、电视专题对话和行业研讨会等在内的一系列专题交流和研讨活动；包括综合展览、高新技术成果展、通讯信息业博览会、房地产建材展览会、国际汽车博览会、中藏药和机械产品展示、旅游开发宣传、名优新特产品展示交易等在内的展示活动；并举办就业再就业招聘大会和各类专项促销活动，开展丰富多彩的文化交流活动。据悉，为期五天的青洽会，共有国外及省内外近万名客商参会，参会各省市区共达成各类合作项目168项，资金总额达262.92亿元；省内达成各类合作项目121项，资金总额达209.16亿元，其中合同达83项，资金金额178.6亿元。

“青洽会”是在国家实施西部大开发战略大背景下创办的。自2000年起，在国家10多个部委的大力支持下，在全国东中西部20多个省市区共同努力下，现已成功举办了六届。“青洽会”的内容主要突出结构调整、东中西部合作、区域经济协调发展。“青洽会”的连续成功举办，对于加快西部地区特别是青海对外开放的步伐，广泛开展东中西部合作，吸引东中部企业参与西部经济结构调整和特色经济构建，实现国有经济战略性重组，加快生态环境保护、基础设施建设、优势资源开发，扩大对外宣传，实现招商引资目标，推动西部大开发战略的实施等，都起到了重要的促进作用。如今，“青洽会”已在全国产生了较大影响，成为西部地区重要的经贸洽谈活动之一，成为打造东中西部共赢的一个重要平台。

科学史的奥林匹克

第22届国际科学史大会于2005年7月24～30日在北京召开。国际科学史大会是国际科学史学会的最高系列学术会议，每四年召开一次，被称为“科学史的奥林匹克”。此次大会由中国科学院自然科学史研究所与中国科学技术史学会主办。

本届国际科学史大会的主题是“全球化与多样性”，关注的焦点是历史上不同文化间科学与技术的传播及其对世界的影响。共有来自70多个国家和地区的科学史家参加大会，其中国外学者约1000人，中国学者200余人。

由于2005年是爱因斯坦创立狭义相对论和提出光量子假说100周年，大会还特地安排了形式多样的纪念活动：著名物理学家杨振宁应邀作了“爱因斯坦——机会与洞察力”的大会报告；国际科学史界研究爱因斯坦的权威专家、美国波士顿大学John Stachel在北京大学作了一场题为“爱因斯坦：神话背后的人”的公众演讲；中国科技馆举办了“爱因斯坦——宇宙大匠”展览及相关研讨会；由德国马普学会科学史所专家们参与制作的影片“爱因斯坦：梦想与遗产”在主会场友谊宾馆放映等等。

据新华社报道，大会组织委员会主席、中科院科学史所所长刘钝说，近年来国内科学史学科的学位点继续发展，一些高校出现系一级的科学史机构，一些研究型大学中的科学史中心也呈现出良好的发展势头，一个以相关科研院所和高校为中坚的科学史学术共同体已在中国出现。上海交通大学人文学院院长兼科学史系主任江晓原则在《科学时报》撰文称，此次大会是科学史学科在中国走向繁荣的又一个标志性事件。

本次大会首次设立“青年科学史奖”，其奖项分为西方文明、伊斯兰文明、远东文明、南亚文明和古代文明五大类。首届奖章获得者包括哈佛大学科学史系 Jimena Canales 等 3 人（有两项空缺），中科院科学史所的张藜等 5 人获得提名奖。

本次大会还发表了《关于“经济全球化和文化多样性”的北京宣言》。在这份宣言中，来自世界各地的科学史家呼吁人们重视对科学史的研究、学习、宣传与利用；支持这门学科的健康发展；鼓励对青年科学史工作者的培养；充分利用科学史的社会功能，以使这门知识在21世纪的人类文化生活中发挥更大的作用。此外，该宣言还传递出以下信念：在经济全球化的时代重视国际间的科学合作；重视包括科技史在内的人类所有知识领域的研究；注意发掘与保护本国本地区的文化和科学遗产；鼓励与推进全球范围内知识财富的共享；加强科学家与人文学者之间的沟通，为人类的美好未来共同努力。

2005宁夏投洽会暨研讨会

以“开拓、发展、友谊、共赢”为主题的2005宁夏投资贸易洽谈会暨宁台经贸合作研讨会，于8月2～4日在银川举行。这是宁夏加强与台商交流合作，促进宁台经济共同发展而举办的大型经贸活动。

来自5个国家的外国使节，13个省、市、自治区政府代表团，以及一些企业集团和投资机构的700余名各界人士莅临大会。

展会设投资洽谈和商品贸易两个展馆，共设160个展位。其中，投资洽谈馆以投资洽谈为重点，由宁夏回族自治区设置综合展厅，以展示宁夏特色资源、特色产业、经济成就、旅游资源以及发展前景等，推介自治区重点招商引资项目、优惠政策，共设展位110个；商品贸易馆主要组织宁夏企业，展示清真食品、乳制品、羊绒制品、枸杞系列产品、中医药系列加工产品及特色优势产品。

据统计，本次洽谈会洽谈签约项目99个，总投资额181.5亿元，引进资金128.5亿元，其中：合同项目46个，总投资57.7亿元，引进资金42.2亿元。还有一些项目正在洽谈中。

第六届中国洗染业展览会

第六届中国洗染业展览会于2005年8月4～6日在北京全国农业展览馆举办。

中国洗染业展览会自2000年在北京举办以来至今已成功举办了五届。它作为我国洗染展览的知名品牌，受到了国内外洗染设备和相关产品制造企业和洗染业企业的广泛关注。每年一度的中国洗染业展览会已成为全国洗染相关人士和单位的一大盛会。第六届中国洗染业展览会继续倡导“科学洗涤、绿色洗涤”的洗染行业发展理念，为洗染业相关企业之间架起一座桥梁，提供一个展示的平台。

第六届中国洗染业展览会由中国商业联合会洗染专业委员会、轻工机械协会洗涤装备分会、中招国际会展有限公司联手承办。展览展示内容包括中外洗涤机械设备及相关产品，洗涤企业加盟连锁经营，织补、印花技术和设备，清洁设备及相关产品，以及洗染业相关技术讲座等内容。这是历届洗染业展览会涉及洗染及相关行业最丰富、最全面的一届展会。展会期间，还举办第三届全国洗染业职业技能竞赛决赛。

中国—孟加拉国商务机会研讨会在京召开

2005年8月19日，来自中国孟加拉国双方的近200位企业家出席了由中国贸促会主办的“中国—孟加拉国商务机会研讨会暨中孟企业家午餐会”。

孟加拉国总理卡莉达·齐亚、中国贸促会会长万季飞、孟加拉国投资委员会执行主席拉赫曼等分别在会上发表演讲。随同孟加拉国总理访华的企业家团由孟加拉国工商会联合会会长明杜率领，分别来自能源、服装、纺织、电器、食品等行业。

孟加拉国总理卡莉达·齐亚在会上发表主旨演讲。她指出，孟加拉国政府的政策完全是面向市场的，相信只有通过迅速的工业化和资源的合理配置才能实现经济的可持续发展。现在外国投资者已经把孟加拉国视为一个具有竞争力的投资热土，在过去的12个月中已经有微软、新加坡电信等四个大公司开始了他们在孟加拉国的投资活动。2004年成功地吸引了六亿五千万美元的直接国外投资，工业、能源、电力、电信和纺织领域的约1000万美元的投资建议正在政府的积极考虑当中。

中国贸促会会长万季飞在致辞中对中孟经贸关系的发展给予高度评价，并指出，目前，中孟双边贸易中还存在着贸易的不平衡。主要是中国对孟加拉国的贸易顺差过高。两国应该通过发挥互补的优势，扬长避短，在潜力较大的领域开展合作，谋求共同发展，把能源、农产品、机电产品、纺织品、食品加工、农林渔业、基础设施建设等方面作为合作的重点，通过政府和企业家的共同努力，双方一定能够弥补贸易的不平衡，实现共赢的互惠合作。

孟加拉国投资委员会执行主席拉赫曼等在会上发表了演讲。

齐亚总理还会见了部分中方企业家，与企业家就加强两国在基础设施建设、通讯、能源、纺织等领域的合作进行了对话。

据了解，近年来，中孟经贸合作持续增长。2004年，中孟双边贸易额达19.63亿美元，今年1～6月份双边贸易额就达近11.41亿美元，同比增长了27%。截至2005年6月，双边相互投资协议总额达9400万美元。此外，孟加拉国也是中国对外承包工程业务的重要市场，截至2005年6月，中国在孟承包工程与劳务合作合同额达32.4亿美元。中孟双边经贸合作表现出了快速增长的良好势头。

首届节庆活动与城市经济发展高峰会

首届中国节庆活动与城市经济发展高峰会于2005年8月25～26日在浙江舟山举行，峰会由舟山市人民政府、中国会展财富论坛组委会主办，以“发展节庆经济，构建和谐社会”为主题，就节庆产业中的热点焦点问题，进行思想与观点的碰撞。来自上海旅游节、青岛啤酒节、博鳌亚洲论坛、宁海开游节、中国天水伏羲文化旅游节、满洲里冰雪节等知名节庆组织者及上海、北京、深圳、宁波、安庆、昆明、湖北、南宁等地方政府官员近200人出席会议。

本次高峰会分主题演讲和圆桌会议两部分，包括与会专家集中讨论中国节庆活动的现状与发展趋势、节庆活动的国际化趋势、城市节庆活动的地方性与国际性、大型博览会对城市的影响、节庆活动的策划与运作、节庆活动中政府的功能角色定位等内容。

我国现有节庆项目达5600个，几乎每个城市都有节庆，如何发展各大城市各具特色的节庆活动，挖掘节庆活动运作新理念、新思维，促进城市物质和精神文明建设，构建和谐社会是本次峰会的重要议题。

专家建议一个城市要在与其他城市的趋同化竞争中，尽量放大自身的优势差异，整合资源，打造精品，从群体性中寻找代表性。从而一方面带动旅游业升级换代，提高知名度，形成特有品牌；另一方面在节庆活动中体现城市魅力，创出涵盖整个城市形象的大品牌。

五台山佛教文化节异彩纷呈

为期一个月的五台山第二届佛教文化节暨佛教艺术大展于2005年8月23日开始，本届佛教文化节活动以“展示佛教文化底蕴，加快旅游产业发展”为主题，举办五台山书画碑帖、国际摄影、佛教文物、佛教餐饮、佛教书画艺术现场笔会、旅游纪念品以及印度驻华使馆参赞佛教摄影、释迦牟尼生平集锦等充分展示佛教文化精髓的展览交流活动；集佛教文化教育、研究、交流于一体的海内外高僧、佛家学者的佛学讲坛活动；佛家养生保健文化研讨，佛教文体；招商引资等活动。

中俄金融合作论坛

由中国金融学会和俄罗斯银行协会共同主办的“中俄友好、和平与发展委员会”重要活动之——“中俄金融合作论坛第三次会议”，于2005年8月29～30日在莫斯科召开。来自中俄两国中央银行、金融监管机构、商业银行及证券与保险机构的专家、学者200多人参加了会议。

中国金融学会常务副会长、代表团团长、中国人民银行副行长吴晓灵在论坛开幕式的讲话中回顾了中国经济、金融改革开放的主要成就与经验，并对在中俄金融合作论坛的框架内进一步加强中俄金融合作提出四点建议。

一是建立中俄两国金融交流的长效机制，将“中俄金融合作论坛”办成研究中俄两国金融合作战略、探讨金融合作方式的平台。她指出，中俄总理定期会晤机制下的银行合作分委会，其作用主要是研究解决两国银行间的具体合作与技术协调。“中俄金融合作论坛”则为两国金融界的专家、学者建立一个相互交流的平台。在这个平台上，从长远发展的战略高度，探讨两国的金融合作，从金融体制、法律法规等方面研究两国间开展合作、促进经济共同发展的宏观问题，并为解决这些问题提供思路。

二是加强两国金融信息的交流，应当在“中俄金融合作论坛”的框架内，建立经常性的金融信息交流机制，分别由中国金融学会和俄罗斯银行协会定期收集并交换各自国家最新的金融法律、法规以及业务信息，为金融监管机构、商业性金融机构提供金融信息服务。

三是建立证券、保险机构间定期协商机制。吴晓灵强调，鉴于目前两国银行间已有银行合作分委会的定期协商机制，应当在“中俄金融合作论坛”的框架下，认真落实“中俄金融合作论坛第二次会议”签署的《共同文件》中的有关内容，建立证券、保险机构间定期交流与协商机制，促进证券、保险业的交流与合作。

四是开展金融机构人员交流与合作研究制度。吴晓灵提出，开展两国金融人员交流与合作研究项目，对共同感兴趣的问题不定期召开研讨会或进行课题研究，同时，金融机构间互派人员进行考察、学习。

据悉，该论坛旨在为中俄两国金融界提供一个互相交流改革经验与成果，研讨两国在经济金融发展中面临的共同问题并寻求解决方法的平台。前两次会议分别于2001年、2003年在莫斯科和北京召开。该论坛对促进中俄两国中央银行以及银行、证券及保险等领域的全面了解和合作，推动两国战略性协作伙伴关系的发展起到了十分积极的作用。

印尼在华展示岛国商机与风情

第二届印尼贸易、旅游、投资展览会于2005年8月30日～9月3日在北京中国国际展览中心举行。本次展览由印度尼西亚共和国工业贸易部、中国商务部、中国贸促会共同举办；印尼工商会馆—中国委员会（KIKT）、印尼中国工商委员会

(ICBC)、印尼经济社会和文化合作组织（LIC)、印尼中华协商会（PERPIT）协办。

据组织者介绍，此次展览会得到了印尼政府部门的大力支持，会聚了分别来自石油天然气、矿产冶金、旅游、农业、渔业、建筑材料、电力、银质和木质手工艺品、造纸、食品、皮革制品、橡胶、贸易等众多企业。

他们积极寻找在中国市场的商业机会，希望在引进中方投资，提高对中国的出口额，选择可进口的中国产品和扩大印中之间的科技经济合作方面能够取得丰富成果。希望中国企业界了解印尼的市场行情和经济情况，创立长期并互利的合作关系，使两国成为东亚地区最大的战略合作伙伴。

今年是郑和下西洋既抵达印尼的600周年纪念，也是中国与印尼两国建立外交关系55周年和建立直接贸易关系20周年纪念。本次展览是庆祝中国与印尼两国经贸关系历史悠久的一个盛会，除了展示印尼的很多产品之外，还推出了旅游业座谈会和投资业座谈会及一系列具有印尼风味的文艺表演、庆祝晚会，来展现印尼璀璨的文化、丰富的资源、美丽的风景。借此让中国人民更进一步认识印尼。

境内展

展名：国际展览和会议展示会
时间：2005年1月12～13日（北京）
周期：一年一届
创办时间：2000年

展名：亚太计量、计费技术和CRM/CIS展览会与会议
时间：2005年1月12～14日（上海）
周期：一年一届

展名：第九届大连春季年货大联展
时间：2005年1月26日～2月4日（大连）
周期：一年一届
创办时间：1997年1月
上届数据：展出面积（平方米）：10000
观众总数（人次）：20万
展商总数（家）：310

展名：新春“吃”“穿”“用”展销会
时间：2005年1月27日～2月26日（南京）

展名：第38届情人节婚纱暨结婚用品展
时间：2005年2月（香港）
周期：两年一届

展名：第六届台北国际连锁加盟大展
时间：2005年2月（台北）

展名：第二届中国矿业设备暨安全生产暨技术展览会
时间：2005年3月13～15日（济南）

展名：2005中国常州社会公共安全防范产品展览会
时间：2005年3月16～18日（常州）
周期：一年两届
创办时间：2004年8月
上届数据：展出面积（平方米）：4000
其中外国参展面积（平方米）：500
观众总数（人次）：8000
展商总数（家）：200
其中外国参展商数目（家）：20

展名：2005北京国际酒店用品展览会
时间：2005年3月20～23日（北京）
周期：一年一届
创办时间：2003年3月
上届数据：展出面积（平方米）：5000
其中外国参展面积（平方米）：1800
观众总数（人次）：5000
展商总数（家）：350
其中外国参展商数目（家）：20

展名：2005第四届公共安全防范产品（济南）展览会
时间：2005年3月24～26日（济南）

展名：2005第二届国际自动售货系统暨设备展览会
时间：2005年3月24～26日（上海）
周期：一年一届
创办时间：2004年
上届数据：展出面积（平方米）：3500
其中外国参展面积（平方米）：1000
观众人数（人次）：3000
展商总数（家）：80
其中外国参展商数目（家）：25

展名：2005青岛国际婚庆用品博览会（中韩婚庆用品展览会）
时间：2005年3月24～27日（青岛）
周期：一年两届

展名：青岛国际幼儿园暨儿童用品展览会
时间：2005年3月24～27日（青岛）

展名：沈阳第五届国际酒店设备暨用品展览会
时间：2005年3月29～31日（沈阳）
周期：一年一届
创办时间：2001年3月
上届数据：展出面积（平方米）：3500
观众数（人次）27000
展商总数（家）：31

展名：台北国际安全科技博览会亚洲安全周
时间：2005年3月（台北）

展名：华东进出口商品交易会
时间：2005年3月（上海）
周期：一年一届
创办时间：1991年

展名：中国国际彩票技术与设备博览会
时间：2005年4月2～4日（北京）

展名：2005中国国际衡器展览会
时间：2005年4月4～6日（上海）
周期：两年一届
创办时间：1995年
上届数据：展出面积（平方米）：5500
其中外国参展面积（平方米）：1000
观众人数（人次）：8000
展商人数（家）：110
其中外国参展商数目（家）：20

展名：第14届上海国际酒店用品博览会
时间：2005年4月6～9日（上海）
周期：一年一届
上届数据：展出面积（平方米）：24000
其中外国参展面积（平方米）：412
观众总数（人次）：24390
展商总数（家）：460
其中外国参展商数目（家）：26

展名：2005吉林第三届国际社会公共安全产品博览会
时间：2005年4月7～10日（长春）

展名：中国泉州消费品暨树脂工业品博览会
时间：2005年4月15～17日（泉州）
周期：一年一届
创办时间：首届

展名：中国出口商品交易会
时间：2005年4月15～30日（广州）
周期：一年两届

展名：2005大连市创业（再就业）项目洽谈会
时间：2005年4月16～17日（大连）
周期：一年一届
创办时间：2003年
上届数据：展出面积（平方米）：15000

展名：中国天津经济合作与投资洽谈会暨第12届天津春季全国商品交易会
时间：2005年4月18～22日（天津）
周期：一年一届
创办时间：2005年

展名：全球华商投资贸易洽谈会暨华商企业商品展览会
时间：2005年4月18～22日（天津）
周期：一年一届
创办时间：2005年

展名：2005国际家用品暨赠品展览会
时间：2005年4月19～21日（上海）
周期：一年两届
创办时间：2003年
上届数据：展出面积（平方米）：33000
其中外国参展面积（平方米）：10000
观众总数（人次）：17000
展商总数（家）：1195
其中外国参展商数目（家）：295

展名：2005香港家庭用品展览会
时间：2005年4月21～24日（香港）
周期：一年一届

展名：第七届中国（福州）海峡经贸交易会
时间：2005年4月26～28日（福州）

展名：第四届广东珠三角国际工业博览会
时间：2005年4月26～28日（东莞）
周期：一年一届
创办时间：2002年

展名：第95届中国日用百货商品交易会、中国国际现代家庭用品博览会

时间：2005年4月28～30日（义乌）

展名：中国国际孕妇、婴幼儿用品暨服务展览会
时间：2005年4月28日～5月1日（北京）
周期：一年一届
创办时间：2004年8月
上届数据：展出面积（平方米）：4500
其中外国参展面积（平方米）：1500
观众总数（人次）：20000
展商总数（家）：300
其中外国参展商数目（家）：18

展名：中国实验室技术暨装备展览会
时间：2005年4月（上海）
周期：一年两届
上届数据：展出面积（平方米）：1898
其中外国参展面积（平方米）：81
观众总数（人次）：10876
展商总数（家）：199
其中外国参展商数目（家）：6

展名：第五届厦门国际消费品博览会
时间：2005年5月1～4日（厦门）
周期：一年一届
创办时间：2001年5月
上届数据：展出面积（平方米）：8000
其中外国参展面积（平方米）：200
观众总数（人次）：3.5万
展商总数（家）：350
其中外国参展商数目（家）：15

展名：大连国际女士用品博览会
时间：2005年5月1～10日（大连）
周期：一年一届
创办时间：1997年5月
上届数据：展出面积（平方米）：5000
其中外国参展面积（平方米）：200
观众总数（人次）：10万
展商总数（家）：150
其中外国参展商数目（家）：4

展名：2005世界厕所博览会与研讨会
时间：2005年5月8～10日（上海）
周期：一年一届

展名：中国国际洗衣清洁用品博览会
时间：2005年5月9～11日（北京）
周期：一年一届

展名：2005年世界雷达博览会
时间：2005年5月18～20日（北京）
周期：两年一届
创办时间：2001年
上届数据：展出面积（平方米）：5000
其中外国参展面积（平方米）：90
观众总数（人次）：4000
展商总数（家）：70
其中外国参展商数目（家）：10

展名：第六届西安国际酒店设备暨用品展览会
时间：2005年5月18～21日（西安）
周期：一年一届
上届数据：展出面积（平方米）：15000
其中外国参展面积（平方米）：500
观众人数（人次）：3万
展商总数（家）：500
其中外国参展商数目（家）：6

展名：国际港口协会（IAPH）双年会暨展览会
时间：2005年5月21～27日（上海）

展名：北京国际高科技博览会
时间：2005年5月23～27日（北京）
周期：一年一届

展名：大连进出口商品交易会
时间：2005年5月25～28日（大连）
周期：一年一届
创办时间：1987年

展名：第六届中国西部国际博览会
时间：2005年5月25～28日（成都）
周期：一年一届
上届数据：展出面积（平方米）：45000
其中外国参展面积（平方米）：12000
观众人数（人次）：15万
展商总数（家）：1600
其中外国参展商数目（家）：530

展名：2005中国（成都）儿童成长产业博览会

时间：2005年5月29日～6月1日（成都）
周期：一年一届
创办时间：2004年5月
上届数据：展出面积（平方米）：3500
其中外国参展面积（平方米）：200
观众总数（人次）：10000
展商总数（家）：150
其中外国参展商数目（家）：10

展名：2005广州国际社会公共安全防范产品暨警用装备展览会
时间：2005年5月（广州）
周期：一年一届
上届数据：展出面积（平方米）：10000
观众总数（人次）：30000
展商总数（家）：300

展名：2005第二届广东国际消防产品暨技术装备展览会
时间：2005年5月（广州）
周期：一年一届
上届数据：展出面积（平方米）：10000
观众总数（人次）：3万
展商总数（家）：300

展名：上海国际公安消防技术装备展览会
时间：2005年5月（上海）
周期：两年一届

展名：2005上海国际品味生活展览会
时间：2005年6月3～4日（上海）

展名：第4届中国国际日用消费品博览会
时间：2005年6月8～12日（宁波）

展名：2005年成都酒店设备暨工艺礼品展览会
时间：2005年6月12～15日（成都）

展名：2005中国国际饭店业博览会
时间：2005年6月15～17日（北京）

展名：中国哈尔滨经济贸易洽谈会
时间：2005年6月15～21日（哈尔滨）

展名：2005中国（上海）国际新技术暨应用博览会
时间：2005年6月19～22日（上海）
周期：一年一届
创办时间：2002年
上届数据：展出面积（平方米）：5000
其中外国参展面积（平方米）：300
观众人数（人次）：5000
展商总数（家）：100
其中外国参展商数目（家）：20

展名：第三届广州国际酒店设备暨用品展览会
时间：2005年6月28～30日（广州）
周期：一年一届
上届数据：展出面积（平方米）：12000
其中外国参展面积（平方米）：500
观众人数（人次）：3万
展商总数（家）：500
其中外国参展商数目（家）：6

展名：2005第11届（上海）零售业展览会
时间：2005年6月28～30日（上海）
上届数据：展出面积（平方米）：12000
展商总数（家）：106
其中外国参展商数目（家）：91

展名：2005华南（深圳）国际酒店设备用品暨游艇娱乐设备展览会
时间：2005年6月（深圳）
周期：一年一届

展名：第39届夏季婚纱暨结婚用品展
时间：2005年6月（香港）
周期：两年一届

展名：中国青岛韩国周——韩国产品展示会
时间：2005年7月2～8日（青岛）
周期：一年一届
创办时间：2004年
上届数据：展出面积（平方米）：5000
其中外国参展面积（平方米）：2500
观众总数（人次）：4万
展商总数（家）：100
其中外国参展商数目（家）：50

展名：第12届中国国际酒店设备（用品）暨酒店家具展览会
时间：2005年7月6～9日（大连）
周期：一年一届
创办时间：1994年6月

上届数据：展出面积（平方米）：5000
其中外国参展面积（平方米）：72
观众总数（人次）：2万
展商总数（家）：145
其中外国参展商数目（家）：7

展名：中国大连进出口商品交易会
时间：2005年7月13～16日（大连）
周期：一年一届
创办时间：1987年7月
上届数据：展出面积（平方米）：16000
其中外国参展面积（平方米）：1500
观众总数（人次）：4万
展商总数（家）：480
其中外国参展商数目（家）：30

展名：中国国际基础设施发展研讨会暨展览会
时间：2005年7月13～16日（上海）
周期：两年一届

展名：第二届中国国际新材料应用暨制造技术展览会
时间：2005年7月20～23日（青岛）
周期：一年一届
创办时间：2004年7月
上届数据：展出面积（平方米）：3200
其中外国参展面积（平方米）：100
观众总数（人次）；4700
展商总数（家）：117
其中外国参展商数目（家）：6

展名：2005香港专利授权展览会
时间：2005年7月（香港）
周期：一年一届

展名：中国国际新材料生产暨应用技术博览会
时间：2005年7月（青岛）
周期：一年一届

展名：台北2005亚洲展览会
时间：2005年8月19～24日（台北）

展名：第12届中国国际酒店用品暨设备、酒店家具展览会
时间：2005年8月26～27日（大连）
周期：一年一届
创办时间：1993年

上届数据：展出面积（平方米）：8100
其中外国参展面积（平方米）：900
观众人数（人次）：38000
展商总数（家）：658
其中外国参展商数目（家）：100

展名：中国兰州投资贸易洽谈会
时间：2005年8月26～29日（兰州）
周期：一年一届
创办时间：1993年8月
上届数据：展出面积（平方米）：81800
其中外国参展面积（平方米）：12000
观众总数（人次）：10000
展商总数（家）：1000
其中外国参展商数目（家）：100

展名：第40届时尚婚纱暨结婚用品展览会
时间：2005年8月（香港）
周期：一年一届

展名：台湾发明创作展览会
时间：2005年8月（台北）

展名：中国零售商业大会暨展览会
时间：2005年8月（上海）
周期：一年一届

展名：中国乌鲁木齐对外经济贸易洽谈会
时间：2005年9月1～5日（乌鲁木齐）
周期：一年一届
创办时间：1992年
上届数据：展出面积（平方米）：14740
其中外国参展面积（平方米）：900
观众人数（人次）：12000
展商总数（家）：928
其中外国参展商数目（家）：50

展名：第12届亚太零售商大会暨中国国际商品博览会
时间：2005年9月8～10日（北京）
周期：两年一届

展名：第九届中国投资贸易洽谈会
时间：2005年9月8～11日（厦门）
周期：一年一届
创办时间：1997年

上届数据：展出面积（平方米）：13600
　　其中外国参展面积（平方米）：3000
　　观众人数（人次）：5万
　　展商总数（家）：900
　　其中外国参展商数目（家）：110

展名：北京朝阳国际商务节
时间：2005月9月14～17日（北京）

展名：第三届中国无锡太湖博览会
时间：2005年9月20～23日（无锡）
周期：一年一届
创办时间：2003年9月

展名：2005年中国国际城市安全暨防范设备展览会
时间：2005年9月20～22日（北京）
周期：一年一届
创办时间：2005年

展名：中国国际中小企业商品博览会
时间：2005年9月20～24日（常州）
周期：一年一届
创办时间：1996年9月
上届数据：展出面积（平方米）：8000
　　其中外国参展面积（平方米）：2500
　　观众总数（人次）：100000
　　展商总数（家）：385
　　其中外国参展商数目（家）：120

展名：2005北京国际酒店用品展览会
时间：2005年9月（北京）
周期：一年一届
上届数据：展出面积（平方米）：10000
　　其中外国参展面积（平方米）：100
　　观众总数（人次）：15000
　　展商总数（家）：150
　　其中外国参展商数目（家）：10

展名：中国国际邮政设备展览会
时间：2005年9月（北京）
周期：两年一届
创办时间：1999年

展名：2005跨国采购洽谈会（中国上海）——工业零部件采购洽谈会
时间：2005年9月（上海）

展名：第七届中国国际高新技术成果交易会
时间：2005年10月12～17日（深圳）
周期：一年一届
创办时间：1999年
上届数据：展出面积（平方米）：11000
　　观众人数（人次）：543000
　　展商总数（家）：400

展名：2005年第八届国际真空展
时间：2005年10月13～16日（上海）
周期：两年一届
创办时间：1991年
上届数据：展出面积（平方米）：2500
　　观众人数（人次）：5万
　　展商总数（家）：140

展名：北京国际分析测试学术报告会暨展览会
时间：2005年10月22～23日（北京）
周期：两年一届

展名：2005年中国义乌国际小商品博览会
时间：2005年10月22～26日（义乌）
周期：一年一届
创办时间：1995年5月

展名：第八届国际特许经营巡展
时间：2005年10月31日～11月1日（北京）

展名：第十届澳门国际贸易投资展览会
时间：2005年10月（澳门）
周期：一年一届
创办时间：1996年
上届数据：展出面积（平方米）：2500
　　观众总数（人次）：85000

展名：第14届上海全国消费品交易会
时间：2005年10月（上海）
周期：一年一届
创办时间：1992年10月

展名：中国出口商品交易会（秋季）
时间：2005年10月（广州）
周期：一年两届

展名：ASIANA亚洲优质产品展览会
时间：2005年10月（香港）
周期：一年一届

展名：2005上海国际授权商品博览会
时间：2005年10月（上海）
周期：一年一届
创办时间：2002年11月

展名：2005社会公共安全产品国际博览会
时间：2005年11月1～4日（深圳）
周期：两年一届

展名：第二届中国东盟博览会
时间：2005年11月3～6日（南宁）

展名：2005中国国际电磁兼容技术与安全检测展览会
时间：2005年11月9～11日（上海）
周期：一年一届
创办时间：2002年
上届数据：展出面积（平方米）：800
其中外国参展面积（平方米）：450
观众人数（人次）：5000
展商总数（家）：60
其中外国参展商数目（家）：27

展名：2005第二届东北地区国际消防设备与技术展览会
时间：2005年11月9～11日（沈阳）
周期：一年一届
创办时间：2004年
上届数据：展出面积（平方米）：3200
其中外国参展面积（平方米）：1100
观众人数（人次）：4万
展商总数（家）：95
其中外国参展商数目（家）：9

展名：上海国际酒店暨餐饮用品博览会
时间：2005年11月15～18日（上海）
周期：一年一届
创办时间：1994年

展名：2005广州国际酒店用品展览会
时间：2005年11月30日～12月2日（广州）
周期：一年一届
创办时间：1992年

展名：2005台湾国际技术交易博览会
时间：2005年11月（台北）

展名：2005年台北防灾博览会
时间：2005年11月（台北）

展名：2005济南首届大中专毕业生双选会暨冬季人才交流会
时间：2005年12月3日（济南）

展名：第十届大连国际迎新春名优商品博览会
时间：2005年12月18～24日（大连）
周期：一年一届
创办时间：1996年12月
上届数据：展出面积（平方米）：5000
其中外国参展面积（平方米）：200
观众总数（人次）：10万
展商总数（家）：150
期中外国参展商数目（家）：4

展名：第41届圣诞婚纱暨结婚用品展览会
时间：2005年12月（香港）
周期：一年一届

展名：中国国际工业交易会
时间：2005年12月（上海）
周期：一年一届

展名：2005亚洲自然产品博览会
时间：2005年12月（香港）
周期：一年一届

展名：2005亚太IT方案博览会
时间：2005年12月（香港）
周期：两年一届

展名：第3届香港Mega购物节
时间：2005年12月（香港）
周期：一年一届

展名：第40届香港产品贸易博览会
时间：2005年12月（香港）
周期：一年一届

展名：2005第四届上海国际中小企业商机暨服务博览会
时间：2005年（上海）

周期：一年一届

境外展

展名：第7届中东迪拜消防、安防产品暨警用装备展览会
时间：2005年1月15～17日（阿联酋）

展名：汉堡国际婚礼展览会
时间：2005年1月22～23日（德国）

展名：伯明翰春季国际博览会
时间：2005年2月6～10日（英国）

展名：杜塞尔多夫零售业博览会
时间：2005年2月19～23日（德国）

展名：英国亚洲博览会
展名：2005年2月（英国）

展名：日本国际零售业展览会
时间：2005年3月1～4日（日本）

展名：第38届国际博览会
时间：2005年3月15～26日（埃及）

展名：2005日本爱知世界博览会
时间：2005年3月25日～9月25日（日本）

展名：巴拿马国际博览会
时间：2005年3月（巴拿马）

展名：斯图加特国际古董交流会
时间：2005年4月1～3日（德国）

展名：斯图加特国际收藏者展览会
时间：2005年4月1～3日（德国）

展名：斯图加特国际硬币展览会
时间：2005年4月2～3日（德国）

展名：国际博览会
时间：2005年4月2～12日（利比亚）

展名：伊拉克重建国际贸易博览会
时间：2005年4月4～7日（约旦）

展名：2005年越南第15届国际贸易展览会
时间：2005年4月6～10日（越南）

展名：斯图加特营销、通讯和销售展览会暨第3届直销会
时间：2005年4月14～15日（德国）

展名：巴西国际军事防务展览会
时间：2005年4月26～29日（巴西）

展名：第30届中东（迪拜）春季国际商品交易会
时间：2005年5月4～8日（阿联酋）

展名：第23届沙特（吉达）国际贸易博览会
时间：2005年5月15～19日（沙特）

展名：英国国际安防博览会
时间：2005年5月16～19日（英国）

展名：英国国际安全与消防技术暨设备展览会
时间：2005年5月16～19日（英国）

展名：第19届迪拜春季国际贸易博览会
时间：2005年5月（阿联酋）

展名：第38届国际博览会
时间：2005年6月2～9日（阿尔及利亚）

展名：软件外包世界博览会
时间：2005年6月22～23日（英国）

展名：波兰亚洲博览会
时间：2005年6月（波兰）

展名：国际保安消防技术展ISC
时间：2005年8月14～16日（美国）

展名：拉斯维加斯亚洲博览会
时间：2005年8月16～18日（美国）

展名：英国国际国防系统暨装备展览会
时间：2005年9月13～16日（英国）

展名：中国商品展（约旦）暨伊拉克重建采购大会
时间：2005年9月13～16日（约旦）

展名：纽约中国贸易博览会
时间：2005 年 9 月（美国）

展名：2005 年南非国际贸易博览会
时间：2005 年 9 月（德国）

展名：英国伯明翰国际贸易博览会
时间：2005 年 9 月（英国）

展名：米兰马契夫国际博览会（秋季）
时间：2005 年 9 月（意大利）

展名：国际工业安全和健康展览会
时间：2005 年 10 月 24～27 日（德国）

展名：土耳其国际军事防务展览会
时间：2005 年 10 月（土耳其）

展名：软件外包世界博览会
时间：2005 年 10 月（美国）

展名：南非国际贸易博览会
时间：2005 年 10 月（南非）

展名：第六届东部非洲国际贸易博览会
时间：2005 年 10 月（坦桑尼亚）

展名：亚洲防卫展览会
时间：2005 年 11 月 2～5 日（泰国）

展名：第 15 届瑞士保安监控技术与劳动保护专业博览会
时间：2005 年 11 月 14～16 日（瑞士）

展名：法国国际警用设备器材展览会
时间：2005 年 11 月 22～25 日（法国）

展名：客户服务中心/客户关系管理展览会暨会议
时间：2005 年 11 月（日本）

展名：国际工业零部件转包贸易博览会
时间：2005 年 11 月（瑞典）

展名：第 20 届迪拜秋季国际贸易博览会
时间：2005 年 12 月（阿联酋）

展名：第四届沙迦中国出口商品交易会
时间：2005 年 12 月（阿联酋）

第六章 我国出国展览

中国商品展轰动约旦辐射中东

中国商品（约旦）展于2004年9月15～18日在约旦安曼国际汽车展览中心如期举行。中国驻约旦大使罗兴武为商品展开幕剪彩，并发表了即兴演讲，他指出这次展览会是近10年以来规模和档次最高的一届，是约旦了解中国产品的平台，这也是2004年7月约旦国王阿卜杜拉二世访问中国后的最大最重要的推动双边经贸促进工作的实质性举措。

本届中国商品展在约旦商界引起不小的轰动，不仅商人来洽谈，许多普通市民也来看展。这反映出中国商品在约旦及中东地区深受欢迎。据统计，展会期间共接待来访者12.4万人次，其中主要是海湾地区的观众，其他还有来自利比亚、马来西亚等其他国家的客商。

本届商品展的展品种类繁多，主要包括纺织服装、鞋及皮革制品、日用消费品、建筑材料、汽摩配件、电器电子产品、医药及医疗器械设备、家具、电脑、通讯设备及配件、五金工具、包装印刷设备、能源电力设备、体育健身设备等。

在四天时间的展会中，各展台共达成成交意向5066万美元，实际成交99万美元。尤其是展会的最后一天，实际成交额高达60万美元，各展台的样机样品几乎都被订购。伊拉克商会主席也在展会最后一天闻讯赶来，除了参观展览外，还与中国参展商直接接触。

本届商品展最大一个亮点是，9月16日在安曼召开的“中国企业开拓约旦及伊拉克市场研讨会”。参与研讨的主要是来自上海、广东、浙江等的参展商，中国驻约旦大使馆经济商务参赞徐小溪，上海市外经委秘书长赵抗美、浙江省外贸服务中心主任郭牧、中国贸促会广东省分会展览部部长胡伟明、约旦投资局和约旦质检局的官员、美国驻伊拉克大使馆伊拉克援助中心的官员等也前来参加。会议期间，中国驻约旦大使馆经济商务参赞徐小溪介绍了中国企业进入约旦市场的注意事项；约旦质检局的官员介绍了产品进入约旦市场的认证程序；约旦的有关官员主要介绍了约旦的投资环境；美国驻伊拉克大使馆伊拉克援助中心的商务参赞介绍了伊拉克目前的投资环境和形势。与会的中国参展商非常活跃，不断提问题咨询有关官员获得有用信息。参展商们高度评价了这次研讨会所起到的实际作用。

组委会负责人表示，展览会的活跃程度出乎大家的预料，大部分国内参展商都对展会安排和客商到会情况表示满意，有的还表达了希望再来的愿望。

此次中国商品（约旦）展的成功，表明中国产品在约旦、伊拉克及其周边国家有着广泛的市场。组委会希望今后每年都有中国商品在约旦展出，并且指出除单独举办中国商品展外，还可以参加当地和海湾地区举办的专业商品展。在参展商品的选择上，要争取做到三方面兼顾：首先要适销对路；二要有代表国家水平、具有一定技术含量的展台和展品；三要兼顾展品的实用性和可观赏性。本届展会以机电、建材类商品为主，收到了预期效果，今后考虑增加一些电子、电器和轻纺的优质名牌产品。

中国贸易展览会在尼日利亚开幕

2004年11月15日，中国贸易展览会在尼日利亚南部拉各斯市开幕。展览会由中国贸促会主办，尼日利亚中国投资发展贸易促进中心协办。来自中国11个省、直辖市的38家中国知名企业参展。

据悉，为适应尼日利亚2004年初出台的对轻工、纺织等行业40种产品的进口限制，中国贸促会对参展厂商的行业和数量进行了严格的控制，展出内容以机电产品和摩托车及配件为主，其中机电产品包括注塑机、吹瓶机、包装机、食品加工机械、汽油柴油发电机、冰箱、空调、冷柜、小家电等。

中国贸易展览会是面向尼日利亚专业人士的贸易展览会。鉴于尼日利亚的经济实力、市场容量和发展潜力以及对西部非洲、中部非洲和北部非洲的区域辐射能力，中国贸促会在中国参展商的资质、尼日利亚参展商的发动与选取、展馆的布置等方面进行了精心的准备工作。此外，中国贸促会欲将此展览会办成一年一度的定期展。

尼日利亚是中国在非洲第二大出口市场，也是中国的主要经贸合作伙伴。2001年双边贸易额突破10亿美元大关，达到11.45亿美元，2002年为11.68亿美元。2003年，中国对尼出口大幅上升，达18.58亿美元的历史新高。与此同时，中国对尼日利亚的投资也已经呈现上升趋势，截至2003年底，据不完全统计，中国大陆在尼创办独资、合资项目共6个，投资总额3951万美元，其中中方投资额3357万美元。投资领域涉及渔业、家用电器装配、钢铁、木材加工等。

第三届沙迦中国商品交易会

由中国商务部和阿联酋沙迦工商会共同主办、中国机电产品展览中心承办的第三届“沙迦中国商品交易会”（CCFS）于2004年12月4～8日举办。

沙迦王储、副酋长谢赫·苏尔坦·本·穆罕默德·卡西米殿下等阿方上层领导人和中国政府代表团团长、中国贸促会副会长于平等中方有关负责人共同为交易会剪彩。

据阿联酋中国商会会长、中国机电产品展览中心董事长郝锋介绍，这届交易会创下了中国在中东地区举办的商展之最，不仅展馆面积大，达1.6万平方米，而且推出的展品在质量、科技含量和性能方面均较以前有了明显的提升。

为期五天的交易会取得了丰硕成果，累计共有5.19万名客商参观了展览会，其中有来自61个国家的1.23万名专业客商；累计成交总额为3.66亿美元，其中河南、大连和山东依次为取得累计贸易成交总额前三名的省市。

中、阿双方领导均对本届交易会的再次成功举办给予了高度评价，认为交易会在扩大中国商品在中东市场知名度的同时，对促进中国与阿联酋及周边国家的经贸关系向更高、更深、更广的层次发展起到了强有力的推动作用。CCFS的成功举办，更积极地贯彻了中国政府“走出去”的战略方针，更有效地调动了中东市场的潜力，对中国商品向中东地区的出口将起到巨大的推动作用，成为促进中外经贸交流并为其提供全方位服务的极好载体。

马来西亚2004中国出口商品展览会暨投资洽谈会

2004年12月16日，由商务部主办的马来西亚2004中国出口商品展览会暨投资洽谈会在马来西亚吉隆坡太子贸易中心隆重开幕，会期4天。

中国外贸中心为本次展会的承办单位，中国驻马来西亚使馆经商处及马来西亚中国经济贸易总商会为展会的支持单位，有来自中国21个省市的162家企业参展，共设摊位223个，展出面积5000平方米。展品范围涉及机电、纺织、礼品与家庭用品、食品和药品四大类，具体包括家庭用品、家电、礼品、工艺品、文具、玩具、办公用品、纺织服装、皮革制品、鞋帽、机电产品、建筑装饰材料、日用、灯饰、电子通讯和IT产品、五金用具、家具及配件、中医药与保健品、医疗器械、食品等。这些展品中既有中国传统产品，又有体现中国经济发展水平的新产品，展现了“中国制造”的魅力。同时，在展览现场还专门设立了“投资洽谈区”，用于双向招商引资项目的洽谈。

2004年是中马建交30周年。作为庆祝中马建交30周年的一项重要经贸活动，推动中国与马来西亚以及东盟各国之间的友好往来，扩大双边贸易，促进双方经贸关系进一步向前发展，中国商务部在马来西亚政府和工商界的大力支持和配合下，举办了本次展览及投资洽谈会。马房屋及地方政府部长黄家定出席开幕式并致词。他表示，马政府将继续大力支持两国企业开展多方位的经贸合作，同时驳斥了中国威胁论的有关说法，称中国的经济发展为包括马来西亚在内的东盟国家提供了巨大的商机，希望企业界借此机会拓展合作的深度和广度，使两国人民从中受益。中国驻马来西亚大使王春贵到会并致贺词，鼓励两国企业抓住机遇、深化合作。中国商务部亚洲司吕克俭副司长代表商务部在开幕式上致欢迎词。吕介绍了中国经济发展形势，指出中国外贸的持续增长和市场容量的迅速扩大，不但推动了中国经济的发展，也为世界贸易和投资的增长做出了积极的贡献，希望中马两国企业进一步加强交流、面向未来、提高水平、开展多种形式的合作，不断开创两国经贸合作的新局面。中国驻马使馆经济商务参赞张应文主持了开幕式。马政府、工商界团体代表和知名企业家出席开幕式，并参观展会。中马两国企业家表示将充分利用展洽会的平台寻找朋友、洽谈贸易和合作，并表达了投资合作的强烈愿望。

"宁波制造"盛装亮相美国拉斯维加斯汽配展

2004年美国拉斯维加斯国际汽车零配件及售后服务展览会于2004年11月2~5日举办。中国贸促会宁波分会组织了50家本地汽配企业盛装亮相此次展览会，充分展示了"宁波制造"的风采。

美国拉斯维加斯国际汽车零配件展每年举办一次，是美国最大的汽车制造业贸易博览会，也是世界最大的汽车售后服务市场的专业展览会。主办单位为美国汽车维修服务业协会（ASIA）、汽车及设备制造商协会（MEMA）、汽车零部件协会（APP）。本届展会的展品包括汽车发动机、底盘、车身及电器系统的各种零部件、计算机辅助设计软件、汽车随车工具及检测设备、维修装备、机器厂房设备、汽车涂料及其设备。1620家参展商来自世界各地100多个国家和地区，本届参观者达7万多人次。

在本届汽配展上，来自中国大陆的参展企业共有350个展位，宁波市参展企业占了其中1/7的份额，受到了客商的关注。参加国际汽配展，促进了宁波市汽配产业走出国门，提升了国际竞争力。

2000年宁波市企业首次随中国贸促会宁波分会参加了美国拉斯维加斯汽配展，当时参展的企业仅10家，而四年后已有50家企业参加了这一汽配行业盛会，并且有不少企业因参展效果好而连续多年参展。

早在2002年，中国贸促会宁波分会为了让宁波汽配企业尽快进入世界上规模最大、摊位最难获得的法兰克福汽配展，曾多方奔走，积极与主办机构联系，最终为宁波企业取得了非常宝贵的200平方米的展览面积，而在2004年的法兰克福汽配展上摊位更为抢手，新报名参展企业已几乎无法进入该展。

为配合宁波汽配企业开拓多元化国际市场，2005年中国贸促会宁波分会推出近10个专业汽配展览会供参展企业选择，如法国巴黎汽配展、美国拉斯维加斯汽配展、日本东京汽配展、意大利博罗尼亚汽配展、中东迪拜汽配展、巴西圣保罗汽配展、俄罗斯莫斯科汽配展等，不少企业踊跃报名，因为他们不仅通过展览认识了新客户，而且在这种专业性展览中，企业能够了解到本行业中的先进工艺和技术，从而找出差距来提升自己产品的品质。

宁波汽配业始于上世纪80年代，经过20年的发展，如今数以千家的汽配生产企业分布在各县（市）区，其中上规模的约200家，绝大多数是以生产零部件、附件、电子产品为主。更为可喜的是，近年来宁波汽配出口逐年上升。据统计，2004年前三季度，宁波市汽配产品出口2.225亿美元，比去年同期增长127.3%。汽配生产企业逐步从规模小、竞争力弱、技术含量低的窘境中脱离出来，竞争力不断提升。

然而，除了少数几家企业生产的产品外，宁波的汽配产品总体上技术含量不高，大多是简单的来料加工。汽配产品种类包括零部件、附件、电子及其他服务产品。零部件是汽车功能必备的组成部分，大到发动机、底盘，小到螺丝、反光镜。在宁波约200家上规模的汽配厂家中，生产的零部件主要包括轮毂，塑料密封件、雨刮器、轮轴等低技术含量产品。在宁波市50家参加美国拉斯维加斯汽配展企业中，参展的展品仍然以低技术含量为主，其中生产或销售汽车皮带、橡胶管、油封等产品的不下十家。电子产品可谓是技术要求较高的产品，宁波企业生产的汽车电子产品，多集中在音响、应急电源、灯泡等简单电子元件上，对于整车的控制系统等高精尖电子技术，宁波企业较少涉及。

由于汽配产品总体上技术含量不高，使宁波的企业面临着更多的竞争威胁。首先是产品多为没有专利的标准品，易于模仿。几年前，宁波市就有不少老牌汽配企业因产品多为没有专利的标准件，被其他企业后来居上，最后不得不转产或转行。低技术含量产品还导致了一批同质化生产企业，造成汽配行业竞争激烈。生产企业为争取市场互相压价，导致利润越来越薄。

一些眼光长远的企业已经意识到这种状态潜藏的危机，他们寻求新途径来提升产品的竞争力。"走出去"使他们获得了意想不到的各种收获。

宁波恒帅微电机有限公司出口汽车配件已有近十年历史，2001年参加了美国拉斯维加斯汽配展后，认识到国外客户对汽配的技术和管理要求严格，这种严格的管理有利于促进企业进一步发展。四年来，恒帅公司参加了十场国际知名的专业汽配展会，在与国外客户沟通后，企业通过了VDA6.1、QS9000、ISO9001、EMC等专业认证，并形成了一批稳定的客户。在恒帅公司的订单合同里，最短的有4年，最长的达8年，并成为标致、雪铁龙、德国大众、BMW等名牌汽车的配件商。

宁波江北保隆消声系统制造公司也是一家通过参加专业展览发展起来的汽配公司。通过参加国际展览，公司技术人员获得了最新的产品信息，并掌握了产品的发展动态，目前该公司研发的四款新产品在拉斯维加斯汽配展上一亮相，就受到了国际买家的欢迎。也是在国际展览中，保隆公司对消声器新技术标准有了进一步了解，并实现了产品从欧II排放标准向欧III标准过渡。目前，世界第二大消声器采购商阿文美驰公司，已与保隆达成了5年的合作意向，将采购该公司数款不同型号的产品。

不断参加国际展览，不断与各国同行和国际买家接触、交流，宁波市的汽配行业从中了解到本行业中的最新信息、先进工艺和技术，从而提升了自己产品的品质。

——《中国贸易报》滕 众

江苏农产品赴法参展大获好评

2005年2月26日在巴黎举办的第42届法国国际农业博览会上，中国江苏农产品促销团虽是首次参展，却引起法国媒体的广泛关注。

江苏农产品促销团是42年来第一个参加这一世界著名农展会的中国展团，法国各主流媒体闻讯争相对该团进行报道。法新社发表评论说，中国展团是此次博览会的明星，中国农业通过此次参展开始在世界面前“苏醒过来”。

除法新社外，法国电视1台、电视2台、M6电视台、蒙特卡罗电视台以及欧洲广播1台都对中国展团的到来作了报道。协助江苏团前来参展的联合国工业发展组织法国分署中国代表戴英女士激动地说：“想不到江苏团的到来会在法国引起如此轰动！”

参展团团长姜雪忠告诉笔者，为了把中国农产品推向欧洲和世界其他地区，江苏省农林厅组织了江苏省粮油进出口集团公司、盐城海马食品有限公司等36家农产品生产、加工和出口企业前来参展，这些企业带来了近200种符合欧盟卫生标准或达到有机食品和无公害标准的江苏名特优新农产品。姜雪忠说，江苏省此次组团参展主要有三个目的，一是宣传江苏和江苏的农产品；二是扩大中法相关企业的技术和人才交流；三是扩大两国在农业领域的投资合作。他指出，江苏素有中国“鱼米之乡”的美誉，而法国则是欧盟农业大国，双方的合作前景十分广阔。

江苏团展台位于4号展厅。该厅汇集了来自30多个国家的参展摊位，主办方特别为该厅确定了一个主题“农业与世界美食”。不少参观者对来自江苏的东方美食很感兴趣，姬松茸、灵芝、苦瓜茶、莲藕片、鸡腿菇、甜姜片等特色食品摊位前经常围着众多顾客。一位年近花甲的法国老妇人对记者说，中国菜肴享誉世界，只有法国菜方可与中国菜相媲美，中国食品是“世界美食”不可或缺的一部分。

法国国际农业博览会是世界最著名的农展会之一，每年都有近百个国家和地区的农业人士前来商洽业务。本届博览会占地15万平方米，由7个展馆组成，参展商达1100多家。

——《国际商报》陈俊侠

爱知世博会侧记

一、世博会——节约型社会的缩影

北京时间25日下午三点，一场以“自然的智慧”为主题的开幕式在爱知世博会长久手会场隆重举行，能容纳2500人的世博会圆顶剧场座无虚席，日本天皇和皇后、皇太子，日本首相小泉，国际展览局主席吴建民等出席了开幕式并分别致词。

来自121个国家和4个国际组织的代表也出席了开幕式。为期半年（2005年3月25日～9月25日）的第41届爱知世博会从25日起对游客开放。一开门便迎来了约9000名观众。到正午时已有约2.8万人到场参观。

世博开幕式富含中国色彩

开幕式上，“中国元素”引人注目，中国人的身影也频频出现。先是吴建民作为国际展览局主席致词。吴建民在致词时说，21世纪头10年举办3届世博会，其中有两届在亚洲举行，这说明世博会正在向充满活力的亚洲转移。有的地区在全球化过程中落在了后面，非洲就是其中之一。非洲和阿拉伯世界也需要举办世博会。我们应当携起手来，为在这些地区举办世博会而努力。

在日本皇太子揿亮了象征希望之光的水晶激光球之后，毕业于中国音乐学院的旅日民乐演奏家孟晓亮，以一首古典乐曲奏响了正式演出的序曲，赢得全场热烈掌声。

日政企人士纷纷探访中国馆

由于近年来中国经济的高速发展和下届世博会即将在上海举行，中国馆吸引了东道主和各国人士的关注目光。中国馆位于爱知世博会主会场长久手全球共同展区的第一部分，是参加本届世博会的各国中面积最大的国家馆之一，外墙以宋体百家姓作为背景，衬托出大红的12生肖剪纸，极具中国特色。馆内墙面以绿色为主基调，饰以兵马俑、算盘等象征中国悠久文明和传统文化的浮雕，参观者沿着旋转式楼梯拾级而上，仿佛经历了一趟华夏文明之旅。推介2010上海世博会的上海咨询台已经搭建完毕，二楼用于展示上海城市风貌和文化特色的水晶影视厅已经布置到位。虽然还未对外开放，但已有不少日本政届企业人士前来中国馆探访。爱知县第二大城市丰桥市的市长早川胜特意赶到中国馆参观布展情况，并利用这个机会向上海记者推介自己的城市。

环保概念成世博会最大亮点

本届世博会以“自然的睿智”为主题，特别讲究利用大自然的智慧为人类服务。东道主围绕这个主题做了精心的规划与设计。

中心园区原先是一个丘陵地貌的青少年公园，为了在世博会结束后恢复原貌，爱知世博会的所有场馆和设施都将在世博会后拆除。因此，为不破坏青少年公园原有道路，连接世博会主要场馆的地球长廊——全球环路是用钢铁和木材拼接而成搭建于空中的，以便于今后拆卸。

规模最大的日本馆由茧状竹尺建成的，这种竹尺以竹为主，充分利用生物降解塑料和间伐木材等环保材料。世博会提供给记者和游客的宣传材料也是一件环保产品，纸张是非树木纸张，油墨是用大豆为原料制成的天然产品，不会造成污染。

爱知世博会对垃圾的处理方式也非常值得借鉴。据了解，园区每日产生的垃圾等废弃物被分成18类，就地在园区转化为电能供各展馆使用。少部分不能处理的垃圾也作为可再利用的材料被运往园外作专门处理。

未动用反恐机器人

据了解，负责这两天安全警戒的人员只有681人，等展览进入常态以后每天只需400余人。在爱知世博会长久手和濑户两个会场，分别有三个和一个出入口，每个出入口只有20～30人负责安全保卫，游客进入会场主要是借助仪器设备进行探测。

出行提倡公共交通

本届世博会预期接待参观者1500万人次，其中外国观众占1/10。为方便让更多的人前来参观世博会而又不致引起交通堵塞，主办方除了为这次世博会特别修建了一条直达会场的磁浮线路和开发配备了无人电车外，还特别提倡游客尽量乘坐列车和公共汽车等交通工具。从东京、大阪、名古屋等地来的参观者，可以选择新干线铁路、中央高速、名神高速、东名高速等多条快速交通线路。从东京来的参观者只要三个多小时就能到达世博会园区，而从名古屋市中心到会场只要20分钟就能抵达。

因为爱知世博会有一些热门展点非常吸引日本游客，为能提高参观效率和参观质量，主办者还特制了一种植入了IC芯片的磁卡门票，参观者用这种磁卡可以事先预约热门展点，凭预约可以优先进入展点参观。一个参观者一次最多只能预约两个展点。

二、天人合一——中国馆

中国馆的主体造型确定为巨大的“生命树”，正好切合了中国馆的主题“自然·城市·和谐——让生活更美好”。设计风格以中国山水意境、植物的生命力、水的韵律为设计语言，高贵中彰显大气。主展馆的整体架构上，设计师利用仿生学，巧妙地在螺旋状的楼梯中制作出叶片的造型，形成开放的流通空间。顶层圆形的玻璃使阳光倾泻而下，中间流动的空气，地下潺潺的流水，配合大自然的风声、鸟声、水声共同围合起一个“疏影横斜、小桥流水、暗香浮动、万物竞相”的完美景象。

中国馆内部采取二层展示空间形式，实际展出面积为2300平方米。一层与二层展示空间以双螺旋步道连接。中国馆主展馆由五个部分组成：生命之树主造型、华夏文明之旅大型多媒体浮雕墙、紫檀斋、水晶影视厅、中国礼品售卖厅。

生命之树主造型模仿自然界水珠悠然溅起的优美姿态和植物叶脉舒展生长的形态，加以艺术化的提炼，利用中国古老而独特的宣纸制造工艺，结合现代影像投放技术而形成。世博会期间，中国的艺术家在此区域展示具有中国特色的音乐、舞蹈，营造出万物生机盎然、人与自然和谐共生的意境，形象地表达中国传统哲学“天人合一”的智慧。

华夏文明之旅大型多媒体浮雕墙长74.5米、高9米，浓缩中国五千年文明和现代城市发展历程，展现传统与现代、自然与城市的和谐关系。沿螺旋步道从一层展示空间到二层展示空间，参观者如穿行于中国文明发展的时间隧道之中。二层的浮雕墙上，嵌有11个大型多媒体电视屏幕，播放13个参加爱知世博会的中国省市的宣传片，通过声、光、电及最新科技手段相结合的多维化语言表现力，具体生动地展示中国发展的风貌。

紫檀斋为中国传统书房装饰风格，全部采用中国紫檀博物馆馆藏清代紫檀珍品布置，包括紫檀屏风、紫檀扶手椅、紫檀方桌、紫檀方几等数十件套以及紫檀笔筒、紫檀如意等艺术摆件。世博会期间，紫檀斋是中国馆的一个重要展示空间并作为中国馆的贵宾接待厅接待中外客人，让中外客人充分体会中国文化的华美和醇厚。

水晶影视厅同步播放多屏幕影视片，展现中国的传统与现代发展，其中将融入对2010年上海世博会的推介。影视厅的屏幕设置，摒弃了传统的单一屏幕的模式，三组屏幕可分可合，可多角度变换，加之以多镜面反射，观众如置身于水晶空间之中，获得印象深刻的观赏体验。

中国礼品售卖厅的设计取自具有中国意象的植物——竹，以竹竿的造型围合而成。它既是向参观者提供中国礼品的场所，也是中国馆整体展示的有机组成部分，集实用性与展示性于一体。

三、中国馆成为中国形象之窗

据2005年日本爱知世博会中国馆馆长孙钢介绍说，和其他展馆不同的是，中国馆除了展示中国华夏五千年文明历史与现实以外，还有13个省市地方政府参与，这一方面丰富了中国馆的内容，另一方面也更好地发挥了世博会期间中国馆的窗口作用。这一特点是中国馆所特有的。

“挖掘世博会资源，为我国地方经济服务。”孙钢介绍说，世博会作为一个世界各国人民广泛参与的经济、文化、民俗风情乃至生活方式互相交流的舞台，正日益成为中国走向世界、企业走出国门的一个重要的平台。这届世博会不仅得到中央政府大力支持，而且地方政府与企业也因为认识到“世博会效应”，参与意愿浓厚。

中国各省市在世博会期间举办的“城市周”轮番登场，使中国馆现场高潮迭起，掀起一股股中国旋风，中国馆始终保持了较高的人气。据世博会中国馆有关方面的统计数字表明，自日本爱知世博会3月25日开幕以来，中国馆平均每天接待游客3万人次，占爱知世博会每日总参观人数的1/3以上，成为本届世博会最受欢迎的国家馆之一。

“杭州周”参观人数再创新高

3月27日～4月2日，伴随着大型文艺晚会《诗画杭州》在日本爱知世博会expo剧场成功上演，为期一周的爱知世博会中国馆“杭州周”圆满闭幕。

能容纳500人的世博大厅座无虚席，《诗画杭州》的精彩演出征服了全场观众。演出由“风、雅、颂”三个篇章构成，以独特的江南歌舞为主线，融合书法、杂技、时装等多种杭州元素，充分展现了中国杭州在不同时期的历史风貌和美丽西湖的民间传说。很多日本观众在演出结束后都表示，有机会一定要到杭州旅游。

杭州市政府有关领导出席闭幕仪式并致词。爱知世博会协会事务总长助理山田宗范、爱知世博会协会国际、财务本部部长渡边省三、亚洲展区负责人大山明裕、中国馆馆长孙钢、杭州市副市长金胜山，以及友城代表、企业界代表等嘉宾出席了“杭州周”闭幕仪式。

作为中国馆第一个登台亮相的城市周，以“人文与自然的和谐，城市与环境的协调”为主题的杭州周向各国观众展现了其“精致、和谐、大气、开放”的城市精神。杭州周的活动非常丰富，与中国馆的原有设计完美结合，尤其以“丝、茶、纸、水”故事的演绎以及五位民间艺人现场表演的剪纸、鼻烟壶内画、芦苇画、泥人等民间绝活使得观众流连忘返。

杭州周期间，中国馆的参观人数不断攀升，七天总计达到18万人次。其中，4月2日观众数量达到4万人次，创下中国馆开馆以来的最高记录。

杭州的模特身着印有西湖名胜图案的丝绸服装，通过巧妙的设计展示了江南桃红柳绿的美景，给参观者留下了温婉柔美的江南印象。而孩子们似乎更喜欢蹲在地上仔细观看荷塘游鱼的幻影成像，从中体会荷叶连连、鱼儿游弋的江南情趣。

杭州的民间艺术家在中国馆内的现场表演也凝聚了不少人气，操作台前经常挤满了好奇的参观者，有的求个扇面，有的仔细观察内画和剪纸的技巧，有的详细询问芦苇画的烙画方法，有的干脆坐下来，让制作者为自己捏个泥塑头像。

在相对安静的文物展区内，有不少观众拿着放大镜仔仔细细地阅读“唐三彩骑驼奏乐俑”和“唐腾空马”的说明文字。他们表示第一次来中国馆时，因为文物展柜前观看者比较多，没能仔细欣赏，这次是特地来欣赏文物的。

随步道盘旋而上，参观者从大型浮雕墙的设计中充分领略源远流长的华夏文明和现代生活风情：拿起木棒敲敲编钟，听听来自古代的正声雅乐；推推仿活字印刷术的百家姓模块，感受汉字及其印刷技术的魅力；和兵马俑留个影，带回中华历史的记忆；看过清明上河图浮雕展现的北宋风俗画卷，再从11个等离子电视屏播放的省市介绍中了解中国现代生活节奏，就这样，参观者从中华历史走向现代。

在二楼古色古香的紫檀斋里，刚刚欣赏完杭州茶艺表演的参观者，还陶醉在西湖龙井的茶香中，又为乌木嵌黄杨雕云龙纹三扇屏风的硬木嵌入雕刻技术和黄花梨木雕龙大画筒的精细根雕工艺所折服。一位经常来中国的日本游客表示，能够在日本看到这些珍贵的家具，非常兴奋，他为中国还保留这种高难度的雕刻技术而叹服。

省市周是中国馆的一大亮点，而中国馆的原有设计和杭州周的才艺表演完美融合更成为中国馆吸引众多参观者的重要原因。

3月27日～4月9日，杭州还以“东方休闲之都”为主题，在日本神户、福井、名古屋、岐阜、三重、和歌山等地举行了杭州旅游、杭州生态人居环境日本巡展活动，介绍杭州良好的城市风貌和生态、人居环境以提升杭州的知名度和美誉度。

“黑龙江周”主打招商引资牌

4月24日中国馆迎来“黑龙江周”，以黑龙江副省长王利民为团长的省政府代表团在为期7天的时间里，通过举办宣传推介、招商引资和城市活动日三大系列活动，充分展示黑龙江省良好的生态环境、多样的绿色产品、丰富的旅游资源和优越的投资环境。

据了解，“黑龙江周”举办开幕仪式后，还有哈尔滨、齐齐哈尔、牡丹江、大庆、大兴安岭地区5个地市分别举办城市活动日，每个城市一天，以推介宣传城市为主要内容，向世界展示城市发展的新貌。

本次活动周的重点是对日本大力开展招商引资活动。4月22日在日本东京举办的黑龙江省、大连市招商引资洽谈会，率先拉开招商引资系列活动序幕，围绕着老工业基地振兴和国企改造，黑龙江省推荐了一批相关企业同日方企业进行了对口洽谈。26日还在大阪举办了振兴老工业基地投资项目推介洽谈会，重点推介黑龙江省老工业基地振兴和“哈大齐工业带”相关项目，以吸引日本关西地区客商投资。之后，招商代表团按行业分成专业招商小组，分别在东京、大阪、名古屋等地与日本企业对接洽谈。

宣传推介系列活动以中国馆内的各种设施为载体，通过利用巨型浮雕、网页、等离子大屏幕、多媒体触摸屏进行宣传推介，同时发放宣传画册及资料、特色纪念品，举办主题图片展，以多种方式全方位展示振兴中的黑龙江新形象。

黑龙江省政府希望以世博会为平台，通过三大系列宣传活动，加大黑龙江在国际经济领域的影响，让黑龙江走向世界，让世界了解黑龙江。

"天津周"展现传统文化底蕴

中国馆"天津周"活动于5月16日隆重降下帷幕。前来参加"天津周"活动的天津市副市长只升华表示，世博会是参展国展示各自价值观、文化观、发展观以及新发明、新技术的重要场所，是世界各国加强思想文化沟通交流的重要平台。天津市组织的文艺演出、民俗表演、书画交流和旅游推介等活动反映了天津的历史文化风貌、城市发展理念和天津市人民蓬勃向上的精神状态，体现了本次世博会人与自然、人与社会和谐相处的主题。

在为期一周的活动期间，华夏未来少儿艺术团的小演员每天在中国馆精彩演出，吸引了大批观众驻足。此外，来自天津的民间艺术同样展现了其独特的魅力。现场制作杨柳青年画、泥人张彩塑、魏记风筝等的艺术家们更是被观众层层围住，他们向中外游客展示了天津深厚的传统文化底蕴。

通过文艺演出、民俗表演、旅游宣传、经贸交流等系列活动，诠释了天津构建和谐社会以及发挥中心城市带动作用的城市发展思路，扩大世界各国特别是东北亚地区与天津的经贸合作和文化交流。

"北京周"打响奥运牌

5月18日，中国馆的重头戏"北京周"隆重开幕。连日来成为世博园内的热点所在，每天的入馆参观者人数都达4万以上，几乎占到世博会每天入场观众的一半。

作为第29届奥运会的东道主，北京此次在世博会上的推广主题就是"2008年相约在北京"，热情邀约全世界人民来北京。中国馆门前的大红立柱和门楣上，"相约2008"的醒目字样透着热切之情。而在馆内大厅特设的奥运展台前，巨大的展板烘托着"新北京，新奥运"的内容主题，令许多人为之驻足。而以精致模型方式亮相的北京奥运重点工程项目"鸟巢"主会场和"水立方"运动中心等，吸引了众多参观者兴致勃勃地听取讲解并与之合影。

在"北京周"活动期间，主办者还限量特制了8888件北京奥运T恤衫相赠。观众排起长龙等候这一具有意义的"幸运礼物"，并请求展台工作人员在上面加盖北京奥运会徽"中国印"，表示届时一定争取前往北京观看奥运会。来自东京的公司职员伊藤女士，幸运地成为第2008位获赠北京奥运T恤衫的入场观众，并由正好前来参观中国馆的中国副总理吴仪为其颁赠，令其兴奋不已。

"北京周"期间，中国馆内配合主题的装潢布置令观众赞叹不已。在"生命之树"周围悬挂着巨大的奥运T恤和气势恢宏的"北京新壁画"，表现了"北京奥运"散发的巨大势力，展现出北京传统与时尚共生的新形象。"北京周"还准备了6万面印有中国印标志的小旗帜，在世博园内，到处都可以看到手举白色中国印小旗的游客和学生。

参观"北京周"的观众们在体验北京2008年浓厚的奥运会气氛同时，还能够亲眼目睹具京剧脸谱、彩绘、拉面、风车这些具有浓厚京味特色的活动表演，而且有幸参与其中，亲身体验这独具特色的京味文化艺术。北京周期间，这些具有鲜明特色的北京民艺一直成为点缀其间的亮点。北京饭店高级工艺师的现场拉面表演，始终是"人气"最旺的所在，出神入化的手艺，令观者惊呼连连。而北京戏曲学校教师现场指点观众尝试京剧脸谱化装，也引来许多人"斗胆一试"。此外，北京风车工艺大师梁俊现场指导观众制作传统风车，手绘工艺大师王晓现场指导观众尝试绢画等活动，也都是热门项目所在。这些丰富多彩的京味活动充分展现北京丰厚的历史底蕴、现代文明与和谐的城市生活。

19日上午，在爱知世博园能容纳3000名观众的圆顶剧场内，现场观众不时发出惊呼和阵阵热烈掌声。由北京青年艺术团带来的"盛世乐舞——中国风"文艺演出，作为"中国馆日北京周"的开场大戏，包括京剧、杂技、歌舞、器乐等六个节目，备受欢迎。尽管演出11点才开始，但获知"千手观音"要来的消息，一大早观众就在世博园圆顶剧场门口排起了长队。

20日下午，由中国贸促会主办的爱知世博会经贸活动2005中国北京·广西投资说明洽谈会在大阪举行。北京市副市长陆昊和广西壮族自治区副主席张文学分别就北京和广西的投资环境、产业发展空间、资源优势和支持政策进行了演讲。陆昊表示，北京市场的需求总量和交易活动非常丰富，有着密集的市场消费信息；在渤海地区经济中占有重要地位，对东北、西北、华北地区有连接和辐射作用；北京的消费行为具有重要示范作用；北京在全国的服务贸易领域占有重要份额，是一个重要的中转中心。他着重推介了北京的物流业、会展业、电子信息业等新兴领域，指出外资企业在北京具有广阔的合作空间和巨大商机。

据了解，这次北京市带来29个产业项目参加大阪的经贸洽谈，是双方组织者自去年底开始沟通后挑选的合作意向比较集中的项目，涉及数码娱乐、生物工程与医药、新技术新产业展示中心、物流项目、旅游项目、印刷及包装、新材料、农产品加工、复合饲料、蔬菜及食品加工业。

这次经贸推介在大阪企业界引起了热烈反响，有将近200名当地相关协会、机构和企业界人士参加了研讨和洽谈。

"湖南周"四大活动透视三湘神韵

5月26日，在侗族歌舞"喀罗打打"浓烈的喜庆气氛中，中国馆“湖南周”活动正式拉开帷幕。在开幕仪式上，湖南省副省长贺同新致词表示，5月26日～6月1日在中国馆举办“湖南周”活动，是为了在世博会上向各国和日本民众展示湖南省改革开放与发展所取得的成就，领略湖南人民与自然和谐共处的生活体验。

据介绍，“湖南周”期间有丰富多彩的宣传展示活动，主要包括“湖南周——城市日”、“翰墨流芳——湖南五千年铭刻与绘画珍品特展”、“风云对弈——中日围棋国手赛”和“自然之声——谭盾交响音乐会”四大活动。“湖南周”组委会副主任、湖南贸促会会长李微微表示，这四项活动既体现了中国文化的丰富性和多样性，又突出了湖湘文化的独特性，同时还充分考虑到了日本民众和各国观众的欣赏习惯。在中国馆内举行的“城市日”和在馆外举行的“翰墨流芳”、“风云对弈”、“自然之声”互为呼应，相映成趣，充分展现了湖湘文化精髓与开放和发展中的湖南风采。

据“湖南周”组委会策划顾问叶文智介绍，“城市日”活动中，长沙市、株洲市、张家界市、岳阳市、常德市、湘潭市依次登场，向世界各国朋友展示各自的城市风情和城市个性。

“翰墨流芳”展现了以字、画为符号的灿烂的湘楚文化和湖湘文化。为此，湖南省博物馆精选了刻字青铜器（商代）、里耶竹简（秦朝）、马王堆帛书（西汉）、三国吴简（三国时期）、铜官窑（盛唐）、经卷印本（宋）、王夫之、何绍基的书法（清代）、齐白石的画与篆刻（现代）等国宝级文物。这些湖南的文物、字画曾在日本大坂、名古屋展出过，受到日本社会各界的喜爱与追捧。

“风云对弈”则邀请中、日顶尖的围棋高手对弈。中国围棋职业九段棋手还为日本棋迷进行点棋局、授绝招的活动。中日棋赛已引起传媒和民众的高度关注。

“自然之声”是湖南省人民政府举办的音乐招待会，邀请参加世博会的多个国家、地区的政府官员和跨国公司代表，以及日本政界、商界、文化界等社会知名人士出席。

“椰风海韵”洋溢中国馆

6月4日，中国馆内洋溢着浓浓的椰风海韵，热带风情。伴随着悠扬欢快的《请到天涯海角来》乐曲声，“海南周”正式拉开帷幕。

新西兰总理海莲·克拉克来到中国馆参观，并为“海南周”开幕剪彩。海南省副省长陈成、爱知世博会中国馆馆长孙钢、中国驻日使馆参赞熊波、日本世博会协会审议官蒲庄等嘉宾出席开幕式。

陈成在开幕式上致词说，在经济全球化的新形势下，在“走出去，引进来”的战略指导下，海南借助世博会这一窗口，本着互利双赢的原则，通过一系列灵活、优惠的特区政策，继续发挥特区优势，加强和拓展与世界各国在各个领域的交流与合作。

据悉，“海南周”活动以“美丽自然、健康发展”为主题，展示其得天独厚的自然风光和吸引外资的独特优势。活动持续到6月9日，重点推介海口、三亚、农垦、旅游等四大产业板块，并依次举办旅游日、海口日、三亚日、农垦日等活动。

开幕式当天是“海南周”的旅游日。现场通过特色图片展、大屏幕滚动播放《绿色海南》形象宣传片，发放各种外文推介资料等活动，把一个“美丽自然、健康发展”的充满生机活力、独具魅力的中国海南展示在世人面前，激发了观众参观中国馆的热情。

“帆船之都”扬帆中国馆

以“魅力青岛、帆船之都”为主题的中国馆“青岛周”，于6月12日开启序幕。

青岛市副市长张锐在开幕式致词中说，青岛是中国著名的旅游胜地、港口城市和2008年第29届奥运会帆船比赛举办城市，是中国十大最具活力城市和中国十佳商务城市。青岛与日本长期以来一直保持着良好的合作关系，已有1300多家日本企业在青岛落户。通过这次盛会，必将为青岛与日本的全方位合作开辟更广阔的空间。

据介绍，“青岛周”是中国馆举办的第10个省市周系列活动。“青岛周”突出2008年奥帆赛——打造帆船之都、魅力青岛——度假天堂旅游、中国最具经济活力城市三大板块内容，紧扣自然、人文、和谐、可持续发展的理念，通过举办城市推介、文艺表演、企业展示和投资旅游说明会等活动，向世人充分展示青岛的独特魅力。青岛海尔和青岛啤酒也作为中国绝无仅有的企业代表在世博会上一展风采，分别举办“海尔日”和“青啤日”活动。

壮乡风情惊艳中国馆

6月23日上午，在富有浓郁壮乡风情的山歌声中，中国馆“广西周”系列活动正式拉开帷幕，本次活动的主题是“神奇美丽的广西，城市与自然的和谐”。

“广西周”是中国馆举办的第11个省市活动周，也是中国西部地区惟一一个参与爱知世博会中国馆活动的省市。

在开幕仪式上，广西壮族自治区副主席张文学表示，广西具有独特的区位优势、资源优势和政策优势，既是中国华南经济圈、西南经济圈与东盟经济圈的结合部，又是中国通往东盟的陆海交通要道；既有丰富的南亚热带特色农林、海洋、生物、旅游资源，又有丰富的水能、有色金属等资源；既享受中国民族区域自治政策、西部大开发政策，又享受沿海地区开放政策和边境地区开放政策，使各国企业家观光旅游、投资兴业的好地方。

据介绍，“广西周”重点推出的是独具特色的旅游“大篷车”活动，以展现人与自然、人与城市的和谐、统一、共生、共荣。广西是刘三姐的故乡，壮族青年能歌善唱，出口成歌，闻名遐迩的对山歌、抛绣球、织壮锦、编藤芒等在爱知世博会上一展广西特有的民俗风情。在“广西周”活动期间，各国观众不仅可以欣赏到广西地区独具民族色彩的戏曲、歌舞、民间手工艺术等，感受广西优美的自然风光，还可以得到精心准备的桂林山水、侗族风雨桥铜制精美礼品，集中领略广西文化的独特性。

此外，“广西周”的一项重要内容是举行系列城市日活动，南宁的文艺演出、桂林市的桂林山水、柳州市的奇石、北海的海滨旅游等相继在本届世博会上亮相，向观众呈现各个城市的生活状态，以及在促进自然与城市和谐发展方面所做出的探索。自治区还在世博会上大力推介第二届中国——东盟博览会，邀请日本及世界各国客商参加博览会。

中国馆再掀高潮 “苏州周”鸣钟祈福

8月29日上午11时，2005年日本爱知世博会中国馆“苏州周”活动拉开帷幕。苏州市市长阎立、中国馆馆长孙钢、爱知世博会事务总长助理山田宗范，以及日本的23家世界500强企业代表出席开幕式。出席开幕式的还有中外客商200余人。

“苏州周”活动开幕式在《茉莉花》音乐声中开始，到会嘉宾欣赏了东方风情舞蹈服饰秀，世博“苏州周”形象小姐琵琶弹奏并演唱的《苏州好风光》，昆剧《牡丹亭》表演，日本能乐演员表演，以及日本儿童的日文朗诵《枫桥夜泊》诗。

在亲切交融的氛围中，中日双方领导、嘉宾和寒山寺主持共同撞响祈福吉祥的仿寒山寺唐钟。在唐钟的鸣响中，中外嘉宾及观众参观了充满浓郁“苏州周”气氛的中国馆。

进入中国馆首先映入眼帘的是，由苏州市人民政府和寒山寺为这次世博会专门铸造，并将赠送世博组委会的仿寒山寺唐钟（重1.2吨、直径达108厘米、总高度为161厘米）。在仿唐钟的两边配以大型电视屏幕。屏幕上展示着一幅幅反映苏州的四时风景、风土人情和风花雪月的美丽画卷。

在馆内演出区域，有美丽的苏州女孩表演精彩的昆舞和独具江南风情的舞蹈，以及来自中国苏州的被列入人类口述和非物质遗产的昆剧表演。

欣赏完演出，观众在日语解说员的引导下参观“丝绸的故事一条龙”展示。其中包括了手工的缫丝、织绸和苏州刺绣表演。

特别值得一提的是，馆内展示的由两人操作的仿中国战国提花织机，它长7米，高度达到了4米多，是为本次“苏州周”特别制作的，非常具有震撼力；而名列中国四大刺绣之首的苏绣，也现场展现着它与众不同凡响的技艺。与此同时，观众通过投影屏幕还看到，江南种桑养蚕的生动场景以及丝绸的故事。

体验完这一系列精彩的演出和展示后，观众经过一个旅游宣传墙，通过灯箱和荧屏，参观者领略到苏州旅游景点的各个精华所在，所有展示都动静结合，充分体现苏州独有的韵味。

据了解，整个“苏州周”期间，将进行以评弹、昆曲为主要内容的苏州文化展演活动，每场演出约15～30分钟，与中国馆原有的“阳光女孩”演出交替进行。观众分批进场，每个观众还有机会抽取苏州旅游景点门票及各色“苏州周”纪念品。

另据了解，苏州还于8月29日下午在名古屋威斯汀城堡酒店举行“苏州：中国最具经济活力的城市”情况说明会。

“上海周”活动精彩纷呈

爱知世博会中国馆“上海周”活动作为中国馆“城市周”活动最后登场的项目于9月19～25日举行，这成为爱知世博会中国馆“城市周”系列宣传推介活动中高潮部分的重要篇章。

这次“上海周”主题定为“精彩上海，和谐生活”，在“上海周”活动期间经历国际展览局日活动和爱知世博会闭幕式活动，为了充分展现上海海派文化和国际大都市的形象，上海周期间组织丰富多彩的活动，涉及国际官方活动、论坛、文艺演出、旅游推介、招商引资和品牌宣传，希望通过凝练的主题和生动的活动安排，积极展示上海作为下一届世博会东道主独具神韵的城市形象，与参加2005年日本爱知世博会的各国朋友共同体验上海这座远东大都市的独特魅力，分享上海的发展成果，增进中日人民之间的友谊。

“上海周”期间，在爱知世博会的爱地球广场举办了一场体现上海海派文化精髓的大型广场文艺演出。来自上海的著名演唱家廖昌永和日本著名的歌手谷村新司同台献技，同时，来自香港的流行乐天王郭富城和著名的旅日歌唱家周冰倩小姐到会演唱日本流行歌曲。演出中，游客都能欣赏到蜚声海内外的中国杂技表演和由经典国粹改编的大型交响京剧《大唐贵妃》。爱知世博会有关代表和著名篮球运动员姚明也出席活动。

除了19日下午的广场文艺演出活动之外，“上海周”期间每日下午13点～14点和17点～18点的时间段内，还在亚洲展区小广场上表演中国杂技、京剧、魔术、民族乐器和歌舞表演。

今年正值上海—大阪府建立友好城市25周年之际，因此9月20日，在大阪举办“2010上海与世博会”上海—大阪经济贸易峰会”，上海市主要领导和大阪府知事及大阪的著名企业代表出席峰会。与会代表围绕着2010年的上海与沪日经贸合作，上海投资环境与产业导向和2010年上海世博会品牌与商机等内容开展演讲，以此促进上海市和大阪市进一步经贸商业和城市友谊的发展。

9月21日下午，在爱知世博会多功能剧场举办了一场童趣盎然，极具趣味性和观赏性的以中日两国少年儿童为参与主体的儿童文艺演出，来自上海小荧星艺术团的儿童和名古屋地区的少年通过情景演讲、舞蹈演唱、书法献艺等多种形式，畅叙中日少儿之间真挚友情，表达对2010年上海世博会的共同期盼。

9月23日，由国际展览局、爱知世博会协会和上海市人民政府共同举办的第三届上海世博会国际论坛在濑户会场的友爱之家举行。此次论坛的主题是“世博会与可持续发展”。2010年上海世博会组委会第一副主任委员、上海市委书记陈良宇及国际展览局吴建民主席、洛塞泰斯秘书长、爱知县知事、爱知世博会丰田章一郎主席、渡边泰造总代表在内的国际展览局、日本政府政要、爱知世博会协会主要官员及日本知名企业、专家和学者约300人参加论坛。

9月25日，在爱知世博会闭幕式上上海市副市长、2010年上海世博会执委会常务副主任周禹鹏先生从爱知世博会主办者手中接过国际展览局会旗，这代表着上海世博会正式从爱知世博会手中接过接力棒，上海世博会的序幕正逐步拉开。

四、世博会中国馆持续“诱人”

6月6日是个吉利而幸运的日子，对中国馆和来自日本群马县高崎市的中岛启介先生来说，就更是如此。6日上午11时20分，中岛启介成为爱知世博会中国馆开馆以来接待的第两百万位观众。

6日恰逢“海南周”期间，中国馆馆长和海南天然橡胶产业集团股份有限公司副董事长林芳明为中岛启介颁发了纪念品：金鸡报晓。

40岁的中岛启介是第一次来世博园参观，中国馆是他参观的第二个展馆。当得知自己幸运地成为第两百万观众时，他感到非常兴奋，同时也很惊讶，没想到已经有这么多观众来到中国馆参观。中岛在中国馆副馆长的陪同下参观了中国馆，他表示中国馆的文物展出给他留下了深刻印象。他说：“中国是文明古国，有很多灿烂的文化，水晶影视厅里展现的中国风光也非常吸引人，我期待着早一天去中国旅游。”

中岛表示，他和大多数日本人一样对中国怀有友好的感情，由于在丰田汽车销售公司工作，因此了解中国的汽车工业发展很快，经济也非常有活力，他对中国的一切都充满好奇。

此前的5月1日，横滨大日本油墨公司的近藤英男成为中国馆第一百万位观众，中国馆因此成为是本届世博会首个接待观众突破百万人次的外国馆。

5月份以来，中国馆“诱人”活动不断，持续着开馆以来的受欢迎程度——5月1日后仅仅过了36天，中国馆观众数再创新高，率先突破了第二个百万。

中国馆好戏连台

爱知世博会中国馆面积1620平方米，是此次世博会展示面积最大的外国馆之一。自开馆以来，中国馆平均每天接待观众近3万人，成为爱知世博会最受瞩目的国家馆之一。

据世博会协会官员介绍，每天来世博会的参观者中近1/3会光临中国馆。4月24日，中国馆接待观众数量首次突破4万人次的记录；4月29日，“黄金周”开始，参观人数不断攀升，4月30日更是接近5万人次。

进入5月份，中国馆好戏连台，不断掀起高潮，吸引了各国观众前来参观。5月15日，备受关注的日本遣唐留学生“井真成墓志”开始在中国馆内与观众见面，这是该墓志被发现后的首次公开展出，因此在日本引起轰动。

5月19日，爱知世博会迎来中国馆的高潮——馆日活动。中国国务院副总理吴仪、中国驻日大使王毅、中国贸促会会长万季飞，日本经济产业大臣中川昭一、世博会日本政府代表渡边泰造、2005年日本国际博览会协会会长丰田章一郎等政要亲自给中国馆“捧场”。

中国馆馆日活动备受各方关注，超过80家中外新闻媒体的150多名记者进行了深入采访报道。几乎所有的看过中国馆馆日活动的世博会协会工作人员或是其他馆的馆长等，都无一例外地表示，中国馆日太好了，是目前所有馆日活动中最精彩、最难忘的。

中国元素受青睐

中国馆的展出赢得了世界各国观众的好评。中国馆5月份以来，还先后接待了20多批国内外贵宾代表团，其中包括新西兰总理、阿塞拜疆副总理、美国商会会长、波兰工商部长、世界银行前行长、日本经团联会长等政界和经济界高层人士。

各国嘉宾对中国馆的展出给予了高度评价。阿塞拜疆副总理在参观后表示，世界文明的丝绸之路，从中国出发，路经阿塞拜疆，阿塞拜疆人民对中国充满了友好的感情。

普通的日本和西方观众也非常喜欢中国馆的文化和历史氛围，认为中国馆不但很好地展现了华夏五千年文明，更展现出了现代中国人的生活方式、现代中国人在创造新生活中的热情，营造出人与自然和谐共处的意境。

中国馆巨型浮雕墙上的兵马俑、编钟、百家姓、指南针等带着历史印记的展示，使观众在参观的过程中尽情享受中国文化的魅力。中国馆精美的文物真品、紫檀斋营造的书斋文化氛围和紫檀家具高超的雕刻技艺也令无数参观者叹服。

爱知世博会协会副事务总长井奥博之称赞中国馆是“本次世博会最下功夫、最用心、也最有品味的外国馆”，他认为中国馆受欢迎有三大因素：“中国经济的高速发展吸引了世界的目光，对中国关心的程度越高，来中国馆参观的游客就会越多；中日两国是友好邻邦，着眼未来，日中两国还要友好下去，很多日本观众都希望亲身体验一下中国馆；中国馆所在的位置不错、中国馆的展出内容非常精彩，加上中国馆独特的双层结构设计最大限度避免了观众堵塞等等，这些因素都是中国馆最吸引游客的原因。”

中国馆参观人数屡创新高，中国馆的有关负责人也表示，这不仅说明中国馆的内容丰富、展出精彩，更说明观众关注中国文化，关注中国经济，而这正是观众对日益繁荣昌盛的中国的关注。

论坛喜迎政要纵论城市发展

爱知世博会迎来中国馆馆日之际，21世纪城市发展论坛于5月18日在日本名古屋隆重举行，中日两国政府高级官员会聚一堂，共同探讨城市发展的战略和方法，搭起了中日城市交流和合作之桥。

中国国务院副总理吴仪、日本国土交通大臣北侧一雄、中国建设部部长汪光焘、中国驻日大使王毅、中国贸促会会长万季飞、日本国际博览会协会会长丰田章一郎等政要出席论坛并讲话。

吴仪副总理在会上做了中国城市发展现状和战略专题报告。中国贸促会会长万季飞和日本国际博览会协会会长丰田章一郎分别代表主办单位和共办单位致词，爱知县知事神田真秋、国际展览局秘书长洛塞泰斯、中国驻日本大使王毅也分别致贺词。

据了解，本次论坛充分挖掘爱知世博会“大自然的智慧”和中国馆“自然·城市·和谐——生活的艺术”的主题内涵，研讨人类和自然和谐共存、自然与城市协调发展这一全球发展中面临的课题。借鉴日本等国家建设城市的经验，重点研讨“城市引领区域经济发展、建设和谐城市”等主题。通过论坛这个平台，向世界展示中国城市的风貌，增进日本各界对中国城市发展的了解，促进中国各城市与日本各界的友好合作和经济交流。

中国建设部部长汪光焘介绍了中国城市发展的主要政策措施：注重资源和环境，科学制定城市规划；鼓励发展节能省地型住宅与公共建筑，推进节约型城镇建设；推进市政公用事业市场化进程，完善城市功能；严格保护历史文化资源，实现城市有机更新；加强城市信息化建设，提高城市运行质量。

2008年奥运会主办地北京市的副市长陆昊在演讲中指出，筹备和举办一届有特色、高水平的奥运会，有助于提高城市基础设施建设水平和城市文明程度。他表示，北京要处理好三大关系：持续推动经济发展和有效保护自然的关系；建设国际化都市与保持适度人口规模的关系；实现城市现代化与保护历史文化名城的关系。

作为下届世博会主办地上海的代表，上海市市长韩正说，今日的上海是展示中国改革开放的“窗口”、海内外有识之士大展身手的“舞台”、中国联结世界的“桥梁”；上海是一座充满生机与活力的城市，上海人民正用自己的双手建设更美好的家园、创造更好的生活，而这正是2010年上海世博会的主题——“城市，让生活更美好”。

天津、黑龙江、湖南、广西、海南、安徽、大连、青岛、苏州等省市的领导也在论坛上发言，介绍各自地区的发展成就，交流各自城市发展心得。

日本政府高级官员、议员及企业界人士、爱知世博会参展国家和国际组织的代表、城市发展研究学者和新闻界人士，共600多人出席了本次论坛。

昆明世博园艺术团在爱知世博会演出“七彩云南”

7月2日，来自中国云南昆明世博园的一台名为“七彩云南”的大型歌舞，在日本爱知世界博览会圆顶剧场上演。

据悉，爱知世博会建有大小两个演出场馆。大的演出场馆名为圆顶剧场，可容纳约2000人；小的演出场馆名为世博大厅，可容纳约400人。大型演出一般在圆顶剧场，中国馆馆日、联合国馆馆日及其他国家的馆日活动，均在这里举办。

此次昆明世博园艺术团为各国观众们带来的是一场具有云南各民族风情的舞台表演，包括潇洒的哈尼族舞蹈《木屐舞》、奔放的佤族舞蹈《甩发舞》、活泼的傈僳族舞蹈《瓦久瓦娜莎》、曼妙的傣族舞蹈《春的律动》，把观众带入不同民族的文化情境，使观众近距离欣赏到中国文化多样性的魅力。

据介绍，曾经有许多日本学者到云南寻根，试图找出两国文化和人类发展史的共同之处。生活在云南的哈尼族就是日本学者最为关注的少数民族之一。他们保留到今天的许多生活习俗与日本大和民族有惊人的相似之处。木屐就是日本民族传统服饰的重要组成部分，云南哈尼族的支系——迤车人，穿着木屐生活、舞蹈、劳作已达千年之久。此次表演的《木屐舞》就是迤车人表演的，身着艳丽民族服饰的姑娘们，踩踏出时而空灵、时而奔放的哒哒声，引起观众的时空共鸣。

当天两场演出均获成功。日本知名媒体朝日新闻社、东京新闻社、爱知新闻社，以及NHK电视台均到场进行采访或录像。

中国馆迎来第300万位观众

7月9日下午，日本爱知世博会中国馆迎来第300万位观众——日本女学生伊东小姐。

中国馆是伊东七重今天参观的第四个馆，当她听说自己幸运地成为中国馆的第300万位观众，兴奋不已。伊东七重和她的同学仔细地观看中国馆的各个展区，激动地说中国馆面积大，刚一进馆绿色气息就扑面而来，感觉很大气、很放松。在欣赏过阳光女孩的演奏后，伊东七重表示从没有如此近距离聆听过优美的中国民乐；在紫檀斋，面对雕工精美的仿明清紫檀家具，伊东七重一直在赞叹：太厉害了！伊东告诉中国馆的工作人员，中国北京2008年举办奥运会，希望能到北京观光游览。

中国馆馆长蔡国枫向伊东七重赠送了礼品——中国馆纪念金盘，祝贺她成为中国馆的第300万位观众。伊东七重在留言簿上写道：我为如此漂亮的中国馆所感动！

据有关方面统计，日本爱知世博会开幕3个半月以来，到中国馆参观的观众人数在所有外国馆中仍然居第一位。

中国馆迎来第400万名观众

8月12日下午，一阵急雨降临日本名古屋，清凉湿润的空气驱赶了连日笼罩着爱知世博会的暑热。大雨过后，中国馆迎来了第400万位观众——来自法国巴黎的小伙子亚历山大·桑赛。

亚历山大是和朋友一起来参观爱知世博会的。当他听说自己幸运地成为中国馆的第400万名观众时，一时间高兴得合不拢嘴。亚历山大说，今年4月一位到过爱知世博会的朋友告诉他，中国馆一定不能错过。于是，他满怀希望来到中国馆。他告诉工作人员，他很欣赏中国馆的设计风格，特别是浓缩了几千年中国文明历程的浮雕墙给他留下很深刻的印象。同时他还认为紫檀斋的仿明清宫廷家具之精美，简直令人不可置信。

566万人参观中国馆

日本爱知世博会中国馆9月25日下午举行闭馆仪式。中国政府代表高燕宣布，截至爱知世博会闭幕当日下午4时，前来中国馆参观的游客达到566万人次，是本届爱知世博会接待游客最多的外国馆。

高燕说，爱知世博会中国馆从樱花怒放的早春时节走过了盛夏，迎来了金秋。“我们亲历了观众的热情，受到了观众的厚爱。每一天，我们都被日本人民的友好情意所感动。”

刚刚在爱知世博会闭幕式上接过国际展览局旗帜的上海市副市长周禹鹏在闭馆式上致词说，“今天离2010年上海世博会的开幕日还有1679天，我们庄严地接过旗帜，深感任重而道远。我们将在国际展览局的指导下，与世界各国充分沟通，努力将2010年上海世博会办成一届成功、精彩、难忘的盛会”。周禹鹏表示，欢迎世界各国朋友2010年相聚上海世博会。

日本爱知世博会3月24日开幕，历时半年，累计接待观众约2200万人。下一届世博会预定于2010年在中国上海举行。上海市副市长周禹鹏从国际展览局主席吴建民和秘书长洛塞泰斯手中接过旗帜，表明2010年上海世博会的筹备工作进入了一个新阶段。

相关链接

5月19日 中国馆日

自1982年参加美国诺克斯维尔“能源”专业世博会以来，爱知世博会是我国参加的第11次世界博览会，中国馆此次的主题是“自然·城市·和谐——生活的艺术”。

中国馆看点

看点一 应用中国传统宣纸制造工艺、结合现代影像技术而形成的生命之树主造型。

看点二 长74米、高9米的巨型华夏文明之旅多媒体浮雕墙。

看点三 紫檀斋展出由中国紫檀博物馆提供的49件紫檀家具。

看点四 水晶影视厅通过多组合动态屏幕，呈现中国的独特魅力和对2010年上海世博会的期盼。

看点五 5月19日的中国馆馆日。

看点六 7月2日的云南原生态民族歌舞。

中国馆省市周活动安排

3月27日～4月2日 **杭州周**

4月5～11日 **安徽周**

特色活动：

1）戏曲和民乐表演

2）安徽传统文房四宝展示

4月14～20日 **大连周**

特色活动：

1）多彩大连系列活动

2）时装表演

4月24～30日 **黑龙江周**

特色活动：

1）黑龙江风情展示

2）和外国展馆进行科技文化交流

5月1～7日 **广州周**

特色活动：

1）岭南歌舞表演

2）岭南书画表演

5月10～16日 **天津周**

特色活动：

1）天津民俗文化表演

2）少儿文艺表演

5月18～24日 **北京周**

特色活动：

1）“新北京、新奥运”特色推广活动

2）专场文艺演出

5月26日～6月1日 **湖南周**

特色活动：

1）中国围棋高手中国馆现场为观众下指导棋

2）石门夹山寺禅茶表演

6月3～9日 **海南周**

特色活动：

1）黎族织锦、树皮衣制作表演

2）海南航空日

6月12～18日 **青岛周**

特色活动：

1）魅力青岛帆船之都主题活动日

2）青岛知名企业推介（青岛啤酒日和青岛海尔日）

6月23～29日 **广西周**

特色活动：

1）旅游“大篷车”系列活动

2）为幸运观众颁发金钥匙

8月29日～9月4日 **苏州周**

特色活动：

1）昆曲、苏州评弹演出

2）现场苏绣表演

9月19～25日 **上海周**

特色活动：

1）第三届世博会国际论坛

2）“2010年上海世博会”展示推介

（宗 和）

第七章 法律法规

世界博览会标志保护条例

《世界博览会标志保护条例》已经2004年10月13日国务院第66次常务会议通过，现予公布，自2004年12月1日起施行。

第一条 为了加强对世界博览会标志的保护，维护世界博览会标志权利人的合法权益，制定本条例。

第二条 本条例所称世界博览会标志，是指：（一）中国2010年上海世界博览会申办机构的名称（包括全称、简称、译名和缩写，下同）、徽记或者其他标志；（二）中国2010年上海世界博览会组织机构的名称、徽记或者其他标志；（三）中国2010年上海世界博览会的名称、会徽、会旗、吉祥物、会歌、主题词、口号；（四）国际展览局的局旗。

第三条 本条例所称世界博览会标志权利人，是指中国2010年上海世界博览会组织机构和国际展览局。

中国2010年上海世界博览会组织机构为本条例第二条第（一）、（二）、（三）项规定的世界博览会标志的权利人。中国2010年上海世界博览会组织机构和国际展览局之间关于本条例第二条第（四）项规定的世界博览会标志的权利划分，依照中国2010年上海世界博览会《申办报告》、《注册报告》和国际展览局《关于使用国际展览局局旗的规定》确定。

第四条 世界博览会标志权利人依照本条例享有世界博览会标志专有权。

未经世界博览会标志权利人许可，任何人不得为商业目的（含潜在商业目的，下同）使用世界博览会标志。

第五条 本条例所称为商业目的使用，是指以营利为目的，以下列方式使用世界博览会标志：（一）将世界博览会标志用于商品、商品包装或者容器以及商品交易文书上；（二）将世界博览会标志用于服务业中；（三）将世界博览会标志用于广告宣传、商业展览、营业性演出以及其他商业活动中；（四）销售、进口、出口含有世界博览会标志的商品；（五）制造或者销售世界博览会标志；（六）将世界博览会标志作为字号申请企业名称登记，可能造成市场误认、混淆的；（七）可能使他人认为行为人与世界博览会标志权利人之间存在许可使用关系而使用世界博览会标志的其他行为。

第六条 国务院工商行政管理部门依照本条例的规定，负责全国的世界博览会标志保护工作。

县级以上地方工商行政管理部门依照本条例的规定，负责本行政区域内的世界博览会标志保护工作。

第七条 世界博览会标志权利人应当将世界博览会标志报国务院工商行政管理部门备案，由国务院工商行政管理部门公告。

第八条 在本条例施行前已经依法使用世界博览会标志的，可以在原有范围内继续使用。

第九条 未经世界博览会标志权利人许可，为商业目的擅自使用世界博览会标志即侵犯世界博览会标志专有权，引起纠纷的，由当事人协商解决；不愿协商或者协商不成的，世界博览会标志权利人或者利害关系人可以依法向人民法院提起诉讼，也可以请求工商行政管理部门处理。

应当事人的请求，工商行政管理部门可以就侵犯世界博览会标志专有权的赔偿数额进行调解；调解不成的，当事人可以依法向人民法院提起诉讼。

第十条 工商行政管理部门根据已经取得的违法嫌疑证据或者举报查处涉嫌侵犯世界博览会标志专有权的行为时，可以行使下列职权：（一）询问有关当事人，调查与侵犯世界博览会标志专有权有关的情况；（二）查阅、复制与侵权活动有关的合同、发票、账簿以及其他有关资料；（三）对当事人涉嫌侵犯世界博览会标志专有权活动的场所实施现场检查；（四）检查与侵权活动有关的物品，对有证据证明侵犯世界博览会标志专有权的物品，予以查封或者扣押。

工商行政管理部门依法行使前款规定的职权时，当事人应当予以协助、配合，不得拒绝、阻挠。

第十一条 工商行政管理部门处理侵犯世界博览会标志专有权行为时，认定侵权行为成立的，责令立即停止侵权行为，没收、销毁侵权商品和专门用于制造侵权商品或者为商业目的擅自制造世界博览会标志的工具，有违法所得的，没收违法所得，可以并处违法所得5倍以下的罚款；没有违法所得的，可以并处5万元以下的罚款。

利用世界博览会标志进行诈骗等活动，构成犯罪的，依法追究刑事责任。

第十二条 侵犯世界博览会标志专有权的货物禁止进出口。世界博览会标志专有权海关保护的程序适用《中华人民共和国知识产权海关保护条例》的规定。

第十三条 侵犯世界博览会标志专有权的赔偿数额，按照权利人因被侵权所受到的损失或者侵权人因侵权所获得的利益确定，包括为制止侵权行为所支付的合理开支；被侵权人的损失或者侵权人获得的利益难以确定的，参照该世界博览会标志许可使用费合理确定。

销售不知道是侵犯世界博览会标志专有权的商品，能证明该商品是自己合法取得并说明提供者的，不承担赔偿责任。

第十四条 任何单位或者个人可以向工商行政管理部门或有关行政管理部门举报违反本条例使用世界博览会标志的行为。

第十五条 世界博览会标志除依照本条例受到保护外，还可以依照《中华人民共和国著作权法》、《中华人民共和国商标法》、《中华人民共和国专利法》、《中华人民共和国反不正当竞争法》、《特殊标志管理条例》等法律、行政法规的规定获得保护。

第十六条 本条例自2004年12月1日起施行。

世界博览会标志保护条例问答

上海世博会事务协调局法律事务部

《世界博览会标志保护条例》以下简称《世标条例》是为筹办中国2010年上海世界博览会（以下简称“上海世博会”）而颁布的第一部行政发给，对世博会相关知识产权的保护和上海世博会的成功举办必将起到重要的作用。

一、为什么要专门立法保护世博会标志？

1. 制定《世标条例》是保护世博会标志权利人合法权益的需要，中国申博以来产生的一系列世博会标志，凝聚了大量的智力成果，成为了上海世博会的符号和象征。然而，中国申博成功以来，全国范围内各种擅自使用世博会标志的不法行为仍屡见不鲜，严重损害了世博会组织机构的合法权益。因此，有必要通过法律形式，就权利人对世博会标志的专有权进行确认，维护权利人的合法权益。

2. 制定《世标条例》，是遵守国际协议、履行国际承诺的需要。国际社会，尤其是国际展览局对世博会相关知识产权的保护高度重视。通过专门立法保护世博会标志，有助于树立上海世博会良好的国际形象，有利于上海世博会赢得国际展览局的支持和国际社会的认同。

3. 世博会标志中有不少内容难以在我国现有法律体系中得到全面、周详、有效的保护。例如，世博会标志的外延中除了名称、会徽、吉祥物以外，还有主题词、口号、会旗、会歌等，比《特殊标志管理条例》对特殊标志的界定更为广泛。此外，作为一项全球经济、科技、文化交流的盛会，对世博会标志的保护需要有更为便捷的程序和方式，需要建立“一次备案，全面保护”的法律模式，需要有更为全面的权利保护范围。

二、《世标条例》的保护范围有哪些？

《世标条例》为世界博览会标志提供了广泛、周详的保护，具体而言，包括以下四大类：

1. 上海世博会申办机构的名称（包括全称、简称、译名和缩写，下同）徽记或者其他标志；

例如：中国2010年上海世博会申办委员会、中国2010年上海世博会申办工作领导小组、中国2010年上海世博会申办工作领导小组办公室、申博办、申博、世博办、申博徽标；

2. 上海世博会组织机构的名称、徽记或者其他标志；

例如：2010年上海世界博览会组织委员会、2010年上海世界博览会执行委员会、上海世博会事务协调局、上海世博土地储备中心、上海世博土地控股有限公司、上海世博（集团）有限公司、上海世博局、世博局、世博土控、世博集团、上海世博土地控股有限公司司标；

3. 上海世博会的名称、会徽、会旗、吉祥物、会歌、主题词、口号；

例如：中国2010年上海世界博览会、中国2010年上海世博会、上海世博会、上海世博、上海2010、世博会、世博、上海世博会会徽、城市，让生活更美好；

4. 国际展览局的局旗。

三、社会公众基于商业目的使用世博会标志有哪些规范和要求？

按照《世标条例》第五条的规定，以下方式为世博会标志的商业目的使用：

1. 将世博会标志用于商品，商品包装或者容器以及商品交易文书上；

2. 将世博会标志用于服务业中；

3. 将世博会标志用于广告宣传、商业展览、营业性演出以及其它商业活动中；

4. 销售、进口、出口含有世博会标志的商品；

5. 制造或者销售世博会标志；

6. 将世博会标志作为字号申请企业名称登记，可能造成市场误认、混淆的；

7. 可能使他人认为行为人与世博会标志权利人之间存在使用关系而使用世博会标志的其他行为。

为商业目的使用世博会标志必须经过权利人的事先许可。《世标条例》对未经权利人许可，为商业目的（含潜在商业目的）使用世博会标志的行为予以明令禁止。世博局将于近期出台《世界博览会标志使用管理办法》，对相关问题做出具体规定，以规范和管理世博会标志的使用。

四、社会公众基于非商业目的使用世博会标志的行为应遵循怎样的要求和规范？

世博会标志是上海世博会的象征，任何个人和组织都应尊重和爱护世博会标志。我国的法律为世博会标志提供了一个多元的保护模式，世博会标志除受到《世标条例》保护外，同时也受到《著作权法》、《商标法》等其它法律、法规的保护。按照这些法律、法规的规定，社会公众在使用世博会标志时应当规范准确，不应使标志受到扭曲和丑化，也不应使标志权利人的合法利益受到不当减损。因此，对于社会公众基于非商业目的使用世博会标志，除法律规定不需要权利人同意的情形外，世博会标志权利人将对世博会标志的使用进行统一的规范管理。

五、公众如何参与世博会标志的维权行动？

世界博览会是由国家主办的展示人类先进科学、技术、文化的盛会，当世博会标志受到不法侵害时，任何单位或者个人都可以向权利人或有关部门举报，以捍卫世界博览会标志的正当使用。工商行政管理机构作为维护市场秩序的政府部门，负有对不法使用世博会标志的行为进行认定和查处的职责。故此，任何单位和个人如果发现有侵犯世界博览会标志的情况，可以向当地县以上工商行政管理部门举报。

公众也可以向上海世博会的组织机构提供相关信息。上海世博会的组织机构作为世博会标志的权利人，亦将在世博网站（www.expo2010china.com）上开通维权信箱，并开设维权专线，欢迎公众提供有效线索，以维护世博会标志的正当使用。

六、侵犯世博会标志应承担哪些法律责任？

根据《世标条例》的规定，世博会标志的侵权人应承担的法律责任包括民事责任、行政责任和刑事责任。

就民事责任而言，侵权人应向世博会标志权利人承担赔偿责任。在赔偿的数额方面，《世博条例》第13条规定："侵犯世博会标志专有权的赔偿数额，按照权利人因被侵权所受到的损失或者侵权人因侵权所获得的利益确定，包括为制止侵权行为所支付的合理开支；被侵权人的损失或者侵权人所获得的利益难以确定的，参照该世博会标志许可使用费合理确定。"

就行政责任而言，工商行政管理部门有权对侵权人进行行政处罚。《世标条例》第11条第一款规定："工商行政管理部门处理侵犯世博会标志专有权行为时认定侵权行为成立的，责令立即停止侵权行为，没收、销毁侵权商品和专门用于制造侵权商品或者为商业目的擅自制造世博会标志的工具，有违法所得的，没收违法所得，可以并处违法所得5倍以下的罚款；没有违法所得的，可以处5万元以下的罚款。"

就刑事责任而言，《世标条例》第11条第二款规定："利用世界博览会标志进行诈骗等活动，构成犯罪的，依法追究刑事责任。"

除此之外，侵权人还可能依照《著作权法》、《商标法》、《专利法》、《反不正当竞争法》、《特殊标志管理条例》等法律、行政法规的规定，被追究相应的法律责任。

七、上海世博会的组织机构在《世标条例》颁行后将采取哪些配套措施维护自身的合法权益？

1. 上海世博会的组织机构将依照《世标条例》的规定，在第一时间做好世博会标志的备案工作。

2. 上海世博会的组织机构将与有关部门合作，就《世博条例》的内容和意义进行广泛的宣传。

3. 上海世博会组织机构将安排内部相关机构专门负责世博会标志的维权工作，设立专门的维权电话并在世博网站上设立维权专栏。

4. 上海世博会的组织机构将制定世博会标志运作战略，并就世博会标志的许可使用尽快推出相关的规定，使世博会标志的运作做到规范有序。

5. 上海世博会的组织机构还将积极与国家工商总局、海关总署和地方的相应行政执法部门保持沟通，以便及时、有效地查处侵权行为。

——《上海世博》

中国参加国际展览局和世界博览会工作管理办法

贸促展[2004]69 号

(2004 年 12 月 7 日)

第一章 总则

第一条 为了加强中国参加国际展览局和世界博览会工作的管理，确保健康、有序地开展有关工作，根据国务院授权，制定本办法。

第二条 本办法所称国际展览局〔International Bureau of Expositions，BIE；以下简称“国展局”〕是设在巴黎，在《国际展览会公约》框架内协调管理和批准举办世界博览会的政府间国际组织。

本办法所称世界博览会（以下简称“世博会”）是经国展局注册或认可，由某一国家政府主办，有多个国家政府或国际组织参加的国际性大型展示活动。世博会分为注册类世博会（展期通常为6个月，每5年举办一次）和认可类世博会（在两届注册类世博会之间举办，展期通常为3个月）。

第三条 中国国际贸易促进委员会（以下简称“贸促会”）代表中国参加国展局工作，负责中国参加国展局和世博会相关事宜的组织、协调、监督和管理工作。涉及重大事项，由贸促会商外交部、商务部、财政部等部门后报国务院。

第二章 参加国展局工作

第四条 中国派三位代表参加国展局全体大会。其中，首席代表一人，由贸促会一位负责人经国务院批准后担任；代表二人，由外交部、商务部商贸促会后各派一人担任。

根据中国申办或举办世博会工作需要，经贸促会、外交部、商务部协商后，可授权其他部门或省市的有关人士在特定时期内作为国展局中国代表，并按规定办理核批手续。

第五条 首席代表的主要职责是：代表中国政府参加国展局和世博会相关会议和活动，对国展局和世博会事务发表意见、行使投票权、表决立场；对各部门、各地参与国展局和世博会的工作进行指导、协调；对相关重大事项提出意见和建议。

代表的主要职责是：协助配合首席代表开展相关工作；参加国展局和世博会相关会议和活动，经授权后行使投票权、表决立场；对中国参加国展局和世博会工作提出意见和建议。

第六条 中国与国展局的正式联络方式为：(1) 首席代表或代表经授权致函国展局；(2) 通过中国驻法国大使馆向国展局发照会。

第七条 贸促会负责与国展局进行日常工作联系，处理相关事务，缴纳会费及有关费用，通报中国参加国展局和世博会工作情况。重大事项同有关部门协商并向国务院报告。

第八条 贸促会负责国展局官员访华相关事务、中国代表团参加国展局会议和有关活动的协调、安排。

第九条 国展局中国代表竞选国展局有关职位，应报由贸促会商有关部门审批，必要时报国务院审批。批准后，按有关规定和国展局要求办理相关事宜。

第十条 各部门、各省市如需派员参加国展局的培训和工作，应商贸促会同意，按规定办理相关手续。

第十一条 国内有关部门和地方政府承办国展局活动，应向贸促会提出书面申请，经贸促会考察，征求外交部、商务部、财政部等相关部门意见后提出建议，报国务院审批。批准后，由贸促会协调和管理相关事宜。

第三章 申办世博会

第十二条 申办世博会是国家行为，举办世博会的申请由中国政府向国展局提出。

第十三条 地方政府承办世博会，应向贸促会提出书面申请，贸促会会同外交部、商务部、财政部等相关部门进行考察、提出建议，报国务院审批。

第十四条 国务院批准申办世博会后，贸促会商有关部门和地方政府后，提出成立申办委员会的方案并报国务院审批。

申办委员会对各项申办工作做出决策、决定，协调各部门、各地区力量争取国内外支持。

第十五条 各部门、各省市涉及申办世博会的重大事项应向申办委员会报告。

第四章 举办世博会

第十六条 举办世博会是国家行为。中国政府获得世博会举办权后，交由地方政府承办。

第十七条 贸促会适时提出成立世博会组织委员会的方案，商有关部门和地方政府后报请国务院批准。

世博会组织委员会是世博会组织工作的领导机构，协调相关政策和工作方案的拟定和实施工作，协调各地区和中央有关部门的参展事务，推动落实中国政府邀请各国政府和有关国际组织参展，就世博会筹备过程中的重大事宜作出决策，确定注册类世博会中国政府总代表或认可类世博会中国政府代表。

第十八条 注册类世博会中国政府总代表和认可类世博会中国政府代表，由贸促会和世博会承办地政府商有关部门提出人选报世博会组织委员会确定或变更，在世博会相关事务中对外代表中国政府，根据世博会组织委员会的部署和国展局的有关规定开展工作，定期向世博会组织委员会报告工作情况，重大事项应事先与贸促会协商。

第十九条 世博会组织委员会下设执行委员会。

执行委员会主要负责人由世博会承办地党政负责人担任，当地有关部门负责人参加。

贸促会参与执行委员会的决策工作。中央有关部门根据工作需要，经由承办地政府和贸促会商有关部门提出意见，报世博会组织委员会批准后，参与执行委员会工作。

执行委员会在世博会组织委员会领导下，执行世博会组织委员会相关决策，定期向世博会组织委员会报告有关情况，反映筹备过程中出现的问题，指导、协调本地有关机构开展工作，承办组织委员会交办事宜。

第二十条 对涉及筹办世博会的重大事项或活动，各部门、各省市应通过贸促会与国展局联系；对一般事项或活动，各部门、各省市应在联系国展局后及时向贸促会通报情况。

第二十一条 除中国政府申办并经国展局批准外，任何部门或地方不得举办名称与“世界博览会”、“世博会”相同或近似的活动。

第二十二条 国展局的名称、标志及中国申办、举办世博会过程中产生的相关标志受相关法律保护，未经有关单位授权，不得用于商业目的。

第五章 参加世博会

第二十三条 贸促会商有关部门并报经国务院批准，组织中国馆参加注册类世博会和部分认可类世博会。

注册类世博会的中国馆政府总代表或认可类世博会的中国馆政府代表由贸促会一位领导担任，代表中国政府与世博会举办国政府联系。

展出结束后，贸促会向国务院呈报总结报告。

第二十四条 贸促会商有关部门同意并报经国务院批准，可委托相关部门、地方政府组织中国馆参加部分认可类世博会。

经贸促会同意，中国馆组织单位有关负责人担任中国馆政府代表，代表中国政府与世博会举办国政府联系。

中国馆组织单位应及时向贸促会通报工作情况。展出结束后，中国馆组织单位向贸促会提交总结报告。

第二十五条 各部门、各省市参加世博会的活动，应事先征得中国馆政府总代表或中国馆政府代表同意。

第六章 附则

第二十六条 本办法自发布之日起施行。

第二十七条 本办法由贸促会负责解释。

上海市展览业管理办法

（2005年3月15日上海市人民政府令第47号发布）

第一章 总则

第一条（目的依据）

为了规范展览经营行为，完善展览业发展环境，增强城市综合服务功能，根据国家有关法律、法规，结合本市实际，制定本办法。

第二条（定义）

本办法所称展览，是指举办单位（包括主办单位和承办单位）以招展方式在固定的场馆及预定时期内举办，通过物品、技术或者服务的展示，进行信息交流，促进科技、贸易发展的商业性活动。

本办法所称主办单位，是指负责制定展览的实施方案和计划，对招展办展活动进行统筹、组织和安排，并对招展办展活动承担主要责任的单位。

本办法所称承办单位，是指根据与主办单位的协议，负责布展、展品运输、安全保卫以及其他具体展览事项的单位。

第三条（适用范围）

本市行政区域内有关展览的经营行为以及相关管理活动，适用本办法。

非营利性的展示活动以及以现场销售为主的展销活动，不适用本办法。

第四条（原则）

本市对展览业的发展与规范，实行遵循市场规则、倡导有序竞争、鼓励行业自律、进行适度监管、依法维护展览活动各方合法权益的原则。

第五条（管理部门）

上海市对外经济贸易委员会（以下简称市外经贸委）负责对本市展览业的规范与发展进行统筹规划与协调。

经济、工商、科技、教育、公安、旅游、知识产权等有关行政管理部门按照各自职责，做好展览业相关管理工作。

第六条（行业组织）

展览行业组织应当在制定行业服务规范、建立展览评估体系、组织展览数据统计、发布展览资讯信息以及引导会员规范经营等方面，发挥积极作用。

各类专业性行业组织应当在利用专业信息资源，组织、举办专业性展览的活动中，发挥自律作用。

第二章 招展与办展

第七条（主办单位的明确）

按规定应当由市外经贸委、市科学技术委员会（以下简称市科委）或者市教育委员会（以下简称市教委）等有关行政管理部门审查的国际性展览项目（以下简称国际展览），申请办理项目审查手续的单位为主办单位；无需申请办理项目审查手续的展览，发布招展信息的单位为主办单位。

第八条（举办国际展览的要求）

未经市外经贸委、市科委或者市教委等有关行政管理部门审查，不得擅自举办国际展览。

第九条（招展信息发布主体的明确）

招展信息应当以主办单位名义发布。

未经主办单位授权，承办单位不得擅自发布招展信息。

第十条（招展信息的真实性要求）

招展信息应当客观、真实。不得发布与展览内容不一致的招展信息；未征得其他单位同意，不得在招展信息中将该单位作为举办单位或者其他参与主体。

对参加同一个展览的参展商，应当发布展览名称、展览主题、展览范围等招展信息内容相一致的招展信息。

第十一条（注明场馆租用、项目审查情况的要求）

尚未签订场馆租用协议的举办单位，应当在招展信息中以显著方式注明。

国际展览尚未获得审查批文的，应当在招展信息中以显著方式注明。

第十二条（展览事项变更的限制）

招展信息发布后，主办单位一般不得变更展览名称、展览主题、展览范围和展览时间等展览事项。有正当理由确需变更的，应当立即告知参展商。

举办国际展览的主办单位应当按照审查确定的内容组织实施。有正当理由确需变更的，应当向相应的审查部门办理变更手续。

第十三条（治安、消防、交通与市容环卫管理的要求）

主办单位应当依照国家及本市规定，向公安治安管理部门申领《上海市公共场所治安许可证》，向公安消防管理部门申报检查并领取检查后的《消防安全检查意见书》。

举办大型展览可能影响周边区域的交通和环境的，主办单位应当事先将举办展览的时间、地点、规模等相关信息向公安交通和市容环卫等部门报告，并接受其指导。

第十四条（专业性场馆及珍贵物品展区的安全要求）

专业性场馆应当根据需要，配置电视监控、防盗报警、紧急报警和出入口安全检查系统。

举办金银珠宝饰品、钻石、钟表、字画、文物（《文物藏品定级标准》三级或者三级以上）等珍贵物品展览的展区，除应当符合前款规定的安全要求外，还应当设置单人出入通道和符合防护要求的展台展柜等。

第十五条（展览有关单位的安保义务）

场馆单位应当制定安全防范工作制度，组建安全保卫机构，配备专职保安人员。

主办单位应当制定、落实展览的安全防范和应急措施；承办单位以及参展商应当配合开展安全防范工作。

发生刑事、治安案件或者治安灾害事故时，场馆单位、举办单位和参展商等应当采取应急措施，配合公安部门进行处理。

第十六条（展览期间的知识产权保护措施）

主办单位可以根据办展实际情况，制定展览现场知识产权侵权投诉处理规则，在展览现场设立知识产权侵权投诉接待机构。

第十七条（政府办展、招展的限制）

除国家有关部门或者市人民政府批准外，各级行政管理部门不得主办或者承办经营性展览。

各级行政管理部门不得违背企业意愿，采取或者变相采取行政干预手段要求企业参展。

第三章 监管与协调

第十八条（展览市场秩序的监管）

市和区（县）工商行政管理局（以下简称工商行政管理部门）负责对展览业市场秩序进行监管，依照本办法查处扰乱市场秩序的违法行为。

第十九条（场馆单位的报备义务）

场馆单位应当在签订场馆租用协议之日起的30日内，将场馆租用的基本情况报给场馆所在区（县）的工商行政管理分局备案。

第二十条（合同示范文本）

市外经贸委或者展览行业组织可以制订有关展览的合同示范文本，明确展览活动各方的权利、义务，维护展览活动各方的合法权益。

市工商行政管理局（以下简称市工商局）可以参与合同示范文本的制定。

第二十一条（场馆租用协议中的责任保证约定）

场馆单位与主办单位应当在场馆租用协议中订立责任保证条款，对侵害参展商合法权益的赔偿责任进行约定。

第二十二条（国际展览年度申报）

各主办单位应当于每年5月30日前，按规定分别向市外经贸委、市科委和市教委等有关行政管理部门报送拟于次年举办的国际展览的申请书及相关材料。

第二十三条（国际展览的年度审查及其协调）

市外经贸委以及市科委、市教委等有关行政管理部门应当按照国家有关审查权限和程序的规定，履行各自国际展览审查职责。在作出审查决定前，由市外经贸委会同市科委、市教委等有关行政管理部门进行协调。

市外经贸委以及市科委、市教委等有关行政管理部门应当在完成审查后的15日内，将审查结果以书面形式通知申报单位，同时以书面形式告知市工商局。

第二十四条（年度国际展览名录的编制和发布）

由市外经贸委会同市科委、市教委等有关行政管理部门根据国际展览审查结果，编制次年的《年度国际展览名录》。

《年度国际展览名录》应当及时在中国上海网站（www.shanghai.gov.cn）上发布，并由市外经贸委委托展览行业组织、展览专业杂志或者其他新闻媒体发布。

第四章 法律责任

第二十五条（擅自举办国际展览的法律责任）

违反本办法第八条规定，未经审查擅自举办国际展览的，由工商行政管理部门责令停止，并处以3万元以下罚款。

第二十六条（擅自发布招展信息的法律责任）

违反本办法第九条规定，未以主办单位名义发布招展信息或者承办单位擅自发布招展信息的，由工商行政管理部门责令限期以通告形式予以更正，并可处以1万元以下罚款。

第二十七条（发布虚假招展信息的法律责任）

违反本办法第十条规定，发布虚假招展信息的，由工商行政管理部门责令改正，并可处以3万元以下罚款。

第二十八条（未注明场馆租用、项目审查情况的法律责任）违反本办法第十一条规定，未以显著方式注明场馆租用情况、展览项目审查情况的，由工商行政管理部门责令限期改正，并可处以2万元以下罚款。

第二十九条（违反有关治安管理等方面要求的法律责任）

违反本办法第十三条第一款规定，未经治安许可、消防安全检查，擅自举办展览的，由公安治安管理部门或者公安消防管理部门按照有关法律、法规的规定予以处罚。

违反本办法第十三条第二款规定，未向公安交通、市容环卫等行政管理部门报告的，由公安交通、市容环卫等有关行政管理部门责令限期报告，并可处以3万元以下罚款。

第三十条（场馆单位法律责任）

违反本办法第十九条规定，场馆单位未将场馆租用情况报备的，由工商行政管理部门责令限期报送，并可处以2000元以下罚款。

第三十一条（民事、刑事责任）

展览活动当事人侵犯他人民事权利，造成损害的，依照《中华人民共和国民法通则》以及其他有关法律、法规的规定承担民事责任。

展览活动当事人违反本办法有关规定，构成犯罪的，依法追究刑事责任。

第三十二条（不服具体行政行为的救济途径）

展览活动当事人对有关行政管理部门作出的具体行政行为不服的，可以依照《中华人民共和国行政复议法》或者《中华人民共和国行政诉讼法》的规定，申请行政复议或者提起行政诉讼。

第五章 附则

第三十三条（施行日期）

本办法自2005年5月1日起施行。

国务院关于非公有资本进入文化产业的若干决定

（国发[2005]10号）

各省、自治区、直辖市人民政府，国务院各部委、各直属机构：

为大力发展社会主义先进文化，充分调动全社会参与文化建设的积极性，进一步引导和规范非公有资本进入文化产业，逐步形成以公有制为主体、多种所有制经济共同发展的文化产业格局，提高我国文化产业的整体实力和竞争力，现就有关问题作出如下决定：

一、鼓励和支持非公有资本进入以下领域：文艺表演团体、演出场所、博物馆和展览馆、互联网上网服务营业场所、艺术教育与培训、文化艺术中介、旅游文化服务、文化娱乐、艺术品经营、动漫和网络游戏、广告、电影电视剧制作发行、广播影视技术开发运用、电影院和电影院线、农村电影放映、书报刊分销、音像制品分销、包装装潢印刷品印刷等。

二、鼓励和支持非公有资本从事文化产品和文化服务出口业务。

三、鼓励和支持非公有资本参与文艺表演团体、演出场所等国有文化单位的公司制改建，非公有资本可以控股。

四、允许非公有资本进入出版物印刷、可录类光盘生产、只读类光盘复制等文化行业和领域。

五、非公有资本可以投资参股下列领域国有文化企业：出版物印刷、发行，新闻出版单位的广告、发行，广播电台和电视台的音乐、科技、体育、娱乐方面的节目制作，电影制作发行放映。上述文化企业国有资本必须控股51%以上。

六、非公有资本可以建设和经营有线电视接入网，参与有线电视接收端数字化改造，从事上述业务的文化企业国有资本必须控股51%以上。非公有资本可以控股从事有线电视接入网社区部分业务的企业。

七、非公有资本可以开办户外、楼宇内、交通工具内、店堂等显示屏广告业务，可以在符合条件的宾馆饭店内提供广播电视视频节目点播服务。有关部门要严格资质认定，明确经营范围，加强日常监管。

八、非公有资本进入文化产业按现行有关规定管理，其中第五条、第六条、第七条规定的事项还须经有关行政主管部门批准。有关投资项目的审批或核准，按照《国务院关于投资体制改革的决定》（国发〔2004〕20号）的规定办理。要严格审批程序，完善审批办法，规范文化产业发展，保护企业合法权益，取缔违法违规经营。非公有制文化企业在项目审批、资质认定、融资等方面与国有文化企业享受同等待遇。

九、非公有资本不得投资设立和经营通讯社、报刊社、出版社、广播电台（站）、电视台（站）、广播电视发射台（站）、转播台（站）、广播电视卫星、卫星上行站和收转站、微波站、监测台（站）、有线电视传输骨干网等；不得利用信息网络开展视听节目服务以及新闻网站等业务；不得经营报刊版面、广播电视频率频道和时段栏目；不得从事书报刊、影视片、音像制品成品等文化产品进口业务；不得进入国有文物博物馆。

十、文化部、广电总局、新闻出版总署根据本决定，制定具体实施办法，明确国家鼓励、允许、限制和禁止投资的产业目录，引导非公有制文化企业持续快速健康发展。

各地区、各部门要依法清理和修订与本决定相抵触的规定。外资进入文化产业依照有关法律法规的规定执行。

国务院

二〇〇五年四月十三日

商务部关于进一步加强产业损害预警工作的指导意见

商调查发〔2005〕221号

各省、自治区、直辖市、计划单列市及新疆生产建设兵团商务主管部门，有关行业协会和商会，有关中央企业：

党的十六届四中全会指出，要推动建立健全妥善应对国际贸易争端的机制，善于运用国际通行规则发展和保护自己。根据《中华人民共和国对外贸易法》（以下简称外贸法）中关于建立预警应急机制及开展产业国际竞争力调查的规定，按照国务院2005年工作要点中关于完善产业损害预警机制的要求，在总结近年来开展产业损害预警工作经验的基础上，提出进一步加强产业损害预警工作的意见。

一、开展产业损害预警工作的指导思想和工作目标

建立和完善产业损害预警机制是运用国际通行规则，维护国内产业安全的基础性、前瞻性、预防性工作。该机制主要通过对国际经济发展变化、货物进出口、技术进出口和国际服务贸易异常情况的连续性监测，分析其对国内产业已造成及可能造成的影响，及时发布相关预警信息，制定应对预案，为政府主管部门、产业和企业决策服务。

建立产业损害预警机制的指导思想是以维护产业安全为中心，以贯彻实施外贸法为主线，以现代信息技术手段为依托，以科学的分析评价体系为基础。整体规划，分步实施；先易后难，由点到面。工作目标是2006年底前在全国范围内形成覆盖重点产业、重点区域的资源共享、优势互补的产业损害预警监测体系；通畅、准确、快捷的预警信息收集、分析、发布体系；反应灵敏、有效的预警应对体系；建设分工合作、运转协调的包括政府、行业组织、企业、中介机构的工作体系。

二、开展产业损害预警工作的方法及步骤

各地区、各行业开展产业损害预警工作要从本地区、本行业实际出发，突出重点，有所为，有所不为。已建立产业损害预警机制的地方商务主管部门、行业协会和商会要不断总结经验，改进和完善产业损害预警机制的功能，发挥产业损害预警机制的作用；尚未开展产业损害预警工作的地方商务主管部门、行业协会和商会，要根据各自的具体情况，确定工作思路，制定建立产业损害预警机制的实施方案和时间表。起步阶段，选择监测产品或服务应量力而行。条件成熟后，再逐步扩大监测范围。

开展产业损害预警工作的方法主要是：定量分析与定性分析相结合，重点监测与综合分析相结合，预警模型分析与专家分析相结合，预警信息日常发布与专题研究相结合。

工作步骤为：

（一）确定重点监测目录

确定监测产品或服务目录应主要考虑：

1. 本地区、本行业在全国占相当重要地位、且易受进口冲击的主导产品或服务。

2. 本地区、本行业具有比较优势，且对经济发展具有重要意义的产品或服务。

3. 规模虽较小，但涉及国计民生，且可能受国际市场影响的产品或服务。

4. 本地区、本行业规划中拟重点发展，目前尚属幼稚产业的产品或服务。

（二）建立监测指标体系

选择监测指标应突出以下要素：

1. 客观描述国际经济发展变化及其对国内产业的影响的指标。

2. 准确反映货物进出口、技术进出口和服务贸易的异常情况对国内产业的影响的指标。

3. 兼顾世界贸易组织规则以及我国相关法律法规中有关产业损害的指标。

4. 充分考虑与现行的统计指标体系的衔接。

（三）收集预警信息

1. 收集渠道

预警信息收集渠道主要有：国家有关部门；行业协会、商会等中介组织；数据公司以及科研院所等数据提供机构；抽样调查等其他渠道。

预警信息的获得应尽可能利用公开或商业信息渠道。如有必要，可采取抽样调查的办法，通过监测重点企业等方式加以补充。

2. 收集方式

预警信息的收集方式主要包括：采集公开信息；购买商业数据；抽样调查；监测企业自愿填报。

3. 抽样调查中重点监测企业样本的确定

对监测产品或服务，可确定若干重点监测企业，通过企业定期（如每季、每月）报送相关数据，获取信息。监测企业的选择应至少符合以下条件之一：一是在国内市场占有率较高；二是在行业内具有代表性；三是出口量较大；四是与本地区、本行业监测产品有关的主要流通企业、港口。

地方商务主管部门、行业协会和商会应与监测企业建立联络员制度。监测企业应确定专人负责，主动向预警监测部门提供有关监测数据。凡涉及企业商业秘密的数据，预警监测部门负有保密义务。

（四）建立科学的评价体系

1. 建立专家队伍

组织相对固定的专家队伍，对监测产品或服务中异常情况进行综合评价。专家队伍中应包括产业专家、贸易专家、法律专家和经济分析专家等。

2. 加强分析评估

对进口产品或服务，应着重分析其异常变化对本地区、本行业生产、经营、效益和可持续发展的影响，发现进口产品或服务可能对国内产业的损害或损害威胁的迹象，为国内产业及时运用贸易救济措施有效保护自己提供信息支撑。

对出口产品或服务，应着重分析其异常变化与国内相关产业结构的关系及对调整产业、产品或服务结构的影响。

有条件的地方商务主管部门、行业协会和商会可自行编制产业损害预警模型，通过定量计算的方法，对产业损害的状况进行量化分析。

（五）建立预警应急机制

根据对预警数据的分析评估，各地区、各行业应按现有分工模式或工作机制制定应对预案并组织实施。

对一般预警信息，包括国际经济、贸易发展变化情况、产业国际竞争力资讯以及相关预警动态信息，可通过商务部网站以及各地区、各行业相关媒体对外发布。也可以适时召开座谈会或研讨会、研究报告发布会等形式将预警信息反馈给相关行业和企业。

对重要的预警信息，各地方商务主管部门和行业组织应及时上报商务部，同时报送同级人民政府。根据应对预案的需要，选择适当的时机和适当的方式，通报涉及的行业和企业。对敏感商品预警信息的发布，要征求有关主管部门的意见。

三、分工与合作机制

在产业损害预警工作中，商务部与地方商务主管部门、行业协会和商会、WTO事务研究、咨询机构及有关企业应充分发挥各自优势，分工合作、共建共享。

（一）商务部

1. 根据国家“十一五”规划的总体要求和商务部编制“十一五”规划的工作安排，负责编制全国产业损害预警工作的总体方案，并组织实施。

2. 指导地方商务主管部门、行业协会和商会、有关企业编制本地、本行业、本企业产业损害预警机制建设方案。

3. 负责建立或合作建立重点敏感产品、重点行业的产业损害预警机制，必要时给予适当的技术和资金支持。

4. 指导或组织跨省市的区域性重点产业损害预警机制的建设工作。

5. 指导有关科研院所、WTO事务研究咨询机构等中介机构开展产业损害预警和产业国际竞争力调查与评价理论和方法研究。

6. 培训产业损害预警工作相关人员，组织预警机制建设经验交流。

7. 对各地区、各行业、各企业产业损害预警方案的编制和实施提供技术支持。例如，提供参考指标体系范例、产业损害预警模型编制的方法范例、产业损害评估的主要指标因素范例和相关产业损害预警信息等。

（二）地方商务主管部门、行业协会和商会

1. 在商务部的指导下，负责组织建立本地区、本行业的产业损害预警机制。

2. 负责设立或指定相应的机构及人员编制本地区、本行业的产业损害预警机制建设方案并组织实施。

3. 负责本地区、本行业产业损害预警系统的培训工作。

4. 受商务部委托，地方商务主管部门、行业协会和商会可开展部分重点敏感商品的区域或国别分析研究，或者对某一产业的竞争力状况进行分阶段的跟踪研究。也可根据需要自行委托中介机构对特定产品、特定国别的有关情况进行分析。

5. 及时向商务部反映本地区、本行业最新的产业、贸易、市场监测信息，有效地发挥产业损害预警机制在发展和保护国内产业方面的作用。

6. 条件成熟的地方，可针对涉及多省市的同类敏感产品开展跨省市的区域性产业损害预警机制建设试点工作。

7. 有条件的地方和行业，可开展与本地区、本行业相关的产业竞争力调查与评价工作。

（三）WTO 事务相关研究机构

1. 在商务部指导下，开展有关产业损害预警和产业国际竞争力调查与评价的理论和方法研究。

2. 接受地方商务主管部门委托，参与本地区产业损害预警机制建设工作。

3. 接受商务部委托，与地方商务主管部门配合，开展建立跨省市的区域性产业损害预警机制的可行性研究，参与试点建设工作。

4. 向商务主管部门报送有关产业损害预警和产业国际竞争力调查与评价的研究成果。

四、开展产业损害预警工作的条件保障

中央财政对商务部产业损害预警机制建设作了专项经费安排。地方商务主管部门应积极争取本级财政部门在年度预算中增列产业损害预警专项经费。同时，在原有业务经费中适当安排产业损害预警机制建设的专项费用。

地方商务主管部门、行业协会和商会应为产业损害预警工作配备用于统计、分析的计算机以及上网设备等必要的硬件及软件。

五、有关企业可参照本指导意见，积极开展本企业产业损害预警机制建设工作。

中华人民共和国商务部

二〇〇五年四月二十五日

第八章 展览实务

第一部分 典型案例

产业优势是支撑会展成功的大树

作为世界第二大石材制品出口国、第五大天然石材进口国，中国的石材进出口贸易额占世界的16%，而以厦门及其周边地区为主要生产基地的福建省是全国第一石材大省。厦门有近500家从事石材进出口贸易的企业，其中专业出口企业、贸易公司300多家，周边地区的石材加工企业有4000多家，石材科研单位和机械设备等配套企业百余家。厦门能够成为我国最大的石材贸易基地，关键是周边（特别是泉州）有庞大的产业支撑。而厦门国际石材展能够有声有色地办了四届，也是靠着产业这棵“大树”。如何更好地发挥“整合资源的龙头”优势？如何进一步利用资源打造各种专业展会？如何才能成为展会成功的引导者？这些正是厦门会展业人士面临的新问题。为此，笔者采访了厦门国际石材展览会的主要策划和承办者——厦门伟业达展览有限公司总经理赖国香先生。

据了解，厦门周边的4000多家石材加工企业主要分布在泉州，泉州的惠安、水头等石材重镇也在搞石材展览，而且泉州的优势也不少，是国际花园城市、历史文化名城、民营工业重镇。那么，为什么石材展会落户厦门，而不是泉州呢？

赖国香解释：首先，厦门有口岸优势，许多泉州石材企业在厦门设立了公司，作为它们对外的窗口；其次，厦门的硬件条件可以说是一流的，有一流的会展中心，有美丽的风景，吃住便利，交通发达，国外买家很喜欢厦门。厦门有如此密集的国际航线，这对我们办好国际展会是一个重要优势。我到过一些国家参加石材展，一问外国客商，大部分都知道或来过厦门，城市的国际化和影响力也很重要。另外，市场的力量是无穷的，客商到厦门参展一定要有满意的收获，这才是最重要的。上届石材展现场成交就达6亿元人民币。厦门国际石材展的展位从100多个、200多个上升到2004年的500多个，这说明展会为客商们带来了很好的效益；最后，要有专业的服务。会展公司的水平也会影响当地的会展业水平。

赖国香也承认：我们是在了解到厦门和周边有这个产业优势后才创办石材展的，但刚开始较难，经过我们不断的宣传解释，商家就慢慢接受了。我们还在国外的许多专业石材刊物做广告，在一些国外的石材展上做宣传、招商，就是这样一步步做起来的。我们牵线搭桥，商家互利互惠，尝到甜头，大家就来得更勤了，像泉州的宏日，原来就1个展位，2004年订了10个。非矿、万里石都订了20来个。2004年第四届展会的展位有1/3是厦门企业定的，1/3是泉州企业，另外1/3是省外和国外的。而随着厦门国际石材展影响力的上升，我们会越来越占据主动位置。

在谈到与北京、上海两大石材展相比，厦门国际石材展有何特色和优势时，赖国香认为：北京和上海的石材展主要以内销为主，因为当地建筑业不断升温，板材等石材用量很大。厦门的石材展则是进出口相结合的，比如我们展出的墓碑制品，主要就销往日本和韩国。所以，我们的目标是打造中国进出口石材第一大展。那时，展位要达到1000个，境外的客商要更多，影响力要更大。而福建的石材商也非常支持我们的展会，因为在厦门办展，老板们最舒服，全世界的人都来我们家门口买石头，这多好。有一次我去德国纽伦堡参观石材展，碰到一些参展的泉州老板，他们都自己搬石头样品，因为一个企业一般就两三个人参展，国外的临时工很不好雇，有几个老板就因为搬石头扭了腰，躺在床上“唉唉”叫。而且，由于路途遥远，我们这边的企业去国外参展也只能带少数的样品，不能充分展示企业和产品。如果厦门有这样一个石材展，受益的首先是他们。

赖国香还特别提到，厦门正在积极培育专业展会，以壮大厦门的会展经济，够资格的专业展最高可获50万元资助。不仅如此，厦门市贸发局还主动加入主办方为我们“撑腰”，起组织策划的作用，展会从筹备到办展完全走市场化和企业化的路子。这增强了展会的号召力和参展企业的信心。此外，相关行业协会一起进来当主办单位，也能够进一步激发行业的积极性。我们相信，有政府的大力支持，厦门会出现更高水平、资金实力更加雄厚的专业会展公司，周边的资源会进一步被开发和激活，在厦门举办的国际性、专业性的新展会也会更多、更好。

——《国际商报》许志川

展会是知识产权保护的重要窗口

中国国际家用纺织品及辅料博览会发布知识产权保护“上海宣言”

在第11届中国国际家用纺织品及辅料博览会（2005年8月23日）在上海举行之际，我国首次由行业协会发起、我国企业踊跃参与的知识产权宣言——《中国国际家用纺织品及辅料博览会关于知识产权保护的上海宣言》也在展览会期间正式发布。

知识产权保护迫在眉睫

“2005年以来，包括欧美在内的多个国家、地区，利用保障措施等手段频繁地对我国纺织品出口实施限制措施，阻碍了我国纺织品的出口，损害了我国纺织服装企业的切身利益。面对某些国家对我国纺织品实施的贸易保护主义措施，我们一方面要积极应对、在国际贸易的舞台上据理力争，更重要的还是要加快我国纺织工业的产业升级，提高我国纺织产品的产品档次，从而真正提升纺织企业的竞争力，使中国的纺织企业在国际竞争中立于不败之地。要做到这一点，加强知识产权保护、鼓励企业提高自主创新能力、培育企业的自主设计能力和自有品牌，就成为促进我国纺织工业产业升级的重要举措。”中国家纺行业协会理事长杨东辉谈到，“在国际贸易大环境对我国纺织品存在诸多不利的今天，作为纺织工业的重要行业之一的家用纺织品行业应该充分认识到只有提高企业的原创能力，才能促使企业生产出更多具有高附加值的产品，从而使中国企业真正走上以“质”取胜的道路；而只有切实加强知识产权保护，才能促进企业原创能力的提高。”

中国家用纺织品行业知识产权水平的提高，将不仅仅促进家用纺织品一个行业的升级，还将大大推动我国纺织工业全行业的发展，提升整个纺织工业的竞争力。因此，加强知识产权的保护，是我国家用纺织品行业自身发展的需要，也是我国纺织工业整体产业升级的要求。

知识产权保护已深入人心

中国的家用纺织品行业经过近几十年，特别是近几年的发展，无论从行业规模上，生产产值上，出口贸易上，都取得了突飞猛进的发展。中国的家用纺织品企业的设计能力和原创水平也在不断提高。越来越多的企业更加重视产品设计，更加重视企业的创新能力。企业拥有了自主知识产权，也是企业自觉地维护知识产权、加强知识产权保护的原动力。应当说，在最近几年里，要求加强知识产权保护的呼声已经不仅仅来自国外同行，越来越多的中国家用纺织品企业也逐渐认识到知识产权保护的重要性。

然而，在国际环境不太理想的今天，知识产权保护已经不能仅仅停留在单个企业的个别行为层面上，而应当是中国家用纺织品行业全行业的共同行为。“我们在今年的家纺展期间推出知识产权保护宣言，就是要造成一个家纺企业加强自律、互相监督的良好氛围，使家纺企业进一步深化这种知识产权保护意识，努力把知识产权保护变成每个家用纺织品企业的自觉行为。”杨理事长说。

展会是知识产权保护窗口

说到知识产权保护其实包含两方面内容：一方面充分遵守与知识产权有关的法律法规，另一方面要学会善于利用知识产权制度保护自己，维护自己所有的知识产权，从而促进自身原创设计能力的不断提高。

知识产权作为一种无形财产，长期以来在国际贸易中就受到高度的关注。不仅产品设计者或者知识产权拥有者不能容忍任意侵犯其知识产权的现象，采购商、特别是国际采购商也会要求购买的产品没有侵犯他人的知识产权。应该说，知识产权和技术标准、社会责任标准等等，已经成为采购商是否决定采购某种商品的重要原则。

“在国际贸易高度发达、纺织品服装产品在我国对外贸易发展中占有重要地位的今天，家纺展应该不仅仅满足于单纯地为参展商展示商品提供服务，更重要的是还要进一步提升展览会的形象，使我们的展览会真正成为符合国际贸易各种规则与惯例的国际贸易的桥梁，而非简单的商品买卖平台。作为主办方，当然要求参展商展示出来的是符合知识产权要求等各项标准的产品。因为这样的商品才是今后国际贸易的主要对象，为这样的商品提供充分的展示机会才能促进健康、有序、公平的国际贸易。”中国贸促会纺织行业分会秘书长杨兆华说，“为此，我们深刻地体会到展览会已经成为展示我国知识产权保护状况、加强知识产权保护的重要窗口。”

“随着我国国内企业自主创新能力的提高和知识产权意识的加强，展览会期间的知识产权保护状况不仅受到海外企业、也日益受到国内企业的关注。我们选择在家纺展举行期间发表《中国国际家用纺织品及辅料博览会关于知识产权保护的上海宣言》，就是要向中外参展商以及专业观众，乃至国内外纺织业界的同行们表明我们作为展览会主办方的鲜明态度：我们坚决反对任何侵犯知识产权的行为，在展览会期间我们会努力维护参展商、专业观众的知识产权。我们通过展览会要向国内外纺织业界展示的，不仅仅是设计优美、质量上乘的产品，我们还要展示出中国良好的知识产权保护环境和公平的贸易环境，树立中国纺织业界保护知识产权的良好形象，增强国外同行在中国开拓贸易领域的信心。”

杨兆华还特别强调，中国对于知识产权保护的法律体系是比较完善的。近几年来，中国通过司法及行政渠道，加大了对于知识产权违法行为的执法力度，有力地维护了知识产权所有人的合法权益。无论是海外参展商、还是国内参展商，都应当有理由相信：他们的知识产权是可以在展览会期间得到充分保护的。

相关链接

中国国际家用纺织品及辅料博览会
关于知识产权保护的上海宣言

家用纺织品行业在中国纺织工业的发展中占有重要地位。家用纺织品是艺术性与实用性完美结合的纺织最终产品。中国家用纺织品行业通过向消费者提供设计优美、质量上乘的家用纺织品，为改善消费者的居住环境做出贡献。因此，中国家用纺织品行业深刻认识到知识产权对于保护家用纺织品原创设计的重要性，知识产权保护对于中国家用纺织品行业的长远发展具有特别重要的意义。

值此第11届中国国际家用纺织品及辅料博览会召开之际，展览会的主办方：中国家用纺织品行业协会、中国国际贸易促进委员会纺织行业分会、法兰克福展览（香港）有限公司，召集本届展览会的参展商，聚首上海，并郑重宣示：

一、知识产权保护关系到中国家用纺织品行业的长远发展，中国家用纺织品行业尊重并维护知识产权，反对任何侵犯知识产权的行为；

二、中国家用纺织品企业遵守中国与知识产权有关的法律、法规及规章，遵守中国已参加的与知识产权有关的国际公约；

三、遵守在中国境内外举办的展览会有关知识产权保护的规则，杜绝在展览会期间侵犯他人知识产权的行为，不展出侵犯他人知识产权的产品；

四、中国家用纺织品企业之间加强行业自律、互相监督、共同推动知识产权保护工作；

五、在家用纺织品行业中深入贯彻企业自主创新原则，通过组织家用纺织品设计大赛等形式，鼓励对产品的原创设计，积极推进品牌战略的实施，维护公平的市场竞争环境，保护企业的自有知识产权；

六、充分利用展览会期间家用纺织品企业集中的机会，开展知识产权的宣传、普及、教育工作，强化企业的知识产权意识，努力使尊重知识产权、维护知识产权成为企业的自觉行为；

七、在保护知识产权的同时，促进公平自由贸易的发展；

八、加强中国家用纺织品企业与外国同行在知识产权方面的交流与合作。

——《国际商报》夏小云

第二部分 展台设计、搭建

如何把“小空间”变成“大展台”

在一些大型展会上或场馆中，常有某些参展企业分摊到较小的展示空间，加上照明或采光等不足，给展台的设计增加了很大难度。这就需要展台设计师想方设法改变不利条件和因素，否则将导致整个展示活动的失败。如何利用现有的不利条件而取得较好的展示效果呢？

首先，设计师要像建筑师一样，具有空间的设计、组织与驾驭的技能，使小空间变“大”。具体可采用以下几种方法：

1. 为使展位“亮”起来，可采用灯箱式结构。

采用K8系统（八棱柱展架）或三通插接式框架结构，镶装白色有机玻璃，内部安装直管型荧光灯，可使展位通体透明，令人感到轻巧明快，且展位形象突出，可吸引观众注意力。

2. 展厅环境可采用整体照片和局部照片相结合的方式。

如展厅较矮，可在顶棚上安装成组的栅灯排成行或方格网。或使用槽灯照明方式照亮顶棚。还可使用直管型荧光灯做成大面积的发光顶棚。更可运用先进的“场致发光”照明技术，使整个场地的天棚、墙面和地面都亮起来。此外，在靠墙展柜的背部和底部，在展台的下部，也加装直管型荧光灯或霓虹灯。这样，展台会令人感觉比较宽阔、高大，改变原来的压抑、沉闷感。

3. 空间界面和展示通道宜选白色或浅靓色。

白色或浅靓色用于墙棚表面，会增大空间的宽阔感。而用深重色彩，会令人感到空间狭小、心情憋闷忧郁。

4. 在展位造型设计上采用小尺度。

在较小的展示空间中，绝不可将展位形体和展示道具搞得过大，而应与展示空间的尺度相协调。在尺度选定上应以上体尺度的依据，要让观众感到亲切舒适。

5. 减少展示道具的数量。

展厅小，展品陈列密度一定要小，而通道则要宽大，以保证观众的人身安全并使展厅显得宽阔。

6. 展品摆放造型要简洁和整体性强。

不论是展位形象，还是展品等道具的外型，要尽量的“整”和“简”，绝对避免繁杂和琐碎的造型，一定要鲜明、简洁、大方，让人看后心情舒畅。这一点尤为重要。

7. 不用或少用装饰纹样。

展厅小，不宜使用许多大尺度和色彩浓重强烈的图案纹饰，因为这些纹样的衬托会让人感觉展厅“变”得更小，并会喧宾夺主。可用一点儿单独纹样（如标志、题花、尾花等）。如果非用大面积图案不可，则一定要选用小碎花图案，而且色彩要浅。

8. 采用少而精和重点突出的手法。

小空间里的展示，一定要精选展品，选最典型最具代表性的；而且对这些展品也应区别对待、主次分明，在展示方式、衬色选择、照明质量和艺术手法上，也应有所区别，而不能是千篇一律的形式。

——《展览通讯》

第九章 大事记

2004年

十月

10月13日，国务院院总理温家宝签署第422号国务院令，公布《世界博览会标志保护条例》。条例自2004年12月1日起施行。本条例的制定是为了加强对世界博览会标志的保护，维护世界博览会标志权利人的合法权益。条例界定了世界博览会标志、标志权利人、权利人的专有权、标志的商业目的使用等概念。这是我国第一个有关世博会标志保护的条例，对于2010年上海世博会的成功举办有着举足轻重的作用。

十一月

11月，经国务院国有资产监督管理委员会相关部门和民政部批准，中国展览馆协会下设的三个专业委员会：组展专业委员会、展览工程专业委员会和展览理论研究委员会成立。

11月3～6日，中国一东盟博览会在广西南宁成功举办，博览会期间累计贸易成交额10.3亿美元，共签订涉外投资项目129个，总投资49.68亿美元，签订国内合作项目102个，总投资475.4亿人民币，接待国内外观众30万人次。这标志着中国与东盟贸易区会展平台的成功打造，同时南宁成为欠发达地区发展会展经济的一个前瞻性的舞台。

11月6日，一篇“谁为会展中心5000万损失负责”文章的发表，透露了新建落成的深圳会议展览中心，经过审计表明其由于此前三次迁址，造成直接损失4975万元。随着国家加大对重点大项目的审计工作，展馆作为投资比较大的项目，自然受到关注，深圳会议展览中心作为展馆领域造成直接经济损失的主要原因是政策没有延续性、规划不科学、决策层具有太大的随意性。此举再次引起业内的关注。

11月18日，国家发改委核准批复了北京奥林匹克公园（B区）国家会议中心建设项目可行性研究报告。批准项目总建筑面积27万平方米，其中奥运比赛场馆及媒体转播面积20.8万平方米。国家会议中心分为若干个会议及展览场馆，原则上展览场馆在北京2008年奥运会期间将分别用作乒乓球、击剑与现代五项、摔跤、羽毛球4个比赛用场地。会议中心的建设总投资估算为21亿元人民币，其资金来源由招标确定的项目法人自筹解决。奥运会后，会议中心将作为北京市重要的会议和展览场所，目前项目法人为北辰实业和北京住总集团。

11月19日，日本康格株式会社在上海成立的康格会展（上海）有限公司正式投入运营。这是自商务部令2004年第1号《设立外商投资会议展览公司暂行规定》生效后，第一个在中国境内设立的外国独资会展公司。

11月25～26日，在泰国曼谷举行的国际展览业协会（UFI）第71届年会上，我国资深展览专家陈若薇女士以全票当选该协会亚洲区主席，随后又直接升任UFI的副主席，这是我国展览界第一位担任国际展览业协会中的高级领导职位，也是继吴建民当选国际展览局主席之后登上国际知名展览组织高层的又一位中国人。

十二月

12月1日，经国务院第66次常务会议通过的《世界博览会标志保护条例》正式实施，这也是世博会150多年历史上对世博标志进行的第一个专门立法。实施后，未经世界博览会标志权利人许可，以商业目的（含潜在商业目的）使用世界博览会标志属于违规。

12月13日，首起涉及中国2010年上海世博会的侵权案，由上海市第二中级人民法院作出一审判决。判决要求被告方上海弘辉房地产开发有限公司立即停止侵权行为，并作出相应赔偿。

12月16日，国际展览局第136次成员国代表大会在法国巴黎举行，新任上海世博会中国政府总代表华君铎首次亮相，中国贸促会副会长于平就上海世博会2004年的筹办工作做了总体介绍；中国驻国际展览局代表、上海世博局副局长周汉民向大会做主题陈述。

12月16日，由中德4方组建的上海新国际博览中心公司宣布投资6600万美元，进行第四轮扩建，到2006年这个上海最大展馆的面积将超过20万平方米，而到2010年，上海新国际博览中心的总面积将达到33万平方米，其中20万平方米室内展览面积，13万平方米为室外展览面积。

12月26日，印度尼西亚苏门答腊岛以北海域当地时间26日上午8时58分发生里氏8.7级近半个世纪以来人类历史上强度最大的地震，并引发海啸，印度洋沿岸12个国家受波及，造成重大人员伤亡。

美国地质调查局已经根据震级把此次地震列为有纪录以来的第五大地震。

二OO五年

一月

1月20日中新网电，全球在海啸中遇难人数已达226566人。

三月

3月15日，上海市人民政府令第47号发布《上海市展览业管理办法》。

3月25日～9月25日，中国参加日本爱知世博会。中国馆的主题为“自然、城市、和谐——生活的艺术”。

四～五月

4月25日～5月2日，中国国民党主席连战一行访问大陆，到南京、西安、北京、上海，期间与中共中央总书记胡锦涛会谈，两党主要领导人在时隔60年后再度握手，并共同发布了“两岸和平发展共同愿景”。这是两党关系史上的重大事件，也是两岸关系史上的重大事件，具有重大的历史和现实意义。受到万众瞩目，得到绝大多数中国人的支持和拥护，获得了国际社会舆论的充分肯定。

5月5～13日，中国亲民党主席宋楚渝一行访问大陆，到西安、南京、上海、长沙、北京。期间与中共中央总书记胡锦涛会谈，并发表了会谈公告，具有重大的历史和现实意义。

2005年5月16～18日，第九届《财富》全球论坛在北京举行，这是财富全球论坛第三次选址中国。17日，2005年北京《财富》全球论坛在北京钓鱼台国宾馆开始为期两天的大会议程，就“中国与新的亚洲世纪”这一主题展开讨论。

六月

6月2日，中国外长李肇星和俄罗斯外长拉夫罗在俄远东城市符拉迪沃斯托克市代表中俄两国政府共同签署了“互换《中华人民共和国和俄罗斯联邦关于中俄国界东段的补充协议》批准书的证书”，并交换批准书和证书。这标志着两国彻底解决了所有历史遗留的边界问题。

七月

7月6～13日，台湾新党纪念抗战胜利60周年大陆访问团郁慕明一行先后到广州、南京、大连和北京等地进行了访问。期间与中共中央总书记胡锦涛会谈。

第十章 业界动态

乌洽会成立名优企业协会

作为乌洽会参展企业中的精英，大批名优企业终于在乌洽会找到了“家”。2004年8月11日，为参会企业品牌建设和推广工作服务的社团服务机构——乌洽会名优企业协会成立。

据悉，成功举办了12届的乌洽会，已吸引了70多个国家和地区的客商以及国内30多个省区市的上万家企业参会参展，成为新疆会展经济的龙头会展。为进一步加强参会企业的交流与合作，加快品牌建设工程的力度，乌洽会组委会决定成立名优企业协会。此举受到了参会企业的欢迎，有80多家企业向协会提交了入会申请，经过筛选，确定了近60家企业为正式会员。据介绍，今后，乌洽会名优企业协会将每年组织乌洽会参展企业的“名优企业”“名优产品”的评选活动，在乌洽会网站开设“乌洽会名优企业”网页，组织对名优企业、名优产品的广告宣传、个性策划、品牌建设和产品推介等系列宣传活动。

中国首次承办世界广告大会

第39届世界广告大会于2004年9月7～10日在北京国际会议中心和军事博物馆召开。据介绍，世界广告大会由国际广告协会举办，每两年在世界不同国家和地区举行一次，被誉为世界广告界的“奥林匹克”。此次是中国首次获得该大会的主办权。大会邀请全球知名业界专家学者以及几十个国家和地区近千名代表汇聚北京。与往届大会不同的是，中国政府还增设了企业商务交流会，为中外企业的交流和合作搭建平台。

沈阳世园会规划揭开面纱

2004年9月2日，沈阳获得2006世界园艺博览会的承办权，时间为2006年5月1日～10月31日举办。沈阳市政府公布了“2006世界园艺博览会”的筹办情况，并描绘了“世园会”的美好蓝图。据了解，“世园会”的建设包含两大板块（园艺观赏区和休闲娱乐区），由四大部分（园艺展示、休闲娱乐、综合服务、展会活动）组成。

园艺展示是“世园会”的主体和核心，包括园区主入口广场、两个室外园区、两个室内展馆、20个专题园以及特色花街和绿谷。两个室外园区中，国际园区由20个国家的风情园组成，包括越南、意大利、韩国、日本、英国、荷兰、美国等，总面积8万平方米，每个园3000～5000平方米。在风情园中将建设有该国特色的园林、建筑、变化多样的水景雕塑等园林小品、特色整形树木和图案式花卉。国内园区总面积10万平方米，分两条线建造20个风情园，一条线以民族风情为主，展出各地，特别是北方地区最有特色的园林形式和园艺植物，充分体现民族风情特点；另一条线是以园林发展史为主，仿建国内不同地域特色的经典园林，充分展示中国传统的园林艺术和灿烂的文化。

两个室内展馆中，综合馆建筑面积1万平方米，内含国内、国际和科技三大展区。国内、国际展区集中展示各国、各地时尚园艺精品、珍稀植物和特色园艺产品。科技展区通过图片、文字、电子平台、造型平台、精品柜等，结合实际操作，进行园艺工艺过程、园林技术的展示。

另一个馆为大型观赏温室（热带雨林馆）。建筑面积1.5万平方米，主要展示热带雨林、亚热带花卉、高山植被和沙漠植物等，展示品种可达4000多种（植物园现有2000多种）。

而为了迎接2006沈阳世界园艺博览会，沈阳市将重点进行绿化工程、环境工程及水系工程3方面的建设，力争用两年的时间打造成生态环保城市。其中，绿化工程将是这3个工程的重中之重。经过2003年的铺绿及2004年上半年的绿化建设，目前沈阳市绿化覆盖率已经达到40%，绿地率达到35%，实现人均占有绿地10平方米，森林城市框架已经形成。

相关链接

2006年沈阳世界园艺博览会是世界园艺生产者协会批准的A2+B1级专业国际展地，即短期国际博览会与由国际企业参加的长期国内博览会相结合。

主办单位为中国贸促会、中国花卉协会和辽宁省政府，由沈阳市政府承办。此次沈阳“世园会”的主题是“我们与自然和谐共生”。

“世园会”会址在沈阳棋盘山风景区，该区面积190平方公里，以沈阳植物园已建成的南区和正在开发建设的北区为核心区进行建设，并向东、南方向拓展，总规划面积大于5平方公里，是历次“世园会”中占地规模最大的。

世界园艺博览会是由国际园艺花卉行业组织——国际园艺者协会批准举办的专业性国际展会。世界园艺博览会共举办了17次，多数在欧美发达国家举办，亚洲仅有中国的昆明和日本的大阪、仙台举办过。

中国国际通信展成为UFI会员

2004年10月6日从国际博览会联盟（UFI）获悉，“中国国际通信设备技术展览会”已通过认证，成为全球展览业协会的成员展览会之一。

国际博览会联盟（UFI）是博览会/展览会行业惟一的世界性组织，是全球展览界最具权威和影响力的行业组织。目前我国被UFI接纳为会员的单位或展览会总数为21个。中国国际通信设备技术展览会是目前在我国举办的通信展中惟一成为全球展览业协会会员的展览会。加入UFI是“中国国际通信设备技术展览会”发展历程中的里程碑，是实现通信展国际化的重要步骤。

中国国际通信设备技术展览会始终与中国经济腾飞和信息产业持续、快速、健康发展同步前行。自创办以来，一直是中国信息通信领域规模最大、最具影响力的展览会。进入21世纪后，更成为亚洲和世界规模最大的国际信息通信展览会之一，是运营商、技术和设备供应商、系统集成商、终端制造商、互联网服务及内容提供商、媒体、分销商和广大消费者共同参与的盛会。

为使会展英才腾跃 海谊出资百万助学

贫困大学生因无力支付学费，上学难的问题牵动着社会各界的心。一些有远见的企业主动承担起济困助学的责任，为“天之骄子”铺设成才路贡献应有力量。2004年9月16日，著名民营企业——厦门海谊机构发起“百万元济困助学活动”，为贫困学生就读目前我国惟一一所会展专业的高等院校——厦门国际会展职业学院提供资助。该活动由厦门海谊机构出资100万元人民币，面向全国，资助贫困学生就读厦门国际会展职业学院，三年学习期间的全部学费由海谊来承担；每个专业10名，共有30个名额。受资助对象主要是品学兼优、因家庭经济困难无法上大学的应、往届高中毕业生。同时该学院设立“海谊奖学金”、“海谊助学金”。此举引起社会上积极反响，对于素质与成绩兼优却因贫困无法上大学、而又有志于在亟需人才的新兴产业——会展业展露身手的学子们，无疑是一个福音。

据统计，全国每年约280万高校毕业生中，有近1/3的学生未能找到工作。而另一方面，会议展览业作为21世纪高速发展的新兴产业，却面临专业人才奇缺的问题。会展人才供需矛盾十分突出。

此次活动一方面是响应教育部“不让一个贫困生因贫困失学”的通知，为贫困生求学提供资助；另一方面也是致力于解决会展业的人才奇缺问题，为会展业输送更多高素质人才。

广东现代国际展览中心（GDE）加入UFI

2004年9月27日在意大利里米尼举行的全球展览业协会（UFI）会议上，UFI理事会同意广东现代国际展览中心（GDE）加入UFI，成为UFI展览中心类别的正式会员。这是厚街创建展览名镇工作的又一里程碑。

位于珠三角腹地、一小时经济圈中心的广东现代国际展览中心能加入UFI，是因为它具备有良好的展馆硬件条件、专业化服务，而其所在地厚街又具有良好的区位优势、交通条件、配套设施。自2002年以来成功举办的多个大型国际性展会证明了广东现代国际展览中心已具备举办规模国际展的能力。

厦门会展中心加盟国际展览联盟

厦门国际会展中心于2004年10月份通过了国际展览联盟（UFI）理事会的审核，成为我国第6个以展览馆身份加盟该联盟的会展单位。这意味着厦门国际会展中心的设施和服务得到国际权威机构认同，有望在今后承接更多国际性会展。

据介绍，厦门国际会展中心目前的软硬件水平在国内属于一流，其建筑面积16万平方米，室内展区面积4.7万平方米，两翼各有一个跨度为（81 × 81）米的无柱展区，设2200个国际标准展位，室外展区面积5.6万平方米，前广场可设近千个国际标准露天展位。配套设施包括20余间中高档会议室，以及会展广场、四星级酒店、餐饮中心等。

自2000年9月建成投入使用以来，厦门国际会展中心已成功举办了100多个国际性和全国性展会，其中“中国投资贸易洽谈会”、“厦门对台商品交易会”、“厦门礼品展”、“厦门石材展”、“厦门体博会”等大型综合性展会已扎根于厦门会展中心。

高交会参展团组签署公约 共同承诺保护知识产权

2004年10月15日，参加第六届中国国际高新技术成果交易会的106家参展团组就知识产权保护的原则性问题达成共识，并在中国国际高新技术成果交易会保护知识产权深圳公约上签名，郑重承诺保护知识产权从我做起，倡议全社会保护知识产权。

在公约中，参展团组共同认为，作为致力于中国科技“第一品牌”、“第一权威”的展览会，高交会更需要一流的知识产权氛围，更需要强有力的知识产权保护措施。为此，参展团组承诺：在组团参加高交会以及高交会期间的所有展示、交易、交流等活动中，高度重视知识产权保护，严格遵守知识产权法律的要求，遵守《高交会保护知识产权管理规定》，不侵犯他人知识产权。

高新技术成果从来都是与自主知识产权紧密相连。据了解，第五届高交会所有参展项目中近50%申请了专利，30%获得了专利权，并且大部分有独立的品牌。作为高科技创新成果展示交易重要舞台的高交会，也一直把知识产权的保护纳入工作范围。

组委会从招组展、选择项目的前期阶段就进行有关知识产权的审理，同时现场还设立知识产权办公室，如有投诉及时处理。本届高交会知识产权保护工作比历年更加法制化、规范化、程序化，已经在全过程形成了一个紧密的“保护链”，侵犯他人知识产权的现象越来越少。到目前为止，高交会知识产权保护现场办公室仅接到一起有关知识产权侵权行为的举报。

高交会自1999年成功举办第一届以来，经过5年的发展，已成为在国际上颇具影响力的大型科技成果交易盛会。保护知识产权公约的签署，进一步完善了高交会的知识产权制度，并为高新技术产业创造了更加良好的发展环境。

新展集团签约管理天津滨海会展中心

2004年10月15日，新加坡国际会展集团博览中心有限公司就管理天津滨海国际会展中心与天津泰达集团签订协议。这是它首次在海外达成这种管理协议。根据协议，新展集团将会负责天津滨海国际会展中心的整体管理，包括全球市场，广告及促销，也包括展馆中举办的展览。

天津滨海国际会展中心位于天津开发区，该区是中国北方最活跃最成功的经济特区之一，它和毗邻的天津港、天津港保税区一起成为了一个商业枢纽。该区域日臻完善的投资环境为国内外贸易商所看重。天津滨海国际会展中心的一层展览面积有2.4万平方米，同时拥有现代的、可灵活应用的会议室、室外展场及其他配套设施。

天津开发区希望通过有利于区域成长的展览来创造新的商业机遇。泰达集团总经理孟群表示，这个区域的潜力以及展览业扮演的重要角色预示了新展集团和泰达设置的合作将实现双赢。他认为，新加坡对展馆有着很高的管理水准，而且其展览服务业也在全球范围内以组织有序著称。通过此次与新展集团的合作，泰达集团将能够根据国际水准在滨海国际展览中心来建立自己的展览商业。

新展集团博览中心有限公司有着25年以上的展馆管理的经验。自从1999年管理新加坡的博览中心以来，已经将它成功地塑造成一个多功能展馆，每年大约有超过350项的各类展会在中心开展，吸引了约2500万国内外观众。新展集团总经理薛国明先生表示，新展集团致力于以好的成长潜力来“创造市场”，天津滨海国际会展中心给新展集团提供了一个接近新型成长区域的绝好机会。集团将会对该会展中心的展馆管理、国际展览推介和其他与展览相关的事务提供全方位的一整套解决方案。

上海世博会园区倒计时屏启动

2004年10月29日，上海世博会园区倒计时屏启动仪式在黄浦江畔的2010年世博会规划园区内举行。当时，距离2010年上海世博会正式开幕还有2010天。

全球展览业协会
吸收广东现代国展中心为会员

2004年11月，广东现代国际展览中心已正式被全球展览业协会（UFI）吸收为会员。这是继广东高交会展馆被UFI接纳后，广东省第二个加入UFI的展览中心。

UFI总部位于法国巴黎，截至2004年8月，UFI所拥有的256个正式会员来自世界72个国家的155个城市。全球著名的展览集团如英国励展集团、德国法兰克福、科隆、慕尼黑展览集团等机构都是UFI的会员。目前，中国共有27个UFI会员单位，其中8家是展览中心。

广东现代国际展览中心拥有面积7.4万平方米，可设3000个标准展位，是亚洲单体最大的展馆之一，已成功举办过12届国际名家具（东莞）展。每年都吸引着来自全世界各地上万名的国际专业买家来参观。

香港会展企业首进成都

2004年11月13日，搭乘CEPA（《内地与香港关于建立更紧密经贸关系安排》）快车，香港会展业“老大”——建发国际控股有限公司已率先抢滩四川。据悉，此次是建发国际继北京、上海之后，在内地市场成立的第三家分公司，同时也是首家进入国内西部市场的香港展览公司。建发（四川）展览有限公司正式运作后，将把其美洲、欧洲及亚洲的客户带到四川，促进四川资源的开发和产品进出口业务的高速发展。

建发国际有关负责人认为，西部有着巨大的会展市场空间还未开发，这对建发吸引力很大。业内人士表示。由于建发国际擅长的就是展会管理并采用先进的展会运作模式，所以建发国际进入成都，对整个西部会展经济的发展肯定会有个比较大的推动作用，西部一些不太规范的会展公司将会在市场的进化过程当中被淘汰。同时，建发将把全新的展览服务理念带入四川。据介绍，香港建发在展会期间，服务相当细致，从邀请、订机票、酒店预订都有一系列的跟进式服务，甚至从机场到展馆也有专车接送，对每一个买家和生产商、参展商都建立电子档案等。

业内人士也表示，经过近年来中国会展市场的调整，建发国际进入西部市场，表明了中国会展区域分布在3年内将集中整合，我国群雄逐鹿的会展市场格局将会被转化为东南西北分别以上海、广州、成都、北京为中心的四角分布格局状态。

德国展览集团将参与武汉博览中心后期管理

从2004年11月26日结束的武汉会展业论坛获悉，全球最大的博览集团——德国展览集团，将参与武汉王家墩博览中心的前期建设咨询和后期管理。

武汉目前每年有会展120个。德国展览集团集团副总裁艾欧恒指出，会展行业竞争激烈，将来会展的格局是，高质量的品牌展会发展得很好，而其他定位不明确的“大杂烩”展会，将很快会从市场上消失。武汉会展数量众多但规模不大，缺少有影响力的品牌展会，质量有待“去粗取精”。德国展览集团进入武汉，一些国际品牌展会将追随该公司把视野投向武汉。

艾欧恒说，武汉工业基础好，电子、汽车工业都很强大，可开展以此为主题的特色品牌会展，吸引国际力量参与。

据了解，该集团在上海投资建设新国际博览中心，因效益良好不断扩建，展位净面积已从2001年的4.5万平方米，即将扩大到10万平方米，未来将扩大到20万平方米。

上海世博会会徽诞生

一个由三人合臂相拥而成的中国传统汉字“世”，于2004年11月29日作为中国2010年上海世博会的中标会徽向世界亮相。

上海世博会会徽形似汉字“世”，在中文里可理解成“世界”，也有“世博会”的含义。“世”与数字“2010”以及英文书写的“EXPO”、“SHANG－HAICHINA”巧妙组合，表现出强烈的中西合璧、多元文化和谐融合的意境，绿色的基调富有生命活力和创造激情。

设计者邵宏庚说：“三个人可以抽象概括为由‘你、我、他’组成的全人类。我希望用中国的国粹书法表达出世博会‘理解、沟通、欢聚、合作’的理念，传达出上海世博会是一次全人类的和平盛会的信息。”

上海世博会中国政府总代表初定华君铎

中国外交部部长助理沈国放2004年11月29日在上海表示，现任中国驻印度大使华君铎已被提名为“上海世博会中国政府总代表”人选。

根据《国际展览会公约》，注册类世界博览会的举办国政府应任命一名世博会政府总代表，授权其代表政府处理与国际展览局有关的一切事务及与展览会有关的各项事宜。其人选最终确定后将以确认函的形式通报国展局秘书处及各成员国。

据悉，“上海世博会中国政府总代表”的职责是就上海世博会开展对外宣传和游说；处理各国和国际组织参展的有关事宜；负责保证及时兑现对参展者做出的承诺；世博会筹办期间保证国展局规章的实施；处理世博会开幕期间的重大事宜；负责协调和仲裁各参展方与主办方之间及各参展方之间的争议等。

河南会展行业组成“诚信联盟”公布诚信宣言

2004年12月2日下午，河南省会展业商会100多家会员单位及相关行业协会、商会、学会，相关会展服务单位负责人齐聚一堂，宣布组成会展业“诚信联盟”，决心开展诚信会展。近期，有个别外来办展企业在郑州“骗钱”，河南省会展业界也存在一些缺乏诚信的问题。为加强行业自律，规范会展秩序，打造“诚信会展”，树立河南形象，河南省会展业商会特发起组织了“中原会展业诚信宣言大会”。

大会通过的《中原会展业诚信宣言》，希望加强行业自律机制建设，推行会展项目行业备案制、展题公示制、多向监督制、重大项目监控制和联合办展制。

中国贸促会发布《中国参加国际展览局和世界博览会工作管理办法》

2004年12月7日，中国贸促会印发《中国参加国际展览局和世界博览会工作管理办法》（贸促展[2004]69号），发至中央和国家机关有关部门、各有关机构，各省、自治区、直辖市、计划单列市人民政府，抄送国务院办公厅、中央军委办公厅、各总部、全国人大常委会办公厅、全国政协办公厅、高法院、高检院、各民主党派中央等单位。

近年来，随着‘99昆明世界园艺博览会的成功举办、中国成功申办2010年上海世博会和筹备上海世博会的工作全面展开，世博会在中国的影响日益扩大。但是，在中国参加国展局和世博会工作中出现了一些问题，尤其是多头对外，造成了不良影响。

中国贸促会针对中国参加国展局和世博会工作中出现的突出问题，根据《国务院办公厅关于我国参加国际展览局和世界博览会工作有关问题的函》精神，参阅国展局规章和大量管理办法，几易其稿，在征求相关部委意见的基础上，形成了《中国参加国际展览局和世界博览会工作管理办法》。该管理办法对开展相关工作的程序和要求，各有关方面的职责作出了明确规定。该管理办法的发布实施，是中国贸促会切实履行国务院赋予组织、协调、管理、监督参加国展局和世博会工作的重要职能的一大举措，有利于澄清社会各界对国际展览局和世界博览会工作的认识，加强和规范我国参加国际展览局和世界博览会工作，维护我国政府在国际社会中的良好形象，确保有关工作健康、有序地开展，具有重要的现实意义和深远的历史影响。

沈阳市举办首期会展营销培训

2004年12月11～13日，由沈阳市会展业管理办公室，沈阳展览业协会和沈阳理工大学经济管理学院联合组织了沈阳市首期会展营销培训班。

近年来，沈阳市会展发展迅猛，每年全市举办的会展活动已由前些年六、七十项发展到一百多项。特别是中央作出振兴东北老工业基地的战略决策后，一些国际国内品牌展会开始落户沈阳。但该市的会展企业数量少、人才缺，不能适应形势发展的要求。

为解决地区会展企业界事业单位对专业人才的需求，提高从业人员的专业水平和职业技能，本期培训邀请了会展营销方面的专家、教授和业内资深人士授课，从国际国内会展业的现状及发展趋势，到展览策划、招商组展、包装宣传、展会服务等环节，理论联系实际，深入浅出的讲解受到了各会展企业的欢迎，并派出63名业务人员参训。本期培训对象为各展览企业的业务人员和有志于从事会展行业的大中专毕业生。

“世博维权第一案”判决上海世博局胜诉

首起涉及中国2010年上海世博会的侵权案，已由上海市第二中级人民法院于2004年12月13日作出一审判决。上海弘辉房地产开发有限公司被判立即停止侵犯原告上海世博会事务协调局申博徽标记“上海世博会”特殊标志所有权、中英文主题词著作权、“中国2010年上海世界博览会”专有名称权；停止使用楼盘名称中的“士博汇”，在《解放日报》、《新民晚报》刊登致歉声明，向原告赔礼道歉，赔偿原告经济损失人民币40万元。同时，法院还对弘辉公司处以5万元人民币罚款的民事制裁。

据悉，上海弘辉房地产开发有限公司故意将开发的一处楼盘命名为与“世博会”谐音的“士博汇·弘辉名苑”，并在销售广告、宣传横幅、工地围墙等各种宣传中擅自复制使用“城市·让生活更美好”（“Better City,Better Life”）知名主题词。被告还使用与申博徽标相近似的图文组合作为楼盘标志。

上海世博会事务协调局认为其侵犯了原告的著作权、特殊标志权、专有名称权，请求法院判令被告立即停止侵权，登报向原告赔礼道歉，赔偿原告经济损失人民币50万元。上海市第二中级人民法院于2004年7月13日开庭审理这起上海世博会“维权第一案”。

法院认为，被告上海弘辉房地产开发有限公司为牟取经济利益，未经原告上海世博会事务协调局的许可，擅自在广告宣传和楼盘标志中相同或相近似使用原告“上海世博会主题词”和“申博徽标”，并使用“士博汇”作为楼盘名称。被告这一系列行为足以使人误以为被告所开发的楼盘与原告有关联，误导消费者，提高其楼盘的知名度。被告的行为违反了民事活动应遵循的公平、等价有偿、诚实信用的基本原则，损害了原告的合法民事权益，侵犯了原告“申博徽标”、“上海世博会”特殊标志所有权，“上海世博会主题词”著作权和“中国2010年上海世界博览会”专有名称权。

长春企业可免费去7国展会淘金

中国贸促会于2004年12月17日向长春市贸促分会发函通知，中国贸促会在2005年可免费为长春市的企业提供去7个国家参加贸易展览会的机会，在这7国中还包括尚未与中国正式建交的巴拿马。

据初步估算，中国贸促会此次可为长春企业提供30余个免费展位。按每个展位可省2.9万元人民币计算，长春市参展企业可因此省近百万的参展费用。想参加这些展会的长春市企业，现在就可以到长春市贸促分会国际会展部报名。

据了解，中国贸促会是第一次向长春市贸促分会提供免费参加国外贸易展览会的免费展位。长春市贸促分会国际会展部负责人表示，中国贸促会专门成立了一个支持东北老工业基地建设的领导小组，此举是为鼓励东北地区企业利用展览会的有利条件开拓国际市场，促进东北地区发展外向型经济。

对于长春市部分企业可以免费参加国际贸易展览会，这位负责人表示，本着一年一申请的原则，将陆续有更多的长春市企业走出国门，借助贸促会的平台把本地的名、特、优产品推销出去。因为凡参加过国际会展的长春市企业，几乎没有空手而归的。

据介绍，长春市贸促分会已经确定参加捷克布尔诺国际机械展览会，有免费展位6个；美国纽约中国贸易展览会，有免费展位5个。

此外，在日本、比利时、肯尼亚、多米尼加和尚未建交的巴拿马这五个国家中，每个国家的展会也平均有4～5个免费展位等待长春市的企业去“淘金”。

中国展览理论研究高峰会在京举行

2004年12月21日，中国展览理论研究高峰会在北京举行。

会议由中国展览馆协会和其下属理论研究专业委员会主办，国内从事会展理论研究及专业委员会的专家、学者及企业界代表出席了峰会，中国展览馆协会理事长梁文到会讲话。

中国展览理论研究是从近10年开设的，是伴随着国内“会展经济”的发展而发展起来的。与会者认为，加强会展理论研究对指导会展业健康、快速发展有非常重要的意义。

资生堂赞助爱知世博会中国馆

2004年12月21日，中国贸促会与株式会社资生堂在京举行签字仪式，资生堂成为2005年日本爱知世博会中国馆指定化妆品赞助商。资生堂将向世博会中国形象大使和出席世博会中国21世纪城市发展论坛的中方嘉宾提供化妆品。中国贸促会副会长、爱知世博会中国政府代表、爱知世博会中国馆组委会主任高燕，株式会社资生堂专务执行董事、中国总代表斋腾忠胜等出席签字仪式。

高燕在签字仪式上发表讲话指出，本次世博会中国馆的主题为“自然、城市、和谐——生活的艺术”，此主题的设定为企业提供了将自己的产品、服务与主题结合的大好机遇，即，展示企业先进生产和服务理念、对社会消费起到健康的引导作用，同时获得良好的社会和经济效益。

资生堂在为悉尼、雅典中国奥运选手提供化妆品之后，此次成为世博会中国馆指定化妆品赞助商，将实现中国馆与资生堂的共赢，也将有助于提升资生堂品牌在中国国内的影响力。

斋腾忠胜表示，爱知世博会中国馆的主题，为日本人民和参观爱知世博会的世界各国人民加深对中国的了解提供了机会。资生堂认同“自然、城市、和谐——生活的艺术”这一理念，怀着感谢的心情决定对此进行赞助，并希望通过赞助活动，为日中友好做出自己的贡献。斋腾忠胜还表示，今后，将一如既往地把中国作为最重要的国家，进一步积极展开中国事业的投资。

展览经济产业带基本成型

商务部调查显示，展览业与区域经济发展程度密切相关，目前我国展览经济产业带基本成型。

调查表明，中国展览业在经济发展较快的沿海地区得到了迅速发展，并已形成了以上海、北京、广州三大会展城市为中心的华东、华北、华南三大展览产业带。东北地区和中西部地区会展业发展势头不减，第四个展览产业带正在东北地区形成。

就省、市分布而言，北京是全国举办展览会最多的城市。2003年，北京共有392个展览会，其次是上海，有348个展览会。从展览组织者收入分布看，广东、北京、上海和浙江占据绝对份额，2003年这四个省市分别为32.4亿元、18.5亿元、16.2亿元和11.4亿元，总收入超过78.5亿元，占全国展览组织者总收入的91%。

此外，从展览场馆收入分布看，近三年仅广东、北京、上海、浙江四省市的展览场馆收入合计每年都占全国展览场馆总收入的80%以上。从专业展览公司分布看，截至2003年底，广东876个，上海480个，北京约400个，浙江114个，四省市专业展览企业总数占全国的62%。

重庆市政府出钱助企业赴国际展会

2004年12月23日，重庆市召开“2005年装备制造业重点企业出国参展动员会”，部署重庆汽摩零部件产业如何拓展海外市场，会议把参加全球顶级展会作为在海外淘金的突破口。

瞄准六大国际展会。动员全市的重点企业集体到国外去参加展会，这在重庆的经济发展史上还是第一次。

汽摩产业，是重庆装备制造业的核心。本次动员会有来自全市253家装备制造企业的主要负责人，共计超过300人参加。

2005年将参加的6个展览，均是全球顶级的展览，分别为：美国汽车工程学会年会暨展览会（常称美国底特律车展）、法国国际汽车工业及零部件展、拉斯维加斯国际汽车零部件展、2005年第63届意大利国际摩托车展、国际工业配件分包展览会和2005年意大利博洛尼亚国际农机及园艺机械展览会。

对于参展企业，政府方面将给予系列支持。如，给予零部件企业30%～50%的展位费补贴，参展企业的特装费用给予全额补贴等。

会上，副市长吴家农明确表示，以上6大展会，今后几年时间重庆都将坚持参加。在加大力度参加国际顶级展会的同时，我市2005年将减少参加国内展会。

两企业现身说法。为何如此钟情国际展会？原来，该市已通过今年的美国底特律车展感受到了世界顶级展会的魅力所在。2004年3月，该市首次以政府的名义组织了119家企业参加底特律车展。会上，两家在底特律车展上淘到金的企业——重庆渝江压铸和重庆超力高科，在会上为几百家重庆企业进行了现身说法。据介绍，这两家企业，不但通过底特律车展拿到了汽车零部件的出口订单，而且还有了汽车零部件领域的合资合作。这两家企业的负责人从演讲台上一下来，便被台下恳请取经的企业家们团团围住。

“参加世界顶级展会，不但可以促进重庆产品出口，而且还能促进投资合作。”吴家农表示，重庆企业一定要抓住机会，早点儿动手。

安徽展协挂牌成立

2004年12月29日，安徽省会议展览协会第一次会员代表大会在合肥隆重召开。中国贸促会副会长高燕、安徽省政府副秘书长张志轩到会发表了重要讲话。中国贸促会安徽省分会、安徽省商务厅等单位领导及安徽省其他行业协会、与会展业相关单位及个人等70余人出席会议。

大会审议通过了《安徽省会议展览协会章程》，选举产生了协会理事和理事单位、执行机构负责人，中国贸促会安徽省分会副会长黎业智当选为第一届协会理事长。

据悉，该协会是经安徽省政府批准，由中国贸促会安徽省分会、以及与会展业密切相关的单位及个人、具备会展资格的各类会展中心、馆、场自愿组成，依法成立的地方性、行业性和非营利性的具有法人资格的社会团体组织。其宗旨是规范会展秩序，改善、优化会展环境，提高会展质量和效益；加强与当地政府的联系，广泛团结会展企业和业内人士，积极与国内外会展业相关机构联络与合作，努力把安徽建设成为举办国际会展的重要地区之一，不断促进安徽会展业的健康发展。

该协会的成立标志着安徽省会展业进入了全新的发展阶段，对规范省内会展市场，加强行业的自律团结，提高市场竞争力，具有重要的现实意义。

中国贸促会向海啸受灾国对口组织发去慰问函

2005年1月4日，得悉东南亚、南亚地区部分国家受印度洋海啸袭击，造成重大人员伤亡和财产损失，中国贸促会会长万季飞代表中国贸促会、中国国际商会向受灾国家工商会、贸促机构等对口组织发去了慰问函。已发函的机构有泰国商会、泰中商务理事会、印尼工商会、印度工业联合会、印度工商会联合会、斯里兰卡国家商会、马尔代夫国家工商会、孟加拉国工商会联合会、马来西亚国家工商会、马来西亚亚洲战略与领导研究院。

慰问函内容如下："惊悉贵国遭受海啸猛烈袭击，并造成重大人员伤亡和财产损失后，中国国际贸易促进委员会谨代表中国工商界对贵国政府和受灾地区人民致以诚挚的慰问，对罹难者及其亲属表示深切的哀悼。

我国政府和工商界人士十分关切贵国抗灾和重建的过程，并已积极捐款捐物，组织相关援助，通过中国红十字会及外交渠道转送贵国灾区人民。我会员工也展开了积极的捐款，共有1922人参与捐助，捐款总额达65.48万元人民币。这笔款项将于近日通过中华慈善总会转交贵国政府。相信在贵国政府的领导下，贵国人民一定能够早日战胜灾害，重建家园。"

海啸重创东南亚 中国慷慨援助

2004年岁末，印度洋上里氏9级地震所引发的海啸给东南亚诸国带来了一场惨绝人寰的灾难。据初步统计，此次海啸带来的直接经济损失已逾百亿元（估计约136亿美元），间接损失更无法估计。

据悉，此次海啸波及了南亚及北非的十多个国家，海啸所经之处立即物毁人亡。海啸除了导致20多万人死亡，大量人员流离失所以外，受灾地区的渔业、农业也受到严重打击，特别是这些国家的旅游业受害最深。根据世界旅游协会的数据，东南亚地区有1900万人从事与旅游相关的行业，而位于印度洋中心的岛国马尔代夫，有2/3的人口依赖旅游业。斯里兰卡的旅游业是该国近年来增长幅度最大的产业，政府对旅游业的发展寄予厚望，期待到2010年将入境旅游人数翻一番。旅游业也是泰国经济重要支柱之一。这次海啸对这些国家的旅游设施、酒店、海滩等造成严重损毁，修复工作至少需要一年的时间。不过，南亚和东南亚受灾国的港口、运输网络等重要经济基础设施基本完好，人口稠密地区的银行、电信等重要服务行业大多数也未受到影响。

在地震和海啸发生后，中国不遗余力向受灾国援助。政府派出了救援队并成立了由外交部等部门组成的特别工作小组，启动了应急机制。援助物资已分别送往各受灾国地区。此外，在中国政府提供5亿元人民币的援助之后，又承诺提供2000万美元的援助。这不仅是迄今为止中国最大规模的对外援助行动，也是中国具体贯彻睦邻外交政策的一份庄严承诺。中国外交部表示，中国政府为受灾国追加的5亿元人民币援助款不仅用于援助受灾国的救灾行动，而且将用于这些国家的灾后重建。2005年1月6日，中国国务院总理温家宝参加了在雅加达举行的东盟地震和海啸灾后问题领导人特别会议。会上，温家宝郑重承诺：中国愿根据受灾国需要，调整和补充救灾物资；帮助受灾地区重建道路、桥梁、学校和医院等基础设施，支持中国企业参与灾区重建；帮助周边国家、特别是受灾国建立地震监测和海啸预警台网。印尼总理苏西诺等受灾国领导人对中国的大力援助表示感谢，并表示欢迎中国企业参与灾区重建。

中国——东盟博览会秘书处向海啸灾区提供捐助

2005年1月6日上午，在中国——东盟博览会秘书处的会议室里，人头攒动，一场向东盟国家海啸灾区捐款的活动在此举行。捐款箱前，中国—东盟博览会秘书处的全体工作人员争先恐后解囊，人人献出一份爱心，浓浓的温情驱散了隆冬的寒气。

中国——东盟博览会秘书处、广西国际博览事务局的工作人员对东盟国家海啸灾区人民遭受的灾难感同身受。

据中国——东盟博览会秘书处负责人介绍，为了表达中国——东盟博览会秘书处对受灾的东盟国家印度尼西亚和泰国的深切慰问，采取四项措施：一、中国——东盟博览会秘书处决定向印度尼西亚贸易部、泰国商务部各捐款现金30万元人民币，向这两个国家各提供50个第二届中国——东盟博览会的免费展位，共折合人民币160万元；二、发出倡议，倡议中国——东盟博览会境内外参展参会客商踊跃为东盟国家海啸灾区捐款；三、发出慰问信，向上述两个国家的博览会共同主办部门及企业、商协会和联络官表示慰问，并通报中国——东盟博览会秘书处所采取的有关援助措施。四、号召中国——东盟博览会秘书处每一位工作人员向灾区捐款。

爱心没有国界，合作没有止境，中国和东南亚人民有着源远流长的友谊。尽管此次海啸灾难是40年来最严重的一次，但只要有受灾国家万众一心地努力，灾区人民一定能尽快渡过难关。

中国展览组织专业委员会成立

2005年1月10日，中国首个展览组织者的专业机构——中国展览组织专业委员会在京成立，其宗旨是促进展览企业经营管理和技术水平的提高，促进展览市场的开发和繁荣，促进展览行业的国际交流与合作。

中国展览组织专业委员会的工作任务是：对展览组织专业的情况进行调查研究，引导展览组织的快速健康发展；协调行业与政府部门和社会的公共关系，积极向政府部门反映行业的要求和意见，提出有利于行业发展的建议，参与行业标准的制定和贯彻，维护行业利益和荣誉，推动全社会形成有利于行业发展的环境和氛围；倡导行业自律，维护行业内本专业企业之间的公平竞争，敦促行业内本专业企业规范市场行为，保护展览行业参与者的共同利益，与损坏行业内本专业声誉的行为和违反行规的现象作斗争；促进行业内本专业企业提高国际竞争力，开展国际间同行业的交流活动等与展览组织专业有关的工作。

中国展览组织专业委员会常务委员会第一次会议也同时召开，会议选举产生常务委员会领导人员并通过专业委员会章程。中国展览组织专业委员会以自愿参加为原则，立足于服务展览事业，服务企业，服务会员，发挥展览行业与政府部门之间的桥梁和纽带作用。

新国展将成国内最大展馆

新中国国际展览中心的模型在2005年1月12～13日举行的第六届中国国际展览和会议展示会上对外展出。建成后的新国展将集环保、实用、节能于一身，并成为国内最大的展馆。

新国展项目是由世界知名会展设计公司美国TVS和北京市建筑设计研究院合作完成，选址在北京顺义天竺空港城商务区内，总占地面积约为155.5公顷，建筑总规模66万平方米，其中展馆部分35万平方米，服务配套31万平方米。项目一期工程总建筑面积为35.5万平方米，按功能分为两部分：展馆及附属设施项目部分总建筑面积为18万平方米，拟建展馆、展馆接待及登录大厅、展馆连接体、动力中心、海关保税库、仓储等室内项目。其余为绿化、室外展场、停车场、道路等室外项目；展览中心配套设施项目部分总建筑面积为17.5万平方米，拟配套建筑购物、酒店、办公、健身、娱乐、餐饮等项目。

新国展不但采用了人车分流，而且参观人流和参展物流也被严格分开，互不干扰，最大限度地提升了交通效率。在展馆连廊内，水平的步行梯可以减少观众的步行距离。

新国展采用了雨水收集设备，凡是落在新国展草地上的雨水都会被回收，用作绿化用水。新国展还建立了废水回收、中水处理设备，处理后的中水可以用于洗手间马桶冲水或绿化。

在新国展的设计图中，在两排展览馆中间有一个园林式的庭院，这是参观者的休息区。展馆结合室外展场集中布置了大面积中心绿化庭院，庭院紧邻展馆内部连廊，是参观者在观展过程中的必经之地。

据了解，新国展力求实用，一些花哨的设计不会被采用，比如说玻璃幕墙，采用的是传统的混凝土建筑，不要求标新立异，只要实用且能降低造价。这样就可以把钱花在一些高科技的设备上，为参展商提供更好的服务。新国展计划于2006年建成，建成后，一些小型的展览还会在原国展举办，经过几年过渡后，才会完全转向新国展。

中国贸促会代表大会在京召开

中国贸促会会员代表大会暨2004年年终总结会2005年1月18日在北京召开，中央政治局委员、国务院副总理吴仪为此专程发来贺信，中国贸促会党组书记、会长万季飞在会上作主题发言。

据介绍，2004年初，万季飞会长就提出了“品牌年”的理念，中国贸促会各部门以及各分会、支会以此为指导，悉心打造贸促会品牌，全年中国贸促会接待随外国领导人来访的企业家代表团多达27批，配合外交部组织了总统演讲会、报告会，组织双方企业家举办大型经贸洽谈会，扩大了中国贸促会知名度，确立和巩固了中国贸促会在外经贸相关领域内的重要地位。

在出访方面，中国贸促会配合中央“首脑外交”方针，以经济促外交，以外交带经济，受到中外政府部门和企业界的好评。2004年3月，中国贸促会副会长高燕率团随吴仪副总理访问了老挝、柬埔寨、缅甸、马尔代夫，签署经贸合作协议46个，涉及金额15亿美元。同年4月，为配合吴仪副总理访美，高燕率团赴美，与美国商会联合举办了“中美企业家圆桌会议”。同年5月，为配合温家宝总理访欧，万季飞会长率大型企业代表团访问德国、奥地利、英国，温总理出席了中国贸促会与英中贸协举办的“振兴东北老工业基地研讨会”并致辞。同年6月，万季飞会长率团随曾庆红副主席访问了突尼斯、多哥、贝宁、南非，分别与四国商协会签署了合作协议，中国企业与四国签署的合作项目总金额达51亿美元。

同年11月，为配合胡锦涛主席出席在智利圣地亚哥举行的APEC领导人会议，万季飞会长率大型企业家代表团出席APEC工商领导人峰会。同年12月，为配合温总理访问荷兰并出席第七次中欧首脑会晤，万季飞会长又率团访问荷兰，组织了“中欧工商峰会”，温总理和荷兰首相出席了峰会，温总理就中欧关系发表了主旨演讲。

为打造高品质的2005年爱知世博会中国馆，中国贸促会注重在“亮点”上做文章，并确立了“开放办世博”的指导思想。毋庸置疑，爱知世博会中国馆定能让世界“眼前一亮”，其次在筹办2010年上海世博会工作方面，中国贸促会积极与有关部门协商，推动成立了上海世博会组织领导机构，确定了组委会工作规则、工作机制和工作重点，制定发布了相关管理办法。与此同时，2004年，国务院将“出国举办经济贸易展览会审批”设定为由中国贸促会组织实施的行政许可项目，这是国务院批准保留行政审批的500个项目中，惟一一个由非政府机构负责实施的审批项目。

值得一提的是，中央政府与香港、澳门特区政府签署《关于建立更紧密经贸关系的安排》(简称CEPA)，作为内地和香港、澳门贸易往来中的一件大事，中国贸促会在其中也发挥了巨大的作用。为紧密配合中央重大经贸政策的推出，中国贸促会倡议发起并联合香港投资推广署、澳门贸易投资促进局等机构，于2004年1月初～2月中旬分别在北京、上海、广州举办了“CEPA香港澳门（内地）推广周”系列巡回活动。

此外，由中国贸促会参与或组织的首届中国——东盟商务与投资峰会、“中美企业并购合作”项目、第17届国际仲裁大会等大型活动都产生了强烈反响。今后中国贸促会将一如既往围绕国家外交、外经贸工作的战略部署和总体要求，积极开展多种形式的经贸促进和体现重点、兼顾全面的民间交往活动，加大“走出去”促进力度，配合做好我国加入WTO“后过渡期”应对工作。

商业会展联盟成为我国会展业生力军

成立于2004年4月的“中国商业联合会会展联盟”，在经过半年多的规范化运作和积极探索中，已成为我国会展经济的一支生力军。目前，该联盟已拥有盟员单位57个，2004年以来，以中国商业联合会名义与地方政府和行业协会共同举办了内容丰富、形式多样、知名度高、成效显著的大型品牌展会16个，充分显示了有效利用各类品牌会展资源的集团优势。

该联盟成立后，根据中国商业联合会的章程，草拟制定了《中国商业联合会会展联盟实施办法》、《中国商业联合会会展联盟工作意见》和《中国商业联合会会展联盟组织机构》，定期召开了盟员会议和品牌展会招展招商合作洽谈会，及时通报盟员展会情况，发布品牌展会招商需求，为品牌展会招展招商牵线搭桥，为盟员之间的合作洽谈提供平台，协调盟员之间合作的关系。在发展盟员上制定了严格的加盟条件，不求数量，注重质量，要求加盟单位都要有自己的品牌展会、专业队伍和办展经验，是国内会展业和流通行业办展的主力军，在行业或地方要有一定的影响力。

为加强联盟的管理协调功能，努力提高服务水平。根据商务部和国资委赋予中国商业联合会的代管职能，联盟秘书处经常与上级主管部门、代管行业协会及各地盟员单位加强沟通、密切联系，积极帮助盟员策划展览方案，上报展会计划，协调上下关系，加强行业自律，做好总结备案等展览管理服务工作。从展会管理的角度积极规范展览行为，主动衔接展览计划，避免重复办展，促使盟员单位努力提高办展质量。

据了解，中国商业联合会作为我国流通行业的综合性社团组织，目前已代管了30多家流通行业中国字头的专业协会和近千家直接会员单位，还拥有全国各地4万多个会员网络。中国商业联合会会展联盟麾下的展会，很多都是早在计划经济时代由流通领域知名的各种供货会、交易会、展览会发展而来，有的已举办了80多届，如文化用品展、化妆品展、北京五金展、针织品展、长春食品展、天交会、温州轻博会、永康的五金展、义乌小商品博览会、绍兴纺博会、淮南豆腐节等。这些展会通过盟员之间的强强联合，优势互补，都已经发展成为国内著名的品牌展会。

港杭合作发展会展业

香港展览会议业协会与杭州会议展览业协会2005年1月18日在港签订了合作意向备忘录，双方将定期就两地会展产业年度发展报告、全年展会安排计划、企业合作意向等资讯进行资料交换，并定期派员或组团互访。据悉，此举旨在促进香港与杭州会展业及相关服务行业的合作、发展。

2006年杭州将举办世界休闲博览会，以此为契机，杭州将进一步提升会展业国际化水平，大力发展休闲旅游，形成观光游、会展游、休闲游“三位一体”的旅游新格局，把杭州打造成为“东方休闲之都”。

杭州现有专业会展公司50余家，2003年杭州举办各类展览122个，展览总面积50.18万平米，2004年展览面积突破70万平米。杭州现有专业性展览场馆4个，可使用展览面积16万平米；拥有星级宾馆167家，可使用会议设施面积近4万平米，杭州现有的会展硬件设施已具备承接国内外大型会展项目的能力。

香港是亚洲“展览之都”，2004年共举办大型展览60个，其中10个是亚洲最大的展览，有来自世界各地的2.8万个买家、330万人次参加了在香港举办的展览会。此外，正在建设的香港亚洲国际博览馆于2005年底竣工，首期设施面积共6.6万平方米。这是香港展览业持续发展的重要建设项目，将与现在位于湾仔的世界级展览设施香港会议展览中心形成互补优势，进一步巩固香港作为亚太区会议展览中心的地位。

香港与杭州有关人士认为，香港是亚洲“展览之都”，拥有大量专业人才和国际市场网络；杭州有发展会展业的良好条件，市场潜力大。双方利用《内地与香港关于建立更紧密经贸关系的安排》之机遇，合作发展会展业，可优势互补，创造双赢局面。

韩中丝网交流会在韩闭幕

2005年1月21日，由河北贸促会组织，韩国丝网协会和河北安平县政府共同主办的“韩中丝网产品交流说明会”在韩国落下帷幕。

本次活动，参会人数128人，其中韩国客商93人，分别来自韩国贸易协会、韩国丝网协会、韩国产业银行、韩国投资银行，以及韩国现代、高丽株式会社等著名大企业和76家韩国丝网企业。

在韩中丝网产品交流说明会期间，还开展了丰富多样的经贸交流活动。拜访韩国丝网协会和抱川市工商会议所，双方进行了友好交流，签订了友好合作协议；考察首尔和水源市两个韩国最大的丝网销售市场，掌握了韩国丝网市场的销售价格、适销品种和进出口渠道等第一手信息资料；参观了大友丝网株式会社、金刚丝网株式会社和水源丝网株式会社，了解了他们的生产技术情况和先进的现代化经营管理方式。

据介绍，在国际上拥有这样大规模的丝网招商团赴韩国招商这是第一次，也是安平发展史上的第一次。这次活动在安平和韩国丝网合作渠道，促进韩国丝网界将技术、设备和资金向安平转移或倾斜，并将改变安平县以往的招商模式，加快安平县“走出去，请进来”的对外开放步伐。

这次活动的举办，是河北省贸促会贯彻落实全省经济工作会议精神提出的“大力发展县域经济”，“继续把各项工作往深里做、往实里做”的具体行动和成功实践，也是创新招商方式，积极探索专业招商、产业招商、特色招商、中介招商等融多种招商方式于一体举办境外招商活动的有益尝试。

山东省会展十佳“出笼”

2005年1月25日，山东省召开会展经济行业年会，年会首次发布了山东会展市场排行榜。山东省十佳品牌展会、优秀会展企业以及优秀会展场馆新鲜“出笼”。

据了解，2004年度山东会展市场政府系列十佳品牌展会有2004中国国际电子家电博览会、第二届中国（济南）国际信息技术博览会、第三届APEC中小企业技术交流暨展览会、第五届中国（寿光）国际蔬菜科技博览会、2004中国（济南）国际旅游交易会、第二届中国国际航海博览会、2004年青岛国际时装周、第六届国际果蔬博览会、第十届鲁台经贸洽谈会以及第四届中国（淄博）国际陶瓷博览会。

非政府系列十佳品牌展会有2004中国医疗器械（山东）博览会、第五届中国（青岛）国际缝制设备及面辅料展览会等10个展会。

荣获2004年山东会展市场优秀会展企业的有山东丞华展览公司、青岛海名国际会展公司、齐鲁广告调查公司以及济南华展展览公司等7家企业。青岛国际会展中心和济南舜耕国际会展中心被评为2004年度优秀会展场馆。

广交会展位管理出新招

2005年2月3日，从中国对外贸易中心获悉，第97届广交会在打击展位倒卖问题上再出新招：实行奖罚并举，凡主动举报所买展位，自身又符合广交会参展要求的购买方企业，将获得展位使用权。

据外贸中心负责人介绍，由于广交会展位需求远远大于供给，确有一部分有条件获得展位的企业利用展位牟利，致使违规使用展位的情况屡禁不止。第97届广交会推出展位使用者主动举报可获得展位使用权的鼓励措施。假如甲方在申请到展位后将展位卖出，乙方为买入展位的实际参展方，乙方主动举报，并出示确凿证据，其本身又具备参展资格，则甲方将受到相应处罚；而乙方不仅不受处罚，还将成为正式参展商，获得所购展位当届及下一届的合法使用权，该展位自动转由乙方所属交易团管理。若乙方不举报而是由第三方举报或被大会查出违规，则甲乙双方都要受到处罚。

该负责人表示，现随着春交会临近，一些所谓的中介公司又逐渐活跃起来，以提供展位为名，利用传真和网络进行欺诈活动。广大企业对社会上所谓的展位代理“中介”公司应提高警惕，谨防上当。

庐山要大力发展会议经济

庐山2005年初提出把会议经济作为城市发展的助跑器。庐山有着便利的交通、旖旎的风光，至于它那千姿百态的近千幢欧式别墅，更是享誉世界。2004年9月，庐山小试牛刀，接待赣台经贸合作研讨会，全国台资企业协会会长，海峡两岸商务代表、台湾中小企业代表团等49个代表团和来自台湾岛内的客商800多人参加了会议，庐山的接待获得了圆满成功。这也证实着庐山有了接待大型会议和国际性会议的能力。为此，庐山采取20条措施，积极建设国际会议中心，要求在2005年“五一”黄金周显现作用。他们正进一步加大旅游促销和宣传工作力度，强化庐山在世界的知名度，吸引国际性会议的选址目光，别墅群整修规划方案已经出台。随着打造国际会议中心工程的全面启动，相信不久，国际会议经济将使庐山的发展别有洞天。

昆明会展业快速成长

近年来，会展业已成为继旅游之后昆明的又一个新的经济增长点。随着99世博会的成功举办，不仅给昆明也给中国留下了一个永久的世博园，更让昆明饱尝了会展经济带来的“甜头”。不仅助推城市建设，同时拉动消费、扩大内需，促进GDP增长，实现经济和社会的双赢。近两年创造的直接和相关经济效益已占全市第三产业增加值的50%以上。2003年昆明市专门成立了会展工作领导小组，设立了昆明市大型会展活动办公室，表明了昆明进一步发展会展经济的信心。

2004年4月初昆明市78家专业从事会议、展览、演艺、赛事、庆典等经营的企业联合起来，成立了云南省首个会展行业协会，从而进一步整合昆明会展资源，充分集聚、发挥和调动昆明会展企业的优势及潜在力量，形成相对紧密的会展经济链，从整体上提升了会展业的水平。

步入“快车道”的昆明会展经济在2004年更显示出了突飞猛进的发展势头，1～10月份，各大展馆国际展、品牌展接连不断。会展带旺了人气，客房入住率也出现了旺盛的增长势头。11月初在昆举办的第52届中国国际医疗器械博览会，蜂拥而至的全国客商不仅使得昆明各进出航班十分紧张，更使得各大宾馆酒店全都爆满，高档客房一度上演“洛阳纸贵”。如今的昆明已成为全国举办会展最多的地区之一，是月月有大展，周周有盛会。

中展集团、慕尼黑博览会公司续签京慕公司合资协议在京举行

2005年2月25日，中展集团及慕尼黑博览会公司在北京皇家大饭店就续签京慕公司合资协议举行了隆重的签约仪式。中国贸促会张伟副会长、中展集团梁文总裁、慕尼黑博览会公司艾欧亘副总裁（Mr.Eugen Egetenmeir）、京慕国际展览有限公司总经理毛大奔出席了签约仪式。梁文总裁与艾欧亘副总裁分别代表中展集团公司及慕尼黑博览会公司签署了下一个十年双方继续合资公司的协议。

1995年9月，中展集团和德国慕尼黑博览会公司的全资子公司IMAG公司（慕尼黑海外展览有限公司）签订了合资协议，成立了中国展览业的第一家合资公司——京慕国际展览有限公司，合资期限为十年。两方持股分别为51%和49%。京幕国际展览有限公司全权代表慕尼黑博览会公司对其每年举办的所有展览会在中国市场进行全方位宣传推广，并全方位协助中国企业选择参加在慕尼黑举办的国际展会。

作为一个成功经营的合资企业，京慕公司从成立第一年就实现了赢利，此后业务规模及赢利水平逐年迅速增长。合资公司的成立使中展集团近距离接触到国际展览巨头先进的办展理念和管理经验，也使得慕尼黑博览会公司及其旗下的众多展会迅速扩大了其在中国市场的影响力。当天续签的合资协议表达了双方在更多领域开展更深层次合作的意愿，同时也顺应了中国展览业进一步扩大开放，努力寻求合作与共赢的大潮流。在新的合资协议中，双方将各持50%股份。

澳门在北京设立首家会展公司

2005年3月4日，来自澳门的派意国际会议展览（北京）有限公司在北京成立。这是自2004年1月1日《内地与澳门关于建立更紧密经贸关系的安排》实施以来，首家获得澳门服务提供者资格并以独资形式在北京设立会展类公司的澳门企业。

据北京市投资促进局有关人士透露，自2004年1月1日《内地与澳门关于建立更紧密经贸关系的安排》实施以来，希望利用CEPA商机到北京发展的澳门企业日趋增多，仅北京市人民政府投资项目审批绿色通道及CEPA服务窗口接到的有关澳门企业到京发展事宜的咨询就达到上千个，其中正在帮助办理的项目多达50多个，目前，除了派意国际在京成立子公司外，一项由澳门企业独立投资约10亿人民币的商务写字楼项目澳门中心也在落实中。

中国贸促会张伟副会长率团参加“美国制造商周”活动

应美国制造商协会邀请，中国贸促会张伟副会长率中国企业家代表团一行50余人于2005年3月6～9日赴美国芝加哥参加了“美国制造商周”展览会。由中国贸促会和美国制造商协会共同举办的中美经贸研讨会。

“美国制造商周”是世界上最具影响力的制造业国际展览会之一，每年均有来自各国的上千家制造业企业参展。美国制造商协会自2004年9月应中国贸促会邀请第一次组团成功访华后，对华态度明显改善。该协会此次以提供免费展位的方式邀请我会组团参展并共同举办研讨会。其主要目的是为了帮助美国企业了解中国制造业情况。

3月8日在芝加哥举行的中美经贸研讨会吸引了近百位美国企业家与会。中国贸促会副会长张伟在会上就如何正确看待中美贸易的不平衡性等问题作了主旨演讲。他在演讲中指出，中美贸易的不平衡性有源于全球产业分工的必然性，也有因统计方式不同造成的偏差。他向美方详细介绍了中国不同行业从美国进口的潜力和中国政府及贸促会等机构鼓励中国企业进口美国制造业产品的政策和措施，受到在座美国企业家的极大欢迎。参加此次代表团的企业来自中国7个省市

十数个行业。通过参加美国制造商周展览会和研讨会等活动，中国企业家们与美国企业进行了广泛接触和深入探讨，并达成了相当数量的合作意向。

东莞会展业成立协会

2005年3月30日，广东省东莞会议展览协会宣布成立。近年东莞会展业市场竞争秩序不规范，多头办展的现象时有发生，影响了东莞会展业的声誉和会展企业的效益。另一方面，会展场馆资源缺乏有效整合，缺乏统一的规划布局，造成上规模高档次的东莞展会屈指可数。

在这一背景下，东莞会展协会应运而生，成为行业的主心骨。据悉，2004年东莞会展交易成果总额达350亿元。

中国展览业代表团赴意大利考察访问

应意大利外贸协会和米兰展览公司邀请，中国展览业代表团一行11人，于2005年3月28日～4月4日对意大利进行了为期一周的考察访问。

代表团成员来自中国国际展览中心、中国贸促会机械行业分会和纺织行业分会、上海世博集团、深圳家具协会、香港展览业协会以及中国贸促会驻意大利代表处等。

通过访问，中意双方就展览业的合作达成了广泛的沟通、了解与共识，并就一些合作项目进行了具体的接触与洽谈。代表团成员普遍认为，此次访问收获很大。

意大利展览业发展较早，在上个世纪30年代就有专门立法。但是近年来，意大利展览业却呈现出萎缩状态。为此，意大利展览业开始努力寻求发展的新出路，包括实行股份化、扩建新展馆和拓展新市场等多方面的措施。

中国作为一个经济充满发展活力，展览市场潜力很大的亚洲大国，在意大利经济界和展览界的眼光里，是非常具有吸引力的。为此，意大利政府拨款6.5万欧元支持此次中国展览业代表团的出访和考察。目的就在于推动双方在展览项目上的合作，进一步促进意大利展览业的发展。

在为期一周的时间里，意大利方面为代表团安排了紧张的日程和丰富的活动：与意大利生产活动部和意大利展览协会的有关领导进行会谈，走访10个城市的意大利展览公司；会见米兰工商会和一些展览城市的地方政府代表等。

3月30日上午，"意大利——中国展览业合作会议"在米兰展览公司总部召开。本次会议的正式题目叫做："中小企业通过展览方式走向世界——意大利与中国的展览合作。

会议首先由意方表示欢迎并介绍情况，进而表达了他们与中国展览界合作的意愿。同时，意方也就中国厂商在赴意参展过程中出现的有关知识产权和产品环保等方面的问题提出了意见。

中方对有关问题做出了解释和说明，并指出，目前欧洲的一些展览会出现了排挤中国厂商参展的现象，中方愿意通过两国的共同努力，扩大展览合作，增进参展效果。

代表团认为，此次考察访问确实是一次深入观察、了解意大利展览业现状的大好机会。由于访问的目的清晰、活动的安排紧凑，加之意大利政府的赞助支持与意中双方的合作背景，因此访问获得了圆满成功。

当前正是进一步扩大和加强中意双方展览业合作的大好时机。我们应当以这次考察访问为契机，从扩大赴意参展的项目与面积以及引入意大利展览公司新的合作项目等多方面努力加以推动。

据了解，米兰展览公司与上海世博集团已有多层次的合作意向；博罗尼亚展览公司正在与中方三个单位洽谈合作项目；米兰、博罗尼亚、维罗纳等展览公司也都在扩大自己设在上海的办事处。2005年意大利外贸协会组织意大利厂商参加在北京、上海、广州、深圳和香港、澳门及台湾地区的48个展览会项目。

通过这次访问，中国贸促会机械行业分会在出展、来展等方面与米兰、博罗尼亚、维罗纳、帕多瓦等意大利展览公司探讨了各种合作的可能性，并将进一步保持和扩大彼此的沟通和联系。

杭州设立会展业专项资金

为大力发展现代服务业，杭州市2005年3月22日制定了《扶持现代服务业发展的20条政策举措》，其中决定设立发展会展业专项资金500万元，用于引进全国性、国际性大型会展活动的奖励性支出和申办工作中的正常经费开支。

"世界娱乐之都"来华推广会展

2005年5月25日，美国内华达州拉斯维加斯会议与旅游局所属的会展中心高级销售经理克里斯·麦尔（Chris Meyer）在北京对中国媒体记者表示：中国是拉斯维加斯最重要的新兴市场之一，希望不仅有越来越多的中国人到拉斯维加斯观光旅游，同时也希望越来越的中国企业到拉斯维加斯参展。他此行带领了拉斯维加斯首个会展团访问中国，目的即是"推广拉斯维加斯作为世界上最诱人的休闲及商务旅行胜地"，争取更多的中国人参加在那里举行的各类贸易会展。

麦尔先生还透露，会展团此次专门就中国参展商访问拉斯维加斯提供签证便利问题与美国驻华使馆进行了洽商。另外，拉斯维加斯市还与中国国航及美国的一些航空公司开通中国与该市的直航问题正在进行谈判。

据介绍，被称为"充满无尽魅力与神奇的人间天堂，集娱乐、梦想、创造、奇迹、历史和文化于一身"和"世界娱乐之都”的拉斯维加斯也是北美最大的会展城市，集中了内华达最重要的会展设施，各类国际性大展全年不断。这里有全球最大的会展中心，美国最大的酒店，全美20家最大酒店中有18家集中在拉斯维加斯，每日可提供14万间客房。拉斯维加斯市有句推广口号——“We work as hard as we play”，即表明这个城市的商务与休闲相结合的典型特征。

麦尔先生称，2004年，人口只有100多万的拉斯维加斯市吸引了3740万游客，其中570万是参展者，占15%。到2009，这个市希望游客数量能达到4300万，其中商务客占1/5，而其中又希望有1%是中国人。

此次会展团成员还来自美国移动通信和互联网协会（CTIA）、美国工程建设机械博览会和国际动力传动展览会（CONEXPO-CON/AGG&IFPE）、国际消费电子大展（CES）、美国广播协会（NAB）、美国包装机械制造委员会（PMMI）、QUESTEX以及励展博览集团北美会展公司等。

怀柔打造首都“会展休闲新城”

2005年5月23日在北京人民大会堂召开的“新怀柔、新产业”招商推介新闻发布会上，北京市怀柔区宣布今年将依托红螺山板块等6大区域推出46个投资总额达163.6亿元的项目，以全力打造一个为首都服务的“会展休闲新城”。

怀柔区地处北京东北部，区域面积2128.7平方公里，其主要生态指标均居北京市各区县首位，是首都重要的生态屏障，被定为国家生态示范区建设试点区。今年初，国务院正式批准的北京城市总体规划中，怀柔被确定为生态涵养发展区。

此次“新怀柔、新产业”招商推介活动推出的项目是怀柔新城的组成部分。其中有：

东区商务会展中心项目。总占地面积279.6亩，项目总投资约10亿元人民币，是怀柔东区的龙头产业带动项目，主要包括若干个不同规模的展览大厅、会议中心、商务中心、室外展场区、多功能厅、室外停车场以及会议配套设施。

体育休闲中心项目。总面积为162.6亩，项目总投资约3亿元人民币，该项目也同样是怀柔东区的龙头产业带动项目。体育休闲中心主要由三个产业群组成：一是体育主题公园，二是运动健身区域，三是国际体育交流区域。

红螺山板块的酒店式公寓项目。占地面积104.2亩，总投资2.5亿元人民币，会所的各项设施均按四星级标准设计，满足同时接待300人的标准。

国际会议中心酒店项目。占地面积470亩，总投资3亿元。该项目包括钻石级酒店、会议会展中心及一类别墅，项目建成后，除满足大型国际商务会议的需要外，还可以满足政务会议的需要。

庙城板块的时尚岛项目。占地面积935.85亩，总投资20亿元，主要分为4个区：由时尚岛总部、商场、时尚展示中心、时尚培训中心组成的商业办公区；由会议中心、主题酒店、度假别墅、SPA中心组成的休闲度假区；由设计师工作室、研发基地、企业总部、设计师俱乐部、服装博物馆组成的居住研发区和绿化公园区。

怀柔物流交易中心项目。总投资4.9亿元，占地1000亩，项目建成后，将成为京北地区最大的农副产品物流交易场所。

雁栖物流中心，是都市工业基地一个项目，项目总投资7500万元，占地200亩，该项目位于雁栖工业开发区内，可以同时辐射密云工业区、怀柔经纬开发区及凤翔开发区等四个工业基地。

厦门投洽会加入全球展览业协会

已连续举办8届的中国国际投资贸易洽谈会（简称“投洽会”），2005年4月7日通过了全球展览业协会（原国际展览联盟，UFI）理事会的审核，并被正式吸纳为正式会员。

据介绍，UFI成立于1925年，是世界展览业最具代表性的协会，也是展览业界惟一的全球化组织。截止2004年底，UFI共有正式会员256家。UFI对申请加入的展览会在规模、办展历史、国外参展商比例、国外观众比例等方面都有严格要求。按UFI规定的注册标准，作为国际性展会至少必须连续举办3次以上，至少要有2万平方米的展出面积，20%的国外参展商，4%的海外观众。

据了解，“投洽会”的各项指标均远远超过上述标准，特别是近年来随着“投洽会”国际化水平的提高，“投洽会”境外展商和海外专业观众比例逐年上升，2004年的第八届“投洽会”共有来自43个国家和地区的政府和企业参展，展位面积1万多平方米，共吸引了118个国家和地区的11841名境外专业观众参会，境外展商和专业观众比例已分别超过30%和40%。

每年9月8日在厦门开幕的“投洽会”，由国家商务部主办，是中国最具规模、最具影响力的国际投资促进盛会之一。“投洽会”通过UFI认证，标志着“投洽会”在国际化、专业化、市场化和信息化等方面取得了实质性进展，必将进一步扩大“投洽会”在境内外的影响和知名度，提升“投洽会”的品牌形象，也将进一步确立“投洽会”在国际投资促进中的地位与作用。

中国机械展加入全球展协

中国作为世界第三贸易大国，被公认为全球最具活力的经济市场，连续3年成为机床总体消费世界第一、机床进口世界第一和吸收外商直接投资最多的国家。中国的展览经济也表现出了十分兴旺的态势。这其中的中国国际机械装备展览会和中国机床工具商品展览交易会被公认为双年度中国乃至亚洲地区机床行业一颗璀璨的明珠，吸引世界机床制造商的追捧及海外专业观众的关注，同时，主办单位多年努力打造的市场平台也吸引了世界展览业界同盟的极大关注。

全球展览界最具权威和影响力的行业组织——全球展览业协会(UFI)已于2005年3月10日在叙利亚大马士革的年会上宣布吸纳中国国际机械装备展览会和中国机床工具商品展览交易会的主办单位北京国机展览中心为UFI的成员之一，成为目前双年度在我国举办的机床展中惟一一个经UFI认证通过的国际性展览会。

“中国国际机械装备展览会和中国机床工具商品展览交易会”始于1992年，每逢双年在北京举办，目前已成功举办了七届，受到海内外制造业的广泛关注。将于2006年6月12～16日在北京举行的该展，预计将有来自25个国家和地区的960余家参展企业，展览面积将创历史新高，达到6万平方米。许多世界知名展商在2004年展会结束之时就预定了2006年的展位，部分未能在2004年展会申请到摊位的企业更是提前排队等待报名，来自海内外的众多采购商表示将继续光顾2006年展会进行有效采购。越来越多的国际展商携最新产品大面积出展和海外专业观众更多的涌入将使这个市场更为活跃。

上海世博集团牵手威海会展业

为圆满完成世博会营运任务积蓄力量、积累经验、培养人才，加速发展上海现代服务业，2005年6月18日“上海——威海会展项目合作签字仪式”在上海举行。

上海世博（集团）有限公司与上海国际展览中心有限公司、威海万龙会展有限公司共同投资组建威海国际会议展览中心管理有限公司，将接受威海市政府委托，经营管理威海国际商品交易中心。该项目由威海市政府开发投资，占地面积9.16万平方米，总建筑面积约5.5万平方米，其中展览面积2.6万平方米，可容纳室内展位1100个；会议、办公、洽谈、休息室面积共计1.4万平方米，总投资超过人民币3亿元，于2005年9月正式启用。威海市拥有丰富的旅游资源，近年来经济发展迅速，对与上海和世博集团的合作寄予厚望，希望籍此带动威海会展、旅游行业快速发展。

新组建的公司旨在依托合作各方的优势，为威海和国内外客商提供更为良好的会议、展览展示和贸易洽谈等经贸活动场所，同时开发组展业务和与展览场馆相关的经营业务，为威海会展事业及经济发展做出贡献。

世博集团会展业务板块在场馆投资经营业务上已具备了一定的优势，尤其在场馆管理输出方面已有成功的经验，在国内已树立了一定的品牌和领先优势。本着上海服务全国的理念，世博集团还将选择国内一些新兴会展城市进行场馆管理输出，场馆管理输出业务将成为集团继组展业务之后重要的业务增长点之一。同时，2010年上海世博会需要一支专业化的运营管理团队，而透过这种管理输出的方式，可以汇聚全国各地的优秀人才，经过4～5年的时间培养和储备一支专业化的场馆运营队伍，为2010年上海世博会服务。

北京旅游会展业将投入800亿

作为2008年夏季奥运会的举办地，未来6年内北京旅游业、会展业的投资总量将达到800亿元左右。

2004年，北京市接待海外旅游者315.5万人次，达到历史最好水平。预计2008年，北京接待海内外游客将突破一亿人次。

据了解，北京市正在编制的《国民经济和社会发展“十一五”规划纲要》中，将把旅游会展业确定为“十一五”时期北京市现代服务业的发展重点之一，并给予政策支持。

北京市旅游局局长于长江表示，将加大投资改善旅游景区的基础设施。今明两年内将启动建设一批对北京旅游业发展具有基础支撑作用的大型功能性项目：包括建立北京奥运旅游信息服务中心，开辟城市环线观光双层车线路等。

北京振威成为UFI首个中国大陆民营企业成员

由北京振威展览有限公司组织举办的中国国际石油石化技术装备展览会(CIPPE)正式通过全球展览业协会(UFI)的认证，成为目前中国大陆第22个获此殊荣的专业展会，同期举办的中国国际管道工业、防爆工业展(CIP E & EXPEC)也同时获得认证，这是目前在我国举办的石油石化展中惟一一个成为全球展览业协会会员的展览会。北京振威展览有限公司同时正式加入UFI，成为我国内地第一个加入U FI的民营展览公司。

UFI亚太区秘书处鲍尔·伍德堡(Mr.Paul Woodward)对刚闭幕的第五届中国国际石油石化技术装备展览会(CIPPE)进行了专程观摩与考察，展会高水平的组织和规范的服务操作，较高的国际参展商与参观商比例，获得了鲍尔·伍德堡的好评。CIPPE是中国石油石化领域的行业例会，一年一度在北京4月举办，目前是中国石油石化行业规模最大、国际化比例最高的品牌展会。展会规模逐年扩大，第五届CIPPE展出面积达到1.7万平方米，美国、俄罗斯、德国、巴西、新加坡等五大国家展团，32个国家和地区的429家企业参加了展出，国际展商比例达到37%，共吸引逾3万人进场参观，均创历史新高。

UFI是世界展览业最重要的国际性组织之一，经UFI认证的展会是高品质贸易展览会的标志。获得UFI认证，是中国国际石油石化技术装备展览会(CIPPE)发展历程中的里程碑，是实现展会国际化的重要步骤，将更加有利于通过专业性强、高水平的行业展会，促进我国石油石化行业的更快更强发展，为国家乃至世界能源问题的解决与改善起到重要的推动作用。

中国向国展局介绍上海世博会注册报告

本报讯国际展览局第137次全体大会2005年6月24日在巴黎举行，中国2010年上海世博会组织者向大会正式介绍了世博会注册报告。

按照大会议程，中国上海市副市长、上海世博会执委会副主任周禹鹏以及中国驻国际展览局代表于平、周汉民在大会上分别就上海世博会筹办最新进展和《注册报告》的撰写和深化修改情况作了介绍。

周禹鹏向各成员国代表介绍，中国2010年上海世博会的各项筹备工作正有序进行，中国将博采众长、积极创新，努力为各国参加2010年上海世博会提供周到高效的服务，为广大参观者在上海博览各国科技、经济、文化、社会发展成就提供安全舒适的环境。上海世博会将以“城市让生活更美好”为主题，围绕“人与人、人与自然以及不同文化在城市里和谐相处”的理念，努力将2010年世博会办成一届成功、精彩和难忘的世博会。

周禹鹏说，上海世博会注册报告撰写工作历时一年。今年4月27日，中国向国际展览局递交了由中国国务院副总理、上海世博会组委会主任委员吴仪签署的上海世博会注册报告和注册申请函。该注册报告递交后受到了国际社会的广泛关注，各国驻国际展览局代表都希望上海世博会能成为国际展览界面向未来的一大盛事。

据悉，此次大会后，国际展览局将在今年10月份再次召开国展局执委会会议，讨论注册报告的细节问题。《中国2010年上海世博会注册报告》如在12月1日举行国际展览局第138次成员国代表大会审查通过，上海世博会的招展、招商、招客项目将全面启动。

“品牌”进展会 东莞政府掏腰包

2005年6月15日，《东莞市培育发展自有品牌企业实施细则》正式出台，其中关于为自有品牌企业参展提供现金支持的内容，赢得企业一片叫好声。东莞市东越制衣有限公司董事曾伟君表示，在拿到“广东省著名商标”和“国家免检产品”后，东越制衣有限公司已经得到了政府大力扶持和巨额奖金，如今政府又主动为公司参加展会补贴资金，实在是意想不到。

据统计，广东东莞市实施“品牌战略”以来，仅2004年全年，就新增中国名牌产品2个，中国驰名商标1个，国家免检产品5个，省著名商标18个，省名牌产品22个。创建的省级或省级以上的名牌数量，已经逼近2004年前的总和。

据东莞市经贸局负责人表示，近日出台的《东莞市培育发展自有品牌企业实施细则》，除继续奖励措施外，还进一步细化了扶持政策，其中明确指出，自有品牌企业开拓国际市场，可按有关规定享受中小企业国际市场开拓资金扶持。参加政府有关职能部门统一组织的国际展览会，其展位费由上述资金给予50%的补贴；参加政府有关职能部门统一组织的国内重要展销会，其展位费由市财政设立专项给予50%的补贴。

广西：会展旅游与民族风情一个都不能少

广西旅游规划部门2005年6月30日推出旅游资源整合开发规划，提出要突出特色打造品牌，建成南宁壮乡绿城会展商务旅游区等七大旅游区。

这七大旅游区是：大桂林山水文化旅游区、南宁壮乡绿城会展商务旅游区、德天跨国大瀑布旅游区、环北部湾滨海跨国旅游区、百色大天坑群旅游区、大瑶山生态民俗文化旅游区和桂东宗教历史文化旅游区。

南宁壮乡绿城会展商务旅游区的范围包括：南宁市及辖县区、防城港市上思县、河池市大化瑶族自治县。将建设成为以壮乡、中国绿城、东南亚会展商务中心为特色和领衔品牌，以会展商务、游览观光、娱乐购物、生态休闲为主题旅游功能的面向东南亚的区域性国际旅游目的地。

该区域重点整合开发以南宁国际民歌艺术节、广西民族博物馆、八桂民俗文化村、南宁歌剧院、伊岭壮文化大观园等为代表的壮民族文化旅游产品；以中国—东盟博览会及经济园区、国际会展中心、国际商贸园区、娱乐游憩商业区等为代表的会展商务旅游产品；以城市绿色环境、标志性城市景观、邕江风景带、南宁青秀山、广西药用植物园等为代表的城市风貌观光旅游产品；以南宁良凤江、环大明山，横县茉莉花、大化七百弄、上思十万大山等为代表的生态观光休闲度假旅游产品。

基础设施和服务设施方面，重点配套、完善城市旅游交通、景区道路、城市公共服务、旅游接待服务、会展商务、旅游信息咨询、文化娱乐、风味餐饮、特色文化街区、旅游购物等。

中美签署国际伙伴网络项目谅解备忘录

2005年7月11日，中国贸促会会长万季飞和美国商务部常务副部长蒂姆·豪瑟签署了“中国贸促会——美国商务部国际伙伴网络”项目谅解备忘录，此项目同时在中国14个商业中心城市启动。

此项目的实施旨在促进美国公司寻找到合适的中国贸易伙伴，扩大其产品与服务的对华出口，促进其与中国公司及其他商务实体的互动，从而推动中美两国经贸关系的发展。在这一合作项目框架下，中国贸促会和美国商务部将开展如下合作：共享贸易指南信息，共同进行中国市场调研；在中国14个商业中心城市为美国公司提供高质量的商务配对报务；在中国14个商业中心城市就贸易展览和贸易代表团进行互利合作；使用最先进的软件和技术向中美两国的企业散发市场机会信息；向中国的贸易专家提供高质量的客户服务标准和技术培训。

这14个中国城市是：大连、青岛、重庆、深圳、杭州、天津、哈尔滨、武汉、昆明、厦门、南京、西安、宁波、珠海。中国贸促会将在以上14个城市的贸促会设立专门办公区域，指定专人，向美国企业提供贸易促进服务，开展与美国的经贸合作。美方将负责工作人员培训、接待中美公司代表、与中方共同举办出口促进活动、向中方提供美贸易促进项目的信息、客户名单及战略计划等。

合作项目内容主要包括：标准化的“金钥匙”服务和“国际伙伴寻找”服务，以及定期向当地中国企业邮寄《美国商业信息》中文版。

张伟副会长率团考察米兰新国际展览中心

应意大利米兰博览会的邀请，中国贸促会副会长张伟于2005年7月初率团考察意大利新近落成的米兰新国际展览中心。参加考察的还有中国国际展览中心集团总裁梁文、集团有关负责人和新国展中心工程负责人等。

在米兰访问期间，张伟副会长一行与米兰博览会主席佩利尼·米凯莱博士就新中国国际展览中心的建设，以及中意两个国际展览中心未来的合作、展览场馆的经营与管理、优势项目的合作等问题进行了交流与探讨。

佩利尼·米凯莱博士明确表示，中国经济发展迅速，这对米兰博览会扩展其国际业务和与中国开展更深层次的国际合作是一个很重要的机遇。因此，米兰博览会始终把中国列为其在全球的战略合作伙伴之一，并计划进一步加强与中国在展览业方面和在展览管理方面的交流与合作，具体来说就是与中国国际展览中心集团合作，在意大利举办中国商品展览会。同时该集团希望在新中国国际展览中心的建设方面加强与中方的交流。

郑州制定会展业扶持政策

为在3～5年内把河南省会郑州建成以区域性会展为基础、国际性会展为主导的中部会展之都和中国会展名城，并通过整合会展资源，把会展业培育成郑州新的经济增长点和重要的优势产业，郑州2005年6月27日出台了《关于大力发展会展业的意见》，以及若干鼓励会展业发展的扶持政策。

据了解，为实现上述目标，郑州市委、市政府特别制订了具体操作措施，包括积极引进域外会展企业来郑发展，鼓励外商投资会展业，尤其是国际著名展览公司设立分支机构、代理机构和合作机构，单独或合作参与郑州会展企业举（承）办各种展会活动。鼓励会展企业通过合资、参股、合作和改制、改组等多种形式，壮大会展企业规模，提高招展、组展、办展能力，争取在3年内培育出10家规模较大、竞争力较强的会展企业。按照《意见》规定，凡在郑州举办的展览会、交易会等，每次标准展位数量在300个以上的，市政府按举办单位纳税额地方留成部分给予同数额奖励。对将全国性、专业性大型展会争取到郑州举办有直接贡献的个人，按照其展会展场面积销售额给予重奖。《意见》同时规定，将会展业发展经费列入市财政预算，在市服务业发展资金中，市财政每年度安排会展业发展资金，用于申办展会、人才培训、扶持奖励一些大型会展活动。

2006中国沈阳世界园艺博览会官方网站正式启动

2006中国沈阳世界园艺博览会倒计时暨官方网站启动仪式2005年7月25日在沈阳隆重举行。该网站是由沈阳市和新华社新华网合办的。

沈阳市市长陈政高在启动仪式上表示，沈阳世园会的95个展园都已全面开工建设，各种配套设施建设也在加紧推进，预计2005年10月底全部完工。

沈阳世园会宣传策划总顾问周锡生在致词中说，网站将充分依托新华网的中、外文采编力量、多媒体采集制作和现场直播技术等综合优势，在沈阳世园会筹委会的指导下，努力办成宣传沈阳世园会的多媒体发布平台，向全世界同步展示沈阳世园会的综合窗口。海内外网民通过新华网或直接点击沈阳世园会官方网站，可以随时快捷、方便地了解有关沈阳世园会的各种最新报道、权威信息和服务信息，了解沈阳申办、筹建和经营世园会的活动历程及思想理念，浏览沈阳世园会的构建布局、园林景观，并以各种不同的方式参与沈阳世园会，为沈阳世园会的成功举办以及世园会设施的综合开发、科学管理和后续使用等献言献策。

展会知识产权管理办法将出台

2005年7月14～15日，商务部、国家知识产权局、国家商标局、国家版权局等四部门专业人士在京对《展会知识产权保护管理办法》草案的框架及其条文进行了充分而热烈的讨论，最终达成了一致意见。据商务部条法司有关人士介绍，该《办法》不久将在网上进行公布，供社会公众讨论，并于年底前以部门规章的形式联合下发。

《办法》分六个部分，包括总则、投诉机构、展会期间专利保护、展会期间商标保护、展会期间著作权保护和法律责任。《办法》适用于我国境内举办的各类经济技术贸易展览会、展销会、博览会、交易会、展示会等。《办法》主要规定了展会参展单位或个人侵犯他人知识产权纠纷的处理便捷程序以及相关法律责任，特别是对展会主办方明确提出了注意义务，要求在展会期间设立知识产权投诉机构，以便于进一步加强会展期间专利、商标、版权管理部门的执法效率。该《办法》对于加强展会期间知识产权保护，规范会展业秩序，进一步推动会展业的健康发展有着重要意义。

另据了解，北京市知识产权局从去年开始也加强了对展会知识产权保护的执法工作，先后进驻了国际纺织机械展、国际印刷机械展、北京科博会等，通过与展会主办方共同设立知识产权现场办公机构，开展执法与宣传工作，取得了良好的社会效果和丰富的经验。目前，北京市知识产权局已经协助北京市展览业协会起草了《北京市展览业协会保护知识产权公约》，作为其自律性规范文件，市展览业协会准备在其理事会通过后，要求协会各成员单位都要遵守执行。

河北会展业倡议制定管理规范

2005年河北会展峰会于2005年7月18～20日在秦皇岛召开，这也是该省首次召开的有关会展业的峰会。会议汇集了展览策划、展览场馆经营、展览工程、展览服务等诸多方面的专业人才，并达成"河北展览业今后发展方向倡议书"。本次峰会旨在探索如何推动政府部门尽快优化会展环境、制定河北省展览业行规和相关优惠政策，研讨并发起成立河北省展览业协会事宜。同时，峰会就加强河北会展组织、场馆经营者之间的交流与合作，增强信息交流，实现资源整合，使会展业为河北省对外交往和经济发展发挥积极作用等进行了深入研讨。

峰会达成的"河北展览业今后发展方向倡议书"认为，河北省会展业目前最大的障碍是场馆缺乏，除廊坊、唐山外，包括省会石家庄在内的绝大部分区市展览场馆建设与自身经济实力不相适应，因此，将场馆建设尽快列入政府工作日程和5年发展规划是发展会展业的当务之急。此外，峰会还倡议河北省应该尽快制定《河北省会展行业管理条例》，成立河北省会展业协会，大力加强会展人才培养和会展宣传。

出展审批办法将出台

2005年7月7～8日，2005年全国出国经贸展览工作会议暨中国展览业法制化、市场化、产业化、国际化发展研讨会在深圳召开，会议介绍了即将发布实施的《出国举办经济贸易展览会审批管理办法》。业内人士分析，此办法的发布，预示着长期处于半政府行为的出国展将逐步走向市场化，而作为完全市场化的出国展服务企业来说，专业化的服务将是其最大的竞争力。

自上世纪90年代中期以来，为了给产品或技术寻找更广阔的市场，出国参加展览的企业越来越多，而出国展览也有利开拓企业的国际市场。据资料显示，2002年以来，仅浙江省一般贸易出口就已经连续两年位居全国首位，其中出国展览对出口的影响率已超过50%，新出口订单70%来源于参加国外展览会。另据调查，进出口企业90%的客户是从展览会上结识，3%是在互联网上结识，7%是经行业人士介绍或通过其他途径结识。正因为如此，出国展览在促进贸易业务方面的作用日益被企业所重视。

基于以上的原因，越来越多的企业开始走出国门，在国际展会上展示自己。而且随着国内外展览业的发展和对展览会功能认识的深化，更多的企业在出国展览方式上，更愿意选择跟团出国参加大型综合性或专业性的博览会。因此，出国展服务这一行业也随之发展起来。统计数据显示，目前中国有出展权的办展单位约有200多家，跨国展览公司也已开始涉足中国出展市场。而多年来，出国展的组织者大多为贸促会、行业协会等半官方机构，带有明显的政府行为痕迹。直到近年来，才有一些专业的展览公司进入到这一行业。随着国内会展行业的发展以及中国加入世贸组织，会展业走向市场化是大势所趋，出国展组织运作的市场化也日益提上日程，即将发布实施的《出国举办经济贸易展览会审批管理办法》更是强烈地透露出这一信息。

全国展协缺位会展商会先行

2005年7月12日，中华全国工商业联合会会展业商会（筹）专家座谈会在北京举行。这一举动标志着我国会展业第一个行业商会筹备程序正式启动，会展业商会的"破壳诞生"进入倒计时阶段。业内专家分析认为，会展业商会的筹办，无疑是为本来就热闹的会展业行业组织纷争加了一把"火"。

据悉，会展业商会是于2005年4月12日正式被中华全国工商业联合会批准筹建的，其主要依托的资源就是全国工商联的170多万家商业企业会员资源，这是目前国内任何一个其他行业协会所无法比拟的资源优势。另外，除了全国工商联的资源优势以外，中国工业经济联合会的几百万会员单位同样也是会展业商会的资源优势。

占有资源在很大程度上就意味着占有市场，这其实正是会展业38家民营企业联合发起，并向全国工商联申请成立会展业商会的主要动因。一位民营展览企业的老总表示，民营企业的会展活动普遍地存在着规模小、重复多、水平低、以及从业人员素质欠佳的状况，只有会展业民营企业真正联合起来，整个行业才能健康地发展，每个民营企业才能得到更快的发展和壮大。

一段时间以来，会展界人士一直在呼吁成立会展业协会，但此次由全国工商联批准筹建的却是会展业商会，为什么是后者而不是前者呢？有关方面的解释是：之所以成立的是商会，最本质的原因是由会展行业的性质决定的。众所周知，会展业并不像传统意义上的其他行业，它的行业跨度之大、领域跨越之广、学科跨度之阔都是其他行业所无法相比的。这种情况直接决定了会展行业并不是简单的同行业协作问题，它真正需要的是各个行业的跨行业的共同协作。

还有一个重要原因是：会展业商会主要是为会展业的非公企业服务的，而行业协会多为大的国有企业所控制和主导。对于我国会展业的新兴企业来说，多是在改革开放十几年之后成长和发展起来的，其中许多会展企业都是非公企业，而全国工商联正是这些非公企业的“娘家”。全国工商联作为中国工商界组成的人民团体和民间商会（全国工商联又称中国民间商会），是政府管理非公有制经济的助手，这种地位决定了全国工商联必须是非公企业的代言人，要为非公企业做好服务。

据了解，近年来会展业呼吁成立行业组织的声音越来越强烈，业内人士一致渴望成立一个能对会展行业进行整体协调、管理、规范和服务的行业组织。然而，由于原有体制的限制，这个全国性的行业组织至今无法解决到底该由谁牵头成立的问题。这一“困惑”一直以来都是掀起业界纷争的原因。

上海：为企业出国展览开辟“绿色通道”

2005年7月15日，中国贸促会上海分会出国经贸展览工作研讨会在上海举行。

本次研讨会主要是了解企业需求，研讨提高出展工作的服务质量，为企业开拓国际市场提供优质服务。与会的企业代表希望贸促分会能够提供更多的市场信息包括交易方式、行业情况等，同时，组织企业更多地参加专业性的展会，为参展企业提供个性化的服务，并能相应安排一些对口的业务洽谈，协助企业做好市场推广工作，以扩大参展成果。

会议提出，随着中国经济的快速发展，现在企业参与国际市场的竞争能力有了很大的提高，到国外参加经贸展览会的积极性很高，而且参展需求从内容到形式都发生了一定的变化。因此，组展工作要千方百计满足企业的不同需求，在进一步扩大参展成果上多动脑筋，同时要创新自己的出国展览品牌，为企业开拓国际市场提供更好的服务。

会上还推出了上海市贸促分会2006年出国经贸展览会的计划。

据了解，2005年上半年中国贸促会上海分会发挥国际展览的品牌优势，为上海产业结构调整和企业开拓国际市场服务，做大国际展览业务。截至目前，已成功地承办了30多个大中型出国经贸展览会，参展人数达到457人次，展位净面积1800多平方米，现场贸易成交1100多万美元，意向成交额为2040多万美元。

“2005河北会展峰会”在秦皇岛召开

2005年7月18～20日，由中国贸促会河北省分会倡导并组织的“2005河北会展峰会”在秦皇岛召开，这是河北省首次召开的有关会展业的峰会。河北省分会王玉楼会长参加了会议并做了重要讲话。

王玉楼在讲话中强调：这次峰会意义重大。它是加快河北省会展业、会展经济发展的需要，它是加强会展队伍的需要。会展是贸促会的主业，河北省分会有义务有责任做好会展业发展工作，发挥巨大作用。河北省已经建立起一支会展业生力军，期待他们做出新贡献。

在本次峰会上，赵玉副会长作了“河北会展业的若干问题”的发言。展览策划、展馆经营、展览工程、展览服务及院校学者等专业人士也都做了专题发言。大家围绕河北省的展览现状、发展趋势及亟待解决的问题进行了讨论，并达成“河北展览业今后发展方向倡议书”。

本次峰会旨在探索如何尽快优化会展环境、制定河北省展览业行规和相关优惠政策，研讨并发起成立河北省展览业协会事宜。同时，峰会就加强河北会展业组织、场馆经营者之间的交流与合作，增强信息交流，实现资源整合，使会展业更快更好的发展进行了深入研讨。

峰会达成的“河北展览业今后发展方向倡议书”认为，河北省会展业目前最大的障碍是场馆缺乏，除廊坊、唐山外，包括省会石家庄在内的绝大部分区市展览场馆建设与自身经济实力不相适应，因此，将场馆建设尽快列入政府工作日程和5年发展规划是发展会展业的当务之急。此外，本次峰会还倡议，河北省应该尽快制定《河北省会展行业管理条例》，成立河北省会展业协会，大力加强会展人才培养和会展宣传。

佛山民企海外参展可获资金扶持

2005年8月2日，广东省佛山市财政局与对外贸易经济合作局联合发布《关于印发＜佛山市外向型民营企业发展资金管理实施细则＞的通知。《通知》中的《实施细则》透露，佛山市将对外向型民营企业国外参展、进出口业务培训等予以资金扶持。

据介绍，在资助范围和资助标准上，佛山市外经贸局每年将根据上级布置，不定期组织本市外向型民营企业参加境外及我国港、澳、台地区国际经贸展览会。参展费按照每个参展公司最多2个展位进行补贴。对区外经贸局每年申报并获市外经贸局和市财政局批准的1～2项指导外向型民营企业开展进出口业务的培训活动，会务费和培训材料费参照《中小企业国际市场开拓资金》的规定拨付，资助标准由市财政局和市外经贸局根据可分配资金额度等实际情况确定。

广州白云国际会议中心蓝图敲定开工日期

2005年8月3日，广州白云国际会议中心设计方案最终选定。之前被专家看好的1号方案“山中之城”经过调整后，已获得广州市政府常委会议通过，10月开始基础施工。

1号方案由比利时BUROII和中信华南（集团）建筑设计院联合体完成，以“山中之城”为设计理念。整个中心的主体设计为平行的流线型红色建筑，并有独立的大、中、小分会场，还设有国内各个省会城市的专用场。

据了解，调整前的1号方案外形为三角体。经调整后，整体更加方正，对“尖角”的扩容，也使整个建筑的利用率进一步增加。大会场可容纳2500人，还有250座的主席团专用会议厅、400座放映厅等。多种类型的会场功能各不相同，满足各种需要，有利于提高会议中心的利用率，创造更高的经济回报。

中国会展经济研究会筹备会召开

本报讯 由商务部国际贸易经济合作研究院发起并筹备的中国会展经济研究会筹备会于2005年8月6日在北京召开。筹备会上，商务部国际贸易经济合作研究院副院长兼中国会展研究中心主任沈丹阳做了关于筹备会的进展和下一步工作计划的汇报。

沈丹阳在汇报中明确指出，中国会展经济研究会的主要任务界定为研究、交流、咨询、评估和培训。沈丹阳进一步阐述了中国会展经济研究会与会展行业相关行业协会的区别体现在四个方面：

首先，职能定位不同。研究会是一个全国性的学术研究团体，不是行业自律性质的组织，它没有行业职能，不做“行规”之类的文章，研究范围包括理论研究、政策研究和实务研究，尤其以后两者为重。

其次，业务范围不同。研究会所涵盖的业务范围重点是“会展经济”，是指广义的会展，即包括展览，也包括会议，还包括节庆及相关配套活动等，重点研究会展经济的发展体制、政策、规律与机制，业务面较宽；而会展相关行业协会的业务范围一般应限于本行业内。

此外，参与的对象不同。行业协会的会员一般来说是同业企业，而研究会的会员范围要广得多，既有企业会员，又有团体会员和个人会员，且其中个人会员将占相当比重。研究会不是一个行业团体，因此参与的企业也并不是一个行业内的同业企业，而是既包括会展企业，也包括行业的配套企业。

另外，服务重点不同。研究会不作为行业的利益代表，它超脱于行业，可以更多地站在宏观的高度以及所有相关企业的角度来研究思考问题和提供服务。

沈丹阳透露，中国会展经济研究会成立大会于2005年11月下旬在北京召开。

浙江为企业搭建海外参展新平台

由国内外展览公司携手组织，专门为国内企业“量身定制”全新展会模式有望成为浙江企业海外参展的新平台。

海外参展是国内企业产品“走出去”的重要途径。浙江省是外贸出口大省，浙江企业海外参展的热情一直居高不下。据浙江省贸促分会的不完全统计，2004年浙江省企业海外参展摊位数达7000多个，占全国的1/4强。

然而，随着我国步入贸易摩擦多发期，国内企业海外参展也开始受到影响。中国贸促会浙江省分会展览二部负责人李保尔说，目前发达国家一些知名展会已在限制我国企业的参展数。2005年以来，还出现了一个值得关注的新动向，即在服装、鞋类等敏感类商品上，个别发展中国家的国内展会已开始拒绝我国企业参展。如今年5月份举行的土耳其家纺展，中国贸促会组织了我国40多家企业申请参展，但是虽经过多次沟通，最终一个摊位也没有拿到。

这些新情况给急欲通过海外参展结交客户的国内企业造成困难。例如浙江新大集团每年从年初开始，就指派专人争取一些国际知名展会的摊位，花费了大量精力物力。即便如此，有些展会的摊位还是拿不到，影响了企业拓展国际市场的计划。

一面是摊位吃紧，一面是需求强烈。针对国内企业海外参展的实际需要，国内一些展览公司开始与国外专业展览公司联手，在国外举办专门针对国内企业的专业展会。李保尔说，今年八月下旬，由国内外展览公司合作组织的德国纽伦堡礼品展就是首次为国内企业“量身打造”的海外礼品展，目前已经有300多家国内礼品企业报名参展，其中不少是浙江企业。

海外知名展会的最大价值在于能够吸引众多国际买家，为国内企业“量身定制”的海外展会能否取得同样的效果呢？

浙江省外经贸厅对外贸易服务中心主任郭牧认为，关键在于展会的专业化程度，如果是举办综合性展会，效果不会很好。浙江省贸促会副会长铁建设也表示，在许多发达国家举办的国际知名展会中，浙江企业的摊位数已经较多，进一步增加的空间不会很大。因此，今后国内展览公司可以尝试多举办一些在发展中国家的专业性展会，帮助“浙江制造”拓展新的市场。

广东展装业成立行业组织

广东会议展览业协会展览装饰分会2005年8月22日成立，这不仅标志着广东展览装饰业终于拥有了自己的权威行业组织，更重要的还预示着展览装饰行业将纳入协调行业规范管理，促进行业走向健康和谐发展的轨道。

广东会展协会展装分会负责人在谈到协会的职能时认为，展装分会将在广东会议展览业协会的领导下，以促进行业生产力发展为目标，以协调、监督、规范为工作重点，发挥桥梁和纽带作用，通过开展行业调研、加强行业管理、规范行业行为、维护市场秩序、推动公平竞争、组织业内间交流等一系列活动，以推动广东会展行业的进步。同时，还将协助会员企业举办品牌推广会、行业展览会、跨行业供需见面会、行业发展研讨会等。而为了加强广东展装业的自律意识，展装分会还将定期举办行业评比、创优活动；此外，为了让会员企业能够应对未来市场的变化，展装分会还将积极地协助会员企业了解外部信息，熟悉国际会展展装规则。

在展装分会成立期间，广东还举办了以“创建和谐展装市场、发展广东会展经济”为主题的2005广东会展论坛。会上有的代表谈到：目前广东的展览装饰市场存在“乱并蓬勃着”和“苦并快乐着”两大怪点。一方面是随着展览市场扩大，展装市场业蓬勃发展，但实际上没有多少真正的专业公司在做展装；而有的“游击队”打完就跑，结果引起质量安全事故。其次，由于展览装饰市场的管理不到位，也使一些企业出现急功近利的短视行为，现今的广东展览装饰市场可谓乱声一片。为此代表们呼吁：目前的展装行业是进入和退出成本都较低的行业，展装同行在加强自我约束、自我规范的同时，希望在展协及展装分会的带领下打掉“乱”字，让展览业有序健康地蓬勃发展。

新国展建设进入实质性启动阶段

亚洲最大的会展中心——北京新中国国际展览中心2005年8月23日举行了土地开发协议签字仪式，北京中展投资公司和北京顺义区人民政府签订了新国展一期的116万平方米土地开发协议，这标志着新国展建设进入了实质性启动阶段。据透露，按照计划，新国展一期将于2006年9月份完工并投入使用。中国贸促会会长万季飞、副会长张伟、北京顺义区人民政府副区长陈卫东、中展集团总裁梁文等参加了签字仪式。

中国贸促会会长万季飞说：“签字协议后，新国展建设走出了重要的一步，新国展的建设对于北京市会展经济的发展是件非常重要的事，我们要争取早动工、早建成，高质量地完成新国展中心项目。目前全国会展经济蓬勃发展，以上海、广州为龙头的长三角和珠三角地区会展经济发展更是迅速，北京的会展经济相对来说比较落后，落后的原因主要是缺少一个现代化的大规模的展览中心。随着北京新国展的建成，不仅发展了北京市的会展经济，对拉动第三产业也将起到很重要的作用。下一步新国展的建设将进入实质性动工阶段，大家要上下努力，齐心协力，奋力拼搏，心往一处想，劲往一处使，新国展中心一定能够早日建成，为北京及全国会展经济的发展做出新的贡献。同时，我们一定要按照中央对我们提出的要求，爱惜土地，珍惜土地资源，充分发挥每一亩土地的效益。”

顺义区副区长陈卫东说：“新国展作为北京的重点工程之一落户顺义，将为顺义推进现代化进程带来重要的机遇，对提升顺义经济，展示顺义良好形象，搭建了一个新的平台。新国展建成后将给顺义带来巨大的人流、物流和信息流，成为拉动顺义第三产业发展、促进劳动力广泛就业的重要支柱产业，也将为顺义优化产业结构，扩充经济总量，加快地区发展注入新的活力。我们将严格按照协议规定，按时完成土地的搬迁、拆迁工作，力争在明年5月30日之前，完成外部市政工程，达到八通一平的标准，为工程的顺利施工提供一个稳定的社会环境，保证新国展项目如期开工、顺利施工、按时交工，相信通过各方努力，精诚合作，新国展项目一定会按期投入使用。”

据了解，新国展位于顺义天竺空港工业区，建成后将是亚洲最大的会展中心，将至少带动15万人的就业。

一期工程的征地面积为116万平方米，征地涉及金额4.6亿元人民币，9月开工，预计于2006年9月左右完工。

中国国际展览中心集团公司总裁梁文说：“为了满足北京市展览市场的需要，我们会尽快动工。我们正在进行土方施工和项目总包工程的招标工作，土方招标工作我们力争在今年9月中旬进行，项目总包的招标力争在11月上旬完成。目前新国展已经具备了动工的条件，新国展作为北京市60项重大工程之一，我们会高质量地完成建设工作。现在有很多国内外建设企业表示出积极的参与建设热情，特别是国内的企业都具有非常高的设计施工水平，来自美国和西班牙的资金对新国展的投资很感兴趣。新国展的资金投入将实行滚动投资，先期开发资金已经到位，下一步的资金投入还在积极的筹措中。”

广东首批认证速录师上岗

17名来自广东司法系统和文秘行业的考生2005年8月16日通过广东首次速录师（职业资格五级）资格鉴定。速录被称为“追赶声音的职业”，是目前需求量巨大但人才紧缺的新兴职业，广东省这17名首批经政府部门认证的速录师，成为抢手的新兴“金领”从业者。

随着“会展经济”和“论坛经济”的发展，社会各界对速录技术的需求日益膨胀，然而，掌握速录技术的专业速录师却相当缺乏。据统计显示，仅针对会议服务人才需求而言，珠三角速录师目前需求就达5万人以上，而现有符合要求的速记人员不足200人，巨大的人才缺口促成了速记员的“金领”高额收入，一些地方甚至出现五、六万年薪招不到速录师的现象。由于很多速录员集中在法院等国家机关，使社会上从事商业服务的速录人员数量稀缺，高水平的速录师更是难求。

第十一章 机构、企业介绍

大连市专辑

一、机构、企业简介

中国国际贸易促进委员会大连市分会
中国国际商会大连商会
简介

中国国际贸易促进委员会大连市分会是由大连市政府相关部门和经贸界有代表性的人士、协会、团体组成的有影响、有实力、有代表性的公共服务机构，实行委员制。宗旨是促进国际贸易，促进利用外资，促进企业国际化经营，促进经济合作。中国国际商会大连商会是大连市从事国际商务活动的有代表性的人士、企业、协会和团体组成的具有国内国际广泛联系网络的社会民间组织，实行会员制。中国国际商会大连商会在中国国际贸易促进委员会大连市分会的领导下开展工作。其主要职责是：

（一）发挥与国际组织、国外商协会、民间机构、中介组织联系广泛的优势，开展同世界各国的经贸交往。广泛提供对外贸易和投资促进服务，吸引外商来大连投资项目和设立企业；为中外企业提供政策咨询、行业评估、企业调查、厂家寻找合作伙伴、企业资质咨询、商务考察、联络沟通、贸易协调、跨国采购等商务咨询服务；组织企业在境内外举办影响较大的国际贸易洽谈会、投资项目推介会、产品推广会、商情发布会。

（二）邀请和接待世界各国和地区经济贸易促进机构、商协会组织、企业及人士来访，协助或联合举办各类经贸会议和活动；组织本地有关机构、组织、企业出访，参与或参加有关国际组织、区域性组织、各国及地区相关机构组织的经贸会议和活动，开展国际、区域交流与合作；介绍和推荐世界各国和地区经济贸易促进机构、商协会组织来大连设立办事机构，加强商协会组织间的合作，为地区间企业交流提供服务；承接和协办世界各国和地区政府、经济贸易促进机构、商协会组织开展的国际、区域及地区性经贸合作项目。

（三）负责全市展览工作的规划、指导、管理、协调。负责展览专业场馆展览计划的制定和协调，并对全市展览项目做出评估；负责全市有关展览组织加入国际展览联盟的协调和管理工作；负责拟定全市展览发展基金的计划和管理。

（四）编制出国展览会、国内展览会及相关研讨会、洽谈会、论坛的计划并组织实施；协调出展和来展计划及实施。推进大连会展业的法制化、市场化、产业化和国际化水平。

（五）签发中国出口商品原产地证明书、加工装配证明书和转口证明书；出具国际商事证明书；认证涉外商业单据；代办申请领事认证；代办人力不可抗拒证明；代办ATA单证册；调解有关商事、海事争议；办理国际经济贸易和海事仲裁业务；提供有关法律咨询、法律顾问等业务；代理中国企业在国外或外国公司和个人在中国办理专利和商标注册的申请、变更和转让工作；提供知识产权保护的咨询和法律服务。

（六）负责联系、协调、办理贸促会委员，国际商会副会长、常务理事、理事、会员单位的各项事务并提供服务；负责吸收发展会员，壮大商会队伍，扩大贸促网络的覆盖面。

负责大连贸促网、中国大连展览网运营，进行网上信息收集、传递和发布；收集、发布各国、地区、行业经贸动态、经贸法规、商务通则等信息，编辑、出版贸促通讯、贸促信息等经贸类刊物和资料。

负责制订会员服务计划并组织实施；研究对外经贸领域的问题，向企业提供参考意见；向政府有关部门反映企业界有关情况和意见；策划、组织各种形式的经贸沙龙、洽谈会、贸易实务、知识产权、技术交流等活动。

指导、协调各区、市、县和对外开放先导区贸促机构工作。负责代表大会及相关会议的组织工作和会后国际商会秘书处日常工作；负责涉外经贸业务的培训工作。

（七）负责联系办理市政府授权或交办的其他工作。

大连星海会展中心

大连星海会展中心是大连市人民政府筹资兴建的大型现代化展览场所，占地面积8.6万平方米，建筑面积10万平方米，拥有2.5万平方米的展览区和7500平方米的会议区等几个部分，是一座集展览、会议、贸易、信息、餐饮娱乐等多项功能于一体的综合性会展场馆。自1996年6月建成以来，以其宏伟的气势、完美的设计和精良的设施成为大连的城市标志之一。

星海会展中心展区面积2.5万平方米，主展区分东、西两大展场，又可根据需要分割成面积不等的多个独立展厅。展场设施及技术配置先进，服务项目齐全，可为参展商提供水、电、通讯等各方面的需求，具国内一流水准。

7500平方米的国际会议区分布着十余个规格不同、风格各异的会议厅（室），近3000平方米的多功能厅豪华典雅，可容纳2500人同时入会，可分可合的场地设计为举办大型会议、千人宴会、文艺演出、时装展演及演讲报告提供了理想和充分的设计空间。这里曾成功承接了2001年的APEC高官会议、国际旅游论坛、亚洲儿童文学大会、世界华人保险大会等国际会议逾千人，向几十万宾客提供了国际标准五星级服务。

室外展场6000平方米，可以展示重型机械及超大型设备。广场装配有急蔽式音乐喷泉和环境广播系统，大连国际服装节闭幕式晚会、2002年世界华人保险大会5000人冷餐会都曾在这里举办。

大连星海会展中心始终坚持走国际化、专业化的道路，以强烈的精品意识全方位地拓展经营领域。现已基本形成了以场地销售为主体，以会议策划与接待、展览工程设计装修、广告、物业管理、信息咨询等多项配套服务为补充的综合经营体系，经营管理水平迅速提升。在大连市委、市政府的领导和亲切关怀下，中心七年来共接待展览会近350个，场地累积销售面积260万平方米，有8万个国内企业和来自60多个国家和地区的上万个海外企业参展，贸易总成交额近2000亿元人民币，会展总体规模、档次、水平仅次于上海、北京、广州，位居全国第四位。大连出口商品交易会、大连国际服装博览会、大连国际汽车暨零部件博览会、大连国际海事展览会等已成为业内的名牌展会。

坚持自主办展一直是星海会展中心努力的方向。几年来，中心一直秉承着市场化、专业化、国际化的办展原则，不断强化营销手段，发掘资源潜力，建立完善强大的客户信息库，为今后发展奠定了坚实的基础。作为自主办展的龙头项目，中国大连国际海事展览会经过四年的开发和培育，面积已突破2万平方米，海外参展商超过40%，已成为中国海事业界最具权威的展会。与此同期开发的大连国际渔业博览会、东北海外教育展览会等在展会档次、国际化程度等方面均有大幅提升。

通过350多个展会的历炼，中心培养造就了一支专业素质好、实践技能强的员工队伍，这是一支年轻而有朝气的队伍，是一个充满工作热情同时又富于创造力的集体。是他们在过去的七年时间里，开辟了一条大连会展事业从无到有的创业之路，同时他们也清醒地意识到，完善的服务、规范的管理、专业的人才、良好的信誉才是企业永恒的优势和财富。

地址：大连市沙河口区会展路18号

邮编：116023

电话：0411-84809663

传真：0411-84800017

大连世界博览广场

大连世界博览广场坐落于中国大连对外开放先导区之一的星海湾金融商务区。亚洲最大的海滨广场——星海广场在它的面前绚丽绽开。大连世博广场毗邻城市主干道，交通便捷，距大连火车站5公里，距大连港8公里，距大连国际机场10公里，距神州第一路——沈大高速公路入口12公里。

大连世界博览广场是由大连市星海湾金融商务区管理机构大连市星海湾开发建设管理中心，于2003年开工建设并管理的国际一流水准会展场所。大连世界博览广场的布局、设计、装修，由法国EDDS公司的著名建筑师德拉里担纲设计。设计风格结合了大连星海广场的地域特点，形成了极具中国文化与国际特色的现代博览建筑。

大连世界博览广场占地面积5.3万平方米，建设内容为展馆及其配套服务设施。建筑面积14.1万平方米，净展览面积8万平方米。

大连世界博览广场设地下一层，面积2.9万平方米；地上两层，面积3.7万平方米，会议室8个，每个可容纳100～300人；多功能厅5700平方米，可举行5000人的大型会议，举行3000人的大型宴会。展馆部分根据需要可分为独立的三个单元，独立对外开放。共有3500个国际标准展位。一楼分为三个大展厅，根据需要可分可合。餐厅6500平方米。

大连世界博览广场作为大连市政府投资兴建的大型现代化公益事业项目，拥有世界一流的技术设备、高效的管理和国际水准的服务，成为东北亚会展场所的首选，是世界会展场所中的夺人焦点，它的诞生预示着大连乃至中国东北地区展览业将迈入一个新纪元。

地址：中国大连市星海湾

邮编：116023

电话：0411-84805577

传真：0411-84802236

网址：www.dl-expo.com

大连国际服装展览有限责任公司

改革开放初期第一批组建的专业展览公司。成立于开放初期的大连国际服装展览有限责任公司，因服装节博览会而翘首市场经济的潮头。伴随16届服装博览会的成功举办，它已经发展成为中国国内组建早、信誉高、实力强、影响力大的国际服装展览公司。

连续15年精心塑造名牌展会。公司具有承办博览会的丰富经验，拥有专业网站和多年积累的参展商贸易商数据库。是连续10多届DIGF的成功承办者。

2002年10月，成功地加入了世界权威展览组织——国际展览联盟，其承办的大连国际服装博览会同时通过认证。不仅实现了向世界著名服装展会目标的跨越，而且为大连、为中国在国际展览舞台上争得了荣誉。

2004年，继1999年取得境内举办国际经济技术博览会资格之后，经国家有关部门审批，成为大连市惟一的有出境组展经济技术博览会资格的展览公司。

拥有一流的组展水平和专业人才。公司拥有年轻精干的专业人才，在招商咨询、品牌推广、买家邀请、展会科学管理等各个方面，竭诚为参展厂商创造商机，实行全方位系列化的服务，为推动海内外服装交易交流和中国北方地区服装产业发展做出了应有的贡献。

地址：大连市中山区上海路4号上鼎大厦1108室

邮编：116001

电话：0411-82808694，82812177，82638848

传真：0411-82630425，82813469

网址：//www.cdigf.gov.cn，www.digf.com.cn

E-mail：cdigf@cdigf.gov.cn

大连北方国际展览策划有限公司

大连北方国际展览策划有限公司创建于1993年，在董事长兼总经理李琼先生的领导下，全体员工锐意进取，不断创新，公司业绩取得了长足发展。北方国展注重展会的专业化、国际化、高水准的塑造，先后举办近百个精彩纷呈的展会，国内外近万家企业参展，观众数达330多万人次，展会成交额逾312亿元。

1998年北方国展成为大连市首批被经贸部批准的具备举办国际展览会资格的专业展览公司。

拥有中国国际环境保护博览会、大连国际建材及卫生洁具展、中国国际家具（出口）及木工机械展览会、大连国际酒店设备及用品展、大连市房屋交易大会、中国北方国际住宅产业与建筑科技博览会等18个展览项目的北方国展没有把目光局限于本土，近年来，北方国展不断与国际同行及参展商加强合作与交流，现已与近50个国家的专业展览公司、协会和贸易组织建立合作关系，十几次接受德、法、意、日、韩等国委托承办来华展览业务。

北方国展以“甘愿躬身做桥，让上帝从我们脊梁上走过”的箴言作为公司的座右铭，把帮助客户成功作为自己的天职，摈弃只顾招展，忽略订货商组织的短期行为。舍得巨额投资，组织买家和观众，注重参展商的利益和展会的成交情况。北展人正是靠着这种先做人后做事、以人为本、共同发展的“秘诀”，创下了今天的基业。

地址：大连市中山区同兴街25号世贸大厦25层
邮政编码：116001
电话：0411-82538665，82538666
传真：0411-82538616，82538661
网址：www.sinoexhibition.com
E-mail：webmaster@dbf.com.cn

大连国际商会展览实业发展公司

成立于1994年的大连国际商会展览实业发展公司，经过几年的发展，已经培植了一批有一定规模、在国内外有相当知名度的展会，这些展会每年定期举办，吸引了大量的国内外客商。

大连国际商会展览实业发展公司承办的主要展会有：中国大连进出口商品交易会，已成功举办了18届；大连国际信息技术暨设备展览会/大连国际电子产品展览会，现已发展成为东北地区同类展会中规模最大、层次最高、最具国际性的展会；大连国际汽车暨零部件展览会，2004年展会规模超过3万平方米，是国内最具特色的汽车展，其“展销结合”的特点深受国内外汽车厂商的欢迎。

此外，大连国际商会展览实业发展公司还直接承办国际消防技术暨设备展览会、国际工业原材料暨零部件展览会、国际机床工具刀具暨模具展览会、国际制冷空调供暖通风设备展览会、国际礼品暨家庭用品展览会、国际食品加工、包装机械展览会、国际鞋业展览会、国际印刷工业及广告技术与设备展览会等国际性展会。每年展览会的总体规模超过7万平方米。

大连国际商会展览实业发展公司愿意与国内外展览业同行通力合作，共图发展。

地址：大连市中山区解放街9号万达大厦11楼
电话：0411-82644601
传真：0411-82644601

大连国际展览有限公司

大连国际展览公司1991年系大连市对外经济贸易委员会批准注册成立，直属于中国国际贸易促进委员会大连市分会。现已改制为大连国际展览有限公司，以经营国内外展览为主业。

多年来，我公司遵照“广交朋友、促进交流、真诚合作、开拓进取”的宗旨，多次组织国内企业赴美国、欧洲、日本、突尼斯、大马士革、马来西亚等地参加展览会和进行贸易洽谈。并承办大连国际服装博览会暨中国服装进口洽谈会、大连国际裘皮革皮暨制品展览会、中国羽毛羽绒暨制品出口交易会……

目前已同世界30多个国家和地区建立了业务往来，与国内众多业内同仁保持着良好的合作与交流。在国内外各界人士的支持下，我公司承办的展览会，以举办的规模、影响和实效著称。

我们竭诚欢迎国内外新老朋友，期待和您携手合作，共创21世纪的辉煌！

地址：大连市中山区鲁迅路74号安达大厦A座25楼
邮编：116001
电话：0411-82701743
传真：0411-82718639
网址：www.gjzl.com
E-mail：guozhan@gjzl.com

大连星海会展策划有限公司

大连星海会展策划有限公司(大连星海会展中心全资子公司)是以展馆为依托的专业展览公司，主要从事展览、会议、大型活动的策划组织以及展会相关服务。

大连星海会展策划有限公司的业务范围：大型国际展览和国际会议组织，搭建和特装工程，广告策划、发布，形象策划、品牌推广、市场调研等，已服务近万家企业，每年都有许多固定的大型展览活动、会议举办，涉及科技、教育、投资、休闲娱乐、海洋等多个主题。

大连星海会展策划有限公司奉行“以人为本”的企业文化，拥有一支具有创新观念和敬业精神的坚强团队，真诚、细致的为各位展商和客户提供热情周到的服务。

大连星海会展策划有限公司承办的全国性展会有2000年中国旅游区风景区度假区博览会、中国第二届计划生育生殖健康新技术新产品博览会（2003年）、中国国际软件和信息服务交易会（中国IT惟一国家级展会）。

自办展会有中国大连国际海事展览会、东北国际化程度最高的展会、中国大连国际渔业博览会（行业内最具影响力的展会之一）、中国东北国际教育展览会（大连、沈阳、长春、哈尔滨巡回展）、大连创业投资博览会、大连民办教育展览会。

实力创造价值，激情成就未来，大连会展中心展览有限公司愿与中国展览业共同进步，与客户共同发展。

地址：大连市沙河口区会展路18号
邮编：116023
电话：0411-84809765
传真：0411-84809988，84809999
邮件：events@dxceczch.mail.sohu.net
网址：www.dxcec-expo.com

大商集团展览公司

大商集团展览公司隶属于大连大商集团有限公司，公司成立于1996年6月，是专业服务于全国商业商品交易会的展览公司。

公司先后多次在大连为中国五金交电化工商业协会、中国家用电器商业协会承办了全国五金商品交易会、全国交电家电商品交易会，为中国百货商业协会承办了全国日用百货商品交易会、全国化妆洗涤美容美发用品交易会。每次的展会均创下了展会规模大、档次高、观众多的新纪录，受到了国内贸易部、省、市领导的赞扬及参展客商的称赞，特别是96年首次承办“全国五金商品交易会”，就受到了大连市政府的嘉奖。

通过办会我们与国内外工商企业及展览业同行保持了稳定的业务联系和较广的信息网络；建立健全了一整套办会工作程序、工作规范和服务体系；培养锻炼了一批精干、高效、懂展览、会管理、能服务的展览队伍。

大商集团展览公司依靠大商集团的优势，一定会发展的越来越壮大，展会办得更加圆满。

地址：大连市中山区友好街42号
邮编：116001
电话：0411-83672836，83880038
传真：0411-83673149，83880038
网址：DSJT.COM
E-mail: DSJTZL@SINA.COM

大连鹏程文化艺术发展有限公司

大连鹏程文化艺术发展有限公司是发展文化事业，兴办文化产业，经营艺术品的专业机构。成立于1998年。有展览部、装裱部、研究部、画院等。现有员工20余人，总经理程恩平。

公司在2001年和中国美术家协会合作，成立了中国美术家协会大连展览中心，2004年又和中国美术家协会合作，成立了中国美术家协会大连美术馆。先后承办了多个展览，包括2002年第二届全国中国画展等。从2002年开始主办大连艺术博览会。并已连续举办了三届。

地址：大连市西岗区林茂东巷8号
邮编：116013
电话：0411-82495628
传真：0411-82492898
E-mail：pengcheng_3017@tom.com，pengcheng_3017@sina.com

大连华展展览服务有限公司

大连华展展览服务有限公司是中国北方地区深具影响力的专业国际会展推广及组织机构之一，以举办大型国际展会而闻名遐迩，公司骨干力量是中国早期从事专业展览的资深人员，拥有丰富的办展经验，公司根植北方工业界，一直致力于筹办工业类展览会，以期成为中国北方工业类展览会筹办者之楚翘。公司自1997年成立以来，已先后承办或参与组织过十余次高水准、高规格、大规模的工业展会，国内外参展商数千家，接待观众50万人次，这些展会包括：大连国际自动化展、大连国际电力展、大连国际音响乐器展、大连国际广电展、大连国际机床展、大连国际水工业展、大连国际电源展等等，展事大多声誉卓著，影响深远，对中国北方地区相关领域的技术进步起到重大的推动作用。

身为中国北方大型国际工业展览会筹办公司，我们在工业界拥有完善的关系网络，实力雄厚，根基稳固。我司与国内外十多个相关政府部门，20多家专业学会、行业协会，100多家专业杂志及媒体保持亲密的合作关系。我们秉承“踏踏实实做事，老老实实做人”的态度，脚踏实地的为客户服务。同时，作为经验丰富的筹办者，华展拥有稳固的人脉网络和庞大的数据库，且保持随时刷新，为参展商提供近乎一站式的市场策划服务，使展会成为厂商开发及拓展市场最便捷的途径。

地址：大连市西岗区同仁街50号万达公寓10楼D座
邮编：116011
电话：0411-83787048，83787490
传真：0411-8387910，83787490
网址：www.dlhz-expo.com
E-mail：dlhz@mail.dlptt.ln.cn

大连太平洋展览策划有限公司

大连太平洋展览策划有限公司是具有举办国际展览会专业资质的展览公司，在大连展览业颇具实力和影响力，其拥有素质高、专业强的展览专业人才，自1996年成立以来，已多次成功举办过国际美容、美发、化妆、洗涤用品展览会、国际制冷、空调、供暖、通风设备及技术展览会、国际礼品工艺品及家庭用品展览会、国际妇女卫生用品暨妇婴保健品展览会、国际生活用纸展览会、国际食品加工及包装机械展览会、国际食品原辅料及添加剂展览会。并多次承办大连市政府赴日本、韩国、新加坡、我国香港特别行政区等国家和地区的经贸洽谈会及各类专业性展会，公司专业展览设计、装修队伍承担了上述展览会大部分的展览设计和特殊装修工程，其专业素质及卓越的服务深受用户好评。

大连太平洋展览策划有限公司的发展承蒙各界朋友的支持与厚爱，她更愿以创新、灵活、务实和高效的努力与国内外各界朋友广泛合作，携手并进，共图发展，再创辉煌。

地址：大连市沙河口区连胜街41号龙祥花园2-7-1室
邮编：116021
电话：0411-84650881，84650882
传真：0411-84600601，84600661
网址：www.depd.com
E-mail：dped@sina.com

大连中展国际展览有限公司

大连中展国际展览有限公司成立于2001年，由原先2～3人组成的展会小组发展到10余人，集策划、接待、现场服务等机构的专业展览公司。迄今已先后成功举办了两届大连国际城市交通博览会和两届秋季全国高教仪器设备展示会。

在大连国际城市交通博览会中，累计展出面积近2万平方米，参展商、贸易商人数达5万人次，展会交易额3.5亿元人民币；而在秋季全国高教仪器设备展示会中，累计展出面积超过3万平方米，参展商、贸易商有10万人次之多。通过展会，公司积累了丰富的举办专业展会的经验，尤其是城市交通及物流博览会，不仅培养了一批展会人才，而且在国内同类展会中具有一定影响。除北京、广州两地，大连国际城市交通及物流博览会已成为东北最大、全国第三专业展会。业内人士也对展会和公司给予高度的评价和赞誉。

2004年，6月中旬的第三届大连交通物流博览会除展会规模略比去年扩大外，还通过日本物资流通研究社、韩国物流协会、我国台湾物流协会、香港物流协会等机构，组团招商参加本次博览会，使海外参展企业占30%以上。同时，在展会期间，还举办了各种论坛：第三届中日韩物流技术与技术应用交流会、第二届大连物流人才日、英国皇家物流认证推荐会，并聘请海内外专家，知名人士传授和演讲，为博览会增光添色。

“振兴老东北，建设大大连”，是我们办会的宗旨，公司全体员工将竭尽全力办好展会、多办展会，为大连市早日成为国际化现代物流中心贡献力量。

公司地址：大连市沙河口区五四广场16号
邮编：116021
电话：0411-84616770，84616771，84616772，82931105
传真：0411-84616881
网址：www.zhongzhandl.com
E-mail:company@zhongzhandl.com

大连天力展览策划有限公司

地址：大连市西岗区八一路荣信巷11号
邮编：116011
电话：0411-82664645
传真：0411-82664645
网址：www.dlbuilding.com
E-mail: xwfish-c@sohu.com，dlbuilding@163.com

辽宁电力展览发展有限公司

地址：大连市中山区福寿街1号
电话：0411-82822425，82822426，82822427
传真：0411 82822429
E-mail: ldzltz@hotmail.com

大连国贸展览中心有限公司

大连国贸展览中心有限公司是专业从事国际性展览策划、组织及运作的现代展览机构，汇聚了高素质的企业管理人员和展览专业人员，迄今为止已经成功举办多个展览会。我们以服务为先导，重合同，守信誉，在业界具有良好的口碑和形象。同时与国内外展览组织和机构建立了广泛的联系，形成强大的展览网络。我们注重展会的专业化、国际化、高水准，为展会走向国际化奠定了良好的基础。愿与各企业同仁携手并进，共创辉煌。

地址：大连市中山区同兴街25号世界贸易大厦32层
邮编：116001
电话：0411-82643000
传真：0411-82803820
E-mail：angle0662@sina.com，ivyzhang@tomoutdoor.com

大连东方商业展览有限公司

大连东方商业展览有限公司（大连市商业展览办公室）隶属大连市商业局，被国家对外贸易经济合作部授予境内外经济技术展览会的主办单位资格。

公司自1996年成立以来，得益于上级领导和社会各界同仁的大力支持，先后成功地承办了国际酒类及食品精品博览会、国际迎新春名优土特商品博览会、进口保税商品交易会等40多个大型会议，参观客商高达500万人次，总成交额近300多亿元。公司与全国商贸系统，尤其是环渤海经济圈的物流企业，与美国、英国、韩国、日本等十几个国家都建立了长期、友好的合作伙伴关系，为国内外参展商、参观商提供了良好的商贸洽谈会环境。1999年10月承办全国行业内最大的商贸大会——全国糖酒商品交易会，开创了沿海城市举办糖酒会的先河，为东北及环渤海地区展览业的发展打开了新的局面。

公司经过几年的不懈努力，从展会立项、策划、设计、招商、广告宣传、信息发布及旅游服务等系列组织活动中，积累了丰富的经验，具备了较强的办会实力，逐步形成了完备的现代管理体系和高素质的专业队伍。公司本着“诚心待人，全力奉献”的经营理念，提供“一流”服务，不断开拓创新，争做行业先锋。

我公司愿与所有热爱展览事业的各界同仁，携手共进，密切协作，共同繁荣展览业，铸造世纪辉煌。

地址：大连市西岗区北京街83-1
邮编：116011
电话：0411-83689829，83698369，83698997
传真：0411-83689829，83628710
网址：www.eastexhibition.com
E-mail:dlszb@eastexhibition.com，dongfang@eastexhibition.com

大连友邦展览策划有限责任公司

大连友邦展览策划有限责任公司是一家致力于从事大型展览会、学术会议、展览展示工程设计与施工的专业公司。

友邦成立之初得到了大连市人民政府，中国贸促会大连市分会，中国交通运输协会，中国港口协会，中国船舶工业协会,中国高尔夫球协会，辽宁省高尔夫球协会等单位的大力支持。同时，也与国内外多家知名展览界同仁、相关行业媒体有着良好的合作关系。

作为一个专业展览服务公司，友邦拥有一批富有策划组织大型专业展览和国际会议经验的高素质专业人才，我们的员工队伍经历过以医疗、进出口商品、物流、港口航运等为主题的专业性展会的考验，同时我们的努力也得到了各界领导和展贸双方的普遍认可。在展览展示方面，公司拥有较强的设计力量，同时拥有一批手艺精湛，经验丰富的高技术工人，公司无论从前期设计到中期预制直至后期安装，这三个环节都制定有完整的操作规范和严格的检验制度，从硬件、软件两个方面保证了施工质量，可为客户提供无忧的，全方位的优质服务。

在信息时代飞速发展的今天，友邦创建了以“中国展览，伴你走向世界”为主题的公司网站：www.中国展览.cn/www.china-exhibition.net，该网站已成为公司对外交流的又一窗口，同时还将不断的推出各项目的专业网站，让国内外商业人士广泛了解中国展览业的发展，更好的促进中外企业的经济交流与合作，为推进中国展览业的发展搭建共享的贸易平台。

倍受关注的展览业必将获得更大的发展，友邦以“促进交流、寻求发展、创新进取”为宗旨，秉承“认真、守信、高效”的经营理念，朝着把友邦建成专业化、现代化、国际化的展览公司的目标迈进，迎接希望与挑战并存的明天！

地址：大连市沙河口区敦煌路365号建信敦煌大厦607室
邮编：116021
电话：0411-84446936，84446935，84442592
传真：0411-84442593
E-mail：dlyoubang@126.com
网址：http://www.china-exhibition.net

大连东晓设计展览有限公司

大连东晓设计展览有限公司，是一个年轻而有发展潜力的企业，以策划举办各种展览，承揽各种会议接待，提供各种庆典礼仪服务为主要业务。几年来，公司以其独特的经营理念和不懈的创业精神，致力于战略性成长。主要承办中国调味品、副食品交易会，中国（大连）奶业博览会，中国（大连）国际食品博览会，以良好的信誉，优质的服务赢得了广大客户的好评。

公司员工全部是大专以上学历的毕业生，具备良好的专业素质和团队精神，公司独特的以人为本的管理方法，充分地调动了员工的积极性，业务蒸蒸日上。

理念和服务与时俱进是东晓人不断发展的基础，诚信和务实是东晓人不断发展的根本。我们坚信专业成就品质，品质造就未来！我们将以自身的素质，给人以注目的机会。

地址：大连市中山区昆明街42号

邮编：116011

电话：0411-82648179，82659078，83788050

传真：0411-82648179

大连傅氏阳光展业发展有限公司

地址：大连市西岗区三元街240号

邮编：116012

电话：0411-83600430，83600490

传真：0411-83602890

网址：www.fushi-sunshine.com

E-mal: fushi-sunshine@126.com

大连世博展览科技服务有限公司

大连世博展览科技服务有限公司是专业策划、举办展览、会议、信息咨询及相关服务的公司。公司设会展策划部、国际会展部、国内业务部等，拥有一批素质高、专业性强的会展专业人才。2003年成功地举办了2003中国首届非处方药品及保健品博览会。

大连世博展览科技服务有限公司的发展承蒙各界朋友支持与厚爱，她更愿以创新、灵活、务实和高效的努力与各界朋友广泛合作，积极开发和精心策划新的会展项目，实现台阶式的发展，再创新的辉煌。

地址：大连市沙河口区中长街2号伽利亚大酒店1806室

邮编：116021

电话：0411-84525256，84525257

传真：0411-84525746

网址：www.shibogroup.com

公司董事长：耿瑞义　总经理：陈镇刚

二、举办展会情况介绍

17年精心打造的名牌展会——大连国际服装博览会

至2005年9月，大连国际服装博览会已经走过17年的风雨历程。17年来，她肩负着中国服装博览会领跑者和运作模式实践者的责任，创造了许多第一：

－1988年，国内第一个举办，并坚持连续成功举办至今

－1991年，国内第一个以“国际”冠名，目前海外参展厂商已辐射到30多个国家地区

－1993年，第一个借助政府支持，转向市场运作，获得了社会效益和经济效益

－2002年，国内第一个通过国际展览业协会的认证的服装展会，在国际展览舞台赢得荣誉。

从第17届开始，大连国际服装博览会将依托“东北老工业基地振兴”和“把大连建设成为东北亚国际航运中心”的区域优势，以服务东北腹地及东北亚地区为重点，以搭建新生代服装品牌交易平台为核心，以流行趋势发布为特色，与海内外业界、媒体界谋求更广泛、更长远、更务实的合作，为把大连建设成东北亚服装贸易中心，服装流行趋势发布中心和服装品牌孵化促进中心做出新贡献。

承办单位：大连国际服装展览有限公司

地址：大连市中山区上海路上鼎大厦

电话：0411-82590635

传真：0411-82630425

中国大连进出口商品交易会

经原国家外经贸部批准，由中国机电产品进出口商会、中国五矿化工进出口商会、辽宁省人民政府、大连市人民政府共同主办，始办于1987年。2004年，来自美国、英国、法国、意大利、日本、韩国、土耳其、罗马尼亚、香港等32个国家和地区的64个专业采购团组到会采购洽谈，展会期间签订合同和意向总额超过9亿美元。

第19届中国大连进出口商品交易会，整合装备制造、机电产品、石油化工、信息通讯、航运、船舶、物流、橡塑、包装、特钢、制冷及工业零部件和原材料等专业展会资源，突出专业化、规模化、国际化特点，以全新面貌打造品牌，于2005年7月13～16日在大连星海会展中心和大连世界博览广场举行。展会规模超过4万平方米，1650余个标准展位。由博鳌亚洲论坛、国务院振兴东北等老工业基地办公室、中华人民共和国交通部、中国国际贸易促进委员会、中国交通运输协会、中国港口协会主办的中国大连国际港口·航运·物流展洽会，为展览、论坛和项目对接提供互动平台，成为本届交易会又一亮点。同时，中国特钢企业协会、中国塑料加工工业协会、辽宁省船舶工业行业协会等也同期主办一系列行业论坛和研讨会。

承办单位：中国贸促会大连市分会

地址：大连市中山区解放街9号万达大厦1106室

电话：0411-82644508

传真：0411-82645808

E-mail: cgfair@ccpitdl.com

网址：www.dalianfair.com

中国国际软件和信息服务交易会

中国国际软件和信息服务交易会是经国务院批准举办的中国惟一的国家级软件交易会，由商务部、信息产业部、教育部、国务院振兴东北办、中国贸促会、辽宁省人民政府主办，大连市人民政府承办，每年在中国著名的软件产业基地和软件出口基地城市大连举办，是中国最高规格并最具国际影响力的IT行业年度盛会。

第三届中国国际软件和信息服务交易会于2005年6月23～26日在大连星海会展中心新展馆——大连世界博览广场举行。展会将以软件和信息服务为主线，贯穿IT行业的各个领域，成为中外IT企业和

业界人士发布最新技术、展示最新产品、对接供需项目、寻求市场机遇的重要平台，助推产业发展，促进国际合作。

承办单位：大连市信息产业局

大连星海会展中心

大连星海会展策划有限公司

地址：大连市沙河口区会展路18号

电话：86-411-84809966，84809616，84809911

传真：86-411-84809988，84809999

E-mail: office@cisis.com.cn

网址：http://www.cisis.com.cn

中国大连国际海事展览会

中国大连国际海事展是由中国船舶工业行业协会和大连市人民政府主办，大连船舶工业公司（集团）、辽宁省造船工程学会、大连星海会展中心、香港工商业展览有限公司承办，每两年举办一次的国际性专业展会。自1998年首届举办以来，至今已成功举办了四届。通过四届展会的培育和组委会成员单位的共同努力，大连海事展在展会档次、规模和影响力有了长足的进展，国际化的色彩更浓。

第五届中国大连国际海事展将于2006年6月于大连星海会展中心举行。展会集中展出港口设备、起重机械、船舶制造、船舶维修、船舶设计、船用零配件、船用涂料、油漆、导航设备、通信及电脑网络、保护、防火设备、船用配套设备、机械加工、重型机械、焊接技术及设备等海事界相关技术、产品等。展会期间，数万名来自海内外的业内人士云集大连，相互间展示产品、交流经验、切磋技艺、传递信息，随着四届海事会的成功举办，大连海事展已逐渐成为中国北方最具代表性的专业盛会。

大连，这个充满生机与活力的城市有着得天独厚的区域优势，完备的产业基础优势，良好的对外开发优势。将为国内外造船、航运界业内人士带来新的商机。我们相信，通过各方面的共同努力，大连海事展作为中国乃至东亚地区最富盛名的专业盛会，将为辽宁省及大连市的经济发展创造更多的契机。

承办单位：大连市星海会展中心

地址：大连市沙河口区会展路18号

电话：0411-84809644

传真：0411-84809988

大连国际汽车工业展览会

由中国贸促会、中国贸促会汽车行业分会、中国汽车工业协会、中国汽车工业进出口总公司和大连市人民政府共同主办的大连国际汽车工业展览会自1996年创办，至2004年已连续举办了9届，每年的展期均安排在8月下旬。已成为中国车展中最重要的国际展会之一。大连国际汽车工业展览会为了发展成为立足于国内、面向世界的汽车行业盛会，始终坚持“展示产品、交流技术、加强合作、促进贸易”的宗旨，突出“展销结合”的特点，前9届展会累计销售汽车1.3631万台，已成为中国汽车销售量最大的展览会。

第10届大连国际汽车工业展览会于2005年8月25～29日举办。主办单位在大连世博广场8万平方米新展馆启用之时，借大连建设东北亚重要国际航运中心，发展汽车及零部件之机，依靠办展历史早，业界影响大，保税区功能强的诸多优势，融入当今汽车行业高尖技术，最新理念，携众多国内外专业媒体推出概念新颖、服务新潮的汽车新思想。让境外来车精英荟萃，经济型车分外俊俏，中高档车炙手可得，商务用车各领风骚，越野重卡驰骋万里，配件配饰光彩照人。使其成为汽车行业内相互间展示产品、交流经验、切磋技艺、传递信息的重要平台。

承办单位：中国贸促会大连市分会

地址：大连市中山区解放街9号万达大厦1106室

电话：0411-82822356

传真：0411-82650186

网址：www.auto-show.com.cn

中国国际环境保护博览会

中国国家环境保护总局和大连市人民政府联合举办中国国际环境保护博览会（简称中国国际环博会，单年在北京举办，双年在大连举办）。

中国国际环博会本着展示“十五”环境保护工作成果，为“十一五”计划、西部大开发和振兴东北老工业基地提供环境保护技术和装备保障，促进国际间技术交流与合作的宗旨，集中展示国内外环保行业中最新技术、产品、装备及相关服务，交流中国乃至世界对环保技术、装备的供求信息。

前两届环博会和监测仪器展共有来自国内、欧盟、美国、加拿大、日本、韩国、等20多个国家和地区近千余家企业参展。举办技术讲座、招商项目发布会、合作项目签字仪式40余场，成交金额近20亿元。展览范围包括环保技术、产品、装备、洁净产品、环保技术服务、三废综合利用、生态自然保护和环境监测仪器及配套设备。可谓盛况空前。

今后，中国国际环博会将广泛邀请国内外环保企事业单位、科研院所参加；并组织各种形式的技术交流、讲座、商务洽谈，组织环保工程项目招（投）标发布；组织全国各省环保部门和环保行业协会组团参观、参展、订货；并为国外环保企业进入中国环保市场提供契机。

承办单位：大连北方国际展览策划有限公司

地址：大连市中山区同兴街25#世贸大厦25P

电话：0411-82538666

传真：0411-82538616

中国大连国际家具（出口）及木工机械展览会

中国大连国际家具（出口）及木工机械展览会从1996年创办以来已成功举办了九届。该展会是我国北方地区规模最大的家具展会，也是大连市政府大力扶植的重点展会。自1996年第一届展会以来，中国大连国际家具（出口）及木工机械展览会针对大连与日本、韩国、朝鲜、俄罗斯是近邻的特点，充分发挥大连港进出口方便、背靠东北有着丰富的木材资源和大连市会展业比较发达、场馆设施先进等优势，坚持以出口为导向，大打国际牌，为我国北方特别是东北地区的实木家具出口搭建了一个坚实的交易平台。累计展出面积超过20万平方米，参展商达5000余家，观众44万多人，成交额达230多亿元。

2005年5月，中国大连国际家具（出口）及木工机械展览会举办第十届。组委会凭借展会举办十年之机，将展会升格扩容，由中国家具协会作为主办单位，国家商务部作为特别支持单位，名称正式确定为“中国国际家具（出口）及木工机械展览会”。展出面积扩至6万平方米，在星海会展中心及会展二期新馆同时举行。

升格扩容后的家具展突出出口导向战略的首要特征，力求做成中国最大的实木家具展示出口的行业盛会。

承办单位：大连北方国际展览策划有限公司

地址：大连市中山区同兴街25# 世贸大厦25P

电话：0411-82538666

传真：0411-82538616

2005中国国际专利技术与产品交易会

由国家知识产权局、辽宁省人民政府和中国贸促会主办，大连市人民政府承办的2005中国国际专利技术与产品交易，定于2005年8月18～20日在大连市举办。

以“保护创新，增强合作，促进发展，创造未来”为宗旨的“中国国际专利技术与产品交易会”已成功举办了三届，她不仅以其规模空前，隆重热烈，内容丰富，交易活跃的举办形式，吸引了来自包括美国、俄罗斯、澳大利亚、日本、韩国及中国香港、澳门、台湾等20多个国家和地区及国内各省市的展商踊跃参展，而且更以其周密的组织形式、完善的服务体系、显著的交易成果及良好的政策环境为中外客商搭建了一个理想的展示和交易的平台。三年来，共有5900多家企业的1.73万多项专利技术与产品参加展出和交易，交易额达到148亿元人民币，参展、参观、参加交易人员达到29万人次。同时开通了“中国专交会”网站，举办了有关知识产权方面的高层论坛，公开进行专利纠纷案件的诉讼庭审，组织青少年专利项目参展和专项展览等，有效地烘托了专利技术与产品的展示和交易，使专交会更加受到社会各界和中外媒体的关注。

2005中国国际专利技术与产品交易将进一步推进知识产权战略的实施，促进专利技术的商品化和产业化，扶持和推动我国具有自主知识产权的高新技术产品、产业的发展。

承办单位：大连市科技局

地址：大连市人民广场1号

电话：0411-83686971

传真：0411-83686971

第十届中国大连国际建筑装饰材料［用品］展览会

第十届中国大连国际建筑装饰材料［用品］展览会、2005年中国北方住宅产业与建筑科技博览会将于2005年3月18日在中国大连举行。本届展会将在整合已举办了九届的大连国际建材展和第19届大连房屋交易大会的基础上，力求将其办成国际性行业盛会。

启用新馆，展会扩容。2005年3月，中国大连国际建筑装饰材料［用品］展览会举办十年之际，恰逢大连市新建的会展二期展馆投入使用，无论在规模上，还是在档次上在东北堪称一流。届时，展会的展出面积将达6万平方米。本展会还将按展品分类设石材、门窗、橱柜、照明、铺地材料等8个展区，并首次设立中外名牌展区和室内装饰设计大赛作品展区，为参展商、采购商提供更加广阔的活动平台。

承办单位：大连北方国际展览策划有限公司

地址：大连市中山区同兴街25# 世贸大厦25P

电话：0411-82538666

传真：0411-82538616

大连艺术博览会

大连是中国北方经济、金融、贸易、航运、时尚中心，潮流引领作用强劲，进入21世纪，大大连、学习型城市的建设，奏响了全面提升大连城市文化竞争力的序曲，谱写了大连新世纪文化发展的新篇章。

全新发展时期的大连，经济的迅速腾飞，呈现出广阔的艺术市场空间和巨大的艺术品消费能力。走进艺术市场已成为消费时尚，整个经济环境对各类艺术品的需求，进入了一个崭新的阶段。大连艺术博览会以此为契机，广约海内外知名画廊、艺术公司、美术馆、美术院校、画院、民间艺术团体等，汇聚大连、展示艺术品的魅力，强化高效贸易功效。大连艺术博览会现已办成国内最具影响力的艺术博览会之一，已经成为大连市文化艺术领域的标志性活动之一。

2005年，第六届大连艺术博览会，继续以国际化、市场化、精品化为宗旨，以繁荣艺术市场，促进文化艺术交流为己任，以引导收藏，促进成交为目标，与时俱进、创新发展，奉献一流的展示空间，提供一流的服务水准，建构起一座气势恢宏的艺术殿堂。

这里涌动着潮流脉博，这里涌动着商机无限，又一次经典的盛会，又一次精彩的演绎，您的参与将不虚此行。

期待您的加盟，预祝您的成功。

承办单位：大连鹏程文化艺术发展有限公司

地　址：大连市西岗区高尔基路196号（大连美术馆）

电　话：0411-83773297，83785886

传　真：0411-83773297

Reed Exhibitions
励展博览集团

励展博览集团(励展)是全球最具规模的展览会主办机构。每年主办的大型国际展览会超过460个，涵盖18个重点领域的52个行业，足迹遍及美洲、欧洲、中东及亚太区的38个国家。励展集团举办的展览会主要包括饮食、旅游、航天、娱乐、零售、刊物及出版、资讯科技、电视及广播、制造、体育及休闲、建造及建材等。励展是国际展览市场中的佼佼者，每年励展的展览会都吸引了来自世界各地约9万名供应商及超过550万名买家参与，缔造了数十亿美元的商机。

励展博览集团

世界最具规模的展览会组织者

励展博览集团在策划、统筹、销售及推广全球大型展览会方面已累积达数十年经验。现在，励展博览集团在全球45个国家设有办事机构和代理机构，确保了无论何时何地，励展都能够为客户提供同样专业优质的服务。

励展博览集团主办的展览会享誉盛名，并成功举办了许多在所涉及领域中被公认为最具领导地位的展览会。例如在新加坡举行的亚洲航天航空设备与技术展、Nepcon中国（中国国际电子生产设备暨微电子工业展）、英国酒店展、伦敦国际图书展、影视设备展、美国制造周、法国国际船展、PGA(国际专业哥尔夫球展)及英国国际旅游展等。

励展博览集团敢于创新，每年都在全球推出30多个新展以适应不断发展变化的市场需求。

提供极富价值的服务

作为世界最具规模的商务和信息供应商Reed Elsevier集团的成员，励展利用集团横跨不同行业的优势，为客户提供多元化市场宣传服务，包括行业展会、贸易杂志、商业指南、技术书籍及互联网服务等，帮助跨国企业、政府、商贸机构、行会及中小企业，以最小的投入获得最大的效益。

我们与 Reed Elsevier集团旗下的Reed Business Information（美国）、Elsevier Business Information（欧洲）及 Reed Business Information（英国）的许多公司都有密切的合作，可以为各行业提供市场行销的多种增值延伸服务，内容涵盖展览、广告和直销等各种媒介，不仅能够提高您的知名度，并且能扩大您的销售和市场信息的投放效果。

大力发展中国市场——运用全球观点，解决当地之所需

励展博览集团在世界各地都设有分支机构和代理机构，我们可以真正做到“运用全球观点，解决当地之所需”。全球客户均可以利用我们全球的行业资源、销售网络和数据库。他们还可以通过和我们在当地的分支机构和代理机构的合作，与当地政府部门、商业团体及媒体建立起亲密的合作关系。对于他们的需求，我们将作出迅速响应，并提出合理的解决方案。

励展集团一直视中国为其国际业务的重点。励展于1995年及2003年分别成立北京办事处及上海办事处，并先后成立上海励华国际展览有限公司和北京励德展览有限公司两家合资公司，专门负责中国业务，开拓这个蕴涵巨大潜力的市场。最近，励展收购了中国医药集团下属公司50%的股份，成立了国药励展展览有限责任公司，携手拓展中国展览市场。这是中国展览业首例由国有大型企业与境外公司携手打造的合资项目。

励展博览集团致力于长期服务中国市场，并通过不断开发新项目和建立广泛的合作关系发展壮大自身，通过其强大的全球销售网络，充足的资源，专业的理念和良好的声誉，为中国各个行业提供高效一流的展览会。

展会行业分布：

航空、国防、航海

励展博览集团在亚洲、南美和欧洲均有举办航空和国防领域的重要展会，在成熟和发展中的市场都是行业发展的领军人物。

在这些行业展中，励展尤其以“亚太航空航天展”为傲。2004年，这个世界上第二

Reed Exhibitions 励展博览集团

大航空展再次证明了其行业霸主地位，在短短四天的展会上，成交额达到了破纪录的35.2亿美元。此外励展博览集团在伦敦ExCel展馆举办的国防系统和国际装备展，也是世界一流的国防服务展。

在成功举办英国Helitech展（英国国际直升机展）的基础上，励展在巴西里约热内卢举办了拉丁美洲Helitech展（国际直升机技术与操作展览会），服务于正在快速发展的这个直升机和航空电子制造业的新兴市场。此外，励展集团还在里约热内卢成功举办LAAD2005展会（拉美国际航天及国防展暨航天及国防技术大会）。

电子，电子工程

为了在快速发展的电子行业中保持竞争力，您需要与全球电子制造市场保持紧密联系。励展博览集团主办的Nepcon全球系列展会使来自亚洲、欧洲和北美洲的买家和供应商会集一堂。

自1961年，美国芝加哥首次举办了Nepcon系列展会以来，该品牌展会至今已在全球扩展到10个。其中包括了Nepcon 美国，Nepcon 中国，Nepcon 亚洲(GlobalTRONICS 新加坡)，Nepcon日本，Nepcon英国。其他Nepcon电子展分别在奥地利、加拿大、法国、韩国、马来西亚和泰国举办。

励展中国主办了一系列的电子类展会，其中包括：Nepcon中国——中国最负盛名的电子制造展，在深圳举办的Nepcon South China和天津举办的环渤海地区电子周。涵盖了从电子设计和组装到测试与测量，从工业自动化到电子娱乐设备和家用电器等。在迅速变化的电子业中，励展主办的电子展提供了权威可靠的电子制造产品、服务和解决方案的信息来源。

Nepcon China 网站：
www.nepconchina.com

工程，制造，加工，医药

从汽车到机械，材料处理到采矿，医药到包装，励展博览集团所主办的的制造和加工类展会涵盖了众多全球著名的展览品牌。

行业领先展会包括：

在上海举办的中国国际瓦楞展是全球瓦楞纸箱生产业最为重要的展览会。

中国国际瓦楞展网站：
www.sino-corrugated.com

德国埃森铝工业展对于铝材制造商和使用者而言是全球最具价值和影响力的展会。2005年首次创办的中国国际铝工业展已快速成为中国最为重要和完整的铝工业展览会，并为来自国内外的原材料、半成品、成品的供应商，铝生产加工和表面处理方面的机械、设备和厂房的制造商和建造商，以及从事轻金属贸易、咨询服务等业务的企业及应用行业提供了国际性的展示和洽谈平台。

中国国际铝工业展网站：
www.aluminiumchina.com

Interphex和intercosmetics（医药化妆用品系列展）分别在美国，日本和欧洲举行。在中国，励展国药举办了一系列中国医药行业的顶级展会，包括中国国际医疗器械博览会，中国国际医药原料药、中间体、包装、设备秋季交易会，中国实验室技术及装备交易会，全国药品交易会等。

国药励展展览有限责任公司网站：
www.read-sinopharm.com

旅游

凭借20多年来举办旅游类展会的丰富经验，励展博览集团的旅游类展会自豪地走在全球旅游展览业的前列。从服务全球的World Travel Market（世界旅行市场），到服务亚洲，阿拉伯半岛，欧洲，地中海及独联体的区域性旅游展，励展所举办的的旅游类展会为旅游业界提供了来自世界各地的高质量买家和无限商机。

2005年举办的中国（北京）商务及会奖旅游展览会是一个不容错过的专业展会，为希望开拓中国快速发展的商务及会奖旅游行业的商家们提供了新的商业机会。

中国(北京)商务及会奖旅游展览会网站：
www.cbitm.com

环境保护

励展在全球举办了8个环保展，为环保业提供了大量的商机和交流机会。励展举办的环保展得到权威贸易协会和出版物地全力支持，并以研讨会和讲座为特色，提供大量现场演示。因此，这些展会成为动态展示革新技术和展开行业研讨的平台，为买家、供应商和业内人士提供了独特的交流机会。

在中国，国际环保专家和制造商汇聚"中国国际环保，绿色城市与再生能源展览会"，共同寻求环境保护的解决方法。

中国国际环保，绿色城市与再生能源展览会网站：www.pollutec-china.com

运输与物流

励展博览集团在4个国家举办17个运输与物流展览会，为全球3000多家供应商和将近9万的专业观众提供了交流与交易的平台。

知名展会包括：

SITL 法国，SITL Real Time（法国），SITL China （中国国际物流与运输博览会），SITL South China（华南国际运输与物流展览会），Asia Pacific Maritime（新加坡）

励展商业信息集团（励展博览集团姐妹集团，以出版业务为主）出版涉及运输与物流信息的17份商业杂志，超过80本书籍和报纸，网站，目录及行业相关的市场营销服务，在极大程度上与励展博览集团举办的展会互为呼应，相辅相成。

中国国际运输与物流展览会网站：
www.sitl-china.com

励展博览集团（上海办事处）

梅鸣洙
电话：(86) 21 5153 5121
传真：(86) 21 5153 5248
电子邮件：
lisa.moi@reedexpo.com.cn

励展博览集团（上海办事处）

庄亨生
电话：(86) 21 5153 5119
传真：(86) 21 5153 5248
电子邮件：
henry.zhuang@reedexpo.com.cn

励展博览集团中国区2006年部分展览计划

表11-1

No	Show Name	Date	Venue	Contact
1	2006年中国国际彩盒印刷包装工业展览会 SINO-FOLDINGCARTON 2006	2006/03/1-3	广东现代国际展览中心 GD Modern International Exhibition Center (Dongguan, China)	TEL：86 21 51188222 FAX：86 21 51188200 http://www.sino-foldingcarton.com
2	2006年中国国际环保，绿色城市与再生能源展览会 Pollutec China 2006	2006/03/8-10	上海国际展览中心 Intex (Shanghai，China)	TEL：86 21 51535188 FAX：86 21 51535248 http://www.pollutec-china.com
3	第16届中国国际电子生产设备暨微电子工业展/EMT中国2006 NEPCON China/EMT China 2006	2006/04/4-7	上海光大会展中心 Shanghai Everbright Convention and Exhibition Centre	TEL：86 21 51535188 FAX：86 21 51535249 http://www.nepconchina.com
4	测试与测量仪器展览会 2006Test & Measurement China 2006	2006/04/4-7	上海光大会展中心 Shanghai Everbright Convention and Exhibition Centre	TEL：86 21 51535188 FAX：86 21 51535249 http://www.nepconchina.com
5	电子元件制造展览会 2006Electronics Manufacturing Services China 2006	2006/04/4-7	上海光大会展中心 Shanghai Everbright Convention and Exhibition Centre	TEL：86 21 51535188 FAX：86 21 51535248 http://www.nepconchina.com
6	元器件制造展览会 2006Component Manufacturing 2006	2006/04/4-7	上海光大会展中心 Shanghai Everbright Convention and Exhibition Centre	TEL：86 21 51535188 FAX：86 21 51535248 http://www.nepconchina.com
7	中国国际加工包装机械及器材工业展览会 2006Packaging 2006	2006/04/18-20	中国国际展览中心（北京） China International Exhibition Center	TEL：86 21 51188215 FAX：86 21 51188246 http://www.packagingexpo.com.cn
8	第55届中国国际医疗器械春季博览会 CMEF 2006 Spring	2006/4/25-29	深圳会展中心 Shenzhen Convention & Exhibition Centre	TEL：86 10 62028899 FAX：86 10 82022922 http://www.cmef.com.cn
9	中国国际医疗器械设计与制造技术展览会 ICMD	2006/4/25-29	深圳会展中心 Shenzhen Convention & Exhibition Centre	TEL：86 10 62028899 FAX：86 10 82022922 http://www.icmd.com.cn
10	第56届中国国际医药原料药、中间体、包装、设备春季交易会 API China 2006 Spring	2006/05/18-20	成都世纪城新国际会展中心 Chengdu New International Convention & Exposition Centre	TEL：86 10 62028899 FAX：86 10 62358733 http://www.apichina.com.cn
11	第55届中国实验室技术及装备春季交易会 Expolab 2006 Spring	2006/05/18-20	成都世纪城新国际会展中心 Chengdu New International Convention & Exposition Centre	TEL：86 10 62028899 FAX：86 10 62373998 http://www.reed-sinopharm.com
12	2006年中国国际铝工业展览会 Aluminium China 2006	2006/06/13-15	上海光大会展中心 Shanghai Everbright Convention and Exhibition Centre	TEL：86 10 85189070-888 FAX：86 10 85188016 http://www.aluminiumchina.com
13	2006华南国际运输与物流展览会 SITL South China 2006	2006/06/28-30	广州锦汉展览中心 Guangzhou Jin Han Exhibition Center	TEL：86 21 51535188 FAX：86 21 51535248 http://www.sitl-china.com
14	中国（北京）国际商务及会奖旅游展览会 2006CBITM 2006	2006/07/12-14	中国国际贸易中心 Exhibition Hall，China World Trade Centre	TEL：86 10 85189070-166 FAX：86 10 85188016 http://www.cbitm.com
15	第41届全国新特药品交易会 New Drugs China 2006	2006/08/3-5	哈尔滨体育会展中心 Harbin Internation Conference Exhibition Sports Center	TEL：86 10 62028899 FAX：86 10 82023887 http://www.reed-sinopharm.com
16	第三届中国国际天然药物药材饮片展览会 Interherb 2006	2006/08/3-5	哈尔滨体育会展中心 Harbin Internation Conference Exhibition Sports Center	TEL：86 10 62028899 FAX：86 10 62350429 http://www.reed-sinopharm.com
17	Assembly Technology Expo China 2006	2006/08/29-31	深圳会议展览中心 Shenzhen Convention & Exhibition Centre	TEL：86 21 51535188 FAX：86 21 51535250 http://www.atexpo.com.cn
18	第12届华南国际电子生产设备暨微电子工业展 NEPCON/EMT South China 2006	2006/08/29-09/1	深圳会议展览中心 Shenzhen Convention & Exhibition Centre	TEL：86 21 51535188 FAX：86 21 51535249 http://www.nepconchina.com
19	2006环渤海电子周 Bohai Electronics Week 2006	2006/10/25-27	天津濒海国际会展中心 Tianjin Binhai International Convention & Exhibition Centre	TEL：86 21 51535188 FAX：86 21 51535248 http://www.bohaielectronics.com
20	中国国际软包装设备及新型材料工业展览会2006 Sino-Flex Pack 2006	2006/10/26-28	上海新国际博览中心 Shanghai New International Expo Center	TEL：86 21 51188222 FAX：86 21 51188200 http://www.sino-flexpack.com
21	第56届中国国际医疗器械春季博览会 CMEF 2006 Autumn	2006/10/31-11/4	成都世纪城新国际会展中心 Chengdu New International Convention & Exposition Centre	TEL：86 10 62028899 FAX：86 10 82022922 http://www.cmef.com.cn
22	中国国际医疗器械设计与制造技术展览会 ICMD	2006/10/31-11/4	成都世纪城新国际会展中心 Chengdu New International Convention & Exposition Centre	TEL：86 10 62028899 FAX：86 10 82022922 http://www.icmd.com.cn
23	第56届中国实验室技术及装备秋季交易会 Expolab 2006 Autumn	2006/11/15-17	青岛国际会展中心 Qingdao International Convention Center	TEL：86 10 62028899 FAX：86 10 62373998 http://www.reed-sinopharm.com
24	第57届中国国际医药原料药、中间体、包装、设备秋季交易会 API China 2006 Autumn	2006/11/15-17	青岛国际会展中心 Qingdao International Convention Center	TEL：86 10 62028899 FAX：86 10 62358733 http://www.apichina.com.cn
25	Interphex China(incorporated with API China)	2006/11/15-17	青岛国际会展中心 Qingdao International Convention Center	TEL：86 10 62028899 FAX：86 10 62358733 http://www.apichina.com.cn

香港旅游发展局

香港—亚洲展览之都

香港是亚洲最受欢迎的旅游城市，旅客数字屡创新高，2004年更以2180多万人次的破纪录佳绩，稳居世界旅游组织公布的全球十大旅游胜地第七名，成绩骄人。

香港的会议及展览业务，发展至为迅速，在旅游业中可谓举足轻重；而参与大型会议和展览的旅客，逗留香港的时间较长，消费亦较一般旅客高，故被视为香港的高收益客群。2004年，香港举办了53个大型国际商贸展会，较受内地买家欢迎的主题为时装、时装材料、眼镜、美容产品及电子产品等（其中15个获得国际展览联盟（UFI）认可）吸引全球各地超过45万人参加（中国内地参加者约占26%），成功创造庞大商机，并进一步巩固香港作为“亚洲展览之都”的地位。

亚太区商贸枢纽

多年来，香港一直是亚太区的商贸枢纽。事实上，香港拥有许多优越的条件，例如良好的营商环境、得天独厚的地理优势、先进的基础设施，还有卓越的专业人才，令商贸展览活动无往不利。

由于多方面的配合，加上双语通行的营商环境，吸引超过3000家跨国公司在香港设立亚洲区总部或地区办事处，而于2004年实施的《内地与香港关于建立更紧密经贸关系的安排》(CEPA)，亦令香港成为全球组展商进军内地市场的平台。香港实行的自由贸易政策，以及其作为进/出口中心和转口港的重要角色，也是其步向成功的首要因素。

背靠内地　面向全球

香港位处亚洲中心，兼享中国门槛之利，位置优越，方便商旅。香港的国际展会，正好为内地的参展商提供接触高质量海外买家的机会，而内地的买家亦可从中获得最新的科技、产品和市场信息。

内地与香港的交通便捷无间，现时内地每周有超过740班航机来往国内约40个城市，而香港最繁忙的陆路边境口岸——落马洲出入境管制站，亦已实施24小时通关，还有完善的跨境客轮服务，连接香港、澳门和内地约20个港口，每日更有直通火车往来香港和广州、东莞、佛山等广东省城市。

此外，香港是国际航空交通的枢纽，每周有接近2000班航机来往香港和世界各大城市，全球超过一半人口能在五小时航程之内飞抵香港。

凭借地理和交通上的优势，香港在区内进出口贸易方面扮演着重要角色。近年，中国内地的对外贸易日益扩展，其中很大部分经香港处理；约25%的外贸更通过香港进行，而香港的转口货品亦全部来自或转往内地。

优良设施　庞大后盾

香港拥有不少世界级展馆，就如香港会议展览中心，就是香港设施最完善的展览场地之一，亦是亚洲区内首屈一指的大型展馆，赢尽全球组展商的信心。

除了优良的基础设施外，香港亦拥有精通国际市场运作兼且熟悉内地国情的专业人才，擅于举办、管理和宣传商贸展览活动，为组展商和参展商提供各方面的协助。

2006年展望

展望2006年，香港的会议及展览业务将会发展得更为蓬勃。设备先进的亚洲国际博览馆于2005年底落成，而香港会议展览中心亦已拟定全新的扩建计划，为展会提供更多场地选择。目前已有75个国际展会落实于2006年在港举行，其中新的展会主题包括：汽车及游艇产品，印刷及包装，海事，洋酒，政府保安，成衣机械及技术，医疗及保健产品，家居，环保等，着实为区内不同界别的企业提供更多接触高质量海外买家的机会。

商务旅客来到香港，购物乐趣俯首皆是，环球佳肴美不胜收，节庆活动全年不绝。为了确保商务旅客在港能获享最美好的旅程，香港旅游发展局特别出版《商务旅客乐优游香港导览手册》，让商务旅客在港工作、休闲一样精彩，同时亲身感受香港多元化的旅游特色；加上香港的“2006精采香港旅游年”推广计划，多项大型旅游基建设施包括香港迪士尼乐园、香港湿地公园、“昂坪360”缆车和昂坪市集蓄势登场，势必带给旅客更精彩的旅游体验。

香港这个“亚洲展览之都”，热烈欢迎更多国际展会在港举行，同时期望内地以至全球企业积极到香港参展和参观，体会这个城市的不凡魅力！

香港旅游发展局
网址：www.DiscoverHongKong.com/sc
电邮：busdev@hktb.com

香港贸易发展局

Hong Kong Trade Development Council

香港贸易发展局致力推动香港对外贸易，在世界各地推广香港的产品及服务。本局作为法定机构，使命是促进香港与国际间的商贸往来，吸引更多企业使用香港的商贸平台。

Trade

自1966年成立以来，贸发局一直为中小企业服务，共同成长。我们在全球设立了40多个办事处，当中包括11个在中国内地的办事处。

我们提供实用的商业服务及各类推广活动，其中很多服务是免费的。主要服务包括：

国际市场推广

—每年均组织不同的企业代表团到海外参展或考察；

—为配合在香港的主要制造及服务业出口，贸发局每年举办20多个世界一流的国际贸易展览会，吸引超过30万名国际买家参观，是建立联系、推销及搜索市场情报的最佳平台；

—每年出版16种以不同产品或服务行业为主题的采购指南及刊物，在超过150个国家及地区发行；

—布置时尚的「设计廊」专门推介香港本地原创产品，鼓励本地创作，推广本地品牌，产品包括企业礼品、精品及纪念品等。

商贸配对

—商贸资料库储存了62万家世界各地公司的联络资料，当中包括38万家海外、14万家内地及12万家香港企业；

—每年处理近1000万宗贸易查询；

—服务范围广泛，涵盖采购、销售、代理、分销、专利授权及合作等。提供深入的“商贸配对”服务，按您的业务需求筛选出符合条件的合作对象。

最新市场资讯

—贸发局“商贸资讯中心”备有大量商贸资料、统计数据、企业名录、招商项目、报纸杂志等以供阅读；

—资深的专家每年出版超过100份研究报告，分析国际贸易走势及不同市场及行业的最新发展趋势，全面掌握国际市场动向，助您洞悉市场商机；

—经常举办实用的工作坊和多项国际商贸会议，让您紧贴市场动态及促进企业与各地同业交流，共拓商机；

—“贸发网”——tdctrade.com 特别设置专页，提供有关香港经济、全球贸易、海外市场、个别行业及界别的最新信息及热门课题。

企业发展支援

—提供“中小企业咨询服务”，由不同行业的专家免费回应您的问题，助您解答商贸疑难；

—一年一度的“中小企国际市场推广日”博览会，吸引香港、内地及海外的中小企业参加，提供洽谈业务合作平台，并且重点介绍对中小企业的支援服务。

Development

香港贸易发展局

香港湾仔港湾道一号会展广场办公大楼三十八楼

电　话：+852-2584 4333　　传真：+852-2824 0249

电子邮件：hktdc@tdc.org.hk　　网址：http:/tdctrade.com

澳门国际贸易投资展览会（MIF）

澳门国际贸易投资展览会(MIF)是政府主办，以经贸洽谈、产品展示、商业配对、信息交流为主要活动的展览会，亦是澳门一年一度最大型的国际经贸盛事。自1996年举办以来，至今已在澳门成功举办了十届，成效显著，每年均吸引到全球多个国家和地区客商到澳门。

第十届澳门国际贸易投资展览会（10th MIF）已于2005年10月20～23日在澳门旅游塔会展娱乐中心举行，由澳门贸易投资促进局主办，中华总商会、澳门厂商联合会、澳门出入口商会、澳门毛织毛纺厂商会、澳门付货人协会、澳门银行公会、澳门建筑置业商会、澳门中小企业协进会、澳门中国企业协会、重庆市对外贸易经济委员会、香港中华厂商联合会协办，中国—葡语国家经贸合作论坛（澳门）常设秘书处、世界华商组织联盟及澳门青年企业家协会作为合作机构，及由澳门会议展览业协会承办。

为配合特区政府的施政方针，发挥澳门的优势，不断完善和丰富展览的形式和内容，为广大参会客商开拓更多商机，第十届MIF秉承过往佳绩，以“促进区域合作，发展多元经济”为主题，本届展会继续设立葡语国家馆，并开设多个特色主题展区，吸引世界各地的经贸组织、政府机构、企业及投资者参加。

本届MIF展品范围丰富且多元化，包括：金融理财产品、旅游消闲服务及用品、信息科技、数码产品、医药保健用品、体育用品、纺织服装、玩具及游戏机、赠品礼品、食品特产、餐酒、酒店设备用品等，一共设有342个展位作展览，其中室内展位占222个、室外展位占120个，会上还设有多个专题展区，包括由澳门厂商联合会、澳门出入口商会、澳门毛织毛纺厂商会及澳门付货人协会设置澳门商品展览馆、澳门摄影冲印业商会设置数码及摄影器材展区、全国工商联、澳门德国商会、葡萄牙投资贸易及观光局设置规模化主题展区。另外，本届有多个外国领事馆、商务署及内地贸促机构报名参展，形成一个展示内地及海外商机的汇聚点，澳门贸易投资促进局亦设置展区专门向与会者介绍亚洲贸促论坛（ATPF）功能。

此外，在展会期间举行了一系列主题会议及论坛，其中包括由澳门贸易投资促进局主办的“国际贸易投资论坛”，由中国－葡语国家经贸合作论坛（澳门）常设秘书处主办的“中国与葡语国家经贸合作项目推介暨洽谈会”、由世界华商组织联盟主办的“2005国际华商经贸会议”，澳门青年企业家协会主办“两岸青年企业家论坛2005”，以及举行多场说明会、产品介绍会及洽谈会，让企业更有效地向本地及外地与会人士进行业务及产品推广。

另一方面，大会亦在会场设立商业配对及采购商洽谈中心，以供各大机构之采购人员与各参展商直接洽谈，拓阔采购及商品领域，以进一步落实澳门作为商贸平台角色。而第十届MIF一如既往诚邀本地、内地及海外采购商参加上述活动，并邀得全球知名的零售连锁集团沃尔玛（Wal—Mart）首次莅澳参加，集各地采购商汇聚一堂，为与会者缔造巨大商机。

展会亦提供商业配对服务，向各海内外参展商及参观团收集合作项目之讯息，并会汇编整理成数据库，安排专人为各个项目进行可能性之配对。同时，所收集之配对信息通过网上平台及大会刊物免费对外发放，务求将展览会创造成一高效率之区域性洽谈平台，以协助海内外企业寻找理想投资项目或营商伙伴，欢迎各大机构参加商业配对服务及采购商洽谈中心，详情可致电贸促局陈先生(电话：7989241)。

如欲查询有关第十届澳门国际贸易投资展览会（MIF）详情，请浏览MIF网页：www.mif.com.mo/澳门贸易投资促进局网页：www.ipim.gov.mo。

澳门贸易投资促进局

澳门贸易投资促进局是澳门特别行政区政府属下促进贸易和投资的专责部门，多年来一直为澳门及海内外的工商企业提供多方面的服务。主要包括：

* 向投资者推介澳门的投资环境及机会，并提供方便、快捷的“一站式”服务；
* 提供经贸信息咨询、市场分析和统计资料，协助开拓市场；
* 主办、协办本地各种展览与推广活动，积极参与外地各类经贸活动，资助本地企业参加世界各地的展览会；
* 组织代表团出外访问和考察，接待外地代表团到访；
* 负责离岸业务（非金融）的发牌、技术协助和监督工作；
* 负责审批投资者、有关管理及专业技术人员提出的居留申请；
* 编辑发行经贸刊物杂志，藉以推介澳门的投资环境。

联络数据：

澳门贸易投资促进局

地址：澳门友谊大马路918号世界贸易中心一至四楼
电话：(853) 710300 传真：(853) 590309
网址：www.ipim.gov.mo 电邮：ipim@ipim.gov.mo
24小时热线电话：(853) 881212

ASIAWORLD-EXPO

亚洲国际博览馆

位于香港国际机场旁的亚洲国际博览馆是公营及私营合作联办的发展项目，由香港特区政府、香港宝嘉建筑有限公司及禹铭投资有限公司共同投资，用地则由香港机场管理局提供，并于2005年12月启用。

展览面积

- 超过7万平方米可租用面积
- 10个单层地面无柱式展览厅
- 其中1个为多用途场馆，可容纳13.5万名观众

餐饮服务

- 提供一系列优质及多元化的餐饮服务，包括快餐、鸡尾酒会及宴会等

海陆空交通网络

- 与香港国际机场连结在一起，连接全球主要城市
- 拥有内置的地铁站——“博览馆站”，连接机场及香港各区
- 跨境高速渡轮往来香港和珠江三角洲及澳门
- 跨境公交车往来香港及内地南方

附近其他设施

- 香港迪斯尼乐园
- 机场翔天廊（商店、食肆及娱乐设施）
- 昂坪360（缆车、昂坪市场）
- 天坛大佛
- 九洞高尔夫球场
- 多家酒店

场馆设施

- 每个场馆均配有：
  - 筹办商办公室和会议室，以及餐饮中心和休息室
  - 负重量特高的地面及楼顶结构与设施
  - 室内无线宽带上网服务
- 会议中心（二楼）：
  - 一系列设备完善的会议室，适合举办各类会议、洽谈会及宴会等

表11-2

地面	面积（平方米）	楼高（米）	地面负载（KN）
1号场馆	10880	19	50
2号场馆	10100	10	30
3号场馆	5680	10	30
5号场馆	5680	10	30
6号场馆	5680	10	30
7号场馆	5680	10	30
8号场馆	5680	10	30
9号场馆	5680	10	30
10号场馆	5680	10	30
11号场馆	5680	10	30

业务状况

至今已有来自世界各地包括中国香港及内地、欧洲及美国的大型展览主办机构已预定在亚洲国际博览馆举行一系列不同主题的展览及活动，包括国际电信联盟2006年世界电信展（预计将吸引超过十万名海外访客来港）、Global Sources之China Sourcing Fairs及PATA Travel Mart 2006等。

亚洲国际博览馆管理有限公司

地址：香港大屿山香港国际机场亚洲国际博览馆 电话：（852）36068888 传真：（852）36068889 电邮：info@asiaworld-expo.com 网址：www.asiaworld-expo.com

建发国际（控股）有限公司

建发国际（控股）有限公司（“建发国际”以及其附属公司“集团”）乃香港著名贸易展览会主办机构，创立于1991年，并成功于2002年在香港联合交易所主板上市（股票编号：223），是惟一在主板挂牌上市的展览会主办机构。

过去14年以来，建发国际一直通过举办一系列世界级贸易展览会，为亚洲厂商与国际买家“开启商机之门”，联系贸易交流。集团旗下展览会已发展成两大国际知名的展览会品牌系列，分别为“亚洲展览盛事”系列和“亚洲博览会”系列。

『亚洲展览盛事』系列

“亚洲展览盛事”系列中的第一部分为“香港国际玩具及礼品展”暨“亚洲赠品及家居用品展”，于1992年创办。时至今日，此项统称为“亚洲展览盛事第一部分”的全球瞩目展览盛事，已跃升为亚洲同类最大型的展览会，更于2002获得国际展览联盟“Global Association of Exhibition Industry”（UFI）评定为“认可展览会”。

2004年，该展览会云集来自33个国家及地区共3058名的参展商，设置4670个展览摊位，占用了香港会议展览中心所有可供展览的地方。为期4天的展览会，共计吸引6.39万名国际买家进场参观采购，创下历史纪录。由于此项每年一度的展览会，已成为全球买家和厂商促进贸易交流的卓越平台，并且效益显著，因此其展览摊位近年来均供不应求，候补名单上的厂商名单长达1000名。

2005年，展览会终于成功争取扩展至毗邻香港会议展览中心的添马舰，预计增设5个展览馆，可容纳700个展览摊位。扩展后的“亚洲展览盛事第一部分”，摊位总数可达5300个，成为香港有史以来最大型的贸易展。

至于“亚洲展览盛事第二部份”于2003年的隆重推出，则是集团因应亚洲厂商对玩具、礼品、赠品及家居用品展示平台的殷切需求，以及迎合“亚洲展览盛事第一部分”候补参展商的需要。

而这项定位为延续亚洲最佳展览舞台商机的展览会，面世以来声誉日隆，现已是一项摊位数目达1000个的规模展览会，2004年度参观买家数目超过1.5万名。此延续篇的成功，不单成就了“亚洲展览盛事”系列的展览品牌，更在拓展蜚声国际的亚洲展览平台之同时，加大了促进亚洲厂商与国际买家贸易交流的力度。

『亚洲博览会』系列

本着不断开拓的精神，加上在香港举办展览会的成功经验，集团于2001年在英国伦敦举办首届“亚洲博览会”，展开进军海外展览市场的步伐。该项展览于短短数年间树立了良好声誉，并成为UFI之“确认展览会”，获推崇为亚洲厂商进军欧洲市场的一个快捷模式。英国伦敦“亚洲博览会”的成功，促使集团订立拓展“亚洲博览会”系列的目标。2003年，集团在美国举办首届“拉斯韦加斯——亚洲博览会”，矢志带领亚洲参展商打开庞大的美洲市场。

作为展览业界之先锋，集团洞悉世界新兴市场的潜力，在2005年推出专为开辟东欧市场而设的“波兰—亚洲博览会”，成为香港首个进驻当地举办展览的私营展览会主办机构。开创先河的同时，全面建立了“亚洲博览会”的优质展览会品牌系列。

在巩固现有展览会品牌之际，集团力求突破，在2006年投入崭新的展览会项目，为香港以至亚洲的展览会事业，添上缤纷色彩。

『香港春季交易会』

踏入2006年，集团将于香港最新落成、毗连香港国际机场的展览场馆——亚洲国际博览馆，举行全新展览项目“香港春季交易会”。

“香港春季交易会”是香港首个专为轻工业产品而设的大型贸易展览会，展品内容涵盖玩具、礼品、赠品及家居用品、文具、人造首饰及配件、钟表、皮革制品、桌上用品、服装及配件、小型家电及手工艺品等产品，造就一个包罗万象、独具特色的贸易平台。

『香港国际家具展』

此外，集团将于2006年10月，突破性地与香港贸易发展局合作，举办香港首个纯以家具为主题的专业展览会，并命名为“香港国际家具展”。相信将能够为从事家具有关事业的供货商和买家，提供一个质素上乘的贸易平台。

客户网络纵横国际 卓越服务人才鼎盛

集团展览会屡创佳绩，除有赖于专业经验和进取精神外，庞大的客户网络、优越周全的增值服务、人才济济的专业队伍以及贯通中国策略性地区之据点，均是成功的关键。

集团拥有超过80万名国际买家及从事玩具、礼品、赠品及家居用品厂商的数据库，为集团展览会的发展奠定了稳健基础。

优质增值服务

为了全面照顾客户拓展业务的需要，建发国际于提供国际级展览平台之同时，致力提供最优质之增值服务，包括：一年三刊的商贸杂志《MegAsia》、全天候网上电子商贸平台www.kenfair.com，以及为参展厂商和买家提供完善旅运服务的建发旅运有限公司。

附属公司及分公司

为配合中国展览业的发展和市场需求，以及把建发国际的优质贸易展引进中国，集团于中国内地建立了三家附属公司及两家分公司，包括建发（四川）展览有限公司、建发（北京）会展有限公司及上海建发展览有限公司，以及深圳及东莞分公司，积极为国内客户提供完善售后服务，并致力进行市场调查及可行性研究工作。

专业队伍

建发国际拥有一支超过170名专业人员组成、阵容鼎盛的专业队伍，在阅历丰富的管理人员带领下，把建发国际杰出的展览品牌推向全球，包括：营业部、公关部、刊物出版部、信息科技部、市场推广部、展览事务执行部、设计部、会计部、行政部、客户服务部、市场资料搜集部、研究及发展部和业务发展部。

世博集团上海市国际展览有限公司
2006年在华国际展览

表 11-3

日期	展会名称	地点
1月	第九届上海国际零部件采购招商会	上海国际展览中心
2月14～17日	2006中国数控机床展览会	上海新国际博览中心
2月16～19日	第九届中国（上海）国际婚纱摄影器材展览会	上海国际展览中心 上海世贸商城
3月15～17日	2006上海国际服装纺织品贸易博览会/第12届上海国际服装博览会	上海新国际博览中心
	第八届上海国际纺织面料及辅料、家用纺织品贸易博览会	
	第七届上海国际纱线贸易博览会	
3月15～17日	第九届上海国际服装工业展览会/第五届上海国际针织工业展览会	上海新国际博览中心
4月4～7日	第15届上海国际酒店用品博览会	上海新国际博览中心
4月12～14日	第六届中国国际染料工业暨有机颜料、纺织化学品展览会	上海国际展览中心 上海世贸商城
4月17～20日	第16届中国国际自行车展览会	上海新国际博览中心
	第四届中国国际电动车及零配件展览会	
5月8～12日	第11届中国国际模具技术和设备展览会	上海新国际博览中心
5月9～11日	上海国际航空航天工业展览会	上海新国际博览中心
5月23～26	第三届上海国际信息化博览会暨2006中国国际信息通信展览会	上海光大会展中心
6月	2006上海国际品味生活展	上海国际会议中心
7月12～15日	2006中国国际影像和摄影器材展览会	上海国际展览中心
	第10届中国（上海）国际婚纱摄影器材展览会	上海世贸商城
9月4～6日	中国·上海国际食品加工及包装机械展览会	上海新国际博览中心
9月	第10届中国国际港口航运博览会 第10届中国国际运输、仓储技术和相关设备展览会	上海新国际博览中心
	中国国际运输物流展览会	
9月	2006国际燃气技术与设备展览会	上海国际展览中心
10月	第三届上海国际固体废弃物专用设备和技术展览会	上海展览中心
	第三届上海国际清洁设备及技术展览会	
11月2～5日	2006上海国际停车设备和智能系统展览会	上海国际展览中心
11月2～5日	第六届上海国际汽车零部件及维修保养设备展览会	上海国际展览中心
11月	2006中意葡萄酒展	上海展览中心

以上计划仅供参考，如有变动，恕不另行通知。

上海市国际展览有限公司

地址：上海市延安中路841号东方海外大厦8楼　　邮编：200040
电话：(++86-21)-62792828　　传真：(++86-21)-65455124
网址：http://www.siec-ccpit.com　　电子邮箱：info@siec-ccpit.com

World Expo Group Shanghai International Exhibition Co Ltd International Exhibitions in 2006

表 11-4

WHEN	WHAT	WHERE
January	Shanghai International Exhibition for Procurement of Electric, Electronic and Machinery Components 2006	INTEX Shanghai
14～17 February	CCMT 2006 (China CNC Machine Tool Fair)	Shanghai New International Expo Centre
16～19 February	The 9th China (Shanghai) Wedding Expo	INTEX Shanghai shanghaimart
15～17 March	Fashion Shanghai 2006/Shanghai International Fashion Expo 2006	Shanghai New International Expo Centre
	SIT 2006 (The 8th Shanghai International Textile Fabrics, Accessories & Home Textiles Trade Fair)	
	SIY 2006 (The 7th Shanghai International Yarn Trade Fair)	
15～17March	SICME 2006 (The 9th Shanghai International Clothing Machinery Exhibition)	Shanghai New International Expo Centre
	KNITTING CHINA 2006 (The 5th China International Exhibition on Knitting Industry)	
4～7 April	HOTELEX SHANGHAI 2006	Shanghai New International Expo Centre
12～14 April	CHINA INTERDYE 2006 (The 6th China International Dye Industry, Pigments, Printing and Dyeing Auxiliary Exhibition)	INTEX Shanghai shanghaimart
17～20 April	CHINA CYCLE 2006 (The 16th China International Bicycle & Motor Fair)	Shanghai New International Expo Centr
	CHINA E-BIKE 2006	
8～12 May	DIE & MOULD CHINA 2006 (The 11th China International Exhibition on Die and Mould Technology and Equipment)	Shanghai New International Expo Centre
9～11 May	Aerospace China 2006	Shanghai New International Expo Centre
23～26 May	ELE/PT COMM CHINA 2006	Shanghai Everbright Convention & Exhibition Center
June	Extravaganza Shanghai 2006	Shanghai International Convention Center
12～15 July	Imaging Expo/Interphoto 2006	INTEX Shanghai
	The 10th China (Shanghai) Wedding Expo	shanghaimart
4～6 September	INTERFOOD SHANGHAI 2006 (China International Exhibition for Food Processing & Packaging Equipment)	Shanghai New International Expo Centre
September	MARINE PORT CHINA 2006 (The 10th International Exhibition on Port, Waterway Construction, Shipping and Logistics)	Shanghai New International Expo Centre
	TRANSPORT LOGISTIC CHINA 2006	
September	GAS EXPO SHANGHAI 2006	INTEX Shanghai
October	SWET SHANGHAI 2006 (The 3nd Shanghai International Solid Waste Equipment & Technology Exhibition)	Shanghai Exhibition Center
	CET SHANGHAI 2006 (The 3nd Shanghai International Cleaning Equipment & Technology Exhibition)	
2～5 November	Inter Parking 2006 (Shanghai International Parking Equipment & Intelligent System Expo 2006)	INTEX Shanghai
2～5 November	AUTO PARTS & EQUIP SHANGHAI 2006	INTEX Shanghai
November	CHINA VINITALY 2006	Shanghai Exhibition Center

The above program is subject to change without prior notice.

Shanghai International Exhibition Co., Ltd.

Add: 8/F, OOCL Plaza, 841 Yan An Zhong Road, Shanghai 200040, China

Tel: (++86-21)-6279 2828　　Fax: (++86-21)-6545 5124

Website: http://www.siec-ccpit.com　　Email: info@siec-ccpit.com

抓住时代机遇，建设北方会展名城

——长春市会展业发展概况

一、近年来长春市会展业发展概况

长春会展业从1992年起步，伴随着每两年一届的长春电影节，经过将近4年的起步阶段之后，到1996年，以长春国际展览中心的建成为标志，以中国长春商品交易会为“代表作”，会展经济开始步入正轨。2001年，占地面积63.17万平方米的长春国际会展中心落成，打造了“汽博会”、“农博会”、“东北亚博览会”、“光博会”、“电影节”、“民博会”、“教育展”、“雕塑展”“冰雪旅游节”等一大批品牌展会，同时，长春会展业紧紧抓住国家振兴东北老工业基地的有利时机，使全市会展经济进入了快速发展阶段。

2005年，长春市委十届七次全会将会展业列为我市重点产业之一，全市会展业得到了迅猛发展，当年举办各类会展活动120多项，展览面积50万平方米，观众人数达500万人次。会展业呈现的良好发展态势，为全市经济“快跑”起到了极大的推动作用。

此外今年在郑州举办的首届中国国际会展文化节上，长春市被评为“2004年度最佳会展城市”；长春汽博会被评为“中国领先专业展览会”；长春市贸促会副会长张凤林被评为“2004年中国会展十大新闻人物”，成为本届会展文化节获得奖项最多的城市之一。

二、长春市会展业发展重点

根据市场需求，充分发挥长春市区位特点和产业优势，形成以优势产业为依托，充满特色和活力的会展经济发展体系。特别要紧紧围绕汽车、农业、食品、生物制药、光电子、电影、科技、教育、冰雪旅游、城市雕塑等支柱产业、主导产业和重点产业，在巩固提高现有展会的同时，大力开发新的会展资源，通过举办风格各异的会展活动，千方百计延长产业链，实现优势产业（行业）与会展经济互为促进，共同发展的良好格局。

三、2005年长春市重要展会简介

1 2005中国长春冰雪旅游节暨净月潭瓦萨国际越野滑雪节

2005中国长春冰雪旅游节暨净月潭瓦萨国际越野滑雪节由长春市人民政府、中国滑雪协会、吉林省旅游局和瑞典诺迪维国际发展公司主办，历时两个月的冰雪旅游节期间，全市共接待国内外游客450万人次，实现旅游业总收入35亿元，分别比上届增长15.4%和34.6%；冰雪旅游节期间还有19个项目签约，合同利用内资55.7亿元人民币，外资2.14亿美元。

本届冰雪旅游节还在深入挖掘关东民俗文化内涵的基础上，不断改革创新，共举办了30项内容丰富、参与性强的系列活动。创新举办了“中国吉林·欢乐之冬”冰雪游启动仪式、首届中国严寒地区汽车冰雪体验活动、2005国际旅游小姐冠军总决赛长春赛区、长春石头口门水库首届生态捕鱼节等十项冰雪旅游活动。并举办了多项具有国际影响的大型活动，如第三届外国人汉语文艺晚会、第三届瓦萨国际越野滑雪赛、第四届全国汽车冰雪短道拉力赛、国际雪联世界杯自由式滑雪赛、第六届长春旅游项目招商引资推介会等项活动，其中第三届瓦萨国际越野滑雪赛活动吸引了国内外700余名专业运动员和国内5000余名滑雪爱好者参赛。

2 第七届中国长春电影节

第七届中国长春电影节由国家广电总局等单位主办，于2005年1月10~12日在长春举行。本届中国长春电影节坚持“友谊、交流、发展”的宗旨，围绕“拓展华语影视天地，弘扬民族优秀文化”的主题，通过权威、公平、公正的华语电影大奖——“金鹿奖”的评奖以及开展丰富多彩的影片展映和群众电影文化活动，构筑华语影视交流的坚实平台，促进华语电影事业的繁荣和发展。

3 第四届中国长春国际汽车博览会

中国长春国际汽车博览会由中国贸促会等单位主办，于8月5~14日在长春国际会展中心举行，共历时十天。展会期间，累计参观、洽谈人数106万人次，专业观众近20 万人次，国内外1700余名记者参会报道。展会共签订内、外资项目9个，签订金额18亿元，展会现场交易额达4.8亿元人民币。

本届汽博会是展会规模大、层次高、车型全的一次国际性汽车盛会，展出面积达12万平方米，有27个国家和地区近1000家企业参展。国内各大汽车集团悉数参展，大众、福特、丰田、劳斯莱斯、宾利、宝马、奔驰、本田、通用、沃尔沃、捷豹、路虎等国外汽车也均派出强大的参展阵容和新款车型。本届汽博会参展车辆650台，参展品牌120个，最新车型占所有参展车辆的90%，其中概念车8台，跑车10台，价值500万元以上的豪华车4台。在12万平方米的展台上，集粹了国内外汽车产业打造的精优产品，使8月的汽车热涌遍春城，让国内外汽车厂商和广大汽车爱好者目睹长春，烘托和彰显出第一车城、金牌会展的魅力和精彩。

展会期间，还举办了汽车模特大赛、中国汽车·长春论坛、汽车拍卖活动、汽车销售月活动、汽车广告作品评选活动；美国老爷车协会在汽车文化展区举办了主题为“一生一次”的老爷车展；组委会还举办了“网上互动长春车展”，通过“网上互动长春车展”向更多的国内外朋友展示了长春汽博会的风采。

4 第20届国际光学大会中国（长春）光电博览会

第20届国际光学大会中国（长春）光电博览会由中国科技部等主办，于8月23~26日在长春国际会展中心举行，本届光博会是以在我市举办国际光学大会为契机，举办的光电博览会。展会期间，共有德国、韩国、日本和我国香港、台湾等8个国家和地区、内地18个省市的600多家企业参展，展出面积2万平方米，1000个国际标准展位。展品涵盖光显示器、光电仪器仪表、光电材料、光通讯及家电18大门类、8000多个品种。本届光博会有48个国家和地区，370多位国际光电知名人士、专家学者汇集长春参会观展。诺贝尔奖获得者、美国加利福尼亚大学教授查尔斯·汤斯博士，国际光学委员会主席、瑞士纽奇特大学教授丹德里克先生，中国光学泰斗、两院院士王大珩先生，中国光学学会理事长母国光先生等嘉宾参观了展会并给予很高的评价。

5 2005中国北方旅游交易会

2005中国北方旅游交易会由北方旅游协会等主办，于6月4~5日在长春国际会展中心举行。本届交易会展览面积达到3.5万平方米，参展单位达2856个，涵盖了吃、住、行、游购、娱等旅游六大要素，参会代表达3.6万人，参展单位和参展代表来自国内26个省市自治区的166个城市及9个境外国家和地区。各地参展单位共举办各类旅游推介、说明会21场次，企业联谊活动50余个，参展单位发放各类资料600余万份，中央电视台、中国旅游报、香港中国旅游杂志社等200家媒体派记者参会报道。

6 第三届中国（长春）民间艺术博览会

中国（长春）民间艺术博览会自2002年创办以来，即被确定为国家级民间艺术博览会。本届展会以“民间艺术与市场共享”为主题，以“吸纳名人、打造精品、繁荣文艺”为宗旨，本着“挖掘民间艺术瑰宝，展示民间艺术风采，交流民间艺术成果，培育民间艺术市场”总体思路，通过展示民间艺术新产品、新技术、结合小手工制作作品展示活动，发展优秀的民族民间文化，培养青少年民间艺术的情缘，打造文化品牌，发展文化产业。本届展会为期七天，参观人数近百万人次，总成交额达4095万元人民币。

7 中国吉林·东北亚博览会

中国吉林·东北亚博览会是经国务院批准，由商务部、国务院振兴东北办公室和吉林省政府共同主办的国家级大型国际性综合博览会。第一届东北亚博览会以“机遇、交流、合作、发展”为主题，以“构建合作平台，打造招商品牌，展示区域形象，促进共同发展”为宗旨，旨在构建中国与东北亚国家互利双赢、交流合作、竞争开放的经贸合作平台。

本届东北亚博览会共推出了商品贸易、投资洽谈、专业国际会议及商务日等专项活动三大板块。展会共设标准展位1900个，涉及到现代制造业、光电子信息、医药、建材、矿产、化工、纺织、食品、旅游等几大产业，并且设立了投资洽谈馆。本届展会规模空前，国内外参展、参会客商总数超过3万人，国际客商有来自46个国家的4000余人，同时，展会还吸引了国内外媒体记者1000余人参加。

本届东北亚博览会对外贸易累计成交额2.92亿美元。此外，吉林省还与11个国家和地区，以及国内15个省（区市）共签订投资类项目276个，吸引外来投资753.94亿元。

展会同期还举办了东北亚经贸合作暨大图们江区域投资发展论坛，国务院吴仪副总理出席开幕式并就推进东北亚合作提出了三点重要建议，并得到相关国家的积极回应。UNDP图们江区域开发项目第八次政府间协商协调会议签署了“大图们江行动计划”，决定将1995年签署的项目咨询委员会协议再延长10年，并将“图们江区域开发”更名为“大图们江区域合作”；第五届东亚区域旅游论坛(EATOF）8国各成员省省长共同签署了“EATOF2005《联合宣言》”，提出促进东亚区域旅游发展的六大倡议。中韩、中朝友好省道、中蒙友好省、中俄省州、吉林省—日本友好城市交流暨商务日等五个商务日均取得丰硕成果；跨国公司参与东北老工业基地改造论坛、吉林省国企产权招商项目推介会等活动也都成果颇丰，为加快东北振兴、推进东北亚合作营造了氛围、增添了动力。

总之，本届东北亚博览会已经成为一个重要的大型综合性国际招商舞台，不仅促进了吉林省和东北地区的经贸发展，更创造了“构筑东北亚经济圈、发展区域经济合作”的重要形式，为东北亚各国特别是企业界展示、交流、合作与发展搭起了重要的平台。

中国国际贸易促进委员会建筑材料行业分会
来华展及出国展主要项目

表 11-5

时间	地点	展会名称	展会简介	联系方式
北京3月 上海4月	单年北京·中国国际展览中心 双年上海新国际博览中心	STONETECH 中国国际石材产品及石材技术装备展览会	中国国际石材产品及石材技术装备展览会自1994年开始举办，现展会展出面积4.9万平米，参观人数4.7万多人次，如今已经成为亚洲最大的石材展会。	Tel/Fax:010－68362773/68362774 Web:www.stonetechfair.com E-mail:david@cbminfo.com
每年6月	广州国际会议展览中心（琶州）	CERAMICS CHINA 中国国际陶瓷工业展览会	中国国际陶瓷工业展览会已连续举办了19届，展会展出面积已有3万多平米，专业观众人数4万多人次。已经成为亚洲最具规模、最具国际性、权威性、专业性的陶瓷盛会。	Tel/Fax:010－88375528/88375093 Web:www.ceramicschina.net E-mail:ccpit@ceramicschina.net
每年3月	北京·中国国际展览中心	CHINA BUILDING 中国国际建筑建材贸易博览会 中国国际绿色建材展览会	中国国际建筑建材贸易博览会是北京最具规模和影响力的建材行业专业性国际盛会，展出面积3万平方米，目前此展会已成为全国最受关注和认可的建材品牌展会之一。	Tel/Fax:010－88375092/88375093 Web:www.chinabuilding.cn E-mail:gbm@chinabuilding.cn
每年9月	山东·莱州国际会展中心	CHINA STONE 中国国际石材工业展览会	中国国际石材工业展览会已连续举办九届，此展会受到海内外大企业瞩目，参展企业近300家，展出面积超过1.8万平方米。我们愿与企业携手奋进为新世纪再创辉煌。	Tel/Fax：010－68362773/68362774 Web:www. chinastonefair.cn E-mail:david@cbminfo.com
每年3月	北京展览馆	CEMENT CHINA CONCRETE CHINA 中国国际水泥技术及装备展览会 中国国际混凝土技术及装备展览会	中国国际水泥工业展览会已成功举办五届，该展会深受行业内人士欢迎。同期举办的技术交流会及投资洽谈会吸引了海内外大批业内人士，将给参展商提供最有效的展示平台。	Tel/Fax:010－88375528/88375093 Web:www.cementtechexpo.com Web:www.concretechina.net E-mail:eric@cbminfo.com
每年3～5月	美国奥兰多	美国奥兰多国际覆盖材料和石材COVERINGS展览会	COVERINGS展会是美国铺地材料展示与采购的交易平台，是中国企业拓展美国市场的捷径。	Tel/Fax:010－68310604/68310604 Web: www.stonetechfair.com E-mail:fulijuan66@yahoo.com.cn
双年5月	德国纽伦堡	德国纽伦堡国际石材STONE+TEC展览会	STONE+TEC是欧洲石材界重要的展会。该展会为中国石材产品的进出口贸易提供了良好的商机。	Tel/Fax:010－68310604/68310604 Web: www.stonetechfair.com E-mail:fulijuan66@yahoo.com.cn
每年10月	意大利维罗那	意大利维罗纳国际石材及技术MARMOMACC展览会	MARMOMACC展览会在世界石材行业占有重要的贸易地位，是中外企业拓展国际市场的桥梁。	Tel/Fax:010－68310604/68310604 Web: www.stonetechfair.com E-mail:fulijuan66@yahoo.com.cn
每年5月	西班牙马德里	西班牙马德里PIEDRA国际石材展览会	PIEDRA展会是西班牙重要的石材展览会。该展会对开展中国石材机械进出口市场具有显著的促进作用。	Tel/Fax:010－68362774/68362773 Web: www.CCPITBM.org E-mail: sheri@cbminfo.com
每年2月	印度	印度STONA国际石材及技术展览会	STONA印度展览会是亚洲重要的石材展会，是促进中国开拓印度及中东石材进出口贸易的重要渠道之一。	Tel/Fax:010－68362773/68362774 Web:www.CCPITBM.org E-mail: sheri@cbminfo.com
每年3月	土耳其伊兹密尔	MARBLE 土耳其国际石材技术展览会	土耳其最大的专业石材展览会，该展览会对中国花岗岩的出口及机械、工具的出口具有重要作用。	Tel/Fax:010－68362774/68362773 Web: www.CCPITBM.org E-mail:sheri@cbminfo.com
每年5月	美国拉斯维加斯	美国国际五金建材展览会（National Hardware Show）	美国五金制品展览会是当今世界上历史最长、规模最大的专业展览会之一，已成功举办了60届。	Tel/Fax:010－68310604/68310604 Web:www.CCPITBM.org E-mail:fulijuan66@yahoo.com.cn
单年11月	法国巴黎	BATIMAT SALON INTERNATIONAL DE LA CONSTRUCTION 国际建材及设备展览会	BATIMAT展览会自1959年创办以来，规模日益扩大，现已发展成为世界著名的建材及设备展览会。该展会每两年一届。	Tel/Fax:010－68310604/68310604 Web:www.CCPITBM.org E-mail:fulijuan66@yahoo.com.cn

华港国际展览有限公司

"尽责兴业，服务至上"是我们的最高宗旨；
"携手世界，共创成功"是我们的核心理念；
"展现世界，展示精彩"是我们的永恒追求；
"参加展览，请找华港"是我们的最终目标。

华港国际展览有限公司是中国国际贸易促进委员会(www.ccpit.org)所属的中国国际展览中心集团公司(www.ciec.com.cn)1986年在香港注册成立的全资海外子公司，主要业务是自主策划、开发、组织、承办各类国际性专业展览与会议，同时为海内外客户提供展览工程、展馆经营、展品运输及相关贸易、旅游、会展信息咨询等服务。

公司成立后，相继开发和成功举办了"北京国际印刷技术展（CHINA PRINT)"、"国际冶金金属展(METAL+METALLURGY CHINA)"、"国际化工展(ICIF)"、"国际个人数字技术与掌上电子产品展览会(Personal Digitech)"、"国际石材展（Stonetech)"、"国际地面装饰展（Floor Coverings)"、"CEPA香港澳门（内地）推广周"等20多个国际专业展览会和论坛，并与德国法兰克福展览公司合作，成功地将欧洲著名的"供热制冷及卫生洁具展览会(ISH)"、"国际汽车维修与检测设备展览会（Automechanike China)"等移植到中国举办，成为业内知名的专业国际展览会主办机构。

随着业务的不断拓展，华港公司努力开发华南和港澳、东南亚市场。近年来，相继在广州、深圳和厦门开发、策划并主办了"中国（广州）国际影像产业博览会(Imaging China)"、"中国（深圳）国际黄金珠宝玉石展览会"、"深圳文化产业博览会数字电视电影产业及信息技术展"及"现代印刷展（CIF 2006 Modern Print & Media)"、"厦门国际印刷包装展"、"厦门建材展"、"中国（广东）国际印刷技术展（PRINT CHINA)"等。从2006年起，将与香港贸易发展局合作，在香港亚洲国际博览馆举办"香港国际印刷及包装技术展"、"香港国际建材和建筑机械展"；今后，还拟将业务扩展到澳门和东南亚会展市场。

华港国际展览有限公司是香港展览会议业协会(HKECIA）的执行理事和副会长单位，香港中国企业协会会员单位。2004年，香港华港在深圳投资成立了CEPA框架协议后首家港资展览公司——华港展览（深圳）有限公司。

"尽责兴业，服务至上"是我们的最高宗旨；
"携手世界，共创成功"是我们的核心理念；
"展现世界，展示精彩"是我们的永恒追求；
"参加展览，请找华港"是我们的最终目标。

我们将尽心竭力为海内外客户提供优质高效的增值服务。任何垂询，欢迎联系：

香港

香港华港国际展览有限公司
地址：香港湾仔港湾道25号海港中心1909室
电话：852-28275078
传真：852-28275535 28029576
E-mail：ciechk@ciec.com.hk

深圳

华港展览（深圳）有限公司
地址：深圳市福田区福华三路国际商会中心1501室
邮编：518048
电话：(86755) 88313300
传真：(86755) 88312108
E-mail：info@ciec.com.hk

Profile to CIEC Exhibition Co. (HK) Ltd.

ìDedication leads to Prosperity, quality service comes firstî is our constant principle;

ìJoin hands with the world to achieve new successî is our core pursuit;

ìShow up to the world, and display all the wondersî is our fundamental aim;

ìMake CIEC your indispensable partner in exhibitionî is our final ideal.

CIEC Exhibition Co. (HK) Ltd., an oversea subsidiary of China International Exhibition Center Group Corporation under China Council for Promotion of International Trade (CCPIT), was registered in Hong Kong in 1986. Its main business covers creation, design, development and organizing of specialized international exhibitions and conventions. It also provides exhibition engineering, exhibition hall management, exhibit forwarding services as well as relevant services on trade,travel and consultation for exhibition & convention information to all clients from China and other countries.

Since its founding,CIEC HK has successfully organized and developed more than 20 international professional exhibitions and seminars like "CHINA PRINT - Beijing","METAL+METALLURGY CHINA","International Chemical Industry Fair (CIF)","PERSONAL DIGITEC","STONETECH","FLOOR COVERING","CEPA PROMOTION WEEK SERIES" etc. In collaboration with Messe Frankfurt GmbH, it has transplanted the European well-known "Kitchen & Bath, Heating & Air-conditioning Exhibition(ISH)" and "Automechanika" to China and thus established its status as a famous professional international exhibition organizer in the industry.

With the rapid development of its business, CIEC HK has been working hard to expand and develop the markets in southern China including Hong Kong and Macao as well as south-east Asia. In recent years, CIEC HK has created and organized"Imaging China (IIF)","China International Gold, Jewelry and Gem Fair","International (Xiamen)Print & Packaging Fair","International(Xiamen)Building Materials Exhibition" and is organizing "CIF 2006-Modern Print & Media","PRINT CHINA" in Guangzhou,Shenzhen,and Xiamen respectively. Starting from 2006, CIEC HK in collaboration with Hong Kong Trade Development Council, is to organize "Printing and Packaging Fair","Building Materials & Construction Equipment Fair" in the Hong Kong AsiaWorld-Expo. It is also planning to expand its business further to Macao and south-east Asian countries in the near future.

CIEC HK is an executive member and vice-president member of the Hong Kong Exhibition and Convention Industry Association. It is also a member of Hong Kong Chinese Enterprises Association. In 2004, CIEC HK established its branch company in Shenzhen - CIEC Exhibition Co.(Shenzhen) Ltd., being the first exhibition company invested by a Hong Kong company in Shenzhen after the CEPA agreement came into force.

"Dedication leads to Prosperity,quality service comes first" is our constant principle;
"Join hands with the world to achieve new success" is our core pursuit;
"Show up to the world, and display all the wonders" is our fundamental aim;
"Make CIEC your indispensable partner in exhibition" is our final ideal.

Hong Kong
Add: Rm.1909 Harbour Centre, 25 Harbour Road, Wan Chai, H.K.
Tel: 852-28275078
Fax: 852-28275535 28029576
E-mail: ciechk@ciec.com.hk

Shen Zhen
CIEC Exhibition Co. (Shen Zhen) Ltd.
Add: Rm. 1501 International Chamber of Commerce Tower, Fuhuasan Road, Futian District, Shenzhen, PRC
Postal Code: 518048
Tel: (86755) 88313300
Fax: (86755) 88312108
E-mail: info@ciec.com.hk

抢抓机遇　加快发展
开创南京会展经济美好未来

2005年是南京会展历史上，亮点最为突出，成果最为辉煌的一年，在市委、市政府的正确领导下，南京的会展经济取得了可喜的成绩，全年共办各类展会4600多个，其中大型展览60个，比去年增长20%；中小型展览135个，比去年增长28%，全年拉动经济超过100亿元，比同期增长22%。

一、特大型展会亮点突出，中小型展会丰富多彩。

（一）第十届梅花节——南京“博爱之都”的新名片

作为2005年第一个特大型节庆展会活动的“第十届梅花节”，一亮相就身手不凡，山西花鼓、河南杂技、俄罗斯国家远东红旗歌舞团的歌舞、日本福冈大鼓乐团的演奏等等。今年各个活动精心准备了16项内容，梅花节已从单一的赏梅踏青活动，成长为融赏花探景、休闲娱乐、歌舞演出、文化展览、商贸交流于一体的品牌活动，亮点十分突出。海内外游客循香而至，单日最高客流量创历史地达到3万多人，梅花节的节庆时间也史无前例地延续了47天。

（二）2005年中国国际人才交流大会——中国人才交流的最高平台。

本届人才交流大会和以往相比，体现了三大亮点：一是岗位多而分类细，招聘会上有30多类职位。二是单位来源广而范围全。呈现出以长三角地区为主，广覆盖、高辐射的趋势。三是求职者人数多而层次高。本届招聘会上，现场交流突破了1万人次，从学历上看，博士占18%、硕士占51%、具有高级职称人员占15%、中级职称占30%。他们当中大多数是具有海外留学背景的高层次人才，本次大会共达成初步职位意向3500个。

（三）2005中国·南京重大项目投资洽谈会——江苏省和南京市与海外合作的良好平台。

本届“重洽会”的特色很多，但最具特色的，是体现在组织形式多样化。大会期间除了主会场的八城市重大项目推介会等多场主要活动外，其他各专场也是热闹非凡。而最具亮点的是本届“重洽会”先后争取到了全国工商联常委会、“研发全球化与中国”国际论坛、河西CBD南京论坛等专业性会议同时在南京召开，把由以往单纯的“引资”向“引资”与“引智”并举的转变，充分体现了我市落实科学发展观的决心，也是不断创新、不断转变思路的体现。本届“重洽会”取得了吸引投资228.22亿元，签约71个项目的丰硕成果。

（四）中国首届绿化博览会——人与自然和谐共处的家园。

10月16日闭幕的中国首届绿化博览会，位于南京河西新城区滨江风光带，占地77公顷，绿化面积超过105万平方米，共有37个室外参展景点，5个国际景点，以及主展馆、绿色家园展示区、旱溪园、江滩湿地等景区，会聚了埃及、墨西哥、韩国、荷兰、新加坡5个国际园，安徽、湖南、上海、北京等30多个国内园。整个园区集中了国内外植物品种近900种，绿博会为期21天，吸引了来自全国各地超过50万人次的参观人群，仅门票收入就近千万元。

（五）中小型展会——热热闹闹、丰富多彩。

今年的中小型展会比去年增长了28%，全市各大小展馆热闹非凡，如：国展中心的第40届全国新特药品交易会开幕当天人流量达到了近五万人，南京文化艺术中心的恐龙展、家居装饰展、人才交流招聘会也是人气旺盛、精彩纷呈。此外，像航天展和打击走私成果展还具有爱国主义和现实教育意义。纵观这些中小型展会，其声势、规模、品质、影响力都具有一定的水准。

特别是刚刚结束的第十届运动会盛况空前，影响巨大，向全国和世界全面展示了南京作为现代化城市的崭新形象，同时也充分展现了南京作为全国优秀会展城市的魅力。

二、场馆建设，管理经营上了新的台阶

“十运会”开幕前，奥体中心、中山东路体育馆等一批场馆相继落成，投入使用，使今年南京的场馆建设又上了一个新的台阶。今后一些非行业性的中小型展览，有了更加“广阔”的“展”地，而一些专业的展览馆在服务、经营管理上转变了观念，更新了理念，实行一业为主多种经营并举的策略，挖掘各种资源，成为今年会展业发展的一大特色。如国展中心，在做好专业展览的前提下，把闲置的配套房出租改造成大酒店，在负一层的空闲展馆，建起了羽毛球馆，既增加了展馆的配套服务功能，又增加了展馆的收入。又如：文化艺术

中心，既专心经营了今年60多个展览（截止到10月份），又开源节流，把三楼的外玻璃幕墙改造成了霓虹灯广告牌，增加了展会的宣传功能，达到了美化、亮化南京，增强经营效益的目的收，经营理念上有了进一步创新。

三、会展办服务、协调水平进一步提高

（一）坚持科学发展观，按“纲”发展南京会展。

年初，会展业办公室与南京大学国际经济贸易系合作，成立了课题组，编制《南京会展发展纲要》，对南京未来十年会展发展进行定位、规划。此外，会展办结合实际情况，先后草拟了《关于加快南京会展业发展的若干意见》、《南京市政府会展奖励资金使用办法》、《关于进一步规范房产展的若干意见》，为南京会展经济的健康发展奠定了基础。

（二）面向会展企业，服务协调功能进一步增强。

（1）深入会展企业开展调研。会展办在人手少的情况下，走访了20多家企业，不仅掌握了部分会展企业的状况，而且密切了与企业的关系，为进一步加强服务，提供了针对性。七月份，又召集了20多家具有一定实力和有展览业绩的企业进行了座谈，就南京会展的发展及如何做大做强，打造知名品牌展会进行了探讨。

（2）帮助企业排忧解难。积极协调国展中心解决经营发票难题，今年春节以后，针对南京国展中心因历史原因欠税，税务局按有关规定停止向国展中心出售经营发票致使企业经营遇到了困难。会展办领导亲自出面，多次召开协调会，在市地税局积极配合支持下，较好地解决了问题，保证了企业正常经营。与此同时，还多次协调企业在经营中因利益问题产生的矛盾，消除企业间的隔阂。

（三）加强与兄弟城市的交流。

今年以来，会展办先后接待了来自北京、上海、长春、合肥及日本、韩国、香港等十几个批次的国内外客人来访，同时走出去到杭州、大连、广西、成都等城市考察，学习先进的办展理念和经验。

（四）积极协调品牌展会来宁。

南京在全国会展城市中名列第五名，2005年3月又被评为“最具魅力的会展城市”，增强了城市会展的吸引力。一年来，全国各地及香港、韩国、日本等国家和地区有20多个展会希望来宁办展，并邀请市政府作为主办或承办单位。目前，已有两个大型展会可望于明年年落户南京。

2006年的工作思路：

2006年会展工作的基本思路：以十六届五中全会精神为指导，认真落实科学发展观，紧紧围绕市政府下发的《南京加快发展服务业行动纲要》的要求，以“富民强市”、“两个率先”为目标，以服务会展企业，打造会展品牌，提升会展水平为目的，加快会展经济发展的步伐，朝着建设国内一流会展城市的目标迈进。

一、高度重视会展企业建设，为企业发展提供实实在在的服务。

2006年我们将把重视和支持会展企业建设，为企业发展提供良好的服务，作为会展工作的一件大事来抓。一是对直接从事会展的30多家企业进行一次走访调研。二是半年召开一次企业座谈会，听取意见，倾听呼声，了解困难，宣传政策，共商做强做大，加快发展之策。三是选择8～10个有实力的企业，进行重点联系，挂钩扶持。四是尽快出台南京会展相关的产业政策和会展奖励办法，对有规模、有特色、有影响、发展前景好的连届展会和引进来的品牌展会及有突出贡献的个人给予奖励。

二、加强市场引导，加大规范力度，建立健康有序的会展秩序。

针对我市展览市场中存在的问题，2006年会展办将着力从以下三个方面加以引导、规范、协调。一是联合工商、房产管理部门，共同整合房产展资源，规范房产展市场秩序。二是学习借鉴上海、宁波等兄弟城市的做法，尽快制定和出台《南京市展览业管理规定》。三是尽快成立会展行业协会，运用行业自律机制，进行业内的自我约束、自我管理。

三、突出重点，全力扶持，精心打造品牌展会。

一是进一步加大对南京会展环境的宣传。充分抓住“十运会”在南京完美谢幕、获得国内外一致好评的这一机遇，召开会展经济新闻发布会和记者座谈会，积极宣传南京会展软、硬件优势，为申办和引进国内外大型知名品牌展会大造声势，创造条件。二是对具有南京自身特色、有较强生命力和影响力的品牌展会，给予政策上的扶持与奖励。三是对来宁举办的重、特、大型展会，积极介入，加强协调，主动服务，赢得主办方的信任，争取能在南京连届举办。四是对已经争取到的境内外品牌展会，积极配合相关部门做好策划方案以及对接工作，确保展会在我市成功举办。

四、请进来、走出去，进一步提高协调服务能力。

一是邀请国内外会展界知名人士到南京参观考察，对南京会展今后的发展荐言献策。二是组织相关人员到国内知名的会展城市或国外会展发达城市进行考察、调研，吸取先进的办展的经验和管理方法，更新办展理念，开阔办展视野。三是研究和探讨培养会展专业人才的途径，创造条件为企业推荐和引进会展专业人才。

以社会需求为导向 以特色办学谋发展

前进中的厦门国际会展职业学院

厦门国际会展职业学院是一所经福建省教育厅批准，以培养会展专业技术人才为宗旨，同时兼顾培训现有会展从业人员的全日制普通高等职业学校，也是迄今为止我国惟一一所专门培养会展应用型、技能型人才的民办大学。学院创办者是厦门市政协委员、著名企业家、社会活动家、工商管理硕士杨鹰女士，也是学院董事长。

在2004年和2005年秋季，学院招收了专科学生就读。现设有国际会展、会展设计与广告、国际商务、物流管理、旅游与酒店管理、英语等六个专业。目前学院的教学工作和其他工作正紧张而有序地进行，近300多名师生员工，在学院董事会领导和院领导的指挥下，以“会聚八方英才、展现七彩人生”的办学理念和“会通中外、展贤至能”的校训为指导，团结奋进，齐心协力，为厦门会展学院的发展打下了坚实的基础。

厦门国际会展职业学院董事会聘请国家商务部研究院副院长、中国会展经济研究中心主任沈丹阳博士为名誉院长，全国高等教育自学考试公共管理类专业委员会副主任、享受国务院特殊津贴的厦门大学政治学与行政学系原系主任黄强教授为院长，长期从事会展理论研究并有丰富实践经验的原中国（厦门）国际投资促进中心研究员夏桂年为副院长。同时敦聘国务院原副秘书长、中国国际商会副会长安成信和全国高等教育学研究会名誉理事长、教育部发展研究中心兼职研究员潘懋元教授等一批资深专家教授为学院高级顾问或顾问。学院还以厦门市老教授协会的精英群体作为本院教育资源的后盾，延聘一批长期从事高等教育基础课教学的教授以及会展行业具有丰富实践管理经验的资深人士，建立一支培养高技能人才的专兼职“双师型”教师队伍。

为了凸现学院的品牌和特色，我们注重从三个方面做大做足办学文章：

一是与国际接轨。目前，学院同德国、加拿大、新加坡和我国港澳台等国家和地区设有会展专业的著名大学和会议展览机构联系，大力引进国际先进办学理念，借鉴其课程设置经验，以使本院的会展教育与国际接轨。学院还设法在境外建立实践实训基地，培养学生的国际视野和拓宽知识领域，为莘莘学子创造良好的海外、境外留学深造的环境。

二是突出技能。会展学院培训出来的学生不仅要会动脑、能说，而且要会实际操作，具有解决实际问题的能力。会展企业老总对学生的要求是“拿来就能用”。根据社会的需要，学院在课程设置上，除安排必要的理论课外，重点突出技能课。学院还与许多会展公司联系，请一些企业经理与业务骨干来开讲座，详细讲解重要“节点”的实际操作，并按国家要求，安排学生到会展第一线进行实践。

三是加强在职培训。我国从事会展与节事活动的人员大部分缺乏系统的会展专业培训。他们渴望有进一步学习提高的机会。针对这种情况，学院将通过举办短期（一星期左右）、中期（一个月左右）和长期（一至二年）培训来提高现有从业人员的业务素质和操作技能。目前，学院与省市劳动部门合作，“助理会展策划师”的培训已经开班。

以上三个方面，充分体现了学院的办学特色。

在教学和实践环节上，我们力求做到“高、新、特、严”。“高”，就是培养人才要高起点、高标准、高质量，把会展人才的培养建立在较高基础之上。“新”，就是要求教师的教学、学生的实践、实训要“新”。不仅教材内容和教学手段要新，管理与服务也要新，学生掌握的知识技能也要新。所谓“特”，就是要以特色求发展。不仅专业设置有特色，而且教学内容、培养模式、管理服务以及毕业生就业等，都有自己的特色。所谓“严”，就是在教学过程中，师生互动、严谨施教、严格要求、严格管理、严肃校规校纪。只有坚持“高、新、特、严”，才能培养出受社会和本行业欢迎的、得心应手的高技能人才，也才能提升学校的声誉，办出人民群众满意的教育。

厦门国际会展职业学院董事长杨鹰女士认为，创造财富是企业的使命，贡献社会更是一种社会责任。为了使贫困学生能读得起书，她发起济困助学活动，赞助符合条件的学生三年内减免学费。此外，还在学院设立助学金、奖学金，帮助家境贫困学生克服困难，完成学业。

我国蓬勃发展的会展业，为学院的发展提供了强大的动力和肥沃的土壤。我们要根据社会的需要，继续营造严谨求实的教风和学风，形成丰富多彩的校园文化氛围，创造性地做好大学生思想政治教育工作，培养他们具有正确的世界观、人生观和价值观，让他们既学会做人，提高文化品位，又学会做事，以自己的聪明才干实现自我价值，为发展中国的会展业作出贡献。

天津市五方展示设计制作中心

天津市五方展示设计制作中心是一家专门从事大型展览、会议、活动推广、展览馆、展厅、专卖店形象设计及制作的展览展示公司。公司拥有生产面积3000平方米的制作车间和一支高素质、技艺精湛的制作队伍。联合工作网络使我们的服务从南到北连接起了珠江三角洲、长江三角洲和环渤海三个经济圈；从东至西架起了沟通东部沿海和中国大西北的畅通桥梁。我公司在全国各地设立的合作机构使我们能够真正地为您提供整体合一的“交钥匙”服务。多年来本公司在全体员工的共同努力下，以我们独特的自身优势，成为国内最具竞争力的展览公司行列的佼佼者。从创意设计到制作施工一站式全程解决方案为我们赢得了客户的普遍赞誉。我们独创的“特装展位超市”概念在人力物力上为您提供更为迅速服务的同时更为您节约成本。

本公司承接业务实施“AE ”式流程化作业：

1. 营业人员和创作部密切合作，充分地理解客户、研究客户所面对的市场，以“创造瞬间瞩目、把握沟通主导”为指导思想，向客户提供满意的设计方案。

2. 根据客户认可的设计效果，美工部和制作部以“流水作业”方式进行“生产”。木工、电工、电焊工、钣金工、油漆工、泥水工等技术精湛的能工巧匠借助我们不断更新的硬件设备将客户满意的设计构想变成构造合理的立体现实。

3. 经验丰富的工程部担负着最后的搭建任务。专业的搭建工人以其严谨的现场工作作风和敏捷的临场应变能力，给予客户最完整的服务质量。

众多的配套专业展架，使工程质量及制作效率得到保证和提高，也为我们主场搭建提供了坚固的后盾。

更专业、更完美的服务是我们永远的目标！

我们曾经拥有辉煌的昨天和成功的业绩，在新的世纪里，我们将用恒久不变的热忱和不懈的努力为您提供一流的服务。不论老、新客户，我们都将发挥我们无尽的创意，为您创造“瞬间的瞩目”。

湖北中科会展有限责任公司
HUBEI SINOSHOW EXHIBITION CO., LTD

湖北中科会展有限责任公司成立于1997年6月，由湖北省科技厅所属的湖北省对外科技交流中心和湖北省科技开发中心两家投资组建，专业承办展览与会议。湖北省对外科技交流中心是国家科技部批准的国际会展主办资格单位。

中科会展公司已多次成功承办湖北省人民政府主办的大型展览活动，如’97中国中西部投资与开发研讨会国际合作项目展示洽谈会、’98中国（湖北）新技术、新成果、新产品展示交易会、2000中国（湖北）科技博览会、2001中国（武汉）国际信息技术博览会，2002湖北科技博览会、2003年武汉国际医药博览会、2004年第五届武汉国际公共安全技术与设备展览会，取得了较好的社会效益和经济效益，为公司在会议展览方面的发展奠定了坚实的基础。

公司成立以来，每年举办四次大型展览，2个国际研讨会，1次出国参展，已成为湖北省内知名的专业会展公司。

主要业务：

- ◆ 承办各类展览和会议
- ◆ 承接展览设计、展览工程
- ◆ 组团参加国内外展览会
- ◆ 组织国内外专家学者参观考察与学术交流

公司宗旨：真诚为参展商和参观者服务！

公司地址：中国·湖北·武汉洪山路62号　邮编：430071
电话：027-87231436 87310265 87310297　传真：027-87310301
http: //www.hbzkhz.com

第十二章 展览业名录

第一部分 主办机构

1.中国贸促总会

中国国际贸易促进委员会
北京市复兴门外大街1号
China Council for the Promotion of International Trade (CCPIT)
1 Fuxingmenwai St., Beijing, China
邮编：100860
电话：010-68013344
传真：010-68033684

2.各地方分会

中国贸促会安徽省分会
安徽省合肥市长江路357号9楼
CCPIT Anhui Sub-Council
9/F., 357 Changjiang Road, Hefei, Anhui, China
邮编：230061
电话：0551-2822656
传真：0551-2822850

中国贸促会北京市分会
北京市东城区安定门外青年湖北街甲1号
CCPIT Beijing Sub-Council
1A, Qingnianhu Beijie, Andingmenwai, Beijing, China
邮编：100011
电话：010-64251057
传真：010-64251040

中国贸促会长春市分会
吉林省长春市人民大街1578号
CCPIT Changchun Sub-Council
1578 Renmin St., Changchun, Jilin, China
邮编：130051
电话：0431-2744904
传真：0431-2744904
E-mail:info-ch@ccpit.org

中国贸促会重庆市分会
四川省重庆江北区洋河一村78号国际商会大厦19楼
CCPIT Chongqing Sub-Council
19/F. CCOIC Building, 78 Yangheyicun, Jiangbei Dist., Chongqing, China
邮编：630020
电话：023-67870375
传真：023-67870373

中国贸促会成都市分会
四川省成都市人民中路1段28号房地大厦16楼
CCPIT Chengdu Sub-Council
16/F, Realestate Plaza, 28 Yiduan, Renmin Road(M.) Chengdu, Sichuan, China
邮编：610012
电话：028-86279186, 86279756
传真：028-86280469

中国贸促会大连市分会
辽宁省大连市中山区解放街9号万达大厦10楼
CCPIT Dalian Sub-Council
10/F, Wanda Mansion, 9 Jiefang St., Zhongshan Dist., Dalian, Liaoning, China
邮编：116001
电话：0411-82822354
传真：0411-82815734
E-mail:dl-expo@online.ln.cn
http://www.ccpitdl.org

中国贸促会福建省分会
福建省福州市华林路128号屏东写字楼20层
CCPIT Fujian Sub-Council
20/F., Pingdong Office Building, 128 Hualin Road, Fuzhou, Fujian, China
邮编：350003
电话：0591-7842084
传真：0591-7854743

中国贸促会甘肃省分会
甘肃省兰州市城关区小稍门外280号昌运大厦9层
CCPIT Gansu Sub-Council
9/F., Changyun Building, 280 Xiaoshaomenwai, Chengguan Dist., Lanzhou, Gansu, China
邮编：730030
电话：0931-8725342, 8724001
传真：0931-8844197

中国贸促会广东省分会
广东省广州市机场路中央酒店办公楼
CCPIT Guangdong Sub-Council
Office Bldg., Central Hotel, Jichang Road, Guangzhou,Guangdong, China
邮编：510400
电话：020-86570057, 86578331-1873
传真：020-86577278, 86578761

中国贸促会广西壮族自治区分会
广西省南宁市东葛路3号
CCPIT Guangxi Sub-Council
3 Dongge Road, Nanning, Guangxi, China
邮编：530022
电话：0771-2820671, 2801729
传真：0771-2825728

中国贸促会广州市分会
广东省广州市环市东路371-375号广州世界贸易大厦南塔8楼809号
CCPIT Guangzhou Sub-Council
Rm.809, 8th Floor, Nanta Bldg., Guangzhou World Trade Centre, 371-375 Huanshi Road(E.), Guangzhou, China
邮编：100011
电话：020-87754818
传真：020-87769011

中国贸促会贵州省分会
贵州省贵阳市中华北路164号省外贸中心五楼
CCPIT Guizhou Sub-Council
5/F., Foreign Trade Center,164 Zhonghua Road(N.), Guiyang, China
邮编：550004
电话：0851-6901309, 6901227
传真：0851-6901309

中国贸促会海南省分会
海南省海口市国兴大道69号海南广场1号楼6层
CCPIT Hainan Sub-Council
6/F.,No.1 Building, Hainan Guangchang,69 Guoxing dadao, Haikou, Hainan, China
邮编：570203
电话：0898-65371978
传真：0898-65367264

中国贸促会杭州市分会
浙江省杭州市中河北路83号茂泰世纪大楼A5-A9
CCPIT Hangzhou Sub-Council
A5-A9, Maotai Century Mansion, 83 Zhonghebei Road, Hangzhou, Zhejiang, China
邮编：310006
电话：0571-85779132
传真：0571-85779127

中国贸促会哈尔滨市分会
黑龙江省哈尔滨经济技术开发区华辉商贸中心三楼
CCPIT Harbin Sub-Council
3/F,Huahui Shangmao Centre, Economic Development Area, Harbin, Heilongjiang, China
邮编：150090
电话：0451-2333771
传真：0451-2333772

中国贸促会河北省分会
河北省石家庄市中华北大街3号金圆大厦9层
CCPIT Hebei Sub-Council
9/F. Jinyuan Bldg., 3 Zhonghua St.(N.), Shijiazhuang, China
邮编：050000
电话：0311-8614332
传真：0311-8614558

中国贸促会河南省分会
河南省郑州市文化路115号
CCPIT Henan Sub-Council
115 Wenhua Road, Zhengzhou, Henan, China
邮编：450003
电话：0371-3936203, 3943388-4242
传真：0371-3936504

中国贸促会黑龙江省分会
黑龙江省哈尔滨市南岗区革新街165号
CCPIT Heilongjiang Sub-Council
165 Gexin St., Nangang Dist., Harbin, Heilongjiang, China
邮编：150001
电话：0451-82631680
传真：0451-82631826

中国贸促会湖北省分会
湖北省武汉市江汉北路8号16楼
CCPIT Hubei Sub-Council
16/F.,8 Jianghan Road(N.),Wuhan, Hubei, China
邮编：430022
电话：027-85796170, 85805805
传真：027-85775174

中国贸促会湖南省分会
湖南省长沙市五一东路80号
CCPIT Hunan Sub-Council
80 Wuyi Road(E.), Changsha, Hunan, China
邮编：410001
电话：0731-2289419
传真：0731-2286994

中国贸促会江苏省分会
江苏省南京市中华路50号31楼
邮编：210001
电话：025-82258414
传真：025-82233048

中国贸促会江西省分会
江西省南昌市站前路200号
邮编：330002
电话：0791-6246218
传真：0791-6217029

中国贸促会吉林省分会
吉林省长春市人民大街119号
邮编：130021
电话：0431-5625201，5677424
传真：0431-5663685
E-mail:ccpit@public.cc.jl.cn
http://www.jl.org

中国贸促会济南市分会
山东省济南市经四纬一路71号
邮编：250001

电话：0531-6911163
传真：0531-6911163
E-mail:ccpitjn@public.jn.sd.cn

中国贸促会辽宁省分会
辽宁省沈阳市皇姑区泰山路17号
CCPIT Liaoning Sub-Council
17 Taishan Road, Huanggu Dist., Shenyang, Liaoning, China
邮编：110032
电话：024-86914875
传真：024-86914877

中国贸促会南京市分会 南京会展业办公室
江苏省南京市成贤街43号
邮编：210018
电话：025-83693240
传真：025-83692014

中国贸促会内蒙古自治区分会
内蒙古自治区呼和浩特市中山西路24号
CCPIT Inner Mongolia Sub-Council
24 Zhongshan Road(W.), Huhhot, Inner Mongolia, China
邮编：010020
电话：0471-6967398, 6967766-3320
传真：0471-6962138

中国贸促会宁波市分会
浙江省宁波市解放南路69号外运大厦15楼
邮编：315010
电话：0574-87302559
传真：0574-87292595

中国贸促会宁夏自治区分会
宁夏回族自治区银川市解放西街119号
邮编：750001
电话：0951-5043345，5044987
传真：0951-5044239

中国贸促会青岛市分会
山东省青岛市延安三路22号
邮编：266071
电话：0532-3897605
传真：0532-3897233

中国贸促会青海省分会
青海省西宁市树林巷25号
邮编：810007
电话：0971-8176953
传真：0971-8176805

中国贸促会武汉市分会
湖北省武汉市汉口台北路217号国际贸促大厦8层
邮编：430015
电话：027-85797513，85771888
传真：027-85797464

中国贸促会山东省分会
山东省济南市马鞍山路52号6号楼
邮编：250002
电话：0531-2029813
传真：0531-2025946

中国贸促会上海浦东分会
上海市崂山东路528号27楼A1
邮编：200120
电话：021-68868005
传真：021-50815525

中国贸促会山西省分会
山西省太原市迎泽大街388号国际大厦11楼
邮编：030001
电话：0351-4040594
传真：0351-4045680

中国贸促会陕西省分会
陕西省西安市新城内
CCPIT Shaanxi Sub-Council
Xincheng Nei, Xi'an，Shaanxi, China
邮编：710004
电话：029-7291413, 7292697
传真：029-7291461
E-mail:ccpitexp@pub.xaonline.com
http://www.ccpit.xaonline.com

中国贸促会汕头市分会
广东省汕头市金涛庄东区47幢六楼外经贸委大楼
邮编：515041
电话：0754-8931836, 8931837
传真：0754-8931837

中国贸促会沈阳市分会
辽宁省沈阳市沈河区热闹路55号
邮编：110014
电话：024-22920971，22920964
传真：024-22920973

中国贸促会深圳市分会
广东省深圳市福田区新洲路3009号
邮编：518048
电话：0755-3561530, 3561658
传真：0755-3561535

中国贸促会四川省分会
四川省成都市城华街4号
邮编：610081
电话：028-83331406
传真：028-83326884
E-mail:ccpitsce@mail.sc.cninfo.net

中国贸促会芜湖市分会
安徽省芜湖市中山路步行街伟基大厦C座八楼
CCPIT Wuhu Sub-Council
8F,Building C,Weiji Business Center Wuhu Anhui, P.R.C
邮编：241000
电话：0553-3820053
传真：0553-3820053
E-mail:sharp921@wuhu.cn
http://www.ccpitwuhu.com

中国贸促会厦门市分会
福建省厦门市湖里区信息大厦11楼
邮编：361006
电话：0592-5623595
传真：0592-6021772
E-mail:ccpitxm@public.xm.fj.cn

中国贸促会西安市分会
陕西省西安市环城南路东段26号西安市外贸大楼二楼
邮编：710054
电话：029-7854196
传真：029-7854196

中国贸促会新疆维吾尔自治区分会
新疆乌鲁木齐市团结路11号
邮编：830001
电话：0991-2863224
传真：0991-2860456

中国贸促会云南省分会
云南省昆明市北京路175号
CCPIT Yunnan Sub-Council
175 Beijing Road, Kunming, Yunnan, China
邮编：650011
电话：0871-3136758
传真：0871-3136574
E-mail:yfaec@public.km.yn.cn

中国贸促会浙江省分会
浙江省杭州市延安路470号
邮编：310006
电话：0571-85178451
传真：0571-85178548
E-mail:ccpitzj@public.hz.zj.cn

中国贸促会珠海市分会
广东省珠海市人民东路19号
邮编：519000
电话：0756-2253523
传真：0756-2228640

3.行业分会

中国贸促会电子信息行业分会
北京市万寿路27号电子大厦二层
CCPIT Electronics Industry Sub-Council
2/F, 27 Wanshou Road, Beijing, China
邮编：100846
电话：010-68207929
传真：010-68132916
E-mail:caiqing@ccpitecc
http://www.ccpitece.com

中国贸促会纺织行业分会
北京市东长安街12号
CCPIT Textile Industry Sub-Council
12 Dongchang'an Avenue, Beijing, China
邮编：100742
电话：010-85229308
传真：010-65121732
E-mail:press@ccpittex.com
http://www.ccpittex.com

中国贸促会供销合作行业分会
北京市复兴门内大街45号
CCPIT Supply and Marketing Cooperative Industry Sub-Council
45 Fuxingmennei St., Beijing, China
邮编：100801
电话：010-66094515
传真：010-66094590
E-mail:gxmc@public3.bta.net.cn

中国贸促会航空行业分会
北京市东城区交道口南大街67号
CCPIT Aviation Industry Sub-Council
67 Jiaodaokou St.(S.), Beijing, China
邮编：100712
电话：010-64093422
传真：010-64011632

中国贸促会航天行业分会
北京市阜成路8号
CCPIT Aerospace Industry Sub-Council
8 Fucheng Road, Beijing, China
邮编：100830
电话：010-68372427
传真：010-68372427

中国贸促会化工行业分会
北京市东城区和平里七区16楼301室
CCPIT Chemical Industry Sub-Council
Rm.301, 16 Building, 7th Section, Hepingli, Dongcheng Dist., Bejing, China
邮编：100013
电话：010-64272719, 64229317
传真：010-64225384, 64215982

中国贸促会建设行业分会
北京市三里河路9号老干部楼408室
CCPIT Construction Industry Sub-Council
Rm.408, Laoganbu Bldg., 9 Sanlihe Road, Beijing, China
邮编：100835
电话：010-68394801, 68366389
传真：010-68393625

中国贸促会建筑材料行业分会
北京市海淀区三里河路11号
CCPIT Building Materials Industry Sub-Council
11 Sanlihe Road, Haidian Dist., Beijing, China
邮编：100831
电话：010-68310605
传真：010-68310605
E-mail:ccpitbm@sina.com
http://www.ccpitbm.org

中国贸促会机械行业分会
北京三里河路46号
CCPIT Machinery Sub-Council
46 Sanlihe Road, Beijing, China
邮编：100823
电话：010-68594976
传真：010-68594995
E-mail:ccpitmsc@public3.net.cn
http://www.chinamachine.org

中国贸促会粮食行业分会
北京市复兴门内大街45号
CCPIT Cereals Industry Sub-Council
45 Fuxingmennei St., Beijing, China
邮编：100801
电话：010-66094251
传真：010-66094291

中国贸促会农业行业分会
北京市朝阳区麦子店街20号楼308室
CCPIT Agriculture Sub-Council
Rm.308, 20 Bldg., Maizidian St., Chaoyang Dist., Beijing, China
邮编：100026
电话：010-64194401-3
传真：010-65918986

中国贸促会汽车行业分会

北京市三里河路46号
CCPIT Auto-Industry Sub-Council
46 Sanlihe Road, Xicheng Dist., Beijing, China
邮编：100823
电话：010-68595103
传真：010-68595076

中国贸促会轻工业行业分会
北京市阜外大街乙22号
CCPIT Light Industry Sub-Council
22B Fuchengmenwai St., Beijing, China
邮编：100833
电话：010-68396325
传真：010-68396351

中国贸促会商业行业分会
北京市复兴门内大街45号
CCPIT Commerce Sub-Council
45 Fuxingmennei St., Beijing, China
邮编：100801
电话：010-66094227
传真：010-66016043

中国贸促会石化行业分会
北京市朝阳区惠新东街甲6号
CCPIT Petrochemical Industry Sub-Council
6A Huixin East St., Chaoyang Dist., Beijing, China
邮编：100029
电话：010-64999805
传真：010-64222813

中国贸促会外企分会
北京市朝阳区工人体育场东路4号城市宾馆2107/2108室
CCPIT Foreign-Funded Enterprises Sub-Council
Rm.2107/2108, City Hotel, 4 Gongtidong Road, Chaoyang Dist., Beijing, China
邮编：100027
电话：010-65011242, 65011218
传真：010-65011281

中国贸促会冶金行业分会
北京市东四西大街46号
CCPIT Metallurgical Industry Sub-Council
46, Dongsi St.(W.), Beijing, China
邮编：100711
电话：010-65131905, 65133322-3214
传真：010-65233861, 65131921

4.其他

北京市

中国机床总公司
北京国机展览中心
北京市安外安德路16号洲际大厦323室
China National Machine Tool Corp.
Capital Exhibition Services
Rm.323, Zhouji Building, 16 Ande Road, Anwai, Beijing, China
邮编：100007
电话：010-84882867
传真：010-84882861
E-mail:ces@bjces.com
http://www.bjces.com

中国包装和食品机械总公司
北京市月坛南街26号
邮编：100825
电话：010-68596025
传真：010-68523345

中国长城电子展览公司
北京市海淀区学院路丁37号
邮编：100083
电话：010-62048675
传真：010-62013361

中国船舶工业总公司
北京市月坛北街5号
邮编：100861
电话：010-68038855-3319
传真：010-68024483

中国电子工业科学技术交流中心
北京市新街口外大街8号综合楼5层
邮编：100088
电话：010-62384834
传真：010-62384831
E-mail:zhujian@cestec.com.cn

中国电子国际展览广告公司
北京市复兴路甲23号电子大楼816室
China Electronics International Exhibition & Advertising Co.
Rm.816,Elec. Building, A23 Fuxing Road, Beijing, China
邮编：100036
电话：010-68296359
传真：010-68288219
E-mail:adv@ceiec.com.cn
http://www.exhad.cn

中国纺织品进出口商会
北京市朝阳区潘家园南里12号楼7层
邮编：100021
电话：010-67739291
传真：010-67739206
E-mail:ccct@public.bta.net.cn
http://www.texchamber.org.cn

中国广告协会
北京市西城区展览馆甲1号
电话：010-68344211
传真：010-68344204

中纺广告展览公司
北京市东安门街82号
邮编：100747
电话：010-65124331，65123051
传真：010-65123051
E-mail:zfzlb@cenpok.net

中国国际广告公司
北京市复兴门内大街45号
邮编：100081
电话：010-65684173
电话：010-65061167

中国国际展览中心集团公司
北京市朝阳区北三环东路6号
China Int'l Exhibition Center Group Corporation
6 Beisanhuan Road(E.), Beijing, China
邮编：100028
电话：010-84600025
传真：010-64600701

E-mail:zhanggz@beijing.china.com
http://www.ciec-expo.com

中国机电产品进出口商会
北京市西城区北河沿大街95号
邮编：100006
电话：010-67788866-6316, 67794089
传真：010-67735576, 69935350
E-mail:exhi@mail.cccme.cn.net
http://www.cccme.cn.net

中国机电一体化技术应用协会
北京市西城区德胜门外教场口1号
电话：010-62042092
传真：010-62017873

中国机械基础件成套技术公司
北京市广安门外大街248号机械大厦6层
邮编：100055
电话：010-63317097/7099/7090
传真：010-63317080
E-mail:cmcc@moftel.gov.cn

中国进出口商品检验协会
电话：010-65002455
传真：010-65061315

中国家用电器协会
北京市东长安街6号120室
China Household Electrical Applances Association
6 Dong chang'an East Ave,Beijing, China
邮编：100740
电话：010-65251370
传真：010-65121567
E-mail:liuxl@cheaa.org
http://www.cheaa.org

中国建材工业协会
北京市西城区百万庄国家建材局内
电话：010-68311144-3646
传真：010-68311144

中国建筑业协会
北京市西城区百万庄建设部内
电话：010-68318329
传真：010-68318329

中华人民共和国科学技术部交流中心
北京市三里河路54号北京2143信箱
China Science and Technology Exchange Center
P.O.Box 2143, 54 Sanlihe Road, Beijing, China
邮编：100045
电话：010-68514064, 68511133-2303
传真：010-68515808
E-mail:hz@public.sti.ac.cn

励展博览集团北京办事处
中国北京东城区长安街1号东方经贸城1204-1205室
Reed Exhibitions Beijing Office
Unit 4-5,12/F, Tower E1 The Towers, Oriental Plaza No.1 East Chang An Avenue Dong Cheng District Beijing
邮编：100738
电话：86-10-85189070
传真：86-10-85189060
E-mail：ask_bj@reedexpo.com.cn
http://www.reedexpo.com.cn

励展博览集团香港区办事处
中国香港中环皇后大道中99号中环中心30字楼3011室
Reed Exhibitions Hong Kong Office
Unit 3011, 30/F The Center 99 Queen's Road, Central Hong Kong
电话：852-2824 0330
传真：852-2824 0178 / 0246
E-mail: ask@reedexpo.com.cn
http://www.reedexpo.com.cn

励展博览集团上海办事处
中国上海市黄浦区九江路333号金融广场1601-1604室
Reed Exhibitions Shanghai Office
Unit1-4, 16/F., Finance Square No. 333 Jiujiang Avenue Huangpu District Shanghai 200001, P.R. China
邮编：200001
电话：86-21-51535188
传真：86 21-51535248
E-mail: ask_sh@reedexpo.com.cn
http://www.reedexpo.com.cn

励展博览集团国际销售部北京办事处
中国北京建国门外大街19号国际大厦2501A
Reed Exhibitions - ISG Asia
2501A,CITIC building,
No.19, Jianguomenwai Dajie
Beijing, 100004, P.R.China
邮编：100004
电话：86-10-85261016，85261136/38
传真：86-10-85261137
E-mail:sunny.sun@reedexpo.com.cn
http://www.reedexpo.com

中国皮革工业协会
北京市东城区东长安街6号
电话：010-65261935
传真：010-65231698

中国轻工工艺进出口商会
北京市朝阳区潘家园南里12号楼10层
电话：010-67732713
传真：010-67732689

中国软件行业协会
北京市海淀区学院路55号
电话：010-62186579
传真：010-62186579

中国食品工业协会
北京市丰台区太平桥东里5号楼
电话：010-63263102
传真：010-63263102

中国食品土畜产品进出口商会
北京市西城区北河沿大街95号
邮编：100006
电话：010-65132569

中国文化办公设备制造行业协会
北京市西城区月坛南街26号
电话：010-68596555
传真：010-68538552

中国五矿化工进出口商会
北京市海淀区半壁店南路甲1号
邮编：100055

电话：010-63405048

中国物资流通协会
北京市西城区月坛北街25号
电话：010-68391389
传真：010-68391256

中国眼镜协会
北京市东长安街6号
电话：010-65267815
传真：010-65234376

中国医药保健品进出口商会
北京市朝阳区建国门外大街12号11楼
邮编：100022
电话：010-65062352

中国羽绒工业协会
北京市东长安街6号
电话：010-65237296
传真：010-65273201

中国制冷空调工业协会
北京市西城区西直门外北礼士路77号
电话：010-68343506
传真：010-68343502

中化国际广告展览公司
北京市复兴门外大街A2号
邮编：100045
电话：010-68569318
传真：010-68569318

中粮广告展览公司
北京市中粮广场A座1119房间
邮编：100005
电话：010-65268888
传真：010-65078627

中汽对外经济技术合作公司
北京市亚运村加利大厦4座1502室
China Automotive Industry International Corporation
Unit 1502, Kerrie Plaza 4, the Asian Games Village, Beijing, China
邮编：100101
电话：010-64938403, 64915259
传真：010-64968699
E-mail:autochina@caic.com.cn
http://www.autochina.com.cn

福建省

福建省国际贸易展览公司
福建省福州市湖东路东段191号通联大楼九层
邮编：350001
电话：0591-7600824
传真：0591-7600724

厦门国际展览公司
福建省厦门富山国际展览城内
邮编：361004
电话：0592-5160160
传真：0592-5160928

厦门市会议展览协会
福建省厦门市嘉禾路321号汇腾大厦15A
电话：0592-5207557
传真：0592-5207556

厦门市今日展览公司
福建省厦门市天湖路42号大正大厦5A
邮编：361003
电话：0592-2222228
传真：0592-2222220

广东省

中国（虎门）国际服装交易会组织委员会(东莞市虎门服装服饰行业协会)
广东省东莞市虎门镇港口路10号政府二楼
Organizing Committee of China (Humen) International Fashim Fair.
#10,Humen Ave.,Humen Town, Dongguan City,Guangdong Prouinc.
邮编：523902
电话：0769-5511289
传真：0769-5509289
E-mail:fair@fumin.com
fashion@humen.com
http://www.fumin.com
www.humen.com

广州国际展览公司
广东省广州市麓景路7号广州发展大厦东座九楼
电话：020-83516312
传真：020-83576200
E-mail:gzfair@public.guangzhou.gd.cn
http://www.cnguangzhoufair.com

深圳市服装行业协会
广东省深圳市福田区振华路56号兰光大厦1001室
邮编：518031
电话：0755-83240895，83272980
传真：0755-83276634
E-mail:zzg169@sina.com
http://www.szfashion.com

广州商业会展服务中心
广州市滨江西路海鸣街六号三楼
邮编：510235
电话：020-84447768，84447728
传真：020-84243969
E-mail:cce@cce-gz.com
http://www.cce-gz.com

深圳市国际贸易展览公司
广东省深圳市深南中路2号博物馆办公楼一楼电话：0755-82240287
传真：0755-82240205
E-mail:szilcc@public.szonline.net

中华国际（东莞）展览会
广东省东莞市新芬路科学馆二楼
International Furniture Fair Dongguan China
Science Building 2F.XinFen Road, Dongguan, China.
邮编：523007
电话：0769-2240990
传真：0769-2115608
E-mail:info@iffd.com.cn
http://www.iffd.com.cn

广西壮族自治区

广西环球经济贸易展览公司
广西省南宁市东葛路3号
邮编：530022
电话：0771-2623258
传真：0771-2811063
E-mail:oseh@gxoseh.com
http://www.gxoseh.com

广西南宁西南之窗会展公司
广西省南宁市民主路12号广西展览馆10幢2-2-3号
电话：0771-5622737
传真：0771-5622534

南宁市环洲展览公司
广西省南宁市城北区友爱北路47号
Nanning Global Exhibition Company Ltd.
47 Youai Bei Road, Chengbei Dist., Nanning, Guangxi, China
邮编：530001
电话：0771-3133170
传真：0771-3100210
E-mail:mlgbcb@163.com

湖北省

湖北省国际贸易展览公司
湖北省武汉市江汉北路8号16楼
邮编：430022
电话：027-85805812
传真：027-85806300
E-mail:w5805812@public.wh.hb.cn

黑龙江省

中国（齐齐哈尔）绿色食品博览会暨观鹤组委会办公室
黑龙江省齐齐哈尔市党政办公中心
邮编：161005
电话：0452-2790449
传真：0452-2797788

吉林省

长春市会展管理办公室
吉林省长春市人民大街1556号
邮编：130051
电话：0431-2759993
传真：0431-2759993
E-mail:cchzw@changchun.jl.cn
http://www.cchzw.com

辽宁省

大连东方商业展览有限公司
辽宁省大连市西岗区北京街83-1号
邮编：116011
电话：0411-3689829，3628710，3698369
传真：0411-3689829
E-mail:buchengyong@mail.china.com
http://www.eastexhibition.com

大连国际商会展览实业发展公司
辽宁省大连市中山区解放街9号万达大厦10楼
电话：0411-2642506
传真：0411-2644323

大连国际展览公司
大连亚太展览有限公司
辽宁省大连中山区鲁迅路74号安达大厦A座25楼
Dalian Asia-Pacific Exhibition Co., Ltd.
F25, Block A, Anda Mansion, 74 Luxun Road, Zhongshan Dist., Dalian, China
邮编：116001
电话：0411-2701253
传真：0411-2718639
http://www.ccpitdl.org
E-mail:guozhan@mail.dlptt.ln.cn

大连星海会展中心
辽宁省大连市沙河口区会展路18号
Dalian Xinghai Convention & Exhibition Center
18 Huizhan Road, Shahekou Dist., Dalian, Liaoning, China
邮编：116023
电话：0411-4809610
传真：0411-4809998
http://www.exhibition.com.cn
E-mail:dxceczjt@mail.dlptt.ln.cn

辽宁展览贸易集团展览有限公司
辽宁省沈阳市和平区彩塔街38号
电话：024-23912022
传真：024-23902267

沈阳制博会筹备工作办公室
辽宁省沈阳市沈河区北三经街9号沈阳迎宾馆2号别墅
邮编：110013
电话：024-22522908
传真：024-22522800

内蒙古自治区

包头国际经济贸易中心
内蒙古自治区包头市工商行政管理大楼
邮编：014010
电话：0472-5105301, 5105302
传真：0472-5105300

天津市

天津国际经济贸易展览中心
天津市友谊路32号
Tianjin World Economy Trade & Exhibition Centre
32 Youyi Road, Tianjin, China
邮编：300061
电话：022-28352222
传真：022-28359854
E-mail:twtc@public.tpt.tj.cn
http://www.tjexh.com

天津市食品机械食品包装机械协会
天津市红桥区西站前街3号
电话：022-27324144, 27327492
传真：022-27351285

山东省

青岛国际展览公司
山东省青岛市盐城路7号
邮编：266071
电话：0532-3888927，3888937
传真：0532-3888922
E-mail:cqdiec@public.qd.sd.cn
http://www.qingdao.expo.com

四川省

成都国际会议展览中心
四川省成都市沙湾路258号
Chengdu International Exhibition & Convention Center
258 Shawan Road, Chengdu, Sichuan, China
邮编：610031
电话：028-87693360

传真：028-87693205
E-mail:exhibi@163.com
http://www.ecccn.com

成都会展业发展办公室
四川省成都市大业路39号大业大厦8楼
邮编：610016
电话：028-86661123
传真：028-86658825

上海市

上海市国际展览有限公司
上海市延安中路841号东方海外大厦8楼
Shanghai International Exhibition Co., Ltd.
8/F,OOCL Plaza,841 Yan An Zhong Road,Shanghai, China.
邮编：200040
电话：021-62792828
传真：021-65455124
E-mail:siec@sh163.net
http://www.siec-ccpit.com

上海对外科学技术交流中心
上海市淮海中路1634号
邮编：200031
电话：021-64712269
传真：021-64712001
E-mail:sstec@sstec.com.cn

上海工业商务展览有限公司
上海市延平路123弄5号2F/2G
邮编：200042
电话：021-62710309
传真：021-62711224
E-mail:sicec@cabeplns.com.cn
http://www.icec-sh.com

上海浦东国际展览公司
上海市威海路497号绅士大厦2205室
邮编：200041
电话：021-62726131
传真：021-62723462
E-mail:spiec@sh.east.cn.net

上海世贸商城
上海市延安西路2299号
Shanghai mart
2299 Yanan Rood (West) Shanghai.
邮编：200336
电话：021-62366888
传真：021-62360181
E-mail:samfang@shanghaimart.com.cn
http://www.shanghaimart.com

上海世界博览会议有限公司
上海市延安西路2201号上海国贸中心2403室
邮编：200336
电话：021-62700066

新疆维吾尔自治区

新疆对外贸易经济合作厅乌洽会办公室
新疆乌鲁木齐市新华南路105号
China Urumqi Foreign Economic Relations and Trade Fair
11 Tuanjie Road, Urumqi, Xinjiang, China
邮编：830001
电话：0991-2879890
传真：0991-2879890
http://www.urumqifair.com
E-mail:urumfair@mail.wl.xj.cn

云南省

云南省对外广告展览公司
云南省昆明市北京路175号外贸大楼10楼
电话：0871-3134626,3148244
传真：0871-3155519
E-mail:yfael@public.km.yn.cn

浙江省

杭州市市场营销协会
浙江省杭州市莫干山路76号（金海宾馆）北四楼
电话：0571-88839377, 88061800

宁波市国际展览公司
浙江省宁波江东大步街9号三楼国际会展中心B楼
邮编：315040
电话：0574-7723069
传真：0574-7729133

浙江省国际贸易展览公司
浙江省杭州市天目山路窑背巷10号
邮编：310007
电话：0571-8834620
传真：0571-8829220
E-mail:zjexpo@mail.hz.zj.cn
http://www.chinax.com

浙江省经贸国际展览中心
浙江省杭州市庆春路39号青春外贸大厦6楼
邮编：310009
电话：0571-7043913
传真：0571-7044035
E-mail:zjgjzlzx@publicl.hz.zj.com
http://www.z1ec-com

中国（绍兴）国际纺织品博览会组委会
浙江省绍兴柯桥鉴湖路1号
China (Shaoxing) Int'l Textile Expo.
No.1 Jianhu Road,Keqiao,Shaoxing, Zhejiang.
邮编：312030
电话：0575-4135583
传真：0575-4112271
E-mail:info@ctcte.com
http://www.ctcte.com

浙江树人大学外经贸学院
浙江省杭州市舟山东路22号
邮编：310015
电话：0571-88297085
传真：0571-88297090
E-mail:zhang_yazhen@126.com

澳门特别行政区

澳门展贸协会
澳门士多纽拜斯大马路63B-65A地下
电话：00853-976198, 976199
传真：00853-976197

第二部分 展览场馆

安徽省

安徽国际会展中心
安徽省合肥市经济技术开发区繁华西路
邮编：230601
电话：0551-3813903

安徽省农业展览馆
安徽省合肥市美菱大道64号（省农展馆内）
邮编：230001
电话：0551-2652640, 2612782
传真：0551-2652640

安徽省展览中心
安徽省合肥市桐城路67号
邮编：230061
电话：0551-2640742

北京市

阿联酋中国机电产品展览中心
北京市朝阳门北大街富华大厦A座306室
邮编：100027
电话：010-65542773 65542774
传真：010-65542771
E-mail: cmepec@263.net

中国贸促会北京分会北京世界贸易中心
北京市安定门外青年湖北街甲1号
邮编：100011
电话：010-64251019, 64227788-405
传真：010-64251040

北京国际会议中心
北京市朝阳区北辰东路8号
Beijing International Convention Center
8 Beichendong Rd., Chaoyang Dist., Beijing, China
邮编：100101
电话：010-84983088
传真：010-84972651
E-mail:sales@bcghotel.com
http://www.bcghotel.com

北京锦绣大地展览中心
北京市海淀区阜石路龚村东口
Beijing Glorious Land Exhibition Center
Gongcun Dongkou, Fushi Road, Haidian Dist., Beijing, China
电话：010-68230097
传真：010-68231302
E-mail:gldaditmt@sina.com

北京科技会展中心
北京市海淀区北三环西路48号
Beijing Science & Tech. Meeting Exhibition Center
No.48,Beisanhuan Xilu,Beijing,China
邮编：100086
电话：010-65071122

北京民族文化宫展览馆
北京市西城区复兴门内大街49号
Cultural Palace of Nationalities
49 FuxingmenNei St., Xicheng Dist., Beijing, China
邮编：100031
电话：010-66016806
传真：010-66019378

北京全国农业展览馆
北京市朝阳区东三环北路16号
National Agricultural Exhibition Center
16 Dongsanhuan Bei Road, Chaoyang Dist.,Beijing China
邮编：100026
电话：010-65018877-2401/2400, 65081204
传真：010-65025798
E-mail:bjnaec@bj.col.com.cn

北京展览馆
北京市西直门外大街135号
Beijing Exhibition Center
135 Xizhimen Wai Street, Beijing, China
邮编：100044
电话：010-68316677
传真：010-68317323
E-mail:beizhanoffice@21cn.com

国家轻工业局展览中心
北京市东四六条64号
Exhibition Centre of China National Bureau of Light Industry
64 Dongsi Liutiao, Beijing, China
邮编：100007
电话：010-64069407
传真：010-64069407
E-mail:zizx@clii.com.cn
http://www.clill.com.cn/zllzl.zx.htm

煤炭工业展览中心
北京市东城区和平里化工大院9号楼
邮编：100013
电话：010-64211845
传真：010-64211845

全国化工国际展览交流中心

北京市和平街北口樱花园东街5号
The International Exhibition Center of the Ministry of Chemical Industry
5 Yinghuayuan Dongjie, Hepingjie Beikou, Beijing, China
邮编：100029
电话：010-64419611, 64428347
传真：010-64416187, 64421448
E-mail:bciec@163bj.com

怡生苑国际会议中心
北京市3418信箱
Yishengyuan International Convention Center
P.O.Box 3418, Beijing, China
邮编：101300
电话：010-60485588

中国国际科技会议中心
北京市海淀区学院南路86号
邮编：100081
电话：010-62180141
传真：010-62180142
E-mail:zjxfj@public3.bta.net.cn

中国国际高科技会展中心
北京市朝阳区裕民路12号
China International Hi-tech Convention and Exhibition Center
12 Yumin Road, Chaoyang Dist., Beijing, China
邮编：100029
电话：010-6235508, 62352653
传真：010-62352337-20
E-mail:gg.inno@263.net

中国国际贸易中心股份有限公司
北京市建国门外大街1号
Exhibition Division of China World Trade Center
1 Jianguomenwai Avenue, Beijing, China
邮编：100004
电话：010-65053857
传真：010-65053260
http://www.cwtc.com.cn
E-mail:zhaopeng@cwtc.com

中国国际展览中心
北京市朝阳区北三环东路6号
China Int'l Exhibition Center
6 Beisanhuan Donglu, Chaoyang Dist., Beijing, China
邮编：100028
电话：010-84600025
传真：010-64600701
E-mail:zhengshijun@ciec-expo.com
http://www.ciec-expo.com.cn

中国工业经济展览交流中心
北京市西皇城根南街9号
邮编：100032
电话：010-66022021

中国建筑文化中心建筑展览馆
北京市三里河路13号
China Architectural Culture Center Construction Exhibition Hall
13 Sanlihe Road, Beijing, China
邮编：100037
电话：010-88082116

传真：010-68311373

中国科技会堂会议中心
北京市海淀区复兴路3号
China Hall of Science & Technology
3 Fuxing Road, Haidian Dist., Beijing, China
邮编：100038
电话：010-68518822-销售部（Sales Dept.）
传真：010-68525845
E-mail:s.gong2001@263.net

中国科学技术馆
北京市北三环中路
邮编：100030
电话：010-62371177，62379370

中华世纪坛艺术馆
北京市海淀区复兴路甲9号
The China Millennium Monument
9A Fuxing Road, Haidian Dist., Beijing, China
邮编：100038
电话：010-68513322-6852
传真：010-68576964
http://www.bj2000.org.cn;www.gehua.com.cn

中日青年交流中心21世纪饭店
北京市朝阳区亮马桥路40号
Sino-Japanese Youth Exchange Centre Twenty-First Century Hotel
40 Liangmaqiao Road, Chaoyang Dist., Beijing, China
邮编：100016
电话：010-64664813
传真：010-64664810
E-mail:sales21@263.net

重庆市

重庆市工业展览馆
重庆市渝中区人和街15号
Chongqing Industry Exhibition Hall
15 Renhe St., Yuzhong Dist., Chongqing, China
邮编：400015
电话：023-63861852

重庆国际会议展览中心
重庆市南坪北路12号
邮编：400060
电话：023-62803192
传真：023-62833669

重庆技术展览中心有限公司
重庆市高新开发区科园四路269号
Chongqing International Technology Exhibition Center
269 Keyuan Silu, High Technology Zone, Chongqing, China
邮编：400041
电话：023-68634044
传真：023-68631388
E-mail:ceec@super-e.com.cn
http://www.super-e.com.cn

重庆汽车技术展览交流中心
重庆市高新开发区科园四路269号
邮编：400000
电话：023-68633534，68633524

传真：023-68631388
E-mail: ceec@super-e.com.cn

重庆展览会议中心（工贸大厦）
重庆市南坪北路12号
邮编：400060
电话：023-62813092
传真：023-62803669

鹰冠国际会展中心
重庆市渝中区长江一路58号西南技术商城
Ying Guan International Exhibition Center
58 Changjiang Yi Road, Southwest Tech. City, Yuzhong Dist., Chongqing, China
邮编：410014
电话：023-63620394
传真：023-63873313
E-Mail: yghz@eagle-industry.com
http://www.eagle-industry.com

中国国际医药卫生保健博览馆
重庆市渝中区牛角沱交通巷(富家园)2-5号
邮编：400015
电话：023-63000116，63876148
传真：023-63000116
E-mail: cqstar@yijianmus.com
http://www.yijianmus.com.cn

福建省

福建工业展览大厦
福建省福州市五四路260号
Fujian Industry Exhibition Hall
260 Wusi Road, Fuzhou, Fujian, China
邮编：350003
电话：0591-7844337-5006
传真：0591-7810540

福州国际会展中心
福建省福州市温泉公园路69号国际会展中心五楼
Fuzhou International Conference & Exhibition Center
69 Hot Spring Park Road, Fuzhou, Fujian, China
邮编：350003
电话：0591-7801113
传真：0591-7801090
http://www.0591fair.com
E-mail:fzcfeb@pubs.fz.fj.cn

福州市展览馆
福建省福州市古田路
邮编：350005
电话：0591-3351436

晋江市SM展览中心
福建省晋江市SM国际展览中心
邮编：362214
电话：0595-5664572，5671572
传真：0595-5674572
E-mail:jjmdc@pubz.qz.fj.cn

泉州展览城
福建省泉州市324国道迎宾大道展览城商贸小区
邮编：362000
电话：0595-2481891

传真：0595-2481891
http://www.qzzl.com

石狮市德辉广场会议展览中心
福建省石狮市德辉商业区广场二层
Shishi Takfi Garden Conference & Exhibition Center
Takfi Development Area, Shishi, Fujian, China
邮编：362700
电话：0595-8720130，8866802
传真：0595-8720130，8994369
E-mail:tzkfj2000@163.com

厦门国际会议展览中心
福建省厦门市思明区会展路198号
Xiamen International Conference & Exhibition Center
No.198 Huizhan Road,Siming District, Xiamen.
邮编：361009
电话：0592-5959898
传真：0592-5959201
E-mail:wgy@xicec.com.cn
http://www.xiceo.com

厦门市海峡两岸商品展示交易中心
福建省厦门市嘉禾路388号永同昌大厦12楼F座
邮编：361009
电话：0592-5515276
传真：0592-5515276

漳州市展览中心
福建省漳州市大同路
邮编：363000
电话：0596-2035230

甘肃省

甘肃省展览馆
甘肃省兰州市庆阳路
邮编：730030
电话：0931-8412779

兰州地产精品展销中心
甘肃省兰州市皋兰路
邮编：730000
电话：0931-8826011

广东省

澄海市展览中心
广东省澄海市广益街道埔美居委会
邮编：515800
电话：0754-5722461
传真：0754-5722098

东莞国际会展中心
广东省东莞市东莞大道鸿福路口
Dongguan International Conference & Exhibition Center
The Crossing of Hongfu Rd., Dongguan avenue, Dongguan,Guangdong,China
邮编：523007
电话：0769-2423781
传真：0769-2423761

东莞市虎门会展中心
广东省东莞市虎门沙太路64号太平广场花园
Dongguan Humen convention & Exhibition Center

64 Shatai Rd., Humen Town, Dongguan, Guangdong, China
电话：0769-5120523
传真：0769-5120317
E-mail: hmhzzx@sina.com
http://hmdzc.dongguan.gd.cn

番禺贸促展览中心
广东省番禺市桥富华路2号百越广场C4-23, C4-24（禺山俱乐部正对面）
Panyu Chamber of Commerce Exhibition Center of CCPIT Panyu
C4-23, C4-24 Baiyue Plaza, 2 Fuhua Road, Shiqiao Panyu, Guangzhou, Guangdong, China
邮编：511400
电话：020-84666170, 84666171
传真：020-84666175
E-mail:ccpitpy@public.guangzhou.gd.cn
http://www.ccpit-panyu.org.cn

广东省农业展览馆
广东省广州市东华东路413号3楼办公室
邮编：510080
电话：020-37637540
传真：020-37638530

广东现代国际展览中心
广东省东莞厚街
Guangdong Mi-Exhibition Center
Houjie, Dongguan,Guangdong China
电话：0769-5981888，5981868
传真：0769-5981788
E-mail:gde@china.com
http://www.gdeexpo.com

广州南沙会议展览中心
广东省广州南沙蒲洲高新技术开发园会展中心
电话：020-84686011 84682009
传真：020-84686021
E-mail: picec@public.guangzhou.gd.cn

广州花城会展中心
广东省广州市天河区珠江新城花城大道东（原广州赛马场旧址）
电话：020-37883788，37883688
传真：020-37883688
http://www.gzcityec.com.cn

广州时空展贸中心
广东省广州市黄浦大道中296号乐雅苑D808
邮编：510655
电话：020-38680085
传真：020-38680200
E-mail:sales@2t2.net
http://www.ztz.net

金海湾展览中心
广东省汕头市金砂路96号
邮编：515041
电话：0754-8263263-3151
传真：0754-8269416

明华国际会议中心
广东省深圳蛇口工业区鬼山路八号
邮编：518067
电话：0755-26689968
传真：0755-26686668

E-mail: market@mhctr.com
http://www.mhctr.com/main_cn.html

全国科研新技术新产品展销中心
广东省广州市一德东路190号一德花园五楼545室
邮编：510120
电话：020-83290132, 83290210
传真：020-83290148
E-mail: cnesc@cnesc.com
http://www.cnesc.com/cnesc.htm

汕头科技馆
广东省汕头市海滨路12号
Shantou Sci-Tech Center
12 Haibin Rd., Shantou, Guangdong, China
邮编：515031
电话：0754-8438183
传真：0754-8426674
http://www.ststh.com

汕头林百欣国际会议展览中心
广东省汕头市长平路中段96号
Lim Por Yen International Conference & Exhibition Center
96 Changping Rd.(M.), Shantou, Guangdong, China
邮编：515041
电话：0574-8366050
传真：0574-8566051
E-mail:icec@pub.shanton.gd.cn

深圳市工业展览馆
广东省深圳市华强北路经济大厦二楼深圳市民中心
Shenzhen Industrial Exhibition Hall
2/F Economic Bldg., Huaqiangbei Rd., Shenzhen, Guangdong, China
电话：0755-83224054
传真：0755-83350613
E-mail:sieh@szind.org

深圳国际贸易中心
广东省深圳市国贸大厦十六楼
邮编：518014
电话：0755-82235435
传真：0755-82235435
E-mail: szitc16f@public.szptt.net.cn
http://www.china-itc.com/INDEXC.HTM

深圳国际展览中心
广东省深圳市上步北路1号
邮编：518029
电话：0755-82261950
传真：0755-82261950

深圳会议展览中心
广东省深圳市华强北路赛格科技园4栋8楼西807A
Shenzhen Convention & Exhibition Center
Rm.807A, 8/F West, Bldg. 4#, SEG Science and Technology Zone, Huaqiangbei Road, Shenzhen, China
邮编：518028
电话：0755-83763957, 83764778
传真：0755-83763957
http://www.szcec.com
E-mail:ly16211@sohu.com

深圳中国国际高新技术成果交易会展览中心
广东省深圳市福田区福中三路
China Hi-Tech Fair Exhibition Center
Fuzhong San Road, Futian Dist., Shenzhen, Guangdong, China
邮编：518026
电话：0755-82906062
传真：0755-82906009
E-mail: lucia@chtf-expo.com
http://www.chtf-expo.com/

顺德前进汇展中心
广东省顺德市龙江镇325国道
Shunde qianjin Exhibition Center
325 National Highway, Longjiang Town, Shunde, Guangdong, China
邮编：528319
电话：0765-3888888，3888798，3888799
传真：0765-23888799
E-mail:info@qianjin.com
http://www.qianjin.com

中国出口商品交易会展览馆
广东省广州市流花路117号
Chinese Export Commodities Fairground
117 Liuhua Road, Guangzhou, China
邮编：510014
电话：020-26081217
传真：020-86683242
E-mail:zhaoli@icecf.com
http://www.zlcantonfair.com

中国国际航空航天博览城
广东省珠海市九洲大道中金桥大厦4楼
China International Aviation & Aerospace Exhibition Center
4/F, Jinqiao Building, Jiuzhou Avenue, Zhuhai,Guangdong, China
邮编：519040
电话：0756-3369235
传真：0756-3376415
E-mail:harshow@pub.zhuhai.gd.cn

广西壮族自治区

广西桂林国际贸易展览中心
广西省桂林市七星路26号
Guangxi Guilin International Trade and Exhibition Center
26 Qixing Road, Guilin, Guangxi, China
邮编：541004
电话：0773-5816134
传真：0773-5813735
E-mail:guilinguomao@163.com

广西科学技术馆
广西省南宁市民族大道
邮编：530001
电话：0771-2809428

广西壮族自治区展览馆
广西省南宁市民主路12号
Guangxi Exhibition Center
12 Minzhu Road, Nanning, Guangxi, China
邮编：530023
电话：0771-5622855
传真：0771-5625051

桂林国际会展中心
广西省桂林市漓江路22号
Guilin International Conference & Exhibition Center
22 Lijiang Road, Guilin,Guangxi,China
邮编：541004
电话：0773-5810507, 5816779
传真：0773-5858381
E-mail:Expo@glcec.com
http://www.glcec.com

桂林市展览馆
广西省桂林市自由路2号
邮编：541004
电话：0773-5812887

南宁国际会展中心
广西省南宁市民族大道东段竹溪路口
电话：0771-2825184，2821645
传真：0771-2811940
E-mail: nispf@public.nn.gx.cn

贵州省

贵州省展览馆
贵州省贵阳市遵义路65号
邮编：550002
电话：0851-5817707
传真：0851-5988977

海南省

海口会展中心
海南省海口市滨海大道人大会堂旁
Haikou Convention & Exhibition Center
Binhai Ave., Haikou, Hainan, China
邮编：570125
电话：0898-68553560
传真：0898-68586211
E-mail:hkeec@sina.com

河北省

河北国际商贸会展中心
河北省石家庄市中华北大街3号
邮编：050000
电话：0311-8614777

河北会展中心
河北省石家庄市中华北大街3号
邮编：050000
电话：0311-8614888

河北科学技术馆
河北省石家庄市裕华东路241号
邮编：050000
电话：0311-6044530

河北省国际展览中心
河北省石家庄市红军大街36号
Hebei International Exhibition Center
36, Hongjun St., Shijiazhuang, China
邮编：050071
电话：0311-7066534
传真：0311-7044103
E-mail:lilylh2000@263.net

廊坊国际会议展览中心
河北省廊坊经济技术开发区友谊路
Langfang International Convention and Exhibition Center
Youyi Road, Development Zone, Langfang, Hebei, China

邮编：065001
电话：0316-6078116
传真：0316-6078444
E-mail:zhanlfl@sina.com
http://www.lfexhibition.com

张家口市展览馆
河北省张家口市西区小河套21号
邮编：075000
电话：0313-8022289

河南省

郑州恒力实业有限公司展览中心
河南省郑州市经济技术开发区经北路31号
邮编：450047
电话：0371-6781653，6781284，6781737
传真：0371-6781654

黑龙江省

黑龙江国际博览中心
黑龙江省哈尔滨市南岗区西大直街40号
Heilongjiang International Exhibition Center
40 Xidazhi St., Nangang Dist., Harbin, Heilongjiang, China
邮编：150001
电话：0451-53643727
传真：0451-53632420

湖北省

湖北体育展览中心
湖北省武汉市武昌区体育馆路特1号
邮编：430071
电话：027-87320145
传真：027-87320145
E-mail: tzzx9711@163.net

三峡展览馆
湖北省宜昌市三峡坝区三峡工程会展中心
邮编：443133
电话：0717-6763830
传真：0717-6763830
E-mail:wsy1665@sina.com
http://www.ctgpc.com

武汉国际会展中心
湖北省武汉市汉口解放大道696号
Wuhan International Exhibition & Convention Center
696 Jiefang Ave.,Hankou Dist., Wuhan, China
邮编：430022
电话：027-85816005, 85816068
传真：027-85816020
E-mail:wuhzhlg@wuhan.cngb.com
http://www.china-exposit.com

武汉科学技术馆
湖北省武汉市汉口赵家条144号
邮编：430010
电话：027-82892983

湖南省

湖南省展览馆
湖南省长沙市展览馆路50号
Hunan Exhibition Center
50 Zhanlanguan Road, Changsha, Hunan, China
邮编：410005
电话：0731-2221816
传真：0731-4456916

湖南国际会展中心
湖南省长沙市金鹰影视文化城
邮编：410003
电话：0731-4838007
传真：0731-4838000
E-mail:hniecc@hunanTV.com
http://www.HNIECC.com

江苏省

常州国际展览中心
江苏省常州新区高新科技园5号楼
Changzhou International Exhibition Center
5 Bldg,Technology Zone, Changzhou, Jiangsu, China
邮编：213022
电话：0519-5100711, 5115951
传真：0519-5117255
E-mail:int9704@pub.jinfo.net

常州市工业展览馆
江苏省常州兰陵路32号
邮编：213001
电话：0519-6643451
传真：0519-6643044
http://www.ccec.com.cn

江苏展览馆
江苏省南京市玄武门22号
Jiangsu Exhibition Center
22 Xuanwu men, Nanjing, China
邮编：210009
电话：025-57715555
传真：025-83363004
E-mail:caomin@jseh.com

南京国际展览中心
江苏省南京市龙蟠路88号
邮编：210037
电话：025-85488948
传真：025-85488981
E-mail:rd@njiec.com
http://www.njiec.com

苏州国际会议展览中心
江苏省苏州市干将西路1296号
Suzhou International Convention & Exhibition Center
1296 Ganjiangxi Road, Suzhou, China
邮编：215004
电话：0512-68270830
传真：0512-68295066
E-mail:zlb@sz-cec.com
http://www.sz-cec.com

苏州国际贸易中心
江苏省苏州市三香路128号
邮编：215004
电话：0512-68289124，68289123
传真：0512-68272616

无锡展览馆
江苏省无锡梁溪路34号
Wuxi Exhibition Hall
34 Liangxi Road, Wuxi, Jiangsu, China
邮编：214062
电话：0510-5869620
传真：0510-5865552
E-mail:wxzlg@wst.net.cn

徐州国际会展中心
江苏省徐州市城南经济技术开发区
Xuzhou International Conference and Exhibition Center
Chengnan Economy & Technology Development Zone, Xuzhou, Jiangsu, China
邮编：221008
电话：0516-3872412
传真：0516-3873680
E-mail:exhibit@cnfoodcity.com
http://www.hangaofood.com

吉林省

长春国际会展中心
吉林省长春市会展大街100号
Changchun International Conference & Exhibition Center
100 Huizhan St., Changchun, Jilin, China
邮编：130033
电话：0431-4606889
传真：0431-4606000
http://www.ccicec.com.cn

吉林省展览馆
吉林省长春市解放大路87号
邮编：130041
电话：0431-8911259
传真：0431-8911271

江西省

江西省展览中心
江西省南昌市八一大道266号
邮编：330003
电话：0791-6269425-65
传真：0791-6286058

辽宁省

大连国际博览中心
辽宁省大连市中山区解放街1号
邮编：116001
电话：0411-2806978
传真：0411-2806969

大连国展贸易中心
辽宁省大连市西岗区长江路541号
电话：0411-4210755
传真：0411-4210755

大连星海会展中心
辽宁省大连市沙河口区会展路18号
邮编：116023
电话：0411-4809790
传真：0411-4800017
E-mail:dxece@pub.dl.ln.pta.net.cn

大连艺术展览馆
辽宁省大连市沙河口区沙龙街5号
邮编：116021
电话：0411-4404312
传真：0411-4400406
E-mail: csd@pub.dlptt.ln.cn
http://www.dl-exhibition.com.cn

丹东外经贸展览中心
辽宁省丹东市新安街15号金元宝商业城2楼丹东经济技术交流中心
邮编：118000
电话：0415-2828281
传真：0415-2828281

辽宁科学展览馆
辽宁省沈阳市沈河区文艺路44号
Liaoning Science and Technology Exhibition Hall
44 Wenyi Road, Shenhe Dist., Shenyang, Liaoning, China
邮编：110015
电话：024-23894429

辽宁省科技馆
辽宁省沈阳市沈河工文艺路明河里号
邮编：110015
电话：024-3894458

辽宁工业展览馆
辽宁省沈阳市和平区彩塔街头38号
Liaoning Industrial Exhibition Center
38 Caita St., Heping Dist., Shenyang, Liaoning, China
邮编：110004
电话：024-23897070
传真：024-23902267
E-mail: lnexpo@lnexpo.com

辽宁省经济技术交流中心
辽宁省沈阳市文化路58号
邮编：110003
电话：024-23897510

辽宁邮政国际博览中心
辽宁省沈阳市和平区青年大街284号3号楼
邮编：110003
电话：024-23895302, 23922432
传真：024-23895302, 23922432

沈阳国际会展中心
地址：辽宁省沈阳市浑南新区营盘西街19号甲
邮编：110168
电话：024-23806040
传真：024-23806040
E-mail: syec168@sohu.com
http://www.sy-dxhib.com

沈阳科学宫会展中心
辽宁省沈阳市沈河区青年大街201号
Shenyang Science Centrum Exhibition Center
201 Qingnian Street, Shenhe Dist., Shenyang,Liaoning,China
邮编：110015
电话：024-23978026
传真：024-23978078
E-mail:ikxg@yahoo.com.cn

沈阳五爱展览中心
地址：沈阳市沈河区热闹路77号
邮编：110011
电话：024-24132188/1882
传真：024-24147723

内蒙古自治区

包头国际展览中心
内蒙古自治区包头市钢铁大街少先路17号

邮编：014010
电话：0472-5105302, 5105303
传真：0472-5105300

内蒙古商品交易中心有限责任公司
内蒙古自治区呼和浩特市兴安北路5号
Inner Mongolia Commodity Exchange Center
5 North Xing'an Bei, Road, Huhhot, Inner Mongolia, China
邮编：010051
电话：0471-6523241
传真：0471-6502984
E-mail:imcec@nmhh.cnuninet.net

宁夏回族自治区

宁夏展览馆
宁夏回族自治区银川市民族南路85号
Ningxia Exhibition Center
85 Minzu Nan St., Yinchuan, Ningxia, China
邮编：750004
电话：0951-6023106, 6023106
传真：0951-6024502
E-mail:zhanlan@public.yc.nx.cn

青海省

青海省展览馆
青海省西宁市为民巷41号
电话：0971-8175638

山东省

济南国际装饰材料会展中心
山东省济南市西外环民营科技产业园商业街
邮编：250118
电话：0531-5965366, 5989786
传真：0531-5600366

临沂市展览馆
山东省临沂市沂州路21号
邮编：276002
电话：0539-8222603

青岛国际会展中心
山东省青岛市高新区世纪广场
Qingdao International Convention & Exhibition Center
Century Square, High-tech Industrial Zone, Qingdao, China
邮编：266061
电话：0532-8894301
传真：0532-8894300
E-mail:qdicec-d@public.qd.sd.cn
http://www.qdicec.com.cn

山东省工业展览馆
山东省济南市趵突泉北路6号
Shandong Industrial Exhibition Center
6 Baotuquan Road(N.), Jinan, Shandong, China
邮编：250011
电话：0531-6092351,6099047
传真：0531-6092747

山东省国际服务贸易总公司展馆
山东省青岛市南海路11号
Shandong International Service Trade Corp. Exhibition Center
11 Nanhai Road, Qingdao, China
邮编：266003
电话：0532-2870410
传真：0532-2870410

山东省国际贸易中心
山东省青岛市南海路11号
Shandong International Trade Center
11 Nanhai Road, Qingdao, China
邮编：266003
电话：0532-2870410
传真：0532-2879269
E-mail:guozhan@shandiex.com
http://www.shandiex.com

山东省科学技术馆
山东省济南市杆南东街8号
邮编：250001
电话：0531-2012435

山东省名优产品汇展中心
山东省济南市泺源大街66号
邮编：250000
电话：0531-6065697
传真：0531-6065598
E-mail:zzg_lcx@sina.com

山东省农业展览馆
山东省济南市青年东路12号
邮编：250011
电话：0531-2954678

烟台国际会展中心
山东省烟台市大马路128号
Yantai International Exhibition Center
128 Dama Road, Yantai, Shandong, China
邮编：264000
电话：0535-6669898
传真：0535-6680551
E-mail:xbi@public.ytptt.sd.cn

烟台展览馆
山东省烟台市南大街61号
邮编：264000
电话：0535-6225095

淄博市展览馆
山东省淄博市张店区西四路
邮编：255033
电话：0533-2184809, 2286273
传真：0533-2184809
E-mail:zibo-taoci@sohu.com
http://www.zibo-taoci.com/index.htm

中国青岛农业科技博览会
山东省青岛市平渡区红旗路117号
Qingdao Agriculture Exhibition Center
117 Hongqi Road, Pingdu Dist., Qingdao, Shandong, China
电话：0532-8314735
传真：0532-7360700

济南舜耕国际会展中心
山东省济南市舜耕路28号
JiNan Shungeng Wiernational Convention & Exhibition Center
28# Shungeng Road Jinan,China.
邮编：250014
电话：0531-2912666
传真：0531-2951670
E-mail:luyi_1966@163.com
http://www.sgcec.com

中国（烟台）亚太国际贸易中心
山东省烟台市朝阳街80号绮丽大厦
China(Yantai) Asia-Pacific World Trade Center
Qili Building, 80 Chaoyang St., Yantai, China
邮编：264001
电话：0535-6280001, 6280002
传真：0535-6280003
E-mail:apec-cn@public.ytptt.sd.cn

山西省

山西省展览馆展览中心
山西省太原市晋祠路1段甲40号
邮编：030024
电话：0351-6334375
传真：0351-6338564
E-mail:yey@sxszlg.com
http://www.sxszlg.com

陕西省

陕西工业展览馆
陕西省西安市长安北路1号
Shaanxi Industry Exhibition Center
1 North of Chang'an Bei Road, Xi'an, Shaanxi, China
邮编：710061
电话：029-85252184
传真：029-85252184

陕西国际展览中心
陕西省西安市长安路北段14号院内业务部
Shaanxi International Exhibition Center
14 Chang'an Avenue, Xi'an,Shaanxi, China
邮编：710061
电话：029-85244094
传真：029-85244094
E-mail:gzzx01@pub.xaoline.com
http://www.sn-gzzx.com

西安国际展览中心
陕西省西安市南郊会展路1号（省电视塔东侧）
Xi'an International Exhibition Center
1 Exhibition Road, Xi'an, Shaanxi, China
邮编：710061
电话：029-85263322
传真：029-85235308
E-mail:xianiec@pub.xaonline.com
http://www.xa-iec.com

杨凌农业高新技术产业示范区国际会议展览中心
陕西省杨凌新桥北路1号
Yangling Demonstration Zone International Convention & Exhibition Center
1 Xinqiao Bei Road, Yangling, Shaanxi, China
邮编：712100
电话：029-7036888-1899
传真：029-7036855/7031699
E-mail:sunsang@china.com

上海市

东亚展览馆
上海市漕溪北路1111号
East Asia Exhibition Hall
No.1111 North Cao Xi Road
邮编：200030
电话：021-64266666
传真：021-64397671
E-mail:qiwei@ssc.sh.cn
http://www.ssc.sh.cn

上海纺织技术服务展览中心
上海市胶州路699号（恒森广场）B幢1703室
Shanghai Textile Technology Service And Exhibition Center
Room 1703 Heng Sen Plaze(B),699 Jiao Zhou Road, Shanghai,China
邮编：200040
电话：021-32180242
传真：021-32170077
E-mail:stsec@online.sh.cn
http://www.texchina.com

上海国际展览中心有限公司
上海市娄山关路88号
Intex Shanghai Co., Ltd.
88 Loushanguan Road, Shanghai, China
邮编：200336
电话：021-62755800
传真：021-62757210
E-mail:intex@public4.sta.net.cn
http://www.intex-sh.com

上海科技会堂
上海市南昌路
邮编：200020
电话：021-63722040
传真：021-63277108

上海国际会议中心
上海市浦东滨江大道2727号
Shanghai International Convention Center
2727 Binjiangdadao, Pudong, Shanghai, China
邮编：200120
电话：021-50370038
传真：021-50370045
E-mail:sales@shicc.net

上海国际农展中心（上海农业展览馆）
上海市长宁区虹桥路2270号
邮编：200336
电话：021-62376448
传真：021-62376448
E-mail:yingshike@21cn.com

上海光大会展中心
上海市徐汇区漕宝路70号C座6F
Shanghai Everbright Convention & Exhibition Center
6/F C,70 Caobao Road, Xuhui Dist., Shanghai, China
邮编：200235
电话：021-64753288, 64842500
传真：021-64360000
E-mail:seec@secec.com
http://www.secec.com

上海世界贸易商城有限公司
上海市延安西路2299号
Shanghai Mart
2299 Yan'an Xi Road, Shanghai, China
邮编：200336
电话：021-62366888-6368

传真：021-62360181
E-mail:xmtyxb@shanghaimart.com.cn
http://www.shanghaimart

上海图书馆展览部
上海市淮海中路1555号
Shanghai Library
1555 Huaihai Zhonglu, Shanghai, China
电话：021-64454506
传真：021-64454507

上海新国际博览中心有限公司
上海市浦东新区龙阳路2345号
Shanghai New International Expo. Center Co., Ltd.
2345 Longyang Road, Pudong New Area, Shanghai, China
邮编：201204
电话：021-28906855
传真：021-28906333
E-mail:info@sniec.net
http://www.sniec.net

上海展览中心
上海市延安中路1000号
Shanghai Exhibition Center
1000 Yan'an Road(M.), Shanghai, China
邮编：200040
电话：021-62790279
传真：021-62474598

正大广场
上海市浦东新区陆家嘴西路168号
Super Brand Mall
168 Lujiazui Xilu, Pudong, Shanghai, China
电话：021-68877888, 58888229
传真：021-68871199
E-mail:info@superbrandmall.com
http://www.superbrandmall.com

中国上市公司博览城
上海市浦东新区银城东路139号
邮编：200120
电话：021-68865536-2201
传真：021-68865152
E-mail:clcel@clcel.com
http://www.clcel.com

四川省

成都国际展览贸易中心
四川省成都市高街大道2号
邮编：610041
电话：028-85186432
传真：028-85181717

成都科技会展馆
四川省成都市一环路南三段22号
Chengdu Science & Technology Exhibition Center
22 Nansanduan, Yihuanlu, Chengdu, Sichuan, China
电话：028-82916198, 82916222
传真：028-85560728

四川省国际展览中心
四川省成都市城华街4号四川省贸促会
邮编：610081
电话：028-83336693, 83392822
传真：028-83336693, 83392822
E-mail:ccpitsce@mail.sc.cninfo.net

四川省农业展览馆
四川省成都市一环路西2段17号
Sichuan Provincial Agriculture Museum
17 Xi'erduan, Yihuanlu, Chengdu, Sichuan, China
邮编：610072
电话：028-87769781
传真：028-87784197

四川省展览馆
四川省成都市人民中路1段16号
Sichuan Exhibition Group
16 Yiduan, Renminzhonglu, Chengdu, China
邮编：610015
电话：028-86649457, 86639085
传真：028-86631062
E-mail:wangg@zhanlan.net
http://www.zhanlan.net

天津市

天津港保税区国际商品展销中心
天津市天津港保税区海滨五路31号
邮编：300456
电话：022-25763796，25761691
传真：022-25761129

天津工业展览馆
天津市马场道22号
邮编：300074
电话：022-23354667
传真：022-23344158

天津国展中心股份有限公司
天津市河西区友谊路32号
Tianjin International Exhibition Center Co., Ltd
32 Youyi Road, Hexi Dist., Tianjin, China
邮编：300061
电话：022-28012988
传真：022-28359854
E-mail:twtc@public.tpt.tj.cn
http://www.tjexh.com

天津科学技术馆
天津市隆昌路
邮编：300211
电话：022-28322425
传真：022-28322425

天津市对外科技交流中心
天津市和平区保定道55号
电话：022-23317225
传真：022-23395644

天津市现代展览中心
天津市河西区友谊路48号
邮编：300061
电话：022-28135679 28135676 28370684
传真：022-28138960
E-mail: modernexpo@sina.com

天津体育展览中心
天津市南开区宾水西道
Tianjin Sport Exhibition Center
Binshuixidao, Nankai Dist., Tianjin, China
电话：022-23916168
传真：022-23916168

泰新（天津）会展有限公司
天津市开发区第五大街滨海国际会展中心
Tianjin Singex Co.,Ltd.
Binhai International Convention & Exhibition Centre 5th Avenue,TEDA.
邮编：300457
电话：022-65302517
传真：022-65301188
E-mail:nancyliu@bicec.com.cn
http://www.BICEC.com.cn

西藏自治区

西藏自治区展览中心
西藏拉萨市罗布林卡路17号
邮编：850000
电话：0891-6831045
传真：0891-6324533

新疆维吾尔自治区

新疆国际博览中心
新疆乌鲁木齐市友好北路43号
Xinjiang International Exhibition Center
43 Youhaobeilu, Urumqi, Xinjiang, China
邮编：830000
电话：0991-4823372
传真：0991-4843753

新疆华凌集团博览中心
新疆乌鲁木齐市西虹东路9号
邮编：830063
电话：0991-5182998
传真：0991-5182946
E-mail:hlbczx@mail.wl.xj.cn

云南省

昆明国际贸易中心
云南省昆明市春城路289号
Kunming International Trade Center
289 Chunchenglu, Kuming, Yunnan, China
邮编：650200
电话：0871-3513442
传真：0871-3513440
E-mail:office@kmice.com
http://www.kmitc.com

文山州展览馆
云南省文山州文山县城关镇文华路12号
邮编：663100
电话：0876-2122368

云南省科学技术馆
云南省昆明市翠湖西路1号
The Science and Technology Hall of Yunnan Province
1 Cuihuxilu,Kunming, Yunnan, China
邮编：650031
电话：0871-5323996
传真：0871-5326996

云南世博国际旅游股份有限公司会展中心
云南省昆明市白龙路375号云南省园艺博览局综合大楼8楼
邮编：650224
电话：0871-5819267
传真：0871-5635269

云南世博交易中心
云南省昆明市白龙路429号
Yunnan World Expo. Trading Center
429 Bailonglu, Kunming, Yunan, China
邮编：650224
电话：0871-5012945
传真：0871-5012225

浙江省

杭州和平国际会展中心
浙江省杭州市绍兴路158号
Hangzhou Peace International Convention & Exhibition Center
No.158 Shaoxing Road, Hangzhou, China
邮编：310004
电话：0571-85817018，85817008
传真：0571-85817007
E-mail:hpeace@mail.hz.zj.cn

杭州市会议展览中心
浙江省杭州市石祥路589号
Hangzhou International Conference and Exhibition Centre
589 shixiang road, Hangzhou,P.R.China
邮编：310015
电话：0571-28879522
E-mail:marcom@haiwaihai.com
http://www.haiwaihai.com

宁波国际会议展览中心
浙江省宁波市百丈路166-168号宁波会展中心B楼2F,B-2F
邮编：315004
电话：0574-87726094
传真：0574-87715527

宁波市展览馆
浙江省宁波市药行街117号
邮编：315000
电话：0574-87317712，87195071

宁波天马国际会议展览中心
浙江省宁波南门鄞县大道中2588号
Ningbo Tianma Int'l Meeting & Exhibition Center
2588 Yinxian DAdaozhong, Ningbo, Zhejiang, China
邮编：315192
电话：0574-87411266
传真：0574-87411266
E-mail:ctm@mail.nbptt.zj.cn

宁波亚细亚展览中心
浙江省宁波市药行街169号
电话：0574-87190006
传真：0574-87198734
E-mail:nbpyt@yahoo.com.cn

温州包装展览贸易中心
浙江省温州市一零四国道双桥段
邮编：325000
电话：0577-8727517
传真：0577-8726435

温州国际会议展览中心有限公司
浙江省温州市江滨东路
Wenzhou International Convention

& Exhibition Center
Jiangbin Rd.Wenzhou Zhejiang China.
邮编：325003
电话：0577-88132682，88135161
传真：0577-88137278
E-mail:exhibition@wzicec.com
http://www.wzicec.com

温州市展览馆
浙江省温州市车站大道学院路口
Wenzhou Exhibition Hall
邮编：325027
电话：0577-88364150
传真：0577-88358040

温州体育中心
浙江省温州市民航路6号
电话：0577-88354516
传真：0577-88354516
E-mail:zhengxia@66wz.com

浙江省经贸国际展览中心
浙江省杭州市庆春路39号6楼
邮编：310009
电话：0571-87044981, 87047648
传真：0571-87044035
E-mail:zjgjzlzx@public1.hz.zj.cn
http://www.ziec.com

浙江省科学技术馆
浙江省杭州市武林广场东侧
邮编：310003
电话：0571-85177792
传真：0571-85177776

浙江展览馆
浙江省杭州市延安北路武林广场
Zhejiang Exhibition Hall
Wulin Square, Yan'an Road(N), Hangzhou, Zhejiang, China
邮编：310006
电话：0571-85174254
传真：0571-85153375
E-mail:zjeh@mail.hz.zj.cn

浙江世界贸易中心国际展览中心
浙江省杭州市曙光路15号
WTCZ Exhibition Hall
15 Shuguang Road, Hangzhou, China
邮编：310007
电话：0571-87950966
传真：0571-87950039
E-mail:exh@westlake-fair.com

中国轻纺城展览中心
浙江省绍兴柯桥鲁南
邮编：312030
电话：0575-64079768
传真：0575-64079088

中国小商品城会展中心
浙江省义乌市宾王路301号（宾王桥东）
China Commodity City Group Exhibition Center
301 Binwang Road, Yiwu, Zhejiang, China 邮编：322000
电话：0579-5415888, 5415555
传真：0579-5415777, 6415333
E-mail:cccfair@126.com
http://www.cccfair.com.cn

香港特别行政区

香港展览中心
香港湾仔港湾道26号华润大厦
电话：00852-28279908
传真：00852-28275776

国际展贸中心
香港九龙湾展贸径一号四楼
Hongkong International Trade & Exhibition Centre
1 Trademart Drive, Kowloon Bay, Hong Kong
电话：00852-26202630
传真：00852-26202988
E-mail:emilvkam@nitec.com.hk
http://www.hitec.com.hk

香港会议展览中心
香港湾仔博览道一号
Hong Kong Convention and Exhibition Centre
1 Expo Drive, Wanchai, Hong Kong, China
电话：00852-25828888，25827815
传真：00852-28027284
E-mail:charlotte@hkcec.com.hk
http://www.hkcec.com.hk

亚洲国际博览馆管理有限公司
香港大屿山香港国际机场亚洲国际博览馆
AsiaWorld-Expo Management Limited
AsiaWorld-Expo
Hong Kong International Airport
Lantau, Hong Kong
电话：(852) 36068888
传真：(852) 36068889
E-mail:info@asiaworld-expo.com
http://dd lpk www.asiaworld-expo.com

第三部分 专业展览公司

安徽省

安徽省国际展览公司
安徽省合肥市桐城路155号1幢2楼
邮编：230061
电话：0551-2615379
传真：0551-2640742

北京市

北京博亚美国际会展有限公司
北京市朝阳区甘露园南里一区33号金隅朝阳公寓A座195室
电话：010-85749611，85749538
传真：010-85749612

北京长信展览有限责任公司
北京市复兴路15号560-561室
邮编：100038
电话：010-68537087
传真：010-68537092
http://www.bjcxzl@ixtic.ic.cn

北京驰尚展览公司
北京市朝阳区望京西园426楼306室
Beijing Leading Fashion Exhibition Company
邮编：100102
电话：010-64356903, 64318873
传真：010-64384980-8007
E-mail:a@chisgm.com.cn
http://www.chisgm.com.cn

北京春秋华艺展览有限公司
北京市海淀区清河南镇千秋大厦219室
Beijing C.Q.H.Y. Exhibition Co., Ltd.
Rm.219, Qianqiu Mansion, Qinghe, Haidian, Beijing, China
邮编：100085
电话：010-62945209
传真：010-62955216
E-mail:cqhy.bj.2000@263.net

北京东方瀚苑展览展示有限公司
北京市朝阳区十里河
电话：010-67351353，67351352
传真：010-67351354
E-mail:zhujian.qi@263.net

北京东方欧博展览展示有限公司
北京市朝阳区麦子店街37号盛福大厦1410室
Beijing Oriental Alboo Exposition Co., Ltd.
Suite 1410, Beijing Chaoyang Tower, 37 Maizidian St., Chaoyang Dist., Beijing, China
邮编：100026
电话：010-85275057/58/59/60
传真：010-85275061

Reed Sinopharm Exhibitions Co. Ltd.
Floor 12, Sinopharm building, No.20 Zhichun Rd,
Haidian District, Beijing, 100088, P.R. China
国药励展展览有限责任公司
北京市海淀区知春路20号中国医药大厦十二层
邮编：100088
电话：86-10-62028899(总机)
传真：86-10-62033210
E-mail:pharmexpo@cpec.com.cn
http://www.cpec.com.cn

北京航宇双臣展览有限责任公司
北京市朝阳区工体北门联宝公寓B108室
电话：010-64177132
传真：010-64177129
E-mail:YM5009@sohu.com

北京华奥东方展览有限公司
北京市朝阳区安苑北里23号金鼎商务会馆509室
电话：010-64813012
传真：010-64813013

北京华港展览有限公司
北京市朝阳区北三环东路6号中展写字中心268室（北京5403信箱）
CIEC Exhibition Co. (Beijing) Ltd.
Rm.268, CIEC Business Office Center, 6 Beisanhuan Donglu, Beijing, China
P.O.Box: Beijing 5403
邮编：100028
电话：010-84601890
传真：010-64671070, 64662524
E-mail:ciecbjo@netchina.com.cn
http://www.ciec-exhibition.com.cn
总公司：华港国际展览有限公司
香港湾仔港湾涎25号海港中心1909室
电话：00852-28275078
传真：00852-28275535
E-mail:ciechk@ciec.com.hk
http://www.ciec.com.hk

北京华航展览有限责任公司
北京市朝阳区京顺路7号
Beijing Huahang Exhibition Service Co., Ltd.
7 Jingshun Road, Chaoyang Dist., Beijing, China
邮编：100028
电话：010-64663322-2291
传真：010-86421051
http://www.huahang.com.cn

北京华纳博览展览公司
北京市朝阳区安慧里二区12号楼136室
邮编：100101
电话：010-64987302
传真：010-64986067
E-mail:huanabolan@sina.com
http://www.worna.com

北京华毅东方展览有限公司
北京市建国门外东三环南路2号艾米克大厦15层
邮编：100022
电话：010-65671880, 65670948
传真：010-65670361
E-mail:oriental@public.fhnet.cn.net
http://www.orientalexpo.com

北京汇邦展览有限公司
北京市西城区月坛南街26号1号楼3040
邮编：100825
电话：010-68523878
传真：010-68526910
http://www.camtf.com

中国科协新技术开发中心会展部
北京市海淀区学院南路86号313室
电话：010-62173701
传真：010-62170167

北京南北展览有限公司
北京市朝阳区百子湾路18号居安办公中心503室
邮编：100022
电话：010-67742572，67742577
传真：010-67791773

中国同源公司
北京市海淀区知春路56号中门七楼
China Tong Yuan Corp.
7/F Zhongmen 56 Zhichun Rd.,Haidian Dist.,Beijing,China
邮编：100086
电话：010-82132923，82132926
传真：010-82130418
E-mail:tongyuan@public.yeeyoo.com.cn
http://www.chnfongyuan.com

北京泰德恩贸易展览公司
北京市复兴门内大街45号
邮编：100081
电话：010-66094136
传真：010-66094142

北京天宫展览公司
北京市建国路99号中服大厦316室
邮编：100020
电话：010-65957225
传真：010-65913514
http://www.chic.com.cn
E-mail:chic@mail.com

北京天景世嘉展览展示有限责任公司
北京市海淀区阜成路42号中裕商务花园23号C座203室
邮编：100036
电话：010-88137551/7552
传真：010-88137551- 809
E-mail:Majie19700@sohu.com

北京艺佳大观展览展示有限公司
北京市西城区车公庄北里44号楼305房间
邮编：100044
电话：010-66808406
传真：010-66808408
E-mail:4wwk@sohu.com

北京以太展览公司（ETE）
北京市朝阳区北三环东路6号中国国际展览中心1号馆4层380室
邮编：100028
电话：010-64619665, 64601235
传真：010-84601249
E-mail:ete@zhanlan.net

北京振轻展览公司
北京市东城区6条64号
邮编：100007
电话：010-64069408
传真：010-84015057
E-mail:zizx@clin.com.cn
http://www.clill.com.cn/zllzlzx.htm

北京振威展览有限公司
北京市海淀区紫竹院南路潘庄4号411-3
Beijing Zhenwei Exhibition Co., Ltd.
411-3, 4 Panzhuang, Zizhuyuan Nanlu, Beijing, China
邮编：100044
电话：010-88414752, 68436069
传真：010-88414752
http://www.cipe.com.cn
E-mail:zwzlbj@163bj.com

北京中装建筑装饰展览公司
北京市西城区德胜里1区11号楼3层308室
CBDA Building Decoration Exhibition Co., Ltd.
P.O.Box 788 Beijing, China
邮编：100011
电话：010-62376721, 62063379
传真：010-62362321
E-mail:yangzhe@mx.cei.gov.cn
http://www.ecd.com.cn

长城工业总公司
北京市海淀南路30号
邮编：100080
电话：010-68748906
传真：010-68748900
E-mail:chengy@cgwic.com
http://gie.cgwic.com

长城国际展览有限责任公司
北京市海淀南路30号航天长城大厦1410室
邮编：100080
电话：010-68748905/6
传真：010-68748908, 68748900
http://www.chgie.com
E-mail:zhanlan@cgwic.com

杜塞尔多夫展览（中国）有限公司
上海市南京西路1376号上海商城西峰420室
邮编：200040
电话：021-62797339
传真：021-62797337
E-mail:feiyang@mdc.com.cn
http://www.mdc.com.cn

法国爱博（EXPOSIUM）展览集团
北京市朝阳门外大街20号联合大厦710室
邮编：100020
电话：010-65885968/5969，65880467
E-mail:eucimat@public.bta.net.cn

浮士德展览展示有限公司
北京市朝阳区工体东路18号天照饭店602室
电话：010-65083756
传真：010-65066995

高威展览有限公司
北京市北太平庄路15号8015信箱211房间
电话：010-62381730
传真：010-62381730

IDG世展博览亚洲有限公司北京办事处
北京市建国门内大街8号中粮广场A座616室
IDG World Expo.(Asia) Ltd. Beijing Office
Rm.616, Tower A, COFCO Plaza, 8 Jianguomennei Avenue, Beijing, China
邮编：100005
电话：010-65263095
传真：010-65260865
E-mail:Beijing@idgexpoasia.com

京慕国际展览有限公司
北京市北三环东路六号中国国际展览中心服务楼
Jingmu International Exhibition Co., Ltd.
6 Beisanhuan Dong Rd., Beijing, China
邮编: 100028
电话: 010-84601908/13/14/15, 64663279
传真: 010-64619488
E-mail:jingmu-info@ciec-expo.com
http://www.jing-mu.com

美国克劳斯公司（国际展览、会议）
北京市朝阳区新源南路6号京城大厦2005室
E.J.Krause & Associates Inc. (International Exhibition and Conference Management)
Rm.2005 Capital Mansion, 6 Xinyuannanlu, Chaoyang Dist., Beijing, China
邮编：100004
电话：010-84511832
传真：010-84511829
E-mail:ejk@public3.bta.net.cn
http://www.ejkrause.com

北京台企捷达展览事业有限责任公司
北京市海淀区西直门北大街95号时代之光名苑B座1103
电话：010-62232656

西麦克国际展览有限责任公司
北京市广安门外大街178号
CMEC International Exhibition Co., Ltd.
178 Guang'anmenwai St., Beijing, China
邮编：100055
电话：010-63452260, 63451188-61228
传真：010-63452279, 63456563
E-mail:xujc@mail.cmec.com
http:// www.cmecex.com.cn

香港神龙国际会展有限公司北京代表处
北京市朝外大街10号昆泰大厦1688房间
Polygon International Conventions & Exhibitions Ltd.
Rm. 1688, Kun Tai Building,10, Chaowaidajie, Beijing, China
邮编：100020
电话：010-65995181, 65995393
传真：010-65995391
E-mail:rogerl@polygonintl.net
http://www.polygonintl.net

中包国际展览有限责任公司
北京市东三环北路三号幸福大厦B座418
Chinapack International Exhibition Organizers
4th Floor, Block B, Lucky Tower, 3 Dongsanhuan Beilu, Beijing, China
邮编：100027
电话：010-64630669
传真：010-64662592
E-mail:inpex@public.bta.net.cn
http://www.chinapack.net

中纺广告展览公司
北京市东安门街82号
邮编：100747
电话：010-65124331
传真：010-65123051
E-mail:2f2lb@cenpok.net

北京中硅展览有限公司
北京海淀区三里河路11号
电话：010-68345515
传真：010-68345392

中经国际展览有限公司
北京市宣武区广安门外大街248号机械大厦
CMIC International Exhibition Co., Ltd.
19/F, Machine Mansion, 248 Guang'anmenwai Ave,Beijing, China
邮 编：100055
电 话：010-63317653/4, 63317655/6
传 真：010-63317663, 63317664
E-mail:lgf20082000@yahoo.com.cn
http://www.cmicex.com.cn

中联展览有限公司
北京市东三环北路42号中基新东方写字楼B座3009
Sino Link Exhibition Co., Ltd.
B3009, Zhongji Xindongfang Office Building, 42 dongsanhuan Beilu, Beijing, China
邮编：100020
电话：010-65815273
传真：010-65810766
E-mail:wh@packexhi.sina.net
http://www.packexhi.com.cn

中旅国际会展公司
北京市东城区东交民巷8号
CTS International Convention & Exhibition Co., Ltd.
8 Dongjiaominxiang, Beijing, China
邮编：100005
电话：010-65593743
传真：010-65598487
E-mail:wyh.ci@ctsho.com
http://www.ctsice.com.cn

中华人民共和国水利部宣传中心展览中心
北京市宣武区白广路二条2号
邮编：100053
电话：010-63202019
传真：010-63548250

中软展览公司
北京市学院南路55号中软大厦
邮编：100081
电话：010-62177722
传真：010-62174148
E-mail:tuwen@ihw.com.cn
http://www.china-css.com

中仕达展览有限公司
北京市百万庄三里河路11号国家建材局内
邮编：100831
电话：010-68041566
传真：010-68346980
E-mail:ccpit@public3.bta.net.cn
http://www.chinabuilding.cn.net

（中展集团）中展海外展览有限公司
北京市北三环东路6号中国国际展览中心服务楼五层
CIEC Overseas Exhibition Co., Ltd.
5/F, The CIEC Service Building, CIEC, 6 Beisanhuan Dong Rd., Beijing, China
邮编：100028
电话：010-84600372 / 0370 / 0368 / 0366
传真：010-64671381
E-mail: overseas@ciec-expo.com
http://www.ciec-expo.com

重庆市

重庆汇联展览服务有限公司
重庆市南坪北路12号8楼
电话：023-62839017
传真：023-62823474

重庆锐博奇思展览展示设计有限公司
电话：023-62818331
传真：023-62928903
E-mail:ruibo@reborn-expo.com
http://www.reborn-expo.com

重庆天翔国际商务展览有限公司
重庆市江北区建新北路65号外贸大厦12楼
电话：023-69018418

重庆视博展览有限公司
重庆市渝中区邹容广场24楼
电话：023-63807441
传真：023-63806922

重庆信德国际展览有限公司
重庆市渝北龙溪镇武陵路71号重庆环新国际会议展览中心
邮编：401147
电话：023-67900969
传真：023-67900965

重庆新海展览有限公司
重庆市渝中区长江一路11号
邮编：400014
电话：023-63890888
传真：023-63869888

福建省

北方工商业展览（福州）有限公司
福建省福州市五四路252号（成龙国际大酒店516-518室）
邮编：350003
电话：0591-7848697, 7833905
传真：0591-7833905
http://www.inbfexhibit.com
E-mail:bfsunhao@pub5.fz.fj.cn

凤凰创意会展服务有限公司
福建省厦门市莲坂腾王阁301-303室
Xiamen Phonic Conference & Exhibition Co.,Ltd.
Room 301-303,Tengwangge Building, Lianban,Xiamen.
电话：0592-5146666
http://www.chinaphenix.com

丰达广告器材（厦门）有限公司
福建省厦门市开元区吕岭路124号凯悦丽池大厦B幢9F
电话：0592-5553030，5553131
传真：0592-5551123

福州会展业有限公司
福建省福州市温泉公园路69号国际会展中心五楼
Fuzhou Conference & Exibition Co., Ltd.
69 Wenquan Road, Fuzhou City, China.
邮编：350003
电话：0591-7807188-510
传真：7803165
E-mail:fzofeb@pubs.fz.fj.cn
http://www.0591fair.com

福建汇源国际商务会展公司
福建省福州市五一北路1号力宝天马广场1401室
FujianHuiyuan Int'l Commerce & Exhibition Corp.
Rm.1401, Lippo Tianma Plaza, 1 Wuyibeilu, Fuzhou, China
邮编：350001
电话：0591-7560426
传真：0591-7560071
E-mail:hyicec@fiec.com

福建省国际贸易展览公司
福建省福州市湖东路东段191号通联大楼9层
邮编：350001
电话：0591-7600874
传真：0591-7600724，7541080
E-mail:ccpit@publ.fz.fj.cn

福建经贸会展中心
福建省福州五四路260号
Fujian Economic-Trade Conference and Exhibition Center
260 Wusilu, Fuzhou, China
邮编：350003
电话：0591-7842218
传真：0591-7810540
http://www.fjzw.com

今日展览有限公司/今日信息有限公司
福建省厦门市湖滨南路电子城408室
邮编：361004
电话：0592-2222228
传真：0592-2222220
E-mail:jr2222228@163.com
http://www.todayfair.com

厦门金元点展览服务有限公司
厦门市会展路139号（国际会展中心对面）
电话：0592-2236450
传真：0592-2236450

厦门北旅商务会展有限公司
福建省厦门市同安路1号华菲大厦20楼A座
邮编：361003
电话：0592-2128786，2128003
传真：0592-2106811
E-mail:liujianj@public.xm.fj.cn

厦门博聚展览有限公司
福建省厦门市厦禾路国骏大厦11楼
Xiamen Boss & Gem Exhibition Co.,Ltd.
11/F,Guojun Building,xiahe Road, Xiamen.
电话：0592-5858899
http://www.bg-fair.com

厦门华达会展有限公司
福建省厦门市莲前西路2号莲富大厦
邮编：361009
电话：0592-5162268,5162298
传真：0592-5161088
E-mail:huada@public.xm.fj.cn

一方展览有限公司
福建省厦门市莲富大厦公寓29楼B座
邮编：361000
电话：0592-5161186
传真：0592-5161185
E-mail:xmgk@guokai.org
http://www.guokai.org

厦门市艺舍广告有限公司
厦门市湖滨南路91号非矿大厦21层C座
电话：0592-2236460，2239450
传真：0592-2239460

厦门市对台贸易促进中心
福建省厦门市新华路47号文化宫东侧十楼
Xiamen Promotion Center for Trade to Taiwan
10/F,East Tower of Cultural Palace,No. 47 Xinhua Road,Xiamen.
电话：0592-2669863
http://www.straitsfair.org.cn

厦门市广告公司
福建省厦门市思明西路天一楼一号
电话：0592-2025872
传真：0592-2987463

厦门商务国际展览公司
福建省厦门市国贸大厦13层
Xiamen International Business Exhibition Co.,Ltd.
13/F,Guomao Building,Xiamen.
电话：0592-5808357
传真：0592-5887909
http://www.xibec.com

厦门市幻想空间展示有限公司
福建省厦门市湖滨东路嘉隆商业城81号501室
电话：0592-5807460
传真：0592-5807460

厦门会展金泓信展览有限公司
福建省厦门市思明区会展路198号
Xiamen Jinhongxin Exhibition Co.,Ltd.
No.198 Huizhan Road,Siming District, Xiamen.
电话：0592-5959616
http://www.cxisf.com

厦门建发国际旅行社有限公司
福建省厦门市轮渡海光大厦7楼
邮编：361001
电话：0592-2108897，2263828
传真：0592-2109961
E-mail:kingson_cai@chinacdc.com
http://www.sino-trip.com

厦门契合展览服务有限公司
福建省厦门市湖滨北路中信商务楼20A
Tutti Exhibition Service (Xiamen) Co., Ltd.
20A,Zhongxin Commercial Building, Hubinbei Road,Xiamen.
电话：0592-5318801
http://www.tutti.com.cn

福建厦门意成展示器材有限公司
福建省厦门市前埔国贸新城大厦54号302
电话：0592-5914498
传真：0592-5814830

甘肃省

甘肃现代国际展览公司
甘肃省兰州市滩尖子273号（市图书馆6层）
邮编：730000
电话：0931-8581077-801
传真：0931-8581077-802
E-mail:m_expo_g@263.net
http://www.exposition.net/xd

广东省

广州安尔信广告制作有限公司
广东省广州市环市东路淘金坑工业区二栋二楼
电话：020-83505640
传真：020-83506875

北京汉美文化发展有限公司东莞分公司
广东省东莞市堑头路89号二楼
Beijing Hanmei Civilization Development Co., Ltd.
邮编：523016
电话：0769-2616012, 2698587
传真：0769-2698591
E-mail:lkm-80715@163.com

广州市靶点展览服务有限公司
广东省广州市白云大道南658号
邮编：510405
电话：020-86187008，86183167，86183092
传真：020-86183110
E-mail:bulls-eye@263.net,jnsiex@263.net

广州巴斯特经济发展有限公司
广东省广州市大金钟路金景大厦C座1501室

电话：020-86568757
传真：020-86578366

广州博时展览服务有限公司
广州市犀牛路38号中信东方广场A座2209
电话：020-37614275
传真：020-37614297

广州传承展览服务有限公司
广东省广州市黄浦大道中跑马地花园凯怡阁25D
电话：020-85626466，85626465

大华和信展览服务有限公司
广东省广州市黄埔大道中页村一横路3号华颖轩B幢702
电话：020-38698724，38698734
传真：020-38698734

菲利克斯（HK）国际展览有限公司
广东省广州市滨江东路翠竹路18#裕丰大厦21楼F座
Felix International Fairs Co., Ltd.
21/F, Building F, 18 Cuizhulu, Binjiang Donglu, Guangzhou,Guangdong, China
邮编：510620
电话：020-85513754
传真：020-85513774
E-mail:boshangzhanlan@alibaba.com

广州枫之桥展览服务有限公司
广东省广州市广园西路133号瑶台商贸大厦701室
电话：020-86259000
传真：020-86259000

广州对外贸易广告展览有限公司
广东省广州市麓景路7号发展大厦东8楼
邮编：510091
电话：020-83573440
传真：020-83573447

广东富洋商业展览有限公司
广东省广州市流花路109号大西南酒店306室
邮编：510010
电话：020-86685794
E-mail:fuyang@public.guangzhou.gd.cn

红色动力展览制作工厂
广东省佛山市环市镇猫岭工业区3号
电话：0757-3218541，3273060
传真：0757-3381785

广东会展推广有限公司
广东省广州市广园中路65-69号佳谊商业大厦616室
邮编：510405
电话：020-86582668-8616
传真：020-86384622
E-mail:gdexpo@hotmail.com

广州汇展展览有限公司
广州市天河路17号润粤大厦第三栋16F
电话：020-37600528
传真：020-37600530

广州市慧展展览服务有限公司
广东省广州市东山区达道路12号金达大厦501
电话：020-87305776
传真：020-87305716

广东科创展览有限公司
广东省广州市环市东路477号海洋地质大厦4楼
Creation Exhibition Inc.
4/F, Haiyangdizhi Building, 477 Huanshidonglu, Guangzhou, China
邮编：510075
电话：020-87617370-380
传真：020-87619065
E-mail:creation@public.guangzhou.gd.cn
http://www.gd-exhibition.com

广东省建材工业总公司展览部
广东省广州市流花路85号二楼
Exhibition Department of Guangdong Provincial Building Materials Industrial General Corporation
2/F,85 Liuhua Road, Guangzhou, China
邮编：510013
电话：020-86677624
传真：020-86667981

经典展览有限公司
广东省东莞市罗沙路金沙大厦七楼
电话：0769-2389128
传真：0769-2389088

广东英泰展览有限公司
广东省广州市东山区寺右新马路156号303
邮编：510600
电话：020-87376058-803
传真：020-87395772
E-mail:intexpo@sina.com

广东智展展览有限公司
广东省广州市右新马路5号华友大厦18楼1802室
邮编：510600
电话：020-37599008
传真：020-37599151
E-mail:swgmrr@public.guangzhou.gd.cn

广州博亚展览发展有限公司
广东省广州市荔湾路119号之七10楼全层（维雅苑）
Guangzhou Boya Exhibition Development Co., Ltd.
10/F., 7 of 119 Liwan Road, Guangzhou, China
邮编：510170
电话：020-81299228, 81299238
传真：020-81299008
E-mail:chinaboya@21cn.com
http://www.chinaboya.com

广州光亚展览贸易有限公司
广东省广州市天河龙口西天龙大厦9B
Guangzhou Guangya Exhibition & Trade Co., Ltd.
9B, Tianlong Building, Longkouxi, Guangzhou, China
邮编：510630
电话：020-82578498, 82578060
传真：020-82578955
E-mail:gypwbsqm@public.guangzhou.gd.cn
http://www.illuminationchina.com

广州固创展览公司
广东省广州市广园西路99路金都大厦418室
邮编：510010
电话：020-86502796
传真：020-86502680

广东国际贸易展览公司
广东省广州市农林下路40号王府井大楼九楼1923-1932室
Guangdong International Trade & Exhibition Corp.
Rm 1923-1932,9/F,Wangfujing Department Building,40 Nonglinxia Rd., Guangzhou 510080, China.
邮编：510080
电话：020-87616600
传真：020-87612836
E-mail:gite@ccpit-gite.com
http://www.ccpit=gite.com

广州鸿宇展览有限公司
广东省广州市员村白水塘55-56号615室
Guangzhou Hongyu Exhibition Co., Ltd.
Rm.615, 55-56 Baishuitang, Yuancun, Guangzhou, China
邮编：510655
电话：020-85553361, 85553363
传真：020-85553361, 85542403
E-mail:wxd008@public.guangzhou.gd.cn

广州花城展览有限公司
广东省广州市天河东路240号601室
邮编：510620
电话：020-87589272
传真：020-87589271

广州华展展览策划有限公司
广东省广州大道北100号金穗大厦9楼H座
邮编：510075
电话：020-87583139

广州吉通广告展览有限公司
广东省广州市天河区黄埔大道西189号广信红棉阁14楼B座
邮编：510620
电话：020-87546757
传真：020-87538635
E-mail:gzjitong@public.guangzhou.gd.cn
http://www.shownet.com.cn

广州巨浪展览策划有限公司
广东省广州市天河区珠江新城华明路29号黑汇园盈日轩3A04-3A06
邮编：510610
电话：020-38620781
传真：020-38620781
E-mail:julang@public.guangzhou.gd.cn
http://www.julang.com.cn

广州岭南国际旅环市东营业部
广东省广州市东路339号广东国际大酒店B附楼606室
电话：020-83317311
传真：020-83337176

玛雅展示
广东省广州市环市东路474号东环大厦1103-1104
电话：020-87660821，87695617
传真：020-37652173
E-mail:mayakongjian@vip.sina.com

广州天其广告展览有限公司
广东省广州市大道南翠薇路翠园翠意阁402
电话：020-34030515
传真：020-34030465

广东三升展览服务有限公司
广州市马场路安骏大厦4A
电话：020-38200428

广州新会展中心
广东省广州市环市东路362-366号
邮编：510060
电话：020-83878255
传真：020-83878235

广州市现代经贸商务策略有限公司
广东省广州市华乐路53号华乐大厦南塔1306室
电话：020-83813172，83813557

广州珠江展览公司
广东省广州市海珠北路11-15号珠海特区大酒店6楼609房
邮编：510180
电话：020-81094905
E-mail:liyixi@public.guangzhou.gd.cn

广州市雅至展览设计工程公司
广东省广州市黄博大道71号E2楼305室
电话：020-85677190
传真：020-85677369

亿汇展览有限公司
广东省广州市天河北路177号祥龙阁1302室
Yihui Exhibition Co., Ltd.
Rm.1302, Xianglongge,177 Tianhebeilu, Guangzhou, China
电话：020-85250848
E-mail:chinayihui@163.net
http://www.cnyihui.com

中国对外贸易中心（集团）展场经营部
广东省广州市流花路117号
邮编：510014
电话：020-86684977
传真：020-86683242
E-mail:ten@icecf.com
http://www.21cantonfair.com

深圳市名玉展览有限公司
广东省深圳市福田区振兴西路505栋288室
Shenzhen Mingyu Exhibition Co., Ltd
288 Room Block 505, Zhenxing West Road,Shenzhen, China.
邮编：518028
电话：0755-83236721
传真：0755-83228663
E-mail:sun@chinawatchnet.com
http://www.mingyufair.com

深圳市七彩堂展览展示策划有限公司
广东省深圳市彩田北路人武大厦1010-1013
电话：0755-83151162
传真：0755-83178874
http://www.rihh-show.com

深圳市西林展览有限公司
广东省深圳市八卦三路702栋三楼
Shenzhen Xilin Exhibition Co., Ltd.
3/F, 702 Bldg. Baguasanlu, Shenzhen, China
邮编：518029
电话：0755-82443161, 82444058
传真：0755-82443162
E-mail:xlzl@public.szptt.net.cn
http://www.xilin-exhibition.com

广州市粤洋建筑装饰工程有限公司
广东省广州市大南路82号B座403
电话：020-83182576
传真：020-83188576

深圳中诗展览有限公司
广东省深圳市福田区振兴路彩电大厦西门五楼
Shenzhen Zhongshi Exhibition Ltd.
5/F., Caidian Building, Zhenxing Road, Shenzhen, China
邮编：518028
电话：0755-83209533, 83363556
传真：0755-83210849
E-mail:szzsexpr@public.szonline.net
http://www.zhongshifair.com

广东中山三叶展示制作有限公司
广东省中山市石岐区青溪路144号
电话：0760-8718108
传真：0760-8780003

广东珠三角国际工业博览会组委会
广东省东莞市厚街镇广东现代国际展览中心
邮编：523852
电话：0769-5909018
传真：0769-5830970

珠海航展有限公司
广东省珠海市九洲大道东九洲二巷1号
Zhuhai Airshow Co., Ltd.
1 Jiuzhou'erxiang, Jiuzhou Avenue, Zhuhai, China
邮编：519015
电话：0756-3369235, 3369089
传真：0756-3376415
E-mail:atperic@hotmail.com
http://www.airshow.com.cn

广东振威国展展览有限公司
广东省广州大道北路100号金穗大厦28C/F
Guangdong Zhenwei Guozhan Exhibition Co., Ltd.
Room 28C/F, Jinsui Building, 100 Guangzhoudadao Beilu, Guangzhou, China
邮编：510620
电话：020-38864712
传真：020-38864712
E-mail:zhenwei@china-zhenwei.com.cn
http://www.china-zhenwei.com.cn

广西壮族自治区

南宁大地飞歌文化传播有限公司
广西壮族自治区南宁市嘉宾路2号11楼
Nanning Flying Songs on Earth Culture Communication Co.,Ltd.
11 Floor, 2 Jiabin Road, Nanning, Guangxi,China
邮编：530028
电话：0771-5536185
传真：0771-5531794
E-mail:nnmgj2002@163.com
http://www.flyingsong.com

贵州省

贵州奥特展览服务有限公司
贵州省贵州市中华北路325号省经贸委企业干部培训中心四楼
邮编：550004
电话：0851-6892482
传真：0851-6892773

海南省

海南大雅有限公司
海南省海口市白龙南路42号万福大厦1802房
邮编：570203
电话：0898-5364811
传真：0898-5356373
E-mail:hndaya@public.hk.hi.cn

河北省

河北国际贸易有限公司
河北省石家庄市华北大街3号
Hebei International Exhibition & Trade Co., Ltd.
3 Huabeidajie, Shijiazhuang, China
邮编：050000
电话：0311-8614688, 8614693
传真：0311-8614661
E-mail:hzzxd@sj-user.he.cninfo.net
http://www.8614688.net

河南省

河南福鑫展览广告有限公司
河南省郑州市顺河路29号
邮编：450004
电话：0371-6319467
传真：0371-6329747
E-mail:fuxin@net.cn
http://www.fuxin.hn.net.cn

郑州国际会展有限责任公司
河南省郑州市建设西路187号泰隆大厦1808室
Zhengzhou International Convention and Exhibition Co.,Ltd.
Room 1808,Tailong Building, 187 West Construction Rd.,Zhengzhou 450007 PRC.
邮编：450007
电话：0371-7719111
传真：0371-7719116
E-mail:zzicec@zzicec.com
http://www.zzicec.com

黑龙江省

哈尔滨长城国际展览有限公司
黑龙江省哈尔滨市南岗区西大直街40号黑龙江国际博览中心262室
邮编：150001
电话：0451-53660445, 53621573
传真：0451-53645872, 53622542
E-mail:jwall@center.hr.hl.cn
http://www.col.hr.hl.cn

哈尔滨大众展览有限责任公司
黑龙江省哈尔滨市南岗区西大直街40号
Harbin Public Exhibition Co., Ltd.
邮编：150006
电话：0451-53660419, 53637164
传真：0459-53637164
E-mail:public808@yahoo.com.cn
http://www.hrbpublic.com.cn

哈尔滨东方国际展览有限公司
黑龙江省哈尔滨市道里区安化街91号
邮编：150016
电话：0451-84500518
传真：0451-84515995
E-mail:dfgjzlgs@public.hr.hl.cn
http://www.hrb.hl.cninfo/sanya

中国哈尔滨国际经济贸易洽谈会
黑龙江省哈尔滨市南岗区美顺街35号
China Harbin Fair for Trade and Econemic Cooperation
35 Menshun St.,Nangang Dist., Harbin,Heilongjiang,China.
邮编：150090
电话：0451-82340100
传真：0451-82340226
E-mail:zxf@00615.com.cn
http://www.00615.net

湖北省

湖北省国际贸易展览公司
湖北省武汉市江汉北路八号14楼
邮编：430022
电话：027-85773942, 85794023
传真：027-85773942

湖北中科会展有限公司
湖北省武汉市洪山路62号桃山村2号楼1楼
邮编：430071
电话：027-87231436
传真：027-87310301
E-mail:cnhbstec@public.wh.hb.cn
http://www.sinoshow.com.cn

武汉美兰德经贸展览有限公司
武汉正业广告文化发展有限公司
湖北省武汉市建设大道737号华银城A1座19楼
Mainland Trade & Exhibition Corp.
Genius Advertisement Culture Development co., Ltd.
19F, A1 Building,Hua Yin Mansion, 737 Jianshedadao,Wuhan,China
电话：027-85786377, 85781588
传真：027-85741079
E-mail:zhengye@public.wh.hb.cn

武汉中部展览贸易有限公司
湖北省武汉市武珞路628号亚洲贸易广场B座2058室
邮编：430070
电话：027-87648024
传真：027-87863776
E-mail:zhongbu@public.wh.hb.cn

湖南省

长沙兰德科技开发公司
湖南省长沙市展览馆路46号科普大厦6楼511
邮编：410005
电话：0731-4424418，2253566
传真：0731-2233144
E-mail:land@public.cs.hn.cn

湖南省国际贸易展览广告公司
湖南省长沙市五一东路80号25-26层
邮编：410001
电话：0731-2284201
传真：0731-2285826

吉林省

长春英特展览公司
吉林省长春市普阳街89号
邮编：130011
电话：0431-7610396
传真：0431-7610265
E-mail:zlizong@public.cc.jl.cn

江苏省

江苏国际展览公司
江苏省南京市中山南路288号
邮编：210005
电话：025-84207991
传真：025-84206599
E-mail:mcc-jiec@public1.ptt.js.cn

江苏贸促国际会展有限公司
江苏省南京市中华路50号国贸大厦8楼
Jiangsu CCPIT International Conference & Exhibition Co., Ltd.
8/F,50 Zhonghua Road, Nanjing,China
邮编：210001
电话：025-82312807
传真：025-82312605
E-mail:jice@jlonline.com

江苏南京富莱德展览有限责任公司
江苏省南京市龙蟠中路534号502室
邮编：210029
电话：025-84641487, 84641001

南京国际展览贸易公司
江苏省南京市北京东路31号616
邮编：210008
电话：025-83361187
传真：025-83361187

江西省

江西省明珠展览公司
江西省南昌市孺子路248号
邮编：330003
电话：0791-6291233, 6285336
传真：0791-6291231

辽宁省

北方工商业展览有限公司
辽宁省沈阳市和平区三好街98号5层
邮编：110015
电话：024-23905300
传真：024-23922432

辽宁今日展览有限公司
辽宁省沈阳市和平区南五马路135号8楼
邮编：110006
电话：024-23224920
传真：024-23226133
E-mail:mail@todaymedia.com.cn

大商集团展览公司
辽宁省大连市中山区友好街42号（中兴商业大厦8楼）
邮编：116001
电话：0411-3672826，3633087
传真：0411-3673149
http://www.dstj.com

辽宁三和商务策划有限公司
辽宁省沈阳市沈河区小北关街160号
邮编：110013
电话：024-88503478
传真：024-88502753
E-mail:sanhe_esign@163.com
http://www.shch.com.cn

大连中展国际展览有限公司
辽宁省大连市长兴街137号富鸿国际花园B座806
邮编：116021
电话：0411-4542138，4541302
传真：0411-4541302
E-mail:wxzl@163.com
Company@zhongzhandl.com
http://www.zhongzhandl.com

内蒙古自治区

包头国际经贸展览有限公司
内蒙古自治区包头市工商行政管理大楼
邮编：014010
电话：0472-5105301, 5105302
传真：0472-5105300

内蒙古自治区国际广告展览公司
内蒙古自治区呼和浩特市中山西路24号国贸大厦4层
邮编：010020
电话：0471-6609954

山东省

华展展览（济南）有限公司
山东省济南市普利街29号化工大厦802,1001室
邮编：250012
电话：0531-6116491, 6900245
传真：0531-6116491, 6927013
E-mail:hzex@jn-public.sd.cninfo.net

青岛新世纪会议展览有限公司
山东省青岛武腾开路10号
邮编：266071
电话：0532-3889673, 3886310
电话：0532-8081351
http://www.ncexpo.com.cn

陕西省

三联科技会展有限公司
陕西省西安市高新3路9号新时代大厦309室
邮编：710075
电话：029-88319080
传真：029-88319080

陕西省国际展览集团有限公司
陕西省西安市长安北路甲34号高尔夫花园7单元2楼CD座
邮编：710001
电话：029-85227558
传真：029-85238016

陕西振威展览有限公司
陕西省西安市西五路12号陕西省招商局
Shaanxi Zhenwei Exhibition Co., Ltd.
3/F., 12 Xiwu Road, Xi'an, Shaanxi, China
邮编：710004
电话：029-87446881
传真：029-87446881
E-mail:zwzltf@public.xaonline.com

西安明大展览有限公司
陕西省西安市太白北路103号泰良大厦8F
邮编：710068
电话：029-85220628
传真：029-85398990
E-mail:mingdazi@263.net

上海市

东方国际集团广告展览有限公司
上海市北京东路668号东楼22层
Orient International Holding A & E Co., Ltd.
688 Beijing Dong Road, Shanghai, China
邮编：200001
电话：021-53082222
传真：021-53085555
E-mail:oaandeb@online.sh.cn
http://www.oicae.com

德国汉诺威展览公司（上海）
上海市浦东南路360号新上海国际大厦24A
邮编：200120
电话：021-68863202
传真：021-68863797
E-mail:cebit-asia@hfchina.com
http://www.cebit-asia.com

德国凯撒国际贸易展览有限公司
上海市浦东大道1097弄珠江玫瑰花园16号4E
邮编：200135
电话：021-58606541
传真：021-58526947

上海博华国际展览有限公司
上海市襄阳南路218号现代大厦10楼
Shanghai MF Sinoexpo International Exhibition Co., Ltd.
10/F, Xiandai Mansion, 218 Xiangyangnanlu, Shanghai, China
邮编：200031
电话：021-64371178
传真：021-64370982
E-mail:sinoexpo@public.sta.net.cn
http://www.mfsinoexpo.com

上海工业商务展览有限公司
上海市延平路123弄三和花园5号2F-2G
Shanghai Industry & Commerce Exhibition Co., Ltd.
Rm.2F/2G,No 5 Sanhe Garden, 123 Long Yanping Road, Shanghai, China
邮编：200042
电话：021-62711119
传真：021-62711224
E-mail: sicec@public1.sta.net.cn

上海光大会展中心展览公司
上海市徐汇区漕宝路70号C座6层
邮编：200235
电话：021-64516345
传真：021-64360000

上海国际广告展览有限公司
上海市中山东1路33号
邮编：200002
电话：021-63231962
传真：021-63231028

上海汉图展览有限公司
上海市徐汇区宜山路中华门大厦14楼D
邮编：200032
电话：021-34292006
传真：021-64385061
E-mail:zhangjun@hantu.com.cn
http://www.hantu.com.cn

上海科技会展有限公司
上海市江宁路212号25楼B1座
电话：021-52895151
传真：021-52895263
E-mail:stcec@stcec.com

上海里扬展览服务有限公司
上海市延安中路1111号203室
Shanghai Neon Exhibition Services Ltd.
203 Yan'an Hotel,1111 Yan'an Zhong Road Shanghai, China
邮编：200040
电话：021-62496120
传真：021-62498043
E-mail:simou@neon-expo.com
http://www.neon-expo.com

上海励华国际展览有限公司
上海市富城路99号震旦国际大厦12层1203室
Reed Huayin (Shanghai) International Exhibitions Co., Ltd
Rm1203, 12th Floor Aurora Plaza 99 Fu Cheng Road Shanghai 200120, P.R. China
邮编：200120
电话：86-21-51188222
传真：86-21-51188200
E-mail:ask_rhy@reedexpo.com.cn
http://www.reedhuayin.com.cn

上海外经贸商务展览公司
上海市天目西路511号锦程大厦12楼
Shanghai International Trade Promotion Corp. Ltd.
12F Jincheng Mansion,511 Tianmuxi Rd., Shanghai,China
邮编：200070
电话：021-63539977
传真：021-62561068
E-mail:shitpc@public1.sta.net.cn
http://www.china-exhibition.com

上海商城中心
上海市南京西路1376号
Atrium Shanghai Center
1376 Nanjingxi Road, Shanghai, China
邮编：200040
电话：021-62798619
传真：021-62797158
http://www.shanghai-centre.com

上海商业展览办公室
上海市吴江路188号12楼A座
Shanghai Trade Exhibition Office
12A,188 Wujiang Road, Shanghai, China
邮编：200041
电话：021-62177777
传真：021-62677336
E-mail:steo@steo.net
http://www.steo.net

沙特利雅得展览有限公司
上海市黄河路355号雅州商务中心1号楼523室
Riyadh Exhibitions Co.Ltd
Room 523,No.1 Mansion of Yazhou Business Center,No.355 Huanghe Road Shanghai 200003 China.
邮编：200003
电话：021-63585002-8003
传真：021-63585870，63586279
E-mail:michelle@me360.net
http://www.saudi360.com

世博集团上海现代国际展览有限公司
上海市盛泽路8号18楼（延安路路口）
邮编：200002
电话：021-63288899
传真：021-63749188
E-mail:mie@mail.com
http://www.chinamie.com

四川省

成都菲亚展览有限公司
四川省成都市人民南路3段37号中加大厦205室
邮编：610041
电话：028-85538648
传真：028-85531698
E-mail:cdfiren@mail.sc.cninfo.net

成都三聚展览公司
四川省成都市一环路东2段126号电子科贸楼四楼
邮编：610051
电话：028-84317453
传真：028-84317375
E-mail:sanjv@mail.sc.cninfo.net

成都外经贸展览有限公司
四川省成都市陕西街239号12楼1211室
Chengdu Foreign Economic & Trade Exibition Co., Ltd.
12/F 239 Shanxi St., Chengdu, Sichuan, China
邮编：610041
电话：028-86156555
传真：028-86146869
E-mail:cdexpo@china.com

成都振威展览有限公司
四川省成都市督院街56号，四川省人民政府综合楼401,403室
Chengdu Zhenwei Exhibtion Co., Ltd.
Rm.401,56 Duyuan St., Chengdu, Sichuan,China
邮编：610016
电话：028-86661743
传真：028-86661743

四川创新技术展览服务有限责任公司
四川省成都市人民南路4段11号省科协大楼506-511室
邮编：610041
电话：028-85223319
传真：028-85241377
E-mail:cxzlwcp@mail.sc.cninfo.net

四川金宾展览广告公司
四川省成都洗面桥街30号成都高速大厦B座6A
邮编：610041
电话：028-85540031-802
传真：028-85573030

天津市

天津长城世界展览有限公司
天津市和平区保定道55号
邮编：300040
电话：022-23317225，23397858
传真：022-23395644

天广联展览有限公司
天津市河西区友谊北路51号合众大厦B座1002室
邮编：300204
电话：022-83281088，83281188，83281288
传真：022-23285355
E-mail:tglh@public.tpt.tj.cn

天津大本展览有限公司
天津市河西区友谊路48号
邮编：300061
电话：022-28359953
传真：022-28138960

天津国际展览有限公司
天津市和平区曲阜道85号国贸大厦7层
邮编：300042
电话：022-23320075
传真：022-23301376
E-mail:tiec@public1.tpt.tj.cn
http://www.tiec-ccpittj.com

天津建和国际贸易展览有限公司
天津市和平区开封道2号22层10号
邮编：300042
电话：022-23115536
传真：022-23310042
E-mail:kenwall@public1.tpt.tj.cn

天津市环渤海展览业有限公司
天津市河西区解放南路473号
Tianjin Huanbohai Exhibition Company
473 Jiefang Nan Road, Hexi Dist., Tianjin, China
邮编：300221
电话：022-28326814
传真：022-28330330
E-mail:office@hbhbm.com

新疆维吾尔自治区

新疆华夏展览公司(原新疆展览公司)
新疆乌鲁木齐市北京南路4号
邮编：830002
电话：0991-3814608
传真：0991-3811977

云南省

云南博亚科技展览有限公司
云南省昆明市北京路559号附2号
邮编：650051
电话：0871-3121243, 3186206
传真：0871-3186209
E-mail:boya@vip.163.com

云南芳草地会议展览服务有限公司
云南省昆明市西园南路30号正点写字楼二楼
邮编：650032
电话：0871-4135377
传真：0871-4127994
E-mail:yq@chineseok.com
http://www.chineseok.com

云南世博国际展览有限公司
云南省昆明市白龙路429号世博交易中心
Yunnan World Expo. International Exhibition Co., Ltd.
429 Bailong Road, Kunming, Yunnan, China
邮编：650224
电话：0871-5012279
传真：0871-5012200
E-mail:hjzexpo@163.com
http://www.gjzlgs.com

浙江省

杭州市广告展览公司
浙江省杭州市延安路457号
邮编：310006
电话：0571-85063606
传真：0571-85164746

杭州西湖博览会有限公司
浙江省杭州市曙光路15号浙江世界贸易中心展厅二楼
West Lake Fair Co., Ltd.
15 Shuguang Road, Hangzhou, Zhejiang, China
邮编：310007
电话：0571-87950966
传真：0571-87950039
E-mail:mar@westlake-fair.com

杭州中国丝绸城展览公司
浙江省杭州市新华路253号
邮编：310003
电话：0571-85172821，85100187
传真：0571-85100191

宁波国际展览有限公司
浙江省宁波市镇明路618号石油大厦八楼
Ningbo International Exhibition Co., Ltd.
8F Oil Building,618 Zhenming Road, Ningbo,Zhejiang,China
邮编：315010
电话：0574-87301582
传真：0574-87321301
E-mail:chenjiang@e-nb.org
http://www.e-nb.org

宁波金茂国际展览公司
浙江省宁波市灵桥路190号（外经贸大厦副楼）邮编：315000
电话：0574-87316619，87318256
传真：0574-87313854

温州德纳展览有限公司
浙江省温州市人民东路1号新世纪大厦30层
邮编：325003
电话：0577-88842436
传真：0577-88830518
E-mail:donor@mail.wzptt.zj.cn

新商人展览有限公司
浙江省温州市人民东路1号新世纪大厦13F
New Shangren Exhibition Co., Ltd.
13F., Xinshiji Mansion, 1 Renmin Dong Road Wenzhou, China
邮编：325003
电话：0577-88842300
传真：0577-88833950

新世纪展览有限公司
浙江省杭州市刀茅巷216号晶晶大厦9楼E座
New Century Exhibition Co., Ltd.
9F-E, Jingjing Building, 216 Daomaoxiang, Hangzhou, China
邮编：310003
电话：0571-85187800, 85186899
传真：0571-85870009
E-mail:newgs@mail.hz.zj.cn
http://www.ndbexpo.com

温州华展商业展览有限公司
浙江省温州市车站大道（温州市展览馆二楼）
Wenzhou Huazhan Industrial & Commercial Exhibition Co., Ltd.
Chezhandadao (second floor, Wenzhou Exhibition Hall),Wenzhou,Zhejiang, China
邮编：325003
电话：0577-88367095，88318710
传真：0577-88347811，88366214
E-mail:huazhan@mail.wzptt.zj.cn
http://www.chinaexhibiting.com

浙江富春商贸展览公司
浙江省杭州市清泰街499号金陵花园金梅轩13楼
邮编：310009
电话：0571-87807845
传真：0571-87807903
E-mail:zjebbs@public.hz.zj.cn

浙江省国际贸易展览公司
浙江省杭州市天目山路窑背巷10号
邮编：310007
电话：0571-88834620
传真：0571-88829220
E-mail:zjexpo@mail.hz.zj.zn
http://www.chinak.com

浙江世博国际会议展览有限公司
浙江省杭州市天目山路窑背巷10号
邮编：310007
电话：0571-88834620

中国小商品城展览公司
浙江省义乌市宾王路158号商城集团10楼
电话：0579-5540240, 5415456
传真：0579-5540240
E-mail:zcscc@public.yw.jh.ptq.zj.cn
http://www.cccfair.com.cn

温州雅博展览有限公司
浙江省温州市车站下道银苑大厦A301#
Wenzhou Yabo Exhibition Co., Ltd.
A301 Yinyuan Building,Chezhan Road Wenzhou,Zhejiang,China
邮编：325000
电话：0577-88302103
传真：0577-88302100
E-mail:yabo@wzyabo.com
http://www.wzyabo.com

中美合资华展工商展览有限公司
浙江省温州市车站大道（温州市展览馆北首二楼）
Sino-American Joint Venture Huazhan Industrial & Commercial Exhibition Co., Ltd.
Chezhandadao (North Second Floor, Wenzhou City Exhibition Hall), Wenzhou, Zhejiang, China
邮编：325000
电话：0577-88353950, 88353960
传真：0577-88347811
E-mail:huazhan@mail.wzptt.zj.cn
http://www.chinaexhibiting.com

香港特区

博闻集团
香港办事处
Miller Freeman
Hong Kong Office
电话：00852-28276211
传真：00852-28277831
E-mail:info@mfasia.com.hk
http://www.mfasia.com

国展发展有限公司
香港九龙尖沙咀加连威老道2-6号爱宾大厦4号楼3室
Nationway Development Limited
Rm.3,4/F, Albion Plaza, 2-6 Granville Road, Tsimshatsui, Kowloon, Hong Kong
电话：00852-23691766
传真：00852-23691799
E-mail:amychoi@nationway.com.hk

华进有限公司
香港湾仔告士打道109号东惠商业大厦1703室
China Promotion Ltd.(CPL)
Rm.1703, Tung Wai Commercial Building, 109 Gloucester Road, Wanchai, Hong Kong
电话：00852-25117427
传真：00852-25119692
E-mail:cp@cpexhibition.com
http://www.cpexhibition.com

显辉国际展览有限公司
香港上环禧利街27号富辉商业中心2403室
TOP Repute Co., Ltd.
Rm.2403, Fu Fai Commercial Center, 27 Hillier St., Sheung Wan, Hong Kong
电话：00852-28518603
传真：00852-28518637
E-mail:topreput@hkabc.net
http://www.toprepute.com.hk

香港神龙国际会展有限公司
电话：00852-25117833
传真：00852-25118288
E-mail:postmaster@polygonintl.net

香港（亚洲）展览有限公司
香港湾仔谢斐道482号信诺环球保险中心601-3室
Hong Kong (Asia) Exhibition Co., Ltd.
Rm.601-3 Cigna tower, 482 Jaffe Road, Wanchai, Hong Kong
电话：00852-25919823
传真：00852-25733311
E-mail:hkexhi@hka.com.hk
http://www.iweddingclub.com

雅式展览服务有限公司
香港北角英皇道734号乐基中心4楼
Adsale Exhibition Service Ltd.
4/F Stanhope House, 734 King's Road, North Point, Hong Kong
电话：00852-28118897
传真：00852-25165024
E-mail:info@adsaleexh.com
http://www.adsaleexh.com

第四部分 展览服务公司

一、展览服务、设计策划公司

安徽省

安徽省会展策划制作有限责任公司
安徽省合肥市金寨路162号省外贸进出口大楼
Anhui Convention-Exhibition Design & Engineering Co., Ltd.
Imp. & Exp. Bldg.,162 Jinzhai Road, Hefei, Anhui, China
邮编：230022
电话：0551-3632697

北京市

爱博东方展览展示中心
北京市朝阳区亚运村安慧北里逸园16号楼2110室
电话：010-64943460
传真：010-64957441

爱普—瑞恩企业策划公司
北京市朝阳区望京新兴产业区利泽中园106号望京科技创业园302C
邮编：100102
电话：010-64392803，64392807
传真：010-64392781

AV创意幻像展览设计有限公司
北京市朝阳区西大望路20号写字楼320室
邮编：100022
电话：010-67751772/6
传真：010-67751793

奥瑞展览展示有限公司
北京市朝阳区安贞西里五区2号楼仟村商务大楼B座1403
邮编：100029
电话：010-64434290
传真：010-64439701

白云喷绘公司
北京市西城区阜内大街甲93号
邮编：100034
电话：010-66117696
传真：010-66117699

北方科信展览公司
北京市海淀区车道沟10号
North Kexin Exhibition Co.,Ltd.
10 Chedaogou, Haidian Dist., Beijing, China
邮编：100081
电话：010-88496168，88496172
传真：010-68425497

北京爱博展览展示艺术服务中心
北京市海淀区五道口东升园7条26号211房间（办）
邮编：100083
电话：010-82621514
E-mail:abledisplay@263.net

北京艾迪尔展示设计中心
北京市甜水园东街10号317室
邮编：100026
电话：010-65856668

北京艾派斯企业策划有限公司
北京市朝阳区望京广顺南大街19号嘉润花园D-402
邮编：100102
电话：010-64776582
传真：010-64776583

北京爱普展览服务有限公司
北京市朝阳区管庄阳光曼哈顿G21座1804号
邮编：100024
电话：010-65709351
传真：010-65709351
E-mail:robinlee@ihw.com.cn

北京邦企展览服务有限公司
北京市德胜门外东滨河路11号国旅发展大厦302室
Beijing Bunch Exhibition Services Ltd.
Rm.302, CITS Development Building, 11 Dongbinhe Road,Deshengmenwai, Beijing, China
邮编：100011
电话：010-62062558, 62055567
传真：010-68425685
E-mail:bbes@china.com

宝川国际运输有限公司
北京市朝阳区光华路7号汉威大厦16层B11室
电话：010-64614174
传真：010-64614170

北京笔克展览服务有限公司
北京市朝阳区洼里南里1号笔克办公楼
Beijing PICO Exhibition Services Co., Ltd.
PICO Building,1 Walinanli, Chaoyang Dist., Beijing, China
电话：010-64850999
传真：010-64916591
E-mail:bjgmktg@picoworld.com
http://www.picoworld.com

北京比史柯展览服务有限公司
北京市北三环东路6号国展中心1号馆四层388室
BSK-Beijing Exhibition Services Co., Ltd.
Rm.388 4th Floor, Hall #1, 6 Beisanhuan Donglu, Beijing,China
邮编：100028
电话：010-84601622
传真：010-84601625
E-mail:bskbj@163bj.com
http://www.bsk.net.cn

北京博方会展服务有限公司
北京市朝阳区广渠路九龙花园5号楼B座1808室
邮编：100022
电话：010-87704083
传真：010-67737569, 67737467
E-mail:bofang2002@263.net.cn

北京博风展览服务有限公司
北京市朝阳区南新源西路御景园1号楼5C
Beijing Bofeng Convention Service Co., Ltd.
5C, 1 Bldg., Yujingyuan, Nanxinyuanxilu, Chaoyang Dist., Beijing, China
邮编：100021
电话：010-87361103
传真：010-87361102
E-mail:bofeng2000@sohu.com
http://www.bofeng2000.com

北京博雅鑫太企业策划有限公司
北京市朝阳区青年路114号
邮编：100025
电话：010-85791101-100
传真：010-85791101-800

北京北翼展览展示中心
北京市朝阳区夏家园新纪家园9号楼1单元2103室
电话：010-84495021，84495606

北京成安达展览展示设计有限责任公司
北京市朝阳区郎家园8号金鼎商务会馆B101室
邮编：100026
电话：010-65818056
传真：010-65818057
E-mail:lloracc@midwest.com.cn

北京创佳伟业展示设计有限公司
北京市海淀区白石桥路46号中国气象局幼儿园一楼
邮编：100081
电话：010-62188885, 62171531
传真：010-62172106
E-mail:chuangjwy@tonghua.com.cn

北京大安展示设计公司
北京市东直门外春秀路24号206室
邮编：100027
电话：010-64157082
传真：010-64157093
E-mail:daan_display@sina.com

北京大唐世纪展览展示有限公司
北京市海淀区万泉河路68号紫金庄园4号楼1606
电话：010-82658928
传真：010-82658926

北京大方广业贸易有限公司
北京市宣武区椿树园小区15楼A座207室
邮编：100052
电话：010-63105361
传真：010-83161631

北京大熊展览有限公司
北京市朝阳区东八里庄25号
电话：010-85830567
传真：010-85830567

北京德赛尔展览服务有限公司
北京市海淀区文慧园北路9号今典花园9号楼B座506室
邮编：100081
电话：010-62234411
传真：010-62262723
E-mail:designing@114online.com

北京德图展览展示有限公司
北京市西城区德外黄寺大街24号国电华北东楼B409

邮编：100011
电话：010-82284565
传真：010-82284582

北京得天展览服务有限公司
北京市建国门外东三环中路42号
Beijing D&T Exhibition Services Co., Ltd.
42 Dongsanhuan Zhonglu, Jianguomenwai, Beijing, China
邮编：100020
电话：010-65810868, 65819568
传真：010-65818566
E-mail:biansl@dt-china.com

北京迪雅展览展示有限公司
北京市朝阳区祁家豁子甲8号马甸经典家园B座一层
邮编：100029
电话：010-82070711, 82070722
传真：010-82070714
http://www.bjdiya.com
E-mail:bjdiya@bjdiya.com

北京典艺视线展览展示有限公司
北京市丰台区马家堡东路55号政洋大厦403A室
电话：010-67523006
传真：010-67523003

点意空间展览展示有限公司
北京市海淀区紫竹院路1号人济山庄D座1306
电话：010-88554370/71/72

北京东方虹景科技有限公司
北京市酒仙桥路甲2号北京8504信箱14分箱
邮编：100015
电话：010-64344938
传真：010-64340930

北京东方伟盛科贸中心展览展示服务部
北京市丰台区太平桥456号
邮编：100073
电话：010-63451873
传真：010-63451873

北京东方艺苑影像技术有限公司
北京市海淀区大慧寺路8号泰城商务会馆115室
邮编：100081
电话：010-62171271
传真：010-62173996
http://www.eastart.com.cn
E-mail:info@eastart.com.cn

东方世源展览展示有限公司
北京市海淀区中关村南大街56号
电话：010-88386516，88386518
传真：010-88381285
E-mail:dfsy@publica.bj.cninfo.net

北京东阳展览服务有限公司
北京市朝阳区东坝乡单店醉公坟甲1号
邮编：100016
电话：010-85751188
传真：010-85755057
E-mail:dongyang100@dongyang.sina.net
http://www.excon.com.cn

北京泛贸展览服务有限公司
北京市朝阳区安外青年沟路23号安源大厦509房间
邮编：100013
电话：010-84271242, 84271183
传真：010-84271242

北京凤仪轩会展服务有限公司
北京市朝阳区幸福一村甲55号保利源写字楼四层8422室
邮编：100027
电话：010-64154380
传真：010-64154380

北京福尔得旅行咨询有限公司
北京市朝阳区建外大街建华南路5号曼哈顿写字楼519室
Beijing Forward Tour Consultant & Service Co., Ltd.
Rm.519, Manhattan Office Bldg.,5 Jianhuanan Road, Beijing, China
邮编：100022
电话：010-65660092, 65662096
传真：010-65666211
E-mail:forwardts@263.net

法兰克福展览咨询（上海）有限公司北京办事处
北京市东城区建国门内大街7号光华长安大厦2座1721室
Messe Frankfurt Shanghai(Beijing Office)
Room 1721, Tower 2, Bright China Chang An Building,7 Jian Guo Men Nei Avenue, Beijing,China
邮编：100005
电话：010-65171388
传真：010-65102799
E-mail:info@china.messefrankfurt.com
http://www.messefrankfurt.com

北京方博时代（国际）会议展览有限公司
北京市西城区西内大街马相胡同通华苑写字楼A座201室
电话：010-62212479
传真：010-62212492

北京高威展览展示有限公司
北京市海淀区北太平庄路15号8015信箱
Beijing Good Will Exhibition Co., Ltd.
15 Beitaipingzhuang Road, Haidian Dist., Beijing, P.O.Box 8015,China
邮编：100088
电话：010-62381729, 62381730
传真：010-62381730
E-mail:good-will@263.net

北京国邦会展有限公司
北京市朝阳区三环东路6号中国国际展览中心1号4层399室
电话：010-64619511
传真：010-64619511

北京国商万和展览服务有限公司
北京市朝阳区西坝河西里平甲6号
邮编：100028
电话：010-64228999
传真：010-64225113
E-mail:sales@gswh.com.cn
http://www.gswh.com.cn

北京国展商贸有限公司
北京市朝阳区北三环东路六号
Beijing CIEC Trade Co., Ltd.
6 Beisanhuan Donglu, Chaoyang Dist., Beijing, China
邮编：100028
电话：010-84601812
传真：010-84602177

北京格松泰德展览展示有限公司
北京市朝阳区农展南路
邮编：100026
电话：010-65301913
传真：010-65301913

北京好利得展览展示服务有限责任公司 北京市朝阳区西大望路20号北二层小楼
邮编：100022
电话：010-67745578
传真：010-67738690
http://www.horizon-s.com
E-mail:horizon8888@vip.sina.com

北京恒基国际展览服务中心
北京市朝阳区静安西街6号楼
邮编：100028
电话：010-64670133
传真：010-64654645

北京华堂展览展示有限公司
北京市国际展览中心商务中心四层357室
邮编：100028
电话：010-64619515
传真：010-84601357
E-mail:huatang-bj@vip.sina.com

北京华惠国际货运有限公司展览部
北京市朝阳区望京南湖南路8号风格雅园南1单元12A03
邮编：100102
电话：010-64759369，64759396
传真：010-64759321
E-mail:bjfarene@public.bat.net.cn

华英仁家展览展示有限公司
北京西皇城根北街8号
邮编：100034
电话：010-66117055，66159754
传真：010-66135389，66156483
网址:仁家展示（中文实名）

海富国际展览服务有限公司
北京市建国门外建国里9号富瑞写字楼109室
Reliable International Exhibition Services Co., Ltd.
Rm 109, Furui Bldg.,9 Jianguoli, Jianguomenwai, Beijing, China
邮编：100022
电话：010-65665150
传真：010-65666675
E-mail:reliable@reliable.org.cn
http://www.reliable.org.cn

北京华丽达视听设备服务有限公司
北京市朝阳区安定路小关北里43号
Beijing Hualida Audio-Visual Equipment Service Co., Ltd.
43 Xiaoguan Beili, Anding Road, Chaoyang Dist., Beijing, China
邮编：100029
电话：010-64976001/2, 64894314/5
传真：010-64975992
E-mail:hualit@china-huali.com
http://www.china-huali.com

北京金柏展览服务有限责任公司
北京市朝阳区建国路88号SOHO现代城D座3001室
邮编：100004
电话：010-85801800
传真：010-85800222
E-mail:bjggoldberg@bjggoldberg.com

北京金嘉艺展览有限公司
北京亚运村安慧东里16号新都市计划大厦1805
电话：010-64986518，64986467，64985276
传真：010-64983973
E-mail:info@goldenart.cn

北京角度展览展示有限公司
北京市海淀区学院路甲裕京大厦5层办公区
Beijing Viewpoint Exhibition Co., Ltd.
5/F., Yujing Hotel, Xueyuan Road, Beijing, China
邮编：100083
电话：010-62310140, 62310465
传真：010-62347468
E-mail:viewpoint@263.net

北京捷仑展览服务有限公司
北京市安定门外东后巷28号2号楼105
Beijing Gemland Expo. Services Ltd.
28 Donghouxiang, Andingmenwai, Beijing, China
邮编：100710
电话：010-64211125
传真：010-64258510
E-mail:bges@public3.bta.net.cn

北京杰华展览展示有限公司
北京右安门大街97号院百合园4/1507室
电话：010-83972171
传真：010-83972171
E-mail:blacklip@sina.ocm

北京今日星光展览服务有限公司
北京市朝阳区通惠家园惠生园11座5-301室
邮编：100028
电话：010-65588909，65589375，65589376
传真：010-65588908
E-mail:jrxg@263.net

北京桔色立方图文设计有限公司
北京市海淀区紫竹桥人济山庄6楼807
邮编：100044
电话：010-88377828
传真：010-88301455
E-mail:orangecube@263.net

北京坤艺展览展示有限公司
北京市展览馆路8号

电话：010-68361008，68361009
E-mail:kydisplay@sohu.com

北京力洋展示设计有限公司
北京市海淀区花园东路 11 号
Beijing Level Exhibition Design Ltd.
11 Huayuan Donglu,Haidian Dist., Beijing, China
邮编：100083
电话：010-62384021
传真：010-62354582
E-mail:info@leveldisplay.com
http://www.leveldisplay.com

北京陆华展览展示有限公司
北京市丰台区方庄芳古园润会馆4层
邮编：100078
电话：010-67695190
传真：010-67600876
E-mail:changcunhlj@sohu.com
http://www.lhexpo.com.cn

旅行家展览有限公司
北京市工体东路 4 号城市宾馆 16 层
电话：010-65011202 转旅行家
传真：010-65011202

北京玛斯特尔展览服务中心
北京市海淀区中关村三才堂水清木华园 4 号楼 106 室
邮编：100080
电话：010-82641042
传真：010-82641041
http://www.bj.mpl.com.cn

北京美神展览展示服务中心
北京市东城区五四大街 6 号（总部）
北京市朝阳区太阳宫路甲3号和泰园D 座 102 室
邮编：100028
电话：010-65268443，64460097
传真：010-65125598，64460098
E-mail:ms1999@vip.sina.com

北京培成办公设计有限公司
北京市丰台区广安门外鸭子桥路甲39 号 504 室
Beijing Peicheng Offical Design Co., Ltd.
5/F. A-39, Yaziqiao Rd., Guang'anmenwai, Beijing, China
邮编：100055
电话：010-63468836
传真：010-63426125

北京千禾人展览服务有限公司
北京市海淀区厂洼街5号鼎恒信大厦
Beijing Evergreen Exhibition & Conference Solutions Ltd.
Dinghengxin Building, 5 Changwa St., Haidian Dist., Beijing, China
邮编：100089
电话：010-68728289
传真：010-68459061
E-mail:cordial@public3.bta.net.cn
http://www.qianheren.com

北京日光清美艺术展览展示公司
北京市丰台分钟寺新村 2 号院 606 号
电话：010-87694493
传真：010-87694493

北京瑞联国际会议展览有限公司
北京市海淀区龙翔路甲7号315,316室
邮编：100083
电话：010-82085265, 82085994
传真：010-82087317
山东办事处：山东省烟台市南大街295 号四层
邮编：264001
电话：0535-6601071
传真：0535-6601070

北京瑞特礼仪艺术发展有限责任公司
北京市宣武区南菜园 61 号，65 号
邮编：100054
电话：010-63569636, 63545410
传真：010-63582350

北京森川展览展示有限公司
北京市朝阳区西大望路 21 号乙鑫企旺写字楼 507 室
邮编：100022
电话：010-87781285
传真：010-67748523

北京丝绸之旅展览展示服务有限公司
北京市 5140 信箱
邮编：100094
电话：010-62887836
传真：010-62861521-12
http://www.travel-silkroad.com
E-mail:market@travel-silkroad.com

北京思德展览服务有限公司
北京市朝阳区京顺路孙河村 2 号
Beijing Sidex Exhibition Service Co.,Ltd.
2 Sunhecun, Jingshunlu, Chaoyang Dist., Beijing, China
邮编：100103
电话：010-64382408
传真：010-64382411
E-mail:sidex@163.net

北京思普展览展示有限公司
北京市海淀区西三环 71 号
电话：010-62564935
传真：010-65610732

北京胜龙天地信息技术有限公司
北京市海淀区车公庄西路乙 19 号华通大厦北塔 17 层
邮编：100044
电话：010-68731155-636
传真：010-68732145
http://www.tvwall.com.cn

北京盛世嘉禾科技发展有限公司
北京市朝阳区潘家园华威西里秦桂豫大厦 2F
邮编：100021
电话：010-87771987
传真：010-87771990
http://www.westqq.com

北京盛世精英气球气模制品厂
北京市朝阳区惠新北里 6 号楼 B01-B04 室
邮编：100029
电话：010-64989187, 64989486
传真：010-64989486
E-mail:ssjyg@sina.com

北京胜宇会议服务有限公司
北京市海淀区北三环中路 31 号凯奇大厦 1104 房间
邮编：100088
电话：010-82083601, 82083602
传真：010-62012051

北京市阿波罗设计公司
北京市建国路88号现代城A座2308室
邮编：100022
电话：010-65956885
传真：010-85956885
E-mail:ag007540@sohu.com
http://www.apollo-ad.com

北京世纪敦煌展览展示有限公司
北京市建外大街郎家园 11 号内 1 号
邮编：100022
电话：010-65812456
传真：010-65811560
E-mail:sjdh@dunhuang.net.cn
http://www.dunhuang.net.cn

北京世纪彩虹展览展示有限公司
北京市朝阳区小营路 12 号亚运花园 2-20A
电话：010-84625657
传真：010-84634637

北京天广联广告有限公司
北京市朝阳区光华路甲8号和乔大厦 A-101
邮编：100026
电话：010-65810001，65818988
传真：010-65812345
E-mail:shirley@tg-china.net

北京天人坊文化发展有限公司
北京市外贸安贞大楼 B 座 501 室
邮编：100028
电话：010-84274033
传真：010-84274033

北京天图展览有限公司
北京市海淀莲花池西路 16 号莲花大厦七层
电话：010-63961255
传真：010-63961273
E-mail:tiantuzhanshi@263.net

北京天扬世纪展览展示有限公司
北京市崇文区西花市大街103号人杰商务楼 306 室
邮编：100062
电话：010-67182941, 67178531
传真：010-67178530

北京天一世纪展览展示有限公司
北京市海淀区五塔寺 24 号
邮编：100081
电话：010-62147630，62147891
传真：010-62147627
E-mail:ty_centuty@263.net

北京万方空间展示设计有限公司
北京市朝阳区建国路 98 号
邮编：100022
电话：010-65661853
传真：010-65661856

北京万高展览展示服务有限公司
北京市北三环东路 6 号国展 1 号馆四层 393 室
邮编：100028
电话：010-84601320, 84601352
传真：010-84601324

北京万有引力展览展示有限公司
北京市海淀区中央民族大学北路16号
邮编：100081
电话：010-68432781, 68434571
传真：010-68470268

北京唯美展览设计制作有限责任公司
北京市朝阳区静安西街 4 号楼
Perfect Builders Resources Pte. Ltd.
4 Building, Jing'anxijie, Chaoyang Dist., Beijing, China
邮编：100028
电话：010-64625933
传真：010-64625934
E-mail:pbr@public.east.cn.net

北京未蓝德展览有限公司
北京市朝阳区西坝河南路甲1号新天第 A 座 2206 室
电话：010-64466236，64466215

北京伟业达展览有限公司
北京市百万庄建设部大院威可达办公楼 1 层
邮编：100037
电话：010-68394241
传真：010-68311175
http://www.chinavictory.com

北京巍然世纪展览展示有限公司
北京朝阳区静安中里 30 号楼亚康大厦 707
电话：010-64656976，64656978

北京现代明大企业形象策划有限公司
北京市东城区安定路 20 号安贞写字楼 A-205-208 室
邮编：100029
电话：010-64438558，64441691
传真：010-64441672
E-mail:modern+md@163.com

北京星洲文化发展有限公司
北京市崇文区龙潭西里 54 号办公楼 518,519 室
邮编：100061
电话：010-67186087, 67172823
传真：010-67185853
E-mail:xzwenhua@public3.bta.net.cn

北京雅讯视点展览服务有限公司
北京市东城区新 18 号阳光都市 1 号楼 703
邮编：100027
电话：010-84472721
传真：010-84472723

北京艺港展览展示有限公司
北京市朝阳区静安中里 30 号楼岳安大厦八层
电话：010-64617339，84516066
传真：010-64617312
http://www.ygang.com
E-mail:zl@ygang.com

北京艺佳大关展览展示有限公司
北京市西城区车公庄北里 44 号楼 305 房间
邮编：100044
电话：010-88363678, 88363679
传真：010-88373290
E-mail:ogg@263.net

北京易悌服务有限责任公司
北京市西坝河南里3号国都大厦写字楼 503 室
邮编：100076
电话：010-64655257
传真：010-64655236

北京易和日盛展览有限责任公司
北京市朝阳区黄寺大街3号都市嘉德写字楼 209 室
电话：010-64268418
传真：010-64262725

北京一博展览展示有限公司
北京市朝阳区文学馆路 45 号 B201/B202 室
电话：010-84628084
传真：010-84628273

北京一方里程形象设计有限责任公司
北京西直门南小街 68 号国英绿景公寓 9C
邮编：100035
电话：66503666/7/8
传真：66503669
http://www.yellfront.com

北京一诺九鼎展览展示有限公司
北京市崇文区幸福大街永生巷 6 号
电话：010-67192073，86719864
http://www.nuoding.com

北京雨辰世纪展览展示服务有限公司
北京朝阳区太阳宫十字口村甲一号
电话：010-64428568

北京裕华伟业会展服务有限公司
北京市朝阳区新源里北小街 5 号
电话：010-64609400，84487128/29
传真：010-64607893
http://www.yuhuaweiye.com

北京英华久久商务有限公司
北京久久世纪国际广告有限公司
电话：010-67038188，67031666
E-mail:yh99shi@163.com

北京用天正友科技有限责任公司
北京市西城区车公庄大街6号院3号楼（市委党校院内）212,214 室
Beijing Yong Tian Zheng You (YTZY) Science and Technology Company Ltd.
Rm.212 and 214, Building #3, 6 Chegongzhuang Avenue, Xicheng Dist., Beijing, China
邮编：100037
电话：010-68002378, 68002581
传真：010-68002580

北京远洋国际货运公司
北京市东城区安外东后巷 28 号院一号楼
Beijing Oceao International Freight & Forwarding Co.
Building 1,28 Donghouxiang, Andingmenwai, Beijing, China
邮编：100710
电话：010-84256719，84256710
传真：010-84256708，84256772
E-mail:xiaoyy@cosfnebj.com

北京致美展览有限公司
北京市京开路西红门甲 8 号
邮编：100076
电话：010-66125624，66513216
传真：010-66513217, 60265473

北京众邦创艺展览有限公司
北京市西城区车公庄大街甲五号
邮编：100044
电话：010-68312572
传真：010-68312574
E-mail:zhongb@public2.east.net.cn

北京中宏天展览展示有限公司
北京市朝阳区北四环中路6号深蓝华亭 E 座 7D
邮编：100029
电话：010-82843616/17/18
传真：010-82843621
E-mail:zhonghongtian@163.net

北京众日昌盛展览服务有限公司
北京市朝阳区广顺北大 33 号大西洋城 110-1-1A
邮编：100102
电话：010-64793618
传真：010-64793463
E-mail:kenbj@btamail.net.cn
http://www.chinazrcs.com

北京中沅腾龙展览服务有限公司
北京市北辰东路利康饭店办公区3号院南楼 105 室
邮编：100101
电话：010-64993548
传真：010-65993543
E-mail:zytlcn@163bj.com

北京中远物流公司
北京市朝阳区东三环北路3号幸福大厦 A 座 4 层
Beijing COSCO Logistics Company
4/F., Block A, Lucky Tower, 3 Dongsanhuan Bei Road, Chaoyang Dist., Beijing,China
邮编：100027
电话：010-64627563, 84518880 转展运部
传真：010-64648671/64648672
E-mail: zhangxy@cosco-logistics.bj.cn
chenyu@cosco-logistics.bj.cn
taoran@cosco-logistics.bj.cn

比洋会展服务有限公司
北京市朝阳区北郎家园 8 号（金鼎商务会馆）A201
Beyond Convention & Exhibition Service Co., Ltd.
Rm.A201, 8 North Langjiayuan, Chaoyang Dist., Beijing, China
邮编：100026
电话：010-65819682, 65817556
传真：010-65850419
E-mail:yybeyond@public3.bta.net.cn

博恒国际展览服务（中国）有限公司
北京市安贞西里仟村商务大厦
电话：010-64420778, 64420782
传真：010-64430774

德士比展览服务有限公司
北京市北三环东路6号国展商务B座 203 室
电话：010-84601381
传真：010-84601389
E-mail:display@public.east.cn.net

鼎立诚会展服务有限责任公司
北京市西四东大街 41 号西城工商招待所 403-405 室
Ding Li Cheng Meeting & Exhibition Service Co., Ltd.
Rm. 403-405, 41 Xisi Dongdajie, Beijing, China
邮编：100034
电话：010-66133692, 66176959
传真：010-66133685

莱达展览展示有限公司
北京市北三环西路 18 号大钟寺饭店西厅
电话：010-62112609
传真：010-62113829
E-mail:ladder2828@263.net

睿思博展览有限公司
北京市朝阳区小关北里 45 号世纪嘉园 4 号楼 3 层 03D 室
邮编：100029
电话：010-64891672
传真：010-64891680
http://www.china-brightview.com

瑞艺光辉会议服务有限公司
北京市朝阳门外大街 10 号昆泰大厦 905 室
邮编：100020
电话：010-65995323
传真：010-65993188

商务速运香港有限公司
北京市朝阳区西坝河东里 28 号三元大厦 1201 室
Trans-Link Exhibition Forwarding (HK) Ltd.
Rm 1201,San yuan Massion,xibahe Dongli,Chaoyang Distric,BJ.
邮编：100028
电话：010-84603602
传真：010-84603605
E-mail:enquiry@trans-link.com
http://www.trans-link.com.hk

三步梯展览服务有限公司
北京市朝阳区西大望路 27 号友金大厦 402 室
电话：010-87779213

上海亚展实业有限公司北京分公司
北京市海淀区紫竹院路 31 号华澳中心公寓 1 号楼 22 层 A 座
邮编：100089
电话：010-68715436
传真：010-68715446

世孚展览展示有限公司
北京市朝阳区光华路丙 12 号数码大厦 702 室
邮编：100029
电话：010-65086766
传真：010-65086686

北京世家展览展示有限公司
北京市朝阳区光华路7号汉威大厦东区 706A
Beijing Designer World Exhibition & Display Co., Ltd.
706A Hanwei Plaza, 7 Guanghua Road, Chaoyang Dist., Beijing, China
电话：010-65611451
传真：010-65610732
E-mail:dwrj@netchina.com.cn

西麦克国际展览有限责任公司
北京市宣武区广安门外大街 178 号
CMEC International Exhibition Co., Ltd.
178 Guang'anmenwai St., Beijing, China
邮编：100055
电话：010-63452258
传真：010-63452349
E-mail:xujc@mail.cmec.com
http://www.cmecex.com.cn

鑫安达展示
北京市朝阳区郎家园 16 号鸿信大厦 302 室
邮编：100022
电话：010-65673437
传真：010-65673446
http://www.xinad.com

亚洲杰创有限公司
北京市朝阳区东三环北路甲2号京信大厦 1155 房间
Asian Creation Ltd.
Rm.1155, Jingxin Bldg., A2 Dongsanhuan Beilu Chaoyang Dist., Beijing, China
邮编：100027
电话：010-64660654, 64634950
传真：010-64703363
E-mail:lacey@fairlink.com.cn

远大国际展览有限公司
北京市和平里西街三号三川大厦 706 室
邮编：100013
电话：010-84280941
传真：010-84280941
E-mail:grandex@mweb.com.cn

中国航天海鹰集团展览服务中心
北京市海淀区车道沟一号滨河大厦六层
邮编：100089
电话：010-68701451, 68437083
传真：010-68437079
E-mail:imagetrans@mail2A-1.net.cn

中国建筑装饰协会信息咨询委员会
北京市西城区德胜里一区 11 号楼 310-312 室
China Building Decoration Association
Rm.310-312, 11 Building DeshengliYiqu, Xicheng Dist., Beijing, China

邮编：100088
电话：010-62043676
传真：010-62025923
E-mail:chinabuild@sina.com

中国无机材料科技实业集团
北京市海淀区三里河路 11 号
China Scientific & Technological Industrial Group Corporation of Inorganic Materials(CIMGC)
11 Sanlihe Road, Haidian Dist., Beijing, China
邮编：100831
电话：010-68319998, 68348184
传真：010-68349607, 68354134
E-mail:cc-show@263.net

中企国际展览广告有限公司
北京市西城区阜外大街展览馆路 48 号华联写字楼 4 层
China Enterprises International Exhibitions & Advertising Co., Ltd.
Rm.401-411, Hualian Office Building, 48 Zhanlanguan Rd., Fuwaidajie, Xicheng Dist., Beijing, China
邮编：100037
电话：010-88361764
传真：010-88374666
E-mail:eaciecco@mx.cei.gov.cn

中艺久鼎展览展示有限公司
北京市东城区东总布胡同5号北京市住宅建筑设计院 706 室
邮编：100005
电话：010-65289756, 65141877
传真：010-65141877

株式会社光辉北京营业所
北京市朝外大街10号昆泰大厦Q905
Ray Corporation Beijing Office
Q905 Kuntai Bldg., 10 Chaowai Ave, Beijing, China
邮编：100020
电话：010-65995323
传真：010-65993188
E-mail:ray@ray.net.cn
http://www.ray.net.cn

重庆市

重庆杜赛尔多夫展览服务有限公司
重庆市高新区科园四路269号技术展览中心方馆 2 楼 1
电话：023-68882688

重庆好博商务管理有限公司
重庆市南坪东路 11 号星宇花园 A 幢 4-13-C
Chongqing Haobo Commercial Management Co., Ltd.
邮编：400060
电话：023-62822496，62914021
传真：023-62914021

重庆鸥信展览广告有限公司
重庆市高新区朝田村200号绅帝大厦 B 座 7-7
邮编：400039
电话：023-68673938
传真：023-68659024
E-mail:sales@cq-ocean.com
http://www.cq-ocean.com

福建省

凤凰创意会展服务有限公司
福建省厦门市湖滨南路619号SOHO大厦 301-303 室
邮编：361002
电话：0592-5146666-105
传真：0592-5143333, 5143338
E-mail:phenixchina@sina.com
http://www.china-phenix.com

厦门笔特尔展示设计有限公司
福建省厦门莲前西路 725 号 602（东芳山庄）
邮编：361009
电话：0592-5984497, 5984590
传真：0592-5984497
E-mail:zlzl789@sina.com

厦门国际会展职业学院
福建省厦门市龙山中路 150 号
邮编：361009
电话：010-5563078
传真：010-5558625
E-mail:applew1978@sina.com.cn
http://www.xmicec.com

中国（厦门）国际投资促进中心
福建省厦门湖滨北路外贸大厦二楼
China(Xiamen) International Investment Promotion Center
2/F., Hubinbeilu, Xiamen, China
邮编：361012
电话：0592-5063172
传真：0592-5168355
E-mail:zwl@chinafair.org.cn
http://www.chinafair.org.cn

甘肃省

甘肃国惠展览装饰有限公司
甘肃省兰州市小稍门外280号昌运大厦 BG
电话：0931-8854080

甘肃现代国际展览公司
电话：0931-8581077
传真：0931-8583457
E-mail:GSXDZL@163.com

广东省

广东南北展览广告有限公司
广东省广州市 F 九路荔湾广场荔富阁 702 室
邮编：510140
电话：020-81387882
传真：020-81710494

广东千秋展览策划有限公司
广东省广州市黄埔大道西189号红棉阁 2205 室
Qian Qiu Exhibition & Secheme Co., Ltd.
邮编：510620
电话：020-87569886
传真：020-87569886
E-mail:qianqiu@public.guangzhou.gn.cn

东莞盛昌展览有限公司
广东省东莞莞城东城西路白沙塘综合 2 号楼 5 楼
电话：0769-2495721，2464051
传真：0769-2485721
E-mail:dgschang@iap.com.cn

广州菲利克斯展览服务有限公司
广东省广州市滨江东路翠竹路18#裕丰大厦 21 楼 F 座
Guangzhou Felix Exhibition Services Co., Ltd.
21/F., Yufeng building, 18 Cuizhulu, Binjiangdonglu, Guangzhou, China
邮编：510300
电话：020-34210220，34210265
传真：020-34210236
E-mail:victory@felixfairs.com
http://www.felixfairs.com

广州富众展览策划有限公司
广东省广州市天河区中山大道棠东东南路 8 号顺景苑 807 室
邮编：510665
电话：020-85539139, 85577615
传真：020-85539079
E-mail:fuzhong321@21cn.com

广州富洋商业展览策划有限公司
广东省广州市流花路 109 号 306 室
Guangzhou Overseas Trade Fairs Ltd.
Rm.306, 109 Liuhua Road, Guangzhou, China
邮编：510010
电话：020-86685704, 86685270
传真：020-86685794
E-mail:info@fuyang.com.cn
http://www.fuyang.com.cn

广州固创展览策划有限公司
广东省广州市广园西路 99 号金都大厦 418 室
邮编：510010
电话：020-86502796，86502680，86514239
传真：020-86502796

广州好博展览策划有限公司
广东省广州市白云区黄石立交旁成丰大厦 B 座 1107 室
邮编：510245
电话：020-86624708
传真：020-86624706
E-mail:hopeaa@public.guangzhou.gd.cn

华之彩展览有限公司
广东省广州市天河区体育东路 11 号羊城国际商贸中心西路 1001 室
电话：020-38870745

广州联展展览策划有限公司
广东省广州市广园西路 99 号金都大厦 511 室
邮编：510010
电话：020-86503056
传真：020-86503056
E-mail:lianzhan@163.net

广州市博慷展览展示有限公司
广东省广州天河区马场路535号金骏大厦三楼 C 座
邮编：510627
电话：020-38200193, 38200127
传真：020-38200116
E-mail: bo_kang@263.net
http://www.bk-ex.com

广州市精颖设计策划有限公司/精颖印刷厂
广东省广州黄埔大道中144-152号海景中心海都轩 7G
邮编：510655
电话：020-85626057，85626077
传真：020-85626057
E-mail:jingyin@public.guangzhou.gd.cn

广州市时空展贸中心
广东省广州市黄埔大道中296号乐雅苑 D808
邮编：510655
电话：020-38680086/85/84
传真：020-38680200
E-mail：info@2t2.net
http://www.2t2.net

广州显辉展览服务有限公司
广东省广州市东风中路363号国信大厦 1101 室
Top Repute Co., Ltd.(Guangzhou)
Rm.1101, Guoxin Mansion, 363 Dongfeng Zhonglu, Guangzhou, China
邮编：510045
电话：020-83631061, 83631062-803
传真：020-83631063

广州银波展览服务公司
广东省广州市黄浦大道西201号金泽大厦 12 楼 B5 座
邮编：510620
电话：020-87566852
传真：020-87565441

豪斯展示器材（广州）有限公司
广东省广州市石榴岗路2号粤信广场嘉东楼 903 室
邮编：510310
电话：020-84178649，84178846
传真：020-84178846
E-mail:reckykwan@163.net
http://recky.topcool.net

梦工场投影设计创作室
广东省广州市文德北路 69 号 7713 室
邮编：510030
电话：020-83332599, 83333489
传真：020-83332599
E-mail:55wu@sina.com

广州美家乐（展览）装饰设计有限公司
广州市大道北100号金穗大厦8楼G座
邮编：510075
电话：020-38867090
传真：020-38865281

深圳市凯思展览服务有限公司
广东省深圳市人民北路书院街一坊六号二楼
邮编：518001
电话：0755-82239963, 82236690
传真：0755-82203607
E-mail:lxm66@163.net

深圳市西林展览有限责任公司
广东省深圳市八卦三路 702 栋三楼
Shenzhen Xilin Exhibition Co., Ltd.
3/F, 702 Bldg., Baguasanlu, Shenzhen, China

邮编：518029
电话：0755-82443161, 82444058
传真：0755-82443162
E-mail:xlzl@public.szptt.net.cn
http://www.xilin-exhibition.com

广州西图展示设计有限公司
广东省广州市天河南二马路25号丰兴广场德兴阁806室
电话：020-61213456
传真：020-51213458

广州兴宏源展示设计制作有限公司
广州市天河区石牌东路137号广信银兰苑5A01室
邮编：510630
电话：020-38897305，38896878
传真：020-38897610
http://www.xinghy.com

深圳市中广信会议展览有限公司
广东省深圳市福田区新闻路景苑大厦A座2508室
邮编：518034
电话：0755-83923254, 83904655
传真：0755-83904655
E-mail:cnexhibi@yahoo.com.cn

深圳展贸咨询服务有限公司
广东省深圳市上步北路深圳国际展览中心6号展厅2楼207室
邮编：518029
电话：0755-82409330，82265564
传真：0577-82407175

贵州省

贵州奥特展览服务有限公司
贵州省贵阳市中华北路325号省经贸委企业干部培训中心四楼
电话：0851-6892482

荔波旅游发展有限责任公司
贵州省都匀市
电话：0854-3613800
传真：0854-3611147

海南省

尚科会展有限公司
海南省海口市机场路汇隆大厦A座501室
Shangke convention & Exhibition Co., Ltd.
电话：0898-6710656
E-mail:a6784558@hk.hi.cn

河南省

河南春秋广告策划有限公司
河南省郑州市杜岭中街159号雄风大厦B座804室/805室
电话：0371-6263320
传真：0371-6263317
E-mail:chunqiugg@sina.com

郑州市恒泰展览展示策划服务有限公司
河南省郑州市凤凰路东段88号
电话：0371-6337068，13073772538
传真：0371-6373085

郑州豫电广告实业发展有限公司
河南省郑州市工人路115号
电话：0371-7438655，7437917

河南省远东广告装璜公司·商丘公司
河南省南丘市京港大道与团结路交叉口向东16米
邮编：476000
电话：0370-2297626, 2217626
传真：0370-2296953

河南鑫福文化广告传播公司
河南省郑州市经七路
电话：0371-3829028

黑龙江

哈尔滨北方国际展览公司
黑龙江省国际博览中心240室
电话：0451-3636476
传真：0451-3636476

黑龙江省金马会展策划服务有限公司
黑龙江省哈尔滨市道里区西三道街九号外贸酒店四楼办区
电话：0451-4699464
传真：0451-4699443

哈尔滨市龙之旅旅游公司
黑龙江省哈尔滨市赣水路12-9号鸿蒙商务楼10楼A座
电话：0451-2291277
传真：0451-2627784

融海阳光展览服务有限公司
黑龙江省哈尔滨市南岗区黄河路188号信恒花园1号楼1401室
电话：0451-88600967，13796007624

黑龙江省中科国际合作交流有限公司
黑龙江省哈尔滨市赣水路1号齐鲁商务酒店17层
Linke Cooperation & Exchange International Heilongjiang
邮编：150090
电话：0451-82614032, 82616777
传真：0451-82649713
E-mail:linker@public.hr.hl.cn
http://www.linker.org.cn

中国外商投资企业展览服务公司哈尔滨分会
黑龙江省哈尔滨市南岗区中山路252号银河宾馆1115室
China Foreign Investment Enterprises Exhibition and Service Company, Harbin Branch
Rm.1115, Yinhe Hotel, 252 Zhongshan Rd., Nangang Dist., Harbin, Heilongjiang, China
邮编：150001
电话：0451-82626087, 82626077-1115
传真：0451-82626087
E-mail:haefi@public.hr.hl.cn

湖北省

武汉东方旗舰展示服务有限公司
湖北省武汉市武昌阅马场元鹤大厦1006室
电话：027-88084993
http://www.QIJIANZS.com

湖北好博展览有限公司
湖北省武汉市武昌区武珞珞亚留广场B座1508室
电话：027-87854420

尚格展览贸易有限公司
湖北省武汉惠济二路6号金三九写字楼620室
邮编：430010
电话：027-82606059, 82637059
传真：027-82637059
E-mail:zhjua121@public.wh.hb.cn

武汉伍展展览会议服务有限公司
湖北省武汉市汉口青年路64号青年广场A座21G
电话：027-85489004
http://www.whzlw.com

武汉惠昌展览策划有限公司
湖北省武汉市江汉北路34号九运大厦609室
Wuhan Huichang Exhibition Co., Ltd.
Rm.609 Jiuyun Mansion, 34 Jianghan Bei Road, Wuhan, China
邮编：430022
电话：027-85791576, 85729127/9129
传真：027-85801706
E-mail:hui-chang@21cn.com
http://www.ehuichang.com

湖南省

长沙世星科技发展有限公司
湖南省长沙市展览馆路46号科普大厦6楼508室
电话：0731-2566931

长沙恒创展览策划服务有限公司
湖南省长沙市建湘路603号轻工集团总公司623-624
电话：0731-2226970，4411952

江苏省

东亚会展服务有限公司
江苏省好的展览贸易有限公司
江苏省南京市华侨路37号春风大厦17F
邮编：210029
电话：025-84707348, 84703485

南京凤凰展览有限公司
江苏省南京市珠江路竺桥8号607室
邮编：210018
电话：025-84517548，84506484
传真：025-86645029，84527185
http://www.nj-phoenix.com

江苏南京富莱德展览有限责任公司
江苏省南京市龙蟠中路534号502室
电话：025-8641487，8641001

南京巨鲸展览工程有限公司
江苏省南京市龙蟠路锁金村75号（国展中心斜对面）
电话：025-85423198，85421678
传真：025-85421678
http://www.jujingexpo.com

南京文化艺术中心
江苏省南京市长江路101号
电话：025-84739669
传真：025-84706690

西美展览南京公司
江苏省南京市莫愁路314号四层
电话：025-8718695
传真：025-88718695

南京新世纪展览公司
江苏省南京市锁金村83号金卡大厦401室
电话：025-5291898
传真：025-5403715

武进阅亮展览用品有限公司
江苏省常州市湖塘镇区
邮编：213162
电话：0519-6320257
传真：0519-6703570

中国无锡西邦气模营造有限公司
江苏省无锡市金匮西路体育中心内
邮编：214072
电话：0510-5114145, 5119119
传真：0510-5134154
E-mail:shape@public1.wx.js.cn

徐州市淮海国际会展有限公司
江苏省徐州市中国淮海食品城会展中心二楼
电话：0516-3873520
传真：0516-3873505

辽宁省

大连北方国际展览服务有限公司
辽宁省大连市沙河口区会展路18号星海会展中心
邮编：116023
电话：0411-4809318
传真：0411-4809324
E-mail:dlne@mbm.dl.ceigov.cn

大连华展展览服务有限公司
辽宁省大连西岗区同仁街50号大连万达公寓10层D座
邮编：116011
电话：0411-3787490，3787048
传真：0411-3787048，3787049
E-mail:dlhz@mail.dlptt.ln.cn
http://www.dlhz-expo.com

大连金世长城展览服务有限公司
辽宁省大连市西岗区新开路82号越秀大厦2101室
邮编：116011
电话：0411-3769049, 3769050
传真：0411-3769061
E-mail:jscc-exhi@163.com

大连瑞德展览服务公司
辽宁省大连市中山区明泽街16号丽苑大厦18楼H座
邮编：116001
电话：0411-2658677，2809542
传真：0411-2653306
E-mail:read@pub.dl.lnpta.net.cn

大连太平洋展览策划有限公司
辽宁省大连市沙河口区连胜街41号龙祥花园3号楼2-7-1室
邮编：116021
电话：0411-4650822，4650881，

4590062
传真：0411-4600661
E-mail:dped@sina.com
http://www.dped.com

沈阳市鼎世博览有限公司
辽宁省沈阳市和平区和平南大街39号（嘉环大厦16楼）
邮编：110003
电话：024-23220831
传真：024-23850348

大连市建筑装饰协会
辽宁省大连市西岗区五四路66-2号（万益大厦505室）
邮编：116011
电话：0411-3706001，3679081，3706002
传真：0411-3679082
http://www.dlbuilding.com

大连先行展览服务有限公司
辽宁省大连市沙河口区中山路595号星海大厦A座1105室
邮编：116023
电话：0411-4580751，4580752，4580753
传真：0411-4580753
E-mail:ztping1109@hotmail.com
http://www.dlpioneer.com

宁夏回族自治区

银川西部城大昌展业服务有限公司
宁夏银川开发区中苑大厦B座六层
电话：0951-5057206

内蒙古自治区

包头飞天文化有限公司
内蒙古包头市青山区钢铁大街40号
电话：0472-5113773

四川省

成都策划服务有限公司
成都鑫东方商务有限公司
四川省成都市金牛区交大路101号新材大厦408室
邮编：610031
电话：028-87614018, 87611129
传真：028-87614568, 87615928
E-mail:necd@163.com

四川华展信息工程有限责任公司
四川省成都市金沙江路88号懋园威尼斯楼二单元101号
Sichuan Huazhan Information Engineering Co., Ltd.
2-101, Weinisi Maoyuan, 88 Jinshajiang Rd., Chengdu, Sichuan, China
邮编：610031
电话：028-87670615
传真：028-87680330
E-mail:schzie@mail.sc.cninfo.net

山东省

山东丞华展览有限公司
山东省济南市普利街29号
电话：0531-6114990
传真：0531-6900572
E-mail:wwwllzzh@jn-public.sp.cninfo.net

山东省荣恒国际展览服务有限公司
山东省青岛市山东路16号济南大厦22层J室
Shandong Evermore International Exhibitions Services Co., Ltd.
Rm.J, 22 Floor, Jinan Tower,16 Shandong Road, Qingdao, China
邮编：266071
电话：0532-5820653
传真：0532-5820653
E-mail:evermore.exh@163.net

陕西省

陕西星宇展览策划有限责任公司
陕西省西安市友谊东路334号测绘大厦B座508-509室
Shaanxi Xingyu Exhibition Planning Co., Ltd.
邮编：710054
电话：029-7839155, 7839098
传真：029-7801901, 7839155
http://www.xingyu99.com
E-mail:xingyu99@vip.163.com

陕西雅图展览服务有限公司
陕西省西安市下马陵1号内
Xi'an Meshow Display Production Co., Ltd.
电话：029-7518644
传真：029-7514948

西安博恒展览贸易有限公司
陕西省西安市含光路99号
电话：029-2553963
传真：029-2553963

西安长城展览服务有限责任公司
陕西省西安市长乐路中路29号
电话：029-2547679
传真：029-2548432

西安新时代设计展览有限公司
陕西省西安市长安北路91号富城大厦9F901
电话：029-7885588, 7887518
传真：029-7885599
E-mail:exhibcen@pub.xaonlinc.com

西安雅图展览服务有限公司
陕西省西安市南二环西段21号华融国际商务大厦B504室
邮编：710061
电话：029-2309100/101/102
E-mail:yatuco@bylink.com.cn
http://www.yatu.com.cn

上海市

上海宾格博览策划有限公司
上海市襄阳南路218号现代大厦7楼-7
电话：021-54653995-807
传真：021-54653979
E-mail:young@target3d.com
http://www.target3d.com

德国欧立旺国际展览设计股份有限公司上海代表处
上海市浦东新区张杨路188号C栋308室
Unit One Expo. Team German Exhibition Service Co., Ltd.
Rm.308, C Bldg.,188 Zhangyanglu, Pudong Xinqu, Shanghai, China
电话：021-68883308/4308/6308
传真：021-68880308

法兰克福展览咨询（上海）有限公司
上海市南京西路1168号中信泰富广场2703室
Messe Frankfurt Shanghai
2703 CITIC Square, 1168 Nanjing Xi Road Shanghai 200041, P.R.China
邮编：200041
电话：021-52929222
传真：021-52928777
E-mail:info@china.messefrankfurt.com
http://www.messefrankfurt.com

慕尼黑展览咨询（上海）有限公司
上海市浦东南路360号新上海国际大厦24B
Munich Trade Fairs Consultancy (Shanghai) Co., Ltd.
24B, New Shanghai International Tower, 360 Pudongnanlu, Shanghai, China
邮编：200120
电话：021-68863366
传真：021-68862400
E-mail:info@mmi-shanghai.com

上海邦达展览服务有限公司
上海市雁荡路107号雁荡大厦13楼F座
邮编：200020
电话：021-63580773
传真：021-33100246

上海博慧商务展览有限公司
上海市万航渡路888号开开广场21楼G座
邮编：200042
电话：021-62251975
传真：021-62251976

上海博闻展览服务有限公司
上海市延安东路55号工商联大厦911室
Global Exhibitions Services Co., Ltd.
邮编：200002
电话：021-64810070-106
传真：021-64814005
E-mail:zengweid@online.sh.cn
http://www.tradeshow.com.cn

上海博秀展览服务公司
上海市澳门路326号1B02室
邮编：200060
电话：021-62770913
传真：021-62770912
E-mail:proshow@public7.sta.net.cn

上海博展展览服务有限公司
上海市兴义路48号新世纪广场C座1404室
邮编：200336
电话：021-62700003

上海泛海展示服务有限公司
上海市黄渡路49弄2号
Shanghai Fanhigh Display Service Co.,Ltd.
No 2. Lane 49 Huangdu Road, Shanghai.
邮编：200081
电话：021-65879931
传真：021-56716658
E-mail:haienadv@online.sh.cn
http://www.haien.com.cn

上海非凡会展服务有限公司
上海市杨高南路501室
电话：021-62159908
传真：021-68730735

上海国际展览运输有限公司
上海市康定路460弄2号1楼
Shanghai Expotrans Ltd.
1/F.,No.2,Lane 460 Kang Ding Road, Shanghai 200040.
邮编：200040
电话：021-62178088，62158552
传真：021-62179788
E-mail:xptrs@public8.sta.net.cn

上海荷雅企龙展览服务有限公司
上海市天山路600号新虹桥商务广场思创大厦东19楼AB座
Royal Dutch Jaarbeurs China & Keylong Exhibition Service Co., Ltd.
E19AB, Stringth Plaza, New Hongqiao Business,Squako,600 Tianshan Rd., Shanghai,China
电话：021-52896776
传真：021-52896090
E-mail:keylong@public.sta.net.cn
http://www.keyling.com

上海环球展览服务有限公司
上海市江宁路167号24层
邮编：200041
电话：021-62556060
传真：021-62557740
E-mail:wes-expo@stn.sh.cn

上海华惠国际货运有限公司展览部
上海市沪青平公路338号5号楼302室
邮编：201105
电话：021-54473569，54473579
传真：021-62340902
E-mail:farenco@public4.sta.net.cn

金曼联展示有限公司
上海市徐汇区龙漕路145号宏伟阁2004室
电话：021-34141595
传真：021-34141596
E-mail:cttic@vip.sina.com
北京公司：
北京市朝阳区百子湾路16号后现代城2号楼2C单元1503室
电话：010-65419580，65419581
传真：010-65419582
E-mail:jinmanlian@vip.sina.ocm

上海励展展览设计工程有限公司
上海市延安西路1088号长峰中心1601室
Legend Exhibition Design Engineering Co., Ltd.
Rm 1601,Summit Center,No.1088 Yanan Rd(W),Shanghai,China.
邮编：200052
电话：021-62268855

传真: 021-52390600
http://www.lizhan.com.cn
北京分公司
北京励展宏图展览展示有限公司
北京市朝阳区劲松三甲302号华腾大厦2008室
邮编: 100021
电话: 010-87730871，87730872
传真: 010-87730922

上海良图广告设计制作有限公司
上海市打浦路90弄1号806室
Shanghai Lanton Advertising Co.,Ltd.
Rm.806 No.1,Lane 90 Dapu Rd. Shanghai.
邮编：200023
电话：021-63015545，63015427
传真：021-63054449
E-mail:liangtu2002@yahoo.com.cn

罗杰斯环球（香港）有限公司
上海市兴义路48号新世纪广场A座1803室
Rogers Worldwide (HK) Ltd
No.48 Xing Yi Road Shanghai Room 1803.Blocka,New Century.
邮编：200003
电话：021-62700003
传真：021-62700005
E-mail:info@rogers.sha.com

上海茂鸿国际货运有限公司
上海市南浔路260号隆江大厦4楼402室
Shanghai Maohong Int'l Transportation Co.,Ltd.
Rm.402 4/F Long jiang Bldg.260 Nan Xun Road Shanghai China.
邮编：200080
电话：021-63454417
传真：021-63242414
E-mail:mhef@maohongtrans.com

上海欧旭展览展示服务有限公司
上海市漕宝路82号光大会展中心E座1705室
邮编：200233
电话：021-64325326/7/8
传真：021-64325329

上海日恒展览服务有限公司
上海市万航渡路888号开开广场21楼G座
Shanghai Sun Exhibition Services Co., Ltd.
21G,Kaikai Plaza, 888 Wanhangdu Road, Shanghai,China
邮编：200042
电话：021-62108885
传真：021-62109659
E-mail:info@sunexhibition.com
http://www.sunexhibition.com

上海升泰展览服务有限公司
上海市虹桥路2328号
Shanghai Shengtai Exhibition Service Co., Ltd.
邮编：200335
电话：021-62426175, 32071118
传真：021-62620680
昆山办事处
昆山市前进中路125号
邮编：215300
电话：0512-57368099
传真：0512-57368100
苏州办事处
苏州三香路三香花园7幢106室
邮编：215004
电话：0512-68662615, 68601915
传真：0512-68601915

上海泰硕商务信息咨询有限公司
上海市南京西路1025弄64号
Shanghai Trisoo Information And Consulting Firm.
64#,1025 Nong Nanjing Road West, Shanghai,China.
邮编：200000
电话：021-62150137，62170554
传真：021-62170554
E-mail:trimen@x263.net
http://trimen.ebigchina.com

上海新裕展览服务有限公司
上海市中山北路2550号上海物资贸易大厦815/817室
Shanghai Xinyu Exhibition Service Co., Ltd.
Rm.815/817,2550 Zhongshanbeilu, Shanghai, China
邮编：200063
电话：021-62571107, 62576390
传真：021-62571107
E-Mail：xinyuzhl@public7.sta.net.cn

上海兴华旅展览有限公司
上海兴旅广告有限公司
上海市徐汇区蒲汇塘路101号307室
Shanghai Xinglu Advertising Limited/ Shanghai Xinghualu Exhibition Ltd.
Rm.307,101 Puhuitang Rd., Shanghai, China
邮编：200030
电话：021-64875411, 64275373
传真：021-64275004
E-mail:peter@xing-lv.com

上海颖展商务有限公司
上海市五原路252号弄2号
邮编：200031
电话：021-64733470
传真：021-64713097
E-mail:yinzhanc@online.sh.cn

上海怡展展览服务有限公司
上海市天目西路547号B栋2006室
Viewshop Exhibits & Display (Shanghai) Co.,Ltd.
Room 2006,B Tower No.547 Tianmuxi Road,Shanghai 200070,China.
邮编：200070
电话：021-63542088
传真：021-63542188
E-mail:Bill.wang@viewshop.net
http://www.viewshop.net

上海展嘉科技信息服务有限公司
上海市长宁区番禺路50号四楼
Shanghai Exhibition Tech. Inc.
邮编：200052
电话：021-62809107, 62812064
传真：021-62808412
E-mail:sales@show-ticket.com

香港展览服务有限公司上海办事处
上海市仙霞路322号A803室
邮编：200336
电话：021-62095209
传真：021-62095210
http://www.fhcchina.com

雅诗（中国）有限公司
北京雅诗荟萃展览服务有限公司上海办事处
上海市静安区新闸路777弄1号楼25F座
Arts & Sales (China) Ltd./Beijing Ya Shi Hui Cui Exhibition Services Co., Ltd. Shanghai Liaison Office
25F, Building 1, 777 Nong, Xinzha Road, Jing'an Dist., Shanghai, China
邮编：200041
电话：021-62583586-801
传真：021-62583173
E-mail:yszhanlan@shtel.net.cn

意大利欧惕目国际海洋运输组织股份公司
上海市华山路301号静安商楼308室
Organizzazione Trasporti Internazionali Emarittimi
Rm 308, Jin An Commercial House, 301 Huashan Rd. Shanghai, P.R.China.
邮编：200040
电话：021-62480412，62480697，62491755
传真：021-62488204
E-mail: otimsha@public1.sta.net.cn

天津市

天津瑞德展览服务公司
天津市河西区友谊路34号东楼208室
邮编：300061
电话：022-28373000
传真：022-28372000

天津体育展览服务中心
天津市南开区宾水西道
Tianjin Sports Exhibitions Center
Binshuixidao, Nankai Dist., Tianjin, China
邮编：300381
电话：022-23389842
传真：022-23389146

天津天体展览服务中心
天津市南开区宾水西道
Tianjin Tianti Exhibition Service Center
Binshuixidao, Nankai Dist., Tianjin, China
邮编：300381
电话：022-23915800-1164, 23916168
传真：022-23389146

天津五方展示设计制作中心
地址：天津市南开区华苑路55号
邮编：300384
电话：022-23391885，62506550，62506556
移动电话：13920807998
传真：022-62506550
E-mail:13920807998@vip.163.com
http://www.adroad.net
厂址：天津市西青开发区梨双路门道口33号
邮编：300381
电话：022-83989822，83989823
传真：022-83989823

新疆维吾尔自治区

新疆泛亚会展服务中心
新疆乌鲁木齐市友好南路110号西北商场四楼
电话：0991-4517305
传真：0991-4536291
E-mail:xjfanya@mail.xj.cninfo.net
http://www.fanya.net

云南省

昆明爱克比展览服务有限公司
云南省昆明市塘双路自由港14楼B01室
电话：0871-3573006
传真：0871-3519498

云南艾姆希企划广告展览有限公司
云南省昆明市人民西路128号
电话：0871-5358138
传真：0871-5387004

浙江省

佳德展览服务有限公司
Exhibition Services Co., Ltd.
电话：0571-88212035
传真：0571-88212039
E-mail:cand@email.com.cn
http://www.chairshow.com

宁波雅卓展览服务有限公司
浙江省宁波市百丈东路650号7楼
Younage Exhibition Co., Ltd.
7F,650 Baizhang Dong Road, Ningbo, China
邮编：315040
电话：0574-87849302-802
传真：0574-87849306
E-mail:younage@mail.nbpff.zj.cn
http://www.younage.com

上海申仕展览服务有限公司杭州分公司
浙江省杭州市东新路5号一楼
邮编：310004
电话：0571-85516819, 85371746
传真：0571-85362139，85371823
E-mail:xh-ex2001@163.net

温州联华展览服务有限公司
浙江省温州市人民东路新世纪大厦21楼D座
电话：0577-88846685
传真：0577-88846689

香港特别行政区

传达雅意展览服务有限公司
香港九龙湾展贸径1号国际展览中心9楼928室
AD Target Exhibition Services Ltd.
Rm 928,Hongkong International Trade and Exhibition Centre, 1 Trademart Drive, Kowloon Bay, Hongkong.
电话：00852-28363863
传真：00852-25640983
E-mail:general@artelec.com
http://www.artelec.com

万通税务
Meridian VAT Reclaim（H.K.）Ltd.
Suite 505, Gitic Centre, 28 Queen's Road East Wanchai Hong Kong
E-mail:merhk88@netvigator.com
http://www.meridianvat.com

金怡国际展运有限公司
香港湾仔骆克道88号21楼
JES Logistics Ltd.
21/F., 88 Lockhart Road, Wanchai, Hong Kong
电话：00852-25636645
传真：00852-25975057
E-mail:joannal@jes.com.hk
http://www.jes.com.hk

建发国际（控股）有限公司
香港九龙尖沙咀广东道9号海港城港威大厦第6座28楼
电话：00852-23118206
传真：00852-23116629
E-mail:kayley.chan@kenfair.com
http://www.kenfair.com

香港旅游发展局
香港北角威非路道18号万国宝通中心9至11楼
Hong Kong Tourism Board
9-11/F,Citicorp Centre, 18 Whitfield Road, Hong Kong
电话：00852-28076299
传真：00852-28076589
E-mail:Tic@hktb.com
http://www.DiscoverHongKong.com

香港贸易发展局
香港湾仔博览道1号香港会议展览中心博览商场13号展览事务部
Hong Kong Convention & Exhibition Center, Hong Kong
Exhibition Department, Unit 13, Expo Galleria, Hong kong Convention and Exhibition Center, 1 Expo Drive, Warchai, Hong Kong
电话：00852-25844333
传真：00852-28240026
E-mail:exhibition@tdc.org.hk
http://www.hkantererise.com

香港中国旅行社有限公司
香港干诺道中78-83号中旅集团大厦4楼
China Travel Service (H.K.) Ltd
电话：00852-28533513
传真：00852-25419777
E-mail:ctsdrnd@ctshk.com
http://chinatravelone.com

香港生产力促进局
香港九龙达之路78号生产力大楼
电话：00852-27885678
传真：00852-27885599

亚洲博闻有限公司
香港湾仔港湾道26号华润大厦17楼
Cmp Asia Ltd
17/F, China Resoueces Building, 26 Harbour Road, HongKong.
电话：00852-25161691
传真：00852-28277831
E-mail:jenniferlaw@cmpasia.com
http://www.cmpasia.com

澳门特别行政区

澳门贸易投资促进局
澳门友谊大马路918号世界贸易中心四楼公关组
Macao Trade and Investment Promotion Institute
Ar.Amizade No.918,World Trade Centre,1st to 4th Floors,Moc
电话：00853-710300
传真：00853-590309
E-mail:ipim@ipim.gov.mo
http://www.ipim.gov.mo

台湾省

台北世界贸易中心
台湾省台北市信义路五段五号
电话：886-2-27251111
传真：886-2-27251314
E-mail: twtc@cetra.org.tw
http://www.twtc.org.tw/c-4in1/index.htm

台湾包装工业展览馆
6F, No 56, Sec. 4, Roosevelt Rd, Taipei
电话：886-2-23677428
传真：886-2-23678907
E-mail:info@taiwafood.org
http://www.taiwanpack.com

台中世界贸易中心
台湾省台中市407西屯区天保街60号
World Trade Center Taichung
60 Tienpao Street, Taichung 407, Taiwan
电话：886-4-23582271-1028
传真：886-4-23582341, 23582686
E-mail:dionnetsai@wtctxg.org.tw
http://www.wtctxg.org.tw

二、展示器材、工程公司

北京市

北京博世通业展示有限公司
北京市朝阳区麦子店街78号
Beijing Burstone Exhibition and Design Co., Ltd.
邮编：100026
电话：010-65087489, 65004879
传真：010-65087489
E-mail:burstone@sohu.com

北京博威亿龙系统集成技术有限公司
北京市朝阳区鼎成9号世纪宝鼎公寓B座504
电话：010-84899476, 84899429
E-mail:proway@etang.com

北京长安汉德森电子有限公司
北京市海淀区祁家豁子8号
邮编：100083
电话：010-62063537
传真：010-62010952

北京大关展示服务有限公司
北京市花乡新房子村90号
邮编：100070
电话：010-63791225
E-mail:daguangongsi@263.net
http://demo.cenpok.net/daguan/index.htm

北京迪森装饰有限公司
北京市海淀区花园北路20号华盛A座107
Beijing Disen Decoration Co., Ltd.
107, Bldg. A, Huasheng, 20 Huayuanbeilu, Haidian Dist., Beijing, China
邮编：100083
电话：010-82022172, 88113009
传真：010-82022172
http://www.disen.com.cn
E-mail:lujing@disen.com.cn

北京东方恒美会展设备技术有限公司
北京市朝阳区西坝河南路甲1号新天地A座1003室
电话：010-64465594/95
传真：010-64465587
E-mail:dongfanghengmei@sohu.com

北京都市经典展示有限公司
北京市朝阳区金盏乡长店北街3号
电话：010-84320150
传真：010-84320182
E-mail:c.classic@163.net

北京多艺展览器材市场
北京市海淀区北太平庄路43号院1号楼
电话：010-62032650
传真：010-62031843

北京华汉工程塑料有限责任公司
北京市朝阳区光华路7号汉威大厦5层A5
邮编：100004
电话：010-65610515, 65610516
传真：010-65610517

北京华进展览展示有限公司
北京市车公庄西路甲19号华通大厦730室
邮编：100044
电话：010-68728993
传真：010-68716028
E-mail:bj@beingaviation.com
http://www.cpexhibition.com

北京华艺德展示有限公司
北京市西城区鱼雁胡同甲6号（官园桥东50米）
邮编：100035
电话：010-66125499
传真：010-66514672

北京华毅司马展览工程有限公司
北京市建国东路康家园188号
邮编：100025
电话：010-65568330/2
传真：010-65568331

京东展览制作工厂
北京市朝阳区蟹度假村长店808号
电话：010-84315866，84319494
传真：010-84328226
E-mail:bxe818@163.com

北京加明视听工程有限责任公司
北京市西城区国英园6号楼一层西部（青年宫对面）
邮编：100035
电话：010-66159485, 66189373
传真：010-66159702

北京巨业楚天展示设计中心
北京市海淀区科学院南路12号
邮编：100080
电话：010-82621136
传真：010-82621136
E-mail:chutianzhanshi@sina.com

金朗展览材料有限公司
北京市朝阳区三元里南小街8号楼
电话：010-64617362
传真：010-64674396

北京隆联装饰设计有限公司
北京市朝阳区小关西街25号天舒苑202室
电话：010-64415845
传真：010-64415847

北京鹂音文化传播有限公司
电话：010-67692401-88，13901286653
传真：010-67658596-84
E-mail:liyin@263.net.cn
http://www.liyinay.com

北京诺思达展示服务有限公司
北京市朝阳区十里河2289信箱
邮编：100021
电话：010-67323611
传真：010-67326320

北京盛世万和展览服务有限公司
北京市朝阳区金盏乡长店村银晶路3号
电话：010-84336088，84336188
传真：010-84312761
E-mail:sswh.expo@263.net.cn

北京司马展览工程有限公司
北京市朝阳区建国东路康家园188号
邮编：100025
电话：010-65568330/2
传真：010-65568331
E-mail:symamart@public.gb.com.cn
http://www.syma.cn

北京世纪天晓展示有限公司
北京市朝阳区松榆西里43号宇安楼328室
邮编：100021
电话：010-67301987
传真：010-67301986
http://www.centuryts.com
E-mail:shiji0103@263.net

北京协力展示用品有限公司
北京市朝阳区安贞西里5区2号仟村商务大楼A座612室
邮编：100029
电话：010-64426745
传真：010-64430941

北京新易发技贸中心
北京市北四环西路21号（海淀科技中心内）
Beijing New IFA Science & Trade Center
邮编：100038
电话：010-6231159

传真：010-6231159
E-mail:newifa@sina.com

北京兴华旅展示有限公司
北京市通州区杨庄路248号
Beijing Xinghualu Exhibition Ltd.
248 Yangzhuang Road, Tongzhou Dist., Beijing, China
邮编：101100
电话：010-60536832
传真：010-60535708
http://www.xhiexpo.com.cn

北方展览广告公司展览工程部
北京市广安门南大街甲12号，2932信箱
North Exhibition & Advertisement Company
12A, Guang'anmen Nandajie, Beijing, China
邮编：100053
电话：010-63529988
传真：010-63547597

北京众联通展示艺术有限公司
北京市西城区德胜门外东滨河路3号白孔雀艺术世界407室
Beijing ZLT Exhibition Art Service Co., Ltd.
Rm.407 White Peacock Art World, 3 Dongbinhe Road, Deshengmen Wai, Xicheng Dist., Beijing, China
邮编：100011
电话：010-62023718，82076398，82076440
传真：010-62023719
E-mail:tong-jun@yeah.net 或 zlt@cenpok.net

成毅强展示设计有限公司 北京市海淀区北洼西里19号海萌公寓502室
邮编：100081
电话：010-68473566
传真：010-68473573
E-mail:cyiqiang@263.net
http://www.cyqzl.com

绰惠实业北京分公司
北京市朝阳区西坝河北里1号605室
邮编：100028
电话：010-64298809
E-mail:bjert@echorich.com

DECORY 朗德展示（北京）
北京市朝阳区安华西里一区13号写字楼320室
电话：010-64248732
传真：010-64244889
E-mail:decory_dq@sina.com
http://www.decory.com

濠式展览展示有限公司
北京市朝阳区西大望路东鑫大厦401/2/3室
邮编：100022
电话：010-67768184, 67768093
传真：010-67768077

及时星展示工程有限公司
北京市海淀区中关村东路123号都市网景2号楼807,808室
邮编：100086
电话：010-82671121, 82671131
传真：010-82671151, 62051935
E-mail:jsx.c@yeah.net
http://www.jsx.com.cn

金朗展览材料有限公司
北京市朝阳区三元里南小街8号楼
电话：010-64617362
传真：010-64674396

美国天际展示公司中国办事处
北京市东直门外南大街14号保利大厦写字楼670房间
邮编：100027
电话：010-65010260, 65001188-3667
传真：010-65010260
E-mail:wangxiao@public.bta.net.cn
http://www.skyline-exhibits.com.cn

美国亚洲商业发展公司北京办事处
北京市建外光华路乙12号咨询信息大楼1828-1834
邮编：100020
电话: 010-65052255-1832, 65051622
传真：010-65051376
E-mail:abd@public.bta.net.cn

美龙笙展示用品有限公司
北京市朝阳区广渠路29号九龙花园2号楼B座312
邮编：100022
电话：010-67730295, 67730290
传真：010-67730295-805
http://www.meironsion.com

清华同方
北京市朝阳区管庄北一里5号楼10层
邮编：100024
电话：010-64339319，65724051
传真：010-65724050, 65729756/7
E-mail:tongfangruibo@263.net

日美灯箱展示制作有限公司
北京市朝阳区光华路2号阳光100国际公寓B座607室
电话：010-51000481
传真：010-51000480

西帝爱展具制作有限公司
北京市朝阳区望京大厦8145房间
电话：010-64718528
传真：010-64709781

星道科技发展有限公司
北京市朝阳区东三环中路42号华艺写字楼1008室
邮编：100020
电话：010-17982
传真：010-10675
E-mail:xingdao@xingdao.com.cn
http://www.xingdao.com.cn

优尼博览展示工程器材（北京）有限公司
北京市朝阳区酒仙桥路2号格兰维森商务楼三层336室
Uniplan Beijing Co., Ltd.
RM.2033 Jing An Center, 8 Beisanhuandong Road, Beijing 100028, China
邮编：100028
电话：010-64387411
传真：010-64689358
E-mail:w.serve@bj.uniplan.com.cn
http://www.uniplan.com

北京中展国际展览工程有限公司
北京市北三环东路6号
邮编：100028
电话：010-84600408
传真：010-84600410
E-mail:TangXuDong@CIEC-expo.com

北京中大华堂电子技术有限公司
北京市西城区西郊民巷乙19号
邮编：100031
电话：010-67037768，13910288881
E-mail:zdht@zdht.com.cn

福建省

福建省广展示设计工程有限公司
福建省福州市五四路外贸中心大楼17层
邮编：350001
电话：0591-7518045
传真：0591-7524238
E-mail:fjzl@fjexpo.com
http://www.fjexpo.com

湖北省

武汉志达展示服务有限公司
湖北省武汉市利济东街29号佳和广场C栋403室
电话：027-85868573, 85815527

江苏省

江苏国际展览装饰工程总公司
江苏省南京市太平门街2号
邮编：210016
电话：025-84800266
传真：025-84800155
E-mail:jiedec@public1.ptt.js.cn

南京王朝国际展览工程有限公司
南京市常府街85号新大都广场乙楼8层
邮编：210002
电话：025-84526522, 84529389
传真：025-84293920

天津市

天津国际展览工程公司
天津市和平区建设路84号国贸大楼八层
邮编：300042
电话：022-8324719
传真：022-3301344

浙江省

杭州力汇电子有限公司
浙江省杭州天目山路160号国际花园A楼16层
邮编：310012
电话：0571-88210808-8027
E-mail:xumin@unibas.net
http://www.unibas.net

杭州市电子信息系统推广应用办公室
浙江省杭州市黄姑山路5-1号
Hangzhou Electric Information Promotion Office
5-1 Huanggushan Road, Hangzhou, China
邮编：310012
电话：0571-88076094，85927875
传真：0571-88076094
E-mail:hzzpx@mail.hz.zj.cn

温州安美展示器材有限公司
浙江省温州市牛山西路193号
电话：0577-88624408
E-mail:Anmen@mail.wzptt.zj.cn

温州奥林展示器材服务有限公司
浙江省温州市城南大道体育中心游泳馆一楼
邮编：325000
电话：0577-88356896
传真：0577-88356896

温州荣华展示设备厂
浙江省温州市新桥永庆街94-1号
Wenzhou Ronghua Display Corporation
94-1 Yongqing Street, Xinqiao, Wenzhou, Zhejiang, China
邮编：325006
电话：0577-88416360，88414746，88423863
传真：0577-88423863

温州市风正展览装饰有限公司
浙江省温州市城大道豪都大厦4层
邮编：325000
电话：0577-88925550
传真：0577-88925551
E-mail:fandz@mail.wzptt.zj.cn
http://www.fandz.net

温州志达展示装备有限公司
浙江省温州市新桥高翔工业区高展路15号
Zhida Display Equipment Co., Ltd.
15 Gaozhan Road, Gaoxiang Industrial Area, Xinqiao, Wenzhou, Zhejiang, China
邮编：325006
电话：0577-88419070, 88412327
传真：0577-88411036
E-mail:zhidazs@mail.wzptt.zj.cn
http://www.chinazhida.com

中国五金博览会组委会
浙江省永康市金城路25号
邮编：321300
电话：0579-7101053
传真：0579-7101088
E-mail:ykhwcity@mail.jhptt.zj.cn
http://www.hardwarefair.com.cn

浙江奥凯展览装饰有限公司
浙江省杭州市宝石一路4号大院
邮编：310007
电话：0571-85118701
传真：0571-85118647
E-mail:alcan@mail.hz.zj.cn

浙江永嘉华美空间网架厂
浙江省温州市瓯北林垟工业区
Zhejiang Yongjia Huamei Space Network Company
Linyang Industry Dist., Oubei, Wenzhou, Zhejiang, China

邮编：325105
电话：0577-67311425
传真：0577-67316346

广东省

广州市东泰骏城实业发展有限公司
广东省广州市流花路119号锦汉大楼
邮编：510010
电话：020-36235603
传真：020-36235885，86662514
E-mail:office@JH-GE.com
http://www.JH-GE.com

广州发展汽车城有限公司
广东省广州市黄埔大道东668号
邮编：510660
电话：020-82321973
传真：020-82309586
E-mail:ice810621@21cn.com
http://www.gzaec.com

广东深圳易尚展示器材有限公司
广东省深圳市深南中路新闻大厦2号楼613室
邮编：518000
电话：0755-82096040
传真：0755-82096972

广东省江门市峻宇发展有限公司
广东省江门市蓬江区良化西70号
Junyu Display Equipment Factory
70 Lianghuaxi,Jiangmen City, Guangdong, China
邮编：529000
电话：0750-3390348, 3102099
传真：0750-3390011
http://www.zhanxing.1608.com
E-mail:wyco@pub.jiangmen.gd.cn

广州市嘉毅赛罗展览器材有限公司
广东省广州市小北路65号华宇大厦16楼E座
Guangzhou Jiayi Sailuo Exhibition Equipment Co., Ltd.
16E, Huayu Building, 65 Xiaobei Road, Guangzhou, China
邮编：510045
电话：020-83566983
传真：020-83569313
E-mail:www.jysail@china.com

广州天围展览器材有限公司
广东省广州市体育东路1号金泽大厦20层2014室（83室）
Transworld(Guangzhou) Display Equipment Co., Ltd.
Unit14, 20/F, Jinze Building,1 Tiyudong Road, Guangzhou, China
邮编：510620
电话：020-87565179
传真：020-87567477
E-mail:tw1998@21cn.com
http://www.tw1998.com

豪斯展示器材（广州）有限公司
广东省广州市石榴岗路2号粤信广场嘉东楼903室
邮编：510310
电话：020-84178649，84178846
传真：020-84178846
E-mail:reckykwan@163.net
http://recky.topcool.net

玛雅展示
广东省广州市环市东路474号东环大厦1103-1104
邮编：510450
电话：020-87660821,87695617
传真：021-37652173

深圳市派克发科技实业发展有限公司
广东省深圳市福田区益田路江苏大厦A1211室
邮编：518021
电话：0755-82960418, 82960408
传真：0755-82960433
E-mail:pkf@chinapkf.com
http://www.chinapkf.com

江苏省

常州良友广告器材有限公司
江苏省常州市新区天安工业村B座
邮编：213004
电话：0519-8820330
传真：0519-8253163

常州灵通广告材料有限公司
江苏省常州遥观工业大道4号
邮编：213102
电话：0519-8702188, 8702958, 8703888
传真：0519-8702266
E-mail:ltad@pub.cz.jsinfo.net
http://www.lingtong-ad.com

常州灵通旅游用品有限公司
江苏省常州遥观工业开发区工业大道4号
邮编：213102
电话：0519-8705805
传真：0519-8704127
E-mail:ltong@pub.cz.jsinfo.net
http://www.lingtongcz.com

常州灵通展览用品有限公司
江苏省常州遥观工业区临津路63号
Changzhou Lingtong Exhibition Products Co., Ltd.
63 Linjin Road, Yaoguan Gongyequ, Changzhou, Jiangsu,China
邮编:213102
电话:0519-8702558
传真:0519-8701653
E-mail:lintong@public.cz.js.cn
http://www.ling-tong.com

辽宁省

沈阳兴华装饰有限公司/辽宁兴华展示有限公司
辽宁省沈阳市沈河区奉天街65甲（沈河八院斜对面）
邮编：110014
电话：024-22919734, 22919735
传真：024-22921491
E-mail:xhqy@163.com
http://www.xhqy.com.cn

四川省

成都雅士实业发展有限责任公司
四川省成都市金牛区跃进工业开发区
邮编：610036
电话：028-7515987, 7502858
传真：028-7506022

四川摩创展示器材有限公司
四川省成都市营门口路88号四威大厦A座904号
Sichuan Mochuang Exhibition Equipment Co., Ltd.
Rm.904 A, Siwei Building, 88 Yingmenkou Road, Chengdu, China
电话：028-87737977
传真：028-87714805-8800
E-mail:wang@sc-mc.com
http://www.sc-mc.com

四川奥克展架展示工程有限公司
四川省成都市武侯祠横街16号
邮编：610041
电话：028-85585199
传真：028-85585199

上海市

德天上海数码展示设备有限公司
上海市长寿路1118号金源国际大厦10楼G座
邮编：200042
电话：021-62514358/5255/1796
传真：021-62110835
E-mail:infor@yxcolor.com

上海德也篷房技术有限公司
上海市老沪闵路1428号
Shanghai Deye Lightweight Construction Halls Co., Ltd.
No.1428 laohuming road Shanghai China.
邮编：200237
电话：021-54825638
传真：021-54827258
E-mail:dyey@deyepf.com
http://www.deyepf.com

敏瑞展示
上海市石门二路258号现代大厦8006室
Meanright Exhibition
Rm.8006, Modern Architectural Design Building, 258 Shimen'erlu, Shanghai, China
邮编：200041
电话：021-62464354, 62464329
传真：021-62464416, 62464329
E-mail:meanrigh@sh163b.sta.net.cn
http://www.meanright.com

上海格诚商贸有限公司
上海市虹梅南路1755号梅陇工业园B区1号A座
邮编：200237
电话：021-34080558
传真：021-34080556
E-mail:gechengc@online.sh.cn

上海司马展览建造有限公司
上海市长宁区可乐路368号（近仙霞西路）
Shanghai SYMA-Expo Ltd
368 Kele Road,Changning District, (Xianxia Wast Road)
邮编：200335
电话：021-62388811
传真：021-62095166
E-mail:shmark@syma.com.cn
http://www.symaasia.com

上海艺华科技发展有限公司
上海市江宁路1277号2号楼11C座
邮编：200060
电话：021-62275317
传真：021-62275317

上海永昕建筑装饰有限公司
上海市中山西路2330弄2号立信宾馆2003室
邮编：200235
电话：021-64698869
传真：021-64698798

陕西省

西安美视展示用品有限公司
陕西省西安市高新产业开发区高新一路9号308
邮编：710075
电话：029-8233328
传真：029-8233328
E-mail:meishi@public.xa.sn.cn

三、广告公司

安徽省

合肥明珠装饰广告有限公司
安徽省合肥市经济技术开发区丹霞路5号
电话：0551-3812345/386

北京市

北京传意广告有限公司
北京市东城区新中街18号阳光都市1号楼2012室
电话：010-84472017
传真：010-84472917

北方展览广告公司
北京市北三环中路48号
邮编：100088
电话：010-63547531

北京观点空间广告有限公司
北京市西城区北滨河路3号
电话：010-62025913
传真：010-62351900

北京兴中创广告有限公司
北京市东城区东直门外十字坡东里10号一层
电话：010-64158808
传真：010-64166864
http://www.zcci.com

北京皇冠广告公司
北京市朝阳区亚运村惠忠北里天创世缘B1座2004室
邮编：100012
电话：010-64801184
传真：010-64801294

北京今日阳光广告有限责任公司
北京市东长安街12号
邮编：100742
电话：010-63081145，65249644
传真：010-63081753

北京太阳石广告服务中心
北京市展览馆路12号（华云酒店写字楼）B座505-508室
邮编：100041
电话：010-68358927，68358928
传真：010-68358910

广州英兰特丝印广告制作有限公司北京公司
北京市朝阳区和平里东土城路12号怡和建材大厦1号楼430-431室
邮编：100013
电话：010-64280439
传真：010-64217511

五矿国际广告展览公司
北京市海淀区三里河路5号
Minmetals International Advertising & Exhibition Corp.
5, Sanlihe Road, Haidian Dist., Beijing, China
邮编：100044
电话：（86-10）68495162, 68494587
传真：（86-10）88363160
E-mail: zhongshl@minmetals.com
http://www.minmetals.com
法人代表：钟胜利
Legal representative: Zhong Shengli

中国国际广告公司
北京市复兴门内大街45号
邮编：100081
电话：010-65684173
传真：010-65061167

中国民航宣传广告公司
北京市东城区东四11条胡同31号
邮编：100007
电话：010-64046497
传真：010-64046592

中机国际广告展览公司
北京市西城区阜成门外大街1号四川大厦西塔楼2005室
邮编：100037
电话：010-68343926
传真：010-68991422

中粮展览广告公司
北京市中粮广场A座1119房间
邮编：100005
电话：010-65268888
传真：010-65278627

福建省

厦门国际航空港集团广告有限公司
福建省厦门市商崎国际机场
电话：0592-9022936
传真：0592-6028439

广东省

广州交易会广告有限公司
广东省广州市流花路117号交易大厦10楼
CECF Advertising Company Ltd.
10/F Trade Building,117 Liuhua Road, Guangzhou, Guangdong, China
邮编：510014
电话：020-26081769
传真：020-86666937
E-mail:rebecca@china-supply.com
http://www.china-supply.com

广州英兰特丝印广告制作有限公司
广东省广州市天河东圃车陂十五社工业区三栋二楼
邮编：510660
电话：020-82305818, 82314922
传真：020-82305818
E-mail:yltsy@163.net
http://www.yltsy.com

水一方广告
广东省广州市五羊新城明月二路晖景大厦706
Shuiyifang Advertising Co., Ltd.
7/F Huijing Building,Mingyue'erlu, Wuyangxincheng, Guangzhou, China
电话：020-87361881, 87382230
传真：020-87361881
E-mail:xiaoyu730224@sina.com

黑龙江省

哈尔滨市中商广告公司
黑龙江省哈尔滨市南岗区花园街303号
邮编：150001
电话：0451-53602688
传真：0451-53602689

湖北省

武汉时尚广告发展有限公司
湖北省武汉市解放大道1012号武汉剧院2楼
邮编：430014
电话：027-82853836，82778059
传真：027-82806805

河南省

河南春秋广告策划有限公司
河南省郑州市杜岭中街159号商务大厦8楼804/805室
邮编：450000
电话：0371-6263320

湖南省

长沙虹新广告有限公司
湖南省长沙市芙蓉中路心安里53号
邮编：410005
电话：0731-4430300
传真：0731-4446333

江苏省

常州市霞峰广告创意装饰有限公司
江苏省常州市关河西路37号银苑大厦1504室
邮编：213002
电话：0519-6604686
传真：0519-6615202
http://czxf.126.com

常州市明日英才广告展示有限公司
江苏省常州市双桂坊70号
Changzhou Mingri Yingcai Advertisement Show Co.,Ltd
No.70 Shuang Guifang, Changzhou City,Jiangsu,China
邮编：213003
电话：0519-6634632，6600338，6608190
传真：0519-6800338-301
E-mail:sales@yingcai.com
http://www.yingcai.com

辽宁省

沈阳红马展览广告有限公司
辽宁省沈阳市东陵区万柳塘路55号万泉商业中心903室
邮编：110015
电话：024-24204398，24204399

山东省

山东正和商展广告有限公司
山东省济南市院前街1号珍珠泉宾馆1楼
邮编：250011
电话：0531-6085400
传真：0531-6096699-7008

烟台智慧广告有限公司
山东省烟台市南大街205号609座
邮编：264000
电话：0535-6641592 13001605638
E-mail: webmaster@zhci.net

上海市

金明展览设备（北京）有限公司上海办事处
上海市金陵东路569号汇通大厦1207
电话：021-58369000-202
传真：021-58369555

广州英兰特丝印广告制作有限公司上海公司
上海市曹杨路1040号中谊大厦23层
Guangzhou Inland Screen Printing Adv. Manuf. Ltd.
邮编：200063
电话：021-62168793
传真：021-62169488

上海工合广告展览有限公司
上海市斜土路1175号22楼
邮编：200032
电话：021-64180607，64183313
传真：021-64183321
E-mail:gungho@online.sh.cn
http://www.cam.com.cn

上海兴旅广告有限公司
上海兴华旅展览有限公司
上海市徐汇区蒲汇塘路101号307室
Shenghai Xinglu Advertising Limited/ Shanghai Xinghualu Exhibition Ltd.
Rm.307 101, Puhuitang Rd., Shanghai, China
邮编：200030
电话：021-64875411, 64275373
传真：021-64275004
E-mail:peter@xing-lv.com

协合广告
上海市南凡东路255-257号3F
邮编：200030
电话：021-64271686
传真：021-64271683
E-mail:har-sha@online.sh.cn

上海依佩克广告有限公司
天月西路511号11楼
邮编：200070
电话：021-63539977-1123
传真：021-63542272
E-mail:itpcad@vip.sina.com

上海市亚太广告公司
上海市华山路1399号5楼
Shanghai Asia-pacific Advertising Corporation
5F 1399 Huashan Rd,Shanghai,200052
邮编：200052
电话：021-62940722，62940721，62940720
传真：021-62940715
E-mail:apapap@online.sh.cn
http://www.shapad.com

天津市

天津市广告公司
天津市绍兴道21号
Tianjin Advertising Corporation
21 Shaoxing Road，Tianjin China
邮编：300203
电话：022-23246847, 23256706
传真：022-23247045
E-mail:tace@public.tjac.com.cn

新疆维吾尔自治区

新疆国际博览中心广告公司
新疆乌鲁木齐友好北路43号
邮编：830000
电话：0991-4823344
传真：0991-4841221

浙江省

杭州和平广告展览公司
浙江省杭州市东新路5号
Hangzhou Peace Advertising and Exhibition Co., Ltd.
5 Dongxin Road, Hangzhou, China
邮编：310004
电话：0571-85376693
传真：0571-85376693
E-mail:hpeace@mail.hz.zj.cn
http://www.china-peace.com

天工广告企划有限公司
浙江省玉环县玉坎路烟草大楼3楼
邮编：317600
电话：0576-7253533, 7253522
传真：0576-7253511

第五部分 展览协会

展览馆协会（1984年成立）
北京朝阳区北三环东路6号展览中心综合服务楼220室
China Association For Exhibition Center
6 Beisanhuan Dong Rd., Exhibition Center, The General Service Building, Beijing 100028 China
邮编：100028
电话：+86-10-84600666, 84600669
传真：+86-10-84600668
E-mail:wangyunmin@ciec-expo.com
http: //www.ciec-expo.com.cn

北京国际会议展览业协会（1998年6月成立）
北京市东城区安定门外青年湖北街甲8号
Beijing International Convertion And Exhibition Industry Association
A8 Qingnianhu,Bei St.,Andingmenwai, Dongcheng Dist.,Beijing,China
邮编：100011
电话：+86-10-64252201
传真：+86-10-64252355
E-mail:biceia@ccpitbj.org
Http: //www.expo-china.com

上海市会展行业协会（2002年4月成立）
上海市浦东大道288号201室
Shanghai Convention & Exhibition Industries Association
Room 201, 288 Pudongdadao, Shanghai, China
邮编：200120
电话：+86-21-58880345, 58880456
传真：+86-21-58882712

广东会议展览业协会（2001年9月成立）
广东省广州市机场路中央酒店写字楼3楼984
Guangdong Convention & Exhibition Industry Association
984,Building 3,Zhongyang Hotel Office, Ariport Road, Guangzhou,China
邮编：510403
电话：+86-20-86552876, 86578331-1984

深圳市会议展览业协会（1989年成立）
广东省深圳市新洲路（北），时代华庭，华庭轩二栋二楼E
Shenzhen Conference Exhibition Association
电话：+86-755-82957684(5线), 82957681
传真：+86-755-82957681
E-mail:szytl@szonline.net
Http: //www.exhibitionsz.com

山东国际展览业协会（2003年2月5日成立）
山东省济南市省经四路158号
邮编：250001
电话：+86-531-6168359, 6168350
传真：+86-531-6168351

湖南展览业协会（2002年9月5日成立）
湖南省长沙市五一东路80号
邮编：410001
电话：+86-731-2287156
传真：+86-731-2287156

温州市会展业协会（2001年5月21日成立）
浙江省温州市人民东路13号华宫大厦708室
Wenzhou Conference And Exhibition Industry Association
Room 708 Huagong Building,Renmin Dong Road, Wenzhou, Zhejiang 325000, China
邮编：325000
电话：+86-577-88229002, 8837379, 13905773988
传真：+86-577-88827200

宁波市会展行业协会（2003年2月28日成立）
浙江省宁波市江东区会展路181号
电话：+86-574-87052001
传真：+86-574-87052000

福州市会展行业协会
福建省福州市温泉公园路69号国际会展中心五楼
Fuzhou Conference & Exhibition Industry
Association
69 Wenquan Gongyuan Road, Fuzhou, China
邮编：350003
电话：+86-591-7807188-570
传真：+86-591-7807188-516
E-mail:fzcfeb@pubs.fz.fj.cn
Http: //www.0591fair.com

河南省会展业商会
地址：河南省郑州市金水路6号
电话：+86-371-5973118，5973128，5928596
传真：+86-371-5927688
邮编：450003
网址：www.hnsh.net
E-mail:henanhuizhan@163.com

香港展览会议业协会
香港湾仔骆克道68号，伟信商业大厦16楼
HongKong Exhibition & Convention Organisers' and Suppliers' Association
16/F Wayson Commercial House, 68 Lockhart Road, Wanchai, Hong Kong, China
电话：00852-28781368
传真：00852-28696103
E-mail:sinomap@netvigator.com
Http: //www.exhibitions.org.hk

澳门展览协会（2001年成立）
澳门士多纽拜斯大马路63号B地下
Macau Fair & Trade Assiciation
Arenida Sidonio Pais 63B, R/C, Macau, China
电话：00853-781881, 976199
传真：00853-781238, 976197

第十三章 附录——国际展览业资讯

第一部分 展览实体介绍

国际展览运输协会

国际展览运输协会总部设在瑞士，代表展览运输者的利益。1985年有来自5个国家的7个公司发起成立，1996年增加到36个国家和地区的73个成员。协会设标准和职业道德委员会、海关委员会、组织者委员会。该协会是在展业不断发展、展会越来越专业的形势下成立的。协会的目的是使展览运输业专业化，提高展览运输的效率，更好地为展览组织者和展出者服务。此外，为展览运输业提供交流信息的论坛，向海关及其他部门施加影响。该协会发行了一种电子手册，登载着不同国家海关的有关规定。该电子手册定期更新。

亚太地区展览会议联合会

亚太地区展览会议联合会于1989年在韩国创建。其宗旨为通过密切合作，推动太平洋周边地区会展业的发展，提高会员的商业利益。目前有会员24个。它每年举行一次年会，在主席、副主席领导下，下设秘书处，章程委员会、会员委员会、使用标准码委员会、筹划指导委员会。秘书处设在首尔韩国展览中心。出版物有APECC、新闻通讯、宣传手册等。该联合会的资金主要靠会员入会费、会费、年费、出版物中的广告费来筹集。

第二部分 展览内容介绍

一、重点展会

2004巴塞罗那环球文化论坛

“2004巴塞罗那环球文化论坛”于2004年5月9日—9月26日在西班牙巴塞罗那举办。在历时141天的盛会期间，论坛举办了50个大中型展览、47个研讨会、56场音乐会、31台戏曲、300场电影、4台杂技、12台音乐舞蹈表演……各种节目精彩纷呈，令人眩目，巴塞罗那显示出对世界文化的强大包容力。

论坛的四场大型常设主题展览“声音”、“栖身于世界”、“城市的角落”和“西安兵马俑”。这四大主题展览与论坛同天开幕、一起结束，是论坛的最主要活动之一，淋漓尽致地展示了文化多元性、可持续发展以及和平的条件等论坛的三大核心主题。

声音

在巴塞罗那国际会议中心一层，是以文化多元性为主题的大型展览—“声音”。

这是一个设计相当独特的展厅：一个高12米、直径为30米的半球展厅、环绕整个展厅的弧形墙上展示着世界上所有语种的分布及相关概况。在半球和弧形墙之间无数的工作台向观众清晰地呈现一个沟通的使节以及人们和各种语言是如何产生联系的。据介绍，整个展厅有46台由监视设备控制的同步视听显示器同时工作，这种展厅设计不仅新奇，而且在欧洲还是第一次。

展览通过各种模型、图片、文字、现场工作人员的解说等充分反映了人类的沟通、语言表达和文化等都具有多样性，语言、文化、观点、媒体、意识形态……这些都是人类多元的“声音”。据统计，在20世纪初时，世界上大约有1万种语言在被使用，然而，到20世纪末时则只剩下了5000种，其中只有120种语言的使用者超过了一百万人，更有95%面临着消失的危险。

展览还以其具有视觉冲击的模型和巧妙的场景安排告诫人们：人类获得自由的基础是不同文化之间进行平等的对话，而这需要每一个人的努力。在展览橱窗的一处显要位置，记载着J·A·玛丽娜的一句名言：“即使我们用同一种语言交流，我们也有可能会误会对方；但同时，即使我们用不同的语言，也可能达到交流的目的。这就取决于，在语言之外，人们是否通过共同的努力来达到交流理解的目的。”

在现场的网上“声音”展厅（http: // veus.barcelona2004.org），有加泰罗尼亚语、西班牙语、英语和法语等四种语言版本，采用视频、动画、游戏、音频、文章、论坛等多种形式，充分展示人类沟通、语言和文化的多样性。

据统计，“声音”展览平均每小时都有上千人参观，141天中，接待了数百万观众。

城市的角落

在会议中心举办的“城市的角落”展览每天也吸引了数千的参观者。展览以“角落是城市的精华和最小的单位”为主线，通过众多视听画面剪辑、串联，带领参观者进行了一次“领略角落是城市汇合点和人类聚合点”的旅行。

展览向人们展示了相遇、交叉和互换、意外和选择、恐惧和冲突、里程碑和坐标是如何在“角落”演绎的，进而暗示了城市社会、经济、文化和政治背后的推动力量。整个展览分为“石头的角落”、“人们的角落”、“角落和更多的角落”和“大角落”四个部分。

在“石头的角落”，参观者漫步于那些以“城市一角”闻名于世的地方，例如伦敦的皮卡迪利、纽约的时代广场、上海的南京路等；那些代表经典建筑价值的“角落”也展示出来，例如纽约的熨斗楼、巴塞罗那的米拉公寓、维也纳圣米歇尔广场、汉堡的智利大楼、东京的静冈等。

“人们的角落”通过一个引人入胜的视听蒙太奇，例证了不同的人们和活动在“城市角落”的相遇、冲突和更迭。“角落和更多的角落”阐释了城市就是“一个个角落组合起来的网格”，在这里有很多著名城市的模型，像哈瓦那、斯德哥尔摩、柏林、斯特拉斯堡、马德里和华盛顿等，并配有原始的地图、相关插画等。在“大角落”可欣赏到描绘川流不息的世界新型大都市的蒙太奇，包括孟买、墨西哥、开罗和伊斯坦布尔等，清晰呈现了不断扩张的大城市的特征。

栖身于世界

在港口附近的码头展厅，是“栖身于世界”的展览。展厅面积4747平方米，采用四种语言介绍，有视频区、图片区和互动区等，主要通过视听短片，把多个独立展示空间串联起来，镜头由远及近，聚焦三个不同但又互相关连的层次：地球、城市和个人，深刻反映人类是如何在地球栖息下来、人类如何导致和正面临的社会环境问题。

展览分为五个主题部分，涉及世界的社会经济现状、能源资源的枯竭和由具体的社会经济状况导致的人类迁移活动等。其中地球、城市、居住等三个展示空间尤为吸引人。

在地球空间，可看到了一系列的装置和各式各样的模型，演绎着由于人类活动而导致地球自然界的主要变化；其中最惊人的是都市化现象，它使整个地球被密密麻麻的城市网所覆盖，就像一个巨大的蜘蛛网不断地在地球表面扩展。城市空间通过模型对比世界上一些典型城市的形制规划，探讨了城市可持续发展的模式，还特别展示了为此次文化盛会而开辟的巴塞罗那城市新区的可持续发展措施。最后一个空间关注我们的日常生活的环境，反思了西方社会高消费和随之产生大量废物的消费模式，这种模式正在将我们的地球变成一个大的垃圾场。

“栖身于世界”通过这些感官认知的传播，向人们传达了迫在眉睫的信息—我们正在迅速地接近地球承载的极限；人类必须寻求新的生存原则，更理性地在地球上活动，承担起可持续发展的义务。

西安兵马俑

为了迎接这个全人类的文化盛会，中国精心选组了西安的兵马俑展、山东的孔子文明展、上海的中国青铜器展三大文物精品在这次论坛上亮相。西安兵马俑展作为论坛的常设四大展览之一，于论坛期间在巴市和平码头的新建博物馆展出。在四大常设主题展览中，“西安秦兵马俑展”是惟一单独安排举办开幕式的。

展览分为两部分：秦朝和汉朝分别有31件和69件作品展出。在秦朝的展品中以西安出土的陶俑为代表，包括将军、射手等形象以及石头制成的装甲。汉代的展品中以两个裸身男子和家畜陶制品为代表。除此之外，还有秦汉时期的金银器、青铜器、陶器。据文物输出地陕西省的文物部门介绍，参展文物共102件（组）。这些展品来自于陕西不同的机构和博物馆。

这次参展的西安兵马俑文物，达到了我国政府允许的等级的文物出国参展的最大数额，也是我国到目前为止带到国外兵马俑件数最多的一次。

西安兵马俑给巴塞罗那人带来了中国古代的葬礼文化，这在欧洲还是第一次。据介绍，中国馆不仅参观人数不断创新高，还激发了参观者了解中国文化的热情。目前，论坛的组织者正在研究将这一展览介绍到其他城市，办成巡回展的可能性，据悉，马德里和巴伦西亚已经表示了他们的兴趣。

努力方向：文化奥运

由演出、展览研讨以及一系列活动构成的“2004巴塞罗那环球文化论坛”已经闭幕。旨在打造成文化奥运会的此次全球文化论坛由国际奥委会前主席萨马兰奇和西班牙巴塞罗那市市长共同创立。5.5万人参加论坛的各类演、展、讲座和研讨，参观者超过300万人。组委会表示，今后拟在世界不同国家和地区每四年举办一次，申请程序类似奥林匹克运动会。

2007年第二届环球文化论坛已经选定墨西哥的蒙特雷。目前已由日本的福冈和韩国的水原等几个城市申办第三届论坛。

——《北京青年报》

2004迪拜国际建材博览会

每年11月底，在沙特阿拉伯迪拜举行的国际建材博览会，号称是中东地区最大型的建筑业展览会。该博览会的主题虽名为建材，但实际上包含了众多其他领域的产品，如空调设备、消防设备等。

2004年，迪拜国际建材博览会共设6大展区，针对海湾地区“淡水资源缺乏，水比油贵”的事实，特别设立了一个水处理技术展区，以满足中东地区对海水淡化设备的迫切需求。迪拜商会及若干自由贸易区亦有摊位设立。超过1700家来自世界各地的生产商和供应商展示了各式建筑材料、设备、系统及服务。其他展品还包括空调设备、清洁和维护设备、玻璃、金属型材、大理石及其他石材、陶瓷制品等。

中国内地参展商展示的消防设备等专门产品，备受注目。北京的建研科技展出了多项防火方案。中国香港地区参展商数目虽然不多，但所展出的马赛克、瓷砖和装饰材料也受到不少专业买家垂青。

本届迪拜国际建材博览会参会的专业买家人数较2003年增加14%。据业内人士在分析原因时认为，随着伊拉克局势逐渐稳定，波斯湾一带乃至中东地区的建筑及基建工程将会出现一个高潮，建筑材料的交易也会持续增长，这是本届博览会的参展商和买家数目整体增加的主要原因之一。

从展会上获得的信息可以证明这一点。沙特阿拉伯政府计划拨款1，400亿美元发展基建，拿出1150亿美元用于建立供电及其他公用设施，投资900亿美元兴建海水淡化厂。此外，据当地政府估计，迪拜今后2年投资超过3000亿美元，其中约26%与建筑开支有关。在未来5～7年，迪拜将新建10家酒店，以促进当地酒店业兴旺发达。

阿拉伯联合酋长国预计今后20年内，将投放约70亿美元，用以开发水利资源。

随着中东地区商贸机会不断涌现，要求交通条件与之相适应，因而机场建设受到格外关注。未来数年内，该地区用于机场改造及发展的项目每年约合77亿美元。美国的York International公司表示，他们取得迪拜国际机场的重新装配设施合约。对这家空调公司来说，这是他们全球最大的同类合约。

有关专业人士表示，中东各国政府锐意发展更多非石油产业，例如旅游业及消闲业等，希望带动地产业起飞，连带促进迪拜等重要城市的住宅市场红火起来。由于油价持续偏高，中东地区某些集团及组织获得了可观盈余，用来投资发展大型项目，财团更有兴趣发展涉资庞大的超级项目。

以上事实表明，随着海湾地区基建计划逐步开展，建筑材料的缺口在增大，相信会有更多人通过迪拜国际建材博览会，寻找中东地区建材市场的商机。

——《中国贸易报》

第62届慕尼黑国际体育用品展闭幕

德国慕尼黑国际体育用品博览会2005年冬季展于2005年2月9日在德国第三大城市慕尼黑的新慕尼黑展览中心落下了帷幕。参加本次展览的有来自全球46个国家和地区的1700多家公司，其中德国本土公司330家，占到了全部参展商的19%。另外来自其他国家和地区的1400多家公司包括了当今世界上最知名的一些运动装备和器材生产商，如阿迪达斯、耐克、锐步等。今年的展品范围包括冬季体育用品、球拍及室内运动、户外运动用品、体育服装、休闲装、自行车运动、运动鞋及团队运动、健身器材及配件等十多个种类。

德国慕尼黑国际体育用品博览会每年两届，分冬、夏两季举办。自1971年始办以来，已经成功地举办了61届，是世界上冬、夏和无季节体育用品及运动时装领域中最重要、规模最大的综合性展览会，主要针对专业观众。2月6日博览会的第一天虽然是周末，高达30多欧元(约合人民币300多元)的门票仍然挡不住数万名来自世界各地的参观者的热情，他们摩肩接踵地拥进了16万平方米的新慕尼黑展览中心。各个参展商也是使出浑身解数，忙着接待络绎不绝的来访者。对于那些年轻的参展公司来说，慕尼黑国际体育用品博览会就是一个"向全世界观众展示自己品牌和产品、吸引'眼球'的机会"。

2005年慕尼黑国际体育用品博览会比2004年冬季展在各个方面都有所增长。2004年冬季展的展出面积是14万平方米，今年是16万平方米。2004年有1691家厂商参展，今年这个数字增加到了1774。

另外，第三届国际运动生活方式及时尚贸易展也作为慕尼黑国际体育用品博览会2005年冬季展的展中展同期举行，革新、创造、设计与时尚成为本次国际运动生活方式及时尚贸易展的主题。参加这次慕尼黑国际体育用品博览会的参展商中，有50家公司展示了2005年冬季的最新运动和休闲服饰。展会的最后一天，还决出了"欧洲设计比赛2005年运动灵感时尚奖"。

本次展会的一个特点就是参展商纷纷带来了他们最新的产品。德国阿迪达斯不仅带来了最新的瑜珈运动装备，还展出了新开发的北欧行走服装和鞋类产品。奥地利著名的冬季体育用品制造商ATOMANIC也展示了运用纳米技术加工的滑雪板，吸引了无数专业观众和记者的目光。

为期四天的此次博览会还有一个特点，那就是几乎所有的参展商都竭力展示自己对运动安全、时尚设计和高科技的关注。据组织者——德国慕尼黑博览会集团提供的材料介绍，光是德国一个国家每年就有6万多人在滑雪比赛中受伤。在现场的参展商中，尤其是那些专业从事冬季体育运动和户外运动产品制造的公司，都强调自己在设计和产品生产的过程中，运用了一些设计灵感和尖端技术，以确保专业运动员和业余体育爱好者在从事体育运动时的安全。

2005年慕尼黑国际体育用品博览会冬季展的中国展区总面积比2004年增加了200多平米,共有164家中国厂商参展。中国厂商参展的主要产品是运动服装、鞋、帽、包袋、球拍、健身器材、户外用品等。2004年德国慕尼黑国际体育用品博览会冬季展中国厂商的参展面积是2181平方米，参展公司116家。

精打细算的爱知世博会

2005年3月25日,为期半年的日本爱知世界博览会拉开帷幕。关于举办世界博览会的经济收入也成了人们关注的热点问题。据《瞭望东方周刊》的报道，日本举办世博会十分重视经济效益。本次世博会日本共投资3000多亿日元,计划入场人数为1500万人，到本月24日开幕前,已经销售门票870万张,占计划入场人数的60%。尽管前几天由于天气乍暖还寒影响了入场人数，从25～27日仅有14万人左右，但从售票情况来看,组织者仍感到十分乐观,预计入场人数有望达到1760万人。由于世博会期间举行各种各样的活动，有的人需要多次到世博会现场，组委会还发行了可多次入场的门票。这种门票目前已经售完。

世博会入场券也很贵，一次性入场券成人4600日元(77日元兑1元人民币),儿童减半，相当于日本大型游乐园迪斯尼的门票价格。可多次入场的入场券每张为1.77万日元，初步计算，仅门票一项就可达到8000亿日元以上。

在世博会场内，一碗面条或米饭要1000日元，差不多是外面的两倍。而且入场时有检查，不准自带食品。世博会会场很大，即使是走马观花，一天也看不了几个馆，因此人们需要排队等候，这样每人每天在场内至少要吃两餐。很多展馆的纪念品也是"宰"你没商量，如日铁磁悬浮列车馆销售的磁悬浮列车模型为5000日元，但仍有不少日本人掏钱购买。

世博停车场按分钟计算，每15分钟150日元，记者开车停在"万博八草"旁边的停车场，结果不到一天时间花了6000日元，同行者惊呼"上当"。但不在这里停车又找不到停车的地方，如果违规停车被拖走，着急上火不说，连罚款带吊车费用至少要花3万日元。

在提高收费的同时,世博会的组织者们也在不遗余力地降低成本。

世博会的各种建筑材料表面上看很高档，但很多都是废物利用。如木板都是由建筑用木材废料加工而成，到处摆放的座椅是电视壳粉碎后制成。丰田展馆内壁由回收的废纸加工而成,长久会场日本馆,外表由竹子制成,追求人与自然和谐,实际上很省钱，使用的绝大部分钢材和木料，都可以回收利用，这样就大大降低了成本。

参观世博会的人来自日本和世界各国,其中外国来客计划为150万人,为达到这一目标，日本对中国台湾地区和韩国客人在世博会期间免签证，对中国大陆团体客人也给予免签待遇。无论是日本客人还是外国客人,都要在名古屋下榻,有的还要顺便在附近旅游一圈，这又会促进当地的经济发展。

当然，由于世博会刚刚开始，现在还没有最后的收支数字，但有一点是可以肯定的，就是日本人细细地打过经济算盘，而其连带的经济效益更是难以估量。

世博会是展示世界尖端科技和丰富文化的场所，但如果仅仅是“参观”，会让观众感到很累，所以爱知世博会还设计了许多以“玩”为主的游乐项目，可吸引参观者边看边玩，与迪斯尼乐园相似，但与迪斯尼乐园又有质的不同，因为参观世博会可在游玩中学习很多科技知识，了解环保的重要性，对未来科学的发展趋势略有所悟。参观者花和迪斯尼门票一样多的钱看世博会，却比游迪斯尼乐园更值。

总之，这次爱知世博会以“自然的睿智”为主题,以“人与自然和谐共处”为目标，从会场设置上看,完全不破坏原有地形和环境，会场中心是依地形建成的不规则圆弧形空中回廊主通道,各个展馆通过回廊主通道分岔出来的辅道相互连接。从使用材料上看,从餐具、垃圾袋到服装、建筑材料都尽可能采用可降解或可再生、无污染的材料;从能源上看,更突出了在不破坏环境的前提下获取能源的未来循环型社会的能源模式。而在交通设施上,利用尖端IT技术建造的智能多模式交通系统、连接长久手和濑户会场的缆车、不会排放二氧化碳和有害物质的燃料电池混合动力巴士,充分显示了未来交通环保、先进、便利和人性化的特点。

——《国际商报》何德功

二、展览业简介

比利时展览业简介

一、展览协会

比利时展览业协会（Fédération Belge des Activités de l’Exposition）。

该协会代表为比利时展览场馆提供服务者的利益，其成员均为展览市场的设计商、摊位的建设者、展览设备和家具的租赁商。该协会是比利时惟一展览场馆服务商的专业性协会，在全国乃至世界范围内保护其成员的利益。其成员是参展客户可信任的合作者，他们的经验帮助其客户成功地参加任何一项展览。

二、主要展览、场馆介绍

1. 根特国际展览会。根特国际展览会为非专业性定期展会。每年秋季（9月份）举办一次，展期9天，展出面积约4.4万平方米，地点位于比利时东弗拉芒省根特市，是弗拉芒大区最重要的综合性展览会,也是比利时规模较大的展会之一。该展会摊位数一般在400～500之间，2002年参观人数15万人，观众主要来自比利时，少数来自周边的法国、德国等国家。该展会每年确定一个主题国或地区，主办方向主题国或地区免费提供位于1号馆最佳位置的400～1200平方米光地。如作为主题国或地区参展，可免除场地和广告宣传费用，仅需承担摊位搭建、水、电、清洁等费用。2002年根特国际展览会主题国是土耳其。此外，主办方还可为参展的企业举办小型洽谈会等活动提供场地和支持。据悉，2003年根特国际展览会的主题地区是比利时本国的瓦隆大区。

2. 布鲁塞尔国际会展中心。布鲁塞尔国际会展中心建于1935年，位于布鲁塞尔北部，离市中心约10公里，是比利时最大的展场之一，共有12个大型多功能展厅，展馆面积为13万平方米，占地面积12万平方米，总建筑面积18万平方米，包括停车场及其他附属设施，展馆配套设施约1000平方米，其内容为供水、供电、供暖等设施，展厅地面结构为混凝土，美观耐用，地面承受力一般为500公斤，展馆高度根据不同的位置一般在3米到30米不等，是一个集展览、会议、娱乐为一体的现代化公共设施。该中心每年举办60多个世界各种类型的展览会，接待观众800万人次，其中成千上万的观众来自世界其他国家。年场地使用率占80%以上。该地电压（动力电）380伏特，照明电220伏特。

3. 列日国际会展中心。列日国际会展中心创建于1949年，是一个实体专业展览公司。它可以自己组织各种会展，同时也可以将其展览场馆出租给主办单位。

在列日国际会展中心可以举办各类综合性或专业国际、国内展览会以及其他重要活动。其博览会展场是列日国际博览会实现瓦隆地区贸易战略目标的关键部分，是地区、国家及国际间合作伙伴聚集的重要场所和开展进出口贸易的广阔市场。

列日会展中心所处的位置具有地理上的优势：

①有6条高速公路直通列日市中心；

②列日毗邻比荷、比卢、比德边界；

③有四通八达的铁路交通枢纽：阿姆斯特丹——巴塞尔、伦敦——科隆、巴黎——科隆——华沙——莫斯科。

马斯河和阿贝尔河流经该市，是欧洲第三大内河港口。

列日机场提供各种客、货运服务。

列日国际会展中心位于马斯河沿岸，占地面积2万平方米，其中建筑面积1.5万平方米。该中心有5个展厅，分别为5850平方米、3750平方米、2100平方米、1500平方米、650平方米以及1150平方米的接待厅。

列日国际会展中心建筑格局美观大方，有实用效益双重优点。中心正门有一个小院和直接行驶到展馆的转盘。展馆内部结构采用活动隔板隔离和可随时拆卸方式。这些建筑手段为展览会组织者能够按照最合理的方式使用展场，组织多种展览会。同时，为组织者和参展商提供了必要的服务，解决了他们在物质方面的后顾之忧。

展览馆备有满足参展商急需的全方位的服务项目和水电、电话和电视天线等安装设施。展馆建筑采用特殊的钢筋水泥地面，在没有木板地的情况下，同样可以起到柔软效果。展览馆内有相应的餐饮设备，可提供1000人用餐，拥有可容150人的会议室和庞大的停车场。

在马斯河边上，专门为乘船前来参观展览的观众安排了展览会期间从码头至展馆的穿梭车服务。

（中国贸促会驻比利时代表处）

德国展览业概况

中国贸促会展览部 徐冬来

德国是世界展览业的领先者。根据德国展览会与博览会经济委员会（AUMA）的统计，德国有100多家展览主办单位，其境内每年举办1000多个展览会。其中约有130多个跨地区和国际性展览会、近200个地区性展览会。世界上目前有140多个在相关行业内最重要的展览会，其中约90个在德国举办。德国展览界人士深感骄傲的是，德国虽不是消费品生产和消费大国，但世界最大的消费品贸易博览会——法兰克福春季国际消费品博览会在德国举办；德国不是鞋业大国，但世界最大的鞋业贸易展览会——GDS每年春秋季在杜塞尔杜塞尔多夫举行；德国并不以葡萄酒著名，但欧洲最重要的葡萄酒展览会Pro Wein在杜塞尔多夫举行。德国展览业之所以能取得世界领先地位，除欧洲展览业发展的历史因素、德国本身的地理、经济中心地位因素以外，展览公司合理的组织结构，项目管理的严谨完善、各部门的协调合作，工作人员的勤奋敬业以及展览公司所在城市、联邦州的大力支持共同造就了企业和行业的成功。各大型展览公司成为德国经济发展的支柱，在服务性第三产业中的贡献首屈一指。据德国有关统计，展览业为德国创造了25万多个就业机会，每年为国民经济贡献230亿欧元。

在德国，企业或个人无需任何申请，即可以举办展览会。德国展览会举办者分为两类：

1. 拥有展览场地的举办单位，如以城市命名的各大展览公司。其中最大的是被称之为“六大”的汉诺威展览公司、杜塞尔多夫展览公司、科隆展览公司、法兰克福展览公司、慕尼黑展览公司和柏林展览公司（亦有称纽伦堡展览公司）。这些展览公司均为所在城市和联邦州控股的责任有限公司或股份公司。地区工商会和手工业协会也有参股。此类展览会主办者办展的目的是通过展览会盈利并带动地区经济；

2. 不拥有展览场地的举办单位，如纽伦堡AFAG展览公司、吕北克M+A展览公司、励展展览德国公司、汉堡IEG-GIMA公司等。此外还有一系列行业协会和经济组织，如德国汽车工业协会、德国出版商协会等也是重要的展览举办单位。不拥有展览场地的私人展览公司的办展目的是营利，而行业协会办展的根本目的是为其会员企业和行业服务，提供专业技术、贸易交流的平台。

德国举办的展览会按照不同标准和目的进行如下分类：①商品展销会或样品订货会；②订货展览会或信息收集展览会；③面向专业观众的展览会或面向公众的展览会；④博览会或专业展览会；⑤商品展览会或投资项目展览会；⑥国际展览会、跨地区展览会或地区性展览会。拥有至少10%国际参展商和至少5%国际观众的展览会才可称为国际展览会。

德国目前有展览面积264万平方米，根据AUMA分析预测，到2008年将增长至276.8万平方米，平均每年将有1%左右的增长。与2000年～2004年的2%年增长率相比，增长速度减缓。

德国展览场地主要分为三个档次：

1. 举办国际展览会的展览场地，主要是汉诺威、杜塞尔多夫、科隆、法兰克福、柏林和慕尼黑；

2. 举办跨地区展览会的展览场地，主要包括汉堡、埃森、莱比锡、纽伦堡和斯图加特；

3. 举办地区性展览会的展览场地，主要包括多特蒙得、卡尔斯鲁尔、奥分巴赫、奥格斯堡、弗里德利希哈芬、施维临、罗斯托克和德累斯顿等。

德国大部分展览公司由所在城市和联邦州共同控股，实际上是“股份制国有企业”。其中相当一部分展览公司并没有很高的盈利，有些甚至常有亏损，但公布财政报告中通常显示至少是不赔不赚的持平状态。有些展览公司举办的国际知名度很高的展览会也不盈利甚至需要补贴。但德国从中央到地方，政府和这些“国有企业”达成以展览促地方人气、创造就业岗位、服务于行业企业，带动地方经济的共识。因此，展览公司在地方经济活动中很受重视。地方政府在经济上和政策上给予展览公司很大的支持。过去几年，德国每年展览设施改造和扩建的投资达到2亿多欧元，今后4年预计将达到每年3亿欧元以上。此外，德国展览公司的董事层均有州或市的有影响力的人物参加，例如德国六大展览公司之一的杜塞尔多夫展览公司的董事会主席是该市市长。

德国展览会与博览会经济委员会（AUMA）是德国最重要的展览组织，在世界展览业界也有很大影响。AUMA创立于1907年，是代表德国私营领域的行业协会，涵盖了德国展览场地拥有者、展览会举办者、参展商、展览参观者、展览服务企业等各相关组成部分。其宗旨是在展览业范围内保护德国企业的共同经济利益。

AUMA的官方组织结构图恰如其分地体现了其服务于展览业的宗旨：在其组织结构图中，最高处的是会员，之下才是董事会和管理层。AUMA的73家会员来自两大群体：经济组织和展览公司。经济组织包括德国36个全国性的工业协会，展览公司即实施展览会组织工作的37个展览公司。由这两个群体的会员中选举任命的会员代表构成会员代表大会，直接领导AUMA董事会。董事会由德国经贸工商展览界知名人士构成。董事会之下是管理层，负责具体实现组织的各项任务。

AUMA的任务有六项：

1. 代表德国展览业利益。代表展览行业就包括出口贸易促进、税制、建筑、环保、劳工等各个领域的问题游说州和联邦政府的立法和行政机构，并且在欧盟乃至国际范围内维护德国展览业的利益，与外国展览组织保持沟通与合作，与其他德国协会密切合作。

2. 对德国内外提供展览信息与咨询服务。AUMA向全世界范围内的咨询者提供展览会的数据、信息等服务。为此建立的网站收集了世界各国展览会的详细数据。此外还出版AUMA年度展览目录。AUMA还是展览数据独立审计公司（FKM）的经营者。通过FKM对德国乃至世界范围内的会员展览会面积、参展商、观众等各项数据进行独立审计，并对外提供审计结果和信息咨询，确保展览市场透明度。

3. 协调德国赴国外参展活动。德国官方赴外参展活动有三个目的：①支持参展企业经济目的；②间接支持整体德国出口经济，通过形象推广德国产品，实现经济增长和提高就业水平；③政治影响，加强双边关系。官方参展活动由AUMA牵头的海外参展工作组制定计划，由德国有能力组织参展的展览公司实施。这个工作组成员有行业协会、高级经济组织和有关政府部门（经济、消费者保护、外交部、新闻信息署等）。AUMA负责联系各方，召开会议，收集、整理、通报展览信息和企业参展意向。为了协调国内举办展览会和出国参展、办展的各方面问题，AUMA还牵头与其他有关部门组成办展工作组、培训工作组、观众招展工作组、信息技术工作组、保证展览透明度工作组、新闻媒体工作组、技术和运输工作组、法律事务工作组、广告工作组、联邦州工作组等。

4. 宏观营销。对外宣传推广德国作为展览国家的形象和地位，并通过展览会进行市场调研。AUMA每年出版各种语言的展览信息手册，发行量达15万册，此外还组织或支持在国外举办德国展览会研讨会和宣传活动等。通过对外推销德国展览会和宣传德国展览会主办单位，AUMA进一步提高了德国展览会的国际化程度和对国际参展商以及观众的吸引力。为了使德国企业参展取得最佳效果，AUMA提供如何最有效地利用参展进行营销的咨询，从如何筹备参展到参展人员培训。AUMA为此进行一系列展览潮流研究和展览会的功能与潜在效益的分析。

5. 展览研究和培训。AUMA不仅自身致力于职业培训，并支持高校和其他研究机构进行展览业培训与再教育。提供培训的企业可以是展览业领域的各种企业，如展览公司、展会活动公关公司、会议主办单位等。为了德国展览业的共同利益，AUMA进行各种展览研究和实验。其中包括每年举办的AUMA展览趋势分析，为未来参展活动和展览会参观活动、展览费用、功能和潜能以及展览相关的领域和环境保护等问题进行研究。AUMA设有展览业图书馆，收藏5000多份有关展览业的科研成果、报导文章、专业著作、展览目录和展览经典文献。

6. 公共关系和活动。AUMA积极与各种与展览利益相关的新闻单位沟通，向新闻媒体积极通报AUMA的各种重要活动和展览业的新动态。AUMA还负责举办德国展览论坛，举办AUMA年会，并于每年秋天在柏林举办展览业界与政府、国会、外交界和媒体的对话会议。

AUMA是非盈利性组织，其运行资金99%来自展览会举办者上缴的按展览场地租金每平方米0.60欧元的管理费。另外1%的收入来自其会员会费。AUMA每年总收入约390万欧元，全部收入用在机构运营上。展览主办单位作为AUMA会员每年不定期上报其展览项目，按照销售面积支付管理费，这是会员的义务。

由于德国展览业完全遵循市场规律，因此主办者之间也存在竞争，也会出现多家单位举办主题雷同、时间接近的展览会的情况。AUMA在发现此种情况时，会首先向展览会所涉及的相关行业协会征求意见。如果行业协会认为在德国重复举办此类展览会会带来不必要的恶性竞争，对其会员企业乃至行业发展可能构成损害，则通过AUMA进行协调。AUMA可以召开听证会，进行调解工作。通常情况，发生冲突的各方不会为一个展览项目争执不下，而是在展览会主题侧重上略加调整，或通过其他方式的互相让步达成合作式的竞争关系。例如，德国最具国际影响的汽车展（IAA）每年9月在法兰克福或汉诺威举办，而德国第二大汽车展，埃森汽车展每年12月举办。埃森能够在距离IAA如此近的时间举办汽车展，主要因其将展览会定位于汽车改装和零配件以及老爷车，从而与IAA主要是整车和新技术的展览内容有所区别。因此，可以说，德国展览业健康发展最终靠的是市场规律和行业内部自律。

另一方面，德国展览企业间的竞争仍然是相当激烈的。大型展览公司的市场调研部门和重点展览会项目组都密切注意着国内和国际同行的动向，随时做出战略调整。总体来说，德国展览业是在规范市场中以行业自律为前提的激烈竞争，行业协会在其中发挥代言者、协调者、理论研究者和服务者的作用。这种有利于整个行业健康发展的格局和德国相对较为健全的法律法规、长期的自由市场经济传统是分不开的。

德国出国展览工作研究

中国贸促会展览部 章书靖

德国作为世界展览大国，其展览业主要也是由来展和出展两大部分构成。除了具备一批闻名世界的展览城市和品牌项目之外，德国联邦政府和各州政府对于组织德国国家馆参加海外市场的展览会、博览会，以集体摊位或曰集体参展的方式来帮助德国的企业开拓国际市场，促进德国产品的出口都始终给予高度的重视。现在，德国政府通过间接财政补贴的方式向德国集体摊位的参展商所提供的财政补贴水平大约相当于参展商参加非集体参展摊位所自行承担的全部开支的40%（注1）。经过50多年的探索和实践，目前德国的出国展览工作已经形成了一套非常完整和科学的制度和体系，其规范、严谨的操作过程特别是政府进行宏观调控，行业协会积极参与以及展览公司作为每个展览项目的具体组织者的高效运作都保证了这套制度能够适应经济形势的发展，成为德国整个会展经济当中极其重要的一部分。目前对于德国国内展览业的发展，大家都给予了高度关注，并积极地学习和借鉴，但是对于德国的出国展览工作介绍、了解的不太多。本文在此从宏观和微观两方面来全面和深入地考察和介绍德国这套体系的整个运行过程，相信从中我们亦能找到一些可供借鉴和参考的经验。

德国出国展览工作的历史

当代德国的出国展览发轫于第二次世界大战之后，和当代德国的展览业几乎是同步恢复和重建的。20世纪40年代末，随着战后经济重建的开始，德国的一批展览公司相继得以重建和新立。与此同时，联邦政府（西德）也正式开始通过支持组织德国国家馆赴海外参展来促进出口的出国展览工作。1949年首次在海外组织了5个德国的集体参展摊位，此后这项工作获得了长足的发展，参展的数目迅速上升。从50年代到60年代是起步阶段。在这一时期，德国的集体摊位主要集中于西欧以及北美的市场。从70年代开始进入全面发展和繁荣时期。在此以后，德国的各主要展览公司都相继制定并实施了全球发展战略。其具体的表现为：德国本国成功的展览会作为一个品牌被输出到海外市场；德国各主要展览公司均以各自的方式在海外设立了代理、代表处乃至自己的子公司；德国的集体参展摊位也由西欧、北美走向了全球市场。

以数字来做一番考量的话，1980年共有2270个参展商参加了德国的国家馆，整个80年代基本都保持了这样的一个出展规模。从1990到1995年，参展公司数目将近翻了一番，从2725个增长到了5541个。此后至1999年，参展公司又缓慢回落至4829个（注2）。

现行德国出国展览工作体系结构简介

总体而言现行的德国出国展览工作的体系是一种双层结构。在垂直方向上有两个层次。在上层主要是三个主体：德国联邦经济和劳工部、德国展览业协会以及各出口行业协会。这三个机构主要作为宏观组织者担当着全国范围内德国出国展览工作宏观协调、计划工作。在这一结构的下层是德国的各展览公司，他们作为德国集体参展摊位的组织者和实施者与德国的广大参展公司，主要是中小型企业构成了德国出国展览微观组织方面的两大主体。这样的双层结构不仅存在于德国的联邦政府层面，德国的16个联邦州也被授权以州的名义组织集体摊位赴海外参展。惟一的区别便是在一州的范围内，代表政府的是州政府经济部。在此可以用如下的图表归纳德国的这个双层结构模式：

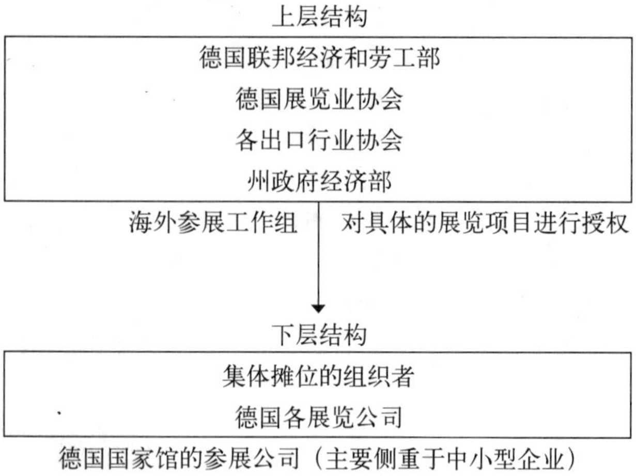

图 13-1

德国出国展览工作的宏观组织

所谓宏观组织是指超越于为实施某个具体的展览项目所采取的具体组织措施之上的，超越于某个具体的展览公司之上的所有相关组织工作。通常这些组织工作都是在微观组织工作开始之前在全国的范围展开的。这一阶段的主要的任务是制定下一年度的全国出国展览计划，确定政府年度财政支持预算以及选定具体项目的组织者。在德国，所有这些工作都是在双层结构的上一层上展开。

1. 德国联邦经济和劳工部以及州政府经济部的任务和职能。德国联邦经济和劳工部以及州政府经济部在出国展览的宏观组织工作当中有两项主要的职能。首先是审核和确定政府支持出国展览工作的年度总预算并且分别代表联邦州府和各州政府授予展览业以政府的财政补贴和资助以支持德国企业集体参展的计划。财政支持的多寡必然决定出展工作的规模和项目的数量。其次德国联邦经济和劳工部的代表将有能力影响和决定最终选定的海外参展项目的名单以及具体项目组织者（即具体的展览公司）的选任。作为政府的代表，德国联邦经济和劳工部的专家将在海外参展工作组和来自德国展览业协会（AUMA）以及各出口行业协会的代表一道工作。

2.德国展览业协会（AUMA）的任务和职能。AUMA 作为德国展览行业的专业协会在出国展览的宏观组织方面发挥着十分重要的协调、建议和宣传的作用。具体表现为以下几个方面：

⑴首先AUMA拥有一个包含世界各地5000多个展览会、博览会信息的数据库，并且这些数据不时得以更新。在选定海外参展项目之时，AUMA能够提供有关展览项目的权威信息和数据，以供工作组的专家用来判定和审议这个初步建议的项目之参展效果、质量。

⑵协调海外参展项目。为了制定德国下一年度海外参展的年度计划，由AUMA牵头，邀请德国联邦经济和劳工部以及相关出口行业协会的代表一起组成海外参展工作组共同进行商讨。只有经该工作组最终选定的项目作为来年的政府认定的海外参展项目，才可以获得德国联邦政府的财政补贴。

⑶为集体摊位的参展者提供必要的信息和咨询。在参与了年度计划的建议和选定之后，AUMA 在整个年度计划的实施过程之中都随时发挥着一个信息中心的作用。作为某个具体项目的组织者，某一展览公司将对其参展商提供各类具体的服务。但是任何展商如果对于某个参展项目的选择依据、项目的最近几年的总体发展趋势、该项目所在国的经济市场状况等方面存有疑问的话，都可以直接向AUMA进行咨询。由于AUMA参与对整个展出计划的建议工作，因此特别是在宏观的展览信息方面，AUMA 能够具有他人所不可比拟的优势。

⑷宏观的宣传。此时AUMA开展的宣传工作有别于针对任何一个具体项目的营销宣传，而是针对整个下一年度德国集体出国参展的计划，在全球范围内开展宏观的宣传攻势。AUMA开展这项工作具有得天独厚的优势：由于德国展览业本身的良好声誉和领先地位，德国展览业行业协会在世界上也拥有较高的知名度。展览业界人士一般都对AUMA发布的信息非常相信。在宣传德国的出国展览工作方面AUMA的具体举措有：每年都印制德国海外展览年度手册，其中不仅运用图表和数据对于下年度的展出计划在所属行业结构、展出目的国等方面进行了分析，还罗列了整个计划的名称、时间、地点、展览会的主题、所属行业、展品内容、德国馆集体摊位的组织者及其联系方法。同时这些信息也都在AUMA的网站上同期发布。通过这些努力，有关德国海外参展的信息都高度透明地公开，全球潜在的观众和客户在展览会开幕很久之前就对下年度在世界哪些展览会上可以看到德国的国家馆了然于心了。

3. 各出口行业协会的任务与职能。在德国出国展览工作的宏观组织阶段，各个出口行业的行业协会也都扮演了非常积极的角色。他们主要起到一个桥梁和纽带的作用，连接广大的德国出口型参展企业和AUMA以及政府。这些协会的工作主要是搜集会员企业的要求和愿望，并且把它们及时反映给AUMA和德国联邦经济和劳工部。这样就保证了海外参展工作组所商讨的出国展览计划绝不是凭空而来，而是真正基于广大企业的需求，和他们的出口愿望是比较一致的。这对于以后的微观组织工作和最终的展览效果都是一个有力的保障。

4. 年度计划的制定。在明确了宏观组织过程中主要主体的任务和职能之后，可以将这项工作的整个流程归纳为以下的五个步骤：

⑴德国的各出口行业协会了解询问会员企业的出国参展需求和愿望，并将这些信息转达给德国联邦经济和劳工部和AUMA；

⑵据此德国联邦经济和劳工部和AUMA协调并选定下一年度出国展览计划项目的初步名单，经过海外参展工作组的

讨论，最终确定参展项目，由联邦经济和劳工部确认，成为正式的享受联邦财政补贴的参展项目；

(3)向德国的所有展览公司公布下一年度展览计划；

(4)德国的参展公司根据本身的兴趣、实力、经营发展的策略对所公布的项目进行投标；

(5)德国联邦经济和劳工部根据各展览公司的投标以选任德国集体摊位的组织者。在下一阶段的微观组织的过程中，德国展览公司将负责整个摊位的组织和安排工作。

需要进一步探讨的一个问题是，德国联邦经济和劳工部在选择某一具体项目的组织者将会考虑哪些因素？当然最具决定性的因素是价格。一般来讲，最为客观和可操作的方式就是对各个投标的报价进行评估，择其低者而用之。但是除此之外，竞标者的办展经验也是一项非常重要的考虑因素。经过半个多世纪的发展，各主要的德国展览公司都拥有了一批自己的专业品牌项目，这使得不同的展览公司往往和某些行业有更为密切的联系，组织某个行业的专业展览会也更加得心应手。一个比较典型的例子是德国的杜塞尔多夫展览公司。作为世界首屈一指的塑料加工机械展览会——杜塞尔多夫国际塑料、橡胶机械展览会的主办者，杜塞尔多夫展览公司多年来已经被德国的塑料加工机械行业认为是举办与该行业相关的展览会的最佳人选。有鉴于此，如果组织德国集体摊位参加国外的塑料加工机械展览会的话，一般都是杜塞尔多夫展览公司作为组织者，除非其投标的价格毫无竞争力。

5. 2003年和2004年德国海外参展情况总体分析。在此从目标市场结构、参展行业结构的角度对于德国集体参展项目在2003和2004年度的情况做一简单分析，以便对目前德国出展工作有一个具体的了解（注3），见表（13-1）、表（13-2）、表（13-3）。

表 13-1　2003 年度德国集体摊位目标市场状况

目标市场	集体摊位数(单位：个)	所占百分比
亚洲	65	37%
东欧	36	20%
北美洲	26	15%
中东	23	13%
拉丁美洲	13	7%
西欧	6	3%
非洲	6	3%
澳大利亚	4	2%

总数：179 个

表 13-2　2004 年度德国集体摊位目标市场预期状况

目标市场	集体摊位数(单位：个)	所占百分比
亚洲	122	52%
东欧	47	16%
北美洲	33	11%
中东	29	10%
拉丁美洲	13	4%
西欧	9	3%
非洲	7	2%
澳大利亚	6	2%

总数：266 个

表 13-3　2004 年度德国集体出展项目参展行业结构状况

主要行业	参展数目	所占百分比
建筑工程技术、机械机床	88	33%
铸造、金属加工	22	8%
电气工程	22	8%
光学、实验室分析器材、牙医治疗设备	19	7%
纺织品、家纺用品	13	5%
化工工业、化妆品	13	5%
汽车工业机器零配件	11	4%
家具、室内设计装修	8	3%
信息技术	7	2.5%
管道取暖	7	2.5%
船舶制造、离岸勘探技术	7	2.5%

对以上数据的分析。在德国展览业界，一个比较普遍性的观点是亚洲目前拥有四大市场，即中国、日本、东南亚国家和印度。此四市场的总合是一个蕴含着巨大的购买潜力和发展空间的潜在市场。但是对于德国的出口商而言，这个市场依然比较遥远。这种距离感不仅产生于地理上的距离，更是商业文化传统上的差别。在这种情况下，德国的集体参展，作为帮助德国商人打开新市场的有力手段，大有用武之地。随着亚太地区的经济特别是中国大陆的经济连续数年持续高速增长，出现在这一地区展览会上的德国集体摊位的数目也有较大幅度的增长。与2003年度相比，2004年在亚洲地区举办的德国集体参展摊位的百分比增加了15%。目前全年的项目中有半数以上都是在亚太地区。

从数据上可以看出，位列第二的热点地区是东欧市场。随着欧盟的东扩，诸多欧盟新成员国的市场以及更进一步，俄罗斯广大的市场都提供了许多的商业机会。目前德国的集体出展工作正为德国企业开拓这片市场提供机会和渠道。

对于德国的出口商而言，北美市场是传统市场。如前所述，从20世纪50年代到60年代，德国组织集体赴海外参展的初级阶段，北美由于市场巨大，购买力强，是其开拓的最主要市场之一，是组织德国集体摊位的首选目的地。目前，北美依然是重要的目标市场，尤其对于价格高昂的高科技产品，诸如有机食品行业。因此仍有16%的德国集体参展选定在北美。

在欧盟范围之内，由于市场已经高度开放和透明，与国际贸易相关之法律、政府行政法规也已经完整化和标准化。因此对于致力于外贸出口的商人而言，已不再需要通过参加受政府资助的集体摊位来开辟市场。所以目前在其他西欧国家组织的德国集体参展摊位只占全数的3%。而在以前，西欧曾是德国出国展览的重要目的地。

由以上的简要分析可以得出这样一个结论：德国出国展

览工作的目标市场重心是紧紧随着全球经济形势的变化而相应变化的。

从德国出国展览项目所选择的行业结构情况来看，绝大多数的德国集体摊位都选择在某个行业的专业性展览会上。这也是德国出国展览的一个比较鲜明的特征。究其原因，和德国组织出国展览的根本目的是密切相关的。德国的出展工作从一开始就是根植于自由的市场经济，因此政府组织出国展览的根本目的就是促进相关行业的出口，帮助企业开拓海外市场。除此以外，并没有其他的目的被刻意地强调。尽管有些德国的研究文章在谈及政府支持出国参展的目的时也会在最后提到扩大德国的海外影响，促进和有关国家的关系云云，但是这只是辅助性的或者更确切说是出国展览的必然的附带性的结果，决不是主要的目的。在德国，出展项目的选择更大程度上是受市场经济供求关系的影响的。从上面分析其年度计划的制定过程就可以看到，之所以出口行业协会以及非政府的AUMA能在其中发挥重要的作用，正是表明政府也希望尽量确保自己的财政补贴计划是符合市场需求的，好钢要用在刀刃上。所以通常而言，德国的出国展览并不需要参加那些综合性的博览会用以展示成就，而是更多需要参加可以见到大量专业观众的专业展。这点和我国诞生于上世纪50年代初计划经济体制下的出国展览工作有着较大的区别。我国的出展工作最初是以展示建设成就为动机和根本目的的。市场因素相反居于次要和辅助的地位。这样的局面一致持续到改革开放之后。目前我国以国家名义组织出国展览，在年度展出项目之中依然有20%左右的非专业性展览会（综合性的贸易博览会）。这是和德国出国展览工作的一个显著的差别。

德国出国展览工作的微观组织

所谓微观组织是指某个展览公司为实施某个具体的出国展览项目而开展的一切组织活动。德国的展览公司是这一阶段的主体。不同的展览公司在微观组织的过程中的实践千差万别，各不相同。这和该企业的规模、财力、企业文化、办展经验和员工情况都是息息相关的。但是不论这样的区别多么大，在海外参展的微观组织过程中有一些最为基本的步骤与流程是不变的。下面就以纽伦堡全球展览有限公司的实践为例子，看一看德国的展览公司在组织德国集体参展摊位时的具体操作步骤。

1. 负责监控整个微观组织工作的德国政府部门简介。虽说德国的展览公司作为项目的组织者得到政府的授权，开展具体的组展工作，但是整个微观组织工作的过程都受到数个政府部门的严格监控。展览公司的自由裁量范围是十分有限的。根据联邦政府的行政规章《委托组织展览会条件总则》（注4）的规定，展览公司必须在规定的时间将相关的业务文件汇报给有关的部门进行审核，只有通过审核，才能得到必要的经费支持。同整个微观组织相关的政府部门主要有以下这些：

⑴德国联邦经济和劳工部；⑵德国联邦交通、建筑和住宅部；⑶联邦经济和出口控制办公室；⑷联邦建筑和地区规划办公室。

2. 分解微观组织工作的全过程。

⑴第1步：展览公司递交初步财务开支估算以及其他相关业务文件。一般约在展览会开幕前的6至8个月，德国集体摊位的组织者需向联邦经济和劳工部、联邦经济和出口控制办公室以及AUMA递交下列文件以供审核：

①一份有关组织该参展项目的初步财务开支估算（die Kostenschätztzung, KS），在其中集体摊位的组织者须对参加集体摊位的企业的数目、参展面积、摊位租金的成本、摊位搭建、展品运输以及负责项目经理的差旅开支等都要做出一个初步的估算。但是展览公司自身的业务开支，例如为招展而进行的邮寄、电话联络等营销工作的成本不能列入其中。在制定这份初步的财务估算的时候，展览公司往往都会和与所参加的这个展览会有关的行业协会进行充分和必要的沟通，以了解该行业内企业的实际参展需求状况，可能参展的企业数目以及过去参展的情况，尽量把对与业务相关的数据的估计变得更加准确和科学。原则上此时展览公司并不能考虑自己的盈利需求。也就是说这份财务估算应该力求客观，而排除利润的因素（注5）。

②招展函的文稿。包括参展商参加德国集体摊位的条件（注6），参展报名的截止日期、参展费用（通常是实际开支的60%左右）以及展览商所能获得的服务一览。摊位申请的截止日期通常是展览开幕前的4个月左右。对于过去一直组织的老项目而言，截止日期可以延后至展览会开幕前的3个月。

③提供国外展览会主办者的原始参展报名表和参展条件等文件。

⑵第2步：招展——市场营销工作。首先，根据展览所涉及的行业、自己的客户数据库、以及其他相关展览会的小册子等确定招展的方向（市场营销开展的目标群体）。其次，在开展营销工作的手段和工具上，德国展览公司似乎也主要依靠传统的营销手段，即邮寄和传真参展邀请、电话营销以及对重要客户的直接拜访。一般来讲，招展营销工作的重点会放在中、小型的企业上，但是也绝不会把大型的企业拒之门外。其中首要的一个原因是：究竟何为中小型企业？对于这样一个经济名词，其定义依据不同之标准竟有十几种之多。显然如果展览公司在实践当中一味坚持只接受中小型企业参加集体摊位的展出的话，是不具有可操作性的。但是德国联邦政府支持海外集体参展的初衷是重点支持财力、人力等都相对薄弱的中小型企业的出口业务，因此在监控展览公司微观组织特别是招展工作的过程中，政府不断地出台一些宏观的政策进行调控，以期间接的达到实现自己倾向于扶持中小

型企业的目的。同时这些政策也有力地保证了德国国家馆的质量和形象。这方面的政策具体有：

①德国巴伐利亚州的特殊规定。巴伐利亚州对于集体出展的特殊政策是对于参展商收取的参展费用将根据报名参展企业营业额的高低有所不同。通过使参展费用和参展企业的营业额建立正比例关系，自然中小型参展商就减轻了财政负担，相对获得较大型的参展公司更多的财政补贴。

②50平方米累进摊位租金的政策。如果某个参展商申请的展出面积超出50平方米的话，那么50平方米以内的面积可以按照集体摊位的补贴价予以销售，而50平方米之外的面积则以高于集体摊位的补贴价或者完全按照正常价出售。

③最少参展商原则。组织德国集体摊位赴海外参展，至少要有10个不同的参展公司，若参展公司少于10个，原则上这个参展项目将予以取消。这是德国政府对于出国展览的一项严格的规定。尽管在2003年德国政府首次批准了少于10个参展商的集体摊位（7个参展公司），但是官方的解释是最少参展公司的原则依然是有效的。特殊的例外是某次参展对于德国该行业的发展具有特殊重要的意义，所以即便尚不足10个参展商，政府也予以批准。但是这样的例外都是作为个案处理的，政府将对每个情况进行严格的审核和评估。

④最多参展次数原则。该原则规定参展公司参加集体摊位的展出享受政府的财政补贴是有限度的，一般是以四次为限。制定该条原则的出发点是为了避免企业过度依赖政府的财务支持而丧失在市场中独立创业的能力。德国政府的观点是通过四次参加集体摊位的展出之后，企业应该完全有能力独立在该国外市场内开展业务而不再依靠政府的直接财务支持。但是对于组织集体参展的展览公司而言，当然希望过去的老客户可以继续参展。所以这项原则的具体实施办法是，某参展商在连续四次参加集体摊位之后，如果希望继续参展，展览公司可以继续接受，但是展览公司此时有义务通知该参展公司，从第五次参展开始，它不再能享受政府补贴的价格，而是要支付全额的参展费用。这里也存在着一个政府进行动态调控的空间和可能。原来德国政府的规定是从第五次参展开始，参展公司支付一个更高比例的参展费用，但是并非全额支付。通过调整这个百分比，使得政府有可能根据具体的情况开展宏观的微调工作。

以上所列这些政策、原则都不是一成不变的。根据经济发展状况、政府财政补贴的力度等不同每一年度往往都是不断变化着的。

最后，在招展工作截止后不久，展览公司须将初步的报名参展公司名单报德国联邦经济和劳工部、联邦经济和出口控制办公室和AUMA。

⑶第3步：展览公司选定展品运输代理，根据估计的参展规模向国外展览会主办者申请摊位。

⑷第4步：与德国驻展览会所在国的外交代表机构取得联系，了解该地区最新政治、经济状况，并征求其意见是否有必要届时召开招待会等礼仪活动。

⑸第5步：在展商报名截止后，及时和展览会的主办者取得联系，告知最终需要的确切的展出面积。尽量争取对方接受按实际需求的面积来计算场馆租金。

⑹第6步：准备两套集体摊位设计方案，把设计方案报德国联邦经济和劳工部、联邦交通、建筑和住宅部、AUMA和联邦经济和出口控制办公室。不论摊位设计本身多么富有个性，但是凡是德国政府资助的集体摊位都带有共同的标识，即“德国制造”的文字（使用英语made in Germany）以及黑红金三色图案标记。这已经成为享誉全球的标志。

⑺第7步：在必要的情况下，通过德国联邦对外贸易办事处（Bundesagentur für Außenwirtschaft, BfAi）了解展览会所在国最新的经济、贸易、市场等进入该市场一切有用之信息，并提供给参展公司（注7）。

⑻第8步：递交集体摊位组织构想。这是德国展览公司在出展微观组织过程中所需向联邦经济和劳工部、联邦交通、建筑和住宅部、联邦经济和出口控制办公室以及AUMA递交的第二份重要的文件。时间一般在展览会开幕前的3个月。摊位组织构想类似于展出方案，其内容包括经进一步修订的更加确切的费用开支计划、最终确认的参展商名录（包括参展商的联系地址等详细信息）。在这份文件得到批准之后，展览公司作为集体摊位的组织者通常可以从联邦经济和劳工部得到所列开支计划的50%的费用。当然根据展览组织的需要，如果的确需要在此时支付国外展馆租金等大宗支出的话，展览公司也可此时向政府申请更多的资金。

⑼第9步：选定集体摊位搭建施工公司。在集体摊位组织构想得到批准之后，展览公司应当公布集体摊位的设计方案和施工要求，以供施工公司投标竞标。公开投标的时间期限一般是10天。展览公司收到的所有投标都需向联邦经济和出口控制办公室抄送。施工公司的选定主要是根据他们的投标报价，展开价格竞争。展览公司通过比较所有的报价，向联邦经济和出口控制办公室提出最具竞争力的施工公司作为集体摊位的施工公司中标。经联邦经济和出口控制办公室确认，展览公司可以与之签订正式的施工合同。例外的情况是，如果该项参展计划和上一年完全相同（即相同的展览会，相同的集体摊位的组织者），那么有关选定集体摊位施工公司的过程也可以不通过公开投标的方式进行，但是以下两个条件必须同时都得到满足：

①前一年的施工公司在其标准报价的基础上能提供进一步的折扣或者如果没有进一步的折扣的话至少承诺保持原有价格不变或承诺在外汇汇率大幅度波动的情况下，只寻求一个适度的补偿；

②同时，作为集体摊位组织者的展览公司须能够证明如果重新开展公开竞标的话必然会增加开支成本。

⑽第10步：递交最终财务预算。在微观组织工作的后期，展览公司需要向德国联邦经济和劳工部、联邦经济和出口控制办公室、联邦建筑和地区规划办公室以及AUMA递交第三份重要的文件——最终财务预算(Konstenvoranschlag, KVA)，时间大约是在展览会开幕之前的四周。在这份最终的财务预算之中，所有的费用都应该更加明细和准确。在这份预算得到通过之后，展览公司能从政府得到组织这个项目的经费资助的95%。

⑾第11步：展览公司邀请德国工商大会（AHK），德国驻展览会所在国的使馆和总领馆、德国对外贸易信息办公室等机构的代表参观德国国家馆。

⑿第12步：在展览会开幕前的2～4周，撰写一份有关德国集体摊位筹备状况的书面报告，呈德国联邦经济和劳工部、联邦经济和出口控制办公室和AUMA。

⒀第13步：展览会现场工作。现场的工作主要有开幕前展览公司的项目负责人和摊位施工公司的代表现场检查验收搭建完毕的摊位。另外展览公司项目负责人负责展出期间照管集体摊位的参展商和咨询顾问。这里值得一提的是通常在德国的集体摊位之中，都会设置一个信息问讯处。在这里，来自和这个专业展览会相关的德国行业协会的代表会负责回答所有专业观众对于德国该行业总体情况的问讯。这个人就被称为咨询顾问。

⒁第14步：展览会结束之后，撰写总结报告，呈交联邦经济和劳工部、联邦经济和出口控制办公室和AUMA。此外联邦经济和出口控制办公室还要求集体摊位的组织者提供集体摊位照片的原件。

⒂第15步：结帐。展览公司将所有原始发票递交给政府，以获得最后5%的财政补贴。至此，一次集体摊位海外参展的微观组织工作就全部结束了。

结束语

纵观德国出国展览整个微观组织工作的全过程，其中很多与我国组织出国展览业务工作流程相似的地方，这也是所有集体参展组织工作的共性所在。但是也有很大的差异。主要表现为德国这套体系的微观部分的全过程是受政府的严格监管和控制的。具体到参展商名录、摊位的设计方案等具体的业务文件都需要报主管政府部门。就财政补贴而言，展览公司是只能一个阶段一个阶段地从政府主管部门获得财政补贴。就德国全年200多个项目，不同的展览公司基本都是按照这个程序进行操作，再加上展览本身特殊的时间性的要求，这就要求主管政府部门需有很高的办事效率，方不致延误具体业务。但是就集体摊位的组织者而言，也有相对比较简单的方面，譬如展品的运输、摊位的施工等这些工作基本是外包之后就不再需要太多的过问。另外，德国的展览公司在组织集体摊位的过程中所具有的一个灵活性就在于如果事实证明某个国外展览会在德国国内市场并没有预计的那么大需求，参展公司不足10个，原则上就可以取消这个计划。这也是确保集体参展摊位能够有一定规模效应的一个重要措施。政府通过制定一系列的政策来对市场进行宏观调控，同时又通过制定所有展览公司在组织德国集体摊位时都应遵循的守则，通过审批其业务报告对具体的业务进行微观监管是德国出国展览工作方面的一个特点。

出国展览工作是一项非常繁复的系统工作。以上对德国出展工作的介绍也只是管中窥豹。不同的国家和地区根据自己自身促进对外贸易的需求和自身的展览业发展状况对此都有不尽相同的政策和实践，很难生搬硬套。我认为在整体上多做横向比较，在局部上吸取别国有益的经验和实践，对于我国出国展览工作的进一步提高是很有裨益的。

注释：

1. 见德国科隆大学财经研究所Rolf Krips和Michael Thöne著《联邦政府支持海外参展》(“Die Auslandsmesseförderung des Bundes”)，第31页。

2. 以上数字引自德国科隆大学财经研究所Rolf Krips和Michael Thöne著《联邦政府支持海外参展》(“Die Auslandsmesseförderung des Bundes”)，第26至27页。

3. 以下引用关于德国2003年度和2004年度出国展览情况数据均来源于德国展览业协会（AUMA）Marco Springer 2003年11月所作有关AUMA业务情况介绍的发言中论及支持海外参展的部分。

4. 该文件对于德国展览公司承办德国国家馆的工作流程规定也在定期得到更新。本文介绍的纽伦堡全球展览公司组织德国国家馆的工作过程是根据本规定于2001年6月19日在波恩公布的修订版§2制定的。

5. 对于展览公司而言，其本身肯定是以盈利为目的的。但是在其承办拥有国家补贴的集体参展项目时，对开支的估算，不能把自身利润考虑在内。在此只应客观估计开支。但是如果最终客观上有所盈余，那么对于承办展览公司来讲是最为理想。

6. 通常参展条件分为两个部分。AUMA制定了《联邦海外展览会项目参展公司集体参展条件》(2002年版)，具体规定了参展公司参加集体摊位的总的权利和义务。另外有关具体一个项目的报名方式、截至日期，费用状况等由展览公司作为组织者另行印制，在“特别参展条款”部分之中加以阐明。

7. 本步骤并非是必需的。是否进行，展览公司可以根据实际需求自由裁量。

促销网络成就法国展览业

法国国际专业展促进会驻华代表娄述渝认为，法国的展览业和其他国家不一样，展览公司不拥有场馆，而场地公司不主办展会，也不参与展览经营。法国的展览业人士坚持这种做法，认为这样能够促进展览公司之间的公平竞争，也有利于场馆公司专心做好自己的场馆服务工作，法国还有世界上独一无二的全球展览促销网络。法国展览业的这种组织结构值得中国展览业学习借鉴。

在国外，展览业作为促进技术进步和贸易交流的平台，得到了各国专业人士的普遍认同，已经形成了一个产业链条，发展得相当成熟。海外展览公司一般拥有较完整的全球范围营销网络，而这是我国绝大部分展览公司不具备的。在法国，有一种较为独特的展会营销模式，即法国的主要展览公司共同组织了一个叫做法国国际专业展促进会的机构，专门从事促进国外专业人士来法国参观和交流的工作。该机构自成立以来，在全球范围内推广法国专业展会。

国际化程度不断提高

法国的工业、农业和服务业发展均衡，居世界前列；法国地处欧洲中心，交通便捷、气候温和、风景秀丽；法国具有一流的展馆和服务系统以及悠久的国际交流传统，这些得天独厚的条件使法国成为全世界展览业最为发达的国度之一。

法国拥有160万平方米的展馆，分布在80个城市。每年大约举办1400个展览会（包括只允许专业人士入场的专业展和可允许社会公众入场的大众性展会两种）和100个博览会（指以社会公众为观众的多种行业参加的展览会）。其中全国性的国内展和国际展约为175个，而真正的专业展只有120个左右。

近年来，法国大型展览会的国际化程度不断提高，国外参展企业占总数的33%，国外参观者占参观总数的8%，其中有些世界名展，国外参展商人数超过参展商总数的50%，国外参观者占参观总数的15%以上。

法国国际专业展的主要参与国按参与次数排列依次是比利时、意大利、西班牙、英国、德国、荷兰、瑞士、美国、葡萄牙、日本、奥地利、巴西、加拿大、丹麦、希腊、爱尔兰、瑞典和土耳其。

促销网络遍布世界

法国国际专业展促进会是由商会和政府牵头组织的民间团体。其理事会由巴黎工商会、法国外贸中心、法国专业展联合会、法国雇主协会、巴黎市政府、法国外贸部以及展览中心和专业展览公司的代表组成。

法国国际专业展促进会经费来源由两部分组成：一部分是巴黎工商会和展览场地公司等主要理事单位提供的年度补贴；另一部分是参加促进会的展览公司按宣传工作量而定的促销经费，这占促进会经费的大部分。

法国的任何一家展览公司均可申请加入促进会，但对于以展会的身份加入时，同一个专题的展会只接纳一个展会加入，而且优先接纳质量最好的展会。目前共有65个展会参加了这一组织，都是法国最知名的国际性专业展会，规模大，国际性强，这些展会依靠促进会在世界各地做国外参展商的招募工作或国外参观人员的促进工作。

促进会为了向这些展会提供国际促进业务，在近50个国家和地区建立了办事处。这些办事处的任务是在各自负责的国家和地区为这65个展会开展形式多样的促进业务。在这50个办事处之中，除去意大利、德国、英国、比利时、西班牙等少数国家是由促进会总部独自投资的公司，其他办事处都是财务独立的机构或公司。根据国家不同，办事处可以是法国使馆商务处、法国驻外商会、办事处或独立的商务公司。这种展会境外促销网具有很强的招展能力，因为哪怕是财力再强大的展览集团，也没有足够的实力在世界上50个国家建立属于自己的办事机构，但是从属于不同展览公司的65个展会把其促销经费集中到一起，就能组成一个有效的展会国际促销网络。

发展呈现五种趋势

近年来，法国展览业呈现以下的发展趋势：首先是主办机构专业化。在上世纪60年代，许多专业性展会是由行业协会主办的。随着展会之间竞争的激烈化，越来越多的行业协会把自己的展览会卖给了专业展览公司，或者和专业展览公司合资组织股份公司，行业协会只保留一定量的股份，把展会的经营全部或部分交给展览公司经营。如著名的法国国际男装展览会（SEHM）原属于法国男装行业协会拥有，由于经营不善出现巨额赤字，已将其全部股份卖给了一家专业展览公司。

第二是展览公司集团化。由于市场对展会的要求越来越高，这就要求展览公司对资金、人力资源、国际网络等方面做很大的投入。小型展览公司往往力不从心，被大型展览公司兼并收购，形成了展览公司集团化的趋势，如法国展览集团、巴黎展览委员会等。

第三是展会规模大型化。上世纪80年代，在同一个经济领域内往往有许多展会并存。经过市场的优胜劣汰，现在众多的展览会已经消失，剩下的强者越办越大，越办越好，确立了自己的优势地位。目前，法国展览业界“春秋战国”时代已经过去，形成了相对稳定的展览市场。

第四是展会进一步国际化。随着贸易世界化和欧洲一体化的发展，在法国举办的国际性专业展已不再满足于吸引法国的参观客户和参展商，必须在更大的区域范围内寻找客户。欧洲各国展会的竞争加剧，为了生存，他们力求提高展会的国际化水平，增加国外参展商和参观客户的比例，使展会成为欧洲的龙头展，甚至全世界的龙头展。

第五是展会向高质量、高水平发展。为了保持自己在市场上的地位，展览公司在展会装修、展会活动、宣传报导等方面精益求精，且把工作的重点放到参观观众的组织上来。参展公司花了很多经费参加展会主要是为了拓展产品销路，如果观众很少，或者观众的质量不高，参展公司就不会再次参展。已有知名度的展览公司不愁找不到参展商，就怕观众数量少、质量低，从而把大量的经费和人力投到参观人员的组织上。从某种意义上讲，展会的成功与否，其主要是观众的质量和数量，而不单纯是寻求参展商的数量。

——《中国贸易报》李倩倩

美国展览场馆的三种管理模式

在美国，展览产业对地方经济的拉动作用很明显，据有关调查部门估算，每位参观者每次参观平均要支出1200美元，可以带给当地国内生产总值2000到8000美元的增长。就展览业本身而言，多年来展览产业的增长速度比美国G D P增长快得多。

在美国，大部分展览中心都是公有的。在全美面积超过2500平方米的展览中心中，大约64%（大约243个）的展览中心属于地方政府所有。在长期的产业发展过程中，形成了三种 各有特点的公有展览中心管理模式。

政府管理模式

尽管许多公有展览中心是亏损大户，地方政府作为所有者的直接管理，仍然可以获得某些关键利益。首先，展览中心的经营可以更好地体现政府发展区域经济和特定产业的意图。其次，控制展览场地市场可以作为展览市场宏观调控的手段。因此，政府直接管理是美国一种重要的公有展览中心管理模式。通常的办法是在地方政府里成立大会和参观者事务局，负责管理公有展览中心。在此模式里，展览会组织者预定展览场地需要到该机构事先登记，而不是去展览中心。

在政府管理模式下，尽管某些服务也外包给专有承包商，但参观者事务局一般都有管理队伍，包括市场营销、销售和公共关系人员。在很长的时期里，政府管理的市政展览中心通过提高停车价格和提供更多的专有服务等方式，都能够增加收入和盈利。

对市政展览中心来说，盈利能力往往基于下列关键因素：经营实体的政治结构（一般认为，私人或权威机构／委员会的管理优于市政当局）；来自城市的对特定展览中心和整个观光事业的营销支持；最重要的是，展览中心经营和参观者事务局管理的质量。

作为政府管理模式的一个例子，乔治亚州设立了乔治亚世界会议中心管理局，以开发和经营乔治亚世界会议中心、乔治亚“圆顶房”、百年奥林匹克公园和相关设施，促进和方便那些给乔治亚州和亚特兰大市创造经济利益的展览会。

乔治亚世界会议中心管理局是州长任命的15人董事会，它必须挣得自己经营支出所需的资金，但是如果有短缺也能额外得到州里的资助。管理局从展览大厅和会议室的租金及其提供的服务中，获得收入。乔治亚世界会议中心通常是可以做到赢亏平衡的。

政府管理模式虽然有利于政府获得某些重要的利益，但是也会造成展览中心经营绩效低下、市场机制扭曲等问题，不利于展览产业的长远发展。从美国的情况来看，拉斯维加斯和芝加哥等最重要的展览城市都已不实行这种模式。

委员会管理模式

美国某些地区在公有展览中心的管理中实行委员会管理模式，即由地方议会或政府成立一个单独的非谋利管理委员会经营公有展览中心，对议会或政府负责。例如依照内华达州的一部法律，成立了半官方的拉斯维加斯大会和参观者事务管理委员会。

委员会管理往往是比政府管理更有效的模式。由于经营自主和收入独立，由一个管理委员会管理的展览中心，可以更少地受政府采购和城市服务需求的限制。

管理麦考米克展览馆和“海军码头”的芝加哥“都市码头——展览机构”(MPEA)，就是成功应用委员会管理模式的一个例子。MPEA是伊利诺斯州议会创立的一家市政公司，其董事会是由伊利诺斯州州长和芝加哥市市长任命的。

MPEA管理麦考米克展览馆联合体，在芝加哥地区促销和运作展览会和商品交易会。按照法律规定，麦考米克展览馆需要创造足够的收入以支付其运营成本。为此，作为管理委员会的MPEA实行半企业化的运作。麦考米克展览馆提供电讯、电气、有线电视、输水管道、餐饮和停车等若干种专有服务。展览会组织者必须雇用MPEA在这些服务领域指定的卖主。MPEA基本上不负众望。每年有400多万展览会参观者和公众参观者来到麦考米克，有50个主要的展览会和数百个小的展览会在麦考米克展览馆举办。按照《贸易展览周刊》的统计，这些展览会里大约有33个居全美贸易展览会前200强之列。

不过这个模式也有其弱点，那就是可能产生政治影响、官僚主义等问题。历史上著名的旅游胜地“海军码头”也归MPEA拥有和管理，而这家权威机构也因为对“海军码头”实施娱乐、商业和文化的重新利用和经营而广受指责。

此外，从企业治理的角度来看，委员会管理模式下存在着激励不足的问题。很多时候政府还是要充当救火队长，补贴公有展览中心经营的损失。芝加哥市政府就每年都把旅馆房间税收的2.5%转移给麦考米克展览馆。

私人管理模式

将公有展览中心的管理业务外包给私人展览管理公司，这就是私人管理模式。当前展览产业一致认为，这是一个积极而难以逆转的趋势。私人管理公司愈来愈多地从市政府那里赢得公有展览中心的经营权和管理权。

北美两家主要的展览中心管理公司，Spectacor管理集团和环球光谱集团，因为不断提升该产业的服务水平和标准而广受信赖。更多的市政府都在考虑把其展览中心管理业务外包给这样的私人管理公司。

私人管理模式具有许多公认的优势，包括：

1. 政企分开，经营自主；

2. 诸如奖金之类的效率激励措施，建立在盈利能力大小、毛收入和成本节省情况的基础上；

3. 集中注意力于客户服务上，有利于克服官僚主义；

4. 人力资源得到深度开发；

5. 衡量业绩的标准客观；

6. 盈利能力较强，经营有赔偿的潜力；

7. 管理培训专业化，管理有职业倾向性；

8. 雇佣工人有灵活性，有利于裁减冗员；

9. 对政府来说，财政风险相对较小，这一点至关重要，政府毕竟也不能做赔本生意。

在美国，私人管理公司一般都收取一种基本酬金，外加一种可变激励酬金，它与基准数据联系在一起，诸如毛收入、盈利能力、成本节省情况、参观水平和展览会数量等。根据《设施管理者》杂志的报道，1986年的美国税收法案，对经营通过免税债券筹措资金的公有展览中心的展览公司，设置了收取酬金上的限制。

展览中心管理契约在各展览中心之间可以有很大的差异。为适合每个市政客户的独特需要，大部分协议都是客户化的。按照具有代表性的私人管理公司的情况看，带激励的酬金平均起来一般相当于毛收入的大约5%。

当然，对地方政府而言，将公有展览中心交给私人公司管理也有一定风险，有可能失去对其谋利动机的控制。由于不能排除异地办展的内在冲动，且所办展览会不适应当地产业发展规划，私人管理公司利润最大化的经营可能不符合城市发展的整体利益。

——《国际商报》杜长征

美国会展教育多层次实用化

美国的会展教育起步虽然较晚，但发展却异常迅速，已经颇具“领袖”风采。据统计，全球有150多所大学提供与会展管理相关的教育，美国大约占了一半，而且目前该国已经形成了相对完善的教育体系。在会展管理人员中，60%以上具有学士学位，其中近10%拥有硕士学位。在课程设置、教材编写、教师配备方面，美国也很有优势，且已成为重要的会展管理知识输出国之一。

多元化的教育主体

美国的会展教育主要由高校、行业协会、中介机构和咨询公司等组织承担。其中，高校处于核心位置。目前在美国开设会展专业或课程的主要院校有乔治·华盛顿大学、内华达大学、休斯敦大学、俄克拉何马州州立东北大学等75所高校。其他像行业协会、中介机构、咨询公司等也为会展从业人员提供技能性培训。高等院校的学习以学位教育为主，一般不要求具有从业经验；而行业协会、中介机构、咨询公司从事的是技能培训和在职培训，学员大多具有一定的从业经验。美国高校基本上是在旅游管理或商务管理的基础上设置大型活动或会展管理专业。美国国际展览管理协会自1975年起开设了展览管理认证证书的学习课程，以期提高从业人员的专业水平。

多层次化的教育体系

美国高校已经形成了与自己专业特色相适应的从一般职业资格认证教育到学士、硕士学位教育的多层次会展教育体系。

在美国，会展管理的提法一般是“事件管理”或“特殊事件管理”。它不仅包括会议管理和展览管理，还涉及大型事件、体育事件、各种节庆甚至私人重要活动在内的事件管理。会展管理专业一般设置在宾馆管理、旅游管理、接待礼仪、体育运动、休闲娱乐、艺术门类中。在目前开设会展教育的高校中，乔治·华盛顿大学的会展教育规模最大、课程体系最完整，学生不仅可以攻读学士学位，还可攻读硕士学位。该校于1988年率先推出的特殊事件管理职业资格认证制度已得到全球20多所大学的认可。还有许多大学的会展教育也取得了较好的发展，并且树立起了自己的品牌。

多样化的教育途径

美国会展教育的时间安排有多种，个人可以根据自己的情况选择适宜的方式。除了四年制的学士学位教育和两年制的硕士学位教育以外，还有一些两年制的社区学院也参与提供会展教育。在职业资格认证培训上，时间则更为灵活。以乔治·华盛顿大学大型活动管理证书培训为例，它主要是对刚进入会展行业、工作经验不多的人员进行初级入门培训，无学期要求。耗时最短的学员在6个月里学完了全部课程，耗时最长的则用了36个月。美国国际展览管理协会的展览管理认证证书课程学习要求学员在3年内学完7门必修课和2门选修课就行，耗时最短的记录是11个月，最长的则达24个月。

美国的高校还通过专业研讨会、书刊、VCD等方式为公众提供学习会展知识的机会。此外，它们还通过远程教育向全球24个国家提供相关教育与培训。乔治·华盛顿大学“特殊事件管理职业资格”认证体系获得了西班牙、摩洛哥等国家的认可。目前全球约有20多所大学采用了该校的会展职业资格认证课程，通过远程教育对会展从业人员实行职业培训。

此外，美国高校的会展教育非常注重实践环节，许多高校在校园里建立模拟客房、餐饮设施，邀请会展业界人士为学生开讲座，并让学生实际参加会展活动，要求学生为学校的体育赛事寻求赞助商。这些实践活动对提高学生的实际操作能力大有益处。

——《国际商报》刘德艳 董 藩

中意展览业交流合作前景广阔

——中国展览业代表小组赴意大利考察侧记

中展集团副总裁 陈培新

2005年3月28日～4月4日，应意大利对外贸易委员会的邀请，中国展览业代表一行11人参观考察了意大利有关展览馆和展会，与意大利展览业同行进行了交流，对我们加深了解意大利展览业的历史、现状和发展，增进中意两国展览业之间的交流和合作，进一步促进中意两国间经济、贸易和技术的合作与交流将起到十分积极的作用。

展览设施健全完善

在意期间，考察团一共参观访问了十个展览馆。其中有刚启用的欧洲最大、最现代化的米兰新展览中心；也有历史悠久（1919年）但设施不断完善的帕多瓦展览馆，还有像博洛尼亚、维罗纳、利米尼特等规模在10～18万平方米，专业水准很高的展馆，也有规模在1～2万平方米左右，但将商业活动与人文自然融为一体的鄂芭、伽达这样很具特色的展馆。从这些展览设施的地理分布、规模及其现代化水平等方面，我们了解到意大利展览业发展的历史、今天它们所起的作用以及在国际展览业中的位置。

意大利各地的展馆都具有各自的规模和建筑风格，利米尼展览馆是2000年建成使用的，设计结构合理，功能性强，每个展馆在6000～1.2万平方米之间，均是无柱式大跨度建筑。引人注目的是屋顶全部采用全木质拱形结构。据展览馆技术部负责人介绍，这种木结构不但给现代多以钢筋、水泥、玻璃为主要材料的建筑带来自然气息外，还节省了建筑成本。利米尼展馆的全部建筑费用（包括土地，展馆建筑，会议和服务设施，办公和家具等）为1100欧元／平方米，这在2000年的价格还不到9000元人民币／平方米。意大利的展馆，给人的印象十分深刻：各展馆建筑各具特色，定位明确，投资十分理性，是根据各地的展览业发展需要和前景来确定投资规模和实施建设规划。

展览会项目各具特色

意大利作为欧洲展览业的第二大国，全意大利每年举办的展览会达1000多个，其中全国性的为300多个，国际性的为100多个，全年参展的意大利企业达2.5万个。意大利一般中等以上的城市都有自己的展览馆，且都有自己的展览项目，而这些项目都与本地的经济结构、商业来往、历史文化密切相关。米兰是意大利的经济首都，展览业被米兰市当局比拟为米兰城的面包，在米兰展览中心举办的时装展、鞋展、皮革展、卫浴展以及家庭用品展等，都是享有世界盛誉的专业展。我们参观的Cremona展览会属伦巴蒂大区，由于该地是意大利著名的农牧业产区以及传统的小提琴制作地，所以该地的农牧业展与乐器展在国际上也很有名气。而只有1万多平方米，离米兰仅100公里左右路程的鄂芭展馆，每年的展览活动也十分活跃，以服装、丝绸、纺织面料为其展览特征的展会一般只对欧洲参展商开放。博罗纳与维罗纳是排在米兰新展览中心之后最主要的展馆，它们都拥有一系列国际著名的展会项目，如维罗纳的酒展、大理石展、高档家具展，博罗纳的美容美发展、陶瓷展、建筑建材展等都是国际性的顶级专业展。而利米尼只是个拥有13万常住人口的城市，却拥有10多万平方米的展馆面积。它的展会项目以利米尼作为旅游度假胜地为核心而展开，主要围绕旅游、娱乐、酒店用品、食品工业、健身以及环保技术。“山不在高，有仙则灵”，参观考察意大利的展会，给人的印象是展会项目扎根于当地的文化经济，以促进当地的经济社会发展为己任，很少感觉到急功近利的浮躁。

加强交流增进合作

近年来，意大利展览业的市场化、国际化步伐正在加快，他们对中国的经济发展很关心，对中国与意大利在展览业方面的交流与合作也很关注。多年来意大利公司参加在中国举办的各种重要展会一直很活跃。中国公司到意大利参展的数量和规模也越来越大。6年前，意大利的展览业（如博罗纳、维罗纳）已开始在中国广州、上海寻找合作者，输出自己的品牌展会。但目前也存在一些问题影响着双边展览业进一步健康发展：一是中方赴意参展的组织者和公司还是缺乏很好的组织和协调，中国公司赴意参展显得有些无序，还时常出现侵权现象；意大利有些博览会（如机械展等）对中国企业参加不大欢迎，有些博览会对于组织意大利中小企业参加中国的展会也表示出一些担心。

我们认为，中意两国在经济、贸易、技术包括文化交流合作方面有着十分广阔的前景。尤其是展览业方面的交流与合作，将直接带动和促进两国经贸、技术领域的发展。但如何使中意两国展览业在互信、互利、和谐的环境下发展，还需要双方的有识之士和政府有关部门认真地分析目前双边交流中出现的问题，共创一条真诚合作、长期发展的有效途径。这次中国展览业代表应邀考察意大利展览业提供了一个很好的机会，我们将根据中国各地、各行业的特点和需求，与意大利有关方面继续保持联系。

英国展览业重新崛起

在商品经济高度发展，市场瞬息万变的今天，利用展会开拓市场、扩大贸易，正在被世界各国普遍仿效。

就各个国家而言，英国在展会规模、水平、影响力方面虽无法与德国、法国和意大利等欧洲国家相比，但进入20世纪90年代后，随着经济的复苏，英国为缩小与周边国家的差距，不断增资建设展馆，欲重建展览大国的风采，渐渐形成了本国发展会展业的特色。

展览业高度国际化

首先，几乎所有专业展览会都有大量国外公司参展，摊位的划分也主要依据参展商的产品类别而非国别。

其次，英国的展览组织者很多是大型的展览公司，除在英国组织展览外，在全球范围都有其组织的展览。展览的组织过程如场地销售和广告宣传往往通过在全球的代理合作伙伴完成。

英国展览业最大的展会是艺术、文化、休闲和体育以及服务业类展会，这些行业占42%。服务业包括广告和营销、航空和金融服务、书籍、教育和招聘会，印刷和出版以及旅游和零售。

市场准入政策宽松

英国的展览市场准入政策十分宽松，任何商业机构和贸易组织不需要经过特殊的审批程序便可以进行展览业务，展览公司的商业注册也和普通商业公司一样，没有额外的要求。在英国，举办展览完全是商业行为，各展览公司举办展览的内容只要合法均可自行确定，不需审批。关于有可能出现的重复办展问题，英国的展览行业主要遵循的是优胜劣汰的自然淘汰法则。由于英国的场地和人工费用很高，经营展览是具有较高商业风险的行业，经济效益不好的展览会会很快放弃，而在选择新的展览项目时展览公司则十分谨慎，一般都要经过周密的市场调研后才做出决定。

值得注意的是虽然英国的展览市场十分开放，但专门举办展览的公司数量并不多，主要原因是展览行业风险较高，同时重视规模效益，所以在自由竞争的市场环境下中小公司很难与跨国性的大型展览公司抗衡。但在商业风险较低的展览配套服务行业，如摊位施工、展台装饰、花草服务、展览运输代理等领域经营公司数量很多，而且许多是中小公司，他们凭借周到的服务和低廉的价格和大公司进行竞争。

政府实施费用补贴

英国目前没有专门的政府部门负责展览事务。但英国政府长期以来十分重视展览业的发展，特别强调展览对于扩大出口发挥的推动作用，主要通过财政手段来鼓励英国参加海外展览。英国对参展单位通常实行有针对性的费用补贴措施。

由于受到政府资助的展览会项目在招展过程中会具有更大的吸引力，因此各英国展览公司一般均力争使自己举办的境外展览会能够被政府纳入资助范围，这通常需要在政府预算制定前12个月提出申请。

展览服务行为规范明确

英国的各类展览服务单位，包括展览组织、展馆场地和配套服务公司均有统一的行为规范，这些行为规范由各自的协会组织制定，对会员起指导和约束作用。例如英国展览服务商协会规定，任何会员施工单位不能因为和客户发生纠纷而中途停止服务，从而影响用户正常展出。而展览组织者协会则规定会员单位发布的展览会统计数字、展览会介绍必须真实、准确，不能夸大贸易效果和误导参展公司和观众。由于英国政府对展览行业不直接进行管理，因此行业协会发挥了重要的质量维护职能，而明确的行为规范有利于企业自律和用户监督。

通过结构调整增强实力英国的展览行业高度开放，鼓励国际竞争，而且对本国企业基本没有保护政策。各类展览公司为加强竞争力纷纷通过兼并和收购手段来保持企业发展，而对于效益不好的下属公司和分支业务则尽快出售，以免影响整体实力。目前英国展览业的一个显著特点是公司规模变大，但业务范围却越来越专一，以便充分实现专项业务的规模效益和降低管理成本。

完善的展览信息服务系统

获得市场信息是展览企业取得成功的关键，英国公司十分重视对信息资源的发掘、整理和使用，一般均建有完善的数据库系统和用户服务系统。英国公司的经营理念认为现有客户是最好的客户，保持和发展已有的客户关系比开发新客户更为重要，一是市场营销成本低，二是客户信誉有保障。因此英国展览公司均建有完备的客户信息库，只要输入任何一个客户的编码，便可以查到全部有关信息。信息库不仅用于场地或业务销售，同时也用于售后服务和财务管理，各个业务部门的数据库可以合并使用，从而构成强大的计算机服务系统。

另外，英国政府为促进展览信息的沟通，目前已设立了英国展览的官方网站，用户可以上网查阅所有即将举办的展览会项目。

（中国贸促会驻英国代表处）

会展经济红火新加坡

新加坡是个地域狭小的国家，自然资源奇缺，但各种国际会议和展览对新加坡的经济起到了重要的促进作用。据统计，新加坡的国际展会规模次数居亚洲第一位，居世界第5位。每年前往新加坡旅游观光及参加各种国际会议、展览的人数比新加坡的总人口还多。

新加坡搞会展业的地理优势十分明显。在以新加坡为中心的三小时飞行距离内，有2.5亿人口活动，每年仅中转旅客就达250多万。新加坡正处在这样一个枢纽的位置，非常适合搞国际性的会展。目前，新加坡有64家国际航空公司的航线，可直飞50个国家的154个城市。

新加坡旅游局的展览会议署建于1974年，主要任务是协助、配合会展公司开展工作，向世界介绍新加坡搞国际展会的优越条件，促销在新加坡举办的各种展会。展览会议署不是管理部门，其主要职责是协调配合，而且不向会展公司收取任何费用。展览会议署每年都有计划地向世界各地介绍新加坡旅游会展方面的情况，并且在世界各地举办新加坡会展经济方面的研讨会，让各国都了解新加坡在这方面的优势，体现了政府在会展经济中的服务作用。

新加坡政府在会展方面投入也很大方。新加坡博览中心就是有政府背景的新加坡港务集团投资建立的。博览中心附近有地铁站，有三条高速公路相通，有大型停车场。还有新加坡第二大的餐厅，可同时供一万人用餐。目前国内在这方面还有差距。

新加坡的会展公司一般都有自己的市场调研部门，针对市场需求确定会展项目。现在许多参展厂商已经习惯于跟着会展走，想要开拓一个国家或地区的市场时，先通过会展公司举办展览，以展览会的形式开拓市场。展会市场就是一边是有参展需求的厂商，一边是有参观愿望的人群，能将这两者结合起来的就是成功的会展公司。

新加坡只是弹丸之地，但有数十家有一定规模的会展公司，竞争相当激烈。但是这里的会展公司很少打价格战。如励展集团曾想搞家具展，可后来一调查已有别的公司搞过这类展览，就放弃了这个项目。这与国内如有一个展览做成功，后面就会出现许多类似的展览，直到把这个市场做滥的习惯大不一样。新加坡多数展会公司都是强调服务取胜，最主要的是提高展会的质量。

大多数新加坡的会展公司在中国都开展了一些业务，并且非常重视中国市场，认为中国展会市场的潜力巨大。但他们普遍认为目前中国市场的展会太多且滥，真正形成规模和品牌的展会还不多。而且在中国办展会还要申请批准，所以必须在国内找一个合作伙伴才能办展览，这样会增加一大块成本。而且国内的展览常常是两种价格，即国外参展商一种价格，国内参展商一种价格，比较复杂。

——《中国贸易报》龚 商

法国展览业的发展呈现新趋势

法国的展览业和德国不一样，展览公司不拥有场馆，而展览场馆不组办展会，也不参与其经营。法国的展览业人士坚持这种做法，认为能够促进展览公司之间的公平竞争，也有利于展览场馆专心做好自己的场馆服务工作。近年来，法国的展会呈现新的发展趋势：

主办机构专业化。随着展会之间竞争的激烈化，越来越多的行业协会把自己的展览会卖给了专业展览公司，或者和专业展览公司合资组织股份公司，行业协会只保留一定量的股份，把展会的经营全部或部分交给展览公司去经营。

展览公司集团化。由于市场对展会的要求愈来愈高，这就要求展览公司做很大的投入，从资金、人力资源、国际网络等各方面的要求越来越高。小型展览公司往往力不从心，被大型展览公司兼并收购，形成了展览公司集团化的趋势。

展会规模大型化。在五六十年代，往往在同一个经济领域内有许多展会并存。经过市场的优胜劣汰，现在众多的展览会已经消失，所剩“强者”越办越大，越办越好，确立了自己的垄断地位。如在建材领域内有BATTMAT展、在食品领域内有STAL展、在包装领域内有EMBALLAGE展，在农业领域内有SB6A展。“春秋战国”时代已经过去，相对稳定的展览市场已经形成。

展会进一步国际化。随着贸易世界化和欧洲一体化的发展，在法国举办的国际性专业展已不能再满足于吸引法国的参观客户和参展商，必须在更大的地域范围内寻找客户，欧洲各国展会的竞争加剧。为了生存，法国的展会力求提高展会的国际化水平，增加国外参展商和参观客户的比例，尤以BATTMAT建材展，SIAL食品展，SIMA农业展，EMBALLAGE包装展，VINEXPO酒展，EUROPAIN面包糕点展，AERONAUTIQUE巴黎航空航天展，POLLUTEC环保展最为突出。

展会向高质量高水平发展。为了保持自己在市场上的地位，展览公司在展会装修，展会活动，宣传报导等方面精益求精，把工作的重点放到参观观众的组织上来。如果观众很少，或者观众的质量不高，参展公司就不会再次参展，已有知名度的展览公司，不愁找不到参展商，就怕观众数量少质量低，从而把大量的经费和人力投到参观人员的组织上。从某种意义上讲，展会的成功与否，其主战场是观众的组织，而不单纯是寻求参展商的数量。现在国内不少展览公司急于开辟新的展会题目，普遍忽视已有展会的观众组织，后果令人担忧。

加强和中国展览业的合作。世界愈变愈小，法国的展览公司也在向中国市场走来。尤其是爱博展览集团，作为法国第一大展览公司和世界第四大私营展览公司，已和中国贸促会农业行业分会合作成功地举办了99年4月底的北京国际农展（Agro Foodtech China），为中国农展市场注入新的活力。2000年，分别在北京和上海推出第二届国际农展和首届国际食品展和首届国际包装和食品加工技术展，将为中国的农业——畜牧业——食品加工工业——包装工业——食品业这一纵向系列化经济领域带来大批的新技术，为中国开放带来众多的商机。法国展览业的另一个趋势是加强和中国展览业的合作。法国国际专业展驻华代表团作为法国展览业的在华代表机构，其首要任务是向中国企业界和展览界推荐介绍法国的高水平国际性专业展，为中国企业出访法国参观参展和开拓国际市场提供信息和服务。同时，为中法展览公司联合办来华展穿针引线，为中国的展览市场带来法国的办展技术。

——《中国贸易报》阿 木

三、行业简讯

亚洲会议与展览协会联盟成立

2004年9月21日，来自亚洲7个国家和地区的会展行业协会在新加坡成立了亚洲会展协会联盟AFECA。作为亚洲第一个会展联盟，AFECA将扮演与UFI（国际会展行业协会）及IAEM（国际会展管理协会）相似的角色。

AFECA设定的远景是成为将来的世界会展行业协会的战略伙伴，它致力于促进亚洲会展行业在面对全球竞争中成长。在国际会展行业大家庭中，它将代表亚洲的利益。该联盟也将致力于建立亚洲共同的行业标准，并参与国际会展行业标准的开发。

AFECA作为一个平台，将促进亚洲会展行业更好地合作和团结以促进行业的成长，并解决日益激烈的竞争所引发的系列问题。AFECA由新加坡会展行业协会倡导发起的，目前它的成员有中国北京国际会展行业协会、印尼会展主办单位协会、日本展览协会、马来西亚会展行业协会、菲律宾会展行业协会、中国台北会展行业协会等。该联盟由各协会会长组成的委员会共同管理，AFECA的秘书处被注册并常设在新加坡。

贸易展会数目激增 中国受到全球瞩目

由国际展览业协会（UFI）主办，泰国会议及展览协会协办的国际展览业协会2004年年会，11月25～26日在泰国曼谷举行。

出席本届年会的400多名展览业高层人士不仅就公平贸易问题交换了意见，还主要讨论了市场趋势及创造财富等问题，重点集中在投资、展览场地容量、科技、地区法律、恐怖主义及安全等方面。

在本届年会上，亚洲及中国展览业成为讨论的焦点。与会的演讲嘉宾表示，在中国举行的国际认可的贸易推广活动数目有所增加，反映了全球贸易正在出现重大转向，往来亚洲的贸易流量将大幅增加。

该协会董事总经理吉哈特先生在大会上作工作报告，其中在2005年行动计划中，他再次申明对与中国贸促会联袂举办的中国会展经济国际合作论坛将给予倾力支持。他表示，该协会非常重视同中国贸促会以及中国展览业的合作，作为中国会展经济国际合作论坛的主办方之一，协会将与中国贸促会合力打造这一中国会展业顶级盛事。

国际展览业协会亚太办事处地区经理保罗·伍德沃德认为亚洲地区的商机越来越多，了解贸易流通及目标客户比巧妙的市场推广策略及新展览场地更为重要。尽管中国2003年遭遇SARS疫症，但亚洲展览业的焦点已由以内销市场主导的日本转移至中国，中国展览市场的规模不断扩大，可供使用的展览面积已大幅增加。国际展览会现在都不会忽视中国的贸易需要。

中国贸促会副会长高燕率中国展览业代表团参会，是中国首次集体组团参加这一会议。代表团由中国展览馆协会组织中国国际展览中心集团、中国贸促会北京市分会、纺织行业分会、中国国际贸易股份有限公司、中国服装协会、中国仪器仪表协会和上海、广州、深圳等十余家单位的30多位代表参加本届年会，显示出中国重视与该协会乃至国际展览业的合作。

目前，中国已经有7个会展行业组织成为该协会的会员，中国在该协会会员总数方面已经居全球第六位。中国已经有21个展览会获得该协会的认可，超过德国居世界第一位。

在本届年会上，上海国际展览有限公司董事长陈先进就中国的展览新趋势发表了主题演讲。

大会最后正式确定，北京市为国际展览业协会（UFI）2006年年会的举办地点。

西班牙萨拉戈萨获2008世博会主办权

国际展览局第136次成员大会2004年12月16日在法国巴黎召开。大会宣布，2008年世界博览会将在西班牙城市萨拉戈萨举行。

这一决定是国展局95个成员的代表经过投票后作出的。按照国际展览局的规定，世界博览会按性质、规模、展期分为两种：一种是注册类（以前称综合性）世博会，展期通常为6个月，每5年举办一次；另一类是认可类（以前称专业性）世博会，展期通常为3个月，在两届注册类世博会之间举办一次。

萨拉戈萨申办的2008年世博会是认可类世博会。除萨拉戈萨以外，希腊的塞萨洛尼基市和意大利的的里雅斯特市也提交了申办2008年世博会的申请。

萨拉戈萨位于西班牙东北部，西班牙最大河流埃布罗河流经该市。萨拉戈萨的申办主题为“水和可持续发展”，主要展出与水以及与可持续发展有关的产品，如水力发电设备、节约用水设备、净化水设备以及有利于城市可持续发展的淡水处理和循环利用设备等。

九万买家到法兰克福纺织展寻商机

2005年1月12～15日，经过四天展期，世界规模最大的家用及室内纺织品展览会——第35届法兰克福纺织展，在创造了国外参观者数量的新高后圆满落幕了。本届展会的国外参观者数量达到约5.2万人次，比2004年增长了3.8%。此展吸引了来自127个国家的9万多名专业买家。

据主办机构透露，有来自71个国家的2960家公司参展(2004年有来自72个国家的3070家参展商)，其中548家来自德国，2412家来自全球各地，在这里他们向世界各地的观众展示了他们的产品。

法兰克福国际家用及室内纺织品展览会每年吸引不少中国企业参加。随着中国家纺产品的成熟，中国家纺设计亦渐渐受到国外市场的欢迎，中国企业参展已不仅是为着取得出口订单，更是为着打造自己的品牌，在国外市场发展。来自上海的参展商管永健先生在参展后表示，通过参加该展会希望在海外树立公司形象，让公司的品牌更为国际市场认识。在展会期间有来自中东、加拿大及美国的买家与之相谈代理他们品牌的产品，或在海外设立专门店。

据了解，本届展会上中国参展企业共有197家，展览面积为5232平方米。

展博会带动米兰地区经济发展

作为意大利经济活动最为发达的地区，米兰是各种展览会、博览会汇聚的地方，每年各种大型展览70余个，其他中小规模的展览、展示活动数以百计。2003年的统计数字显示，全年在米兰国际展览中心举办的大型展览会、博览会项目共计62个，营业额超过1.41亿欧元。

米兰是欧洲最为重要的展览城市之一，展览会在地区经济中扮演着十分重要的角色，是地区经济发展，特别是外向型企业发展的主要推动力。米兰地区各类进出口企业数量众多，在各种展览会的积极推动下，进出口成绩名列前茅。据统计，自2003年第三季度到2004年第三季度间的一年时间中，米兰地区的企业出口额增长了2.4%，进口额增长了6.6%。进出口贸易总额基本上占意大利全国的1/5，其中出口方面占13%，进口方面占26%。在米兰举办的各类展览会为本地企业的国际贸易增长做出了相当大的贡献，推动了该地区企业国际化的进程。

目前，米兰地区最重要的展览场地为米兰国际展览中心，除了以前使用多年的展馆之外，新展馆在2005年6月正式启用。米兰地区的主要展览场地面积将超过26万平米，成为仅次于德国汉诺威（展览面积50万平米）的欧洲第二大展览城市，在会展经济蓬勃发展的今天，米兰将在国际经济贸易舞台上显露出更强的活力与竞争力。

亚洲游艇市场极具潜力

为期4天的2005年亚洲游艇展2005年4月14日在新加坡旅游胜地圣淘沙岛开幕，包括中国在内的20多个国家和地区的120家游艇制造商和经纪商以及船用配套设备制造商参展。

在圣淘沙岛海湾，20多艘目前世界最新和最豪华的大、中、小型游艇停泊在码头旁，其中不乏造价不菲的名品豪华游艇。在岸边的大型展馆内，展示着各类游艇专用发动机、推进器、甲板配套设备、摩托艇、小型充气艇以及滑水板与帆板等。

据了解，除水上体育表演和2005年亚洲游艇展小姐比赛等丰富多彩的活动外，本届游艇展还举办为期两天的海上旅游会议，就如何发展潜力巨大的地区海上旅游等议题展开研讨。

展览主办单位新加坡新达综合媒体有限公司总经理罗恩在接受媒体采访时说，与欧美相比，亚洲的游艇市场发展还相对较慢，但这也正是其潜力所在。他认为，亚洲海域宽广，岛屿众多，随着人们生活水平的不断提高，亚洲的游艇市场会日益兴旺。他还说，随着中国经济的进一步发展，人民生活日益富裕，游艇市场在中国的发展前景不可小视。

亚洲游艇展在新加坡已经有13年的历史，从2004年开始固定在圣淘沙岛举行。

展会再次成为德企业重要营销手段

由于近几年德国经济不景气和财政紧张，许多企业更倾向于在家门口和采用其他手段进行营销，致使德国展会的参展商和观众数量下降。但最近Laubenheim展会研究所进行的一项调查显示，展会重新成为企业对外交流和营销的首选手段。人员推销和直接营销分列二三位。

被调查者为企业营销人员和大学经济学教授。对提交的2.5万份问卷的分析结果显示，营销人员和经济学者均认为，展会尤其适合“实现营销目标”和“介绍和引进新产品”。同时，在开拓新市场和赢得新销售和贸易伙伴这两方面，展会也是首选。在招揽新顾客、保持老顾客以及签订销售合同等方面，人员推销更占优势。出人意料的是，在上述所有方面对互联网的评价都很低。

据Laubenheim展会研究所所长Wolf M · Spryss介绍，不仅是大企业，相当数量的中小企业也非常愿意参加展会。虽然从表面上看，在市场上处于主导地位的大企业在展会上占据优势，但从德国经济展博委员会委托TNS Emnid进行的一项分析看，专业展会中参展企业的83%为员工不足500人的中小企业，其中54%的企业员工不足50人；77%的参展企业的销售额低于5000万欧元，其中42%的企业的销售额甚至低于250万欧元。

目前总计有5.6万家德国企业参加过展会。按照行业划分，65%为加工企业，9%为贸易公司，24%为服务业，2%为其它行业。

虽然2004年德国举办的23个国际性展会的参展商总数仅为16.7万家，较上一年度下降了0.7%，观众人数也下降了1.4%，为968万人次，但展位面积却由610万平方米增加到660万平方米，带动销售额由23亿欧元增加到25亿欧元，增长了8.7%。

德国经济展博委员会预计，2005年观众人数将在连续四年回落后保持稳定，参展商将增加2%。

中國貿易報

周四刊

中国国际贸易促进委员会　中国国际商会　　主办

《中国贸易报》是面向经贸界机构与人士以及外向型企业的经贸类综合性报纸，助您洞悉国际市场的动态与变化，捕捉和发现新的商业机会。

《中国贸易报》精心推出的会展周刊，力求在中国办展机构、展览场馆、参展商、会展服务商、专业买家之间架起沟通与交流的桥梁。

《中国贸易报》开辟的《贸易与法》周刊，通过国际贸易、投资中的法律事件、信息、常识的报道，对读者进行法律方面的服务。

《中国贸易报．前程周刊》为人力资源市场提供丰富、准确、详尽的实用信息。

《中国贸易报》邮发一周四刊，每周二、四、五、日出版，对开 12——28 版，全年定价 180 元。

全国各地邮局均可订阅。

国内统一刊号：CN11——0015

国内邮发代号：1——79

发行咨询热线：(010) 64667277　64667797

广告　热　线：(010) 84487845　84482855

网　　　　址：www.ChinaTradeNews.com.cn

社　　　　址：北京市朝阳区北环东路静安西街 2 号楼

邮　　　　编：100028

中国国际贸易促进委员会　中国国际商会

China Council for the Promotion of International Trade

China Chamber of International Commerce

实施“走出去”战略 创建中国自有出展品牌

纽伦堡ASIA STYLES展览会获得成功

2005年8月29～31日，一个新的专业贸易展览会——亚洲消费品、礼品及家庭用品贸易展览会（Asia Styles）在德国纽伦堡展览中心举行。来自印度、巴基斯坦、尼泊尔、蒙古、菲律宾、德国和中国及台湾地区共8个国家和地区的270家企业参展，其中来自中国内地的企业247家。展出面积达6800平方米。此次展出是由中国贸促会联合商务部外贸发展事务局、中国轻工工艺品进出口商会、长城国际展览有限公司、中国对外贸易广州展览公司、通用国际广告展览公司、中国工艺品进出口公司、福建汇源国际商务会展有限公司、全球展览公司合作，首次在欧洲创办的中国自有品牌展览会，在我国出国展览领域具有开拓性的意义。

中国加入世贸组织后，中国产品在世界市场上具有越来越强的竞争力，中国公司开拓海外市场的积极性空前高涨。出国参加国际上有影响的贸易展览会成为许多中国公司，尤其是中小型企业开拓国际市场的重要途径。然而，随着我企业参展需求的不断增长，欧美一些国家的行业商协会感到了压力，通过各种方式设置新的贸易壁垒，要求其区域内的博览会组织者控制或减少我国企业的参展规模，而欧美一些著名展览会也采取了相应的措施，限制我国企业的海外拓展活动。同时，随着中国服务业市场的进一步开放，海外跨国展览公司纷纷进军中国，在北京、上海等大城市成立了公司，凭借其多年的办展经验和雄厚的资本实力，与中国同行展开了竞争。一些外国展览公司甚至通过其在华子公司向我企业加价销售展位，或变相组织出展活动，损害了我组展单位和参展公司的利益。欧美行业组织和展览公司的这些做法，增加了我出国参展工作的难度与成本，也影响了我国在参与国际竞争与合作过程中取得最佳比较利益。

中国展览业为了应对挑战，主动实施“走出去”战略，并首次尝试与欧洲展览组织者合作，在国际展览业的舞台上，创办中国自有品牌的专业贸易展览会，为中国企业和欧亚贸易商提供一个稳定有效的贸易平台，从根本上扭转“受制于人”的局面。经过一年多的精心筹备，纽伦堡亚洲消费品、礼品及家庭用品贸易展览会顺利开幕。

此次展览会采取了新的办展模式，中国组展单位和纽伦堡展览公司发挥各自优势，在中国境内外开展了卓有成效的推荐工作。中国组展单位负责在中国境内的招展和宣传工作，分别在浙江、广州、北京、福建等地做了多场项目推介会，并在广交会、华交会等有影响的境内展览会上进行宣传。纽伦堡展览公司凭借其多年的展览经验，承担了本次展览的海外宣传及观众邀请的全部工作。在展览会筹备过程中的不同阶段，德方通过直邮的方式向8万家德国及周边国家进口商和批发商先后四次寄送了展会的邀请，并在30多种家居用品、礼品及文具类专业杂志上连续几期刊登广告。在法兰克福春秋季消费品展同类专业展览会举办期间，德方还在法兰克福主要路段张贴了广告。

首届纽伦堡展在德国贸易和展览界产生了积极的影响，也得到了当地政府的支持。开幕当日，德国纽伦堡市市长豪斯特·福特等政府官员亲临展会参观，出席了展览会开幕招待酒会，并发表了热情洋溢的讲话。为期三天的展出，参展商共接待了来自德国和周边欧洲国家的专业观众逾三千人次，现场成交350.3万欧元，意向成交724.7万欧元，成交商品包括玻璃制品、蜡烛、烛台、酒具、刀具、草柳编制品、陶瓷、文具、厨房小家电等。展出期间，德国法兰克福、杜塞尔多夫和慕尼黑等展览公司负责人专程到展会考察，表达了希望与我方合作的愿望。展览期间，组委会针对欧洲批发商和进口商的需求，组织了以“在亚洲采购”为主题的系列研讨会。德国知名连锁商店、超市及大型商场的代表、德国地区工商会代表应邀出席，与商界听众共同交流与亚洲开展贸易的有关经验。我驻德国大使馆经商参处公使衔参赞钦宏亮作为演讲嘉宾出席了研讨会。

德国和欧洲的新闻媒体对本次展出也给予了极大的关注。在展览会筹备期间，德国新闻媒体就对展览会进行了多次报道。开幕当日，德国20多家新闻媒体出席了展览新闻发布会。具有全国影响的德国国家电视二台和巴伐利亚州电视台对中国贸促会董松根秘书长进行了电视专访。德国电视一台、巴伐利亚州电视台、巴伐利亚州电台、西部德国电视台等多家媒体于当晚黄金时间的新闻节目中对我展览会进行了积极报道。在意大利等欧洲其他国家的展览专业媒体和网站上，也都重点报道了本次展览的盛况。

本次展览会的另一个特点，就是力图提升中国商品在欧洲客商心目中的形象，杜绝侵权产品展出。德方合作单位在对外宣传时就公开承诺在本届展览会上要坚决保护知识产权。中方组委会在招展过程中也要求各组展单位严格把关，杜绝侵权产品参展。在展览会期间，到处可见有关保护知识产权的声明，展商和观众也可在咨询台领取如何解决知识产权纠纷的说明材料。由于组织工作细致，本届展览会上没有出现知识产权纠纷。

2006年8月，中国贸促会继续在纽伦堡举办第二届亚洲消费品、礼品及家庭用品贸易展览会。总结首届展出的成功经验，第二届展览会应进一步扩大展出规模，健全和完善组委会的管理机制，提高办展水平。为此，组委会一方面将积极利用中小企业补贴和政府的财政支持，加强在国内的宣传营销，吸引更多的企业参展。另一方面要与中国香港特别行政区的香港贸发局、台湾贸协以及日本、新加坡等亚洲国家的展览协会和组织合作，加强在亚洲其他国家和地区的招展力度，使组伦堡展成为名副其实的亚洲展，吸引更多的欧洲客商特别是德国周边国家的客商前来参观，从而使得展览会的发展步入良性循环。

——中国贸促会展览部

ASIA STYLES 2006

德国纽伦堡国际展览中心 2006年7月4~6日

参 展 申 请 单

截止日期：2006年04月30日

公司名称（中文）：	
公司名称（英文）：	
通讯地址（中文）： 邮政编码：	
通讯地址（英文）：	
联系人（中英文）：	电　话：
手　　机：	传　真：
电 子 邮 箱：	网　址：
展品类别：□ 餐厅及厨房用品； □ 家居饰品及家庭用品； □ 礼品及圣诞用品	
展出内容（中文）：	
展出内容（英文）：	

展位申请

我公司拟参加ASIA STYLES展，并申请如下展位：

□ 室内标准展位：　　个

2480欧元／标准展位，面积9平方米，包括标准围板、楣板、接待桌一张、椅子三把、照明灯、地毯、废纸篓。

□ 室内空场地：　　平方米(最小申请面积18平方米)

□ 一面开场地：150欧元／平方米　　□ 二面开场地：172.50欧元／平方米

□ 三面开场地：180欧元／平方米　　□ 四面开场地（岛形）：187.50欧元／平方米

申请及付款方式

申请单位请于截止日期前填写此参展申请表并传真或寄送至展览会主办单位，同时将展位费汇付展览会指定帐号。展览会主办单位将给参展商发书面展位确认书。

展览会指定帐号：

开户名称：中国国际贸易促进委员会

开户银行：中国银行总行营业部　　开户帐号：00038108094001

主办单位：中国国际贸易促进委员会

联 系 人：栾勤刚

联系地址：北京市复兴门外大街1号

电　话：010 88075066　　传　真：010 68033684　010 88075423

电子邮件：luanqingang@ccpit.org　　网　址：www.asia-styles.com　www.ccpit.org

申请人签名：________________　　日期：________________

（公司盖章）

SHANGHAI
NEW INTERNATIONAL
EXPO CENTRE
A New Vision of Success
www.sniec.net
上海新国际博览中心

长春市

CHANGCHUN CHINA

2004年度最佳会展城市

长春市地处松辽平原中部，是吉林省政治、经济、文化和交通中心，素有汽车城、电影城、科技文化城和森林城之称。长春会展业从1992年起步，伴随着每两年一届的长春电影节，经过将近4年的起步阶段之后，到1996年，以长春国际展览中心的建成为标志，以中国长春商品交易会为“代表作”，会展经济开始步入正轨。2001年，占地面积63.17万平方米的长春国际会展中心落成，打造了“汽博会”、“农博会”、“电影节”、“东北亚博览会”、“光博会”、“民博会”、“教育展”、“雕塑展”“冰雪旅游节”等一大批品牌展会。同时，长春会展业紧紧抓住国家振兴东北老工业基地的有利时机，使全市会展经济进入了快速发展阶段。

2005年，长春市委十届七次全会将会展业列为我市重点产业之一，全市会展业得到了迅猛发展。2005年举办各类会展活动120余项。会展业的快速发展为全市经济“快跑”起到了极大的推动作用。今年在郑州举办的首届中国国际会展文化节上，长春市被评为“2004年度最佳会展城市”；长春汽博会被评为“中国领先专业展览会”，成为本届会展文化节获得奖项最多的城市之一。

在国家振兴东北老工业基地大背景下，在市委市政府的正确领导下，在社会各界大力支持和全市人民的共同努力下，长春正向着国际化全国会展名城大步迈进。

第四届长春汽博会历时10天，展示面积达到12万平方米，观众达106万人，中外记者1700余人，交易额达4.8亿元，堪称中国三大车展之一。

第20届国际光学大会中国（长春）光电博览会展出面积2万平方米，1000个国际标准展位，48个国家和地区370多位国际光学界知名人士、专家学者汇集长春参会观展。

中国吉林·东北亚博览会共有来自46个国家（地区）的1200多家企业、4000多位客商参展参会，成为中国六大经贸洽谈展会之一，国务院副总理吴仪出席开幕式。

中国国际贸易促进委员会长春市分会（长春市会展管理办公室） 地址：长春市人民大街1578号 电话：0431-2738717

中国国际贸易促进委员会建筑材料行业分会

CCPIT BUILDING MATERIAL SUB-COUNCIL

中国国际贸易促进委员会建筑材料行业分会于1992年经中国国际贸易促进委员会和国家建筑材料工业局批准成立。中国国际贸易促进委员会建筑材料行业分会是中国国际贸易促进委员会、中国国际商会在中国建筑材料行业的分支机构，是中国建筑材料工业对外开展民间经济贸易活动，开展同世界各国各地区经济贸易界、商会、协会、其他经济团体以及有关国际组织联络的民间团体机构。

中国贸促会建材行业分会经过十多年的耕耘，凭借着诚信为本、服务至上的理念，积极开拓会展、贸易、投资和经济技术合作等各项活动。在加快推动和实施中国企业"走出去"的战略过程中注意树立品牌形象、强化服务意识、提高服务水平，引导建材企业用最有力的方式走出国门，走向国际市场，从而带动我国更多的建材产品出口。

第19届中国国际陶瓷工业展览会（2005）开幕式及部分展场

由我会组织的中国国家展团参加意大利
40th MARMOMACC 展览会——中国馆

会领导在接待来访代表团

第12届中国国际石材及石材技术装备展览会（2005）开幕式及部分展场

中国新疆乌鲁木齐对外经济贸易洽谈会

中国新疆乌鲁木齐对外经济贸易洽谈会（简称乌洽会），是经国家商务部批准，每年定期举办的、中国西北部规模最大的区域性国际投资贸易洽谈会，已成功地举办了14届。15年来，乌洽会以促进我国与中西南亚国家商品贸易和双向投资为特色，以增进中国内地与俄罗斯、中西南亚各国多方面合作为己任，力求使自己成为与中西南亚国家地区互相了解的窗口，成为连接俄罗斯、中亚、西亚及南亚国家的桥梁。

主办单位： 新疆维吾尔自治区人民政府

举办地点： 新疆国际博览中心

协办机构：

中国国际贸易促进委员会、俄罗斯驻华商务处、香港贸易发展局、日本国际贸易促进协会、哈萨克斯坦工商会、吉尔吉斯斯坦工商会、乌兹别克斯坦企业家商会、俄罗斯阿尔泰边疆区外经局、俄罗斯叶卡捷琳堡乌拉尔博览中心、俄罗斯新西伯利亚交易会、土耳其出口促进中心、巴基斯坦拉瓦尔品第工商会、澳大利亚国际商会

主要内容：

1. 展示新产品、新技术、新项目。
2. 洽谈进出口商品贸易和国内商品贸易，范围包括：粮油食品、纺织服装、轻工工艺、汽车及配件、机械设备、家电通讯、石油化工、建材家居、五金矿产、有色金属等。
3. 洽谈对外经济技术合作项目和国内经济技术合作项目，包括石油、化工、基础设施建设、能源电力及矿业开发、旅游开发、农林牧业产品加工包装、城市环保、高新技术协作、生物医药、房地产服务业等。

新疆外经贸厅乌洽会办公室
地址：830001 新疆乌鲁木齐市新华南路105号
电话：(86-991) 2850497, 2879890　13579926788　传真：2879890, 2860255
电子信箱：office@urumqifair.com　乌洽会电子商务网站网址：http://www.urumqifair.com
乌洽会外商服务站咨询电话：0991-2310369　乌洽会语音信箱:16600166　24小时热线:96811688

05'中国南京金秋经贸洽谈会 国际软件产品博览会胜利召开！

南京市贸促会 南京会展业办公室

1. 2005年金秋经贸洽谈会最大亮点是引入了软件博览会。
2. 2005年房产展。
3. 第7届南京国际广告四新展暨第四届江苏国际照相器材展开幕式，由南京凤凰展览公司举办，已连续举办7届，受到了参展商的一致好评。
4. 南京会展业办公室主动走进企业，召开会展企业座谈会，深入了解目前南京会展企业的现状及问题，得到了会展企业的一致赞扬。
5. 汽车展场外展场红红火火。
6. 汽车展上众多世界顶级轿车也纷纷亮相，吸引了众多观众。
7. 由南京市科学技术局主办的现代农产品展展示了众多现代农业科技成果，贴近老百姓生活。

专业买家范围：

- 进口商
- 商场
- 批发商
- 购物中心
- 邮购公司
- 连锁超市
- 网络销售公司
- 家居饰品公司
- 电视直销公司
- 零售商

展示范围：

1. 餐厅及厨房用品

1.1 餐厅用品

1.1.1 陶瓷餐厅用品

1.1.2 金属餐厅用品

1.1.3 玻璃及水晶餐厅用品

1.1.4 刀叉

1.1.5 银制餐具

1.1.6 餐桌用品及饰品

1.2 厨房用品

1.2.1 厨房清洗用品

1.2.2 陶瓷厨具

1.2.3 木制厨具

1.2.4 金属厨具

1.2.5 塑料厨具

1.2.6 刀具

1.2.7 厨房炊具

1.2.8 小家电

1.2.9 一次性纸制和塑料厨房用品

1.2.10 梯子、椅子及挂衣钩

1.2.11 厨房灯饰

1.2.12 厨房用具

1.2.13 酒吧及饮水用具

2. 家居饰品及家庭用品

2.1 家居饰品

2.1.1 卫浴用品

2.1.2 室内照明灯饰

2.1.3 工艺陶瓷摆设

2.1.4 装饰品、配饰及特色家具

2.1.5 装饰品、配饰及古典家具

2.1.6 装饰品、配饰及现代家具

2.1.7 钟表

2.1.8 书画、画框及镜子

2.1.9 书画及工艺复制品

2.1.10 铜器

2.1.11 金属摆设

2.1.12 树脂工艺品

2.1.13 烛台及蜡烛架

2.1.14 柳条、藤条及竹编品

2.1.15 干花和人造花、水果及植物

2.1.16 室内香料

2.2 家庭用品

2.2.1 家用容器

2.2.2 购物篮及手提包

2.2.3 消费电子产品

2.2.4 其它家庭用品

2.3 户外野营用品

2.3.1 花园设备、野营用品

2.3.2 烧烤设备、帐篷

2.3.3 喷池设备、栅栏丝网及雕塑

2.3.4 户外照明及家具

2.3.5 遮阳用品

3. 礼品及圣诞用品

3.1 礼品

3.1.1 烟灰缸

3.1.2 奖品

3.1.3 广告礼品

3.1.4 手工艺品

3.1.5 艺术品

3.1.6 赠品

3.1.7 纪念品

3.1.8 小礼品

3.1.9 小摆设

3.2 圣诞礼品

3.2.1 圣诞饰品

3.2.2 宗教用品

3.2.3 室内外灯具

3.2.4 圣诞卡

3.3 礼品包装材料

3.3.1 礼品包材

3.3.2 丝带及包装装饰用品

五洲大酒店
北京国际会议中心